V&R Academic

Refo 500 Academic Studies

Herausgegeben von
Herman J. Selderhuis

In Zusammenarbeit mit
Günter Frank (Bretten), Bruce Gordon (New Haven),
Ute Lotz-Heumann (Tucson), Mathijs Lamberigts (Leuven),
Barbara Mahlmann-Bauer (Bern), Tarald Rasmussen (Oslo),
Johannes Schilling (Kiel), Günther Wassilowsky (Linz),
Siegrid Westphal (Osnabrück), David M. Whitford (Trotwood)

Band 19

Vandenhoek & Ruprecht

Jan-Andrea Bernhard

Konsolidierung des reformierten Bekenntnisses im Reich der Stephanskrone

Ein Beitrag zur Kommunikationsgeschichte
zwischen Ungarn und der Schweiz
in der frühen Neuzeit (1500 – 1700)

Vandenhoeck & Ruprecht

[2015]

Vorliegende Arbeit ist im Herbstsemester 2012 von der Theologischen
Fakultät der Universität Zürich als Habilitationsschrift angenommen worden.

Mit 3 Abbildungen

Bibliografische Information der Deutschen Nationalbibliothek
Die Deutsche Nationalbibliothek verzeichnet diese Publikation in der
Deutschen Nationalbibliografie; detaillierte bibliografische Daten sind
im Internet über http://dnb.d-nb.de abrufbar.

ISBN 978-3-525-55070-0

Weitere Ausgaben und Online-Angebote sind erhältlich unter: www.v-r.de

Aus editoren und historischen Gründen wird die schweizer-deutsche Rechtschreibung benutzt,
in der einerseits das ß nicht verwendet wird, andererseits regelmässig Helvetismen auftreten.

Admirandae coniugi
et carissimis filiis
grato devotoque animo

Autor und Verlag danken den folgenden öffentlichen und privaten Institutionen, die mit einem Beitrag das Erscheinen dieses Buches ermöglicht haben:

- Kulturförderung des Kantons Graubünden/SWISSLOS
- Evangelisch-reformierte Landeskirche des Kantons Graubünden
- Evangelisch-reformierte Landeskirche des Kantons Zürich, in Verbindung mit der Emil Brunner Stiftung
- Heinrich Lang-Stiftung, Zürich
- Stiftung Jacques Bischofberger, Chur
- Verein und Arbeitsgemeinschaft für freie Theologie, Graubünden
- Pleiv reformada Castrisch/Riein/Sevgein
- Vischnaunca Castrisch
- Vischnaunca Riein

Inhalt

Die Konsolidierung des reformierten Bekenntnisses im Reich der
Stephanskrone als Konsequenz der ungarisch-schweizerischen
Kontakte (1550 – 1606)

Vorwort

Dank meiner Promotion über den Bündner Pfarrer und Kirchenhistoriker Petrus Dominicus Rosius à Porta (1734–1806) aus Ftan, der in Bern, Debrecen (HU) und Strassburg a.M. (Aiud, RO) studiert hat, durfte ich den Kulturaum des Karpatenbeckens kennenlernen, der mir bis dahin noch unbekannt war. Zahlreiche Forschungsaufenthalte und nicht zuletzt eine Gastdozentur am Protestantisch-Theologischen Institut mit Universitätsrang in Klausenburg (Cluj, RO) haben schliesslich dazu angeregt, mich noch intensiver mit Ostmitteleuropa auseinanderzusetzen. Insbesondere beschäftigte mich die sowohl in der deutsch- als auch ungarischsprachigen Kirchengeschichtsschreibung bislang nicht abschliessend geklärte Frage, warum die ungarische Reformation sich in ihrer Mehrheit dem helvetischen Bekenntnis angeschlossen hatte. Im Gespräch mit dem ehemaligen Leiter des Institutes für Schweizerische Reformationsgeschichte in Zürich, Prof. Dr. Emidio Campi, bin ich nicht nur ermutigt worden, mich diesem Thema in einer grösseren Arbeit zu widmen, sondern Emidio Campi war auch darum besorgt, dass die Forschungsarbeit vom *Fonds zur Förderung des Akademischen Nachwuchses* (FAN), vom *Christian-Schmid-Fonds* und von der *Heinrich-Schwendener-Stiftung* finanziell massgeblich unterstützt wurde. Denn die mit der Forschungsarbeit verbundenen hohen Kosten hätten meine finanziellen Möglichkeiten in einem Teilzeitpfarramt um ein vieles überstiegen. So gilt in erster Linie mein aufrichtiger Dank den genannten drei Institutionen.

Im Jahre 2012 konnte die Arbeit nach langen Jahren abgeschlossen werden, und sie wurde im Herbstsemester 2012 von der Theologischen Fakultät der Universität Zürich als Habilitationsschrift angenommen. Natürlich ist dies in erster Linie den beiden positiven Gutachten, einerseits von Prof. Dr. Peter Opitz, Zürich, andererseits von Prof. Dr. István Monok, Szeged, zu verdanken. Schliesslich sei aber auch all den andern Fakultätsmitgliedern gedankt, die mir mit Wohlwollen begegnet sind.

Des Weiteren ist es mir eine angenehme Pflicht, all denen zu danken, die mir in Bibliotheken und Archiven bei meinen Nachforschungen und bei der Suche nach Quellentexten behilflich waren. Dies betrifft insbesondere die Mitarbeitenden folgender Institutionen: Staatsarchiv und Kantonsbibliothek des Kantons Graubünden in Chur, Synodal- und Kirchenratsarchiv in Chur, Staatsarchiv des Kantons Zürich, Zentralbibliothek Zürich, Bullinger-Briefwechsel-Edition in Zürich, Institut für Schweizerische Reformationsgeschichte in Zürich, Universitätsbibliothek Basel, Staatsarchiv des Kantons Basel-Stadt, Staatsarchiv des Kantons Bern, Burgerbibliothek Bern, Bibliothèque publique et universitaire in Genf, Haus-, Hof- und Staatsarchiv in Wien, Landesbibliothek Széchényi in

Budapest, Ungarisches Staatsarchiv in Budapest, Bibliothek und Archiv des reformierten Kirchendistriktes „Jenseits-der-Theiss" in Debrecen, Bibliothek und Archiv des reformierten Kirchendistriktes „Diesseits-der-Theiss" in Sárospatak, Bibliothek und Archiv des reformierten Kirchendistriktes Transdanubien in Pápa, Bibliothek des Protestantisch-theologischen Instituts in Klausenburg, Archiv des reformierten Kirchendistriktes Siebenbürgen in Klausenburg sowie Teleki-Bolyai-Bibliothek in Neumarkt a.M.

Natürlich ist es nicht möglich, im Rahmen eines Vorwortes die Namen all derer, die sich mit vielen kleineren und grösseren Hilfestellungen – sei dies fachspezifischer oder spiritueller Art – dienstbar erwiesen haben, zu erwähnen. Dennoch ist es mir ein tiefes Bedürfnis, zwei Personen, die bei der Abfassung der Habilitationsschrift wiederholt mit Rat und Tat beigestanden sind, von Herzen zu danken: Dr.habil. Reinhard Bodenmann, Leiter der Bullinger-Briefwechsel-Edition in Zürich, für manch unbezahlbaren Ratschlag, sowie Prof. Dr. Erich Bryner für seine wertvollen fachspezifischen Anregungen. Zahlreiche weitere Personen, die besondere Hilfestellungen geleistet haben, werden in den Anmerkungen jeweils namentlich erwähnt.

Ganz besonders verpflichtet bin ich natürlich Prof. Dr. Herman J. Selderhuis, Emden, sowie den andern Mitherausgebern der *Refo 500 Academic Studies*, die meine Habilitationsschrift aufgrund ihrer positiven Gutachten zur Aufnahme in die Reihe empfohlen haben.

In einer ersten Phase besorgte das Lektorat in verdankenswerter Weise mein geschätzter Vater, alt Sekundarlehrer Johann-Luzi Bernhard, Malans, dessen Passion zeitlebens die Geschichte und die Sprachen waren. Für das Lektorat bei der Drucklegung hat sich Christoph Spill vom Verlag *Vandenhoeck & Ruprecht* in Göttingen besondere Verdienste erarbeitet, da er sich nicht nur durch eine freundliche und kompetente Beratung bei der Drucklegung auszeichnete, sondern auch immer wieder Verständnis für die themen- und sprachbedingten Besonderheiten der Arbeit zeigte.

In tiefstem Dank stehe ich aber vor allem gegenüber meiner lieben Frau, Doris Schmid Bernhard, und meinen beiden Töchtern, Julia Andraina und Sarah Aurelia, die während mehrerer Jahre einen Vater liebten, der wenig Zeit hatte und in seinen Ferien oft Archivrecherchen in Ostmitteleuropa betrieb. Ihnen sei diese Arbeit gewidmet.

Castrisch, im Herbst 2013   Jan-Andrea Bernhard

Die ungarisch-schweizerischen Kontakte in der frühen Neuzeit (1500 – 1700) – Einleitung zum Forschungsprojekt

1. Überblick über die Forschungslage

Die Beziehungen zwischen dem Reich der Stephanskrone und der Schweiz sind in der Reformationsgeschichtsschreibung seit alters her bekannt.[1] So sind seit Beginn des letzten Jahrhunderts mehrere kleinere und grössere Arbeiten zu den ungarisch-schweizerischen Kontakten im Allgemeinen erschienen. Allerdings betreffen diese oft nur einzelne geographische, thematische bzw. zeitliche Bereiche.[2] In Überblicksdarstellungen wie *A Helvét irányú reformáció elterjedése Magyarországon és Erdélyben* (1912) von József S. Szabó, *Die helvetische Reformation in Ungarn* (1972) von László RÉVÉSZ, *Der Protestantismus in Ungarn 1521 – 1978* (Wien 1977 – 79) von Mihály BUCSAY, im Sammelband *Le rayonnement de Calvin en Hongrie du XVIᵉ siècle à nos jours* (Genf 1986), herausgegeben von der ungarischen protestantischen Kirchgemeinde aus Anlass des 450-Jahr-Jubiläums der Genfer Reformation, oder in der Studie *Ungarn, das Reich der Stephanskrone, im Zeitalter der Reformation und Konfessionalisierung* (Münster 2000) von Márta FATA werden zwar zahlreiche Fragen zur Bedeutung der ungarisch-schweizerischen Kontakte für die Herausbildung der reformierten Kirche im Reich der Stephanskrone angesprochen, können aber dem Anspruch einer umfassenden Darstellung zur Thematik nicht genügen. Verständlich ist es auch, dass darin verschiedene kommunikationsgeschichtliche Fragen nur am Rande behandelt werden, da es sich bei denselben primär um Arbeiten handelt, die Anfänge, Genese und Konsolidierung der ungarländischen[3] Reformationskirchen darstellen.[4] In

---

1 Editorisch erstmals greifbar sind die ungarisch-schweizerischen Kontakte in den von Johann Jakob Ulrich herausgegebenen *Miscellanea Tigurina, edita, inedita, vetera, nova, theologica, historica* (Zürich 1722 – 1723), in deren zweitem Teil (2. Ausgabe) die Abhandlung *Rudus Redivivum seu Breves Rerum Ecclesiasticarum Hungaricarum & Transylvanicorum inde a Reformatione Commentarii* (114 – 185) von Ferenc Pápai Páriz sowie die Quellensammlung *Literarum Hungaricarum ad Henricum Bullingerum, Johannem Wolphium, Josiam Simlerum, hactenus ineditarum Ogdoas* (192 – 227) publiziert worden sind.

2 Wir denken dabei z. B. an Darstellungen über die Basler bzw. Genfer Kontakte mit Ungarn (vgl. VERZÁR, Vonatkozások, 313 f; STAEHELIN, Bâle, 231 – 241; CHOISY, Relations, 94 – 96; NAGY, Relations, 16 – 20; u. s. w.), an Darstellungen über reformatorische Kontakte Zürichs mit Ungarn (vgl. SZABÓ, Zwingli [1932], 291 – 299; SZABÓ, Zwingli [1931], 689 – 694; u. s. w.), oder an Studien über die Befreiung der Galeerensträflinge (vgl. ZSINDELY, Befreiung, 119 – 131; HÄNE, Befreiung, 121 – 180; u. s. w.).

3 Es ist darauf hinzuweisen, dass zwischen *ungarisch* („magyar") und *ungarländisch* („magyarországi") genau zu unterscheiden ist: *Ungarländisch* bezieht sich auf das Territorium des ehemaligen Reiches der Stephanskrone, also auf das Vielvölkerstaat Ungarn, der auch weite Teile der heutigen Slowakei, Ukraine, Rumäniens (Siebenbürgen), Sloweniens und Kroatiens mit Dalmatien umfasste; mehrere Gebiete, z. B. Siebenbürgen oder das kroatische Banat, waren seit dem späten Mittelalter ethnisch stark durchmischt. *Ungarisch* hingegen ist ein ethnischer Begriff,

unserem Forschungsbereich geht es aber vornehmlich um Fragen diesbezüglich, welche Kontakte zwischen den beiden Ländern gepflegt wurden, welchen Beitrag diese Kontakte für Entstehung und Entwicklung der ungarisch-reformierten Kirche geleistet haben, sowie welche geistigen, theologischen und kulturellen Einflüsse und Wirkungen langfristig von Bedeutung waren.

Bis heute ist die Überblicksdarstellung *Magyarország és Svájc* (Budapest 1946) von Béla DEZSÉNYI in der Thematik der ungarisch-schweizerischen Kontakte begründend. In diesem Werk werden wichtige Aspekte unseren Zeitraum betreffend erstmals innovativ verbunden: Humanistische Beziehungen zwischen Basel und Ungarn, Verbreitung des Schweizer Buches, reformatorische Kontakte zwischen Ungarn und der Schweiz, ungarische Studenten an Schweizer Universitäten und Hohen Schulen, Galeerensträflinge, u.s.w.[5] Darauf basierend sind in der Forschung verschiedene Themenbereiche genauer untersucht worden, die auch für die vorliegende Arbeit erste Orientierungshilfen waren.

Im vorliegenden Forschungsüberblick werden mitnichten sämtliche Forschungsarbeiten zu den einzelnen Themenbereichen vorgestellt, sondern lediglich einige, auf Quellen basierende Linien gezeichnet. Diese sollen helfen, einen ersten, grundlegenden Einblick in die vielgestaltige Thematik zu gewinnen.[6] Dabei ist festzuhalten, dass die dem Forschungsüberblick zugrundeliegenden Arbeiten, abgesehen von ungarischen Studien, insbesondere in deutscher Sprache sind. Dies hat weniger damit zu tun, dass keine englische, französische oder italienische Literatur vorhanden und beigezogen worden wäre, als vielmehr mit der Tatsache, dass es bedauerlicherweise wenige Forschungsarbeiten zur Thematik in nichtdeutscher bzw. nichtungarischer Sprache gibt, die auf Archiv- und Bibliotheksarbeit im Karpatenraum selbst basieren und tatsächliche Kenntnis der mitteleuropäischen Forschungsergebnisse haben. Oft begnügen sich genannte Forschungarbeiten mit der

der nur für Angehörige des Volkes der Magyaren gebraucht wird. In der gesamten Darstellung wird diese Unterscheidung, die für die ungarische Forschung signifikativ ist, konsequent durchgeführt.

4 Ein übersichtlicher und guter Forschungsüberblick zu *Fragen der Reformation und Konfessionalisierung in den Ländern der Stephanskrone*, mit einem besonderen Blick auch auf die Forschung in Ungarn, liefert FATA am Schluss ihrer Darstellung (vgl. FATA, Ungarn, 285–292); in der ungarischen Forschung wird die von uns behandelte Thematik gleichfalls nur am Rande behandelt.

5 Vgl. DEZSÉNYI, Magyarország, 27–75; DERS., Ungarn, 163–166. Die Arbeit von Endre KOPPÁNY über das ungarische Zeitungswesen, der er einen Überblick über die Beziehungen zwischen Ungarn und der Schweiz beifügt, basiert in ihrem letzten Teil vor allem auf dem Werk von DEZSÉNYI (vgl. KOPPÁNY, Zeitungswesen, 65–92).

6 Die detaillierte Auseinandersetzung mit der Forschungsliteratur bzw. den Forschungserträgen wird erst im Rahmen der Arbeit geleistet.

Übernahme von Ansichten aus zusammenfassenden Überblickswerken, ohne neue Quellanarbeit zu leisten.[7]

Die Bedeutung Basels als Humanisten- und Buchdruckerstadt ist hinlänglich bekannt.[8] In den letzten Jahrzehnten hat dazu Hans R. GUGGISBERG grundlegende Studien geliefert, die er zum Teil in dem Aufsatzband *Zusammenhänge in historischer Vielfalt* (Basel 1994) gesammelt herausgegeben hat. Darin werden insbesondere Themata wie Basel als geistiger Brennpunkt Europas, Erasmus und Basel, Strassburg und Basel u.s.w. behandelt.[9] Die Basler Buchgeschichte betreffend ist in diesem Zusammenhange ganz besonders auf die minutiösen, wertvollen und erkenntnisreichen Arbeiten von Frank HIERONYMUS zu verweisen, die wesentliches Material zur Wirkungsgeschichte des Basler Buchdrucks liefern. Der Wirkungsgeschichte Basels – sei es des Basler Buchdrucks, des erasmischen Humanismus oder auch der Basler Reformation – im ostmitteleuropäischen Raum, insbesondere in Ungarn, haben sich schliesslich mehrere Forscher, beispielsweise Lajos NYIKOS,[10] Karl REINERTH,[11] Silvia DUMITRU,[12] Ágnes RITOÓK-SZALAY,[13] Mihály BALÁZS,[14] Christine CHRIST-VON WEDEL[15] oder Detlef HABERLAND[16] gewidmet. In all diesen Studien wird aus verschiedenen Perspektiven aufgezeigt, welche grosse Bedeutung das erasmische Basel in den 20er und 30er Jahren des 16. Jahrhunderts für die Ausbildung des Reformhumanismus in Ostmitteleuropa einnahm. HABERLAND verfasste eine diesbezüglich wegweisende Studie im vor wenigen Jahren erschienen Tagungsband *Orbis Helveticorum. Das Schweizer Buch und seine mitteleuropäische Welt* (Bratislava 2011), herausgegeben von Viliam ČIČAJ und Jan-Andrea BERNHARD. Dieser Tagungsband stellt den Anfang des grösser angelegten Forschungsprojektes „Die Schweiz als geistiges und kulturelles Zentrum Mitteleuropas in der frühen Neuzeit" dar. István MONOK verfasste dazu einen wichtigen Beitrag über den *Basler Buchdruck und die Gelehrtenbibliotheken in Ungarn im 16. Jahrhundert*, welcher sich vor allem der Verbreitung von Basler Drucken widmet.[17] Der Beitrag stellt unter anderem einen Ertrag seiner langjährigen bibliotheksgeschichtlichen Forschungen dar. Monok ist, neben der Lehrtätigkeit an den Universitäten Szeged und Eger, Leiter des Arbeitskreises für ungarische Lesegeschichte in

---

7 Eine löbliche Ausnahme bilden dabei Arbeiten wie *Calvinism on the Frontier 1600–1660* (Oxford 2000) oder *The Hungarian Reformation: Books from the National Széchényi Library, Hungary* (Leiden 2009) von Graeme MURDOCK.

8 Vgl. LEU, Book, 299–309; LUCHSINGER, Buchdruck; BIETENHOLZ, Humanismus.

9 Vgl. weiter: GUGGISBERG, Stadtstaat, 197–216.

10 Vgl. NYIKOS, Erasmus, 346–374.

11 Vgl. REINERTH, Ephorinus, 184–193; DERS., Spuren, 41–54.

12 Vgl. DUMITRU, Contribuţii, 191–197.

13 Vgl. RITOÓK-SZALAY, Erasmus, 111–128.

14 Vgl. BALÁZS, Einflüsse, 143–152; DERS., Fiktion, 191–203.

15 Vgl. CHRIST-VON WEDEL, Erasmianer, 135–154.

16 Vgl. HABERLAND, Druckort, 11–21; HABERLAND, Wissenstransfer, 9–22.

17 Vgl. MONOK, Buchdruck, 33–39.

Szeged, welcher seit mehreren Jahrzehnten um die Dokumentierung der historischen Buchbestände im Donau-Karpatenbecken und den angrenzenden Gebieten bemüht ist. In verschiedenen wissenschaftlichen Reihen werden die Verzeichnisse historischer Bibliotheken sowie Altbücherbestände von Bibliotheken aus diesem geographischen Raum fortlaufend publiziert.[18] Betreffend unserer Thematik liefert eine Auswertung vieler solcher lese- und bibliotheksgeschichtlicher Publikationen interessante und wertvolle Erkenntnisse über die Wirkung und den Einfluss des Schweizer Buches in der frühen Neuzeit.

Der Anfang einer intensiveren Erforschung der spezifisch reformatorischen Kontakte zwischen der Schweiz und Ungarns ist in den 60er Jahren des letzten Jahrhunderts zu suchen. Die wichtigsten Namen sind dabei zweifelsohne Endre ZSINDELEY, Barnabás NAGY, István SCHLÉGL und Mihály BUCSAY. Zsindely, ehemals Mitarbeiter am Institut für Schweizerische Reformationsgeschichte in Zürich, hat sich im Zusammenhang mit seiner Arbeit an der Bullinger-Briefwechsel-Edition mehrfach mit den reformatorischen Kontakten zwischen Ostmitteleuropa und der Schweiz auseinandergesetzt. Er hat als einer der ersten Reformationshistoriker buchgeschichtliche Studien herangezogen, um die europäische Wirkung der Zürcher Reformation darzustellen.[19] Auch wertete er erstmals alle damals bekannten Bullingerbriefe mit ungarischen Studenten aus und hat wesentlich dazu beigetragen, dass die schweizerische Reformationsgeschichtsforschung auf die historisch und theologisch bedeutenden Kontakte zu Ungarn grössere Aufmerksamkeit richtete. In diesem Zusammenhang konnte er im dritten Band der von Tibor BARTHA herausgegebenen *Studia et acta ecclesiastica* (Budapest 1973) auch mehrere Quellen zu den schweizerisch-ungarischen Beziehungen des 16. Jahrhunderts edieren.[20] Durch den nach über 400 Jahren erstmaligen Druck von Bullingers Sendschreiben (1551) hat Barnabás NAGY gleichfalls einen wichtigen Beitrag zur weiteren Erforschung des Einflusses Bullingers in Ungarn und Siebenbürgen geleistet.[21] Weit bedeutender sind allerdings seine kenntnisreichen Studien zur Bedeutung Bullingers im ganzen östlichen Europa.[22] In der selben Zeit untersuchte István SCHLÉGL in seiner Dissertation die Beziehungen Heinrich Bullingers zu Ungarn; er versuchte nachzuweisen, dass die ungarische Reformation nie ihre Identität erreicht hätte, wäre nicht

---

18 Vgl. Adattár 11–19; Olvasmánytörténeti dolgozatok, hg. von István Monok, Szeged 1991–1998; KKK I–VII; KKrK I–VII.

19 Vgl. ZSINDELEY, Bullinger (1967), 55–86; DERS., Bullinger (1975), 361–382; DERS., Kapcsolatok, 245–251; DERS., Wirkung, 96–109.

20 Vgl. ZSINDELEY, Pesti Macarius, 933–953; DERS., Levelei, 955–968; DERS., Musculus, 969–1001.

21 Vgl. HEINRICH BULLINGER, Libellus epistolaris […] pressis & afflictiss. Ecclesijs in Hungaria, earundem Pastoribus & Ministris transmissus (1551), hg. von Barnabás Nagy, Budapest 1968; vgl. LOCHER, Perseverantia, 62–68.

22 Vgl. NAGY, Bedeutung, 84–119; DERS., Geschichte Confessio, 109–202; DERS., Quellenforschungen, 191–206.

Bullinger als Wegbereiter der ungarischen reformierten Kirche beigestanden.[23]

In denselben Jahren hat sich auch Mihály Bucsay, der Verfasser des Standartwerkes *Der Protestantismus in Ungarn 1521 - 1578*, intensiver mit den ungarisch-schweizerischen Beziehungen der Reformation auseinandergesetzt. Abgesehen von einer Studie über die theologischen Beziehungen von Peter Melius Juhász zur Theologie Heinrich Bullingers, verfasst anlässlich des Bullinger-Jubiläums im Jahre 1975,[24] hat Bucsay eine wertvolle Darstellung über *Calvins Präsenz in Ungarn* verfasst, in der er aufzeigt, wie im Laufe der Jahrhunderte aus einer anfänglich eher bescheidenen Verbindung eine intensive theologische Rezeption calvinischer Theologie in Ungarn und Siebenbürgen erwachsen ist.[25] Er konnte sich dabei auf bereits bestehende Studien von Lajos Rácz,[26] Emerich de Koulifay[27] und Charles D'Eszlary[28] stützen, welche erstmals einen Überblick über die Korrespondenz der Genfer Reformatoren mit Ungarn, über ungarische Studentenaufenthalte in Genf sowie über den Druck von Genfer *Hungarica* gaben. Calvins Einfluss auf Ungarn wurde schliesslich im aus Anlass des Calvinjubiläums (1509 - 2009) von Anton Schindling und Márta Fata herausgegebenen Tübingener Tagungsband *Calvin und Reformiertentum in Ungarn und Siebenbürgen. Helvetisches Bekenntnis, Ethnie und Politik vom 16. Jahrhundert bis 1918* (Münster 2010) facettenreich beleuchtet. Insbesondere Bernhard versuchte in seinem Beitag – nicht ohne Widerspruch von Zoltán Csepregi[29] – aufgrund verschiedener buchgeschichtlicher und theologischer Untersuchungen nachzuweisen, dass Calvins theologischer Einfluss in Ungarn und Siebenbürgen viel früher zu erkennen ist, als bislang angenommen wurde.[30] Zu einer verwandten Erkenntnis kam auch Richárd Hörcsik in seiner einleitenden Studie zu einem gleichfalls aus Anlass des Calvinjubiläums herausgegebenen Sammelband *Kálvin időszerűsége* (Budapest 2009).[31] In jüngerer Zeit hat sich schliesslich der Osteuropahistoriker Erich Bryner mit der Wirkung Bullingers sowie Calvins in Ostmitteleuropa, insbesondere in Ungarn, Siebenbürgen und Polen, auseinandergesetzt.[32] Dabei konnte er die bereits frühe Rezeption zürcherischer Theologie in Ungarn teilweise nachweisen.[33]

Die Forschung ist sich einig, dass in Ungarn und Siebenbürgen die Re-

---

23 Vgl. Schlégl, Beziehungen (1965).
24 Vgl. Bucsay, Leitgedanken, 197 - 214.
25 Vgl. Bucsay, Präsenz, 209 - 228.
26 Vgl. Rácz, Inspiration: Calvin, 13 - 20.
27 Vgl. de Koulifay, Influence, 91 - 105.
28 Vgl. D'Eszlary, Calvin, 74 - 99.
29 Vgl. Csepregi, Kálvin, 154 - 169.
30 Vgl. Bernhard, Wirkung, 25 - 62; ders., Hatása, 723 - 746.
31 Vgl. Hörcsik, Kálvin, 13 - 37.
32 Vgl. Bryner, Brief, 63 - 69; ders., Ausstrahlungen (1997), 35 - 39; ders., Anliegen, 415 - 424; ders., Ausstrahlungen (2004), 179 - 197; ders., Bullinger, 799 - 820; ders., Calvin, 12 - 15.
33 Vgl. Bryner, Ausstrahlungen (2004), 182 - 187.

zeption geistiger Strömungen wie Humanismus, Reformation, Orthodoxie und Aufklärung besonders stark von den ausländischen Studienaufenthalten ungarischer Studenten („Peregrination") abhängig ist, da es für Protestanten in der angesprochenen Zeit in Ungarn keine Universität gab. Aus diesem Grunde wird im ungarischsprachigen Raum die Peregrinationsgeschichte seit über hundert Jahren intensiv betrieben. Allein aus Siebenbürgen ist bekannt, dass zwischen 1180 und 1948 ungefähr 9000 bis 10'000 Studenten an ausländischen Universitäten studierten.[34] So sind auch die Studienaufenthalte ungarischer Studenten an Schweizer Hohen Schulen und Universitäten bereits seit langem erfasst worden. In Studien von Kálmán SzÉL,[35] Frigyes VERZÁR,[36] Walter MEYRAT[37] oder Sándor Béla NAGY[38] erschienen erstmals Namenslisten ungarischer Studenten, die in der Schweiz studiert haben. Während in Siebenbürgen dank der Forschungen von Sándor TONK, Miklós SZABÓ und László SzöGI[39] die Auslandaufenthalte siebenbürgischer Studenten heute bereits vollkommen publiziert sind, hat es sich László Szögi in der in Budapest herausgegeben Reihe über die Universitätsbesuche ungarländischer Studenten in der frühen Neuzeit zur Aufgabe gemacht, die Auslandaufhalte sämtlicher Studenten aus dem historischen Ungarn, inklusive Siebenbürgen, nach Ländern geordnet herauszugeben.[40] Im Rahmen dieser Reihe hat Ádám HEGYI auch erstmals die Sammlung der ungarländischen Studenten an Schweizer Hohen Schulen und Universitäten von 1526 bis 1798 herausgegeben.[41] Er stützte sich dabei allerdings, unter Beizug der Erträge der erwähnten älteren Forschungen zur Peregrinationsgeschichte, fast ausschliesslich auf die gedruckten und ungedruckten Matrikeln sowie auf Stipendienverzeichnisse der verschiedenen Schulstandorte Genf, Lausanne, Bern, Basel und Zürich. Wenn auch Hegyi nur die wichtigsten bekannten Stationen der einzelnen Studenten erwähnt, ist die Studie um so verdienstvoller, da bislang nur von Basel[42] und Genf[43] detailliertere Angaben zu den ungarischen Studenten publiziert worden sind. Ergänzend zu Hegyi konnten in zahlreichen Einzelstudien weitere Studienaufenthalte ungarischer Studenten nachgewiesen werden, Stipendienverzeichnisse, Stammbücher, Dissertationenkataloge, Einblattdrucke u.s.w. auswertend.[44]

Die Forschungen über die ungarisch-schweizerischen Kontakte im Über-

---

34 Vgl. TONK, Studenten, 113–116.
35 Vgl. SzÉL, Adatok, 927 f.
36 Vgl. VERZÁR, Vonatkozások, 315–323.
37 Vgl. MEYRAT, Unterstützung, 279–283.
38 Vgl. NAGY, Diákjai, 384–398; vgl. Étudiants.
39 Vgl. SZABÓ, Erdélyiek; DERS., Peregrinusok.
40 Vgl. Magyarországi diákok egyetemjárása az újkorban, hg. von László Szögi, Budapest 1994–2012; SzöGI, Peregrináció-kutatás, 143–154.
41 Vgl. HEGYI, Diákok.
42 Vgl. MUB I–V.
43 Vgl. GAVRUSCA, Kálvin.
44 Vgl. HEGYI, Hungarica-Eintragungen, 189–207; BERNHARD, Gessner, 168–174; u.s.w.

gang zum 17. Jahrhundert bewegen sich in einem weit bescheideneren Rahmen als im 16. Jahrhundert. Mit dem Wissenstransfer im Späthumanismus hat sich András Szabó in mehreren Studien befasst, darunter auch mit der Basler Korrespondenz ungarischer Späthumanisten.[45] Bedeutend ist auch Szabós wissenschaftliche Neuedition des Tagebuches von Albert Szenci Molnár, in der weitere ungarisch-schweizerische Kontakte von Szenci Molnár nachgewiesen werden konnten.[46] Daran schliessen sich die Studien der Budapesterin Judit P. Vásárhelyi, die sich neben ihren buchgeschichtlichen Forschungen vor allem mit der Wirkung der Schriften der schweizerischen Reformation im Lebenswerk von Albert Szenci Molnár beschäftigt hat.[47] Schliesslich verfasste Vásárhelyi vor kurzem mit Szabó zusammen eine einleitende Studie zur Faksimile-Ausgabe der ungarischen Übersetzung von Calvins *Institutio* (Hanau 1624).[48] Weitere Forschungen zu den ungarisch-schweizerischen Kontakten in der ersten Hälfte des 17. Jahrhunderts sind, abgesehen von allgemeinen Hinweisen in verschiedenen Studien der betreffenden Zeit, nicht vorhanden. Ein erster Versuch, diese Lücke zu schliessen, stellt ein demnächst im Druck erscheinender Aufsatz von Bernhard dar, in dem die Basler *Hungarica* der ersten Hälfte des 17. Jahrhunderts genauer untersucht wurden.[49] Dennoch ist festzuhalten, dass die ungarisch-schweizerischen Kontakte im beginnenden Zeitalter der Orthodoxie bis heute nicht erforscht worden sind und dementsprechend ein Forschungsdesiderat darstellen.

Der Übergang in das Zeitalter des Absolutismus stellt hingegen in gewissen Teilen ein genauer untersuchtes Forschungsgebiet dar, insbesondere darum, weil die Verfolgung der ungarländischen Protestanten in ganz Europa nicht nur allgemeines Entsetzen ausgelöst, sondern auch zu vielfältigen Beziehungen und Kontakten geführt hat. Die ungarisch-schweizerischen Kontakte betreffend, konzentrierte sich die Forschung vor allem auf die ungarischen Prediger und Lehrer, die von der Galeere in Neapel sowie aus dem Gefängnis in Port Buccari befreit worden waren.[50] Dabei sind die Studien von Endre Zsindely, Erich Wenneker und Hans Schaffert hervorzuheben.[51] Des letzteren Studie befasste sich insbesondere mit Johann Heinrich Heidegger, dessen Haus die Zentrale für Nachrichten über die Verfolgungen in Ungarn gewesen zu sein scheint.[52] Heidegger, ein Verfechter der *Formula consensus* (1675), nahm aber auch in theologischer Hinsicht, wie neben Schaffert auch Barnabás Nagy und István Juhász bestätigen, eine besondere Bedeutung für

---

45 Vgl. Grynaeus, Kapcsolatai; Szabó, Briefe, 183–197.
46 Vgl. Szenci Molnár, Naplója.
47 Vgl. P. Vásárhelyi, Wirkung, 185–191; dies., Vizsolyi Biblia; dies., Könyvecske.
48 Vgl. P. Vásárhelyi, Fordítása, 5–29; Szabó, Szenci Molnár, 31–50.
49 Vgl. Bernhard, Hungarica, 71–111.
50 Vgl. Barton, Rebellion.
51 Vgl. Wenneker, Zaff, 30–45; Zsindely, Befreiung, 119–131; ders., Dokumente, 111–120; Schaffert, Heidegger.
52 Vgl. Schaffert, Heidegger, 11.

Ungarn ein. Deren Studien über die Geschichte und Bedeutung des zweiten
helvetischen Bekenntnisses in Ungarn und Siebenbürgen zeigen auf, dass im
Zeitalter des Absolutismus das bekennende Sich-Berufen auf die *Confessio
Helvetica posterior* an Bedeutung zunahm und letztlich zur abschliessenden
Konsolidierung der reformierten Orthodoxie führte.[53] István Tőkés unterstreicht dies in einer aus Anlass des Bullingerjubiläums verfassten Studie.[54]
Tatsächlich nahm die *Confessio* im Übergang zum Jahrhundert der Aufklärung
in der reformierten Kirche Siebenbürgens und Ungarns eine besonders her-
vorragende, teilweise auch apologetische Funktion ein.[55]

---

53 Vgl. NAGY, Geschichte Confessio, 120–127; JUHÁSZ, Glaubensbekenntnis, 102 .
54 Vgl. TŐKÉS, Wirkung, 300 ff.
55 Vgl. BERNHARD, Funktion, 824–830.

2. Absicht und Ziel des vorliegenden Forschungsprojektes[1]

In der Kirchengeschichtsschreibung konnte die Frage, warum die ungarische Reformation sich in ihrer Mehrheit dem helvetischen Bekenntnis angeschlossen hat, bis heute nicht abschliessend geklärt werden. Die entscheidende, nicht geklärte Feststellung ist die, dass die Studentenperegrination nach Wittenberg im 16. Jahrhundert ungleich intensiver war als diejenige in die Schweiz; trotzdem gewann das helvetische Bekenntnis seit Mitte des Jahrhunderts unübersehbar an Terrain.[2] Ende des 16. Jahrhundert gehörten etwa 80–90 % der ungarländischen Bevölkerung den protestantischen Glaubensbekenntnissen an, von rund 3,5 Millionen Einwohnern waren etwa 50 % reformiert, 25 % lutherisch, 10 % unitarisch, 10 % katholisch oder orthodox; schliesslich gab es noch Juden und Moslems.[3]

Ein die Frage des theologischen Weges „von Luther zu Bullinger" behandelnder Aufsatz von István JUHÁSZ ist darum besonders erwähnenswert, weil er, ausgehend von der Kronstädter[4] Reformation, aufzuzeigen versucht, dass „nicht Personen und Städte, sondern das Evangelium selbst" richtungswei-

---

1 Das Forschungsprojekt „Ungarische Studenten als Vermittler schweizerischer reformierter Theologie im Ungarn und Siebenbürgen der Neuzeit (1530–1798)" wurde am 25. September 2004 beim *Fonds zur Förderung des Akademischen Nachwuchses* (FAN) der Universität Zürich eingereicht. Das Prorektorat Forschung der Universität Zürich hat das Gesuch für die Dauer von einem Jahr (2005) bewilligt. In den Jahren 2007–2009 wurde das Forschungsprojekt von der Heinrich-Schwendener-Stiftung, Pratvall, und dem Christian-Schmid-Fonds, Chur, unterstützt.

2 Vgl. Kovács, Kálvin, 22 f; Glettler, Probleme, 230 ff.

3 Vgl. Zach, Rezeption, 159 f; Fata, Ungarn, 65 ff; Murdock, Calvinism, 25; Révész, Reformation, 80; Glettler, Probleme, 228.

4 Grundsätzlich werden in der ganzen Arbeit die deutschen Ortsnamen, sofern sie existieren bzw. gebräuchlich waren, verwendet – Kronstadt steht also für Braşov in Rumänien. Die deutsche Verwendung hat verschiedene Gründe, die hier in aller gebotenen Kürze erläutert werden sollen: Einmal ist festzuhalten, dass die heutigen Ortsnamen in einem historischen Kontext nichts aussagen, ja in vielen Fällen (z.B. Bratislava) gar nicht existierten. Weiter waren im Reich der Stephanskrone zahlreiche Gebiete ethnisch stark durchmischt und die ethnischen Majoritätsverhältnisse in vielen Regionen anders als heute; dies bringt es mit sich, dass es bis heute in den Ländern des Karpatenbeckens, ja ganz Ostmitteleuropas – übrigens auch in der viersprachigen Schweiz – der täglichen Gepflogenheit entspricht, dass Ortsnamen in der Sprache verwendet werden, in der man spricht. Deswegen wird z.B. von Neumarkt a.M. (Târgu Mureş, RO) gesprochen, obwohl die reformierte Gemeinde von Neumarkt a.M. ungarischsprechend war. Um Verwechslungen – wir denken dabei beispielsweise an Strassburg im Elsass und Strassburg am Mieresch (Aiud, RO) – zu vermeiden, werden bei der erstmaligen Nennung die heutigen amtlichen Namen und die Landeskennzahl jeweils in Klammern beigefügt. Im Register sind die Ortsnamen zudem in den verschiedenen Sprachen greifbar.

send war.[5] Monika GLETTLER zeigte in ihrem Aufsatz über die *Probleme und Aspekte der Reformation in Ungarn* (1979) die verschiedenen Tendenzen der Forschung auf. Sie erkannte, dass für den Sieg des „Calvinismus" in Ungarn mitnichten politische und nationale Motive geltend gemacht werden können.[6] Andererseits zollte sie denjenigen Forschern, die ökonomische, sozioökonomische und soziale Gründe für den Durchbruch des reformierten Bekenntnisses anführen, deutlich mehr Gewicht bei.[7] Ihr Aufsatz macht aber vor allem deutlich, wie viele Fragen betreffend Hintergründe und Ausrichtung der ungarischen Reformation noch offen sind.

Die Schwierigkeit dieser Forschungsfrage hängt wesentlich damit zusammen, dass nach der Schlacht bei Mohács (1526) das Stephansreich auseinandergefallen ist, in ein königliches Ungarn (West-, Nieder- und Oberungarn), in ein türkisch besetztes Mittelungarn und in ein Fürstentum Siebenbürgen, dem seit 1541 auch noch das Partium zugeschlagen wurde. Diese „Zerstückelung" des Stephansreiches dauerte zwar bis zur Vertreibung der Türken am Ende des 17. Jahrhundert,[8] hat aber im Identitätsbewusstsein der Ungarn erstaunlich wenig Spuren hinterlassen, nicht nur in jenen beiden Jahrhunderten, sondern bis in die jüngste Zeit.[9] So wurde z. B. das Fürstentum Siebenbürgen, das rechtlich gesehen von 1541 bis 1848 kein Teil Ungarns war, nachwievor dem „Regnum Hungariae" zugerechnet. Diesbezüglich ist der „Aufstand"[10] des siebenbürgischen Magnaten István Bocskay, der mit dem Wiener Frieden vom 23. Juni 1606 endete, eindrückliches Zeugnis. Bocskay selbst hielt fest, dass er „das Schwert zur Erhaltung seiner selbst, der ungarischen Nation und deren Religion, sowie der Freiheit der Heimat ergriffen habe, all dies bedenkend, was ein christlicher Ungar seiner Heimat und Nation schuldig wäre."[11]

Dieses Selbstverständnis, das im 16. und 17. Jahrhundert in Ungarn, vor allem unter den Protestanten, weit verbreitet war, hat natürlich Konsequenzen für den Aufbau und die Struktur unserer Arbeit. Der Ausdruck „ungarisch-schweizerische Kontakte" will damit besagen, dass die Kontakte zwischen dem Stephansreich bzw. dem *Regnum Hungariae* und der Schweiz untersucht werden. Da dabei ganz besonders die Frage interessiert, welchen Einfluss diese Kontakte auf Durchsetzung und Konsolidierung des reformierten Bekennt-

---

5 Vgl. JUHÁSZ, Luther, 314.
6 Vgl. GLETTLER, Probleme, 232 ff.
7 Vgl. GLETTLER, Probleme, 234 ff.
8 Vgl. BALÁZS, Einleitung, 7.
9 Dabei ist insbesondere auf die politische Entwicklung Ungarns seit der Wende (1989) zu verweisen. Im Jahre 2011 erschien deshalb ein Band des Periodikums *Osteuropa*, herausgegeben von der deutschen Gesellschaft für Osteuropakunde, der die aktuelle politische Entwicklung in Ungarn behandelt, unter dem Titel: „Quo vadis, Hungaria? Kritik der ungarischen Vernunft" (Osteuropa 61 [12/2011]; vgl. GERŐ, Aspects, 167–178).
10 In der zeitgenössischen Literatur wird Bocskays Aufstand nicht als „Freiheitskampf" bezeichnet (vgl. SZABÓ, Inhalt, 328 ff).
11 Propositiones Ill. Dom. Dom. Steph. Bocskay [...], November 1604, in: MOLNÁR, Bocskay, 73 f (Übersetzung); vgl. VARGA, Humanism, 306 ff.

nisses im Reich der Stephanskrone hatten, untersucht die Arbeit hauptsächlich die ungarischsprachigen Gebiete des Stephansreiches, denn es gab nur
sehr wenige slowakische, kroatische, ruthenische oder rumänische Gemeinden reformierten Bekenntnisses im Karpatenbecken. Das helvetische Bekenntnis ist schliesslich auch wegweisend im Blick auf den „geistigen" Kulturraum Schweiz, der nicht primär als geographisches Gebiet der damaligen
bzw. heutigen Schweiz zu verstehen ist.[12] Dies kann gleichfalls ein Beispiel
illustrieren: Obwohl Genf politisch im 16. und 17. Jahrhundert nicht zur
Schweiz gehörte, sondern nur zugewandter Ort war,[13] wird es in unserer
Darstellung zur Schweiz gerechnet, weil es seit dem *Consensus Tigurinus*
(1549) mit Zürich so stark verbunden war, dass aus theologischer Sicht das
Empfinden der Einheit zwischen Genf und den reformierten Orten der
Schweiz stärker als die Erfahrung der „politischen" Grenzen war. Schliesslich
wird im Druck der *Confessio Helvetica posterior* festgehalten, wer das Be-
kenntnis unterschrieben habe und zur „helvetischen Richtung der Reformation"[14] gehöre; darunter befinden sich auch Genf, St. Gallen und „Curia
Rhetorum".[15]

In geistes-, theologie- und kirchengeschichtlicher Sicht ist dennoch grosse
Vorsicht geboten, die Forschungsthematik allzu unilateral zu behandeln.
Denn in den angesprochenen Gebieten waren die politischen, wirtschaftlichen, sozialen und ethnischen Gegebenheiten teilweise so heterogen, dass eine
unilaterale Sichtweise dem Forschungsgegenstand, nämlich der Untersuchung
der Bedeutung der ungarisch-schweizerischen Kontakte für die Konsolidierung des reformierten Bekenntnisses im Reich der Stephanskrone, nicht gerecht werden könnte. Dass die Gefahr, die Bedeutung dieser Heterogenität zu
unterschätzen, gross ist, belegt beispielsweise das in der ungarischen Historiographie nachwievor immer wieder verwendete Paradigma der „Konfessionalisierung".[16] Mit Recht hält Hanspeter MARTI in einem Aufsatz zu *Konfes-*

---

12 Gerade weil es sich bei der vorliegenden Untersuchung nicht um eine politische bzw. staatsgeschichtliche Darstellung handelt, werden die politischen Gegebenheiten des 16. und 17.
   Jahrhunderts vorausgesetzt. Sie finden nur dann besondere Erwähnung, wenn sie für die Argumentation von einer gewissen Relevanz sind.
13 Im Vertrag von Saint-Julien (1603) anerkannte Savoyen die Unabhängigkeit von Genf (vgl. L.
   HUBLER, Art. Frieden von Saint-Julien, HLS 10, 2011, 624).
14 „Helvetisch" ist in unserer Arbeit nicht in dem Sinne „die Helvetik betreffend" zu verstehen,
   welches Verständnis auf das frühe 19. Jahrhundert zurückgeht, sondern „Helvetia betreffend",
   wie Bullinger es in der ersten Ausgabe der *Confessio et expositio simplex orthodoxae fidei [...]*
   concorditer ab Ecclesiae Christi ministris, qui sunt in Helvetia ... (Zürich 1566) festhält.
15 Vgl. HEINRICH BULLINGER, Confessio Helvetica posterior 1566, in: RBS 2/2, 270.
16 Das vor etwa 30 Jahren in der Geschichtswissenschaft, vor allem von Ernst Walter Zeeden,
   Wolfgang Reinhard und Heinz Schilling teilweise unabhängig voneinander entwickelte Konzept
   der „Konfessionalisierung" will den Zusammenhang zwischen Konfessionalisierung und
   frühmoderner Staatsbildung aufzeigen. Schilling weist nach, dass die „Konfessionalisierung"
   seit Mitte des 16. Jahrhunderts wesentlich von den politischen Interessen der Herrscherhäuser
   bestimmt gewesen sei. Die regierende Obrigkeit hätte die Bedeutung der kirchlichen Sozial-

sionalität und Toleranz (2010) fest, dass diese Region im Vergleich mit den
meisten Territorien des Alten Reiches eher mit Hilfe eines Animodells der
„Konfessionalisierung" zu beschreiben sei.[17] Tatsächlich hat das Paradigma
der „Konfessionalisierung" eine etatistische und teleologische Tendenz inne,
weswegen es insbesondere für heterogene Regionen wie das Stephansreich
oder die Schweiz wenig geeignet ist.[18] Gerade wegen dieser Heterogenität
schien es dem Verfasser grundlegend, dass er von Anbeginn der Arbeit am
Forschungsprojekt nicht von theoretischen Ansätzen – Modelle und Thesen
also, die am empirischen Material exemplifiziert oder erhärtet werden sollen –
ausgehe („deduktive Methode"), sondern sich eingehend mit den Quellen
beschäftige und aufgrund der Auswertung derselben zu einer generellen bzw.
allgemeinen Erkenntnis komme („induktive Methode"). Dabei war er, wie
auch in den exegetischen Disziplinen, durchwegs von der hermeneutischen
Bemühung getragen, die Quellen in ihrer Fremdheit und ihrem historischen
Kontext zu verstehen.

   In diesem Zusammenhang ist zu betonen, dass der Verfasser sich recht
kritisch zu den geschichtstheoretischen Diskussionen der letzten Jahrzehnte
stellt.[19] Die *linguistic turn* hat zwar dafür sensibilisiert, wie schwierig die
Auswertung von Quellen ist, Quellen also immer auch Dokumente sind, die
sprachlich durch die Zeit und die Umstände der Abfassung geprägt sind und
dem Forscher fremd sind, gleichzeitig aber der Forscher infolge seines
Sprachverständnisses mit den Quellen nicht wertneutral umgehen kann.[20]
Dies heisst, dass es im eigentlichen Sinne keine wertneutrale, objektive, ja
unparteiische Geschichtsschreibung,[21] geschweige denn Kirchengeschichts-

---

disziplinierung für eine moderne Staatsbildung erkannt und sich darum ein Konfession zu
Nutze gemacht, um ihre Untertanen zu disziplinieren (vgl. Schilling, Europa 13–62).

17 Vgl. Marti, Konfessionalität, 433; Klueting, Konfessionalisierung, 53 f. Erstmals gebraucht
Krista Zach den Begriff „Antimodell", indem sie das Paradigma der „Konfessionalisierung" in
Siebenbürgen relativiert und festhält, dass „im Fürstentum Siebenbürgen zumindest eine
ständische, eine grundherrschaftliche und eine sprachethnische Variable berücksichtigt" werden muss. „Mechanismen einer freiwilligen Sozialdisziplinierung aus der Gruppe heraus – oder
von unten – kommen hier je punktuell dazu." (Zach, Stände, 100. 102).

18 Eine Studie von Péter Ötvös über Matej Kabát (Matthias Thoraconymus) illustriert die notwendige Zurückhaltung bei der Anwendung des Paradigmas der „Konfessionalisierung" im
königlichen Ungarn (vgl. Ötvös, Wittenberg, 199–206), in einer Studie von Bernhard wird
die Problematik der Anwendung des Paradigmas auf Mähren und Siebenbürgen aufgezeigt (vgl.
Bernhard, Mähren, 62 ff).

19 Vgl. Goertz, Geschichte.

20 Vgl. Todt, Turn, 178–198.

21 Ob man „unparteiisch" im Sinne Gottfried Arnolds als „unkonfessionell" (1688), oder im Sinne
einer „Wertneutralität" versteht, ist wenig relevant. Gegenüber Johann Lorenz Mosheim, der
von der Möglichkeit einer unparteiischen Geschichtsschreibung überzeugt war (vgl. Johann
Lorenz von Mosheim, Versuch einer unpartheiischen und gründlichen Ketzergeschichte,
Helmstedt 1746, f⁻ᵛ), haben bereits Johann Martin Chladenius wie auch Johann Salomo Semler
eine unparteiische Erzählung, weil der Verfasser immer von seinem Standpunkt aus schreibe,
für nicht möglich gehalten (vgl. Johann Martin Chladenius, Allgemeine Geschichtswis-

schreibung gibt. Während die Geschichtsforschung sich gewissermassen mit der Faktizität der Quellen und historischer Ereignisse beschäftigt, ist die Geschichtsschreibung immer auch eine Deutung und Interpretation der Quellen.[22] Die Frage ist letztendlich die, wie stark der Kontext des Historikers, der subjektiv ist, einen Einfluss auf die Interpretation und Deutung der Quellen, d. h. auf die Geschichtsschreibung bzw. auf die Rekonstruktionsversuche der Geschichte, die objektiv sein sollte, hat? Es besteht also eine Spannung zwischen den Objektivitätsbemühungen und der Parteilichkeitseinsicht des Historikers. Hier sind zwei grundlegende Bemerkungen zu machen: Einmal ist gegenüber den Vertretern der *linguistic turn* festzuhalten, dass zwischen einer geschichtlichen Darstellung („history") und einer Erzählung („story") grundsätzlich zu unterscheiden ist.[23] Die geschichtliche Darstellung basiert auf „objektiven" Fakten („Quellen"), die auf eine andere in Distanz seiende Wirklichkeit verweisen, ist also nicht selbstreferentiell. Demgegenüber verweist eine Erzählung, auch ein historischer Roman, nicht direkt auf die Fakten der Vergangenheit, sondern stellt dar, wie man die Vergangenheit sehen kann, ist also selbstreferentiell und hat gewissermassen einen „willkürlichen" Charakter. Dazu kommt, dass es klare Kriterien gibt, wie mit den Fakten bzw. Quellen umzugehen ist, um dieselben möglichst objektiv auszuwerten. Die grundlegende Frage bei der Beschäftigung mit den Quellen ist dabei immer dieselbe, nämlich ob eine Interpretation angemessen ist. Jürgen KOCKA hat in diesem Zusammenhang sogenannte „Angemessenheitskriterien historischer Argumente" aufgestellt.[24] Mit diesen Kriterien zeigt Kocka klare Grenzen auf, die bei der Interpretation von Quellen nicht überschritten werden dürfen, wenn die Argumentation noch geschichtswissenschaftlich ernst genommen werden will. Zu diesen Angemessenheitskriterien gehört beispielsweise, dass die fachspezifischen Arbeitsmethoden nicht vernachlässigt werden dürfen, dass keine Quellenaussagen ignoriert werden dürfen, dass persönliche Interessen die Arbeitsweise und die Methodik nicht beeinflussen dürfen, dass der Forscher sich immer der Distanz zum Untersuchungsgegenstand bewusst sein müsse, und dass Offenheit für Erkenntnisse, die möglicherweise anders als die voran getroffene Annahme sind,

---

senschaft, worinnen der Grund zu einer neuen Einsicht in allen Arten der Gelahrtheit gelegt wird, Leipzig 1752, 150 f; JOHANN SALOMO SEMLER, Neue Versuche die Kirchenhistorie der ersten Jahrhunderte mehr aufzuklären, Leipzig 1788, 3 f); vgl. BERGJAN, Beschäftigung, 56; REILL, Geschichtswissenschaft, 174 f.

22 Ich gehe dabei freilich nicht so weit wie Franklin Rudolf ANKERSMITH, der davon ausgeht, dass die historische Erzählung nicht Spiegelbild der historischen Wirklichkeit sei, sondern nur die Konstruktion eines bestimmten Zusammenhanges, der als solcher in der Vergangenheit nicht angetroffen wird (vgl. LORENZ, Konstruktion, 134 f).

23 Die Unterscheidung zwischen „history" und „story" hat Hayden WHITE nivelliert (vgl. KÖRTNER, Einführung, 3 ff; GOERTZ, Geschichte, 11 ff).

24 Vgl. KOCKA, Angemessenheitskriterien, 469–473 (vgl. GOERTZ, Umgang, 139 ff).

notwendig sei, was nämlich einer Entmythologisierung gleichkommen könne, u.s.w.

Diese knappen Ausführungen zur wissenschaftlichen Diskussion um die Auseinandersetzung mit historischen Quellen mögen Hinweis darauf sein, wie sich der Verfasser mit den Quellen beschäftigt hat. Das Quellenstudium betraf dabei insbesondere die Bereiche Briefkorrespondenz, Matrikeln, Bibliotheksverzeichnisse, Exlibris bzw. Supralibros, Stammbücher, Vorlesungsnotizen, theologische Entwürfe, Synodalprotokolle, u.s.w., sowie das Studium von unzähligen zeitgenössischen Drucken. Die Archiv- und Bibliotheksarbeit hat die ersten Jahre des Forschungprojektes infolge ihrer Aufwendigkeit gezeichnet; es sei nur nebenbei erwähnt, dass Archive bzw. Bibliotheken von Paris bis Kronstadt sowie von Prag bis Genf besucht wurden.[25] Das Ziel war dabei durchwegs, die vorhandenen Quellen möglichst erschöpfend zu sammeln, zu prüfen, zu kontextualisieren und auszuwerten. Natürlich stellt es einen hohen Anspruch dar, sich mit allen zur untersuchten Thematik bekannten und gefundenen Quellen zu beschäftigen, doch war dies gerade wegen der besonderen politischen, kirchlichen, sozialen und ethnischen Gegebenheiten des Forschungsgegenstandes absolut notwendig, denn eine selektive Quellenauswahl wäre für die Ergebnisse der Arbeit verheerend gewesen. Freilich gehört es zum Wesen jeder historischen Arbeit, dass einerseits immer wieder neue Quellen auftauchen, die nicht ausgewertet worden sind, bzw. andere Quellen nicht berücksichtigt wurden, da sie im Blick auf den untersuchten Forschungsgegenstand vernachlässigbar schienen.

Mit dem Studium der Quellen notwendig verbunden waren vor allem kommunikationsgeschichtliche Fragestellungen: Wie geschah die Vermittlung neuer Geistesströmungen? Wie gestaltete sich der Wissenstransfer zwischen der Schweiz und Ungarn? Wer bzw. was waren die Träger der Vermittlung? Welche inhaltlichen Akzente wurden bei der Vermittlung von Wissen gesetzt? Welche Wirkung und welchen Einfluss hatte schliesslich die – auf verschiedenen Wegen stattfindende – Verbreitung von Wissen im Allgemeinen, von Geistesströmungen wie Humanismus, Reformation und reformierte Orthodoxie im Besonderen im Reich der Stephanskrone? u.s.w. Damit ist definiert, was unter Kommunikationsgeschichte verstanden wird. Gemäss Niklas Luhmann[26] ist in der Kommunikation zwischen dem Medium und der Form zu unterscheiden, wobei das Medium stabiler ist als die Form: Die Sprache ist beispielsweise das Medium der Kommunikation, das Buch hingegen die Form der Kommunikation. In unserer Untersuchung geht es vor allem darum, welche Form der Kommunikation zwischen der Schweiz und dem Stephansreich stattgefunden hat, und, als Folge davon, welche Bedeutung

---

25 Im Abkürzungsverzeichnis sind die verschiedenen besuchten Archive erfasst nicht aber die einzelnen Handschriften inklusive Signaturen, da ein solches Verzeichnis den Umfang des Quellen- und Literaturverzeichnisses bei weitem sprengen würde.

26 Vgl. Luhmann, Gesellschaft, 190 ff.

diese Form der Kommunikation für die Geistesentwicklung in Ungarn hatte? Gerade bezüglich letzterer Fragestellung muss betont werden, dass funktionierende Kommunikation das „Zusammengehen" von Information, Mitteilung und Verstehen voraussetzt, d.h. dass Kommunikation erst mit ihrem Abschluss im Verstehen zustandekommt. Erst dadurch kann schliesslich – methodisch gesprochen – aus Kommunikation auch Rezeption werden.

In der ersten Phase der Arbeit am Forschungsprojekt hat sich der Verfasser vor allem auf die Bedeutung der Peregrination für die Wirkung und den Einfluss der helvetischen Richtung der Reformation, der Orthodoxie und der Aufklärung auf die Entwicklung der reformierten Kirche Ungarns und Siebenbürgens (1530 – 1798) konzentriert. Im Forschungsgesuch an den *Fonds zur Förderung des Akademischen Nachwuchses* (FAN) der Universität Zürich wird denn auch festgehalten:

Seit dem Mittelalter ist die Peregrination (Auslandaufenthalt zu Studienzwecken) ungarischer und siebenbürgischer Studenten an Universitäten und Akademien des westlichen Europa sehr verbreitet. In die damalige Schweiz (Universität Basel, Akademien in Bern, Genf, Lausanne und Zürich) kamen von 1530 bis 1798 insgesamt in etwa 700 ungarischsprachige Studenten, wovon über 90 % theologische Studien betrieben. Auf ihrem Studienaufenthalt wurden sie in ihrer theologischen Denkungsart auch durch den schweizerischen Protestantismus ihrer Zeit (Reformation, Orthodoxie, Aufklärung) geprägt. Dies zeigt sich oft aufgrund der späteren Wirksamkeit in Ungarn oder Siebenbürgen, als Pfarrer in den Gemeinden oder als Lehrer an den theologischen Akademien. Viele dieser ehemaligen Studenten blieben zudem mit der Schweiz auch im Briefkontakt und setzten sich durch ihre Tätigkeit aktiv für die Verbreitung und Festigung des schweizerischen Protestantismus in Ungarn und Siebenbürgen ein. […] Aufgrund der Untersuchung der Studienaufenthalte ungarischer Studenten in der Schweiz und deren späterer Wirksamkeit in Ungarn und Siebenbürgen ist eine tiefere Einsicht in die Kirchen-, Theologie- und Kulturgeschichte des reformierten Protestantismus zu erwarten.[27]

Im Rahmen der Forschungsarbeit musste allerdings bald einmal festgestellt werden, dass eine Konzentration auf die Studienaufenthalte ungarischer Studenten in der Schweiz die eingangs gestellte Frage nach den Gründen der grossen Wirkung und des nachhaltigen Einflusses der schweizerischen Reformation auf Ungarn und Siebenbürgen nur zu einem Teil beantworten kann. In der Folge wurde darum das Forschungsprojekt in zwei Bereichen differenziert:

a. Von 1500 bis 1700 studierten etwa 100, zwischen 1700 und 1800 etwa 700 ungarische Studenten in der Schweiz.[28] Es muss also im 18. Jahrhundert –

---

27 Gesuch für das Forschungsprojekt „Ungarische Studenten als Vermittler schweizerischer reformierter Theologie im Ungarn und Siebenbürgen der Neuzeit (1530 – 1798)" beim *Fonds zur Förderung des Akademischen Nachwuchses* (FAN) der Universität Zürich.

28 Die ungefähren Zahlen lassen sich damit erklären, dass zwar die Immatrikulationen en détail

im Vergleich mit den beiden vorangehenden Jahrhunderten – von einem
ungleich grösseren und bedeutenderen Einfluss der schweizerischen Studien ungarischer Peregrinanten auf die Entwicklung des reformierten
Protestantismus Ungarns und Siebenbürgens ausgegangen werden. Verschiedene in den letzten Jahren veröffentlichte Einzelstudien von HEGYI
und BERNHARD konnten dies nachweisen.[29] Gleichzeitig ist zu fragen,
warum das helvetische Bekenntnis bereits im 16. und 17. Jahrhundert die
Entwicklung des ungarischen Protestantismus beherrscht hat, ja zur abschliessenden Formulierung der reformierten Orthodoxie in Ungarn und
Siebenbürgen wesentlich beigetragen hat. Vorliegende Arbeit – und damit
wird das ursprüngliche Forschungsprojekt differenziert – will sich dieser
bislang nur in Teilen untersuchten sowie beantworteten Frage nach der
Bedeutung der ungarisch-schweizerischen Kontakte im 16. und 17. Jahrhundert stellen. Die beiden Jahrhunderte bilden zudem insofern eine
sinnvolle Einheit, dass sich in ihnen immer wieder neu die Frage nach der
„simplex et orthodoxa veritas" stellte.[30] Hingegen war die Frage des rechten
Glaubens („orthodoxia" bzw. „ὀρθὴ δόξα") im 18. Jahrhundert, dem
„Aufklärungsjahrhundert", nicht das die wissenschaftliche Diskussion
beherrschende Thema, wenn auch in der ersten Hälfte des 18. Jahrhunderts
noch verschiedene ungarische Studenten um der „Orthodoxie" willen in
die Schweiz kamen.[31]

b. Bereits in der ersten Phase der Arbeit am Forschungsprojekt hat sich ge-
    zeigt, dass eine Konzentration auf die Peregrination zu einer Engführung
    der Untersuchung über die Gründe des Durchbruchs der helvetischen
    Richtung der Reformation in Ungarn und Siebenbürgen führt. Mit andern
    Worten: Dass die Beschäftigung allein mit dem Bereich Peregrination
    unser Forschungsthema nicht befriedigend behandeln kann. Darum war es
    notwendig, auch auf andere zentrale Bereiche der Kommunikationsge-
    schichte einen Akzent zu setzen. Es ist dabei insbesondere an die Episto-
    lographie und die Buchgeschichte zu denken. Gerade diese drei Bereiche –
    Peregrination, Epistolographie und Buchgeschichte – können im Verbund
    verschiedene wesentliche Fragen nach der Möglichkeit der Vermittlung
    von Geistesströmungen beantworten. Auch in unserer Thematik sind sie,
    natürlich nicht unabhängig voneinander, sondern in stetem „Gespräch"
    miteinander, signifikativ: So umfasst in den beiden behandelten Jahr-
    hunderten allein die ungarisch-schweizerische Korrespondenz über 500

---

bekannt sind (vgl. HEGYI, Diákok, 17), aber an allen Hohen Schulen und Universitäten der
Schweiz auch mehrere Ungarn Studien absolviert haben, die sich nicht immatrikulieren
konnten oder wollten.

29 Vgl. HEGYI, Buchausleihe, 293–308; DERS., Wirkung, 79–100; DERS., Szokásai, 377–389;
    DERS., Könyvjegyzékei; BERNHARD, Zürich, 209–261; DERS., Debrecen, 781–800; DERS.,
    Ostervald, 611–623; DERS., Ausgabe, 85–98; u.s.w.
30 Vgl. János Kállai Kopis an den Rat von Zürich, s.d. [1673/1674], ZBZ: D 182, 419ʳ.
31 Vgl. BERNHARD, Zürich, 210–220.

erhaltene Briefe, die oft im Zusammenhang mit einer Peregrination gestanden sind.[32] Gleichfalls sind in der betreffenden Zeit über 200 *Hungarica* auf Druckereien in der Schweiz erschienen. Umgekehrt haben wir heute Kenntnis nur von etwa einem Dutzend *Helvetica*, die in Ungarn oder Siebenbürgen bzw. in ungarischer Sprache gedruckt worden sind. Wenn wir aber einen Blick auf die Titel werfen, so fällt sofort auf, dass sich darunter sehr wichtige *Helvetica* finden, aus dem Reformationsjahrhundert beispielsweise Johannes Calvins *Institutio* oder Heinrich Bullingers *Confessio Helvetica posterior*, aus dem Jahrhundert der „Orthodoxie" beispielsweise Johannes Wollebs *Christianae Theologiae Compendium*. Mit der Buchgeschichte untrennbar verbunden ist schliesslich auch die Bibliotheksgeschichte, die gleichfalls wertvolle Hinweise zur Bedeutung der ungarischschweizerischen Kontakte geben kann.

In diesem Zusammenhang ist es ganz besonders wichtig zu betonen, dass es sich bei der vorliegenden Arbeit um eine geistes-, theologie- sowie kirchengeschichtliche Arbeit handelt. Die Kenntnis der verschiedenen Richtungen der reformatorischen Theologie und die Kenntnis der verschiedenen Strömungen und Ausprägungen der reformierten Theologie im Jahrhundert der „Orthodoxie" ist eine grundlegende Voraussetzung, sich überhaupt mit dieser Materie beschäftigen zu können. Bei der Auswertung der verschiedensten Quellen ist es immer wieder aufgefallen, dass theologische Fragen für Entstehung und Wesen des ungarischen Protestantismus weit bedeutender waren, als dies von vielen Historikern – sei es aufgrund eines anderen, teils ideologischen Ansatzes, oder sei es mangels Kenntnis bzw. Verständnis der theologischen Probleme – dargestellt wird. Die erwähnten Forschungsüberblicke von Monika GLETTLER und Márta FATA liefern diesbezüglich, wenn auch das letzte Jahrzehnt nicht berücksichtigt ist, gute und interessante Einblicke in die verschiedenen Ansätze und Theorien, den Anfang, die Entwicklung und die Besonderheit der ungarischen Reformation zu erklären.

In der Arbeit am Forschungsprojekt hat sich der Verfasser jederzeit der Herausforderung gestellt, die Absicht und das Ziel der Thematik, nämlich die Bedeutung der ungarisch-schweizerischen Kontakte für die Konsolidierung des reformierten Bekenntnisses im 16. und 17. Jahrhundert systematisch zu untersuchen, nicht aus den Augen zu verlieren. Diese Herausforderung war um so grösser, da sich die Arbeit über Jahre hinzog, was umgekehrt aber eine geeignete und fruchtbare Voraussetzung dafür war, sich mit allen Facetten der Bedeutung der ungarisch-schweizerischen Kontakte auseinandersetzen zu können. Entstanden ist am Ende ein *grund-legender* Beitrag zur Kommunikationsgeschichte zwischen Ungarn und der Schweiz in der frühen Neuzeit.

---

32 Wie aus der Epistolographie im Generellen bekannt ist, fehlt auch im vorliegenden Fall oft die eine Seite der Korrespondenz, so dass von einer noch weit grösseren Zahl als 500 auszugehen ist.

Die einzelnen Kapitel der Arbeit sind so konzipiert, dass sie in sich eine sinnhafte Einheit bilden, also für sich gesondert gelesen werden können.[33] Sie werden darum immer mit einer Zusammenfassung abgeschlossen, die die wichtigsten Erträge noch einmal konzis darstellt. Die Zusammenfassungen in ihrer Gesamtheit bilden denn auch den eigentlichen Forschungsertrag der Arbeit. Aus diesem Grunde schliesst die Arbeit lediglich mit einigen, die einzelnen Erträge in einem umfassenden Sinne betrachtenden Schlussbemerkungen.

---

33 Dies führt, da die Materie aus kommunikationsgeschichtlicher Sicht relativ komplex ist, freilich dazu, dass innerhalb der Arbeit verschiedentlich Doppelungen auftreten, manchmal aus Gründen der Argumentation, manchmal aber auch, um eine früher gemachte Forschungserkenntnis in Erinnerung zu rufen oder auf eine erst im kommenden Kapitel erarbeitete Forschungserkenntnis hinzuweisen. Mittels der – zahlreich auftretenden – Querverweise wird aber der Zusammenhang immer gewährleistet.

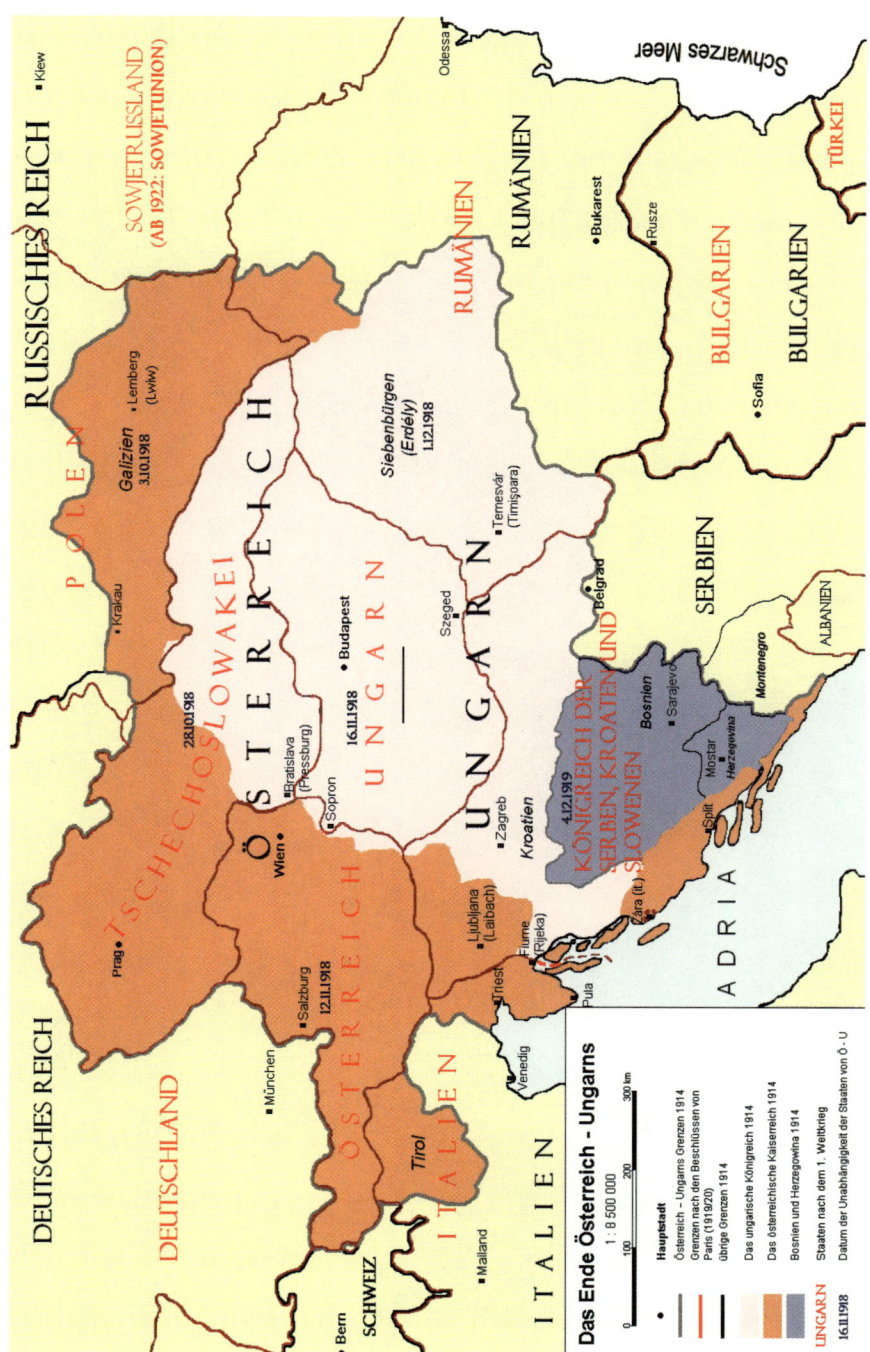

Abb.1: Königreich Österreich-Ungarn bs 1918 mit den Grenzen und Namen der Nachfolgestaaten.

Kulturaustausch und Wissenstransfer im Humanismus, mit besonderer Berücksichtigung Ostmitteleuropas – Ein Überblick

Wer sich mit kommunikationsgeschichtlichen Fragen beschäftigt, muss sich in einem ersten Schritt vergegenwärtigen, wie der Wissenstransfer in der zu untersuchenden Zeit vonstatten gegangen ist. Dieses sehr allgemein formulierte Ziel verfolgt vorliegender Überblick, in dem anhand einiger geeigneter Fallbeispiele grundlegende Erkenntnisse und Einsichten betreffend Kulturaustausch und Wissenstransfer im Humanismus, mit besonderer Berücksichtigung Ostmitteleuropas, gegeben werden.

1. Einführung in die Eigenart des Wissenstransfers im Humanismus

Die Anfänge des Humanismus sind im Italien der Renaissance zu suchen.[1] In mehreren Universitätsstädten, allen voran Florenz, begann die Erschliessung des Altertums. Es bildeten sich verschiedene Gelehrtenkreise, die sich mit der antiken Philosophie auseinandersetzten, sich kritisch mit Philologie und Geschichte beschäftigten und schliesslich eine neue Lebensauffassung, einen neuen Lebensstil propagierten. Augrund der Lektüre der klassischen Autoren entwickelten sich in diesen Kreisen immer mehr allgemein-ethische Vorstellungen, denen die Moral der Kirche nicht mehr genügen konnte. Mit grossem Eifer machten sie sich ans Übersetzen, Herausgeben und den kritischen Druck von berühmten Werken der Antike, insbesondere Platons und Ciceros. Gerade durch das neue Massenmedium Buchdruck sollten breitere Kreise beeinflusst, ja die antike Geisteshaltung in der Gegenwart umgesetzt werden. Man wollte ein neues nichttheologisches Bildungsprogramm für die ganze Gesellschaft schaffen.[2]

Von Italien her verbreitete sich die Renaissance seit dem 15. Jahrhundert in ganz Europa, insbesondere auch in Ostmitteleuropa. Die kulturellen und wirtschaftlichen Verbindungen der ostmitteleuropäischen Länder, insbesondere des Stephansreiches, zu Italien gestalteten sich, bevor die Türken im 16. Jahrhundert Südost- und Ostmitteleuropa teilweise besetzten, äusserst rege.[3] Der Mitbegründer des florentinischen Humanismus, Pietro Paolo Vergerio (†1444), weilte seit 1418 als kaiserlicher Referendar in Ofen (Buda, HU) und wurde damit auch zu einem der Begründer des ungarländischen Humanismus. Infolgedessen wurde in Ungarn seit Mitte des 15. Jahrhunderts der Einfluss der italienischen Renaissance immer mehr spürbar. Mátyás Hunyadi (1443 – 1490), der spätere König Matthias Corvinus (Mátyás Király), wuchs

---

1 Neben „Humanismus" ist für gewisse Länder der Ausdruck „Renaissance" geläufiger. Beide Begriffe umfassen etwa dieselbe Periode, von der Mitte des 14. bis zum Ende des 16. Jahrhunderts. Bei „Renaissance" denkt man meistens an die Kunst – Bildhauerei, Malerei sowie Architektur – in dieser Zeit; wie im „Humanismus" findet aber auch die Kunst der „Renaissance" ihre Inspiration in derjenigen der klassischen Antike. Bis heute wird der Ausdruck „Renaissance" vor allem für Länder – wie Italien oder Ungarn – verwendet, in denen die Renaissancekunst bereits im 15. Jahrhundert zu Symbol und Merkmal der geistigen Entwicklung wurde.

2 Damit ist auch bereits definiert, was wir unter „Humanismus" verstehen (vgl. MAISSEN, Überlegungen, 396ff; AUGUSTIJN, Humanismus, H50ff; BUCK, Humanismus, 1f; BUCSAY, Humanismus, 42ff).

3 Das Stephansreich grenzte im 15. Jahrhundert an der Adria an venezianisches Territorium, und von der dalmatischen Küste aus waren die italienischen Häfen leicht erreichbar.

also in einem durch die italienische Renaissance geprägten Klima auf. Er selbst umgab sich mit italienischen Literaten, Künstlern und Historikern (z. B. Bonfini, Galeotto) und pflegte regen Kontakt mit den Universitäten Italiens; auch seine spätere Gattin Beatrice d'Aragona stammte als Tochter des Königs von Neapel aus Italien. Zudem absolvierten viele ungarische Gelehrte ihre Studien in Italien, so auch der wohl grösste ungarländische Humanist, Janus Pannonius (Johannes von Csezmicze, 1434 – 1472), ein Neffe des Erzbischofs von Gran (Esztergom, HU), János Vitéz, der elf Jahre in Ferrara bei Guarino verbracht hatte. Später erschienen seine Gedichte in mehreren Auflagen in Venedig. Diese geistige Verbindung des Stephansreiches und Italiens blieb auch im Übergang zum 16. Jahrhundert weiterhin bestehen.[4] So hatte der Bischof von Erlau (Eger, HU), Ippolito d'Este, in seinem Gefolge den vielseitigen Humanisten Celio Calcagnini, der wiederum andere ausländische Humanisten an den Bischofshof zog. Humanismus und Renaissance durchdrangen die oberen Schichten der Gesellschaft, unterstützt durch die, seit der Wahl des Jagiellonen Vladislav II. zum böhmisch-ungarischen König, immer zahlreicheren Absolventen der Wiener und Krakauer Universität, die bürgerlicher Herkunft waren.[5]

Obwohl der junge König Matthias sich durch eine ausgeprägte Machtpolitik auszeichnete und sich Vitéz, Pannonius und andere Humanisten immer mehr von ihm distanzierten, war es sein Verdienst, dass Ofen im 15. Jahrhundert zu einem der wichtigsten Zentren des humanistischen Europa geworden ist, durch den Bau des neuen Palastes im Renaissancestil, insbesondere aber durch die Gründung der *Bibliotheca Corviniana*, der – mit 2000 – 2500 Bänden, darunter viele Kolligate – wohl berühmtesten Bibliothek des Abendlandes, die auch wertvolle Kodices beherbergte. Obwohl mit dem Tod des Königs (†1490) ein Teil der Bibliothek verloren ging, so blieb sie doch der grosse Anziehungspunkt eines jeden hergereisten Humanisten.[6] Als Joachim Vadian („von Watt", 1484 – 1551) im Jahre 1513 nach Ofen reiste, gewährte ihm der Venezianer Girolamo Balbi Einsicht in die herrlichen Kodices der *Corviniana*. Er fand darin interessante Handschriften sowohl aus der italienischen Renaissance wie auch aus der klassischen Antike. Später verwendete er Teile daraus für seine Vorlesungstätigkeit in Wien.[7]

---

4 Für die Zeit nach 1526 liegt endlich eine Studie über die ungarländische Peregination nach Italien vor (vgl. SZLAVIKOVSZKY, Diákok).

5 Zum Ganzen: FATA, Ungarn, 41 ff; RITOÓK-SZALAY, Erasmus, 112 f; KARDOS, Entwicklungsgang, 3 ff; DERS., Humanismus, 123 ff; NYIKOS, Erasmus, 352 f.

6 Zur *Bibliotheca Corviniana* und ihrer Bedeutung für den Wissenstransfer: PAPO, Umanisti, 93 ff; FABIAN, Bibliotheca; MAILLARD, Bibliotheca; MONDRAIN, Transfer, 109 ff. In der buchgeschichtlichen Zeitschrift *Magyar Könyvszemle* finden sich auch immer wieder Studien zur *Bibliotheca Corviniana*, so z. B. im Kalenderjahr 2008 mit Abhandlungen von Péter EKLER, Marianne ROZSONDAI, István MONOK und Noemi VISKOLCZ zu verschiedenen Aspekten der *Bibliotheca Corviniana*. Eine virtuelle Rekonstruktion der Bibliothek, mit zahlreichen Aufnahmen der Unikate, ist digital abrufbar unter: www.corvina.oszk.hu.

7 Vgl. BONORAND, Beziehungen, 110 f; NÄF, Analekten, 38 f.

Auch der Basler Humanist Johannes Sichard wusste gemäss einem Brief an Vadian von dem Reichtum der *Corviniana*.[8] Johannes Alexander Brassicanus („Kohl", 1500 – 1539) beschreibt in der Vorrede zu seiner Salvianus-Ausgabe *De vero iudicio et providentia Dei libri VIII* (Basel 1530) den Wert der Bibliothek in Ofen.[9] Gerade in den Buchdruckerzentren wusste man sehr wohl von der Bedeutung der *Corviniana*, da deren Handschriften nicht nur in Ofen rege benutzt wurden, sondern auch zwischen Bibliotheken, Universitäten und Druckereien hin und her wanderten. So kamen Handschriften aus Ofen an den Bischofssitz in Erlau, nach Venedig in die Druckerei von Aldus oder über Wien nach Basel.[10] Wir wissen von zahlreichen Corvinen, die auf diesem Weg nach Basel kamen, gar noch nach der Verwüstung der Bibliothek durch die Türken.[11] Erasmus hat Handschriften aus der *Corviniana* sowie Drucke von ungarländischen Humanisten benutzt, um Neuausgaben von Werken der klassischen Antike zu verbessern. So hat er 1529, als er seine Seneca-Ausgabe von 1515 verbessern wollte, für den Druck auf die hervorragende, aufgrund von Corvinen korrigierte Edition der *Quaestiones naturales* von Matthaeus Fortunatus Pannonius (~1580 – 1528), gedruckt 1523 in Venedig bei Aldus, zurückgegriffen.[12]

Die Beispiele zeigen deutlich auf, dass der Wissenstransfer im Humanismus nicht einseitig war, also nicht von einem Gefälle zwischen dem „westlichen" und dem „östlichen" Humanismus ausgegangen werden darf; vielmehr entstand zwischen Gelehrten und Universitäten ganz Europas, von Florenz bis Oxford und von Paris bis Krakau, seit etwa 1480 ein reger Kulturaustausch und Wissenstransfer, der sich in einem progressiven Kommunikationsnetz manifestierte, in Freundeskreisen (Sodalitäten), Gelehrtenkorrespondenzen, Studentenperegrination und im Buchhandel. Dass dieses Kommunikationsnetz Grundlage für den Erfolg des humanistischen Anliegens, die europäische Geistesbildung zu erneuern und zu verändern, werden konnte, war allerdings auch wesentlich durch die funktionierende Gelehrtenmobilität im Humanismus bedingt: Italienische Gelehrte und Künstler waren beispielsweise in Ofen oder in Krakau tätig, deutsche Studenten liessen sich an den Universitäten von

---

8 Vgl. Johann Sichard an Joachim Vadian, 31. Juli 1528, in: LEHMANN, Sichardus, 40 f; vgl. SCHULTHEISS, Antoninus, 121.

9 Vgl. Ad reverendissimum patrem ac principem, dominum Christophorum à Stadion, Episcopum Augustensem, […] Ioannis Alexandri Brassicani […] Praefatio, in: MASSILIUS SALVIANUS, De vero iudicio et providentia Dei libri VIII, cura Jo. Alex. Brassicani editi […], Basel 1530, α3ʳ.

10 Vgl. RITOÓK-SZALAY, Erasmus 112 f.

11 Nach der endgültigen Eroberung Ofens (1541) konnten nichtsdestotrotz viele Handschriften gerettet werden, indem sie vorsichtshalber dezentral an Bischofssitzen und Adelshöfen aufbewahrt wurden; so kamen manche Handschriften auch in private Hände von ungarischen Humanisten. Ein solcher Humanist war Johannes Sambucus aus Tyrnau (Trnava, SK), der zeitlebens Corvinen und andere Handschriften gesammelt hatte; seine Bibliothek wurde zu einer der wichtigsten Handschriftensammlungen im Ungarn des 16. Jahrhunderts (vgl. unten S. 261 ff).

12 Vgl. GERÉZDI, Érasme, 131 f. Zu Matthaeus Fortunatus Pannonius vgl. BIETENHOLZ, Contemporaries, 45 f.

Padua, Bologna oder Florenz ausbilden, Wiener Lehrstühle wurden mit ausländischen Humanisten besetzt, Buchhändler aus Venedig liessen sich in Basel nieder u.s.w. Ein besonders eindrückliches Exempel dieses Kulturaustausches und Wissenstransfers ist der Kronstädter Humanist und Reformator Johannes Honterus (1498 – 1549),[13] der als personales Paradigma für die geistige und kulturelle Verbindung Europas gelten darf: Seine Studien in Wien, Regensburg, Krakau und Basel führten ihn mit Humanisten wie z. B. Vadian, Apian, Aventin, Amerbach oder Oekolampad zusammen; seine paläographischen Tätigkeiten in verschiedenen Offizinen Basels waren ihm später für den Betrieb einer eigenen Druckerei in Kronstadt (Braşov, RO) dienlich; die Teilnahme an Sodalitäten ermöglichte eine intensivere Auseinandersetzung mit klassischen Werken der Antike und der Austausch neuen Wissens. Seine *Cosmographia*, die erstmals in Krakau 1530 erschien, ein geographisches Lehrbuch, wurde aufgrund neuen Wissens mehrfach verändert und erweitert. Kaum erstaunt es, dass die Reihe der Druckorte von Krakau über Basel, Kronstadt, Breslau, Zürich, Antwerpen, Rostock, Prag und Köln bis hin zu Teilabdrucken in anderen Werken in Paris und Leipzig reicht. Allein bis 1600 lassen sich, ohne die letztgenannten, 35 Ausgaben nachweisen. Dies macht eklatant deutlich, wie intensiv der Kulturaustausch und Wissenstransfer im humanistischen Europa der frühen Neuzeit war.[14]

Johannes Honterus' zweieinhalbjähriger Aufenthalt in Basel (1530 – 33)[15] offenbart auch die Bedeutung Basels im Rahmen dieses europäischen Gelehrtenaustausches. Die Universitätsstadt war mitten in das angesprochene Kommunikationsnetz eingebettet: Einerseits gehörte es dem „westeuropäischen" Humanistenkreis – Basel, Paris und Oxford – an, andererseits stand es in intensivem Kontakt mit dem „ostmitteleuropäischen" Humanistenkreis – Wien, Prag und Krakau. Durch den mehrjährigen Aufenthalt des Humanistenfürsten Erasmus von Rotterdam[16] mauserte sich Basel in den 1520er Jahren zu einem europäischen Kulturzentrum. Erasmus unterschied sich von vielen seiner „geistigen" Vorgänger insofern, dass er die im Humanismus entwickelten philologischen Methoden für die Bibelwissenschaft und die Theologie insgesamt nutzbar machen wollte. Der Aufruf „ad fontes" hat Erasmus verstanden als Aufruf zur Rückkehr zu den Quellen des Christentums, zum Neuen Testament und den Kirchenvätern; er wurde damit zu einem der wichtigsten Vertreter des sogenannten „Bibelhumanismus". Während seines zweijährigen Basler Aufenthaltes seit 1514 gab Erasmus erstmals das beim Buchdrucker Froben erschienene *Novum instrumentum* (1516), die aus der Ursprache übersetzte griechisch-lateinische Ausgabe des Neuen Testaments, sowie die

13 Zu Honterus vgl. die in jüngerer Zeit erschienen wegweisenden Studien: BINDER, Honterus (1996); SALGÓ, Honterus-Festschrift; NUSSBÄCHER, Beiträge.
14 Vgl. HABERLAND, Wissenstransfer, 15ff; NUSSBÄCHER, Versuch, 150ff; KLEIN, Münster, 25 – 42.
15 Weiteres vgl. unten S. 161 ff.
16 Zu Erasmus von Rotterdam vgl. die jüngeren Darstellungen: AUGUSTIJN, Erasmus (1996); CHRIST-VON WEDEL, Erasmus (2003); RUMMEL, Erasmus.

neunbändige, lang ersehnte Ausgabe der *Opera omnia* (1516) von Hieronymus heraus; letztere Edition bildete im Werk des Erasmus einen Höhepunkt.[17] So erstaunt es nicht, dass Erasmus, insbesondere seit 1521 der Stadt Ruhm und Ehre brachte und Basel sich zu einer Drehscheibe für die Verbreitung humanistischer Ideen und klassischer Ausgaben – man denke daran, dass allein zu Erasmus' Zeiten in Basel mehr als ein halbes Dutzend Druckereien tätig waren – entwickelte.[18] Die Bewunderung für Erasmus reichte von Portugal bis nach Polen, und sein Einfluss auf die europäische Geistesgeschichte ist kaum zu überschätzen.[19]

Als Pendant zum sogenannten Krakauer Humanistenkreis, der *Sodalitas litteraria Vistulania*, gegründet von Konrad Celtis (1459 – 1508), wie auch zum Wiener Humanistenkreis, der *Sodalitas litteraria Danubiana*, gleichfalls von Konrad Celtis ins Leben gerufen und später von Johannes Cuspinian (1473 – 1529) und Joachim Vadian weitergeführt, bildete sich in Basel im Hause des Druckers Johannes Froben die *Sodalitas Basiliensis*,[20] ein loser Gelehrtenkreis um Erasmus, der es sich neben der Pflege der Wissenschaften insbesondere zum Ziel gemacht hatte, die zahllosen in Basel gedruckten klassischen und humanistischen Werke zu verbreiten.[21] Der *Sodalitas Basiliensis* gehörten keine Geringeren als Bonifatius Amerbach, Beatus Rhenanus, Konrad Pellikan, Heinrich Glarean, Johannes Oekolampad oder später auch Simon Grynaeus an.[22] Viele dieser Gelehrten pflegten eine internationale Korrespondenz und besassen so die besten Voraussetzungen, Basler *Helvetica* verbreiten zu können. Allerdings muss mitbedacht werden, dass Basel nicht die einzige Buchdruckerstadt war, die wissenschaftliche Ausgaben – es handelte sich vor allem um Werke der Altphilologie und der Kirchenväter, Bibelausgaben sowie zeitgenössische humanistische Werke aus Naturwissenschaft, Geschichte oder Philosophie – produzierte, sondern in einem offenkundigen Wettstreit mit Paris und Venedig stand. In diesem Wettstreit konnte sich Basel mit seinen qualitativ hervorragenden wissenschaftlichen Ausgaben gegenüber anderen

17 Vgl. AUGUSTIJN, Humanismus, H75 f. H87 ff.
18 Vgl. LEU, Book, 299 – 309.
19 In diesem Zusammenhang ist, neben der Herausgabe wissenschaftlicher Ausgaben von Kirchenvätern, auch auf seine Werke, die im Gebiet der theologischen Popularisierung anzusiedeln sind, zu verweisen, insbesondere auf das *Enchridion militis Christiani* oder die *Paraphrases* zum Neuen Testament. Dass die *Paraphrases* auch von der ganzen Reformatorengeneration benutzt wurden, belegt, wie stark die Reformatoren von Erasmus geprägt waren (vgl. CHRIST-VON WEDEL, Erasmus (2007); MOUT, Humanism, 5 – 22; AUGUSTIJN, Erasmus (1996), 141 – 321; DERS., Calvin, 127 ff.; HÄGGLUND, Erasmus, 139 – 147; SCHEIBLE, Melanchthon (1984), 155 – 180; LOCHER, Reformation, 42 ff. 67 ff. 117 ff. 367; u.s.w.).
20 So von Erasmus selbst bezeichnet: Erasmus an Hermann Graf von Neuenahr, 25. August 1517, in: Allen III, Nr. 636; Erasmus an Johannes Witz (Sapidus), Oktober 1515, in: Allen II, Nr. 364.
21 Vgl. FELLAY, Erasmus, 104 – 108.
22 Vgl. AUGUSTIJN, Humanismus, H77 f; ders., Erasmus, 205ff; WŁODARSKI, Polen, 91 f; WACKERNAGEL, Geschichte III, 207 ff. Ähnliche Sodalitäten gab es beispielsweise im „westlichen" Europa in Strassburg, Augsburg oder Nürnberg (vgl. GUGGISBERG, Zusammenhänge, 43); vgl. unten S. 55.

europäischen Buchdruckerstädten immer mehr behaupten. Unterstützt wurde diese Entwicklung dadurch, dass auch Basel bereits seit dem 15 Jahrhundert wichtige Kontakte nach Italien pflegte; viele in Basel gedruckte Werke – wir denken an Ausgaben des Aristoteles, Hieronymus, Chrysostomus, Laktanz u.s.w. – waren bereits früher in Venedig erschienen.[23] Mit dem Einsetzen der reformatorischen Bewegungen in Italien wurde das „liberale" Basel immer mehr zu einem beliebten Exil für italienische Glaubensflüchtlinge, oft auch Nonkonformisten, die infolge ihrer bemerkenswerten Gelehrsamkeit in Basler Offizinen als Mitarbeiter sehr willkommen waren. Wir denken da an Namen wie Celio Secondo Curione, Pietro Perna oder Fausto Sozzini. Gleichzeitig konnte mit der Edition von Werken der italienischen nonkonformistischen Emigration die Rolle Basels im Kontext des europäischen Buchdrucks erheblich gefestigt werden. Denn obwohl der Basler Rat erstmals 1524 eine Zensurverordnung erliess, und diese Zensurverordnung 1531 und 1542 erneuert wurde, kümmerten sich die Buchdrucker kaum darum. Viele Drucker waren bereit, wenn sie wegen eines Druckes ohne Genehmigung angeklagt wurden, Busse und allenfalls eine kurze Kerkerhaft auf sich zu nehmen. So druckte man in Basel nicht nur die in Genf verhassten und scharf kritisierten Bibeln Castellios, sondern erstmals auch die von Bibliander besorgte Koranausgabe *Machumetis saracenorum principis, eiusque successorum vitae ac doctrina, ipseque Alcoran, [...]* ([Basel] 1543), für die sich Oporin, weil er die Zensurverordnung missachtet hatte, prompt vor dem Rat zu verantworten hatte. Von allen Druckzentren – wenn wir die *Indices librorum prohibitorum* untersuchen – lieferte Basel die grösste Anzahl verbotener Titel in lateinischer Sprache.[24]

Der Druck zahlreicher *Nonconformistica* in Basel sowie die hervorragende Qualität des wissenschaftlichen Buchdrucks führte dazu, dass im ostmitteleuropäischen Raum im 16. Jahrhundert Basler Ausgaben sehr verbreitet waren. Neben den Klassikern des italienischen Humanismus – wie Francesco Patrarca, Giovanni Pontano, Lorenzo Valla, Pico della Mirandola oder Marsilio Ficino[25] – ist insbesondere auch an Klassiker der Antike – wie Homer, Hesiod, Aristoteles, Livius, Cicero oder Seneca[26] – und an Ausgaben von griechischen

23 Vgl. BIETENHOLZ, Humanismus, 11 ff. Bemerkenswerterweise wurden von der Reformatoren die Venediger und Basler Ausgaben der klassischen Antike und der Kirchenväter nahezu unterschiedslos verwendet (vgl. LEU, Zwingli, 168).
24 Vgl. GUGGISBERG, Zusammenhänge, 8 ff; BIETENHOLZ, Buchdruck, 4–11; CERIST, Fremde, 109 ff; MONOK, Buchdruck, 35 f.
25 Vgl. FRANCESCO PETRARCA, Opera latina, Basel 1496; GIOVANNI PONTANO, Opera [...] omnia in tomos tres, Basel 1538; LORENZO VALLA, Opera nunc primo [...] in unum volumen collecta, Basel 1543; FRANCESCO PETRARCA, Opera quae exstant omnia, Basel 1554; PICO DELLA MIRANDOLA, Opera omnia, Basel 1557–73; GIOVANNI PONTANO, Opera, Basel 1566; MARSILIO FICINO, Opera [...] omnia in duos tomos digesta, Basel 1576; u.s.w. (vgl. BIETENHOLZ, Humanismus, 60 ff).
26 Vgl. SENECA, Opera, Basel 1529 (weitere Aufl.); ARISTOTELES, Opera, Basel 1529 weitere Aufl.); MARCUS TULLIUS CICERO, Opera omnia, Basel 1528/34 (weitere Aufl.); HOMER, Opera, Basel

und lateinischen Kirchenvätern – wie Cyprian, Hieronymus, Chrysostomus, Cyrill, Basilius Magnus oder Augustinus[27] – zu denken.[28]

Wie Untersuchungen zeigen, waren Basler, teils aber auch Zürcher Drucke, bereits oft wenige Jahre, ja Monate nach dem Erscheinen in ostmitteleuropäischen Ländern, insbesondere auch in Ungarn und Siebenbürgen, verbreitet. Einige Beispiele aus der reichen Quellenlage sollen hier angeführt werden: In der Basler Offizin Froben erschien 1516 der Druck *Homilie hoc est conciones populares*, eine Sammlung von Predigten von Hieronymus, Ambrosius, Augustinus u.s.w. Ein solcher Druck kam auch in den Besitz von Miklós [Kornis] von Homorod, der seinen Possessorvermerk folgendermassen eintrug: „Liber Nicolai de Homorogd prepositi Varadiensis 1522 [...]"[29] Es handelt sich hierbei um Miklós Kornis von Hamruden (Homorod, RO), der am Bischofshofe in Grosswardein (Oradea, RO) als Berater von Ferenc I. Perényi, später von György Martinuzzi („Frater Georgius"), dem bekannten Humanisten, der sich auch intensiv mit den Reformen in der Kirche beschäftigte, wirkte.[30]

Ebenfalls bei Froben erschien von 1513 bis 1539 insgesamt zehnmal Erasmus' *Adagiorum chiliades*, eine Sammlung und Kommentierung von antiken Sprichwörtern, Redewendungen und Redensarten, welche unter den europäischen Gebildeten als „Bestseller" galt. In die von Hieronymus Froben und Nikolaus Episcopius im Jahre 1533 besorgte Ausgabe trug sich schon bald nach deren Erscheinen „Simon Transiluanus Cassouiensis" ein,[31] der 1530 in Krakau – wo er mit Honterus zusammentraf – studiert und sich noch im gleichen Jahr in Wittenberg immatrikuliert hatte.[32] Simon Johannis stammte

---

1535 (weitere Aufl.); Titus Livius, Decades tres, Basel 1535 (weitere Aufl.); Hesiod, Opera, Basel 1542 (weitere Aufl.); u.s.w.

27 Vgl. Hieronymus, Opera, Basel 1516; Cyprian, Opera, Basel 1521 (weitere Aufl.); Chrysostomus, Opera omnia, Basel 1525 (weitere Aufl.); Ambrosius, Opera omnia, Basel 1527 (weitere Aufl.); Cyrill, Opera, Basel 1528; Augustinus, Opera, Basel 1528/29 (weitere Aufl.); Basilius Magnus, Opera latina, Basel 1532; ders., Opera graeca, Basel 1551; u.s.w.

28 Die Verbreitung von Drucken aus Basler Pressen kann aufgrund der bereits publizierten, von Bálint Keserű und anderen herausgegebenen Materialien zur Geschichte der Geistesströmungen des 16.–18. Jahrhunderts, insbesondere zu historischen Buchbeständen in Ungarn, der Slowakei und Rumänien deutlich aufgezeigt werden (vgl. Adattár 12/1, 16 f. 22. 26. 78–86. 89–100. 168. 180; Adattár 12/2, 270 ff. 279 ff. 288. 301 et passim; Adattár 12/3, 34. 36. 83 f; Adattár 13/2, 4 f. 71. 73. 105. 174. 295. 314; Adattár 13/3, 7. 21 f. 94 f. 482; Adattár 15, 52. 90. 101. 108. 120 f. 169 f. 173; Adattár 16/1, 74. 82. 85. 93. 97; Adattár 16/2, 31. 100. 107. 109; Adattár 16/3, 9. 173 f. 179 f. 338; Adattár 16/4, 423 ff. 795 ff et passim; KKK I, 11. 121. 140; KKK III, 180; KKK V, 27. 35. 365. 373. 375. 379; KKrK I, 14 f. 54. 85 f. 90 f; u.s.w.).

29 Standortregister des Werkes in der bischöflichen Bibliothek in Stuhlweissenburg: Ant. 102 (vgl. Velenczei, Katalógusa, 234).

30 Vgl. Nemeth, Martinuzzi, 181–191; Bernath Lexikon III, 110 f; G. Adriányi, Art. Georg Martinuzzi, LThK³ VI, 1997, 1435 f; Nagy, Családai III, 361. Weiteres zu Martinuzzi vgl. unten S. 62 f. 145 f et passim.

31 Standortsignatur des Werkes in der Bibliothek des Kronstädter Staatsarchivs: III-581.

32 Vgl. Szögi, Diákok, 57; Révész, Tanulók, 216.

aus Kaschau (Košice, SK). Wann er genau nach Kronstadt kam, ist heute nicht mehr eruierbar; so ist auch unbekannt, wo sich Simon Johannis aufhielt, als das Buch am 12. Juni 1533 in seinen Besitz kam.[33] Sicher aber kam er in dieser Zeit nach Kronstadt, da er 1535 als Leiter der Kronstädter Schule bezeugt ist.

Einen interessanten Einblick zum Wissenstransfer gewähren die Briefe von Oswald Pergener aus Zittau (Oberlausitz) und Prag. Am 13. Oktober 1533 meldete Pergener an Heinrich Bullinger (15041575), dass er in Prag bei Konrad von Krajek (1471–1542), einem der politischen Häupter der böhmischen Brüder, auf Bullingers *De prophetae officio* (Zürich 1532) gestossen sei.[34] Später berichtet Pergener erneut davon, dass er verschiedene Werke, vor allem Kommentare Bullingers, auf der Frankfurter Buchmesse gekauft habe; unter anderem durch Pergener kamen solche Bücher, z.B. Bulllingers *In [...] Pauli ad Hebraeos epistulam* (Zürich 1532), zu den böhmischen Brüdern.[35] Es erstaunt daher nicht, dass wenige Jahre nach dem Druck von Bullingers *Utriusque in Christo naturae [...] assertio orthodoxa* (Zürich 1534) zur Bekämpfung der sich in Mähren ausbreitenden antitrinitarisch-anabaptistischen Bewegung eine mährische Übersetzung von Bullingers Schrift erschien; leider konnte die Forschung bislang aber nicht schlüssig nachweisen, ob dieselbe noch in der Habrovaner-Druckerei in Lultsch (Luleč, CZ), östlich von Brünn (Brno, SK), oder in der Olivetský-Druckerei in Olmütz (Olomouc, CZ), dem historischen Zentrum Mährens, erschienen war.[36]

33 Es ist nicht möglich, dass Honterus, der im April bzw. Mai 1533 Basel verliess, das Buch nach Kronstadt mitnahm und dort an Simon von Kaschau vermachte. Honterus hielt sich am 28. Juni in Grosswardein auf, also später als das Buch in Simons Besitz kam; unwahrscheinlich scheint es auch, dass Honter und Simon von Kaschau von Basel gemeinsam nach Siebenbürgen zogen. Einmal ist nicht bekannt, dass sich Simon von Kaschau in Basel aufgehalten hat. Weiter schrieb Honterus von Grosswardein aus einen Brief an Magister Andreas Melczer in Kaschau; wenn Simon sein Begleiter gewesen wäre, hätte er dies sicherlich im Brief an Metzler erwähnt, und ihn allenfalls gar grüssen lassen (vgl. NUSSBÄCHER, Beiträge, 72 f. 92 f; BINDER, Honterus (1996), 115 f. 235 f).

34 Vgl. Oswald Pergener an Heinrich Bullinger, 13. Oktober 1533, in: HBBW III, Nr. 272.

35 Vgl. Pergener an Bullinger, 15. Februar 1537 sowie 20 Februar 1537, in: HBBW VII, Nr. 949. 955.

36 Vgl. Obogijho w Krystu Prisozenij [...] prawé potwrzrnij skrze Gindrycha Bullingera, s.l. [Lultsch?, Olmütz?] s.d. [1534–1538?] (HBBibl I, Nr. 68). Das Problem liegt darin, dass der erhaltene Druck typographisch sich mit keinem anderen Druck vergleichen lässt. Die Kirchenhistoriker Barnabás NAGY und Rudolf ŘÍČAN ordneten den Druck der Habrovaner Druckerei – auf ihr wurde von 1527–1536 gedruckt (vgl. ROTHKEGEL, Sakramentarier, 153–215) – zu, da die Habrovaner wiederholt betont haben, dass ihre Lehre mit derjenigen der Zürcher, Basler und Strassburger Reformation übereinstimme. Tatsächlich übernahmen die Habrovaner mehrere „zürcherische" Elemente in ihrer Sakramentslehre, um die Taufauffassung der mährischen Täufer zurückzuweisen; gleichermassen bekämpften sie, auch literarisch, den Antitrinitarismus der Kreise um Jan Kalenec (vgl. NAGY, Geschichte, Bedeutung, 87. 110; DERS., Geschichte Confessio, 184; ŘÍČAN, Brüder, 91 f. 110; vgl. auch: ROTHKEGEL, Sakramentarier, 124 f; URBAN, Antitrinitarismus, 25 ff. 168; ODLOŽILÍK, Widerhall, 267). Petr VOIT, Universitätsdozent und derzeitiger Kurator der Sammlungen der königlichen Kanonie des Prämonstratenserklosters Strahov, wie auch Olga FEJTOVÁ, Leiterin des Stadtarchives Prag, gehen hingegen davon aus, dass der Druck auf der Olivetský-Druckerei in Olmütz, in Berieb seit 1538

Die Beziehungen der niederungarischen, heute in der Slowakei liegenden Bergstädte (Bergbau- bzw. Bergwerksstädte)[37] wie Schemnitz (Banská Štiavnica, SK) oder Neusohl (Banská Bystrica, SK) zur Schweiz sind bis anhin nur sehr fragmentarisch untersucht worden. Die Untersuchung von Bibliotheksverzeichnissen aus dem 16. Jahrhundert zeigt aber, dass diese Städte mit der Schweiz betreffend der Buchproduktion, des Handels sowie der Geisteskultur in intensivem Kontakt gestanden haben.[38] So wurde nicht nur Georg Wernhers *De admirandis Hungariae aquis hypomnemation* (1539? bzw. 1545?),[39] in dem der Autor erstmals die Thermalquellen und Kurbäder Glashütten (Sklené Teplice, SK) und Eisenbad (Vyhne, SK), beide in der Nähe von Schemnitz, vollständig beschrieb, in Basel herausgegeben, sondern Münsters *Cosmographia*, die erste wissenschaftliche und zugleich allgemeinverständliche Beschreibung des Wissens der Welt, worin die Grundlagen aus Geschichte und Geographie, Astronomie und Naturwissenschaften, Landes- und Volkskunde nach dem damaligen Wissensstand zusammengefasst worden sind, war auch in den Bergstädten verbreitet. Als die Bücher des 1551 verstorbenen Conrad Schall aus Schemnitz inventarisiert wurden, lag auch die „Cosmograhia Munsteri deutsch in fol" vor.[40] Allerdings wissen wir nicht, ob es sich dabei um die bei Heinrich Petri erschienene Erstausgabe von 1544 oder um eine der „vermehrten und verbesserten" deutschen Auflagen von 1545, 1546 oder 1550, die ebenfalls bei Petri erschienen sind, handelte.[41]

In Neusohl stand die Bibliothek vom Humanisten Johann Dernschwam (1494–1568), ein Deutscher mährischer Abstammung, der 1525 bis 1548 Bevollmächtigter für die von der berühmten Firma Fugger gepachteten Kupferminen Ungarns war. Die Bibliothek enthielt auch eine grosse Anzahl

(vgl. RESKE, Buchdrucker, 759), erschienen ist, wobei die Typen nicht ganz eindeutig dafür sprechen würden (vgl. FEJTOVÁ, Literatur, 145); Voit erwägt, den Druck in die 1540er Jahre zu setzen (freundliche Mitteilung von Dr. Petr Voit, Prag). In diesem Zusammenhang ist zu überlegen, ob die Schrift nicht im Kreise der Habrovaner, sondern im Kreis um Beneš Optát entstanden ist, der sich von Jan Dubčanský bzw. den Habrovanern insbesondere durch seine irenische Haltung unterschieden hat; so meldet ja Leonhard Soerin im August 1546 an Bullinger, dass er, auf Wunsch der böhmischen Brüder, in Mähren eine Schrift zurückgelassen habe, von der er hoffe, dass Beneš Optát sie bald ins Böhmische übersetze (vgl. Leonhard Soerin an Heinrich Bullinger, 5. August 1546, StAZ: E II 356, 57–60; vgl. ROTHKEGEL, Sakramentarier, 44).

37 Als Bergstädte wurden – historisch gesehen – Siedlungen in der Nähe von Rohstofflagerstätten bezeichnet, welche zum Zwecke der raschen Ansiedlung von Arbeitskräften und Unternehmen mit dem Stadtrecht ausgestattet wurden (vgl. WESTERMANN, Zentralität, 73 ff).

38 Vgl. ČELKO, Schemnitz, 293–298.

39 Vgl. unten S. 207 ff.

40 Vgl. Adattár 13/3, 289.

41 In der oberungarischen Freistadt Kaschau konnte gleichfalls ein Exemplar von Münsters *Cosmographia universalis* (Basel 1550) erhalten werden (vgl. Signatur in der Staatswissenschaftlichen Bibliothek in Kaschau: RMK 191 PA), das gemäss handschriftlichem Eintrag kurze Zeit später im Besitz von dem weiter nicht bekannten Martin Gyöngyösely war (vgl. SZEGHY, Tlače, 185).

von *Helvetica*.[42] Von den 1162 Druckschriften sind 328 Schweizer, darunter 259 Basler Ausgaben. In so grosser Zahl besorgte Dernschwam aus keiner anderen Stadt – Venedig ist z. B. mit 140 Titeln vertreten – Bücher. 1552 hat er damit begonnen, seine Bibliothek zu katalogisieren; die wenigen späteren Anschaffungen hatte er laufend eingetragen.[43] Neben vielen humanistischen *Helvetica* Basels finden sich auch Pellikans *Commentarius Bibliae* (1532 – 37), Calvins *Institutio*, Zwinglis *Opera* in vier Bänden (1544/45), Gwalthers *Antichristus* (1546) oder Bullingers *Sermonum decades quinque* (1549/51).[44]

Bemerkenswert sind auch die von János Listi, des späteren Bischofs von Győr, angeschafften Bücher. Listi wurde in Hermannstadt (Sibiu, RO) geboren, wirkte anfang der 1550er Jahre noch am Hofe Isabellas in Siebenbürgen, seit 1553 weilte er dann aber an der ungarischen Hofkanzlei in Wien. In dieser Zeit hat Listi auffallend viele *Helvetica* aus Basel und Zürich angeschafft, unter anderem auch Vadians *Epitome trium terrae partium, Asiae, Africae et Europae compendiariam locorum descriptionem continens* (Zürich 1548), das 1553 in seinen Besitz kam: „Sum Johannis Listij Trans.[nsi] Cibinien., Anno Do[i] 1553. mppa.“[45] Listis Besitzeintrag in Vadians *Epitome* während seiner Tätigkeit an der ungarischen Hofkanzlei in Wien ruft auch die Kontakte Fejérthóys nach Zürich in Erinnerung: János Fejérthóy war Sekretär der ungarischen Hofkanzlei in Wien und erwähnt in seinem Dankesbrief vom 10. Oktober 1551 – Fejérthóy danke für den ihm von Bullinger zugesandten *Libellus epistolaris* (1551)[46] –, dass er ein eifriger Leser von Bullingers *Sermonum decades* (1549/51) sei.[47] Bullinger hat ihm auch später noch reformatorische Schriften aus seiner Feder zukommen lassen, so beispielsweise seine *Antithesis et compendium evangelicae et papisticae doctrinae* (Zürich 1551).[48]

Obwohl kein Basler Druck, ist auch der Weg der *Biblia Sacra ad optima quaeque veteris, vt vovant, translationis exemplaria …* (Lyon 1558), die heute

---

42 Es bleibt noch einmal zu betonen, dass Druckerzeugnisse aus Genf auch unter die *Helvetica* gerechnet werden, da es sich in unserer Studie nicht um eine staatsgeschichtliche, sondern um eine geistesgeschichtliche Abhandlung handelt (vgl. oben S. 27).

43 Vgl. Berlász, Bibliothek, 300; Monok, Buchdruck, 36 f.

44 Vgl. Bernhard, Adlige, 160 f.

45 Das Exemplar wird derzeit im Esterházy-Schloss in Eisenstadt, allerdings ohne Signatur, aufbewahrt (vgl. Zvara, Könyvei, 60).

46 Mit dem *Libellus epistolaris* ist Bullingers Sendschreiben an die ungarischen Pastoren gemeint, das 1559 gleichzeitig in Klausenburg (Cluj, RO) und Ungarisch Altenburg (Magyaróvár, HU) – allerdings mit den verschiedenen Titeln *Brevis ac pia Institutio Christiana religionis in Hungaria Ecclesiarum Christi ministros* (Ungarisch Altenburg 1559) bzw. *Libellus epistolaris […] pressis & afflictissimis Eclesijs in Hungaria earundemque pastoribus [..] transmissus* (Klausenburg 1559) – erschien (vgl. Bernhard, Üzenet, 467 – 476; Locher, Perseverantia, 62 – 68; Nagy, Sendschreiben, 9 – 28); vgl. unten S. 253. 287 ff et passim).

47 Vgl. János Fejérthóy an Heinrich Bullinger, 10. Oktober 1551, in: Bullinger, Confessio (1866), 101 ff.

48 Vgl. János Fejérthóy an Heinrich Bullinger, 9. November 1553 sowie 18. Juli 1555, in: Bullinger, Levelezése, 14 ff.

in der Orzságos Széchényi Könyvtár (Landesbibliothek Széchényi) in Budapest aufbewahrt wird,[49] erwähnenswert. Melanchthon trug sich in die Bibel
mit einem zehnzeiligen hebräischen Text aus dem Talmud ein; schliesslich
übergab er sie dem in Wittenberg studierenden, aber wenig bekannten ungarischen „Reformator" der zweiten Generation, György Albani Csirke,[50] der
sie seinerseits Ferenc Nádasdy, dem Sohn des Palatins Tamás Nádasdy, zum
Neujahr 1560 schenkte. Tatsächlich kam die Postsendung am Hofe Nádasdy in
Sárvár[51] bald an, wie die Einträge seit 1562 in der Bibel belegen.[52]

Die Fallbeispiele, die sich zahlreich ergänzen liessen, machen offensichtlich, wie intensiv der Wissenstransfer und der Kulturaustausch im Europa des
16. Jahrhunderts war. Die schnelle Verbreitung von Büchern in ganz Europa
bedingte, dass einerseits die Gelehrten des Humanismus durch ein dichtes
Netz geistiger, kultureller, religiöser und politischer Werte und Interessen
miteinander verbunden waren, andererseits aber ein gut funktionierender
Buchhandel – über die Form desselben wird freilich noch zu reden sein –
bestehen musste. Nur dies kann der Hintergrund sein dafür, dass sowohl
Königs- und Fürstenhöfe als auch die Kirche schon relativ früh mit Zensurverordnungen der Verbreitung gefährlicher Schriften entgegenzutreten ver-
suchten. Bereits im Jahre 1523 verhängte der ungarische Landtag über alle
„Lutheraner" die Todesstrafe und Konfiskation der Güter, 1524 ordnete König
Ludwig II. das Verbot der Verbreitung und Lektüre von Schriften Luthers an;
daraufhin folgten öffentliche Verbrennungen von lutherischen Schriften in
Ofen, Ödenburg (Sopron, HU) oder Hermannstadt.[53] Im August 1533 wandte
sich Johannes Fabri (Heigerlin, 1478–1541), Bischof von Wien, im Auftrag
Ferdinand I. im Zusammenhang mit Schriften Zwinglis an den Papst,[54] 1536
gab Johannes Fabri einen Katalog häretischer – teils humanistischer, teils
reformatorischer – Schriften heraus,[55] 1548 erliess Ferdinand I. die ersten
legislativen Massnahmen gegen „Häresien", worunter er hauptsächlich Anabaptisten und „Sakramentarier"[56] verstand.[57] Allem Anschein nach funktio-

---

49 Standortsignatur in der Landesbibliothek Széchényi in Budapest: EK M 342.
50 Zu György Albani Csirke vgl. Ritoókné Szalay, Albani Csirke, 15–23.
51 Der deutsche Name *Rotenturm an der Raab* ist kaum gebräuchlich.
52 So hält z. B. Michael Armpruster, der am Hofe Nádasdys arbeitete, in der Bibel fest, dass im
    September 1562 der Palatin gestorben und in Egervár beigesetzt worden sei (vgl. Kevehàzi,
    Melanchthon-Autographen, 155 f).
53 Vgl. Pavercsik, Todesfälle, 418. König Ludiwg II. wandte sich dabei direkt an die verschiedenen
    Städte (vgl. z. B. Ludwig II. an Stadtrat von Ödenburg, 14. Oktober 1524, in: Payr, Emlékek, 5).
    Die erwähnten Landtagsgesetze vgl. in Dezső, Corpus, 825. 830 f.
54 Vgl. Johannes Fabri an Papst Clemens VII., 5. August 1533, in: Adattár 11, 32 f.
55 Vgl. Catalogus librorum tam catholicorum, quam hereticorum, anno 1536, in: Adattár 11, 34 ff.
56 „Sakramentarier" ist ein pejorativer Begriff, der im 16. Jahrhundert insbesondere von Vertre-
    tern der lutherischen Reformation sowie der katholischen Reform gebraucht wurde, um die
    Anhänger der schweizerischen Reformation sowie die Schwärmer zu bezeichnen. Der Begriff
    möchte betonen, dass die „Sakramentarier" unter den Sakramenten nur „heilige Zeichen"
    verstehen würden, die keine Selbstwirksamkeit hätten (vgl. unten S. 146 ff et passim).

nierte der Buchhandel und die Verbreitung von „ketzerischen" bzw. gefährlichen Büchern, obwohl eigentlich nicht organisiert, so gut, dass der Hof und
die Kirche glaubten, dagegen antreten zu müssen. Die Bücher aus den grossen
europäischen Buchdruckzentren (Venedig, Basel, Paris oder Köln) wurden
über die verschiedenen Buchmessen in ganz Europa verteilt;[58] die Frankfurter
und Leipziger Buchmessen nahmen dabei eine besondere Bedeutung für die
Verbreitung von Büchern nach Böhmen und von dort weiter nach Ungarn und
Siebenbürgen ein.[59] Weiterhin hatte die Buchhandelsfirma Koberger in
Nürnberg rege Kontakte nach Krakau. Oft gelangten Basler Ausgaben auf diese
Weise nach Oberungarn und Ofen.[60]

Während wir vor der Schlacht bei Mohács (1526) Kenntnis von einzelnen
„Bibliopolae", d. h. Buchhändlern (Buchführern), haben,[61] fehlen uns nach
1526 genauere Angaben, obwohl viele Magnatenhöfe um die Anschaffung
einer bedeutenden Bibliothek bemüht waren und mehrere Höfe sich zu eigentlichen Kultuzentren entwickelt hatten.[62] Viele Bücher, darunter auch
nonkonformistische Literatur, brachten zudem Studenten, nachdem sie
während der Peregrination an verschiedenen Universitäten Europas mit humanistischen Gelehrten in Kontakt gekommen waren, von ihren Auslandaufenthalten nach Hause wie auch an die Höfe ihrer Mäzene. Die Peregrinanten ist somit ein wichtiger Faktor in der Vermittlung geistiger Kulturgüter
und von Geistesströmungen in der Frühen Neuzeit. Faktisch waren also die
heimkehrenden Studenten auch Buchhändler.[63] Dies erklärt, warum – wie
Untersuchungen zu den Bibliotheksverzeichnissen zeigen – in manchen Privatbibliotheken neue humanistische oder reformatorische Ausgaben bereits
kurz nach ihrem Erscheinen vorhanden waren, während sie in öffentlichen
Bibliotheken noch fehlten. Neben den Studenten waren weiter die Kaufleute
wirkungsvolle Vermittler von humanistischen Schriften, allerdings war dies
oft nur eine halboffizielle Nebenbeschäftigung. Genaueres ist uns diesbezüglich vor allem aus den niederungarischen Bergwerksstädten bekannt:
Norditalienische Kaufleute, die mit den schweizerischen Städten Handels-

---

57 Vgl. Art. V und XI des Pressburger Landtages von 1548, in: ETE V, Nr. 84 (vgl. Zsilinszky,
    Országgyűlések I, 37 ff).
58 So meldet beispielsweise der Basler Humanist Johannes Gast, der Anfang der 1520er Jahre auf
    seiner Peregrination auch in Ofen bei Grynaeus studiert hatte, an Bullinger, welche Bücher von
    der Frankfurter Buchmesse in Basel eingetroffen seien (vgl. Johannes Gast an Heinrich Bul-
    linger, nach April 1541, in: HBBW XI, Nr. 1500); im Juni 1543 übermacht er einige Bücher an
    Bullinger (vgl. Johannes Gast an Heinrich Bullinger, 15. Juni 1543, in: HBBW XIII, Nr. 1755).
59 Vgl. Fejtová, Erasmus, 74.
60 Vgl. Schwob, Beziehungen, 82 ff et passim; Rozsondai, Koberger, 28 ff; Žibritová, Bücher,
    244 ff.
61 Vgl. Sienerth, Leseangebot, 285. Besonders erwähnenswert ist der Ofener Buchhändler Georg
    Gryneus, der 1524 mit verschiedenen Büchern verbrannt worden ist (vgl. Pavercsik, Todesfälle,
    418 ff).
62 Vgl. unten S. 116 ff.
63 Vgl. Verók, Buch, 300 f.

kontakte pflegten, kamen nach Schemnitz und brachten humanistische Bücher mit. In Neusohl wirkte ein gewisser Martin „Puechfuerer", der ursprünglich mit Spezereien handelte, dann aber auch mit Papierwaren und Büchern.[64] Aus Siebenbürgen ist uns bekannt, dass sich auf den Jahrmärkten eine Art Kleinverkehr entwickelte und humanistische sowie protestantische Schriften herumgetragen und angeboten wurden. So waren diese bald in jedermanns Händen und gelangten teils bis in die Dörfer.[65] Insgesamt wurden im 16. Jahrhundert aufgrund humanistischer Interessen etwa 2000 Titel nach Siebenbürgen importiert, wobei zu bedenken ist, dass Humanismus und Reformation in Siebenbürgen bis zur Mitte des Jahrhunderts in einer „unauflösbaren" Verbindung gestanden haben.[66] Dies ist eindrücklicher Nachweis, dass die vom Hof und der römischen Kirche in der ersten Hälfte des 16. Jahrhunderts verordneten Gesetze gegen die Verbreitung „ketzerischer" und gefährlicher Schriften den Handel dieser Bücher in Ungarn und Siebenbürgen nicht zu unterbinden vermochten.

Auffallend ist auch die Mobilität der Buchdrucker Ostmitteleuropas im 16. Jahrhundert: Sie bewegten sich oft als Wanderdrucker von einem Ort zum andern, auf der Suche nach einem Existenz sichernden Auskommen. Bekanntestes Beispiel ist wohl die Druckerfamilie Hoffhalter (Skrzetusky), die ursprünglich aus Posen stammte.[67] Nach einem Zürcher und einem Wiener Aufenthalt wirkte Vater Raffael seit 1565 in Grosswardein und Weissenburg (Alba Iulia, RO)[68] als „Hofdrucker" des siebenbürgischen Fürsten János Zsigmond Szapolyai sowie von dessen theolgischem Berater, dem ersten antitrinitarischen Bischof Ferenc Dávid. Mit Machtantritt des katholischen István Báthory als Fürst von Siebenbürgen (1571–86) musste die Familie wegen ihrer „antitrinitarischen Religion" das Land verlassen.[69] Sohn Rudolf, auch als „Tigurinus" bezeichnet, weil er in Zürich geboren (*1550) war, kam um das Jahr 1572 mit der väterlichen Druckerei ins Komitat Zala, an den Hof von Miklós Bánffy (1547–1583) in Unterlimbach (Lendava, SLO); später wirkte er in Nedelitz (Nedelišće, HR), in der Nähe Tschakaturns (Čakovec, HR), am Hofe Georg Zrínyis. Spätestens 1577 druckte er in Debrecen auf der Druckerei des kurz vorher verstorbenen András Komlós.[70] Auch bei Hoff-

---

64 Vgl. Kókay, Geschichte, 52 f.
65 Vgl. Rother, Siebenbürgen, 125 ff.
66 Vgl. Wien, Reformation, 138 ff; Monok, Drucker, 209.
67 Zur Druckerfamilie Hoffhalter vgl. Borsa, Hoffhalter, 225 ff; Gyulás, Buchdrucker, 198 ff; V. Ecsedy, Könyvnyomtatás, 61 ff.
68 Weissenburg erhielt im Jahre 1711, in Anlehnung an das lateinische *Alba Carolina*, den Namen Karlsburg, der auch heute noch gebräuchlich ist. Aus diesem Grunde werden in unserer Arbeit je nach Sachzusammenhang Weissenburg wie auch Karlsburg gebraucht.
69 Entgegen seinem Vater Raffael wechselte Rudolf Hoffhalter nicht zum antitrinitarischen Bekenntnis, sondern blieb der Zürcher Reformation treu (vgl. Borsa, Hoffhalter, 228 f; Gyulás, Buchdrucker, 203).
70 Ein Ortswechsel von Buchdruckern geschah sicher auch aufgrund veränderter politischer und

halter zeigt sich, dass die berufsständische Unterscheidung von Buchherstellung (Drucken, Verlegen) und -vertrieb noch nicht endgültig etabliert war, d. h. der Drucker oft selbst auch den Vertrieb seiner Drucke übernahm; er war also Verleger, Drucker und Buchhändler in Personalunion.[71]

Kommunikationsgeschichtlich bemerkenswert ist weiter, dass die Verbreitung von Drucken nicht nur durch den Buchhandel stattfand, sondern gleichfalls durch die Humanistenkorrespondenz; wir haben darauf im Zusammenhang mit der Briefkorrespondenz zwischen Bullinger und Fejérthóy bereits hingewiesen. Die Humanistenkorrespondenz wurde also zu einem wesentlichen Teil auch zum Versand und Austausch von Büchern verwendet; dabei ist nicht nur an den persönlichen Austausch unter Freunden zu denken, sondern ebenso an die briefliche Kontaktaufnahme, um ein Buchgeschenk zu machen oder ein Gutachten einer neuen Schrift zu erbitten. So sendet der Herrmannstädter Stadtpfarrer Matthias Ramser Honterus' Reformationsbüchlein *Reformatio Ecclesiae Coronensis ac totius Barcensis provinciae* (Kronstadt 1543) nach Wittenberg;[72] umgekehrt erhält Ramser von Johannes Bugenhagen dessen Kommentar zum ersten Korintherbrief[73] und Valentin Wagner in Kronstadt von Caspar Peucer den „elenchon exporrentem quarundam rerum veteres appelationes [...]"[74], womit ein Lehrbuch mit Texten der Väter gemeint sein könnte.[75] Gerade für den Humanistenfürsen Erasmus war der Buchaustausch mittels der Briefkorrespondenz existentiell: So hatte beispielsweise Johannes Antoninus aus Kaschau eine grössere Bedeutung als Vermittler erasmianischen Gedankengutes nach Ungarn und Polen. Am 21. Januar 1526 benachrichtigte er Erasmus über den Erhalt von Plutarchs *Libellus de non irascendo* (Basel 1525) und versprach, das Buch an Alexi Thurzó nach Ungarn weiterzuleiten.[76] Gleichfalls vermittelte Antoninus den polnischen Humanisten, Dichter und späteren Erzbischof Andrzej Krzycki (Cricius, 1482–1537) an Erasmus.[77] Cricius übersandte daraufhin seine Neuerscheinungen an Erasmus.[78] Die Korrespondenz von Erasmus ist besonders reich an Informationen über den humanistischen Fortschritt in den verschiedenen Ländern Europas, also auch über Neudrucke und Nachdrucke von humanistischen Schriften auf berühmten und weniger berühmten Offi-

kirchlicher Umstände bzw. infolge Zensurandrohungen; öfters wurden daher auch falsche oder
fingierte Druckorte verwendet (vgl. V. ECSEDY, Druckschriften, 125–146; WELLER, Druckorte).
71 Vgl. ROHMER, Buchdruck, 138; KÓKAY, Geschichte, 52.
72 Ramsers Brief ist verlorengegangen, aber aufgrund der erhaltenen Antwortschreiben gesichert
(vgl. ROTH, Reformation I, 137 f.).
73 Vgl. Johannes Bugenhagen an Matthias Ramser, 3. September 1543, in: BUGENHAGEN, Briefwechsel, 271 f.
74 Caspar Peucer an Valentin Wagner, 1. April 154[?], in: DÜCK, Briefe, 37.
75 Leider konnte bislang nicht herausgefunden werden, um welches Werk es sich handelt; gemeint
sein könnte auch eine *Adagia*-Ausgabe des Erasmus (z. B. VD 16 E 1927).
76 Vgl. Johannes Antoninus an Erasmus, 21. Januar 1526, in: Allen VI, Nr. 1660.
77 Vgl. Erasmus an Andrzej Krzycki, 17. Mai 1527, in: Allen VII, Nr. 1822.
78 Vgl. SCHULTHEISS, Antoninus, 119 f.

zinen in ganz Europa; seine Korrespondenz darf für den Wissenstransfer in der ersten Hälfte des 16. Jahrhunderts wohl als exemplarisch gelten. Wie erwähnt nahm Basel im Rahmen der europäischen Humanistenstädte seit dem Aufenthalt des Erasmus eine gewisse Vorrangstellung ein und war zeitweise kulturelles Zentrum Europas.[79] Die Kontakte der Basler Humanisten – wir denken an Buchdrucker, Universitätslehrer, Geistliche oder Ratsmitglieder – mit den Gelehrten ganz Europas blieben auch nach dem Tode Erasmus für längere Zeit weiter bestehen; so bildete Basel im 16. Jahrhundert gar eine Art Transferzentrum für Briefe von und nach Ostmitteleuropa.[80]

Die reiche Humanistenkorrespondenz und die dadurch ermöglichte Verbreitung von Büchern ist auch Hintergrund dafür, dass verschiedene Drucke an verschiedenen Orten gedruckt wurden. Oft war es einfacher, einen Nach- bzw. Neudruck auf einer anderen Druckerei zu besorgen, als ein Werk in grösseren Mengen zu beschaffen. Dies war vor allem dann der Fall, wenn ein Werk europaweit als Lehrbuch diente, wie z. B. die *De duplici copia verborum ac rerum* von Erasmus. So sind allein aus dem 16. Jahrhundert 154 Ausgaben dieses Werkes bekannt, die zwischen London und Krakau gedruckt worden sind; in Basel erschienen davon siebzehn Ausgaben.[81] Auch ein anderes Werk von Erasmus, seine *Adagia*, erschien in mehreren Städten Europas in von Mal zu Mal erweiterten bzw. veränderten Ausgaben. In der Pariser Ausgabe umfasste die *Collectanea agadiorum* (1500) etwa 800 antike Sprichwörter; die in Venedig im Sommer und Herbst 1508 besorgte Ausgabe *Adagiorum Chiliades tres ac centuriae fere totidem* war bereits eine auf mehr als das Vierfache angewachsene Neubearbeitung, nachdem Erasmus bei Aldus verschiedene aus Ungarn und Polen zugesandte Handschriften konsultiert hatte. Honterus druckte 1541 auf seiner eigenen Druckerei in Kronstadt einen Auszug aus der Basler Ausgabe Frobens von 1533, die bereits über 4000 Sprichwörter umfasste. Es ist das Verdienst von Honterus, das Hauptsächlichste und Notwendigste in den *Epitome Adagiorum Graecorum et Latinorum* für den Schulgebrauch in Siebenbürgen ausgewählt zu haben.[82]

Wir haben bereits auf Honterus' *Reformatio Coronensis* hingewiesen, das Ramser an Melanchthon übersandte. Noch im selben Jahr erschien die Schrift

79 Vgl. Bernhard, Bedeutung, 113 ff.

80 Durch Oswald Myconius wurden beispielsweise Briefe Bullingers von und nach Kronstadt übermittelt (vgl. Oswald Myconius an Heinrich Bullinger, 22. Juli 1544, in: HBBW XIV, Nr. 1945).

81 Vgl. Leu, Aneignung, 341. Eine weite Verbreitung und Rezeption fand auch Honterus' bereits erwähnte *Cosmographia*, obwohl aus dem 16. Jahrhundert lediglich 35 Ausgaben bekannt sind; vor allem die darin gedruckten Tafeln und Karten waren in Europa so gefragt, dass diese, abgesehen von den zahlreichen Nachdrucken der *Cosmographia*, gleichfalls in mehreren anderen Werken, unter anderem in Münsters *Cosmographia* von 1544, nachgedruckt wurden (vgl. Nussbächer, Versuch, 156 ff; Bernhard, Bedeutung, 117 f).

82 Vgl. unten S. 164 f. Auch andere Drucke Honterus' gehen auf ältere Ausgaben des Erasmus zurück, ohne dass es ausdrücklich verzeichnet wäre (vgl. Binder, Honterus [1996], 43. 88 f; Nussbächer, Beiträge, 43 f. 93; Hieronymus, Geist, 16); vgl. unten S. 134 f.

in Wittenberg bei Joseph Klug mit einem Vorwort von Philipp Melanchthon.[83] Andersherum liess Melanchthon zahlreiche von ihm besorgte Schriften in Basel drucken;[84] nicht zuletzt sind seine bei Johannes Herwagen erschienenen *Operum tomi quinque* (Basel 1541) zu erwähnen. In Basel, vor allem bei Froben und Cratander, später auch bei Oporin, erschienen gleichfalls mehrere Werke von ungarischen und siebenbürgischen Humanisten wie Johannes Honterus, Maximilianus Transylvanus, Martin Brenner, Zsigmond Gyalui Torda oder Johannes Sambucus. Neben Werken der klassischen Antike sind insbesondere Schriften über die Geschichte Ungarns, die Türkeninvasion sowie Schulbücher und kosmographische Schriften zu erwähnen.[85] Oft wurde auch unter Beiziehung von Corvinen – trotz der Zerstörung Ofens durch die Türken (1541) konnten viele Handschriften gerettet werden[86] – eine humanistische Neuausgabe besorgt. Bei Episcopius gibt der schlesische Humanist Johannes Leunclavius die *Annales Michaeli Gjycae Siculi, qui […] Byzantinam historiam universam exhibent* (Basel 1572), bisher unveröffentlichte Schriften byzantinischer Historiker, nach Handschriften von Johannes Sambucus (János Zsámboki, 1531 – 1584) aus Tyrnau,[87] heraus. Letzterer stand bereits in jungen Jahren mit Basel in Kontakt; im Jahre 1549 sandte er Handschriften aus Xenophons Kyropädie und Hellenika mit lateinischer Übersetzung an Oporin, der diese unter dem Titel Δημηγορίαι: *Hoc est Conciones aliquot ex libris Xenophontis […]* (Basel 1552) drucken liess.[88]

83 Vgl. Philippus Melan[chthon]: S.D., in: [JOHANNES HONTERUS], Reformatio ecclesiae Coronensis ac totius Barcensis provinciae. Cum praefatione Philippi Melanchthon[is], Wittenberg 1543, A^v–Aij^v; vgl. NUSSBÄCHER, Versuch, 184.

84 Vgl. PHILIPP MELANCHTHON, Compendiaria dialectices ratio, […], Basel 1521; DERS., Institutiones rhetorices, Basel 1522; DERS., Elementa Rhetorices. Libri duo, Basel 1531; u.s.w. Von Melanchthon lediglich herausgegeben sind: In Aristotelis aliquot libros politicos, Basel 1531; Heliodori Aethiopicae Historiae libri decem, […], Basel 1552; Pindari Thebani Lyricorum veterum Principiis, Olympia. Pythia. […], Basel 1558; Chronicon Carionis, Basel 1564; u.s.w. Interessant ist auch die Hesiod-Ausgabe von 1550, für die Melanchthon ein Vorwort verfasste, in dem er auf die Verdienste des Basler Reformators Wolfgang Wissenberg um den Unterricht der Jugend hinweist.

85 Vgl. JOHANNES HONTERUS, Rudimentorum Cosmographiae […], Basel 1533 (weitere Aufl.); MAXIMILIANUS TRANSYLVANUS, De Moluccis insulis atque aliis pluribus mirandis […], Basileae 1536; MARTIN BRENNER, Dialogus ad Matthiam invictissimum regem […], Basel 1540; ANTONIO BONFINI, Rerum Hungaricarum decades tres, hg. von Martin Brenner, Basel 1543 (weitere Aufl.); BARTHOLOMEJ GEORGIJEVIČ, Türckey oder Von yetziger Türken kirchen gepräng, Sytem unnd leben, […], Basel 1545; Euripidis Orestes, hg. von Zsigmond Gyalui Torda, Basel 1551; Johannes Honterus: Imagines constellationum Borealium, in: Claudii Ptolemaei Pelusiensis Alexandrini Omnia, quae exstant, opera, Geographia excepta […], Basel 1551, S4^r. S5^r; JOHANNES SAMBUCUS, Epistolarum conscribendarum methodus […], Basel 1552: u.s.w.

86 Vgl. oben S. 40 f., sowie unten S. 267 et passim.

87 Zu Johannes Sambucus vgl. VISSER, Sambucus.

88 Ausführlich besprochen in: BERNHARD, Bedeutung, 116ff; vgl. unten S. 136 f. 267 f.

2. Erkenntnisse

Die in dem einführenden Überblick dargestellten verschiedenen Aspekte und Charakteristika des Kulturaustausches und Wissenstransfers im Humanismus zeigen auf, inwiefern in der betreffenden Zeit ein Kulturaustausch und Wissenstransfer stattgefunden hat. Zusammenfassend lässt sich sagen, dass diesbezüglich vor allem drei Bereiche massgebend waren: Gelehrtenaustausch, Studentenperegrination und Buchdruck bzw. -handel.

Der europäische *Gelehrtenaustausch* fand in vielerlei Formen statt. Wie bereits erwähnt gab es in verschiedenen Universitätsstädten Freundes- bzw. Humanistenkreise, sogenannte Sodalitäten, wo Gelehrte sich über aktuelle Fragen austauschten und sich neues Wissen angeigneten und so eine Weiterverbreitung des Wissens stattfand. Neben Wien und Basel ist auch an die Sodalitäten in Krakau,[1] Olmütz,[2] Ofen oder Fünfkirchen (Pécs, HU)[3] zu denken. Die Sodalitäten sind freilich nicht zu vergleichen mit den Bursen, die z. B. in Krakau und später in Wittenberg für ungarische Studenten existierten; aber auch da fand ein reger Austausch statt, wobei in der Regel nur Angehörige der jeweiligen Ethnie zugelassen waren. Zu betonen ist aber, dass beide genannten „Freundeskreise" einen wichtigen Pfeiler für das nationale und internationale Kommunikationsnetz der Humanisten wie auch der Reformatoren gebildet haben. Sie bildeten auch eine wichtige Voraussetzung für die seit Beginn des 16. Jahrhunderts bemerkenswerte Zunahme der Gelehrtenkorrespondenz. Besonders ist dabei auf die Korrespondenzen von Erasmus (ca. 3100 Briefe), Vadian (ca. 2000 Briefe), Amerbach (ca. 4400 Briefe), Luther (ca. 4200 Briefe), Melanchthon (ca. 10 000 Briefe), Calvin (ca. 4200 Briefe), Bullinger (ca. 12 000 Briefe), de Bèze (ca. 3300 Briefe) oder Dudith (ca. 1500 Briefe) hinzuweisen, aber auch auf weniger bekannte wie Thurzó, Pirckheimer, Blarer, Oekolampad, Zwingli, Nádasdy, Gessner, Oláh oder Sambucus. Letztlich waren die Gelehrtenkorrespondenzen eine wichtige Bedingung eines funktionierenden Wissenstransfers im Zeitalter des Humanismus; darum ist die Untersuchung derselben für die Thematik unserer Studie von besonderer Relevanz.

Die Humanistenkorrespondenz liefert uns zudem einen wichtigen Beitrag für die Kenntnis über die *Studentenperegrination*, d. h. über die Studentenwanderungen zu Studienzwecken. Immer wieder kam es vor, dass Studenten an den Universitäten, an denen sie sich aufhielten und Studien betrieben, sich

---

1 Vgl. BACZKOWSKI, Humanismus, 56 ff.
2 Vgl. MACHILEK, Humanistenkreis, 111–135; ROTHKEGEL, Briefwechsel, 57 ff.
3 Zu Ofen und Fünfkirchen vgl. unten S. 64 ff sowie S. 72 ff.

nicht immatrikulierten. Es ist insbesondere aus dem ungarländischen Raum eine grössere Anzahl von Studenten bekannt, die sich an den Schweizer Universitäten in Basel oder Genf bzw. an den Hohen Schulen in Zürich oder Bern aufhielten oder studierten, von denen aber kein Immatrikulation bekannt ist.[4] In diesem Zusammenhang sind Korrespondenzen oft aufschlussreich. Gleichfalls ist auf die zahlreich erhaltenen *Alba*, d. h. Stammbücher, von Humanisten zu verweisen, aufgrund deren Einträge sich immer wieder Studentenitinerarien vervollständigen lassen. Die Bedeutung der Peregrination für den Wissenstransfer ist kaum zu überschätzen. Gerade in der hochschularmen östlichen Hälfte Europas stellte sie vom Mittelalter bis ins 20. Jahrhundert eine grundlegende Form der Bildung dar. Im Besonderen traf dies für Ungarn und Siebenbürgen zu, wo es zwar bereits im 16. Jahrhundert eine grössere Anzahl an Lateinschulen, aber keine Universität gab.[5] Den Protestanten gelang es gar bis ins 19. Jahrhundert nicht, eine eigene Universität zu gründen. Das Fehlen einer Universität konnte aber durch den Besuch ausländischer Akademien weitgehend wettgemacht werden; besonders gefragt waren Universitäten humanistischer Kulturzentren, z. B. Padua, Wien, Krakau, Paris oder Basel. Mit Beginn der Reformation besuchten protestantische Studenten Ungarns und Siebenbürgens vor allem Hochschulen und Universitäten Deutschlands, Hollands sowie der Schweiz. Die Peregrination war also für die Wissensrezeption unter den Gelehrten Ostmitteleuropas grundlegend; sie garantierte zudem, dass zwischen den Humanisten Ostmitteleuropas, Südeuropas und Westeuropas auch in politisch instabilen Zeiten ein intensiver Wissenstransfer stattfinden konnte und ein aktiver Kulturaustausch möglich war.

Der dritte wichtige Aspekt ist der *Buchdruck* bzw. die *Verbreitung des gedruckten Buches*. Dank dem vor allem durch Humanistenkorrespondenzen und Studentenperegrination bedingten Kommunikationsnetz unter den Gelehrten ganz Europas wurden seit dem Übergang vom 15. zum 16. Jahrhundert humanistische Drucke, reformatorische Schriften und (politische) Flugschriften – genannt *Nüwe zytungen*[6] – aus den verschiedensten Druckereien in

---

4 Vgl. oben die Hinweise in der Forschungseinleitung (S. 21 f).

5 Vgl. Bucsay, Protestantismus I, 159 ff. Bereits 1567 wandte sich Fürst János Zsigmond brieflich an Celio Secondo Curione in Basel, mit der Absicht, die in Weissenburg gegründete Hohe Schule zur Universität zu erheben; bei Curione wollte er Ratschläge einholen und Lehrkräfte werben (vgl. Bernhard, Bedeutung, 140 f; Balázs, Einflüsse, 146; vgl. unten S. 301 f). István Báthory versuchte 1579 erneut, mit Hilfe der Jesuiten eine Universität in Siebenbürgen zu gründen. Schliesslich erfolgte aber die erste sich als dauerhaft erweisende Universitätsgründung durch den Primas der ungarischen katholischen Kirche, Péter Pázmány, erst im Jahre 1635 in Tyrnau. Die Bemühungen der siebenbürgischen „calvinistischen" Fürsten sowie der ungarischen evangelischen Stände, eine protestantische Universität zu gründen, scheiterten hingegen im 17. wie im 18. Jahrhundert durchwegs (vgl. Fata, Peregrinatio, 4 f).

6 Die *Nüwen Zytungen* reichten von Einblattdrucken wie *Warhaffte / erschröckliche Newe Zeytung / so im Land zů Hungern [...]* (Wien [1551]) zu Traktaten wie Wolfgang Musculu´ *Vom uffgang*

ganz Europa verbreitet. Dewegen war es fast aussichtslos, die Verbreitung „gefährlicher" Drucke – seien sie häretischen oder reformatorischen Inhalts gewesen – zu verhindern oder zu stoppen. Die seit den 1520er Jahren in verschiedenen Staaten und vor allem von der römischen Kirche erstellen *Indices librorum prohibitorum* waren nicht mehr als ein hilfloser Versuch, die Verbreitung häretischen Schrifttums zu unterbinden. So berichtete der Bischof von Győr, Juraj Drašković (1515 – 1587), im Jahre 1552 an die Wiener Hofkanzlei, dass die Irrlehren der „Sakramentarier" sich nun auch in der Grosswardeiner Diözese neben denen der Lutheraner täglich breiter machen würden.[7] Im Jahre 1559, also fast dreissig Jahre nach Zwinglis, Oekolampads oder Erasmus' Tode, wurden im römischen *Index librorum prohibitorum* von Papst Paul IV. zahlreiche Schriften von denselben erneut als häretisch aufgeführt.[8] Offenbar sind diese *Indices* als Mittel gegen die Verbreitung „häretischer Schriften" auch im ostmitteleuropäischen Raum relativ wirkungslos geblieben. Die Nachfrage nach Büchern war grösser als der Einfluss von Kirche und Staat.

Diese in aller Kürze ausgeführten massgebenden Bereiche des funktionierenden Wissenstransfers und Kulturaustausches zeigen uns, dass mit Beginn des 16. Jahrhunderst von einer Ubiquität des Wissens ausgegangen werden darf. Natürlich sind bislang kommunikationsgeschichtlichen Fragen, die zu einer solchen Ubiquität geführt haben, erst ansatzweise angesprochen worden. Nachfolgend wird der Blick vor allem auf die Bedeutung des Wissenstransfers zwischen den Ländern der Stephanskrone und der Schweiz gerichtet, insbesondere auch im Hinblick auf die Ausbreitung und Rezeption des reformierten Bekenntnisses im 16. und 17. Jahrhundert.

---

deß wort Gottes by den Christen in Ungern / So den Türcken undetworffen sindt / Nüwe zytungen ([Bern] 1550) und gelten als Vorläufer der modernen Zeitung (vgl. SCHOTTENLOHER, Flugblatt).
7 Vgl. Juraj Drašković an die Wiener Hofkanzlei, 10. Juli 1552, in: BUNYITAY, Hitujítás, 398 f.
8 Vgl. DE BUJANDA, Index 1557/1559/1564, 388. 411. 429 – 433. 583. 591. 681. 685. 691.

Humanistisch-reformatorischer Wissenstransfer
bis zur Schlacht bei Mohács (1526)

In seiner eindrücklichen Gesamtdarstellung des Protestantismus in Ungarn von 1521 bis 1978 führt Mihály BUCSAY aus, dass vor der Schlacht bei Mohács die deutschen Bevölkerungsteile Ungarns sich an der Reformation Luthers orientiert haben, die Ungarn aber eine entstellte Form der Lehre Luthers kennengelernt hätten.[1] Diese These gilt es aufgrund der Untersuchung des humanistisch-reformatorischen Wissenstransfers zu prüfen; dies wiederum lässt Rückschlüsse auf die reformatorischen Anfänge im Reich der Stephanskrone zu.[2]

---

1 Vgl. BUCSAY, Protestantismus I, 44 ff.
2 In diesem Zusammenhang ist ausdrücklich zu betonen, dass unsere Darstellung in keiner Form eine Geschichte der ungarischen Reformation ist; vielmehr werden einzelne Aspekte derselben in einen kommunikationsgeschichtlichen Kontext gesetzt, um die Eigenart des Wissenstransfers und Kulturaustauschs im Zeitalter des Humanismus, der Reformation und der Orthodoxie deutlich zu machen.

1. Dezentrale reformhumanistische Anfänge im Stephansreich

Im Zusammenhang mit der Verweltlichung der Amts- und Lebensführung des hohen Klerus wuchs auch in Ungarn das Ansehen jener Orden, die das mönchisch-klösterliche Frömmigkeitsideal durch ein praktisches Weltchristentum zu ersetzen suchten; darunter sind besonders die Franziskaner der strengen Observanz zu erwähnen, die seit der zweiten Hälfte des 15. Jahrhunderts eine starke sozialkritische Strömung bildeten und zu nötigen Kirchenreformen im Sinne der *Devotio moderna* aufriefen.[3] Der durch seine Predigt-Chrestomathie bekannte Pélbart von Temesvár (~ 1435 – 1504), dessen Werk *Sermones pomerii fratris [...] de sanctis* – insgesamt 542 Predigtvorlagen – in Hagenau zwischen 1498 und 1521 in 52 Ausgaben erschien,[4] sowie sein Schüler und Provincial der Observanten, Osvát Laskai, setzten in ihren Schriften klare Akzente im Sinne der vorreformatorischen kirchlichen und sozialen Reformbestrebungen.[5] Die Tätigkeit Temesvárs, Laskais oder anderer Franziskaner der strengen Observanz hatte einen nicht zu unterschätzenden Einfluss auf die Religiösität und die Frömmigkeit des einfachen Volkes. Schliesslich fanden ihre Bemühungen eine Fortsetzung in der reformatorischen Botschaft der Franziskanermönche Mátyás Dévai Biró, Imre Ozorai, Mihály Sztárai, András Szkhárosi und anderer.[6] Auch der Bibelübersetzer Benedek Komjáti spricht anerkennend über Mönche, die auf dem Gut von Katalin Frangepán lebten.[7] Die Franziskaner der strengen Observanz, die oft als Wanderprediger wirkten, nahmen darum eine nicht zu vernachlässigende Bedeutung bei der Vorbereitung der ungarischen Reformation ein; auch wurden in den franziskanischen Klöstern wertvolle Bibliotheken angelegt, für die viele humanistische und frühreformatorische Schriften angeschafft worden sind.[8]

---

3 Vgl. MAKKAI, Reformation, 25 ff; BUCSAY, Protestantismus I, 38 f.
4 Vgl. KULCSÁR, Inventarium, 398 f.
5 Vgl. FATA, Ungarn, 58 ff.
6 Vgl. BUCSAY, Protestantismus I, 48 ff. Weiteres zu deren reformatorischer Tätigkeit vgl. unten S. 108 f. 120. 188 ff. 226 f et passim.
7 Vgl. PÉTER, Bibellesen, 25.
8 Der Franziskanerorden ist einer der einzigen Orden, der in Ungarn vor der Niederlage bei Mohács (1526) bereits viele Ordenshäuser betrieb. Trotz der anfänglichen geistigen Verbundenheit mit den humanistischen Reformbewegungen erlitt der Orden ab Mitte des 16. Jahrhunderts grosse finanzielle und personelle Schäden und Verluste; auch wurden manche Bibliotheken weit zerstreut (vgl. ZVARA, Bibliotheken, 450). Später konnten freilich viele Bücher wieder dezentral gesammelt werden, so z. B. in Stuhlweissenburg (Székesfehérvár, HU).

Die Ursprünge der kirchlichen Reformbewegungen in Ungarn präsentieren damit ein teilweise ähnliches Bild, wie es uns bereits aus anderen Renaissancestaaten wie z. B. Italien bekannt ist.[9] In diesem Zusammenhang ist besonders auch auf wichtige kirchliche Bildungszentren Ungarns und Siebenbürgens hinzuweisen, deren Domkapitel vorreformatorische kirchliche Reformideen vertraten und sich bereits früh mit den reformhumanistischen Schriften auseinandersetzten.[10] So wirkte der 1491 in Strassburg a.m. geborene Adrian Wolfhard, den seit seinem Wiener Aufenthalt eine Freundschaft mit Joachim Vadian verband, seit den 1510er Jahren als Kanoniker in Weissenburg; die Protektion des dem Humanismus wohlgesinnten Bischofs Ferenc Várdai ermöglichte ihm weitere Studien in Bologna, wo er auch einige Schriften von Janus Pannonius veröffentlichte.[11] In seiner späteren Tätigkeit als Bischofsvikar in Weissenburg – er war der Nachfolger von Stephan Taurinus (Stieröchsel) aus Zwittau (Svitavy, CZ), der ebenfalls von Bischof Várdai gefördert wurde und später gleichfalls mit Vadian Korrespondenz pflegte[12] – hat er sich immer wieder als Humanist offenbart, der der Sache der Reformation wohlwollend gegenüberstand; insbesondere ist dabei an seinen „Einsatz" für den Kaschauer „lutherischen" Prediger und Schulmann István Szántai auf dem Religionsgespäch zu Schässburg (Sighişoara, RO) (1538) zu denken.[13] Auch der spätere Grosswardeiner Bischof „Frater Georg", d. h. Juraj Utješenović (1482–1551), meist aber nach seiner dalmatischen Mutter als Georg (György) Martinuzzi benannt, hat sich intensiv mit Reformen in der Kirche auseinandergesetzt, obwohl er sich später zu einem energischen Feind der Reformation entwickelte. Leider ist die herrliche Bibliothek des Domkapitels in Grosswardein aufgelöst und zerstreut worden, nachdem der siebenbürgische Landtag im Jahre 1556 entschieden hatte, die Güter des Wardeiner Bistums und des Domkapitels für die Schatzkammer in Beschlag zu nehmen, und das Wardeiner Bistum – eines der ehemals reichsten Bistümer Ungarns – als Folge davon nur noch einen reinen nominellen Status hatte; eine grössere Anzahl Bücher nahmen die Kanoniker mit nach Ober- bzw. Westungarn, wo sie später teilweise in die Sammlungen der dortigen Bistümer integriert

---

9 So waren beispielsweise auch in Italien Ordensleute – wir denken an Augustiner Chorherren wie Egidio à Porta aus Como oder Agostino Mainardo aus Saluzzo, sowie an Minoriten wie Giovanni Buzio u.s.w – für die frühe Verbreitung reformhumanistischen Gedankengutes mitverantwortlich (vgl. CAPONETTO, Riforma, 24 ff; LOCHER, Reformation, 664 f; BERNHARD, Rosius à Porta, 323 f).

10 Vgl. BUCSAY, Protestantismus I, 39.

11 Vgl. JANUS PANNONIUS, Panegyricus Iacobo Antonio Marcello patrito Veneto, hg. von Adrian Wolfhard, Bologna 1522; PLUTARCH, Quibus modis ab inimicis iuvari possimus. De negotiositate, übers. von Janus Pannonius und hg. von Adrian Wolfhard, Bologna 1522; DERS., Elegiarum liber unus, hg. von Adrian Wolfhard, Bologna 1523.

12 Vgl. BONORAND, Humanistenkorrespondenz, 198 ff.

13 Vgl. WIEN, Grenzgänger, 117 f; BONORAND, Humanistenkorrespondenz, 223 ff; DERS., Beziehungen, 107 f.

wurden.[14] Dennoch zeigen viele Possessoreinträge in Beständen der im 18. Jahrhundert neugegründeten[15] Bibliotheken des Domkapitels, des Bistums und des Priesterseminars, dass im Bistum Grosswardein bekannte humanistische Werke bereits im frühen 16. Jahrhundert verbreitet waren. Es ist dabei beispielsweise an Aristoteles' *De moribus ad Nicomachum* (Paris 1516), Hieronymus' *Opera* (Basel 1516), Flavius Josephus' *Opera* (Paris 1519; Basel 1524), Cyprians *Opera* (Basel 1521), Erasmus' *Adagia* (Paris; Venedig; Basel) oder an seine *In Evangelium Lucae paraphrasis* (Basel 1523) zu denken.[16] Von letzterem Werk ist ein besonders interessantes Exemplar erhalten geblieben: Auf dem Einband finden wir folgendes Supralibros: „LVCAS / M. EMERI / (CI) (E)V / M.D.XXIIII." Erasmus' Paraphrasen zum Lukasevangelium waren also bereits 1524 in Besitz eines weiter nicht bekannten Ungarn Lucas M. Emericus, wahrscheinlich Imre Lukács, kamen 1584 in den Besitz eines gewissen Johannes Falusi; 1695 stand der Werk in der Bibliothek von Adam Püspőki, schliesslich wurde es im 18. Jahrhundert dem Wardeiner Domkapitel übereignet.[17]

Obwohl bei vielen Altbeständen der Weg des Buches sowie seine ursprünglichen Besitzer nicht mehr abschliessend eruiert werden können, ist allein das Vorhandensein derselben ein klarer Hinweis darauf, dass Gelehrte, auch viele Ordensleute, sich mit der humanistischen Literatur auseinandergesetzt haben. Gar die junge Königin Maria von Ungarn zeigte lebhaftes Interesse an reformhumanistischen Ideen: Bereits um das Jahr 1510 kam der Humanist Konrad Cordatus („Hertz", 1480–1546) nach Studien in Wien und Ferrara als Prediger an den Hof in Ofen.[18] Auch der Leutschauer Johannes Henckel (1481–1534) wurde etwa 1523 als Hofgeistlicher bzw. als Beichtvater der Königin nach Ofen berufen. Henckel, der in Krakau studiert hatte, wirkte seit 1513 als Stadtpfarrer von Leutschau (Levoča, SK); er war besonders darum bemüht, die kirchlichen Missstände zu beseitigen und berief zu diesem Zwecke 1520 mit Zustimmung des Stadtrates einen bedeutenden Anhänger von Erasmus von Rotterdam, Leonhard Cox aus Krakau, nach Leutschau als Rektor an die Stadtschule.[19] In einem Brief von 1528 betonte Henckel gegenüber Erasmus, dass er selbst schon lange Anhänger des Erasmus sei und seine Schriften benutze; in Kaschau, wohin Henckel 1522 übersiedelte, wurde in der Schule unter Henckels Einfluss anhand der *De duplici copia verborum* des Erasmus gelehrt.[20] Nach seiner Berufung an den Königshof predigte er anhand

---

14 Vgl. Eмődi, Könyvtára, XLVIIIff.
15 Das 1692 wiederhergestellte Bistum übernahm in seinen Besitz vorerst nichts weiter als Ruinen (vgl. Eмődi, Könyvtára, XLIX).
16 Vgl. KKK V, 29. 61. 165. 375; KKrK I, 11. 54. 67 f. 84 f. 92 f; u.s.w.
17 Vgl. KKrK I, 69.
18 Vgl. Wiczián, Beiträge, 219 ff; Hammann, Francfordius, 240 ff.
19 Vgl. Bodnárová, Reformation, 24. 26; Czenthe, Reformation, 158.
20 Vgl. Leonhard Cox an Erasmus, 28. Mai 1527, in: Allen VII, Nr. 1803. Zum Gebrauch der *Copia* vgl. unten S. 151 ff.

der *Paraphrases in Pauli apostoli epistolas* (1523) des Erasmus.[21] Nicht erstaunlich, dass Maria von Ungarn zu einer Verehrerin von Erasmus wurde und auch Erasmus der Königin seine Hochachtung entgegenbrachte, indem er ihr seine Schrift *Vidua christiana* (Basel 1529) widmete. Henckel seinerseits pflegte mit Erasmus über Jahre Briefkontakt, ja erstattete ihm gar Bericht, als er die Königin zum Augsburger Reichstag begleitet hatte. Als Erasmianer unterstützte er zudem die Reformbemühungen Melanchthons.[22]

In dem von Matthias Corvinus als Renaissancestadt bekannt gewordenen Ofen wurden also mit Beginn der 20er Jahre des 16. Jahrhunderts, dank der jungen Königsleute, reformhumanistische Ideen aktiv unterstützt. Im Umkreis des Königshofes bildete sich ein Humanistenkreis, dem neben Johannes Henckel Jakob Piso, Miklós Oláh, Konrad Cordatus, Veit Örtel oder Simon Griner angehörten; weiter zählten zum Kreis auch eine Gruppe von hohen kirchlichen Würdenträgern, so z. B. der spätere Fünfkirchener Bischof György Szathmári. Massgebend in diesem Kreis war die Autorität des Erasmus, der unter anderem auch durch Jakob Piso bekannt gemacht wurde.[23] Ein gutes Bild von der Situation zu diesem Zeitpunkt gibt ein Brief von Piso aus dem Jahre 1522 ab: Bei einem Mittagessen sei man zufällig auf Luther zu sprechen gekommen; viele hätten betont, dass Luther Erasmus verpflichtet sei. Piso betonte aber, unter Beizug eines Briefes von Erasmus, dass Erasmus eben gerade nicht mit Luther eins gehe, sondern einer ruhigen Umbildung der Reformen mehr Chancen einräume.[24] Dies war ein wesentlicher Grund, warum das humanistische Reformprogramm durch die Königin aktiv unterstützt wurde.

Eine besonders interessante Gestalt ist der bereits erwähnte Simon Grynaeus („Griner", 1494/95 – 1541) aus Veringendorf.[25] Grynaeus besuchte als Mitschüler Melanchthons die Stadtschule in Pforzheim; seit 1511/12 finden wir ihn in Wien als Schüler von Vadian und Cuspinian, wo er viele andere Humanisten, auch Ungarns und Siebenbürgens, wie z. B. Bartolomaeus Francfordinus Pannonius (~1490 bis nach 1536) oder Johannes Honterus kennenlernte. Nach seinen Studien in Wien[26] siedelte er im Winter 1520/21

---

21 Vgl. Johannes Henckel an Erasmus, 18. Juli 1528, in: Allen VII, Nr. 2011.

22 Vgl. Ritoók-Szalay, Erasmus, 118 f. Es ist in der Forschungsgeschichte bis heute umstritten, ob Henckel nur Reformhumanist war oder bereits als Reformator gelten darf. Obwohl die geistesgeschichtliche Entwicklung Ungarns eine klare Unterscheidung schwer zulässt, ist die Untersuchung der *Exlibris* von Johannes Henckel, die heute im Batthyáneum in Karlsburg aufbewahrt werden, erhellend: Die Mehrheit der Drucke aus Henckels Besitz stammt aus Basler (und Zürcher) Druckereien (vgl. Gudor Kund, Exlibris-Einträge, fol. 8); vgl. unten S. 140 f.

23 Vgl. Katona, Caritas, 25 ff; Schwob, Humanistenkreis, 58. 60 ff. 72; Scheible, Beziehungen, 38 ff.

24 Vgl. Jakob Piso an Erasmus, s.d. (Juni 1522), in: Allen V, Nr. 1297; Erasmus an Stanislav Thurzó, 21. März 1522, in: Allen V, Nr. 1267.

25 Seit den Studien von Árpád Blázy ist bekannt, dass Grynaeus nicht 1493, sondern zwischen September 1494 und März 1495 geboren ist (vgl. Blázy, Griner, 251). Die nachfolgenden Ausführungen basieren zu einem guten Teil auf Blázys Dissertation (vgl. Blázy, Griner, 3 – 269).

26 Ein Aufenthalt in Zürich im Frühling 1519, wie dies Blázy festhält, kann mit keinen Quellen

schliesslich nach Ofen über, wo er bald dem Ofener Humanistenkreis angehörte. So bestand ja, seitdem Celtis durch die *Sodalitas litteraria Danubiana*
zwischen beiden Städten ein enges Band geknüpft hatte, zwischen dem Wiener
und dem Ofener Humanistenkreis ein reger Austausch.[27] Sicher war Grynaeus
sein Lehrer Vadian ein Vorbild, vielleicht aber hat er auch eine Einladung des
humanistisch gesinnten Reichsgrafen Georg Brandenburg, des Erziehers von
König Ludwig II., angenommen. Immerhin ist klar, dass Grynaeus durch seine
Humanistenkontakte ausreichend Kenntnis von der Bedeutung der *Bibliotheca Corviniana* hatte, die ihn infolge seiner Studien besonders interessieren
musste. Die Arbeit in der *Bibliotheca Corviniana* – dies wird beispielsweise an
seiner späteren paläographischen Tätigkeit in Basel deutlich – hat ihn wohl zur
Handschriftenforschung angeregt. Durch zahlreiche Quellenbelege wissen wir
weiter, dass er an der zur Ofener Hauptkirche zählenden *Schola Beatae Mariae
Virginis* als Rektor gewirkt hat.[28] In seiner Lehrtätigkeit hat er seinen Schülern
Kenntnisse der griechischen und lateinischen Sprache und Literatur vermittelt, darüber hinaus aber auch mit den wichtigsten Thesen aus Luthers Reformschriften bekannt gemacht.[29] In dieser Zeit muss die Hinwendung des
Humanisten Grynaeus zum Protestantismus stattgefunden haben. Auf diesem
Hintergrund ist seine vorübergehende Festnahme jedenfalls zu verstehen.[30]
Philipp Melanchthon, nachdem sich Grynaeus am 17. April 1523 unerwarteterweise in Wittenberg immatrikuliert hat, weist in seinem Daniel-Kom-
mentar darauf hin, dass Simon Grynaeus sich vor den Häschern Johann Fabris
habe retten können.[31] Tatsächlich hatte ja der ungarische Landtag im Sep-

---

belegt werden (vgl. BLÁZY, Griner, 106 f). Blázy beruft sich auf einen Brief von Beatus Rhenanus
an Zwingli, in dem Rhenanus sich auf den Aufenthalt von „Simon noster" bezieht. Allerdings
handelt es sich dabei nicht um Simon Grynaeus, sondern um Simon Stumpf, der spätestens 1519
von Basel aus mit Zwingli in Briefkontalt trat und ein eifriger Mitstreiter Zwinglis wurde (vgl.
Beatus Rhenanus an Huldrych Zwingli, 7. Mai 1519, in: Z VII, Nr. 75 [anders: Briefwechsel des
Beatus Rhenanus, gesammelt und hg. von Adalbert Horawitz und Karl Hartfelder, Leipzig 1886,
155 f]); hingegen trat Grynaeus erst im Jahre 1530 als Korrespondent von Zwingli auf
(freundliche, mit weiteren Details versehene Mitteilung von Dr. habil. Reinhard Bodenmann,
Zürich).

27 Vgl. SCHWOB, Humanistenkreis, 52. Johannes Cuspinian war nach eigenen Aussagen zwischen
    1510 und 1515 nicht weniger als 24mal an den ungarischen Hof gereist (vgl. ANKWICZ-KLEE-
    HOFEN, Cuspinian, 47–77).

28 Es gibt auch mehrere zeitgenössische Quellen, die die Tätigkeit Grynaeus' in Ofen belegen, so
    z. B. Pantaleon in seiner *Prosographia* (vgl. HEINRICH PANTALEON, Prosographia heroum atque
    illustrium virorum totius Germaniae, Bd. 3, Basel 1565, 211 ff) oder Konrad Cordatus, der in
    einer Randbemerkung zu einem Sammelband festhält, dass Grynaeus ihm ein guter Freund
    gewesen sei, als er in Ofen Schule gehalten habe (vgl. BLÁZY, Griner, 251; BONORAND, Huma-
    nistenkorrespondenz, 78 f; HAMMANN, Francfordius, 237 ff).

29 Vgl. ISTVÁN WESZPRÉMI, Succincta medicorum Hungariae et Transilvaniae biographia, Bd. 4,
    Wien 1787, 308 f (freundliche Mitteilung von Dr. Árpád Blázy, Budapest).

30 Vgl. [PÁL DEBRECENI EMBER], Historia ecclesiae reformatae in Hungaria et Transilvania [...],
    hg. von Friedrich Adolf Lampe, Utrecht 1728, 65 f.

31 Vgl. PHILIPP MELANCHTHON, In Danielem prophetam commentarius (1543), in: CR XIII, 906 f.

tember 1523 die Todesstrafe und Konfiskation der Güter aller „lutherani" und derer, die sie unterstützen, verhängt. Andere Geistliche von Ofen, beispielsweise Konrad Cordatus und Johannes Kresling (1489 – 1549), wurden daraufhin verhaftet und sassen fast ein Jahr im Kerker. Der ungarische Landadel beobachtete die wachsende „häretische" Umgebung des jungen Königs und seiner Gattin mit Sorge; nur unter dem Einfluss des Landadels ist das im Jahre 1524 angeordnete Verbot von Ludwig II. zu verstehen, dass keine utherischen Schriften mehr verkauft, erworben oder gelesen werden dürfen. In der Folge fanden die bereits erwähnten öffentlichen Verbrennungen lutherischer Schriften statt.

Im Zusammenhang mit der frühen reformhumanistischen Bewegung in Ofen ist auf eine Notiz Zwinglis an Vadian hinzuweisen: „Scripsit quidam apud Budam (habet enim Ofen in frontispicio libellus) pro nobis adversus Pomeranum; qui mihi libellus hoc articulo redditus est ex Augusta per Hätzerum, qui nunc apud nos est."[32] Es handelt sich dabei um die Schrift *Antwort dem hochgelerten doctor Johann Bugenhage auss Pomern, Hyrt zu Wittemberg [...] das Sacrament betreffend [...] Durch Conradt Reyssen zu Ofen gemacht* (Augsburg 1525), die durch den Streit Zwinglis mit Bugenhagen hervorgerufen wurde.[33] Diese erschien wiederholt deutsch, zweimal in Augsburg, und je einmal in Strassburg und Zürich.[34] Bis heute ist die Forschung „geteilter Meinung"[35], wer unter dem Pseudonym Conrad Ryss bzw. Reyss von Ofen im November 1525 vehement auf Zwinglis Seite im Abendmahlsstreit eingriff. Es wurden bereits Namen wie Huldrych Zwingli selbst, Konrad Cordatus, Michael Keller (Cellarius) aus Augsburg oder Johann Landtsperger gehandelt. Walter KÖHLER nennt schliesslich nur noch einen „unbekannten Autor" aus Ofen.[36] Die zeitgenössischen Quellen scheinen u. E. zumindest sicherzustellen, dass es sich um jemanden aus Ofen oder jemanden, der einen Bezug zu Ofen hat, handeln muss, da nicht nur Zwingli in seinem Brief an Vadian „quidam apud Budam" erwähnt, sondern auch Luther gegenüber Spalatin denselben als „Conradus Offensis" bezeichnet.[37] Es war offenbar für Luther und Zwingli

---

32 Huldrych Zwingli an Joachim Vadian, 23. Dezember 1525, in: Z VIII, Nr. 426. Zu Ludwig Hätzer vgl. H.U. BÄCHTOLD, Art. Ludwig Hätzer, HLS 6, 2007, 131.

33 Bugenhagen wandte sich Mitte Juli 1525 in einem offenen Brief, in dem er sich in aller Schärfe gegen Zwingli wendet und damit den Kampf auf lutherischer Seite eröffnet, an Ambrosius Moibanus; Zwingli veröffentlichte im Oktober seine Antwort an Bugenhagen (vgl. HULDRYCH ZWINGLI, Ad Joannis Bugenhagii Pomerani epistolam responsio (1525), in: Z IV, 546 – 576). Die *Antwurt dem Hochgelerten Doctor Joan. Pugenhag uss Pomern [...]* (Zürich 1525) ist in diesem engeren Kontext zu beurteilen (vgl. LOCHER, Reformation, 307).

34 Vgl. RMK III 7338 – 7340. 7344 (= VD 16 K 648 – 651).

35 BUCSAY, Protestantismus I, 46.

36 Vgl. W. KÖHLER, Einleitung zu „Responsio ad epistolam Ioannis Bugenhagii", in: Z IV, 555; LOCHER, Reformation, 657.

37 Vgl. Martin Luther an Georg Spalatin, 27. März 1526, in: WA Br 4, 42 f. Auch Theobald Billikan aus Nördlingen hat Kenntnis von der Schrift, wie aus einem Brief an Oekolampad hervorgeht: „Dein cuiusdam Reyssii, vertentis ordinem orationis ‚Quod datur pro vobis, hoc est corpus

nicht anzweifelbar, dass der Verfasser der Schrift aus Ofen stammte; dies zeigt, welchen kulturellen Ruhm die Stadt noch Anfang der 1520er Jahre innehatte. Verschiedene Überlegungen veranlassten Gottfried W. LOCHER, und in der Folge Endre ZSINDELY, dazu, den ehemaligen Ofener Lehrer Simon Grynaeus als Verfasser der Streitschrift zu erwägen.[38] In dieser Zeit hielt sich Grynaeus als Professor für Griechisch in Heidelberg auf; er pflegte mit Oekolampad Briefkontakt und die beiden Gelehrten standen sich auch theologisch nahe. Oekolampd vertrat in der Abendmahlslehre immer mehr eine „symbolische"[39] Auffassung, die er in zahlreichen Predigten darlegte. Seine Hauptschrift *De genuina verborum Domini ‚Hoc est corpus meus' [...] expositione liber* (Strassburg 1525), in der er sich sehr stark Zwingli näherte, erregte – darum umging Oekolampad auch die Basler Zensur – weites Aufsehen, und Oekolampad musste seine Meinung gegenüber Altgläubigen, Humanisten, Reformatoren wie auch Universitäten verteidigen.[40] In diesem Zusammenhang wurde von den Strassburgern der Vorschlag eines Religionsgespräches zur Beilegung des Zwiespaltes in der Abendmahlsfrage vorgebracht. Allerdings kam es kurz nach Weihnachten 1525 lediglich zu einer „pfälzischen Lokaldisputation" auf Schloss Guttenberg am Neckar; nicht nur Oekolampad, sondern auch die Strassburger fehlten. Bemerkenswert ist bei diesem – erfolglosen – Religionsgespräch dennoch, dass der Heidelberger Professor Simon Grynaeus, wahrscheinlich zusammen mit dem Heidelberger Studenten Martin Frecht, den „zwinglischen" Standpunkt vertrat; die „lutherische" Auffassung aber Brenz auf dem „conciliabulo" verteidigte.[41] Am 12. Januar meldete Oekolampad, aufgrund des Berichtes von Grynaeus, den Verlauf des Gesprächs an Zwingli.[42]

Dass Grynaeus auf Guttenberg die Haltung Zwinglis und Oekolampads angemessen vertreten konnte, setzt voraus, dass Grynaeus spätestens um 1525 von einer „symbolischen" Abendmahlsauffassung überzeugt gewesen sein

---

meum', prorsum damno et libidinem interpretor." (Theobald Billikan an Johannes Oekolampad, 16. Januar 1526, in: BrAOek I, Nr. 326).

38 Im Sinne eines Annagramms: „Cun.Reys" von Ofen für „Cryneus" (vgl. ZSINDELY, Wirkung, 96; LOCHER, Reformation, 307. 657).

39 Mitte der 1520er Jahre ist die „reformierte" Abendmahlslehre noch nicht abschliessend ausgebildet. Während der junge Zwingli den Akzent vor allem auf ein „symbolisches" Verständnis des Abendmahls setzte, hat er als Folge der Auseinandersetzungen mit Luther seine Haltung weit differenzierter, insbesondere in den Schriften *Fidei ratio* (1530) und *Fidei expositio* (1531), ausgedrückt, indem er zwischen der Präsenz Christi, auch der Leiblichkeit, „in mente fidelium", die er stark betonte, und der Präsenz Christi in den Elementen oder im Munde, die er konsequent ablehnte, unterschied (vgl. LOCHER, Reformation, 334). „Symbolisch" steht hier vor allem im Gegensatz zur Trans- und Konsubstantiationslehre.

40 Vgl. STAEHELIN, Lebenswerk, 287 ff; LOCHER, Reformation, 302 f; GUGGISBERG, Zusammenhänge, 59.

41 Vgl. Simon Grynaeus an Johannes Oekolampad, 7. Januar 1526, in: BrAOek I, Nr. 323 (vgl. STAEHELIN, Lebenswerk, 291; KÖHLER, Zwingli und Luther, 220 f).

42 Vgl. Johannes Oekolampad an Huldrych Zwingli, 12. Januar 1526, in: Z VIII, Nr. 438.

muss. Allerdings ist davon auszugehen, dass er sich als Humanist und Philologe bereits früher kritisch zu der von Luther vertretenen Realpräsenz im Abendmahl gestellt hat, wenn auch er noch in Ofen wichtige Thesen Luthers bekannt gemacht hat. Als Conrad Reyss' Schrift, in welcher eine gründliche Kenntnis von Zwinglis Abendmahlslehre vorliegt,[43] im Jahre 1525 erschien, war jedenfalls Grynaeus ein „Zwinglianer". Vom theologischen Standpunkt aus gesehen ist es demzufolge sehr wohl möglich, dass Grynaeus der Verfasser der Schrift gewesen sein kann.[44] Es bleibt natürlich zu fragen, warum er die Schrift unter einem Pseudonym bzw. Anagramm herausgab. Wenn wir aber bedenken, dass die an den Ufern des Neckar gelegene Universität Heidelberg

43 Es sei auf folgende bekannte zwinglische Motive – deutlich dargelegt im 18. Artikel der *Schlußreden* (1523) (vgl. Z II, 112–157) sowie im 18. Artikel des *De vera et falsa religione commentarius* (1525) (vgl. Z III, 774–820) – verwiesen: „Der geyst ists der da läbendig macht/ das fleysch ist kein nütz […], /das man von sin fleysch mit dem mul nit essen könde/sunder im geyst mit dem glouben." (CUNRAD RYSSEN zů OFEN, Antwurt dem Hochgelerten Doctor Joan. Pugenhag uss Pomern […] das Sacrament betreffende, Zürich 1525, 3ᵛ–4ʳ), „Das brot uff dem Altar ist allein ein zeichen/ […] Hie hat Luther selber geleert und geprediget/wie gehört/dass ds brot des Altars nütz dann ein zeichen sye/ […]" (ibidem, 5ʳ), „Es ist das brot nit der lyb/sonder ein gmeinschafft des lybs." (ibidem, 6ʳ), „Aber mit sim lyb kann unn will er nit by oder in uns syn: dann er/ […]/ můß und wirt den himmel besitzen biß an den jünsten tag: […]" (ibidem, 6ᵛ), oder „Man findt ouch an keinem gliubwirdigen ort/das die Apostlen/oder iren einer brot den lyb genennet/oder es also geessen/oder es angebättet/oder etwas anders darinn gesůcht habind/dann die gedächtnus des Lydenß Christi." (ibidem, 7ʳ).

44 Es bleibt darauf hinzuweisen, dass Grynaeus später bei der Abfassung des ersten Basler Bekenntnisses (1534) Myconius unterstützte. In demselben wird im Artikel *Von dem nachtmal unsers herren* festgehalten: „Und schliessend aber den natürlichen, waren, wäsentlichen lyb Christi, der von Marien, der reinen junckfrowen, geboren, für uns gelyten und uffgefaren ist zů den himlen, nit in des herren brot und tranck." (Basler Bekenntnis 1534, in: RBS 1/1, 580). Schliesslich gehörte Grynaeus zusammen mit Myconius und Bullinger zum Ausschuss, dem am 31. Januar 1536 der Auftrag erteilt wurde, ein Bekenntnis „bisher gebrauchter Lehre, bei der man fürderhin bleiben würde", zu verfassen; es entstand die *Confessio Helvetica prior* (1536), die sich im Art. XXII *Eucharistia* eng an das Zürcher Bekenntnis über das Abendmahl vom Dezember 1534 hielt (vgl. SAXER, Confessio, 35 f). Ob dadurch, dass die *Confessio Helvetica prior* nicht die erwünschte Einigung mit Luther brachte, sondern die Ansichten vielmehr, wie die Schmalkaldischen Artikel (1537) zeigen, unüberbrückbar blieben, in einem Zusammenhang damit steht, dass Grynaeus zu Beginn der 1540er Jahre in manchen Punkten der lutherischen Abendmahlslehre recht nahe kam, ist nicht abschliessend zu beantworten. In der Zeit seines Rektorates nahm er schliesslich auch an den Religionsgesprächen in Hagenau und Worms (1540/41) teil; zudem machten sich Anfang der 1540er Jahre in Basel gewisse „lutheranisierende" Tendenzen bemerkbar. Jedenfalls hielt Grynaeus in seiner 1541 zu 1. Kor 11 gehaltenen Vorlesung fest, dass die Gläubigen beim Essen am Leib Christi wahrhaft und real teilhaben und demzufolge es für den Leib Christi keinen festen Ort gebe (vgl. De coena Dominica Simonis Grynaei dictata in cap. XI. I Cor, UBB: A XIII 24). Als Grynaeus seine Vorlesung an Bullinger sandte, betonte er gegenüber ihm, dass seiner Überzeugung nach die nicht zur Veröffentlichung bestimmten Ausführungen dem Bekenntnis – gemeint ist wohl die *Confessio Helvetica prior* – entsprechen würden (vgl. Simon Grynaeus und Heinrich Bullinger, s.d. [vor 16. Juli 1541], in: HBBW XI, Nr. 1549). Bullinger wandte sich daraufhin mit einem sehr ausführlichen, in vielen Teilen kritischen Brief an Grynaeus, indem er Grynaeus abschliessend ermahnte, der klaren Lehre Oekolampads treu zu bleiben (vgl. Heinrich Bullinger an Simon Grynaeus, 26. Juli 1541, in: HBBW XI, Nr. 1550).

noch völlig von dem Geist der Scholastik beherrscht war und die Führung der Universität mit spartanischer Strenge jede mit der Reformation in Verbindung stehende Ansicht verbot, ist es eher verständlich.

Unabhängig davon, ob Grynaeus der Verfasser war oder nicht, ist es bezeichnend, dass der Verfasser im Frontispiz explizit erwähnt, dass er von Ofen sei. Offenbar will der Verfasser damit signalisieren, dass man in Ofen von den theologischen Auseinandersetzungen reformatorischer Exponenten Kenntnis hat, aber auch, und dies darf nicht unterbewertet werden, dass in Ofen das „zwinglische" Abendmahlsverständnis sehr wohl bekannt war. In Würdigung der kulturellen Stellung, die Ofen zu dieser Zeit noch innehatte, und im Blick auf den regen Wissenstransfer in ganz Europa wird es wenig erstaunen, dass auch Zwinglis Schriften in Ofen bekannt waren. Dass die Stellungnahme von Reyss ein „isoliertes Phänomen"[45] darstellt, mag sein, doch im Kontext der dezentralen reformhumanistischen Anfänge in Ungarn und Siebenbürgen, die, wie wir noch sehen werden, keineswegs eine „koordinierte" Bewegung darstellten, ist die Abendmahlsschrift von 1525 keine isolierte Erscheinung, sondern Folge des intensiven Kulturaustausches und Wissenstransfers, insbesondere auch zwischen den Humanistenzentren Ofen, Wien, Krakau und Basel.

Die Bedeutung Wiens für die dezentralen Anfänge reformhumanistischer Bewegungen im Stephansreich darf in diesem Zusammenhang nicht unterschätzt werden. Wir haben bereits auf den Austausch zwischen dem Wiener und dem Ofener Humanistenkreis hingewiesen. Die Wiener Universität war seit dem 15. Jahrhundert, neben Krakau, bei ungarländischen Studenten sehr beliebt.[46] Ruhm erlangte die Universität insbesondere auch durch den deutschen „Erzhumanisten" Konrad Celtis, seit dessen Lehrtätigkeit sie als Hauptbollwerk des Humanismus galt. Zusammen mit anderen wie Johannes Cuspinian (Spiessheimer) oder Georg Collimitius (Tannstetter) war es dem St. Galler Humanist Joachim Vadian, der seit Winter 1501/02 in Wien studiert hatte und 1512–1518 den Lehrstuhl für Poetik innehatte, beschieden, nach dem Tod von Celtis die *Sodalitas Danubiana* weiterzuführen.[47] Das Ansehen der Universität und seiner Lehrer zog auch nach dem Tode Celtis eine grosse Anzahl von Scholaren aus Schlesien, Mähren, Böhmen sowie Ungarn und Siebenbürgen nach Wien.[48] Vadian hatte insbesondere zu ungarländischen Studenten und Gelehrten – wie der Altmeister der Vadianforschung Conradin BONORAND mehrfach ausgeführt hat[49] – reiche Beziehungen, insbesondere auch seit seiner dank Collimitius im Oktober 1513 ermöglichten Reise nach

---

45 BUCSAY, Protestantismus I, 46.
46 Allein in den Jahren 1453 bis 1500 studierten in Wien rund 1000 Ungarn (vgl. SCHRAUF, Matrikel, 18–47).
47 Ab 1520 wird die *Sodalitas Danubiana* oft, in Anlehung an Georg Collimitius, *Sodalitas Collimitiana* genannt (vgl. BONORAND, Freundeskreis, 80ff).
48 Vgl. SCHRAUF, Anyakönyve, 166ff.
49 Vgl. BONORAND, Beziehungen, 97ff.

Ofen, wo er gar die Gastfreundschaft des venezianischen Humanisten Girolamo Balbi genossen und so Zugang zur *Bibliotheca Corviniana* mit ihren herrlichen *Codices* erhalten hatte.[50] Leider ist kaum noch feststellbar, mit wem sich Vadian in Ofen getroffen hat; sicher lernte er Humanisten aus dem ganzen Stephansreich, solche, die im Dienst des Hofes standen, sowie solche, die die Bibliothek besuchten, kennen. Die Humanisten knüpften untereinander Kontakte, tauschten Wissen aus und erhielten Einblick in wertvolle Bücher und interessante Handschriften sowohl aus der klassischen Antike wie auch aus der italienischen Renaissance. Wie bereits erwähnt verwendete Vadian später sein neuerworbenes Wissen für seine Vorlesungtätigkeit in Wien.[51] Schliesslich wurde er am 12. März 1514 von Kaiser Maximilian I. zum *Poeta laureatus* gekrönt, was ihn mit einem Schlag in ganz Europa berühmt machte.[52] Als er schliesslich nach dem Tod von Angelo Cospi († 1516) seine Professur übernahm, hatte er den berühmtesten humanistischen Lehrstuhl Mitteleuropas inne.[53] Urbanus Rhegius sprach davon, dass in Vadian Konrad Celtis, der *Germanorum poetarum primus*, auferstanden sei; er sei bei all seinen Schülern beliebt, da er Rednergabe mit Gelehrsamkeit verbinde, durch den Glanz seiner Sprache erfreue und die Studenten durch den Reichtum seines Wissens beschenke.[54]

Es erstaunt wenig, dass viele ungarländische Studenten Vadian zum Lehrer hatten und in eine persönliche Freundschaft zu ihm treten wollten. Abgesehen von der Matrikel der Universität Wien ist diesbezüglich Vadians Briefwechsel immer wieder erhellend. Obwohl Vadians Briefe aus dieser Zeit spärlich erhalten sind, so erfahren wir doch, manchmal rein zufällig beispielsweise durch Rudolf Agricola aus Gran oder Adrian Wolfhard aus Weissenburg, dass

---

50 Nach seinem Aufenthalt in Ofen verfasste Vadian einen poetischen Applaus auf Girolamo Balbi (vgl. Joachim Vadian: „Accipe phiosophie non trita volumina Magni […]“, in: Alberti Magni Germani principis philosophi. De natura locorum […], hg. von Georg Collimitius, Wien 1514, a2^{r-v}). In seinem *Epitome trium terrae partium* (Zürich 1534), einer Beschreibung der drei Erdteile Europa, Asien und Afrika, erwähnt Vadian im Rahmen der Beschreibung der *Pannonia secunda* in kurzen Worten auch die berühmte, an griechischen und lateinischen Handschriften so reiche *Bibliotheca Corviniana* (vgl. Joachim Vadian, Epitome trium terrae partium, Asiae, Africae, et Europae compendiariam locorum descriptionem continens, Zürich 1534, ff3^r; vgl. Bonorand, Beziehungen, 108ff; Bernhard, Bedeutung, 116; Steinbock, Werk, 50ff).

51 Vgl. Bonorand, Beziehungen, 110 f; Näf, Analekten, 38 f.

52 Vadian hatte aus Anlass der Überführung des Sarges von Kaiser Friedrich III. aus der Fürstengruft in den Wiener Stephansdom eine grosse Lobrede, einen *Panegyricus* von über 600 Hexametern auf Kaiser Friedrich III. und seinen Sohn Maximilian verfasst (vgl. Joachimi Vadiani Helvetii maximorum Caesarem Friderici tertii patris et Maximiliani filii laudes continens. Anno domini M.D.XIII., in secundaria Friderici sepultura et parentatione emissum ad Maximilianum Caesarem Augustum, in: Isokrates, De regno gubernando ad Nicoclem liber, a Martino Philetico interprete Divo Friderico III. Dicatus […], Wien 1514, H2^v–K4^v) und wurde von Maximilian als Belohnung zum *Poeta laureatus* ernannt (vgl. Steinbock, Werk, 52 ff. 109–153).

53 Vgl. Näf, Vadian, 143 ff.

54 Vgl. Urbanus Rhegius an Joachim Vadian, 16. Mai 1517, in: Vadian BW I, Nr. 97.

Schüler an Vadian empfohlen wurden.[55] Hin und wieder hat Vadian für von Studenten herausgegebene Schriften einen poetischen Applaus verfasst, so beispielsweise für die von Laurentius Armbruster aus Hermannstadt im Jahre 1514 herausgegebene Schrift *Naturalis Isagoge* von Albertus Magnus.[56] Armbruster war 1514 in Wien zum *Magister artium* promoviert worden.[57] Das vertraute Verhältnis, das Vadian zu seinen Schülers pflegte, zeigt sich auch darin, dass beispielsweise Ambrosius Szilagyi (Zilagius) sich an Vadians Schrift *Gallus pugnans* (Wien 1514) mit einem poetischen Applaus beteiligte. Szilagyi war der Neffe von Kardinal Tamás Bakócz, dem Erzbischof von Gran, mit dem Vadian besondere Verbindungen pflegte. Im September 1513 schrieb István Deéshazi im Auftrag von Bakócz an Vadian und dankte für die Förderung der Studien von Ambrosius Szilagyi.[58] Am Hofe des Kardinals wirkten in den 1510er Jahren auch die Humanisten Rudolf Agricola jun. aus Wasserburg am Bodensee sowie Stefan Taurinus (Stieröchsel) aus Zwittau; mit beiden pflegte Vadian einen intensiven Briefwechsel.[59] Agricola wandte sich im Winter 1513/14 aus Ofen an Vadian, dankend für dessen „singulari benevolentia";[60] als er, bereits in Gran, im April 1514 den nach Wien ziehenden Michael Ungarnartz an Vadian empfahl, betonte er, dass Vadian nicht nur in Krakau, sondern auch „in extremis Pannonię finibus nomen habeat famigeratum."[61] Tatsächlich suchten viele ungarländische Studenten mit Vadian in Kontakt zu treten, sei es durch Briefwechsel oder sei es durch einen Studienaufenthalt in Wien. So wandte sich am Palmsonntag 1514 ein gewisser Ludwig Hueter aus Ofen an Vadian und bat um brieflichen Verkehr.[62] Vadians Schriften waren in Ofen gar so bekannt, dass Fabius Zonarius (Gürtler) aus Ingoldstadt, als er sich 1515 in Ofen aufhielt, seine Veröffentlichungen pries.[63]

Die genannten Beispiele illustrieren, wie vernetzt die Humanisten untereinander waren und welche Bedeutung Wien und seine Lehrer – neben Vadian ist insbesondere auch an Ursinus Velius, Johannes Cuspinian oder Martin Siebenbürger (Capinius) zu denken – für ungarländische Studenten einnahm. Die alten ungarischen Universitäten – in Fünfkirchen, Ofen und Pressburg (Bratislava, SK) – gelangten trotz bemerkenswertem Kommunikationsnetz

---

55 Vgl. BONORAND, Beziehungen, 120 ff.
56 Vgl. Joachim Vadian: „Donavit Magni cognomine grata vetustas […]", in: Alberti Magni philosophie Naturalis Isagoge: […], hg. von Laurenz Armbruster, Wien 1514, a^{v} (nicht zu verwechseln mit: Joachim Vadian: „Accipe philosophie non trita volumina Magni[…]", in: ALBERTUS MAGNUS, De natura, a2$^{\mathrm{r-v}}$).
57 Vgl. BONORAND, Freundeskreis, 60.
58 Vgl. István Deéshazi (Stephanus de Eshazii) an Joachim Vadian, 27. September 1513, in: Vadian BW I, Nr. 25.
59 Vgl. Vadian BW I, Nr. 34. 43. 83; Vadian BW III, Nachträge, Nr. 9. 11. 13; u.s.w.
60 Vgl. Rudolf Agricola an Joachim Vadian, s.d. [1513/14], in: Vadian BW III, Nachträge, Nr. 9.
61 Vgl. Rudolf Agricola an Joachim Vadian, 21. April 1514, in: Vadian BW III, Nachträge, Nr. 11.
62 Vgl. Ludwig Hueter an Joachim Vadian, 9. April 1514, in: Vadian BW I, Nr. 32.
63 Vgl. Fabius Zonarius an Joachim Vadian, 8. September [1515], in: Vadian BW III, Nachträge, Nr. 14.

und regem Wissenstransfer nicht zu annähernd vergleichbarer Ausstrahlung wie die Universität Wien; deswegen wurde letztere – neben derjenigen Krakaus und Paduas – zu Beginn des 16. Jahrhunderts zu der von ungarländischen Studenten am meisten bevorzugten Hochschule.[64] Nicht nur Tamás Bakócs förderte begabte Jünglinge und sandte sie nach Wien, sondern auch – davon haben wir schon berichtet – Ferenc Várdai in Weissenburg oder György Szathmári in Fünfkirchen.

Szathmári, Nachfolger von Bakócz († 1521) in Gran, stand mit Humanisten wie Girolamo Balbi, Joachim Vadian oder Bartholomaeus Francfordinus in regelmässigem Kontakt; in Fünfkirchen hatte er als Mäzen gleichfalls einen Humanistenkreis um sich geschart.[65] Diesem Kreis gehörten Gelehrte wie Probst Jakob Piso, später Gesandter des Königs, Stjepan Brodarić, nachmaliger Kanzler des Königs, oder Miklós Oláh, der spätere Erzbischof von Gran, an. Alle diese Persönlichkeiten standen früher oder später auch in Briefkontakt mit dem Humanistenfürsten Erasmus von Rotterdam.[66] Nicht erstaunlich, dass in diesem Kreis Schriften entstanden, die für Reformen in Staat und Kirche eintraten. Dem Fünfkirchener Humanistenkreis gehörte beispielsweise Bartolomaeus Francfordinus Pannonius[67] an: Als Bürger von Ofen hielt er sich nach Studien in Krakau und Wien – in Wien verschrieb er sich unter dem Einfluss Vadians dem humanistischen Bildungsideal[68] – Ende der 1510er bzw. Anfang der 1520er Jahre am Bischofssitz in Fünfkirchen auf, wo auch sein Verwandter, der Propst von Kalocsa, residierte, dem er sein Erstlingswerk, die *Batrachomyomachia hoc est bellum Ranarum & Murum* (Wien 1516) des Homer in der lateinischen Übersetzung Reuchlins, widmete;[69] der Wiener Humanist Ursinus Velius gab dem Büchlein ein *carmen commendaticium* bei.[70] Im literarischen Werk Francfordinus' – man denke an zwei Werke, in denen er dem moralischen Verfall und der Trunksucht entgegenzutreten versuchte, nämlich an seine Komödie *Gryllus*, die Markgraf Georg von Brandenburg, dem Erzieher des jungen Königs Ludwig in Ofen, und an den *Dialogus inter Vigilantiam et Torporem*, der Bischof György Szathmári gewidmet war[71] – zeigte sich, unter dem Einfluss von Erasmus, seine echte Be-

64 Vgl. Kiss, Patriotism, 133 ff; Bonorand, Freundeskreis, 58.

65 Vgl. Hamann, Francfordius, 132; Bonorand, Beziehungen, 106.

66 Vgl. Schwob, Humanistenkreis, 66 ff; Ritoók-Szalay, Erasmus, 116 ff. 124 f.

67 In einigen Quellen und verschiedener Literatur wird Bartholomaeus *Francfordinus* auch Bartholomaeus *Francfordius* genannt.

68 Francfordinus unterhielt mit Vadian später auch brieflichen Verkehr (vgl. Vadian BW I, Nr. 118. 125; Vadian BW III, Nachträge, Nr. 31; vgl. Bonorand, Humanistenkorrespondenz, 69 f).

69 Vgl. Bartholomeus Frankfurter Pannonus [...] Dno. Michaeli [...] Praepositi Coleceñ. ac Canonico Albae regalis [...] salutem, in: Homeri Batrachomyomachia hoc est bellum Ranarum & Murum Ioanne Capnione Phorcensi metaphraste, Wien 1516, B3^{r-v}.

70 Vgl. Caspar Ursinus Velius Silesitanus: „Hoc sacer Antistes magni tibi nostrer Homeri [...]“, in: Homer, Batrachomyomachia, B4^r.

71 Die beiden Werke erschienen 1518 und 1521 in einem Band in Wien.

mühung um Reformen im Sinne des Humanismus.[72] Erasmus seinerseits war Francfordinus' Tätigkeit bekannt, ja er würdigte auch dessen editorische Verdienste.[73]

Zu Beginn der 1520er Jahre war Francfordinus als Stadtschreiber der damals reichen niederungarischen Bergstadt Schemnitz tätig. Diese einflussreiche Stellung ermöglichte es ihm, auf die Entwicklung der niederungarischen Bergstädte einen massgeblichen Einfluss auszuüben. Aus einem Brief an Georg Eysker, Notar von Kremnitz, vom 19. Mai 1522 geht hervor, dass Francfordinus den deutschen Reformator als „Lutterus noster" bezeichnete und mit Conrad Cordatus, Prediger in Kremnitz, befreundet war.[74] Cordatus hatte etwa zur gleichen Zeit wie Vadian, also 1502, in Wien studiert und wirkte nach seiner Ofener Zeit in Kremnitz, bis er sich schliesslich im Mai 1524 in Wittenberg immatrikulierte, wo er auch einen Teil der Tischreden Luthers aufschrieb.[75] Es ist sehr wohl möglich, dass Cordatus auch unter dem Einfluss von Francfordinus zu Studien in Wittenberg ermutigt wurde; was jedenfalls die beiden Humanisten verband, waren ihre bibelhumanistischen Bemühungen – auch Grynaeus, der in Ofen zusammen mit Cordatus wirkte, lässt sich in diese Reihe einordnen – und ihr Interesse an einer kirchlichen Reform. Obwohl, wie HAMMANN dies folgert, von einer Hinwendung zur „evangelischen Partei" in den Jahren 1521/22 ausgegangen werden könnte,[76] darf diese Parteinahme nicht überbewertet werden, sondern ist im Rahmen der reformerischen Bemühungen zu verstehen, durch die sich Francfordinus wie auch Cordatus seit ihrer Studienzeit und aufgrund ihrer humanistischen Kontakte auszeichneten. Jedenfalls ist es bezeichnend, dass diese gebildeten Männer in den beiden einflussreichsten Bergstädten Niederungarns wirkten und daselbst während ihrer Wirksamkeit Humanismus und Reformation Hand in Hand gingen. So wirkte nach seiner Flucht auch der schon erwähnte Johannes Kresling aus Ofen in Kremnitz und anderen Bergstädten; Kresling studierte gemeinsam mit Francfordinus in Krakau, wo beide miteinander 1514 das Examen zum *Magister artium* bestanden. Ab Sommmer 1515 treffen wir ihn, wiederum zusammen mit Francfordinus, in Wien bei Vadian an.[77]

Dass auch Johannes Honterus in Wien bei Vadian studiert hat, wurde im Zusammenhang mit den Überlegungen zum Wissenstransfer und Kultur-

---

72 Vgl. HAMMANN, Francfordius, 230 ff; BONORAND, Humanistenkorrespondenz, 68 f; DERS., Beziehungen, 124 f.

73 Vgl. Petro Episcopo Cracoviensi, ac regni Poloniae cancellario Des. Erasmus Roterod., in: L. ANNAEUS SENECA, Opera, hg. von Erasmus von Rotterdam, Basel 1529, a2ᵛ.

74 Vgl. Bartholomeus Francfordinus an Georg Eysker, 19. Mai 1522, in: ETE I, 57 f.

75 Vgl. RÉVÉSZ, Tanulók, 216. Hier ist BONORAND zu korrigieren, der den Eindruck erweckt, als ob Cordatus schon früher in Wittenberg geweilt wäre (vgl. BONORAND, Beziehungen, 125; DERS., Humanistenkorrespondenz, 69).

76 Vgl. HAMMANN, Francfordius, 233 f.

77 Zu Johannes Kresling vgl. BLÁZY, Griner, 112; HAMMANN, Kresling, 7 ff; WICZIÁN, Beiträge, 219 ff; SCHEIBLE, Beziehungen, 38 ff.

austausch im 16. Jahrhundert bereits erwähnt. Schliesslich kehrt Honterus nach mehreren Auslandaufenthalten im Sommer 1533 aus Basel nach Kronstadt zurück. In Kronstadt gab es seit dem 14. Jahrhundert nachweislich eine Stadtschule. Seit den 20er Jahren des 16. Jahrhunderts prägte ein reformerischer Humanismus die Entwicklung der Stadt; im Jahre 1527 konnte die Bibliothek gegründet werden, und an der Stadtschule wurde anhand von Werken von Erasmus unterrichtet.[78] Honterus' Tätigkeit in Kronstadt is eine Weiterführung dieser Ausrichtung und schliesslich Zeugnis dafür, dass Humanismus und Reformation in Siebenbürgen als ein und dasselbe Programm verstanden worden sind. In Honterus' Drucken von Augustins *Sen entiae* und dessen *Haereseon Catalogus* (Kronstadt 1539) tritt die sittliche Verflechtung von Glaube und Werk, von Gottesverehrung und sittlicher Tat deutlich hervor; durch den steten Hinweis auf die hl. Schrift kann Honterus als Vertreter der humanistisch-reformatorischen Bewegungen bewertet werden.[79]

Im Rahmen der dezentralen reformhumanistischen Anfänge darf neben Grosswardein, Weissenburg, Fünfkirchen oder Kronstadt auch auf das siebenbürgische Klausenburg hingewiesen werden, wo Vadians Schüler und Freund Adrian Wolfhard nach Beendigung seiner Studien seit 1512 wirkte.[80] Kaum in Klausenburg angekommen, berichtete Wolfhard an Vadian über die kriegerischen Ereignisse zwischen Ungarn und Türken.[81] In einem späteren Brief beklagte er sich über die weite Entfernung von der humanistischen Gelehrtenrepublik.[82] Trotzdem blieb Wolfhard in seiner weiteren Tätigkeit als Kleriker literarisch tätig; er verfasste Widmungen, Epigramme, Gedichte und gab Werke bekannter Humanisten heraus. Es ist dabei, abgesehen von seinem *Panegyris ad Caesarem Maximilianum* (Wien 1512), für den Vadian ein Octostichon zum Lobe Wolfhards verfasst hatte, an den *Dialogus mythologicus* (Wien 1512) von Bartholomaeus von Köln[83] oder an das *Contra poetas impudice loquentes carmen* (Wien 1517) von Baptista von Mantua zu denken, dem Wolfhard ein Gratulationsgedicht beisteuerte. Erasmus von Rotterdam stand in Kontakt sowohl mit Bartholomaeus von Köln als auch mit Baptista von Mantua, die beide bekannte Humanisten waren.[84] Schliesslich wandte sich Wolfhard, nachdem Stefan Taurinus aus Gran von Bischof Ferenc Várdai an

78 Vgl. WIEN, Reformation, 138 ff; BERNHARD, Gessner, 178.

79 Vgl. MONOK, Drucker, 209; BINDER, Honterus (1996), 63 ff. Zum Ganzen sowie zu Honterus im Speziellen vgl. unten S. 174 ff.

80 Obwohl er sich in den kommenden Jahren teilweise in Weissenburg aufhielt, ja seit 1516 Kanoniker zu Weissenburg war, nahm Wolfhard auch später Amtspflichten in Klausenburg wahr; so finden wir ihn 1521 als Archidiakon zu Klausenburg (vgl. BONORAND, Humanistenkorrespondenz, 223).

81 Vgl. Adrian Wolfhard an Joachim Vadian, 15. November 1512, in: Vadian BW I, Nr. 19.

82 Vgl. Adrian Wolfhard an Joachim Vadian, 17. April 1513, in: Vadian BW I, Nr. 21

83 Melanchthon gab das Werk 1518 in Wien erneut heraus (vgl. VD 16 B 552).

84 Hinweise auf die Kontakte von Erasmus mit Bartholomäus von Köln sowie Baptista von Mantua finden sich in: Allen I, Nr. 23. 28. 47. 49. 145; Allen III, Nr. 385 (freundliche Mitteilung von Dr. Christine Christ-von Wedel, Basel).

den Hof von Weissenburg berufen worden ist, 1518 an Vadian und berichtete über seine literarische Tätigkeit – er erwähnt Werke von Janus Pannonius, Plutarch, Homer und Martial[85] –, von denen manche Schriften später während seines Aufenthaltes in Italien in Bologna erschienen.[86] Wie erwähnt stand Wolfhard nach seiner Rückkehr als einflussreicher Bischofsvikar in Weissenburg der reformatorischen Bewegung wohlwollend gegenüber.

Bereits mehrfach wurde im Zusammenhang mit der Studentenperegrination auf die Humanistenstadt Krakau hingewiesen. In Krakau bestand zwischen der Universitätsintelligenz und der Kaufmannselite ein reger Austausch; die reichen Familien pflegten das literarische Mäzenatentum[87] und unterhielten im Geiste des Humanismus intensive Kontakte mit dem Ausland. Dies betraf einerseits den persönlichen Austausch unter Humanisten – wir denken z.B. an Erasmus und Andrzej Krzycki[88] – und andererseits den universitären Austausch, z.B. nach Wien, Basel oder Wittenberg. Studenten aus Ostmitteleuropa studierten zahlreich in Krakau. Mit Ungarn war Krakau also von altersher nicht nur räumlich, sondern auch geistig verbunden: Viele Ungarn studierten in Krakau, bevor sie an andere Universitäten weiterzogen,[89] und zwischen Krakau und den ungarischen humanistischen Zentren bestand ein reger geistiger und personeller Austausch.[90]

Zusammenfassend lassen sich betreffend die dezentralen reformhumanistischen Anfänge im Reich der Stephanskrone zwei grundlegende Einsichten gewinnen: Verschiedene geistig-kulturelle Zentren wie Gran, Pressburg, Kaschau, Ofen, Fünfkirchen, Weissenburg, Grosswardein oder Kronstadt pflegten einen intensiven geistigen Austausch mit anderen humanistischen Zentren nicht nur des Stephansreiches, sondern auch des benachbarten Auslandes.[91] Grundlage des Wissenstransfers zwischen diesen Zentren waren die reiche Korrespondenz unter Humanisten, die Studentenperegrination und der Buchhandel. In diesen Zentren sind in den frühen 1520er Jahren auch die dezentralen Anfänge der „humanistisch-refomatorischen" Bewegung im Stephansreich zu suchen. Es handelt sich dabei aber entschieden nicht um eine

---

85 Vgl. Adrian Wolfhard an Joachim Vadian, 13. August 1518, in: Vadian BW II, Nr. 132.

86 Vgl. oben S. 62 (Anm. 11).

87 So sammelte Severin Boner um sich einen Literatenkreis, wozu auch Johannes Antoninus von Kaschau sowie Severin Oreander gehörten (vgl. BACZKOWSKI, Humanismus, 56 f; ULEWICZ, Kreise, 53 f).

88 Zu den persönlichen Kontakten Erasmus' zu Krakau vgl. ŽIBRITOVÁ, Bücher, 246; BERNHARD, Kontakte, 304–320; WŁODARSKI, Polen, 91–100; HAJDUKIEWICZ, Bücherkreis, 49–102.

89 Seit 1470 gab es gar eine eigene ungarische Burse in Krakau, wo gleichzeitig 40 Studenten zusammenwohnen konten. Über Jahrzehnte machten das jährlich 40 bis 50 immatrikulierten Studenten aus Ungarn und Siebenbürgen das weitaus grösste Kontingent an der Universität aus (vgl. ASCHE, Bildungsbeziehungen, 31 f; KOVÁCS, Egyetem, 117–129. 131–141. 143–152. 188 f; SCHRAUF, Regestrum).

90 Vgl. KATONA, Caritas, 23 f. Weitere zur Thematik vgl. unten S. 114 ff.

91 Dies erkennt auch Dieter MERTENS – ohne allerdings den ostmitteleuropäischen Raum genauer zu betrachten – in seiner Studie über Humanisten an den Höfen (vgl. MERTENS, Preis, 152).

systematische Rezeption reformatorischen Gedankengutes bzw. reformatorischer Schriften, sondern um eine geistige Auseinandersetzung mit reformerischen Schriften, und zwar einerseits von Humanisten wie z. B. Erasmus, Vadian oder Valla, andererseits von Reformatoren wie Luther, Melanchthon oder Zwingli. Die Rezeption reformatorischen Gedankengutes wurde als eine sinnhafte Weiterführung der humanistischen Errungenschaften verstanden. Gemäss dem Selbstverständnis der ungarländischen Humanisten handelt es sich bei diesen dezentralen Anfängen also nicht um den Anfang der Reformation, sondern – vergleichbar den italienischen reformatorischen Bewegungen[92] – um einen Bibelhumanismus, Evangelismus sowie innerkirchlichen Reformismus. Die „reformatorischen" Anfänge im Reich der Stephanskrone sind also Teil der humanistischen Tradition.[93]

Zweitens ist festzuhalten, dass auch das Fehlen eines reformatorischen Zentrums im Stephansreich mit Italien vergleichbar ist. Die Renaissancestadt Ofen mit der weltbekannten *Biblioheca Corviniana* war unter den geistig-kulturellen Zentren zwar *primus inter pares* und wurde von vielen Humanisten Europas – so auch von Vadian – rege aufgesucht, nahm aber letztlich keine führende Stellung im Reformhumanismus des Stephansreiches ein. Vielmehr sind die zahlreichen humanistischen Zentren, wenn auch in verschiedenem Masse, Wiege der sich ausbreitenden reformatorischen Bewegungen. Das Fehlen eines „reformatorischen" Zentrums verhinderte zwar eine Bündelung der reformerischen Kräfte, belegt aber gleichzeitig, dass in den dezentralen reformhumanistischen Zentren das Rezeptionspotential reformatorischer Schriften bedeutend war, die dezentralen Anfänge der Reformation also auch „von unten her" gestützt wurden.[94]

---

92 Die für die italienische Reformation typischen Strömungen wie Spiritualismus oder Radikalismus (vgl. Campi, Protestantesimo, 8 f; Caponetto, Riforma, 9 – 115; Bernhard, Rosius à Porta, 322 ff) scheinen in den 1520er Jahren im Stephansreich noch weitgehend zu fehlen.

93 Wie auch im Renaissancestaat Italien (vgl. Seidel Menchi, Erasmus, 97 ff; dies., Humanismus, 47 – 64).

94 Bryner verwendet dafür den Ausdruck „Reformation ,von unten'" (vgl. Bryner, Bullinger, 801).

2. Die Humanistenstadt Basel in ihren Beziehungen zur ungarländischen Intelligenz

Wir haben auf die Bedeutung Basels als Humanistenstadt bereits im einführenden Kapitel *Kulturaustausch und Wissenstransfer* hingewiesen. Im vorliegenden Abschnitt sollen einige Bereiche spezifischer untersucht werden, um die Bedeutung Basels für den ungarländischen Humanismus[1] vor der Schlacht bei Mohács aufzuzeigen.

Im Sommer 1521 ging Tertullians *Opera* aus der Presse von Johannes Froben, welche Ausgabe vom Schlettstädter Humanisten Beatus Rhenanus (1485 – 1547) besorgt wurde. Rhenanus widmete die Tertullian-Ausgabe dem Olmützer Bischof Stanislav Thurzó (1471/2 – 1540); auch in den späteren Auflagen von Tertullians *Opera* wurde die Widmung an Thurzó mehrfach gedruckt.[2] Thurzó stammte aus dem nahe bei Leutschau liegenden Bethlensdorf (Betlanovce, SK), wo die Familie von alters her ein Landgut besass, wuchs aber in Krakau auf. In der ersten Hälfte des 16. Jahrhunderts erwarb die Familie weiteren umfangreichen Landbesitz, erlangte hohe Staatsämter und etablierte sich schliesslich als eines der angesehendsten Magnatengeschlechter Ungarns.[3]

Rhenanus begründet in seinem Vorwort, warum er die Ausgabe an Thurzó gewidmet habe: Sein Ruhm als Förderer der Wissenschaften sei schon von Caspar Ursinus Velius, Ulrich von Hutten, Joachim Vadian und Ianus Dubravius verewigt worden; darum widme er Thurzó die endlich besorgte Edition der Schriften des Tertullian.[4] Schliesslich machte Rhenanus weitere Ausführungen zur Entstehung und Bedeutung der Tertullian-Ausgabe.

Die Widmung an Thurzó weist auf drei für den humanistischen Transfer

---

1 Es ist hier festzuhalten, dass das Wirkungsfeld verschiedener gelehrter Persönlichkeiten sich im Karpatenbecken befand, und man insofern von einem „ungarländischen" bzw. „ungarischen" Humanismus spricht; *de facto* gab es aber keinen „ungarländischen" bzw. „ungarischen" Humanismus, da man im Europa der frühen Neuzeit nirgends einen nationalen Humanismus fand. Der Wissens- und Personenaustausch im Europa des Humanismus war so bedeutend, dass die grosse Mehrheit der ungarländischen Humanisten zwar nicht aus Ungarn, sondern aus Italien, Dalmatien, Kroatien, Böhmen oder aus den deutschsprachigen Ländern stammte, doch aber in Ungarn ansässig war und hier ihr Wirkungsfeld hatte.

2 Widmungsbriefe waren im Humanismus und in der Reformation mehr als nur Freundschaftsbezeugungen; vielmehr stellten sie, insbesondere wenn das Werk an Magnaten, Fürsten oder Könige gewidmet war, den Versuch dar, die beehrten Personen für ein besonderes Anliegen zu gewinnen (vgl. BÄCHTOLD, Gnade, 66).

3 Vgl. ROTHKEGEL, Briefwechsel, 14 f; KATONA, Caritas, 8 ff.

4 Vgl. Beatus Rhenanus: Praefatio […] ad Stanislaum Olomutzensem episcopum, in: Opera Q. Septimii […] Tertulliani […], Basel 1521, a2^(r–v).

sehr wichtige Aspekte des Wissenstransfers hin, nämlich auf die Bedeutung des Basler Buchdrucks, auf den Gelehrtenaustausch sowie auf das Verhältnis zwischen Mäzenen und Gelehrten. Rhenanus kam 1513 nach Basel, um seine Griechischkenntnisse bei Johannes Cono zu verbessern; aus dieser Begegnung heraus entwickelte sich eine intensive Freundschaft zwischen Bonifatius Amerbach und Rhenanus. Bald pflegte Rhenanus mit den wichtigsten humanistischen Persönlichkeiten der Zeit Kontakt, mit Erasmus von Rotterdam, Johannes Reuchlin, Willibald Pirckheimer, Johannes a Lasco (Jan Łaski) oder Ulrich Zasius. Bis 1518 blieb Rhenanus durchwegs in Basel, bis 1526 verkehrte er häufig zwischen Basel und Schlettstadt. Neben der Erteilung von Privatunterricht arbeitete er in der Druckerei von Johannes Froben mit.[5] Von dieser Zusammenarbeit zeugt beispielsweise Janus Pannonius' Gedichtsammlung *Sylva panegyrica* (Basel 1518), die Rhenanus gemeinsam mit Froben besorgte.[6] Mit diesem Druck hat sich Basel erstmals auch als Druckort für *Hungarica* profiliert.

Rhenanus war kein Einzelfall, sondern reiht sich unter andere Gelehrte ein. Wir denken dabei an den böhmischen Humanisten Sigismund Gelenius (Zikmund Hrubý z Jelení, 1497–1554), der seit 1524 in der Druckerei Froben arbeitete,[7] und natürlich an Erasmus von Rotterdam, der Hausgast und Mieter von Johannes Froben, später von Hieronymus Froben war, vor allem aber die wissenschaftliche Leitung bei den Kirchenväterausgaben übernommen hatte. Johannes Froben liess bereits 1513 Erasmus' Ausgabe der *Adagiorum Chiliades tres* drucken, was wesentlich dazu beitrug, dass Erasmus bis an sein Lebensende die Erstausgaben fast aller seiner Schriften Froben anvertrauen sollte.[8] Die besondere Wertschätzung Erasmus' durch Froben zeigte sich auch im ersten Druck der *Epistolae D. Erasmi Roterodami ad diversos* (Basel 1521). Darin finden sich unter anderem Briefe zwischen Erasmus und ostmitteleuropäischen Gelehrten wie Stanislav Thurzó oder Ursinus Velius. Die ausgezeichnete drucktechnische und wissenschaftliche Qualität der Ausgaben hing natürlich auch damit zusammen, dass in den Offizinen während Jahren gelehrte Humanisten aus ganz Europa tätig waren.

Die Internationalität der Stadt sowie die Qualität der Drucke aus Basler Offizinen trugen wesentlich zur Bekanntheit und zum Ruhm der Stadt auch in Ostmitteleuropa bei. Auf die weite Verbreitung von Basler Drucken, seien es Werke italienischer Humanisten wie Petrarca, Valla, Ficino oder Mirandula

---

5 Vgl. J. KÖHLER, Art. Beatus Rhenanus, BBKL VIII, 1994, 137 ff; GUGGISBERG, Zusammenhänge, 41 f. 47 f.

6 Vgl. Beatus Rhenanus insigni viro Iacobo Sturmo Argent. s.d., in: Iani Pannonii Qvinqvecclesiensis Episcopi, Sylva Panegyrica ad Guarinum Veronensem, praeceptorem suum. Et eiusdem Epigrammata nunquam Antehac typis excusa, Basel 1518, a2^{r-v}; Johannes Frobenius lectori salutem, in: PANNONIUS, Sylva, o4^r.

7 Vgl. VANEK, Philologe, 69–74; U. DILL, Art. Sigismund Gelenius, HLS 5, 2006, 182; CLEMEN, Briefe, 17 ff.

8 Vgl. GUGGISBERG, Zusammenhänge, 40.

oder seien es die in grosser Kompetenz von Johannes Oekolampad besorgten Kirchenväterausgaben, haben wir bereits mehrfach verwiesen. Letztlich waren es aber doch die Werke von Erasmus, insbesondere seine *De duplici copia verborum*, seine *Adagiorum chiliades*, seine *Colloquia familiara nunc emendatiora* sowie seine *Paraphrases* zum Neuen Testament, die überall in Ungarn und Siebenbürgen verbreitet und im Unterricht häufig benutzt wurden. Natürlich übernahm bei der Verbreitung von Basler Drucken vor allem der Basler Humanistenkreis, die sogenannte *Sodalitas Basiliensis*, eine gesonderte Stellung ein; auch ostmitteleuropäische Studenten wurden damit betraut, Büchersendungen zu vermitteln. Diesbezüglich besonders bekannt geworden ist Johannes Antoninus aus Kaschau, Erasmus' Freund und Leibarzt, der sich nach seinem Aufenthalt in Padua[9] seit Sommer 1524 einige Monate in Basel aufgehalten und später mehrere Büchersendungen des Erasmus an ungarische und polnische Humanisten vermittelt hatte.[10]

Bereits im zweiten Jahrzehnt des 16. Jahrhunderts sind in Ungarn verschiedene *Erasmiana* so verbreitet, dass die ungarländische Intelligenz Fragen thematisierte, die ihr bei der Lektüre von *Erasmiana* oder aus der Korrespondenz mit dem Humanistenfürsten begegnet waren. So schrieb der Siebenbürger Jakob Piso, der Erasmus bereits 1509 in Italien kennengelernt hatte und bis an sein Lebensende mit ihm in Briefkontakt stand, am 1. Februar 1526 in einem Brief an Erasmus über eine Unterredung aus dem Jahre 1518 mit den Gebrüdern Johannes und Stanislav Thurzó in Ofen: „Primum autem mox colloquium de Erasmo nostro inductum est, qui nunquam non prandet et coenat, stat et sedet, equitat et ambulat nobiscum. In summa totus nobiscum es [...]"[11] Die Hochachtung Pisos gegenüber Erasmus wurde freilich durch Erasmus selbst erwidert, der Piso als Poeten – auch er war, wie Vadian, von Kaiser Maximilian I. zum *poeta laureatus* gekrönt worden – neben Janus

---

9 Nicht erst in Padua, sondern bereits bereits früher promovierte Johannes Antoninus, wie aufgrund seiner Immatrikulation am 4. Dezember 1523 in Tübingen zu folgern ist (vgl. Škoviera, Antoninus, 76; Hermelink, Matrikeln I, 247); vgl. auch: Johannes Antoninus an Ulrich Zasius, 5. Juli [1524], in: Bauch, Adalékok, 348 f.

10 Vgl. Schultheiss, Antoninus, 119 f. Erasmus hätte Antoninus gerne in Basel zurückgehalten, doch der junge Arzt wurde nach Ofen an den königlichen Hof berufen. Das Verhältnis zwischen Erasmus und Antoninus war so persönlich (vgl. Škoviera, Antoninus, 77 f), dass Erasmus ihn in Briefen nicht nur als „meus Antoninus" (vgl. Erasmus an Johann von Botzheim, 30. Januar 1523, in: Erasmus, Correspondence, Nr. 1341 A; Erasmus an Krzysztof Szydłowiecki, 12. Dezember 1527, in: Allen VII, Nr. 1918; u.s.w.) bezeichnete, sondern gar die 1526 in Basel besorgte Galen-Ausgabe *Exhortatio ad bonas arteis [...]* (Basel 1526) an Antoninus widmete (a2ʳ⁻ᵛ); andererseits verfasste Antoninus zu dem in Krakau erschienen Werk *Lingua [...] Opus novum et hisce temporibus aptissimum* (Krakau 1526) von Erasmus ein Lobgedicht auf den Humanistenfürsten (vgl. Antoninus Medicus: „Auxerat ingenuos Clarus Palatinus honores, [...]", in: Lingua per Des. Erasmum Roterodamum, Opus novum, & hisce temporibus aptissimum, Krakau 1526, aᵛ; vgl. RMKP III 5137).

11 Jakob Piso an Erasmus, 1. Februar 1526, in: Allen VI, Nr. 1662. Leonhard Cox berichtete von ganz ähnlichen Umständen in Krakau (Leonhard Cox an Erasmus, 28. März 1527, in: Allen VII, Nr. 1803); vgl. unten S. 115.

Pannonius stellte.[12] Die Bedeutung Pisos für die Verbreitung von *Erasmiana* im Stephansreich kann kaum überschätzt werden, wenn wir bedenken, dass Piso seit 1516 am Hofe in Ofen wirkte. Mehrere Intellektuelle der Höfe zu Ofen und zu Prag sprachen Erasmus auf Zureden Pisos hin brieflich an oder suchten die Gelegenheit eines persönlichen Treffens mit Erasmus.[13]

Die Anwesenheit sowie die Durchreise ungarländischer Studenten in Basel – der Weg an die renommierten Universitäten Italiens führte damals von Ungarn, Böhmen und auch Polen zumeist durch Basel – war für die in Basel tätigen Drucker und Humanisten besonders wertvoll, da auch die Studenten mehrfach Kontake zu ungarischen Gelehrten oder Gönnern vermittelten. Ursinus Velius beispielsweise vermittelte Stanislav Thurzó an Erasmus und Rhenanus; später drängte er mehrfach auf Dedikationen von Werken an die Gebrüder Thurzó.[14] Dem entsprachen die beiden Humanisten gerne: Rhenanus widmete, abgesehen von der bereits erwähnten Tertullian-Ausgabe, des Eusebius *Historia tripartita*, welche in den *Autores historiae ecclesiasticae* (Basel 1523) gedruckt wurde, an Stanislav Thurzó, Erasmus des Plinius *Historia naturalis* (Basel 1525) an denselben; hingegen widmete er Plutarchs *Libellus perquam elegans* (Basel 1525) an Alexi Thurzó, den Schatzmeister von Ungarn, von dem Antoninus Erasmus erzählt habe, dass er ein Freund der *bonae literae* sei und bei Volk und ungarischem König grosses Ansehen geniesse.[15] Tatsächlich war Alexi Thurzó um die *bonae literae* besonders bemüht, weswegen er später in Leutschau gar einen Fonds stiftete, aus dem Auslandstudien ungarländischer Studenten gefördert werden sollten.[16] Erasmus selbst wies auf die Notwendigkeit einer Zusammenarbeit von Mäzenen und Gelehrten hin, da die Gelehrten bei der damaligen Gesellschaftsstruktur ohne Unterstützung eines Mäzens kaum Studien betreiben hätten können. Es war ihm auch sehr wohl bekannt, dass die Familie Thurzó reiche Kontakte zu den einflussreichen Fugger hatte; wenn er die Familie Thurzó für seine Anliegen gewinnen konnte, schien das „humanistische Werk" im Stephansreich gesi-

---

12 Vgl. Erasmus an Johannes Thurzó, 20. April 1519, in: Allen III, Nr. 943.

13 Vgl. Ritoók-Szalay, Erasmus, 116 f. Es kann im Rahmen dieses Kapitels nicht im Detail auf die ungarischen Kontakte von Erasmus eingegangen werden; dazu sind die Studien von Christ-von Wedel (vgl. Christ-von Wedel, Erasmianer, 135–154), Ritoók-Szalay (vgl. Ritoók-Szalay, Erasmus, 111–128), Trencsényi-Waldapfel (vgl. Trencsényi-Waldapfel, Érasme, 148–158), Nyikos (vgl. Nyikos, Erasmus, 346–374) und Thienemann (vgl. Thienemann, Érasme, 83–114) sowie der Tagungsband *Republic of Letters* (Budapest 2005) zu vergleichen. Eine minutiöse Darstellung aller Bereiche ist nachwievor ein Desiderat der Forschung.

14 Vgl. Caspar Ursinus Velius an Erasmus, 12. März 1525, in: Allen VI, Nr. 1557; Erasmus an Jakob Piso, 9. September 1526, in: Allen VI, Nr. 1754; Erasmus an Caspar Ursinus Velius, 7. August 1531, in: Allen IX, Nr. 2517.

15 Vgl. Erasmus: Epistola ad Alexium Thurzonem, in: Plutarchi Chaeronei Libellus perquam elegans. De non irascendo, [...], Basel 1525, a2^{r–v}.

16 Vgl. Katona, Stipendiánsok, 6; Katona, Stiftung, 173–189. Die abschliessende Arbeit *Caritas und Memoria. Eine Leutschauer Stiftung im Dienste der Bildungsförderung in der Zips des 16. Jahrhunderts* (Oldenburg 2011) von Tünde Katona wurde in unserer Arbeit nur partiell verarbeitet (vgl. Katona, Caritas, 13–22).

chert.[17] Andererseits war sich Erasmus sehr wohl bewusst, dass die Förderung durch Mäzene nicht unproblematisch sein konnte, wenn es um die Frage der geistigen Unabhängigkeit des Gelehrten ging; diese Problematik war mit ein Grund, warum er 1509 einen Ruf nach England ablehnte, und gleichfalls warum er 1529 nach der Abschaffung der Messe Basel verliess.[18]

Die Verbundenheit der ungarländischen Intellektuellen mit Basel ist zwar anfänglich durch die Anwesenheit des Erasmus bestimmt, darf aber letztlich nicht allein auf Erasmus reduziert werden. Wenn auch die Stadt ihren Aufstieg und ihre Ausstrahlung wesentlich der Anweseneit des Humanistenfürsten zu verdanken hatte, beherbergte sie bald auch viele andere bedeutende Humanisten, die selbständig mit ostmitteleuropäischen Gelehrten den Kontakt suchten und pflegten. Bezeichnendstes Beispiel ist, um ein Blick vorauszu-werfen, der Kronstädter Humanist Johannes Honterus, der Basel aufgesucht hatte, nicht um Erasmus kennenzulernen, sondern um das Buchdruckerge-werbe zu erlernen.[19] Abgesehen von seiner Tätigkeit in verschiedenen Offi-zinen stand er unter anderem in Kontakt mit Johannes Oekolampad, Sebastian Münster sowie Bonifatius Amerbach.[20] Gerade Amerbach hatte zahlreiche Kontakte mit ostmitteleuropäischen Gelehrten, so mit Ursinus Velius, Jo-hannes Antoninus, Johannes a Lasco, Anselm Ephorinus, später auch mit Gregor Horváth-Stančič de Gradecz.[21] Zudem tauschte Amerbach regelmässig mit anderen Humanisten, so auch mit Ulrich Zasius oder Johannes Sichart, Informationen über Ungarn und Empfehlungen für ungarische Gelehrte aus. So bezeichnete Ulrich Zasius den schlesischen Humanisten Ursinus Velius gegenüber Amerbach als „Velius noster, vir cum eminenti doctrina huma-nissimus, [...]"[22] Oder Johannes Honterus wurde, obwohl er bereits über ein Jahr in Basel weilte, von Ephorinus von Padua aus noch einmal nachdrücklich an Amerbach empfohlen.[23]

Die knappen Ausführungen zu Amerbach zeigen auf, dass die europäische Stellung der Humanisten- und Buchdruckerstadt Basel zwar von der Anwe-senheit des Erasmus geprägt war, nicht aber beherrscht wurde. Zumindest hatte Basel wenig von seinem Ruhm als Buchdruckerstadt eingebüsst, als Erasmus 1529 die Stadt verliess. Aus den renommierten Buchdruckereien Froben, Petri oder Cratander kamen weitere bedeutende Kirchenväterausga-ben oder Werke der klassischen Antike, so z. B. Werke von Gregor von Nazianz (1531), Basilius Magnus (1532), Johannes Damascenus (1535), Origenes

17 Im Gleichzug erhoffte sich Erasmus, dass die Familie Thurzó sich vom reformatorischen Werk Luthers distanziere (vgl. ROTHKEGEL, Briefwechsel, 45 f. 53. 70 ff; THIENEMANN, Érasme, 91 ff).
18 Vgl. RITOÓK-SZALAY, Erasmus, 114 ff; GUGGISBERG, Zusammenhänge, 44 ff.
19 Vgl. unten S. 166 ff.
20 Vgl. NUSSBÄCHER, Beiträge, 91–100.
21 Vgl. HARTMANN, Amerbachkorrespondenz, Nr. 837. 840. 841. 1110. 1185. 1186. 1187. 1210. 1214. 1269. 1272. 1283. 1348. 1656. 1705. 2048, u.s.w.
22 Ulrich Zasius an Bonifatius Amerbach, 2. Februar 1522, in: AK II, Nr. 842.
23 Vgl. Anselm Ephorinus an Bonifatius Amerbach, 8. Juni 1532, in: AK IV, Nr. 1656.

(1536) u.s.w., sowie Werke von Aristoteles (1531), Demosthenes (1532), Plutarch (1533), Homer (1535) u.s.w. Die Ausgaben wurden teils noch von Erasmus, teils von Oekolamapd, dann aber auch von Beatus Rhenanus, Simon Grynaeus oder Sigismund Gelenius besorgt.[24]

Obwohl der bereits mehrfach erwähnte Humanist Ursinus Velius aus Schlesien stammte, nahm er für die Gelehrtenkontakte zwischen Basel und dem Stephansreich eine wichtige Rolle ein. Als von Kaiser Maximilan I. zum Dichter gekrönter neulateinischer Lyriker gelang es ihm, wie bereits erwähnt, mehrere Kontakte zwischen ungarländischen Humanisten und Basel zu vermitteln. Über seine reichen Kontakte geben seine in Basel bei Froben gedruckten *Poematum libri quinque* (1522), in denen er poetische Texte aus den Jahren 1512 bis 1522 herausgab, guten Aufschluss. Interessant ist vor allem das zweite (Sylvarum liber secundus) und das vierte Buch (Elegiarum et epigrammaton liber); darin sind Gedichte, Elegien und Epigramme auf verschiedene Gelehrte aus ganz Europa zu finden. Wenn auch das im zweiten Buch gedruckte *Genethliacon* auf Erasmus mit 302 Elfsilbern, in dem Velius den Lebenslauf des Humanistenfürsten schildert, die Ausgabe beherrscht, so finden sich gleichfalls zahlreiche glänzende Hommagen, poetische Applause und Elegien auf andere Gelehrte und Gönner, so z. B. auf Johannes Thurzó, Stanislav Thurzó, König Ludwig II., László Szalkai, Johannes Cuspinian, Georg Collimitius, Joachim Vadian, Beatus Rhenanus, Ulrich Zasius, Johannes Froben, Bonifatius Amerbach, u.s.w. Auffallend viele Gelehrte Basels werden von Ursinus Velius in gleicher Weise gewürdigt wie solche aus dem Stephansreiches oder aus Böhmen.[25] Besonderer Erwähnung bedürfen auch die beiden kürzeren *Poemata* Velius' zu Ehren der *Sodalitas Collimitiana*, des Wiener Humanistenkreises; natürlich werden neben Collimitius die wichtigsten Teilnehmer des Kreises erwähnt, so auch Joachim Vadian, bezeichnet als „pater elegantiarum et facetiarum".[26] Collimitius teilte später an Vadian in St. Gallen mit, dass Velius, berufen als Hofhistoriograph Ferdinand I., 1526 vorübergehend mit der Beaufsichtigung der Bibliothek in Ofen betraut worden sei.[27]

Die Gelehrtenkontakte des Schlesiers Velius verdeutlichen nicht nur, wie intensiv der Wissenstransfer unter Humanisten zu Beginn des konfessionellen Zeitalters war, sondern zeigen – im Sinne einer Aussenperspektive – auch die

---

24 Oft wurden zwar die Ausgaben vor der Drucklegung auch noch von Erasmus geprüft, die grosse Arbeit aber hatten andere in Basel tätige Gelehrte geleistet. Als Beispiel ist etwa die Origenes-Ausgabe (1536) zu nennen, von der Erasmus nur einen kleinen Teil besorgt hat; doch aus verkaufstaktischen Gründen war es sinnvoll, mit dem Namen des berühmten Erasmus zu werben (vgl. HIERONYMUS, Geist, 697).

25 Natürlich wurde hier nur eine auf unser Thema konzentrierte Auswahl getroffen (vgl. CASPAR URSINUS VELIUS, Poematum libri quinque, Basel 1522).

26 VELIUS, Poematum II, l2^v.

27 Vgl. Georg Collimitius an Joachim Vadian, s.d. [1527], in: Vadian BW VII, Nachträge, Nr. 14 (vgl. BONORAND, Dedikationsepisteln, 392 ff; BONORAND, Beziehungen, 117).

Bedeutung auf, die Basel für die ungarländischen Intellektuellen seit Beginn der 20er Jahre des 16. Jahrhunderts eingenommen hat. Die in den Jahren nach Mohács in Basel erschienen *Hungarica* geben darüber schliesslich ein reiches Zeugnis ab.[28]

28 Vgl. BERNHARD, Basel, 70 f; vgl. unten (passim).

3. Reformhumanismus
oder reformatorische Anfänge?

Eine der zentralen Fragen, die sich in der ungarischen Reformationsforschung immer wieder stellt, ist die, ob die humanistisch-reformatorischen Einflüsse vor der Schlacht bei Mohács bereits als reformatorische Anfänge zu bewerten seien oder ob es sich dabei um einen reinen Reformhumanismus handelt. BUCSAY glaubt, dass erst die „ungeheure Erschütterung der Katastrophe von Mohács [...] breitere Schichten zu einer gründlichen Prüfung des Anliegens der Reformation"[1] führte.

Unseres Erachtens ist damit aber die Frage falsch gestellt, da in den 1520er Jahren eine saubere Unterscheidung zwischen Reformhumanismus und reformatorischen Anfängen schwierig ist. Die ungarländischen Studenten, die vor 1526 an einer ausländischen Universität studierten, besuchten vornehmlich Wien und Krakau; im Vergleich waren es relativ wenige, die Basel oder Wittenberg[2] aufsuchten. Wie dargestellt gelangte durch den regen Gelehrtenaustausch und Wissenstransfer aber dennoch Literatur unterschiedlicher geistiger Strömungen an die verschiedenen kulturellen und höfischen Zentren des Stephansreiches. Werke von Erasmus standen neben solchen von Martin Luther, Schriften von Johannes Oekolampad wurden gleichermassen gelesen wie solche von Philipp Melanchthon. Reformatorische Schriften, deren Verbreitung zwar bereits 1523 durch antilutherische Gesetze des ungarischen Landtags zu unterdrücken versucht wurde,[3] konnten trotzdem weiter verbreitet werden, vor allem darum, weil sie nicht als Alternative oder im Gegensatz zum Reformhumanismus, wie er durch Erasmus' Schriften an vielen Höfen bekannt geworden war, verstanden wurden. Piso stellt darum in dem bereits erwähnten Brief, in dem es um die Frage des Verhältnisses von Luther zu Erasmus geht, fest, dass „principio Luterum omnia ex Erasmo hausisse."[4] Erasmus' Bemühungen, die im Humanismus entwickelten philologischen Methoden für die Bibelwissenschaft und die Theologie insgesamt nutzbar zu machen, bildeten die Grundlage dafür, dass auch die reformatorischen Anfänge als Teil der reformhumanistischen Bewegung verstanden werden konnten. Obwohl jüngere Reformhumanisten immer mehr unter den Einfluss von Reformatoren wie Luther und Zwingli[5] – Melanchthon stand, obwohl er mit Erasmus zeitlebens verbunden

---

1 BUCSAY, Protestantismus I, 45 f.
2 Vgl. RÉVÉSZ, Tanulók, 215 f.
3 Vgl. oben S. 65 f.
4 Jakob Piso an Erasmus, s.d. (Juni 1522), in: Allen V, Nr. 1297.
5 Vgl. AUGUSTIJN, Humanismus, H114 f.

blieb, ja ihn nach dem Tode Luthers in Wittenberg wieder rehabilitierte,[6] stark unter dem Einfluss Luthers, Oekolampad unter demjenigen Zwinglis[7] – kamen und sich Bibelhumanisten zu Reformatoren entwickelten, wurde unter den reformerischen Kräften Ungarns und Siebenbürgens die Unterscheidung zwischen Reformhumanismus und Reformation erstmals mit dem Ausbruch des Streites über die Willensfrage zum Thema. Dennoch blieb die Frage, ob der Mensch einen eigenen Anteil beim Erlangen des ewigen Heils habe, für die ungarländischen Humanisten nicht von existentieller Bedeutung,[8] weswegen auch nach 1525 im Stephansreich noch keine strikte Trennung zwischen erasmischem Reformhumanismus und Reformation feststellbar ist.[9]

Die Schwierigkeit der Beurteilung der reformatorischen Anfänge im Stephansreich besteht ja gerade darin, dass einerseits seit 1523 auf die Verbreitung lutherischer Schriften die Todesstrafe stand, andererseits aber am Hofe in Ofen zahlreiche reformationsfreundliche Humanisten tätig waren und von Königin Maria aktiv unterstützt wurden.[10] Die Tätigkeit Johannes Henckels am Königshofe, der aus den *Paraphrases* des Erasmus predigte, ist bezeichnendes Beispiel: Bereits in den 1520er Jahren setzte er sich auch mit Schriften Luthers und Melanchtons auseinander, unterschied also nicht klar zwischen erasmischem Reformhumanismus und reformatorischen Schriften.[11] Die Verbreitung reformatorischer Schriften geschah demnach mehrere Jahre unter dem Deckmantel der reformhumanistischen Bewegung; die unter dem Pseudonym bzw. Anagramm Conrad Ryss von Ofen herausgegebene Schrift ist gutes Zeugnis dafür, dass reformatorisches Denken zwar dezentral verbreitet war, aber nicht offiziell artikuliert werden konnte.

In diesem Zusammenhang ist es bemerkenswert festzustellen, dass gerade die frühen Gegner der Reformation – darunter sind Bischöfe sowie Magnaten

---

6 Vgl. RITOÓK-SZALAY, Erasmus, 126; CHRIST-VON WEDEL, Erasmus (2003), 14; SCHEIBLE, Melanchthon (1984), 177 ff. Was das Verhältnis Melanchthons zu Erasmus betrifft, sei nur soviel erwähnt, dass Melanchthon, obwohl er sich zu Beginn der 1520er Jahre mehr als deutlich von Erasmus distanzierte, methodisch Erasmus zeitlebens verbunden blieb und ihm in späteren Jahren auch inhaltlich wieder nahe stand; jedenfalls ist es auffallend, dass es ihm – anders als Luther – ein besonderes Anliegen war, einen freundschaftlichen Kontakt zu Erasmus aufrechtzuerhalten und nach dessen Tod ihn gar immer wieder zu verteidigen (vgl. SCHEIBLE, Melanchthon [1984], 171 ff).

7 Besonders ist auf Oekolampads Schrift *De genuina verborum Dei: Hoc est corpus meum [...] expositione liber* (Strassburg 1525) zu verweisen, in der der Einfluss von Zwinglis Abendmahlslehre deutlich erkennbar ist (vgl. GUGGISBERG, Zusammenhänge, 59).

8 Vgl. AUGUSTIJN, Humanismus, H117.

9 Vgl. FATA, Ungarn, 52 ff.

10 Vgl. NYIKOS, Erasmus, 346–374; vgl. oben S. 65 ff.

11 Es können auch andere prominente Beispiele genannt werden, bei denen Reformhumanismus und reformatorisches Denken nahtlos ineinander überflossen: So ist der „Übertritt" des polnischen Humanisten Johannes a Lasco zur Reformation gleichfalls schwer feststellbar, da eine strikte Trennung zwischen „reformhumanistischer" und „reformatorischer" Tätigkeit dem Selbstverständnis von a Lasco – seine Arbeitsmethode beruhte auf Erasmus, die Inhalte aber auf Oekolampads Studien – widersprach (vgl. ZWIERLEIN, A Lasco, 42 ff. 50 ff).

zu zählen – infolge ihrer humanistischen Bemühungen ungewollt zu indirekten Förderern der Reformation geworden sind. Bezeichnendstes Beispiel ist wiederum der Olmützer Bischof Stanislav Thurzó, der als Humanist den Kontakt mit Erasmus besonders begehrte, aber bereits 1522/23 energisch gegen die Lutheraner und 1526 gegen Zwinglianer und Täufer auftrat.[12] Dennoch breitete sich reformatorisches Gedankengut in den königlichen Städten Oberungarns und in Mähren immer mehr aus.[13] Auch der bereits mehrfach genannte „Frater Georg" Martinuzzi, der seit 1527 Rat von János Szapolyai war und später als Bischof von Grosswardein amtete, war bereits in jungen Jahren ein gelehrter Humanist, entwickelte sich dann aber zu einem energischen Gegner der Reformation. Ebengerade im Gebiet „Diesseits-des-Königssteigs" (Királyhágómellék)[14] konnten die reformatorischen Bewegungen relativ früh Fuss fassen, wenn auch der offizielle Durchbruch erst nach dem Tode von Martinuzzi geschah.[15]

So hat im Reich der Stephanskrone der durch die reichen europäischen Kontakte dezentral an verschiedenen Höfen und Bischofssitzen verbreitete Reformhumanismus die reformatorischen Bewegungen direkt oder indirekt gefördert, wurde aber in der Zeit vor Mohács noch keineswegs von der Reformation verdrängt. Auch das Programm des Bibellesens kam durch den an verschiedenen humanistischen Universitäten wie Krakau, Wien oder Basel gelehrten Bibelhumanismus, insbesondere natürlich durch Erasmus, nicht aber durch die reformatorischen Zentren Wittenberg oder Zürich, nach Ungarn und Siebenbürgen.[16] Es ist geradezu bezeichnend, dass Johannes Henckel, nachdem er einen Ruf nach Kaschau abgelehnt hatte, die Einwohner der Stadt Kaschau in bibelhumanistischer Manier ermunterte, die Paulusbriefe und Evangelien-Lektionen aus dem Neuen Testament zu lesen.[17]

---

12 Vgl. ROTHKEGEL, Briefwechsel, 42 f. 46 ff.
13 Auf den ersten böhmischen Druck von Bullingers *Utriusque in Christo naturae tam divinae quam humanae, contra varias haereses, pro confessione Christi catholica, assertio orthodoxa* (s.l. [Lultsch?, Olmütz?] s.d. [1534–1538?]), übersetzt zur Bekämpfung der sich dort ausbreitenden antitrinitarisch-anabaptistischen Bewegungen, haben wir bereits verwiesen (vgl. oben S. 46); beim Tode Thurzós im Jahre 1540 befand sich Mähren schliesslich in einem konfessionspolitisch labilen Status, da die „Religionsfreiheit" immer von den Mehrheitsverhältnissen im mährischen Landtag und von der konfessionspolitischen Haltung der Magnaten abhing (vgl. BERNHARD, Mähren, 54 ff. 64 ff); vgl. unten S. 244 f.
14 Mit dem Gebiet „Diesseits-des-Königssteigs" ist das Gebiet um Grosswardein gemeint.
15 Vgl. BUCSAY, Abendmahlsbekenntnis, 99 f. Heinrich Bullinger wurde über den Tod Martinuzzis – er wurde von dem Heerführer Ferdinands am 16. Dezember 1551 ermordet – bald in Kenntnis gesetzt; so findet sich in der Wickiana auch ein Bericht über die Ermordung Martinuzzis mit eigenhändigen Korrekturen Bullingers von 1552 (vgl. ZBZ: F 24, 463–468. 470).
16 Die ersten drei, in Buchform erschienen Bibelübersetzungen von Benedek Komjáti, Gábor Pesti und János Sylvester waren eben gerade nicht protestantische Bibeln, sondern haben ihren Ursprung im Bibelhumanismus (vgl. BUCSAY, Protestantismus I, 90 ff; PÉTER, Bibellesen, 24 ff; CZEGLE, Bibliafordítás, 506 ff).
17 Vgl. Johannes Henckel an Stadtrat von Kaschau, 5. Mai 1529, AMK: Schwarzenbachiana, Nr. 1371.

4. Zusammenfassung

Zusammenfassend lassen sich hauptsächlich zwei Hauptgründe erkennen, warum die bereits früh einsetzende Verbreitung „reformatorischen" Gedankengutes im Stephansreich langfristig erfolgreich sein musste.

In Ungarn und Siebenbürgen setzten die Gegner der reformatorischen Bewegungen den Reformhumanismus nicht mit den reformatorischen Anfängen gleich, die Autorität von Erasmus wurde also kaum je ernsthaft angezweifelt.[1] Der Humanistenfürst wurde von Intellektuellen, kirchlichen und politischen Amtsträgern sowie Universitätslehrern so sehr geschätzt und verehrt, dass auch der von Erasmus begründete Bibelhumanismus in Ostmitteleuropa immer mehr verbreitet war und die gelehrten Kreise, Sodalitäten und humanistischen Zentren weiterum erfasste. Der Übergang von einem erasmischen Reformhumanismus zu einer humanistischen Reformation war kaum feststellbar, weswegen den „reformatorischen" Anfängen in Ungarn trotz Behinderung durch den Königshof, anders als den reformatorischen Bewegungen Italiens, Erfolg beschieden war; sie wurden als Teil der reformhumanistischen Bewegung verstanden. Verbrennungen im grossen Stil[2] oder eine Massenemigration der intellektuellen Elite[3] haben nicht stattgefunden. Natürlich war eine wichtige Voraussetzung dieses Erfolges auch, dass die durch die Franziskaner seit dem 15. Jahrhundert ausgelösten Reformbestrebungen die breite Bevölkerung in ihrer Religiosität bereits nachhaltig geprägt hatten.

Faktisch ist die Bedeutung der Niederlage bei Mohács (1526) nicht zu unterschätzen: Sie verunmöglichte es, eine politische oder kirchliche Phalanx gegen die sich immer mehr ausbreitenden reformatorischen Bewegungen zu bilden. Den dezentralen humanistisch-kulturellen Zentren, an denen bereits vor 1526 verschiedene reformatorische Literatur konsultiert wurde, wäre kaum Erfolg beschieden gewesen, wenn sie gegen eine starke Allianz zwischen Königshaus und Erzbistum antreten hätten müssen. Entgegen der früheren Forschungsansicht, dass mit dem Untergang des böhmisch-ungarischen Königshofes die dortigen Erasmianer heimatlos geworden wären und viele geistige Errungenschaften der Renaissance und des Humanismus unterge-

---

1 Dies vor allem im Unterschied zur Reformation in Mittel- und Südeuropa (Deutschland, Schweiz, Italien), wo von Gegnern der Reformation Bibelhumanismus oft mit Reformation gleichgesetzt wurde und in diesem Zusammenhang auf dem Tridentinum auch Erasmus verketzert wurde (vgl. AUGUSTIJN, Humanismus, H115; SEIDEL MENCHI, Erasmus, 9 f. 33–66).
2 Natürlich haben wir von einzelnen „Ketzerverbrennungen" Kenntnis (vgl. z. B. PAVERCSIK, Todesfälle, 417–422), doch sind sie nicht mit der Situation in Italien vergleichbar.
3 Vgl. CAMPI, Protestantesimo, 9 f; BONORAND, Emigration.

gangen seien,[4] ist zu betonen, dass gerade die dezentralen geistig-kulturellen Zentren, die sich wie erwähnt dank reichem Gelehrtenaustausch (Studentenaustausch, Gelehrtenkorrespondenz, Buchanschaffungen, u.s.w.) zu namhaften humanistischen Bildungszentren entwickelt hatten, die geistigen Errungenschaften des Humanismus sowie der „reformatorischen Anfänge" bewahren konnten.[5]

---

4 Diese (widerlegte!) Forschungsthese ist vor allem an die Überlegung gekoppelt, dass der Königshof in Ofen seit Matthias Corvinus das geistig-kulturelle Zentrum des Stephansreich gebildet habe und die einzelnen Magnaten- sowie Bischofshöfe keine grössere Bedeutung für den Wissenstransfer eingenommen hätten (vgl. NYIKOS, Erasmus, 369 ff; RITOÓK-SZALAY, Erasmus, 119).
5 Vgl. KATONA, Caritas, 29.

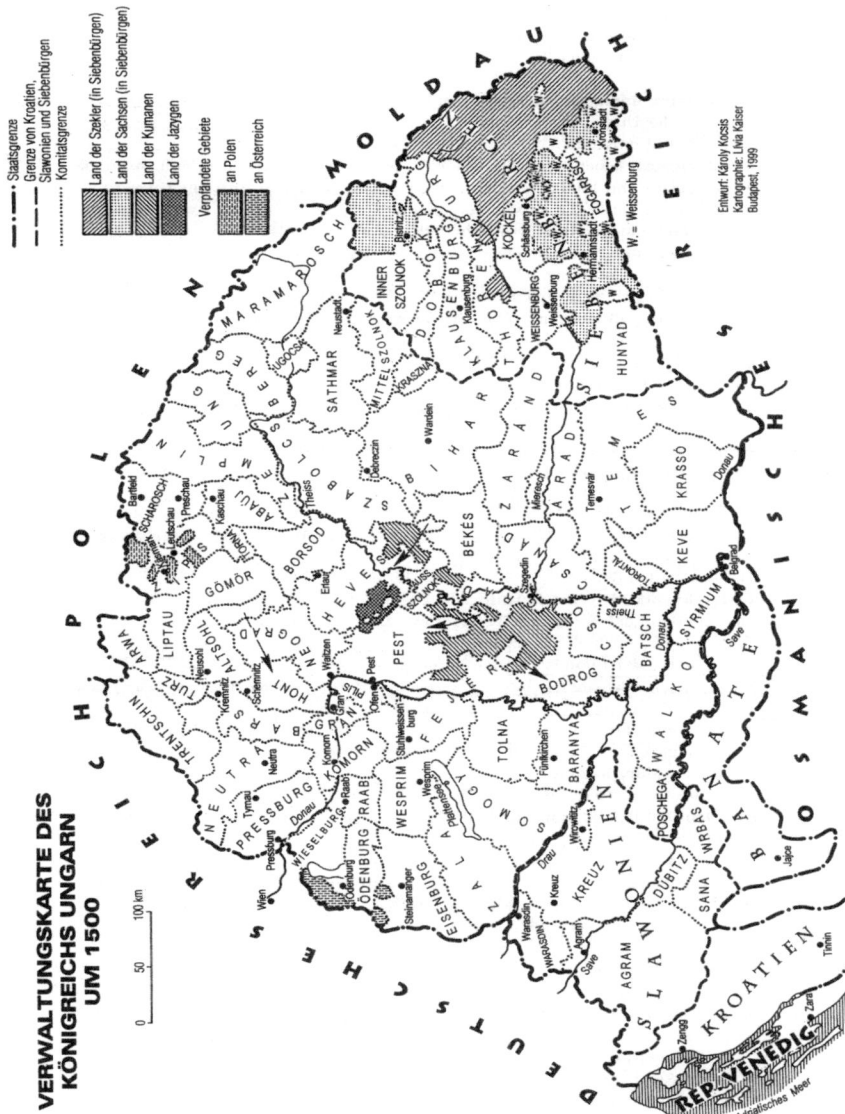

Abb. 2: Verwaltungskarte vom Königreich Ungarn um 1500.
(aus: MÁRTA FATA, Ungarn, das Reich der Stephanskrone, im Zeitalter der Reformation und Konfessionalisierung. Multiethnizität, Land und Konfession 1500 bis 1700, hg. von Franz Brendle und Anton Schindling, Münster 2000, 5).

Schweizerische Reformation und „Reformatorische Einheit" im Stephansreich
(1526 – 1550)

Anfang März 1551 meldet Heinrich Bullinger an Joachim Vadian in St. Gallen, dass die zwischen der Zürcher und der Genfer Kirche ausgehandelte *Consensio mutua in re sacramentaria* (1549) auch von einigen ausgezeichneten Männern Ungarns eingesehen und gebilligt worden sei.[1] Wenn wir das Zeugnis Bullingers – wofür einiges spricht – ernstnehmen dürfen, dann haben um die Mitte des 16. Jahrhundert führende Vertreter der ungarischen Protestantismus die im sogenannten *Consensus Tigurinus* begründete reformierte Abendmahlslehre gutgeheissen.[2] Darunter mag auch Márton Kálmáncsehi Sánta (~1500– 1557), Pfarrer in Debrecen, gewesen sein, dessen Abendmahlslehre stark von Huldrych Zwinglis *Fidei expositio* (1531) sowie vom *Consensus Tigurinus* beeinflusst ist.[3]

Das Zeugnis Bullingers wird durch Äusserungen, die János Fejérthóy, der Sekretär der ungarischen Kanzlei am königlichen Hof in Wien, im selben Monat in einem Brief an Bullinger macht, erhärtet:

[...] Tu namque, absit assentio, praeter alios nostri seculi scriptores, tuis eruditissimis scriptis gentem hanc nostram Hungaricam, (ut interim de aliis nationibus taceam) cum idolorum cultu, tum etiam Turcica servitute pressam, ab innumeris superstitionibus repurgatam, ad veram Christianae Religionis amussim revocasti.[4]

Es sei also Bullingers „hochgelehrten Schriften" zu verdanken, dass das ungarische Volk wieder zum reinen christlichen Glauben zurückgeführt worden sei; darum auch wende er sich an den in Ungarn hochgeschätzten Bullinger, mit der Bitte um eine „tröstende und ermutigende Schrift" für die unterdrückten ungarischen Protestanten. Schliesslich ergänzt Fejérthóy noch, dass die tröstliche Botschaft des Evangeliums nun bis zur Hauptstadt des türkischen Reiches vorgedrungen sei.[5]

Bemerkenswerterweise wendet sich Fejérthóy mit seinem Anliegen an Bullinger in Zürich, und nicht an Melanchthon in Wittenberg. Dieser Entscheid Fejérthóys provoziert freilich nicht nur die Frage nach der positions-

---

1 „Viderunt eam [sc. consensionem], priusquam ederetur, Angli, Prussi, Galli, Itali, Ungari aliquot praecellentes viri nec improbarunt." (Heinrich Bullinger an Joachim Vadian, 8. März 1551, in: Vadian BW VI, Nr. 1732).

2 Zum *Consensus Tigurinus* (1549) vgl. CAMPI, Consensus; BUSCH, Consensus (RBS), 467–490; DERS., Consensus (CStA), 1–27.

3 Vgl. LOCHER, Reformation, 658; BUCSAY, Lehre, 274–277; DERS., Protestantismus I, 104.

4 János Fejérthóy an Heinrich Bullinger, 26. März 1551, in: BULLINGER, Confessio (1866), 99.

5 Bullinger verfasste daraufhin den bereits erwähnten *Libellus epistolaris* (vgl. BERNHARD, Üzenet, 467 f; NAGY, Sendschreiben, 9 f); vgl. unten S. 129. 287 ff.

genetischen Entstehung und Eigenart der ungarischen Reformation vor der
Mitte des 16. Jahrhunderts, sondern auch diejenige nach den weiterführenden
Konsequenzen für die Entwicklung des ungarischen Protestantismus. Die
kommunikationsgeschichtlichen Hintergründe zur ersten Frage sollen im
vorliegendem Kapitel minutiös untersucht werden.[6]

Folgerichtig umfasst das vorliegende Kapitel die Jahre der sogenannten
„reformatorischen Einheit“, d.h. die Jahre, in denen die verschiedenen reformatorischen Kirchen noch nicht endgültig auseinandergebrochen waren.
Bei aller Würdigung der theologischen Leistung und der „einenden“ Absicht
des *Consensus Tigurinus*, was von vielen Zeitgenossen erkannt worden ist,[7]
bleibt es ein Faktum, dass die durch den *Consensus* ausgelösten Auseinandersetzungen letztlich zum Auseinanderbrechen der verschiedenen reformatorischen Kirchen in eine reformierte und eine lutherische Konfession
geführt haben.[8] Der ungarische Protestantismus[9] hat sich – wie die beiden
Quellenbelege bestätigen – letztlich grossmehrheitlich für die reformierte
Richtung entschieden.

Natürlich ist zu fragen, warum das Jahr 1541 – das Jahr der „Dreiteilung“
Ungarns durch die endgültige, im August 1541 geschehene Einnahme Ofens
durch Süleiman I., der von 1520 bis 1560 herrschte – nicht als Zäsurjahr
betrachtet wird. So wird in der Forschung etwa betont, dass die osmanische
Eroberung Zentralungarns zu einer nachhaltigen Veränderung der Bil-
dungsverältnisse im ganzen Reich der Stephanskrone geführt hätte; dies hätte
auch Konsequenzen für die bekenntnismässige Entwicklung in den verschiedenen Gebieten des dreigeteilten Ungarns gehabt.[10] Obwohl dies nicht
grundsätzlich abzulehnen ist, so scheint es doch fraglich, ob 1541 als Zäsurjahr in der ungarländischen Bildungs- und Reformationsgeschichte betrachtet
werden darf. *Zum einen* ist darauf hinzuweisen, dass Ferdinand I. nach der
Einnahme Ofens am 29. August 1541 durch Süleiman I. keineswegs Versuche
unterliess, die Königsstadt wieder zurückzuerobern; in den Briefen der Reformatoren lesen wir in den 1540er Jahren sehr häufig vom Vordringen der
Türken sowie von neuen Erfolgen der kaiserlichen Truppen.[11] Darum umfasst

---

6 Ansatzweise bereits untersucht in: BERNHARD, Adlige, 155ff; DERS. Wirkung, 25–56.

7 Besonders zu nennen sind Martin Bucer, Philipp Melanchthon, Jan Utenhove, Johannes a Lasco,
   Peter Martyr Vermigli sowie Celio Secondo Curione (vgl. BUSCH, Consensus (CStA), 7 f; BÜS-
   SER, Bullinger I, 78).

8 Dabei wurde der melanchthonische Flügel des Luthertums – wie erwähnt begrüsste Melanchthon den *Consensus* – in das lutherische, also ablehnende Lager gedrängt (vgl. BUSCH, Consensus (CStA), 9).

9 Der ungarländische Protestantismus teilt sich hauptsächlich in den deutschen, ungarischen und
   kroatischen Protestantismus auf (vgl. ASCHE, Bildungsbeziehungen, 38ff; BUCSAY, Protestantismus I, 69–86); vom ungarisch-reformierten Protestantismus hat sich in den 1560er Jahren
   die antitrinitarische Konfession abgespalten (vgl. BUCSAY, Protestantismus I, 131–139; BINDER,
   Grundlagen, 88–98; FATA, Ungarn, 105ff).

10 Vgl. ASCHE, Bildungsbeziehungen, 38.

11 Vgl. Ambrosius Blarer an Heinrich Bullinger, 24. Dezember 1541, in: Blarer BW II, Nr. 922;

in dem von Pietro Bizzarri herausgegebenen *Pannonicum bellum* (Basel 1573) der Türkenkrieg in Ungarn mit Recht die Jahre 1540 bis 1547. Schliesslich hat der Friedensvertrag von 1547 zwischen Süleyman I. auf der einen Seite und Ferdinand I. sowie Karl V. auf der anderen Seite die Dreiteilung des Königreiches schriftlich festgehalten und bekräftigt: das königliche Ungarn,[12] das Fürstentum Siebenbürgen[13] und das von den Türken besetzte mittlere Gebiet.[14] Diese „Zerstückelung" des Landes dauerte schliesslich bis Ende des 17. Jahrhunderts an.[15] *Zum anderen* aber zeigen gerade geistes- und theologiegeschichtliche Untersuchungen, dass die Türkenfrage die Entwicklung und Ausbildung der ungarischen Reformation zwar seit den 1520er Jahren grundsätzlich und wegweisend bestimmte, das Jahr 1541 aber keineswegs als Zäsurjahr in der ungarländischen Bildungs- und Bekenntnisgeschichte beurteilt werden kann.

In einer theologiegeschichtlichen Darstellung ist es darum sinnvoll und folgerichtig, die Zeit nach der Schlacht bei Mohács bis zur defintiven Spaltung der reformatorischen Kirchen als Einheit zu betrachten.

Heinrich Bullinger an Joachim Vadian, 31. März 1542, in: Vadian BW VI, Nr. 1231; Philipp Melanchthon an Hieronymus Schreiber, 11. Juni 1543, in: MBW, Nr. 3260; u.s.w.

12 Die Habsburger mussten aber für Westungarn (Gebiet bis zum Plattensee) und Nieder- sowie Oberungarn (heutige Slowakei) an die Türken einen jährlichen Tribut von 30'000 Dukaten entrichten.

13 Die drei siebenbürgischen Stände (Ungarn, Szekler, Sachsen) haben auf dem Landtag zu Thorenburg (Turda, RO) 1542 Siebenbürgen als Fürstentum unter osmanischer Oberhoheit akzeptiert. Als türkisches Protektorat war das Fürstentum zwar formal autonom, aber dennoch tributpflichtig. Unter der Oberhoheit des Fürstentums – der Fürst nannte sich „Transilvaniae et partium regni Hungariae princeps" – stand seit 1570 (Vertrag von Speyer) auch das traditionell als *Partium* bezeichnete Gebiet. d. h. Teile des Königreichs Ungarn („partes regni Hungariae"), mit der Hauptstadt Debrecen. Das *Partium* umfasste das Gebiet verschiedener mittelostungarischen Komitate (Gespanschaften) „jenseits der Theiss", sprich die Komitate Máramaros, Bihar, Közép-Szolnok, Kraszna sowie Teile der Komitate Kővár, Zaránd, Arad und Krassó-Szörény (vgl. Köpeczi, Geschichte, 268 f; Philippi, Schlacht, 44).

14 Mittel- bzw. Zentralungarn wurde mit der Bezeichnung „Budun" oder „Budin" direkter osmanischer Verwaltung mit einem Pascha an der Spitze unterstellt.

15 Vgl. Balázs, Einleitung, 7 f; Petritsch, Reich, 16 f.

1. Das Vorrücken der Türken als politische und kirchliche Herausforderung

Die Berufung Ungarns, „Schild und Schutzmauer des Christentums"[1] zu sein, war seit der Niederlage von Mohács erstmals ernsthaft in Frage gestellt. Zeitgenossen wie der Humanist Georg Wernher beurteilten die Schlacht als einen unwiderruflichen historischen Wendepunkt.[2] In Würdigung der Wichtigkeit Ungarns als Vormauer des Christentums drängten ungarische Bischöfe auf den Reichstagen die deutschen Stände zur Hilfestellung an Ungarn.[3] Durch Jahre war die Türkenfrage beherrschendes Thema auf den Reichstagen, insbesondere nachdem die Türken 1529 vor den Toren Wiens standen.[4] Eine Abwehr der Türken gelang um so weniger, weil Ungarn infolge der „Doppelherrschaft" von János Szapolyai und Ferdinand politisch handlungsunfähig war.[5] In Zeitungsblättern und Türkendrucken wurde die Türkenfrage immerfort neu aufgegriffen; besonders daraus können wir, wie Carl GÖLLNER in seinen bahnbrechenden Studien nachweisen konnte, die Stimmung latenter Furcht vor den Türken erkennen.[6] Diese Furcht währte durch Jahrzehnte an: Sie ist in den 1560er Jahren kaum geringer als in vorangehenden 30er und 40er Jahren zu spüren. Johannes Honterus meldete 1533 aus Grosswardein: „Varadienses Turcas timent, [...]"[7] Angesichts der drohenden

---

1 Beschluss des Landtages zu Rákos (1505), in: BENDA, Története, 33 (vgl. IMRE, Türkenkrieg, 93–107; VARGA, Vormauer, 55–63).

2 Vgl. Georg Wernher: De clade Mohaciensi, in: DERS., Pannoniae luctus: quo principium aliquot, et insignium virorum mortes, aliique funesti casus deploratur, Krakau 1544, A4^{r-v}. Welche Bedeutung Mohács noch heute in der Erinnerungskultur Ungarns einnimmt, belegt der geplante Bau eines Denkmals in Mohács für Ludwig II.: Neben Ludwigs Hauptfigur sind auch Gedenksteine für vierzehn Gefallene, wie Pál Tomory, György Szapolyai oder János Drágffy, u.s.w. vorgesehen.

3 Vgl. VARGA, Vormauer, 58.

4 Vgl. GLASSL, Reich, 61–72.

5 János Szapolyai wurde am 11. November 1526 in Stuhlweissenburg zum König von Ungarn gekrönt; weil sich aber Szapolyai mit dem Sultan verbündet hatte, entschloss sich Erzherzog Ferdinand von Habsburg, seit 1526 König von Böhmen, Ungarn für sich zu erobern. Schliesslich wurde auch er, nach mehreren militärischen Erfolgen, am 3. November 1527 in Stuhlweissenburg von der Mehrheit des ungarischen Landtages, zum König von Ungarn gekrönt. Die folgende Doppelherrschaft, die einem Bürgerkrieg gleichkam, wurde im Grosswardeiner Frieden von 1538 geregelt, beendet freilich erst mit dem Tode Szapolyais im Jahre 1540.

6 Vgl. GÖLLNER, Turcica III, 11–31. Allerdings ist festzuhalten, dass die Türkenfrage in den deutschen Flugschriften vor allem dann beherrschend war, wenn besondere Ereignisse, z.B. in den Jahren 1526, 1529, 1541, 1566, u.s.w., dies rechtfertigten (vgl. BALOGH, Querverbindungen, 120ff).

7 Johannes Honterus an Andreas Melczer, 1633, in: HONTERUS, Schriften, 209.

Türkengefahr initiierte Kaiser Karl V. im Rahmen des Reichstags zu Regensburg (1541) ein Religionsgespräch zwischen den beiden Glaubenrichtungen.
Mit grosser Besorgnis wurde die Kunde von der Belagerung Ofens in zahlreichen Briefen thematisiert. Auch Calvin berichtete darüber aus Regensburg
an Farel oder Viret.[8] Als der gelehrte Humanist und Gräzist Gergely Belényesi,
vormals Student in Strassburg und Paris, sich auf seiner Heimreise an Calvin
und Bullinger wandte, berichtete er über die traurigen Vorfälle in seiner durch
die Türkenkriege bedrohten Heimat, was ihn dazu bewegt habe, nach Ungarn
zurückzukehren und im türkisch-besetzten Gebiet Mittelungarns als Pfarrer
zu wirken.[9] Schliesslich belegt Bullingers Schrift *Der Türgg. Von anfang und
ursprung desz Türggischen Gloubens [...]* ([Zürich] 1567), dass die Türkengefahr und der Islam die Reformationskirchen noch in den 1560er Jahren
erschütterten und bewegten.[10]

Die Türkenfrage bewegte die Gemüter so sehr, dass die Kirchen nicht nur in
Glaubensfragen, sondern auch in der Beurteilung der Türkenfrage unter sich
uneins waren: Die Neugläubigen bezichtigten die römische Kirche der Schuld
an der türkischen Gefahr, die Altgläubigen wälzten die Verantwortung wegen
der als Strafe Gottes erscheinenden Türken auf die Anhänger der Reformation
ab.[11] So liessen viele Humanisten und Reformatoren im Zusammenhang mit
der Türkengefahr theologische und polemische Schriften erscheinen.

1.1 Lösungsansätze zur Abwehr der Türkengefahr

Die Kirchen unter sich waren sich nicht nur uneinig, wer für den Vormarsch
der Türken verantwortlich sei, sondern auch darin nicht, wie die Türkengefahr
abzuwenden sei. Im Anschluss an die Belagerung Wiens wurde besonders von
politischer Seite ein Zusammenschluss ganz Europas erstrebt, um gemeinsam
gegen die türkischen Streitkräfte anzutreten; so wandten sich Karl V. und
Franz I. im Juli 1532 mit einem Hilfegesuch an die Schweiz, um Streitkräfte

---

8 Vgl. Johannes Calvin an Wilhelm Farel, 29. März 1541, in: CO XI, Nr. 290; Johannes Calvin an
   Pierre Viret, 2. April 1541, in: CO XI, Nr. 291; Johannes Calvin an Wilhelm Farel, 24. April 1541,
   in: CO XI, Nr. 302; Johannes Calvin an Wilhelm Farel, Juli 1541, in: CO XI, Nr. 334. Auch Richárd
   Hörcsik weist in seiner Studie auf diese Briefe hin, in denen Calvin vom Türkensturm berichtet.
   Allerdings hat er die Angaben fast wörtlich von József S. Szabó übenommen, leider auch die
   Fehlangaben, die bei Szabó vorliegen; insbesondere wird aus einem Brief Calvins vom 20. April
   an Pierre Viret zitiert, der aber in Wahrheit an Wilhelm Farel, und zwar am 24. April 1541,
   gerichtet war (vgl. Hörcsik, Kálvin, 23 f; Szabó, Reformáció, 129 f).
9 Vgl. Gergely Belényesi an Johannes Calvin, 26. März 1545, in: CO XII, Nr. 626; Gergely Belényesi
   an Heinrich Bullinger, 1. April 1545, in: Bartha, Studia et acta III, 958 f (vgl. D'Eszlary, Calvin,
   81 ff; Zsindely, Belényesi, 112 f).
10 Vgl. Pfister, Türgg, 69 – 78; Widmer, Bullinger, 595 – 598.
11 Vgl. Varga, Vormauer, 55; Göllner, Turcica III, 197 f.

oder Söldner für den Einsatz gegen die Türken zu erhalten.[12] Gerade in dieser Frage, ob ein Krieg gegen den Islam für Christen erlaubt sei, haben sich die humanistisch-reformerischen Kräfte geschieden.

Nach Luther mussten bei der Rechtfertigung eines allfälligen Türkenkrieges im Sinne eines *bellum iustum* die Aufgaben des geistlichen und des weltlichen Kampfes klar geschieden werden. Aufgrund der Zwei-Reiche-Lehre lehnte er einen „christlichen Kreuzzug" gegen die Türken entschieden ab, wenn auch der „von Gott eingesetzte Führer", also der Kaiser, die christlichen Werte verteidigen müsse. Trotz schlimmen Nachrichten aus Ungarn hielt er aber an der Skepsis gegenüber einem Türkenkrieg zeitlebens fest. Letztlich gehe es nicht um den Kampf gegen die Osmanen, sondern gegen die eigenen Sünden. So setzte er in seiner 1528 unter den Vorzeichen des Vorstosses der Türken verfassten Schrift *Vom kriege widder die Türken* (1529) den Akzent auf die Reue, die Busse und das Gebet, und bezeichnete dies als die geistlichen Waffen, die ein Christ benutzen solle.[13] Er tritt damit den Vorwürfen entgegen, die ihm aufgrund seiner früheren Ausführungen in den *Resolutiones disputationum de indulgentiarum virtute* (1518) gemacht wurden, dass er die Bedeutung des Kampfes gegen die Türken nicht erkenne. Wenn auch er nach der Einnahme Ofens entschlossener Stellung bezog, hielt seine Skepsis in Bezug auf einen Türkenkrieg an, wie aus seiner *Vermanunge zum Gebet wider den Türcken* (1541) deutlich wird. Vielmehr soll man darum beten, dass der Türke „seinen Teuffelsdreck und lesterlichen Mahmet nicht an unseres lieben Herrn Jesu Christi stat setze. [...] Darumb fueren wir einen Gottseligen krieg wider den Tuercken [...]"[14] Das Gebet „wider den Türcken" fand gar einen liturgischen Niederschlag, indem es am Sonntag im Anschluss an die Predigt gehalten wurde.[15]

Auch Erasmus hat sich in seinen *Querela pacis* (1517) kritisch gegenüber einem Türkenkrieg geäussert. Vor allem aber sei ein europäischer Frieden absolut notwendig, um das Übel in christlicher Eintracht zu bekämpfen. Wenn auch in den folgenden Jahren im Briefwechsel von Erasmus die Türken zunehmend als drohende Gefahr wahrgenommen werden, spricht sich Erasmus

---

12 Bullinger wandte sich daraufhin an den Zürcher Rat: Fürtrag von Bullinger und Leo Jud vor dem Kleinen Rat, 17. Juli 1532, in: BULLINGER, Schriften zum Tage, 23–33 (vgl. WIDMER, Bullinger, 614 ff). Unter den „Unnützen Papieren" der bernischen Kanzleiakten finden sich mehrere Akten zum geplanten Türkenfeldzug (vgl. Schweizer Kriegszüge I, 1529–1579, StABE: A V 1431 (U.P. 65) [IV: Türkenzug]).

13 Vgl. MARTIN LUTHER, Vom Kriege widder die Türcken (1528/29), in: WA 30 II, 117–119. 129.

14 MARTIN LUTHER, Vermanunge zum Gebet wider den Türcken (1541), in: WA 51, 620. Zu Luthers Haltung in der Türkenfrage im Allgemeinen: RAEDER, Verhältnis, 11–27; BOBZIN, Beitrag, 262–289; BRECHT, Luther, 346–351; SCHWOB, Türcken, 240–244; GÖLLNER, Turcica III, 180–188 et passim.

15 Vgl. BRECHT, Türken, 16. 25. Die Türkenfrage fand auch in Basel im gottesdienstlichen Leben ihren Niederschlag: Im Zusammenhang mit der Eroberungs Ofens (1541) wurde beschlossen, jeweils Dienstags wegen der Gefahr der Türken zu Gott zu beten (vgl. UBB: Ki.Ar. 23a, 279 f).

nicht für einen Türkenkrieg aus.[16] Noch vor der Schlacht bei Mohács spricht er aber gegenüber Margarete von Novarra von einem möglichen Sieg über die Türken, vorausgesetzt die Fürsten wären unter sich nicht uneins. Durch diese Uneinigkeit würden die Türken erst wirklich bedrohlich.[17]

Mit Intensivierung seiner ungarischen Kontakte in den 1520er Jahren war er allerdings immer mehr persönlich vom Schicksal seiner ungarischen Freunde betroffen. Die genaue Analyse seiner Werke weist dabei auf eine Wandlung in seinem Denken hin, nämlich vom nachdrücklichen Pazifisten zu einem dezidierten Vertreter der Ansicht, dass der „bellum necessarium" gegen die Türken im Interesse der Glaubensverteidigung zugelassen werden dürfe. In seiner Auslegung zu Psalm 28, die er mit *Utilissima consultatio de bello Turcis inferendo* (Basel 1530) betitelte, rief er öffentlich zum Krieg gegen die Türken auf, und zwar nicht nur die direkt Betroffenen, Ungarn oder Österreicher, sondern das ganze christliche Abendland wurde zum Widerstand aufgerufen; er äusserte allerdings den Wunsch, dass die Kirche dabei nicht die Führung anstreben möge.[18] Melanchthon setzte Erasmus' Überlegungen zu einem Türkenkrieg voraus, wenn er einen Frieden davon abhängig machte, ob die Türken durch einen gemeinsamen Kampf der christlichen Herrscher vertrieben würden.[19] So redigierte er Brenz' kleine Schrift *Wie sich Prediger vnd Leyen halten solen so der Turck das deutsche Land vberfallen würde [...]* (1531), in der der Türkenkrieg aufgrund von Dan 7 göttlich zu sanktionieren versucht wurde.[20]

Natürlich geisselte Erasmus, wie schon in seiner Schrift *Querela pacis*, erneut den unverantwortbaren Zwist der europäischen Herrscher im Angesicht der Türkengefahr. Seinen Kriegsaufruf legitimiert er aber – und darin folgte ihm Melanchthon nicht[21] – letztlich damit, dass am Ende aus Türken Christen würden: Wenn durch Waffengewalt ein Sieg über die Türken errungen wird, so sollen sie allmählich auch zum christlichen Glauben gebracht werden.[22] Letzterer Gedanke ist wohl aus dem geistigen Austausch von Erasmus mit

---

16 Vgl Erasmus an Erzbischof William Warham, 23. August 1521, in: Allen IV, Nr 1228; Erasmus an König Franz I., 1. Dezember 1523, in: Allen V, Nr. 1400; Erasmus an Gerard de la Roche, 26. März 1524, in: Allen V, Nr. 1432.

17 Vgl. Erasmus an Margarete von Novarra, 28. September 1525, in: Allen VI, Nr. 1615.

18 Vgl. CHRIST-VON WEDEL, Erasmianer, 148ff; TRENCSÉNYI-WALDAPFEL, Érasme, 155 ff. SCHINDLING marginalisiert Erasmus' Aufruf zum Krieg zu sehr, wenn er festhält, dass „in der Frage des Türkenkrieges [...] auch Erasmus in seinem Pazifismus nicht mehr ganz so sicher [...]" war (SCHINDLING, Humanismus, 357).

19 Vgl. KOVÁCS, Melanchthon, 265 f.

20 Vgl. KÖHLER, Melanchthon, 21.

21 So ist beispielsweise in Melanchthons Briefwechsel mit dem serbischen Reformator Christoph Preyss (Christophorus Pannonius), der sich allerdings seit Anfang der 1540er Jahre in Frankfurt a. d. O. aufhielt, keine Rede davon, die Türken zu missionieren; vielmehr wird mehrfach die Türkenabwehr gemahnt (vgl. Briefkorrespondenz zwischen Philipp Melanchthon und Christoph Preyss, in: MBW, Nr. 3744. 4318. 6728. 7848 u.s.w.; vgl. KÖHLER, Melanchthon, 25).

22 Vgl. DESIDERIUS ERASMUS VON ROTTERDAM, Utilissima consultatio de bello Turcis inferendo, et obiter enarratus psalmus XXVIII (Basel 1530), in: ASD, Bd. V-3, 62.

Stjepan Brodarič (~1470–1539), Bischof und Kanzler des Königs, heraus entstanden, der die Ungarnfrage nur in europäischem Zusammenhang für lösbar hielt, und darum sich für ein christianisiertes Türkenreich einsetzte.[23]

Damit sind wir beim dritten weitergreifenden Lösungsansatz zur Abwehr der Türkengefahr, bei der Türkenmission. Wenn auch Erasmus am Aufruf zum Türkenkrieg festhält, so hat er in seiner Schrift *Ecclesiastae sive de rationi concionandi libri IV* (1535) den Missionsappell erneuert. Die theologische Grundlage bot dazu das universalistische Heilsverständnis, wonach die Frohbotschaft zur Rettung aller Menschen bestimmt sei. Letztlich ist die Missionierung der Türken dem Krieg vorzuziehen. Dieser Gedanke, mit Berufung auf 1. Tim 2, 4, wurde von Martin Bucer[24] und später von Theodor Bibliander übernommen. In seiner Schrift *Ad nominis Christiani consultatio, qua nam ratione Turcarum dira potentia repelli possit [...]* (1542), eine Frucht der weitausholenden Vorbereitungen Biblianders zur Edition des Koran, betonte er, dass auch die Völker des Islam in den universalen Heilswillen Gottes eingeschlossen seien. Damit geht er deutlich über Erasmus hinaus.[25]

Auch Calvin, der dank seiner Kontakte mit Neuenburg, Basel, Strassburg und Wittenberg bestens über die Türkengefahr informiert war, sprach bereits in der ersten Ausgabe seiner *Institutio* (1536) von der Bedeutung des Evangeliums für die Türken. Sie seien zwar „verae religionis hostes", gleichzeitig sei es aber Pflicht der Christen, nicht mit Gewalt, sondern in Milde und im Gebet dahin zu streben, diese zur Hinwendung zur Kirche zu bewegen.[26] Obwohl Calvin später den Erfolg der Türkenmission deutlich nüchterner beurteilte, hielt er auch noch 1555 in einer Predigt zu Deut 22, 1–4 daran fest, dass die Friedensbotschaft Christi für alle Bewohner der Welt gelte; darum sei es Aufgabe der Christen, der Feindschaft zu widerstehen, den Krieg also abzulehnen.[27]

Bullinger, der in seinen *Turcica* zwar Begrifflichkeiten Luthers – z.B. dass die Türken Zuchtrute Gottes seien[28] – übernahm, fügt am Ende des *Türgg*

---

23 Zu Erasmus' Haltung in der Türkenfrage im Allgemeinen: FRIMMOVÁ, Erasmus, 92 f; FATA, Ungarn, 55 ff; CHRIST-VON WEDEL, Erasmianer, 145 ff; DIES., Anwalt, 222 ff; RITOÓK-SZALAY, Erasmus, 119 ff; GÖLLNER, Turcica III, 183. 193. 218.

24 Zu Bucer vergleiche auch die knappen Ausführungen bei GÄUMANN, Reich Christi, 208.

25 Vgl. CHRIST, Türkenschrift, 311 ff; PFISTER, Türkenbüchlein, 452; DERS., Reformation, 368 f; RÜETSCHI, Bibliander, 30 f. Weiter wäre auf den französischen Humanisten Guillaume Postel zu verweisen, der in seinem Werk *De orbis terrarum concordia liber IV* (1543) vom Anbruch einer neuen Zeit, in der die Menschen in Eintracht und Frieden leben würden, träumte, wobei die „Moslems" von der alleinigen Wahrheit des Christentums überzeugt werden könnten (vgl. PFISTER, Reformation, 370 f; GÖLLNER, Turcica III, 224 ff).

26 Vgl. JOHANNES CALVIN, Christianae religionis institutio totam fere pietatis summam (1536), in: CO I, 77.

27 Vgl. JOHANNES CALVIN, Le premier sermon sur [Deut.] le chap. XXII, 1–4 (1555/56), in: CO XXVIII, 16 f. Zu Calvins Haltung in der Türkenfrage im Allgemeinen: BERNHARD, Wirkung, 52 ff; PANNIER, Calvin, 268–286.

28 Vgl. HEINRICH BULLINGER, Von der schweren, langwirigen vervolgung der Heiligen Christli-

(1567) ein Gebet bei, das – anders als Luthers Gebet „wider den Türken"[29] – die Bekehrung der Türken erbat.[30] Die missionarische Verantwortung gegenüber den Türken war in Zürich seit Bibliander mehrfach ernsthaft diskutiert worden. Obwohl Bullinger von den Verwüstungen der Türken in den 1540er Jahren ausreichend Kenntnis hatte, trat er bezeichnenderweise nicht für einen Türkenkrieg ein, sondern betonte die Notwendigkeit von Geduld und Gebet.[31] Im *Libellus epistolaris* (1551) forderte Bullinger die ungarischen Kirchen gar auf, für die Türken zu beten.[32] Dementsprechend förderte Bullinger Primož Trubar und Hans von Ungnad beim Druck reformatorischer Schriften in kroatischer und slowenischer Sprache, die im von den Türken besetzten Slawonien[33] einen missionarischen Zweck verfolgen sollten.[34]

Die konzentrierten Ausführungen zu den Lösungsansätzen zur Abwehr der Türkengefahr offenbaren verschiedene Ansätze, wie die Türkenfrage zu lösen sei. Natürlich überschneiden sich die Argumentationsfelder der verschiedenen Humanisten und Reformatoren in mehreren Bereichen, dennoch aber lassen sich drei grundsätzlich verschiedene Ansätze erkennen: Der geistliche Kampf mit Reue und Gebet gegen die Türken, der christliche Krieg gegen die Türken sowie die Missionierung der Türken. Allen diesen Ansätzen ist eine gewisse apokalyptische Deutung gemeinsam: Der Vormarsch der Türken als Zeichen der Endzeit! Während Luther und Melanchthon der Überzeugung waren, dass der jüngste Tag unmittelbar bevorstehe, waren Bullinger und Calvin diesbezüglich zurückhaltender, glaubten jedoch ebenfalls, dass das Weltende nahe sei. Doch gemeinsam mit Bibliander mahnten sie zur Vorsicht, den Türkenvormarsch mit dem Kommen des Antichristen zu identifizieren, da solche geschichtliche Ereignisse immer wieder vorgekommen seien.[35]

chen Kirchen [...], Zürich 1573, 58; MARTIN LUTHER, Resolutiones disputatioaum de indulgentiarum virtute (1518), in: WA I, 535 ff (vgl. PFISTER, Türken, 347 ff).
29 Vgl. IMRE, Türkenkrieg, 105.
30 Luther wie Melanchthon glaubten nicht an den Erfolg einer Türkenmission; vielmehr interpretierten sie die Türkengefahr als Zeichen der Endzeit (vgl. PFISTER, Reformation, 361 ff. 367; GÖLLNER, Turcica III, 181 ff. 217 f; BOBZIN, Beitrag, 283 ff).
31 Vgl. BRYNER, Ausstrahlungen (2004), 179 ff; WIDMER, Bullinger, 600 ff. 612 f.
32 Vgl. HEINRICH BULLINGER, Libellus epistolaris [...] pressis & afflictiss. Ecclesij in Hungaria, earundem Pastoribus & Ministris transmissus (1551), hg. von Barnabás Nagy, Budapest 1968, 51.
33 Das heutige Gebiet Sloweniens und Kroatiens entspricht in Teilen dem historischen Gebiet des mittelalterlichen Königreiches Dalmatien, Kroatien und Slawonien („Regnum Slavoniae"), das dem kroatischen Ban unterstand; im Laufe des 16. Jahrhunderts verlor das Banat allerdings zwei Drittel des Territoriums an die Osmanen, da der kroatische Adel den türkischen Vormarsch in den östlichen Teilen des Banats nicht abwehren konnte. Vom mittelalterlichen *Regnum Slavoniae* blieben nur noch die westlichen Gebiete in Oberslawonien übrig, mit den Zentren Agram (Zagreb, HR) und Warasdin (Varaždin, HR), die weiterhin vom kroatischen Ban verwaltet wurden (vgl. FATA, Ungarn, 15 ff).
34 Vgl. BERNHARD, Magnatenhöfe, 55 ff; FATA, Ungarn, 130 ff; PFISTER, Reformation, 371 ff; GÖLLNER, Turcica III, 219 f.
35 Vgl. PFISTER, Reformation, 360 ff; GÖLLNER, Turcica III, 182 f. Tatsächlich haben auch einzelne

Die Frage ist nun, welche Ansätze bei den ungarischen Humanisten und Reformatoren einen Reflex gefunden haben und positiv verarbeitet worden sind; die positionsgenetische Kontextualisierung wird weitreichende Konsequenzen für die Untersuchung der humanistisch-reformatorischen Rezeptionsgeschichte in Ungarn und Siebenbürgen haben.

1.2 Epistolographisch-literarischer Reflex der Türkenfrage in Ungarn und Siebenbürgen

In den Briefwechseln von Erasmus, Bullinger, Melanchthon und anderen finden sich sehr zahlreich Berichte und Briefe, in denen die schwierigen Umstände in den von den Türken besetzten Gebieten Ungarns und Siebenbürgens beschrieben werden. Eramus beklagt am 26. August 1528 gegenüber Andrzej Krzycki das schwere Leid, das Ungarn derzeit unter der Türkenherrschaft erleben müsse.[36] Darum war er empört, als am Reichstag zu Speyer (1529) nichts gegen die Türken geschah: „[…] quasi nihil ad nos attineat si Turca occupata Ungaria et Polonia viam sibi struat progrediendi quo velit."[37]

Melanchthon meldete an Joachim Camerarius in Tübingen, nachdem Ferdinand gegen die Türken bei Esseg (Osijek, HR) an der kroatischen Grenze verloren hatte, dass die Niederlage gross gewesen sei und viele gestorben seien.[38] Kaum erstaunlich, dass er im Vorwort zu Paolo Giovios *Turcarum rerum commentarius* (Wittenberg 1537) gegenüber Herzog Johann Ernst von Sachsen betonte, dass „die christlichen Potentaten und Fürsten schuldig sind mit all jrs Vorzügen und macht, das bey ir bestes zutun, das solche gifft und grewel werde ausgetrettet."[39] Nachdem schliesslich Ofen eingenommen wurde, trafen bei Melanchthon täglich neue schreckliche Nachrichten ein, inbesondere über einen rituellen Kindermord; alle sollten zu den Waffen eilen.[40] Noch im gleichen Monat berichtet Ambrosius Blarer an Bullinger von türkischen Plünderungen in Stuhlweissenburg.[41]

Vadian berichtete im März 1546 an Bullinger: „Uss Ungern hat man grau-

im türkisch besetzten Mittelungarn tätige reformatorische Prediger, obwohl die Protestanten mehrheitlich besondere „Vorrechte" genossen haben (vgl. unten S. 108 ff), die Türkenherrschaft als Vordringen des Antichristen beurteilt; dies konnte zu einer Stärkung des ungarischen Nationalbewusstseins führen (vgl. TRENCSÉNYI, Patriotism, 505 ff).

36 Vgl. Erasmus an Andrzej Krzycki, 26. August 1528, in: Allen VII, Nr. 2031.
37 Erasmus an Krzysztof Szydłowiecki, 9. Juni 1529, in: Allen VIII, Nr. 2177.
38 Vgl. Philipp Melanchthon an Joachim Camerarius, 27. November 1537, in: MBW, Nr. 1969.
39 „Principes vero christiani nominis ad propulsandam illam pestem omnia consilia et omnes vires conferre debebant" (Philipp Melanchthon: Praefatio, in: PAOLO GIOVIO, Turcicarum rerum commentarius [Wittenberg 1537], in: MBW, Nr. 1960).
40 Vgl. Philipp Melanchthon an Georg Spalatin, Anfang Dezember 1541, in: MBW, Nr. 2845.
41 Vgl. Ambrosius Blarer an Heinrich Bullinger, 24. Dezember 1541, in: Blarer BW II, Nr. 922.

ßam schreyben von zůkunfft dess Türken; besorgt man, eß werde alles zů trommern gon. Sybenbürgen stadt in großen sorgen, und schreypt man, daß vergangens winters durch die strayffenden rotten dess Turkhen so hin und har in en besten plätzen dess landtz Ungern biß an die bergstett hinan ob 12.000 Christenmentschen, jung und alt, hinweg gfůrt und verkofft worden [...]«[42]

Die Ereignisse fanden aber nicht nur in Briefen ihren Niederschlag, sondern auch in zahllosen „Newen Zeyttungen" bzw. „Nüwen Zytungen", oft Einblattdrucke, die nicht nur in den Druckzentren Augsburg, Nürnberg und Venedig, sondern in vielen anderen Buchdruckerstädten erschienen. Sie wurden redaktionell kaum bearbeitet, erschienen meist anonym, wurden schnell verbreitet und waren so einem breiten Leserpublikum zugänglich; wie die heutige Presse prägten sie die öffentliche Meinung auch im 16. Jahrhundert entschieden.[43] In den humanistischen und reformatorischen Zentren galten solche „Newen Zeyttungen" neben der persönlichen Korrespondenz als eine wichtige Informationsquelle, um über die Entwicklung in Ungarn im Bilde zu sein. Immer wieder wurden solche „Zytungen" auch in Abschrift verbreitet, oft von Basel her, das als Buchdruckerstadt gleichfalls Transferzentrum vieler politischer Nachrichten war. Eine interessante Persönlichkeit, die in Bern solche Nachrichten sammelte, ist der Malerpoet und reformatorische Staatsmann Niklaus Manuel (~1484 – 1530). Er hat nicht nur Informationen über den Türkenvormarsch, die er beispielsweise von Vadian erhielt, an den Berner Rat weitergegeben,[44] sondern auch verschiedene Akten und „Nüwe Zytungen" zu dem geplanten „europäischen" Feldzug gegen die Türken den bernischen Kanzleiakten beigesteuert.[45] In Zürich hat Heinrich Bullinger gleichfalls solche „Nüwen Zytungen" gesammelt und geordnet;[46] bekannt wurde später auch Johann Jakob Wick (1522 – 1588), der, gefördert

---

42 Joachim Vadian an Heinrich Bullinger, 5. März 1547, in: Vadian BW VI, Nr. 1522.

43 Vgl. GÖLLNER, Turcica III, 16 f.

44 So informierte Manuel beispielsweise über das Vordringen der Türken im Sommer 1529, bevor sie vor Wien standen (vgl. Bericht von Niklaus Manuel an M.G.H. betr. Türken in Ungarn, 1. August 1529, StABE: A V 1431 [U.P. 65], Nr. 168; Niklaus Manuel an den Berner Rat, 2. August 1529, in: ZINSLI, Botschaft, 643 f).

45 In den bernischen Kanzleiakten finden sich viele Akten und Zytungen sowohl zur Frage des geplanten Türkenfeldzuges als auch zu den Gebietsgewinnen der Türken in Ungarn (vgl. Schweizer Kriegszüge I, 1529 – 1579, StABE: A V 1431 [U.P. 65]; Nüwe Zytungen I, s.a.–1548, StABE: A V 1434 [U.P. 67]; Nüwe Zytungen II, 1549 – 1636, StABE: A V 1435 [U.P. 68]).

46 Vgl. Zeitungen aus den Niederlanden, Frankreich, Sachsen, Ungarn u.s.w. Abschriften von Heinrich Bullinger (1526 – 1570), StAZ: E II 350. Darin findet sich auch ein „Zittung uß Hungern", die über den Krieg vor den Toren Wiens berichtet (1529) (vgl. StAZ: E II 350, 313). In den meisten Fällen nicht mehr mit Sicherheit feststellbar ist, welche der in der Simler-Sammlung angereicherten Turcica bereits von Bullinger gesammelt worden sind, oder erst später von dem Sammler, Inspektor Johann Jakob Simler (1716 – 1788), erworben worden sind. Jedenfalls ist davon auszugehen, dass die Turcica, die mit einer Ausnahme aus der Zeit vor dem Tode Bullingers († 1575) stammen, Bullinger oder seine „Mitarbeiter" erhalten bzw. erworben haben (vgl. HINZ, Handlist I, 48. 58; DERS., Handlist II, 9. 28).

von Heinrich Bullinger,[47] von 1560 an Einblattdrucke und Abschriften zur Zeigeschichte, darunter viele *Turcica*, sammelte.[48] Die bis zu seinem Lebensende 24 Bände umfassende Sammlung, die sogenannte Wickiana, ist heute nicht nur von unschätzbarem Werte, sondern zeigt auch, wie intensiv der Wissenstransfer gerade in reformatorischen Zentren war.[49]

Die genannten Zeugnisse machen deutlich, wie die teils schrecklichen Ereignisse der Türkenherrschaft in Ungarn dank einem reichen Wissensaustausch bei den Humanisten und Reformatoren mit grosser Sorge zur Kenntnis genommen wurden. Eindrücklich ist diesbezüglich Gessners Bemerkung im Vorwort zur *Bibliotheca universalis* (Zürich 1545), wo die Vernichtung der *Corviniana* in Ofen als grosser Wissens- und Kulturverlust bezeichnet wird: „[...] perijt etiam patrum nostrorum memoria per immanem Turcorum impressionem celebris illa Bibliotheca Budae, quae regni Pannoniae caput est, à nunquam satis laudato rege Matthia ex omni scriptorum genere, & innumeris Graecis Hebraicisque uoluminibus instructa: [...]"[50]

Es ging allerdings nicht nur um Wissens- und Kulturverlust, sondern auch um echte Betroffenheit vom Schicksal ungarländischer Humanisten. Gerade Melanchthon und Erasmus waren vom Schicksal ihrer ungarischen Freunde schwer betroffen, weswegen sie auf eine totale Ächtung des Türkenkrieges verzichteten, Erasmus im Zusammenhang mit der Belagerung Wiens,[51] der jüngere Melanchthon seit der Einnahme Ofens[52] und noch nachdrücklicher infolge seiner Betroffenheit durch die Lebenszeugnisse ungarländischer Gelehrter.[53] Luthers Stellungnahme sowohl 1529 wie auch 1541 gegen einen Türkenkrieg führte einerseits zu einer weiteren Stärkung von Erasmus' Ansehen in Ungarn, andererseits förderte dies in Wittenberg einen intensiveren Kontakt der oft aus Krakau kommenden ungarländischen Studenten mit Melanchthon. Luther wollte zwar einen Krieg des „weltlichen Schwertes" grundsätzlich zulassen, setzt aber voraus, dass der Türke vorerst durch den

---

47 Vgl. Leu, Privatbibliothek, 8 f; Harms, Wickiana I, Xf.

48 Vgl. Harms, Wickiana I, VI. 11., VI. 12.

49 Die *Wickiana* umfasst neben den rund 1000 Flugschriften und Einblattdrucken zahllose handschriftliche Notizen im Sinne eines Tagebuchs sowie viele wertvolle, heute nur noch in einem Exemplar erhaltene Holzschnitte (vgl. Johann Jakob Wick: Sammlung von Nachrichten zur Zeitgeschichte („Wickiana"), ZBZ: F 12–35).

50 Konrad Gessner: Epistola nuncupatoria, in: Konrad Gessner, Bibliotheca universalis, sive, Catalogus omnium scriptorum locupletissimis in tribus linguis Latina, Graeca & Hebraica, Zürich 1545, *2ᵛ.

51 Vgl. oben S. 98 f.

52 Melanchthons Hoffnung auf Frieden trat nach der Einnahme Ofens zunehmend in den Hintergrund: Während er noch am 4. Oktober 1541 – also nach der Einnahme Ofens – gegenüber der Türkengefahr Gelassenheit demonstrierte (vgl. Philipp Melanchthon an Sebastian Heller, 4. Oktober 1541, in: MBW, Nr. 2822), forderte er, nachdem er von der kultischen Verbrennung von 50 Jünglingen in Ofen gehört hatte, bereits im Dezember in einem Brief an Spalatin zum Waffengang auf (vgl. Philipp Melanchthon an Georg Spalatin, Anfang Dezember 1541, in: MBW, Nr. 2845).

53 Vgl. unten S. 126 ff.

Christianus, d. h. durch das „geistliche Schwert" überwunden werden müsse. Letztlich erwartete er aber nichts vom Kampf gegen die Türken.[54] Dies machte ihm gerade der Wiener Humanist Cuspinian in seiner *Oratio protreptica* zum Vorwurf: Da du, Luther, „ein Buch nach dem andern herausgibst und immer wieder als ein eitler Prahler wiederholst, der Türkenkrieg sei sinnlos, so wünsche ich Dir, Du hättest zu Ofen gesehen [...] wo mehr Stein als Mensch zu sein scheint."[55] Die unter der Türkenherrschaft in Anbetracht schrecklicher Vorfälle leidenden ungarischen Christen konnten die Argumentationsweise Luthers tatsächlich nicht nachvollziehen; hingegen fühlten sie sich von Humanisten wie Erasmus oder Cuspinianus sowie später von Melanchthon wirklich ernstgenommen.

a. Aufruf zum Türkenkrieg

In mehreren *Turcica* ungarländischer Humanisten und Reformatoren zeigte sich eine Orientierung an der Haltung des Humanistenfürsten. Ein Humanist, der in dieser Frage deutlich Stellung bezogen hatte, war János Sylvester, der nach Studien beim Erasmianer Leonard Cox in Krakau seit August 1529 in Wittenberg studiert hatte.[56] In seiner Widmung der Anfang 1541 erschienenen ersten vollständigen ungarischen Übersetzung des Neuen Testaments an König Ferdinand hielt er fest, dass des Erasmus' *Paraphrases* eine wichtige Grundlage seiner Arbeit gebildet hätten; wegen den Schrecknissen des türkischen Krieges sei es um so dringlicher, dass die Ungarn Gottes Wort in der Muttersprache lesen könnten.[57] Nach den schrecklichen Ereignissen vom Herbst 1541 erstaunt es schliesslich kaum, dass Sylvester – er hoffte, die Türken noch zu vertreiben – in seiner 1544 in Wien erschienen *De bello Turcis inferendo elegia* die Verhandlungen Ferdinands mit den Osmanen[58] nach-

---

54 Vgl. GÖLLNER, Turcica III, 188. 194 ff.

55 „Nolui te Luther nominare, & tibi parcere. Sed cum in uno & altero libello, et postremo ad Assam compatrem libellum effuderis, in quo plane tanquam uanissimus ostentator, iterum atque iterum repetis Turcorum bellum esse stultum, & a te solo ceu Propheta praeuisum: Optarem tibi ut Budae uidisses in Regia vrbe Tyrannum Solomet, uxorem tuam stuprari filium aut filiam trucidari et canibus obijci, ut uidissent cuncti sanctimoniam tuam & animi constantiam, qui solus inter homines, humano affectu cares, extra legem humanam positus, Saxum uerius quam homo." (JOHANNES CUSPINIAN, Oratio protreptica [...] ut bellum suscipiant contra Turcum cum descriptione conflictus, nuper in Hungaria facti, [...], [Wien] 1526, Ciiij ͬ⁻ᵛ; zusammenfassende deutsche Übersetzung bei GÖLLNER, Turcica III, 195 f). Auch in der posthum herausgegebenen Geschichte des osmanischen Reiches, der die *Exhortatio ad bellum Turcis inferendum* (1541) beigefügt wurde, war Cuspinian voller Zuversicht, man könne die Türken „in aliquem Adiae angulum" vertreiben (vgl. GÖLLNER, Turcica III, 118).

56 Vgl. BALÁZS, Sylvester (1958), 93 ff; DERS., Sylvester (1962), 23 ff.

57 Vgl. János Sylvester: Praefatio, in: DERS. (Hg.), Vy Testamentum mag'ar n'elvenn [...], Sárvár 1541, A1ᵛ–A2ͬ.

58 Ferdinand hat am 10. November 1545 trotzdem einen Friedensvertrag abgeschlossen (vgl. GÖLLNER, Turcica III, 133).

drücklich missbilligte und zum Krieg gegen die Türken aufrief.[59] Im wesentlichen stimmt der Gedankengang dieser lateinischen Deklamation mit Erasmus' Schrift *Utillisima consultatio de bello Turcis inferendo* (1530) überein; der rhetorische Aufbau deutet auf eine Beeinflussung von Melanchthons Rhethorik von 1542 hin.[60]

Nicht alleine Sylvester vertrat diese Haltung, sondern sie wurde von vielen ungarländischen Humanisten geteilt, verstärkter noch nach dem Sturme Ofens. Der ungarländische Humanist Bartholomej Georgijević, der bei der Schlacht bei Mohács in türkische Gefangenschaft geriet und später in Konstantinopel und Kleinasien gedient hatte,[61] verfasste aufgrund seiner eigenen Erfahrungen eine Schrift über die Gebräuche, Gewohnheiten und Zeremonien der Türken,[62] welche gleichzeitig mit dem lateinischen Basler Druck bei mehreren europäischen Buchdruckereien in anderen Sprachen erschien, in Deutsch unter dem Titel *Türckey oder von yetziger Türcken kirchen geprängm syten und leben [...]* (Basel 1545), und in Kürze zum Standartwerk über Sitten und Bräuche der Türken wurde.[63] Gemeinsam mit seiner Abhandlung *De afflictione tam captivorum quam etiam sub Turcae tributo viventium Christianorum* (Antwerpen 1544), in welcher Georgijević über das Leben der Gefangenen berichtete und Hinweise zur Flucht gab, wurde die Schrift *De Turcarum ritu* in Biblianders Koran-Ausgabe von 1550 neu gedruckt.[64] Auch Melanchthon gab 1560, nachdem sich Georgijević längere Zeit in Wittenberg aufgehalten hatte, diese Schrift in einer Sammlung von *Turcica* noch einmal heraus.[65] Bemerkenswert ist nun aber Georgijević' *Epistola exhortatoria contra infideles* (Antwerpen 1545), in der er, nach Behandlung der Ursachen der bislang erlittenen Niederlagen, einen ausführlichen Schlachtplan gegen die Türken veröffentlichte. Diese *Epistola* wurde in der zweiten Auflage von Biblianders Koran-Ausgabe (Basel 1550) gleichfalls veröffentlicht.[66]

---

59 Vgl. JÁNOS SYLVESTER, De bello Turcis inferendo elegia nunc primum et nata et aedita, Wien 1544, A4^{r}ff.

60 Vgl. BALÁZS, Sylvester (1958), 339ff; KOVÁCS, Melanchthon, 267.

61 Vgl. Martin Luther an Philipp Melanchthon, 11. August 1544, in: MBW, Nr. 3656.

62 Vgl. BARTHOLOMEJ GEORGIJEVIĆ HUNGARUS, De Turcarum ritu et Caeremoniis, Basel 1544.

63 Vgl. KULCSÁR, Inventarium, 195; GÖLLNER, Turcica I, 388 ff. Wohl aus Bullingers Hand stammt der *Tractatus de origine ac secta Turcarum, item de religione atque festivitatibus nec non ritu ceremoniarum illarum* (1542), der ähnliche Bereiche wie Georgijević behandelt (vgl. Tractatus de origine ac secta Turcarum (1542), ZBZ: S 435, Nr. 2); ob Informationen von Georgijević Grundlage für den *Tractatus* bilden, wäre noch zu untersuchen.

64 Vgl. BARTHOLOMEJ GEORGIJEVIĆ HUNGARUS, De afflictione captivorum [...], in: Theodor Bibliander (Hg.), Machumetis Saracenorum principis eiusque successorum vitae, doctrina ac ipse Alcoran, Basel 1550, 174–180; DERS., De Turcarum ritu [...], in: Bibliander, Alcoran (1550), 181–191.

65 Vgl. Philipp Melanchthon: Praefatio, in: DERS. (Hg.), De origine Imperii Turcorum eorumque administratione et disciplina brevia capita notationis loco collecta. Cui libellus de Turcorum moribus collectus a Bartholomaeo Georgieviz adiectus est (1560), in: CR IX, Nr. 6904 (= MBW, Nr. 9185).

66 Vgl. BARTHOLOMEJ GEORGIJEVIĆ HUNGARUS, Epistola exhortatoria contra infideles [...], in:

Derselben Ansicht war Pál Rubigall aus Kremnitz, der seit Herbst 1536 in Wittenberg studiert hatte.[67] Rubigall stand zeitlebens in regem Austausch mit Melanchthon:[68] Dank dessen Unterstützung konnten nicht nur mehrere poetische Werke Rubigalls in Wittenberg erscheinen, sondern Melanchthon selbst verfasste auch ein Vorwort zu Rubigalls *Hodoeporicon itineris Constantinopolitani* (Wittenberg 1544),[69] ein Gedicht, in dem Rubigall die Begegnungen mit den Türken auf seiner Reise von Szeged über Belgrad und Sofia nach Konstantinopel festhielt, wo er im Jahre 1540 Teilnehmer der ungarischen Gesandtschaft beim Sultan in Sachen János Szapolyai gewesen ist.[70] In der kurz darauf erschienenen *Epistola Pannoniae ad Germaniam recens scripta* (Wittenberg 1545) gab er seiner Hoffnung Ausdruck, dass die deutschen Fürsten sich zum Kampf aufraffen würden. In dieser Hoffnung kehrte er auch mehrmals nach Deutschland zurück, um die Öffentlichkeit für den Kampf gegen die Türken zu gewinnen.[71]

Bereits hingewiesen haben wir auf Stjepan Brodarič, Bischof und Kanzler der Königs, der mit zahlreichen Humanisten – so mit Aldus Manutius, Erasmus von Rotterdam, Johannes a Lasco, Tamás Nádasdy u.s.w. – in einem geistigen Austausch stand.[72] Auch Brodarič, der an der Schlacht von Mohács teilgenommen hatte,[73] hielt die Türkenfrage nur als gesamteuropäische Aktion für lösbar. Darum war Brodarič' Besorgnis über die Spaltung der Kirche besonders gross.[74] Die in Erasmus' spätem Werk *Ecclesiastae sive de rationi concionandi libri IV* (Basel 1535) stärker betonte Türkenmission versteht

---

Bibliander, Alcoran (1550), 171 – 173 (vgl. Göllner, Turcica I, 399). Georgijević veröffentlichte auch mehrere andere *Turcica*, unter anderem ein Glaubensgespräch von Georgijević mit dem Derwisch Tschelebi, das am Pfingstsonntag 1547 in der Grosswardeiner Franziskanerkirche stattgefunden hatte (vgl. Pro fide christiana cun Turca disputationis habitae, […], Krakau 1548).

67 Vgl. Révész, Tanulók, 218.

68 In verschiedenen Briefen berichtet Melanchthon über Pál Rubigall (vgl. Philipp Melanchthon an Friedrich Staphylus, 17. März 1550, in: MBW, Nr. 5755; Philipp Melanchthon an Johannes Crato, 24. Februar 1553, in: MBW, Nr. 6739; Johannes Crato an Philipp Melanchthon, 1. April 1556, in: MBW, Nr. 7791; u.s.w.).

69 Vgl. Philipp Melanchthon: Praefatio, in: Pál Rubigall, Hodoeporicon itineris Constantinopolitani (1544), in: CR V, Nr. 3105. Rubigalls Gedicht wurde erneut abgedruckt in: Nicolaus Reusner, Hodoeporicon, sive itinerum tosius ferè orbis lib. VII, Basel 1580, 93 -112; ders., Itinerarium totius orbis, sive opus peregrinationum viriarum […] secunda editic, Basel 1591, 93 – 112.

70 Vgl. Scheible, Beziehungen, 62 f; Imre, Topos, 39.

71 Vgl. Imre, Topos, 47 ff; Göllner, Turcica I, 402 f; Köhler, Melanchthon, 23.

72 Vgl. Thienemann, Érasme, 104 f; Ritoók-Szalay, Erasmus, 119 ff; Brodarič Levelezése, 258 – 293. 321 – 346.

73 Vgl. Stjepan Brodarič, De conflictu Hungarorum cum Solymano Turcarum imperatore ad Mohach Historia verissima, Krakau 1527 (Neuausgabe: Budapest 1985 [versehen mit Einleitung und Anmerkungsapparat von Péter Kulcsár]).

74 Vgl. Erasmus von Rotterdam an Stjepan Brodarič, 9. Juni 1529, in: Allen VIII, Nr. 278; Stjepan Brodarič an Papst Clemens VII., 1. August 1533, in: ETE II, Nr. 239.

Brodarič schliesslich als Aufgabe und Verpflichtung, da ein christianisiertes Türkenreich Europa nicht mehr unterjochen würde.[75]

Die exemplarisch genannten *Turcica* von János Sylvester, Bartholomej Georgijević, Pál Rubigall und Stjepan Brodarič machen deutlich, welche Haltung viele ungarländische Humanisten und Reformatoren in der Türkenfrage eingenommen und welche geistigen Kontakte in diesem Zusammenhang stattgefunden haben. Die apokalyptisch gedeuteten Erfahrungen seit der Schlacht bei Mohács und noch stärker seit der Einnahme Ofens – nicht umsonst lässt Sylvester auf dem Frontispiz seiner *Elegia* die neutestamentlichen Worte „Cum audieritis praelia et seditiones nolite terreri" (Luk 21, 9) drucken – liessen die Kontakte zu den Humanisten und Gelehrten, die einen Türkenkrieg nicht ächteten bzw. die Türkenmission in Erwägung zogen, intensivieren. Wie auch die Studien von GÖLLNER nachgewiesen haben, ist in mehreren ungarländischen *Turcica* unbestritten ein literarischer Reflex von Schriften des Erasmus feststellbar; auch Melanchthons Anschauung der Türkenfrage fand bei verschiedenen ungarländischen Gelehrten einen Niederschlag.[76] Grundsätzlich ist zudem festzuhalten, dass sich – zumindest in Bezug auf die Türkenfrage – reformerischer Humanismus und Reformation in den Jahren des Türkenvorstosses noch nicht konsequent unterscheiden lassen: So hat sich Rubigall für die Reformation entschieden, Georgijević wird gar von Luther an Melanchthon empfohlen, Sylvester blieb aber, als Professor in Wien, dem alten Glauben treu, obwohl er reformationsfreundlich eingestellt war; dagegen beobachtete Brodarič die starke Ausbreitung des Protestantismus mit grosser Sorge. Alle waren sich darin aber einig, dass nur das Gebet allein, wie es Luther in seiner Schrift *Vermanunge zum Gebet wider den Türcken* (1541) forderte, nicht genügen würde; trotz humanistischem Gedankengut traten sie offen für einen christlichen Türkenkrieg bzw. eine systematisch durchgeführte Türkenmission ein.

b. Türkenmission statt Türkenkrieg

Der 1547 mit Süleyman I. für fünf Jahre geschlossene Waffenstillstand musste von Ferdinand mit Tributzahlungen erkauft werden; natürlich war damit die Hoffnung auf einen Sieg des vereinten Europa gegen die Türken massiv gemindert. Die ungarländischen Humanisten und Reformatoren mussten sich auf eine längere Phase der Türkenherrschaft einstellen; deswegen wurde in reformatorischen Kreisen die Türkenmission immer mehr präferiert. Seit der Einnahme Ofens sind im türkisch besetzten Mittelteil an zahlreichen Orten reformatorische Prediger, mit relativ grossem Erfolg, tätig gewesen.[77] Es

---

75 Vgl. RITOÓK-SZALAY, Erasmus, 120 f.
76 Vgl. KOVÁCS, Melanchthon, 267.
77 Davon berichtet beispielsweise Oswald Myconius an Joachim Vadian: Ein „doctor quidam" habe

scheint, dass es diesen Predigern besser als den bisherigen Priestern der römischen Kirche gelang, dem unter der Türkenherrschaft leidenden Volk Zuspruch und Hoffnung zu geben.[78] Jedenfalls berichtet Mihály Sztárai an Miklós Tukni in Wien am 20. Juni 1551, dass er seit sieben Jahren im türkisch besetzten Mittelungarn „verbum crucis" verkünde, angefangen in Laskó (Lug, HR) im Komitat Baranya:

Et iam cis et ultra Danubium atque Dravum, cum reliquis fratribus posteu ad messam Domini tam amplam atque iam maturitate albam accedentibus, centum viginti ecclesias ductore Spiritu Sancto edificavi, in quibus omnibus Verbum Dei unanimiter annunciatur atque suscipitur, idque tanta puritate, [...].[79]

Bemerkenswert ist nun, dass dieser Brief auch in Wien unter reformatorischen Kreisen herumgereicht wurde, so dass János Fejérthóy denselben seinem Schreiben an Bullinger vom 10. Oktober 1551 beilegte.[80] In Zürich war man natürlich an Informationen über den Fortgang der Reformation im türkisch besetzten Mittelungarn sehr interessiert. Sztárai war, nach Studien in Padua, von Hause aus Humanist, weswegen er mehrere Schuldramen verfasste, in denen er die Geistlichen der römischen Kirche oft geisselte.[81] Obwohl er sich bereits während der Tätigkeit auf den Gütern des Magnaten Péter Perényi (1502 – 1548)[82] der lutherischen Reformation angeschlossen haben soll, blieb Sztárai theologisch ungebunden, indem er sowohl von Melanchthon als auch von Bullinger beeinflusst war.[83] Seine Tätigkeit unter den Türken zeigt, was Zsigmond Gyalui Torda bereits am 25. Dezember 1545 an Melanchthon berichtet hatte[84] sowie in der in Bern von Wolfgang Musculus herausgegebenen

---

ihm geschrieben „de exorto concionatore pio in Hungaria quique audiatur." (Oswald Myconius an Joachim Vadian, 10. Mai 1544, in: Vadian BW VI, Nr. 1344). Es handelt sich wohl um den oben genannten Mihály Sztárai, der seit 1544 im türkisch besetzten Mittelungarn als Wanderprediger wirkte.

78 Vgl. Fata, Ungarn, 57.

79 Mihály Sztárai an Miklós Tukni, 20. Juni 1551, in: [Johann Jakob Ulrich (Hg.)] Miscellanea Tigurina edita, inedita, vetera, nova, theologica, historica, etc. etc. [...], Bd. II/2 Zürich 1723, 200 f.

80 Aus diesem Grunde wurde der Brief Sztárais zusammen mit den anderen Briefen der ungarischen Humanisten und Prädikanten an Bullinger u.s.w. gedruckt (vgl. Ulrich, Miscellanea II/2, 200 f).

81 Vgl. Bucsay, Protestantismus I, 59; Kardos, Entwicklungsgang, 6 f.

82 Péter Perényi war ein aktiver Förderer der Reformation: Er unterstützte den Druck von Gesangbüchern, stand in regem Austausch mit Tamás Nádasdy und hatte auch Kontakt mit Melanchthon; auf seinen ausgedehnten Herrschaftsgütern wirkten Mátyás Dévai Bíró, Mihály Sztárai, András Batizi und andere (vgl. Fata, Ungarn, 121; Bucsay, Protestantismus I, 55. 81; Sztárai, História (1985), 51 – 260); vgl. unten S. 119 ff.

83 Die vor einigen Jahren erschienene Studie von László Keveházi weist minutiös nach, dass Sztárai theologisch vor allem von Melanchthon und Bullinger beeinflusst wurde; seine Abendmahlslehre steht der schweizerischen Ansicht deutlich näher (vgl. Keveházi, Sztárai, 153 f. 222 f; Bucsay, Protestantimsus I, 60; Fata, Ungarn, 121 f).

84 Vgl. Zsigmond Gyalui Torda an Philipp Melanchthon, 25. Dezember 1545, in: MBW, Nr. 4107.

Schrift *Vom vffgang deß wort Gottes by den Christen in Ungern* (1550) betont wurde, nämlich, dass das Evangelium in den türkischen Gebieten Ungarns frei gepredigt werden könne: „Allein seye das mit grosser danckbarkeyt gegen Gott abzunehmen, das sie sagen, wir sollten bey der bibel und Gottes wort bliben, das selbig frey bekennen und davon nit weychen, wa wir nit für lychtfertige leüt wellen gehalten werden [...]"[85] Die Korrespondenz seit Mitte der 1540er Jahre bestätigt diese Schilderung. So wurden beispielsweise die Bürger einer kleinen Gemeinde namens „Reitzkeni" [= Rautzenmark] (Raczkény, *heute* Ráckeve, HU), vier Meilen von Ofen entfernt, die „die götzen aus irer Kirchen gethon hatten", von einem ihrer katholischen Ratsherren beim türkischen Pascha von Ofen, Beylerbeg Mehmed Yahya Pascha, angeklagt, doch von letzterem nach einem Verhör in Ofen am 21. Dezember 1545 in Schutz genommen, nachdem der Pascha gesehen und gehört hatte, welche Götzenbilder die Altgläubigen brauchen würden. Sie müssten sich nicht wundern, wenn Gott sie wegen eines solchen Götzendienstes in die Knechtschaft geführt habe.[86] Solche Begebenheiten, in denen der „Türke" für die Neugläubigen eintrat, bedenkend schrieb János Fejérthóy am 10. Mai 1551 an Wolfgang Musculus mit Recht: „Scito autem Turcam potentem esse defensorem verbi Dei."[87]

Auch ein anderer Reformator, István Szegedi Kis, der wohl grösste ungarische Dogmatiker, wirkte nach seinen Studien in Wien (1535–37), Krakau (1537–40) und Wittenberg (1543) als Lehrer und Prediger im türkisch besetzten Mittelungarn. Über seine Tätigkeit sind wir relativ genau unterrichtet, da Máté Skaricza zu dem von ihm besorgten Druck der *Theologiae sincerae loci communes* (Basel 1585) eine *Stephani Szegedini vita* verfasste.[88] Zuerst leitete er die Schule in Csanád, wo er allerdings wegen der Tätigkeit von Gáspár Perusić, des Schwagers des Grosswardeiner Bischofs György Martinuzzi,

---

Dasselbe wird in der anonym herausgegebenen *Warhafftige Neuwe Zeytung aus dem Ungerlandt und Türkey* (s.l. 1546) betont, wenn den katholischen Fürsten in Erinnerung gerufen wird, welcher Glaubensfreiheit sich die Anhänger des Protestantismus in den von den Türken besetzten Gebieten erfreuten (vgl. GÖLLNER, Turcica I, 869).

85 WOLFGANG MUSCULUS (Hg.), Vom vffgang deß wort Gottes by den Christen in Ungern, so den Türcken underworffen sindt, nüwe zyttungen, [Bern] 1550, C1ʳ. Musculus hat 1550 von einem uns unbekannten ungarländischen Studenten Schriften erhalten, in denen die Toleranz der Türken gegenüber den Protestanten betont wird; diese wurden von Musculus noch im gleichen Jahr in Bern veröffentlicht, was er auch an Heinrich Bullinger in Zürich meldete (vgl. Wolfgang Musculus an Heinrich Bullinger, 28. November 1550, StAZH: E II 360, 147); vgl. ZSINDELY, Musculus, 969–1001.

86 Vgl. Juan Díaz an Kardinal Jean Du Bellay, 9. Februar 1546, in: DU BELLAY, Correspondance III, 355 f; Oswald Myconius an Heinrich Bullinger, 22. Februar 1546, StAZ: E II 336a, 226 (= im Druck: HBBW XVI); Martin Bucer an die Dreizehn zu Strassburg, 12. März 1546, in: BucerDS 15, 435 ff (freundliche Mitteilung von Dr. habil. Reinhard Bodenmann, Zürich).

87 János Fejérthóy an Wolfgang Musculus, 10. Mai 1551, in: BARTHA, Studia et acta III, 999 f.

88 Vgl. MÁTÉ SKARICZA, Stephani Szegedini vita, in: István Szegedi Kis, Theologiae sincerae loci communes De Deo et Homine [...], Basel 1585, α6ʳ–γ3ᵛ.

fliehen musste, ja seine 200 Bände umfassende Bibliothek verlor. Schliesslich berichtete Zsigmond Gyalui Torda im Dezember 1545 in seinem Brief über die von den Türken nicht behinderte Tätigkeit reformatorischer Lehrer und Prediger, dass Szegedi Kis in Cegléd als Lehrer tätig sei.[89] Es folgten weitere Wirkungsorte (Békés, Tolna, Laskó u.s.w.). Unter der Schirmherrschaft des reformationsfreundlichen Péter Petrović (1484?–1557) betreute er in Temeschburg (Timişoara, RO) den Aufbau einer höheren Schule mit protestantischer Ausrichtung. Temeschburg gehörte zu den Gemeinden des ehemaligen Bistums Csanád, die sich 1549 und 1550 unter Péter Petrović zu dem ersten reformierten Kirchendistrikt zusammengeschlossen haben;[90] im Jahre 1552 wurde die Stadt von Türken eingenommen, was aber für den Fortgang der Reformation nicht ungünstig war. Szegedi Kis' jahrelange Schultätigkeit zeigt, dass er Humanismus und Reformation als ein Programm verstanden hat. Seine dogmatischen Werke weisen zudem nicht nur grösste Systematik auf,[91] sondern belegen auch, dass er, obwohl in Wittenberg studiert, letztlich der helvetischen Richtung zuzuordnen ist. In minutiösen Studien hat Géza KATHONA nachgewiesen, dass Szegedi Kis vor allem Bullingers *Sermonum decades* (Zürich 1549–51), Melanchthons *Loci communes theologici* (Basel 1558), Calvins *Institutio religionis christianae* (Genf 1559) sowie Musculus' *Loci communes Sacrae Theologiae* (Basel 1563) benutzt und Extrempositionen wie Brenz oder Zwingli abgelehnt hatte.[92] Die zahlreichen biblischen, systematischen, kirchengeschichtlichen und praktisch-theologischen Werke Szegedis zeigen die Breite und Tiefe seines humanistisch-reformatorischen Bildungsprogrammes auf, für das er seit Mitte der 1540er Jahre eintrat und vielen ihn aufsuchenenden Schülern und Studenten im türkisch besetzten Gebiet nahegebracht hatte.[93] In Tolnau (Tolna, HU) ging auch Péter Melius Juhász (1536?–1572) aus Horhi (Somogy), der spätere Pfarrer Debrecens, bei Szegedi Kis in die Schule und wurde durch dessen Unterricht nachhaltig geprägt.[94] Wie Studien nachweisen konnten, nahm bei Melius Juhász die Prädestinationslehre eine besondere Stellung ein;[95] offenbar konnte die Prädestinationslehre Melanchthons sowie der Schweizer Reformatoren[96] den im türkisch besetzten Gebiet lebenden Ungarn Stärkung und innere Befreiung zusprechen.

---

89 Vgl. Zsigmond Gyalui Torda an Philipp Melanchthon, 25. Dezember 1545, in. MBW, Nr. 4107.
90 Vgl. Skaricza, Vita, βʳ; Bucsay, Protestantismus I, 63 f; Fata, Ungarn, 87 f. 163.
91 Besonders zu erwähnen sind in diesem Zusammenhang die vielen Tabellen der *Theologiae sincerae Loci communes* (Basel 1585) sowie seine *Tabulae analyticae* (Schaffhausen 1592); wie Szegedi Kis' Sohn im Vorwort zum *Speculum Romanorum Pontificium* (Basel 1584) berichtet, hat Szegedi Kis die Tabellen während seiner türkischen Gefangenschaft in den 1560er Jahren verfasst (vgl. Bucsay, Speculum, 73 f).
92 Vgl. Kathona, Fejezetek, 145–193; ders., Szegedi, 13–106.
93 Vgl. Fata, Ungarn, 123; Bucsay, Protestantismus I, 68.
94 Vgl. Bucsay, Abendmahlsbekenntnis, 99.
95 Vgl. Bucsay, Abendmahlsbekenntnis, 98; ders., Leitgedanken, 208 ff; ders., Protestantismus I, 117 ff; Révész, Reformation, 81.
96 In einem vor mehreren Jahren erschienenen Aufsatz von Theodor Mahlmann wird nachge-

Auch der Weissenburger Domherr und Erasmianer Márton Kálmáncsehi Sánta, der bereits auf dem Religionsgespräch zu Schässburg 1538 zusammen mit Adrian Wolfhard dem wegen seiner lutherischen Lehre angeklagten Kaschauer Prediger István Szántai insgeheim recht gab,[97] hat in den 1540er Jahren als Pfarrer im türkisch besetzten Mezőtúr reformatorisch gewirkt: Er hielt gemäss Juraj Drašković (1515–1586) den Gottesdienst bereits in einem einfachen Werktagskleid, liess Altäre und Heiligenbilder aus der Kirche entfernen und bestritt die Realpräsenz Christi in den Elementen Brot und Wein.[98] Dank der stillschweigenden Toleranz der Türken war seiner Predigttätigkeit so grosser Erfolg beschieden, dass er 1551 nach Debrecen berufen wurde.

Hintergrund der toleranten Haltung der Türkenmacht gegenüber den Protestanten war unter anderem die kirchenpolitische Struktur des Protestantismus: Die reformatorischen Prediger haben klar zwischen Kirche und Staat unterschieden und insofern gegenüber der Türkenherrschaft „Loyalität" gezeigt.[99] Darum erschien die „evangelische Gemeinde" den Türken zuverlässiger als das zentralistisch von jenseits der Grenzen her gelenkte römische Kirchentum; die Anerkennung des Papsttums war mit der osmanischen Politik nicht vereinbar.[100] Die wegen der schnellen Verbreitung der Reformation auflodernden Auseinandersetzungen zwischen altgläubigen Priestern und neugläubigen Predigern in Südtransdanubien wurden schliesslich von der türkischen Obrigkeit beendet. Der Fünfkirchener Beg berief beide Parteien zu einer Synode nach Vaskaszentmárton ein. Nach der Anhörung der gegensätzlichen theologischen Ansichten entschied er sich für den Standpunkt der protestantischen Mehrheit und verpflichtete die altgläubigen Geistlichen zur Annahme des Protestantismus:

Wo sy das hinfurt nit thon wurden, werdend sy sampt ihren gütern auch irer zungen beroubt [...] darumb daß das buch der biblischen geschrifft von Got den christen und von himmel herab gegeben sey, wie auch den Griechen Alfurcan – als sy es nennen – den Ebreern Hebron, den Türcken aber Alcoran; wölche vier bücher sy wöllend, daß sie by dem menschlichen geschlecht in höchsten ehren gehalten werden.[101]

wiesen, dass Melanchthon und Calvin auf weiten Strecken in der Prädestinationslehre übereinstimmten (vgl. MAHLMANN, Melanchthon, 206–218).

97 Vgl. WIEN, Grenzgänger, 118; FATA, Ungarn, 87; PAPP, Kálmáncsehi, 5 ff. Zum Religionsgespräch allgemein vgl. BUCSAY, Protestantismus I, 83 f; REINERTH, Gründung, 39 ff; FABRITIUS, Religionsgespräch, 233–263.
98 Vgl. Juraj Drašković an Wiener Hofkanzlei, 10. Juli 1552, in: BUNYITAY, Hitujítás, 398 f; LOCHER, Reformation, 658.
99 Vgl. Philipp Melanchthon an Kilian Goldstein, 6. September 1544, in: MBW, Nr. 3675.
100 Vgl. BUCSAY, Protestantismus I, 86.
101 Georgius Prodanisius an „Herren h. Peteren, pfarrherren zu Also Wadas", s.d. [1550], in: MUSCULUS, Vffgang, B3ʳ (vgl. FATA, Ungarn, 121).

Schliesslich forderte der Beg die reformatorischen Prediger auf, ihre Tätigkeit auch auf die östlichen Gebiete des Komitates Baranya auszuweiten.[102] Manche Türken wohnten gar, wie Gál Huszár an Bullinger berichtete, „coetui Ecclesiastico" bei und würden die Kirche erst vor dem Abendmahl verlassen.[103]

Die Furcht vor dem Anrücken der Türken war in ganz Europa omnipräsent; darum wurden Nachrichten und Gerüchte über die politische Situation in Ungarn brieflich jeweils schnell weitergegeben. So meldete beispielsweise Jakob Sturm aus Augsburg an Zwingli, dass Hilfe gegen die Türken verlangt werde, um Ungarn wieder einnehmen zu können;[104] oder Melanchthon informierte Joachim Camerarius in Tübingen, dass die Niederlage Ferdinands bei Esseg grösser gewesen sei, als Veit Dietrich aus Nürnberg geschrieben hätte.[105] Johann Jakob Wick meldete zwei Wochen, nachdem die Türken Ofen eingenommen hatten, an Bullinger, dass wegen der Angst vor den Türken die Frankfurter Buchmesse schlecht besucht sei;[106] oder Ambrosius Blarer aus Konstanz informierte Bullinger über den grossen Schaden und die vielen Toten, die es in Siebenbürgen wegen der Türkenkriege gebe.[107] Insbesondere aus dem süddeutschen Raum erhielt Bullinger immer wieder Informationen über die Situation in Ungarn und Siebenbürgen.[108] Auch zwischen Basel und Zürich herrschte diesbezüglich ein intensiver Informationsaustausch. Es ist dabei nicht nur an Oswald Myconius, sondern gleichfalls an den Humanisten Johannes Gast († 1552) zu denken. Gast, der Anfang der 1520er Jahre in Ofen bei Simon Grynäus studiert hatte,[109] hielt sich seit 1525 wieder in seiner Heimatstadt auf, wo er sich der Reformation angeschlossen hatte. In den 40er Jahren wurde er neben Myconius zu einem wichtigen Informanten Bullingers über die politischen und kirchlichen Verhältnisse im Reich der Stephanskrone; Informationen aus „Nüwen Zittungen", solche, die er von Studenten aus Wittenberg gehört oder aus Briefen erfahren hatte, leitete er oft direkt an Bullinger weiter.[110] Natürlich bestärkten die seit Mitte der 1540er Jahre ein-

---

102 In den 1550er Jahren änderte sich allerdings die Haltung der Türken gegenüber den Protestanten mehrfach; so wurden unter anderem protestantische Prediger – Szegedi Kis sei erwähnt – eingekerkert (vgl. BUCSAY, Protestantismus I, 65 f; FATA, Ungarn, 119; BUCSAY, Speculum, 73).

103 Vgl. Gál Huszár an Heinrich Bullinger, 26. Oktober 1557, in: ULRICH, Miscellanea II/2, 203.

104 Vgl. Jakob Sturm an Huldrych Zwingli, 20. Juni 1530, in: Z X, Nr. 1046.

105 Vgl. Philipp Melanchthon an Joachim Camerarius, 27. November 1537, in: MBW, Nr. 1969.

106 Vgl. Johann Jakob Wick an Heinrich Bullinger, 14. September 1541, in: HBBW XI, Nr. 1564.

107 Vgl. Ambrosius Blarer an Heinrich Bullinger, 21. November 1542, in: Blarer BW II, Nr. 978.

108 Vgl. BRYNER, Ausstrahlungen (2004), 180 f.

109 Vgl. GAST, Tagebuch, 52; STAEHELIN, Bâle, 232.

110 Inhaltlich betreffen die Informationen Gasts vor allem das Vordringen der Türkenherrschaft in Ungarn, Böhmen und Mähren (vgl. Briefe von Johannes Gast an Heinrich Bullinger, 1544 – 1550, StAZ: E II 366); schliesslich meldete Gast Ende Dezember 1551, dass er zwar mit Freuden höre, dass das „Evangelium in Hungaria pure praedicatur, [...]", gleichzeitig aber bedauere, dass die Türken wegen der Machenschaften Martinuzzis weiter vordringen würden (vgl. Johannes Gast an Heinrich Bullinger, 26. Dezember 1551, StAZ: E II 366, 113; vgl. ZSINDELY, Bullinger (1967), 73). Neben diesem privaten Informationsaustausch hat auch der Rat der Stadt

setzenden Nachrichten über den Fortlauf des Evangeliums im türkisch besetzten Mittelteil Ungarns Bullinger darin, nachdrücklich für eine „Türkenmission" einzutreten, einerseits durch die Förderung des Drucks von Schriften, die für die Verkündigung des Evangeliums in türkisch besetzten Gebiet bestimmt waren, andererseits durch den Druck eigener Schriften, die „missionarischen" Charakter – wir denken an den *Türgg* (1567) – hatten.[111] Damit führte er Bibliander weiter, der in seinem Türkenbüchlein (1542) in Anbetracht des bevorstehenden Weltendes zur Türkenmission aufrief. Letzterer stellte ja seine sprachwissenschaftlichen Studien vor allem in den Dienst der Ausbreitung des christlichen Glaubens in den osmanischen Ländern; so meldete er am Schluss seiner Schrift *Temporum a condito mundo usque ad ultimam ipsius aetatem supputatio [...]* (Basel 1558) mit besonderer Freude von dem Druck des Evangeliums „in Arabica lingua".[112]

Auf diesem geistigen Hintergrund ist es eher verständlich, warum sich ungarländische Gelehrte zu Beginn der 1550er Jahre ebengerade an schweizerische Vertreter der Reformation wandten, um Rat und Trost für die Glaubensbrüder in Ungarn zu empfangen. Obwohl die ungarländischen Studenten infolge ihrer Studien in Wittenberg durch die Geschichtsauffassung von Luther und Melanchthon massgeblich geprägt worden waren, identifizierten sie sich, sich einstellend auf eine länger andauernde Türkenherrschaft, zunehmend mehr mit der wohl auf Erasmus' *Ecclesiastae* (1535) zurückgehenden Verpflichtung zur Türkenmission, wie sie von mehreren schweizerischen Theologen vertreten wurde; schliesslich akzeptierten sie auch in theologischen Fragen immer stärker Bullingers und Calvins Autorität.[113] Der aus Augsburg nach Bern emigrierte Musculus bewertete im Schlusswort seiner Sammlung der Türkenbriefe (*Vom vffgang deß wort Gottes*) die Gewogenheit der osmanischen Machthaber gegenüber der evangelischen Verkündigung gar als unmissverständliches Zeichen göttlicher Fügung, die Menschen, und damit auch die Türken, dem wahren Glauben zuzuführen.[114] Als er seine Schrift an Bullinger übermachte, schrieb er dazu: „Mirabilis est cursus verbi Dei."[115]

Basel Informationen über die Türkenkriege weitergegeben; so wissen wir beispielsweise, dass sich Bürgermeister und Rat der Stadt Basel mit *Nüwen Zytungen* an den Rat der Stadt Bern gewandt hatten (vgl. Nüwe Zytung so den unseren allenthalben zůgeschrieben worden, 9. April 1547, in: Michael Stettler: Collectanea, BBB: Mss. h.h. XII.20, 363 – 367).

111 Vgl. PFISTER, Türkenbüchlein, 452. Hinzuweisen ist weiter auf eine bislang kaum beachtete Handschrift Bullingers, in der Bullinger die Bekehrung der Türken thematisierte (vgl. Heinrich Bullinger: Antwort auf das Schreiben eines Edelmanns über die Bekehrung der Türken durch die Türkenzüge, s.d., ZBZ: A 90, Nr. 34).

112 Theodor Bibliander: Divini Verbi praeconium renovatum [...], in: THEODOR BIBLIANDER, Temporum a condito mundo usque ad ultimam ipsius aetatem supputatio [...], Basel 1558, t2ᵛ [=220] (vgl. PFISTER, Reformation, 368 f).

113 Vgl. SZABÓ, Türkenfrage, 278.

114 Vgl. MUSCULUS, Vffgang, C1ʳ.

115 Wolfgang Musculus an Heinrich Bullinger, 28. November 1550, StAZH: E II 360, 147 f.

1.3 Kommunikationsgeschichtliche Konsequenzen der Türkenherrschaft im Stephansreich

Die Niederlage bei Mohács setzte dem ungarischen Renaissancestaat ein Ende; der ungarisch-böhmische Königshof brach in sich zusammen und die römische Kirche wurde geschwächt.[116] Obwohl mit dem Untergang des Königshofes Ofen seine Bedeutung als höfisch-humanistisches Zentrum verloren hatte und die am Königshof tätigen Gelehrten faktisch heimatlos geworden waren, konnten die wertvollen geistigen Errungenschaften der Renaissance und des Humanismus im Stephansreich weitgehend bewahrt werden. Wesentlich dazu beigetragen haben, wie bereits in den vorangehenden Kapiteln dargestellt, die zahlreichen Magnatenhöfe und dezentralen Gelehrtenkreise, die sich zu neuen humanistischen Kulturzentren entwickelt hatten. Wenn auch zahlreiche Gelehrte – so z. B. Johannes Antoninus aus Kaschau, der am Hofe in Ofen wirkte und 1526 nach Krakau zog – das Land verliessen, so haben doch viele an den Kulturzentren, an denen sie tätig waren, Förderung erfahren.[117] Gleichfalls ist zu erwähnen, dass auch ausländische Gelehrte immer wieder an die Höfe kamen.[118]

Natürlich wurde ihre Tätigkeit durch die andauernden Türkenkriege regelmässig eingeschränkt; um so mehr stellt sich die Frage, wie unter diesen widrigen Umständen eine geistige Entwicklung, ja letztlich der Durchbruch der Reformation, überhaupt möglich war. Diesbezüglich ist dem Wissensaustausch unter den Gelehrten unbestrittenerweise eine besondere Bedeutung zuzumessen. Dieser zeigt sich insbesondere in der Gelehrtenperegrination, der -korrespondenz sowie im Buchtransfer.

a. Gelehrtenperegrination

Obwohl im 16. Jahrhundert im Stephansreich mehrere Lyzeen und Kollegien eröffnet worden sind, gelang es nicht, eine Universität zu gründen. So stellte die Studenten- wie auch die Gelehrtenperegrination eine grundlegende Form der Bildung und des Wissenstransfers dar.[119] Für die Protestanten war es, wenn auch mehrere Kollegien ein ansehnliches wissenschaftliches Niveau erreich-

---

116 So konnten unter der Türkenherrschaft mehrere Diözesen nicht mehr versehen werden: Die Bischöfe an der Spitze dieser Diözesen führten zwar, wenn überhaupt sie ernannt wurden, die Bezeichnung Bischof, aber nur im Titel, denn ihre Residenzen befanden sich auf dem Gebiet des königlichen Ungarn, vornehmlich in Pressburg, Tyrnau und Kaschau (vgl. ZVARA, Bibliotheken, 445 f.).
117 Vgl. BERNHARD, Adlige, 165 (anders: RITOÓK-SZALAY, Erasmus, 119).
118 Es wäre beispielsweise an Paracelsus zu denken, der zwischen 1514 und 1540 mehrfach durch Ungarn reiste und sich an den Magnatenhöfen aufhielt (vgl. BUGYI, Paracelsus, 57 – 64).
119 Vgl. oben S. 55 f.

ten, bis ins 20. Jahrhundert nahezu die einzige Möglichkeit, zu höherer Bildung zu gelangen.[120]

Bereits vor der Katastrophe von Mohács wurden diejenigen Universitäten von ungarländischen Studenten bevorzugt, die als Humanistenzentren einen bedeutenden Ruf hatten; es ist dabei insbesondere an die Universitäten Prag, Wien, Krakau, aber auch Padua, Paris oder Basel zu denken. Obwohl sich bereits 1522 der erste ungarländische Student deutscher Muttersprache – Georg Baumheckel von Neusohl – in Wittenberg einschrieb, begann Wittenberg erst nach der Schlacht bei Mohács eine grössere Bedeutung einzunehmen. Im Jahre 1529 kamen dann auch zwei ungarische Studenten aus dem Reich der Stephanskrone nach Wittenberg. Einer von ihnen war Mátyás Dévai Bíró, welcher später zu einer der führenden Persönlichkeiten der ungarischen Reformation wurde; der andere Student stammte aus Debrecen.[121] Bezeichnenderweise studierte Dévai Bíró 1523–25 auch in Krakau; dort kam er wohl auch erstmals mit Schriften von Erasmus in Kontakt. Seit 1518 unterrichtete der englische Erasmianer Leonhard Cox in Krakau, durch dessen Wirken Erasmus' Methode und seine Schriften in Krakau breite Wirkung zeigten. So schrieb er im März 1527 an Erasmus:

Nullum transigimus diem sine multa de Erasmo mentione: Nos tecum, mi Erasme et mane sepenumero versamur, et in prandio vescimur tecum; tecum a prandio frequenter obambulamus, tecum una sumus in coena, tecum noctem ipsam iucundissime producimus. Tu nobiscum semper, nos, quantiquanti sumus, nunquam a te disiungimur; adeo ut quod de divo Ambrosio fertur, ut simul in duobus locis eodem temporis momento fuisset, idem et tibi acciidit itidem et nobis. Nam tu Basileae simul agis et Cracouiae saepius; nos in medio Poloniae dum sumus, Basileae pariter cum Erasmo subinde versamur.[122]

Aufgrund der geschilderten Erasmus-Begeisterung ist es weder erstaunlich, dass sich im Kreise des Mäzenen Severin Boner, eines eifrigen Erasmianers, zahlreiche Erasmus-Anhänger befanden, noch dass öfters Studenten der Krakauer Universität nach Basel kamen.[123] Neben Wien, worauf wir bereits früher verwiesen haben, nahm Krakau, ein akademisches Mekka, für ungarländische Studenten vor allem darum eine beherrschende Stellung ein, weil seit 1470 eine Burse für ungarische Studenten bestand.[124] Nach der Katastrophe von Mohács waren gerade solche Gelehrtenkontakte grundlegend und für die weitere Entwicklung des ungarländischen Humanismus existentiell. Besonders Angehörige oberungarischer Familien wählten den Weg an die Krakauer Universität.[125] In der Matrikel der Universität Krakau finden sich

---

120 Vgl. Bucsay, Protestantismus I, 161 ff; Győri, Bedeutung, 240 f.
121 Vgl. Révész, Tanulók, 216 ff; Szabó, Universität, 57 f.
122 Leonhard Cox an Erasmus, 28. März 1527, in: Allen VII, Nr. 1803.
123 Vgl. Bernhard, Kontakte, 307 ff (weitere Literatur vgl. oben S. 75).
124 Vgl. Asche, Bildungsbeziehungen, 31 f.
125 Vgl. Caproş, Studenten, 83 f (weitere Literatur); Noga, Geografia, 27 ff.

zwischen 1526 und 1550 rund 200 ungarländische Eintragungen.[126] Dabei sind all die Gelehrten nicht mitgezählt, die sich in Krakau aufgehalten haben, ohne sich zu immatrikulieren. Wir denken beispielsweise an Johannes Honterus, der sich 1530 in Krakau aufhielt und die Erstfassung seiner Weltbeschreibung unter dem Titel *Rudimentorum Cosmographiae libri duo* (1530) herausgab;[127] von dort zog er weiter nach Basel. Andere Ungarn zogen über Krakau nach Italien (Padua, Bologna) oder nach Wittenberg. Bei der Auswahl der Universitäten fällt es auf, dass die Studenten und Gelehrten vor allem reformhumanistische Zentren aufsuchten, um bei berühmten Lehrern zu studieren oder sich mit denselben auszutauschen. Neben Wien gehörte seit den 1520er Jahren, wie bereits erwähnt, eben auch die Universität Wittenberg zu diesen Zentren. Dies hiess keineswegs, dass alle ungarländischen Studenten, die in Wittenberg studierten, später zu Reformatoren wurden; der Bibelübersetzer János Sylvester blieb, wie erwähnt, zeitlebens „nur" ein Reformhumanist innerhalb der katholischen Kirche, obwohl er, auf Empfehlung Cox' hin, sich nach seinen Krakauer Studien 1529 in Wittenberg immatrikuliert und bei Melanchthon studiert hatte. Später nannte er Melanchthon in seiner lateinisch-ungarischen Grammatik gar „praeceptor noster".[128] Melanchthon hat, zumal er mit mehreren europäischen Humanisten – wie Erasmus, Cox, Camerarius, Vadian oder Gyalui Torda – in regem Austausch stand, bereits seit den 1520er Jahren eine besondere Bedeutung für ungarländische Studenten eingenommen.[129]

Natürlich waren die Studenten und Gelehrten, die auf ihrer Peregrination verschiedene europäische Universitäten und Humanistenzentren besuchten, auf finanzielle und moralische Förderung durch Mäzene oder Patrone angewiesen. Das System der Patronage – der gezielten, mitunter lebenslangen Förderung begabter Studenten und Gelehrter durch begüterte Adelsfamilien – spielte während der Türkenherrschaft eine massgebliche Rolle bei der weiteren Verbreitung humanistisch-reformatorischer Gedanken. Mehrere Magnatenhöfe waren aktive Förderer der Gelehrtenperegrination; besondere Erwähnung verdienen die Magnatenhöfe Révay, Nádasdy und Perényi.[130]

Die Familie Révay hatte ihren Stammsitz auf der Burg Réva in Syrmien (Srijem, HR); sie kam aber, wegen ihrer Treue zur Krone, nach der Schlacht bei Mohács nach Sklabiňa im Komitat Turz (Turiec, SK). Dort gingen, teils durch geschickte Heiraten, weitere Güter in den Komitaten Fejér, Baranya, Tolna und

---

126 Vgl. Szögi, Diákok, 55 – 66.
127 Vgl. Binder, Honterus (1996), 28 f. 299 f.
128 Vgl. Johannes Sylvester, Grammatica Hungarolatina in usum puerorum recens scripta [...] (1539), neu hg. von István Bartók, Budapest 2006, 52. Demgegenüber erwähnte Sylvester in seinen Werken den Namen Luthers nie (vgl. Balázs, Sylvester [1958], 109; Ritoók-Szalay, Erasmus, 123).
129 In den Jahren 1526 bis 1550 studierten gleichfalls etwa 200 ungarländische Studenten in Wittenberg (vgl. Révész, Tanulók, 216 – 222).
130 Vgl. Bernhard, Bedeutung, 132 – 138; Horváthi, Reformáció.

Somogy in den Besitz von Ferenc Révay (1489–1553) über. Révay war aber nicht nur um die Vermehrung seiner Güter besorgt, sondern auch wichtiger Träger und Förderer eines Reformhumanismus,[131] ja mit den 30er Jahren wurde er zu einem Wegbereiter der Reformation in Niederungarn und anderen Gebieten Ungarns, wo er Güter besass.[132] So sandte er nicht nur seine eigenen Söhne nach Bartfeld (Bardejov, SK), wo der Humanist und Lutheraner Leonhard Stöckel wirkte, sondern förderte gleichfalls die humanistisch-reformatorische Ausbildung von ungarischen Studenten. Besonders zu erwähnen sind Mátyás Dévai Bíró, Zsigmond Gyalui Torda und Péter Melius Juhász.

Über die von Révay geförderten Studien Dévai Bírós in Krakau und Wittenberg haben wir bereits berichtet; seit 1531 wirkte Dévai Bíró in Kaschau, wo es dann auch zu einem Zusammenstoss mit einem anderen Franzsikaner, Gergely Szegedi, kam. Nach mehreren Verhören – unter anderem durch Bischof Johannes Fabri im Juli 1533[133] – und Gefängnisaufenthalten kam Dévai Bíró 1535 an den Hof von Tamás Nádasdy, wo er eine Widerlegung von Gergely Szegedis Thesen *Censurae [...] in propositiones erroneas Matthiae Deuai* (Wien 1535) verfasste. In den folgenden Jahren wurde er vor allem von Nádasdy gefördert, wenn er auch mit Ferenc Révay in Briefkontakt blieb; so meldet er im März 1542 aus Wittenberg an Révay, dass Wien von den Türken beinahe eingenommen worden sei.[134]

Auch der aus der Nähe von Klausenburg stammende Humanist Zsigmond Gyalui Torda (1510–1569) wurde, nach seinem ersten Unterricht in Weissenburg und Krakau, von Ferenc Révay gefördert. Dank Révay kam er 1539/40 zu Melanchthon, welcher ihn herzlich aufnahm, ihn unterrichtete und 1545 an den hochadligen Péter Perényi weiterempfahl.[135] Später hielt er sich in Padua und Basel auf, wo er zahlreiche Drucke besorgte.[136] In Padua war er zudem verantwortlich für die Ausbildung der Söhne von Ferenc Révay, nachdem der Humanist Georg Wernher, gebürtig aus Patschkau (Paczków, PL) in Ober-

131 Ein wertvoller Beleg seiner reformhumanistischen Einstellung ist ein Dokument aus dem Stadtarchiv Bartfeld, in dem festgehalten wird, dass Révay „das Sacrament vnter beiderlei gestallt" wollte (AMB: Preschau, 1553. november 18).

132 Vgl. Komorová, Familienbibliothek, 177; Nagy, Családai V, 709 ff.

133 Vgl. Artiquli Inquisitorii contra et adversus quendam Mathiam, olim concionatorem Cassoviensem, 15. Juli 1533, in: ETE II, Nr. 233.

134 Vgl. Mátyás Dévai Bíró an Ferenc Révay, 6. März 1542, in: ETE IV, Nr. 14; Bodnárová, Reformation, 27 f.

135 Vgl. Philipp Melanchthon an Péter Perényi, 27. März 1545, in: ETE IV, Nr. 375; Szabó, Peregrináció, 327.

136 Vgl. Zsigmond Gyalui Torda (= Sigismundus Gelous), Genethliacon in diem naturalem Christi. Eiusdem Hymnus de angelis, Venedig 1548; ders., Oratio de beatitudine, Padua 1549; ders., Historia Francisci Spierae, in: Francisci Spierae, quiquod susceptam semel Evangelicae veritatis professionem abnegasset damnassetque, in horrendam incidit desperationem, historia, à quatuor summis viris, summa fide conscripta cum clariss. virorum praefationibus, Caelij Secundi Curionis et Jo. Calvini et Petri Pauli Vergerij apologia [...], Basel 1550; ders., Euripidis Orestes. Tragoedia cum primis elegans, latine carmine [...] primum in lucem edita [...], Basel 1551.

schlesien, seit den 1520er Jahren aber in der Zips (Spiš, SK) als Notar tätig, Gyalui Torda an Révay erneut empfohlen hatte.[137] Später widmete Gyalui Torda dem um Humanismus und Reformation besonders bemühten Palatin Tamás Nádasdy seine *Epigrammata* (Wien 1554).[138]

Eine dritte Gestalt, die von Ferenc Révay gefördert wurde, ist der kleinadlige Péter Somogyi aus Horhi, genannt Péter Melius Juhász. Révay hatte zahlreiche Güter im türkisch besetzten Komitat Somogy; er sorgte dafür, dass Melius Juhász bei Mihály Sylvester, dem Bruder des Bibelübersetzers, in Sárvár studieren konnte;[139] er kam so mit den am Hofe Nádasdys wirkenden Reformhumanisten in Kontakt. Révay stellte Melius Juhász schliesslich auch als Schulmeister auf dem von ihm verwalteten erzbischöflichen Gut in Schelle (Šaľa, SK) in Niederungarn ein.[140]

Die Peregrination und Tätigkeit der drei Humanisten und späteren „Reformatoren"[141] belegt, dass unter den Magnatenhöfen ein intensiver Personen- und Kulturaustausch stattgefunden hat. So sind sie nicht nur durch Révay gefördert worden, sondern alle ihre Namen führen auch an den Magnatenhof von Tamás Nádasdy (1498 – 1562). Nádasdy, der 1516 in Wien bei Joachim Vadian studiert hat, freundete sich schon in den 20er Jahren in Ofen mit den Humanisten Jakob Piso, Georg von Logan, Ursinus Velius sowie auch Miklós Oláh an. Von seinen kirchenreformerischen Bemühungen zeugt die seit 1536 am Hofe betriebene, von Dévai Bíró zusammen mit János Sylvester eingerichtete Druckerei, auf der 1541 das erste vollständige ungarische Neue Testament gedruckt wurde,[142] wie auch die Anwesenheit zahlreicher reformationsfreundlicher Humanisten, die z. T. an der hofeigenen Schule oder Bibliothek tätig waren. Die Sárvárer Schule wurde bald von Söhnen Adliger und Bürger aus dem ganzen Stephansreich – wir denken an Márton Berzeviczy, Péter Bornemissza oder Péter Melius Juhász – besucht.[143] Als Humanist unterhielt Nádasdy Korrespondenz mit zahlreichen ungarländischen Gelehrten (z. B. Stjepan Brodarič, Gáspár Szegedi Kőrösi, Miklós Oláh, János Fejérthóy, Stanislav Thurzó u.s.w.),[144] unterstützte den Bau weiterer Schulen in Ungarn und förderte die Peregrination bzw. die Studien von jungen Ungarn. Einer von ihnen ist der bereits mehrfach erwähnte Mátyás Dévai Bíró. Nádasdy ermutigte Dévai Bíró, der seit 1535 an seinem Hofe weilte, nach Nürnberg zu Veit

---

137 Vgl. Zsigmond Gyalui Torda an Philipp Melanchthon, 25. Dezember 1545, in: MBW, Nr. 4107 (vgl. KATONA, Wernher, 274).

138 Zu Zsigmond Gyalui Torda vgl. unten S. 212 ff.

139 Mihály Sylvester kam, nachdem Benedek Abádi, der am Hofe von Sárvár zeitgleich wie János Sylvester als Lehrer wirkte, nach Wittenberg zu weiteren Studien ging (vgl. RÉVÉSZ, Tanulók, 219), als Lehrer an die Hofschule in Sárvár (vgl. RMNy App. 15).

140 Vgl. FATA, Ungarn, 89. Weiteres zu Péter Melius Juhász vgl. unten S. 409 ff et passim.

141 Zu Zsigmond Gyalui Torda als „Reformator" vgl. unten S. 216 ff.

142 Zur Druckerei vgl. V. ECSEDY, Nyomdák, 44 – 52.

143 Vgl. FATA, Ungarn, 179 ff; KOVÁCS, Bornemissza, 87 f; PÉTER, Idea, 141 – 167.

144 Aufbewahrt wird der grössere Teil des Briefwechsels in Budapest im ungarischen Nationalarchiv (MOL: E 185); vgl. NÁDASDY, Levelezése.

Dietrich zu gehen, um die Widerlegung von Szegedis Thesen drucken zu lassen.[145] Von Nürnberg aus berichtete Dévai Bíró an Nádasdy, dem er zu tiefem Dank verpflichtet sei, dass Dietrich ihn darüber in Kenntnis gesetzt habe, dass sich in Wittenberg mehrere Ungarn aufhalten würden.[146] Schliesslich erschien sein Werk *Disputatio de statu in quo sint beatorum animae post hanc vitam ... item de praecipuis articulis christianae doctrinae* (s.l. 1537), während sich Dévai Bíró in Wittenberg bei Melanchthon aufhielt.[147] Über Krakau kehrte er Anfang 1538 wieder nach Sárvár zurück, wohin er einen Brief Melanchthons an Nádasdy überbrachte; darin lobt Melanchthon den ihm bislang unbekannten Fürsten, weil dessen Schulgründung, die Bemühung um Kirchenreformen und die Förderung von jungen Studenten gerade angesichts der Türkengefahr besonders verdienstvoll sei.[148] So nahm Melanchthon im Winter 1541/42 den infolge der Türkengefahr geflohenen Dévai Bíró, einen „vir honestus, gravis et eruditus", erneut in Wittenberg auf.[149]

Eine weitere aristokratische Persönlichkeit, die die Ausbreitung der Reformation aktiv unterstützte, war Péter Perényi (1502–1548), der spätere Woiwode von Siebenbürgen. Nach der Schlacht bei Mohács erhielt er wichtige Ländereien in Sárospatak; in den 30er Jahren löste er schliesslich das Franziskanerkloster in Sárospatak auf und liess – der genaue Zeitpunkt ist nicht abschliessend gesichert – aufgrund seines *jus patronatus* eine protestantische Schule errichten.[150] Offenbar ist ihm aber seine „protestantische" Haltung zum Vorwurf gemacht worden, weswegen er, als er in einem Brief an den Schatzmeister von Ungarn, Alexi Thurzó, dem König gegenüber Loyalität versicherte, um seinen Glauben zu verteidigen, Glaubenszwang ablehnte: „[...] est petitio mea, ut coacte non cogat vel istud vel illud credere. Suficiat, ut Christum credo, et Christo credo."[151] An seinem Hofe – er ist Erbauer der Burg in Sárospatak – wirkten mehrere reformatorisch gesinnte Prediger, dessen Spuren nicht nur zu Melanchthon, sondern z. T. auch nach Basel führen: István

145 Veit Dietrich verfasste für Dévai Bírós Widerlegung der Anklagepunkte eine Widmung an Ferenc Batzi (vgl. Veit Dietrich: Reverendo Domino Francisco Batzi Praeposito sepusiensi, ac Secretario Regio, domino & amico suo, in: Mátyás Dévai Bíró, Disputatio de statu in quo sint beatorum animae post hanc vitam ... item de praecipuis articulis christianae doctrinae, s.l. 1537, r2ᵛ–r4ʳ).
146 Vgl. Mátyás Dévai Bíró an Tamás Nádasdy, 10. November 1536 sowie 1. Dezember 1536, in: Jegyzetek, in: Mátyás Dévai Bíró, At tiz parantsolatnac, ah hit agazatinac, am mi at'áncnac [...] (Krakau 1549), hg. von Áron Szilády, Budapest 1897, 127 ff.
147 Vgl. unten S. 189 ff.
148 Vgl. Philipp Melanchthon an Tamás Nádasdy, 7. Oktober 1537, in: MBW, Nr. 1949.
149 Vgl. Philipp Melanchthon an Sebastian Heller, 28. Dezember 1541, in: MBW, Nr. 2859; Mátyás Dévai Bíró an Philipp Melanchthon, nach 23. April 1543, in: MBW, Nr. 3234a (vgl. Scheible, Beziehungen, 41 ff).
150 In mancher Forschungsliteratur ist als Gründungsdatum 1531 angegeben; dies scheint aber unwahrscheinlich (vgl. Bernhard, Collèges, 162 ff; Szabó, Humanizmus, 29 ff).
151 Péter Perényi an Alexi Thurzó, 3. Juli 1540, in: ETE III, Nr. 472.

Gálszécsi, Mihály Sztárai, Zsigmond Gyalui Torda oder István Kopácsi. Mátyás Dévai Bíró hielt sich, nach seinen Aufenthalten bei den Magnaten Tamás Nádasdy, ab 1539 etwa ein Jahr bei Perényi als Hofprediger auf, bevor er als Schulrektor nach Szikszó kam.[152]

Auch der später in Südtransdanubien – im türkisch besetzten Mittelungarn liegend – tätige Mihály Sztárai wurde von Péter Perényi gefördert. Nach der Befreiung seines Sohnes Ferenc Perényi wurde Sztárai 1541 gar an den Hof als Erzieher von Ferenc berufen,[153] also noch bevor Péter Perényi beim Rückzug von Pest von den kaiserlichen Truppen festgenommen wurde und nach Wien, schliesslich nach Nürnberg auf den Reichstag, gebracht wurde.[154] Dank der Unterstützung der Familie konnte er 1543 für weitere Studien nach Padua gehen, wo dann auch seine *Historia eliberationis Magnificij domini Francisci Perennij* (Padua 1543) erschien.[155]

Dass Perényi auf seinen Gütern die Reformation nachhaltig gefördert hatte, beweist auch die Tatsache, dass Melanchthon immer wieder Studenten an Angehörige der Familie Perényi empfohlen hatte. Am 10. August 1543 wandte er sich an János Perényi, um den heimkehrenden Studenten András Batizi zu empfehlen;[156] Batizi, für kurze Zeit am Hofe Perényi tätig, meldete schliesslich aus Eperies (Prešov, SK) an Melanchthon, dass die Protestanten unter den Türken in Frieden leben würden.[157] Später rief ihn Gáspár Drágffy in die Gegend um Sathmar (Satu Mare, RO), weswegen er auch einer der Teilnehmer der Synode von Erdőd (Ardud, RO) 1545 war und das dort verfasste Bekenntnis, das der theologischen Ausrichtung nach der *Confessio Augustana Variata* enspricht, unterschrieben hat.[158] Schliesslich kam der bereits er-

---

152 Vgl. BERNHARD, Collèges, 163; DIENES, Reformációja, 53 ff. Perényi und Dévai Bíró haben sich Mitte des Jahres 1540 wegen Fragen der Umsetzung der Reformation – Perényi wollte am Reliquienkult und der Verehrung der Hostie festhalten – zerstritten, wie aus einem Brief Leonhard Stöckels an Ferenc Révay hervorgeht (vgl. Leonhard Stöckel an Ferenc Révay, 23. Juli 1540, in: ETE III, Nr. 478 (= SZTÁRAI, História [1985], 125 f); vgl. SÓLYOM, Dévai, 210; BUCSAY, Protestantismus I, 55; PAPP, Kálmáncsehi, 9).

153 Vgl. KEVEHÁZI, Sztárai, 55 ff. Zur Befreiung Perényis vgl. MIHÁLY SZTÁRAI, Historia eliberationis Domini Francisci Perennij, Filij magnifici Domini Petri Perennij [...] (Padua 1543), ItK LXXXVIII (1984), 463 – 470 [Nachdruck]; SZTÁRAI, História (1985), 27 – 50 [ungarische Übersetzung].

154 Péter Perényis Festnahme wurde damit begründet, dass er mit den Türken gegen die Deutschen konspiriert hätte; Perényi erlebte seine Freilassung nach seiner mehrjährigen Gefangenschaft nur um wenige Tage (vgl. Ambrosius Blarer an Heinrich Bullinger, 21. November 1542, in: Blarer BW II, Nr. 978; Oswald Myconius an Heinrich Bullinger, 6. Dezember 1542, in: HBBW XII, Nr. 1699).

155 Vgl. KEVEHÁZI, Sztárai, 60 ff. 295 ff.

156 Vgl. Philipp Melanchthon an János Perényi, 10. August 1543, in: MBW, Nr. 3290.

157 Vgl. András Batizi an Philipp Melanchthon, 8. Dezember 1543, in: MBW, Nr. 3388.

158 Vgl. TEMPFLI, Melanchthon, 208 f. Batizi verfasste auch einen ungarischen Katechismus, der erstmals um 1544 in Krakau erschien und später nachgedruckt wurde (vgl. ANDRÁS BATIZI, Keresztyéni tudományról való rövid könyvecske, s.l. et s.d. [Krakau 1543 – 45] [Krakau ²1550; Klausenburg ³1555]).

wähnte Zsigmond Gyalui Torda durch eine Empfehlung Melanchthons an den Hof Perényi. Melanchthon bat Péter Perényi zudem, in Ungarn die Studien zu fördern.[159]

Die Förderung und Unterstützung der Gelehrtenperegrination durch die – exemplarisch genannten – Magnatenhöfe Révay, Nádasdy und Perényi ist Zeugnis dessen, dass die Magnaten und Patrone als Befürworter einer Kirchenreform den Verlauf der Reformation zweifelsohne in hohem Masse beeinflusst haben. Spätestens in den 1540er Jahren fanden reformatorische Ideen auch unter den Adligen weite Verbreitung.[160] Darauf verweist gleichfalls die Tatsache, dass reiche Aristokraten sich in den reformatorischen Zentren aufhielten, z. B. János Alaghy, der 1542 in Wittenberg studierte, oder Ferenc Balassi, der auf dem Weg von Strassburg nach Genf 1554 bedauerlicherweise ermordet wurde.[161]

Letztere Tatsache ist ein Beleg dafür, dass der oberdeutsche Raum für viele ungarländische Peregrinanten besonders attraktiv war. Es ist daher wenig erstaunlich, dass Informationen gerade aus dem oberdeutschen Raum weiterverbreitet wurden: Dévai Bíró hielt sich längere Zeit in Nürnberg auf, im Jahre 1541 wurde der Ungar István Chirotus, der bei Johann Herwagen als Korrektor gearbeitet hatte, zum Leiter der Münsterschule in Basel gewählt,[162] ein nicht weiter bekannter ungarischer Student überbrachte ein Brief Calvins an Valérand Poullain in Strassburg,[163] oder Martin Bucer empfahl József Macarius (Bódog), der auf Empfehlung Melanchthons hin die Abendmahlslehre der oberdeutschen Städte kennenlernen wollte, an Ambrosius Blarer.[164] Es liessen sich weitere Beispiele anfügen, die belegen, dass ungarländische Studenten – abgesehen von ihren Studien in Wittenberg – auf ihrer Peregrination besonders die Städte Augsburg, Strassburg, Nürnberg, Konstanz sowie Basel aufsuchten.[165] Leider sind im Laufe der Geschichte viele Namen der

---

159 Vgl. Philipp Melanchthon an Péter Perényi,. 27. März 1545, in: MBW, Nr. 3863 (vgl. TEMPFLI, Melanchthon, 206).

160 Dass einzelne Magnaten aus wirtschaftlichen Interessen einen Konfessionswechsel vornahmen, diente nachweislich der weiteren Verbreitung des Protestantismus (vgl. FATA, Einflüsse, 175ff; DIES., Ungarn, 175 f; RÉVÉSZ, Reformation, 73 f); wie der Fall Nádasdy zu belegen scheint, gab es allerdings auch Beispiele einer Förderung des Protestantismus, ohne die römische Kirche defintiv zu verlassen (vgl. unten S. 224).

161 Vgl. SZABÓ, Calvinismus, 82. 84 f.

162 Vgl. Oswald Myconius an Heinrich Bullinger, 14. Januar 1542, in: HBBW XII, Nr. 1596 (vgl. JENNY, Humanismus, 100).

163 Vgl. Valérand Poullain an Johannes Calvin, 13. Oktober 1544, in: CO XI, 755 f.

164 Vgl. Martin Bucer an Ambrosius Blarer, 5. Juni 1544, in: Blarer BW II, Nr. 1095. Zu Macarius vgl. unten S. 229 f.

165 Der bei Ádám HEGYI genannte Václav Mitmánek, der 1533/34 in Basel studiert hat, wurde fälschlicherweise als ungarländischer Student identifiziert (vgl. HEGYI, Diákok, 46). Václav Mitmánek (~1510 bis ~1553) stammte aus Ungarisch Brod (Uherský Brod, CZ) in Mähren und wirkte nach seinen Studien in Wittenberg, Basel, Paris und Venedig, wo er zum Doktor der Theologie promovierte, als reformutraquistischer Prediger in Prag, bevor er 1544 inhaftiert wurde (vgl. BULLINGER, Briefwechsel, Bd. XIV, 111 f).

Vergessenheit anheimgefallen, so auch den Namen jenes Studenten, der im Mai 1554 einen Brief von Vermigli aus Strassburg an Calvin überbrachte.[166]

Natürlich ist zu fragen, warum gerade die Oberdeutschen Städte für ungarländische Studenten und Gelehrte eine besondere Stellung eingenommen haben. Es mag dafür verschiedene Gründe gegeben haben, die wir im Rahmen dieses Kapitels nicht alle besprechen können: Auf einige wesentliche soll aber zumindest hingewiesen werden. Nürnberg hatte bereits im 15. Jahrhundert dank der internationalen Tätigkeit der Buchdruckerfamilie Koberger vielfältige Kontakte zum ostmitteleuropäischen Raum, weswegen diese Stadt auch im 16. Jahrhundert, zumal mehrere Male der Reichstag in Nürnberg stattfand, eine wichtige Rolle als Umschlagplatz von Nachrichten aus Ostmitteleuropa einnahm.[167] Es ist daher nicht erstaunlich, dass Nádasdy Dévai Bíró 1536 ermunterte nach Nürnberg zu gehen. Neben Nürnberg hatten aber auch die Buchdruckerstädte Strassburg und Basel eine grössere Bedeutung als Anziehungspunkt für ungarländische Gelehrte.[168] In Basel wirkte zudem seit 1529 der ehemals in Ofen tätige Simon Grynaeus, der Melanchthon für Ungarn sensibilisiert hat und in Basel zu einer Schlüsselfigur für ostmitteleuropäische Gelehrte geworden ist, die die erasmische Methode mit reformatorischen Inhalten füllen wollten. In der Fuggerstadt Augsburg hingegen war von 1531 bis 1548 Wolfgang Musculus tätig; er verfügte über zahlreiche Kontakte zu ungarländischen Gelehrten, einerseits dank der glänzenden Handelsbeziehungen der Familie Fugger in Ungarn, andererseits dank der sporadischen Anwesenheit von ungarländischen Gelehrten in Augsburg.[169]

Ein weiterer wichtiger Aspekt ist die Stellung, die der erasmische Humanismus – wir haben darauf bereits mehrfach verwiesen – für den ostmitteleuropäischen Raum, von Krakau bis Grosswardein und von Klausenburg bis Wien, eingenommen hat. Des Erasmus' Werke – wir denken an die *Colloquia*, die *Adagia* oder die *Paraphrases* – waren nicht nur überall verbreitet, sondern beherrschten auch die geistesgeschichtliche Entwicklung des Reformhumanismus im Stephansreich. Dies zeigt sich sowohl bei Reformationsgegnern wie beispielsweise Miklós Oláh als auch bei Reformationsbefürwortern wie beispielsweise Zsigmond Gyalui Torda. So sollten die Gelehrten und Studenten auf ihrer Peregrination vor allem auch Gelehrtenzentren aufsuchen, wo ein erasmischer Reformhumanismus gelehrt wurde. Dies trifft für Krakau zu, für die Oberdeutschen Städte, für die italienischen Universitäten wie Padua oder Bologna, und dies trifft auch für Wittenberg zu. Wittenberg nimmt natürlich insofern eine Sonderstellung ein, weil Melanchthon und Luther in dieser Frage gespalten waren. So hat ja der Streit in der Frage der Willensfreiheit (1524/25)

---

166 Vgl. Peter Martyr Vermigli an Johannes Calvin, 9. Mai 1554, in: CO XV, 136 f.
167 Vgl. Bietenholz, Buchdruck, 10 f; Bernhard, Orbis, 147; I. Münch, Art. Anton Koberger, BBKL 4, 1992, 196 ff; Schwob, Beziehungen, 115 ff. 204 ff.
168 Vgl. Asche, Bildungsbeziehungen, 36.
169 Vgl. Lányi, Musculus, 37–45; Bodenmann, Musculus, 591; Zsindely, Musculus, 973 ff.; weiteres vgl. unten S. 230 ff.

zu einem definitiven Zerwürfnis Luthers mit Erasmus geführt.[170] Die Oberdeutschen Städte haben sich dabei für Erasmus entschieden. Auch die ungarischen Reformhumanisten standen in der Frage der Willensfreiheit – und dies
nach Mohács noch stärker – auf der Seite des Erasmus. Bereits 1522 hatte sich
der Umkreis der Königin Maria von Ungarn, wie ein Brief Pisos an Erasmus zu
belegen versucht, für die humanistische Position des Erasmus entschieden.[171]
Weiter ist an den in Basel erschienenen *Libellus elegans de libro arbitrio* (1525)
von Celio Calcagnini zu denken: Der italienische Humanist, der am Bischofssitz in Erlau tätig war, brachte seine Verehrung von Erasmus aus Ferrara
mit; von dort aus sandte er dem Bischof von Grosswardein, Ferenc Perényi, die
neueste Ausgabe des *Encomium* von Erasmus zu.[172] Nach der Schlacht bei
Mohács ist in Briefen das Verhältnis von Erasmus und Luther immer wieder
thematisiert. Als Unterscheidungsmerkmal ist eben gerade die Willensfrage
massgebend. So wurde Dévai Bíró 1533 von Bischof Johannes Fabri unter
anderem auch deswegen angeklagt, weil er „negat liberum arbitrium"[173], was
aber Dévai Bíró, unter Berufung auf (Pseudo-)Augustin, entschieden ablehnte.
Er distanzierte sich damit klar von Luthers Ansicht in *De servo arbitrio* (1525),
dass nämlich der freie Wille Gottes alle Freiheit unseres Willens aufhebe.[174]
Damit wird deutlich, dass Dévai Bíró sich in dieser Frage an Melanchthon –
und später auch an Calvin[175] – orientierte. Der Kronstädter Schulmann, Humanist und Reformator Valentin Wagner († 1557) übernahm in seinem
griechischen Katechismus (Krontstadt 1544; ²1550) gleichfalls Melanchthons
Lehre vom „freien Willen" und menschlicher Freiheit.[176] Melanchthon hatte
seinen frühen radikalen Determinismus der *Loci communes* (1521), in deren
erstem *Locus* er den freien Willen abgelehnt und sich gegen Augustin gestellt
hatte,[177] später revidiert.[178] Schliesslich erhielt seine Lehre vom freien Willen
offizielle Geltung im 18. Artikel der *Confessio Augustana* (1530).[179]
    Natürlich sind Dévai Bíró und Valentin Wagner keine Einzelfälle, sondern

---

170 Vgl. HÄGGLUND, Erasmus, 139 ff; DERS., Willensfreiheit, 181 – 195.
171 Vgl. Jakob Piso an Erasmus von Rotterdam, s.d. [Juni 1522], in: Allen V, Nr. 1297.
172 Vgl. RITOÓK-SZALAY, Erasmus, 113 f; LUCHSINGER, Buchdruck, 125.
173 Vgl. Artiquli Inquisitorii contra et adversus quendam Mathiam, olim concionatorem Casso-
     viensem, 15. Juli 1533, in: ETE II, Nr. 233.
174 Vgl. DÉVAI BÍRÓ, Disputatio, s5ʳ; Responsio Mathiae super articulis sibi obiectis ex com-
     missione regiae Maiestatis, 15. Juli 1533, in: ETE II, Nr. 234.
175 Vgl. unten S. 198 ff.
176 Vgl. VALENTIN WAGNER, Κατήχησις (Kronstadt 1550), in: Müller, Reformation, 26 ff; WIEN,
     Humanisten, 192.
177 Vgl. PHILIPP MELANCHTHON, Loci communes 1521 (Lateinisch-Deutsch), hg. und übers. von
     Horst Georg Pöhlmann, Gütersloh 1993, 25 ff.
178 Im Kolosserkommentar von 1527 begründete er, dass Gott nicht der Urheber des Bösen sei,
     und führte dann aus, wozu der menschliche Wille Freiheit habe, nämlich vor allem die bür-
     gerliche Gerechtigkeit zu üben, das heisst, die Gesetze der zweiten Tafel des Dekalogs einzu-
     halten (vgl. SCHEIBLE, Melanchthon [1997], 151 f; DERS., Melanchthon [1984], 173 ff); vgl.
     unten S. 198 ff.
179 Vgl. PHILIPP MELANCHTHON, Confessio Augustana (1530), in: BSLK, 73 f (Art. 18).

repräsentative Vertreter der zahlreichen ungarländischen Peregrinanten, die in Wittenberg studiert haben. Die Studien in Wittenberg hatten vorderhand dasselbe Ziel wie in Krakau oder Padua, nämlich das Erlernen der erasmischen Methode sowie die intensive Auseinandersetzung mit theologischen und biblischen Schriften im Sinne eines Reformhumanismus.[180] Darum führte für viele ungarländische Studenten die Peregrination über Krakau nach Wittenberg. Dies hiess aber noch keineswegs, dass dieselben alle zur Reformation übergetreten wären; der der römischen Kirche treu gebliebene János Sylvester ist dafür sprechendes Beispiel. Melanchthon hat jedenfalls die ungarländischen Studenten massgeblich geprägt; dabei ist nicht nur an ungarische Studenten zu denken, sondern eben auch an deutschsprechende aus der Zips oder aus Siebenbürgen. So berief sich Georg Wernher, als er den Bartfelder Lehrer und Reformator Leonhard Stöckel (1510 – 1560) an den Magnaten Ferenc Révay empfahl, ebengerade auf Melanchthons Meinung und nicht auf die Luthers.[181]

In diesem Zusammenhang darf noch einmal mit Nachdruck darauf hingewiesen werden, dass die unrealistische Haltung Luthers zu den politischmilitärischen Problemen Ungarns, besonders in der Frage des Türkenkrieges, gerade die Gelehrtenperegrination massgeblich beeinflusst hat. Die Studien, gefördert durch Magnaten und Patrone, sollten vor allem dahin führen, wo das erasmische Bildungsprogramm wesentlicher Teil der Ausbildung war, und dahin, wo die Lage der unter der türkischen Herrschaft leidenden Humanisten und Studenten ernstgenommen wurde.

b. Gelehrtenkorrespondenz

Den intensiven und schnellen Wissensaustausch betreffend Vormarsch der Türken haben wir bereits besprochen. In diesem Kapitel geht es vor allem darum aufzuzeigen, zu welchen theologischen und argumentativen Folgerungen die Türkenherrschaft in der Gelehrtenkorrespondenz führte.

Im Oktober 1530 schrieb Wolff Weckinger aus Memmingen an Wilhelm von Zell in Konstanz:

Der Turck, gott erbarmms, hatt das gantz Sibenburgen aingenommen, über 40 tausent menschen erburgtt unnd hinbeg gefuert. Hett will mitt euch von disen dingen zu reden, dis sich bey den leuffen nicht schreiben ladt, gott wurckht wunderporlich ding,

---

180 Damit ist natürlich nicht gesagt, dass in Wittenberg nur reformhumanistisch gelehrt wurde, und nicht reformatorisch; das Ziel Wittenberg aufzusuchen, war für ungarländische Studenten vorderhand aber nicht, reformatorisch zu studieren.

181 Vgl. Georg Wernher an Ferenc Révay, 1. August 1539, in: ETE III, Nr. 389. Melanchthon empfahl Stöckel auch an den Rat der Stadt Bartfeld (vgl. Philipp Melanchthon an Rat der Stadt Bartfeld, 23. Mai 1539, in: MBW, Nr. 2209).

der geb sein gnad, das wier es mugen erkennen, im gross lob und danck sagen, uns bessern unnd buess wurcken.[182]

Wenn auch die Darstellung Weckingers übertrieben ist, offenbart sie doch einen Kausalzusammenhang, der für die ganze Türkenzeit zentral war: Dass nämlich die Türken als Zuchtrute Gottes gedeutet wurden, und ihre Herrschaft den Sinn darin hatte, dass die Christen sich „bessern unnd buess wurcken." So bemerkte Gervasius Schuler aus Memmingen auch zwölf Jahre später gegenüber Bullinger, dass der Feldzug gegen die Türken nicht vorankäme, denn „durum est [...], inmo inpossibile, iram dei in nos multis modis commeritam nostris conatibus avertere, antequam de peccatis nostris penituerimus, quibus dei nos furorem concitavimus."[183] Melanchthon brachte es schliesslich auf den Punkt, wenn er in der von ihm besorgten zweiten Auflage von Honterus' *Reformatio ecclesiae Coronensis* (Wittenberg 1543) im Vorwort schrieb, dass die Geschichte der Kriege uns lehre, Busse zu tun; dies sei die wahre Hilfe für Ungarn, indem die gereinigte, also reformatorische Lehre gepredigt werde.[184] Wie auch an Nádasdy mitgeteilt, meinte Melanchthon damit, dass die reine Evangeliumspredigt der Türkenherrschaft – „poena peccatorum nostrorum et idolatriae" – entgegenwirken könne.[185] Schliesslich schrieb er im Frühling 1544 an Honterus, dass er sich freue, dass Honterus „in tanta Pannoniae calamitate, excitatum esse divinitus, ut Ecclesiae doctrinam et pia studia ibi instaures, [...]"[186]

Diese theologische Folgerung aufgrund des Türkenkrieges, nämlich in reformatorischer Weise das reine Evangelium zu verkündigen, begegnet uns zunehmend in der Gelehrtenkorrespondenz der zweiten Hälfte der 1530er Jahre. Wenn auch in den 1520er und zu Beginn der 30er Jahre gleichfalls in zahllosen Briefen die Sorge um das weitere Vordringen der Türken ausgedrückt wird, so wird – zumindest in der Korrespondenz – nur selten die theologische Konsequenz daraus gezogen, dass darum das reine Evangelium zu verkünden sei; vielmehr behandelt die Gelehrtenkorrespondenz in den Jahren nach Mohács vor allem den literarischen Austausch über die weitere Benutzung und Verbreitung der Werke von Erasmus und anderer Reformhumanisten,[187] den Einsatz der Höfe für die *veritas evangelica* in Kirche und

---

182 Wolff Weckinger an Wilhelm von Zell und dieser an Zwingli, 31. Oktober 1530, in: Z XI, Nr. 1293.

183 Gervasius Schuler an Heinrich Bullinger, 8. September 1542, in: HBBW XII, Nr. 1658.

184 Vgl. Philippus Melan[chthon]: S.D., in: HONTERUS, Reformatio, A^v–Aij^v (neu gedruckt in: CR V, Nr. 2752; vgl. MBW, Nr. 3310).

185 Vgl. Philipp Melanchthon an Tamás Nádasdy, 7. Oktober 1537, in: MBW, Nr. 1949.

186 Philipp Melanchthon an Johannes Honterus, 12. März 1544, in: MBW, Nr. 3473.

187 So berichtet beispielsweise Henckel aus Ödenburg über die Benutzung der *Paraphrases* des Erasmus; bemerkenswert dabei ist, dass Henckel auch auf die deutsche Übersetzung hinweist, die 1523 in Zürich erschien (vgl. Johannes Henckel an Erasmus, 18. Juli 1528, in: Allen VII, Nr. 2011; LEU, Erasmus, 278ff).

Schule[188] sowie zuguterletzt den Informationsaustausch von politschen und kirchlichen Ereignissen.[189] Dies zeigt aber auch, dass die Tragödie von Mohács dem „intellektuellen Bündnis" zwischen den Gelehrten keinen Abbruch tun konnte.

Diese Akzentverschiebung in der theologischen Deutung der Türkenfrage in den 1530er Jahren hat wesentlich damit zu tun, dass im Laufe der 30er Jahre sich Reformhumanismus und Reformation vorsichtig zu trennen begannen. Viele ungarländische Reformhumanisten sprachen ihr intellektuelles Interesse an der Reformation erstmals explizit aus;[190] dies wurde von Vertretern der kirchlichen Elite mit Sorge beobachtet. In mehreren Briefen haben ungarländische Bischöfe die Ausbreitung der „sectae" im Stephansreich problematisiert, wobei sie unter *sectae* Lutheraner, Anabaptisten, Anhänger Oekolampads oder Zwinglis verstanden haben.[191] Auch der seit 1541 in Wien tätige Bischof Friedrich Nausea (1496 – 1552) versuchte in seiner Diözese die Ausbreitung der Reformation zu verhindern; als die Österreicher wünschten, dass das Evangelium gepredigt würde, da sie die ausbleibenden Erfolge gegen die Türken der eigenen Gottlosigkeit zuschrieben, wandte sich Nausea dagegen.[192] Trotz solcher Behinderungen wurde seit Ende der 1530er Jahre die reformatorische Predigt des Evangeliums in Anbetracht der Türkengefahr zu dem beherrschenden Thema in der Gelehrtenkorrespondenz.

Nach der endgültigen Einnahme Ofens (1541) nahm die Türkenbedrohung nicht ab; in den Briefen wurden immer neue Nachrichten über Kämpfe, über Vorstösse und Rückzüge, weitergegeben. So meldete Martin Frecht aus Ulm, dass Martin Fuchs, ehemals Pfarrer in Bennwil (Baselland, CH), vom Fürsten zum Feldprediger erwählt worden sei. Er werde, als Teilnehmer am Türkenfeldzug, „in Ungarn und, so Gott will, in Thracien das Evangelium verkünden."[193] Schliesslich starb Fuchs auf der Rückkehr des Türkenfeldzuges.[194] In den ersten Monaten des Jahres 1543 nahmen die Türken weitere Gebiete

---

188 Wie Erasmus die Förderung Henckels durch Maria von Ungarn, um die „veritatem Evangelicam" predigen zu können, lobt (vgl. Erasmus an Maria von Ungarn, s.d. [Februar 1529], in: Allen VIII, Nr. 2100), so bestärkt Melanchthon Tamás Nádasdy in dessen Bemühungen um kirchliche und schulische Reformen (vgl. Philipp Melanchthon an Tamás Nádasdy, 7. Oktober 1537, in: MBW, Nr. 1949).

189 So beglückwünschte der Olmützer Bischof Stanislav Thurzó den Magnaten Ferenc Révay zur glücklichen Heimkehr vom Augsburger Reichtag; gleichzeitig bedauerte er, dass die dort beschlossene Türkenhilfe nicht drei Monate früher zur Verfügung gestanden habe, da dadurch fürchterliche Verwüstungen in Ungarn verhindert werden hätten können (vgl. Stanislav Thurzó an Ferenc Révay, 4. Oktober 1530, in: Thurzó, Briefwechsel, 237 f).

190 Wie bereits dargestellt, taten dies „implizit" viele ungarländische Reformhumansiten bereits in den 1520er Jahren, doch die „reformatorischen" Anfänge wurden als Teil der humanistischen Entwicklung verstanden (vgl. oben S. 84 ff).

191 Es ist beispielsweise an Briefe der Bischöfe Pál Várday, Johannes Fabri, Stanislav Thurzó oder Miklós Oláh zu denken.

192 Vgl. Oswald Pergener an Heinrich Bullinger, 20. Februar 1542, in: HBBW XII, Nr. 1604.

193 Martin Frecht an Ambrosius Blarer, 30. Mai 1542, in: Blarer BW II, Nr. 946.

194 Vgl. Martin Frecht an Heinrich Bullinger, 9. Dezember 1542, in: HBBW XII, Nr. 1700.

Ungarns ein.[195] Anfang August 1543 wurde Fünfkirchen eingenommen,[196] im September fiel Gran in die Hände der Türken,[197] bald darauf die Stadt Stuhlweissenburg,[198] im folgenden März wurde Plintenburg (Visegrád, HU) belagert,[199] schliesslich fielen die Türken über ein Jahr später in die Steiermark ein und töteten 2000 kroatische Reiter.[200] Diese Umstände bewegten Martin Bucer an Bullinger zu schreiben, dass „der Türk" zu einem gefährlichen Feind werden könnte, wenn Ungarn im Stich gelassen würde; um so mehr gelte sein ganzes Bemühen dem Einsatz für die Predigt des Evangeliums.[201] Im Herbst 1544 meldete Johannes Gast an Bullinger, dass die Lage während des Sommers zwar ruhig gewesen sei, der Sultan in Konstantinopel aber ein riesiges Heer sammle, und man hoffe, dass der Herr den „evangelii splendorem" nicht verdunkle.[202] Im folgenden Jahr konnte schliesslich Bucer aufgrund guter Kunde an Landgraf Philipp von Hessen melden: „Dieweil gaht's Evangeli under den Turcken in Hungeren uff."[203] Tatsächlich berichteten verschiedene ungarländische Gelehrte, dass die „Evangelischen" unter den Türken in Frieden leben, ja dass das Evangelium in den türkischen Gebieten frei gepredigt werden könne.[204] Gyalui Torda berichtete über die freie Predigt- und Lehrtätigkeit von Benedek Abádi, István Szegedi Kis oder Imre Eszéki in Tolnau.[205] Bucer meldete, dass durch die Evangeliumspredigt, d.h. die Ausbreitung der Lehre und Zucht Christi in Ungarn und Siebenbürgen, die Strafe

---

195 Vgl. Nachrichten über den Einfall der Türken in Ungarn, 26. Januar bis 21. Februar 1543, StABE: A V 1434 (U.P. 67), Nr. 125.

196 Vgl. Martin Frecht an Heinrich Bullinger, 2. August 1543, in: HBBW XIII, Nr. 1766.

197 Vgl. Gründliche und warhafftige Anzeygung, wie das küniglich Schlosz Gran inn Hungern von den Türcken belegert, beschossen und eingenommen ist, s.l. 1543, ZBZ: S 53, Nr. 66a; Heinrich Bullinger an Ambrosius Blarer, 25. September 1543, in: HBBW XIII, Nr. 1788.

198 Vgl. Philipp Melanchthon an Joachim Camerarius, 14. Dezember 1543, in: MBW, Nr. 3398; Oswald Pergener an Christoph Froschauer, 3. März 1544, in: HBBW XIV, Nr. 1857.

199 Vgl. Ambrosius Blarer an Heinrich Bullinger, 18. März 1544, in: HBBW XIV, Nr. 1875.

200 Vgl. Georg von Amsdorf an Nikolaus von Amsdorf (Bischof von Naumburg), 15. Juni 1545, in: MBW, Nr. 3917.

201 Vgl. Marin Bucer an Heinrich Bullinger, 18. April 1544, in: HBBW XIV, Nr. 1895. Auch Vadian berichtete in einem heute verlorenen Brief an Bullinger, dass die Türken bei gänzlich fehlender Wachsamkeit in Ungarn Verheerendes anrichten würden (vgl. Heinrich Bullinger an Oswald Myconius, 14. September 1544, in: HBBW XIV, Nr. 1985).

202 Vgl. Johannes Gast an Heinrich Bullinger, 30. September 1544, in: HBBW XIV, NR. 2001.

203 Martin Bucer an Landgraf Philipp von Hessen, 8. Februar 1545, in: VON HESSEN, Briefwechsel, 91 f (vgl. GÄUMANN, Reich Christi, 208).

204 Vgl. Martin Hentius an Heinrich Bullinger, 14. Juni 1543, in: REINERTH, Hentius, 192 f; András Batizi an Philipp Melanchthon, 8. Dezember 1543, in: MBW, Nr. 3388; Philipp Melanchthon an Johannes Sutelius, 31. Mai 1544, in: MBW, Nr. 3572; Georg von Amsdorf an Nikolaus von Amsdorf (Bischof von Naumburg), 15. Juni 1545, in: MBW, Nr. 3917; Johannes Hess an Philipp Melanchthon, Januar/Anfang Februar 1546, in: MBW, Nr. 4129; Oswald Myconius an Heinrich Bullinger, 22. Februar 1546, StAZ: E II 336a, 226 (= im Druck: HBBW XVI); Wilhelm Farel an Pierre Viret, 10. April 1546, in: CO XII, Nr. 787; u.s.w.

205 Vgl. Zsigmond Gyalui Torda an Philipp Melanchthon, 25. Dezember 1545, in: MBW, Nr, 4107.

zumindest aufgehalten worden sei.[206] Solche Informationen haben die Reformatoren in den 1540er Jahren bestärkt, die freie Evangeliumspredigt im Stephansreich, das zu grossen Teilen von den Türken besetzt war, aktiv zu fördern und sich für die „evangelische" Bildung der Jugendlicher einzusetzen. So bat Martin Hentius (Heintz) den Zürcher Reformator Heinrich Bullinger, etwas über die Kindererziehung zu schreiben, insbesondere über die Bildung, da ohne diese „non diu ista religio [scil. evangelica] durare poterit"[207], weiter, dass er an Johannes Honterus in Kronstadt schreiben solle, um ihn in seinen reformatorischen Bemühungen zu unterstützen.[208] Auch Melanchthon, Bugenhagen und Luther unterstützten ja nachhaltig die Bemühungen von Honterus.[209]

Natürlich fehlte es gerade in den türkisch besetzten Gebieten an geeigneten Predigern; so meldet Melanchthon bereits 1543 an Veit Dietrich in Nürnberg, dass zwei in Wittenberg ordinierte Ungarn – stammend aus Siebenbürgen – dazu bestimmt seien, unter den Türken das Evangelium zu predigen.[210] Bereits genannter Gergely Belényesi wandte sich, bevor er unerwartet Strassburg verliess, um in der durch neue Kriege bedrohten türkisch-besetzten Heimat als Pfarrer zu wirken, brieflich an Johannes Calvin und Heinrich Bullinger mit der Bitte, die schwergeprüften evangelischen Christen Ungarns im Gebet nicht zu vergessen. Dieses Gebetsanliegen hätten ihm ungarische Gesandte mitgeteilt. Zudem bat er Calvin, „tuis literis […] me recreare ac consolari: [_.] Scis enim quantum eiusmodi homines egeant consolatione talium virorum."[211] Im Januar 1546 meldete Thomas Blarer aus Frankfurt an seinen Bruder, dass aus Wittenberg die Kunde gekommen sei, dass in den neulich von den Türken unterworfenen Gebieten gelehrte Prediger gesucht würden. Ambrosius Blarer informierte darüber umgehend Konrad Hubert in Strassburg, einen begeisterten Anhänger Oekolampads. Aus Strassburg meldete Caspar Hedion dasselbe an Johannes Calvin in Genf.[212]

Nicht nur kehrten ungarländische Prediger nach Hause, um das reine Evangelium zu verkündigen, sondern durch sie kamen auch viele reformatorische Schriften nach Ungarn und Siebenbürgen. Vor allem aber erbaten die

---

206 Vgl. Martin Bucer an Ambrosius Blarer, 15. Mai 1548, in: BlarerBW II, Nr. 1540.
207 Vgl. Martin Hentius an Heinrich Bullinger, 14. Juni 1543, in: REINERTH, Hentius, 192 f.
208 Bullinger behandelte in seinem Schreiben vor allem Fragen betreffend Ohrenbeichte, Bilderverbot sowie Kirchengüter (vgl. Heinrich Bullinger an Johannes Honterus, 28. August 1543, in: HBBW XIII, Nr. 1780); weiteres zu diesem Brief vgl. unten S. 181 f.
209 Vgl. BINDER, Honterus (1996), 98. 248 ff; JUHÁSZ, Luther, 312 ff.
210 Vgl. Philipp Melanchthon an Veit Dietrich, 5. März 1545, in: MBW, Nr. 3472.
211 Gergely Belényesi an Johannes Calvin, 26. März 1545, in: CO XII, Nr. 626; vgl. Gergely Belényesi an Heinrich Bullinger, 1. April 1545, in: BARTHA, Studia et acta III, 95 E f.
212 Vgl. Thomas Blarer an Ambrosius Blarer, 19. Januar 1546, in: Blarer BW II, Nr. 1241; Ambrosius Blarer an Konrad Hubert, 29. Januar 1546, in: Blarer BW II, Nr. 1246; Caspar Hedion an Johannes Calvin, 8. Februar 1546, in: CO XII, Nr. 763.

Studenten mehrfach, dass die Verkündigung der „reinen Lehre"[213] in Ungarn und Siebenbürgen auch nach ihrer Heimkehr durch persönliche, trostreiche Schriften und Briefe der Reformatoren unterstützt würden. Dies war darum um so wichtiger, weil der Türkenkrieg weiter wütete: „De adventu Turci rumor est iterum, et quod grassetur circa Ungariam valde turcicῶς."[214] Es mag nicht erstaunen, dass Calvin in seiner Schrift *Advertissement contre l'astrologie qu'on appelle judicaire* (Genf 1549) ernüchternd feststellt: „Ils entreprennent de rendre raison pourquoy Mahomet avec son Alcoran a plus grand vogue que Iesus Christ avec son Évangelie."[215]

Calvins Pessimismus war mehrheitlich unbegründet. In der von Wolfgang Musculus in Bern herausgegebenen Schrift *Vom vffgang deß wort Gottes by den Christen in Ungern* (1550) wird erneut betont, dass das Evangelium in den türkischen Gebieten Ungarns frei gepredigt werden könne.[216] Dies soll aber nicht darüber hinwegtäuschen, dass die Situation der ungarischen Christen unter der Türkenherrschaft weiterhin schwierig war. Darum auch wandte sich der bereits erwähnte János Fejérthóy, der Sekretär der ungarischen Staatskanzlei in Wien, im Frühling 1551 an Bullinger, mit der Bitte um eine „tröstende und ermutigende Schrift" für die unterdrückten ungarischen Protestanten.[217] Bullinger verfasste daraufhin seinen, für die ungarische Reformation wegweisenden *Libellus epistolaris [...] pressis & afflictis Ecclesiis in Hungaria, earundemque Pastoribus & Ministris transmissus* (1551), „einen ergreifenden Trosbrief."[218]

c. Buchtransfer

Bullingers *Commentarii* zu den einzelnen biblischen Büchern waren bereits zu seinen Lebzeiten berühmt und darum auch in kurzer Zeit weitverbreitet. Die Druckerei Froschauer in Zürich gelangte dadurch immer mehr auch zu internationaler Bekanntheit.[219] So kam Bullingers *In Evangelium secundum Matthaeum commentarius* (Zürich 1542) nach Oberungarn. Dank dem Possessoreintrag eines gewissen „George Molitore" (Moller, Molner) im Jahre 1546 wissen wir, dass das Werk vier Jahre nach dem Druck in Leutschau war.[220]

---

213 Diese Worte benutzte Hentius gegenüber Bullinger (vgl. Martin Hentius an Heinrich Bullinger, 14. Juni 1543, in: REINERTH, Hentius, 192 f).
214 Vgl. Oswald Myconius an Johannes Calvin, 20. Juli 1546, in: CO XII, Nr. 812.
215 JOHANNES CALVIN, Advertissement contre l'astrologie qu'on appelle judicaire ... (1549), in: CO VII, 533 (vgl. BERNHARD, Wirkung, 54).
216 Vgl. oben S. 108 f.
217 Vgl. János Fejérthóy an Heinrich Bullinger, 26. März 1551, in: BULLINGER, Confessio (1866), 99.
218 LOCHER, Perseverantia, 63.
219 Zur Bedeutung der Druckerei Froschauer im europäischen Buchmarkt vgl. LEU, Book, 309–315; STAEDTKE, Froschauer.
220 Standortsignatur des Werkes im Batthyaneum (Alba Iulia): V 87. Am Ende des 18. Jahrhunderts wurde ein wesentlicher Teil der Leutschauer Bibliothek von Ignác Batthyány gekauft und nach

Auch andere Werke des Humanismus und der Reformation – z.B. Erasmus *Paraphrases in epistolas Pauli ad Timothaeum [...]* (Basel 1521), Oekolampads *In Jesaiam prophetam Hypomnematon. Libri VI* (Basel 1525), Musculus' *Commentarii in Evangelistam Ioannem* (Basel 1548), Gessners *Lexicon Graeco-Latinum* (Basel 1548) oder Bullingers *Sermonum Decades cuinque* (Zürich 1552)[221] – haben den Possessoreintrag von Georg Molner. Molner stammte wie Johannes Henckel, aus Leutschau und versah, nach seinen Auslandstudien, von 1528 bis 1544 das Senioramt der 24 Zipser Pfarrer in Leutschau. Bislang galt Molner in der Forschungsliteratur eher als Reformationsgegner; bemerkenswerterweise zeigt uns aber seine Bibliothek, von der heute 27 Exemplare im Batthyaneum in Karlsburg noch erhalten sind, auf, dass er sich intensiv mit humanistischen wie reformatorischen Schriften, vor allem auch mit solchen der oberdeutschen und helvetischen Richtung, befasst hatte.[222]

Das angeführte Beispiel versucht noch einmal Erkenntnisse aus dem Einführungskapitel in aller gebotenen Kürze aufzuzeigen: Einerseits waren neu gedruckte Bücher bald auch im von der Türkenherrschaft gezeichneten Stephansreich verbreitet, andererseits scheinen besonders Drucke aus der Humanistenstadt Basel eine grössere Bedeutung eingenommen zu haben. Dies führt zu verschiedenen Fragen, die in vorliegendem Kapitel zu beantworten versucht werden: Wie funktionierte der Buchtransfer zur Zeit der Türkenkriege? Welche Bedeutung nahmen dabei die Buchdrucker selbst ein? Weiter soll ein Überblick über die Verbreitung von *Helvetica* in historischen Bibliotheken des Stephansreiches gegeben werden; damit wird es auch möglich sein, die zahlreichen gegenreformatorischen Gesetze der 1530er und 40er Jahre besser einordnen zu können.

Bereits nach der Einstellung der Drucktätigkeit auf den beiden Ofener Offizinen (nach 1480) wurde der Literaturbedarf für das Stephansreich aus dem Ausland gedeckt. An erster Stelle steht der Buchimport aus den Universitätsstädten Wien oder Krakau; oft wurden die Bücher durch Studenten, aber auch durch Kaufleute, nach Ungarn und Siebenbürgen gebracht.[223] Darum auch wandte sich Ludwig II. 1524 wegen „mercatores", die „libellos eosdem"

Karlsburg überführt. Noch heute wird der Hauptteil des Bestandes im Batthyaneum in Karlsburg aufbewahrt (vgl. SELECKÁ MÂRZA, Könyvtár, 3 ff; ŽIBRITOVÁ, Edícii, 28 f; DIES., Bücher, 238 f).

221 Vgl. SELECKÁ MÂRZA, Könyvtár, Cat.Nr. 199. 216. 239. 240. Neben den genannten Werken besass Molner auch drei Werke von Luther, nämlich die *Opusculae* (Wittenberg 530), *Der erste Theil des alten Testaments* (Strassburg 1543) und das *Enchiridion piarium precationum* (Wittenberg 1543), sowie Melanchthons *In Evangelia quae usitato more diebus dominicis & festis proponuntur, Annotationes* (Leipzig 1552).

222 Dies wird weiter dadurch bestätigt, dass mindestens sieben Drucke der Bibliothek von Molner aus Basler Offizinen stammen (vgl. auch: SELECKÁ MÂRZA, Könyvtár, 26; ŽIBRITOVÁ, Bücher, 239 f).

223 Vgl. KÓKAY, Geschichte, 43 f; ROTHER, Siebenbürgen, 125.

verkaufen würden, an den Hermannstädter Magistrat.[224] Im gleichen Jahr wurde ein gewisser Georgius Grynaeus, Buchhändler in Ofen, mit seinen vielen zum Verkauf feilgebotenen Büchern auf dem Markt in Ofen verbrannt, weil er Luthers Schriften verbreitet hatte.[225]

Die Schlacht bei Mohács brachte, was das Buchdruckergewerbe anbelangt, kaum eine Veränderung. Bücher kamen vor wie nach 1526 gleichermassen durch Kaufleute, Buchhändler oder Studenten ins Stephansreich. Die Kaufleute nahmen auf ihren Reisen verschiedene humanistische und reformatorische Werke mit, die dann in der Heimat auf den Märkten dargeboten wurden. So konnten auch zahlreiche Vertreter der Mittelschicht (Adlige, Bürger, Intellektuelle) erreicht werden. Mit Eintritt in die 1530er Jahre nahmen einige Kaufleute auch Bücher in ihr Angebot auf, so dass der Buchhandel systematischer betrieben werden konnte. In Oberungarn ist beispielsweise ein Martin *bibliopola* zu erwähnen, der mit Spezereien, Büchern und Papierwaren handelte; aus den Rechnungsbüchern von Neusohl lässt sich ersehen, dass er gute Verbindungen zum städtischen Rat und zu den dort arbeitenden Angestellten der Fugger hatte. Im Auftrag von Johannes Dernschwam, Verantwortlicher für die Fuggerminen in Ungarn und Bibliotheksbesitzer, besorgte er mehrfach Bücher in Nürnberg. Als er 1536 in Pressburg am Zoll wegen verbotener Bücher aufgehalten wurde, intervenierte der Stadtrat von Neusohl, und Martin konnte die Bücher nach Neusohl bringen.[226]

Das Beispiel zeigt, dass der Buchhandel auch nach 1526 nicht immer ungefährlich war, vor allem wenn Bücher verbreitet wurden, die von der Kirche oder der Krone auf einen *Index* gesetzt worden waren. Die Auswertung neuerer Quellen macht weiter deutlich, dass der Buchhandel in dieser Form nur in gewissen Gebieten, vor allem in Oberungarn und Siebenbürgen, existierte.[227] Weiter wissen wir, dass ein Abkommen zwischen Wiener und türkischen Kaufleuten es ermögliche, Waren, also auch Bücher, in Ofen auf den Markt zu bringen.[228] Der lokal verschieden funktionierende Buchhandel allein genügte aber kaum, humanistische und reformatorische Schriften im ganzen Stephansreich zu verbreiten. Um so mehr war für den Buchtransfer im ganzen Stephansreich die Gelehrtenperegrination sowie die Gelehrtenkorrespondenz grundlegend.

Viele Studenten haben sich auf ihrer Peregrination bemüht, geeignete Bücher anzuschaffen und dann in ihre Heimat mitzunehmen. Dort gelangten sie meist, wie beispielsweise die Possessoreinträge in Leutschau zeigen,[229] in die Pfarrbibliotheken; manchmal wurden sie auch in die Bibliothek des ehema-

---

224 Vgl. König Ludwig II. an den Stadtrat von Hermannstadt, 9. März 1524, in: ETE I, Nr. 125.
225 Vgl. PAVERCSIK, Todesfälle, 418 ff.
226 Vgl. KÓKAY, Geschichte, 52 ff; IVÁNYI, Könyvkultúra, 352.
227 Zum Buchhandel detailliertere Ausführungen vgl. PAVERCSIK, Könyvkereskedelem, 295 ff; ROTHER, Siebenbürgen, 126 ff; KÓKAY, Geschichte, 48 ff.
228 Vgl. Johannes Gast an Heinrich Bullinger, 1. April 1544, in: HBBW XIV, Nr. 1884.
229 Vgl. SELECKÁ MÂRZA, Könyvtár.

ligen „Patrons" einverleibt.[230] Zsigmond Gyalui Torda übermachte mehrere Bücher, die er auf seiner Peregrination angeschafft hatte, der Bibliothek in Eperies.[231] Johannes Henckel, der seine Bücher in verschiedenen Städten Europas, auch in Krakau, erworben hatte, hat schliesslich mit seinen Büchern die Bibliothek der Leutschauer St. Jakobskirche gegründet.[232] Oft war bereits der Erwerb von Büchern mit Schwierigkeiten verbunden, da die begehrten Bücher nicht überall erworben werden konnten. Interessant ist diesbezüglich ein Brief von Martin Hentius an Heinrich Bullinger, in dem Hentius Bullinger bat, dass Christoph Froschauer die von Hentius gewünschten Bücher zur nächsten Messe nach Frankfurt mitnehme und sie dort einem Wittenberger Buchhändler übergebe: „Quicquid autem pro his, omnibus inquam tuis scriptis, quae in lucem edidisti, adiunctis simul et Bibliis, quae tempore quadragesimali istius anni instantis edita sunt, [...] Cuperem quidem michi et mitti opera d. Pellicani; [...]" Hentius bemerkte abschliessend, dass es den Wittenberger Buchhändlern verboten sei, solche Schriften nach Wittenberg zu bringen.[233] Tatsächlich ist es bemerkenswert, dass Hentius so viele Bücher von Bullinger zu erwerben suchte; es kann nur Zeugnis dessen sein, dass er von Bullingers und Pellikans Werken tatsächlich angetan war und sich der zürcherischen Richtung verbunden fühlte.[234] Im folgenden Brief bat er schliesslich Bullinger, die negativen Äusserungen von Urbanus Rhegius über die Werke der Schweizer und oberdeutschen Reformatoren schriftlich zu erwidern.[235] Es lag ihm sehr daran, dass die Werke Bullingers auch in Deutschland verbreitet werden konnten.

Gerade in der Frage des Buchtransfers stellt die Gelehrtenperegrination eines der wichtigsten Elemente der Vermittlung neuer Geistesströmungen wie Humanismus und Reformation dar. Kommunikationsgeschichtlich ist es bemerkenswert, dass nicht nur auf der Peregrination Bücher angeschafft wurden, um diese nach Hause mitzunehmen, sondern auch Kontakte geschlossen wurden, die nach der Heimkehr für den Erwerb weiterer Bücher existentiell waren. Über die Bemühungen von Johannes Antoninus, *Erasmiana* an weitere ungarländische und polnische Humanisten zu vermitteln, haben wir bereits gehört.[236] Auch der Reformator Hentius schrieb, kaum in Kronstadt angekommen, einen weiteren Brief an Bullinger, dem er als Zeichen seiner Dank-

230 Vgl. Verók, Lesekultur, XIVff.
231 Vgl. Iványi, Könyvkultúra, 351 f.
232 Vgl. Žibritová, Ediții, 28. 35.
233 Vgl. Martin Hentius an Heinrich Bullinger, 30. Juli 1543, in: HBBW XIII, Nr. 1765.
234 Und er war wohl keineswegs der einzige, wie die Grussaufforderung von Hentius belegt: In eben der Zeit soll sich in Zürich ein nicht weiter bekannter Laurenz Siebenbürger aufgehalten haben.
235 Vgl. Martin Hentius an Heinrich Bullinger, 25. August 1543, in: Reinerth, Hentius, 195 f. Wenige Tage darauf wandte sich schliesslich Bullinger an Melanchthon und übermachte ihm seinen Johanneskommentar (vgl. Heinrich Bullinger an Philipp Melanchthon, kurz vor dem 28. August 1543, in: MBW, Nr. 3327).
236 Vgl. Schultheiss, Antoninus, 119.

barkeit für die von ihm empfangene vielseitige Förderung ein Angebinde („munusculum") beilegte.[237] Oskar NETOLICZKA hat bereits 1934 einleuchtend nachgewiesen, dass dieses *munusculum* Honterus' *Rudimenta cosmographica* (Kronstadt 1542) gewesen sein muss; so berichtete Christoph Froschauer an Vadian, dass ein Büchlein „uß Sybenbürgen meister Heinrich Bullinger zůgeschickt" worden sei.[238] Wenn dem auch nicht so sein sollte, so muss dennoch mittels eines Briefes oder eines Studenten die endgültige Fassung der Kosmographie in 1366 Versen und einem Kartenanhang, die sich von der Basler Ausgabe (1534; weitere Aufl.) unterschied, nach Zürich gekommen sein. Denn Froschauer besorgte bald den unveränderten Nachdruck von Honterus' *Rudimenta cosmographica* (Zürich 1546). Fünfzehn weitere Auflagen allein bis 1600 sollten folgen. Gleichzeitig verwertete er Honterus' Karten für Johannes Stumpfs *Gemeiner loblicher Eydgnoschafft Stetten, Lan den und Völckeren Chronick wirdiger Thaaten Beschreybung* (Zürich 1548) sowie für Joachim Vadians *Epitome trium terrae partium* (Zürich 1548); beide Werke wollte Froschauer seit längerem, durch geeignete Tafeln vermehrt, herausgeben.[239]

Die Nachfrage nach Honterus' Kosmographie war in ganz Europa so gross, dass von der endgültigen Fassung neben Kronstadt und Zürich auch Nachdrucke in Antwerpen, Basel, Rostock, Prag und Köln erschienen. Die europäische Verbreitung der Zürcher Ausgabe der Kosmographie ist schliesslich der glänzende Beweis dafür, dass Froschauer trotz Behinderungen von Seiten Wittenbergs am internationalen Buchmarkt teilnahm.[240] Natürlich ist es da nicht von der Hand zu weisen, dass Froschauer als der „Hofdrucker und Buchhändler" der Zürcher Reformation gleichzeitig ernsthaft um den Absatz von Werken Bullingers und anderer Lehrer, wie beispielsweise Pellikans, besorgt war.[241] Dies wird durch die Verbreitung von Bullingers *Sermonum decades* in Ungarn bereits kurz nach Drucklegung (1549/51) klar bestätigt. Der erwähnte János Fejérthóy meldete gegenüber Bullinger, dass er ein eifriger Leser von Bullingers *Sermonum decades* sei.[242] Er bat Bullinger um weitere Schriften; so kam Bullingers *Antithesis et compendium evangelicae et papisticae doctrinae* (Zürich 1551) ebenfalls in den Besitz Fejérthóys.[243]

---

237 Vgl. Martin Hentius an Heinrich Bullinger, 3. Januar 1544, in: REINERTH, Hentius, 197.
238 Vgl. Christoph Froschauer an Joachim Vadian, 20. August 1546, in: Vadian BW VI, Nr. 1491.
239 Vgl. NETOLICZKA, Honterus (1934), 88 f; KLEIN, Honterus, 121 ff; REINERTH, Honterusprobleme, 178 f.
240 Leider ist der Nachlass und die Korrespondenz der Familie Froschauer heute verschollen.
241 So sind bis 1585 allein von Antistes Bullinger 150 verschiedene Druckwerke bei Froschauer erschienen, die z. T. in Kürze vergriffen waren. Ähnlich verhielt es sich auch mit dem von Konrad Pellikan besorgten Gesamtkommentar zur Bibel, der 1532 bis 1537 bei Froschauer erschien (vgl. STAEDTKE, Froschauer, 15 ff; BERNHARD, Adlige, 159 f).
242 Vgl. János Fejérthóy an Heinrich Bullinger, 10. Oktober 1551, in: BULLINGER, Confessio (1866), 101 ff.
243 Vgl. János Fejérthóy an Heinrich Bullinger, 9. November 1553 sowie 18. Juli 1555, in: BULLINGER, Levelezése, 14 ff.

Die intensive Gelehrtenkorrespondenz war demnach auch ein wichtiges Kommunikationsmittel zum Versenden und Austausch von neuen humanistischen und reformatorischen Schriften. Oft kurz nach Erscheinen einer neuen Schrift war diese bereits in vielen andern Ländern bekannt. So sendet der Stadtpfarrer von Hermannstadt, Matthias Ramser (Ramassy), Honterus' *Reformatio ecclesiae Coronensis* (1543) an Melanchthon, Luther und Bugenhagen;[244] umgekehrt erhält Ramser von Bugenhagen den *Commentarius in quatuor capita prioris Epistolae ad Corinthios* (Wittenberg 1530) zugeschickt.[245]

Nicht zu unterschätzen für den Buchtransfer sind auch die beiden Druckereien in Kronstadt und Sárvár, die in der zweiten Hälfte der 1530er Jahre ihren Betrieb aufgenommen hatten.[246] Während auf der Druckerei in Sárvár nur über eine kürzere Zeit (1536–41) gedruckt wurde, nämlich während des Aufenthaltes von János Sylvester am Hofe von Tamás Nádasdy,[247] und er vor allem zwei, allerdings sehr zentrale Bücher drucken liess, nämlich die *Grammatica Hungarolatina in usum puerorum* (Sárvár 1539) sowie die erste vollständige ungarische Übersetzung des Neuen Testamentes, das *Uy Testamentum mag'ar n'elvenn* (Sárvár 1541),[248] war die Honterus-Druckerei in Kronstadt von 1539 in 1594 in Betrieb.[249] Beide Druckereien standen im Dienste einer humanistischen Bildungsreform – sowohl in Sárvár wie in Kronstadt wurde eine Schule gehalten[250] – und ihre Drucke hatten eine wichtige Bedeutung für die geistesgeschichtliche Entwicklung Ungarns zur Zeit der Türkenherrschaft. Freilich nahm dabei die von Johannes Honterus gegründete Druckerei in Kronstadt eine ungleich grössere Bedeutung ein, vor allem bezüglich des Druckes von Werken der klassischen Antike und der Reformation.[251] Insbesondere die ersten, aber auch spätere Drucke waren Werke der Antike, die für den Schulgebrauch bestimmt waren: Aristoteles, Augustinus, Cato d.Ä., Cicero, Seneca, Plutarch, Pseudoplaton, Terentius, Theognis u.s.w.[252] Bei der Untersuchung der Werke aus der Honterus-Druckerei in

---

244 Vgl. oben S. 52.
245 Vgl. Johannes Bugenhagen an Matthias Ramser, 3. September 1543, in: Bugenhagen, Briefwechsel, 271 f; vgl. Juhász, Luther, 312 f.
246 Vgl. V. Ecsedy, Könyvnyomtatás, 37 ff. 43ff; dies., Nyomdák, 44–60.
247 János Sylvester wirkte etwa 1534 bis 1542 in Sárvár (vgl. Balázs, Sylvester (1962), 26–34; V. Ecsedy, Nyomdák, 44–52).
248 Vgl. V. Ecsedy, Könyvtnyomtatás, 37–40.
249 Vgl. V. Ecsedy, Könyvnyomtatás, 43–46.
250 Melanchthon äussert sich über beide Schulen löblich (vgl. Philipp Melanchthon an Tamás Nádasdy, 7. Oktober 1537, in: MBW, Nr. 1949; Philipp Melanchthon an Johannes Honterus, 12. März 1544, in: MBW, Nr. 3473).
251 Völlig unverständlich ist die Aussage von Kókay, dass man „in Siebenbürgen [...] bis zur zweiten Hälfte des 16. Jahrhunderts nur dann Werke von klassischen Autoren erwerben [scil. konnte], wenn sie [...] die aus Deutschland heimkehrenden Studenten mitbrachten." (Kókay, Geschichte, 61).
252 Vgl. Borsa, Drucke, 5ff et passim.

Kronstadt sind zwei Feststellungen besonders bemerkenswert: Die Vorlagen der Drucke der Werke der Antike bilden zu einem guten Teil Basler Ausgaben, die Honterus auf seiner Basler Zeit erworben hat oder ihm später zugesandt worden sind. Honterus hielt sich bekanntlich vom Winter 1530/31 bis Frühling 1533 in Basel auf;[253] in dieser Zeit hatte er sehr reichhaltige persönliche Kontakte mit Buchdruckern wie Petri, Froben, Cratander oder Herwagen. Die Grundlage für Johannes Honterus *Sententiae ex omnibus operibus divi Augustini decerptae* (Kronstadt 1539) bildete Erasmus' Ausgabe *D. Aurelii Augustini Hipponensis episcopi, omnium operum primus ‹decimus› tomus* (Basel 1528–29), die Vorlage von Ἐπιτομὴ τῆς τοῦ Ἀριστοτέλους διαλεκτικῆς *[...]* *[καὶ]* *[...]* ῥητορικῆς (Kronstadt 1539) ist Grynaeus' Ausgabe *Aristotelis De Arte rhetorica libri tres* (Basel 1529), und Honterus *Epitome adagiorum Graecorum & latinorum [...]* (Kronstadt 1541) basiert wortwörtlich auf Erasmus' *Adagiorum chiliades quattuor* (Basel 1533).[254] Seit Honterus' Aufenthalt in Basel funktionierte also der Buchtransfer zwischen den beiden Städten Basel und Kronstadt trotz Türkenherrschaft ungemindert.

Die zweite Feststellung betrifft die Verbreitung von Drucken der Honterus-Druckerei. Dieselbe konnte und wollte keineswegs mit den grossen Verlagszentren wie Basel, Krakau oder Venedig konkurrenzieren; vielmehr gab sie heraus, was im Unterricht didaktisch oder für die moralische Erziehung gut brauchbar war.[255] Darum finden sich auch mehrere Neuauflagen gewisser Werke: Neben der Weltbeschreibung *Rudimenta cosmographica* (1541; 1542; 1548/49) und seinen *Compendii grammatices libri duo* (Kronstadt 1539; 1548; 1555; 1567)[256] ist besonders an das römische Rechtsbuch *Sententiae ex libris pandectarum iuris civilis decerptae* (Kronstadt 1539; 1544), an Peter von Rosenheims *Disticha novi Testamenti* (Kronstadt 1541; 1545), an Valentin Wagners griechischen Katechismus Κατήχησις (Kronstadt 1544; 1550) und natürlich Honterus' *Reformatio Ecclesiae Coronensis ac totius Barcensis provinciae* (Kronstadt 1543; 1547) zu denken. Die Neuauflagen waren vor allem darum nötig, weil die Werke schnell verbreitet und überall gebraucht wurden; weiter waren besonders Schriften der Reformation gefragt, weswegen Honterus auch Luthers *Kleinen Catechismus für die Pfarherr und Hausväter* (Kronstadt 1548) nachdrucken liess.[257]

Kehren wir zurück zur Frage, welche Wege das humanistische und reformatorische Buch genommen hat, so dass es auch zur Zeit der Türkenherr-

253 Die von KLEIN vertretene Ansicht, dass sich Honterus nur von Frühjahr 1532 bis Frühjahr 1533 in Basel aufgehalten habe (vgl. KLEIN, Münster, 29 ff), ist durch die Forschungen von REINERTH, BINDER und NUSSBÄCHER widerlegt worden (vgl. unten S. 166 f).

254 Vgl. NUSSBÄCHER, Beiträge, 72 f. 92 f. 266 ff; V. ECSEDY, Kísérlet, 134 ff; REINERTH, Gründung, 74.

255 Vgl. NUSSBÄCHER, Beiträge, 167.

256 Beide Werke sind gleichfalls auf zahlreichen anderen Druckereien in verschiedenen Ländern gedruckt worden (vgl. NUSSBÄCHER, Versuch, 153–184).

257 Vgl. BORSA, Drucke, 41 ff.

schaft im Stephansreich erfolgreich verbreitet werden konnte. Auf die zunehmende Bedeutung der Frankfurter Buchmesse im Zusammenhang der
„Wittenberger" Agression seit 1543 haben wir bereits hingewiesen; aber bereits bevor Froschauer keine Zürcher Drucke mehr nach Wittenberg schicken
durfte, nahm die Frankfurter Buchmesse für die Verbreitung vor allem von
Helvetica eine wichtige Stellung ein. So meldete Oswald Pergener aus Zittau,
getröstet „omnia scripta tum Zuinglii tum Oecolampadii"[258], dass er und seine
Glaubensbrüder „speramus Francofordienses nundinas iam appetentes nobis
nonnihil vestrorum scriptorum allaturas."[259] Aber nicht nur von der Fran-
furter Buchmesse, sondern auch von den Messen in Leipzig und Nürnberg aus
wurden neue humanistische und reformatorische Drucke in den ostmitteleuropäischen Raum verbreitet. Zudem waren wie erwähnt die Handelskontakte der Druckerstadt Nürnberg, insbesondere diejenigen der Buchdruckerfamilie Koberger, seit dem 15. Jahrhundert mit dem ostmitteleuropäischen Raum rege und vielfältig.[260] Auf diesen Wegen gelangten viele *Helvetica*
nach Krakau, von wo sie durch Studenten oder Kaufleute weiter nach Ungarn
und Siebenbürgen gebracht wurden.[261]

Teilweise hatten aber auch die Buchdrucker selbst Kontakte mit Gelehrten
des ostmitteleuropäischen Raumes. So pflegten nicht nur ungarländische
Peregrinanten mit Buchdruckern einen geistigen Austausch, sondern sie
legten auch die Grundlage dafür, dass deren Drucke im Stephansreich verbreitet werden konnten. Bislang ist aber, abgesehen von NUSSBÄCHERS Forschungen über Honterus, wenig bekannt über die Kontakte der Basler Buchdrucker mit ungarländischen Gelehrten. Der Siebenbürger Humanist Martin
Brenner aus Bistritz (Bistriţa, RO), der sich nach Studien in Wien zwischen
1540 und 1543 in Basel aufhielt, gab beispielsweise Antonio Bonfinis *Rerum
Hungaricarum Decades tres* (Basel 1543) bei Robert Winter, der aber bereits
mit Johannes Oporin zusammenarbeitete, heraus;[262] die *Decades* widmete
Brenner dem um die Reformation bemühten Magnaten Ferenc Révay, um ihn
in der Verteidigung des wahren Glaubens gegen die Türken zu unterstützen.[263]
Dieser Ausgabe beigefügt waren zudem die *Annotationes in historiam Bonfini*
des in Basel tätigen Humanisten Johannes Basilius Herold, gleichfalls gewidmet an Ferenc Révay. Erwähnenswert ist dies darum, weil Herold darin seiner

258 Oswald Pergener an Heinrich Bullinger, 13. Oktober 1533, in: HBBW III, Nr. 272.
259 Oswald Pergener an Heinrich Bullinger, 15. Februar 1537, in: HBBW VII, Nr. 549; vgl. oben
     S. 46.
260 Ein interessanter Druck diesbezüglich ist Veit Dietrichs *Christliche, ware, vnd tröstliche
     Außlegung etlicher der schönsten, lieblichsten vnd tröstlichsten Sprüche S. Johannis [...]*
     ([Nürnberg]1549), welche Schrift gemäss Kolophon in Klausenburg bei Georg Hoffgreff ge-
     druckt geworden sein soll (RMNy 79; vgl. V. ECSEDY, Druckschriften, 137).
261 Vgl. HABERLAND, Druckort, 16ff; BERNHARD, Orbis, 147; BIETENHOLZ, Buchdruck, 10 f;
     ROZSONDAI, Koberger, 28ff; SCHWOB, Beziehungen, 115 ff. 204 ff.
262 Vgl. SZABÓ, Erdélyiek, 161 f. 291; STAEHELIN, Bâle, 234 f.
263 Vgl. Martin Brenner: Epistola [...] Francisco a Revva, in: ANTONIO BONFINI, Rerum Unga-
     ricarum Decades tres, Basel 1543, a2ʳ–a3ᵛ; FATA, Ungarn, 56.

Hoffnung Ausdruck gab, dass die *Decades* von Bonfini den Deutschen betreffend Gefahr der Türken die Augen öffnen würden; Herold trat also für einen Krieg gegen die Türken ein.[264] Das Beispiel zeigt, dass der Buchtransfer, unterstützt durch Buchdedikationen, gerade in der Zeit der Türkenherrschaft unter den Gelehrten und „ihren" Mäzenen ein zentrales Kommunikationsmittel war.

Insbesondere Johannes Oporin, von 1542 bis 1568 in Basel als Buchdrucker tätig,[265] pflegte intensivere Kontakte mit mehreren ungarländischen Gelehrten. So trat bereits mit jungen Jahren der Tyrnauer Humanist Johannes Sambucus, der 1545 in Wittenberg studiert hatte, mit Oporin in Kontakt; wahrscheinlich hielt er sich Ende der 40er Jahre in Basel auf. Er verfasste Dedikationsgedichte für die Basler Euklid- und die Pausaniasausgabe,[266] übergab 1549 griechische Handschriften aus Xenophons Κύρου Παιδεία und Ἑλληνικά an Oporin, der diese mit einer lateinischen Übersetzung unter dem Titel *Δημηγορίαι: Hoc est Conciones aliquot ex libris Xenophontis [...]* (Basel 1552) drucken liess; andere von Sambucus betreute bzw. mit Handschriften von Sambucus verbesserte Drucke sollten folgen.[267] Als schliesslich Oporin im Jahre 1568 starb, hat nicht nur Sambucus ein Trauergedicht verfasst,[268] sondern haben Amerbach und Zwinger in Oporins Nachlass auch noch viele Handschriften von Sambucus gefunden.[269] Weitere ungarländische Gelehrte pflegten mit Oporin Austausch, ja aus Oporins Offizin erschienen immer wieder Drucke, die ungarländischen Gelehrten gewidmet waren.[270] Solche Dedikationen waren nicht nur Freundschaftsbezeugungen, sondern stellten, besonders wenn die Bücher an Magnaten, Fürsten oder Könige gewidmet waren, oft den Versuch dar, die beehrten Personen für ein besonderes Anlie-

---

264 Vgl. BONFINI, Decades, gg1^r–ff5^v.

265 Vgl. RESKE, Buchdrucker, 74. 78 f.

266 Vgl. Johannes Sambucus: „Hactenus Algebrae latuit quia regula multos [...]", in: EUKLID, Sex libri priores de Geometricis principijs, [...], Basel 1550, A^v; Johannes Sambucus: „πολλοὶ παυσανίαν δελόντες [...]", in: PAUSANIAS, De tota Graecia libri decem, [...], Basel 1550, A6^v. *Nebenbemerkung:* Der Hinweis auf diese beiden Widmungsgedichte von Sambucus fehlt bei Frank HIERONYMUS, Geist, Nr. 285. 295.

267 Vgl. HIERONYMUS, Geist, Nr. 54 f. 155. 273. Weiter wurden Handschriften aus der Bibliothek von Johannes Sambucus verwendet in: Annales Constantini Manassis: Nunc primum in lucem prolati, [...], Basel 1573; LX Librorum Βασιλικῶν, id est, Universi iuris Romani, auctoritata principium Rom. [...], Basel 1575; Legatio Imp. Caesaris Manuelis Comneni Aug. ad Armenios, sive Theoriani cum Catholico disputatio, [...] Basel 1578; Medici antiqui Graeci Aretaeus, Paladius, Ruffus, Theophilus: Physici & Chirurgi. [...], Basel 1581; u.s.w.

268 Vgl. Johannes Sambucus: „Quis tua non vidit praeli monumenta labores? [...]", in: ANDREAS JOCISCUS, Oratio de ortu, vita et obitu Johanns Oporini, Strassburg 1569, F7^v.

269 Sambucus hatte diese nach dem Tode Oporins vergeblich von Zwinger und Amerbach zurückgefordert (vgl. GILLY, Manuskripte, 25–29. 55; HIERONYMUS, Geist, Nr. 54).

270 So war beispielsweise die Hesiodausgabe *Opera, quae quidem extant, omnia Graece, cum interpretatione Latina eregione, [...]* (Basel [1550?]) an Miklós Oláh gewidmet (vgl. HIERONYMUS, Geist, Nr. 179).

[handwritten marginal notes: "Scheubel Edn!" and "✗ But Basel Euclid (with Sambucus verse) is pub. by Hervagen!"]

gen zu gewinnen.[271] So widmete ja auch Calvin seinen *Comentarii in epistolam ad Hebraeos* (Genf 1549) Sigismund II. August, König von Polen-Litauen, um ihn für die Reformation zu gewinnen.[272]

Dank des Aufenthaltes mehrerer ungarländischen Studenten bei Bucer[273] nahm auch Strassburg eine grössere Bedeutung für den Buchtransfer von humanistischen sowie reformatorischen Werken ein. Bereits erwähnter Gergely Belényesi unterbrach in Strassburg seine Reise nach Paris wohin ihn Bischof György Martinuzzi gesandt hatte, und lernte das reformatorische Werk Martin Bucers kennen. Er trat in Briefkorrespondenz mit Konrad Hubert und machte mit dem Buchdrucker Wendelin Rihel (1490 – 1555) Bekanntschaft, der seinerseits Handelskontakte nach Ungarn und Siebenbürgen unterhielt. Diese Begegnung war für Belényesi darum wegweisend, weil Rihel zahlreiche Werke Calvins gedruckt hatte.[274] Natürlich kann es auch sein, dass Belényesi den Schriften Calvins nicht erstmals in Strassburg, sondern bereits in Siebenbürgen begegnet ist. Gerade Rihel hat ja öfters Buchsendungen nach Klausenburg und auch nach Kronstadt organsisiert.[275] Verschiedene Schriften Calvins waren darum im Stephansreich bekannt.[276] So widerlegte Đurai Drašković, der spätere Bischof von Fünfkirchen, in seiner Streitschrift *Confutatio eorum quae dicta sunt a Ioanne Caluino sacramentario, super verbis Domini Hoc est corpus meum* (Padua 1551) eben gerade Passagen aus Calvins *Commentarius in priorem Epistulam Pauli ad Corinthios* (Strassburg 1546).[277]

Unter diesen Voraussetzungen erstaunt es nicht, dass humanistische und reformatorische Werke, insbesondere auch aus der Schweiz, im Stephansreich in grosser Zahl verbreitet wurden. Natürlich sind dazu die alten Bibliotheksverzeichnisse, die vor Mitte des 16. Jahrhunderts angefertigt worden sind, zu vergleichen. Auch die Possessorforschung kann einen wichtigen Beitrag leisten, wie wir in den einleitenden Bemerkungen zum Buchtransfer gesehen haben.[278]

Unter den privaten Bibliotheken Ungarns im 16. Jahrhundert finden wir wenige, die sich gemäss dem „westeuropäischen" Massstab als Gelehrtenbi-

---

271 Vgl. BÄCHTOLD, Gnade, 66.
272 Vgl. Potentiss. ac Sereniss. Principi, Sigismundo Augusto, Dei gratia Poloniae Regi, [...], Ioannes Calvnius s., in: JOHANNES CALVIN, Commentarii in epistolam ad Hebraeos, Genf 1549, 2r–7v (vgl. BERNHARD, Genfer Buch, 228 f; VAN'T SPIJKER, Calvin, J223; BRYNER, Calvin, 12 f).
273 Vgl. RÉVÉSZ, Bucer, 18–29.
274 Als Beispiele seien die *Institutio christianae religionis* (Strassburg 1539; 1543; 1545), der *Catechismus Ecclesiae Genevensis* (Strassburg 1545) oder die *Brevis instructio [...] adversus errorres sectae anabaptistarum* (Strassburg 1546) erwähnt.
275 Vgl. BUCSAY, Belényesi, 40 ff; D'ESZLARY, Calvin, 81 ff.
276 Vgl. BERNHARD, Wirkung, 33 ff.
277 Vgl. BERNHARD, Wirkung, 26 – 32; RÉVÉSZ, Draskovich, 3 – 18; vgl. unten S. 145 ff et passim.
278 Das vom 28. bis 30. September 2009 in Pressburg abgehaltene internationale Kolloquium *Der Weg des Buches. Exlibris und Supralibros als Forschungsdesiderat* hat diesbezüglich wichtige Erkenntnisse zu Tage gebracht; die Kolloquiumsakten werden in näherer Zukunft veröffentlicht.

bliothek bezeichnen liessen, in denen zumindest zum Teil der Katalog oder der Bücherbestand erhalten geblieben ist. Bekannt sind aber die Bibliotheken von Johannes Dernschwam, Miklós Oláh, Johannes Sambucus, András Dudith und Zakariás Mossóczi, von denen Verzeichnisse erhalten blieben, oder aber auch heute noch ist eine beträchtliche Anzahl von Büchern aus ihrem Besitz, aufgrund von Possessoreinträgen, bekannt. Von anderen hervorragenden Persönlichkeiten wären weitere Bibliotheken – beispielsweise die Wolfhard-Bibliothek in Klausenburg, die Bibliothek von János Baranyai Decsi in Neumarkt a.M. (Târgu Mureş, RO), die Büchersammlungen von István Szamosközy bzw. von Giovanni Michele Bruto in Weissenburg, diejenige von Miklós Istvánffy in Kisasszonyfalva – zu nennen, doch von diesen Sammlungen sind nur noch wenige Exemplare erhalten, bzw. gibt es in den erhaltenen Bücherverzeichnissen keinen Vermerk über den Druckort der Bücher.[279]

Besonders interessant ist es, die 1552 inventarisierte Bibliothek von Johannes Dernschwam (1494–1568), die wir im Einführungskapitel bereits erwähnt haben, zu untersuchen. Dernschwam, ein Deutscher mährischer Abstammung, lebte ab seinem 20. Lebensjahr bis zu seinem Tod in Nieder- und Oberungarn sowie Siebenbürgen, und war als Mitarbeiter der Fugger tätig.[280] Aufhorchen lässt eine rein statistische Feststellung: Von den 1162 Druckschriften sind – Jenő BERLÁSZ führte diese Analyse durch – 328 Schweizer, darunter 259 Basler Ausgaben. In so grosser Zahl besorgte er aus keiner anderen Stadt Bücher (aus Venedig 140, aus Paris 73, aus Lyon 89, aus Nürnberg 68, aus Strassburg 69 aus Wien jedoch nur 31). Unter den Basler Buchdruckern kommt Froben mit 76 Ausgaben vor, doch auch Johannes Oporin, Johannes Herwagen und Henricus Petri sind mit etwa dreissig Editionen vertreten. Dernschwams Bibliothek ist eine wissenschaftliche Bibliothek, weswegen auch beinahe die Hälfte der Bücher Folio-Grösse aufweist, was weiter darauf hindeutet, dass Dernschwam die *Opera omnia*-Reihen bevorzugte. So finden sich in seiner Bibliothek weniger Streitschriften als vielmehr humanistische und reformatorische Gesamtausgaben und Grundlagenwerke: Ciceros *Opera* (Basel 1528), Augustins *Omnium operum tomi X* (Basel 1529), Pellikans *Commentarius Bibliae* (Zürich 1532–37), Senecas *Historia naturalis* (Basel 1535) sowie seine *Opera omnia* (Basel 1537), Hieronymus' *Operum tomi IX* (Basel 1536/37), Galens *Opera omnia graece in quinque tomis* (Basel 1538), Erasmus' *Operum omnium tomi IX* (Basel 1540), Lorenzo Vallas *Opera* (Basel 1540), Zwinglis *Opera* (Zürich 1544/45), Gessners *Bibliotheca universalis* (Zürich 1545), Gwalthers *Antichristus* (Zürich 1546), Biblianders *Machumetis Saracenorum Principis, [...] Vita doctrina, ac Ipse Alcoran* (Basel 1550), Bul-

---

279 Vgl. MONOK, Buchdruck, 36.
280 Die Bibliothek verkaufte sein Sohn 1575, also nach dem Tode seines Vaters, an die kaiserliche Bibliothek, und sie wurde von Hugo Blotius in die Wiener Büchersammlung eingegliedert, wo der Grossteil der Bücher noch heute zu finden ist (vgl. BERLÁSZ, Bibliothek, 299ff).

lingers *Sermonum decades quinque* (Zürich 1549/51) oder Musculus *In psalterium comentarii* (Basel 1551).

Aus der Zeit vor 1550 stammen auch Teile der Bibliothek von Miklós Oláh. Während seiner Brüsseler Zeit (1531–41) pflegte er eine ziemlich intensive Briefkorrespondenz mit Erasmus, weswegen er auf seinen Tod gar drei Trauergedichte verfasste.[281] Im Jahre 1542 kehrte er, mitsamt seinen angeschafften Büchern, wieder nach Ungarn zurück und wurde 1543 Bischof von Agram. Heute sind von seinen Bibliotheken in Wien und Tyrnau bloss Reste bekannt; anhand von Possessoreinträgen konnten aber dennoch 102 Bände identifiziert werden. Diese sind fast durchwegs Werke von antiken Autoren, oft in den von Erasmus betreuten zeitgenössischen Ausgaben, sowie Werke von zeitgenössischen Humanisten (Erasmus, Vadian, Cuspinian usw.). Auffallend dabei ist es, dass auch bei Oláh die grosse Mehrheit der Editionen Basel als Druckort aufweist.[282] Aus dem Briefwechsel von Oláh wissen wir weiter, dass er sich auch mehrfach mit reformatorischen Schriften, insbesondere von Luther, Zwingli und Oekolampad, auseinandergesetzt hat, und demzufolge auch solche besessen haben muss.[283] Als Oláh bereits als Erzbischof von Gran mit der „Reorganisation" der katholischen Kirche Ungarns beschäftigt war, hat er immer noch reformatorische Schriften angeschafft, wie der Erwerb von Primož Trubars *Edni kratki razumni nauci [...] Die fürnämpsten Hauptartickel Christlicher Lehre [...] in die Crobatische [Sprach] [...] verdolmetscht* (Tübingen 1562) belegt.[284]

Johannes Henckel hat im Jahre 1519 die verschiedenen Bibliotheken Leutschaus, mehr als 400 Bände (Handschriften und Drucke), in der Bibliothek der Leutschauer St. Jakobskirche vereint; laufend hat er, wie auch andere Geistliche von Leutschau, die Neuerwerbungen der Bibliothek beigefügt. Die Bibliothek, aufgestellt in einem gesonderten Raum der St. Georgs-Kapelle (zur St. Jakobskirche gehörig), nahm darum im Bildungsleben Oberungarns eine nicht zu unterschätzende Rolle ein.[285] Wie bereits erwähnt, wurde die ehemalige „libraria 24 plebanorum regalia" im 18. Jahrhundert veräussert und kam zu einem Teil nach Karlsburg ins Batthyaneum.[286] Die Provenienzforschung kann nun feststellen, dass von den ursprünglich aus Leutschau

---

281 Vgl. Miklós Oláh: „Sollicita si mente cupis novisse, viator, [...]", „Non fugit insigni praestantior alter Erasmo [...]" und „Iussu pontificis Pauli cum doctus Erasmus [...]", in: Erasmi Roterodami epitaphia, per Clarissimos aliquot viros conscripta, Löwen 1537, 3ᵛ–5ᵛ (Nachdruck in: OLÁH, Carmina, 34 ff.; JUHÁSZ, Carminibus, 317 ff.).

282 Vgl. SZELESTEI NAGY, Oláh, 51 – 69. Zur humanistischen Tätigkeit von Oláh vgl. POPA GORJANU, Olahus, 80 – 91; RITOÓK-SZALAY, Erasmus, 124 f.

283 Vgl. beispielsweise: Miklós Oláh an Tamás Zalaházy (Bischof von Erlau), 20. Oktober 1530, in: OLÁH, Levelezése, 94 ff; Miklós Oláh an Erasmus, 12. Februar 1532, in: Allen IX, Nr. 2607; Miklós Oláh an Lieven van den Zande (Levinus Ammonius), 6. Juni 1534, in: OLÁH, Levelezése, 505 ff.

284 Vgl. SOLTÉSZ, Einbände, 240 ff.

285 Vgl. ŽIBRITOVÁ, Bücher, 240 ff; SELECKÁ MÂRZA, Könyvtár, 12 – 20.

286 Vgl. SELECKÁ MÂRZA, Könyvtár, 3 ff; MUCKENHAUPT, Bucheinbände, 192 ff.

stammenden Drucken aus dem 15. und 16. Jahrhundert (147 Bände)[287] deren fünfzehn Prozent *Helvetica* sind; ausser zwei Drucken aus Zürich sind alles Basler Drucke aus verschiedenen Offizinen (Amerbach, Wenssler, Froben, Herwagen, Perna u.s.w.). Im 16. Jahrhundert werden die Basler Drucke (11) nur von den Drucken aus Venedig (24) übertroffen; aus Strassburg und Hagenau liegen je acht, aus Wittenberg lediglich deren drei Drucke vor.[288] Dies wirft ein neues Licht auf die geistesgeschichtliche Entwicklung der Zips: Die vielen Drucke aus Basel belegen, dass die Zips wesentlich stärker durch den erasmischen Reformhumanismus – was sich auch in der Korrespondenz Henckels mit Erasmus zeigt – geprägt war, als dies bislang angenommen wurde; schliesslich war der Übergang vom erasmischen Reformhumanismus zu einer humanistischen Reformation nur noch eine Formsache.

Auch auf dem Hofe in Sárvár waren verschiedene Bibliotheken vorhanden; eine, von der wir ein Verzeichnis besitzen, ist die Bibliothek von György Perneszith, des Gutsverwalters von Tamás Nádasdy. Sein Verzeichnis ist in theologischer Hinsicht besonders bemerkenswert, da es eindeutig von Werken der schweizerischen Reformation beherrscht wird. Perneszith hat das Verzeichnis kurz vor seinem Ableben am 9. Mai 1560 erstellt. Von den 62 Titeln liegen von Vertretern der schweizerischen Reformation deren dreizehn vor, von Vertretern der Wittenberger Reformation aber lediglich deren vier; weiter finden sich zahlreiche humanistische Titel aus Basler Druckereien. Dabei ist auffallend, dass im Verzeichnis zwischen humanistischen und reformatorischen Drucken kein Unterschied gemacht wird. Nach Erasmus *Adagiorum chiliades* sowie dessen *Opus Epistolarum* (Basel 1529; weitere Aufl.) folgen Zwinglis *Opera* (Zürich 1544/45), neben Bullingers *Commentarii in Evangelium Sancti Matthaei* (Zürich 1542; weitere Aufl.) steht Luthers *Enarrationes epistolarum et evangeliorum, quas postillas vocant* (Wittenberg 1521; weitere Aufl.), Münsters *Cosmographia* (Basel 1544; weitere Aufl.) ist gleichermassen vertreten wie Biblianders *Alcoran* (1543), Calvins *Institutio*, Melanchthons *Opera*, Rhenanus' *Autores historiae ecclesiasticae* (Basel 1535) oder Musculus' *Commentariorum in Evangelistam Joannem Heptas prima* (Basel 1545).[289] Offensichtlich hat Perneszith zwischen Humanismus und Reformation noch nicht klar unterschieden. Durch seine Tätigkeit, auch als Lehrer an der Schule des Hofes, wird er zu einem Förderer einer humanistischen Reformation in Westungarn.[290]

Auch in der im Jahre 1563 von Fürst János Zsigmond konfiszierten[291] Bibliothek von József Macarius, den Melanchthon im Frühling 1544 in die

---

287 Mehrere Bände sind allerdings Kolligate, so dass insgesamt etwa 190 Titel vorliegen (vgl. SELECKÁ MÂRZA, Könyvtár, Nr. 117–263).
288 Vgl. ŽIBRITOVÁ, Bücher, 239; SELECKÁ MÂRZA, Könyvtár.
289 Vgl. KOVÁCS, Bornemissza, 83 ff; ZSINDELY, Wirkung, 105 f.
290 Vgl. BERNHARD, Adlige, 162.
291 Macarius war in den geplanten Aufstand von Menyhért (Melchior) Balassi gegen den Fürsten János Zsimond verwickelt (vgl. RITOÓK, Macarius, 114).

oberdeutschen und schweizerische Städte sandte, um deren reformatorische
Persönlichkeiten und ihre Lehre kennenzulernen,[292] sind neben einigen
Kommentaren Luthers, Melanchthons oder Brenz'[293] zahlreiche *Helvetica*
belegt. Dies waren einerseits reformatorische Schriften, andererseits huma-
nistische Werke, wobei letztere die Bibliothek beherrschten.[294] So finden sich
Augustins *Opera omnia*, Ambrosius' *Opera omnia*, Hieronymus' *Opera omnia*
Biblianders *Alcoran*, Plinius' *Historia naturalia* oder Honterus' *Rudimenta
Cosmographica* gleichermassen wie Calvins *Institutio religionis christianae*,
Pellikans *Commentarius Bibliae*, Oekolampads *Commentarius in Danielem*,
Gwalthers *Antichristus* oder Bullingers *Sermonum decades duae*.[295] Wie be-
reits seine Peregrination belegt, hat sich Macarius also intensiv mit ver-
schiedenen humanistischen und reformatorischen Schriften auseinanderge-
setzt.[296]

Diverse Einzelstudien haben in den letzten Jahren nachgewiesen, dass auch
in vielen Privatbibliotheken des Stephansreiches bereits um die Mitte des 16.
Jahrhunderts *Helvetica* vorlagen. Dabei fällt auf, dass humanistische Werke
aus Basler Druckereien gegenüber reformatorischen *Helvetica* stärker verbreitet waren.[297] Die Produkte des Basler Buchdrucks gelangten trotz aller

---

292 Vgl. Bodenmann, Macarius, 153 f. 166 f; Zsindely, Bullinger (1975), 364 ff; Ritoók, Macarius, 107 ff; vgl. unten S. 229 f.

293 Es seien erwähnt: Luthers Genesis-, Jesaja- und Galaterkommentar, Melanchthons Danielkommentar und seine *Loci communes* sowie Brenz' Lukaskommentar (vgl. Adattár 16/3, 173 ff).

294 Natürlich besteht bei gewissen, im Verzeichnis belegten Büchern nicht abschliessende Gewissheit, ob es sich um Basler Drucke handelt; doch in Anbetracht dessen, dass andere Bibliotheken des Stephansreiches, insbesondere was die humanistischen Gesamtausgaben betrifft, oft von Basler Ausgaben beherrscht waren, darf auch hier davon ausgegangen werden,
zumal Macarius mit Konstanzer, Basler und Zürcher Lehrern auch nach seinem Aufenthalt in
Oberdeutschland und der Schweiz noch Briefkontakt pflegte (vgl. Zsindely, Pesti Macarius,
933 – 953).

295 Vgl. Adattár 16/3, 173 ff; Ritoók, Macarius, 114.

296 Bis heute ist es eine in der Forschung ungeklärte Frage, für welche Richtung sich Macarius
letztlich entschieden hatte. Jedenfalls ist er in den Jahren 1547 bis 1549 als Erzieher von
Nádasdys Schützling Gábor Majláth in Wien tätig, wo er in vornehmen ungarischen Kreisen
verkehrte, zu denen auch János Fejérthóy gehörte; in den 1560er Jahren wurde er in eine
politische Verschwörung gegen Fürst János Zsigmond verwickelt (vgl. oben S. 142
[Anm. 291]). Zsindely geht davon aus, dass Macarius „wohl eher eine vermittelnde Stellung
einnahm" (Zsindely, Bullinger, 368); Bryner glaubt, dass sich Macarius nicht überzeugen
liess „und sich der lutherischen Lehre" zuwandte (Bryner, Ausstrahlungen (2004), 183 f).
Andersherum lässt Bodenmann offen, in welche konfessionelle Richtung sich Macarius, der
sich „spätestens seit Herbst 1547 [...] in katholischen Kreisen Wiens" bewegte (Bodenmann,
Macarius, 162), entwickelte. Grundsätzlich ist festzuhalten, dass Macarius von Wien aus auch
noch in den 1550er Jahren mit den reformationsfreundlichen Kreisen um Nádasdy Kontakt
pflegte (vgl. Ritoók, Macarius, 113 f); dies bedeutet zumindest, dass er – wie auch János
Sylvester – kirchlichen Reformen gegenüber nicht abgeneigt war; so formuliert Ritoók-
Szalay mit Recht, dass er „als wohlhabender Kaufmann in Tyrnau [...] ein beständiger
Beschützer des evangelischen Glaubens" war (Ritoók-Szalay, Melanchthon, 282).

297 Ergänzend zu der bereits erwähnten Literatur sei verwiesen auf die zahlreichen Einzelstudien

politischen und kirchlichen Herausforderungen (Türkenherrschaft; Buch-
zensur) in das Karpatenbecken; dies auch dank dem Umstand, dass die Stadt
Basel, die Universität und die Basler Buchdrucker im Rahmen des Programms,
welches auf den Buchdruck ausgerichtet war, gut zusammenarbeiten. Die
Druckereien der Stadt nahmen an Reiligionsstreitigkeiten jener Zeit nicht in
dem Masse teil wie zum Beispiel die angrenzende Stadt Strassburg; lange Zeit
konzentrierten sich die Basler Buchdrucker auf die kritische Ausgabe von
Werken der klassischen Antike und der Kirchenväter und erreichten höchste
wissenschaftliche Qualität. Deshalb liessen viele, auch ungarländische Humanisten ihre eigenen Werke in Basel herausgeben. Darunter fanden sich
zudem immer wieder Schriften unorthodoxer Denker,[298] da für mehrere Basler
Buchdrucker die „Reformatoren" lange Zeit einfach Humanisten waren.[299]
Diese Haltung der Basler Buchdrucker war insbesondere für den Transfer
reformatorischer Schriften – sei dieser durch den Handel oder durch die
Peregrination geschehen – von grossem Vorteil. So wurden öfters, seit den
1540er Jahren verstärkt, reformatorische Werke gemeinsam mit humanistischen Schriften verbreitet.[300]

Die Auswertung der historischen Buchbestände im Karpatenbecken belegt
damit, dass der Buchtransfer nach der Schlacht bei Mohács trotz des Mangels
eines organisierten Buchhandels in Kongruenz zur zunehmenden Gelehrtenperegrination intensiviert werden konnte. Die vorgänge Feststellung, dass
die Stellungnahme der damaligen europäischen Humanisten und Reformatoren zur Türkenfrage für die ungarländischen Gelehrten ein grundlegendes
Kriterium ihrer geistigen Orientierung und Ausrichtung war, wird durch die
ausgewerteten historischen Buchbestände insofern bestätigt, dass der Transfer von Werken aus Basler Buchdruckereien für die geistesgeschichtliche
Entwicklung von zentraler Bedeutung war.[301]

Die geistesgeschichtliche Bedeutung des Buchtransfers kann man sich am
besten vergegenwärtigen, wenn die Reaktionen des königlichen Hofes sowie
der römischen Kirche auf die Ausbreitung der Reformation bedacht werden.
So wandte sich Ferdinand I. bereits im August 1527 energisch gegen die

im Smolenitzer Konferenzband (vgl. ČIČAJ, Orbis), die in mannigfacher Weise belegen, dass
Basler Drucke in Ostmitteleuropa eine beherrschende Stellung einnahmen.

298 Es sei beispielsweise auf Schriften der „Nonkonformisten" Castellio oder Ochino verwiesen,
die später auf den *Index librorum prohibitorum* kamen (vgl. GILLY, Zensur, 147–176; DERS.,
Spanien; BALÁZS, Fiktion, 191–203; CANTIMORI, Häretiker; u.s.w.).

299 Dies ist auch einer der Hauptgründe dafür, dass in Basel, bereits vor Beitritt der Stadt zur
Reformation in grosser Zahl Schriften der Reformation, insbesondere Luthers und Melanchthons, erschienen; es ist beispielsweise an Luthers *Von der Freiheit eines Christenmenschen*
oder an Melanchthons *Loci communes* zu denken.

300 Zum Ganzen vgl. MONOK, Buchdruck, 33 ff; BIETENHOLZ, Buchdruck, 7 f.

301 Der Zusammenhang von kirchlichen Reformen, Buchdruck und konfessioneller Identität in
Ostmitteleuropa wurde im Jahre 1999 auf einer Konferenz in Klausenburg aus verschiedenen
Blickwinkeln untersucht (vgl. CRĂCIUN, Identity).

Ketzerei der „Zwinglianer" und „Oekolampadianer".[302] Dass explizit „Oekolampadianer" erwähnt werden, ist insofern bemerkenswert, weil Oekolampad
zu dieser Zeit ja noch Mitarbeiter von Erasmus war und in Basel die Reformation noch gar nicht eingeführt worden war. Dies zeigt, dass man sich am
Hofe Ferdinands sehr wohl um die humanistische Ausrichtung der schweizerischen Reformation bewusst war.

Es scheint, dass vor allem in den Gebieten Oberungarns und des benachbarten Mährens[303] der „linke Flügel" der Reformation Erfolg hatte. So hielt
bereits im April 1528 der spätere Wiener Bischof Johannes Fabri anlässlich des
mährischen Landtages in Znaim (Znojmo, CZ) eine Predigtreihe gegen die
Täufer, die er dem Olmützer Bischof Stanislav Thurzó widmete.[304] Seit März
1529 lehrte der Anabaptist Andreas Fischer in Leutschau;[305] 1530 hätte ein
gewisser Antonius „Transylvanus" in Kaschau versucht, die „dogma Sacramentariorum, imo & Anabaptistorum" einzuführen;[306] 1531 sei ein Izaiás
Lang aus Mähren, auch er ein Anabaptist, nach Bartfeld gekommen.[307] Auf
diesem Hintergrund ist es verständlich, dass der Graner Erzbischof Pál Várday
im April 1530 seiner Besorgnis über die Ausbreitung von Lehren der „Arria-
norum, […] Waldensium, […] Anabaptistarum, Oecolampadianorum, […]"
in Schemnitz Ausdruck gab.[308] Erneut wurde die schweizerische Reformation
mit dem linken Flügel identifiziert.

Doch trotz aller Besorgnis und aller Verurteilungen wurden die Schriften
Zwinglis und Oekolampads weiter verbreitet. Schliesslich wandte sich Jo-
hannes Fabri im Jahre 1533 im Auftrag von Ferdinand I. an Papst Clemens
VII., Schriften aufzählend, die explizit gegen Zwinglis Irrlehre verfasst worden
seien.[309] Fabri ist zu der Zeit, als Erasmus das *Novum Instrumentum* (1516)
herausgab, Kanonikus in Basel gewesen; zwischen den beiden Humanisten
Erasmus und Fabri entwickelte sich eine intensive Freundschaft, die bis zum
Todesjahr von Erasmus andauerte.[310] Obwohl anfänglich der Reformation
Zwinglis zugetan, entwickelte sich Fabri bald zu einem der schärfsten Gegner
der Reformation.[311] Im Jahre 1536 verfasste er erneut einen „cathalogus li-

---

302 Vgl. Erlass von Ferdinand I., 20. August 1527, in: ETE I, Nr. 332 (Neudruck: MECENSEFFY,
     Quellen, 9).
303 Zu Mährens reformationsgeschichtlicher Stellung vgl. BERNHARD, Mähren, 43 – 67 (vgl. oben
     S. 86, sowie unten S. 244).
304 Vgl. JOHANNES FABRI, Sermones aliquot, Wien 1528, A2ʳ⁻ᵛ.
305 Vgl. VESELÝ, Leudischer, 68.
306 Vgl. SEVERIN SCULTETUS, Hypomnema sive Admonitio brevis […], Bartfeld 1599, 17 (= ETE
     II, Nr. 86).
307 Vgl. BODNÁROVÁ, Reformation, 29 f; DANIEL, Bartfeld, 42.
308 Vgl. Pál Várday an Pfarrer von Schemnitz, 29. April 1530, in: ETE II, Nr. 41.
309 Vgl. König Ferdinand I. an Papst Clemens VII., 5. August 1533, in: Adattár 11, 32 f.
310 So erwähnt Erasmus noch im August 1535 gegenüber Peter Tomiczki in Krakau, dass „Ioannes
     Fabri, Episcopus Viennenses, Regis Ferdinandis consiliarius, ad me scripsit, […]" (Erasmus an
     Peter Tomiczki, 31. August 1535, in: Allen XI, Nr. 3049).
311 Seitdem sich Fabri deutlich von der Reformation distanziert hatte, insbesondere seit den

brorum tam catholicorum, quam hereticorum, [...]". Darin werden einerseits ganz allgemein Schriften von „Zwinglius, Oecolampadius, Lampertus" erwähnt, andererseits werden spezifische gegenreformatorische Schriften aufgelistet; darunter finden sich auch Schriften wie *Confutatio quarundam haeresium Lutheri, De intercessione sanctorum adversus apostatam Oecolampadium* oder *Defensio catholicae fidei adversus anabaptistas.*[312]

Fabri war nicht der einzige Bischof, der sich mit Schriften Zwinglis und Oekolampads beschäftigt hatte. So wissen wir aufgrund eines Exlibris-Eintrages, dass der bereits erwähnte Wardeiner Bischof György Martinuzzi 1538 die *Epistolarum libri quatuor* (Basel 1536), also den gedruckten Briefwechsel zwischen Oekolampad und Zwingli, erworben hatte.[313] Martinuzzi war, wie diverse Gewaltmassnahmen gegenüber den reformatorischen Bewegungen belegen, ein energischer Gegner der Reformation;[314] nicht erstaunlich, dass er seit den 40er Jahren auch die Ausbreitung von Schriften Calvins mit grosser Besorgnis beobachtete und Juraj Drašković, der spätere Bischof von Fünfkirchen, ihm – Martinuzzi war sein Onkel – die bereits erwähnte Schrift *Confutatio eorum quae dicta sunt a Ioanne Caluino sarcramentario, super verbis Domini Hoc est corpus meum* (Padua 1551) widmete. Drašković' Widmung verweist darauf, dass die Lehre Calvins um 1550 in der Diözese Grosswardein bekannt gewesen sein muss.[315] Aufgrund des Studiums von Schriften Calvins beurteilte Drašković Calvin wie Karlstadt, Zwingli und Oekolampad als „Sakramentarier".[316] Wie kam aber Drašković dazu, Calvin als

---

1530er Jahren, wandte sich Bullinger energisch gegen dessen Schriften (vgl. HBBW I, Nr. 18. 90. 95. 98. 101. 108; u.s.w.). Zu Fabris Verhältnis zur Reformation vgl. HELBLING, Fabri; BULLINGER, Briefwechsel I, 115.

312 Vgl. Johannes Fabri: Cathalogus librorum tam catholicorum, quam haereticorum, 1536, in: Adattár 11, 34 f.

313 Standortsignatur des Werkes in der Teleki-Bibliothek in Neumarkt a.M.: T f-96 a (vgl. SPIELMANN-SEBESTYÉN, Catalogus II, 21 f).

314 Es ist beispielsweise zu erwähnen, dass Martinuzzi Mitte der 1540er Jahre die Reformgesinnten Siebenbürgens beim türkischen Pascha in Ofen angezeigt haben soll (vgl. Oswald Myconius an Heinrich Bullinger, 22. Februar 1546, StAZ: E II 336a, 226 [= im Druck: HBBW XVI]). Das in demselben Brief erwähnte „Verhör" vor dem türkischen Pascha in Ofen, betraf allerdings eine Anklage der „Reformgesinnten" durch die Altgläubigen in Mittelungarn, und nicht in Siebenbürgen: Am 21. Dezember 1545 mussten nämlich dessentwegen, weil sie die Götzen und Bilder aus ihrer Kirche beseitigt hatten, die Einwohner von Ráckeve (*dt.* Rautzenmark), das vier Meilen von Ofen entfernt lag, vor dem Pascha erscheinen, mit dem Ertrag, dass der Pascha den „Reformgesinnten" Recht gab (vgl. oben S. 109).

315 Tatsächlich wandte sich Drašković 1552 an die Wiener Hofkanzlei und stellte klar, dass die „Sakramentarier" (vgl. oben S. 49 [Anm. 56]) sich auch im Gebiet von Grosswardein und im Partium ausbreiten würden (vgl. Juraj Drašković an Wiener Hofkanzlei, 10. Juli 1552, in: BUNYITAY, Hitujítás, 398 f).

316 Vgl. JURAJ DRAŠKOVIĆ, Confutatio eorum quae docta sunt a Ioanne Caluino sarcramentario, super verbis Domini Hoc est corpus meum [...], Padua 1551, A4^{r-v}. E3^{r}. F^{r-v} (vgl. BERNHARD, Wirkung, 27).

Sakramentarier zu bezeichnen?[317] Wie bereits erwähnt, basierte Drašković'
Widerlegung der calvinischen Abendmahlslehre auf der Lektüre von Calvins
Commentarius in priorem Epistulam Pauli ad Corinthios (Strassburg 1546),
und zwar des elften Kapitels, konkret der Auslegung der Einsetzungsworte
„Hoc est corpus meum".[318] Drašković erkannte bei Calvin insofern „sakra-
mentarisches" Gedankengut, weil er dieselben Argumente wie die „Sakramentarier" (tropische Redeweise, Ablehnung der Ubiquität Christi) benutze.[319] Tatsächlich verwies Calvin bereits zu Beginn des Abschnitts auf die
tropische Redeweise, die „locutionem figuratam" Christi,[320] die von Drašković
in Bezug auf das Abendmahl aus verschiedenen Gründen abgelehnt wurde.
Nach Calvin würde Christus ja „Sophistarum more" handeln, wenn er etwas
anderes sage und zeige, als er darunter verstehe.[321] Darum sei die Unterscheidung zwischen Zeichen und Sache, welche die „sacramentarii" vornehmen würden, reine Wortklauberei; es gehe darum, Christi Worten „hoc est
corpus meum, hic est sanguis meus" zu glauben.[322]

Schwerer tat sich Drašković damit, Calvins Äusserungen zur Frage, wo der
Leib Christi sich befinde, zu widerlegen. Calvin lehnte nämlich die „unsin-
nige" Ansicht ab, dass der „corpus Christi infinitum esse [...], nec ullo spacio

317 Es bleibt daran zu erinnern, dass der Vorwurf an die „Sakramentarier" der war, dass sie unter
     den Sakramenten nur „heilige Zeichen" verstehen würden, die keine Selbstwirksamkeit hätten
     Die Frage der Selbstwirksamkeit der Sakramente beschäftigte eben gerade Calvin und Bul-
     linger in ihren Verhandlungen im Vorfeld des *Consensus Tigurinus* (1549), um sich schliesslich
     – nach hartnäckigem Beharren Calvins – darauf zu einigen, dass die Sakramente nicht blosse
     Zeichen seien, ihre Wirksameit aber allein durch die mit ihnen verbundene und die Gläubigen
     zum Glauben an Christus führende Verheissung (*promissio*) bestehe (vgl. Consensus Tigurinus
     1549, in: RBS 1/2, 482 – 488).
318 Vgl. JOHANNES CALVIN, Commentarii in priorem epistolam Pauli ad Corinthios [...],
     Strassburg 1546, 181^v–184^r.
319 Beide Argumente hat Zwingli seit den 1520er Jahren in seiner Argumentation gegen die lu-
     therische Abendmahlslehre verwendet (vgl. LOCHER, Grundzüge, 262ff [mit zahlreichen
     Quellenbelegen]). Nach dem Tode Zwinglis und Oekolampads (1531) wurde diese Argumen-
     tationsweise von allen Reformatoren der Schweiz – in Zürich von Bullinger und Jud, in Basel
     von Myconius, in Bern von Megander, in Chur von Comander oder in St. Gallen von Vadian –
     übernommen und fand in der *Confessio Helvetica posterior* (1566) bekenntnisgültigen Cha-
     rakter für den reformierten Protestantismus (vgl. HEINRICH BULLINGER, Confessio Helvetica
     posterior 1566, in: RBS 2/2, 332 [21. Kap.]).
320 Vgl. „Panem Christum vocat corpus suum. Nam insulsum illud commentum absque dispu-
     tatione repudio: non panem ostendisse Dominum Apostolis, sed corpus, quod oculis cerne-
     bant. Sequitur enim continuo: hic calix nouum testamentum est in meo sanguine. Sit ergo extra
     controversiam: Christum hic de Pane loqui. Nunc quaeritur, quo sensu. Vt sensum eruamus:
     tenendum est, locutionem esse figuratam. Nam id negare, est certe nimiae improbitatis. Cur
     ergo appellatio corporis Pani tribuitur? Omnes, puto, concedent, eadem ratione, qua spiritum
     sanctum Ioannes columbam uocat. Hactenus conuenit. Porro in spiritu ista fuit ratio, quod sub
     columbae specie apparuerat. Transfertur ergo spiritus nomen ad signum usibile. Cur hic
     negemus similem esse metonymian: nomenque corporis Pani tribui, quia eius signum sit aut
     symbolum?" (CALVIN, Commentarii ad Corinthios, 181^v–182^r).
321 Vgl. DRAŠKOVIĆ, Confutatio, B^v.
322 Vgl. ibidem, B2^{r-v}.

contineri, sed implere coelum pariter & terram instar diuinae eius essentiae."[323] Damit distanzierte er sich klar von Luther, der gegenüber den Schweizern immer wieder die Ubiquität Christi, das heisst die Realpräsenz der menschlichen Natur Christi im Abendmahl, betont hatte.[324] Calvin sprach sich auch im *Catéchisme de l'église de Genève* (1542) klar gegen die leibliche Präsenz Christi im Abendmahl aus, lehnte also die Ubiquitätslehre ab.[325] Was sollte aber Drašković schreiben? Einerseits nämlich lehnte Thomas von Aquin die Ubiquität der menschlichen Natur Christi ab,[326] andererseits aber hatte sich Luther bei der Entwicklung der Ubiquitätslehre Überlegungen Wilhelm von Ockhams und Gabriel Biels zunutze gemacht.[327] Wenn also Drašković Calvins Ablehnung der Ubiquitätslehre widerlegt hätte, dann hätte er sich auch gegen Wilhelm von Ockham stellen müssen; dies hätte sich jedoch schlecht mit den Ausführungen in seiner Schrift *De veritate sacramenti Eucharistiae Sententia*[328] vertragen, in der er das in der wahren Kirche „einheitliche" Verständnis der Eucharistie von Cyprian bis Duns Scotus nachzuweisen versucht hatte.[329] Den Universalienstreit zwischen Realisten (*via antiqua*) und Nominalisten (*via moderna*) überging er dabei geschickt. Drašković selbst war ein Vertreter der *via antiqua*[330] und wies darum wohl wie Calvin die lutherische Ubiquitätslehre zurück. Es ist vor diesem Hintergrund verständlich, dass Drašković Calvins Ablehnung der Ubiquität Christi einfach überging und ihn einfach als „Sakramentarier" verurteilte.[331] Offenbar stellte zu dieser Zeit aus Sicht der römischen Kirche bereits die „sakramentarische" und nicht mehr die lutherische Reformation die Gefahr dar. Diese Bewertung der beiden Reformationsrichtungen wurde auch von König Ferdinand I. geteilt, auf dessen Wunsch der ungarische Landtag – als Reaktion auf das Augsburger Interim – 1548 ein Gegenreformationsgesetz erlassen hatte, in welchem nur die „anabaptistas et sacramentarios" erwähnt wurden, die Lu-

---

323   CALVIN, Commentarii ad Corinthios, 183[r].

324   Es ist insbesondere an Luthers Schrift *Kurtz Bekentnis vom heiligen Sacrament* (Wittenberg 1544) zu erinnern, in der er die „Schwermer und Sacraments feinde, Carlstadt, Zwingel, Oekolampad" angegriffen hatte (vgl. MARTIN LUTHER, Kurtz Bekentnis vom heiligen Sacrament (1544), in: WA 54, 141); vgl. MÜHLING, Bekenntnis, 449 f.

325   Vgl. JOHANNES CALVIN, Le Catéchisme de l'église de Genève, in: RBS 1/2, 359 [Fragen 354 f.].

326   Umso mehr betonte Drašković, dass Thomas von Aquin in der zehnten *Distinctio* des vierten Buches der Sentenzen ausführe, dass „in hoc Sacramento uerum Christi corpus continetur (quaestione prima). Et anima concomitantur non ui Sacramenti (quaestione secunda). Et sanguis & caro sub specie uini eodem modo (quaestione tercia)." (DRAŠKOVIĆ, Confutatio, F[r]).

327   Vgl. ISERLOH, Gnade, 174. 197 ff. 253–266.

328   Die Schrift *De veritate sacramenti Eucharistiae Sententia* bildete den zweiten Teil von Drašković' *Confutatio eorum quae dicta sunt a Ioanne Caluino sarcramentario* (1551) (vgl. DRAŠKOVIĆ, Confutatio, E2[r]–F2[v]).

329   Vgl. DRAŠKOVIĆ, Confutatio, E4[v]–F[r].

330   Bezeichnenderweise beruft er sich in seiner *Sententia* bei den Scholastikern auf die Realisten Anselm von Canterbury, Thomas von Aquin und Duns Scotus.

331   Zu Drašković' Widerlegung von Calvins Berufung auf Augustin vgl. BERNHARD, Wirkung, 31 f.

theraner hingegen nicht.[332] Auch Drašković' Zuordnung Calvins zu den „Sakramentariern" hatte zur Absicht, der weiteren Verbreitung von Schriften der schweizerischen Reformation, insbesondere Calvins und Bullingers, entschiedener entgegenzutreten.[333]

Die angedeuteten Reaktionen des Königshofes und der römischen Kirche auf die Ausbreitung reformatorischer Strömungen und ihrer Schriften illustrieren das ungeminderte Funktionieren des Buchtransfers in die Länder der Stephanskrone nach der Schlacht bei Mohács. Obwohl dadurch die reformatorisch gesinnten Kräfte, auch im türkisch besetzten Mittelteil, in ihren Bemühungen nachhaltig unterstützt wurden, standen, wie János Fejérthóy an Bullinger berichtet, die „am Wort Gottes treu festhaltenden Gläubigen und Pastoren" in einer Art Zweifrontenkrieg, „cum idolorum cultu, tum etiam Turcica servitute"; die durch den Buchtransfer nach Ungarn und Siebenbürgen gelangten reformatorischen Schriften seien darum besondere Ermutigung und Richtschnur.[334] Während die Türken kaum jemanden zum Islam gezwungen haben, waren die zahlreichen Bemühungen des Wiener Hofes und der römischen Kirche zur Eindämmung der reformatorischen „Ketzerei" mehrfach gewaltvoll. Dank der latenten Türkengefahr blieben sie aber weitestgehend erfolglos. Die Mehrheit der Bevölkerung im habsburgischen Landesteil des dreigeteilten Ungarn wurde im Laufe des 16. Jahrhunderts protestantisch.

---

332 Vgl. Art. V und XI des Pressburger Landtages von 1548, in: ETE V, Nr. 84; BUCSAY, Protestantismus I, 140 f. In einer jüngeren Studie äussert CSEPREGI seine Zweifel, ob die Lutheraner im Gesetzesartikel XI tatsächlich stillschweigend geduldet worden sind (vgl. CSEPREGI, Konfessionsbildung, 259. 264 ff); wir teilen diese Zweifel nicht.

333 Die kritischen Überlegungen von CSEPREGI, ob mit den „Sacramentarii" tatsächlich die Vertreter der schweizerischen Reformation gemeint seien und nicht doch eher andere Vertreter der linken Reformation, z. B. Schwenkfeldianer, sind wohl abzulehnen. Spätestens seit den frühen 1540er Jahren wurde nämlich der Ausdruck „Sacramentarii", infolge mehrerer polemischer Schriften Luthers, insbesondere für die Vetreter der zürcherischen Reformation gebraucht. Nach dem Abschluss des *Consensus Tigurinus* (1549) wurde von den Vertretern der lutherischen Reformation sowie der katholischen Reform „verständlicherweise" auch Calvin den „Sacramentarii" zugeordnet. Natürlich schliesst dies nicht aus, dass im Gegenreformationsgesetz von 1548 unter den „Sacramentarii" auch die Böhmischen Brüder, die allerdings der helvetischen Richtung der Reformation theologisch nahe standen, gemeint sein konnten (vgl. CSEPREGI, Kálvin, 166 f; SZABÓ, Reformáció, 120 f).

334 Vgl. János Fejérthóy an Heinrich Bullinger, 26. März 1551, in: BULLINGER, Confessio (1866), 99 ff; vgl. Ambrosius Moibanus an Johannes Calvin, 24. März 1552, in: CO XIV, Nr. 1615. Die Türken haben vor allem Jugendliche angeworben und beschnitten („Janitscharen") (vgl. Zsigmond Gyalui Torda an Philipp Melanchthon, 16. Juni 1546, in: MBW, Nr. 4287; von diesem Brief hat übrigens Krzysztof Trecy (Christoph Thretius) an Bullinger eine Kopie übermacht [vgl. Krzysztof Trecy an Heinrich Bullinger, 11. März 1562, ZBZ: F 40, 544]).

2. Das „Programm" der ungarischen Reformation

Humanistische und reformatorische Schriften kamen oft von den Humanistenzentren Krakau, Wien oder Basel her nach Ungarn. Krakau spielte eine besondere Rolle für Oberungarn, Wien war wichtig für Westungarn und Basel nahm eine besondere Stellung für Siebenbürgen ein.[1] Einen Aspekt des Buchtransfers aus diesen Humanistenzentren haben wir bislang noch nicht beachtet. Es ist das Vorhandensein verschiedener Kolligate aus dem 16. Jahrhundert in Bibliotheken Ungarns und Siebenbürgens; diese beinhalteten oft Werke der klassischen Antike oder von Humanisten gemeinsam mit reformatorischen Schriften.

Heute ist in der bischöflichen Bibliothek in Stuhlweissenburg ein Kolligat erhalten, das unter anderem verschiedene Schriften von Erasmus und eine von Melanchthon umfasst. Von Erasmus sind es Schriften zu Ovid, Augustin oder Hutten sowie eine Predigt,[2] von Melanchthon ist es seine *Ad Paulinae doctrinae studium adhortatio* (Basel 1520); diese Schriften dürften allerdings erst in Ungarn zu einem Kolligat vereint worden sein.[3] Anders verhält es sich mit einem Kolligat, das heute in Grosswardein aufbewahrt wird: Dieses enthält verschiedene Schriften, die 1540 in Basel bei Balthasar Lasius vereint worden sind, beispielsweise Reuchlins *De arte praedicandi*, Melanchthons *De officiis concionatoris*, oder Hepinus' *De formandis sacris concionibus*.[4] Gleichfalls in Grosswardein finden wir ein Kolligat mit zwei Schriften Bullingers – seine *Commentarii* zu Markus und zu den Paulusbriefen – und Pantaleons *Chronographia Ecclesiae Christianae* (Basel 1551).[5] In der Teleki-Bibliothek in Neumarkt a.M. wird heute Erasmus' *In novum Testamentum annotationes* (Basel 1555) zusammen mit Calvins *Opusculis omnia unum volumen collecta* (Genf 1552) als Kolligat aufbewahrt.[6] Auch in Tyrnau, Leutschau, Bartfeld oder

---

1 Dass der siebenbürgische Antitrinitarismus durch die Kontakte nach Basel bedeutend gestärkt wurde, belegen vor allem die Studien von Mihály BALÁZS (vgl. BALÁZS, Fiktion, 191–203).

2 Vgl. DESIDERIUS ERASMUS, Commentarius in Nuce Ovidii, […], Basel 1524; DERS., De contemptu mundi epistola […], s.l. 1523; DERS., Precatio dominica […], Basel 1523; DERS., Spongia […] adversus aspergines Hutteni, Basel 1523.

3 Beigefügt sind zwei weitere, in Ausgburg gedruckte Schriften von Caspar Schatzger (Standortsignatur des Werkes in der bischöflichen Bibliothek in Stuhlweissenburg: Ant. 71).

4 Standortsignatur des Werkes in katholischen Kirchendistriktsbibliothek in Grosswardein: Káptalan 594 (Ant. 5; Ant. 124).

5 Standortsignatur des Werkes in der Bibliothek des Domkapitels in Grosswardein: Buk.N.Kvt. 210.211.1024.

6 Standortsignatur des Werkes in der Teleki-Bibliothek in Neumarkt a.M.: B f-109. Das Kolligat wurde 1561 von dem Siebenbürger Ungar Ferenc „Zackmarius", der 1560 in Wittenberg studiert hatte, angeschafft (vgl. SPIELMANN, Catalogus I, 256; SZABÓ, Erdélyiek, 53).

Klausenburg lassen sich Kolligate finden, die humanistische und reformatorische Schriften vereinen.

Die angeführten Beispiele verdeutlichen, dass weder in Basel noch in Ungarn oder Siebenbürgen humanistische und reformatorische Schriften konsequent unterschieden wurden, sondern oft als Reformschriften „vereint" und „geistig zusammengehörend" verstanden worden sind. Tatsächlich war der Übergang vom erasmischen Reformhumanismus zur Reformation fliessend und oft kaum bemerkbar. Dies führte dazu, dass auch Erasmianer, die der alten Kirche treu geblieben sind, als Reformationsanhänger verdächtigt werden konnten, ja Erasmus selbst, die Identifikationsfigur des ungarischen Humanismus, bereits in den 1530er Jahren als Häretiker verurteilt werden konnte. Besonders interessant ist diesbezüglich ein Brief des Franziskaners Kristóf Kassai, der Ferdinand I. über die in Gyula abgehaltene Synode informierte. Luther und seine Lehre wird im Brief erschöpfend widerlegt; daraufhin hielt Kassai fest: „De Erasmo quoque Rotterdamo idem, quomodo solemnis omnium universitatum mater et schola Parisiensis: haereticum sententialiter adiudicavit, [...]"[7] Luthers Schriften wurden bereits 1523 verurteilt, doch eine gleichsetzende Verurteilung („idem") von Erasmus war im Stephansreich bislang nicht mehrheitsfähig gewesen; die Synode von Gyula erkannte aber, dass die „Gefahr" weniger von Luthers Schriften, denn vielmehr von dem weitverbreiteten erasmischen Reformhumanismus ausging. So stand eben gerade der Umkreis von Königin Maria von Ungarn – erwähnt seien Miklós Oláh oder Johannes Henckel – in persönlichem Briefverkehr mit Erasmus. Und auch die Magnatenhöfe waren, wie dargestellt worden ist, vom erasmischen Bildungsprogramm weitestgehend geprägt. Wie klein schliesslich der Schritt zur Reformation war, wusste die römische Kirche sehr wohl.

2.1 Erasmische Methode mit reformatorischem Inhalt

Als der Humanist Gábor Pesti, der 1536 erstmals die Evangelien in ungarischer Sprache herausgab,[8] im Vorwort zu dem von Honterus heraugegebenem *Epitome adagiorum Graecorum & Latinorum* (Kronstadt 1541) die Bedeutung der Kronstädter Schule betonte, ging es ihm darum aufzuzeigen, welche Rolle die Schule als Vermittlerin von humanistisch-reformerischen Ideen für die geistige Entwicklung eines Gebietes bzw. eines Landes einnehme.[9] Eine Untersuchung derjenigen Werke, die als massgebendste und wirkungsvollste Lehrbücher für die Schule erachtet und darum in Kronstadt auch gedruckt – es

---

7 Kristóf Kassai an Ferdinand I., 1. Juni 1533, in: ETE II, Nr. 223.
8 Vgl. unten S. 157 f.
9 Vgl. Gábor Pesti: Praefatio, in: Johannes Honterus, Epitome adagiorum Graecorum & Latinorum (Kronstadt 1541), in (Neudruck): Monok, Humanistes, 21 – 24.

waren meist Teil- oder Nachdrucke bereits erschienener Werke – wurden, zeigt, dass es sich vor allem um solche handelt, deren Herausgeber bzw. Autoren gemeinhin als Träger des erasmischen Bildungsprogrammes galten.[10] Die Honterus-Schule in Kronstadt stellt diesbezüglich keinen Einzelfall dar. Auch in anderen Schulen wurde entsprechend dem erasmischen Bildungsprogramm unterrichtet.[11] Es sind beispielsweise die Schulen in Kaschau, in Sárvár, diejenigen in Pápa sowie Sárospatak,[12] oder die Schule in Bartfeld zu erwähnen.[13] So stellen die von Leonhard Stöckel verfassten *Leges Scholae Bartphensis* (1540)[14] eine Synthese zwischen humanistisch-pädagogischer Methode und reformatorischen Inhalten dar.[15] Da der grössere Teil der Träger der ungarischen Reformation – wir denken an Ferenc Dávid oder Benedek Abádi, an István Szegedi Kis oder Péter Bornemissza u.s.w. – eine der genannten Schulen besucht hat, hat die erasmische Methode auch die Eigenart der ungarländischen Reformation nachhaltig geprägt. Den verschiedenen Aspekten dieser Methode wollen wir uns in aller gebotenen Kürze widmen.

a. Loci-Methode

Die Loci-Methode wird von Erasmus erstmals 1512 in seiner Schrift *De duplici copia verborum ac rerum* erläutert: Der einzelne Gelehrte soll, damit das enzyklopädische Wissen nicht verloren geht und jederzeit wiedergefunden werden kann, gewissermassen Stellen- bzw. Loci-Sammlungen anlegen. Diese Begriffe (*Loci*) sollen durch verwandte, gegenteilige oder sonst in einer Beziehung stehende weitere Begriffe ergänzt werden; auch Literaturbelege und andere wichtige Hinweise seien dem entsprechenden *Locus* beizufügen.[16] Erasmus übertrug die Loci-Methode 1519 in seiner Schrift *Ratio seu methodus* auch auf die Theologie. Dies wurde schliesslich von Philipp Melanchthon, der in Wittenberg sogleich nach dem Antritt seiner Lehrtätigkeit in

---

10 Vgl. MONOK, Drucker, 209 ff; NUSSBÄCHER, Beiträge, 43; BOTTA, Reformáció, 274 ff.

11 Vgl. ASCHE, Bildungsbeziehungen, 37 f.

12 In beiden Städten bestand seit den 1530er Jahren eine Schule mit humanistisch-reformerischer Ausrichtung, aus der später reformierte Kollegien entstanden; anders als in mancher Forschungliteratur zu lesen ist, kann allerdings in den 1530er Jahren noch nicht eigentlich von protestantischen Schulen gesprochen werden (vgl. BERNHARD, Collèges, 165; SZABÓ, Humanizmus, 29 ff; KÖNTÖS, Kollégium, 11; THURY, Főiskola, 3 f).

13 Vgl. SCHWARZ, Lumen, 61 ff; DANIEL, Bartfeld, 43 f; FATA, Bartfeld, 163–170.

14 Gedruckt in: JOHANN SAMUEL KLEIN, Nachrichten von den Lebensumständen und Schriften Evangelischer Prediger in allen Gemeinen des Königreichs Ungarn, Leipzig/Ofen 1789, 332–341.

15 Wie Melanchthon und Johannes Sturm legte Stöckel besonderes Augenmerk auf „sapiens et eloquens pietas" als oberstes Lernziel (vgl. DANIEL, Bartfeld, 43).

16 Vgl. DESIDERIUS ERASMUS VON ROTTERDAM, De duplici copia verborum ac rerum, Paris 1512 (weitere Aufl., an verschiedenen Orten), Kap. 2.

Kontakt zu den dortigen Humanisten trat,[17] in seinen *Loci communes* (1521) übernommen. Die von Erasmus begründete Loci-Methode wurde im ganzen Humanismus und später vor allem im reformierten Protestantismus reichlich rezipiert und bildete Grundlage verschiedener enzyklopädischer Werke.[18]

Es wurde bereits ausgeführt, dass in der Schule von Kaschau seit 1521/22 anhand der *De duplici copia verborum ac rerum* von Erasmus gelehrt wurde, die Studenten also Erasmus' Loci-Methode lernten.[19] In Kaschau ist bei Cox auch Leonhard Stöckel in die Schule gegangen.[20] Später hat Stöckel in Bartfeld gleichfalls die Loci-Methode, insbesondere auch in den theologischen Diszi-plinen, angewendet; als Melanchthon-Schüler benutzte Stöckel vor allem dessen *Loci communes* als Lehrbuch, ja gab das Werk sogar noch selbst mit *Annotationes* heraus.[21] Melanchthons *Loci communes* hat auch der sloweni-sche Reformator Primož Trubar geschätzt, weswegen er diese als Einleitung zur Bibelübersetzung von 1557 ins Slowenische übersetzte.[22] Auch in Sárvár wandte Sylvester die Loci-Methode an, in Kronstadt bildete sie Arbeits-grundlage in der Honterus-Schule; obwohl wir aus den Anfängen der Schulen in Pápa und Sárospatak kaum etwas wissen, dürfen wir davon ausgehen, dass aufgrund der Loci-Methode gearbeitet wurde. Diente doch *De duplici copia* von London bis Krakau durch Jahrzehnte als das Lehrbuch.[23]

Wenn auch sich in den 1540er Jahren die traditionelle Route der ungar-ländischen Peregrination – der Besuch der Universität Krakau als Vorberei-tung auf weitere Studien an anderen Universitäten – änderte, kam dies nicht einem Verlust der humanistischen Ausbildung gleich; auch an den neu ge-gründeten Schulen in Ungarn und Siebenbürgen wurde die Loci-Methode konsequent angewendet, wodurch die Schüler auf das erwünschte Studium vorbereitet werden konnten.[24] Wir sehen dies insbesondere an zahlreichen später erschienen reformatorischen Schriften, die den für die Loci-Methode typischen enzyklopädischen Aufbau aufweisen. Neben beispielsweise dem Klausenburger Lehrer Gergely Molnár (1530 – 1564),[25] der seinen *Catechesis scholae Claudiopolitanae […] in doctrina Christiana* (1564 – ?) die Loci-Methode zugrundelegte,[26] oder dem Debreciner Lehrer Tamás Félegyházi (†

---

17 Vgl. Kipf, Melanchthon, 95 – 117.
18 Vgl. Leu, Loci-Methode, 337 ff; Gordon, Melanchthon, 62 ff.
19 Vgl. Leonhard Cox an Erasmus, 28. Mai 1527, in: Allen VII, Nr. 1803.
20 Vgl. Fata, Einflüsse, 163 f; Škoviera, Stöckel, 42; Mészáros. Iskoláink, 41 f.
21 Vgl. Leonhard Stöckel, Annotationes locorum communium doctrinae christianae Philippi Melanchthonis, in: Philipp Melanchthon, Loci communes theologici […], Basel 1561.
22 Vgl. Badalić, Jugoslavica, Nr. 68. 70 (vgl. Sakrausky, Strömungen, 142 f. 176).
23 Vgl. Leu, Loci-Methode, 347 f; Kiss, Patriotism, 141 ff.
24 Vgl. Schwarz, Lumen, 69; Fata, Einflüsse, 167.
25 Gergely Molnár war seit 1558 Lektor der Schule in Klausenburg. Die Schule wurde Anfang der 1540er Jahre gegründet; erstes gesichertes Datum ist die Tätigkeit von Gergely Vizaknai als Rektor der Schule im Jahre 1545 (vgl. Szabó, Erdélyiek, 89; Török, Collégium, 5ff).
26 Vgl. Gergely Molnár, Catechesis scholae Claudiopolitanae ad pietatis studiosam iuventutem

1586), dessen *Loci communes* in ungarischer Sprache erstmals 1579 in Debrecen erschienen,[27] ist natürlich insbesondere auf István Szegedi Kis, den berühmtesten Systematiker des ungarischen Protestantismus, zu verweisen, dessen *Theologiae sincerae loci communes* zwar erst 1585 – auf Bestreben seines gleichnamigen Sohnes hin[28] – in Basel erschienen, dessen Tätigkeit als Lehrer in mehreren Schulen Ungarns (Gyula, Temeschburg u.s.w.) aber belegt, dass er die von Erasmus begründete und von Melanchthon wie auch Musculus übernommene Methode im Unterricht und in seinen theologischen Schriften konsequent angewendet hatte.[29] Durch die systematischen Schriften von Szegedi Kis wurden in Ungarn Generationen von Theologen geprägt, so dass noch im 17. Jahrhundert viele theologische Schriften entsprechend der Loci-Methode aufgebaut waren.

b. Sprachstudium und Lektüre der antiken Autoren

Erasmus räumte in seiner 1511 erstmals gedruckten pädagogischen Schrift *De ratione studii* der Grammatik die erste Stelle in der Ausbildung der Jugend ein:

Primum igitur locum Grammatica sibi vendicat, eaque protinus duplex tradenda pueris, graeca videlicet, ac latina. Non modo quod his duabus linguis omnia ferme sunt prodita, quae digna cognitu videantur, verum etiam quod utraque alteri sic affinis est, ut ambae citius percipi queant coniunctim, quam altera sine altera, certe quam latina sine graeca.[30]

Schliesslich soll auch die Lektüre nicht zu kurz kommen. Von den griechischen Autoren empfiehlt er vor allem Lukian, Demosthenes, Herodot, Aristophanes, Homer und Euripides, und von den lateinischen Terenz, Plautus, Vergil, Horaz, Cicero, Caesar und Sallust.[31]

An diesem Bildungsideal orientierten sich verschiedene Schulen in den Ländern der Stephanskrone; dies erstaunt nicht, wenn die grosse Anzahl ungarländischer Peregrinanten, die in Wittenberg bei Melanchthon studiert hat, bedacht wird. Einerseits ging es darum, die lateinische sowie griechische Sprache zu erlernen, andererseits der antiken Autoren Schriften zu lesen. Gemäss den *Leges Scholae Bartphensis* (1540) wurde allerdings in Bartfeld – in

in doctrina Christiana, Klausenburg s.d. [1564–1565] (vgl. Borsa, Drucke, Nr. 130–132; Zoványi, Reformáció 1565-ig, 429 f).

27 Vgl. Tamás Félegyházi, Az keresztieni igaz hitnek reszeiről való tanitas, Debrecen 1579 (vgl. Nagy Kálozi, Félegyházi, 771–803).

28 Vgl. Bryner, Schaffhausen, 480 f; Bucsay, Speculum, 73 f; MUB II, 319.

29 Vgl. Bucsay, Protestantismus I, 62 ff; Kormos, Reformáció, 721; Léanyi, Musculus, 7 ff. 74 ff. 113 ff.

30 Desiderius Erasmus von Rotterdam, De ratione studii ac legendi interpretandique autores libellus aureus, Strassburg 1519, Aij[r].

31 Vgl. Erasmus, Ratione, Aij[v].

Differenz zu Erasmus' Empfehlung – Griechisch erst in der oberen Stufe gelernt, währenddem Latein zum Lehrplan der unteren Stufe gehörte. Dennoch
wurden auch in Bartfeld täglich Werke der griechischen und lateinischen
Autoren wie Homer, Vergil, Ovid, Horaz, Cicero und Livius gelesen.[32] Natürlich hatten die Schüler auch die lateinische Dichtkunst zu erlernen.[33] Über die
Schule in Kronstadt hielt Gábor Pesti im Vorwort zur *Adagia*-Ausgabe fest,
dass die Schüler sich im Griechischen und Lateinischen „recte scribendi et
loquendi cognitio" aneignen müssten.[34] Dementsprechend ist in der Schulordnung von Kronstadt zu lesen, dass täglich eine Lektion in Griechisch gehalten werden solle.[35] Dies bedingte natürlich sowohl das Vorhandensein von
Grammatikbücher als auch von Schriften der klassischen Antike. So waren in
der von Perneszith betreuten Bibliothek der Schule in Sárvár beispielsweise
Werke von Livius, Seneca, Hippokrates, Lukian, Plutarch und Vergil sowie ein
„lexicon Graecorum" vorhanden.[36]

Eines der wichtigsten lateinischen Grammatiklehrbücher im Europa jener
Zeit war die in zahllosen Auflagen erschienene *Grammatica latina* (Hagenau
[1]1526) von Philipp Melanchthon, die in den 1550er Jahren auch in Kronstadt
und Klausenburg nachgedruckt wurde.[37] Für die Schulen in Ungarn und
Siebenbürgen war aber Honterus' *De grammatica libri duo* (Krakau [1]1532)
bzw. seine *Compendii grammatices libri duo* (Kronstadt [1]1539) dank der
zahlreichen Auflagen[38] von nicht geringerer Bedeutung. Die Hauptquellen der
Grammatik bildeten Arbeiten von Aventinus, Melanchthon sowie Henrich-
mann;[39] sie war für eher fortgeschrittene Schüler bestimmt, also zur Vorbereitung auf die Lektüre der klassischen Autoren. Weniger bahnbrechend war
Honterus' griechische Grammatik Συνόψεως γραμματικῆς βιβλία δύο (Kronstadt 1539), die vermutlich das erste Druckerzeugnis der Kronstädter Offizin
war.[40] In Zweifel steht, ob Valentin Wagner bereits 1535 seine griechische
Grammatik verfasst hat, die später in Kronstadt erschien;[41] jedenfalls hat
Valentin Wagner, der auch Lektor an der Kronstädter Stadtschule war, das
Studium der griechischen und lateinischen Sprache nachhaltig gefördert.

---

32 Vgl. Daniel, Bartfeld, 43 f; Fata, Einflüsse, 166 f; Škoviera, Stöckel, 42 ff.
33 Zu diesem Zwecke verfasste Stöckel auch seine *Apophthegmata illustrium virorum expositione
    Latina et rythmis Germanicis illustrata*, erschienen erst posthum in Breslau (1570), die auf
    Erasmus' *Apophthegmata libro octo* (1531) basierten (vgl. Frimmová, Erasmus, 93).
34 Vgl. Gábor Pesti: Praefatio, in (Neudruck): Monok, Humanistes, 22.
35 Vgl. Johannes Honterus, Constitutio Scholae Coronensis Anno MDXLIII, in: Mészáros, Is-
    koláink, 152 f (= Binder, Honterus [1996], 161 f [deutsche Übersetzung]).
36 Vgl. Kovács, Bornemissza, 84 ff.
37 Vgl. Philipp Melanchthon, Grammatica latina, Kronstadt s.d. [1554–1556]; ders., Gram-
    matica latina, Klausenburg 1556 (vgl. Borsa, Drucke, Nr. 80. 95).
38 Vgl. Nussbächer, Versuch, 153 f; ders., Beiträge, 23 ff; Borsa, Drucke, Nr. 8. 36. 63. 147.
39 Vgl. Ising, Grammatik, 44 ff.
40 Vgl. Borsa, Drucke, 12 f; Nussbächer, Beiträge, 21.
41 Die erste bekannte Ausgabe stammt aus dem Jahre 1549 (vgl. Borsa, Drucke, Nr. 44. 178; vgl.
    ibidem, 4).

Auch der weit verbreitete von Melanchthon und Camerarius besorgte *Libellus graecae grammaticae* (Leipzig 1548) soll in Kronstadt nachgedruckt worden sein.[42]

Natürlich können wir im Einzelfall nur selten feststellen, welche Lehrbücher verwendet worden sind. Die im Unterricht benutzten Schriften der klassischen Antike dürften oft die in ganz Ostmitteleuropa verbreiteten Basler Ausgaben gewesen sein. Besondere Beachtung verdienen hier aber auch die sehr zahlreichen Schriften klassischer Autoren, die in der Honterus-Druckerei, oft als auszugsweiser Nachdruck von Basler Ausgaben, seit 1539 erschienen. Wir denken dabei an die Ausgaben von Aristoteles, Hesiod, Platon, Seneca, Cicero oder Cato d. Ä.[43] Auch für den Schulgebrauch bestimmt war die Nilus-Ausgabe *Νείλου Μοναχοῦ κεφάλαια* (Kronstadt 1540), ergänzt durch eine Spruchsammlung des libyschen Klosterabtes Thalassius; bedeutend an diesem Druck ist, dass die Lehrsprüche des Nilus nach einer alten Handschrift, die Honterus in einer Bibliothek in der Walachei gefunden hatte, gedruckt wurden. Honterus selbst hat das Werk zusammen mit dem Manuskript an Michael Neander nach Basel geschickt.[44] Neander hatte das Werk schliesslich 1559 bei Oporin unter dem Titel *Nili episcopi et martyris capita, seu praeceptiones de Vita piè, Christianè ac honestè exigenda* mit lateinischer Übersetzung neu herausgegeben.[45]

Die Schul- und Druckerstadt Kronstadt etablierte sich, wie der Humanist Georg Reicherstorffer (~1495 – 1554) gleichfalls betonte,[46] immer mehr zu einem wichtigen ungarländischen Humanistenzentrum und nahm dank des Drucks von Grammatiken und zahlreicher Schriften der klassischen Antike bald für Schulen in Siebenbürgen und dem nahegelegenen Partium,[47] aber auch in den übrigen Teilen Ungarns eine grössere Bedeutung ein; letztlich unterstützte also die Honterus-Druckerei die Umsetzung der erasmischen Methode an verschiedenen Schulen in ganz Ungarn und Siebenbürgen.

---

42 Vgl. BORSA, Drucke, Nr. 40.

43 Vgl. NUSSBÄCHER, Beiträge, 25 ff; BORSA, Drucke, Nr. 3. 6. 9. 13. 19. 22.

44 Vgl. Michael Neander: Epistola nuncupatoria, in: MICHAEL NEANDER (Hg.), Nili episcopi et martyris capita, seu praeceptiones de Vita piè, Christianè ac honestè exigenda, Graecolatinè, Basel 1559, AA2[r-v].

45 Neander hat das Werk seinem *Liber aureus et scholasticus* (Basel 1559) als Anhang, nach *De Troiae excidio* des ägyptischen Dichters Tryphiodor, mit eigener Seitenzählung beigefügt. Noch heute wird die Basler Ausgabe von 1559 in mancher Fachliteratur fälschlicherweise als Erstausgabe des Nilus aufgeführt. Es handelt sich hier einzig um die erste Basler Ausgabe, denn es sollten noch zwei Nachdrucke folgen, einer in Basel, ein anderer in Leipzig (vgl. JOHANN JAKOB GRYNAEUS (Hg.), Monumenta S. Patrum Orthodoxagrapha, hoc est theologiae sacrosanctae ac syncerioris fidei doctores, [...] authores partim graeci, partim Latini [...], Basel 1569, 169 – 182; MICHAEL NEANDER (Hg.), Opus aureum et scholasticum in quo continentur [...], 2. Teil, Leipzig 1577, 10 – 33); vgl. NUSSBÄCHER, Versuch, 184 f; DERS. Beiträge, 174 f).

46 Vgl. WIEN, Humanisten, 94.

47 Das Partium, deren kulturell-geistiger Mittelpunkt Debrecen bildet, war bekanntlich seit 1570 der Oberhoheit der siebenbürgischen Fürsten unterstellt; dadurch konnten auch viele Drucke aus Kronstadt im Partium verbreitet werden (vgl. BALÁZS, Antitrinitarismus, 52).

c. Programm des Bibellesens

Wenn wir uns der Frage der Bibellektüre zuwenden, ist grundsätzlich festzuhalten, dass wir es in Ungarn mit einem Vielvölkerstaat zu tun haben:
Slowaken, Rumänen, Szekler, Ungarn, Kroaten, Slowenen, Sachsen, Schwaben
und nicht zuletzt Zigeuner lebten, je nach Zeit und Gebiet, in mehr oder
weniger freundschaftlicher Nachbarschaft nebeneinander.[48] Natürlich hat die
Bewegung des Bibelhumanismus bzw. das Programm des Bibellesens nicht
nur Ungarn und Sachsen betroffen, sondern auch Rumänen, Kroaten, Slowaken u.s.w., allerdings erst mit einer zeitlichen Verzögerung. Allerdings erschien bereits 1546 in Hermannstadt eine rumänische Übersetzung der vier
Evangelien, parallel gesetzt mit einer altkirchenslavischen Übersetzung. Diese
war wohl aber, wie aus dem Vorwort deutlich wird, vor allem für den liturgischen Gebrauch bestimmt;[49] dennoch mag sie auch dazu gedient haben, das
Evangelium zum Gemeingut zu machen – ist doch bereits 1544 aus der gleichen Druckerei mit kyrillischen Lettern ein evangelischer Katechismus in
rumänischer Sprache erschienen.[50] Natürlich war die von Primoz Trubar besorgte erste windische (slowenische) Übersetzung der Evangelien und der
Apostelakten, die 1557 in Tübingen gedruckt wurde, dazu bestimmt, dass
jeder die Bibel in seiner Muttersprache lesen konnte.[51] Im Jahre 1562/63 erschien – Trubar verfasste die Widmung dazu – in der Uracher Bibelanstalt
auch eine von Antun Dalmatin angefertigte kroatische Übersetzung des
Neuen Testaments;[52] auch sie sollte dem Bedürfnis nachkommen, die Bibel in
der Muttersprache zu verbreiten.[53]

---

48 Vgl. FATA, Ungarn, 1 ff; DUMITRAN, Relaţii; NÄGLER, Rumänen; BUCSAY, Protestantismus I, 3 ff.
   Dies ist freilich nicht nur ein Spezifikum Ungarns, sondern betrifft den ganzen ostmitteleuropäischen Raum (vgl. CRĂCIUN, Reform, 14 f).
49 Vgl. [ČETROVOROBLAGOVĔSTIE], [Hermannstadt 1546] (vgl. BORSA, Drucke, Nr. 32;
   MONOK, Humanistes, 50 f). Dem Nachwort ist zu entnehmen, dass der Druck am 22. Juni 7054
   [i.e. 1546] von Philipp Moldavenin (Moler) abgeschlossen worden ist; bereits Anfang der 1550er
   Jahre wurden die Evangelien nachgedruckt (vgl. BORSA, Drucke, Nr. 59). Auch die rumänische,
   in Kronstadt 1561 erschienene Übersetzung von Coresi war für den liturgischen Gebrauch
   bestimmt (vgl. BORSA, Drucke, Nr. 118; vgl. MONOK, Humanistes, 49–62; PÉTER, Bibellesen,
   23).
50 Vgl. [Întrebarea creştinească], [Hermannstadt 1544] (vgl. BORSA, Drucke, Nr. 28; ZACH, Catechisms, 57; ROTHER, Siebenbürgen, 35 f).
51 Vgl. BADALIĆ, Jugoslavica, Nr. 70 (vgl. BRYNER, Motive, 73 f; BONORAND, Reformatoren, 37 f;
   BARTON, Luther, 27 f).
52 Die Übersetzung erschien sowohl in glagolitischer Schrift (Drugi del Novoga Testamenta: [...]
   iz mnozih jazikov v opceni sadasni i razumni hrvacki jezik, Urach 1562) wie auch 1563 in
   kyrillischer Schrift (vgl. BADALIĆ, Jugoslavica, Nr. 94; SAKRAUSKY, Truber, 8 ff; ŻUPEL, Truber,
   140 ff).
53 Diesem Bestreben waren aber Grenzen gesetzt, da die Verbreitung von Büchern und Bibeln aus
   der Druckerei in Urach durch das vom Agramer Bischof Jurai Drašković verordnete Einfuhr-
   verbot im Jahre 1564 offiziell untersagt wurde (vgl. FATA, Ungarn, 129 f).

Während die nicht-ungarischsprachigen Übersetzungen[54] grösstenteils Folge reformatorischer Bemühungen waren,[55] hatten die ungarischen Bibelübersetzungen, deren Anfänge in den 1530er Jahren liegen, noch einen ganz anderen Hintergrund: Es war das erasmische Programm, das Evangelium zum Gemeingut zu machen und die Bibel in der Muttersprache zu verbreiten. Der Hintergrund der Übersetzungen der 30er Jahre ist also eindeutig im ungarischen Reformhumanismus zu suchen. RITOÓK-SZALAY hat in ihrer Studie über Erasmus und die ungarischen Intellektuellen en détail aufgezeigt, dass die ungarischen Bibelübersetzungen vor Mitte des 16. Jahrhunderts stark vom erasmischen Bibelhumanismus geprägt waren. So fertigte Benedek Komjáthi, ehemals Student in Wien (1528/29), nachdem seine Herrin Katalin Frangepán, die Witwe von Gábor Perényi, ihn mit der Revision einer älteren handschriftlichen ungarischen Übersetzung beauftragt hatte, seine *Epistolae Pavli lingva Hvngarica donatae. Az zenth Paal leueley magyar nyeluen* (Krakau 1533) unter Benutzung der erasmischen Paraphrasen an.[56] Im Vorwort hielt Komjáthi fest, dass er mit einer Bibelübersetzung das von Gott ihm gegebene Geschenk auch den christlichen „Brüdern" mitteilen wolle;[57] damit ist das erasmische Programm des Bibellesens unmissverständlich formuliert. Weil es um dieses Programm ging, ist die konfessionelle Zugehörigkeit von Komjáthi – er blieb der römischen Kirche treu – völlig irrelevant, denn wie mehrfach erläutert, wurde im Reich der Stephanskrone Erasmus und sein Programm von Alt- und Neugläubigen gleichermassen für sich beansprucht.[58]

Auch der spätere Weissenburger Domherr Gábor Pesti, der während seines Wiener Aufenthaltes die vier Evangelien ins Ungarische übersetzte und in

54 Die siebenbürgischen Sachsen wie auch die deutsche Bevölkerung Oberungarns (Zips, Bergbaustädte, u.s.w.) benutzten Bibeln und Andachtsbücher, die vor allem aus deutschen, aber auch aus schweizerischen Pressen kamen (vgl. LICHNEROVÁ, Ost-West-Beziehungen, 44 f).

55 Dies trifft wohl auch für die verschiedenen rumänischen Bibelübersetzungen zu. Pomiliu TEODOR hat in einer seiner Studien nachgewiesen, dass in der zweiten Hälfte des 16. Jahrhunderts in gewissen Gebieten auch bei den Rumänen ein Einfluss der Reformation, insbesondere der schweizerischen Reformation, feststellbar gewesen sei. Die Gründung des „rumänisch-calvinistischen Bistums" im Jahre 1566 durch Gheorghe aus Sîngeorz stellte schliesslich den Höhepunkt der Ausbreitung der Reformation unter den Rumänen Siebenbürgens dar, da die fürstliche Unterstützung durch den Amtsantritt István Báthorys (1571) beendet wurde; aber auch im 17. Jahrhundert finden sich noch rumänische Reformierte in Siebenbürgen (vgl. ŐSZ, Auswirkungen, 113 ff; TEODOR, Beziehungen, 85 ff). Auch der Bukarester Forscher Iosif Ţon stellt fest, dass sich bei den Rumänen in den Südkarpaten Wirkungen calvinischer Theologie feststellen liessen (vgl. Iosif Ţon: Introducere la ediţa în limba română, in: JEAN CALVIN, Învăţătura Religiei Creştine = Institutio christianae religionis, übers. von Elena Jori und Daniel Tomuleţ, hg. von Sofia Gheorghe, Bd. 1, Grosswardein (Oradea) 2003, 13 – 46).

56 Vgl. Ács, Reception, 75 – 81.

57 Vgl. Benedek Komjáthi: Praefatio, in: BENEDEK KOMJÁTHI (Hg.), Epistolae Pavli lingva Hvngarica donatae. Az zenth Paal leueley magyar nyeluen, Krakau 1533, B1[r] (Neudruck in: MONOK, Humanistes, 4).

58 Vgl. FATA, Ungarn, 53; PÉTER, Bibellesen, 25 f; RITOÓK-SZALAY, Erasmus, 121 f; BUCSAY, Protestantismus I, 90; CZEGLE, Bibliafordítás, 507.

Wien 1536 herausgab,[59] erklärte im Vorwort, sich auf Erasmus' *Paraclesis* berufend, dass das Evangelium zu allen Völkern – auch den Türken und Sarazenen – und allen Gesellschaftsschichten gelangen müsse:

[…], vt hinc aliquid ad stiuam decantaret agricola, hinc nonnihil ad radios suos modularetur textor, huiusmodi fabulis itineris tedium leuaret viato, ex hijs sint omnia Christianorum omnium colloquia, tales enim ferme sumus quales sunt quottidianae nostrae confabulationes.[60]

Die Schilderung des Bauern, Webers und Reisenden übernahm Pesti wörtlich aus dem Vorwort von Erasmus' *Novum Instrumentum* (Basel 1516).[61] Bei seiner Übersetzungsarbeit stützte er sich auf den Text des Erasmus, den er im Vorwort als „homo magni ingenii, majoris eruditionis, maximique judicii, ac vir nostrae tempestatis sapientissimi cuiusque iudicio docti simus" bezeichnete.[62] Wie RITOÓK-SZALAY nachweist, ist Gábor Pesti wohl der treueste ungarische Anhänger des Rotterdamer Meisters, sowohl in seiner literarischen Tätigkeit wie auch in seinem Verhalten.[63]

Die erste vollständige ungarische Übersetzung des Neuen Testaments stammt von dem bereits mehrfach erwähnten János Sylvester. Nach Studien in Krakau und Wittenberg war er seit 1534 Lehrer an der Schule in Sárvár. Als gut gebildeter Philologe – seit dem Jahre 1544 war er in Wien Professor für Hebräisch und Griechisch – erkannte er die Notwendigkeit, dass die Latein lernenden Schüler auch die Muttersprache gut erlernen müssten. Darum war seine *Grammatica Hungarolatina* (Sárvár 1539) für ihn vor allem eine Propädeutik zur korrekten Übersetzung des Neuen Testaments.[64] Schliesslich war Sylvester der erste, der dank seiner guten Sprachkenntnisse bei der Übersetzung des Neuen Testaments auf den Urtext zurückgreifen konnte.[65] Daneben bildeten Lorenzo Vallas *Annotationes* sowie Erasmus' *Paraphrases* eine wichtige Grundlage seiner Übersetzungsarbeit.[66] Auf Erasmus nahm Sylvester im Vorwort gar explizit Bezug: „Primum quod et Erasmus ille Roterodamus orbis Christiani eximium decus paraphrases suas in hoc ipsum opus (quas et nos sequuti sumus quod in his purior et sincerior tractetur

---

59 Vgl. Nouum Testamentum seu quattuor euangelioru[m] volumina lingua Hungarica donata. Gabriele Pannonino Pesthino interprete, [Wien] 1536.

60 Gábor Pesti: Praefatio, in: PESTI, Testamentum, A3ᵛ (Neudruck in: MONOK, Humanistes, 15).

61 Vgl. Erasmus: Praefatio, in: Novum Instrumentum omne, diligenter ab Erasmo Roterodamo recognitum & emendatum […], Basel 1516, aaa4ᵛ.

62 Gábor Pesti: Praefatio, in: PESTI, Testamentum, A2ᵛ.

63 Vgl. RITOÓK-SZALAY, Erasmus, 122 f; PÉTER, Bibellesen, 26 f; BUCSAY, Protestantismus I, 90 f; CZEGLE, Bibliafordítás, 506 f.

64 Vgl. FATA, Ungarn, 54; RITOÓK-SZALAY, Erasmus, 123.

65 Sylvester besass auch mehrere hebräische und griechische Grammatiken, unter anderem von Münster, Reuchlin, Oekolampad u.s.w. (vgl. Inventarium unnd verlaß weilendt Sylvestrj […] (1552), in: Adattár 13/4, 3 f).

66 Vgl. MONOK, Humanistes, XIX.

Theologia) [...]"[67] Gerade die Verwendung der *Paraphrases* des Erasmus unterstützte Sylvesters Bemühung, dass die ungarische Bibel „in manus vulgi Christianorum perveniat nostrae gentis."[68] Denn die *Paraphrases* richteten sich eben gerade nicht an Gelehrte oder Studenten, sondern an ein breiteres Publikum;[69] auch deswegen trug, neben den Übersetzungen von Komjáthi und Pesti, Sylvesters *Uy Testamentum* (Sárvár 1541) wesentlich zur Popularisierung des erasmischen Programmes, das Evangelium durch Lesen zum Gemeingut zu machen, bei.[70]

Aber nicht nur auf das Bürgertum, sondern auch auf die Ausbildung der zukünftgen Gelehrten hatte das erasmische Programm und seine Methode des Bibellesens bedeutenden Einfluss. Natürlich gehörte das Lesen der Bibel in allen Schulen zum täglichen Pensum; allerdings geschah dies nicht anhand der muttersprachlichen Übersetzungen, sondern mit dem lateinischen Text. Bereits mehrfach haben wir auf die Verbreitung von Erasmus' *Novum Instrumentum* sowie seiner Paraphrasen zum Neuen Testament hingewiesen; weiter sind seine *Annotationes* zu erwähnen, die besonders für Studenten und Gelehrte bestimmt waren. Die in den Bibelkommentaren und theologischen Schriften angewandte exegetische Methode von Erasmus – systematisch begründet wurde sie erstmals in seiner Schrift *Ratio seu methodus* (1519) – bildete die Grundlage der Ausbildung an den verschiedenen Schulen im Reich der Stephanskrone. Auch für Sylvester war sie seit seinen Studien in Krakau und Wittenberg Arbeitsinstrument, sei es bei der Bibelübersetzung oder in seiner Unterrichtstätigkeit.[71] Um dem dauernden Mangel an Ausgaben von Erasmus' *Novum Instrumentum* Abhilfe zu schaffen, entschied sich Valentin Wagner in Kronstadt dazu, auf der Honterus-Druckerei das zweisprachige Werk nachzudrucken.[72]

---

67 János Sylvester: Praefatio, in: SYLVESTER, Testamentum (1541), A^v-A2^r (Neudruck in: MONOK, Humanistes, 33). János Sylvester betonte zudem, dass Erasmus die *Paraphrases* teils Kaiser Karl, teils Ferdinand gewidmet habe: „Hoc sane consilio ut admoneret curam religionis Christianae aut tuendae aut propagandae ad Christianos principes maxime pertinere." (A2^r). Zur Bedeutung von Widmungsvorreden vgl. BERNHARD, Genfer Buch, 227 f; BÄCHTOLD, Gnade, 66 f (vgl. oben S. 77).

68 János Sylvester: Praefatio, in: SYLVESTER, Testamentum (1541), A2^v. Auch die vorangestellten Disticha, die die Summe des Inhalts je eines biblischen Buches wiedergeben, haben gleichfalls eine volkserzieherische Absicht (vgl. BUCSAY, Protestantismus I, 91 f).

69 Dies war z.B. mit ein Grund, warum des Erasmus' *Paraphrases* von Leo Jud ins Deutsche übersetzt wurden (vgl. LEU, Erasmus, 278 ff).

70 Vgl. PÉTER, Bibellesen, 27; CZEGLE, Bibliafordítás, 508 f; BALÁZS, Sylvester (1958), 246 ff. 275 ff.

71 Vgl. BALÁZS, Sylvester (1958), 131 ff.

72 Vgl. Novum Testamentum graecae ac latinae iuxta postremam D. Erasmi Rot. translationem, Kronstadt 1557 (vgl. MONOK, Humanistes, 46 ff).

d. Zusammenschau

Unsere Ausführungen illustrieren, dass im Reich der Stephanskrone nach der Schlacht bei Mohács die erasmische Methode kontinuierlich in den verschiedenen Volksschichten verbreitet wurde. Eine Ablehnung dieses erasmischen Reformhumanismus konnte darum in der ungarischen Reformation nie wirklich zu einem Thema werden. Wie wir dargestellt haben, drangen ja reformatorische Gedanken bereits in den frühen 1520er Jahren nach Ungarn und Siebenbürgen, allerdings kaum je losgelöst von der reformhumanistischen Bewegung. So entspricht es der Eigenart der ungarländischen Reformation, dass mehrere Reformhumanisten nicht eindeutig der Reformation zugeordnet werden können. Populäre Beispiele sind János Sylvester oder Johannes Henckel, die beide inhaltlich der Reformation zuzuordnen, formell aber der römischen Kirche treu geblieben sind. Darum findet sich in der Forschungsliteratur hin und wieder Begriffe wie „humanistische Reformation" oder „reformatorischer Humanismus".[73] Dies ist insofern richtig, dass in Ungarn und Siebenbürgen Humanismus und Reformation sich nicht bereits in den 1520er Jahren gespalten haben, sondern zwischen ihnen ein fliessender Übergang bestanden hat; gerade in den Arbeiten der herausragenden siebenbürgischen Drucker erschienen die beiden Strömungen oft als ein und dasselbe Programm.[74] Dennoch sind Humanismus und Reformation nicht identische Strömungen, sondern auch in Ungarn und Siebenbürgen zu unterscheiden, obschon nicht im herkömmlichen Sinne. Die erasmischen Schriften waren in ganz Ostmitteleuropa weitverbreitet, und seine Methode wurde weit über die Mitte des 16. Jahrhunderts hinaus an den Schulen angewandt. Doch seit den 1530er Jahren füllte sich der erasmische Reformhumanismus immer mehr mit reformatorischem Inhalt, d. h. die theologischen und exegetischen Schriften des Erasmus wurden reformatorisch gelesen. Die Methode blieb erasmisch, die Inhalte aber wurden reformatorisch verstanden. Dieselbe Erscheinung finden wir bereits beim jungen Melanchthon, der zwar die Loci-Methode von Erasmus übernahm, doch die *Loci communes* – abgesehen davon, dass Melanchthon in der Systematik derselben weit über Erasmus hinausging – mit Inhalten füllte, denen Erasmus nicht mehr durchwegs zustimmen konnte. Weiter zog Melanchthon immer wieder des Erasmus' *Paraphrases* heran und schätzte seine Schriften; wie Erasmus in seiner „Philosophia Christi" konzentrierte sich auch Melanchthon in seinen *Loci* auf den Weg seinem Heil zustrebenden Menschen und auf Christus.[75] Natürlich stand Melanchthon in der Frage des Verhältnisses von Humanismus und Reformation in Wittenberg immer auf Messers Scheide; gleichzeitig wusste er

---

73 Vgl. WIEN, Humanisten, 103.
74 Vgl. MONOK, Drucker, 208 ff.
75 Vgl. SCHEIBLE, Melanchthon (1984), 166 ff.

sich aber den oberdeutschen sowie den schweizerischen Städten verbunden, die den von Luther provozierten Graben zwischen den *studia humanitatis* und der *reformatio* ablehnten.[76] So haben auf die Bibelexegese und die systematische Theologie Oekolampads, Calvins, Bullingers oder de Béze' die von Erasmus begründeten Methoden grossen Einfluss ausgeübt.[77]

Die Person des polnischen Barons, Humanisten und europäischen Reformators Johannes a Lasco (1499–1560), dessen Studienaufenthalte und Tätigkeiten ihn während längerer Zeit nach Italien, in die Schweiz (Basel), nach Ungarn, in die Niederlande, nach Ostfriesland, nach England, nach Deutschland (Frankfurt a.M.) und schliesslich wieder zurück nach Polen geführt haben, ist wohl das geeigneteste Beispiel um aufzuzeigen, inwiefern erasmischer Humanismus und Reformation, insbesondere im ostmitteleuropäischen Raum, nicht konsequent getrennt wurden. So ist bis heute nicht abschliessend geklärt, ab wann – mehrheitlich geht man vom Jahre 1539 aus – a Lasco als Reformator zu gelten hat, weil seine Methode zeitlebens erasmisch war und er sich auch als Reformator immer wieder auf ihn berief, gleichzeitig aber der Inhalt von a Lascos Schriften seit Ende der 30er Jahre reformatorisch – es ist vor allem ein Einfluss von Oekolampads Schriften festzustellen – gefüllt war.[78] Bei der Betrachtung seiner Person fällt es auf, dass die Basler Zeit (1524/25) auf ihn nachhaltig und bestimmend gewirkt hat. Das Humanistenzentrum Basel, wo seit 1529 die erasmische Methode mit reformatorischem Inhalt gelehrt wurde, nahm also auch für den „reformierten Erasmianer" a Lasco eine gesonderte Stellung ein. Dies ist bei der nachfolgenden Untersuchung einiger für die ungarländische Reformation massgebender Gelehrter erneut zu bedenken; dabei soll besonders das Verhältniss von Humanismus und Reformation bedacht werden.[79]

2.2 Johannes Honterus

Über Johannes Honterus wurden im letzten Jahrhundert zahllose Studien veröffentlicht, die immer wieder neue Einzelheiten zu seinem Leben zu Tage gefördert haben. Seit etwa 120 Jahren steht die Frage im Mittelpunkt, ob die Reformation von Kronstadt und dem Burzenland mehr der Wittenberger oder der helvetischen Richtung zuzuordnen sei. Ludwig BINDER hat diesbezüglich 1973 einen fundierten und anregenden Beitrag veröffentlicht, der viel neues

---

76 Zur Frage der „Zusammenspiels" von Luthers *reformatio* und Melanchthons *studia humanitatis* vgl. RUDERSDORF, Fürstenhof, 235–243.
77 Vgl. AUGUSTIJN, Erasmus (1986), 171 f; CHRIST-VON WEDEL, Reformatoren, 162 ff; MOUT, Humanismus, 31 f.
78 Vgl. ZWIERLEIN, A Lasco, 48–64.
79 Es werden also keine umfassenden Biographien dargestellt; die genannten Gelehrten sind ja in anderem Zusammenhang bereits mehrfach erwähnt worden oder werden es noch.

Material liefert und manche frühere Forschungsansicht relativiert.[80] Erich
ROTH, der 1942 – 44 an einer neuen Sicht der Vorgänge forschte, arbeitete
heraus, dass Honterus den Kronstädter Stadtrat für die schweizerische Richtung der Reformation gewinnen konnte. Erst mit der Kirchenordnung von
1547 sei eine stärkere Orientierung an Wittenberg feststellbar.[81] Roths Darstellung wurde bereits kurz nach deren Erscheinen von Karl REINERTH kritisiert, der nachweisen wollte, dass Honterus durch die Freundschaft mit
Amerbach bereits bei seinem Basler Aufenthalt in der lutherischen Abendmahlslehre heimisch geworden sei.[82] Auch Ludwig BINDER, der in einer weiteren Studie die verschiedenen Argumente, nämlich die Frage der Privatbeichte, des Abendmahles sowie der Bilder, die eher für oberdeutsche bzw.
schweizerische Beeinflussung sprechen, untersuchte, hat dieselben entkräftet
und letztlich überwiegend Wittenberger Einflüsse erkannt.[83] Einen anderen
Ansatz wagte István JUHÁSZ, der nachwies, dass für Honterus und seine
Mitarbeiter das Problem „Luther *oder* Bullinger", „Wittenberg *oder* Schweiz"
nicht bedeutsam gewesen sein könne, weil er sonst in der *Reformatio Ecclesiae
Coronensis* (Kronstadt 1543) oder in der *Apologia Reformationis* (1543)[84] dazu
wohl Stellung genommen hätte. Vielmehr betone Honterus, dass er dem
Beispiele „berühmter Städte" und „reformatorischer Kirchen" gefolgt sei,
worunter auch Nürnberg und Basel zu zählen seien. Letztlich sei das Evangelium selbst die Hauptquelle der *Reformatio Coronensis* gewesen.[85] Beden-
kenswert ist auch eine jüngere Studie von Zoltán CSEPREGI, der dem Rich-
tungsstreit in anderer Weise begegnete: Die *Reformatio Coronensis* sei auf dem
Hintergrund der „katholischen" Reformversuche zu interpretieren, und erst
nach der positiven Aufnahme Melanchthons für die Reformation von Bedeutung geworden.[86] Csepregi bezeichnet es gar als anachronistischen Versuch, Honterus' *Reformatio Ecclesiae Coronensis ac totius Barcensis provinciae*
(1543) für eine spätere protestantische Richtung zu beanspruchen.[87] In den
jüngsten Forschungen zeichnet sich vor allem die bereits angesprochene
Überzeugung ab, dass Honterus wie auch Valentin Wagner in Kronstadt Humanismus und Reformation („humanistische Reformation") als ein Programm gesehen haben, weshalb die Richtungsfrage erst im Übergang zu den
1550er Jahren dringlich wurde.[88] Gernot NUSSBÄCHER legt schliesslich in
seinen Beiträgen zur Honterus-Forschung dar, dass der Basler Aufenthalt für

---

80 Vgl. BINDER, Honterus (1973), 645 – 687.
81 Vgl. ROTH, Reformation I, 135 ff.
82 Vgl. REINERTH, Ephorinus, 192 f.
83 Vgl. BINDER, Forschungsergebnisse, 107 ff.
84 Die *Apologia [...] Anno MDXLIII conscripta* wurde erstmals im 19. Jahrhundert gedruckt (vgl.
    TRAUSCH, Aktenstücke, 43 – 59).
85 Vgl. JUHÁSZ, Luther, 313 f.
86 Vgl. CSEPREGI, Auffassung, 11 ff.
87 Vgl. CSEPREGI, Konfessionsbildung, 256.
88 Vgl. WIEN, Humanisten, 98 – 103; MONOK, Drucker, 208 – 216.

Honterus weit prägender gewesen sei, als dies durch Jahre angenommen worden sei.[89] Natürlich hat dies auch Konsequenzen für die Bewertung der theologischen Ausrichtung von Honterus.

Damit belegen die jüngsten Arbeiten, dass die Frage der geistes- und konfessionsgeschichtlichen Ein- und Zuordnung von Honterus mitnichten abschliessend geklärt worden ist. Im vorliegenden Kapitel sollen darum einige Überlegungen, die bislang kaum oder nur an entfernter Stelle bedacht worden sind, gemacht werden, um Honterus' Wirken im europäischen Kontext im Allgemeinen und im schweizerischen Kontext im Speziellen würdigen zu können.

a. Humanistisches Programm

Honterus ist zeitlebens, auch als Reformator von Kronstadt, Humanist geblieben. Die ersten reformatorischen Ansätze sind 1539 in zwei von ihm herausgegebenen Schriften Augustins, den *Sententiae ex omnibus operibus Divi Augustini decerptae* (Kronstadt 1539) und *Divi Augustini Hipponensis Episcopi Haereseon Catalogus* (Kronstadt 1539), zu finden, einerseits in der Auswahl, andererseits vor allem im Vorwort, in dem Honterus beispielsweise Partei für den 390/91 exkommunizierten Jovinian nimmt; allerdings führte Honterus diese theologischen Kontroversen noch im Rahmen der römischen Kirche.[90] Dies wirft die berechtigte Frage auf, ob Honterus als Ratsherr von Kronstadt überhaupt für die Reformation eingetreten war, oder eher eine Reform im Rahmen der römischen Kirche anstrebte, zumal er erst 1544 in Kontakt zu den Wittenberger Theologen trat.[91] Dies ist aber aus verschiedenen Gründen abzulehnen: Die zeitgenössischen Quellen – wir denken beispielsweise an den Chronisten Hieronymus Ostermayer – sind sich einig darüber, dass unter der Führung des neugewählten und seit 1541 amtierenden Kronstädter Stadtrichters Johannes Fuchs die Messe abgeschafft und eine neue Gottesdienstordnung eingeführt wurde,[92] wobei gleichzeitig Visitationen im ganzen Burzenland stattfanden.[93] Der Stadtrat von Kronstadt hat schliesslich auch Martin Hentius als Prediger nach Kronstadt berufen, weswegen er vor seiner Heimkehr von Melanchthon geprüft und von Bugenhagen ordiniert worden ist.[94] Weiter darf daran erinnert werden, dass Honterus' Aufenthalt in

89 Vgl. Nussbächer, Beiträge, passim.
90 Vgl. Binder, Grundlagen, 25–30; Wien, Humanisten, 98 f; Reinerth, Gründung, 66–83.
91 Ein Aufenthalt Honterus' in Wittenberg konnte bis heute nicht nachgewiesen werden (vgl. auch Csepregi, Auffassung, 5 f).
92 Hieronymus Ostermayer: Chronik von Kronstadt, in: Reinerth, Gründung, 93 f. 151 (vgl. Wien, Humanisten, 99 f; Binder, Honterus (1996), 95 f; Schwob, Beziehungen, 84 ff).
93 Vgl. ETE IV, 42. 117 f. 131 (vgl. auch Csepregi, Konfessionsbildung, 248 f).
94 Vgl. Philipp Melanchthon an den Rat der Stadt Kronstadt, 27. September 1543, in: MBW, Nr. 3323. Oswald Myconius an Heinrich Bullinger, 22. Februar 1546, StAZ: E II 336a, 226 (= im Druck: HBBW XVI).

Basel bereits zu einer Zeit stattfand, als Basel zur Reformation übergetreten war; über zwei Jahre lernte Honterus also eine „humanistische Reformation" kennen.[95] Schliesslich ist, abgesehen von der *Reformatio ecclesiæ Coronensis* (1543), an verschiedene reformatorische Drucke zu denken, die ohne Zweifel deutliche Hinweise auf eine Reformation sind: Andreas Moldners *Geistliche Lieder* (Kronstadt 1543), Valentin Wagners Κατήχησις (1544 – 45) die *Agenda fur die Seelsorger vnd Kirchendiener in Sybembürgen* (Kronstadt 1547), die im wesentlichen auf der Leipziger Agenda von 1540 beruht, und schliesslich Luthers *Kleiner Catechismus* (Kronstadt 1548).[96]

Im Gleichzug mit dieser reformatorischen Entwicklung in Kronstadt blieb Honterus' Programm humanistisch, sowohl in der Druckerei als auch in seiner Verantwortung als Ratsherr für die Schule. Aus der in Kronstadt bereits im 14. Jahrhundert errichteten Stadtschule ging unter dem Einfluss von Honterus das bekannte *Studium Coronense* hervor, das als erstes humanistisches „Gymnasium" Südosteuropas bezeichnet werden kann. Die Schule, seit 1541 in den Räumlichkeiten des ehemaligen Klosters bei der Schwarzen Kirche,[97] wurde wegen ihres guten Rufes nicht nur von Siebenbürger Sachsen, sondern auch von Ungarn und gar Rumänen aus den umliegenden Gebieten besucht.[98]

Wie bereits berichtet war die Kronstädter Schulordnung an der erasmischen Methode orientiert; dies zeigte sich in den Unterrichtsfächern und in der Unterrichtsmethode.[99] Mit der Absicht die *Adagia* von Erasmus für den Unterricht zu benutzen, hat Honterus in der *Epitome Adagiorum Graecorum & Latinorum* (Kronstadt 1541) das Hauptsächlichste und Notwendigste für den Schulgebrauch ausgewählt. Valentin Wagner ermahnte darum den Leser in seinen am Schluss beigefügten kunstvollen lateinischen Versen, die *Adagia* fleissig zu lesen und ihren Inhalt zu beherzigen; dies könne für das ganze Leben nützlich sein.[100] Und im Vorwort zur *Epitome* betonte Pesti mit Recht die Bedeutung der Kronstädter Schule für die humanistische Bildung der Jugend im Burzenland. Pesti, der der alten Kirche treu geblieben ist, hielt sich auch später mehrmals in Kronstadt bei Honterus auf.[101] Honterus' Anliegen waren 1533, als er Basel verliess und in seine Heimat zurückkehrte, 1539, als die ersten Drucke aus seiner Offizin kamen, 1543, als er die Kronstädter Schulordnung verfasste, sowie 1545, als er sich wegen der Landkarten Sie-

---

95 Vgl. unten S. 166 ff.
96 Vgl. Borsa, Drucke, Nr. 24. 27. 33. 39.
97 Vgl. Nussbächer, Beiträge, 77.
98 Aus dem Reformationsbüchlein von Honterus wird deutlich, dass auch Ungarn und Rumänen in die Stadt kamen, um Gottesdienst zu feiern (vgl. Binder, Honterus [1996], 9 f).
99 Vgl. oben S. 151 ff.
100 Vgl. Valentinus Wagnerus Coronensis Lectori, in: Honterus, Epitome, o3ᵛ–o4ʳ Mehr als ein halbes Jahrhundert nach Honterus hat János Baranyai Decsi in Bartfeld eine eigene Adagia-Sammlung herausgegeben, allerdings erneut betonend, dass sie auf Erasmus beruhen würde: Adagiorum graecolatinoungaricorum Chiliades quinque: Ex Des. Erasmo; Hadriano Iunio, Ioanne Alexandro, […], Bartfeld 1598 (vgl. Paczolay, Baranyai, 39 – 48).
101 Vgl. Binder, Honterus (1996), 32. 245 ff.

benbürgens an Sebastian Münster wandte,[102] durchwegs von humanistischen Überzeugungen getragen. Es ging ihm durch den Druck geeigneter Schriften darum, Wissen zum Allgemeingut werden zu lassen; darum waren auch viele von ihm besorgte Ausgaben Lehrbücher für das *Studium Coronense*.[103] Seine lateinische Grammatik, gedruckt in Krakau und Kronstadt, seine Kosmographie, gedruckt in Krakau, Basel, Kronstadt, Zürich u.s.w., seine zahlreichen Sentenzensammlungen,[104] seine Lehrbücher zu Rhetorik, Philosophie oder Recht[105], oder Ausgaben griechischer Autoren wie Aristoteles, Platon, Hesiod u.s.w. – all seine Drucke hatten eine humanistische Absicht und erscheinen unabhängig von der Einführung der Reformation in Kronstadt. Gleichzeitig mit dem Druck von Luthers *Kleinem Catechismus* (1548) gab Honterus auch die *Odae cum harmoniis ex diversis poetis* (1548), ein Lehrbuch für die Unterstufe des Triviums, heraus, gedacht zur Unterstützung des Grammatikunterrichts zwecks leichterer Erlernung der antiken Versmasse.[106]

Von der Art seiner Tätigkeit her steht damit Honterus mehreren anderen Reformatoren – genannt seien Oekolampad, Vadian, Melanchthon, Bibliander, Vermigli oder a Lasco – nahe. Wie jene hat auch Honterus nie einen Graben zwischen den *Studia humanitatis* und der *Reformatio* gezogen. Honterus war zeitlebens Humanist, und als solcher eröffnete er eine Druckerei, begründete das *Studium Coronense* und wollte die Kirche reformieren. Gerade darin unterschied er sich wesentlich von Luther, war also, wenn die lutherische Reformation als Massstab von Reformation erachtet wird, kein Reformator im herkömmlichen Sinne. Seine Tätigkeit lässt sich nicht auf die Reformierung der Kirche reduzieren.

Freilich war er die herausragende Persönlichkeit der Kronstädter Reformation, doch die Durchführung der Reformation war das Werk mehrerer humanistischer Gelehrter in Kronstadt. Nicht auf Veranlassung von Honterus wurde 1542 die Reformation eingeführt, sondern auf die des Rates und der Hundertmannschaft, nicht Honterus hat den ersten Katechismus verfasst, sondern Valentin Wagner, nicht Honterus ist für den „Bildersturm" 1544 verantwortlich, sondern die Kronstädter Obrigkeit, wohl unter dem Einfluss von Martin Hentius.[107] Die Forschung hat bislang die Verdienste der Männer im Umkreis von Honterus noch nicht in entsprechender Weise gewürdigt.

---

102 Vgl. Johannes Honterus an Sebastian Münster, s.d. [1545], in: BINDER, Honterus (1996), 239–243. BINDER hat leichte Zweifel an der Echtheit des Briefes (vgl. BINDER, Honterus [1996], 117 f); wir teilen diese Zweifel nicht und stützen uns auf die Forschungen von REINERTH und KLEIN (vgl. REINERTH, Spuren, 50. 52 f; KLEIN, Münster, 36 ff).

103 Vgl. NUSSBÄCHER, Beiträge, 167. 175 ff; MÉSZÁROS, Iskoláink, 54 ff.

104 Vgl. RMNy 30. 31. 37. 38. 40 u.s.w.

105 Vgl. RMNy 28. 32. 46. 49 A. 54. 55 u.s.w.

106 Die Odensammlung wird im Anhang ergänzt durch zwölf bedruckte Notenblätter, die den ältesten Musikdruck auf dem Gebiete Siebenbürgens darstellen (vgl. NUSSBÄCHER, Beiträge, 214 ff; BINDER, Honterus [1996], 114 f; BORSA, Drucke, Nr. 38).

107 Vgl. CSEPREGI, Konfessionsbildung, 249 f; MÜLLER, Reformation, XVI f.; BINDER, Forschungsergebnisse, 109 f. Zu den schwer durchschaubaren Umständen des Bildersturmes soll

b. Basler Kontakte

Am 10. Mai 1543 schrieb Sebastian Münster an Konrad Pellikan

[...] Fuit etiam ante decennium hic quiam Coronensis Honterus nomine, qui omnes sculptores nostri aevi longe excellit, vir valde doctus, qui non parum Coronae stetit ab evangelio, et quod hic a domino Oecolampadio didicit, non sine magno periculo vitae constanter asseruit, donec tandem cooperatione aliorum bonorum virorum primores Civitatis ad veram pietatem induxit [...][108]

Dieses Zeugnis ist in dreierlei Hinsicht bemerkenswert: Erstens darum, weil Honterus' Basler Aufenthalt von Münster als prägend beurteilt wird, zweitens, weil offenbar auch nach der Abreise zwischen Honterus und Basel Kontakte bestanden haben, und drittens, weil Münster Honterus als die führende Gestalt der Kronstädter Reformation beurteilt. Letztere Bemerkung steht keineswegs im Widerpruch zu den vorangehenden Ausführungen, wenn bedacht wird, dass der Überbringer des Briefes Martin Hentius war, der Anfang Mai 1543 aus Wittenberg nach Basel gekommen war, um bei Münster Hebräisch zu lernen und materielle Unterstützung zu erfahren. Hentius hat mit Münster auch über Honterus und die Vorgänge in Kronstadt gesprochen;[109] dabei hat er Münster um Unterstützung der Tätigkeit von Honterus gebeten. Hat Münster Hentius ermutigt, sich diesbezüglich an Bullinger oder Pellikan zu wenden? Gesichert ist zumindest dies, dass Münster Hentius nach Zürich weitergesandt hat.[110] Jedenfalls ist es bemerkenswert, dass Münster in seinem Brief explizit auf Honterus zu sprechen kam, und dass sich Heinrich Bullinger auf Anregung von Hentius schliesslich an Johannes Honterus gewandt hat.[111] Hentius blieb auch nach seiner Heimkehr mit Basel (Briefer, Myconius) und Zürich (Bullinger, Pellikan) in Briefkontakt; seit Frühling 1544 wurde er Pfarrer in Hermannstadt, nach 1563 in Kelling (Câlnic, RO), schliesslich Dekan in Mühlbach (Sebeş, RO).[112]

Die geschilderten komplizierten kommunikations- und peregrinationsge-

hier nur erwähnt werden, dass mit grosser Wahrscheinlichkeit Hentius, und nicht die schwärmerischen Kreise um Andreas Moldner (vgl. REINERTH, Gründung, 157), eine führende Rolle gespielt hat (vgl. unten S. 184 ff).

108 Vgl. Sebastian Münster an Konrad Pellikan, 10. Mai 1543, ZBZ: S 52, 205 (= ZBZ F 47, 71) (vgl. NETOLICZKA, Beiträge, 11; BINDER, Honterus [1996], 247; KLEIN, Münster, 26 f). Das bei Gedeon BORSA anzutreffende Datum des Briefes – 2. September 1545 – ist eine Verwechslung (vgl. BORSA, Honterus, 56).

109 „Ego libenter audivi hominem istum de rebus Transsylvaniae disserentem" (Sebastian Münster an Konrad Pellikan, 10. Mai 1543, ZBZ: S 52, 205).

110 Vgl. REINERTH, Gründung, 54 f; ZSINDELY, Bullinger (1975), 364.

111 Vgl. Heinrich Bullinger an Johannes Honterus, 28. August 1543, in: HBBW XIII, Nr. 1780; NETOLICZKA, Bullingerbrief.

112 Vgl. Martin Hentius an Heinrich Bullinger, 25. August 1543, in: HBBW XIII, Nr. 1776; SZABÓ, Erdélyiek, 161; REINERTH, Hentius, 195 ff; NETOLICZKA, Bullingerbrief, 9 f.

schichtlichen Zusammenhänge wollen verdeutlichen, dass zwischen Kronstadt und Basel, insbesondere zwischen Honterus und Basel seit seinem Aufenthalt vom Winter 1530/31 bis Frühjahr 1533, ein regelmässiger Kontakt bestanden hat. Über die Basler Beziehungen von Honterus liegen zahlreiche Arbeiten von KOEGLER, NETOLICZKA, REINERTH und NUSSBÄCHER vor, in denen die Breite seiner Basler Tätigkeit aufgezeigt wird.[113] Reinerth hat in einer minutiösen Studie dargelegt, dass Honterus' Tätigkeit und die daraus folgende Prägung vor allem die Bereiche *Theologie, Kosmographie* und *Buchdruckerkunst* betrafen.[114] Unbestritten ist, dass Honterus dank seiner Tätigkeit als Bildschnitzer,[115] als Verlagslektor[116] sowie als Gräzist und Paläograph[117] während seines Basler Aufenthaltes ein funktionierendes Gelehrtennetzwerk aufbauen konnte, das ihm später in seiner Tätigkeit als Schulmann, Drucker und schliesslich als Reformator hilfreich sein sollte. Zu diesem Beziehungsnetz gehörten beispielsweise der Arzt Albanus Thorinus, der Krakauer Humanist Anselm Ephorinus, der Basler Kosmograph Sebastian Münster, der Reformator Johannes Oekolampad oder der Buchdrucker Heinrich Petri.[118] Insofern ist es unbestritten, dass der Basler Aufenthalt für Honterus in mehrfacher Hinsicht richtungsweisend gewesen ist. Honterus' spätere Tätigkeit in Kronstadt ist nur auf dem Hintergrund seiner Basler Tätigkeit und Prägung zu verstehen.

Wenig oder kaum erforscht sind bislang aber Honterus' spätere Kontakte nach Basel; diesbezüglich sollen deshalb einige Aspekte aufgezeigt werden. Der funktionierende Buchtransfer war für Honterus' Tätigkeit grundlegend, sowohl als Schulmann wie auch als Buchdrucker. NUSSBÄCHER konnte bei

113 Vgl. NUSSBÄCHER, Beiträge, 91–100; REINERTH, Spuren, 41–54; NETOLICZKA, Beiträge, 11–21; KOEGLER, Tätigkeit, 93 ff.

114 Vgl. REINERTH, Spuren, 44.

115 Wir denken dabei an seine Siebenbürgenkarte *Chorographia Transylvania – Sybembürgen* (Basel 1532) oder an seine Gestirnkarte *Imagines Constellationem borealium et australium* (Basel 1532). Beide Karten wurde in späteren Drucken mehrfach übernommen, so z. B. für die Arat-Ausgabe von 1535 (vgl. GESSNER, Bibliotheca [1545], 426ʳ), für die *Opera omnia, Geographia excepta* (Basel 1541) von Ptolemaeus, oder für Sebastian Münsters *Cosmographia* (Basel 1544); Sambucus hat Honterus' Karte als Vorlage für seine eigene Siebenbürgenkarte gedient (vgl. NUSSBÄCHER, Beiträge, 203–208. 262ff; HIERONYMUS, Geist, Nr. 280; BINDER, Honterus [1996], 49–52; NUSSBÄCHER, Versuch, 159 f; NETOLICZKA, Beiträge, 12ff).

116 Es ist an Honterus' Tätigkeit in der Druckerei Bebel & Isengrin zu denken, wo er die die Edition der *Opera* (Basel 1534) von Claudian betreut hat, die allerdings erst nach seiner Heimkehr erschienen ist (vgl. NUSSBÄCHER, Beiträge, 95; REINERTH, Spuren, 46ff).

117 Besonders ist auf seine paläographische Tätigkeit bei der Ausgabe der *Epigrammata* (Basel 1536) von Theodor Prodromus zu verweisen; im Vorwort weist der Herausgeber Hieronymus Günz (aus Biberach) darauf hin, dass Honterus viele wegen des Alters schwer lesbare Stellen entziffert habe (vgl. Hieronymus Güntz [Ἱερώνυμος Γούντιος]: ΕΠΙΣΤΟΛΙΟΝ ΛΟΔΟΥΗΚΩ ΛΟΠΑΔΙΩ ΕΝ ΚΩΝΣΤΑΝΤΙΑ ΠΟΛΕΙ [...], in: CYRIS THEODORUS PRODROMUS, Epigrammata ut vetustissima, [...]., Basel 1536, α3ᵛ–α4ᵛ; vgl. NUSSBÄCHER, Beiträge, 243 f; HIERONYMUS, Geist, 458).

118 Vgl. VERÓK, Buch, 301; HABERLAND, Wissenstransfer, 15 ff.

einer Untersuchung der Bestände der Schwarzen Kirche feststellen, dass sich dort viele Basler Drucke finden lassen, die ihrerseits wieder wertvolle Hinweise auf die Basler Beziehungen von Honterus liefern.[119] Interessant sind natürlich vor allem jene Bände, von denen wir mit Sicherheit sagen können, dass sie zu Lebzeiten Honterus' nach Kronstadt gekommen sind. In der Schässburger Dokumentarbibliothek findet sich das Werk *Zodiacus vitae* (Basel 1537) von Marcellus Palingenius Stellatus, das bei Robert Winter erschien. Bemerkenswert ist dieses Buch darum, weil es eine handschriftliche Widmung, wahrscheinlich von Robert Winter selbst, an *Domino Joanni Hontero Corone* hat.[120] Die Widmung ist ein Hinweis darauf, dass Honterus einerseits in Basel auch Beziehungen zu Robert Winter hatte, andererseits aber von Kronstadt aus mit ihm noch Kontakt pflegte.[121] Im Staatsarchiv Kronstadt ist wiederum das Buch *Libri de re rustica* (Basel 1535) vorhanden, das Schriften von Cato, Varro, Columella und Palladius enthält und bei Johannes Herwagen erschienen ist. Dieser Band gehörte, nach seinem Ledereinband mit dem eingepressten Kronstädter Wappen und der Jahreszahl „1543" zu schliessen, zu jenen Büchern, die der Kronstädter Rat 1543 auf Anregung von Honterus für die Schulbibliothek kaufen liess.[122] Auch der Nachdruck von Basler Editionen auf der Druckerei in Kronstadt, die für den Unterricht gebraucht wurden, bedingte natürlich, dass Honterus und seine Mitarbeiter nicht nur einen zufälligen, sondern einen systematischen Kontakt mit den Basler Druckern und Gelehrten pflegten.

Bemerkenswert ist es, dass der Buchtransfer auch in diesem Fall nicht nur einseitig stattfand. Auf das Angebinde („munusculum"), wahrscheinlich Honterus' *Rudimenta Cosmographica* (Kronstadt 1542), das Martin Hentius an Bullinger übersandte, haben wir bereits verwiesen; in Zürich, Basel und andernorts erschienen von der Kosmographie Nachdrucke. Auch andere Ausgaben der Druckerei von Honterus wurden nach Basel gesandt oder – meist durch Studenten – gebracht. Auf die Lehrsprüche des Nilus, die erstmals 1540 in Kronstadt erschienen sind und im Jahre 1559 in Basel von Michael Neander, nachdem Honterus ihm das Manuskript zugesandt hatte, erneut herausgegeben wurden, haben wir bereits verwiesen.[123]

Bis heute sind die Kontakte ungarländischer Gelehrter mit Basler Druckern

---

119 Vgl. Nussbächer, Beiträge, 91 – 100. Um 1900 haben bereits Walter Köhler und Adolf Schuller in ihren Studien darauf hingewiesen, dass sich viele Schweizer Drucke in Kronstadt befinden würden (vgl. Binder, Honterus [1973], 659). Derzeit arbeitet Attila Verók, Erlau, intensiv mit diesem Thema. Er hat seine grundlegenden Erkenntnisse am Internationalen Kongress *Humanistischer Wissenstransfer zwischen der Schweiz und Ostmitteleuropa in der frühen Neuzeit*, welcher vom 15. bis 18. April 2013 in Zürich stattfand, vorgestellt und ein Referat über *Helvetica im Bestand der Kronstädter Gymnasialbibliothek im 16. Jahrhundert. Johannes Honterus und die Schweiz* gehalten.
120 Standortsignatur des Werkes in der Schässburger Dokumentarbibliothek: 7158.
121 Vgl. Nussbächer, Beiträge, 229 ff.
122 Vgl. Nussbächer, Beiträge, 98.
123 Vgl. oben S. 155.

oder Editoren ein weisser Fleck in der Forschung, vor allem auch darum, weil viele Quellen verloren gegangen sind. Manchmal finden sich aber knappe Bemerkungen, die Hinweise darauf geben, dass eine Briefkorrespondenz bestanden hat. In einem Postscript zu einem Brief an Pellikan weist Münster darauf hin, dass „superioribus diebus accepi literas ab Hontero" und er seinen Antwortbrief Myconius anvertraut habe.[124] Es ist bekannt, dass Myconius gelegentlich Sendungen nach Siebenbürgen organisiert hat und mit Kronstadt in Verbindung stand.[125] Die Notiz weist aber vor allem darauf hin, dass zwischen Münster und Honterus bis in die 1540er Jahre eine Briefkorrespondenz bestanden hat. Der Brief Münsters an Honterus ist verloren gegangen, hingegen dürfte derjenige von Honterus an Münster jener Brief sein, in dem Honterus Münster über die geographisch-politische Situation Siebenbürgens und der Moldau im Detail informierte.[126] Münster verwertete Teile des Materials später in seiner erweiterten *Cosmographiae universalis lib. VI.* (Basel 1550).[127]

Obwohl keine weiteren Briefe von Honterus mit Basel bekannt sind, ist davon auszugehen, dass er von Kronstadt aus weitere Kontakte mit Basler Gelehrten gepflegt hat, so z. B. mit dem berühmten, ehemals in Ofen tätigen Gräzisten Simon Grynaeus. Hatten die beiden doch je ihren Teil zur Herausgabe der *Epigrammata* (Basel 1536) von Prodromus beigetragen.[128] Jedenfalls machen die punktuell greifbaren Quellen deutlich, dass zwischen Kronstadt und Basel ein reger Austausch bestanden hat. Dieser hat inhaltlich freilich auf zwei verschiedenen Ebenen stattgefunden: Einerseits war es der Kontakt mit reformatorisch gesinnten Persönlichkeiten, andererseits der Wissenstransfer zwischen Humanisten. Auch dies belegt in neuer Weise, dass die Kronstädter Reformation eine humanistische Reformation war und darum der Basler Reformation vergleichbar ist.

---

124 Vgl. Sebastian Münster an Konrad Pellikan, 2. September [1545], ZBZ: F 47, 288. Zur Frage der Datierung des Briefes vgl. KLEIN, Münster, 36 ff; REINERTH, Spuren, 49 ff.

125 Vgl. Oswald Myconius an Heinrich Bullinger, 24. Juni und 22. Juli 1544, in: HBBW XIV, Nr. 1935. 1945; Oswald Myconius an Johannes Fuchs, 22. August 1544, in: NETOLICZKA, Bullingerbrief, 10; Oswald Myconius an Heinrich Bullinger, 22. Februar 1546, StAZ: E II 336a, 226 (= im Druck: HBBW XVI); vgl. REINERTH, Spuren, 53.

126 Vgl. Johannes Honterus an Sebastian Münster, s.d. [1545], in: BINDER, Honterus (1996), 239 – 243.

127 Vgl. SEBASTIAN MÜNSTER, Cosmographiae universalis lib. VI. in quibus iuxta certioris fidei scriptorum traditionem describuntur, Basel 1550, 855 – 884.

128 BONORAND und REINERTH erwähnen, dass Honterus wohl auch mit Grynaeus Briefkontakt gepflegt habe, liefern dazu aber keinen Quellenbeleg (vgl. BONORAND, Beziehungen, 125; REINERTH, Gründung, 58; NUSSBÄCHER, Beiträge, 243 f).

c. Reformatorische Akzente

Gerade weil Honterus aufgrund seiner Reformationsschrift als „Reformator Kronstadts und des ganzen Burzenlandes" gilt,[129] ist es notwendig, die „reformatorischen Akzente", die Honterus in seiner Arbeit setzte im Detail herauszuarbeiten. Dies scheint in Anbetracht der kaum überschaubaren Zahl von Studien zu dieser Frage, vor allem in Hinblick darauf, welcher Reformbewegung Honterus zuzuordnen sei, eine nahezu nicht zu bewältigende Aufgabe zu sein. Die guten Forschungsüberblicke und konzisen Zusammenfassungen in den Studien von Karl REINERTH und Ludwig BINDER sind allerdings sehr hilfreich, sich einen ersten Überblick zu verschaffen.[130] Im vorliegenden Kapitel soll Honterus' reformatorisches Werk einerseits im geistesgeschichtlichen Kontext genauer untersucht werden, wobei ein besonderes Augenmerk auf den Buch- und Wissenstransfer geworfen wird, andererseits sollen die reformatorischen Texte von Honterus, d. h. seine Vorreden zu den Augustinschriften (1539), seine *Reformatio Coronensis* (1543) sowie seine – ungedruckte – *Apologia Reformationis* (1543) untersucht werden.

Im Rahmen unserer Studie wurde bereits mehrfach deutlich, dass in den 1540er Jahren in den Ländern der Stephanskrone noch keine klare Trennung zwischen „lutherischer" und „reformierter" Reformation möglich ist, weil der Gelehrten- und Wissensaustausch die ungarländischen Peregrinanten in den verschiedene Städten mit verschiedenen Persönlichkeiten zusammenführte. Dies ist vor allem bei der Untersuchung der reformatorischen Akzente, die Honterus gesetzt hat, ernsthaft zu bedenken. Auf die humanistische Ausrichtung der Kronstädter Reformation hat Ulrich A. WIEN hingewiesen.[131] In diesem Zusammenhang ist besonders zu betonen, dass Honterus 1543 nicht nur seine Schulordnung, sondern in der *Reformatio ecclesiae Coronensis* auch

---

129 Eine ganz andere Frage ist die, welches die staatspolitischen Voraussetzungen waren, dass die Reformation in Kronstadt und dem Burzenland tatsächlich eingeführt werden konnte; da diese Frage aber unsere Thematik nicht im engeren Sinne betrifft, wird sie hier auch nicht en détail untersucht. Nur soviel sei erwähnt, dass der Unionsvertrag von Thorenburg (Turda, RO) 1542 die rechtliche Grundlage legte, eine Kirchenreform durchzuführen, und zwar insofern, dass er jeder *natio* – die Ungarn, die Szekler und die Sachsen galten als die drei ständischen „Nationen" – das Recht auf innere Autonomie bestätigte. Schliesslich hat die „Nation universität" trotz der Klagen des Statthalters von János Zsigmond Szapolyai, György Martinuzzi, und seiner Mutter, Königin Isabella, im Jahre 1544 die Reformation offiziell eingeführt, indem sie anordnete, dass in den sächsischen Städten, die bereits alle die neue Lehre angenommen hatten, einheitliche liturgische Formen eingehalten werden sollten, und die übrigen Gemeinden ermahnte, die Reformation ebenfalls einzuführen (vgl. DAUGSCH, Toleranz, 39 ff).
130 Vgl. BINDER, Honterus (1996); DERS., Honterus (1973); DERS., Forschungsergebnisse; REINERTH, Gründung.
131 Vgl. WIEN, Humanisten, 89 – 104.

ein Kapitel *De scholis* verfasst hatte.[132] Darin wird die Notwendigkeit betont, dass die „studia pietatis et liberales artes in utraque lingua continuo" unterrichtet werden sollen; zu diesem Zwecke sei bereits eine öffentliche Bibliothek, „omnigenis bonis autoribus, theologis, medicis, jureconsultis ac caeteris politioribus [...] referta", errichtet worden.[133] Dies ist ein deutlicher Hinweis auf das Reformationsverständnis von Johannes Honterus, nämlich, dass wissenschaftliche Bildung und kirchliche Reformen aufs engste miteinander zusammenhangen würden. Freilich wurde dieser Zusammenhang nicht erstmals von Honterus erkannt, sondern ist ein grundsätzliches Kennzeichen des Reformhumanismus. Die praktisch umgesetzten Konsequenzen desselben hat Honterus in Basel selbst kennengelernt; für das Reformationswerk Oekolampads war es eben gerade kennzeichnend, dass er Schulreform und Reformationswerk als ein Werk erachtete. Auch in der Basler Reformationsordnung von 1529 finden sich im dreizehnten Kapitel Ausführungen über die Bedeutung der Schulen.[134] So ist darin zu lesen, dass für ein friedliches, bürgerliches Zusammenleben die Schulen mit gelehrten Schulmeistern und Professoren versehen werden müssen, die „nit allein in Latinischer, sonder auch Griechischer und Hebreischer sprachen" unterrichten, „dz die jungen [...] dadurch kunstrich zů christlichen tugenden und fürstånden der gemeynde gepflanzt und gezogen werden mögen."[135] Das Wort vom Pflanzen nahm Honterus in sein Reformationsbüchlein auf.[136] Aus inhaltlicher wie sprachlicher Sicht ist dies ein deutlicher Hinweis darauf, dass Münsters Bemerkung gegenüber Pellikan, Honterus habe in Kronstadt umgesetzt, was er bei Oekolampad gelernt habe,[137] wirklich ernst zu nehmen ist. Honterus benutzte bei der Ab-

---

132 Vgl. Johannes Honterus, Reformatio Ecclesiae Coronensis ac totius Barcensis provinciae (Kronstadt 1543), gedruckt als Anhang zu: Dück, Geschichte, 18 f. Dücks lateinischer Nachdruck von Honterus' Reformationsbüchlein dient uns als Arbeitsgrundlage.

133 Honterus, Reformatio (1543), 18. Die Kronstädter Gymnasialbibliothek war von Honterus im Zusammenhang mit der Neuorganisierung des *Studium Coronense* begründet worden; sie vereinigte Bücher aus mehreren früheren Kronstädter Bibliotheken sowie Bücher und Handschriften, die nach der Eroberung Ofens durch die Türken (1541) gerettet werden konnten (vgl. Schwob, Beziehungen, 117). Natürlich wurde die Bibliothek auch durch den Neukauf von Büchern vermehrt. Der älteste Katalog von 1575 enthält knappe Titelangaben zu etwa 600 Bänden (davon etwa 70 Hss.), unter denen humanistische Schriften sehr zahlreich sind (vgl. Adattár 16/4, 526–552).

134 Vgl. Basler Reformationsordnung (1529), in: Roth, Aktensammlung, Nr. 473 (400); Staehelin, Lebenswerk, 486. 541 f.

135 Vgl. ibidem.

136 „Quemadmodum in hortorum cultu requiritur assidua plantatio arbuscularum, ut antiquis deficientibus subinde in locum succedant recentiores, sic ad conservationem religionis majores nostri inprimis necessarium judicaverunt institutionem juventutis, quae ad communem rerumpublicarum utilitatem educata, [...]" (Honterus, Reformatio [1543], 17).

137 Sebastian Münster an Konrad Pellikan, 10. Mai 1543, ZBZ: S 52, 205; vgl. dazu auch: Reinerth, Spuren, 42 ff.

fassung seines Reformationsbüchleins wohl *auch* die Basler Reformationsordnung, zumal er das Basler Reformationswerk weitaus am besten kannte.[138]
    Im Reformationsbüchlein selbst allerdings weist Honterus nicht auf die
Basler Reformationsordnung hin, sondern erwähnt am Ende, dass man der
„ecclesiasticam ordinationem Wittenbergensium *potissimum*" gefolgt sei.[139]
Es ist nicht belegt, dass Honterus je in Wittenberg war; erst 1546 trat er mit
den Wittenberger Reformatoren in briefliche Verbindung. Dennoch bestan-
den seit Anfang der 1540er Jahre auch zwischen Wittenberg und Kronstadt
Kontakte. So immatrikulierte sich am 13. April 1542 der Humanist Valentin
Wagner aus Kronstadt in Wittenberg, wo er wohl bis Anfang 1543 studierte.[140]
Wagner wurde zweifelsohne zu einem Mittler zwischen Wittenberg und
Kronstadt; auch kannte Kronstadts Stadtrichter Johannes Fuchs Melanchthon
seit dem Augsburger Reichstag von 1530, wohin er von der Kronstädter
Stadtführung entsandt worden war. Wagner war es wohl auch, der den Rat
ermutigt hatte, Martin Hentius nach Kronstadt zu berufen.[141] Von Wagner hat
schliesslich Honterus die Wittenberger Kirchenordnung genauer kennengelernt. Darum fragt BINDER mit Recht, welchen Anteil Honterus bei der Abfassung des Reformationsbüchleins gehabt habe.[142] Obwohl Honterus den
wesentlichsten Anteil am Reformationsbüchlein beigesteuert haben mag, so
hat er die Schrift doch auf der Grundlage zahlreicher mündlicher und
schriftlicher Informationen, die auch von seinen Mitarbeitern stammten,
zusammengestellt, natürlich immer in Würdigung der spezifischer Orts- und
Lebensverhältnisse Kronstadts und des Burzenlandes.
    REINERTH hat en détail nachgewiesen, dass die Nürnberger Ratsordnung,
obwohl entscheidende Unterschiede vorliegen, gleichfalls eine Grundlage der
Reformatio Coronensis gewesen ist.[143] Auch CSEPREGI beurteilt die Berüh-
rungspunkte als „beachtenswert sowohl inhaltlich als auch der äusseren
Umstämden nach."[144] Sehr wohl können weitere Ordnungen, die durch den
intensiven Buch- und Wissenstransfer in Kronstadt bekannt waren, herangezogen worden sein. Wenn also Honterus im Vorwort betont, dass die
Neuerungen „exemplo clarissimarum urbium" eingeführt worden seien, so

---

138 Ute Monika SCHWOB folgert aufgrund der Untersuchung der Vorlagen der *Reformatio Coro-*
     nensis, dass für das Kapitel *De scholis* wohl auch die Nürnberger Ratsordnung richtungswei-
     send gewesen sei (vgl. SCHWOB, Beziehungen, 130–136). Allerdings liegt in Honterus' *Con-*
     stitutio Scholae Coronensis (1543) ein eindeutigerer Einfluss von Nürnberg her vor, nämlich
     von den von Sebald Heyden verfassten *Leges scholasticae* (gedruckt als Anhang zu SEBALD
     HEYDEN, Paedonomia scholastica, Nürnberg 1552).
139 Vgl. HONTERUS, Reformatio (1543), 22.
140 Vgl. SCHEIBLE, Beziehungen, 55 f; RÉVÉSZ, Tanulók, 219.
141 Vgl. Philipp Melanchthon an den Rat der Stadt Kronstadt, 27. September 1543, in: MBW,
     Nr. 3323.
142 Vgl. BINDER, Honterus (1996), 100.
143 Vgl. REINERTH, Gründung, 116 ff; SCHWOB, Beziehungen, 83 ff. Der Text der Ratsordnung ist
     gedruckt in: ROTH, Reformation I, 197–207.
144 Vgl. CSEPREGI, Konfessionsbildung, 251 f.

hat er eben nicht nur an Wittenberg, sondern auch an Basel, Nürnberg und andere Städte gedacht. Jedenfalls war Honterus nicht der Ansicht – anders als Ramser in Hermannstadt[145] – die Zustimmung Wittenbergs für sein Reformationswerk einholen zu müssen, sondern der Stadtrat führte die kirchlichen Reformen selbständig durch.[146] Die Untersuchung der Vorlagen des Reformationsbüchleins belegt somit, dass erstens die Reformation in Kronstadt nicht das Werk eines einzelnen war, und dass zweitens verschiedene Vorstellungen von Reformation zu der spezifischen Ausgestaltung in Kronstadt beigetragen haben. Massgebend war weiter die bleibende humanistische Ausrichtung der Kronstädter Reformation; genau dies verlieh ihr aber den Anschein, dass sie nach schweizerischem Vorbild durchgeführt worden sei.

Es muss hier darauf hingewiesen werden, dass in Basel die Reformation keineswegs so gradlinig verlief, wie es in vielen Lehrbüchern dargestellt ist: So vertrat Erasmus' Mitarbeiter Johannes Oekolampad bereits 1525 in seiner Schrift *De genuina verborum Dei: Hoc est corpus meum [...] expositione liber* (Strassburg 1525) eine „symbolische"[147] Auffassung vom Abendmahl, während die Messe erst 1529 abgeschafft wurde, gefolgt von einem hässlichen Bildersturm, den Oekolampad nicht zu verhindern vermochte. Zwar verliess darum Erasmus seine Wahlheimat, und die Universität musste – weil auch verschiedene Universitätslehrer gemeinsam mit Erasmus Basel verliessen – vorübergehend geschlossen werden,[148] doch als Humanistenzentrum büsste Basel deswegen kaum an Bedeutung ein, ja die Glanzzeit des Basler Buchdrucks war in den Jahren 1530 bis 1580.[149] Dies ist unter anderem auch der Tätigkeit von Bonifatius Amerbach zuzuschreiben, der seine Vaterstadt, trotz heftigen Auseinandersetzungen mit Oekolampad, weil er am Abendmahl nicht teilnahm, nicht verliess und weiterhin an der „Realpräsenz" Christi in den Elementen des Abendmahls festhielt. Nach dem Tode Oekolampads wurde zwar Oswald Myconius, ein strenger „Zwinglianer", nach Basel berufen, doch die Einflüsse aus den oberdeutschen Städten, insbesondere von Stassburg her, hielten an. Die Rückkehr des Erasmus und die Wiedereröffnung der Universität war schliesslich Ausschlag dafür, dass sich fortan Vertreter verschiedener Richtungen der Reformation und auch des Nonkonformismus in Basel auf-

---

145 Vgl. Martin Luther an Matthias Ramser, 1. September 1543, in: WA Br 10, Nr. 3910; Philipp Melanchthon an Matthias Ramser, 3. September 1543, in: MBW, Nr. 3309; Johannes Bugenhagen an Matthias Ramser, 3. September 1543, in: Bugenhagen, Briefwechsel, Nr. 125.

146 Dies ist der Grund, und nicht die „Angst" vor dem Statthalter György Martinuzzi, warum der Name Luthers im Reformationsbüchlein fehlt (entgegen: Binder, Honterus [1996], 95). Dementsprechend sind auch die Briefe Melanchthons an Honterus wenig konkret (vgl. MBW, Nr. 3473. 3602).

147 Vgl. oben S. 67 (Anm. 39).

148 Vgl. Christ-von Wedel, Erasmus (2010), 29 f.

149 Es ist dabei ganz besonders an die zahlreichen Gesamtausgaben von klassischen Autoren, Kirchenvätern und italienischen Renaissance-Humanisten zu denken.

hielten. Seit den 1550er Jahren erstarkten unter Antistes Simon Sulzer gar lutheranisierende Tendenzen.[150]

Die skizzierten theologischen und reformatorischen Verhältnisse in Basel machen deutlich, dass Honterus' Aufenthalt in Basel unter verschiedenen Einflüssen gestanden hat, obwohl die Reformation offiziell eingeführt worden war. Jedenfalls ist davon auszugehen, dass Honterus seit Frühjahr 1531 die von Oekolampad im Münster gehaltenen Predigten mehrfach gehört hat.[151] REINERTH hat – und dies ist u. E. bis heute nicht widerlegt worden – nachgewiesen, dass die 1539 erschienen Vorreden zu Augustins beiden Schriften *Sententiae* und *Haereson Catalogus*, mit denen er die Reformation in Kronstadt „einleitete", mit Oekolampads Schriften eng verwandt sind. Schliesslich kommt Reinerth zum Schluss, dass die siebenbürgische Reformation, insofern Honterus ihr Schöpfer sei, „nicht aus dem Geist Wittenbergs, sondern des Humanismus, der Basler Reformatoren und des katholischen Augustin" entstanden sei.[152] Gleichzeitig hat Reinerth betont, dass Honterus, besonders nach dem unerwarteten Tode Oekolampads, mit Bonifatius Amerbach, dem Professor für Jurisprudenz und standhaften Bekenner der lutherischen Abendmahlslehre, vermehrt Kontakt gepflegt habe, insbesondere, da sein Krakauer Freund Anselm Ephorinus – er arbeitete bei Petri als Korrektor – ihn in zwei Briefen an Amerbach wärmstens empfohlen hatte.[153] Allerdings ist es in Zweifel zu ziehen, ob die Begegnung Honterus' mit Amerbach, wie dies Reinerth vermutet, so starke reformatorische Impulse vermittelte, so dass Honterus ein knappes Jahrzehnt später der Reformation in Kronstadt die lutherische Prägung verlieh;[154] zumindest ist in den Vorreden zu Augustin davon nicht viel zu verspüren. Auch darf seine Tätigkeit in den verschiedenen Druckereien, in denen er sich auch immer wieder mit erasmischen Schriften auseinanderzusetzen hatte, nicht unterschätzt werden.[155] Letztlich kann die angesprochene Frage erst nach einer gründlichen Auswertung der theologischen Quellen beantwortet werden, was aufgrund einiger geeigneter Aspekte nachfolgend geleistet werden soll.

Im Vorwort zu den *Sententiae* Augustins schrieb Honterus betreffend Schriftprinzip folgendes:

---

150 Zum Ganzen und den knapp angesprochenen kirchlichen Umständen vgl. GUGGISBERG, Zusammenhänge, 3 – 37. 53 – 65. 67 – 75; REINERTH, Ephorinus, 186 – 188; DERS., Gründung, 55 f; BURNETT, Reformation, 19 – 87; JENNY, Humanismus, 84 f.

151 Vgl. NETOLICZKA, Beiträge, 11 f.

152 Vgl. REINERTH, Gründung, 54 f.

153 Ephorinus bezeichnet Honterus als „homo doctissimus", als „homo candidus et fidelis" (vgl. Anselm Ephorinus an Bonifatius Amerbach, 8. Juni 1532 sowie 15. Januar 1533, in: AK IV, Nr. 1656. 1705).

154 Vgl. REINERTH, Gründung, 56; DERS., Ephorinus, 192 f; BINDER, Honterus (1973), 682 f.

155 Natürlich wurde Honterus als Lektor und Korrektor in den Druckereien auch mit vielen anderen reformatorischen – z. B. Luthers oder auch Zwinglis – und nonkonformistischen Schriften konfrontiert.

Aeterna autem et incommutabilis est voluntas Dei nec consilio alternante variatur, eaque nobis utroque testamento clarissime proposita est, ut sciamus et certe simus, quid credendum faciendumve sit nec per innumeras doctrinas diversis opinionibus dubii circumferamur: fides enim Christiana non consistit in opinionibus, sed in cognitione veritatis, quae est verbum Dei.[156]

Diese Aussage Honterus' birgt gleich in mehrfacher Weise Zündstoff in sich: So wird der Wille Gottes als in „utroque testamento" bezeichnet, Honterus beurteilte die beiden Testamente also als zusammengehörig und kannte keinen Gegensatz von Gesetz und Evangelium. Es finden sich weder in den Vorreden noch im Reformationsbüchlein Anzeichen einer negativen Bewertung des Gesetzes; vielmehr betonte Honterus, dass sich in den Geboten bzw. Gesetzen Gottes Wille zeige und sie darum zum Heil notwendig seien.[157] Honterus' Ausführungen stehen damit in deutlicher Nähe zur Reformation helvetischer Prägung, die die Einheit des Alten und des Neuen Testaments immer wieder betonte. Zwingli hielt bereits in der *Christenlichen inleitung* (1523) fest, dass „das gsatzt nüt anders ist, denn ein offnung des willens gottes."[158] In anderen Schriften betonte er, dass das Gesetz, das der Wille Gottes (*Dei voluntas*) sei, nicht weniger als die Vergebung zu unserem Heil gehöre.[159] Gleichfalls hielt Oekolampad in seiner Schrift *Christliche und ernstlich antwurt der Prediger des Evangelij zu Basel* ([Zürich] 1527) fest, dass „Gott syn willen durch die Propheten und Apostel ouch durch Christum geoffenbaret, [...] Hatt ouch sin gsatz und wort uff das ernstlich geheyssen zehalten, [...]"[160] Wir finden bei Zwingli und Oekolampad das Alte wie das Neue Testament als Richtschnur für unser Glauben und Handeln gleichermassen wie bei Honterus.[161]

Bereits bei der Untersuchung der Schriftlehre zeigt sich, dass Honterus' reformatorischer Humanismus den gleichen Hintergrund wie die Zürcher und Basler Reformatoren hat, nämlich den erasmischen Humanismus.[162]

---

156 Johannes Honterus: In sententias divi Augustini praefatio, in: HONTERUS, Schriften, 4 f.
157 Vgl Johannes Honterus: In sententias divi Augustini praefatio, in: HONTERUS, Schriften, 3 ff; DERS., Reformatio (1543), 6.
158 Vgl. HULDRYCH ZWINGLI, Ein kurtze und Christenliche inleitung (1523), in: RBS 1/1, 115.
159 Vgl. HULDRYCH ZWINGLI, Vßlegen vnd gründ der schlußreden oder Articklen (1523), in: Z II, 76 f; DERS., Sermonis De prouidentia Dei Anamnema, in: Z VI/3, 132–135; u.s.w.
160 Vgl. JOHANNES OEKOLAMPAD, Christliche und ernstlich antwurt der Prediger des Evangelij zu Basel, [Zürich] 1527, avᵛ.
161 Dies wird zu einem typischen Kennzeichen für die helvetische Richtung der Reformation und gipfelt schliesslich – man denke an Bullingers *De Testamento seu Foedere Dei unico et aeterno* (1534) – in der Erkenntnis, dass es sich eigentlich nur um einen Bund handelt; darum auch wird die Reihenfolge der *Loci* „Gesetz und Evangelium" verändert (vgl. VAN T'SPIJKER, Bullinger, 579ff). Zur Ausbildung der Föderaltheologie im 17. Jahrhundert vgl. unten S. 572 ff. 598 f.
162 Über die Bedeutung von Erasmus bzw. des Humanismus für die helvetische Richtung der Reformation: SELDERHUIS, Calvin Handbuch, 137ff; CHRIST-VON WEDEL, Erasmus (2007); AUGUSTIJN, Erasmus (1996), 197–241; GUGGISBERG, Zusammenhänge, 39–52.

Schliesslich hat ja für Honterus' Druck der *Sententiae* als Vorlage die Augustin-Ausgabe des Erasmus von 1528/29 gedient. Es ist bemerkenswert, dass die ersten reformatorisch greifbaren Ansätze bei Honterus gerade in seinen Vorreden zu den Augustinausgaben greifbar sind; nicht nur Luther, sondern auch Zwingli ist durch das Studium von Augustinschriften zum Reformator geworden.[163] Die im erasmischen Humanismus einsetzende Auseinandersetzung mit Augustin bildete schliesslich die Grundlage der Reformbemühungen in Basel, Zürich und Kronstadt. In Auseinandersetzung mit Augustin ist Honterus' reformatorische Erkenntnis betreffend des Gegensatzes zwischen dem klaren Wort Gottes zum einen und den Meinungen und Lehren der Menschen zum andern einzuordnen. Der Gegensatz zwischen Gottes- und Menschenwort blieb für die Kronstädter Reformation konstitutiv und findet sich auch im Reformationsbüchlein, in dem gemahnt wird, dass die Prediger „praeter manifestam scripturam et certissimum verbum Dei [...] nihil admisceant de suis aut aliorum opinionibus."[164] Gerade diese Unterscheidung – die ja letztlich die Christen in ihrem Glauben an das Heil betrifft – ist Kennzeichen der helvetischen Richtung der Reformation. Zwingli hat bereits in seiner Schrift *Von Clarheit vnnd gewüsse oder vnbetrogliche des vorts gottes* (Zürich 1522) und in den *Artickel [...] uff Dornstag vor Lyechtmesß Anno 1523. offentlich dispütiert [...]* dargelegt, dass „menschen lere und satzungen zů der säligkeit nüt nützend," also Gotteswort und Menschenwort deutlich zu unterscheiden seien.[165]

SCHULLERUS hat auf einen anderen Aspekt schweizerischen Einflusses hingewiesen, nämlich auf die *Lectio continua*.[166] Tatsächlich ist im Abschnitt *De missa publica* des Reformationsbüchleins eine interessante Feststellung zu lesen: „Loco Epistulae aut Evangelii integrum caput Novi Testamenti ad populum legitur."[167] Wenn auch der Begriff *Lectio continua* abwesend ist, ist der Hinweis von Honterus dennoch bemerkenswert, weil er festhält, dass in Kronstadt anstelle der Perikopenlesungen die „fortlaufende"[168] Schriftlesung aus den Episteln und Evangelien eingeführt wurde; allerdings sagt der Hinweis noch nichts darüber aus, ob die Lesung von Mal zu Mal aus demselben neutestamentlichen Buch fortgesetzt wurde („lectio continua"). Naheliegend ist es zumindest aus dem Grunde, weil an den Wochentagen jeweils „praelegitur caput Veteris Testamenti cum succincta interpretatione."[169] Unabhängig von

---

163 Vgl. LOCHER, Reformation, 90; RICH, Anfänge, 145.
164 HONTERUS, Reformatio (1543), 6.
165 Vgl. HULDRYCH ZWINGLI, Artickel [...] uff Dornstag vor Lyechtmesß Anno 1523. offentlich
       dispütiert [...], in: RBS 1/1, 87; DERS., Von Clarheit vnnd gewüsse oder vnbetrogliche des
       worts gottes (1522), in: Z I, 376 ff.
166 Vgl. BINDER, Honterus (1973), 661.
167 HONTERUS, Reformatio (1543), 9 f.
168 In dem Sinne, dass ein ganzes Kapitel aus dem Neuen Testament verlesen wird.
169 HONTERUS, Reformatio (1543), 11. Eine andere Frage ist die, ob die Bedeutung der Predigt bei
       Honterus bereits die Stellung eingenommen hat, wie dies bei den Reformatoren der Fall war;

der Beantwortung der Frage bleibt festzuhalten, dass Honterus sich mit dieser Regelung gegen die „menschlichen" Bestimmungen, wie die Perikopenordnung eine ist, wandte und die Schrift selbst sprechen lassen wollte. Diese Regelung, die in ihrem Grundsatz baslerischen und zürcherischen Ursprungs ist,[170] konnte sich aber langfristig nicht halten. Bereits in der *Kirchenordnung aller Deutschen in Sybembürgen* (Kronstadt 1547) wird nur noch festgehalten, dass die Prediger „den text der heiligen Lection [...] dem volck außlegen"[171]; dass diese Lektionen aber mindestens ein Kapitel des Neuen Testamentes umfassen sollten, darüber schweigt sich die Kirchenordnung aus. In der siebenbürgisch-sächsischen Kirche hat schliesslich die „Lektionen-Regelung" nach der Wittenberger Ordnung obsiegt.

Während zwischen Wittenberg und den schweizerischen Städten in den 1540er Jahren der Abendmahlsstreit neu ausbrach, zeigte die Reformation in Kronstadt davon erstaunlich wenig Widerhall, obwohl mehrere burzenländische Studenten sich in Wittenberg aufhielten. Unbestritten waren die verschiedenen theologischen Positionen bekannt; dies wird insbesondere im Griechischen Katechismus (1544) von Wagner deutlich.[172] Die Auseinandersetzung um die reale oder nur „sinnbildliche" Gegenwart des Leibes Christi wurde aber im Reformationsbüchlein mit keinem Satz bedacht, sondern vielmehr berief sich Honterus auf die Einsetzungsworte und bezeichnete es als Satans Lehre, dass das „coenam domini [...] esse sacrificium et opus bonum."[173] Somit lehnte Honterus, wie auch in der Basler Reformationsordnung von 1529 festgehalten,[174] die mittelalterliche Messlehre grundsätzlich ab

---

jedenfalls ist es auffallend, dass im Reformationsbüchlein die Äusserungen diesbezüglich relativ bescheiden sind. Sehr wohl kann dies damit zu tun haben, dass Honterus keineswegs einen offenen Bruch mit der römischen Kirche gesucht hat, sondern, wie er in der Apologie ausführte, „nur" notwendige kirchliche Reformen einführen wollte; aus diesem Grunde hat Honterus durch die Berufung auf den Regensburger Reichstag (1541) auch die Autorität von Kaiser und Papst angerufen (vgl. unten S. 178).

170 Die Einführung der *Lectio continua* anstelle der Perikopenlesung stand am Anfang der reformatorischen Tätigkeit Huldrych Zwinglis (vgl. LOCHER, Reformation, 83); auch Oekolampad hat die fortlaufende Auslegung der biblischen Schriften eingeführt (vgl. STAEHELIN, Lebenswerk, 489 ff).

171 JOHANNES HONTERUS, Kirchenordnung aller Deutschen in Sybembürgen (Kronstadt 1547), in: BINDER, Honterus (1996), 208. REINERTH deutet die Aussage als Gebrauch der *Lectio continua*, was m. E. aber nicht zutrifft. Wenn dem aber so sein sollte, würde der Argumentationsgang, dass Honterus die *Lectio continua* eingeführt hatte, weiter gestützt.

172 Im zweiten Dialog zum Herrenmahl sagt der Schüler: „Da nämlich auch beinahe ein jeder irgendetwas anderem gegen die anderen beistimmt und überzeugende Gründe für seine Meinung vorführt, sehe ich überhaupt nicht klar, wem man am meisten glauben muss." (WAGNER, Κατήχησις, 363). Auch Macarius meldete an Bullinger, dass in Ungarn viel über die Frage gestritten werde, wie die Gegenwart Christi im Abendmahl zu verstehen sei (vgl. József Macarius an Heinrich Bullinger, zw. 14. und 19. Juni 1544, in: BARTHA, Studia et acta III, 941).

173 HONTERUS, Reformatio (1543), 8.

174 „Disz nachtmal ist schwerlich miszbrucht worden, indem dz man die gedechtnüsz der grossen schencke des lydens Christi für ein opffer und die gemeyne dancksagung ein werck der gu-

und bekannte sich zur reformatorischen Abendmahlslehre: die Austeilung der Elemente Brot und Wein nach der ursprünglichen Einsetzung und die Ablehnung des Opferbegriffes.[175] In der *Reformatio ecclesiae Coronensis* ist mit keinem Wort die Rede davon, dass den Gläubigen Leib und Blut Christi gereicht werde, sondern nur vom Essen der Speise. Hingegen präzisierte Honterus in der *Apologia* bei der Begründung der Austeilung des Herrenmahles unter beiderlei Gestalt, dass schon früher Gläubige die Gemeinschaft des Leibes *und* Blutes des Herrn Christus begehrt hätten.[176] Leider präzisierte Honterus dieses sein Abendmahlsverständnis aber nicht weiter.[177] Immerhin gibt die *Apologia* einen weiteren Hinweis, und zwar insofern, dass sich Honterus bei der Behandlung der Privatmesse auf Schriften von Melanchthon – eben gerade nicht auf solche von Luther – und zusätzlich auf den Reichstag von Regensburg (1541) berief. Im Hinblick auf den Reichstag von Regensburg hat Melanchthon bekanntlich die *Confessio Augustana Variata* verfasst, in der er einerseits Zugeständnisse an Rom, andererseits – vor allem in der Abendmahlslehre[178] – an die oberdeutschen Städte gemacht hatte. Auch Johannes Calvin, der sich zu der Zeit in Strassburg aufhielt, hat die *Variata* unterschrieben und schliesslich am Reichstag zu Regensburg teilgenommen.[179] Die *Variata* ist in der Frage der Präsenz des Leibes Christi weniger konkret als die *Augustana Invariata*;[180] an die Stelle der „wahren Gegenwart und Mitteilung" des Leibes und Blutes Christi (*vere adsint et distribuantur*) ist eine blosse „Darbietung" (*exhibeantur*) getreten.

nügthůung für die sünd wider die warhei[t] göttlicher schrifft uszgeben, ein messzopffer darusz gemacht, […]" (Basler Reformationsordnung von 1529, in: ROTH, Aktensammlung, Nr. 473 [392 f]).

175 Den Gebrauch des Opferbegriff in der Abendmahlslehre lehnten die verschiedenen reformatorischen Richtungen durchwegs ab; allerdings hielt Melanchthon fest, dass eine Verteidigung der Wandlung des Brotes, wie sie von Luther vorgenommen wird, den Opfergedanken stützen würde (vgl. Philipp Melanchthon an Martin Bucer, 4. Februar 1549, in: MBW, Nr. 5433).

176 Vgl. JOHANNES HONTERUS, Apologia Reformationis […] Anno MDXLIII conscripta, in: BINDER, Honterus (1996), 197. Weitere, detailliertere Ausführungen werden erst in der *Kirchenordnung* (1547) gemacht.

177 Insofern sind auch die Ausführungen BINDERS, dass für Kronstadt von Beginn an die lutherisch-wittenbergische Abendmahlspraxis als Vorbild gedient hätte, verfehlt (vgl. BINDER, Forschungsergebnisse, 109).

178 Dadurch wurde die Abgrenzung gegen die Altgläubigen schärfer.

179 Vgl. NEUSER, Confessio, 137 – 149; KIRCHNER, Reformationsgeschichte, 78 – 83. In einer jüngeren Studie von Matthias A. DEUSCHLE wird Calvins Unterschrift kritisch hinterfragt. Er kommt zum Schluss, dass Calvin die *Confessio Augustana Variata* in physischem Sinne nicht unterschrieben hat, doch aber sich auf dem Religionsgespräch als „Vertreter der CA" und in „Übereinstimmung mit der CA" verstanden habe (vgl. DEUSCHLE, Calvin, 139 – 146). Deuschle betrachtet allerdings die klare Unterscheidung der *Variata* von der *Invariata* als kritisch, da Calvin diese nicht vorgenommen habe. Hier ist Deuschle zu widersprechen, da Calvin sich in den 1550er Jahren ebengerade auf die *Variata* aus Regensburg (und nicht auf die *Invariata* aus Augsburg) berufen hat.

180 Art. 10: „De coena Domini docent, quod cum pane et vino vere exhibeantur corpus et sanguis Christi vescentibus in Coena Domini." (Confessio augustana variata [1540], in: RBS 1/2, 161).

Dieser vermittelnden Haltung in der Abendmahlsfrage haben nicht nur Johannes Calvin, Martin Bucer oder Wolfgang Capito – mit letzterem hat Honterus während seiner Basler Zeit, wie die Claudianusausgabe belegt, auch Kontakt gepflegt[181] – zugestimmt, sondern sie bildete auch die Grundlage des Abendmahlsverständnisses, wie sie im *Consensus Tigurinus* (1549) festgehalten wurde. Aus späteren Zeugnissen Calvins wissen wir, dass er mit der Abendmahlslehre Melanchthons, wie sie in der *Variata* formuliert war, vollkommen eins ging und auch den *Consensus Tigurinus* nur als eine genauere und treffendere Formulierung der *Variata* verstanden hatte.[182]

Bekanntlich brach Anfang der 1540er Jahre zwischen Melanchthon und Luther in der Abendmahlsfrage ein neuer Konflikt aus: Im Jahre 1542 wurde Martin Bucer ins Erzbistum Köln berufen, um die Reformation voranzubringen und eine Kirchenordnung für Köln zu entwerfen. Die von Bucer gemeinsam mit Melanchthon verfasste Kirchenordnung *Einfaltigs bedencken* (1543) vertrat aber eine Abendmahlslehre im Sinne der *Variata*, was Luther zu heftiger Kritik veranlasste, weil die Anwesenheit des Leibes und Blutes Christi in den Elementen nicht klar genug formuliert sei.[183] Dies veranlasste Luther zur Abfassung seiner Streitschrift *Kurtz Bekentnis vom heiligen Sacrament* (Wittenberg 1544). Melanchthon stand in diesem Konflikt zwischen zwei Fronten, hatte aber nicht die Möglichkeit, sich mit Luther offen auszusprechen. Er formulierte seine Sorge nicht nur gegenüber Bucer, sondern auch gegenüber anderen „Freunden", namentlich Wolfgang Musculus in Augsburg, Heinrich Bullinger in Zürich oder Veit Dietrich in Nürnberg.[184] Melanchthon suchte also in den 1540er Jahren mit der oberdeutschen und schweizerischen Reformation stärkere Beziehungen.[185] Ohne Zweifel ist dies mit ein Grund,

---

181 Vgl. REINERTH, Spuren, 48 f.

182 „[…] in Consensus nostro reperient lectores quidquid continet edita Ratisponae confessio, quam Augustanam vocant." (JOHANNES CALVIN, Defensio sanae & orthodoxae doctrinae de Sacramentis eorumque natura […] [1555], in: CO IX, 19).

183 „Erstlich, dass diß ja das rechte hauptstucke vnd werck sey im Abendtmal Christi, das die H. Sacrament nach der einsetzung vnsers Herren Christi außspendet vnnd in warem glauben, an Christum, den Herren, entpfangen werden. Vnnd in solichem glauben, das man glaube vnd nit zweyffle, vnser Herr Jesus Christus gebe vns alles, wie wol durch den dienst der kirchen, sein leib vnd seyn blůt […]" (Einfaltigs bedencken [1543], in: BucerDS 11/1, 328; vgl. KÖHN, Entwurf, 126 f).

184 Vgl. SCHEIBLE, Melanchthon (1997), 163 ff. Noch 1548 hielt Melanchthon fest, dass er unter Luther lange gelitten habe (vgl. Philipp Melanchthon an Christoph Carlowitz, 28. April 1548, in: MBW, Nr. 5139).

185 Bemerkenswert ist diesbezüglich ein Brief Melanchthons, in dem er Bullingers Johanneskommentar billigte und die Verbindung zu Bullinger zu festigen wünschte (vgl. Philipp Melanchthon an Heinrich Bullinger, 25. März 1544, in: HBBW XIV, Nr. 1881). Dieser Brief wurde erstmals in dem von Kaspar Helth herausgegebenen Band *Scripta quaedam magni Philippi Melanchthonis*, […] *quibus manifestissime declarauit, quid de sacra Domini coena senserit* (Klausenburg 1560) gedruckt; mit dem Druck wollten die Reformierten Siebenbürgens nachweisen, dass Melanchthon und Bullinger in der Abendmahlsfrage einer Meinung sein würden (vgl. HOLL, Melanchthon-Druck, 376–385). Zu Melanchthons Billigung von Bullingers

dass er in dieser Zeit mehrere ungarische Studenten – erwähnt seien Mátyás Dévai Bíró, Martin Hentius oder József Macarius – in die oberdeutschen Städte und in die Schweiz gesandt hatte.[186]

Eben in diesen Jahren hielten sich mehrere ungarländische Peregrinanten bei Melanchthon in Wittenberg auf; neben András Batizi, Kaspar Helth oder István Szegedi Kis ist insbesondere auch an Valentin Wagner zu denken.[187] Wagner hat schliesslich in seinem griechischen Katechismus klar und deutlich ausgeführt, dass das Herrenmahl ein σύμβολον, auch Danksagung (εὐχαρι-στία) genannt, sei, durch welches der Glaube in den Bussfertigen bestärkt werde, da ihnen Gerechtigkeit und Leben geschenkt werde, dasselbe also nicht ohne Wirkung sei.[188] Die Bezeichnung der Sakramente als Zeichen liegt bei Melanchthon gleichermassen vor wie bei Bullinger und Calvin; bei Luther hingegen sind die Sakramente nur Zeichen, wenn der Glaube nicht dazu kommt.[189] Auf das Abendmahl als Danksagung hat besonders Zwingli, na-türlich in Anlehnung an die Kirchenväter, hingewiesen, erstmals in seinem *Commentarius de vera et falsa religione* (1525); diese Akzentsetzug wurde aber auch von Melanchthon, Calvin und Bullinger übernommen.[190] Die Un-tersuchung des Katechismus zeigt, dass Wagner, als Verbindungsmann zwi-schen Honterus und Melanchthon, Einfluss auf die Abendmahlslehre in Kronstadt gehabt hat, was sich auch im Reformationsbüchlein, obwohl nicht bis in jedes Detail, niederschlug.

Die Ausführungen belegen, dass Honterus als „Reformator Kronstadts" in der Abendmahlsfrage einen vermittelnden Standpunkt einnahm, wie er auch von Melanchthon und den oberdeutschen Reformatoren vertreten wurde. Honterus hatte bereits während seiner Zeit in Basel einen Oekolampad ken-nengelernt, der für eine Abendmahlskonkordie eintrat und Zürich sowie Bern zum Anschluss an den Schmalkaldischen Bund bewegen wollte. Leider blieben der Basler Rat und Oekolampad erfolglos, weil die Antworten Zürichs und Berns ablehnend waren.[191] Schliesslich bezeugte Honterus in der *Apologia*, sich auf Melanchthon sowie auf den Regensburger Reichstag berufend, wo eine vorübergehende Einigung zwischen verschiedenen protestantischen

---

Abendmahlslehre ist auch zu vergleichen: Martin Frecht an Heinrich Bullinger, 2. August 1543, in: HBBW XIII, Nr. 1766.

186 Vgl. ZSINDELY, Bullinger (1975), 364 – 369; vgl. unten S. 230 ff.
187 Vgl. RÉVÉSZ, Tanulók, 219.
188 „Wer aber unwürdig isst und trinkt, der isst und trinkt sich selber zum Gericht." (WAGNER, Κατήχησις, 353; vgl. HONTERUS, Reformatio [1543], 8).
189 Vgl. MÜLLER, Reformation, 269. 351.
190 Vgl. HULDRYCH ZWINGLI, De vera et falsa religione commentarius (1525), in: Z III, 775 f; DERS., Fidei ratio (1530), in: Z V, 806 f; PHILIPP MELANCHTHON, Loci communes rerum theologicarum seu hypotyposes theologicae (1543), in: CR XXI, 866; CALVIN, Institutio (1536), 118; DERS., Confessio fidei de Eucharistia (1537), in: CO IX, 711 f; DERS., Christianae religionis institutio (1539), in: CO I, 992; HEINRICH BULLINGER, Warhafften Bekanntnuß der dieneren de kilchen zů Zürych (1545), in: RBS 1/2, 464; u.s.w.
191 Vgl. STAEHELIN, Lebenswerk, 616 ff.

Richtungen zustande gekommen war, dass er in der Abendmahlsfrage einen vermittelnden Standpunkt im Sinne der oberdeutschen Städte einnehme.

In Erich ROTHS Studie über die Reformation in Siebenbürgen wird erstmals die Neuordnung der Beichte in Kronstadt auf die Einflüsse aus dem schweizerisch-oberdeutschen Raum zurückgeführt.[192] Dieser Ansicht haben vor allem BINDER und REINERTH in ihren Studien widersprochen.[193] Reinerth hat auf einen u. E. sehr wichtigen Aspekt hingewiesen, der bislang kaum beachtet wurde, nämlich, dass Honterus am Ende des Abschnitts *De cura Aegrotorum* drei Sakramente aufzählte, die „plenissimam vim habent", nämlich das Herrenmahl, die Taufe und die Absolution.[194] Auch in den wittenbergischen Bekenntnisschriften ist diese Dreizahl der Sakramente vorhanden: Obwohl anfänglich schwankend,[195] zählte Luther im *Kleinen Katechismus* (1529) die Ohrenbeichte zu den Sakramenten und beschrieb deren Ablauf im Detail. Auch Melanchthon nahm in der *Confessio Augustana* (1530) die Beichte auf, verteidigte sie in der *Apologie* (1530) und behandelte sie gleichfalls in der *Confessio Augustana Variata* (1540).

Dennoch haben Honterus' Ausführungen einzigartigen Charakter, da Honterus in dem Abschnitt *De absolutione* drei Arten der Beichte (Versöhnungsbeichte, Gottbeichte, Einzel- bzw. Ohrenbeichte), die *consolatio fratrum* sowie die Gewissensprüfung vor dem Abendmahl unterscheidet.[196] Bereits diese Unterscheidung verschiedener Arten der „Beichte" zeigt auf, dass man sich in Kronstadt mit der Frage des Beichtens intensiv auseinandergesetzt hatte. Dies wird auch dadurch bestätigt, dass Martin Hentius Bullinger im Mai 1543 bat, an Honterus über einige kirchliche Fragen zu schreiben, insbesondere auch über die Frage der Privat- bzw. Ohrenbeichte. Bullinger hielt in seinem Brief fest, dass „de confessione auriculari et privata, quae fit sacerdoti, sentimus omnes commentum esse humanum; ideo in universum abrogavimus."[197] In diesem Bereich war Honterus exakt der gleichen Meinung wie Bullinger, indem er klarstellte, dass die Ohrenbeichte in der Bibel nicht verordnet sei, sie also, auch nach dem Zeugnis bewährter Schriftsteller, „non esse ex Deo, sed ex hominibus"; darum sei mit ihr „aequius" zu verfahren.[198] Da Honterus Gotteswort und Menschenwort klar unterschied, musste er auch die Ohrenbeichte ablehnen. Der Brief von Bullinger, falls er je in Kronstadt angekommen ist,[199] mag ihn jedenfalls in seiner Haltung, die im Reformations-

---

192 Vgl. ROTH, Reformation I, 112–116.
193 Vgl. REINERTH, Gründung, 107 ff; BINDER, Honterus (1996), 99; DERS., Forschungsergebnisse, 108.
194 Vgl. HONTERUS, Reformatio (1543), 12.
195 In der ersten Auflage des *Großen Katechismus* (1528/29) fehlt die Beichte noch; ab dessen zweitem Druck ist hingegen die Mahnung zur Beichte den Sakramenten zugeordnet.
196 Im Detail ausgeführt bei ROTH (vgl. ROTH, Reformation I, 109 ff).
197 Heinrich Bullinger an Johannes Honterus, 28. August 1543, in: HBBW XIII, Nr. 1780.
198 Vgl. HONTERUS, Reformatio (1543), 13.
199 Dass der Brief Bullingers überhaupt je abgeschickt worden ist, wird von REINERTH ange-

büchlein bereits festgehalten war, bestätigt haben. Zwar zählte er die Absolution (= Beichte) als Ganze zu den „Sakramenten"[200], doch bei der Aufzählung der verschiedenen Arten von „Beichten" führte er en détail aus, was
bibelgemäss sei, nämlich die Versöhnungsbeichte, die Gottbeichte, die *consolatio fratrum* und die Gewissensprüfung. Wenn Honterus gegen Ende des
Abschnittes über das Beichthören sprach, so meinte er nicht die erzwungene
Ohrenbeichte, sondern die freiwillige *consolatio fratrum*, eine Art Einzelbeichte, die in einem seelsorgerlichen Gespräch mit dem schriftkundigen
Beichthörer, der aber kein Priester bzw. Prediger sein musste, geschah.[201] Dies
zeigt, dass, trotz der vielen inhaltlichen Abhängigkeiten von Melanchthon,[202]
die „Beichte" in Honterus' Reformationsbüchlein faktisch keinen sakramen-
talen Charakter hat.

Die Grundanschauung zwischen Melanchthon und Honterus ist die gleiche,
allerdings argumentierte Honterus weniger lehrhaft als Melanchthon und
akzuentierte stärker von der Praxis her. Dies zeigt sich insbesonders bei den
Ausführungen zur Gottbeichte: Sowohl Melanchthon wie Honterus beriefen
sich auf die gemäss Psalm 32, 5 nach dem Bekenntnis zugesprochene Sündenvergebung, was Melanchthon aber zur Erläuterung der Rechtfertigungslehre veranlasste, Honterus hingegen zum Ratschlag, „sacris consolationibus"
wieder aufgerichtet zu werden.[203]

Dieser Hinweis führt uns vor Augen, dass Honterus ein anderes Verständnis
der Rechtfertigungslehre als Melanchthon, noch mehr als Luther hatte. Bereits
Karl Kurt KLEIN hat darauf hingewiesen, dass Honterus, gegenüber Luthers

zweifelt, weil weder ein Antwortbrief von Honterus vorliege noch in Kronstadt handschrift-
liche Spuren greifbar bzw. auffindbar seien (vgl. REINERTH, Gründung, 152 f; DERS., Bullinger-
Brief, 287 – 292). Die Argumente Reinerths sind u. E. aber nicht stichhaltig: 1. Die in der
Zentralbibliothek vorhandene Handschrift des Briefes ist nicht eine Reinschrift, sondern eine
Abschrift des Originals von unbekannter Hand (ZBZ: F 80, 195ʳ–198ʳ); hingegen liegt im
Staatsarchiv ein autographes Konzept des Briefes vor, das aber wesentlich kürzer ist (StAZ: E II
345, 366ʳ–367ʳ). 2. Die Briefwege waren verschieden, weswegen eine Möglichkeit gefunden
werden musste; dass Bullinger Myconius in Basel um Hilfe bat, hängt damit zusammen, dass
Basel in den 1540er Jahren intensivere Kontakte mit ungarländischen Studenten als Zürich
hatte (vgl. oben S. 167 ff). 3. Sicherlich ist zu erwarten, dass Honterus nach dem Empfang
dieses Briefes ihn auch beantwortet hat; umgekehrt kann es aber auch sein, dass Honterus'
Brief in Zürich nicht angekommen ist, da in der Zeit der türkischen Besetzung von Mittelungarn und auch Teilen Siebenbürgens mehrfach Briefe verloren gegangen sind.

200 Den Begriff gebraucht Honterus allerdings im Abschnitt *De absolutione* nicht, weswegen auch
    REINERTHS Gleichsetzung mit einer gewissen Zurückhaltung zu bewerten ist.
201 Während Luther im *Kleinen Katechismus* (1529) den Ausdruck „Beichtiger" benutzte und nicht
    definierte, ob dies ein Prediger sein müsse (vgl. MARTIN LUTHER, Der Kleine Katechismus, in:
    BSLK, 517 ff), begann Melanchthon den 25. Artikel über die Beichte folgendermassen: „Die
    Beicht ist durch die Prediger dieses Teils nicht abgetan. Dann diese Gewohnheit wird bei uns
    gehalten, das Sakrament nicht zu reichen denen, so nicht zuvor verhört und absolviert seind
    [...]" (MELANCHTHON, Confessio Augustana [1530], 97).
202 Vgl. REINERTH, Gründung, 109 f.
203 Vgl. PHILIPP MELANCHTHON, Apologia confessionis (1530), in: BSLK, 273 f; HONTERUS, Re-
    formatio (1543), 13 (vgl. REINERTH, Gründung, 110).

Auffassung, man werde Christ *non operando, sed audiendo,* dezidiert festgestellt hatte, dass man Christ *audiendo et operando* werde.[204] Tatsächlich
orientierte sich Honterus nicht an der lutherischen Rechtfertigungslehre,
sondern hielt in der an den Fünfkirchener Bischof János Ezek gerichteten
Widmung zu Augustins *Haereseon Catalogus* (1539) wie auch in seiner *Kirchenordnung aller Deutschen in Sybembürgen* (1547) fest, dass „die predig der
büß und vergebung der sunden, das ist die rechte leer, sol aus dem gsetz und
evangelien untereinander gefurt werden. Und man sol keins in sonderheit also
handeln das das ander gantz außgelassen und die gewissen verfurt werd."[205] In
der Widmung an Bischof János Ezek ging Honterus gar so weit, dass er diejenigen indirekt als Ketzer bezeichnete, die nicht täten, was die Schrift vor-
schreibe, also nur einen leeren Glauben (*vacuam fidem*) hätten:

Quid enim proderit vacuam fidem proponere, ubi factum simul opus est? Numquid
credemus nos fecisse id, quod non fecimus? aut numquid credemus in praeceptis
divinis tantundem valere, quod factum non est, si tantum credatur esse factum, ac si
factum fuisset? Nam et daemones credunt et contremiscunt; sed quoniam non fa-
ciunt, quod praecipit fieri scriptura, ideo fides eorum inutilis et nulla est.[206]

Aus diesen Zeilen spricht eine starke Orientierung an Jak 2, 17, was eine
deutliche Zurückhaltung Honterus' gegenüber der lutherischen Rechtfertigungslehre offenbart. Auch Melanchthon hatte im 20. Artikel der *Confessio
Augustana* (1530) die Jakobusstelle verwertet, das Ganze aber gerade ins
Gegenteil gedeutet, dass die Teufel zwar die Historien glauben würden, dass
Christus gelitten habe und von den Toten auferstanden sei, der wahre Glaube
aber der sei, dass „wir durch Christum Gnad und Vergebung der Sunde erlangen."[207] Die Gegenüberstellung der beiden Stellungnahmen zur Frage der
Rechtfertigung zeigt deutlich, dass Honterus in Kronstadt keine Reformation
im Sinne Wittenbergs durchführen wollte. Vielmehr strebte er eine erasmisch-
humanistische Reformation an, wie er sie im oberdeutschen Raum kennengelernt hatte. Bezeichnenderweise orientierte er sich in der für die Wittenberger Reformation identitätsbildenden Rechtfertigungslehre an Augustin,
dessen 224. Sentenz er im Vorwort zum *Haereseon Catalogus* unverändert
übernahm.[208] Die enge Verflechtung von Glaube und Werk, von Gottesver-

---

204 Vgl. KLEIN, Humanist, 135. 141 f.
205 „[…] vera doctrina et praedicatio paenitentiae remissionisque peccatorum constare debeat ex
   lege et evangelio, quorum neutrum separatim ita tractandum est, ut altero praetermisso officiat
   pietati." (JOHANNES HONTERUS, Reformatio ecclesiarum saxonicarum in Transylvania,
   Kronstadt 1547, B2ʳ; DERS., Kirchenordnung aller Deutschen in Sybembürgen, [Kronstadt]
   1547, B4ᵛ [Neudruck: HONTERUS, Schriften, 66 f]).
206 Ioanni Essekio Quinqueecclesiensi Episcopo Io. Honterus Co. sui commendationem, in:
   HONTERUS, Schriften, 8.
207 MELANCHTHON, Confessio Augustana (1530), 79.
208 Honterus schreibt: „Nihil enim Deo gratum esse potest, nisi per fidem et dilectionem fiat; quia
   alterum sine altero nullius virtutis fructum parit." (Johannes Honterus: Ad Augustini Haereseon Catalogum praefatio, in: HONTERUS. Schriften, 9); Augustin schreibt: „De bonis

ehrung und sittlicher Tat war gerade für Honterus charakteristisch, und lässt sich gleichfalls in seinen späteren Schriften feststellen. Gewiss mit Zustimmung Honterus' wurde in den von Andreas Moldner herausgegebenen *Geistlichen Liedern* (Kronstadt 1543) auch ein Lied des Täufers Ludwig Hätzer gedruckt, das klar gegen Luthers Lehre der Rechtfertigung gerichtet war.[209]

Die Schriften Honterus' thematisieren allerdings keinesweges alle Aspekte des reformatorischen Umbruchs in Kronstadt; so ist die Frage darüber, ob die Bilder in den Kirchen beibehalten oder ausgeräumt werden sollen, nicht behandelt. Auch in der *Apologia* (1543), die Honterus als Verteidung für das von Königin Isabella auf den 6. Juni 1543 einberufene Religionsgespräch verfasst hatte, finden sich keine Anzeichen, dass in Kronstadt sichtbare Veränderungen im gottesdienstlichen Geschehen festzustellen gewesen wären. Obwohl im Oktober 1542 die „evangelische Mess"[210] und damit eine Konzentration auf den Hauptaltar eingeführt worden war, wurden – anders als in anderen Gebieten wie beispielsweise Bistritz[211] – die Bilder erst im Zusammenhang mit schwer durchschaubaren Ereignissen wohl im Februar oder März 1544[212] – Honterus wurde am 22. April 1544 zum Stadtpfarrer gewählt – entfernt. Allerdings ist diese Aktion mitnichten auf Honterus zurückzuführen, sondern wurde vom Stadtrat, also der Obrigkeit veranlasst, wie der Chronist Ostermayer berichtet:

[…] Auf dies ist dem Herrn Hans Fux von der Gemein die Pfarr- und Kirchsorg befohlen worden zu verwalten, bis Gott einen frommen Seelensorger würde be-

operibus. Non sunt bona opera, nisi quae per fidem et dilectionem fiunt, quia alterum sine altero nullius virtutis […]" (224. Sentenz).

209 Vgl. BINDER, Honterus (1996), 68; WIEN, Grenzgänger, 118; DERS., Humanisten, 98 f; REI-NERTH, Gründung, 76 ff.

210 „Eodem anno [1542]. Hat man im Monat Octobris angefangen evangelische Mess zu halten in der Croner Kirch und die papistische weggeschafft, Gott und seinen heiligen Namen zu Ehren. Amen." (Hieronymus Ostermayer: Chronik von Kronstadt, in: REINERTH, Gründung, 94).

211 Aus Bistritz berichtet Ratsschreiber Christian Pomerarius von der 1542 durchgeführten Ausräumung der Bilder: „Seht, ihr Herren und Freunde, wen er Götzendiener nennt, nämlich Christen, die zu ihrem ärgsten Unheil und gegen das Gebot des Herrn eine so grosse Verehrung den Bildern erweisen. Erlaubt also keineswegs, dass jene Götzenbilder dort, wo sie unter dieser vorübergehenden Gottesgeissel abgetan worden sind, unter Aufwendung grösster Kosten wieder aufgerichtet werden. Ich habe darüber auch schon einigen Priestern geschrieben: ihr seht, dass unser Name deswegen bei den Völkern in bösesten Ruf gerät." (REINERTH, Gründung, 136). *Nebenbemerkung:* Die deutsche Übersetzung des lateinischen Originals stammt von Karl REINERTH.

212 Vgl. Oswald Myconius an Heinrich Bullinger, 22. Februar 1546, StAZ: E II 336a, 226 (erscheint in: HBBW XVI). Den Angaben dieses Briefes zufolge ist Hentius am in Kronstadt durchführten Bildersturm beteiligt gewesen, ehe er Kronstadt am 4. April 1544 – am 2. März 1544 ist er nach Hermannstadt berufen worden – verlassen hatte; der Bildersturm mag also bereits im Februar oder März, und nicht erst im April 1544 stattgefunden haben (vgl. REINERTH, Gründung, 154 f).

scheren. Item sein mit Willen der Obrigkeit die Bilder aus den Kirchen, auch der grosse Altar in der Pfarrkirche abgebrochen war.[213]

Durch diese Feststellung ist Erich ROTH zur Überzeugung gekommen, dass die Ausräumung der Bilder eine Reaktion auf den von Bullinger an Honterus geschickten Brief gewesen sei.[214] Unabhängig davon, ob der Brief je angekommen ist,[215] ist jedenfalls festzustellen, dass in Kronstadt gemäss dem Chronisten Ostermayer die Obrigkeit die Reformation durchgeführt hatte, also auch für den „Bildersturm" verantwortlich gewesen war. Dies führt die Kronstädter Reformation in die Nähe der oberdeutschen und der schweizerischen Städte, in denen auch sogenannte „Ratsreformationen" vorliegen. Jeremias Jekel als stürmischer Reformator, der die reformatorischen Neuerungen eigenmächtig in die Wege leiten wollte, verliess im Februar Kronstadt und ging nach Tartlau (Prejmer, RO). Der Humanist und Ratsherr Honterus hingegen wies die Rolle, Neuerungen einzuführen, dem Stadtrat zu. In diesem Zusammenhang ist besonders zu erwähnen, dass Bullinger am Ende seines Briefes Honterus aufgefordert hatte, mit dem Stadtrichter Johannes Fuchs und den übrigen Ratsmitgliedern, die Gottesfurcht haben, zusammenzuarbeiten.[216] Jedenfalls ist die Haltung der schweizerischen und oberdeutschen Städte in der Bilderfrage in Kronstadt sehr wohl bekannt gewesen, sei es durch den Bullingerbrief, sei es durch Berichterstattungen von heimkehrenden Studenten, oder sei es durch Schriften. Bullinger selbst weist ja in seinem Brief auf das erste Buch seiner Schrift *De origine erroris libri duo* (Zürich 1539) hin, in dem er weitläufiger über die Bilder geschrieben habe. Aufgrund des intensiven Wissens- und Buchtransfers ist davon auszugehen, dass dieses Buch auch bis nach Kronstadt gekommen ist – jedenfalls setzte Bullinger dies voraus. Schliesslich kam im Dezember 1543 Martin Hentius nach Kronstadt, von wo aus er – noch vor dem „Bildersturm" – erneut an Bullinger schrieb.[217] Anfang Februar soll sich weiter Mátyás Dévai Bíró in Kronstadt aufgehalten haben.[218] Die reformatorischen Einflüsse in Kronstadt waren also im zeitlichen Umfeld des „Bildersturmes" keineswegs allein an Wittenberg orientiert;[219] denn trotz des Wissens darum, dass die Wittenberger keine gesetzliche Regelung in der Bilderfrage kannten,[220] hat sich der Stadtrat für die Ausräu-

---

213 Hieronymus Ostermayer: Chronik von Kronstadt, in: REINERTH, Gründung, 151.
214 Vgl. ROTH, Reformation I, 142 ff.
215 Vgl. oben S. 181 f.
216 Vgl. Heinrich Bullinger an Johannes Honterus, 28. August 1543, in: HBBW XIII, Nr. 1780.
217 Vgl. Martin Hentius an Heinrich Bullinger, 3. Januar 1544, in: REINERTH, Hentius, 197 (= HBBW XIV, Nr. 1834).
218 Vgl. Leonhard Stöckel an Ferenc Révay, 2. Februar 1544, in: ETE IV, Nr. 295; REINERTH, Gründung, 155 f; ROTH, Reformation I, 145. Weiteres zu Dévai Bíró vgl. unten S. 188 ff.
219 Honterus wandte sich erstmals am 13. Februar 1544 an die Wittenberger; der Brief ist allerdings verloren und wir besitzen nur die Antwortbriefe von Luther, Bugenhagen und Melanchthon (vgl. BINDER, Honterus [1996], 248 ff).
220 Vgl. BINDER, Forschungsergebnisse, 110.

mung der Bilder entschieden. Eine Einschränkung des Bilderdienstes ist allerdings bereits in der *Reformatio ecclesiae Coronensis* (1543) angelegt, da Honterus die „Anrufung der Kreaturen", die durch die Heiligenbilder gefördert werden könnte, verboten hatte.[221]

Die Darstellung der reformatorischen Akzente bei Johannes Honterus belegt, dass die Kronstädter und Burzenländer Reformation in ihren Anfängen stärker von dem Reformationsmodell der oberdeutschen und schweizerischen Städte als von demjenigen Wittenbergs beeinflusst war. Die Reformation in Kronstadt, deren führende Persönlichkeit der Humanist, Schulmann, Buchdrucker und Ratsherr Honterus war, ist dem Humanismus entsprungen und hat seine humanistische Prägung auch nach 1542/43 beibehalten. Melanchthon blieb dem Humanismus gleichfalls zeitlebens verpflichtet, obwohl er Wittenberg bis zu seinem Ableben treu blieb. Damit hat er sich allerdings immer wieder Konflikte mit Martin Luther eingehandelt.[222] Neben den „Schriften hochberühmter Männer" aus dem oberdeutschen Raum nahm Melanchthon eine zentrale Rolle für die Kronstädter Reformation ein; nicht umsonst berief sich Honterus in der ungedruckten *Apologia* (1543) auf die „Bücher des hochgelehrten Philipp Melanchthon".[223]

Natürlich ist zu fragen, warum Martin Luther gegenüber dem Hermannstädter Stadtpfarrer Matthias Ramser das Reformationswerk in Kronstadt in höchsten Tönen lobte,[224] obwohl er, nachdem er das Reformationsbüchlein ja gelesen hatte, sehr wohl wusste, dass mehrere Aspekte des Reformationswerks in Kronstadt der Wittenberger Ausrichtung nicht entsprachen (Liturgik, Abendmahlslehre, Beichtlehre, Rechtfertigungslehre, u.s.w.)?[225]

Wir haben bereits auf den im Jahre 1543 im Zusammenhang mit der Abfassung der Kölner Kirchenordnung *Einfaltigs bedencken* (1543) neu ausgebrochenen Abendmahlsstreit hingewiesen.[226] In der Folge verunglimpfte Luther neben Bucer auch die schweizerischen Kirchen aufs schärfste. Am 31. August 1543 schrieb Luther schliesslich als Reaktion auf eine von Froschauer als Geschenk übersandte Bibel, dass Froschauer künftig von solchen Geschenken absehen solle, weil er, Luther, der Verdammung und lästerlichen Lehre der Zürcher nicht teilhaftig werden wolle.[227] In seiner Streitschrift *Kurtz Bekentnis vom heiligen Sacrament* (Wittenberg 1544) griff er die „Schwermer

---

221 Vgl. HONTERUS, Reformatio (1543), 10.

222 Vgl. SCHEIBLE, Melanchthon (1984), 163 ff.

223 HONTERUS, Apologia, 195; vgl. WIEN, Humanisten, 100ff; JUHÁSZ, Luther, 313f.

224 „Omnia enim, quae tu a me pestis, in isto libro offendes melius, quam ego scribere possum.
     Placuit enim mihi vehementer, qui tam docte, pure et fideliter scriptus est." (Martin Luther an
     Matthias Ramser, 1. September 1543, in: WA Br 10, Nr. 3910).

225 Es ist ja bemerkenswert, dass Honterus bei der Tauflehre sich *expressis verbis* auf Wittenberg
     berief, bei der in der Reformation stark umstrittenen Abendmahlslehre aber en Hinweis auf
     Wittenberg wohlweislich unterliess.

226 Vgl. oben S. 179 f.

227 Vgl. Martin Luther an Christoph Froschauer, 31. August 1543, in: WA Br 10, Nr. 3908 (vgl.
     ZSINDELY, Bullinger [1975], 364)

und Sacraments feinde, Carlstadt, Zwingel, Oekolampad" heftig an.[228] Diese „Schwermer und Sacraments feinde" übten offenbar auch Einfluss auf die Reformation in Kronstadt aus, weswegen Luther aus kirchenpolitischen Überlegungen heraus das Reformationswerk in Kronstadt gutheissen woll-te;[229] nur so konnte er bzw. sein Mitarbeiter Melanchthon weiteren Einfluss auf den Verlauf der Reformation im Burzenland nehmen.[230] Aufgrund dieser Sachlage wogen für Luther offenbar die inhaltlichen Differenzen geringer, obwohl sie teilweise Aspekte betrafen, die er bei den oberdeutschen und vor allem den schweizerischen Kirchen der Reformation bekämpfte.

Tatsächlich wurde der Kontakt zwischen Kronstadt und Wittenberg seit 1544 intensiviert; dies war auch darum nötig, da andere Städte des Sachsen-landes – wir denken beispielsweise an Hermannstadt – ihre Reformation unter stärkerem Einfluss Wittenbergs durchgeführt hatten. In der erneut von Honterus verfassten *Kirchenordnung aller Deutschen in Sybembürgen* (1547) ist schliesslich eine deutlich stärkere Orientierung an Wittenberg feststellbar; freilich wurde diese Entwicklung durch die vielen sächsischen Studenten in Wittenberg nachhaltig unterstützt. Die Weisung, dass in jeder Gemeinde die Hauspostille Martin Luthers und dessen Kleiner Katechismus[231] aufzuliegen habe, zeigt Richtung und Ziel der weiteren reformatorischen Bewegung bei den Siebenbürger Sachsen auf.[232]

---

228 Vgl. MARTIN LUTHER, Kurtz Bekentnis vom heiligen Sacrament (1544), in: WA 54, 141. Durch Luthers Schrift sah sich Bullinger zur Abfassung seines *Warhafften Bekanntnuß der dieneren der kilchen zů Zürych* (1545) genötigt (vgl. MÜHLING, Bekenntnis, 449–452), in der er es energisch ablehnte, dass die zürcherische Abendmahlslehre schwärmerisch sei.

229 Dass Luther Melanchthon ermutigt habe, die *Reformatio Coronensis* auch in Wittenberg herauszugeben, liegt nahe, kann aber aufgrund des Mangels an Quellen nicht belegt werden.

230 Bereits zu Beginn der 1530er Jahre hatte Luther sich darum bemüht, auf die Reformation Ostmitteleuropas Einfluss zu nehmen: Als die erste bekenntnisartige Äusserung der Böhmi-schen Brüder, die ursprünglich böhmisch verfasste *Rechenschafft des Glaubens, der Dienst und Cerimonien der Brüder in Behmen und Mehrern*, in der deutschen Übersetzung von Michael Weisse 1532 in Zürich – aus theologischen Gründen war dies durchaus naheliegend (vgl. LOCHER, Reformation, 655) – erschien, bemühte sich Luther sogleich darum, dieselbe Schrift, allerdings leicht modifiziert, auch in Wittenberg herauszugeben, und zwar mit einem eigenen Vorwort versehen (vgl. NAGY, Geschichte Confessio, 181 f); vgl. unten S. 245.

231 Diese Weisung machte auch den Druck von Luhers *Kleinem Catechismus für die Pfarherr vnd Hausväter* (Kronstadt 1548) notwendig.

232 Vgl. BINDER, Forschungsergebnisse, 110 f; ROTH, Reformation I, 172–192.

2.3 Mátyás Dévai Bíró

Über den auch aus Siebenbürgen stammenden Mátyás Dévai Bíró, „dem ungarischen Luther",[233] gibt es zahlreiche Literatur, allerdings nur wenige Arbeiten, die sich wirklich mit den theologischen Quellen beschäftigen.[234] Einer der wenigen, die sich im letzten Jahrhundert die Mühe gemacht haben, Dévai Bíró im Original zu lesen, ist der Altmeister der ungarischen Reformationsgeschichte, Mihály BUCSAY.[235]

Dévai Bíró (1500 – 1545) wurde nach seinen Studien in Krakau (1523 – 1525) Franziskaner und trat wie viele andere Franziskanermönche bald für kirchliche Reformen ein. Er immatrikulierte sich schliesslich am 3. Dezember 1529 – als zweiter Ungar – in Wittenberg. Zu Beginn seines Aufenthaltes in Wittenberg fand er bei Luther freie Kost und Logis;[236] natürlich lernte er dort auch Veit Dietrich (1506 – 1549), ein weiterer Tischgenosse Luthers,[237] kennen.[238] Nach seiner Rückkehr hielt er sich seit Frühjahr 1531 in Ofen auf, aber noch im gleichen Jahr wurde er Prediger in Kaschau.[239] Dort kam es in Kürze zu heftigen Auseinandersetzungen mit Gergely Szegedi, ebenfalls einem Franziskaner, in deren Folge Dévai Bíró eingekerkert wurde. Nach Gefängnisaufenthalten, einer Flucht und mehreren Verhören – wir haben auf dasjenige von Bischof Johannes Fabri im Juli 1533 bereits verwiesen[240] – hielt sich Dévai Bíró um die Mitte der 1530er Jahre am Hofe von Tamás Nádasdy auf, wo er nicht nur die erste ungarische Grammatik *Orthographia Vngarica* (Krakau 1535?) mit einem katechetischen Anhang und einer freien ungarischen Übertragung des Morgen- und Abendgebetes aus Luthers *Kleinem Katechismus* (1529) beendete,[241] sondern auch eine Widerlegung von Gergely Szegedis Thesen *Censurae [...] in propositiones erroneas Matthiae Deuai* (Wien 1535) verfasste. Zu Nádasdy entwickelte sich ein sehr persönliches Verhältnis, was sich

---

233 „A magyar Luther" (BOTTA, Luther, 45; DERS., Dévai, 3 et passim). Die „Umstrittenheit" dieser Bezeichnung belegen die nachfolgenden Ausführungen (vgl. unten S. 195 ff).

234 Vgl. BUCSAY, Thesen, 429–432; SÓLYOM, Dévai, 193–217; BUCSAY, Protestantismus I, 54ff; SCHLÉGL, Beziehungen (1966), 334ff; TEMPFLI, Melanchthon, 209 (weitere Literatur).

235 Erwähnenswert sind insbesondere seine Ausführungen über Dévai Bíró in der Studie über das Abendmahl in Ungarn (vgl. BUCSAY, Lehre, 263–267).

236 Luther und Melanchthon weilten seit dem 3. April 1530 in Augsburg, um am Reichstag teilzunehmen (vgl. SCHEIBLE, Beziehungen, 41 f).

237 Vgl. KLAUS, Dietrich, 53–62.

238 Vgl. SZABÓ, Wittenberg, 58; SCHWOB, Beziehungen, 95; RÉVÉSZ, Tanulók, 216.

239 Dévai Bíró betonte in seiner Widerlegung der Anklagepunkte von Bischof Johannes Fabri, dass er „ad solam praedicandi prouinciam fuisse vocatum, non ad missandum, ut testis est Senatus Cassouiensis." (DÉVAI BÍRÓ, Disputatio, r4ᵛ).

240 Vgl. Artiquli Inquisitorii contra et adversus quendam Mathiam, olim concionatorem Cassoviensem, 15. Juli 1533, in: ETE II, Nr. 233 (vgl. oben S. 117).

241 Vgl. MÁTYÁS DÉVAI BÍRÓ, Orthografia Vngarica, azaz, Igaz iras Modiarol valo tudomań Mag'ar n'eluenn irattatott, [Krakau] ²1549; LUTHER, Kleiner Katechismus (1529), 521 f.

in einem regen Briefwechsel niederschlug.[242] Um die Widerlegung von Szegedis Thesen drucken zu lassen, ging Dévai Bíró im Herbst 1536 nach Nürnberg zu dem ihm bereits bekannten Veit Dietrich. Dietrich ermutigte Dévai Bíró, nachdem letzterer ihm die Lage der Protestanten in Ungarn geschildert hatte, gleichfalls die Anklagepunkte bei den Wiener Verhören und seine eigenen widerlegenden Antworten als eine Art Rechtfertigungsschrift zu drucken.[243] Dietrich war in den 30er Jahren noch nicht der energische Luther-Anhänger, als welcher er in die Historiographie des 16. Jahrhunderts eingegangen ist.[244] Vielmehr vertrat er, als eifriger Korrespondent Melanchthons, noch bis Anfang der 40er Jahre eine vermittelnde Haltung. Melanchthon nahm Dietrich für sich mehrfach in Anspruch,[245] und Calvin zollte ihm gar Lob und Anerkennung, in der Hoffnung, dass Dietrich dazu beitragen könnte, Luther zu einer Eingung in der Abendmahlsfrage zu bewegen.[246] Tatsächlich findet sich die klare Ablehnung der calvinischen Prädestinationslehre erst in Dietrichs dritter Ausgabe des *Agend Büchlein für die Pfar-Herren auff dem Land* (Nürnberg 1545).[247] Und die Ablehnung der von ihm als schwärmerisch bezeichneten Sakramentslehre, wie sie von Calvin oder Bullinger vertreten werde, formulierte er erst 1548 explizit. Zu diesem Zeitpunkt war die Realpräsenz Christi im Sakrament allerdings bereits ein Kernstück der Abendmahlslehre von Dietrich, er lehrte also die *manducatio oralis*.[248]

Schliesslich liess Mátyás Dévai Bíró tatsächlich nicht nur seine Verteidigung der *Propositiones*, die Gergely Szegedi in seiner in Wien erschienenen Schrift widerlegt hatte, verfasst als eine *Summa doctrinae christianae*,[249] drucken, sondern auch die Widerlegung der Anklagepunkte durch Johannes Fabri[250] und, dies als erster Teil seiner *Disputatio de statu in quo sint beatorum animae post hanc vitam [...]*, eine gleichfalls gegen Gergely Szegedi gerichtete Abhandlung über den Schlaf der Seelen.[251] Der Druck erschien allerdings ohne

---

242 Ein Teil der Briefe wurde als Anhang zum Nachwort der Faksimile-Ausgabe von Dévai Bírós Katechismus gedruckt (vgl. DÉVAI BÍRÓ, Parantsolatnac, 127–142).

243 Vgl. KLAUS, Dietrich, 179.

244 Vgl. ibidem, 305 ff.

245 Vgl. ibidem, 310 ff. 316 ff.

246 Calvin wurde in der Hoffnung bestärkt, nachdem Dietrich die 1545 erschienene lateinische Fassung des *Petit traicté de la saincte Cene de nostre Seigneur Iesus Christ* gelobt hatte (vgl. Johannes Calvin an Veit Dietrich, 17. März 1546, in: CO XII, Nr. 781; vgl. BUSCH, Tragweite, 285 f; HERON, Luther, 409; KLAUS, Dietrich, 237. 426).

247 Vgl. VEIT DIETRICH, Agend Büchlein für die Pfarrherrn auff dem Land, Nürnberg 1545, Biiij[r–v] (vgl. KLAUS, Dietrich, 314).

248 Vgl. KLAUS, Dietrich, 325 ff.

249 Vgl. Apologia Quarundem propositionum, Summam Doctrinae Christianae continentium, contra indoctas censuras, indocti Franciscani, Gregorij Zegedieñ. [...], in: DÉVAI BÍRÓ, Disputatio, h4[v]–r2[r].

250 Vgl. Articuli in quibus Matthias Devay ungarus Wiennae a Reverendo Patre Ioanne Fabro Constantiensi damnatus est [...], in: DÉVAI BÍRÓ, Disputatio, r4[v]–t[r].

251 Vgl. Confutatio Apologiae cuiusdam Gregorii Seghediensis [...], in: DÉVAI BÍRÓ, Disputatio, a4[r]–h3[r]. Fragen wie, an welchem Ort die verstorbenen Seelen der in Christus verstorbenen

Nennung des Druckortes bzw. des Druckers. In der Forschungsliteratur, so auch im Verzeichnis der im deutschen Sprachbereich erschienen Drucke des 16. Jahrhunderts, ist in jüngerer Zeit als Druckort der *Disputatio* meist Nürnberg angegeben.[252] Dies scheint immerhin naheliegend zu sein, da ja Dévai Bíró um des Druckes willen nach Nürnberg gekommen ist. Allerdings ist auch Basel, seit Pál Debreceni Ember, mehrfach in Erwägung gezogen worden.[253] István Botta hält demgegenüber aber fest, dass, wenn auch Dévai Bíró in Basel gewesen wäre, die *Disputatio* keinesfalls in Basel erschienen sein könne.[254] Dennoch ist noch jüngst daran festgehalten worden,[255] unter anderem deswegen, weil in der Universitätsbibliothek Basel eine handschriftliche Fassung der *Disputatio* erhalten ist.[256] In seiner Dissertation hat Árpád Blázy nun nachgewiesen, dass die Handschrift, deren Papier wohl aus dem 15. Jahrhundert stammt, frühestens nach 1545 entstanden ist.[257] Die Feststellung von Martin Steinmann, dass „vorliegende Handschrift [...] wohl keine Kopie des Druckes" ist,[258] muss also überdacht werden. Und Basel als Druckort ist doch eher abzulehnen. Dennoch bleiben mehrere Fragen unbeantwortet: Warum fehlen in der Handschrift das erste wohl von Veit Dietrich verfasste Vorwort „ad lectorem"?[259] Und gleichfalls Dévai Bírós Widmung des ersten Teils, der *Confutatio*, an Imre Bebek, gewesener Probst zu Stuhlweissenburg?[260] Dies befremdet um so mehr, da Dévai Bíró seine Widmung noch in

---

Heiligen seien, oder ob sie für uns beten könnten, beschäftigten die Reformatorengeneration mehrfach und waren geeignetes Thema, sich gegenüber der römischen Kirche wie auch gegenüber dem linken Flügel der Reformation abzugrenzen. So grenzte sich Calvin mit seiner ersten Schrift, der *Psychopannychia* (1534) (vgl. CO V, 166 – 232), in der er die täuferische Lehre vom Seelenschlaf behandelte, klar vom linken Flügel ab (vgl. Opitz, Leben, 31 f); insbesondere italienische Nonkonformisten wie Camillo Renato vertraten die Lehre vom Schlaf der Seele nach dem Tode – man werde zu einem neuen Leben erst nach dem jüngsten Gericht wieder auferstehen können – und provozierten damit teils harte Auseinandersetzungen (vgl. Bonorand, Emigration, 143).

252 Vgl. VD 16 D 1300; Bucsay, Thesen, 430; Csepregi, Vita, 180; Schwob, Beziehungen, 95; Dévai Bíró, Parantsolatnac, 126; u.s.w.

253 Vgl. Debreceni Ember, Historia, 73. István Botta hat in seiner Monographie zu Dévai Bíró einen guten Überblick über die in der Forschung seit Debreceni Ember immer wieder angenommenen Basler Kontakte von Dévai Bíró gegeben (vgl. Botta, Dévai, 22 – 30).

254 Vgl. Botta, Dévai, 30. Bottas Studie ist unumstritten verdienstvoll, was die Sammlung, Kontextualisierung und Auswertung der historischen und Sekundärquellen zu Dévai Bíró anbelangt; sie ist aber in manchen Teilen nicht nur „konfessionalistisch" verfasst, sondern benutzt auch zahlreiche Allgemeinplätze, so unter anderem, dass Honterus 1533 als Lutheraner nach Hause gekehrt sei und in Siebenbürgen die Reformation nach dem Vorbilde Luthers eingeführt habe (vgl. ibidem).

255 Vom Verfasser selbst: Bernhard, Wirkung, 38.

256 Vgl. Matthias Dévai Bíró: Scripta in Gregorium Szegediensem, UBB: A VI 46.

257 Vgl. Blázy, Griner, 161 ff; Csepregi, Kálvin, 158 f.

258 Vgl. Steinmann, Handschriften, [563] (zu: A VI 46).

259 Vgl. [Veit Dietrich]: Ad Lectorem, s.d., in: Dévai Bíró, Disputatio, a2^{r-v}.

260 Vgl. Mátyás Dévai Bíró: Reverendo Domino Emerico Bebec, praeposito, Albensi, domino & patrono suo [...] gratiam & pacem, 4. Juni 1536 [Pfingsten], in: Dévai Bíró, Disputatio, a3^{r-v}.

Sárvár verfasst hat, bei der Ankunft in Nürnberg also – anders als das Dietrich zugeschriebene Vorwort – bereits vorlag. Der Kopist der beiden ersten Teile[261] muss die beiden Vorworte also aus irgendeinem Grund weggelassen haben. Ungeklärt ist auch die Frage, warum die Handschrift nach Basel kam, oder in Basel angefertigt wurde? Und schliesslich ist zu fragen, warum der Druckort nicht angegeben wurde? Zumindest soviel lässt sich sagen, dass, falls die Schrift in Nürnberg bei Petreius erschienen sein sollte, Nürnberg als Druckort wohl darum nicht angegeben wurde, weil Dietrich in mehreren theologischen Fragen bereits in den 1530er Jahren mit Dévai Bíró – wie auch mit Melanchthon – nicht einer Meinung war.[262] Dies kann zumindest erklären, warum der Name von Veit Dietrich erst am Ende der Widmung des dritten und letzten Teils auftaucht.[263]

Zur Zeit des Drucks der *Disputatio* hielt sich Dévai Bíró erneut in Wittenberg auf.[264] Da er des Deutschen nicht mächtig war, pflegte er wohl vor allem mit Philipp Melanchthon Umgang.[265] Melanchthon hörte auf diese Weise auch von den reformerischen Bemühungen Nádasdys und nutzte die Gelegenheit, erstmals mit Nádasdy brieflich in Kontakt zu treten.[266] Im Winter 1537/38 kehrte Dévai Bíró über Krakau an den Hof in Sárvár zurück; in Krakau liess er seine *At tiz parantsolatnac, ah hit agazatinac, am mi at'áncnac* (1538), den ersten reformatorischen Katechismus auf Ungarisch drucken.[267] Dessen Bedeutung für die ungarische Reformation darf nicht unterschätzt werden; so erwähnte András Batizi, der nach seinem Studienaufenthalt in Wittenberg 1541/42 einen eigenen Katechismus verfasst hatte, im Vorwort löblich den Katechismus seines Landsmanns Dévai Bíró.[268]

Nebenbemerkung: Im Druck steht das Jahr 1535, aus chronologischen Gründen muss es sich aber um das Jahr 1536 handeln, weswegen von einem versehentlichen Druckfehler auszugehen ist (vgl. auch: DOLESCHALL, Schicksale, 111).

261 Die ersten beiden Teile sind von anderer Hand als der dritte Teil (vgl. Matthias Dévai Bíró: Scripta in Gregorium Szegediensem, UBB: A VI 46, 1^r–33^v. 35^r–64^r. 65^r–73^v); in keinem Fall handelt es sich aber, wie andernorst vermutet, um die Handschrift von Dévai Bíró (vgl. BERNHARD, Wirkung, 38).

262 Es sei beispielsweise auf die Abendmahlslehre oder die Prädestinationslehre verwiesen (vgl. unten S. 199 ff).

263 Vgl. Veit Dietrich: Reverendo Domino Francisco Batzi Praeposito sepusiensi, ac Secretario Regio, domino & amico suo, in: DÉVAI BÍRÓ, Disputatio, r4^v.

264 Aus dem Briefwechsel von Melanchthon wissen wir, dass Dévai Bíró von April bis Oktober 1537 in Wittenberg weilte (vgl. Philipp Melanchthon an Veit Dietrich, 7. April 1537 sowie 6. Oktober 1537, in: MBW, Nr. 1882. 1947; Philipp Melanchthon an Tamás Nádasdy, 7. Oktober 1537, in: MBW, Nr. 1949).

265 Dévai Bíró betonte gegenüber Fabri, dass „Germanice nesciam" (vgl. DÉVAI BÍRÓ, Disputatio, r4^v).

266 Vgl. Philipp Melanchthon an Tamás Nádasdy, 7. Oktober 1537, in: MBW, Nr. 1949.

267 Wie die *Orthographia Vngarica* wurde auch der Katechismus 1549 in Krakau erneut herausgegeben (vgl. RMNy 23. 78).

268 Vgl. ANDRÁS BATIZI, Keresztyéni tudományról való rövid könyvecske, [Krakau 1543–45] (^{2}1550), Aij^v.

Dévai Bíró blieb nicht mehr lange am Hofe in Sárvár, sondern wirkte bald als Prediger auf den Gütern des hochadligen Magnaten Péter Perényi in Oberungarn. Infolge einer Auseinandersetzung mit diesem wegen des Reliquienkultes sowie der Hostienverehrung musste Dévai Bíró den Hof verlassen[269] und betätigte sich daraufhin als Schulrektor im nahegelegenen Szikszó. Allerdings musste er nach der Einnahme Ofens im August/September 1541 vor den Türken fliehen und kehrte wieder nach Deutschland zurück.[270] Er hielt sich bis Mitte 1543 vor allem in Wittenberg, Nürnberg, wohl auch Strassburg und Basel auf. Anschliessend kehrte er in seine Heimat zurück, um an verschiedenen Orten Siebenbürgens und Oberungarns als reformatorischer Wanderprediger zu wirken. Am 5. August meldete Veit Dietrich an den Erfurter Humanisten und Reformator Johannes Lange, dass „Matthias Devay, qui nunc in iis partibus, quas Turca nondum occupavit, ultra Tybiscum, Evangelium docet, non in uno loco, sed sicut Apostolus iam hic, iam alibi."[271] Im Februar 1544 hielt er sich in Kronstadt bei Honterus auf, von wo aus er an den Pfarrkonvent in Grosswardein, abgehalten am 20. Juli 1544, weiterzog; dessen Thesen atmen unverkennbar den Geist von Dévai Bíró und enthalten mehrere seiner ihn kennzeichnenden Ausdrucksformen.[272] Daraufhin kehrte er über Debrecen in die nordöstlichen Komitate Sathmar und Szilágy zurück, wo er auf den Besitzungen des Magnaten Gáspár Drágffy predigte.[273] Es ist nicht anzuzweifeln, dass gerade Dévai Bíró im Vorfeld wesentlich dazu beigetragen hat, dass auf den 20. September 1545 zu einer Synode in Erdőd eingeladen wurde, die sich in ihrem Bekenntnis auf die *Confessio Augustana Variata* (1540) berief, dass also das Bekenntnis von Erdőd eine „letzte" Frucht seines Wirkens gewesen ist.[274] Zu dieser Zeit waren allerdings nicht nur der Magnat selbst, sondern auch Dévai Bíró bereits verstorben.[275] Die Wittwe von Gáspár Drágffy, Anna Báthory, förderte die Ausbreitung der Reformation gleichfalls und durfte mit der Unterstützung vom reformationsfreundlichen Oberbefehlshaber Péter Petrović rechnen, so dass die Synode doch stattfinden konnte.[276] Mit Recht beklagte sich darum Martinuzzi darüber, dass sich die

---

269 Vgl. oben S. 120 (Anm. 152).
270 Dévai Bíró musste nicht vor dem Erzbischof von Erlau, Ferenc Frangepán (vgl. KOVÁCS, Melanchthon, 264; BUCSAY, Protestantismus I, 55), sondern vor den Türken fliehen (vgl. Melanchthhon an Sebastian Heller, 28. Dezember 1541, in: MBW, Nr. 2859).
271 Veit Dietrich an Johannes Lange, 5. August 1543, in: SÓLYOM, Dévai, 194.
272 Vgl. BUCSAY, Thesen, 430.
273 Details zu dem zum Teil noch nicht restlos gesicherten Itinerar finden sich in: SÓLYOM, Dévai, 195 ff.
274 Vgl. BUCSAY, Bekenntnis, 439 ff; CSEPREGI, Vita, 167 ff; BUCSAY, Protestantismus I, 55 f. 99; TEMPFLI, Melanchthon, 208 f et passim.
275 Gáspár Drágffy verstarb am 25. Juni 1545, Mátyás Dévai Bíró im frühen Frühling, wohl spätestens im April 1545 (vgl. Leonhard Stöckel an Philipp Melanchthon, 12. Juni 1545, MBW, Nr. 3915); vgl. CSEPREGI, Kálvin, 163.
276 Vgl. BUCSAY, Bekenntnis, 440. Auch andere Frauen der Magnaten und später der Fürsten Siebenbürgens – z. B. Anna Nádasdy, Erzsebet Bocskay oder Zsuzsanna Lorántffy – haben die

Reformation in seiner Diözese „mirum in modum" ausbreite.[277] Während Dévai Bíró in Erdőd nichr mehr teilnehmen konnte, unterschrieben viele Geistliche aus den Komitaten Szolnok, Sathmar, Bihar und zum Teil auch aus Ugocsa und Szabolcs das Bekenntnis. Darunter befand sich auch András Batizi, ein Landsmann von Dévai Bíró, der gleichfalls auf den Gütern von Drágffy wirkte.[278] Später gab Batizi in Krakau erneut Dévai Bírós *Orthographia Vngarica* und wahrscheinlich auch den Katechismus *At tiz parantsolatnac* heraus.[279]

a. Erasmischer Humanismus

Bereits auf dem Titelblatt seiner *Orthographia Vngarica* (1534/35) hielt Dévai Bíró fest: „Dies ist die Wissenschaft über die Art und Weise der richtigen Schrift, die in ungarischer Sprache geschrieben ist [...]", und zitierte folgend aus Mark 12, 24, wo Jesus fragt, ob die Sadduzäer nicht deshalb irren, weil sie weder die Schriften noch die Kraft Gottes kennen würden.[280] Die Schriften konnte man nur kennen, wenn man auch die eigene Sprache korrekt zu schreiben und zu lesen beherrschte. Mit der *Orthographia Vngarica* wollte Dévai Bíró eine Voraussetzung schaffen, dass auch das Volk die Bibel in ungarischer Sprache lesen konnte; zu diesem Zwecke war auch ein katechetischer Anhang beigefügt, der die grundlegenden christlichen Gebete und Glaubenslehren umfasste.[281] Dévai Bíró darf damit als ein Vertreter des erasmischen Bildungsideals beurteilt werden, da seine *Orthographia* vor allem zum Ziel hatte, dem Volk Bildung zu ermöglichen, einerseits im Schreiben- und

---

Ausbreitung der Reformation im Allgemeinen, der schweizerischen Reformation im Speziellen unterstützt (vgl. Quae viduae Ecclesiae Calvinianae magnae patronae, ELTE: Bd. XCIX, Nr. 15).

277 Vgl. György Martinuzzi an Ferdinand I., Ende September 1545, in: ETE IV, Nr. 403; Oswald Myconius an Heinrich Bullinger, 22. Februar 1546, StAZ: E II 336a, 226 (= im Druck: HBBW XVI); vgl. Nemeth, Martinuzzi, 189.

278 Vgl. Bucsay, Bekenntnis, 440; Tempfli, Melanchthon, 221; vgl. unten S. 240 f.

279 In der *Orthographia Vngarica* (1549) ist es dadurch belegt, dass Batizi das Vorwort folgendermassen beginnt: „Az olvasónak isteni kedvet kér B.A." [A.B. wünscht dem Leser göttliche Freude] (Dévai Bíró, Orthographia, Aijʸ). Die Erwägung, dass es sich um Benedek Abádi handelt, weil Batizi bereits gestorben sei, muss verworfen werden: 1. In der ungarischen Sprache wird immer der Familienname vorgestellt, gefolgt vom Taufnamen; falls Abádi der Herausgeber gewesen wäre, müsste im ungarischen Text „[...] kér A.B." stehen. 2. Batizi ist ein Landsmann von Dévai Bíró, da er höchstwahrscheinlich in Batiz geboren wurde; Batiz liegt südlich von Diemrich (Deva, RO), woher Dévai Bíró stammte. Wie bekannt wirkten beiden Reformatoren in Oberungarn, unter anderem auf den Gütern von Gáspár Drágffy (vgl. Szabó, Erdélyiek, 7. 176). Demzufolge kann Batizi erst um die Mitte des 16. Jahrhunderts verstorben sein.

280 „Azaz, Igaz iras Modiarol valo tudomań Mag'ar ńeluenn irattatott [...]" (Dévai Bíró, Orthographia, Aiʸ).

281 Vgl. Dévai Bíró, Orthographia, Biijʸ–Dijʸ.

Lesenlernen der eigenen Sprache, andererseits im Sich-Aneignen der zentralen christlichen Glaubenslehren.[282]

Auch in einem anderen Bereich arbeitete Dévai Bíró entsprechend der Methodik des Erasmus. Der zweite Teil seiner *Disputatio* enthält Dévai Bírós Verteidigung seiner *Propositiones*, die Gergely Szegedi in seiner in Wien erschienenen Schrift widerlegt hatte;[283] diese Verteidigung, die Dévai Bíró entsprechend der Loci-Methode konzipierte und als *Summa doctrinae christianae* bezeichnete,[284] hatte er bezeichnenderweise am humanistisch ausgerichteten Hofe in Sárvár verfasst. In der *Summa* werden die einzelnen *Propositiones* einander gemäss der inhaltlichen Thematik zugeordnet. Der Aufbau der *Loci* sieht folgendermassen aus: Schrift (*Propositiones* – 3), Gesetz (4 – 10), Busse (11 – 14), Glaube (16 – 33), Sakramente (34 – 40), Gebet (41 – 44) und seliger Tod (45 – 52). Während Dévai Bíró wie andere Reformatoren[285] die Loci-Methode von Erasmus übernahm, ging aber auch er über Erasmus hinaus, indem er in der *Summa* einen systematischen Zusammenhang der Loci konzipiert hatte; damit stellt Dévai Bírós *Summa* die erste protestantische „Dogmatik" eines ungarischen Theologen dar.[286]

Ein weiterer Aspekt weist in den Bereich des erasmischen Humanismus: Die von Dévai Bíró in der *Disputatio* angetönten kirchlichen Reformen werden äusserst selten mit reformatorischen Schriften, sondern vielmehr mit Schriften der Kirchenväter begründet. Bei den Ausführungen zur Frage des *Liberum arbitrium* betonte Dévai Bíró, dass seine Ansicht nicht von Luther, sondern von Augustin stamme.[287] Neben Ambrosius und Chrysostomus belegte Dévai Bíró seine Ausführungen tatsächlich sehr oft mit Augustin, wobei er aus verschiedenen Werken – beispielsweise aus *De fide et operibus*, aus *De spiritu et litera*, aus dem *Hypognosticon* oder dem *Tractatus in Iohannis evangelium* – zitierte.[288] Dass Dévai Bíró, wenn er aus so vielen verschiedenen Schriften Augustins zitiert, eine Gesamtausgabe benutzt hat, ist unbestritten, dass es sich dabei um die von Erasmus betreute Basler Ausgabe (1528/29) handelte, darf vermutet werden. Jedenfalls bildete auch bei Dévai Bíró die durch die humanistischen Ausgaben ermöglichte Auseinandersetzung mit Augustin eine wichtige Grundlage seiner Reformbemühungen.

---

282 Vgl. PÉTER, Bibellesen, 36.
283 Vgl. GERGELY SZEGEDI, Censurae […] in propositiones erroneas Matthiae Devai, Wien 1535.
284 Vgl. DÉVAI BÍRÓ, Disputatio, h4^v–r2^r.
285 Wir denken dabei an Melanchthon, Calvin oder Zwingli (vgl. LEU, Aneignung, 329 ff; SCHEIBLE, Melanchthon (1984), 166 ff).
286 Imre Ozorais Kampfschrift *De Christo et eius ecclesia. Item de Antichristo, eiusque ecclesia* (Krakau 1535) ist zwar die erste theologische Arbeit in ungarischer Sprache, entbehrt aber eines systematischen Zusammenhanges der Loci, wie er bei Dévai Bíró vorliegt (vgl. PÉTER, Bibellesen, 36; BUCSAY, Protestantismus I, 63). Ozorai und Dévai Bíró haben sich in Wittenberg wohl nicht mehr getroffen, da Ozorai nach seinen Studien in Krakau erst im Frühling 1531 nach Wittenberg kam (vgl. SZÖGI, Diákok, 57; RÉVÉSZ, Tanulók, 216).
287 Vgl. DÉVAI BÍRÓ, Disputatio, t^r.
288 Vgl. DÉVAI BÍRÓ, Disputatio, c2^v. c3^r. i^r. k4^v. l^r. m3^v. m4^r.n3^r. n4^r. o2^v. t^r u.s.w.

b. Reformatorische Akzente[289]

Wegen der Verbreitung seiner Reformgedanken wird Dévai Bíró seit dem 16. Jahrhundert immer wieder als „ungarischer Luther" bezeichnet.[290] Dennoch äusserte Luther im April 1544 sein Bedauern über die Kunde, dass Dévai Bíró der Abendmahlslehre der „Sakramentarier" verfallen sei.[291] Offenbar hatte Dévai Bírós Abendmahlslehre in Oberungarn Anstoss erregt und die Geistlichen von Eperies, darunter Bartholomäus Bogner, haben sich an Luther gewandt.[292] Diese Angelegenheit zeigt, dass Dévai Bírós Theologie offenbar nicht einfach als „lutherisch" bezeichnet werden kann, sondern auch andere reformatorische Einflüsse zur Ausformung seiner eigenen Theologie beigetragen haben. Die Untersuchung der verschiedenen theologischen Schriften macht es möglich, seine Theologie im Allgemeinen und seine Abendmahlslehre im Besonderen genauer zu positionieren. Als Grundlage dazu sollen folgende Quellen dienen: Dévai Bírós Widerlegung der Anklagepunkte vor Bischof Johannes Fabri von 1533,[293] der katechetische Anhang zur *Orthographia Vngarica* (Krakau 1535?), die in der *Disputatio* (1537) gedruckte *Summa doctrinae christianae*[294] sowie der Katechismus *Tiz parantsolatnac* (1538).

Eine erste Auswertung soll aufgrund der Untersuchung der Reihenfolge der einzelnen Loci geschehen: Wie Luther im *Kleinen* und *Großen Katechismus* (1529), Calvin in der *Institutio* von 1536 und im Katechismus (*Instruction*) von

289 Zum Ganzen vgl. BERNHARD, Wirkung, 39–46.

290 Die Formulierung ist erstmals wohl 1571 bei Christian Schesaeus in seinem grossen Epos *Ruina Pannonica* bezeugt (vgl. CHRISTIAN SCHESAEUS, Ruinae Pannonicae libri quattuor, Wittenberg 1571, Fiij[r]); übernommen wurde sie von Pál Debreceni Ember (vgl. DEBRECENI EMBER, Historia, 72) sowie von Péter Bod (vgl. PÉTER BOD, Historia Hungarorum ecclesiastica, inde ab exordio Novi Testamenti ad nostra usque tempora [...], hg. von Lodewijk Willem Ernst Rauwenhoff et al., Bd. 1, Leiden 1888, 237); vgl. auch: BOTTA, Dévai.

291 „Caeterum quod de Matthia Devay scribitis, vehementer sum admiratus, cum et apud nos sit ipse adeo boni odoris, ut mihi ipsi sit difficile vobis credere scribentibus. Sed utut sit, certe a nobis non habet Sacramentariorum doctrinam." (Martin Luther an die Geistlichen in Eperies und Umgebung, 21. April 1544, in: WA Br 10, Nr. 3984).

292 Vgl. SCHEIBLE, Beziehungen, 46 ff.

293 Gedruckt liegen Dévai Bírós Antworten vor, wie sie beim Verhör vom 15. Juli 1533 in Wien protokolliert wurden (vgl. Responsio Mathiae super articulis sibi obiectis ex commissione regiae Maiestatis, 15. Juli 1533, in: ETE II, Nr. 234), sowie die Widerlegungen Dévai Bírós, die er in Nürnberg anfertigte (vgl. DÉVAI BÍRÓ, Disputatio, r4[v]–t[r] [Nachdruck in: DEBRECENI EMBER, Historia, 80–87; BOD, Historia I, 239–245]).

294 Vgl. DÉVAI BÍRÓ, Disputatio, h4[v]–r2[r]. Die einzelnen Teile der *Disputatio de statu in quo sint beatorum anima* wurden in den *Historien der Martyrer* (Strassburg 1556; [2]1571–1572) von Ludovicus Rabus in deutscher Übersetzung gedruckt (vgl. LUDOVICUS RABUS, Historien der Martyrer. Ander Theil. Darinn das Dritte, Vierdte und Fünffte Bůch von den Heyligen Ausserwehlten Gottes Zeügen, Bekennern und Martyrern [...], Strassburg [2]1572, 564[r]–609[r]); teilweise ist es aber eine sehr ungenaue Übersetzung, so dass der lateinische Text als Grundlage dienen muss (vgl. KLAUS, Dietrich, 19).

1537[295] sowie Leo Jud im *Großen* (1534) und *Kleinen Katechismu* (1535) hielt auch Dévai Bíró bei den Hauptartikeln an der Ordnung *Gesetz, Glaube, Gebet* fest.[296] Bemerkenswert ist aber, dass er den Katechismus folgendermassen begann: „Gott befiehlt uns zwei Dinge, die Erkenntnis von ihr und unsere eigene Erkenntnis: Ohne diese beiden kann niemand auf den Weg des Heils kommen [...]"[297] Dévai Bíró setzte also – wie Calvin in seiner *Institutio* bzw. der *Instruction* – mit der Erkenntnislehre ein. Folgend behandelte er in zwei Kapiteln die Gottes- und Menschenerkenntnis;[298] die letztere zeige sich darin, dass der Mensch seine ganze Sündhaftigkeit erkenne.[299] Dann erst folgte die Behandlung der einzelnen Loci. Umgekehrt setzt Dévai Bíró bezeichnenderweise sowohl in seiner *Summa* wie auch im katechetischen Anhang zur *Orthographia* mit der Schriftlehre ein und leitet erst danach zur Gotteslehre über.[300] Damit stand er in oberdeutscher und schweizerischer Tradition: Die *Confessio Tetrapolitana* (1530), die *Confessio Helvetica prior* (1536) wie auch Farels *Confession* von 1537 setzten gleichermassen an die erste Stelle die Schriftlehre; dass in Zürich der Schriftlehre prioritäre Bedeutung beigemessen wurde, braucht hier kaum erwähnt zu werden.[301] In Calvins *Institutio*

---

295 Es ist zwischen Calvins *Instruction* (vgl. CO XXII, 33 – 74) und Farels *Confession* (vgl. CO XXII, 85 – 96) zu unterscheiden (vgl. PETER, Bibliotheca Calviniana I, 44 ff); bei dem in den *Reformierten Bekenntnisschriften* gedruckten Text handelt es sich faktisch nicht um das Genfer Bekenntnis, sondern um den Genfer Katechismus (vgl. Genfer Bekenntnis 1536–37, in: RBS 1/2, 104 – 136).

296 Obwohl bereits 1534 Martin Bucer in seinem Strassburger Katechismus die Reihenfolge *Glauben, Gesetz, Gebet* benutzte, begann sich erst im Übergang zu den 1540er Jahren die später für die reformierte Kirche konstitutive Ordnung der *Loci* durchzusetzen. Man findet sie erstmals im Katechismus von Johannes Comander (1538), dann auch im Genfer Katechismus von 1542 (vgl. SAXER, Genfer Katechismus [1542], 281 ff). Vergerio in seiner *Instruttione christiana* (Poschiavo 1549) sowie Iachiam Bifrun im ersten rätoromanischen Katechismus *Vna cuorta et christiauna fuorma* (Poschiavo 1552) übernahmen die „reformierte" Ordnung der *Loci* gleichfalls (vgl. BERNHARD, Katechismus, 46 ff).

297 „Isten kęt dolgott parantsol minde necnec, az ẅ esmęretét ęs minnen esmer=őnkett: ekkęt esmeret nekül üduősségnec vtára senki nem iuthat." (DÉVAI BÍRÓ, Parantsolaac, Aij[r]).

298 Vgl. ibidem, Aiij[r–v].

299 Vgl. ibidem, Aiij[v]–B[r]. Es ist CSEPREGI entschieden zu widersprechen, wenn er es ablehnt, dass Dévai Bíró seine Erkenntnislehre unter Calvins Einfluss ausgebildet hat, festhaltend, dass die Erkenntnislehre bereits andernorts – er nennt Wolfgang Schustel und Philipp Melanchthon – formuliert worden sei (vgl. CSEPREGI, Kálvin, 156 ff). Die für Calvin typische Zweiteilung der Erkenntnislehre in Gotteserkenntnis *und* Menschenerkenntnis (vgl. SELDERHUIS, Calvin Handbuch, 222 f) liegt bei Schustel (vgl. CSEPREGI, Kálvin, 157 [Anm. 15]) wie bei Melanchthon eben gerade nicht vor. Melanchthon versteht die „Erkenntniskraft" (*vis cognoscendi*) in einem rein kognitiven Sinne, dass man durch sie wahrnehmen, verstehen, schlussfolgern, vergleichen u.s.w. könne (vgl. MELANCHTHON, Loci communes [1521], 26 f [1, 9]). Auch Melanchthons wegweisende Äusserung „Hoc est Christum cognoscere beneficia eius cognoscere" (vgl. MELANCHTHON, Loci communes [1521], 22 f [0, 13]) kann nicht als „Vorform" der Erkenntnislehre Calvins oder Dévai Bírós verstanden werden.

300 Vgl. DÉVAI BÍRÓ, Disputatio, h4[v]–i[v]; DERS., Orthographia, C[v].

301 Bereits in seiner Programmschrift *Von der Klarheit und Gewissheit des Wortes Gottes* (1522) hat Zwingli die Akzente auf die prioritäre Bedeutung der Schrift gesetzt. Dies wird von den Zürcher

(1536) bildete die Schriftlehre – wie in Melanchthons *Loci communes* – hingegen keinen eigenen Topos, sondern ist – hier trennt sich hingegen Calvin von Melanchthon – in die Entfaltung von Calvins Lehre von der Erkenntnis Gottes integriert. Dies übernahm Dévai Bíró in seinem Katechismus, indem auch er die Schriftlehre in den Abschnitt über die Gotteserkenntnis einordnete.[302]

Die Anordnung der *Loci* sowie die diesbzüglichen Akzentsetzungen illustrieren, dass Dévai Bíró, obwohl er in Wittenberg studiert hatte, in seinem theologischen Konzept Einflüsse von Reformatoren auch des oberdeutschen und helvetischen Raumes zeigte.[303] Um den Einfluss genauer zu untersuchen, ist es allerdings notwendig, die Schriften Dévai Bírós auch inhaltlich zu untersuchen. Freilich ist es im Rahmen dieses Kapitels nicht möglich, alle Loci eingehend zu behandeln; um aber Dévai Bíró in den reformatorischen Kontext einzuordnen, genügt es einige für die theologische Einordnung wesentliche *Loci* genauer zu prüfen. Dies sollen insbesondere die Frage des freien Willens, die Prädestinations-, Rechtfertigungs- sowie Sakramentslehre sein.

Der 25. Anklagepunkt[304] von Johannes Fabri besagte, dass Dévai Bíró „negat liberum arbitrium". Dévai Bíró führte daraufhin aus, dass zwischen der ersten und der zweiten Tafel der Zehn Gebote zu unterscheiden sei: Bei der zweiten Tafel gäbe es einen freien Willen, da diese Gebote auch die Heiden einhalten könnten. „Sed praecepta primae tabulae, sine dono ac gratia Dei per Christum nulla ratione praestare posse."[305] Wie bereits erwähnt betonte er, dass diese Lehre nicht von Luther, sondern von (Pseudo-)Augustin, und zwar aus dem dritten Buch des *Hypognosticon*, stamme.[306] In seinem Katechismus hielt Dévai Bíró noch pointierter fest, dass auch derjenige, der das Heil erlangen wolle, es nicht einfach von sich aus könne, weil dies Gottes Geschenk sei.[307]

Reformatoren durchwegs übernommen; auch Bullinger setzte die Schriftlehre an den Anfang der *Sermonum decades quinque* (1549–51), des *Libellus epistolaris* (1551) sowie schliesslich der *Confessio Helvetica posterior* (1561/66).

302 Vgl. Dévai Bíró, Parantsolatnac, Aiij[r–v].

303 Calvin ist dem oberdeutschen Raum zuzuordnen, da er seit Beginn 1535 in Basel weilte, wo er auch seine *Institutio* verfasste und druckte; auch nach seiner „Berufung" nach Genf, wo er seit August 1536 wirkte, blieb er dem oberdeutschen Raum verbunden und stand in intensiver Briefkorrespondenz mit Bucer und Capito. Schliesslich kehrte er 1538 nach Strassburg zurück, wo er bis Anfang September 1541 weilte (vgl. Opitz, Leben, 34–69; Vial, Calvin, 19–38; van't Spijker, Calvin, J121 ff. J142 ff).

304 Je nach Zählung ist es der 26. Anklagepunkt.

305 Dévai Bíró, Disputatio, t[r]; vgl. Responsio Mathiae super articulis sibi obiectis ex commissione regiae Maiestatis, 15. Juli 1533, in: ETE II, Nr. 234.

306 Diesen Beleg übernahm Dévai Bíró wörtlich aus der *Confessio Augustana* (vgl. Melanchthon, Confessio Augustana [1530], 73 [Art. 18]).

307 „Az tis meg monódc mi leg'en az szabad acarat, ęs méne ereie vag'on ann'i szábadtsága vag'on embernec külsö büntül meg otalmazhatt'a magát ha acaria, az ẅ végétis meg esmerheti, hog' ẅ neki üdvözülni kellene, de az üdvösség vtánac meg esmerétére nints hatalma, mert ed dolog czac Istennec ajándéca." (Dévai Bíró, Parantsolatnac, Cij[r–v]). Die Aussage *fides est donum Dei* ist eine in der Scholastik allgemein geläufige Formel, die auf Augustins Interpretation von Eph

Indem sich Dévai Bíró klar von Luthers Ansicht in *De servo arbitrio* (1525), dass nämlich der freie Wille Gottes alle Freiheit unseres Willens aufhebe, distanzierte und sich gleichzeitig auf (Pseudo-)Augustin berief, wird deutlich, dass er sich in dieser Frage nicht nur an Erasmus und Melanchthon, sondern auch an den schweizerischen Reformatoren orientierte.[308] Erasmus hielt seit 1524 mehrfach fest, dass Gott den Menschen zu einem freiwilligen Gehorsam aufrufen und ihn befähigen würde, dem göttlichen Ruf zu folgen; wer leugne, dass es einen freien Willen gebe, der bekenne, dass Gott alles wirke, auch die schlechten Werke, also Urheber des Bösen sei.[309] Melanchthon hatte bekanntlich seinen frühen radikalen Determinismus der *Loci communes* (1521), in deren erstem Locus er jeglichen freien Willen abgelehnt und sich damit auch gegen Augustin gestellt hatte,[310] später revidiert. Im Kommentar zum Kolosserbrief von 1527 begründete er, dass Gott nicht der Urheber des Bösen sein könne, festhaltend, wozu der menschliche Wille Freiheit habe, nämlich vor allem die bürgerliche Gerechtigkeit zu üben, das heisse, die Gesetze der zweiten Tafel des Dekalogs einzuhalten. Nicht aber habe der menschliche Wille die Freiheit, die christliche und geistliche Gerechtigkeit hervorzubringen, da diese nicht nur in den bürgerlichen Werken, sondern im neuen Leben bestehe.[311] Wie bereits erwähnt erhielt diese Lehre offizielle Geltung im 18. Artikel der *Confessio Augustana* (1530).[312] Auch in der *Confessio Helvetica Prior* (1536) wird ein konsequenter Determinismus, dass Gott also der Urheber des Bösen sei, abgelehnt:

Deßhalp wir dem mentschen ein frygen willenn also gebenn, das wir [...] guts und bös thůnd. Das bös mögen wir von uns selbs thůn, das gůt aber mögen wir weder annemen noch volstrecken, wir syen dann durch die gnad Christi erlüchtet, [...][313]

Sich auf Augustin berufend übernahm Calvin in der *Institutio* von 1539 diese Formulierungen fast wörtlich: Der freie Wille sei „facultatem [...], qua bonum eligitur gratia assistente, malum ea desistente." Calvin präzisierte, dass zwischen dem spirituell Guten und dem zivil Guten zwar zu unterscheiden,

---

2, 8 („Denn aus Gnade seid ihr selig geworden durch Glauben, und das nicht aus euch: Gottes Gabe ist es") beruht (vgl. AURELIUS AUGUSTINUS, Enchiridion ad Laurentium, sive De fide, spe et caritate, in: Augustins Enchiridion, hg. von Otto Scheel, Tübingen ²1930, 21 [IX/31]); die Formel wurde im 16. Jahrhundert insbesondere vom linken Flügel der Reformation argumentativ verwertet (vgl. ROTHKEGEL, Glaube, 290–312).

308 Zum folgenden Abschnitt vgl. auch oben S. 123.

309 Vgl. CHRIST-VON WEDEL, Erasmus (2003), 168 ff.

310 Vgl. MELANCHTHON, Loci communes (1521), 25 ff.

311 Vgl. PHILIPP MELANCHTHON, Scholia in Epistulam Pauli ad Colossenses (1527), in: MSA 4, 221–224 (vgl. SCHEIBLE, Melanchthon [1997], 151 f; DERS., Melanchthon [1984], 173 f).

312 Vgl. MELANCHTHON, Confessio Augustana (1530), 73 f. In diesem Zusammenhang ist es bemerkenswert, dass Melanchthon es unterlassen hat, in der *Confessio Augustana* auf die Prädestinationslehre einzugehen, um einen Konflikt mit Luther, der im Interesse des unfreien Willens zu einer deterministischen Prädestinationslehre neigte, zu vermeiden.

313 Vgl. Confessio Helvetica Prior, in: RBS 1/2, 46 (Art. 9).

letztlich aber der Wille zum Guten von der Gnade Gottes abhängig sei.[314] In seiner Schrift *Defensio sanae et orthodoxae doctrinae de servitute et liberatione humani arbitrii adversus Alberti Pighii* (1543) führte er schliesslich im Einzelnen aus, dass es keinen Zwang zur Sünde gebe, sondern der Mensch freiwillig und willentlich sündige, die Notwendigkeit zur Sünde aber durch die Verderbtheit des Willens geschehe.[315] Es erstaunt daher nicht, dass Calvin seine Schrift gegen Pighius Melanchthon widmete. Melanchthon seinerseits äusserte sich positiv über das Werk, meinte aber doch, dass Calvins Determinismus zu radikal sei.[316]

Dévai Bíró nannte zwar in der Frage des *liberum arbitrium* (Pseudo-)Augustin als seine Quelle, faktisch aber ist es unbestritten, dass seine Ausführungen von der Ansicht Erasmus', Melanchthons sowie der schweizerischen Reformatoren beeinflusst waren. Diese Akzentsetzung bzw. theologische Ausrichtung ist gleichfalls in der Prädestinationslehre festzustellen, ein *Locus*, der mit der Frage des *liberum arbitrium* aufs engste verknüpft ist.

Am Ende seiner *Summa* behandelte Dévai Bíró in einem angefügten, nachträglich verfassten Kapitel die Prädestinationslehre ausführlich.[317] Dévai Bíró setzte mit der Bemerkung ein, dass „multorum conscientiae anguntur, cum audiunt Deum suos ab aeterno elegisse, haesitantes num & ipsi electi sint."[318] Um den „voluntatem Dei duplicem" – dass nämlich einerseits Gottes guter Wille alle Menschen durch Christus selig machen wolle, andererseits jedoch Gottes Urteil, wen er retten und wen verdammen wolle, den Menschen verborgen sei[319] – darzustellen, lieferte Dévai Bíró die seines Erachtens massgeblichen Bibelstellen, die belegen sollten, dass Gott aus seinem guten Willen heraus durch Christus „omnes homines saluos facere" wolle (Joh 3, 16 f; 6, 40; 1 Tim 2, 4 u.s.w.). In gut reformatorischer Manier betonte Dévai Bíró, dass die Gläubigen nicht aufgrund ihrer Verdienste gerettet würden, sondern Gott „elegit nos in Christo ante mundi constitutionem" (Eph 1, 4 ff). Dabei betonte er mit Nachdruck, dass „caussa ergo electionis sive praedestinationis nostrae, est misericordia Dei."[320] Wohl kam er auf die „ad mortem aeternum" Bestimmten zu sprechen und hielt, sich auf Augustin berufend, fest, dass deren Zahl weder verringert noch vermehrt werden könne. Letztlich aber thematisiert Dévai Bíró in der *Summa* die „Verworfenen" nur am

---

314 Vgl. Calvin, Institutio (1539), 318 f (vgl. Schweizer, Centraldogmen I, 154 f).

315 Vgl. Johannes Calvin, Defensio sanae et orthodoxae doctrinae de servitute et liberatione humani arbitrii adversus Alberti Pighii (1543), in: COR IV/3, 137 ff.

316 Vgl. Philipp Melanchthon an Johannes Calvin, 12. Juli 1543, in: CO XI, 594 f.

317 Vgl. Dévai Bíró: De praedestinatione, in: Dévai Bíró, Disputation, q4ᵛ–r2ʳ.

318 Vgl. ibidem, q4ᵛ.

319 Das Motiv des *Deus absconditus* geht auf Luther zurück (*De servo arbitrio*), führt aber bei Dévai Bíró gerade nicht zu der absoluten Prädestinationslehre, wie sie Luther vertrat (vgl. oben S. 198 [Anm. 312]).

320 Vgl. Dévai Bíró: De praedestinatione, in: Dévai Bíró, Disputatio, q4ᵛ–rʳ.

Rande,[321] vielmehr betonte er, dass „fide sis certior factus de tua praedestinatione."[322]

Die Ausführungen weisen unverkennbar zu Vertretern der schweizerischen Reformation. Zwingli kam in seiner Schrift *De providentia Dei* (1530) gleichfalls nur am Rande auf die Verworfenen zu sprechen,[323] betont aber, insbesondere auch in der *Fidei ratio* (1530), dass Gott aus Barmherzigkeit (*misericordia*) und Güte (*bonitas*) die Menschen von Ewigkeit her erwählt habe und sie um Christi willen gerecht spreche.[324] Bullinger äusserte sich zur Prädestination erstmals in seiner *Oratio de moderatione in negotio providentiae, praedestinationis, gratiae et liberi arbitrii* (1536), schliesslich in der 34. Predigt der *Sermonum decades* (1551). Wie später in 10. Artikel der *Confessio Helvetica posterior* (1561/66) betont er als Nachfolger Zwinglis gleichermassen den guten Willen Gottes, welcher der Grund der Erwählung in Christus sei; auf die Frage der Verwerfung kam er nur am Rande zu sprechen.[325]

Während Calvin 1537 in seiner *Instruction* erstmals ansatzweise von einer Erwählung und Verwerfung *ab aeterno* spricht,[326] kennt er in der ersten Ausgabe der *Institutio* nur eine Erwählungslehre. Obwohl bereits alle Hauptbegriffe – Erwählung Gottes, ewiger Ratschluss, Providenz, Erwählte, Verworfene, „vor Grundlegung der Welt" – genannt werden, hat Calvin das Lehrsystem der Prädestination noch nicht entwickelt.[327] Er betonte vielmehr die „misericordia Dei" sowie die „bona voluntas patris"; der Erwählungslehre von Eph 1 wird nichts hinzugesetzt, weder Verwerfung, noch das *decretum aeternum*. Schliesslich warnte Calvin, nicht töricht in die geheimeren Urteile Gottes einzudringen. Wenn auch er von den Verworfenen mehrmals sprach, so waren sie nicht Teil eines logischen geschlossenen Lehrsystems. Vielmehr ist Gott barmherzig und die Aussenstehenden, d.h. Nichtglaubenden sollen daher der Güte Gottes anempfohlen werden.[328] Auf diesem Hintergrund ist es

321 Im ersten Teil der *Disputatio*, in dem Fragen wie, an welchem Ort die Seelen der in Christus verstorbenen Heiligen seien oder ob sie für uns beten könnten, behandelt werden, ging Dévai Bíró ausführlicher auf die von Gott Verworfenen ein (vgl. Confutatio apologiae cuiusdam Gregorii Seghediensis, in: Dévai Bíró, Disputatio, g2ʳ–g3ᵛ).
322 Vgl. Dévai Bíró: De praedestinatione, in: Dévai Bíró, Disputatio, r2ʳ.
323 Vgl. Huldrych Zwingli, Sermonis De prouidentia Dei Anamnema (1530), in: Z VI/3, 181 ff.
324 Vgl. ibidem, 150 – 163; ders., Fidei ratio, 799 ff.
325 Vgl. Heinrich Bullinger, Oratio de moderatione in negotio providentiae, praedestinationis, gratiae et liberi arbitrii (1636), in: Johann Heinrich Hottinger, Historia Ecclesiastica Novi Testamenti, Bd. 8 (Teil 6), Zürich 1667, 804 ff.; Heinrich Bullinger, Sermonum decades quinque, Zürich 1552, 217ʳ–218ʳ (Neudruck: Bullinger, Decades [2008], 596 – 599); ders., Confessio Helvetica posterior 1566, in: RBS 2/2, 289 ff (vgl. Walser, Prädestination, 80 ff).
326 Vgl. Johannes Calvin, Instruction et confession de foy, dont on use en l'Eglise de Genève (1537), in: RBS 1/2, 114 f. Tatsächlich ist in der *Instruction* von 1537 in wesentlichen Punkten ein Neuansatz in Calvins Denken festzustellen (vgl. Saxer, Genfer Katechismus [1537], 131 ff).
327 Grundsätzlich ist der Gebrauch des Begriffes *gemina praedestinatio* mit Vorsicht zu gebrauchen, da ihn Calvin, soweit bekannt, nicht benutzt hat.
328 So fordert Calvin auch, dass es christliche Pflicht sei, durch Milde und Gebet danach zu

auch bezeichnend, dass Calvin in der *Institutio* von 1536 die Erwählungslehre im Abschnitt von der Kirche, also innerhalb des Kapitels *De fide* (Cap. 2) behandelte, in der *Instruction* aber bereits unter dem *Locus* vom Gesetz.

Dévai Bíró legte in gleicher Weise den Akzent auf den guten und barmherzigen Willen Gottes, der alle Menschen durch seine Gnade retten wolle, ja sie aus Barmherzigkeit von Ewigkeit her erwählt habe.[329] Hierin unterschied sich Dévai Bíró von seinem Lehrer Philipp Melanchthon, der in seinen *Loci communes* von 1535 zwar die Erwählung auch als Akt der Barmherzigkeit Gottes[330] bezeichnete, diese aber mit keinem Wort als *ante mundi constitutionem* definierte, obwohl er sich auf den Epheserbrief berief;[331] vielmehr wird im Abschnitt über die Prädestination die Frage behandelt, inwiefern die „promissionem esse universalem" oder „particularem".[332] Die Prädestinationslehre von Dévai Bíró führt also nicht zu Melanchthon, sondern zu Vertretern der schweizerischen Reformation, insbesondere zu Johannes Calvin.[333] Dévai Bírós Formulierungen sind teilweise fast identisch mit denjenigen Calvins in seiner ersten Ausgabe der *Institutio*.[334] Daraus bleibt nur zu folgern, dass Dévai Bíró Calvins *Institutio* gekannt und gelesen haben muss. Dévai Bíró hielt sich seit Oktober 1536 – die *Institutio* erschien im März 1536 – in Nürnberg auf. Unabhängig von einem möglichen Basler Aufenthalt von Dévai Bíró – es müsste wohl im Winter 1536/37 gewesen sein – ist es unumstritten, dass Calvins *Institutio* innert Kürze in den oberdeutschen Gebieten und in der Schweiz verbreitet wurde. Bekanntlich war das Werk bereits innert Jahresfrist vergriffen.[335]

---

streben, die Türken und Sarazenen – die *verae religionis hostes* – zur Hinwendung zur Kirche zu bewegen (vgl. CALVIN, Institutio [1536], 73–77); bezeichnenderweise lässt Calvin diese Passage in der Ausgabe der *Institutio* von 1539, in der erstmals das logisch geschlossene Lehrsystem der Prädestination entwickelt wird, bereits weg. Zum Ganzen vgl. SELDERHUIS, Calvin Handbuch, 307–312.

329 Derselbe Argumentationsgang liegt in Dévai Bírós Katechismus im Abschnitt über Gottes Willen vor, der zu Teilen eine Übertragung aus dem Abschnitt *De praedestinatione* der *Disputatio* ist (vgl. DÉVAI BÍRÓ, Parantsolatnac, Ciij^r–D^r).

330 „[...] misericordiam [sc. Dei] esse caussam electionis." (PHILIPP MELANCHTHON, Loci communes theologici recens collecti & recogniti, Wittenberg 1535, kv^r. kvii^v). Der Begriff der *misericordia Dei* benutzte Melanchthon mehrfach bereits in der Ausgabe der *Loci* von 1521 im Zusammenhang mit der Rechtfertigungslehre; wie die *electio* so sei auch die *iustificatio* ein „misericordiae opus" (MELANCHTHON, Loci communes [1521], 250).

331 Vgl. MELANCHTHON, Loci communes (1535), kvii^r.

332 Vgl. MELANCHTHON, Loci communes (1535), kiiij^r–kvii^r (vgl. MILLET, Loci communes, 92 f).

333 CSEPREGI hält fest, dass sehr wohl Melanchthons *Loci communes* von 1535 als Vorlage von Dévai Bíró gedient haben können (vgl. CSEPREGI, Kálvin, 161 f); dies muss aber, bei einem Vergleich der entsprechenden Textstellen, wohl doch verneint werden, und zwar in dem Sinne, dass Melanchthons *Loci* nicht in jedem Fall die theologische Vorlage darstellten.

334 Es wird oft wenig beachtet, ist aber doch augenfällig, wie stark die Übereinstimmung der *Institutio* von 1536 mit wichtigen theologischen Akzentsetzungen, wie sie den zwinglisch-oberdeutschen Raum charakterisieren, ist (vgl. OPITZ, Leben, 39 ff).

335 Vgl. SCHIRRMACHER, Glaubenslehre, XIVf. Damit ist auch die Ansicht von József S. SZABÓ und

Bezeichnenderweise wird der Abschnitt *De praedestinatione* der *Summa doctrinae christianae* als ein für sich isolierter Anhang beigefügt Dévai Bíró hat denselben also nicht wie die *Summa* in Sárvár, sondern erst in Nürnberg verfasst, als er, wohl im Winter/Frühling 1536/37, auch die Widerlegung von Fabris Anklagepunkten schrieb.[336] Wie dargelegt ist aus inhaltlichen Gründen zu folgern, dass Dévai Bíró für die Abfassung des Abschnitts *De praedestinatione* auch Calvins *Institutio* zur Hand hatte; diese Erkenntnis wird durch die zeitlichen, geographischen und kommunikationsgeschichtlichen Gegebenheiten des Drucks der *Institutio* von 1536 unterstützt.

Die im Abschnitt *De praedestinatione* gemachte Feststellung, dass Gott die Gläubigen erwähle, „non respectu meritorum, operum, diginitatum, sed pure per Christum, quem nobis gratis promisit"[337], führt uns notwendig zur Rechtfertigungslehre: In einem Punkt waren sich Humanisten und Reformatoren einig, nämlich, dass Christus ohne Verdienste gerechtspreche und die Werke zu nichts nütze seien: „[...] nam soli fidei datur, non meritis operum."[338] Schwieriger war die Frage zu beantworten, ob das Gesetz damit abgetan sei. Während Erasmus, Melanchthon oder Calvin dies ablehnten, sah Luther die Gefahr eines Rückfalls in die Werkgerechtigkeit.[339] Dévai Bíró behandelte darum die Rechtfertigungslehre relativ ausführlich und versuchte einen neuen Zugang. Er hielt dabei pointiert fest, dass die guten Werke „ne sint caussa nostrae salutis seu iustificationis, nam hanc caussam reijcimus in Christi beneficium, & Dei Opt. Max. indebitam misericordiam, [..]"[340] Diese Formulierung hat Dévai Bíró dem Argumentationsgang nach aus Melanchthons *Loci communes* übernommen, wo es heisst: „[...] quod iustificatio & donatio uitae aeternae fide per misericordiam contingant propter Christum, non propter dignitatem nostrorum operum."[341] Auffällig ist, dass sowohl Dévai Bíró wie auch Melanchthon – dies war bereits bei der Prädestinationslehre festzustellen – in ihren Ausführungen gleichermassen immer wieder betonten, dass die Rechtfertigung ein Zeichen der *misericordia Dei* sei bzw. dieselbe *per misericordiam Dei* geschehen sei. Auch in einem anderen Bereich sind die Ausführungen von Melanchthon und Dévai Bíró sehr verwandt: Obwohl das Vertrauen auf das Verdienst der Werke konsequent abgelehnt

---

Zoltán Csepregi widerlegt, dass Dévai Bíró die *Institutio* von Calvin nicht gekannt haben kann (vgl. Csepregi, Kálvin, 162; Szabó, Kálvin, 163).

336　Bekanntlich hat Veit Dietrich am 1. Juni 1537 das dazugehörige Vorwort verfasst (vgl. Dévai Bíró, Disputatio, r2ᵛ–r4ʳ).

337　Dévai Bíró, Disputatio, rʳ.

338　Vgl. Desiderius Erasmus von Rotterdam, In Epistolam Pauli ad Galatas Paraphrasis (1529), in: ders., Opera omnia emendatiora et auctiora, Bd. 7, Leiden 1706, 961 (vgl. Christ-von Wedel, Erasmus [2003], 166 f); Melanchthon, Confessio Augustana (1530), 56. 76 ff; ders., Loci communes (1535), hijᵛ. iiiijʳ; Calvin, Institutio (1536), 51 ff; Confessio Helvetica Prior, in: RBS 1/2, 48; Dévai Bíró, Disputatio, h2ᵛ. s3ᵛ–s4ʳ. mʳ; u.s.w.

339　Vgl. Christ-von Wedel, Christologie, 19 f.

340　Dévai Bíró, Disputatio, h2ᵛ.

341　Melanchthon, Loci communes (1535), i iiijʳ.

werde, so seien die guten Werke dennoch „necessaria [...] ad vitam aeternam, quia sequi reconciliationem necessario debent."[342] Diese enge Verflechtung von Glaube und Werk haben wir bereits bei Honterus angetroffen, ist also typisches Kennzeichen für eine dem Humanismus entsprungene reformatorische Überzeugung. Die „fructus fidei, seu bona opera" wurden nun aber von Dévai Bíró – und darin ging er über Melanchthon hinaus – in ein neues Verhältnis zur Rechtfertigung gesetzt: Er unterschied zwischen *iustitia interna* und *externa*; dementsprechend werde der Mensch auch gerechtfertigt, „fide coram Deo, [...] operibus coram hominibus." So hielt er zwar fest, dass „omnes homines duos habent iudices, Deum & homines", doch die Liebestaten selbst sind durch ihren Status als „fructus, signa, testimonia ac exercitia fidei" so eng an die *iustificatio propter fidem* gebunden, dass eine klar Unterscheidung von Glaube und Werken hin und wieder nur noch schwer möglich ist.[343] Darum betonte Dévai Bíró, dass die Rechtfertigung *sola fide* nicht die Werke des Glaubens, die Sakramente oder das Hören des Wortes Gottes ausschliesse, sondern nur das Vertrauen auf deren Verdienste.[344]

Damit sind wir auch bei dem letzten hier genauer zu untersuchenden *Locus*, der Sakramentslehre, angekommen. Dévai Bíró hat sich damit bereits sehr früh auseinandergesetzt, wie wir aus den „Protokollen" der Gefängnisverhöre durch Bischof Johannes Fabri wissen. Bereits 1533 lehnte Dévai Bíró gegenüber Fabri die Siebenzahl der Sakramente ab.[345] Er begründete dies damit, dass „quia in Euangelio apud patres purioris seculi, duorum sacramentorum inuenimus mentionem." Gleichzeitig berief er sich auf Erasmus von Rotterdam, der betont habe, „tempore Hieronymi matrimonium non fuisse sacramentum."[346] Die explizite Berufung auf Erasmus ist vor allem darum bemerkenswert, weil Erasmus und Fabri gut befreundet waren und seit 1516 in Korrespondenz standen.[347]

Folgerichtig lehnte Dévai Bíró auch die Ohrenbeichte entschieden ab; er bejahte zwar, dass es richtig sei, „pastorem adiri, [...] propter privatam absolutionem", aber dies sei nicht als Sakrament zu bezeichnen.[348] In der *Summa* betonte er zudem, dass die Ohrenbeichte, „haec diabolica confessio", viel Leid und Not gebracht hätte, weswegen schon Bischof Nektarios von Konstantinopel († 397/398) diese abgeschafft hätte; Rat, Trost und Unterweisung solle

---

342 MELANCHTHON, Loci communes (1535), g v^r; vgl. ibidem, h ij^v; DÉVAI BÍRÓ, Disputatio, h2^{r-v}. n4^{r-v}; u.s.w.

343 Vgl. DÉVAI BÍRÓ, Disputatio, h2^r. m2^r. m3^r.

344 Vgl. DÉVAI BÍRÓ, Disputatio, o2^v. Melanchthon wies darauf hin, dass auch die Sakramente *opera bona* seien, aber kein Verdienst in sich tragen würden, sondern nur „signa voluntatis Dei" seien (MELANCHTHON, Loci communes [1535], h^v); vgl. unten S. 204 ff.

345 Vgl. Artiquli Inquisitorii contra et adversus quendam Mathiam, olim concionatorem Cassoviensem, 15. Juli 1533, in: ETE II, Nr. 233.

346 DÉVAI BÍRÓ, Disputatio, s^r.

347 Vgl. oben S. 144 f.

348 Vgl. DÉVAI BÍRÓ, Disputatio, s4^r.

204 Reformation im Stephansreich (1526 – 1550)

man, wie schon die Väter erkannt hätten, von den Diakonen „sine scrupulosa peccatorum enumeratione" empfangen.[349]

Im Zusammenhang mit der Stellung der Ohrenbeichte in Kronstadt haben wir bereits über die Haltung Wittenbergs in dieser Frage berichtet. Entgegen Melanchthon stand Calvin der Ohrenbeichte sehr kritisch gegenüber. Bereits in der *Institutio* von 1536 nahm er, nachdem er ausführlich die Bedeutung der Busse erklärt hatte, energisch gegen die Beichte Stellung: Sie sei eine von den Bischöfen angeordnete politische Massregel, aber kein Gesetz, welches von Christus oder den Aposteln erlassen worden sei. Wegen der Missbräuche habe „Nectarius, vir sanctitate et eruditione clarus, illius ecclesiae episcopus, confitendi ritum abrogavit."[350] So lehnte es Calvin gleichfalls ab, die Ohrenbeichte „iure haberi pro sacramento".[351] Nektarios wurde von den reformatorischen Gegnern des Sakraments der Beichte gerne als altkirchliche Autorität genannt; so wurde auch in der *Confessio Tetrapolitana* (1530) auf Nektarios verwiesen, der infolge des Missbrauchs „die heimlich beicht darumb abstellet, [...]"[352] Gleichfalls berief sich Bullinger in seinem Brief an Honterus sowie in einem solchen an Melanchthon auf das Vorbild des Nektarios.[353] Damit wird deutlich, dass Dévai Bíró aufgrund seiner theologischen Argumentation, um den Sakramentscharakter der Ohrenbeichte zu widerlegen, der oberdeutschen und schweizerischen Reformation zuzuordnen ist.[354]

In der Abendmahlslehre vertrat Dévai Bíró, wie auch Leonhard Stöckel gegenüber Ferenc Révay festhielt, die *media sententia*, also eine Mittelstellung zwischen Luther und Zwingli.[355] In seiner *Disputatio* führte Dévai Bíró einerseits aus, dass Brot und Wein „signa gratiae et bonae voluntatis Dei ergo nos" seien, andererseits aber nicht leere Zeichen, sondern für diejenigen, die

---

349 Vgl. ibidem, p3^{r-v}.

350 Vgl. CALVIN, Institutio (1536), 155.

351 Vgl. ibidem, 176. Auch in den späteren Ausgaben der *Institutio*, insbesondere auch in der letzten Ausgabe von 1559, lehnte es Calvin ab, die Ohrenbeichte als Sakrament anzuerkennen (vgl. BERNHARD, Verhältnis, 286 – 296).

352 Vgl. Confessio Tetrapolitana (1530), in: RBS 1/1, 485.

353 Vgl. Heinrich Bullinger an Johannes Honterus, 28. August 1543, in: HBBW XIII, Nr. 1780; Heinrich Bullinger an Philipp Melanchthon, 31. August 1538, in: HBBW VIII, Nr. 1165.

354 CSEPREGI hat wohl darin recht, dass auch Melanchthon in den *Loci communes* von 1521 und 1535 auf Nektarios verwies (vgl. CSEPREGI, Kálvin, 162), übersieht aber die grundlegend verschiedene Argumentation: Melanchthon führte Nektarios an, um die historische Entwicklung aufzuzeigen, Calvin – und viele andere – verwies auf Nektarios als Zeugen, dass bereits in der alten Kirche die (Ohren-)Beichte wegen der Missbräuche abgeschafft worden sei. Folgerichtig lehnte Calvin die Ohrenbeichte ab, Melanchthon aber hielt daran fest, dass die Beichte ein Sakrament sei: „[...] facile est diijudicare, quae sint Sacramenta: Baptismus, Coena Domini & Absolutio." (MELANCHTHON, Loci communes (1535), n^r).

355 „Matthias videtur mediam quandam sententiam tueri" (Leonhard Stöckel an Ferenc Révay, 2. Februar 1544, in: ETE IV, Nr. 295). Mihály BUCSAY konnte dies aufgrund seiner eingehenden Studien gleichfalls erkennen (vgl. BUCSAY, Lehre, 267); demgegenüber lehnt es SCHLÉGL ab, Dévai Bíró zu den Vertretern der zwischen Luther und Zwingli vermittelnden Richtung zu rechnen (vgl. SCHLÉGL, Beziehungen [1966], 336).

im Glauben dieses Mysterium erleben, „vere et realiter" das seien, was sie bezeichneten.[356] Während Dévai Bíró in der *Disputatio* noch die lutherische Formel „in et sub his signis verum corpus et verum sanguinem Christi" verwendete, verzichtete er in seinem Katechismus *Tiz parantsolatnac* (1538) darauf und betonte, dass „der heilige Leib und das heilige Blut Christi uns im Brot und im Wein nicht nach einer Wandlung, sondern nach erfolgter Vergewisserung des Glaubens gegeben werden."[357] Im Glauben würde man das Mysterium *spiritualiter & sacramentaliter* empfangen.[358] Die Gabe des heiligen Abendmahles ist damit die Vergewisserung, das Gegenwärtigwerden des Heils. Dem biblischen Zeugnis entsprechend bezeichnete Dévai Bíró in seinem Katechismus das Abendmahl als *Testament*, das heisst als Bundeszeichen, sowie als Danksagungs- und Erinnerungsmahl.[359] Obwohl auch Luther den Testamentscharakter des Abendmahles betonte, macht es die Abendmahlslehre Dévai Bírós als Ganze notwendig, sie von Melanchthon und Calvin herzuleiten. Der Schlüsselbegriff diesbezüglich ist die von Dévai Bíró vertretene *manducatio spiritualis*, die faktisch auch im lateinischen von Melanchthon verfassten Text der *Confessio Augustana* vorliegt.[360] Die Charakterisierung des Abendmahls als Testament, das heisst als Bundeszeichen, sowie als Erinnerungs- und Danksagungsmahl findet sich weiterhin bei Calvin,[361] vor allem aber auch bei Vertretern der Zürcher Reformation.[362] Dévai Bírós Akzentsetzugen in der Abendmahlslehre weisen also deutlich in den oberdeutschen und schweizerischen Raum.[363] Als Humanist blieb Melanchthon der oberdeutschen Reformation verbunden, was insbesondere die Ausarbeitung der *Variata* im Frühjahr bzw. Sommer 1540 belegt.[364] In den *Loci communes* von 1535 bezeichnete er die Sakramente als „signa voluntatis Dei", Dévai Bíró

---

356 „… quod non sint uacua signa, sed uere ac realiter signati exhibitiua ijs, qui sunt in ecclesia." (DÉVAI BÍRÓ, Disputatio, s^v).

357 „Mell' keńér, mell' bor, nem változat szerént, de hitemnec bizońossá tétele szerént, bizoń Christusnac szent testét, szent vérét ag'a nekőnc." (DÉVAI BÍRÓ, Parantsolatnac, O^v).

358 Dévai Bíró lehnte also eine *manducatio oralis* des Leibes ab (vgl. DÉVAI BÍRÓ, Disputatio, s^v), unterschied aber noch nicht klar zwischen *manducatio sacramentalis* und *manducatio spiritualis*, wie dies von Márton Kálmáncsehi vollzogen wurde und auch ins Abendmahlsbekenntnis von Neumarkt a.M. eingegangen ist (vgl. BUCSAY, Lehre, 276 ff; Abendmahlsbekenntnis zu Marosvásárhely [Neumarkt] 1559, in: RBS 2/1, 111).

359 Vgl. DÉVAI BÍRÓ, Parantsolatnac, N iiij $^{r-v}$.

360 Demgegenüber vertritt die deutsche Übertragung, wahrscheinlich von Johann Agricola angefertigt, die *manducatio oralis* und gibt damit Luthers Abendmahlslehre treffend wieder (vgl. MELANCHTHON, Confessio Augustana [1530], 64 f; vgl. ANDRESEN, Handbuch II, 90).

361 Vgl. CALVIN, Institutio (1536), 102. 118. 124 ff.

362 Vgl. ZWINGLI, Vßlegen, 137–144; DERS., Fidei ratio, 806–812; LEO JUD, Catechismus. Christliche und klare vnd einfalte ynleytung in die Willenn vnnd die Gnad Gottes […] (1534), in: DERS., Katechismen, 225–235.

363 Vgl. NAGY, Bedeutung, 92; TOTH, Highlights, 146.

364 Zum Zeitpunkt der Umarbeitung der *Confessio Augustana* vgl. NEUSER, Confessio, 140 f.

übernahm dies und präzisierte: Die Sakramente seien „signa grat ae et bonae voluntatis Dei ergo nos".[365]

Zusammenfassend bleibt festzustellen, dass Dévai Bíró durch Schriften der oberdeutschen Reformation stark geprägt war; dazu ist insbesondere auch Calvins *Institutio* von 1536 zu zählen. Obwohl also Dévai Bíró bei Melanchthon studiert und sich über längere Zeit bei Veit Dietrich in Nürnberg aufgehalten hat, zeigt er in mehreren theologischen Fragen eine auffallende Übereinstimmung mit Calvin, teilweise auch mit Vertretern der Zürcher Reformation, die seit den 1530er Jahren stark durch Bullingers „Ökumenismus" geprägt war. Calvin selbst fühlte sich bereits nach der ersten Begegnung während der Frankfurter Konferenz dem Wittenberger Theologen Melanchthon verbunden.[366] Auf seine Zustimmung zur *Variata* und damit auf seine mit Melanchthon bestehende „Einheit in Lehrfragen" berief er sich auch noch in den 1550er Jahren im Streit mit Joachim Westphal.[367] Vor diesem Hintergrund ist es verständlich, dass Dévai Bíró, der sich öfters bei Melanchthon aufgehalten hatte, in manchen theologischen Fragen eine auffällige Nähe zu Calvins Theologie zeigt, also in weitgehendem Masse zu den Vertretern einer vermittelnden theologischen Richtung („via media") zu zählen ist.[368] Obwohl Dévai Bíró zu Beginn des Jahres 1530 Kostgänger Luthers gewesen war, konnte er sich auf längere Zeit mit der Kirchenkritik der „lutherani" nicht identifizieren; um so auffälliger ist es, dass er Melanchthon seine Verbundenheit und lebenslange Dankbarkeit versicherte.[369]

---

365 Vgl. MELANCHTHON, Loci communes (1535), h^v; DÉVAI BÍRÓ, Disputatio, s^v. Natürlich ist in diesem Zusammenhang darauf hinzuweisen, dass auch Erasmus die Sakramente als „signa gratiae" definiert und die *manducatio oralis* für sich alleine abgelehnt hat; im *Enchiridion militis Christianae* berief er sich bezeichnenderweise eben gerade auf Joh 6, 63, welche Bibelstelle in der zürcherischen Abendmahlslehre eine bedeutende Rolle gespielt hat (vgl. LOCHER, Grundzüge, 263; STEPHENS, Zwingli, 123; KOHLS, Theologie, 121).

366 So schrieb er an Guillaume Farel: „De ipso nihil dubita, quin penitus nobiscum sentiat." (Johannes Calvin an Guillaume Farel, März 1539, in: CO X, Nr. 164). Die Bemühung um Einheit in Lehrfragen mit Melanchthon zeigte sich immer wieder bei Calvin: Bei der Abfassung der *Institutio* von 1539 verwendete Calvin erwiesenermassen mehrfach Melanchthons *Loci communes* von 1535 (vgl. MILLET, Loci communes, 85–96). Im an Simon Grynäu gerichteten Vorwort seines Römerbriefkommentars von 1540 äusserte er sich wohlwollend über Melanchthons Auslegung des Römerbriefes von 1532 (vgl. Iohannes Calvinus Simoni Grynaeo viro ornatissimo s.d., in: JOHANNES CALVIN, In Epistolam Pavli ad Romanos [...] Commentaria (1540), in: CStA 5/1, 20 f). Schliesslich liess Calvin gar Melanchthons *Loci communes* von 1545 ins Französische übersetzen und versah die Edition mit einer Vorrede (vgl. Iean Calvin: Préface, in: PHILIPP MELANCHTHON, La Somme de théologie, ou lieux communs [...] (1546), in: CO IX, 847–850).

367 Wir haben bereits auf Calvins Äusserung bezüglich seiner Abendmahlslehre in der Schrift *Defensio sanae & orthodoxae doctrinae* (1555) verwiesen (vgl. oben S. 179).

368 Dévai Bírós vermittelnde Haltung betrifft also nicht nur die Abendmahlslehre, wie BUCSAY glaubt (vgl. BUCSAY, Protestantismus I, 56 f).

369 Vgl. Mátyás Dévai Bíró an Philipp Melanchthon, nach 23. April 1543, in: MBW, Nr. 3234a.

2.4 Georg Wernher

Über Leben und Wirken des oberschlesischen Humanisten Georg Wernher ist erst seit den Studien von Tünde KATONA genaueres bekannt. Er ist eine der grossen Gestalten des ostmitteleuropäischen Humanismus, der allerdings weniger aufgrund seines literarischen Schaffens, sondern vielmehr als hochbegabter und gebildeter Beamter im staatlichen Dienst bekannt wurde.[370]

Georg Wernher wurde Anfang der 90er Jahre des 15. Jahrhunderts wohl in Patschkau (Paczków, PL) bei Neisse (Nysa, PL) geboren. Die erste humanistische Bildung eignete er sich im Gymnasium in Patschkau an. Gefördert wurde der begabte Wernher besonders durch den grossen Mäzen der schlesischen Intelligenz, den in Neisse residierenden Breslauer Bischof Johannes Thurzó; durch Thurzó fand Wernher letztlich wohl auch den Weg zum späteren Wirkungsfeld in Oberungarn.[371] Davor absolvierte er allerdings Studien in Wittenberg (1511–14), in Krakau (1515–19) und Wien, wo sein Name unter Beifügung von „Hungarus" unter den Mitgliedern der ungarischen Nation erscheint.[372] Als Schüler von Cuspinian gehörte er der *Sodalitas Danubiana* an und fühlte sich darum auch berufen, den Geist der humanistischen Gelehrtenrepublik im Karpatenbecken zu verbreiten. Bereits zu Beginn der 1520er Jahre treffen wir ihn in den königlichen Freistädten Oberungarns, besonders in Eperies, wo er allerdings primär nicht als Humanist tätig war, sondern sich für die Souveränität der Freistädte einsetzte; in diesem Zusammenhang wurde er auch vorübergehend festgenommen.[373] Wegen der Türkengefahr übernahm er schliesslich Aufgaben als Diplomat, da er sich seit seinen Studien in Wien im internationalen Recht auskannte. Wernher war seit 1533 für sämtliche oberungarischen Städte tätig; als Mitglied der königlichen Kammer war er für Steuereinnahmen zuständig und demzufolge ständig unterwegs. Dennoch hat er seit den 1540er Jahren Musse zur literarischen Tätigkeit gefunden. Vermutlich starb Wernher Anfang Juli 1556.[374]

Seine Schriften haben allerdings rein humanistischen Charakter, stehen also nicht im Dienste der Reformation; es sind einerseits Epigramme und Elegien, andererseits seine weitherum bekannte und mehrfach aufgelegte balneologische Schrift *De admirandis Hungariae aquis Hypomnemation* (Basel 1549).[375] Dementsprechend geht es in vorliegendem Abschnitt weniger darum, den reformatorischen Inhalt in humanistischen Gefässen zu unter-

---

370 Vgl. KATONA, Caritas, 28ff; KISS, Patriotism, 136; KATONA, Wernher, 267–279.
371 Vgl. RENSING, Wernher, 33.
372 Vgl. KATONA, Caritas, 28; DIES., Wernher, 268.
373 Vgl. Andrzej Trzecieski (Tricesius) an Philipp Melanchthon, 31. Juli 1531, in: MBW, Nr. 1172.
374 Zum Ganzen vgl. KATONA, Caritas, 28 f; DIES., Wernher, 267ff; DIES., Zips, 58 ff. Zu Wernhers Tätigkeit im Dienste des Königs vgl. RENSING, Wernher, 34–57.
375 Vgl. KATONA, Wernher, 277 f.

suchen, sondern in viel grundsätzlicherer Art den Einsatz des Humanisten
Georg Wernher für die Reformation zu verdeutlichen.

a. Erasmischer Humanist

Natürlich hatte Wernher während seiner Studienzeit in Krakau und Wien
Schriften und Methode von Erasmus von Rotterdam kennengelernt. In Wien,
wo er sich bereits als „Hungarus" bezeichnete, trat er als Mitglied der *Sodalitas
Danubiana* auch in Kontakt mit dem Ofener Humanistenkreis.[376] Gleichfalls in
Wien lernte er den Siebenbürger Humanisten Jakob Piso kennen, der die
Schriften von Erasmus in ganz Ostmitteleuropa bekannt gemacht hatte, und
mit dem Wernher seither gut befreundet war. Als Piso 1527 unerwartet verstarb, hat Wernher ein Trauergedicht auf seinen Tod verfasst;[377] später gab
Wernher, lange nach dem Tod des virtuosen Lyrikers, Pisos Gedichtsammlung
heraus, die heute als einzige authentische Quelle für seine Poesie gilt.[378]
    Der Name Wernhers taucht bei Erasmus erstmals im Dezember 1527 auf, als
er in einem Brief an Johannes Antoninus verschiedene gelehrte Humanisten
Ostmitteleuropas aufzählte, denen er sich verbunden fühle.[379] Nach Pisos Tod
wurde Antoninus ein wichtiges Bindeglied zwischen Erasmus und Georg
Wernher, zumal Wernher des Ungarischen mächtig war. Aus der Korrespondenz von Antoninus wissen wir auch, dass Wernher die Werke von Erasmus
regelmässig las und von dessen Ideen angetan war: „[…] in tuis libris libenter
versatur, te sancte colit et admiratur."[380] Leider führte Antoninus nicht aus,
welche Bücher von Erasmus Wernher gelesen hatte; wir dürfen davon ausgehen, dass es sich nicht nur um solche handelte, die – wie beispielsweise die
Colloquia oder die *Adagia* – überall im ostmitteleuropäischen Raum verbreitet waren, sondern auch um bibelhumanistische Schriften. Als Präsident
der Zipser Kammer trug Wernher jedenfalls wesentlich zur Verbreitung des
erasmischen Humanismus in Oberungarn bei.
    Wernher hatte nicht nur als Kammerpräsident der Zips eine grössere öf-
fentliche Korrespondenz,[381] sondern pflegte auch privat mit verschiedenen
Gelehrten einen regen Wissensaustausch. Unter seinen Adressaten finden wir
Humanisten gleichermassen wie Förderer der Reformation. Mit seinem Krakauer Freund Sigismund Graf von Herberstein tauschte Wernher in einer

---

376 Vgl Katona, Zips, 58 f. Zu dem Wissenstransfer zwischen Wien und Ofen vgl. oben S. 40 ff.
377 Vgl. Georg Wernher: „Post mea quam peregre virtus […]", in: ders., Pannoniae luctus,
       A5ᵛ–A6ʳ.
378 Vgl. Georg Wernher (Hg.), Jacobi Pisonis Transsylvani oratoris et poetae excellentis schedia,
       Wien 1554 (vgl. Katona, Wernher, 272).
379 Vgl. Erasmus an Johannes Antoninus, 9. Dezember 1527, in: Allen VII, Nr. 1916.
380 Johannes Antoninus an Erasmus, 9. August 1536, in: Allen XI, Nr. 3137 (vgl. Katona, Wernher,
       272 f).
381 Vgl. die Liste bei Katona, Wernher, 278 f.

Reihe von Briefen „Nüwe Zyttungen" aus, in denen über den Zustand Ungarns, Siebenbürgens und der Türken berichtet wurde. Seine eindrucksvollen, kundigen Schilderungen veranlassten Graf von Herberstein, Wernher gegenüber König Ferdinand als den bestbewanderten Berichterstatter für die gesamten ungarischen Verhältnisse zu bezeichnen.[382] So regte Graf von Herberstein Wernher auch dazu an, seine balneologische Schrift *De admirandis Hungariae Aquis Hypomnemation* zu verfassen. Wann genau dies geschah, lässt sich heute nicht mehr bestimmen; jedenfalls schrieb Hieronymus Beck von der Universität Padua im Mai 1546 folgendes: „Georgii Vernerij nonnullorum fontium in Ungaria scaturientium descriptionem libenter accepi et perlegi et facilius ea omnia credo non tam quod saepius iam ex multis illud intellexerim, quam quod tam gravis testis authoritas me moveat."[383] Dies bedeutet, dass das in Basel erschienene Werk bis spätestens Mitte 1545 gedruckt vorgelegen haben muss; manche Forscher gehen davon aus, dass die Schrift erstmals bereits 1539 bei Oporin erschien.[384] Das Werk stellte für die Geschichte der Geologie, Balneologie und Medizin in Ungarn einen solchen Meilenstein dar, dass mehrere Dutzend Ausgaben erschienen, teilweise als selbständige Drucke, teilweise in Herbersteins *Rerum Moscoviticarum commentarii*[385] oder in anderen Sammlungen von medizinischen Schriften.[386] Während Wernhers Schrift von Graf von Herberstein selbst angeregt worden ist, verfasste Zsigmond Gyalui Torda die Widmung zur Schrift; darin lobt Gyalui Wernher als „observandus pro meritis pater, & pietate [...], qui non studio commotus inani, [...]"[387] Gemäss dem grossen Medizinhistoriker István Weszprémi, der in seiner *Succincta medicorum Hungariae et Transilvaniae biographia* (Leipzig 1774) Wernhers Verdienst besonders auch um die Medizin betonte, hatte Wernher auch die Absicht, eine zuverlässige, auf authentischen Quellen basierende Geschichte Ungarns zu schreiben.[388]

Auch mit den den Humanismus und die Reformation fördernden Magnatenhöfen stand Wernher in einem regen Austausch. Als Wernher 1538 auf der Reise nach Krakau auf die bahnbrechende *Orthographia Vngarica* (1535?) von Dévai Bíró aufmerksam wurde, liess er das Büchlein an den am Hofe in Sárvár wirkenden Humanisten János Sylvester schicken.[389] Wernher wusste offenbar

382 Vgl. Katona, Wernher, 270.
383 Hieronymus Beck an Sigismund von Herberstein, 12. Mai 1546, in: Cod. Vindob. 13598 (vgl. Rensing, Wernher, 55).
384 Vgl. Dezsényi, Magyarország, 42; Koppány, Zeitungswesen, 72. Der erste gesicherte Druck von *De admirandis Hungariae aquis* ist die Basler Ausgabe von 1549 (RMK III 381).
385 Zu den *Rerum Moscoviticarum commentarii* Herbersteins vgl. Harrauer, Drucke, 141–163.
386 Vgl. Kulcsár, Inventarium, 586 f.
387 Zsigmond Gyalui Torda: Epistola nuncupatoria, in: Georg Wernher, De admirandis Hungariae aquis, Wien 1551, Aiijv.
388 Vgl. István Weszprémi, Succincta medicorum Hungariae et Transilvaniae biographia, Bd. 1, Leipzig 1774, 199 ff.; Katona, Caritas, 30; dies., Wernher, 274 f.
389 Vgl. Georg Wernher an Albert Peregi, 9. April 1538, sowie Albert Peregi an János Sylvester, 9. Mai 1538, in: ETE III, Nr. 251. 258 (= Jegyzetek, in: Dévai Bíró, Parantsolatnac, 134–137).

von den geplanten ungarischen Arbeiten Sylvesters (*Grammatica hungaro-latina, Uy Testamentum mag'ar n'elvenn*) und war mit der Zusendung der *Orthographia* bestrebt, die Wissenszunahme unter der Gelehrten nachhaltig zu fördern. Mit letzterer Absicht wandte er sich auch an den Magnaten Ferenc Révay, um ihn über die wissenschaftliche Tätigkeit von Zsigmond Gyalui Torda und von Johannes Honterus in Kenntnis zu setzen; Honterus' *Rudimenta Cosmographiae* wird dabei besonders löblich erwähnt.[390] Er ist damit ein typischer Vertreter der „humanistischen" Kooperation im Karpatenbecken jener Zeit.

Wie in aller gebotenen Kürze dargestellt, zeigt der Gelehrtenaustausch des „Hungarus" Wernher, dass weder die Schlacht von Mohács (1526) noch die Einnahme Ofens (1541) dem intellektuellen Bündnis unter den Humanisten Abbruch tun konnte.

b. Förderer der Reformation

Der Altreformationshistoriker Jenő Zoványi bemerkt in seiner massgebenden Monographie zur ungarischen Reformation, das Wernher hauptsächlich im Komitat Sáros die Reformation gefördert habe, insbesondere im Bereich des Unterrichts und der Literatur.[391] Tatsächlich war Wernher die Bildung von Jugendlichen ein besonderes Anliegen. So wissen wir, dass er die Studien von Pál Scipio, einem Pressburger Ungar, der seit 1536 in Wittenberg weilte, förderte.[392] Georg Wernher bezahlte auch für das Studium von András Batizi, der am 19. März 1542 in der Wittenberger Matrikel erscheint und sich am 8. Dezember aus Eperies bei Melanchthon mit einem langen Bericht über die Türken in Ungarn bedankt hat. Batizi übermachte in diesem Brief im Auftrag von Georg Wernher weitere 16 Gulden, die Melanchthon an die ungarländischen Studenten Balázs Bihari, József Macarius, Gáspár Pasztói, Christoph Schramm und Demeter Batizi verteilen solle.[393] András Batizis Katechismus *Keresztyéni tudományról való rövid könyvecske* (Krakau 1543 – 45) wurde lange Zeit hindurch von Lutheranern und Reformierten als Gemeinschaftskatechismus benutzt.[394] Dies zeigt, dass die in Wittenberg studierenden Ungarn vor allem durch Melanchthons *via media* geprägt worden waren.

Auch für die Bildung der Söhne der Magnatenfamilie Révay machte sich Wernher verdient. Ferenc Révay war, wie bereits geschildert, seit Mitte der 1530er Jahre ein Förderer der Reformation in Nordwestungarn; er zeigte

---

390 „Mitto [...] Joannis Honteri libellum, quo cosmographiae rudimenta continentur, qui magnificentiae vestrae non modo eruditionem hominis, quam alioqui perspectam habet, sed etiam artifices manus repraesentabit." (Georg Wernher an Ferenc Révay, 4. Mai 1544, in: ETE IV, Nr. 315).
391 Vgl. Zoványi, Reformáció 1565-ig, 132.
392 Vgl. Scheible, Beziehungen, 60.
393 Vgl. András Batizi an Philipp Melanchthon, 8. Dezember 1543, in: MBW, Nr. 3388.
394 Vgl. Zach, Rezeption, 170 f; Bucsay, Protestantismus I, 99.

insbesondere für die Abendmahlslehre Zwinglis Interesse, weswegen sich Martin Luther besorgt an Révay gewandt hatte.[395] Wernher gestaltete die Studien der beiden Söhne von Révay sowohl in Oberungarn als auch im Ausland. In dieser Position trat er als ein bestens informierter und der Reformation verpflichteter Mentor auf, der an Révay den Bartfelder Leonhard Stöckel empfahl.[396] In der Angelegenheit der Ausbildung der Söhne von Révay taucht auch der Name Zsigmond Gyalui Torda auf, der in Wittenberg studiert hatte. Dank Wernhers Empfehlung wurde Gyalui in Padua seit 1546 verantwortlich für die Erziehung der jungen Aristokratensöhne.[397]

Auch noch aus den 1550er Jahren ist bekannt, dass Wernher die Studien von ungarländischen Studenten in Wittenberg unterstützt hatte. Melanchthon selbst pflegte gar Korrespondenz mit Wernher, doch leider sind die Briefe alle verlorengegangen.[398] Jedenfalls besass Wernher als Kammerpräsident der Zips geeignete Möglichkeiten, die Reformation in Oberungarn zu fördern. Dies wurde ihm auch zum Verhängnis, da Bischof Martinuzzi die Tätigkeit von Wernher mit Sorge beobachtete. So meldete Wernher aus Eperies an Révay, dass Martinuzzi nach Kaschau gekommen sei, zusammen mit seinem Gefolge, und „quasi retibus ad capiendos demulciendosque sibi homines utitur."[399] Tatsächlich wurden Wernhers Frau und Kinder, die sich in Kaschau aufhielten, von Kaschauer Bürgern, die Martinuzzi ergeben waren, im August 1544 festgenommen.[400] Die Festnahme Familienangehöriger von Wernher ist ein trauriger Beleg dessen, dass Wernher als Kammerpräsident ein vorsichtiger, aber beharrlicher Förderer der Reformation in Oberungarn war; seine theologische Haltung war dabei vermittelnd zwischen der Wittenberger, der Oberdeutschen und der Schweizer Reformation, da er als Humanist die Reformation als Weiterführung des Reformhumanismus verstanden hat.[401]

---

395 Vgl. Martin Luther an Ferenc Révay, 4. August sowie 1. Oktober 1538 , in: WA Br 8, Nr. 3246. 3263 (vgl. ZOVÁNYI, Protestantizmus I, 50). Mitnichten kann Révay, weil er die Sakramente unter beiderlei Gestalt begehrte, als Anhänger der lutherischen Reformation genannt werden, wie dies GUITMANN in seiner Dissertation tut (vgl. GUITMANN, Bártfai reformáció, 115 f).

396 Vgl. Georg Wernher an Ferenc Révay, 1. August 1539, in: ETE III, Nr. 389.

397 Georg Wernher an Ferenc Révay, 12. April 1544, in: ETE IV, Nr. 307; Zsigmond Gyalui Torda an Philipp Melanchthon, 25. Dezember 1545, in: MBW, Nr. 4107.

398 Vgl. Philipp Melanchthon an Johannes Crato, 1. September 1552, in: MBW, Nr. 6545.

399 Vgl. Georg Wernher an Ferenc Révay, 12. April 1544, in: ETE IV, Nr. 307.

400 Vgl. Leonhard Stöckel an Philipp Melanchthon, 25. August 1544, in: MBW, Nr. 3666.

401 Vgl. KATONA, Wernher, 273 f.

2.5 Zsigmond Gyalui Torda

Der grosse Humanist Zsigmond Gyalui Torda (1518 – 1569) wurde bereits verschiedentlich erwähnt, doch da die Stellung des „besonders treuen Melanchthon-Schülers"[402], des „bedingungslosen Anhängers der Reformation und Melanchthons"[403] in der Geistesgeschichte des 16. Jahrhundert nicht eingehend geklärt ist, sollen hier einige Aspekte seiner Person besonders beachtet werden.

Gyalui Torda, mit lateinischem Namen Gelous, stammte aus Gelau (Giläu, RO) im Komitat Klausenburg. Seine ersten Latein- und Griechischkenntnisse eignete er sich wohl in der Domschule in Weissenburg an, wo er wahrscheinlich Schüler von Márton Kálmáncsehi gewesen ist.[404] Im Wintersemester 1534/35 immatrikulierte er sich an der Universität Krakau, im Wintersemester 1539/40 siedelte er nach Wittenberg über; nach kurzen Aufenthalten im Herbst 1543 in Frankfurt a.M. und Löwen, erwarb er am 31. Januar 1544 in Wittenberg den Magistergrad. Aufgrund der persönlichen Beziehung zu Melanchthon – Gyalui wohnte im Neuen Kollegium über Melanchthons Wohnung – war es ihm erlaubt, die von Melanchthon verfasste akademische *Quaestio* vorzutragen.[405] Melanchthon liess seinen „Assistenten" Gyalui nur ungern ziehen, ersorgend dass er ins kriegsgeplagte Stephansreich heimkehre.[406]

In den folgenden zwei Jahren hielt sich Gyalui an verschiedenen Orten Ostmitteleuropas auf. Wenn auch das Itinerar dieser beiden Jahre bis heute nicht abschliessend geklärt ist, zeigen sich aufgrund des erhaltenen Briefwechsels dieser Jahre zwei Aspekte: Einmal wurde Gyalui Torda verschiedenen Magnaten Ungarns – wir denken dabei an Georg Wernhers Empfehlung von Gyalui an Magnat Ferenc Révay oder an Melanchthons Empfehlung an Magnat Péter Perényi[407] – empfohlen, was zu seiner späteren Tätigkeit als Lehrer und Rat der königlichen Kammer wesentlich beitrug; weiter suchte Gyalui in den beiden Jahren verschiedene humanistische Zentren – es seien Breslau, Krakau, Eperies, Pressburg oder Wien erwähnt – auf, wo er wertvolle Kontakte für seine spätere Tätigkeit in Eperies knüpfte. In der Korrespondenz zeigt sich

---

402 SCHEIBLE, Beziehungen, 63.
403 KATONA, Wernher, 274.
404 Vgl. RITOÓK-SZALAY, Melanchthon, 280; PAPP, Kálmáncsehi, 5 ff. Heinz SCHEIBLE bezeichnet bei den Personenangaben zu Melanchthons Briefwechsel Kálmáncsehi fälschlicherweise als Lehrer in Krakau. Kálmáncsehi war nämlich in den 1530er Jahren Domherr in Weissenburg; über seine Schiedsrichtertätigkeit am Religionsgespräch in Schässburg (1538) haben wir bereits berichtet (vgl. oben S. 111).
405 Vgl. SCHEIBLE, Beziehungen, 63 f; SZÖGI, Diákok, 61; MELANCHTHON, Briefwechsel 12, 129; RÉVÉSZ, Tanulók, 218.
406 Vgl. Philipp Melanchthon an Joachim Camerarius, 23. März 1545, in: MBW, Nr. 3857.
407 Vgl. Georg Wernher an Ferenc Révay, 12. April 1544, in: ETE IV, Nr. 307; Philipp Melanchthon an Péter Perényi, 27. März 1545, in: MBW, Nr. 3863.

auch, dass Gyalui über den Fortlauf der Reformation in Ungarn und Siebenbürgen bestens informiert war.[408]

Seit Sommer 1546 treffen wir Gyalui in Padua, wo er als Sprachlehrer dreier
Söhne von Ferenc Révay wirkte; Lőrinc (Laurentius), János und Mihály Révay
haben sich alle im Herbst 1546 an der Universität, wahrscheinlich in Jurisprudenz, immatrikuliert.[409] Neben der Funktion als Lehrer der Aristokratensöhne beschäftigte sich Gyalui in der Humanistenstadt Padua – er war an
der philosophischen Fakultät immatrikuliert – mit Poesie, Geschichte und
Theologie. Während die Gebrüder Révay noch in Padua blieben, verliess
Gyalui im Frühjahr 1550[410] Italien und kehrte, wahrscheinlich über Basel,[411]
nach Oberungarn zurück.[412]

Gyalui folgte einem Ruf – wohl veranlasst durch Georg Wernher – nach
Eperies, wo er als Lehrer und Rektor der dortigen Lateinschule wirkte. Später
wurde er Rat der königlichen Kammer und schliesslich nach dem Tode
Wernhers, dessen Tocher Gyalui geheiratet hatte, Präsident der Zipser Kammer.[413]

a. Humanistisches Programm

Melanchthons Hochachtung vor Zsigmond Gyalui Torda gründete unter anderem in dessen Gelehrsamkeit. Tatsächlich waren Gyaluis Latein- und Griechischkenntnisse aussergewöhnlich, weswegen er sich auch im dichterischen
Wettkampf mit Melanchthon messen wollte. Er war von Melanchthons *De
angelis duo Hymni* (Wittenberg 1543), einem Lobgesang der Dienstbarkeit der
heiligen Engel, so angetan, dass er selbst einen *Hymnus de angelis* verfasste.[414]
Neben der eigenen poetischen Tätigkeit[415] war es ihm ein besonderes Anliegen, die klassische Literatur zugänglich zu machen. Im Vorwort zur lateinischen Übersetzung des Euripides *Orestes* (Basel 1551) bemerkte er, dass be-

---

408 Vgl. MBW, Nr. 3934. 4107. 4287.
409 Vgl. SZLAVIKOVSZKY, Diákok, 44.
410 Der späteste uns bekannte Beleg aus Padua ist ein Brief Gyaluis an Dryander vom 5. Februar
    1550 (vgl. unten S. 225).
411 Ein Aufenthalt Gyaluis in Basel ist naheliegend aufgrund seiner in Basel erschienen Drucke;
    allerdings wäre ein solcher auch im Frühjahr/Sommer 1549 möglich gewesen, wobei dann
    Gyalui noch einmal nach Padua zurückgekehrt wäre. Aufgrund des Mangels an weiteren
    Quellen, muss der Zeitpunkt eines möglichen Basler Aufenthalt offen bleiben.
412 Im November 1549 meldete er an Ferenc Révay, dass er im kommenden Juni, spätestens im
    August, zurückkehren wolle (vgl. Zsigmond Gyalui Torda an Ferenc Révay, 25. November 1549,
    SNA: Korrespondenz von Ferenc Révay mit seiner Ehefrau Anna Paksy 1549–1562, Nr. 19–20;
    vgl. DE MARTINI, Università).
413 Vgl. MELANCHTHON, Briefwechsel 12, 130; IVÁNYI, Könyvkultúra, 351 f; RENSING, Wernher,
    57 f.
414 Vgl. Zsigmond Gyalui Torda: „Hymnus de angelis", in: ZSIGMOND GYALUI TORDA, Geneth-
    liacon in diem natalem Christi [...], Venedig 1548, [C^{r–v}].
415 Wir denken beispielsweise an den poetischen Applaus zu Pál Rubigalls *Epistola Pannoniae ad
    Germaniam recens scripta* (Wittenberg 1545, Aiᵛ) oder an seine *Epigrammata* (Wien 1554).

reits Melanchthon ihn ermuntert habe, „[…] Supplicum tragoediam et Heraclidarum" des Euripides zu übersetzen, später „aliquot eius fabulas auditoribus meis enarravi", schliesslich hätte er auch den Orestes übersetzt.[416]

Gyalui stand damit in der von Erasmus begründeten humanistischen Tradition, antike griechische Texte zu Übungszwecken auch in Lateinisch zugänglich zu machen. Im Vorwort zum *Orestes* verwies Gyalui explizit auf Erasmus, der „convertit […] Hecubam, & Iphigeniam in Aulide […]"[417] Tatsächlich wurden die von Erasmus herausgegeben Tragödien *Hecuba* und *Iphigenia in Aulis* (Venedig 1507; Basel 1518) in der Gelehrtenwelt weitherum benutzt. In der von Beatus Rhenanus besorgten Gesamtausgabe von 1540 wurden beide Tragödien erneut herausgegeben. Im darauffolgenden Jahr erschienen erstmals sämtliche erhaltene Tragödien des Euripides in lateinischer Übersetzung, besorgt vom damaligen Professor für griechische Sprache in Zürich, Rudolf Ambühl (Collinus).[418] Bereits im April 1547 wandte sich Gyalui an Joachim Camerarius, Professor für Lateinisch und Griechisch in Leipzig, um ihn um Unterstützung für den Druck seines *Orestes* zu bitten. Dafür wolle er ihm auch bei der Theognis-Ausgabe, die Camerarius für den Schulgebrauch geplant hatte, behilflich sein.[419] Schliesslich erschienen 1551 bei Oporin in Basel sowohl Euripides' *Orestes* als auch des Theognis *Praecepta* im *Libellus scolasticus utilis*; im Vorwort des *Libellus* erwähnte Camerarius die Hilfe Gyaluis mit grosser Hochachtung.[420]

Die Ausführungen machen deutlich, mit welchen humanistischen Kreisen Gyalui in Kontakt stand. Auch in Padua selbst pflegte er Kontakt mit bedeu-

---

416 Vgl. Zsigmond Gyalui Torda: Epistola nuncupatoria, in: EURIPIDES, Orestes. Tragoedia cum primis elegans, Latino carmine […], Basel 1551, a2ᵛ. Die beiden von Gyalui übersetzten Tragödien *Supplices (Hiketides)* und *Heraklidae* von Euripides sind nicht gedruckt worden (vgl. JOSIAS SIMLER, Epitome bibliothecae Conradi Gesneri […], Zürich 1555, 166ʳ) und die Handschriften derselben sind u.W. verschollen; vielleicht wäre aber ein Archivbesuch in Wittenberg ertragreich.

417 Zsigmond Gyalui Torda: Epistola nuncupatoria, in: EURIPIDES, Orestes, a2ᵛ.

418 Vgl. EURIPIDES, Tragicorum vero […] omnium principis, […] Tragoediae XVIII. singulari nunc primum diligentia ac fide […], Basel 1541. Folgerichtig findet sich in diesem Werk auch die Tragödie *Orestes* (d4ᵛ–h7ᵛ); der lateinische Text ist aber nicht deckungsgleich mit demjenigen von Gyalui Torda. Es ist auch zu fragen, ob Gyalui die Ausgabe kannte, denn er schreibt im Vorwort, dass „inter docendum venit in mentem mirari, quod nondum quisquam emerserit, […]" (Gyalui Torda: Epistola nuncupatoria, in: EURIPIDES, Orestes, a2ʳ).

419 Vgl. Zsigmond Gyalui Torda an Joachim Camerarius, 15. April 1547, in: FREYTAG, Epistolae selectae, 56 f.

420 „Non destitimus […] auxilio amicorum in exemplis veteribus perquirendis uti. Atque nuper quinque conferre nobis concessum fuit, cum quidem eruditiss. & humanis. iuvenis Sigemundus Gelous Pannonius, incredibile diligentia perfecisset, […]" (Joachim Camerarius: Epistola nuncupatoria, in: JOACHIM CAMERARIUS (Hg.), Libellus scolasticus utilis, et valde bonus: quo continentur Theognidis praecepta. Pythagorae versus aurei […], Basel 1551, 9). Allerdings ist es entgegen DEZSÉNYI eher in Zweifel zu ziehen, ob Gyulai bereits 1543 mit Oporin in Briefkontakt gestanden ist, und zwar im Zusammenhang mit dem Druck von Bonfinis *Rerum Hungaricarum Decades tres* (Basel 1543), da bislang keine diesbezüglichen Quellen gefunden werden konnten (vgl. DEZSÉNYI, Magyarország, 43).

tenden Humanisten, beispielsweise mit Lazzaro Bonamico, dessen Ruhm bis nach Oberungarn reichte.[421] Bonamico, der nach dem „sacco di Roma" (1527)[422] nach Venedig geflüchtet war und später Lektor für Griechisch und Lateinisch an der Universität Padua wurde, ermunterte Gyalui, sein in sapphischem Versmass verfasstes Gedicht *Genethliacon in diem natalem Christi* zu publizieren.[423] Das *Genethliacon* ist eine Gedichtform der Antike, die im Humanismus eine Renaissance erlebte; dass Gyalui die Geburt Christi besang, ist Kennzeichen eines erasmischen Bibelhumanismus und zeugt von einem positiven Menschenbild. Die Universität Padua war seit den 1520er Jahren für ihre erasmische Ausrichtung bekannt;[424] in Rhetorikübungen, Grammatik- und Sprachübungen sowie in der Theologie wurden mehrere Werke des Erasmus benutzt. In dem padovanischen Bibelhumanismus wurden zudem reformatorische und nonkonformistische Gedanken ohne Bedenken integriert.[425] Als Sprachgelehrte hatten sich natürlich auch Bonamico und Gyalui in diesen erasmischen Kreisen bewegt.

Gyaluis Lehrerfunktion konzentrierte sich auf den Sprachunterricht für die Söhne Révay. In Briefen an Ferenc Révay erstattete er jeweils Bericht über deren Tätigkeit in Padua: „Adolscentes valent omnes optime et belissime."[426] Zwei Jahre später berichtete er auch im Detail über den Unterricht: „De puerorum generosissimorum [...]: [...] Interim erudiantur in grammatica utraque, audiant Terentium, Ciceronis epistolas, scriptitent [!] epistolia." Einige Zeilen später: „Post absolutem Aristotelem adolescentes magnissimi, meo iussu atque instituto certis horis legunt [...] singulos historicos: Liuium Michael, Iohannes C. Caesarem, Laurentius Plutarchum."[427] Mit diesem „Programm" entsprach der Sprachunterricht von Gyalui der von Erasmus in seiner pädagogischen Schrift *De ratione studii* begründeten Methode: Grammatik- und Sprachübungen in beiden alten Sprachen, anschliessend Lektüre antiker Autoren.[428] Gyalui hatte den Nutzen dieser Methode natürlich bereits während seiner Studien in Weissenburg, Krakau und später in Wittenberg bestens kennen- und schätzen gelernt.

Zum humanistischen Bildungsideal gehörte auch die Anschaffung von

---

421 Vgl. Georg Wernher an Ferenc Révay, 12. April 1544, in: ETE IV, Nr. 307.

422 Vgl. FIRPO, Sacco, 7 – 60.

423 Vgl. GYALUI TORDA, Genethliacon. Dem Druck wurde auch Bonamicos „Ermutigungsgedicht" beigegeben (A3ʳ), was Gyalui an Révay bereits vor Drucklegung mitteilte (vgl. Zsigmond Gyalui Torda an Ferenc Révay, 17. Januar 1547, in: ETE IV, Nr. 503); vgl. auch: Zsigmond Gyalui an Ferenc Révay, 25. November 1549, SNA: Korrespondenz von Ferenc Révay mit seiner Ehefrau Anna Paksy 1549–1562, Nr. 19–20.

424 Dies machte es möglich, dass sowohl Protestanten wie Katholiken in Padua studierten (vgl. BONORAND, Emigration, 200; DERS., Studierende, 147–155).

425 Vgl. SEIDEL MENCHI, Erasmus, 24 – 28. 77 ff.

426 Vgl. Zsigmond Gyalui Torda an Ferenc Révay, 17. Januar 1547, in: ETE IV, Nr. 503.

427 Vgl. Zsigmond Gyalui Torda an Ferenc Révay, 25. November 1549, SNA: Korrespondenz von Ferenc Révay mit seiner Ehefrau Anna Paksy 1549 – 1562, Nr. 19 – 20.

428 Vgl. oben S. 153 ff.

nützlichen Büchern. Aus Padua, einem Schmelztiegel von Buchdruckern und Buchhändlern, nahm Gyalui zahlreiche Bücher mit nach Hause; vor allem aber unterstützte er finanziell die Anschaffung einer nützlichen Bibliothek in Eperies.[429] Als im Jahre 1552 der neue Pfarrer von Eperies, Matthias Lauterwald von Elbingen, von der Pfarrbibliothek in Eperies ein *Inventarium* verfasste, fanden sind darin klassische Autoren (Aristoteles), Kirchenväter (Chrysostomus, Augustinus), Scholastiker (Petrus Lombardus, Thomas von Aquin), Humanisten (Erasmus) und Reformatoren (Luther, Melanchthon, Calvin, Megander).[430] Natürlich ist es naheliegend, dass mehrere Bücher dank Gyalui in die Bibliothek gelangt sind.

b. Vertreter einer humanistischen Reformation

Die Universität Padua war nicht nur wegen der Naturwissenschaften und der Medizin – Konrad Gessner hielt sich beispielsweise auch in Padua auf[431] – weitherum berühmt, sondern auch wegen ihrer geistigen Offenheit; so fanden immer wieder reformationsfreundliche Humanisten in Padua Zuflucht. Wie Aonio Paleario (1503 – 1570) im Jahre 1543 Erasmus mit Oekolampad, Melanchthon, Luther und Bugenhagen gleichsetzen konnte,[432] so wurde an der Universität Padua in dem Sinne „reformistisch" gelehrt, dass Humanismus und Reformation miteinander einhergingen. Es ist nicht erstaunlich, dass die Universität Gelehrte aus ganz Europa anzog. Auch aus dem Stephansreich kamen in den 1540er und 50er Jahren mehrfach Studenten, die später, unabhängig von ihrem religiösen Bekenntnis, wichtige Stellungen in Politik und Kirche einnahmen: István Báthory (Fürst), Jurai Drašković (Erzbischof, Ban), András Dudith (Bischof, nach der Konversion Privatgelehrter), Johannes

---

429 Vgl. IVÁNYI, Könyvkultúra, 351. 365.

430 Vgl. IVÁNYI, Könyvkultúra, 361 ff.

431 Bei seinem Aufenthalt hat Gessner auch mehrere Gärten in Padua besucht. Von dem öffentlichen Garten der Stadt berichtete er, dass derselbe – es würden sich darin Gewächse aller Art finden – zum Nutzen der Ärzte eingerichtet worden sei (vgl. KONRAD GESSNER, Horti Germaniae [...] liber nunc primum editus [...], in: Valerii Cordi Simesusii Annotationes in Pedacii Dioscoridis [...] Item Conradi Gesneri de hortis Germaniae liber recens [...], Strassburg 1561, 239^v). In seinem botanischen Werk erinnert sich Gessner mehrfach an dort gesehene Pflanzen, unter anderem an die *Calamintha Italica* (italienische Müntze): „Petavij sponte nascentem vidi, foliis subrotundis pilosis modicè & leviter crenatis, mollibus." (ibidem, 251^r). In Matthiolis Werk *Commentarii secundo aucti [...]* (Venedig 1558) schrieb Gessner mehrere Marginalien; bei der *Calamintha altera* hielt er fest: „Hanc puto vidi Patavij, pulegio similem ferè etiam odore [...]" (Marginalie Gessners, in: Petri Andreae Matthioli [...] Commentarii secundo aucti, in libros sex Pedacii Dioscoridis Anazarbei de medica materia [...], Venedig 1558, 381^r; vgl. auch: Konrad Gessner: Historia plantarum, ZBZ: Z VIII 394 (Kopie), 40). Später blieb Gessner mit paduanischen Gelehrten in brieflichem Kontakt (vgl. GESSNER, Horti Germaniae, 239^v. 246^{r-v}). Vgl. FRETZ, Gessner, 146. 238.

432 Vgl. SEIDEL MENCHI, Erasmus, 81.

Sambucus (Polihistor) oder János Balsaráti Vitus (Arzt, Professor in Sáros-patak).[433]

Die Studien von Gyalui und diejenigen der Aristokratensöhne Révay in Padua sind auf diesem Hintergrund zu beurteilen. Bezeichnenderweise ereignete sich während des Aufenthaltes der Ungarn in Padua der Tod des durch die Inquisition zur Konversion gezwungenen Juristen Francesco Spiera (1502–1548) aus Citadella.[434] Dieser Tod hat eine reiche Schriftreaktion hervorgerufen, und die unter sich gespaltene Reformation erkannte in der Gegnerschaft gegen Rom ein verbindendes Moment. Vertreter verschiedener reformatorischer Strömungen besuchten Spiera am Krankenlager, darunter auch Gyalui, zusammen mit Matteo Gribaldi, Heinrich Scotus und Pier Paolo Vergerio.[435] Unter dem Eindruck des Todes von Spiera, der sechs Monate nach seinem Widerruf nach Padua gereist war, daselbst aber von schweren Gewissensbissen gequält wurde und im Bewusstsein ewiger Verdammnis starb, sagte auch Vergerio dem alten Glauben ab und wählte das Exil.[436] Die genannten Personen haben schliesslich gemeinsam eine *Francisci Spierae Historia* (Basel 1550) verfasst, die von Celio Secondo Curione in Basel überarbeitet und herausgegeben wurde. Darin wurde von Calvin auch ein kritisches Vorwort gedruckt, in dem er äusserte, Spiera habe den Tod als Strafe Gottes erlitten.[437]

Gegenüber dem kritischen Vorwort Calvins sowie gegenüber Vergerios *Apologia*[438] war Gyalui in seinem Beitrag („Historia") bemüht, weder Spieras Verhalten zu missbilligen noch zu verteidigen, sondern die Gespräche am Krankenlager Spieras schriftlich festzuhalten: Er versuchte einerseits die Gewissensbisse Spieras – die Gewissensbisse darüber, dass er Christus verleugnet habe – und andererseits die Versuche der Freunde, ihn zu trösten und ihm gut zuzureden, darzustellen:

Si magnum est delictum tuum, maius est meritum Christi, maior est misericordia inundans & delens peccata. Vbi abundavit delictum, ibi superabundavit gratia. […], […] Evangelij promissiones esse universales, omnes esse electos qui credant in

---

433 Vgl. Szlavikovszky, Diákok, 44 f. 134.

434 Vgl. Prosperi, Eresia, 102–122; Walker, Vergerio, 7–56; Overell, Exploitation, 619–637; Seidel Menchi, Theorie, 204–208; Zille, Eretici, 141–221.

435 Vgl. Celio Secondo Curione (Hg.), Francisci Spierae, quiquod susceptam semel Evangelicae veritatis professionem abnegasset, damnassetque in horrendam incidit desperationem, Historia, a quator summis viris, summa fide conscripta, […], Basel 1550, α3ʳ–α4ʳ.

436 Er zog weiter in die italienischen Talschaften Graubündens, wo er als Reformator wirkte; später kam er nach Württemberg, um Herzog Christoph von Württemberg als Berater zu dienen (vgl. Bonorand, Emigration, 26 f. 97 ff. 140 f). Weitere Literatur zu Vergerio ist greifbar in: Kaufmann, Ende, 322 ff; Rozzo, Vergerio; Pierce, Vergerio.

437 Vgl. Ioannes Calvinus Christiano Lectori s.d., in: Curione, Spierae, d5ʳ–d7ʳ.

438 Vgl. Curione, Spierae, h7ʳ–i7ᵛ. Im folgenden Jahr erschien von Vergerio die besser bekannte *La historia di M. Francesco Spiera, il quale per havere in varii modi negata la conosciuta verità dell'Evangelio, casco in una misera desperatione* (Basel 1551).

Christum [...] Christus Iesus venit in hunc mundum peccatores salvos facere, quorum primus ego sum. Rursus, Deus vult omnes homines salvos fieri.[439]

Spiera aber erwiderte seinen Freunden, dass tatsächlich „Deus vult omnes homines salvos fieri, scilicet qui non peccaverunt ad mortem [...]", und genau dies hätte er gemacht; und Christus bezeuge im 10. Kapitel des Matthäusevangeliums eindeutig: „Qui me abnegaverit coram hominibus, abnegabo et ego eum coram patre coelesti."[440]

Die von Gyalui festgehaltenen Gespräche mit Spiera machen in eindrücklicher Weise deutlich, vor welche Herausforderungen der „Fall Spiera" die protestantische Öffentlichkeit um die Mitte des 16. Jahrhunderts gestellt hatte. Es war letztlich die Frage danach, ob der tragische Tod von Spiera ein Hinweis auf die Verdammnis *ab aeterno* sei, Spiera also der Typus des von Gott verworfenen Verleugners darstelle, oder ob Spieras Verzweiflung und Tod – wie dies Gribaldi tat[441] – einer falsch verstandenen und gelehrten Prädestinationslehre zuzuschreiben sei. Das trostspendende Zureden der Freunde, zu denen auch Gribaldi gehörte, tendierte eher in Richtung eines Heilsuniversalismus, wie ihn auch Giorgio Siculo in seiner Schrift gegen Spieras Lehre von der Prädestination, und damit gegen Calvin, vertreten hatte.[442] Silvana SEIDEL MENCHI hat überzeugend nachgewiesen, dass die Prädestinationslehre der italienischen Bibelhumanisten und Reformationsgesinnten mehrheitlich eine Erwählungslehre war, Spieras Überzeugung von der Prädestination also ein eher isoliertes Phänomen darstellte.[443] Gyalui selbst, der Zeuge des Todes von Spiera war, konstatierte zwar abschliessend, dass „modum mortis certè cognoscere non potui," aber er hat, wie seine *Historia* deutlich macht, die „absolute" Prädestination, d.h. den radikalen Determinismus, durchwegs abgelehnt. Vielmehr vertrat er gegenüber Spiera eine starke Heilsgewissheit, indem er den guten Willen Gottes, der alle Menschen retten wolle, betonte.

Bereits vor dem Druck der *Francisci Spierae [...] Historia* (Basel 1550) wurde die Schrift Gyaluis unter reformatorisch Gesinnten weitergegeben; das kritische Vorwort Calvins setzt gleichfalls voraus, dass er die Handschrift des Drucks gelesen hatte. So sandte bereits im Juni 1549, also ein halbes Jahr nach Spieras Tod, der Lausanner Reformator Pierre Viret ein „libellum qui historiam continet Itali illius hominis desperati, [...]", was die *Historia* von Gyalui gewesen sein musste, an Calvin.[444] Wenige Tage später wandte sich Sozzini aus

439 Sigismundi Geloi Transylvani Historia de Francisco Spiera, in: CURIONE, Spierae, g6ᵛ–g7ʳ.
440 GYALUI TORDA, Historia, g7ʳ–hʳ.
441 Vgl. MATTEO GRIBALDI, Epistola [...] de tremendo divini iudicij exemplo super eum, qui hominum metu pulsus, Christum & cognitam veritatem abnegat, Basel 1549 (Nachdruck in: CURIONE, Spierae, c1ʳ–d4ᵛ).
442 Vgl. Epistola di Giorgio Siculo servo fidele di Jesu Christo alli cittadini di Riva di Trento contra il mendatio di Francesco Spiera et falsa dottrina de' Protestanti, Bologna 1550 (vgl. CANTIMORI, Häretiker, 51ff).
443 Vgl. SEIDEL MENCHI, Erasmus, 169–203.
444 Vgl. Pierre Viret an Johannes Calvin, 20. Juni 1549, in: CO IX, Nr. 1209. Da Viret explizit

Basel an Bullinger in Zürich und sandte auch ihm „Spierae desperationem horrendam scilicet a Sigismundo Geloo, Transylvano ut videbis stilo, comprehensam: [...]" Er fragte ihn weiter an, was er über eine Publikation denke.[445] Gyaluis Bericht dürfte die Grundlage aller weiteren Schriften über Spiera gewesen sein.[446] Calvin verfasste sein kritisches Vorwort in den Nonen des Monats Dezember 1549,[447] schliesslich gab Curione die gesammelten Beiträge in Basel heraus.

Zsigmond Gyalui Torda war, was die Prädestinationslehre betrifft, in keiner Weise ein Anhänger von der Lehre, die Calvin um die Mitte des 16. Jahrhunderts[448] vertreten hat, sondern vertrat eine Erwählungslehre, wie sie auch von den Zürcher Reformatoren gelehrt wurde. Nicht umsonst wurde Zürich seit den 1540er Jahren von italienischen Emigranten („Bibelhumanisten", „Spirualisten", „Antitrinitarier" u.s.w.) zunehmend häufiger – es liessen sich Namen wie Bernardino Ochino, Lelio Sozzini oder Peter Martyr Vermigli erwähnen – aufgesucht; Bullinger pflegte zudem eine intensive Briefkorrespondenz mit reformatorischen Emigranten aus Italien.[449] Auch geistesgeschichtlich definierten sich ja die reformatorischen Entwicklungen der deutschen sowie rätoromanischen Schweiz und Italiens als Erben eines erasmischen Bibelhumanismus.[450] Obwohl wir von Gyalui, abgesehen von seinen Äusserungen in der *Historia*, keine theologischen Schriften besitzen, kann Gyalui, insbesondere seit seinem Aufenthalt in Padua, als Vertreter einer humanistischen Reform bzw. Reformation beurteilt werden. Seine Äusserungen über die Prädestination machen es gar erwägenswert, ob er einen Heilsuniversalismus vertreten hat. Jedenfalls pflegte er, getreu den padovanischen

festhielt, dass das Büchlein die „Historia" enthalte, kann es sich eigentlich nur um Gyaluis *Historia* handeln, da die anderen Beiträge nicht die Geschichte bzw. den Verlauf der Gespräche mit Spiera schildern; auch ist nur Gyaluis Beitrag als *Historia* bezeichnet. Gribaldis Beitrag ist eine *Epistola*, Scotus nennt seinen Beitrag *Exemplum*, Vergerio *Apologia* und Borrhaus gleichfalls *Exemplum*. Natürlich ist es möglich, dass bereits die ganze Sammlung der Schriften von Viret an Calvin gesandt worden ist; darin wäre natürlich auch Gyaluis *Historia* inbegriffen.

445 Vgl. Lelio Sozzini an Heinrich Bullinger, 8. Juli 1549, in: CO XIII, Nr. 1222. Gwalther hat schliesslich den Basler Druck angeschafft (Standortsignatur des Werkes in der Zentralbibliothek Zürich: D 169, 4).

446 Einen guten Überblick darüber bietet KAUFMANN, Ende, 322 ff.

447 Das von Calvin verfasste Vorwort erschien erstmals als Vorwort zu Heinrich Scotus' *Exemplum memorabile desperationis in Francisco Spiera* (Genf 1550).

448 Zu Calvins Prädestinationslehre in den 1530er Jahren vgl. oben S. 200 f.

449 Zu den Beziehungen Zürichs mit Vertretern der italienischen Reformation vgl. folgende Publikationen (darin weitere Literaturhinweise zu einzelnen Fragen und Personen): CAMPI, Protestantesimo; BERNHARD, Rosius à Porta, 322–347; BONORAND, Emigration; WELTI, Geschichte, 91–107; LOCHER, Reformation, 664 ff; CANTIMORI, Häretiker; DALBERT, Reformation.

450 Was für Graubünden seit BONORANDS Studie *Die Entwicklung des reformierten Bildungswesens in Graubünden* (Thusis 1949), für Italien seit SEIDEL MENCHIS Studie *Erasmus als Ketzer* (Leiden 1993) bekannt ist, konnte auch im Falle von Zürich nachgewiesen werden (vgl. CHRIST-VON WEDEL, Erasmus [2007]).

Gepflogenheiten, auch Umgang mit Vertretern des linken Flügels der Reformation.[451] So wandte sich Zsigmond Gyalui Torda im Januar 1549 an Francesco Stancaro, der sich gerade auf dem Weg nach Siebenbürgen befand.[452] Er gab ihm Ratschläge und versicherte ihm: „[...] plurimos non solum cives, verum etiam ex equestri ordine primarios nobiles te magna benevolentia complexuros."[453] Stancaro war zwar kein Antitrinitarier wie Gribaldi oder Sozzini, vertrat aber eine Sonderlehre vom Mittleramt Christi; in der Auseinandersetzung mit der Rechtfertigungslehre Osianders versuchte er darzulegen, dass Jesus Christus nur seiner menschlichen Natur nach Mittler sein könne. Dies veranlasste Melanchthon zu einer Erwiderung („Responsio") auf die Lehre von Stancaro; diese *Responsio* erschien bezeichnenderweise im siebenbürgischen Kronstadt.[454] Auch mit Lelio Sozzini pflegte Gyalui ein freundschaftliches Verhältnis; so bat er Melanchthon, als Sozzini sich im Mai 1551 in Wittenberg aufhielt, denselben herzlich zu grüssen.[455] Obwohl antitrinitarisch gesinnt, gelang es Sozzini aufgrund seines nikodemitischen Verhaltens[456] und seiner Taktik des vorsichtigen Fragens und Zweifelns relativ lange, sich mit „orthodoxen" Vertretern der Reformation wie Melanchthon oder Bullinger nicht zu entzweien.[457]

Natürlich ist in diesem Zusammenhang zu fragen, ob Scheibles Beurteilung Gyaluis als „besonders treuen Melanchthon-Schüler" angemessen ist?

---

451 Ein solcher Umgang implizierte freilich auch oft nikodemitisches Verhalten. So war es möglich, dass János Révay mit dem späteren Erzbischof Jurai Drašković, einem energischen Gegner der Reformation – er liess in Padua seine *Confutatio eorum quae docta sunt a Ioanne Caluino sacramentario, super verbis Domini Hoc est corpus meum* (1551) drucken – und Student der Theologie in Padua (vgl. Szlavikovszky, Diákok, 134), freundschaftlich verkehrte: „Domino Georgio Draschovicio viro optimo utor familiariter." (János Révay an Ferenc Révay, 21. Januar 1552, SNA: Korrespondenz von Ferenc Révay mit seiner Ehefrau Anna Paksy 1549–1562, Nr. 57). Zur Frage des Nikodemismus vgl. Ginzburg, Nicodemismo; Cantimori, Häretiker, 63. 195. 221 ff et passim; Bernhard, Rosius à Porta, 342 f).

452 Gyalui schrieb, dass er von Ferenc Révay erfahren habe, dass Stancaro die Absicht habe nach Siebenbürgen zu reisen (vgl. Zsigmond Gyalui Torda an Francesco Stancaro, 23. Januar 1549, in: ETE V, Nr. 113).

453 Ibidem.

454 Vgl. Philipp Melanchthon, Responsio [...] de controversiis Stancaro, Kronstadt 1554 (vgl. Borsa, Drucke, Nr. 64; Bonorand, Emigration, 150 f. 210 f.; E. Wenneker, Art. Francesco Stancaro, BBKL X, 1995, 1148 ff).

455 Vgl. Zsigmond Gyalui Torda an Philipp Melanchthon, 5. Mai 1551, in: MBW, Nr. 6078.

456 In Italien war der Nikodemismus seit der „Wiedereinführung" der Inquisition (1542) und seit dem Inkrafttreten des Augsburger Interims (1548) zunehmend stärker verbreitet; der „Fall Spiera" darf letztlich als eine „italienische" Konsequenz des Augsburger Interims beurteilt werden. Nicht umsonst hat Rudolf Gwalther den Druck *Francisci Spierae, quiquod susceptam semel Evangelicae veritatis professionem abnegasset* [...] (Basel 1550) mit Calvins Schrift *Interim adultero-germanum* (Genf 1549) zusammenbinden lassen (Standortsignatur des Werkes in der Zentralbibliothek Zürich: D 169).

457 Vgl. Bonorand, Emigration, 153 ff. Bullinger schützte Sozzini gar noch nach dessen öffentlichem Bezeugen seines Bekenntnisses, solange sich Sozzini auf die Verbreitung dieser „Häresie" zu verzichten erklären würde (vgl. Mühling, Sozzini, 162–170).

Wie dargelegt ist es unumstritten, dass Melanchthon über den Wegzug Gyaluis aus Wittenberg mit Schmerz erfüllt war und dass Gyalui bis zu Melanchthons Tod mit ihm in herzlicher Briefkorrespondenz verbunden blieb. Dennoch bleibt festzuhalten, dass Gyalui sich während seines padovanischen Aufenthaltes stärker mit Vertretern der italienischen Reformation als mit Melanchthon identifizierte. Dies will aber keineswegs besagen, dass Gyalui sich von Melanchthon distanziert hätte; vielmehr konzentrierte er sich stärker auf eine Einheit von Humanismus und Reformation, wie er es im offenen Gespräch an der Universität Padua erfahren hatte. Als Gyalui während des Schmalkaldischen Krieges (1546/47) von den Bedingungen, die den lutherischen Fürsten bei dem „pacem inter caesarem et Germanos compositam" auferlegt würde, hörte,[458] bemerkte er: „Ego vero non spero, me vivo ista dissidia posse componi. Et haec tantum principia malorum esse arbitror, [...]"[459] Diese Aussage ist in zweierlei Weise bemerkenswert: Einerseits nahm Gyalui für die lutherischen Fürsten Partei, andererseits bedauerte er die *dissidia*, da er selbst eine Spaltung ablehnte. Letztlich trat er für Reformen in der Kirche auf der Basis eines Humanismus ein, wie er ihn an der Universität Padua im Gespräch mit zahlreichen Gelehrten kennengelernt hatte. Dieser padovanischen Denkungsart entsprechend widmete er seine gedruckten Schriften einem breiten Spektrum von Gelehrten, die aber alle in einem näheren Bezug zum Humanismus standen.

Seine erste humanistische Schrift *Genethliacon in diem natalem Christi* (Venedig 1548), die wir bereits kurz behandelt haben, widmete Gyalui den oberungarischen Magnaten Péter Perényi sowie Mihály Révay, dem Sohn seines Patrons Ferenc Révay. An beiden Magnatenhöfen sind Humanismus und Reformation nachhaltig gefördert worden.[460] In eine andere Richtung weist hingegen die *Oratio de beatitudine* (Padua 1549), die wahrscheinlich den Abschluss der Studien Gyaluis an der philosophischen Fakultät in Padua darstellte.[461] Gyalui hat sie dem Venezianer Patrizier und späteren Kardinal Bernardo Navagero (1507–1565) gewidmet, der als Liebhaber der Literatur von seltener Gelehrsamkeit[462] war und als solcher auch Studien von Huma-

---

458 Damit war nicht das Augsburger Interim (1548) gemeint, sondern die Kapitulation der protestantischen oberdeutschen Reichsstände nach dem Donaufeldzug (1546) (vgl. MOELLER, Deutschland, 155 f).

459 Vgl. Zsigmond Gyalui Torda an Ferenc Révay, 17. Januar 1547, in: ETE IV, Nr. 503.

460 Vgl. oben S. 116 ff.

461 Gyalui hat gemäss der Matrikel der Universität Padua die Studien im Dezember 1548 abgeschlossen (vgl. SZLAVIKOVSZKY, Diákok, 44); die Widmungsvorrede der *Oratio* verfasste Gyalui in den Nonen des Januar 1549 (vgl. Bernardo Naugerio, Viro ampliß. Patricio Veneto, Praetori Urbis Patavinae integerrimo, Patrono suo summo ac singulari Sigismundus Gelous Panonius S.D., in: ZSIGMOND GYALUI TORDA, Oratio de beatitudine. Eiusdem quaestio, an honesta natura sint, an vero opinione, Padua 1549, A2^r–v).

462 Gyalui bezeichnet Navagero im Vorwort als einen Mann, der „summum virtutem, raram doctrinam, amorem literarum singularem" besitze (vgl. Bernardo Naugerio, Viro ampliß.

nisten wie Zsigmond Gyalui Torda oder Giovanni Planerio gefördert hatte.[463] Gyalui gab in der Widmungsvorrede seiner Hoffnung Ausdruck, dass seine Ausführungen „tuis auspicijs in aliorum manus perveniant."[464] Offenbar lag Gyalui besonders daran, dass seine stoischen Geist atmende *Oratio de beatitudine* eine gewisse Verbreitung fände.

Auf den ersten Blick befremdet dies, besonders wenn man bedenkt, dass die *Oratio* in der Zeit von Spieras letzter Verzweiflung geschrieben worden sein muss. Doch die in der *Oratio* behandelte Frage der Seligkeit ist vor allem auf dem Hintergrund des an der Universität Padua zwischen Aristotelismus und Christentum intensiv gepflegten philosophischen Gesprächs über die Frage der Unsterblichkeit der Seele zu verstehen.[465] Gyalui erweist sich in seinen Ausführungen als typischer Repräsentant der Padovaner Schule. In der Tradition des averroischen Aristotelismus konnte auch Gyalui sich dem Neuplatonismus nicht entziehen; obwohl er betonte, „in quibus ferme Aristotelis vestigia sum secutus", nahm er mehrfach namentlich auf Platon Bezug.[466] Bei genauerer Betrachtung zeichnet sich aber die *Oratio* vor allem durch zahlreiche stoische Interpretamente,[467] die öfters an Seneca erinnern, aus; im Humanismus waren gerade die beiden grossen Seneca-Editionen des Erasmus (Basel 1515; 1527 – 29)[468] für die weite Verbreitung stoischen Denkens – und

Patricio Veneto, Praetori Urbis Patavinae integerrimo, Patrono suo summo ac singulari Sigismundus Gelous Panonius S.D., in: Gyalui Torda, Oratio, A2v).

463 Vgl. Giuseppe Nember, Memorie spettanti alla vita di Giov. Plenario, in: Memorie anedote critiche spettanti alla vita, ed agli scritti di Giov. Francesco Quinzano Stoa e di Giov. Planerio raccolte, Brescia 1777, 86 f; Tiraboschi, Storia 7 (Teil 4), 1377 ff. 1533 ff. Im vor einigen Jahren erschienen Briefwechsel Navageros, den er während seiner Zeit als Gesandter in Rom (1555 – 1558) gepflegt hat, werden neue Angaben zu seiner Biographie gemacht: Santarelli, Corrispondenza, 11 ff.

464 Bernardo Naugerio, Viro amplíß. Patricio Veneto, Praetori Urbis Patavinae integerrimo, Patrono suo summo ac singulari Sigismundus Gelous Panonius S.D., in: Gyalui Torda, Oratio, A2v.

465 Es ist besonders an den berühmten Alexandriner Pietro Pomponazzi zu denken, der mit seiner Traktat *De immortalitate animi* die Wut der Inquisition auf sich gezogen hat (vgl. Rohls, Philosophie, 260 f; Zambelli, Aristotelismo, 535 – 572; Roling, Glaube, 677 – 699).

466 Vgl. Gyalui Torda, Oratio, C2v. E1r–v. E2v.

467 Einige seien erwähnt: „Quod Deus in universitate totius machina mundi: id animus est in corpore humano. Et, ut mundum ex quadam parte mortalem, ipse Deus aeternus: sic fragile corpus, animus sempiternus, movet." (Gyalui Torda, Oratio, B2v); „Exemplo licet id beatitudinis perfectissimo: non tantum contemplatur se ipse, in abysso sapientiae illius immensae & infinitae: sed etiam providentia mundum regit: iustitia remuneratur virtutem praemiis: delictis poenas irrogat: fortitudine potentiam exercet suam: vindicem se profitetur rebellibus: clementia praestat longanimitatem, ac tolerantiam. Cum igitur huius imitatione quadam homo beatus evadat: [...]" (C1v); „Est itaque beatitudo, actus animae secundum virtutem propriam: mentis scilicet contemplantis. & rectae rationis, moderantis actiones, & partem inferiorem. Et quoniam loquimur, de beatitudine non animae tantum, sed hoc hominis totius: [...]" (C2r); u.s.w.

468 Innerhalb des antiken Denkens kommt die Stoa den Intentionen des Erasmus am nächsten (vgl. Abel, Stoizismus, 60 f).

davon war das aristotelische Padua nicht ausgenommen – von grosser Bedeutung. Damit schliesst sich der Kreis wieder.

Bereits 1547 teilte Gyalui an Camerarius mit, dass er des Euripides *Orestes* an Márton Kálmáncsehi, seinen ehemaligen Lehrer („praeceptor") in Weissenburg, zu widmen gedenke; Gyalui plante eine griechische Widmung zu verfassen, in der er die Verdienste Kálmáncsehis um das Erlernen der Dichtkunst betonen wollte.[469] Schliesslich verfasste er, wohl noch in Padua, spätestens aber im Frühling/Sommer 1550, seine *epistola nuncupatoria* dennoch in Lateinisch: „Hanc meam operam, cum utriusque sermonis sis peritissimus, et varia eruditione excellas, tibi vir optime et doctissime dicavi: ut aliquam grati animi erga te significationem praeberem, [...]"[470] Kálmáncsehi war, gemäss der Anrede Gyaluis, „pastor ecclesiae Neapolitanae apud Pannonios ad Carpathum", was wohl besagt, dass er vorübergehend als Pfarrer der ungarischen Gemeinde in der Wiener „Neustadt" gewirkt hatte.[471] Über Kálmáncsehis reformatorisches Wirken existieren mehrere Studien, die allerdings fast ausschliesslich die Periode seit dem Amtsantritt Kálmáncsehis in Debrecen (1551) betreffen. In dieser Zeit war er ein entschiedener Vertreter der helvetischen Richtung der Reformation: Auf Jurai Drašković' Brief vom Juli 1552, mit dem er sich wegen der sich ausbreitenden „haeresim Sacramentariorum" an die Wiener Hofkanzlei wandte, haben wir bereits verwiesen; darin erwähnt er auch namentlich „Martinus plebanus Debrecinensis", der glaube, dass die Abendmahlselemente nur Zeichen und Symbole seien und die Verehrung der Elemente abzulehnen sei.[472] Auch der Mediziner und Polihistor Ferenc Pápai Páriz hielt in seinem *Rudus Redivivum seu Breves rerum ecclesiasticarum Hungaricarum & Transylvanicarum [...] Commentarii* (Hermannstadt 1684) fest: „[...] Martinus Kalman-Csehi [...], Pastor Ecclesiae Debreciensis, juxta *Zvinglii, Calvini, Bullingeri* Doctrinam Ecclesias reformare incipit."[473] Weniger Wissen haben wir über Kálmáncsehis frühere Tä-

---

469 Vgl. Zsigmond Gyalui Torda an Joachim Camerarius, 15. April 1547, in: FREYTAG, Epistolae selectae, 57.

470 Gyalui Torda: Epistola nuncupatoria, in: EURIPIDES, Orestes, a3ᵛ.

471 *Neapolis* allein besagt noch nichts, aber der geographische Hinweis *ad Carpathum* erklärt, dass es sich um die „neue Stadt" an den äusseren West-„Karpaten" handelt. Matthias Corvinus hatte die Stadt 1487 eingenommen und magyarisiert; obwohl Maximilian I. die Neustadt wieder zurückeroberte, blieb weiterhin eine ungarische Gemeinde in der Neustadt bestehen. Dass es sich bei *Neopolis* um die Wiener Neustadt handelt, ist viel einleuchtender als PAPPS Ansicht, dass Kálmáncsehi in Sátoraljaújhely (Neustadt am Zeltberg) Pfarrer war; es darf nämlich davon ausgegangen werden, dass der Humanist Gyalui bei einem Basler Druck eine geläufige lateinische Bezeichnung für den Wirkungsort Kálmáncsehis gewählt hat, was bei Sátoraljaújhely eben gerade nicht zutraf (vgl. PAPP, Kálmáncsehi, 9). Wenn auch mit *ad Carpathum* die innern Westkarpathen gemeint sein könnten, so hätte Gyalui im Falle von Sátoraljaújhely wohl eher geschrieben: „Pastor ecclesiae Neapolitanae *in Pannonia* ad Carpathum".

472 Vgl. Juraj Drašković an Wiener Hofkanzlei, 10. Juli 1552, in: BUNYITAY, Hitujítás, 398 f.

473 FERENC PÁRIZ PÁPAI, Rudus Redivivum, seu Breves rerum ecclesiasticarum Hungaricarum & Transylvanicarum [...] Commentarii (1684), in: Ulrich, Miscellanea II/2, 143. Allerdings

tigkeit. Nach seinen Studien – gemeinsam mit Mátyás Dévai Bíró – in Krakau (1523/24), verlieren sich die Spuren; spätestens seit Anfang der 1530er Jahre wirkte er als Domherr in Weissenburg. Daselbst war er Rektor der Domschule und unterrichtete die Jünglinge aufgrund der erasmischen Methode, wie wir aus dem Zeugnis Gyaluis erfahren. Auch scheint es, dass er bereits 1538 auf dem nebenbei bereits erwähnten Religionsgespräch zu Schässburg, zusammen mit dem Humanisten Adrian Wolfhard, insgeheim dem als Ketzer zu verurteilenden Kaschauer Prediger und Schulmann István Szántai recht gegeben hat, aber darauf verzichtete, dies öffentlich zu äussern.[474] Ob Kálmáncsehi im Juli 1543 an der wegen Honterus' Kronstädter Tätigkeit in Weissenburg einberufenen Versammlung noch teilnahm, ist nicht bekannt; es scheint aber, dass er in den 1540er Jahren als wandernder Prediger in Siebenbürgen und Ungarn herumgezogen ist.[475]

Die Widmung des *Orestes* an Kálmáncsehi weist damit in eine ähnliche Richtung wie bei Perényi und Révay, nämlich die Widmung an eine Persönlichkeit, die die humanistischen Studien gefördert und sich immer mehr für Reformen in der Kirche eingesetzt hat. Kálmáncsehis spätere reformatorische Tätigkeit ist nur auf dem Hintergrund seiner humanistischen Ausbildung und Tätigkeit verständlich. Gyaluis Widmung belegt damit auf eindrückliche Weise, dass die ungarische Reformation aus dem Humanismus herausgewachsen ist.

Schliesslich gab Gyalui im Jahre 1554 in Wien einige *Epigrammata* heraus, die er an den bereits mehrfach erwähnten Tamás Nádasdy aus Anlass von dessen Wahl zum Palatin Ungarns widmete. Mit dem erasmischen Reformhumanismus kam Nádasdy bereits während seiner Ausbildung in Padua und Bologna in Kontakt, doch scheint es, dass er mit der römischen Kirche nie ganz gebrochen hat; jedenfalls ist die konfessionelle Zugehörigkeit des wohl mächtigsten ungarischen Magnaten bis heute unklar und in der Forschung umstritten. Unabhängig davon hat er sich auf seinen Gütern besonders um Reformen in Kirche und Schule, auf der Grundlage des erasmischen Humanismus, verdient gemacht.[476] Die Widmung hatte natürlich auch einen kirchenpolitischen Zweck, dass nämlich Nádasdy als Palatin die Reformen weiterhin unterstütze.[477]

Die dargestellten Zusammenhänge zu den Widmungen bestätigen die

täuscht sich Pápai Páriz in der Einschätzung des Beginns – er nennt das Jahr 1557 – der Tätigkeit Kálmáncsehis als „helvetischer Parteigänger" (vgl. FATA, Ungarn, 87 f; LOCHER, Reformation, 658; BUCSAY, Protestantismus I, 104 f; SCHLÉGL, Beziehungen [1965], 46 f; BUCSAY, Abendmahl, 268 f. 272 f; SZABÓ, Zwingli [1932], 297; PAPP, Kálmáncsehi, 11 – 31).

474 Vgl. oben S. 111. 212.

475 Vgl. REINERTH, Gründung, 225 f; PAPP, Kálmáncsehi, 7 ff.

476 Vgl. FATA, Einflüsse, 62; vgl. oben S. 118 ff.

477 Als letzte Schrift wäre noch Gyaluis *Libellus elegans Galeoti Martii De egregie, sapienter, iocose dictis ac factis Matthiae Sereniss. Vngariae Regis*, [...] (Wien 1563) zu erwähnen, den Gyalui an Kaiser Maximilian II. gewidmet hatte.

These, dass Gyalui als Vertreter einer humanistischen Reformation zu beurteilen ist, und zwar in dem Sinne, dass er den Humanismus als die geeignete Geistesströmung betrachtete, um Reformen in der Kirche durchzuführen. Insofern blieb Gyalui zeitlebens ein Humanist, der sich allerdings inhaltlich deutlich von der bestehenden römischen Kirche unterschieden hatte. In einem Brief an seinen Patron Ferenc Révay schrieb er, dass die „doctrinae coelestis, singulari Dei beneficio excitatae obscuratio" drohend bevorzustehen scheine.[478] Mit dieser Aussage wird nicht nur das *solus Deus* impliziert, sondern sie erinnert auch an das *beneficium Christi*[479] bzw. an die 1543 in Venedig anonym erschiene Schrift *Beneficio di Cristo*. Dieses Buch war nicht nur in den reformatorischen Kreisen Italiens weitverbreitet, sondern wurde auch in anderen Gebieten Europas gelesen.[480] Diese Schrift, die den Akzent auf die *misericordia Dei* setzte, wurde in den reformatorischen Kreisen Paduas rege benutzt.[481]

Als Humanist fühlte sich Gyalui nicht zu einer missionarischen Tätigkeit wie Dévai Bíró oder Kálmáncsehi Sánta berufen.[482] Dennoch unterstützte er die Bemühungen ungarländischer Reformatoren gezielt. Während er vor seinem Aufenthalt in Padua an Melanchthon lediglich Bericht über die Tätigkeit ehemaliger Wittenberger Studenten wie Benedek Abádi, István Szegedi Kis oder Imre Eszéki erstattete, unterstützte er nach seiner Rückkehr als Mitglied der Zipser Kammer öfters ehemalige Wittenberger Studenten, indem er ihnen Stellen in Oberungarn anbot. Als Leiter der Finanzverwaltung Oberungarns gelang es ihm auch, für das Druckprivileg Wagners[483] in Kronstadt einzutreten sowie – gar unter der Schirmherrschaft Maximilians – das Uracher Missionswerk (Bibelanstalt), in dem der slowenische Reformator Primož Trubar tätig war, zu unterstützen.[484] Letztlich hat Gyalui als über-

---

478 Vgl. Zsigmond Gyalui Torda an Ferenc Révay, 17. Januar 1547, in: ETE IV, Nr. 503.

479 Wenige Zeilen vorher bat Gyalui um nachsichtige Billigung seiner Aussage durch Christus, „unigenitus Dei filius, qui ex intemerata virgine Maria nasci et pro genere humano victima fieri voluit, [...]" (vgl. Zsigmond Gyalui Torda an Ferenc Révay, 17. Januar 1547, in: ETE IV, Nr. 503).

480 Bereits 1545 erschien in Lyon eine französische, 1548 in London eine englische und 1563 in Tübingen eine glagolitische Übersetzung (vgl. CAMPI, Reformation, 39 f; CAPONETTO, Riforma, 95–116).

481 Dennoch erschien das Werk erst 1549 auf dem *Index* von Venedig (vgl. DE BUJANDA, Index 1549/1554, 197 f); im Jahre 1552 kam das Werk erneut in die Hände der Inquisition (vgl. SEIDEL MENCHI, Erasmus, 183 f). Schliesslich erschien das Werk auf dem römischen *Index librorum prohibitorum* von 1559 (vgl. DE BUJANDA, Index 1557/1559/1564, 385. 694; vgl. Index auctorum et librorum, qui ab Officio Sanctae Rom. et Vniversalis Inquisitionis ..., Roma 1559, Bij').

482 Diesbezüglich hat sich Gyalui gegenüber dem Spanier Dryander, mit dem er seit seiner Begegnung in Wittenberg Kontakt gepflegt hatte, deutlich geäussert (vgl. Zsigmond Gyalui Torda an Franciscus Dryander, 5. Februar 1550, in: TEMESI, Humanisme, 313 f).

483 Wagner, seit 1542 in Wittenberg, hat Gyalui daselbst noch kennengelernt (vgl. RÉVÉSZ, Tanulók, 218 f).

484 Vgl. RITOÓK-SZALAY, Melanchthon, 281.

zeugter Humanist und oberungarischer Politiker die Reformation in vielfältiger Weise gefördert.

2.6 Zusammenschau

Wir haben in dem vorliegenden Kapitel zentrale Fragen des Verhältnisses Humanismus und Reformation in Ungarn und Siebenbürgen bedacht; insbesondere wurden im letzten Teil einzelne Persönlichkeiten der ungarländischen Reformation vorgestellt. Natürlich vermögen diese Ausführungen nicht ein umfassendes Gesamtbild der ungarischen Reformation zu vermitteln, was aber auch nicht Gegenstand und Ziel der Darstellung ist. Dennoch haben die Ausführungen aus verschiedenen Gründen repräsentativen Charakter: Die vorgestellten Persönlichkeiten der ungarländischen Reformation nehmen verschiedene Regionen des Stephansreiches (Siebenbürgen, Oberungarn, Westungan, Mittelungarn) in den Blick, zeichnen sich durch die Ausbildung betreffende verschiedene Werdegänge (Krakau, Wittenberg, Basel, Padua) aus und haben durch ihre Tätigkeit (Buchdruck, Verkündigung, Erziehung, Diplomatie, u.s.w.) nachhaltigen Einfluss auf die Geistesgeschichte ganz Ungarns und Siebenbürgens ausgeübt.

In diesem Zusammenhang ist, wie bereits an früherer Stelle betont, noch einmal auf die Bedeutung des Wirkens der Franziskaner der strengen Observanz in Ungarn zu verweisen. Wenn auch dieser Orden erst 1517 von Papst Leo X. als unabhängige franziskanische Ordensgemeinschaft bestätigt wurde, wirkten die Observanten seit Mitte des 15. Jahrhunderts als Wanderprediger mit einer sozialkritischen Stimme. Der Orden hatte in Ungarn eine starke Stellung und einen intensiven Zugang zu der Bevölkerung der Marktflecken und Dörfer inne. So erschienen die sozialkritischen Predigten von Pelbárt von Temesvár zwischen 1498 und 1521 in 52 Ausgaben, was eine ausserordentliche Erscheinung ist. Auch der wohl bedeutendste ungarische Reformator, Mátyás Dévai Bíró, gehörte diesem Orden an.[485] Viele Mitglieder seines Ordens unterstützen die sozialkritisch-reformerische Tätigkeit von Dévai Bíró und betätigten sich gleichfalls als Reformhumanisten. Mit der fortschreitenden Aufhebung der Ordenshäuser nach 1526 führte die weitere Tätigkeit vieler Observanten in die im Entstehen begriffenen reformatorischen Kirchen. Ehemalige Observanten stellten also einen massgebenden Teil der ersten Reformatorengeneration dar. Auch der im türkisch besetzten Mittelteil wirkende Wanderprediger Mihály Sztárai, der Poet und Wanderprediger András Szkhárosi Horváth, bei dem Ideen über die Einheit der Verheissungen und des christlichen Glaubens seit Adam anklingen,[486] der an der Synode zu Erdőd teilgenommen habende Prediger István Kopácsi, ja gar der grösste ungarische

---

485 Vgl. oben S. 188.
486 Vgl. Bucsay, Leitgedanken, 199; DERS., Protestantismus I, 50. 94.

reformierte Theologe, István Szegedi Kis, waren ehemalige Franziskaner der strengen Observanz. Die theologiegeschichtliche Stellung dieser reformatorischen Prediger belegt, dass die Observanten den Weg zum Durchbruch der helvetischen Richtung der Reformation vorbereitet und teilweise mitzuverantworten hatten.[487]

Der Humanismus ebnete den Weg zur Reformation. Dies trifft nicht nur für die Städte mit einer Bevölkerungsmehrheit der ungarischen Ethnie zu, sondern für das ganze Gebiet der Stephanskrone, für die königlichen Freistädte in Oberungarn, für die sächsischen Städte in Siebenbürgen, für die Magnatenhöfe und ihre Besitzungen in West- und Niederungarn wie auch für das türkisch besetzten Mittelungarn.[488] Das gemeinsame konstitutive Element der ungarländischen Reformation ist der stark verbreitete Humanismus, ein Erbe des Renaissancestaates von Matthias Corvinus. Darum ist bei den meisten ungarländischen Gelehrten bis in die 1540er Jahre eine klare Trennung von Humanismus und Reformation nur schwer feststellbar.[489] Viele Humanisten wandten sich zunehmend den reformatorischen Kirchen zu (z. B. Honterus, Gyalui), andere blieben der römischen Kirche treu (z. B. Sylvester, Oláh), um sich in ihrem Rahmen gleichfalls für humanistische Reformen einzusetzen. Seit Inkrafttreten des Augsburger Interims (1548) begann sich allerdings eine bekenntnismässige und kirchenpolitische Klärung immer mehr aufzudrängen. Mit der Verbreitung der Schrift *Confutatio eorum quae dicta sunt a Ioanne Caluino sacramentario, super verbis Domini Hoc est corpus meum* (Padua 1551) von dem Humanisten und späteren Erzbischof Jurai Drašković setzte das konfessionelle Zeitalter auch in Ungarn defintiv ein.

---

487 Zu der Bedeutung der Fanziskaner der strengen Observanz vgl. KEVEHÁZI, Sztárai, 47 ff. 153 f. 222 f; FATA, Ungarn, 59 f. 120ff; SZÜCS, Strömung, 483–514; GLETTLER, Probleme, 237 f.

488 So besuchte beispielsweise Péter Juhász Méliusz seine erste Schule im türkisch besetzten Tolna, in der ein melanchthonischer Humanismus gelehrt wurde; BUCSAY täuscht sich, wenn er Mátyás Tövisi und Imre Eszéki als „lutherische Lehrer" bezeichnet (vgl. BUCSAY, Protestantismus I, 113).

489 Dementsprechend standen die ungarländischen Reformhumanisten am Scheideweg, als Luther sich vom humanistischen Erbe „abwandte"; dies forderte allerdings nicht nur die Reformhumanisten Ungarns heraus, sondern ganz Europas (vgl. BERNHARD, Bedeutung, 128 f; MOUT, Humanismus, 31).

3. Ertrag und Folgerungen: Die ungarische Reformation als eine „via media"

Es ist bereits erwähnt worden, dass die *Confessio Augustana* der historisch, theologisch und auch kirchenpolitisch veränderten Verhältnissen im Übergang zu den 1540er Jahren nicht mehr genügen konnte, so dass Melanchthon sich im August 1540 genötigt sah, eine revidierte Fassung auszuarbeiten, die als Grundlage für den auf den Dreikönigstag 1541 einberufenen Reichstag nach Regensburg dienen sollte. Als Grundlage seiner Veränderungen galt ihm vor allem die deutsche Ausgabe des Bekenntnisses von 1533 und seine *Loci communes* von 1535; neben den Zugeständnissen an Rom machte er in der *Variata* solche vor allem an die oberdeutschen Städte. Die weniger konkret als in der *Augustana* formulierte Präsenz des Leibes Christi – die Glosse „Darbietung" des Leibes und Blutes Christi anstelle der „wahren Gegenwart und Mitteilung"[1] – kam vor allem Calvin und Bucer entgegen. Tatsächlich gelang es Melanchthon, mit der *Variata*, die am 30. November 1540 dem kaiserlichen Orator, Nicolas Perrenot de Granvella, überreicht wurde, vorübergehend eine weitere Spaltung des Protestantismus zu verhindern.[2]

Im Übrigen weist Melanchthons Entgegenkommen gegenüber den oberdeutschen Städten in der Abendmahlsfrage auf einen weiteren Punkt hin, der für unsere Frage von besonderem Interesse ist und bereits angesprochen wurde, nämlich dass zwischen Melanchthon und Luther im Zusammenhang mit dem Kölner Reformationsbuch, dem *Einfaltigs bedencken* (1543), in der Abendmahlsfrage ein neuer Konflikt ausbrach. Als Folge davon verunglimpfte Luther nicht nur Bucer und die oberdeutschen Kirchen, sondern nahm dies auch als Anlass, die reformatorischen Kirchen der Schweiz aufs schärfste zu kritisieren. Kurz darauf erschien auch seine Streitschrift *Kurtz Bekentnis vom heiligen Sacrament* (Wittenberg 1544). Bekanntlich stand Melanchthon selbst in diesem Konflikt zwischen zwei Fronten, konnte sich aber mit Luther nicht offen auszusprechen, weswegen er mit der oberdeutschen und schweizerischen Reformation stärkere Beziehungen suchte.[3]

Die ungarischen Studenten, die sich in diesen Jahren in Wittenberg aufhielten, studierten mangels Deutschkenntnissen fast ausnahmslos beim la-

---

1 Art. 10: „De coena Domini docent, quod cum pane et vino vere exhibeantur corpus et sanguis Christi vescentibus in Coena Domini." (Confessio Augustana variata (1540), in: RBS 1/2, 161); vgl. oben S. 177 f.
2 Wegen der Veränderungen gegenüber der *Invariata* wurde sie von der altgläubigen Seite zurückgewiesen (vgl. NEUSER, Confessio, 138–149; vgl. MAURER, Confessio, 97–151).
3 Zum Ganzen vgl. oben S. 179. 189.

teinisch dozierenden Philipp Melanchthon; auch hielt er für solche, die des Deutschen nicht mächtig waren, am Sonntagmorgen eine Andacht auf Latein. Zudem logierten mehrere Ungarn im Neuen Kollegium über Melanchthons Wohnung; überhaupt war das Haus Melanchthons ein internationaler Treffpunkt, wo auch verschiedene Sprachen gesprochen wurden.[4] Natürlich waren dies geeignete Voraussetzungen, dass sich zwischen den ungarischen Studenten und Melanchthon ein persönlicher Austausch entwickelte.[5] Ein solcher bestand auch mit József Macarius (Bódog), gebürtig aus Pest und aufgewachsen in Kaschau, der seit November 1540 in Wittenberg weilte und Schüler sowie Kostgänger Melanchthons war.

Um die nachfolgenden Ausführungen verstehen zu können, ist es notwendig, die Reise von Macarius im Jahre 1544 in Erinnerung zu rufen.[6] Im Frühjahr 1544 fasste Macarius den Entschluss, die führenden Persönlichkeiten der oberdeutschen und schweizerischen Reformation zu besuchen, um ihre Abendmahlslehre kennenzulernen. So kam Macarius von Wittenberg her im Juni nach Strassburg zu Bucer, nach Basel zu Myconius, nach Zürich zu Pellikan, Gwalther[7] und Bullinger, nach Konstanz zu Blarer, nach Augsburg zu Musculus und nach Nürnberg zu Dietrich. Er wurde überall herzlichst empfangen, da er Empfehlungsschreiben von Melanchthon, Myconius und anderen besass. Schliesslich kehrte er, mit Empfehlungen Bullingers, nach Wittenberg zurück,[8] von wo aus er Ende August an Bullinger über seine Reise Bericht erstattete.[9]

Die Reise Macarius' ist vor allem darum bemerkenswert, weil sowohl Bucer wie auch Bullinger, nachdem Macarius ihnen mitgeteilt hatte, dass man sich in Ungarn über die verschiedenen Ansichten des Abendmahls heftig streite,[10] je eine eigene Zusammenfassung der Abendmahlslehre verfassten und an Macarius übergaben.[11] Diese Abendmahls-„Bekennnisse" zeigte Macarius

---

4 Melanchthon hielt dies anlässlich eines Besuches von Bartholomej Georgijević fest: „Linguae eo die in mea coena erant undecim: Latina, Graeca, Ebraica, Pannonia, Heneta, Turcica, Arabica, Graeca vulgaris, Indica et Hispanica." (Philipp Melanchthon an Justus Menius, 18. August 1544, in: CR V, Nr. 3014 [= MBW Nr. 3661]).

5 Vgl. Ritoók-Szalay, Melanchthon, 276ff; Szabó, Calvinismus, 85 f.

6 Neue Erkenntnisse und Berichtigungen zur Reise von Macarius liefert Bodenmann in seiner Studie über die Confessio Bucers (vgl. Bodenmann, Macarius, 165–172).

7 Über Macarius' Kontakte mit Gwalther ist uns ein ganz besonders schönes Zeugnis erhalten geblieben, nämlich ein Gedicht Gwalthers für Macarius (Rudolf Gwalther: „Carminibus vatum digni si dant[orum] honores [...]", 22. Juni 1544, ZBZ: D 152, 59^v–60^r).

8 Vgl. Heinrich Bullinger an Philipp Melanchthon, 22. Juni 1544, in: HBBW XIV, Nr. 1931; Ambrosius Blarer an Heinrich Bullinger, 25. Juni 1544, in: HBBW XIV, Nr. 1936; Wolfgang Musculus an Heinrich Bullinger, 17. Juli 1544, in: HBBW XIV, Nr. 1943; u.s.w.

9 Vgl. József Macarius an Heinrich Bullinger, 31. August 1544, in: Zsindely, Pesti Macarius, 946ff; vgl. Pellikan, Chronikon, 162 f (Edition von: Chronicon C[onradi] P[ellicani] R[ubeaquensis] ad filium et nepotes, 1544, ZBZ: A 138).

10 Vgl. József Macarius an Heinrich Bullinger, zw. 14. und 19. Juni 1544, in: Zsindely, Pesti Macarius, 941; Martin Bucer an Philipp Melanchthon, 9. September 1544, in: MBW, Nr. 3682.

11 Vgl. Martin Bucer, Confessio [...] De Coena Domini recens scripta [...], Klausenburg 1550;

schliesslich auch Melanchthon, der, um einen Konflikt zu verhindern, „petivit ne aliis darem vel quicquam dicerem, secum liberrime semper conferre possem."[12] Tatsächlich war Luthers Stimmung nach der Reise von Macarius noch gereizter, wie Wolfgang Musculus aus Augsburg an Ambrosius Blarer berichtet;[13] dies ist sicherlich ein weiterer Grund, warum Luther von einem Druck seines *Kurtzes Bekentnis vom heiligen Sacrament* (1544) nicht absehen wollte. Macarius kehrte schliesslich im Laufe des Jahres 1545 in seine Heimat zurück. Spätetstens seit 1547 wirkte er in Wien als Erzieher von Nádasdys Schützling Gábor Majláth.[14] In den ausführlichen Briefen an Nádasdy und Perneszith berichtete er zudem, dass er in Wien in sehr vornehmen ungarischen Kreisen verkehre;[15] zu diesen Kreisen gehörten auch János Fejérthóy und seine Mitarbeiter aus der ungarischen Kanzlei, die mit Vertretern der schweizerischen Reformation in Kontakt standen.[16]

Die Ausführungen zu Macarius zeigen die kommunikationsgeschichtliche Situation der 1540er Jahre exemplarisch auf und führen ins Thema des vorliegenden Kapitels ein: Die Peregrination ungarländischer Studenten in die oberdeutschen und schweizerischen Städte, der Versuch der besuchten Reformatoren, auf dieselben Einfluss zu nehmen, sowie die theologiegeschichtliche Situation in Ungarn und Siebenbürgen.

3.1 Peregrination ungarländischer Studenten in den oberdeutschen und helvetischen Raum

Macarius war kein Einzelfall, der sich auf seiner Peregrination nach Süden wandte; doch das Wissen über seine Peregrination ist insofern einzigartig, dass die Briefe, die er auf seiner Reise geschrieben hat, erhalten geblieben sind. Auf Dévai Bíró, Hentius und Belényesi, die sich eben in den Jahren auch in oberdeutschen bzw. schweizerischen Städten aufhielten, haben wir mehrfach verwiesen. Es sind weitere Namen zu nennen, von deren Peregrination wir

---

HEINRICH BULLINGER, Sententia [...] de sacra coena, in: Heinrich Bullinger an József Macarius, 20. Juni 1544, in: ZSINDELY, Pesti Macarius, 943 ff (= HBBW XIV, Nr. 1929); Heinrich Bullinger an József Macarius, 4. Dezember 1544, in: ZSINDELY, Pesti Macarius, 949 ff.

12 József Macarius an Heinrich Bullinger, 31. August 1544, in: ZSINDELY, Pesti Macarius, 946 ff. Melanchthon mahnte auch Veit Dietrich, um einen Neuausbruch des Abendmahlsstreites zu verhindern, die beiden Schriften über das Abendmahl nicht an Luther auszuhändigen (vgl. Philipp Melanchthon an Veit Dietrich, 11. August 1544, in: MBW, Nr. 3653).

13 Vgl. Wolfgang Musculus an Ambrosius Blarer, 19. September 1544, in: Blarer BW II, Nr. 1124.

14 Vgl. BODENMANN, Macarius, 162; BERNHARD, Adlige, 163; RITOÓK-SZALAY, Macarius, 111.

15 Vgl. József Macarius an Tamás Nádasdy bzw. György Perneszith, 1547 – 1554 (9 Briefe), MOL: E 185.

16 Vgl. ZSINDELY, Bullinger (1967), 69 ff; BULLINGER, Levelezése; ZSINDELY, Musculus, 969 – 1001; vgl. unten S. 287. 294 et passim.

aber teils nur bruchstückhafte Kenntnis haben: István Chirotus, der aus Ungarn zu Johann Herwagen nach Basel kam, um als Korrektor zu arbeiten, dann aber 1541 zum Rektor der Münsterschule gewählt wurde,[17] Martin Brenner aus Bistritz, der sich Anfang der 1540er Jahre in Basel „laboribus scholasticis"[18] aufhielt und im Rahmen dieser Tätigkeit verschiedene humanistische Drucke besorgte,[19] Thomas Siebenbürger aus Hermannstadt, der sich im August 1543 im oberdeutschen Raum aufhielt,[20] ein dem Namen nach unbekannter Student, der 1544 von Strassburg aus Calvin in Genf besuchte,[21] u.s.w. Wenn auch viele Namen von ungarländischen Studenten, die auf ihrer Peregrination Städte im oberdeutschen und schweizerischen Raum aufsuchten, im Laufe der Geschichte, vor allem auch mangels einer Immatrikulation, der Vergessenheit anheimgefallen sind,[22] so ist doch erkennbar, dass ungarländische Studenten sich nicht nur in Wittenberg aufhielten, sondern mit Beginn der 1540er Jahre im Rahmen ihrer Peregrination besonders auch die Städte Augsburg, Strassburg, Nürnberg, Konstanz sowie Basel besuchten. Wie bereits geschildert lief über diese Städte auch ein reicher Informations- und Wissensaustausch betreffend Nachrichten aus dem Reich der Stephanskrone. So erfuhr Bullinger von Blarer, dass die Türken aus Ofen abgezogen seien, sowie, dass Primas Péter Perényi von den Kaiserlichen festgenommen worden sei.[23] Blarer hat dies aus einem Brief aus Augsburg erfahren; gerade die Fuggerstadt Augsburg spielte im Reich – man denke an die mehreren in Augsburg abgehaltenen Reichstage und Religionsdisputationen – eine besondere Bedeutung, weswegen sie und ihre Gelehrten (z.B. Musculus) auch von ungarländischen Studenten aufgesucht wurden.[24] Durch Myconius in Basel erfuhr Bullinger weiteres über die Tätigkeit von Hentius, und erhielt die Möglichkeit, Sendungen an denselben durch in Wittenberg studierende Kronstädter Studenten zu übermitteln.[25] Der Informationsfluss – sei es durch Studentenperegrination

17 Wie Myconius meldet, verstarb Chirotus zu Beginn des Jahres 1542 unerwartet an der Pest (vgl. Oswald Myconius an Heinrich Bullinger, 14. Januar 1542, in: HBBW XII, Nr. 1596).

18 WESZPRÉMI, Succincta III, 36.

19 Vgl. Lippi Brandolini De humanae vitae conditione, [...]: ad Matthiam Coruinum Hungariae & Bohemiae Regem [...]. Dialogus, hg. von Martin Brenner, Basel 1541 (Basel ²1543); JOHANNES HEROLD (Hg.), Paradoxa Lippi Brandolini Aurelii Augustiniani Heremitae, [...], gewidmet an Martin Brenner, Basel 1543; Antonii Bonfinii Rerum Ungaricarum Decades tres, hg. von Martin Brenner, Basel 1543. Später hielt sich Brenner zwecks medizinischer Studien in Bologna, Padua und Neapel auf, bevor er in Hermannstadt Arzt und Pfarrer wurde (vgl. SZABÓ, Erdélyiek, 161 f; STAEHELIN, Bâle, 234 f; WESZPRÉMI, Succincta III, 36 – 45; BOD, Athenas, 291).

20 Vgl. Martin Hentius an Heinrich Bullinger, 25. August 1543, in: REINERTH, Hentius, 195 f.

21 Vgl. Valérand Poullain an Johannes Calvin, 13. Oktober 1544, in: CO XI, 755 f.

22 Von manchen – wie z.B. Gergely Szegedi, der 1544 in Genf „studiert" haben soll – sind wir nicht sicher, ob und wann sie sich im oberdeutschen bzw. schweizerischen Raum aufgehalten haben (vgl. HÖRCSIK, Kálvin, 20; BERNHARD, Wirkung, 54; D'ESZLARY, Calvin, 87; BOD, Athenas, 420).

23 Vgl. Ambrosius Blarer an Heinrich Bullinger, 21. November 1542, in: Blarer BW II, Nr. 978.

24 Vgl. BODENMANN, Musculus, 591.

25 Vgl. Heinrich Bullinger an Oswald Myconius, 12. Juli 1544 sowie 28. August 1544, in: HBBW XIV, Nr. 1941. 1959; Oswald Myconius an Heinrich Bullinger, 22. Juli 1544: in: HBBW XIV,

oder sei es durch Briefkorrespondenz – nach Zürich lief also über die oberdeutschen Städte, wobei Basel als humanistisches Zentrum eine besonders
wichtige Rolle einnahm.

Insbesondere bei den in Wittenberg studierenden Ungarn ist seit den
1540er Jahren ein gesteigertes Interesse an den Lehren der oberdeutschen und
helvetischen Richtung der Reformation festzustellen. Melanchthons hat infolge der erwähnten Lehrstreitigkeiten sicher das seine dazu beigetragen. Von
den Lehrstreitigkeiten bzw. einer drohenden Spaltung waren aber nicht nur
Melanchthon und Luther betroffen, sondern auch andere Persönlichkeiten der
Wittenberger Reformation. Einer der bedeutenderen war Caspar Cruciger, der
Rektor der Wittenberger Alma Mater, dem sich Melanchthon menschlich wie
theologisch sehr verbunden fühlte, und der in brieflichem Austausch mit
Camerarius in Leipzig oder Dietrich in Nürnberg stand. Cruciger vertrat eine
Abendmahlslehre im Sinne von Melanchthons *Variata*.[26] Auf diesem Hinter-
grund ist es zu verstehen, dass ungarische und siebenbürgische Studenten
während ihrer Studien in Wittenberg ermutigt wurden, auch die Abend-
mahlslehre der oberdeutschen und schweizerischen Städte „kennenzulernen".
Eines der wichtigsten Zeugnisse in dieser Frage, das in der Forschung bereits
mehrfach behandelt worden ist, ist Hentius' Brief an Konrad Pellikan, in dem
Hentius als Neuigkeit meldete, dass Philipp Melanchthon ein Gutachten über
das Abendmahl verfasst habe, das zusammen mit dessen Kommentar zum
Propheten Daniel in diesem Jahr erscheinen hätte sollen, was aber von Martin
Luther verhindert worden sei, offenbar, weil Melanchthon darin der Schweizer
Auffassung zu weit gehende Zugeständnisse gemach habe. Hentius gab nun
die Anschauung Melanchthons aufgrund dieses Gutachtens ausführlich wieder, in der Überzeugung, dass die Zürcher derselben Ansicht seien.[27] REI-
NERTH hat den Text en détail untersucht und erkannt, dass in Hentius' Ausführungen eine „authentische Interpretation des Abendmahlsartikels in der
Variata von seiten Melanchthons" vorliege.[28] Aus dieser richtigen Erkenntnis
hat aber Reinerth u. E. fälschlicherweise gefolgert, dass Melanchthon durch
die im Gutachten angedeutete Ubivolens-Präsenz[29] sich eben gerade gegen die
helvetische Ansicht stelle und NETOLICZKAS Urteil, dass Hentius als „Parteigänger der Schweizer Reformatoren" bezeichnet werden könne, verfehlt sei.

Obwohl REINERTH Hintergründe für die Abfassung von Melanchthons

---

Nr. 1945; Oswald Myconius an Heinrich Bullinger, 22. Februar 1546, StAZ: E II 336a, 226 (= im
Druck: HBBW XVI); u.s.w. (vgl. NETOLICZKA, Bullingerbrief, 9 f).

26 Wie Melanchthon hielt sich aber auch Cruciger zu Lebzeiten Luthers bewusst zurück, um die
    Einheit der Wittenberger Theologie zu erhalten (vgl. F. DE BOOR, Art. Caspar Cruciger, TRE 8,
    1981, 240; SZABÓ, Kálvin, 165 f).

27 Vgl. Martin Hentius an Konrad Pellikan, 30. Juli 1543, in: REINERTH, Hentius, 194 f (vgl.
    SCHLÉGL, Beziehungen (1966), 336; REINERTH, Hentius, 184 ff; NETOLICZKA, Sachse, 268 ff).

28 REINERTH, Hentius, 186.

29 „[…] sacramentalis praesentia est voluntaria, […]" (Martin Hentius an Konrad Pellikan, 30. Juli
    1543, in: REINERTH, Hentius, 194).

Gutachten über das Abendmahl – beispielweise die Auseinandersetzung um das Buch der Kölner Reformation – ausführt, unterliegt Reinerth der Tendenz, die in diesen Jahren bestehenden Lehrunterschiede zwischen Luther und Melanchthon zu nivellieren. Es ist nicht nur an die wegen dieser Frage besorgniserregenden Briefe Melanchthons an Dietrich, Bucer, Musculus oder Bullinger sowie an die Tatsache, dass Melanchthon ernsthaft mit dem Gedanken spielte, Wittenberg zu verlassen, zu erinnern,[30] sondern auch daran, wie nahe sich Melanchthon, Calvin und Bullinger in der Frage der Abendmahlslehre in diesen Jahren tatsächlich standen. Es wurde bereits darauf hingewiesen, dass die *Variata* Grundlage des Abendmahlsverständnisses bildete, wie sie im *Consensus Tigurinus* (1549) festgehalten wurde. Eben gerade Calvin betonte im Zusammenhang mit dem Abendmahlsstreit mit Joachim Westphal nachdrücklich, dass er den *Consensus Tigurinus* nur als eine genauere und treffendere Formulierung der *Variata* verstanden hatte.[31] Wie Reinerth nachweist, war auch Melanchthons Gutachten nur eine treffendere Formulierung der *Variata*, obwohl er teilweise andere Akzente gesetzt hatte. Auch Martin Frecht aus Ulm teilte an Bullinger mit, dass aus Wittenberg zurückkehrende Studenten melden, dass „Philippum per omnia probare ea, quę de sacramentis tu edideris"; gleichzeitig bat er Bullinger aber, bei der Abfassung des Johanneskommentars Zurückhaltung zu üben.[32] Tatsächlich beendete Bullinger den Kommentar[33] noch im August und übersandte ihn sogleich an Melanchthon;[34] dieser verdankte denselben am 25. März 1544 mit folgenden Worten:

Amo enim ecclesiam et sepe sensi iudicia ecclesiae magnificanda esse. Ideo et veterum et recentium sententias confero, ut simplicem, nativam, propriam ecclesiae doctrinam et ipse teneam et aliis tradere possim. Ac sepe testatus sum placere mihi enarrationem tuam, et quod vera dicit et σύμφωνα verae ecclesiae dei ac salutaria.[35]

---

30 Vgl. Briefe Melanchthons im Zeitraum vom 8.–11. August 1544. Gleichfalls versuchten oberdeutsche Reformatoren sowie Bullinger, Melanchthon zum Fortgang von Wittenberg zu bewegen (vgl. NEUSER, Versuche, 35–45).

31 Vgl. oben S. 178 ff.

32 Vgl. Martin Frecht an Heinrich Bullinger, 2. August 1543, in: HBBW XIII, Nr. 1766. Auf die Übereinstimmung der schweizerischen Kirchen der Reformation mit Melanchthons Abendmahlslehre in den *Loci communes* hat bereits Eberhard von Rümlang hingewiesen (vgl. Eberhard von Rümlang an Heinrich Bullinger, 29. März 1543, in: HBBW XIII, Nr. 1734).

33 Vgl. HEINRICH BULLINGER, In divinum [...] Evangelium secundum Ioannem Commentariorum libri X., Zürich 1543.

34 Vgl. Heinrich Bullinger an Philipp Melanchthon, kurz vor dem 28. August 1543, in: HBBW XIII, Nr. 1779.

35 Philipp Melanchthon an Heinrich Bullinger, 25. März 1544, in: HBBW XIV, Nr. 1881. Es ist geradezu bezeichnend, dass dieser Brief noch Anfang der 1560er Jahre für die Reformierten Siebenbürgens als Quellenzeugnis gilt, dass Melanchthon und Bullinger in der Frage der Abendmahlslehre einer Meinung waren; darum wird der Brief auch dem sich mit der Abendmahlsfrage beschäftigenden Druck *Scripta quaedam magni illius Philippi Melanchthonis,* [...]

Auch Caspar Cruciger habe den Kommentar mit Gewinn gelesen, da Cruciger gleichfalls das Johannesevangelium kommentiere.[36] Die Äusserungen Melanchthons belegen unmissverständlich, dass er in der Abendmahlslehre mit den oberdeutschen und schweizerischen Städten einer Meinung war, sich aber diesbezüglich nicht offen aussprechen konnte. Dies zeigt sich weiter gerade auch darin, dass er wegen eines drohenden neuen Abendmahlsstreites mehrere Reformatoren zu Zurückhaltung mahnte – Dietrich, der Bucers und Bullingers (für Macarius verfasste!) Bekenntnisse an Luther übermachen wollte, Luther, den er von einem Druck seines *Kurtzes Bekentnis* (1544) abzusehen bat, und Bullinger, den er bei einer allfälligen Antwort auf Luthers Schrift zu Mässigung mahnte.[37]

Natürlich hatten die ungarländischen Studenten ausreichend Kenntnis von dieser drohenden Spaltung der Wittenberger Reformation. Wie erwähnt standen ungarische und siebenbürgische Studenten vor allem zu Melanchthon in einem persönlichen Verhältnis. Um so mehr ist es verfehlt, diese Studenten als Parteigänger der Wittenberger oder der schweizerischen Reformation zu bezeichnen. Zugespitzt ging es in diesen Jahren nicht um die Frage, *Wittenberg oder Schweiz*, sondern *Melanchthon oder Luther*, wobei, wie aufgezeigt wurde, Melanchthon immer auch in Beziehung zu den oberdeutschen und schweizerischen Reformatoren zu setzen war und auch gesetzt wurde. Jedenfalls haben die ungarischen Studenten das melanchthonische Wittenberg und die oberdeutschen sowie schweizerischen Städte eher als einheitlich denn als getrennt erfahren. Warum sonst hätten zahlreiche von ihnen auf ihrer Peregrination auch Städte wie Nürnberg, Augsburg, Basel oder Zürich besuchen sollen? Manchmal gar mit einer Empfehlung Melanchthons? Auch Hentius' Bemühungen, Bullingers und Pellikans Werke in Wittenberg trotz Zensur zu verbreiten, sind nur auf diesem Hintergrund zu verstehen.[38] Und es erstaunt nicht, dass Gergely Belényesi nach seinem Pariser Aufenthalt gleichermassen mit Strassburg, Genf, Basel und Zürich brieflich Kontakt aufnahm und um Fürbitte für die von den Türken schwer heimgesuchte Kirche in Ungarn ersuchte. Belényesi fühlt sich also mit den verschiedenen Reformationszentren eins und im Glauben verbunden.[39]

Bezeichnenderweise studierte eben in diesen Jahren eine grössere Zahl

---

quibus manifestissime declaravit, quid de sacra domini coena senserit (Klausenburg 1560 – 61) am Ende beigefügt (vgl. unten S. 422 f).

36 Vgl. CASPAR CRUCIGER, In evangelium Iohannis apostoli narratio, Strassburg 1546.

37 Wegen der scheinbar fehlenden Mässigung rief Bullingers *Warhaffte Bekanntnuß der dieneren der kilchen zů Zürich* (1545) bei Melanchthon scharfe Ablehnung hervor (vgl. MÜHLING, Bekenntnis, 451 ff; NEUSER, Versuche, 40 ff).

38 Vgl. Martin Hentius an Heinrich Bullinger, 25. August 1543, in: HBBW XIII, Nr. 1776.

39 Vgl. Gergely Belényesi an Johannes Calvin, 26. März 1545, in: CO XII, Nr. 626; Gergely Belényesi an Heinrich Bullinger, 1. April 1545, in: ZSINDELY, Levelei, 958 f; Gergely Belényesi an Konrad Hubert, 20. März 1545, ATK Strassburg: Collection des Epistolae ad hist. eccl. saec., Pertinantes XVI, Vol. IV. 157, Nr. 207; u.s.w.

ungarischer Studenten in Wittenberg, worunter sich auch namhafte, für die weitere ungarische Reformationsgeschichte bedeutende Theologen befanden. Es ist insbesondere auf András Batizi, Valentin Wagner, Kaspar Helth, István Szegedi Kis, Benedek Abádi, Ferenc Mohi oder Balázs Bihari zu verweisen.[40] Über Batizis Katechismus, der von Reformierten und Lutheranern lange Zeit als Gemeinschaftskatechismus benutzt wurde, sowie über denjenigen von Wagner, in dem das Herrenmahl als σύμβολον wie auch als εὐχαριστία bezeichnet wird, haben wir bereits berichtet. Bemerkenswert ist die Tätigkeit des Sachsen Kaspar Helth, der um 1540 in den Einflussbereich von Honterus und auf dessen Veranlassung hin nach Wittenberg kam, und schliesslich 1550 in Klausenburg mit Georg Hoffgreff zusammen eine Druckerei eröffnete, deren erster Druck Martin Bucers für Macarius verfasste *Confessio* war.[41] Obwohl Helth, der fliessend Ungarisch sprach und sich darum auch Gáspár Heltai nannte, noch im gleichen und folgenden Jahr den *Kleinen Katechismus* Luthers in ungarischer bzw. deutscher Sprache druckte, den er allerdings an mehreren Stellen ergänzte und veränderte,[42] ist er in den 1550er Jahren ein entschiedener Vertreter der *via media*. Neben seinen humanistischen und prosaischen Drucken erschienen in Klausenburg Schriften Melanchthons und Bullingers, insbesondere des letzteren *Libellus epistolaris* (1559), sowie die ungarische Übersetzung des grössten Teils der Bibel, die zwischen 1551 und 1565 in mehreren Bänden erschien.[43] Zum Kreis der ungarischen Studenten, die sich in Wittenberg 1543 immatrikulierten, gehörte auch István Szegedi Kis, der wohl berühmteste Dogmatiker und Systematiker des reformierten Protestantismus Ungarns. Seine erst posthum herausgegebenen *Theologiae sincerae Loci communes de Deo et homine* (Basel 1585), die vornehmlich auf Bullingers *Sermonum decades*, Calvins *Institutio* sowie Musculus' *Loci communes* beruhten, hat Generationen von reformierten Predigern in Ungarn und Siebenbürgen geprägt.[44] Auch Dévai Bírós Freund Benedek Abádi, der im türkisch besetzten Mittelungarn als Lehrer und Prediger tätig war, oder Ferenc Mohi, der später in Oberungarn, im Kirchendistrikt „Diesseits-der-Theiss" (obere Theissgegend) gemeinsam mit Pál Thuri sowie Gáspár Károlyi das Evangelium verkündete, waren stark von Melanchthon beeinflusst und Vertreter einer *via media*.[45]

40 Vgl. Révész, Tanulók, 219.
41 Vgl. Bodenmann, Macarius, 160ff; Borsa, Drucke, Nr. 44; Holl, Melanchthon-Druck, 376–385.
42 Vgl. Martin Luther, Catechismus minor, az az a kresztyeni tudomanac reuideden valo sumaya, Klausenburg 1550; ders., Summa christlicher Lehre, anderst der kurze Catechismus, Klausenburg 1551 (vgl. Zach, Rezeption, 168; Borsa, Drucke, Nr. 46. 53; Juhász, Luther, 320 f).
43 Vgl. RMNy 90, 92, 95, 96, 162, 172, 186 und 208 (vgl. Rother, Siebenbürgen, 70ff).
44 Vgl. Kathona, Szegedi, 13–106; Bucsay, Protestantismus I, 62–69; Nagy, Bedeutung, 88 ff. 92 f.
45 Vgl. Szabó, Kálvin, 165 f.

3.2 Einflussnahme der Reformatoren der Schweiz
auf die theologische Entwicklung in Ungarn und Siebenbürgen

Wir haben von Melanchthons Bemühungen, den Fortgang der humanistischen Bildungsbestrebungen und der Reformation in Ungarn und Siebenbürgen zu fördern, bereits mehrfach gehört. Dass weite Teile Siebenbürgens,
auch des Sachsenlandes, später durch einen starken Philippismus geprägt
waren, braucht in diesem Zusammenhang kaum erwähnt zu werden. Dass es
sich dabei faktisch oft um einen Kryptocalvinismus handelte, belegen vor
allem die Studien von Gustav GÜNDISCH und Attila VERÓK.[46] Abgesehen von
Melanchthon versuchten aber auch Exponenten der oberdeutschen und
schweizerischen Reformation auf die Entwicklung der Reformation im Reich
der Stephanskrone Einfluss zu nehmen. Dies geschah vor allem durch den
Buchhandel und die Briefkorrespondenz. Es darf an die Bedeutung des Basler
Buchdruckerzentrums für die Verbreitung von humanistisch-reformerischer
Literatur sowie an Froschauers Bemühungen, über verschiedene Buchmessen
Werke der zürcherischen Reformatoren im ostmitteleuropäischen Raum zu
verbreiten, erinnert werden. Besonders Bullinger, der dank seiner europäisch
ausgerichteten Kirchenpolitik über wichtige Kontakte im ostmitteleuropäi-
schen Raum verfügte, bemühte sich, auf die Entwicklung der Reformation in
Ungarn und Siebenbürgen Einfluss zu nehmen. Bullingers Korrespondenz mit
Macarius ist dafür sprechend: Nachdem er am 20. Juni 1544 seine eigenhändig
verfasste Zusammenfassung der Abendmahlslehre an Macarius übergeben
hatte,[47] wandte sich Macarius am 31. August 1544 aus Wittenberg erneut an
Bullinger, meldend, dass Luther besonders scharf gegen die Schweizer predige
und er darum wieder unsicher werde: „Peto Deum singulis diebus per sac-
rifitium corporis et sanguinis effusionem filii sui, ut mihi det verum intel-
lectum cęnę sųę, qua digne ad salutem uti possim at aliis salutarem doctrinam
communicare. Lego etiam diligenter abs te donatum mihi librum."[48] Gemäss
seinem Schreiben lag es Macarius sehr daran, dass er das richtige Verständnis
über das Abendmahl habe, damit er diese Heilslehre auch an andere weiter-
geben könne. Da er in diesem Zusammenhang auch noch eine Schrift Bullingers – es ist nicht bekannt, welches Werk er anspricht[49] – las, suchte er
erneut Trost und Zuspruch von Bullinger; dieser schrieb in einem weiteren
Brief noch ausführlicher über die Abendmahlsfrage. Obwohl Bullingers Ausführungen gegenüber Luther deutlich polemischer als noch im Juni waren,

---

46 Vgl. VERÓK, Lesekultur, IX (hier: Literatur von Gündisch). XXIff; DERS., Buch, 303 ff.
47 Vgl. oben S. 229 f.
48 József Macarius an Heinrich Bullinger, 31. August 1544 in: ZSINDELY, Pesti Macarius, 948.
49 Den in Bezug auf die Abendmahlsfrage massgebenden Kommentar Bullingers zum Johannes-
    evangelium (1543) würde sich nahelegen (vgl. oben S. 179 f. 233), doch kann kein abschlies-
    sendes Urteil gefällt werden.

vertrat Bullinger nachwievor eine vermittelnde Rolle, indem er betonte, dass zwar das Brot Brot bleibe, die „Jünger" aber im Glauben und im Geist den Leib Christi essen würden.[50] Die beiden die Abendmahlsfrage behandelnden Briefe belegen unmissverständlich, dass Bullinger seinen Einfluss in der Abendmahlslehre auch in Ungarn geltend zu machen suchte.

Allerdings waren seine Bemühungen genereller Art, d.h. nicht nur die Abendmahlslehre betreffend. Bullingers Brief an Honterus, unabhängig davon, ob er je abgeschickt wurde bzw. angekommen ist, belegt gleichfalls, dass er in der Frage der Bilder, der Einzelbeichte und der Kirchengüter Einfluss zu nehmen versuchte.[51] Und schliesslich darf nicht vergessen werden, dass Bullinger auch nach Hentius' Heimkehr nach Kronstadt mit ihm in brieflichem Kontakt bleiben wollte.[52] Die Verbreitung von Bullingers Bibelkommentaren durch den Buchhandel und die Buchmessen trugen weiter dazu bei, dass die Zürcher auf die theologische Entwicklung der ungarländischen Reformation Einfluss nehmen konnten. Die Bekanntheit von Bullingers Schriften im Reich der Stephanskrone ist mit ein Grund, dass sich Fejérthóy an Bullinger wandte und um eine tröstende wie auch ermutigende Schrift bat.[53] Natürlich war es für Bullinger eine mehr als nur günstige Gelegenheit, seinen Einfluss in Ungarn geltend zu machen, und er verfasste den bereits mehrfach erwähnten *Libellus epistolaris ad ecclesias Hungaricas earumque pastores* (1551).

Bemerkenswert ist es hingegen, dass u.W. aus der Schweiz – aus Basel, Zürich, Bern oder Genf – keine Prediger in den türkisch besetzten Mittelteil Ungarns entsandt worden sind, bzw. keine Bemühungen bekannt sind, für die Entsendung solcher zu sorgen.[54] Dass das Bedürfnis nach solchen vorhanden war, wissen wir aus mehreren Briefen. Thomas Blarer schrieb an seinen Bruder

---

50 „Panis ergo et vinum percipitur a discipulis visibile signum; sed aliud interim intelligitur, ipsum Domini corpus et ipse Domini sanguis, quae quidem natura sua non sunt spiritualia, sed corporalia et manent talia, percipiuntur tamen spiritualiter, mente videlicet, spiritu et fide. Edebant ergo bibebantque discipuli panem et vinum corpore, corpus corporaliter non edebant, animo autem et mente edebant et bibebant corpus et sanguinem Domini, credentes inquam hoc pro sua salute impendi in mortem." (Heinrich Bullinger an József Macarius, 4. Dezember 1544, in: Zsindely, Pesti Macarius, 951; vgl. Schlégl, Beziehungen [1966], 341; Bryner, Ausstrahlungen [2004], 183 f).

51 Vgl. oben S. 181 f.

52 Vgl. Bullingers Korrespondenz mit Myconius, der ihm anerboten hatte, durch in Wittenberg befindliche Kronstädter Studenten Briefe zu übermitteln (vgl. oben S. 112. 168 f).

53 Vgl. János Fejérthóy an Heinrich Bullinger, 26. März 1551, in: Bullinger, Confessio (1866), 99 ff. (vgl. oben S. 92 f, sowie unten S. 290).

54 Melanchthons diesbezüglichen Bemühungen sind bekannt (vgl. Philipp Melanchthon an Veit Dietrich, 5. März 1544, in: MBW, Nr. 3472; Philipp Melanchthon an N.N., 2. Mai 1546, in: MBW, Nr. 4251; u.s.w.). Auch ist beispielsweise bekannt, dass Martin Fuchs aus Esslingen Ende Mai 1542 als Feldprediger nach Ungarn zog, um das Evangelium im türkisch besetzten Mittelteil Ungarns sowie in Thrakien zu verkündigen; auf der Rückkehr vom Ungarn-Feldzug verstarb Frecht (vgl. Martin Frecht an Ambrosius Blarer, 30. Mai 1542, in: Blarer BW II, Nr. 946; Martin Frecht an Heinrich Bullinger, 9. Dezember 1542, in: HBBW XII, Nr. 1700).

Ambrosius in Konstanz, dass man in Ungarn „homines pios et eru⊐itos, quos prҿficiant functioni evangelicҿ; […]" begehre.[55] Ambrosius teilte di⊏s sogleich an den der schweizerischen Reformation verbundenen Konrad ⊣ubert in Strassburg mit.[56] Im Februar informierte Hedion aus Strassbur⊑ Calvin in Genf, dass „concionatores in eas partes Ungariae quas Turca ann◼ superiori occupavit […]" gesucht würden.[57] Dennoch haben wir keine Kenn⊓nis davon, dass in diesen Jahren Prediger nach Ungarn entsandt worden s⊐d.[58] Dies erstaunt vor allem darum, da zumindest Bullinger aktiv eine gesa◼teuropäische Kirchenpolitik im Blick hatte.[59]

Anders sieht es hingegen bei Calvin aus: Obwohl Calvin über ⊣ie politischen sowie kirchlichen Verhältnisse dank seiner Korrespondenz m⊞t Wilhelm Farel, Simon Sulzer, Oswald Myconius, Kaspar Hedio, Ambrosius ⊐oibanus und anderen sowie dank des gelegentlichen Aufenthaltes ungari⊏cher Studenten in Genf ausreichend Kenntnis hatte,[60] unterschied sich ⊏alvin von Bullinger, aber auch von Bucer und Melanchthon, diesbezüglich, da⊛ er weder brieflich noch durch besondere für Ungarn bestimmte Schriften au⊐den Gang der Reformation in den Ländern ungarischer Sprache Einfluss ⊋ nehmen versuchte. Während er in Frankreich, England, Schottland, den Nie⊐erlanden, der Pfalz oder auch in Polen-Litauen die in den genannten Länd⊏n tätigen Glaubensgenossen, die oft als Flüchtlinge nach Genf gekommen �MAR⊐en, moralisch und geistig zu unterstützen und zu beeinflussen suchte, nah◼ offenbar Ungarn und Siebenbürgen keine besondere Stellung in seinem ki⊏chenpolitischen Denken ein. Vielmehr schien er eine eher pessimistische ⊢altung in Bezug auf einen weiteren „Siegeszug" des Evangeliums in Ung⊐rn eingenommen zu haben; zumindest ist dies aus einer bereits zitierten B⊏merkung in seiner Schrift *Advertissement contre l'astrologie qu'on appell⊏ judicaire* (Genf 1549) zu folgern: „Ils entreprennent de rendre raison pou⊓quoy Mahomet avec son Alcoran a plus grand vogue que Iesus Christ avec ⊐on Évangelie."[61] Um so erstaunlicher ist es, dass Calvin dennoch einen Einfl⊔ss auf die theologische Entwicklung der ungarischen Reformation hatte; ⊏es hängt wesentlich mit der Verbreitung seiner Werke, insbesondere seiner ⊺nstitutio, zusammen, die regelmässig über Basel und Strassburg nach U⊐garn und Siebenbürgen gebracht wurden. Ambrosius Moibanus aus Bresla◼ meldete Anfang der 1550er Jahre an Calvin, dass man sich in Polen und U⊢garn in-

55 Thomas Blarer an Ambrosius Blarer, 19. Januar 1546, in: Blarer BW II, Nr. 1241.
56 Vgl. Ambrosius Blarer an Konrad Hubert, 29. Januar 1546, in: Blarer BW II, Nr. ⊏46.
57 Caspar Hedion an Johannes Calvin, 8. Februar 1546, in: CO XII, Nr. 763.
58 Nicht um der Evangeliumsverkündigung willen wollte der Basler Leonhard Ho⊐inian 1544 nach Ungarn gehen, sondern wegen eines seit nunmehr drei Jahren dauernden P⊨zesses (vgl. Heinrich Bullinger an Bonifatius Amerbach, 10. Oktober 1544, in: AK VI, Nr. 265⊐).
59 Vgl. MÜHLING, Kirchenpolitik.
60 Vgl. BERNHARD, Wirkung, 53 f.
61 CALVIN, Advertissement, 533.

tensiv mit seinen Schriften beschäftige.[62] Da Calvins *Institutio* in geistiger und theologischer Nähe zu Melanchthons *Loci communes* von 1535 stand, wurde die *Institutio* von ungarischen Studenten gleichermassen wie Melanchthons *Loci communes* gelesen.[63]

3.3 Theologiegeschichtliche Situation im Reich der Stephanskrone

In seinem griechisch verfassten Brief meldete Macarius an Bullinger, dass man sich auch in Ungarn über die verschiedenen Ansichten des Abendmahls heftig streiten würde; darum begehrte er auch Bullingers Meinung über die Gegenwart Christi im Abendmahl zu wissen.[64] Macarius beiläufige Bemerkung, dass man sich in Ungarn über die Abendmahlsfrage streite, setzte natürlich voraus, dass die verschiedenen Ansichten über das Abendmahl in Ungarn bekannt waren und auch diskutiert wurden. Luthers Brief an die Geistlichen von Eperies vom April 1544, in dem er sein Bedauern über die Nachricht, dass Dévai Bíró der Abendmahlslehre der „Sakramentarier" verfallen zu sein scheine, ausdrückte,[65] ist der glänzendste Beweis dafür, dass in Ungarn und Siebenbürgen von den reformatorischen Predigern verschiedene Ansichten über das Abendmahl verbreitet wurden. Tatsächlich treffen in Wittenberg, Konstanz, Strassburg, Basel oder Zürich, abgesehen von den Nachrichten über den Türkenkrieg, immer wieder neu Schilderungen über den Fortgang des Evangeliums, d.h. der Reformation, ein. Während Bucer an Blarer erfreut mitteilte, dass sich in Ungarn und Siebenbürgen die Heilandverehrung immer mehr ausbreiten würde,[66] gab allerdings der Erzbischof von Gran, Pál Várday, gegenüber König Ferdinand I. seiner Sorge Ausdruck, dass sich unterdessen auch in Komját (Komjatice, SK) die neuen Irrtümer von Luther und Zwingli ausgebreitet hätten.[67] Zu diesen „neuen Irrtümern" gehörten insbesondere die Ansichten der reformatorischen Prediger über das Abendmahl. Der Abendmahlsartikel darf somit für die theologiegeschichtliche Bewertung der ungarischen Reformation als von einer gewissen Relevanz beurteilt werden.

Wir haben bereits ausführlich über den intensiven Buch- und Wissenstransfer im Europa des Humanismus berichtet. Allein das Wissen über die grosse Verbreitung reformatorischer Schriften in Ostmitteleuropa in der

---

62 Vgl. Ambrosius Moibanus an Johannes Calvin, 1. September 1550 sowie 24. März 1552, in: CO XIII, Nr. 1404, sowie CO XIV, Nr. 1615; vgl. Hörcsik, Kálvin, 26 ff.

63 Zum Ganzen vgl. Bernhard, Wirkung, 52 ff.

64 Vgl. József Macarius an Heinrich Bullinger, zw. 14. und 19. Juni 1544, in: Zsindely, Pesti Macarius, 941.

65 Vgl. Martin Luther an die Geistlichen in Eperies und Umgebung, 21. April 1544, in: WA Br 10, Nr. 3984.

66 Vgl. Martin Bucer an Ambrosius Blarer, 15. Mai 1548, in: Blarer BW II, Nr. 1530.

67 Vgl. Pál Várday an Ferdinand I., 26. Juni 1549, in: ETE V, Nr. 163.

ersten Hälfte des 16. Jahrhunderts sagt noch wenig über die theologiegeschichtliche Situation im Reich der Stephanskrone aus. Um diese nur ansatzweise zu verstehen, ist es notwendig, approbierte Bekenntnisse, theologisches Schrifttum und Neudrucke von Schriften namhafter Reformatoren zu
untersuchen.

a. Bekenntnisse

Auf die Thesen des Pfarrkonvents in Grosswardein (1544)[68] kamen wir bereits
zu sprechen, festhaltend, dass die Thesen den Geist von Mátyás Dévai Bíró, des
geistigen Führers der ungarischen Reformation, atmen.[69] Über das Abendmahl handelt die 22. These, in der, obwohl knapp formuliert, unschwer eine
sprachliche und theologische Nähe zur *Confessio Augustana Variata* (1540),
vor allem aber zu Melanchthon und Calvin, erkannt werden kann, also eine
media sententia vorliegt.[70] So entspricht auch die kirchenpolitische Absicht
der Thesen derjenigen der *Variata*, nämlich die reformatorischen Bewegungen nicht durch abendmahlstheologische Extrempositionen zu spalten, sondern durch eine „mehrheits- bzw. konsensfähige" Formulierung zu einen. Wie
die *Variata*, in deren Formulierungen Melanchthon den oberdeutschen
Städten entgegenkam, sollten auch die Thesen von Grosswardein der Festigung und Einigung des Lagers der Reformation in Siebenbürgen und dem
Partium dienen. Insofern sind die Thesen ein wegweisendes Zeugnis einer *via
media* zwischen den Extrempositionen Luther und Zwingli.[71]

Bekanntlich hat Dévai Bíró auch das Glaubensbekenntnis der Synode zu
Erdőd (1545), das 29 ungarischsprachige Geistliche angenommen und un-

---

68 Vgl. Csepregi, Vita, 164–186; Bucsay, Thesen, 429–434 (zahlreiche Literatur: 433 f); Bucsay,
    Protestantismus I, 55 ff; Révész, Tételek, 437–452; Bucsay, Lehre, 266 f.
69 Vgl. Bucsay, Thesen, 432.
70 „[...] in Eucharistia pane et vino in sua substantiali integritate manentibus, per ea Spiritus
    Sanctus cum verbo est efficax, ut panis et vinum non sunt simpliciter evanida signa, sed vere
    ipsius signati, id est spiritualis corporis et sanguinis Christi exhibitiva, communicativa ac
    dispensativa." (Thesen des Pfarrkonventes in Nagyvárad [Grosswardein] 1544, in: RBS 1/2, 437
    [These 22]); „De coena Domini docent, quod cum pane et vino vere exhibeantur corpus et
    sanguis Christi vescentibus in Coena Domini." (Confessio Augustana Variata 1540, in: RBS 1/2,
    161 [Art. 10]). Von Melanchthon sind insbesondere dessen *Loci communes* von 1535 (nviij^r–p^r),
    von Calvin dessen *Institutio* von 1539 (CO I, 991–1038) zu vergleichen.
71 In seinen jüngeren Studien hält Csepregi fest, dass das Urteil von Imre Révész jun., dass
    nämlich in den Thesen jene „*media sententia*, d.h. den Übergang zum helvetischen Stand-
    punkt" noch nicht zu erkennen sei, wohl berechtigt sei (vgl. Csepregi, Vita, 170 ff; Bucsay,
    Thesen, 432). In diesem Zusammenhang ist ernsthaft zu fragen, was Csepregi und Révész unter
    media sententia bzw. *media via* verstehen, wenn nicht die *Variata*, der ja auch Calvin zuge-
    stimmt hat. U.E. wird eben gerade in der *Variata* infolge ihrer Veränderungen eine *via media*
    vertreten, was unter anderem auch zur Ablehnung Luthers beitrug (vgl. Kirchner, Reforma-
    tionsgeschichte, 82). Gleichfalls bleibt zu fragen, ob solche feine „Differenzierungen" der un-
    garischen Reformationsgeschichte der 1540er Jahre gerecht werden können.

terschrieben hatten, mitvorbereitet.[72] Die Forschung hat bereits lange nachgewiesen, dass der theologische Standpunkt auch dieser Synode der der
Confessio Augustana Variata war.[73] Wie bereits in den Grosswardeiner Thesen
gibt es auch im Glaubensbekenntnis von Erdőd keine von der *Variata* abweichende Stelle. Wiederum zeigt sich dies besonders eklatant in der
Abendmahlslehre. Während typisch lutherische Begriffe wie den der Ubiquität des Leibes Christi oder den der *manducatio oralis* fehlen, wird, entsprechend der Formulierung in der *Variata*, von der „wahrhaftigen Darbietung" (*vere exhiberi*) des Leibes und Blutes Christi gesprochen.[74] Damit vertrat
auch das Glaubensbekenntnis der Synode zu Erdőd eine *media sententia* im
Sinne Melanchthons. Unter den 29 Geistlichen finden sich auch András Batizi,
Ferenc Mohi oder István Kopácsi,[75] auf die wir in anderem Zusammenhang
bereits verwiesen haben. Ihre Unterschrift belegt, dass die durch Magnaten
wie Drágffy, Perényi und Petrović geförderten reformatorischen Prediger im
Partium und in Siebenbürgen eine vermittelnde Richtung der Reformation
vertraten;[76] mitnichten stellt das Glaubensbekenntnis der Synode zu Erdőd
ein Denkmal des „Überganges der ungarischen Reformation zur helvetischen
Richtung"[77], sondern ein Denkmal der grundsätzlichen Wesensart der ungarischen Reformation in den 1540er Jahren dar.

Nur am Rande soll hier hingewiesen werden auf die *Confessio Pentapolitana*
(1549), das Glaubensbekenntnis der fünf königlichen Freistädte der Zips, d. h.
Kaschau, Leutschau, Bartfeld, Eperies und Zeben, welches infolge des Ge-
genreformationsgesetzes von 1548 verfasst wurde.[78] Obwohl auch dieses Bekenntnis, das wohl vor allem aus der Feder von Leonhard Stöckel stammte,[79] in

---

72 Vgl. oben S. 120 f. 192 f.
73 Im letzten Artikel wird explizit betont, dass das Bekenntnis sich in denjenigen Glaubensartikeln,
   die es nicht behandle, an die „confessione fidei Augustae" halte (Bekenntnis der Synode zu
   Erdőd von 1545, in: RBS 1/2, 448 [Art. 12]). TEMPFLI hat in seiner Studie eingehend nachgewiesen, dass „die Synodalväter [...] die ‚Variata' Melanchthons in der Hand hatten", mit dem
   Ausdruck *confessione fidei Augustae* also die *Variata* von 1540 gemeint war (vgl. TEMPFLI,
   Melanchthon, 210 ff; BUCSAY Bekenntnis, 440 ff; JUHÁSZ, Luther, 327 f; BUCSAY, Protestantismus
   I, 55 f; DERS., Lehre, 267 ff).
74 „[...] in coena Domini sub pane et vino vere exhiberi corpus et sanguinem Christi." (Bekenntnis
   der Synode zu Erdőd, in: RBS 1/2, 444 f. [Art. 6]).
75 Vgl. TEMPFLI, Melanchthon, 208 ff. 221.
76 In diesem Zusammenhang ist es interessant zu erwähnen, dass der Debreciner Senat, wahrscheinlich mit Petrović' Unterstützung, 1545 die Berufung des von der Zürcher Reformation
   beeinflussten Balázs Radán durchsetzte (vgl. FATA, Ungarn, 163; SZABÓ, Kálvin, 165).
77 BUCSAY, Bekenntnis, 442.
78 Vgl. CSEPREGI, Konfessionsbildung, 258 f. Die *Confessio Pentapolitana* wurde erst im
   17. Jahrhundert, allerdings dann gerade in den drei Sprachen lateinisch, deutsch und ungarisch
   gedruckt (vgl. Confessio christianae doctrinae quinque regiarum liberarumque civitatum in
   Hungaria superiore, Cassoviae, Leutschoviae, Bartphae, Epperiessini, ac Cibinij, Kaschau 1613).
79 Die alleinige Autorenschaft Stöckels wird in jüngerer Zeit immer mehr in Zweifel gezogen (vgl.
   CSEPREGI, Konfessionsbildung, 261 ff; SCHWARZ, Lumen, 67 f).

Teilen den Geist Melanchthons atmete,[80] indem radikale Positionen vermieden wurden, grenzte es sich inhaltlich doch eindeutig von den im Gegenreformationsgesetz festgehaltenen verbotenen „neuen Irrlehren" ab – gemeint waren hauptsächlich die Anabaptisten und die „Sakramentarier". Als Vorlage diente hauptsächlich die *Confessio Augustana* von 1530. Nicht nur weil sie das offizielle Bekenntnis der lutherischen Richtung der Reformation war, die im Gegenreformationsgesetz nicht erwähnt wurde,[81] sondern auch, weil die deutschsprechenden Sachsen in der Zips, die gleichfalls ethnisch durchmischt war, eine beherrschende Stellung innehatten.[82] Mitnichten kann also die *Confessio Pentapolitana* als ein Bekenntnis der *via media* bewertet werden, sondern steht eindeutig in der Verpflichtung gegenüber der lutherischen Richtung der Wittenberger Reformation.[83] Die Tätigkeit Stöckels im Dienste der Reformation illustriert dies weiter.

b. Theologisches Schrifttum

Wie bekannt erschienen die ersten ungarischen Drucke in den 1530er Jahren, und zwar mangels einer eigenen Druckerei in Ungarn oder Siebenbürgen in Wien und vor allem in Krakau. Vorerst waren es Bibelübersetzungen aus der Feder von Humanisten wie Benedek Komjáthi oder Gábor Pesti, bald folgten aber Gesangbücher und erste reformatorische Schriften.[84] Auf verschiedene theologische Schriften aus der Feder ungarischer Reformatoren sind wir bereits eingegangen. Neben der ersten reformatorischen Kampfschrift *De Christo et ejus ecclesia, item de Antichristo ejusque ecclesia* (1535), in der Imre Ozorai das Papst- und Priestertum in Anlehnung an Luthers Argumentation aufs heftigste kritisierte,[85] ist insbesondere an Dévai Bírós *Tiz parantsolatnac* (1538), an Honterus' *Reformatio ecclesiae Coronensis* (1543), an Batizis *Keresztyéni tudományról való rövid könyvecske* (1543 – 45), an Wagners *Κατή-χησις* (1544), an Moldners *Geistliche Lieder* (1542) oder an Sztárais *Comoedia*

80 Vgl. Suda, Einfluss, 185 – 201 (weitere Literatur: 185).
81 Vgl. Bodnárová, Reformation, 32 f; Czenthe, Reformation, 160 f (entgegen: Csepregi, Konfessionsbildung, 263 f).
82 Vgl. Csepregi, Konfessionsbildung, 264 ff. Auf den „Sonderfall" der königlichen Freistadt Kaschau bzw. die ethnische und konfessionelle „Sonderstellung" Kaschaus wurde bereits mehrfach verwiesen. Die ungarisch- und die deutschsprechende Bevölkerung war im 16. Jahrhundert heftigen konfessionellen und ethnischen Auseinandersetzungen ausgesetzt, was schliesslich zur Bildung von zwei theologisch und organisatorisch souveränen „Kirchgemeinden" führte; niedergeschlagen hat sich die Koexistenz der verschiedenen ethnischen und konfessionellen Gruppen auch im stadträtlichen Statut der Einigkeit von 1557 (vgl. Fata, Einflüsse, 84 – 89; Bodnárová, Reformation, 30ff). Schliesslich ist es bezeichnend, dass gerade in Kaschau die dreisprachige Ausgabe der *Confessio Pentapolitana* (1549) erschien.
83 Vgl. Schwarz, Lumen, 67ff; Guitmann, Bártfai reformáció, 114 ff.
84 Vgl. Kókay, Geschichte, 43ff; Bucsay, Speculum, 71 f; vgl. oben S. 157 f et passim.
85 Vgl. RMNY 15; Bucsay, Protestantismus I, 49. 94.

de matrimonio sacerdotum (1550) zu denken. Letztere beiden Drucke belegen zudem, dass die Dichtung – sei es in Form von Kirchenliedern oder Dramenliteratur – sich zu einem wirksamen Mittel entwickelte, Volksmassen für die reformatorischen Anliegen zu gewinnen.[86] Hierin zeigt sich wiederum, dass der Ursprung der ungarischen Reformation im Humanismus lag, der sich eben gerade auch durch das Erlernen der Kunst der Dichtung ausgezeichnet hatte.

In der Forschungsgeschichte wird die theologische Wesensart der ungarischen Reformation einerseits als irenisch bezeichnet, andererseits als eklektisch.[87] Während die Irenik tatsächlich eine wesentliche Eigenart der ungarischen Reformation ist, scheint der Begriff des Eklektizismus nicht nur treffend zu sein. Die im vorangehenden Kapitel untersuchten Schriften bis etwa 1550 belegen in keiner Weise ein eklektisches Verhalten der Autoren, sondern vielmehr ein grundlegend durch den (Reform-)Humanismus geprägtes Reformationsverständnis. Die reformatorischen Schriften von Dévai Bíró, Honterus, Batizi, Wagner oder Sztárai belegen einhellig, dass eine starke Prägung durch den erasmianischen Humanismus vorliegt und die ungarische Reformation entwicklungsgenetisch vom Humanismus nicht zu trennen ist. Bezeichnenderweise finden sich in der reformatorischen Theologiegeschichte Mitteleuropas die Vertreter einer *via media* – wobei *via media* keineswegs als eng gefasster Begriff verstanden werden will – überall dort, wo Reformation und Humanismus nicht als Gegensatz, sondern als zusammenhängend verstanden wurden. Basel, Strassburg und Nürnberg sind diesbezüglich unbestritten richtungsweisend, aber auch Melanchthons Wittenberg wie auch Bullingers oder Pellikans Zürich sind dazuzuzählen. Es ist aus diesen Gründen nur naheliegend, dass auch die Mehrheit der ungarischen Reformatoren, von einzelnen Ausnahmen abgesehen, theologiegeschichtlich eine *via media* vertrat. Die reformatorischen Schriften der 30er und 40er Jahre des 16. Jahrhunderts belegen dies unmissverständlich.

c. Nachdrucke von Schriften der „Säulen" der Reformation

Über die verschiedenen Druckereien im Reich der Stephanskrone nach der Schlacht bei Mohács bzw. seit Mitte der 1530er Jahre sind verschiedene Studien erschienen, vor allem von Judit V. ECSEDY und Christian ROTHER.[88] Auf die Bedeutung des Druckerwesens für die Verbreitung des Humanismus und der Reformation wurde im vorliegenden Kapitel bereits mehrfach hingewie-

---

86 Vgl. SZABÓ, Türkenfrage, 277; BUCSAY, Protestantismus I, 50. 81. 94. 156 ff; BOTTA, Reformáció, 276 f; KARDOS, Entwicklungsgang, 6 f.

87 Vgl. ZACH, Rezeption, 173; FATA, Ungarn, 70 ff. 90 ff. 120 ff; BUCSAY, Protestantismus I, 53 ff. 96 ff.

88 Vgl. V. ECSEDY, Könyvnyomtatás; DIES., Nyomdák; ROTHER, Siebenbürgen; u.s.w.

sen. Natürlich ist in diesem Zusammenhang zu fragen, welche Schriften von den „Säulen" der Reformation, d. h. von Bucer, Bullinger, Calvin, Luther, Melanchthon oder Zwingli, auf den landeseigenen Druckereien nachgedruckt und damit auch rezipiert wurden.

Bei einer Untersuchung der Druckerzeugnisse der einzelnen Druckereien (Hermannstadt, Sárvár, Kronstadt und Klausenburg) offenbart sich aber ein eigenartiges Bild. Während mehrere Bibel(-teil-)übersetzungen,[89] humanistische Ausgaben[90] sowie eigene reformatorische Schriften[91] gedruckt worden sind, fehlen bis 1548 Schriften von „Säulen" der Reformation vollkommen. Dies befremdet gerade darum, da beispielsweise im benachbarten Böhmen und Mähren[92] Schriften der „Säulen" der Reformation bereits seit den 1530er Jahren nachgedruckt wurden; es ist dabei an Luthers *Von der Freiheit eines Christenmenschen*,[93] an Bullingers Schrift *Assertio utriusque in Christo naturae*,[94] an Melanchthons *Loci communes* in der 1540 als *Margarita Theologica* gedruckten Bearbeitung von Johann Spangenberg,[95] an Bucers *Von der wahren Seelsorge und dem rechten Hirtendienst*[96] oder an Calvins ekklesiologische Schrift *Supplex exhortatio*[97] zu denken. Diese Diskrepanz hat sicherlich mehrere Gründe, die hier nicht im Einzelnen zu erörtern sind. Auf einen wesentlichen Aspekt soll aber zumindest hingewiesen werden: Die böhmisch-

---

89 Vgl. Uy Testamentum mag'ar n'elvenn, Sárvár 1541 (ungarische Übersetzung des Neuen Testaments); [Četvoroblagověstie], Hermannstadt 1546 (kirchenslavische Übersetzung der Evangelien in kyrillischer Schrift); A Biblianac elsö resze, az az Mosesnec ött könyue, mely magyar nyelwre fordittatot [...], Klausenburg 1551 (ungarische Übersetzung der fünf Bücher Mose); u.s.w.

90 Vgl. Ἐπιτομὴ τῆς τοῦ Ἀριστοτέλους διαλεκτικῆς, Kronstadt 1539; Lucius Annaeus Seneca, De quatuor virtutibus liber unus, Kronstadt 1539; Desiderius Erasmus, Epitome adagiorum Graecorum et Latinorum [...], Kronstadt 1541; Johannes Honterus, Sententiae ex libris pandectarum iuris civilis decerptae, Kronstadt 1544; u.s.w.

91 Vgl. Johannes Honterus, Reformatio Ecclesiae Coronensis ac totius Barcensis provinciae, Kronstadt 1543; [Întrebarea creştinească], Hermannstadt 1544 (evangelischer Katechismus in rumänischer Sprache); Valentin Wagner, Κατήχησις, Kronstadt 1544 (evangelischer Katechismus in griechischer Sprache); Agenda fur Seelsorger vnd Kirchendiener in Sybembürgen, Kronstadt 1547; u.s.w.

92 Zur Reformation in Böhmen und Mähren vgl. Bernhard, Genfer Buch, 242 – 246; Locher, Reformation, 653 ff; Nagy, Bedeutung, 86 ff; ders., Geschichte Confessio, 173 – 202; Říčan, Melanchthon, 237 – 260; ders., Reich, 87 – 106; Odložilik, Widerhall, 257 – 276; Müller, Brüderunität, 514 – 524.

93 Vgl. Martin Luther, Oswobodie Kresti nske Martina Luthera Knijezka Welmi vtiessena a Spasytedlna [...], Litomyšl (Leitomischl) 1521.

94 Vgl. Heinrich Bullinger, Obogijho w Krystu Prirozenij tak Bozského yako Lidského [...], s.l. [Lultsch?, Olmütz?] s.d. [1534 – 1538?].

95 Vgl. Philipp Melanchthon, Perla Pisma svatého, zavírajíc v sobě hlavni artykule a články křest'anského učení, [...], Prostějov (Prossnitz) 1545.

96 Vgl. Martin Bucer, Knjha o Oprawdowe Pécy o Dusse a oprawé slušbě Pastýřké [...], Litomyšl (Leitomischl) 1545.

97 Vgl. Johannes Calvin, Pokorne a Poniziene Napominanij [...], Nürnberg 1546. Es ist bekannt, dass in Nürnberg bis zu den 1560er Jahren des 16. Jahrhunderts Literatur in böhmischer Sprache gedruckt wurde (vgl. Fejtová, Literatur, 141 f; Bohatcová, Drucke, 249 ff).

mährische Reformation entsprang der Brüderunität, die in der zweiten Hälfte des 15. Jahrhunderts aus radikal-hussitischen Kreisen, zu denen sich auch Waldenser und Taboriten gesellten, entstanden ist. Bereits kurz nach dem Auftreten Luthers, spätestens aber seit den 1520er Jahren findet eine intensive Auseinandersetzung mit reformatorischen Schriften statt, in der Absicht, *lehrmässig* in eine Beziehung zu den reformatorischen Kirchen treten zu können. Die Übersetzung reformatorischer Schriften ist eine Folge dieser Absicht und sollte einen Anschluss an die Zentren der Reformation ermöglichen.[98] Dies war mit ein Grund, warum die erste bekenntnismässige Äusserung der Böhmischen Brüder *Vydání počátku z viry* (1532), wie bereits erwähnt, noch im gleichen Jahr in Zürich unter dem Titel *Rechenschafft des Glaubens, der Dienst unnd Cerimonien der Brüder in Behmen und Mehrern* erschien, schliesslich 1533 mit gleichem Titel in Wittenberg.[99] Es erstaunt nicht, dass die aus dem Jahre 1535 stammende erste *Confessio Bohoemica* sich im Inhalt stark an der *Confessio Augustana* in der Ausgabe von 1533, in der Anordnung der *Loci* aber an den helvetischen Kirchen orientiert, also mit der Schriftlehre einsetzt.[100]

Demgegenüber ist die ungarländische Reformation dem Humanismus entsprungen und hat sich selbst, obwohl bereits früh reformatorische Schriften verbreitet und gelesen worden sind, bis in die 1530er Jahre als Reformhumanismus verstanden. Dieser entwicklungsgenetische Zusammenhang führte schliesslich zu der besonderen Eigenart der ungarländischen Reformation, wie sie hier eingehend dargestellt wird. Der Nachdruck von Schriften der Säulen der Reformation hätte – insbesondere zu Beginn der 1540er Jahre, als der Konflikt zwichen Alt- und Neugläubigen einerseits und derjenige zwischen der Wittenberger und der helvetischen Richtung der Reformation andererseits offen ausgebrochen war – für den weiteren Erfolg der Reformation in Ungarn und Siebenbürgen nur negative Konsequenzen gehabt. Genau aus diesem Grunde hielt Honterus in der *Reformatio ecclesiae Coronensis* (1543) fest, dass man in Kronstadt nach dem Beispiel hochberühmter Städte und aufgrund der Schriften hochberühmter Männer die Reformation eingeführt hätte; gleichzeitig wurde die humanistiche Ausrichtung der Reformation immer wieder nachdrücklich betont.

Vielleicht ist es Zufall, vielleicht aber auch Absicht, dass eben gerade im Jahre des Augsburger Interims (1548) erstmals Luhers *Kleiner Katechismus* bei Johannes Honterus in Kronstadt gedruckt wurde. Das Augsburger Interim, das faktisch auf eine Rekatholisierung hinauslief, anerkannte zwar die vor-

---

98 Vgl. BERNHARD, Genfer Buch, 243 ff.

99 Den Wittenberger Druck thematisiert Ambrosius Blarer in einem Brief an Bullinger (vgl. Ambrosius Blarer an Heinrich Bullinger, 23. Mai 1533, in: HBBW III, Nr. 226); vgl. Jan-Andrea Bernhard: Ausstrahlungen auf Böhmen und Mähren, Referat im Rahmen des Kirchengeschichtlichen Seminars *Die Zürcher Reformation und ihre Ausstrahlungen auf Europa* an der Universität Zürich [16. Oktober 2008]).

100 Vgl. Confessio Bohoemica (1535), in: NIEMEYER, Collectio confessionum, 771–818.

übergehende Spaltung der Kirche, hatte aber bei ihren Bestimmungen faktisch nur die Wittenberger Richtung im Blick.[101] Der Druck des *Kleinen Katechismus* ist also nicht nur die Konsequenz einer theologiegeschichlichen Entwicklung bei den Siebenbürger Sachsen, die erstmals durch der Druck der *Kirchenordnung aller Deutschen in Sybembürgen* (Kronstadt 1547) offenbar geworden ist, sondern auch ein klares Bekenntnis im Hinblick auf das Augsburger Interim. Um so mehr ist es bezeichnend, dass Martin Luther im Titelblatt explizit als Verfasser des *Kleinen Catechismus. Für die Pfarherr unn Hausväter* (1548) genannt wird, obwohl inhaltlich eine abweichende Gliederung gegenüber Luthers Form festzustellen ist: Luthers Vorwor wird weggelassen, im Anhang tritt an die Stelle von Trauung und Taufe das Manasse-Gebet („Oratio Manassae regis Judae"), der liturgische Teil der Beichte (!) wird weggelassen, und der Gehorsam gegenüber der Obrigkeit wird durch einen Gehorsam, der auf Gottes Gesetz achtet, ersetzt.[102] Zwei Jahre später erschien in Klausenburg die erste ungarische Übersetzung von Luthers *Kleinem Katechismus*, der *Catechismus minor, az a keresztenyi tudomanac reuideden valo sumaya*, allerdings ohne Nennung von Luthers Verfasserschaft sowie erneut mit einigen Zusätzen und Veränderungen.[103] Im selben Jahr erschien in Klausenburg ein freilich weit bedeutsamerer Druck, nämlich Bucers *Confessio [...] De Coena Domini scripta*, d.h. das Bekenntnis, das Bucer ehemals für József Macarius verfasst hatte, wie Helth im Vorwort zu Bucers Schrift festhielt.[104] Wir haben, gestützt auf Reinhard BODENMANNS Forschungen, bereits auf die Brisanz dieses Bekenntnisses hingewiesen, weswegen Melanchthon mit Erfolg verhindern konnte, dass dasselbe sowie Bullingers Gutachten an Luther ausgehändigt wurde.[105] Demgegenüber sind nun allerdings die Ausführungen Helths im Vorwort bemerkenswert Helth begründete den Druck, der den Pfarrern Klausenburgs gewidmet war, damit, dass es immer mehr Feinde des Sakraments des Herrenmahls geben würde, welche nämlich „Sacramentum Ecclesiae euacuare, verumque Corporis & Sanguinis Christi praesentiam tollere" versuchten; da sie sich aber auf Bucer berufen würden, wolle er, Helth, die ihm von Macarius überbrachte Schrift Bucers, in der die Anwesenheit Christi in den Elementen deutlich werde, im Wortlaut abdrucken.[106] Im Anschluss daran fügte er eine ältere Auslegung

---

101 Vgl. unten S. 249 ff.

102 Vgl. BORSA, Drucke, Nr. 39; JUHÁSZ, Luther, 320 f.

103 Vgl. BORSA, Drucke, Nr. 46.

104 „[...] non potui me continere, quin vobis, fratres charissimi, copiam facerem eius [sc. Martini Buceri] sententiae, quam hic vir manu sua conscripsit de hac re, ac honesto Iueni Iosepho Machario tradidit." (Caspar Helthvs pastor Ecclesiae Colosuariensis Pijs pastoribus in Districtu Colosuarieni [...], in: MARTIN BUCER, Confessio [...] De Coena Domini recens scripta. Item [...], Klausenburg 1550, A2^v).

105 Vgl. BODENMANN, Macarius, 169 ff.

106 Vgl. Caspar Helthvs pastor Ecclesiae Colosuariensis Pijs pastoribus in Districtu Colosuarieni, in: BUCER, Confessio, A2^{r-v}.

über das Abendmahl von Johannes Brenz bei.[107] Helth versuchte durch den
Druck zu belegen, dass sich die „Feinde des Sakraments des Herrenmahls" zu
Unrecht auf Bucer berufen würden, da Bucer mit Brenz einer Meinung sei.
Der Druck Helths verdeutlicht die theologiegeschichtliche Situation in
Ungarn, insbesondere in Siebenbürgen und im Partium um die Mitte des 16.
Jahrhunderts. Offenbar verbreiteten sich um 1550 im Wirkungsbereich Helths
gewisse reformatorische Ansichten, die eine nur „symbolische" Ansicht des
Abendmahles vertraten; ob Helth dabei an den Kreis um Márton Kálmán-
csehi, der – so auch das Urteil Drašković' – wegen seiner Abendmahlslehre als
„Zwinglianer" bewertet wurde,[108] gedacht hat, muss offen bleiben. Jedenfalls
scheinen die von Helth Angesprochenen sich auch auf Oekolampad, dessen
Schriften in Ungarn gleichfalls verbreitet waren, berufen zu haben, denn
Brenz' *Epistola* war gegen Oekolampads Abendmahlslehre gerichtet. Was aber
Helth verschwieg, ist, an wen dieser Brief gerichtet war und wann er geschrieben wurde; er nannte den Adressaten nur „N.N.", innerhalb des Briefes
mehrfach „N.", am Ende fügt er als Adresse hinzu „Omnes Verbi ministros
apud N. [...]"[109] Tatsächlich hat aber Brenz diese *Epistola* am 3. Oktober 1525
an Bucer in Strassburg gerichtet, und zwar darum, weil Bucer das tropische
Verständnis der Abendmahlsworte, wie es Oekolampad in seiner 1525 in
Strassburg erschienen Schrift *De genuina verborum Dei: Hoc est corpus meum
[...] expositione liber* formuliert hatte, unterstützt hatte. Brenz' Brief, in dem
Brenz explizit auf Oekolampads Schrift Bezug nahm und versprach, dass seine
Kollegen in Schwäbisch-Hall eine Entgegnung schreiben würden,[110] wurde
noch im kommenden Jahr gedruckt. Ein Vergleich der beiden Drucke bestätigt, dass es sich um einen wörtlichen Nachdruck handelt, mit Ausnahme der
Weglassung von Bucers Name sowie des Abfassungsdatums des Briefes.[111]
    Helth war ein Melanchthonschüler und vertrat als solcher in der Abend-
mahlslehre die *media sententia*. Auch hatte er als Student in Wittenberg – er
immatrikulierte sich am 17. Februar 1543 – über den erneuten Ausbruch der
Abendmahlsstreitigkeiten, ausgelöst infolge des von Bucer und Melanchthon
verfassten Kölner Reformationsbuches, bestens Kenntnis. In diesem Kontext
ist ja auch die von Bucer für Macarius verfasste *Confessio* zu stellen. So ist es

---

107 Vgl. JOHANNES BRENZ, Epistola [...] De verbis Domini Hoc est corpus meum, opinionem
    hostium Sacramenti Coenę refellens, in: Bucer, Confessio, B4ʳ–C4ʳ.
108 „Zwinglianer" war Kálmáncsehi im dem Sinne, dass seine Abendmahlslehre auf Zwinglis *Fidei
    expositio* (1531) basierte (vgl. oben S. 111. 223 f).
109 Vgl. BRENZ, Epistola (1550), B4ᵛ–B5ʳ. B7ᵛ. C4ʳ.
110 Vgl. BRENZ, Epistola (1550), B5ᵛ–B6ʳ. Bereits im Januar 1526 erschien in Augsburg das *Syn-
    gramma Suevicum*, redigiert von Brenz, das Oekolampad gegenüber den „fratribus Suevis" mit
    dem *Antisyngramma*, gegenüber Luther mit der *Billichen antwurt* widerlegte (vgl. LOCHER,
    Reformation, 302 f; GUGGISBERG, Zusammenhänge, 59). Zum Streit um Oekolampads
    Abendmahlslehre und der damit zusammenhängenden „pfälzischen Lokaldisputation" vgl
    oben S. 67.
111 Diese Vermutung äusserte Reinhard BODENMANN bereits im Jahre 1991, obwohl er die beiden
    Drucke nicht vergleichen konnte (vgl. BODENMANN, Bucer, 747).

geradezu bezeichnend, dass Helth Bucers *Confessio* eben gerade nicht eine Abendmahlsschrift Luthers beifügte, sondern eine Schrift des jungen Brenz aus den 1520er Jahren; Brenz hatte darin gegenüber Bucer wegen desselben und der Strassburger Haltung in der Abendmahlsfrage sein Erstaunen ausgedrückt, war aber gleichzeitig um Eintracht bemüht: „Haec paucoribus ad te scribo, pluribus vero ad Oecolampadium. De Pace & Concordia nihil est quod detrectem, nihil enim prius apud nos est, pace ecclesiarum & gloria Christi."[112]

Seit den 1540er Jahren hatte sich Brenz immer mehr zu einem Theologen entwickelt, der für seine streng lutherische Haltung – so vertrat er in der Abendmahlslehre die Ubiquität Christi – bekannt war.[113] Der Vergleich von Bucers und Brenz' Abendmahlslehre sollte Garantie sein, dass Bucer in seiner *Confessio* die wahre Präsenz des Leibes und Blutes Christi im Abendmahl vertrete. Natürlich musste er da Brenz' *Epistola* an einen anonymen, Oekolampad aber nahestehenden Adressaten richten. Und auch ein Hinweis auf die grosse zeitliche Distanz der beiden Schreiben (*Confessio, Epistola*) musste unterlassen werden.[114]

Der Druck von Bucers *Confessio* und Brenz' *Epistola* ist ein eindrücklicher Beleg, dass die ungarische Reformation vor allem Siebenbürgens und des Partium um 1550 eine *via media* vertrat. Bucers *Confessio*, auf die sich diejenigen, die „veram Corporis et Sanguinis Christi praesentiam tollere" versuchten, berufen würden, sollte deren Argumente neutralisieren und letztlich deren Vertreter zurückdrängen. Helth ging es aber eindeutig nicht darum nachzuweisen, dass Bucers *Confessio* „eigentlich in lutherischem Sinne"[115] gehalten sei, sondern um zu betonen, dass Bucer die wahre Präsenz des Leibes und Blutes Christi im Abendmahl vertrete. Bucer darf damit neben Melanchthon als eine weitere reformatorische Autorität für Siebenbürgen und das Partium bewertet werden.[116] Die *via media* einte unter sich nämlich diejenigen reformatorischen Richtungen, die ausgleichend wirkten und sich inhaltlich von theologischen Extrempositionen distanzierten. Gerade Melanchthon, Bucer oder Bullinger versuchten einend und ausgleichend zu wirken. In dieser „ausgleichenden Richtung", d.h. in der sogenannten *via media*, liegen die Ursprünge der ungarischen Reformation. Umgekehrt besagt dies aber auch,

---

112 JOHANNES BRENZ, Epistola [...] de verbis Domini Hoc est Corpus meum, opinionem quorundam de Eucharistia refellens, [Schwäbisch Hall 1526], A6ʳ⁻ᵛ.

113 Vgl. FEHLE, Brenz; M. BRECHT, Art. Johanns Brenz (1499 – 1570), TRE 7, 198 , 173 ff.

114 Die Nennung des Abfassungsdatums der *Epistola* hätte Helths Argumentation infolge Anachronismus hinfällig werden lassen. Der Druck der beiden Schriften zeigt zudem eindrücklich auf, dass auch die Reformatoren eine geistig theologische Entwicklung durchmachten; wie die Abendmahlslehre Zwinglis von 1523 nicht mit derjenigen seiner *Fidei ratio* (1530) vergleichbar ist, so konnte auch Bucer 1525 noch die „symbolische" Abendmahlslehre Oekolampads teilen, während er Mitte der 1540er Jahren eine *media sententia* vertrat.

115 So CSEPREGI und SCHLÉGL in ihren Studien (vgl. CSEPREGI, Kálvin, 167 f; SCHLÉGL, Bullinger [1966], 342); es ist auch daran zu erinnern, dass Helth Luthers *Kleinen Katechismus* anonym und mit Veränderungen herausgegeben hatte (vgl. RMNy 86).

116 Vgl. RÉVÉSZ, Bucer, 24 – 29.

dass diejenigen ungarischen Reformatoren, die eine *via media* vertraten, die Reformation in ihren Kerndogmen bis Mitte des 16. Jahrhunderts noch als gemeinschaftlich empfunden haben.[117]

3.4 Die Konsequenzen des Augsburger Interims (1548)

Das Augsburger Interim (1548), das in zentralen theologischen Streitfragen die altgläubige Position übernahm und den Protestanten lediglich das Abendmahl unter beiderlei Gestalt und die Priesterehe gewährte, faktisch also auf eine Rekatholisierung hinauslief, rief, obwohl eigentlich das Reich betreffend, in ganz Europa Reaktionen hervor.[118] Da im Interim unter den Protestanten die Anhänger der lutherischen Reformation gemeint waren, wurde die Situation für Vertreter anderer reformatorischer Richtungen noch schwieriger. Nur auf diesem Hintergrund ist es zu verstehen, dass noch im Oktober und November desselben Jahres 1548 auf Wunsch Ferdinand I. der ungarische Landtag erwähntes Gegenreformationsgesetz erlassen hatte, in dem lediglich die „anabaptistas et sacramentarios" verurteilt, die Lutheraner hingegen stillschweigend geduldet wurden.[119] In der Folge dieses Gesetzes setzten schliesslich auch die ersten koordinierten Aktionen gegen die Ausbreitung der Reformation helvetischer Richtung ein. Besorgniserregende Briefe von Erzbischof Pál Várday, von dem königlichen Sekretär Peter Merula oder von Bischof Juraj Drašković über die Ausbreitung der „zwinglianischen Sakramentarier"[120] belegen dies gleichermassen wie Drašković' Schrift *Confutatio eorum quae dicta sunt a Ioanne Caluino sarcramentario, super verbis Domini Hoc est corpus meum* (Padua 1551), in der er Calvins Abendmahlslehre systematisch widerlegte und ihn als „Sakramentarier" in eine Reihe mit

---

117 Vgl. BERNHARD, Wirkung, 52. 55. Helths Druck ist darüber hinaus auch ein Hinweis darauf, dass Klausenburg – wie auch Kaschau oder Güns – reformatorisch weniger homogen als rein sächsische Städte wie beispielsweise Leutschau oder Hermannstadt war. Dies zeigte sich eben gerade in der Rezeption von Schriften mehrerer reformatorischer Autoren, die in theologischen Streitfragen wie der Abendmahlslehre verschiedene Ansichten vertraten (vgl. MONOK, Magnaten, 188 f).

118 Zum Augburger Interim (1548) vgl. SCHORN-SCHÜTTE, Interim; KIRCHNER, Reformationsgeschichte, 89ff; RABE, Reichsbund.

119 Zwar wird in Art. 5 eine *Reformatio catholica* angekündigt, die darin besteht, „cultum divinum et religionem ad pristinam normam esse redigendam et hereses undique tollendas, [...]", faktisch aber wurden die *lutherani* nicht erwähnt und *hereses* in Art. 11 als „Anabaptistas et Sacramentarios" bezeichnet (vgl. Constitutiones seu articuli Posonienses in generali dieta regnicolarum pro anno Domini 1548, in: ETE V, Nr. 84). Anders interpretiert CSEPREGI die Pressburger Gesetze (vgl. CSEPREGI, Konfessionsbildung, 258ff).

120 Vgl. Pál Várday an Ferdinand I., 26. Juni 1549, in: ETE V, Nr. 163; Peter Merula an Valentin Jeckel, 4. November 1550, in: ETE V, Nr. 409; Juraj Drašković an die Wiener Hofkanzlei, 10. Juli 1552, in: BUNYITAY, Hitujítás, 398 f.

Karlstadt, Zwingli und Oekolampad stellte.[121] Die Schrift belegt, dass Draš-ković klar zwischen der Abendmahlslehre der „Sakramentarier" und derjenigen Luthers zu unterscheiden wusste, dessen *Kurtz Bekentnis vom heiligen Sacrament* (1544) gleichfalls ein Angriff gegen die „Schwermer und Sacraments feinde, Carlstadt, Zwingel, Oekolampad" darstellte.[122]

Obwohl die Eidgenossenschaft faktisch seit 1499 vom Reich unabhängig war, waren sich auch die Vertreter der schweizerischen Reformation sowie die Magistrate in den reformierten Orten der Gefahr bewusst, die das Augsburger Interim für ihr Reformationswerk bedeuten konnte. Auf diesem Hintergrund sind die ernsthaften Bemühungen zwischen Zürich und Genf, sich in der Abendmahlsfrage zu einigen und damit das helvetische Reformationswerk zu stärken, nicht nur besser zu verstehen, sondern sie sind die theologische und politische Konsequenz.[123] Die *Consensio mutua in re sacramentaria*, d. h. der *Consensus Tigurinus* (1549), ist schliesslich der fruchtbare Ertrag der intensiven Korrespondenz, Verhandlungen und Gespräche, die über zwei Jahre zwischen Genf und Zürich stattfanden. Bevor der erste Druck im Februar 1551 gleichzeitig in Zürich und Genf erschien,[124] waren Bullinger wie Calvin um eine möglichst breite Zustimmung zum *Consensus* besorgt. In diesem Zusammenhang machte Bullinger am 8. März 1551 gegenüber Joachim Vadian in St. Gallen die eingangs erwähnte Bemerkung: „Mitto tuae Pietati Consensionem nostram et D. Calvini, fratris charissimi, nec dubito, quin summum gaudium ea tibi sit allatura. Viderunt eam, priusquam ederetur, Angli, Prussi, Galli, Itali, Ungari aliquot praecellentes viri nec improbarunt."[125] Tatsächlich kam Zustimmung zur Abfassung des *Consensus* von Bucer, Vermigli, a Lasco, die sich nach dem Interim in England aufhielten, sowie von weiteren englischen Vertrauten Bullingers.[126] Melanchthon soll gemäss dem Zeugnis des Zürcher Antistes Ludwig Lavater vielen geraten haben „gen Zürych oder gen Genff zůziehen / darmit sy den verstand der leer / von den Sacramenten / klärlich erkanntind."[127] Darüber hinaus ist es bekannt, dass Jan Utenhove, Celio Secondo Curione sowie Wilhelm Farel ihre Zustimmung ausdrückten;

121 Vgl. oben S. 145 f.
122 Vgl. MARTIN LUTHER, Kurtz Bekentnis vom heiligen Sacrament (1544), in: WA 54, 141 (vgl. MÜHLING, Bekenntnis, 449 f).
123 Vgl. Heinrich Bullinger an Johannes Calvin, 14. Juli 1548, in: CO XIII, Nr. 1046 (vgl. CAMPI, Werden, 18 ff; MAISSEN, Interim, 98 ff).
124 Vgl. Consensio mutua in re sacramentaria, Zürich 1551 sowie Genf 1551; Einhälligkeit der Dienern der Kilchen zů Zürich und Herren Joannis Calvini dieners der Kilchen zů Genff, [...], Zürich 1551; L'accord passe et conclud touchant la matiere des sacramens, Genf 1551.
125 Heinrich Bullinger an Joachim Vadian, 8. März 1551, in: Vadian BW VI/2, Nr. 1732.
126 Vgl. CAMPI, Werden, 37 (zahlreiche Quellen); LOCHER, Reformation, 602.
127 LUDWIG LAVATER, Historia / Oder Gschicht / Von dem ursprung und fürgang der grossen zwyspaltung / so sich zwüschend D. Martin Luthern an eim / und Huldrychen Zwinglio am anderen teil / [...] / Von wägen deß Herren Nachtmahls gehalten hat / [...], Zürich 1564, 128^r; vgl. DERS., Historia de Origine et Progressu Controversiae Sacramentariae de Coena Domini, [...], Zürich 1563, 47^r.

auch in St. Gallen, Schaffhausen und Graubünden wurde die Abfassung des *Consensus* gutgeheissen.[128] Weil Myconius bei den Verhandlungen nicht beteiligt gewesen war, lehnten die Basler vorerst eine offizielle Anerkennung ab, obschon man dem Text inhaltlich beipflichtete. Aus Bern erklärten Johannes Haller und Wolfgang Musculus ihre freudige Zustimmung, durften jedoch auf Anordnung des Berner Rates den *Consensus* nicht unterschreiben, weil derselbe neue Abendmahlskontroversen befürchtete.[129]

Trotz dieser breiten Zustimmung führte der *Consensus Tigurinus* zum Ausbruch eines weiteren Abendmahlsstreites, ausgelöst durch des Hamburgers Joachim Westphal polemische Schrift *Farrago confusanearum et inter se dissidentium opinionum de coena Domini* (1552), ja führte zum defintiven Auseinanderbrechen des europäischen Reformationswerks in eine reformierte und eine lutherische Konfession. Diese Entwicklung musste langfristig auch für die ungarische Reformation weitreichende Konsequenzen haben. Die „humanistische Reformation" Ungarns und Siebenbürgens, die verschiedene reformatorische Modelle in der *via media* vereint hatte, wurde mit Beginn der 1550er Jahre noch stärker mit der Frage nach der theologischen Ausrichtung konfrontiert.

Bemerkenswert ist Musculus' Zustimmung zum *Consensus*, der zum Zeitpunkt der Einigung bereits Theologieprofessor in Bern war. Nach der Annahme des Interims durch den Ausgburger Rat hatte er die Stadt verlassen und war nach Zürich zu Bullinger gekommen; schliesslich wurde er vom Berner Rat an die Hohe Schule berufen, wo er seit April 1549 vor allem exegetische und systematische Vorlesungen hielt.[130] Die fluchtartige Emigration in die Eidgenossenschaft gab Musculus aber nicht nur die „Forschungs- und Lehrfreiheit" zurück, sondern führte auch dazu, dass Bern erstmals in das Blickfeld ungarischer Gelehrter rückte. Wir haben bereits darauf hingewiesen, dass die Fuggerstadt Augsburg Musculus ideale Voraussetzungen geboten hatte, Informationen über Ungarn auszutauschen bzw. Kontakte zu ungarischen Gelehrten aufzubauen. Abgesehen von Macarius' Durchreise im Juli 1544[131] haben wir auch gesicherte Kenntnis, dass sich bei Gelegenheit des Reichstages 1547/48 zusammen mit Miklos Oláh auch János Fejérthóy und ein gewisser Mátyás Orbazius in Augsburg aufhielten.[132] Über Orbazius wissen wir, dass Musculus ihm in Augsburg seine Entwürfe zum Psalmenkommentar gezeigt hatte, und er unter diesem Einfluss zur Reformation übertrat;[133] auch noch später brachte Orbazius Musculus für dessen in Basel erschienene Kommentare zum Matthäus- und Johannesevangelium Hochachtung entgegen und

128 Vgl. Büsser, Bullinger II, 78; Busch, Consensus (CstA), 7 ff.

129 Vgl. Campi, Werden, 35 ff.

130 Vgl. Lányi, Musculus, 47 ff; Bodenmann, Musculus, 405 ff; van Wijnkoop Lüthi, Musculus, 282 ff; Dellsperger, Musculus (1988), 103 ff.

131 Vgl. Wolfgang Musculus an Heinrich Bullinger, 17. Juli 1544, in: HBBW XIV, Nr. 1943.

132 Vgl. Schlégl, Beziehungen (1966), 25; Bodenmann, Musculus, 560 f. 591.

133 Vgl. Wolfgang Musculus an Heinrich Bullinger, 20. Februar 1551, StAZ: E II 360, 149.

hoffte auf weiteren Briefaustausch.[134] Fejérthóy, der seit dem Reichstag mit Augsburger Gelehrten ebenfalls Kontakte pflegte, wandte sich, nachdem Musculus nach Bern übergesiedelt war, stärker der Schweiz zu: Im März 1551 erbat Fejérthóy von Bullinger die erwähnte trostreiche Schrift,[135] im Mai berichtete er an Musculus über die Unterstützung der reformatorischen Tätigkeit durch die Türken,[136] schliesslich liess er im Dankesbrief für Bullingers *Libellus epistolaris* (1551) auch Musculus in Bern grüssen, der zu ihm so liebenswürdig gewesen sei.[137]

Gerade in der Korrespondenz von Musculus zeigt sich, dass er reiche Kenntnis einerseits über die Türkenfrage und andererseits über den Fortgang des Evangeliums in Ungarn und Siebenbürgen hatte, und dies unabhängig davon, ob er sich in Augsburg oder in Bern aufhielt. Einerseits war es die Gelehrtenkorrespondenz unter Humanisten und Reformatoren,[138] andererseits standen mehrere Ungarn in brieflichem Austausch mit Musculus. Leider sind viele Briefe verloren gegangen, oder wir kennen den Adressaten nicht. So hat Musculus im November 1550 von einem uns unbekannten Ungarn mehrere Schriften erhalten, die über die von den Türken gegenüber den reformatorischen Kirchen geübte Toleranz berichteten. Musculus verfasste am 18. November, dankend für die „scriptas", sein Antwortschreiben mit Ausführungen über die Bedeutung des Väterstudiums, worüber offenbar der Ungar um Auskunft gebeten hatte.[139] Tags darauf schrieb Musculus ein Vorwort zu den an ihn übersandten Schriften und liess alles zusammen in Bern drucken.[140] Wie Musculus am 28. November, als er bereits die neu gedruckten *Nüwen zyttungen* an Bullinger übersandte, mitteilte, „rogarunt amici quidem ex Augustanis, ut publicarem."[141]

Die Bedeutung dieses Drucks in Bern ist nicht zu unterschätzen, einerseits da eine breitere Öffentlichkeit in der Schweiz für die unter der Türkenherrschaft stehenden Kirchen Ungarns sensibilisiert wurde, andererseits weil Musculus als ein öffentlicher Fürsprecher für die reformatorischen Prediger und Kirchen in Ungarn bekannt wurde. Die reformatorischen Schriften Musculus', der als Teilnehmer an den Religionsgesprächen von Worms und

---

134 Vgl. Mátyás Orbazius an Wolfgang Musculus, 10. Januar 1551, in: ZSINDELY, Musculus, 997 ff (vgl. LÁNYI, Musculus, 99 f).
135 Vgl. oben S. 92 f. 237.
136 Vgl. János Fejérthóy an Wolfgang Musculus, 10. Mai 1551, in: ZSINDELY, Musculus, 999 ff.
137 Vgl. János Fejérthóy an Heinrich Bullinger, 10. Oktober 1551, in: BULLINGER, Confessio (1866), 101 ff.
138 Einen guten Überblick über den grossen Kreis von Korrespondenten, zu denen auch Bullinger, Gwalther, Vadian, Oporin, Blarer, Bucer oder Melanchthon gehörten, gibt der chronologische Briefindex BODENMANNS (vgl. BODENMANN, Musculus, 681–695).
139 Vgl. Wolfgang Musculus an N.N. (Ungar), 18. November 1550, in: ZSINDELY, Musculus, 993 ff (vgl. BODENMANN, Musculus, 453 ff).
140 Vgl. MUSCULUS, Vffgang (Nachdruck in: ZSINDELY, Musculus, 976–985).
141 Wolfgang Musculus an Heinrich Bullinger, 28. November 1550, StAZ: E II 360, 147. Zum Ganzen vgl. ZSINDELY, Musculus, 971 ff.

Regensburg (1540/41) theologisch eindeutig eine *via media* – dies zeigte sich nicht nur in seiner Unterschrift unter die Wittenberger Konkordie (1536), sondern auch in seinen Vermittlungsbemühungen zwischen Bucer und Calvin – vertrat, waren dementsprechend auch in Ungarn und Siebenbürgen weit verbreitet; dabei ist neben seinen Bibelkommentaren vor allem auch auf seine *Loci communes* (Basel 1560) zu verweisen.[142] Musculus' Schriften fanden zudem im ungarländischen Raum eine bedeutende Rezeptionsgeschichte: Beispielsweise hat Primož Tubar bei der Arbeit für seine slowenische Bibelübersetzung Musculus' *In sacrosanctum Dauidis Psalterium Comentarij* (1556) benutzt,[143] oder für István Szegedi Kis bildeten die *Loci communes* von Musculus, in denen die erasmische Methode konsequent mit reformatorischem Inhalt verbunden waren, eine der Hauptquellen seiner *Theologiae sincerae Loci communes* (Basel 1585).[144]

Die knappen rezeptions- und kommunikationsgeschichtlichen Hinweise sollen verdeutlichen, welche Stellung Musculus neben Melanchthon und Bucer für die ungarische Reformation innehatte. Sein Entscheid, wegen dem Augsburger Interim seine angestammte Wirkungsstädte zu verlassen und in Bern eine Professur anzunehmen, hatte verständlicherweise weitreichende Konsequenzen für die Entwicklung des ungarischen Protestantismus. Es ist kaum von der Hand zu weisen, dass durch die Vermittlung von Musculus auch Schriften Bullingers in Ungarn verbreitet wurden, obwohl wir in den uns heute noch greifbaren Quellen keinen direkten Hinweis dafür vorliegen haben. Gerade wegen der Kenntnis von Bullingers Schriften wendet sich ja János Fejérthóy an Bullinger. Nachdem Bullingers *Libellus epistolaris* (1551) in Ungarn und Siebenbürgen durch Jahre handschriftlich verbreitet wurde, wurde die Schrift im Jahre 1559 gleichzeitig in Klausenburg und in Ungarisch Altenburg gedruckt und bereitete damit auch die Rezeption der *Confessio Helvetica posterior* (1566) auf der Synode zu Debrecen von 1567 wesentlich vor.[145] Dass Bullingers *Libellus epistolaris* für die theologiegeschichtliche Entwicklung des ungarischen Protestantismus so weitreichende Bedeutung

---

142 Wir haben bereits auf mehrere Bibliotheken aus dem 16. Jahrhundert, in denen *Musculiana* vorhanden waren, verwiesen (vgl. oben S. 110. 130. 139 ff et passim). Kürzlich wurde in Pressburg auf dem Einband eines Kolligates ein Supralibros von Wolfgang Musculus aus dem Jahre 1546 gefunden: Es handelt sich um den Druck von Aristoteles' Nikomachischer Ethik (Strassburg 1545) und Melanchthons *Philosophiae moralis Epitome Libri duo* (Strassburg 1546); auf dem ersten Blatt findet sich ein griechischer handschriftlicher Text von Platon, mit Unterschrift von Philipp Melanchthon. Bevor Musculus Augsburg verliess, übergab er es wahrscheinlich einem Pressburger Studenten, der es später am Pressburger Gymnasium benutzte; so kam es später in die Universitätsbibliothek in Pressburg (Standortsignatur des Werkes in der Universitätsbibliothek Pressburg: 17 G 3517) (freundliche Mitteilung von Frau Dr. Vlasta Okoličányová, Pressburg).

143 Vgl. Aháčič, Musculus, 129 ff; ders., Zgodovina, 277 ff.

144 Vgl. Selderhuis, Loci, 320. 326; Bucsay, Leitgedanken, 200; Kathona, Szegedi, 20 f et passim.

145 Vgl. unten S. 426 ff.

haben würde, hat der königliche Sekretär Fejérthóy, als er seinen Brief an Bullinger schrieb, wohl kaum erahnt.

Zusammenfassend lässt sich sagen, dass trotz klarer Missbilligung der Regelungen des Augsburger Interims, das unter den Reformationskirchen weitreichende und schwerwiegende Folgen zeigte, aus Sicht der helvetischen Kirchen auch festgestellt werden muss, dass das Interim für die europäische Ausstrahlung und den theologischen Einfluss des helvetischen Protestantismus von weit grösserer Bedeutung war, als dies bislang in der Forschung angenommen wurde. Dass der *Consensus Tigurinus* auf diesem Hintergrund auch in Ungarn begrüsst wurde, kann als ein deutliches Zeichen für eine zunehmend stärkere Ausrichtung der ungarischen Reformation an der helvetischen Richtung bewertet werden.[146]

---

146 Damit ist BUCSAYS Einschätzung, dass die reformierte Variante der Reformation zu Beginn der 1550er Jahre – durch die Kultformen und die Abendmahlslehre – an die ungarische Öffentlichkeit trat (vgl. BUCSAY, Protestantismus I, 99 f), deutlich zu korrigieren; nicht das Auftreten der helvetischen Richtung stellte die einzelnen Kirchengebiete vor eine Entscheidung, sondern das Inkrafttreten des Augsburger Interims.

4. Zusammenfassung

Die dezentralen Humanistenzentren im Reich der Stephanskrone waren von grundlegender Bedeutung, dass die vielen bedeutenden Errungenschaften des ungarischen Humanismus mit der Niederlage der Schlacht bei Mohács (1526) und dem Untergang des Königreichs Ungarn nicht verloren gingen. In erster Linie war dies vor allem das Verdienst der Magnatenhöfe, einzelner Städte, in Siebenbürgen auch des Fürstenhofes, und in den ersten Jahren nach Mohács gleichfalls der Bischofshöfe. Diese dezentralen Humanistenzentren waren aber nicht nur für die weitere Rezeption des humanistischen bzw. erasmischen Bildungsprogramms (Loci-Methode, Sprachstudium, Programm des Bibellesens) grundlegend, sondern ein grösserer Teil derselben nahm für die weitere Ausformung des ungarländischen Reformhumanismus bzw. für die Entstehung der „humanistischen Reformation"[1] im Stephansreich eine bedeutende Stellung ein – unterstützt wurden diese Bemühungen zudem von der missionarischen Tätigkeit mehrerer ehemaliger Franziskaner Observanten. Als Folge davon haben sich in Ungarn und Siebenbürgen erst in den 1530er Jahren, ja teilweise erst in den 1540er Jahren Humanismus und Reformation zu unterscheiden begonnen.

Weil Erasmus von Rotterdam, insbesondere seit seiner Basler Tätigkeit, in der ganzen ungarländischen Reformation durchwegs Hochachtung genoss, ja Erasmus mancherorts fast wie ein Heiliger verehrt wurde, konzentrierte sich in Ungarn und Siebenbürgen der Wissens- und Personenaustausch in den Jahrzehnten nach Mohács insbesondere auf Gelehrte, deren Methode erasmisch, gleichzeitig die Inhalte aber reformhumanistisch bzw. reformatorisch waren. Die ungarländische Korrespondenz mit Melanchthon, Bullinger, Pellikan, Myconius, Musculus u.s.w. illustriert dies zweifelsohne in vielfältiger Weise. Die andauernden Türkenkriege in Mittelungarn, in deren Folge auch Ofen (1541) definitiv in türkische Hände fiel, stärkten zudem die Kontakte mit denjenigen Humanisten und Reformatoren, die einen Türkenkrieg – wie der alternde Erasmus – nicht ablehnten bzw. für eine Türkenmission eintraten. Wichtiges Zeugnis dieser Kontakte ist die Verbreitung von Werken nicht nur des Humanismus in Bibliotheken des Stephansreiches, sondern auch von solchen der Reformation. Dabei ist – neben Melanchthon – vor allem auf Werke von Bullinger, Calvin, Musculus, Pellikan, Bibliander oder Gwalther zu verweisen. Deren Werke finden sich bereits in der ersten Hälfte des 16. Jahrhunderts im Reich der Stephanskrone in verschiedenen Bibliotheken. Diese Werke haben aber auch massgeblichen Einfluss auf die theologiegeschichtli-

---

1 WIEN, Humanisten, 103.

che Entwicklung der ungarischen und siebenbürgischen Reformation ausgeübt. Die theologiegeschichtliche Untersuchung von Schriften ungarländischer
Reformatoren sowie reformatorischer Bekenntnisse aus Ungarn und Siebenbürgen der betreffenden Zeit belegt dies einwandfrei.

Die Verbreitung reformatorischer Schriften unter dem Deckmantel des Humanismus provozierte allerdings seit Ende der 1520er Jahre den Widerspruch
der römischen Kirche und des Wiener Hofes. Bis 1548 wurden in verschiedenen
Zensurverordnungen immer wieder Lehren und Schriften der „Anabaptisten",
„Sakramentarier", Oekolampadianer" oder „Zwinglianer" verurteilt. Die Kunde
dieser Entwicklung der „ungarischen Reformation" erfüllte auch Martin Luther
mit grosser Sorge. Luthers Versuch, seit Ende der 1530er Jahre auf die Entwicklung der ungarischen Reformation Einfuss zu nehmen, war allerdings nur
geringer Erfolg beschieden. Die vielen ungarischen Studenten, die in Wittenberg insbesondere bei Melanchthon studierten, und diejenigen Ungarn, die in
den 1540er Jahren auch den oberdeutschen und schweizerischen Raum besuchten, trugen vielmehr wesentlich dazu bei, dass die ungarische Reformation
in der ersten Hälfte des 16. Jahrhunderts einen vermittelnden Standpunkt im
Sinne einer *via media* einnahm, betonend die Symbiose zwischen *studia humanitatis* und *reformatio*. Eine genauere Prüfung verschiedener Schriften –
beispielsweise von Mátyás Dévai Bíró – offenbart diesbezüglich allerdings ein
noch differenzierteres Bild, nämlich dass sich in der Prädestinations-, der
Rechtfertigungs- und der Sakramentslehre der Einfluss der schweizerischen
Haltung, namentlich Bullingers und Calvins, besonders stark zeigt.[2]

Eine bekenntnismässig „differenzierte" Positionierung wurde in den ungarischen Kirchen der Reformation erst mit dem Augsburger Interim (1548)
drängend. Die Kenntnis der Schriften Bullingers und Calvins, das Bekanntwerden des *Consensus Tigurinus* (1549) und das Wissen um die in der reformierten Kirche systematische Verwendung der erasmischen Methode trug
schliesslich wesentlich dazu bei, dass sich die ungarische Reformation seit Mitte
des 16. Jahrhunderts an der helvetischen Richtung der Reformation orientierte,
in der festen Überzeugung, dass auch Melanchthon damit eins gehe. Die Studien
der Ungarn bei Melanchthon in Wittenberg, wo gleichermassen Werke von
Bullinger und Calvin gelesen wurden, sind sprechender Beleg dafür.

---

2 Entschieden ist die Ansicht von Peter Kónya in einem jüngst herausgegebenen Sammelband zur
Reformation in der Slowakei zurückzuweisen, dass in Ungarn die erste Reformation die lutherische Reformation gewesen sei, und „auf der Plattform des Luthertums" die „zweite Reformation", die „calvinische", stattgefunden habe; Kónya übernimmt und kombiniert bestehende
Studien – die teils das überholte Modell der „Konfessionalisierung" vertreten – und hat kaum
eigene Quellenarbeit geleistet (vgl. Kónya, Konfesionalizáia, 18 – 33).

Die Konsolidierung des reformierten Bekenntnisses
im Reich der Stephanskrone als Konsequenz der
ungarisch-schweizerischen Kontakte (1550 – 1606)

Pál Debreceni Ember hält in seiner *Historia ecclesiae reformatae in Hungaria et Transilvania* (Utrecht 1728) fest, dass im Jahre 1551 *„magis magisque* Helvetica Confessio asseclas & cultores suos in illis oris nacta sit, [...]"*, und weist gleichzeitig auf den beginnenden Briefwechsel zwischen János Fejérthóy und Heinrich Bullinger hin.[1] Damit stellt Ember gegenüber den älteren Historikern wie dem Sachsen Georg Haner oder dem Ungarn Ferenc Pápai Páriz klar, dass die Anfänge des helvetischen Bekenntnisses nicht erst 1557, nach dem zweiten Auftreten Márton Kálmáncsehis, zu suchen, sondern bereits viel früher anzusetzen sind.[2] Im vorangehenden Kapitel, in dem wir die Frage nach der positionsgenetischen Entstehung und Eigenart der ungarländischen Reformation vor der Mitte des 16. Jahrhunderts gestellt haben, wurden auch die Anfänge eines Einflusses der schweizerischen Reformation herausgearbeitet. Im vorliegenden Kapitel fragen wir nach der weiteren Entwicklung des ungarländischen Protestantismus, insbesondere unter dem Einfluss der schweizerischen Reformation.

Freilich erhebt das Kapitel keinen Anspruch, die gesamte ungarländische Reformationsgeschichte in ihrer weiteren Entwicklung darzustellen. Der Akzent liegt vielmehr auf der Untersuchung der Frage, welche Bedeutung und welche Konsequenzen die Konsolidierung der schweizerischen Reformation, welche sich in der zweiten Hälfte des 16. Jahrhunderts ausgeprägt in der kirchenpolitischen Tätigkeit von Heinrich Bullinger, Johannes Calvin und Théodore de Bèze zeigte, für den ungarländischen Protestantismus hatte. Im Besonderen wird dabei der Blick auf die Rezeption des reformierten Bekenntnisses in den ungarischen Gebieten konzentriert. Natürlich wird auch der Einfluss und die Bedeutung des reformierten Bekenntnisses in den ethnisch durchmischten Gebieten bedacht, auf die nicht-ungarischsprachigen Ethnien wie Sachsen, Rumänen, Slowaken oder Kroaten soll hingegen nur dann hingewiesen werden, wenn es sich aufgrund der kommunikationsgeschichtlichen Hintergründe nahelegt, ja geradezu aufdrängt.

Der Friedensvertrag, der am 23. Juni 1606 zwischen Fürst István Bocskay und König Rudolph in Wien geschlossen wurde, stellt unseres Erachtens als obere Zeitgrenze eine sinnvolle Zäsur dar. Im Friedensvertrag, bestätigt und ausgeweitet auf dem Landtag des Jahres 1608, wurde sowohl Magnaten als auch Adligen, den

---

1 Vgl. DEBRECENI EMBER, Historia, 101.
2 Vgl. GEORG HANER, Historia ecclesiarum transylvanicarum, inde a primis populorum originibus ad haec usque tempora, Frankfurt/Leipzig 1694, 220 f; PÁRIZ PÁPAI, Rudus Redivivum, 143. Tatsächlich trat ein offener Konflikt zwischen Vertretern der lutherischen Richtung und der helvetischen Richtung der Reformation erstmals im Jahre 1557 offen zu Tage, als im Januar 1557 auf einer Hermannstädter Synode, seitdem sich die helvetische Richtung nach dem Sieg Péter Petrović' im Jahre 1556 im Partium frei äussern und verbreiten konnte, die „Sacramentarii" verurteilt worden sind (vgl. unten S. 415 f).

Städten und Dörfern allgemeine Religionsfreiheit garantiert.[3] Aus dieser Sicht kann der Wiener Vertrag als eigentlicher Abschluss des Kampfes um Anerkennung des helvetischen Bekenntnisses gewertet werden. Besonders für die weitere Entwicklung des Fürstentums Siebenbürgen war der Religionsartikel entscheidend, da das Fürstentum fortan von sogenannten „calvinistischen Fürsten"[4] regiert wurde, der Religionsartikel damit also einen deutlichen Wendepunkt darstellte.

Sinn macht die Setzung der oberen Zeitgrenze um das Jahr 1606 auch darum, weil am 13. Oktober 1605 in Genf Théodore de Bèze, der letzte bedeutende Vertreter des Reformationszeitalters, verstarb. Es war de Bèze' grosses Verdienst, nach dem Tode Calvins und Bullingers wesentlich zur Bedeutung, Konsolidierung und Akzeptanz des reformierten Protestantismus in ganz Europa beigetragen zu haben. Der Wiener Vertrag, der nach dem Tode von Théodore de Bèze stattfand und den István Bocskay nur knapp überlebte, ist insofern ein eindrückliches Zeugnis dafür, dass zu Beginn des 17. Jahrhundert der reformierte Protestantismus in eine neue Zeitepoche eingetreten ist.

Die Thematik dieses Kapitels ist trotz Eingrenzung auf den ungarisch-reformierten Protestantismus sehr breitspektrig, und es ist darum kaum möglich, diese in allen Facetten zu beleuchten. Der Schwerpunkt der Darstellung liegt vor allem in der Untersuchung von kommunikationsgeschichtlichen Fragen. Einesteils widmen wir uns der Frage, wie sich die geistigen Kontakte – seien sie persönlicher, brieflicher oder rezeptioneller Art – zwischen Vertretern des schweizerischen und ungarländischen Kulturraumes gestalteten. Darauf aufbauend soll nach der Bedeutung und den Konsequenzen dieser Kontakte für die theologie- und konfessionsgeschichtliche Entwicklung sowie die Konsolidierung des reformierten Protestantismus im Karpatenbecken gefragt werden, d.h. die rezeptionsgeschichtliche Frage gestellt werden. Diese Akzentuierung rechtfertigt es, dass verschiedene einzelne Aspekte, wie beispielsweise die Untersuchung der gegenreformatorischen Massnahmen gegen die weitere Ausbreitung der „Sacramentarii",[5] nur am Rande behandelt werden; gleichzeitig wollen sie aber zu weiteren Forschungen anregen.

---

3 Vgl. Bitskey, Jesuit, 454 f; Bucsay, Protestantismus I, 148 f; Révész, Reformation, 92; Veress, Grundsätze, 54.

4 In zahlloser Literatur wird von den „calvinistischen Fürsten Siebenbürgens" gesprochen (vgl. Fata, Peregrinatio, 4; Daugsch, Toleranz, 63; u.s.w.), obwohl der Ausdruck irreführend ist und den historischen Gegebenheiten nicht gerecht wird (vgl. unten S. 525 ff).

5 So in der Zensurverordnung von Kaiser Maximilian II. auf dem Reichstag zu Speyer (1570) festgehalten (vgl. Decretum censurae, 8. November 1570, ELTE: Tom. XXIII, Nr. 32; vgl. Révész, Reformation, 83). Noch in den 1580er Jahren hielt der siebenbürgische Jesuit István Szántó fest, dass in Siebenbürgen vier „Haereses [...] grassantur [...]: Lutherana, Sacramentaria, Anabaptistarum et Trinitariorum." (István Szántó an Claudio Aquaviva, 1. September 1581, in: Veress, Epistolae Jesuitarum I, 185; vgl. István Szántó an Vilmos Sirleto, 21. September 1581, in: Veress, Epistolae Jesuitarum I, 200). Andernorts ersetzte Szántó den Begriff der „Sacramentarii" mit „Calvinistii" (vgl. István Szántó an Friedrich N. Raynaldus [Präfekt der Vatikanischen Bibliothek], 21. September 1581, in: Veress, Epistolae Jesuitarum I, 198); der jesuitische Provinzial Johannes P. Campanus bezeichnete gar den Nonkonformisten Marcello Squarcialupi, der zwischen Siebenbürgen, Mähren und Graubünden verkehrte (vgl. Bernhard, Mähren, 48; Bundi, Squarcialupi, 435–445), als „Calvinist", und de Bèze als Lehrer der Nonkonformisten (vgl. Johannes P. Campanus an Claudio Aquaviva, 27. Februar 1584, in: Veress, Epis-

1. Geistige Kontakte zwischen dem schweizerischen und ungarländischen Kulturraum

Im September des Jahres 1608 widmete Albert Szenci Molnár dem Zürcher Johann Rudolph Lavater, der von 1605 bis 1611 in Hanau Rektor der Lateinschule war, zwei seiner Werke, einerseits sein *Dictionarium Latinogermanicum* (Nürnberg 1604)[1] und andererseits die Neuausgabe von Gáspár Károlyis Vizsolyer Bibel, der *Szent Biblia az az Istennec o és uy testamentumomanac* (Hanau 1608), und zwar als „testimonium animi grati":

Clarissimo genere, et doctrina Viro, Dno. Joh. Rodolpho Lavatero Tigurino, hospes hospiti meo, de me optime merito amico item aeternumque colendo & amando, in testimonium animi grati dono dedi Albertus Molnar Szenciensis Ungarus, Editor. Mense Septembri Hanova discessum parans.[2]

Molnár wohnte von April bis September 1608 in Hanau im Hause Lavaters[3] – er kannte Lavater seit seinem Zürcher Aufenthalt im August 1596[4] – und erfuhr später durch Lavater nachhaltige Förderung. Lavater unterstützte Molnár nicht nur beim Druck der *Szent Biblia*, sondern auch bei der *Novae Grammaticae Ungaricae Succincta* (Hanau 1610) sowie dem *Lexicon Lat no-Graeco-Hungaricum* (Hanau 1611); für letztere beiden Werke verfasste Lavater gar poetische Applause.[5] Umgekehrt benutzte Lavater Molnárs Ausgabe der ungarischen Vizsolyi-Bibel und zitierte daraus einige Stellen in seinem theologischen Werk Κατάβασις εἰς Ἅδου, hoc est *De descensu Jesv Christ ad inferos*,

---

tolae Jesuitarum II, 53). Beide Quellen belegen, dass noch gegen Ende des 16. Jahrhunderts die „Calvinisten" – aus Sicht der römischen Kirche – eigentlich „Sakramentarier" waren.

1 Standortsignatur des Werkes in der Zentralbibliothek Zürich: XV. 221.

2 Standortsignatur des Werkes in der Zentralbibliothek Zürich: Bibl. 34.n. Bereits GÖMÖRI hat diesen handschriftlichen Widmungseintrag entdeckt, vermochte ihn aber nicht durchwegs zu entziffern (vgl. GÖMÖRI, Szenci Molnár, 376). Die beiden Werke kamen später in den Besitz von Johannes Rahn, der sie am 17. Oktober 1661 der Stadtbibliothek Zürich vermachte (vgl Donationenbuch der Stadtbibliothek Zürich, ZBZ: Arch St 22, 482).

3 „8. Aprilis veni in familiam domini Johannis Rodolphi Lavateri Tigurini Rectoris scholae Hanoviensis." (SZENCI MOLNÁR, Naplója, 81); Lavater und Molnár pflegten auch einen brieflichen Austausch (vgl. MOLNÁR, Irományai, 260 f. 269 f. 275 f et passim).

4 Vgl. SZENCI MOLNÁR, Naplója, 58 f.

5 Vgl. Johann Rudolf Lavater: In Novum Grammaticam Hungaricam Cl.V. Alberi Molnari Epigramma, in: ALBERT SZENCZI MOLNÁR, Novae Grammaticae Ungaricae Succncta methodo comprehensae […] Libri duo, Hanau 1610, B5ʳ⁻ᵛ (= 25 f); Johann Rudof Lavater: Ad Cl. V. Dn. Albertum Molnar Novam Lexici Latino-Graeco-Hungarici […] editionem […] Euphemismus extemporaneus, in: ALBERT SZENCZI MOLNÁR, Lexicon Latino-Graeco-Hungricum, Hanau 1611, *6ᵛ (vgl. VÁSÁRHELYI, Vizsolyi Biblia, 41. 84).

tractatus theologicus et scholasticus (Frankfurt a.M. [= Hanau] 1610);[6] er orientierte sich in seinen exegetischen Ausführungen an der humanistischen Methode von Erasmus und Valla.[7] Lavater blieb auch nach seiner Rückkehr ans zürcherische *Carolinum*, wo er als Lehrer der Rhetorik und der Logik wirkte, mit ungarischen Studenten verbunden.

Das Beispiel soll illustrieren, wie eng bei den Vertretern des reformierten Protestantismus der Schweiz und Ungarns auch zu Beginn des 17. Jahrhunderts die reformierte Theologie mit dem humanistischen Bildungsauftrag verbunden war. Szenci Molnár, auf den wir en détail später zu sprechen kommen, übersetzte nicht nur verschiedene reformatorische Werke ins Ungarische, so Calvins *Institutio* oder den Heidelberger Katechismus, sondern schrieb auch Werke zur Förderung der ungarischen Sprache. Lavater andererseits berief sich in seinen Werken gleichermassen auf Theologen wie auf bekannte Humanisten. Es finden sich Namen wie Théodore de Bèze, Johann Jakob Breitinger, András Dudith oder Melchior Goldast; mit letzterem stand Lavater gar in regelmässiger Korrespondenz.[8]

Die geistigen Kontakte zwischen dem schweizerischen und ungarländischen Kulturraum können also keineswegs allein auf die rein theologischen Kontakte von Vertretern der reformierten Kirche eingeschränkt werden, sondern sind weit vielschichtiger. Ein erster Überblick über diese vielschichtigen Kontakte soll darum einen anschliessend differenzierteren Zugang zu den einzelnen Themata der geistigen Kontakte der reformierten Kirche ermöglichen.

1.1 Überblick über die geistigen Kontakte

Nicht nur im gesamteuropäischen Wissenstransfer, sondern auch für die geistigen Kontakte der Schweiz mit Ungarn nahm Basel nach 1550 weiterhin eine zentrale Funktion ein. Allerdings gewannen die beiden Städte Genf und Zürich dank ihrer weitherum bekannten Lehrer in ganz Europa an Bedeutung, so dass eine Engführung der geistigen Kontakte auf die geistige Metropole Basel den historischen Gegebenheiten mitnichten gerecht werden würde. Unser Überblick richtet den Blick vor allem auf die geistigen Kontakte in folgenden Bereichen: Historiographie, Altertums- und Sprachwissenschaft, Naturwissenschaften sowie Theologie.

---

6 Lavater hielt bei dem erstmaligen Verweis auf Molnárs Ausgabe der Vizsolyi-Bibel in einer Anmerkung fest: „Editio [...] recusa Hanou. 1608. curante Cl. & mihi amiciss. V.Dn. Alberto Molnaro." (JOHANN RUDOLF LAVATER, Κατάβασις εἰς Ἄδου, hoc est De descensu Jesv Christi ad inferos, tractatus theologicus et scholasticus, Hanau 1610, 205).

7 Lavater verglich in seinen exegetischen Ausführungen den Urtext und die verschiedenen Übersetzungen; dabei zog er auch die ungarische Übersetzung Molnárs heran (vgl. LAVATER, Κατάβασις, 205. 233). Zu Lavaters Methode vgl. VINZENT, Ursprung, 47 f.

8 Vgl. Virorum Cll. et doctorum ad Melchiorem Goldastum [...] Epistolae, Frankfurt 1688, 196 f. 229 f. 234 f. 247 f. 252. 257–260 et passim.

a. Historiographie

Der für die Identität einer Nation massgebende Literaturbereich ist die Historiographie. Im Reich der Stephanskrone betätigten sich an den verschiedenen Höfen, insbesondere am Fürstenhof in Weissenburg und am Königshof in Wien, verschiedene namhafte Historiker bzw. Humanisten, die sich um die ungarische Historiographie verdient gemacht haben. Wir denken dabei an Martin Brenner, Miklós Oláh, Ferenc Forgách, Giovanni Michele Bruto, Antun Vrančić oder Johannes Sambucus.[9]

Die ungarische Historiographie stand nach der Niederlage bei Mohács, noch stärker nach dem Fall Ofens, vor grossen Herausforderungen, da die Türkenfrage zu einem grundlegenden Überdenken der ungarischen Geschichtsauffassung zwang. So hat Antonio Bonfini, der Hofhistoriograph von König Matthias Corvinus, in seinen *Rerum Ungaricarum Decades* (1494–97) Ungarn als Schutzschild der Christenheit, insbesondere auch gegen das Vordringen der Türken, bezeichnet.[10] Es ist deshalb bemerkenswert, dass die Erfahrungen der Türkenkriege nach einer ersten Ratlosigkeit zu einer Verinnerlichung von Bonfinis Geschichtsauffassung führten und sein Geschichtswerk in Basel, wie bereits erwähnt, von Martin Brenner im Jahre 1543 erstmals herausgegeben wurde, gewidmet dem um die Reformation bemühten Magnaten Ferenc Révay, um ihn in der Verteidigung des wahren Glaubens gegen die Türken zu unterstützen.[11] Bonfinis *Decades* erschienen bereits zwei Jahre später, gleichfalls in Basel bei Robert Winter, in deutscher Übersetzung.[12] Doch nicht genug: Seit seinem ersten Basler Aufenthalt wollte Sambucus eine ergänzte Neuausgabe von Bonfinis *Decades* veröffentlichen; so verfasste er eine kurze Studie zu den *Decades*, die in Christoph Mylaeus' *De scribenda universitatis rerum historia* (Basel 1551), einem Werk über das gesamte mögliche Wissen, erschien.[13] Schliesslich gelang es ihm im Jahre 1568 Bonfinis *Rerum Ungaricarum Decades Quattor*, ergänzt um die Jahre 1496 bis

---

9 Vgl. KÖPECZI, Geschichte, 292 f. Zum Aufenthalt von Humanisten am Hofe vgl. auch: ALMÁSI, Humanisten, 155–165.

10 „Ungaria […] quae Christianae rei publicae potissimum propugnaculum haud immerito esse censetur […]" (BONFINI, Decades (1936–1976), Bd. 3, 5, 134; vgl. HAVAS, Geschichtskonzeption, 292 f. 300 f; VARGA, Vormauer, 55–63). Diesbezüglich ähnliche Äusserungen finden sich auch verschiedentlich in Michele Riccis *De regibus Ungariae libri II* (vgl. Michaelis Ritii Neapolitani De regibus Francorum lib. III. De regibus Hispaniae lib. III. De regibus Hierosolymorum lib. I. De regibus Neapüolis et Siciliae lib. III. De regibus Ungariae lib. II, Basel [1517] (²1534), 65ᵛ–85ᵛ).

11 Vgl. oben S. 136 f.

12 Vgl. ANTONIO BONFINI, Des Aller Mechtigsten Künigreichs inn Ungern, warhafftige Chronik und anzeigung, […] Basel 1545.

13 Vgl. JOHANNES SAMBUCUS, De Historia in praefatione ad Bonfini Historiam Ungariae, in: Christoph Mylaeus, De scribenda universitatis rerum historia libri quinque, Basel 1551, 644–650.

1565, erneut bei Oporin herauszugeben.[14] In den Ergänzungen stützte er sich auf eigene Studien sowie auf solche von Stjepan Brodarič, Miklós Oláh oder Sebestyén Tinódi Lantos. Am 21. September 1568 meldete Sambucus aus Wien an Theodor Zwinger in Basel, dass sich Bonfinis Werk in Ungarn sehr gut verkaufe.[15] Der siebenbürgische Drucker Gáspár Heltai[16] gab schliesslich eine überarbeitete Fassung der Basler Ausgabe in Ungarisch heraus.[17] Massgebend für die historiographische Arbeit blieb aber Sambucus' lateinische Ausgabe von 1568; sie hatte Generationen von ungarischen Geschichtswerken geprägt.[18]

Sambucus stand in einem sehr regen Austausch mit den Basler Gelehrten wie Zwinger, Grynäus, Oporin, Episcopius und Perna. Er hatte auch eine eigene umfassende Darstellung der ungarischen Geschichte geplant, die aber nie erschien.[19] Hingegen erschien ein anderes bedeutendes Geschichtswerk, deren Herausgabe Sambucus nachhaltig forsiert hatte: Es handelt sich um das *Chronicon* des griechischen Schriftstellers Konstantinos Manasse, das die Ereignisse von der Entstehung der Welt bis ins Jahr 1081 in Versen beschreibt und sich in der byzantinischen Welt sowie in der angrenzenden Balkanregion grosser Beliebtheit erfreute. Bereits im Jahre 1560 versicherte Sambucus an Zwinger, dass er ihm eine Handschrift der Chronica des Manasse senden werde;[20] doch erst im Jahre 1568 nahm sich Oporin des Unterfangens an, allerdings unter Beizug weiterer Handschriften. Der unerwartete Tod Oporins am 6. Juli 1568 verzögerte den Druck erneut; schliesslich fertigte der schlesische Humanist Johannes Löwenklau (Leunclavius), der seit 1565 in Basel bei Oporin, dann bei Episcopius arbeitete, eine lateinische Übersetzung der Chronica an, so dass das Werk im Jahre 1573 endlich, nach vielen Ermahnungen Zwingers, erscheinen konnte, mit dem Hinweis auf dem Titelblatt, dass die Handschrift „Ex Io. Sambuci v.c. bibliotheca" sei.[21] Löwenklau hat weitere Schriften byzantinischer Historiker unter Gebrauch von Handschriften von Sambucus, wie beispielsweise die *Annales Michaeli Glycae Siculi, […] Byzantiam historiam universam* (Basel 1572) oder des *Zosimi comitis et ex-*

---

14 Aus einem Bericht von Erzherzog Maximilian (= Maximilan II.) ist bekannt, dass Zsigmond Gyulai Torda bereits 1562 Bonfinis *Decades quattor* herausgeben wollte (vgl. Bericht von Erzherzog Maximilian, 25. August 1562, HHStW: Ungarn, Allgemeine Akten, Mappe 86).

15 Vgl. Johannes Sambucus an Theodor Zwinger, 21. September 1568, in: SAMBUCUS, Briefe, 92 ff.

16 Im ganzen vorliegendem Kapitel wird die ungarische Namenform von Kaspar Helth gewählt, weil Helth nach 1550 hauptsächlich im Dienste der ungarischen Reformation stand und selbst meist die ungarische Namenform Heltai gebrauchte (vgl. z. B. Chronica az Magyaroknac dolgairol […] Heltai Gaspar meg irta magyar nyeluen […], Klausenburg 1575).

17 Vgl. ANTONIO BONFINI, Chronica az magyaroknac dolgairol, Klausenburg 1575.

18 Vgl. BENE, Historiography, 11. 33 ff; FATA, Ungarn, 176; SAMBUCUS, Briefe, 291 ff.

19 Vgl. Johannes Sambucus an Theodor Zwinger, 7. Juni 1571, in: SAMBUCUS, Briefe, 116 ff. 292 f.

20 Vgl. Johannes Sambucus an Theodor Zwinger, 1. März 1560, in: SAMBUCUS, Briefe, 48 ff.

21 Vgl. JOANNES LEUVENCLAVIUS, Annales Constantini Manassis, Basel 1573, α[r] (vgl. SAMBUCUS, Briefe, 309 ff).

advocati fisci, Historiae novae Libri IV, [...] (Basel 1576) herausgegeben.[22] Letzteres Werk hat Löwenklau seinem Mäzen Sambucus gar gewidmet.[23]

Verschiedene historische Beiträge lieferte Sambucus, der eigentlich mehr Philologe als Historiker war,[24] auch für das vierbändige *Historicum opus* (Basel 1574) von Simon Schard,[25] nämlich *De Ferdinando rege, Rerum ad Agriam M.D.LII anno gestarvm narratio, Obsidionis Zighet brevissimia vera expositio, Expugnatio arcis Temesvari* (1552) und *Expugnatio arcis Tokay anno M.D.LXV.*[26] Hingegen kam eine von Sambucus besorgte verbesserte Neuausgabe von Wolfgang Lazius' *Rei publicae Romanae [...] commentariorum Libri XII* (Basel 1551) nie in Druck, obwohl die Erben Oporins dies versprochen hatten.[27] Gerade die nicht abgeschlossenen Druckvorhaben belegen, wie intensiv der Austausch zwischen Sambucus und den Basler Gelehrten war.[28] Darum auch verfasste Sambucus Widmungsgedichte für andere historische Werke, die in Basel gedruckt wurden.[29] Als schliesslich sein „Hauptverleger" Oporin starb, steuerte Sambucus für die Erinnerungsschrift gleichfalls ein Trauergedicht bei.[30]

Eine andere Persönlichkeit, die mit der Schweiz in Verbindung stand, war Tamás Jordán (1539–1585) aus Klausenburg, der in Wittenberg, Paris und Italien Medizin studiert hatte. Von Venedig aus kam er nach Zürich zu Konrad Gessner und zog weiter nach Basel, später erneut nach Italien. Seit 1570 wirkte er als *primus medicus publicus* in Brünn, wo er vor allem grosse Verdienste im

---

22 Vgl. Hieronymus, Geist, 391 ff.

23 Vgl. Io. Levnclai ad Ioan. Sambvcvm Pannonium, [...], in: Zosimi comitis et exadvocati fisci, Historiae novae Libri IV., Basel 1576, α2ʳ–α5ʳ (vgl. Schottenloher, Handschriftenforschung, 100 f).

24 Dies wird in der jüngsten, sehr guten Darstellung von Arnoud S.Q. Visser mehrfach deutlich (vgl. Visser, Sambucus, passim).

25 Zu Schards *Historicum opus* vgl. Strohm, Calvinismus, 324 ff.

26 Vgl. Simon Schardius, Historicum opus, Bd. 1, Basel 1574, 1196. 1717–1739; ders., Historicum IV, 2238–2260 (vgl. RMKP 5353).

27 Vgl. Johannes Sambucus an Theodor Zwinger, 9. November 1582, in: Sambucus, Briefe, 269 ff. 311 f.

28 Eine besondere Kuriosität von Sambucus' geistiger Präsenz bei Basler Gelehrten ist das „Stammbuch" – es handelt sich um das mit leeren Zwischenblättern gebundene Werk *Hadriani Iunii Medici emblemata* (Antwerpen 1565) – von Hieronymus Burkart (vgl. Stammbuch von Hieronymus Burkart, UBB: AN VI 26y); die *Epistola nuncupatoria* des Werkes *Hadriani Iunii Medici emblemata* stammt ebengerade von Johannes Sambucus, und wurde am 10. Februar 1564 verfasst (vgl. Hadrian Junius, Medici emblemata, Antwerpen 1565, A3ᵛ). Ein weitere Kuriosität ist das Stammbuch von Jakob Zwinger, in das Sambucus' *Emblemata et aliquo. numni antiqui operis, quarta editio* (Antwerpen 1576) eingeheftet ist (vgl. Stammbuch von Jakob Zwinger, UBB: A λ II 36a).

29 Es ist beispielsweise an Michael Beuthners *Fastorum libri duo [...] item Ephemeris historica* (Basel 1556) zu denken (weiteres vgl. unten S. 267 ff).

30 Vgl. Johannes Sambucus: „Quis tua non vidit praeli monumenta labores? [...]", in: Jociscus, Oratio, F7ᵛ.

Bereich der Seuchenbekämpfung erworben hatte.[31] Neben seiner medizinischen Tätigkeit widmete er sich aber auch der Historiographie, insbesondere einer Neuausgabe der *Historia regni Boihemiae* (Prossnitz 1552) von Johannes Dubravius (Jan Skála z Doubravy, 1486–1553), des Bischofs von Olmütz. Da Jordán mit Basler Gelehrten, besonders mit dem Arzt Johannes Bauhin d. J., weiterhin in Verbindung stand, und da Basels Buchdrucker auch in Mähren einen vorbildlichen Ruf genossen, entschied er sich zu einem Druck von Dubravius' Werk in Basel; der schlesische Humanist Johannes Crato von Krafftheim verfasste dazu schliesslich die *Epistola dedicatoria*.[32]

Weiter ist auf Jean Bodins *Methodus Historica* (Basel 1576) hinzuweisen. Ergänzend zur Pariser Ausgabe *Methodus ad facilem historiarum cognitionem* (1566) wurde in der Basler Ausgabe des Thukydides' *Historia iudicium* (Venedig 1560) beigefügt, welche von András Dudith herausgegeben worden ist, gewidmet an den in Basel wohlbekannten Miklós Oláh.[33] András Dudith (1533–1589),[34] ein geborener Kroate, später Bischof von Csanád (1562–1563) und Fünfkirchen (1563–1567),[35] der im Jahre 1562 als junger Konzilsteilnehmer für Reformen im Sinne des Erasmus eintrat und darum das Konzil verlassen musste, kam bereits während seiner Studien in Kontakt mit vielen bedeutenden Gelehrten Europas, so dass später seine Korrespondenz, wie die von Erasmus, ganz Europa einschloss.[36] Schon 1556 trat er mit Curione in Briefkontakt, später mit Zwinger und Grynäus in Basel, seit 1566 mit de Bèze in Genf[37] und seit 1569 mit Wolf und Simler in Zürich.[38] Auch den Basler Buchdruckern war der Erasmianer Dudith wohlbekannt, zumal er als Humanist wie Sambucus alte Handschriften sammelte;[39] unter den heute bekannten Bänden seiner Bibliothek befinden sich mehr als hundert Basler Ausgaben, vor allem aus den Werkstätten Johannes Oporins, Peter Pernas und Sebastian Henricpetris. Die gleiche Anzahl machen die venezianischen und

---

31 Vgl. BERNHARD, Gessner, 171 f; KEMENES, Kolozsvári, 1503 ff; SZABÓ, Erdélyiek, 174; vgl. unten S. 278 f. 396.

32 Vgl. Ioannes Crato à Crafftheim: Epistola dedicatoria, in: Io. Dubravii Olomvzensis Episcopi Historia Boiemica, hg. von Tamás Jordán, Basel 1575,)(2ʳ-)(5ʳ.

33 Vgl. ANDRÁS DUDITH (Hg.), Dionysii Halicarmassei de Thucydidis Historia iudicium, in: Jean Bodin, Methodus historica duodecim euzsdem argumenti […], Basel 1576, 908–942. Dudiths Thukydides-Ausgabe erschien erneut in Johannes Wolfs *Artis historicae penus* (Basel 1579).

34 Nach wie vor die beste Biographie über Dudith ist die Arbeit von Pierre COSTIL (vgl. COSTIL, Dudith).

35 Seit 1566 weilte Dudith am polnischen Königshof in Krakau in diplomatischen Diensten, wo er sich auch heimlich mit einer polnischen Dame verehelichte und als Folge davon sein Bischofsamt aufgab und die katholische Kirche verliess (vgl. ALMÁSI, Humanisten, 162).

36 Vgl. RITOÓK-SZALAY, Erasmus, 125 f.

37 Der erste Brief Dudiths an de Bèze ist zwar vom 18. April 1568, doch bereits 1566 lässt er erstmals durch den Genfer Drucker Henri II Estienne (Henricus Stephanus) de Bèze grüssen (vgl. András Dudith an Henri II Estienne, 14. Juli 1566, in: ADE I, Nr. 141).

38 Vgl. DUDITH, Epistulae I–VI.

39 Vgl. PREISENDANZ, Ausgabe, 110–114.

Pariser Ausgaben zusammen aus.[40] Nur das Wissen um Dudiths Gelehrsamkeit macht es verständlich, dass Perna der Basler Bodin-Ausgabe Dudiths Thukydides beigab; offenbar bewertete er denselben als praktisches Beispiel von Bodins Methode, die der Theologie in der Historiographie den Abschied gab, um eine Darstellung der Menschen und der rein innerweltlichen Zusammenhänge zu fordern.[41] Tatsächlich vermied Dudith eine theologische Deutung der Geschichte, wie er überhaupt in Glaubensfragen sehr zurückhaltend blieb; nicht umsonst ist es so schwierig, seine zunehmend antitrinitarische Ausrichtung zu belegen.[42]

Die Kontakte von Basler Gelehrten mit Polihistorikern verschiedener Länder unterstützten natürlich gleichfalls Sebastian Münsters Bemühungen bei der Abfassung seiner *Cosmographia*, einer Beschreibung des Wissens der Welt, worin die Grundlagen aus Geschichte und Geographie, Astronomie und Naturwissenschaften, Landes- und Volkskunde nach dem damaligen Wissensstand zusammengefasst werden sollten. Interessanterweise nimmt Münster erst in seiner zweiten, lateinischen Ausgabe auch *Ungaria, quae & Pannonia inferior* en détail auf; allerdings handelt sich in der diesbezüglichen Darstellung, abgesehen von der knappen Ausführungen zu den *civitates Ungariae*, vor allem um eine mit zahlreichen Einzelheiten ergänzte Darstellung der ungarischen Geschichte bis zur Niederlage von Mohács und den folgenden Türkenkriegen.[43] Zu vielen darin enthaltenen Informationen mag Münster, der selbst mit Honterus Korrespondenz gepflegt hat,[44] auch dank der ungarländischen Kontakte verschiedener Basler Gelehrter gekommen sein. Nach dem Tode Münsters († 1552) wurde die *Cosmographia* laufend ergänzt und mit neuen Holzschnitten versehen, auch Ungarn betreffend, wie die Ausführungen zur Belagerung der Festung Szigetvár im Jahre 1566 belegen.[45]

---

40 Vgl. MONOK, Buchdruck, 37; Adattár 12/3; JANKOVICS, Könyvtára, 23 f.
41 Vgl. MUHLACK, Geschichtswissenschaft, 92 ff.
42 Gerade weil Dudith mit vielen europäischen Grössen der zweiten Hälfte des 16. Jahrhunderts in stetiger Korrespondenz stand, verhielt er sich so lange wie möglich nikodemitisch. Doch gegenüber de Bèze äusserte Krzysztof Trecy bereits im Juni 1570 seine Sorge darüber, dass Dudith immer häufiger mit Häretikern „frequentiere" (vgl. Krzysztof Trecy an Théodore de Bèze, 13. Juni 1570, in: Bèze, Corr. XI, Nr. 779; Krzysztof Trecy an Théodore de Bèze, 10. Mai 1571, in: Bèze, Corr. XII, Nr. 827). Als Dudith Ende 1576 aus Teschen (Cieszyn, PL) seinen Freund Jakob Palaeologus bat, dass er bei Dietrich von Kunovice (Jetřich de Kunovice) für einen Landkauf Dudiths in Mähren eintrete, schrieb er mit fast gleicher Ablehnung über Jesuiten, „Calvinisten" und Lutheraner, hielt aber fest, dass in religiösen Dingen „silentium mihi indixi da aliquanti anni" (András Dudith an Jakob Palaeologus, 31. Dezember 1576, in: ADE V, Nr. 871). De Bèze behielt Achtung vor dem lateinischen Stil Dudiths, wertete ihn aber in späteren Jahren eindeutig als „Arrianus" (vgl. Théodore de Bèze an Johannes Haller jun., 19. Januar 1591, in: Bèze, Corr. XXXII, Nr. 2146); vgl. BERNHARD, Mähren, 48 f; URBAN, Antitrinitarismus, 111 f.
43 Vgl. SEBASTIAN MÜNSTER, Cosmographiae universalis Lib. VI. in quibus iuxta certioris fidei scriptorum traditionem decribuntur [...], Basel 1550, 855–884.
44 Vgl. oben S. 166 ff.
45 Während in der Ausgabe von 1578 die Niederlage bei Szigetvár noch nicht aufgeführt ist, wird

b. Altertums- und Sprachwissenschaft

Über die Bedeutung Basels als Druckzentrum für klassische Ausgaben haben wir bereits mehrfach hingewiesen; auch nach dem Tode des Erasmus sind die Drucker und Universitätsgelehrten dem Ruf der Buchdruckerstadt gerecht geworden. Erst mit dem Tod der bekanntesten Basler Buchdrucker, Johannes Oporin († 1568) und Pietro Perna († 1582), nahm die Bedeutung Basels als Buchdruckerstadt ab.[46] Eben in die Zeit der glanzvollsten Tätigkeit von Oporin und Perna fallen die regelmässigen Kontakte von Sambucus mit Basel. Sambucus, wie erwähnt eigentlich ein Philologe, war einer von jenen ungarländischen Gelehrten, die sich nach der Zerstörung der Bibliothek von Ofen durch die Türken um die Sammlung von Handschriften, seien es wertvolle Corvinen oder andere Schätze aus Byzanz, bemüht haben. Seine Handschriftensammlung bildete eine der bedeutendsten im Ungarn des 16. Jahrhunderts, weswegen für Basels Drucker der Kontakt mit Sambucus besonders wichtig war; viele Basler Drucke klassischer und byzantinischer Ausgaben, die aufgrund der benutzten Lesarten hervorragende Qualität aufwiesen, wären ohne den Beizug von Sambucus' Handschriften kaum möglich gewesen.[47] Einerseits ist dabei an Ausgaben zu denken, die von Sambucus selbst betreut wurden, wie seine Xenophon-Ausgabe *Δημηγορίαι: Hoc est Conciones aliquot ex libris Xenophontis [...]* (Basel 1552), die Ausgabe der *Luciani Samosatensis Opera* (Basel 1563), die zweite, erneut verbesserte Auflage von *M. Acci Plauti [...] Comoediae viginti* (Basel 1568), Lukians *Dialogi selectiores coelestes* (Basel 1576) oder die *editio princeps* von Plotins *Operum philosophicorum omnium libri LIV* (Basel 1580);[48] andererseits sind viele Ausgaben von Schriftstellern der Antike zu erwähnen, für die auch Handschriften von Sambucus beigezogen wurden, wie für die von Xylander betreuten *Euclidis Megarensis [...] sex libri priores de Geometricis principijs* (Basel 1550), für die *Hippocratis [...] commentarii tabulis illustrati [...] Th. Zwingeri studio et conatu* (Basel 1579), für die erste Quellensammlung des byzantinischen Rechts, die *LX Librorum Βασιλικῶν, id est, Universi iuris Romani, [...]* (Basel 1575) oder die Sammelausgabe *Medici antiqui Graeci Aretaeus, Palladius, Ruffus, Theophilus: Physici & Chirurgi [...]* (Basel 1581).[49]

(handschriftliche Notizen: betreuen: to look after — check all this! 1550 is Schabel's edn!)

[Nb: Xylander: 1532–1576]

bereits in der folgenden Ausgabe von 1579 ein schöner Holzschnitt beigegeben (vgl. SEBASTIAN MÜNSTER, Cosmographey. Oder beschreibung Aller Länder [...], Basel 1579, 1189).

46 Vgl. GUGGISBERG, Zusammenhänge, 19 ff.

47 Auf verschiedene von den Basler Druckern benutzte Handschriften aus dem Besitze Sambucus wurde bereits hingewiesen (vgl. oben S. 137); Sambucus' Korrespondenz mit Zwinger bietet weitere wertvolle Hinweise. Natürlich pflegte Sambucus auch Austausch mit Gelehrten und Druckern anderer Städte, welche gleichfalls Handschriften aus seiner Bibliothek benutzten (vgl. MAZAL, Textausgaben, 206–212; u.s.w.).

48 Vgl. HIERONYMUS, Geist, Nr. 55. 90. 155; SAMBUCUS, Briefe, 313 ff. *[Gerstinger ed. 1968]*

49 Verschiedene Projekte, zu denen Sambucus Schriften beigesteuert hat, wurden nie realisiert

(handschriftliche Notiz am Fuß: Schriftsteller: writer   erwähnen: to mention)

Obwohl Sambucus eine der wichtigeren Gestalten der ungarländischen Geistesgeschichte jener Zeit darstellt, wäre es irreführend, wenn wir die Kontakte ungarischer Philologen mit Basel allein auf Sambucus reduzieren würden. Auf die Kontakte Gyulai Tordas nach Basel und den von ihm besorgten Druck des Euripides' *Orestes* (Basel 1551) haben wir bereits verwiesen, gleichfalls auf die zahlreichen Kontakte von Honterus in die Schweiz. Von Honterus erschien *post mortem* in Basel allerdings eine besonders interessante Ausgabe, die wir bereits im vorangehenden Kapitel erwähnt haben. Es handelt sich um den Nachdruck der Nilus-Ausgabe Νειλοῦ Μοναχοῦ κεφάλαια (Kronstadt 1540), dessen Handschriften Honterus in einer Bibliothek in der Walachei gefunden hatte. Bekanntlich liess Michael Neander, der den Druck und das Manuskript von Honterus selbst zugesandt erhalten hatte, des Nilus Lehrsprüche wegen der grossen Nachfrage in Basel 1559 und 569 erneut herausgeben.[50] Der Nachdruck der Nilus-Ausgabe belegt, welche Bedeutung die Basler Drucker mitteleuropäischen Gelehrten wie Honterus Sambucus oder Henisch beimassen. Der aus Bartfeld stammende Georg Henisch (1549 – 1618)[51] hat sich vor allem durch seine medizinischen Schriften hervorgetan. Weniger bekannt ist, dass er sich während seiner Basler Studien (1573 – 1575)[52] auch philologisch und lexikographisch betätigt hatte: So gab er den Sammelband *Belli Troiani scriptores praecipui, Dictys Cretensis [...] Deres Prygius [...] & Homerus [...] in unum volumen digesti* (Basel 1573) mit einem Vorwort heraus. Im folgenden Jahr erschien in Basel bei Oporin ein Nachdruck von Hesiods lateinischer Übersetzung der *Poemata*, ergänzt allerdings durch eine lateinische von Henisch angefertigte Übersetzung der Scholien des Johannes Tzetzes; im Vorwort betonte Henisch, dass Hesiods Schriften weithin verbreitet seien und durch den Kommentar des Tzetzes erst recht an Bedeutung gewonnen hätten.[53] In der zweiten Auflage der Gedichte Hesiods hat Henisch

---

oder konnten infolge Tod des Druckers nicht beendet werden. Es ist beispielsweise an eine geplante Ausgabe der Schriften des Aristoteles zu denken, zu deren Edition Sambucus mehrere Handschriften, handschriftliche Kommentare und Drucke beisteuern wollte; während er am 6. Februar 1573 gegenüber Zwinger die Zusage machte, für den Druck der Werke von Aristoteles verschiedene Handschriften und Übersetzungen an Episcopius zu senden, musste Sambucus – unterdessen war Perna auch gestorben († 16. Juni 1582) – Episcopius zehn Jahre später darum bitten, weil der Druck nicht realisiert worden sei, die Aristoteles-Handschriften wieder zurückzuschicken (vgl. Johannes Sambucus an Theodor Zwinger, 22. Juni 1583(?), in SAMBUCUS, Briefe, 281 f).

50 Vgl. NUSSBÄCHER, Versuch, 184 f; DERS. Beiträge, 174 f; vgl. oben S. 155. 168.

51 Vgl. EKLER, Henisch, 345 – 351; KÄMPER, Henisch, 39 – 73; BUCSAY, Speculum, 83

52 Henisch war seit Mai 1575 in Augsburg (vgl. Georg Henisch an Theodor Zwinger, 26. Mai 1575, UBB: Fr.-Gr. Ms. II. 5a, Nr. 50; Georg Henisch an Theodor Zwinger, 1. September 1575, UBB: Fr.-Gr. Ms. II. 5a, Nr. 51). Für seine Promotion zum Doktor der Medizin, welche am 12. April 1576 stattfand, kam er nochmals nach Basel (vgl. HUTTMANN, Medizin, 153).

53 Vgl. Georg Henisch: Epistula nuncupatoria, in: HESIOD, Poemata [...] quae exant, omnia. Graece cum varia interpretatione Latina. Una cum doctissimis Ioannis Tzetzis Grammatici in omnia Poemata eiusdem Scholijs, [...], Basel 1574, α2ʳ–α7ᵛ.

auf fast 300 Seiten *Tabulae* und *Annotationes* beigefügt, die weiterhin die literaturgeschichtliche Stellung Hesiods aufzeigen sollten; in seiner Widmung an Christoph Fugger hielt er fest, dass Zitate bei den antiken Autoren den bedeutenden Ruhm Hesiods belegen würden, der besonders auf dessen Redefertigkeit, Weisheit, Moralvorstellungen und Naturlehre gründe.[54] Gesondert betonte Henisch die Bedeutung der griechischen Sprache, die „una trium exoticarum, prę alijs cùm dicendi facultate, tum scriptorum magni nominis copia excellentium."[55] Schliesslich hat Henisch eine lateinische Übersetzung des vom byzantinischen Philosophen Georg Gemistus Plethon besorgten *De Platonicae atque Aristotelicae differentia libellus [...]* (Basel 1574) herausgegeben.[56]

In Martin Crusius' *Germano-Graeciae libri sex [...] Orationes, in reliquis Carmina, Graeca & Latina continentur* (Basel 1585) erschienen mehrere ungarischen Studenten gewidmete lateinische und griechische Gedichte; dabei finden wir die Namen wie Dávid Zsigmond Kassai, der auch einen poetischen Applaus für Crusius' Werk verfasst hat, und weiter Mihály Károlyi, Pál Szegedi oder Fábián Piso. Schliesslich hielt Crusius in den *Annotationes* fest, dass „Mense Octob. 78. Domi meae Davidi Sigemundo, Paulo Segediano, et Fabiano Pisoni Bellenio, Ungaris, quia sic petebant, bonam partem lib. I. Illiad. explicabam."[57] Wenn diese Ausgabe auch nicht direkt baslerisch-ungarländische Kontakte betrifft, so hat sie doch, im Bewusstwerden der geistesgeschichtlichen Bedeutung Ungarns, das Interesse von Basels Druckern und weiteren geneigten Lesern an ungarländischen Gelehrten, die im Ausland studiert haben, vertieft. Auf diesem Hintergrund ist es nicht erstaunlich, dass Sebastian Henricpetri seiner Ausgabe von Ambrogio Calepinos *Dictionarium undecim linguarum* (Basel 1590), dem Konrad Gessners *Onomasticum, hoc est propriorum nominum, regionum, gentium [...] catalogus* beigefügt war, die Lyoner Ausgabe von 1585 zugrundelegte, die die ungarische Sprache erstmals aufgenommen hatte.[58] Die ungarische Sprache und auch Kultur war dank der

---

54 Vgl. Ad illustrem ac generosum Dominum, D. Christophorum Fuggerum, [...], Praefatio authoris, in: GEORG HENISCH, Hesiodus Graeco-Latinus cum schematismis, artificium inventionis, dispositionis & elocutionis continentibus [...], Basel 1580, a2^r–a5^r.

55 Ad illustrem ac generosum Dominum, D. Christophorum Fuggerum, [...], Praefatio authoris, in: HENISCH, Hesiodus, a6^r.

56 Das Werk, das Fürstabt Othmar von St. Gallen gewidmet war, erschien unter dem Pseudonym *Georgius Chariander B[artphensis]*, doch bereits im 16. Jahrhundert war klar, dass Henisch der Übersetzer und Herausgeber war. Auch in Augsburg veröffentlichte Henisch verschiedene Ausgaben klassischer Schriftsteller, so z.B. des Aretäus *Aitiologica, simeiotica et therapevtica morborum acutorum & diuturnorum [...], Graece et latine [...] edita* (Augsburg 1603) oder den *Commentarius in Sphaeram Procli* (Augsburg 1606).

57 MARTIN CRUSIUS, Germano-Graeciae libri sex: in quorum priores tribus, Orationes, in reliquis Carmina, Graeca & Latina continentur, Basel 1585, 181 (vgl. GRYNAEUS, Kapcsolatai, 153 f; APPONYI, Hungarica I, Nr. 508).

58 Vgl. AMBROGIO CALEPINO, Dictionarium undecim linguarum [...] respondent autem Latinis vocabulis Hebraica, Graeca, Gallica, Italica, Germanica, Belgica, Hispanica, Polonica, Vngarica, Anglica. Onomasticon vero: [...], Basel 1590 (Genf 1594; weitere Aufl.).

zunehmenden wissenschaftlichen Kontakte im Bewusstsein zahlreicher Gelehrter. Bereits Gessner hatte ja in seiner bahnbrechenden Schrift *Mithridates. De differentiis linguarum [...] observationes* (Zürich 1555), die um die 50 verschiedene Sprachen[59] behandelte und das europaweit erste Buch der vergleichenden Sprachwissenschaft darstellte, die ungarische Sprache vorgestellt. Dabei liess Gessner nach einer Einleitung das *Ave Maria*, die Kardinalzahlen und das Herrengebet in ungarischer Sprache abdrucken.[60] Jüngere, vor allem sprachwissenschaftliche Studien belegen, dass Gessner die Texte von einem ungarischen Peregrinanten, der in Zürich am *Carolinum* studiert oder sich nur auf Durchreise aufgehalten hat, erhalten, und nicht, wie mehrfach angenommen, aus János Sylvesters *Uy Testamentum mag'ar n'elvenn* (Sárvár 1541) oder Dévai Bírós *Orthographia Ungarica* (Krakau 1549) übernommen hat.[61]

Abschliessend ist auf zwei weitere *Hungarica* aus dem Bereich der Philologie hinzuweisen: auf den fünften Band der *Gnomologiae Demosthenicae Graecolatinae* (Basel 1570), in dem Pál Rosa aus Kremnitz, Student in Basel, die *Observationes* des Rhetorikers Ulpianus zu Demosthenes' *Orationes* herausgab,[62] und weiter auf Christoph Preyss' *Marci Tulii Ciceronis vita et studiorum, rerumque gestarum historia* (Basel 1555), ergänzt durch Preyss' *Oratio de imitatione Ciceroniana*. Preyss, der aus Pressburg stammte und sich darum *Pannonius* nannte, lehrte, nach seinen Studien bei Melanchthon in Wittenberg, seit 1540 in Frankfurt die Rhetorik, bis er 1558 als Syndikus nach Olmütz, später nach Thorn (Toruń, PL), berufen worden war.[63]

Auch im Bereich der Altertumswissenschaft finden wir mehrere Widmungen und poetische Applause, die Zeichen der Verbundenheit zwischen den schweizerischen und ungarländischen Gelehrten sind. Neben Sambucus' Dedikationsgedichten für die in Basel erschienen Euklid- und die Pausaniasausgaben[64] ist an seine einst für Augurius von Busbeck, den Gesandten Kaiser Maximilians II. an der Hohen Pforte in Konstantinopel, der daselbst systematisch Handschriften sammelte, verfasste Widmung in der Hesychios-Ausgabe Περὶ τῶν ἐν παιδείᾳ διαλαμψάντων σοφῶν (Antwerpen 1572) zu denken, die in der in Genf erschienenen Laertios-Ausgabe *De vitis, dogmatis & apophtegmatis clarorum philosophorum libri X* (Genf 1595) als Anhang erneut

---

59 Gessner erklärt im Vorwort den Unterschied zwischen „Sprachen" und „Dialekten" (vgl. KONRAD GESSNER, Mithridates. De differentis linguarum [...] observationes, Zürich 1555, 1^v–4^v).

60 Vgl. GESSNER, Mithridates, 50^r–52^r.

61 Vgl. BERNHARD, Gessner, 166ff (entgegen RMNy 128).

62 Vgl. PÁL ROSA, Vpliani rhetoris observationes oratoriae ex XVIII. quas is enarravit, Demosthenis orationibus, in: Gnomologiae Demosthenicae Graecolatinae, Bd. 5, Basel 1570.

63 Vgl. HÖHLE, Universität, 485 ff.

64 Vgl. Johannes Sambucus: „Hactenus Algebrae latuit quia regula multos [...]", in: EUKLID, Geometricis, A^v; Johannes Sambucus: „πολλοὶ παυσανίαν δελόντες [...]", in: PAUSANIAS, Graecia, A6^v.

nachgedruckt wurde.[65] Weiter seien die poetischen Applause von Ferenc Ladó, Martin Hatzius und Ambrosius Szilágyi zu erwähnen, die in einem von Heinrich Petri besorgten Sammelband mit Nachdrucken beigegeben wurden; es handelt sich dabei um Johannes Camers' *Commentaria in Cl. Iulii Solini polyhistora et Lucii Flori de Romanorum rebus gestis libros ac Tabulam Cebetis [...]* (Basel 1557), gewidmet István Werböczi, dem Verfasser des *Corpus Iuris Hungarici*, sowie um verschiedene Schriften Joachim Vadians.[66] Erwähnt werden darf auch die um 1550 in Basel erschienene Hesiod-Ausgabe, in der erstmals eine metrische Übersetzung des „Schildes des Herakles" (*Herculis scutum*) erschien und Miklós Oláh, dem Bischof von Erlau und Kanzler des Königs von Ungarn und Böhmen, gewidmet wurde,[67] sowie Theodor Zwingers *Theatrum Humanae Vitae* (Basel 1586)[68], eine enzyklopädische Zusammenstellung von historischen Beispielen zu den Charaktereigenschaften und Leistungen des Menschen, welches Werk Zwinger dem bereits mehrfach erwähnten András Dudith widmete.[69] Obwohl Dudiths Interessen vor allem im Bereich der Astrologie und Astronomie lagen, war er als humanistischer Universalgelehrter auch Förderer des Drucks klassischer Ausgaben: Dudiths Ausgabe *Dionisii Halicarnassei de Thucydidis Historia Iudicium* (Venedig 1560), die 1576 in Basel nachgedruckt wurde, haben wir bereits erwähnt; weiter benutzte Wilhelm Xylander für den Druck der *Rerum Arithmeticarum Libri sex* (Basel 1575) von Diophantos eine Handschrift aus dem Besitze Dudiths.[70]

c. Naturwissenschaft

Tatsächlich pflegte Dudith mit Basel intensive Kontakte in verschiedenen Bereichen, vor allem aber im Bereich der Astronomie. Dazu gehört indirekt auch die sich mit der Kalenderfrage beschäftigende Schrift *Verae solaris atque lunaris [...] explicatio* (Basel 1568) des Astronomen Pietro Pitati, für die

---

65 Vgl. Magnifico domino Avgerio a Busbekh, [...] Ioannes Sambucus s., in: DIOGENES LAERTIOS, De vitis, dogmatis & apophtegmatis clarorum philosophorum libri X, Genf 1595, 714–716.

66 Vgl. Ferenc Ladó: „Perlege narratem uasti miracula mundi [...]", in: JOHANNES CAMERS, Commentaria in Cl. Iulii Solini polyhistora et Lucii Flori de Romanorum rebus gestis libros ac Tabulam Cebetis [...] Item alia ex Ioachimi Vadiana lucubrationes [...], Bd. 1, Basel 1557, †7ᵛ; Martin Hatzius: „Stagna, lacus, fluvius, & apertas [...]", in: DERS., Commentaria II, b3ᵛ; Ambrosius Szilágyi: „Iupiter ante sui dito fastigia regni [...]", in: DERS., Commentaria II, 283.

67 Vgl. HESIOD, Opera quae quidem extant, omnia Graece, cum interpretione Latina eregione [...] Accessit nunc demum Herculis Scutum [...] a Ioanne Ramo conversam, Basel [1550], 363–366.

68 Die erste Auflage erschien 1565, die zweite 1571 und die dritte 1586 (und ebenso in der posthumen von 1604) sind die 29 Bände (*volumina*) in Form von Ehrenschriften je einer Persönlichkeit – ehemaligen Schülern der Basler Universität oder gelehrten Humanisten – gewidmet (vgl. HIERONYMUS, Theophrast, 1889).

69 Vgl. THEODOR ZWINGER, Theatrum humanae vitae [...] novem voluminibus locuplatum, interpolatum, renovatum, Bd. 5, Basel 1586, ffᵛ–ff2ᵛ.

70 Vgl. HIERONYMUS, Geist, Nr. 298.

Dudith einen poetischen Applaus verfasst hatte.[71] Am bekannte-ten ist aber
doch seine Schrift *De cometarum significatione commentariolus* (Basel 1579),
die durch einen Beitrag von dem des Antitrinitarismus verdächtigten Thomas
Erastus „eadem de re" ergänzt wurde. Bereits im folgenden Jahr erschien ein
Sammelband mit verschiedenen „de cometis dissertationes novae", enthaltend Schriften von Thomas Erastus, András Dudith, Marcello Squarcialupi
und Simon Grynäus d.J. Die Sammlung umfasste kritische Schriften über
sogenannte Vorankündigungen durch Kometen; provoziert wurde dieser
Druck durch Squarcialupis Schrift *De cometa in universum*, die Dudith – sie
war gegen die aristotelische Haltung der metaphysischen Deutung kosmischer
Ereignisse und damit teils auch gegen Erastus gerichtet – mit einem Begleitschreiben an Erastus übersandt hat,[72] woraufhin Erastus den Sammelband
besorgt sowie an Dudith gewidmet hat.[73] Der italienische Arzt und Kosmopolit
Marcello Squarcialupi (1538?–1593?), der nach Studien in Italien sowie
mehreren Jahren Aufenthalt in Graubünden (1565/66–1571) sich im Jahre
1572 während des Rektorates von Theodor Zwinger an der Basler Universität
eingeschrieben hatte, pflegte während seiner späteren Aufenthalte in Siebenbürgen, Mähren und Polen rege Kontakte mit Antitrinitariern, interessierte sich aber vor allem für naturwissenschaftliche und philologische Fragen, weswegen er eine ausgedehnte Korrespondenz mit zahlreichen Humanisten Europas pflegte (Zwinger, Amerbach, Gwalther, Crato, Sozzini,
u.s.w.);[74] auch Dudith gehörte zu seinem Freundeskreis, wie die Widmung von
Squarcialupis Schrift *De cometa in universum* belegt.[75] Es ist bezeichnend,
dass die Kontakte der ungarländischen Gelehrten nach Basel auch im Umfeld
italienischer Nonkonformisten zu suchen sind, die wegen ihres Bekenntnisses
Italien verlassen mussten; so kamen nach der Wiedereinführung der Inquisition italienische Protestanten – Konformisten und Nonkonformisten – in
grosser Zahl über Graubünden nach Basel, und viele zogen weiter in den
ostmitteleuropäischen Raum, insbesondere Mähren, Polen und Siebenbürgen.[76]

Auffällig sind insbesondere die zahlreichen italienischen Ärzte, die sich an
ungarischen Magnaten- und Fürstenhöfen aufgehalten haben: Der Hebraist
Francesco Stancaro (1501–1574), der nach der Flucht aus Italien Mitte der
1540er Jahre nach Basel kam, wo er verschiedene philologische und reformatorische Schriften herausgab, war 1549/50 am Hofe des reformations-

---

71 Vgl. András Dudith: „Pitate optime, quod tuos libellos [...]", in: PIETRO PITATI, Verae solaris
    atque lunaris [...] explicatio, Basel 1568, MM3^(r–v) (= 127^(r–v)).
72 Vgl. Andreas Dudithius [...] Thomae Erasto, in: THOMAS ERASTUS, De cometis Dissertationes
    novae [...], Basel 1580, 22–26.
73 Vgl. [Thomas Erastus] [...] Andreae Dvdithio, in: ERASTUS, De cometis, *2^(r–v).
74 Vgl. BUNDI, Squarcialupi, 435–445; MADONIA, Squarcialupi, 119–170.
75 Vgl. HIERONYMUS, Theophrast, Nr. 554; MADONIA, Squarcialupi, 149 ff.
76 Vgl. BERNHARD, Gewissensfreiheit, fol. 13 f; DERS., Humanistenstadt, 299–326; BATTAFARANO,
    Kaiserreich, 154 ff; BONORAND, Emigration, 188–197; FIRPO, Antitrinitari; CACCAMO, Eretici.

freundlichen Péter Petrović als Arzt tätig, bevor er weiter nach Krakau zog, um die alttestamentliche Professur zu übernehmen;[77] später sollte Stancaro, sich in Siebenbürgen aufhaltend und sich immer mehr von der reformierten Erlösungslehre, wie sie von Dévai Bíró oder Melius Juhász vertreten wurde, distanzierend, für grosse Beunruhigung in der reformierten Kirche des Partium und Siebenbürgens sorgen.[78] Auch Giorgio Biandrata (1515–1588), der wohl bekannteste antitrinitarische italienische Arzt, wirkte, nachdem er bereits 1544–1551 Leibarzt und persönlicher Berater der Königin Isabella gewesen war und sich in der zweiten Hälfte der 1550er Jahre in Genf, Basel und nach 1558 in Kleinpolen aufgehalten hatte, seit 1563 wieder am Fürstenhofe in Weissenburg und übte namhaften Einfluss auf die Geistesentwicklung des siebenbürgischen Fürsten János Zsigmond aus.[79] In einer jüngeren Studie hat Mihály BALÁZS aufgezeigt, dass zwischen den Basler Nonkonformisten und den Siebenbürger antitrinitarisch eingestellten Humanisten ein reger Austausch bestand, so dass der Basler Humanismus auf den Siebenbürger Antitrinitarismus Einfluss ausüben konnte.[80]

Ein weiterer Arzt am Fürstenhof, dessen Spuren nach Basel führen, ist Peter Stupan, der wie sein Vater, seit 1543 Arzt in Basel, die Medizin studierte und, wohl 1564, ebenfalls an den Hof von János Zsigmond kam. Die Familie Stupan stammte aus Chiavenna und war später auch im Vintschgau und Engadin ansässig. Bekannt geworden ist vor allem der Basler Zweig der Familie, der sich durch hervorragende Ärzte ausgezeichnet hat; dazu ist auch der Cousin von Peter Stupan, Johann Nikolaus Stupan (1542–1621), der spätere Basler Medizinprofessor, zu rechnen. Wie Hans Ardüser in seiner *Beschreibung etlicher [...] Personen in alter Freyer Rhetia* (Lindau 1598) festhielt, hat „Petrus [Stupan], ein Wunderartzet, [...] König Johann in Ungarn bis zu end seines lebens gedienet, uñ nach absterbung gemeltes Königs ist er von Keiser Maximiliano an seinen Hoff berůfft worden."[81] Später war auch der gleichnamige Sohn von Johann Nikolaus Stupan Hofarzt der Fürsten von Siebenbürgen.[82]

Tatsächlich war seit der Tätigkeit des späteren Rektors Johann Nikolaus

---

77 Vgl. PATAKI, Orvoslás, 55 f; HEIN, Protestanten, 66–73.
78 Lukács Szikszói beschrieb folgendermassen: „Similiter et ecclesiae nostrae sunt turbatae propter Stancariana dogmata, quae multi non parve authoritatis viri ab ipso authore imbiberunt et strennue defendunt. Vestrum est, qui doctrina, pietate et authoritate prae reliquis polletis, afflictae nostrae patrie in his et similibus subvenire." (Lukács Szikszói an Heinrich Bullinger, 24. August 1562, in: ZSINDELY, Levelei, 962). Allgemein zur ganzen Frage: BONORAND, Emigration, 150 f; HUTTMANN, Medizin, 192 f; BUCSAY, Protestantismus I, 132ff; vgl. unten S. 359 ff.
79 Vgl. PATAKI, Orvoslás, 55; HUTTMANN, Medizin, 185 f; HEIN, Protestanten, 148 ff.
80 Vgl. BALÁZS, Einflüsse, 143–152.
81 JOHANNES ARDÜSER, Wahrhaffte und kurzvergriffne beschreibung etlicher herrlicher und hochvernampter Personen in alter freyer Rhetia Ober Teutscher Landen [...], Lindau 1598, 141 f; PETRUS DOMINICUS ROSIUS DE PORTA, Historia Reformationis Ecclesiarum Raeticarum ex genuinis fontibus [...], Bd. 2, Chur/Lindau 1777, 426.
82 Vgl. GAUDENZ, Familienärzte, 50 f; KOELBING, Stupanus, 629 f; KAISER, Stupan, 1 f. 5 f.

Stupan, der seine Ausbildung bei den Nonkonformisten Celio Secondo Curione und Bartolomeo Silvio genossen hatte, der Ruf der Basler Universität so
bekannt geworden, dass Studenten aus ganz Europa nach Basel kamen. Insgesamt sind über 220 Disputationen bzw. Dissertationen von Studenten bekannt, die unter dem Präsidium von Stupan stattfanden.[83] Neben den bekannten böhmischen Gelehrten Caspar Cholius († ~1615) vom Joachimsthal
(Jáchymov, CZ)[84], Matthias Borbonius von Borbenheim (1560–1629)[85] oder
Joachim Burser (1583–1639) aus Görlitz[86] ist auch an mehrere ungarländische
Peregrinanten zu denken, die bei Stupan medizinische Studien absolviert
haben. Es seien Georg Henisch aus Bartfeld, Georg Schirmer aus Hermannstadt, Ferenc Hunyadi aus dem Komitat Hunyad (Hunedoara, RO),[87] Jakob
Gregori aus Theissholz (Tisovec, SK), Lorenz Schuechert aus Neusiedl a. S.
(*ung.* Neszider) oder Samuel Spillnberger aus Leutschau erwähnt.[88]

Grössere Bedeutung der genannten ungarländischen Medizinstudenten
erlangte neben Samuel Spillnberger[89] und Ferenc Hunyadi[90] vor allem bereits

83 Stupan gab 1614 eine über 800 Seiten umfassende Sammlung von Disputationen, die bei ihm
    stattgefunden haben, bei Johann Schröter heraus; darin finden sich sehr viele Disputationen
    von Studenten aus Böhmen, Mähren und Schlesien (vgl. JOHANNES NIKOLAUS STUPAN, Medi-
    cina Theorica: [...] summatim pro Disputationibus ordinarijs in Theses contracta [...], Basel
    1614; vgl. auch den Dissertationenkatalog der Universität Basel).
84 Vgl. unten S. 275 f. 483 f.
85 Die Hochachtung Stupans gegenüber Borbonius zeigt sich in einem kurzen, in Prag erhaltenen
    Brief (vgl. Johann Nikolaus Stupan an Matthias Borbonius von Borbenheim, s.d., Lobkowicz-
    Bibliothek: II Aa 14; vgl. DE BARBIERI, Orbis, 167ff).
86 Vgl. JOACHIM BURSER, Σημειότικες particularis cap. II. De cognoscendis affectibus partium
    capitis extra calvariam consistentibus [...], Basel 1611.
87 Ferenc Hunyadi hat sich in Basel nicht immatrikuliert, sondern sich nur vorübergehend auf-
    gehalten (vgl. HUTTMANN, Medizin, 212; SZABÓ, Erdélyiek, 53).
88 Vgl. HEGYI, Diákok, 46 f; HUTTMANN, Medizin, 153 ff.
89 Samuel Spillnberger gehörte einer in ganz Oberungarn berühmten Ärztefamilie an. Nach
    Studien in Altdorf und Wittenberg promovierte er in Basel mit seiner Arbeit *Theses de morbo
    Hungarico* (1597). Wegen seines grossen Ansehens wurde er auch Leibarzt von König Matthias
    II. sowie von Fürst Gábor Bethlen; in dieser Zeit veröffentlichte er mehrere medizinische
    Schriften, z.B. *Tempore infectionis haec ante omnia observanda, quae sequuntur* (Leutschau
    1622) oder *Pestis Alexiacus Renovatus Anno 1634* (Leutschau 1634). Er starb im Jahre 1650 (vgl.
    HEGYI, Diákok, 47; HUTTMANN, Medizin, 157).
90 Hunyadi studierte seit 1581 in Padua, wo er 1583 auch promovierte. Als sein Lehrer Girolamo
    Mercuriale seine beiden medizinischen Schriften *De puerorum morbis tractatus* und *De venenis
    et morbis venenosis tractatus [...]* (1584) in Basel drucken liess, verfasste Hunyadi zu beiden
    Schriften je einen poetischen Applaus (vgl. Ferenc Hunyadi: „Ecqua poli regio, trifidive quis
    anglus orbis [...]“, in: GIROLAMO MERCURIALE, De morbis puerorum. Item de Venenis et
    morbis venenosis [...], Basel 1584,):(ʳ⁻ᵛ; Ferenc Hunyadi: „Parve liber gelidos mundi visuere
    Triones [...]“, in: MERCURIALE, De morbis puerorum, z4ᵛ); das Werk wurde in Frankfurt, mit
    beiden poetischen Applausen Hunyadis, noch im gleichen Jahr nachgedruckt (vgl. GIROLAMO
    MERCURIALE, De puerorum morbis tractatus [...], Frankfurt 1584, (:)iijʳ–(:)iiijᵛ; DERS., De
    venenis, et morbis venenosis tractatus [...], Frankfurt 1584, (:)iijᵛ–(:)iiijʳ). Später wirkte
    Hunyadi als Arzt in Krakau am Hofe von István Báthory († 1586), nach dessen Tode in Weis-
    senburg am Hofe des Fürsten Zsigmond Báthory (vgl. HUTTMANN, Medizin, 212).

erwähnter Georg Henisch. In der Basler Studienzeit (1573 – 1575) erschienen von Henisch zahlreiche medizinische Drucke, die mehrfach nachgedruckt wurden. Besonders zu erwähnen sind sein *Enchiridion Medicum medicamentorum tam simplicium quam compositorum* (Basel 1573) und mehrere Übersetzungen von medizinischen Werken: 1574 zwei verschiedene Heilkunden von Antoine Mizauld,[91] im gleichen Jahr das Arzneibuch von Sextus Platonicus,[92] dann 1575 dasjenige von Antoine Mizauld;[93] alle diese Werke erschienen in derselben Perna'schen, später Waldkirch'schen Druckerei.[94] Hingegen erschien Henischs medizinische Doktorarbeit *Themata medica de phrenitide [...]* (Basel 1576)[95] bei Daniel und Leonhard Ostein. Henisch war bereits im Jahre 1575 nach Augsburg berufen woren,[96] wo er bis zu seinem Tode dem Annagymnasium vorstand.[97]

Eine interessante Persönlichkeit betreffend schweizerisch-ungarländische Kontakte ist der aus dem böhmischen Joachimsthal stammende Caspar Cholius, der, nach ersten Studien in Wittenberg (1596 – 99), Anfang des 17. Jahrhunderts vorerst in Banowitz (Bánovce nad Bebravou, SK), später in Leutschau als Pädagoge und Arzt wirkte. Graf György Thurzó, k.k. Rat und Gesandter des Königreichs Ungarn, ermöglichte ihm weitere Studien in Ausland, insbesondere in Wittenberg,[98] Helmstedt und Basel.[99] In seiner ersten Disputation *De morbo ungarico* (Basel 1607) bei Stupan behandelte er die „Modgier Betegseg" oder „Ungrische Hauptkranckheit", die sich bei Soldaten öfters in Mund- und Herzbrennen zeigen würde.[100] Cholius widmete die

91 Vgl. ANTOINE MIZAULD, Arztbüchlin. Neuwe vnnd wunderbare weiss begreiffend, wie man allerhand frücht, gärten, kreuter, wurtzel, beer vnd trauben artznen soll, dass man dieselb zum purgieren möge brauchen. Auch ein schöne weiss vnd kunst mancherley, wein, zumachen, sampt einer erzehlung etlicher geartzneten wein, so für allerhand Kranckheiten nützlich .., Basel 1574 (²1575); DERS., Neunhundert gedächtnusswirdige Geheimnus vnd Wunderwerck von mancherley Kräutern, Metallen, Thieren, Vöglen vnd andern natürlichen Künsten vnd Historien [...], Basel 1574 (weitere Aufl.: 1575, 1577, 1582 und 1615).

92 Vgl. SEXTUS PLATONICUS, Artzney-Buch ... von Vögeln, wilden und zahmen Thieren ..., Basel 1574 (²1615).

93 Vgl. ANTOINE MIZAULD, Artztgarten von Kreutern so in dem Gärten gemeinlichem wachsen vnd wie man durch dieselbigen allerhand Kranckheiten vnd Gebrechen eylendts heilen soll [...], Basel 1575 (weitere Aufl.: 1577, 1616).

94 Vgl. BUCSAY, Speculum, 83.

95 Dieses *Hungaricum* fehlt in der *Régi magyar könyvtár* von Károly SZABÓ.

96 Kurz nach seiner Ankunft in Augsburg erstattete Henisch seinem Lehrer Theodor Zwinger ausführlich Bericht über die Reise, seine ersten Begegnungen mit Jeremias Wolf und weitere Begebenheiten (vgl. Georg Henisch an Theodor Zwinger, 26. Mai 1675, UBB: Fr.-Gr. Ms. II 5a, Nr. 50).

97 Vgl. EKLER, Henisch, 345 f; HUTTMANN, Medizin, 153 f.

98 In Wittenberg disputierte er im Mai 1605 bei Daniel Sennert über *De symptomatum caussis [...]* (Wittenberg 1605).

99 Vgl. BERNHARD, Hungarica, 95 f; HIERONYMUS, Theophrast, Nr. 594; MUB III, 75. Verschiedene poetische Applause zu Disputationen geben weiteren Aufschluss über das Itinerar von Cholius sowie über seine Personenkontakte (vgl. VD 17).

100 Vgl. TÓTH, Geschichte, 322.

Schrift seinem „Herrn und Mäzen" György Thurzó,[101] demgegenüber er Johann Nikolaus Stupan und seine Lehrtätigkeit in höchsten Tönen lobte.[102] Bald nach seiner zweiten Disputation, die er am 11. Januar 1608 über die *Artis medicae praestantia* hielt,[103] kehrte er nach Leutschau zurück, um weiterhin als Lehrer tätig zu sein.[104]

Im Bereich der Naturwissenschaft wäre es besonders verfehlt die geistigen Kontakte zwischen schweizerischen und ungarländischen Gelehrten auf Basel zu konzentrieren. Gerade Sambucus, dessen Edition der *Mulomedicina* von Publius Vegetius, berichtigt aufgrund von drei alten Handschriften, im Jahre 1574 bei Perna erschien,[105] hatte reichhaltige Kontakte nach Zürich, insbesondere zu Konrad Gessner.[106] Aus Padua wandte sich Sambucus im Januar 1560 an Gessner in Zürich, unter Hinweis auf die griechischen und lateinischen Handschriften, die er in Italien erworben hatte.[107] Schließlich hielt er

→ sich im Frühling 1560 in Zürich auf, wo er sich auch ins *Liber amicorum* von
→ Konrad Gessner eintrug.[108] Der Forschungsaustausch zwischen Gessner und Sambucus blieb nach Sambucus' Abreise weiterhin – bis zum Tode Gessners (†1565) – bestehen, im Austausch von Manuskripten[109] sowie bibliographischen Hinweisen,[110] durch briefliche Kontakte[111] oder Dedikation von Büchern.[112]

---

101 Vgl. Domino Georgio Thurzo de Bethlen-Falvva […] Caspar Cholius, in: Disputatio medica de morbo Ungarico […], Basel 1607, A^v.

102 Vgl. Caspar Cholius an György Thurzó, 19. August 1607, in: Thurzó, Dokumentomok, 12 f.

103 Vgl. Caspar Cholius, Προλεγόμενα medica De medicinae Praestantia, Certitudine, Medicorum Sectis, […], Basel 1608, A 2^v (vgl. Hieronymus, Theophrast, 3382ff).

104 Vgl. auch Saktorová, Drucke, 254 f.

105 Vgl. Sambucus, Briefe, 317 f.

106 Vgl. Bernhard, Gessner, 160. 170 f; Téglásy, Gesner, 202 ff.

107 Vgl. Johannes Sambucus an Konrad Gessner, 18. Januar 1560, ZBZ: Ms F 61, 9E (vgl. Téglásy, Gesner, 202 f).

108 Vgl. Liber amicorum Conradi Gesneri, ZBZ: Ms Z VIII 759 (Kopie von: National Library of Medecin, Bethesda/Maryland, C 32), 130a (vgl. Durling, Liber amicorum, 140).

109 Dazu äusserte sich beispielsweise der Zürcher Stadtarzt Kaspar Wolf im Vorwort von Serenus' *De re medica*: „Vir clarissimus Ioh. Sambucus quas habebat sibi in Q. Serenum collectas ex veteri quodam Mscto exemplari, quod in Galiis alicubi servari dicitur, emendationes et correctiones candide et liberali munificentia vltro Gesnero obtulerit, ac communicarit." (Caspari Wolphii Tigurini Medici ad lectorem epistola, in: Quintus Serenus, De re medica, sive morborum curatione liber: Cum Gabrielis Humelbergij commentarijs. Emendationes novae ex vetere manuscripto codice collectis […], Zürich 1581, α3^r; vgl. Dávid Czvittinger, Specimen Hungariae Literatae virorum eruditorum clarorum natione Hungarorum Dalmatarum, Croatarum, Slavorum, atque Transylvanorum, Frankfurt/Leipzig 1711, 323ff Weszprémi, Succincta III, 346 f).

110 Im Vorwort in der von Josias Simler herausgegebenen erweiterten Ausgabe der *Bibliotheca instituta et collecta primum a Conrado Gesnero* (Zürich 1574) hielt Simler fest: „Ioannes Sambucus cum propriarum lucubrationem catalogum Gesnero nostro transmisit, tum etiam indicem veterum auctorum, quos plutimos atque optimos in bibliotheca sua possidet, atque complures iam in publicum edidit." (Josias Simler, Bibliotheca instituta et collecta primum a Conrado Gesnero, Zürich 1574, 4^v; vgl. Johannes Sambucus an Henri de Mesmes, s.d. [1561/62], in: Sambucus, Briefe, 54 f).

111 Jüngst ist ein weiterer Brief von Sambucus an Gessner gefunden worden (vgl. Johannes

Schliesslich hat Sambucus auf Gessners Tod – neben Théodore de Bèze, Paul Melissus (Schede), Nicolaus Reusner oder Johannes Fabricius Montanus – ein Trauergedicht verfasst, das in der von Simler besorgten Gedenkschrift gedruckt wurde.[113]

Abgesehen von der *Bibliotheca universalis* (Zürich 1545; weitere Aufl.) und dem *Mithridates* (Zürich 1555) ist Konrad Gessner in Europa vor allem durch seine in vier Bänden herausgegebene *Historia animalium* (Zürich 1551–58), mit der Gessner zum Begründer der modernen beschreibenden Zoologie wurde, und dem *Thesaurus Eunomy Philiatri de remediis secretis* (Zürich 1552), der pharmazeutischen „Schatztruhe" auf galenischer Grundlage, bekannt geworden. Obwohl nie ungarische Übersetzungen von Werken Gessners erschienen sind, zählten seine Werke aber bald zu Bibliotheken bedeutender ungarischer Humanisten wie Johannes Dernschwam, Johannes Sambucus, József Macarius oder György Perneszith.[114] Nicht erstaunlich, dass Gessner sich bei der Abfassung seiner *Historia animalium* im vierten Band (De piscium aquatilitum natura) auf Johannes Dernschwam berief, von dem er Informationen über den Stör erhalten habe.[115] In derselben Zeit, also zwischen 1556 und 1557, kam auch der spätere Arzt des Magnaten Gábor Perényi, Johannes Balsaráti Vitus, nach Zürich zu Gessner und bedachte ihn mit weiteren Informationen.[116] Bemerkenswert ist dies insofern, dass Balsaráti Vitus aus Wittenberg, wo er 1556 auch das Amt des Seniors der ungarischen Burse (*Coetus hungaricus*) innegehabt hatte, auf Anraten von Melanchthon zum Arztstudium nach Italien gezogen war und auf der Durchreise in Zürich Konrad Gessner aufgesucht hatte.[117] Obwohl er sich bestimmt auch mit Bullinger getroffen hatte,[118] scheint der Naturwissenschaftler Gessner der Beweggrund seines Zürcher Aufenthaltes gewesen zu sein.[119]

Sambucus an Konrad Gessner, 13. Februar 1562, StAGR: D V/37, 36.06.11). Auch in anderen Briefen erwähnt Gessner, dass er mit Sambucus in Korrespondenz stehe (vgl. Konrad Gessner an Adolph Occo, 28. September und 5. November 1565, in: Epistolarum medicinalium Conradi Gesneri […] libri tres, hg. von Kaspar Wolf, Zürich 1577, 78ᵛ. 79ʳ⁻ᵛ).

112 In Gessners Bibliothek finden sich zwei Werke von Sambucus: Obsidio Zigethiensis An: M.D. LVI. descripta […], Wien 1558; Emblemata cum aliquot nummis antiqui operis, Antwerpen 1564 (vgl. LEU, Gesner, 182).

113 Vgl. Johannes Sambucus: „Haud Latium quendam, non Hellas protulit vllum, […]", in: JOSIAS SIMLER, Vita clarissimi philosophi et medici excellentissimi Conradi Gesneri Tigurini conscripta a I. S. Tigurino. Item epistola Gesneri de libris à se editis et carmina complura in obitum eius conscripta. […], Zürich ²1566, 40ʳ⁻ᵛ.

114 Vgl. BERNHARD, Gessner, 174–179.

115 Vgl. KONRAD GESSNER, Historia animalium, Bd. 4: De piscium aquatilitum natura, Zürich 1558, 59 f (vgl. TÉGLASY, Gesner, 200).

116 Vgl. GESSNER, Historia, 528. 1048 (vgl. RITOÓK-SZALAY, Balsaráti Vitus [1976], 23 f).

117 Vgl. Liber amicorum Conradi Gesneri, ZBZ: Ms Z VIII 759 (Kopie von: National Library of Medecin, Bethesda/Maryland, C 32), 27.

118 Dies ist daraus zu folgern, dass Balsaráti Vitus an Bullinger noch kurz vor dessen Tode durch seinen Kollegen, den Sárospataker Rektor, Balázs Szikszai Fabricius, Grüsse ausrichten liess

Auf den Balneologen Tamás Jordán, der aus Venedig nach Zürich kam, haben wir bereits kurz verwiesen. Jordán interessierte sich in dieser Zeit bereits für Balneologie und wusste von Konrad Gessners Verdiensten diesbezüglich. In Venedig kam nämlich 1553 Gessners *Excerptorum [...] de thermis tum Helveticis tum Germaniae aliis libri duo* (1552) heraus.[120] Um weitere Bäder kennenzulernen, hielt sich Gessner, bezeichnenderweise gerade vor der Ankunft von Jordán, in Graubünden auf. Gemeinsam mit Johannes Fabricius Montanus aus Chur und Johannes Bauhin d.J. aus Basel führte der Weg zu den bedeutendsten Heilbädern der Drei Bünde und des Veltlins.[121] Wahrscheinlich hat Jordán, von Venedig über das Veltlin nach Zürich kommend, Gessner bereits in Graubünden getroffen. Am 1. Oktober 1562 trug er sich jedenfalls ins Stammbuch von Gessner ein.[122] Nach seinem Zürcher Aufenthalt ging Jordán, zusammen mit Johannes Bauhin, auch er bedeutender Naturwissenschaftler, weiter nach Basel, wo er sich immatrikulierte,[123] und erneut nach Italien (Padua, Bologna, Pisa, Rom).[124] Auch in der Heimat blieb Gessner Vorbild für Jordáns weitere balneologische Forschungen. Deutlich wird dies insbesondere in seinen gedruckten und ungedruckten Schriften über die Seuchenbekämpfung sowie über die Heilquellen in Mähren.[125]

Über einen anderen „Balneologen" haben wir gleichfalls schon berichtet, nämlich über Georg Wernher, dessen balneologische Schrift *De admirandis Hungariae aquis Hypomnemation* spätestens Mitte der 1540er Jahre auf Anregung Graf Sigismund von Herberstein in Basel im Druck erschienen war.[126] Das Werk stellte für die Geschichte der Geologie, Balneologie und Medizin in Ungarn einen solchen Meilenstein dar, dass mehrere Dutzend Ausgaben erschienen, teilweise als selbständige Drucke, teilweise in Herbersteins *Rerum*

(vgl. Balázs Szikszai Fabricius an Josias Simler, 1. März 1775, ZBZ: Ms F 59, 498 f (vgl. ZSINDELY, Kollégium, 127).

119 Vgl. BERNHARD, Gessner, 169 f; TÉGLÁSY, Gesner, 201 f; vgl. unten S. 395 f.

120 Vgl. KONRAD GESSNER, De balneis omnia quae extant apud Graecos, Latinos et Arabos, Venedig 1553, 289–299.

121 Das Stammbuch Gessners, die Briefe von Joannes Fabricius Montanus sowie die Ausführungen des Kirchenhistorikers Petrus Dominicus Rosius à Porta (vgl. DE PORTA, Historia I/2, 336ff) helfen uns, die Reise zu rekonstruieren (vgl. STEIGER, Itinerar, 214–223).

122 „Thomas Jordanus Transylvanus Doctor Medicus" (Liber amicorum Conradi Gesneri, ZBZ: Ms Z VIII 759 (Kopie von: National Library of Medecin, Bethesda/Maryland, C 32, 163).

123 Vgl. HEGYI, Diákok, 46; HUTTMANN, Medizin, 151 f.

124 Vgl. BERNHARD, Gessner, 171 f.

125 Vgl. TAMÁS JORDÁN, Succincta narratio de origine et usu Thermarum Teplicensium, Olmütz 1572; DERS., Pestis phaenomena seu de iis, quae circa febrem pestilentem apparent Exercitatio, Frankfurt 1576; DERS., Knijha o wodách hogitedlynycjh neb Teplicech Morawskych, Brünn 1580; DERS., De aquis medicatis Moraviae commentariolus, Frankfurt 1586; Tamás Jordán: De thermis Trencsiniensibus recensio (1580), OSzK: Oct.Lat. 168; u.s.w. In der Universitätsbibliothek von Olmütz (Olomouc, CZ) werden weitere nicht gedruckte Schriften von Jordán aufbewahrt.

126 Vgl. oben S. 207 ff.

Moscoviticarum commentarii (Basel 1556; 1563; 1567; u.s.w.)[127] oder in anderen Sammlungen von medizinischen Schriften.[128]

Die Ausführungen können erklären, warum und inwiefern in Basel und Zürich Kenntnisse über Ungarn den naturwissenschaftlichen Bereich betreffend reich vorhanden waren. Dies zeigt sich auch in verschiedenen Drucken wie im *Bäderbüchlein* (Mülhausen 1562) oder in Johannes Winters' *De Medicina veteri et nova tum cognoscenda* (Basel 1571),[129] vor allem aber in den zahllosen Nachdrucken von Honterus' *Rudimenta Cosmographica* in den Druckereien in Basel (Heinrich Petri und Erben) und Zürich (Christoph Froschauer bzw. Johannes Wolf); dabei nahmen die Karten der Kosmographie – der *Atlas minor* – eine besondere Bedeutung ein, die, abgesehen von durch Froschauer besorgten Einzelnachdrucken der Karten, auch in Vadians *Epitome trium terrae partium* und in Stumpfs *Chronick* erschienen.[130] Gessner selbst benutzte für seine naturwissenschaftlichen und insbesondere geographischen Vorlesungen an der Zürcher Hohen Schule Honterus' Geographielehrbuch. In der Zentralbibliothek Zürich ist ein Exemplar von Honterus' *Rudimenta Cosmographica* erhalten geblieben, das auf dem Titelblatt folgende handschriftliche Notiz trägt: „D. Conradus Gesnerus praeceptor meus plurimum observandus auspicatus est haec Cosmographica rudimenta 25 die Februarij Anno 1563".[131]

Als Gessner 1565 der Pest zum Opfer gefallen war, wählte der Zürcher Rat Johannes Muralt, Glaubensflüchtling aus Locarno, zu seinem Nachfolger.[132] Auch die Familie Muralt pflegte die Kontakte mit ostmitteleuropäischen Humanisten; nur so ist es jedenfalls zu erklären, dass Johannes, Hektor und Hans-Jakob, Söhne von „Giangiacomo" Muralt, dem Sohne des erstgenannten Johannes, allesamt als Ärzte nach Krakau kamen. Der älteste Sohn, Johannes von Muralt (1563–1602), wurde wegen seiner Heilerfolge gar an den Königshof von István Báthory berufen; nach des Königs Tode († 1586) kam er an den siebenbürgischen Fürstenhof von Zsigmond Báthory, wo er mit Unterbrüchen – er war verschiedenen Anklagen ausgesetzt[133] – bis zu seinem Tode wirkte.[134] Muralt fühlte sich mit seiner Heimatstadt – sein Grossvater wurde nach der erfolgreichen Behandlung des Antistes Bullinger als erster Glau-

127 Zu den *Rerum Moscoviticarum commentarii* Herbersteins vgl. HARRAUER, Drucke, 141–163.
128 Vgl. KULCSÁR, Inventarium, 586 f; KATONA, Wernher, 277 f.
129 Vgl. HIERONYMUS, Theophrast, Nr. 192. 562.
130 Vgl. NUSSBÄCHER, Versuch, 156 ff. 161 ff. 168. 182 f.
131 Standortsignatur des Werkes in der Zentralbibliothek Zürich: RR 1831. Von Gessners Beschäftigung mit Honterus' Geographielehrbuch zeugt auch sein zum Teil reich annotiertes Handexemplar von Honterus' *Cosmographiae rudimentis libri duo*, die als Anhang zum Werk *De totius orbis situ* (Basel 1534) von Dionysius Periegetes erschienen sind (Standortsignatur des Werkes in der Zentralbibliothek Zürich: 20.1842₂); vgl. LEU, Buchdruck, 31.
132 Vgl. WEISZ, Muralt, Nr. 1560; KELLER-ESCHER, Einbürgerung, 9–14.
133 Vgl. Zsigmond Báthory: Empfehlungsschreiben für Dr. Johannes von Muralt an den Rat von Zürich, 25. März 1594, StAZ: A 185 (1), 10.
134 Vgl. PATAKI, Orvoslás, 57 ff; HUTTMANN, Medizin, 206 ff; WEISZ, Muralt, Nr. 1560. 1567. 1576.

bensflüchtling mit dem Zürcher Bürgerrecht versehen – auch von Siebenbürgen aus verbunden. Als er von Simon Simonius aus Lucca angeklagt wurde,
dass er als „Hergelaufener" für den Tod Báthorys verantwortlich sei, hielt er in
seiner *Apologia [...] contra Simonem Simonium* (Klausenburg 1589) fest, dass
die ganze Eidgenossenschaft bezeugen könne, dass die Muralt eine adelige
und vornehme Familie aus Locarno seien.[135] Als im Jahre 1592 bis 1593 der
Genfer Bürger Charles Liffort eine Kollektenreise durch Ostmitteleuropa zugunsten der durch die Gegenreformation hart bedrängten Stadt Genf unternahm, war es Johannes von Muralt, der die Bemühungen von Liffort in Siebenbürgen mit Erfolg tatkräftig unterstützte.[136] Im Jahre 1598 verwaltete
Muralt gar die fürstlichen Gold- und Silberbergwerke Siebenbürgens, so dass
er einem Aufruf Zürichs, wegen einer Erbstreitigkeit nach Hause zu kommen,
nicht Folge leisten konnte.[137] Ob letztlich auch konfessionelle Gründe ausschlaggebend waren, dass Johannes von Muralt – als Arzt schien er besondere
Sympathien für den Antitrinitarismus gehabt zu haben – nicht in die Schweiz
zurückkehren wollte, muss hier offen bleiben.

d. Theologie

Im Rahmen dieses Überblickes sollen nur einige wesentliche Aspekte der
theologischen Kontakte vorgestellt werden, gewissermassen als Einführung in
die Thematik der folgenden Abschnitte. Während in der 1. Hälfte des 16.
Jahrhunderts die Ausbreitung des Evangeliums und die Türkengefahr beherrschendes Thema der ungarländisch-schweizerischen Kontakte war, konzentrierte sich der geistige Austausch in den Fragen der Theologie seit Mitte
des 16. Jahrhunderts vor allem auf die Konsolidierung des lutherischen und
reformierten Bekenntnisses, insbesondere auch in Abgrenzung gegenüber
dem sich ausbreitenden Antitrinitarismus.

Während häufig Ärzte mit dem Antitrinitarismus sympatisierten, stellte er
für mehrere Humanisten und Reformatoren eine Gefahr dar, besonders
nachdem die „antitrinitarische Religion" in Siebenbürgen auf dem Landtag zu
Neumarkt a.M. (1571) gesetzlich anerkannt worden war.[138] Der bereits er-

---

135 „Nam tota Helvetia testis est, nobilem et claram [...] Muraltorum familiam Locarni illustris-
simorum Helvetiorum olim sedem habuisse." (JOHANNES MURALT, Apologia [...] contra Simonem Simonium Lucensem, Klausenburg 1589, A4ʳ).

136 Vgl. BUCSAY, Action, 65 f. Zu Charles Liffort vgl. unten S. 325 f.

137 Vgl. Johannes von Muralt an Rat von Zürich, 15. Mai 1598, StAZ: VII.250.: G.a.5.

138 Auf dem Landtag zu Thorenburg (1568) liess der Fürst, bereits antitrinitarisch gesinnt, die
Freiheit der Evangeliumsverkündigung deklarieren, aber erst auf dem Landtag zu Neumarkt
a.M. (1571) wurde die Freiheit und die volle Gleichberechtigung der vier anerkannten Religionen beschlossen, unter Hinweis darauf, dass niemand wegen seines Bekenntnisses (*confessio*) gekränkt werden dürfe, weder Prediger noch Hörer (vgl. SUTTNER, Toleranzregeln,
160ff; FATA, Ungarn, 107ff; BINDER, Grundlagen, 90ff; BUCSAY, Protestantismus I, 125 f).

wähnte schlesische Humanist Johannes Löwenklau versuchte mit einer Sammlung von Schriften aus theologischen Streitigkeiten und Verhandlungen zwischen Konstantinopel, den Armeniern und den Jakobiten, die er nach Handschriften von Sambucus erstmals griechisch und in Übersetzung 1578 bei Pietro Perna in Basel herausgegeben hatte, konkret auf die Auseinandersetzungen mit den Antitrinitariern Einfluss zu nehmen.[139] Die Sorge der Ausbreitung des Antitrinitarismus war seit 1568 ein beherrschendes Thema auch in der Korrespondenz zwischen Théodore de Bèze und Heinrich Bullinger. Siebenbürgische Peregrinanten brachten antitrinitarische Schriften zu Bullinger,[140] der darum mit Recht gegenüber de Bèze am 14. April 1570 festhielt: „Id istis omnibus adjiciam in Transylvania, Hungaria et Polonia impium Arianismum opera Blandratae vehementer crescere."[141] De Bèze wurde gar mit grosser Sorge erfüllt, als er davon hörte, dass András Dudith immer mehr in „cum haereticis familiaritate" stehen würde – hatte er doch seine zweite Ausgabe der *Poemata* (Genf 1569) Dudith gewidmet, in der Hoffnung, dass Dudith sich weiterhin für die Ausbreitung des Evangeliums einsetze, nachdem er 1562 das tridentinische Konzils verlassen und 1567 seine Demission vom Fünfkirchener Bischofsamt eingereicht hatte.[142]

Seit den 1550er Jahren, besonders seit der Gründung der Genfer Akademie (1559), nahm Genf eine zunehmend wichtigere Bedeutung für die theologischen Kontakte zwischen dem ungarischen und dem schweizerischen Protestantismus ein: Calvin wurde über den Fortgang der Reformation in Ungarn und Siebenbürgen informiert,[143] ungarische Peregrinanten studierten an der Genfer Akademie,[144] de Bèze besorgte, angeregt durch diese, den Druck einiger theologischer *Hungarica* wie István Szegedi Kis' *Assertio vera de Trinitate*

---

139 Vgl. JOHANNES LÖWENKLAU (Hg.), Legatio Imp. Caesaris Manuelis Comneni Aug. ad Armenios, sive Theoriani cum Catholico disputatio, […] Omnia nunc primum depromta ex Io. Sambuci V.C. bibliotheca, Basel 1578 (vgl. HIERONYMUS, Geist, Nr. 472).

140 „Transsylvanus ille tuas mihi reddidit una cum duobus scriptis eorum, qui in Transsylvania praecipua religionis nostrae capita flectunt et reflectunt ad regulam veterum heresεων. Dominus convertat eos vel evertat." (Heinrich Bullinger an Tobias Egli, 5. November 1568, in: BULLINGER, Korrespondenz III, Nr. 128). Mit Tobias Egli (1534–1574), der seit 1566 Pfarrer am St. Martin in Chur war, pflegte Bullinger eine intensive Korrespondenz, in der auch immer wieder Fragen der Ausbreitung des Evangeliums in Ungarn und Siebenbürgen besprochen wurden (vgl. BULLINGER, Korrespondenz III).

141 Heinrich Bullinger an Théodore de Bèze, 14. April 1570, in: Bèze, Corr. XI, Nr. 762; vgl. Heinrich Bullinger an Tobias Egli, 14. April 1570, in: BULLINGER, Korrespondenz III, Nr. 195.

142 Vgl. Andreae Dudithio […] nunc verò fido Iesu Christi servo, Th. Beza Vezelius gratiam & pacem à Domino, in: THÉODORE DE BÈZE, Poematum editio secunda, Genf 1569, *iiʳ–**iiᵛ (= 3–20) (= Bèze, Corr. X, Nr. 673). Die Korrespondenz zwischen de Bèze und Dudith dauerte trotz der geistigen Entfremdung noch über zehn Jahre an; da Dudith in diesen Jahren aber vor allem für die polnische Reformationsgeschichte eine Bedeutung einnahm, gehört es nicht hierher, den Inhalt dieser Korrespondenz bekannt zu machen und zu kontextualisieren.

143 Vgl. Jan Lusinski (Lusenius) an Johannes Calvin, 14. März 1560, in: CO XVIII, Nr. 3168; Ferenc Kaprophontes an Johannes Calvin, 26. Dezember 1561, in: CO XIX, Nr. 3669.

144 Vgl. HEGYI, Diákok, 80. 85 f; vgl. unten S. 394 ff.

(Genf 1573; 1576), Péter Laskai Csókás' *Theorematum. De puro et expresso verbo Dei [...]* (Genf 1584) oder Bálint Szikszai Hellopaeus' *De sacramentis in genere* (Genf 1585). Auf diesem Hintergrund ist es nur verständlich, dass Albert Szenci Molnár, der von 1593 bis 1596 in Strassburg studierte, im August 1596 – seine Reise führte über Basel, Zürich, Bern und Lausanne[145] – nach Genf kam und sich dort, wie wir aus seinem *Diarium* wissen, auch mit de Bèze traf, ja gar das Grab Johannes Calvins besuchte. Von hier zog er am 22. August 1596 über Lausanne, Bern, Luzern, Chur, Chiavenna und Como weiter nach Italien. Später blieb Szenci Molnár, obwohl er durch seinen anschliessenden langjährigen Aufenthalt in der Pfalz wohl stärker geprägt worden war, mit der Schweiz in Verbindung, indem er einerseits beispielsweise mit dem Basler Professor Amandus Polanus von Polansdorf in Korrespondenz stand, andererseits Bullingers *Bättbüchlin* (Heidelberg 1621) oder Calvins *Institutio* (Hanau 1624) ins Ungarische übersetzte.[146]

Bullingers Bedeutung für die Entwicklung des ungarischen Protestantismus wurde in der Forschungsliteratur immer wieder besprochen; gleichfalls wurden mehrfach die Hintergründe für die Annahme der *Confessio Helvetica posterior* auf der Synode zu Debrecen (1567) aufgezeigt.[147] Hingegen liegen bislang kaum Forschungen über die Bedeutung seiner Mitarbeiter Josias Simler, Johannes Wolf und Rudolf Gwalther in der zweiten Hälfte des 16. Jahrhunderts vor.[148] So hat Josias Simler wegen des sich ausbreitenden Antitrinitarismus in den ostmitteleuropäischen Ländern sein Werk *De aeterno Dei filio, Domino et servatore nostro Iesu Christo, et de Spiritu sancto* (Zürich 1568) verfasst, wozu Bullinger ein Vorwort schrieb, in dem er sich explizit an die „universos Christi fideles in Polonia, Lithuania et Rußia, in Hungaria quoque & Transylvania, [...]" wandte.[149] Simler pflegte seit Anfang der siebziger Jahre intensivere Kontakte mit ungarischen Studenten; aus einem Brief von Mihály Paksi Cormaeus, der im Frühling 1568 aus Wittenberg nach Genf gekommen war und später in Heidelberg studierte,[150] erfahren wir, dass Simler auch mit

---

145 In Basel traf er sich beispielsweise mit Johann Jakob Grynaeus sowie Amandus Polanus von Polansdorf, in Zürich mit Markus Beumler, Johannes Steiner sowie Johann Wilhelm Stucki, in Bern mit Wolfgang Musculus d.J. u.s.w. (vgl. SZENCI MOLNÁR, Naplója, 58 f).

146 Vgl. Albert Szénci Molnár: Diarium, vel adversaria mea, TelBolK: To-1619b, 518ʳ–519ᵛ (= SZENCI MOLNÁR, Naplója, 58ff); vgl. P. VÁSÁRHELYI, Wirkung, 185; BERNHARD, Béza, 304 f; vgl. unten S. 501 ff.

147 Neben den Studien von ZSINDELY, BUCSAY, SCHLÉGL, BRYNER und BERNHARD ist vor allem auf die diesbezüglichen Publikationen von Barnabás NAGY (vgl. NAGY, Geschichte Confessio, 109–118; DERS., Bedeutung, 84–119) und von István JUHÁSZ (vgl. JUHÁSZ, Glaubensbekenntnis, 99–103; DERS., Luther, 328–333) zu verweisen.

148 Knappe Angaben finden sich bei ZSINDELY und BERNHARD (vgl. BERNHARD, Gwalther, 169–181; ZSINDELY, Bullinger [1975], 376ff; DERS., Bullinger [1967], 79ff).

149 Vgl. Heinrychi Bullingeri praefatio, in: JOSIAS SIMLER, De aeterno Dei filio, Domino et servatore nostro Iesu Christo, et de Spiritu sancto [...], Zürich 1568, α2ʳ; vgl. dazu auch: Heinrich Bullinger an Théodore de Bèze, 7. Juni 1568, in: Bèze, Corr. IX, Nr. 610.

150 Die *Seniores* der Kirche von Oberungarn („superiori parte Ungariae") empfahlen Mihály Paksi

Péter Károlyi (1543–1576), dem Rektor der Schule von Grosswardein, in Korrespondenz stand, obwohl kein Brief mehr erhalten ist.[151] Károlyi seinerseits berief sich in seiner gegen die Antitrinitarier gerichteten,[152] von de Bèze hochgeschätzten Streitschrift *Brevis, erudita et perspicua explicatio orthodoxae fidei [...] adversus blasphemos Georgij Blandratae, & Francisci Dauidis errores* (Wittenberg 1571) neben Calvin, Bullinger oder Melanchthon auch auf Simler, da dieser die antitrinitarische Lehre bereits scharf beleuchtet habe.[153]

Während die Repräsentanten der Zürcher und der Genfer Kirche vor allem die Ausbreitung des Antitrinitarismus in Ostmitteleuropa beschäftigte, war im „humanistischen" Basel, wo sich immer wieder Nonkonformisten aufgehalten hatten, diese Frage in den geistigen Kontakten mit Ungarn nicht beherrschend. Mehrere ungarländische Studenten verschiedener konfessioneller Prägung suchten Basel gerade darum auf. Aus Jena kam – um ein Beispiel zu nennen – Johannes Tydemann, gebürtig aus dem lutherischen Schemnitz, im Winter 1558/59 nach Basel; neben seinen Studien pfegte er auch Kontakt mit Bonifatius Amerbach, welchen er vor seiner Weiterreise als „Mecaenas studiosorum", als Förderer der freien Wissenschaften mit einem Lobgedicht beehrt hatte.[154] Als der venezianische Historiker und Philologe Giovanni Michele Bruto (1517–1592), der 1565 wegen seines Nonkonformismus vor der Inquisition nach Lyon fliehen musste, 1572/73 nach Basel kam, erlebte er im wissenschaftlichen und persönlichen Austausch mit Theodor Zwinger geistige Offenheit und Menschlichkeit; diese „wissenschaftliche Freiheit" habe er auch am Hofe von Fürst István Báthory erlebt, wie er kurz nach seinem Antritt als Hofhistoriograph an Zwinger berichtete, obwohl der Fürst ansonsten eine andere Religionspolitik betrieben habe.[155]

Cormaeus, gemeinsam mit Mátyás Thuri, an Théodore de Bèze (vgl. Seniores Ecclesiarum in superiori parte Ungariae (Gáspár Károlyi, Mihály Hevessi und Gergely Szikszai) an Théodore de Bèze, 1. Mai 1568, in: Bèze, Corr. IX, 235–239 [Annèxe IV b]); der Hinweis von Hegyi, dass Paksi in den Jahre 1566/67 in Genf studiert hätte (vgl. HEGYI, Diákok, 85), ist dahingehend zu korrigieren, dass Paksi im Mai 1568 nach Genf kam und bis im September dort weilte, um weiter nach Heidelberg zu ziehen. Hingegen hat Mátyás Thuri 1566/67 in Genf studiert (vgl. HEGYI, Diákok, 80; Krzysztof Trecy an Théodore de Bèze, 12. Juli 1566, in: Bèze, Corr. VII, Nr. 482), kehrte aber anschliessend wieder nach Wittenberg zurück. Abgesehen von der Empfehlung durch die *Seniores* Oberungarns hat Barbara Bánffy Mátyás Thuri erneut ermutigt, nach Genf zu gehen; dieser ging aber vorerst nach Zürich, wo er ein halbes Jahr blieb und vernahm, dass in Genf gerade eine Pestepidemie ausgebrochen sei, weswegen er im September 1568 nicht nach Genf, sondern nach Heidelberg weiterzog (vgl. Mátyás Thuri an Théodore de Bèze, 14. September 1568, in: Bèze, Corr. IX, Nr. 638).

151 Vgl. Mihály Paksi Cormaeus an Josias Simler, 10. April 1572, in: ULRICH, Miscellanea II/2, 214.
152 „[...] nostros adversarios Georgium Blandratam Italicae fidei hominem, Franciscum Davidis, horumque complices [...]" (PÉTER KÁROLYI, Brevis, erudita ac perspicua explicatio orthodoxae fidei [...] adversus blasphemos Georgij Blandratae, & Francisci Dauidis errores [...], Wittenberg 1571,)(5ᵛ); vgl. FIRPO, Antitrinitari, 47 ff et passim.
153 Vgl. KÁROLYI, Explicatio, V8ʳ⁻ᵛ (= 319 f) (vgl. NAGY, Bedeutung, 95. 114 f).
154 Vgl. Johannes Tydemann an Bonifatius Amerbach, 14./23. Oktober 1560, in: AK 11, Nr. 4578.
155 Vgl. Giovanni Michele Bruto an Theodor Zwinger, 23. Januar 1574, UBB: Fr.-Gr. Ms. II 8,

Die geistigen Kontakte unter Gelehrten Ungarns und der Schweiz wurden
weiter durch die wissenschaftliche Qualität der Altertums- und Sprachwissenschaft, welches Fachgebiet mit der Theologie eng verbunden ist, unterstützt. Besonders die Schriften von Johannes Buxtorf d.Ä. sowie seines
gleichnamigen Sohnes, die sich beide durch viele Jahrzehnte als glänzende
Hebraisten und Orientalisten hervortaten, waren in Ostmitteleuropa weit
verbreitet. Buxtorf'sche *Hebraica* nahmen in vielen Bibliotheken eine bedeutende Stellung ein.[156]

Seit Mitte der 1580er Jahre erschienen in Basel immer mehr auch theologische *Hungarica*. Als 1584 Johann Jakob Grynaeus in der Universität aufstieg
und 1586 zum Basler Antistes gewählt wurde, wurde die Basler Kirche, die
während des Antistitiums von Simon Sulzer lutherische Tendenzen angenommen hatte, wieder entschlossener in reformierte Bahnen geführt;[157] die
theologisch offene Haltung der Universität erfuhr gleichzeitig zunehmend
eine Engführung.[158] Es kam Grynaeus sehr gelegen, als sich István Szegedi Kis
jun. im Februar 1584 in Basel immmatrikulierte, mit der Absicht, die theologischen Schriften seines vor zwölf Jahren verstorbenen Vaters zu drucken.[159]
Grynaeus entdeckte in den ungedruckten theologischen Werken des älteren
Szegedi Kis einen Glaubensbruder, so dass bald dessen *Speculum romanorum
Pontificium* (Basel 1584) und seine *Theologiae sincerae Loci communes* (Basel
1585) erschienen, gefolgt von mehreren Nachdrucken.[160] Grynaeus' Bemühungen wurden bald bekannt, so dass einesteils mehrere ungarische Studenten mit Grynaeus in Briefkorrespondenz traten,[161] andernteils in Basel
theologische *Hungarica* erstmals in grösserer Zahl gedruckt wurden, zu einem
guten Teil von ungarischen Gelehrten, die nie in Basel studiert hatten. Wir
denken dabei beispielsweise an Schriften des späteren Sárospataker Rektor
Izsák Fegyverneki († 1589). Das von ihm herausgegebene *Enchiridion Locorum communium theologicorum, Rerum, Exemplorum, atque Phraseon sacrarum, [...]* (Basel 1586) war ein reformiertes Grundlagenwerk für biblische
Theologie und Archäologie, weswegen es sowohl in Basel wie auch in Ungarn
in Unterricht und Ausbildung so rege benutzt wurde, dass der Basler Buch-

---

Nr. 232 (= ELTE: Tom. XVIII, Nr. 19 [Teilabschrift]). Bruto, der auch mit Dudith und Crato
 Kontakt pflegte, war durch seine Tätigkeit am Hofe Báthorys allerdings gezwungen, in den
 Schoss der römischen Kirche zurückzukehren (vgl. BENE, Historiographie, 12 f; BONORAND,
 Emigration, 191. 203; CACCAMO, Eretici, 145–152 et passim).
156 Vgl. ČIČAJ, Buch, 161 ff.
157 Vgl. GUGGISBERG, Zusammenhänge, 16 ff. 20 ff; DERS., Stadtstaat, 209 f.
158 Dass sich Johannes Hertel, Ferenc Dávids Sohn, 1587 in Basel immatrikulierte, kann nicht als
 Beleg dafür angeführt werden, dass Nonkonformisten weiterhin in Basel studieren konnten
 (anders: BALÁZS, Einflüsse, 145); vgl. unten S. 354 f.
159 Vgl. BUCSAY, Speculum, 80 ff; DERS., Szegedi Kis, 158 ff.
160 Zu den Nachdrucken vgl. unten S. 343 f.
161 Vgl. GRYNAEUS, Kapcsolatai.

drucker Conrad Waldkirch mehrere Neuauflagen, auch noch zu Beginn des 17. Jahrhunderts, besorgen musste.[162]

Als erstes Fazit kann man abschliessend sagen, dass die theologischen Kontakte zwischen dem reformierten Protestantismus Ungarns und der Schweiz sich seit Mitte des 16. Jahrhunderts zunehmend stärker auf die reformatorischen Zentren Zürich und Genf konzentrierten, Basel hingegen bis in die 1570er Jahre vor allem humanistisches Zentrum geblieben ist; erst in den 80er Jahren erhielt Basel für den reformierten Protestantismus Ungarns wieder mehr Gewicht.

---

162 Vom *Enchiridion* erschienen, teilweise zusammen mit den *Partitionum Theologicarum, Logica Methodo institutarum Libelli duo* von Amandus Polanus von Polansdorf, Neuauflagen in den Jahren 1589, 1595, 1596, 1598, 1600, 1604, s.d. [1609], 1610 und 1628 (vgl. RMK III 787. 847. 914. 940a. 1081. 1415; RMKP 5564. 5679). Zum Ganzen ist zu vergleichen: BERNHARD, Hungarica, 75 ff. 87 ff; vgl. unten S. 343 f.

2. Theologische Kontakte der reformatorischen Kirchen Ungarns und der Schweiz

2.1 Die Briefkorrespondenz in ihrer kommunikationsgeschichtlichen Bedeutung für den reformierten Protestantismus Ungarns und der Schweiz

Im Jahre 1552 erschien bei Johannes Oporin ein Sammeldruck über die Briefschreibekunst, den der Tyrnauer Johannes Sambucus herausgab. Absicht des Drucks mit verschiedenen Lehrbüchern über die Briefschreibekunst war es, die Jugend aufgrund des Studiums der Anfangsgründe der Briefschreibekunst und durch Lektüre der antiken Autoren wie Cicero oder Demosthenes in die Kunst des Briefschreibens einzuführen.[1] Tatsächlich nahm die Briefschreibekunst im 16. Jahrhundert eine ungleich bedeutendere Stellung als heute ein. Wer diese Kunst beherrschte, besass nicht nur die Möglichkeit, Informationen und Wissen auszutauschen, sondern konnte bei geschickter Formulierung den Adressaten auch für eigene Anliegen gewinnen. Die Widmungsbriefe bedeutender reformatorischer Werke an Magnaten und Fürsten, ja Könige sind dafür zeichnendes Beispiel.

Allerdings konnten mitnichten alle Alltagsbriefe dem Anspruch eines gehobenen Stils entsprechen; dennoch nehmen dieselben für die Geschichtsschreibung eine kaum zu überschätzende Bedeutung ein, weil sie umfassende Auskunft über vorhandene Kontakte, über den Austausch von Wissen oder über personelle und geistige Verbindungen geben. Insofern hat die Epistolographie aus heutiger Sicht insbesondere auch eine kommunikationsgeschichtliche Bedeutung. Im vorliegenden Kapitel werden die Briefe zwischen Gelehrten des ungarischen und schweizerischen Protestantismus – es sind für den entsprechenden Zeitraum knapp 300 Briefe – umfassend untersucht, und es wird ein Einblick in die für die Entwicklung des reformierten Protestantismus Ungarns und Siebenbürgens relevanten Themata gewährt.

---

1 Vgl. Epistolarum conscribendarum methodus, una cum Exemplis, incerti autoris, Graece & Latine, [...] Ioanne Sambuco Pannone Tirnavensi interprete, Basel 1552.

a. Der *Libellus epistolaris* (1551) als Grundlage eines vertieften
gegenseitigen Interessens

Auf die Hintergründe, wie es zur Abfassung des *Libellus epistolaris* kam, haben
wir im vorangehenden Kapitel verschiedentlich hingewiesen. Bemerkenswert
bleibt es, dass der Sekretär der ungarischen Staatskanzlei, János Fejérthóy,
sich an Bullinger und nicht an Melanchthon wandte. Die Hintergründe versuchten wir bereits aufzuzeigen;[2] die Konsequenzen sind in diesem Abschnitt
zu würdigen.

Bereits mit der von Musculus besorgten Schrift *Vom vffgang deß wort
Gottes by den Christen in Ungern* (Bern 1550) rückte die Schweiz, wohin
Musculus nach dem Augsburger Interim geflohen war, ins zunehmende Interesse der ungarischen Protestanten. Bullingers Sendschreiben hatte aber
ungleich grössere Bedeutung, da die Schrift explizit „ad dispersos in Hungaria
ecclesiarum Christi ministros et alios Dei servos" geschrieben war.[3] Die Tatsache, dass 1559 auf zwei verschiedenen, weit voneinander entfernten Druckereien, nämlich in Ungarisch-Altenburg und in Klausenburg, der beinahe
identische Text gleichzeitig gedruckt worden ist,[4] belegt, dass Bullingers
Sendschreiben in den dazwischenliegenden Jahren oft abgeschrieben und
gewissenhaft weitergegeben wurde, seine „trostreiche Schrift" im Reich der
Stephanskrone also weiterum bekannt war. Die Bedeutung der Verbreitung
dieser Schrift und der damit verbundenen zunehmenden Bekanntmachung
von Bullingers Name zeigt sich schliesslich nicht minder in der Briefkorrespondenz der 1550er Jahre. So ist es nämlich auffallend, dass in den Jahren
zwischen 1545 und 1550 kein Brief bekannt ist, der auf eine Korrespondenz
zwischen ungarischen und schweizerischen Gelehrten hinweisen würde. Im
Jahre 1551, insbesondere nach Übersendung des Sendschreibens, änderte sich
dies allerdings: Bullinger nutzte die Möglichkeit und blieb mit Fejérthóy bis
zum Jahre 1555 in Kontakt, als der Sekretär bereits in Pressburg ansässig war.[5]
Im selben Jahre[6] trat Bullinger in Kontakt mit dem slowenischen Reformator
Primož Trubar, mit dem er ebenfalls während vier Jahren den Austausch
pflegte.[7] Weiter wandte sich im Jahre 1557 Gál (Gallus) Huszár, der Reformator

---

2 Vgl. oben S. 92 f.
3 Vgl. HEINRICH BULLINGER, Brevis ac pia Institutio Christianae Religionis ad dispersos in
  Hungaria Ecclesiarum Christi Ministros […], Ungarisch-Altenburg 1559, A^r.
4 Vgl. NAGY, Sendschreiben, 11 ff.
5 Vgl. BULLINGER, Confessio (1866), 99–105; BULLINGER, Levelezése, 8–18.
6 Es scheint, dass Bullinger Mitte der 1550er Jahre, wohl durch die Kontakte mit Fejérthóy angeregt,
  in seinem kirchenpolitischen Konzept den Blick auch immer mehr nach Ostmitteleuropa gelenkt
  hatte; so markiert das Jahre 1554 den Eintritt Bullingers in die kirchenpolitischen Auseinandersetzungen Polen-Litauens (vgl. BÜSSER, Bullinger II, 302 ff; BRYNER, Ausstrahlungen [2004],
  188 ff; DERS. Anliegen, 415–424; MÜHLING, Kirchenpolitik, 229–270).
7 Vgl. TRUBAR, Pisma, 23–37; TRUBER, Briefe, 19–34; RUPEL, Korrespondenci, 149–156.

der nordwestlichen Gebiete Ungarns, der später Bullingers Sendschreiben drucken sollte, an Bullinger; sowohl in dem einen Brief, der erhalten ist, wie auch im Vorwort zum *Libellus* betonte Huszár die Bedeutung Bullingers für den Sieg der Verkündigung des Evangeliums über die römische Tyrannei in Ungarn.[8] Gerade Huszár hatte unter dieser Tyrannei zu leiden, als er wegen Verbreitung der reformatorischen Lehren durch den Graner Erzbischof Miklós Oláh verfolgt wurde.[9] In dem genannten Brief an Bullinger wies Huszár, wie bereits Ambrosius Moibanus, darauf hin, dass neben Bullingers Schriften auch „D. Johannis Calvini scripta plurimum imitantur". Dennoch blieben in den 1550er Jahren – anders als bei Bullinger – die direkten Kontakte Calvins mit ungarischen Gelehrten nachwievor rudimentär. Calvin hatte zwar lebhaftes Interesse am politischen und kirchlichen Geschick des Stephanreiches, nahm aber auf die kirchenpolitische Entwicklung Ungarns nicht aktiv Einfluss; offenbar überliess er dies, nach der Abfassung des *Consensus Tigurinus*, Bullinger. In den 50er Jahren waren es vor allem Informationen über die kriegerischen Auseinandersetzungen wegen der Türkenbesetzung in Mittelungarn, die Calvin von Melanchthon, Farel, Utenhoven oder Bullinger erhielt.[10] Erst im Übergang zu den 1560er Jahren wurde Calvin vermehrt über die Verbreitung des Evangeliums, vor allem aber über die beginnende Ausbreitung des Antitrinitarismus in Siebenbürgen und Ungarn informiert. Dank seiner polnischen Kontakte konnte Piotr Stojeński (Statorius) aus Pińczów bei Krakau berichten,[11] dass der Arzt Giorgio Biandrata, der sich 1558 mit Calvin wegen seiner antitrinitarischer Ansichten zerstritten hatte und über Zürich und Basel nach Polen geflohen war,[12] im Frühling 1559 nach Siebenbürgen zu Königin Isabella gekommen sei;[13] Calvin war damit einer der ersten Reformatoren, der über Biandratas erneute Tätigkeit am Fürstenhofe[14] und damit

---

8 Vgl. Gál Huszár an Heinrich Bullinger, 26. Oktober 1557, in: BULLINGER, Confessio (1866), 109; BULLINGER, Institutio, A2ᵛ.

9 Vgl. BUCSAY, Protestantismus I, 60.

10 Hingewiesen sei auf folgende Briefe: Heinrich Bullinger an Johannes Calvin, 4. Februar 1551, in: CO XIV, Nr. 1446; Heinrich Bullinger an Johannes Calvin, 23. Juni 1551, in: CO XIV, Nr. 1506; Philipp Melanchthon an Johannes Calvin, 1. Oktober 1552, in: CO XIV, Nr. 1656; Wilhelm Farel an Johannes Calvin, 20. Januar 1554, in: CO XV, Nr. 1899; Jan Utenhoven an Johannes Calvin, 19. Februar 1557, in: CO XVI, Nr. 2599; Heinrich Bullinger an Johannes Calvin, 9. April 1557, in: CO XVI, NR. 2615; u.s.w.

11 Seit 1559 bildete sich in Pińczów bei Krakau eine protestantische Gemeinde, der sich auch mehrere radikale italienische Nonkonformisten zugesellten; die entstandene italienische Fremdengemeinde spaltete sich in verschiedene religiöse Richtungen, was zu heftigen Auseinandersetzungen, dem sogenannten Stancarischen Streit, führte (vgl. BERNHARD, Negri, 85 f; BRYNER, Ausstrahlungen [2004], 191 ff; HEIN, Protestanten, 97 – 115).

12 Vgl. Prolegomena zur Schrift *Responsum ad Quaestiones Blandratae* (1558), in: CO IX, XXXIff. Über die Auseinandersetzungen mit italienischen Nonkonformisten berichtet de Bèze noch 1590 an Grynäus (vgl. Théodore de Bèze und Antoine de Chandieu an Johann Jakob Grynäus, 23. November 1590, in: Bèze, Corr. XXXI, Nr. 2136).

13 Vgl. Piotr Stojeński an Johannes Calvin, 20. August 1559, in: CO XVII, Nr. 3098.

14 Nach dem Tod der Königin am 15. September 1559 blieb Biandrata bis Anfang 1560 weiterhin in

verbunden über die „Anfänge" des Antitrinitarismus in Siebenbürgen – der Hebraist Francesco Stancaro, der sich von 1554 bis 1559 in Ungarn und Siebenbürgen an verschiedenen Orten als Lehrer aufgehalten hatte, hatte das Dogma der Trinität noch nicht offen angegriffen[15] – Kenntnis hatte, jedenfalls vor Melanchthon, vor Bucer, vor de Bèze und vor Bullinger. Wirklich drängend wurde die Thematik allerdings erst viel später, nämlich im Zusammenhang mit der notwendigen Abwehr des Antitrinitarismus im Partium – auf der Synode zu Debrecen (1567) wurde unter anderem darum die *Confessio Helvetica posterior* angenommen[16] – und mit der Deklaration des antitrinitarisch gesinnten Fürsten János Zsigmond, dass das Evangelium fortan frei, womit auch den „antitrinitarische Religion" miteingeschlossen war, verkündet werden dürfe; zu diesem Zeitpunkt trat auch de Bèze – seit 1563 von Bullinger über Biandrata in Kenntnis gesetzt[17] – in direkte Korrespondenz mit den ungarischen Theologen Siebenbürgens und des Partium.[18]

Die Urteile, dass Bullingers Briefwechsel mit ungarischen Partnern kein kirchenpolitisches Konzept – anders als in seiner Korrespondenz mit polnischen Adligen und Theologen – erkennen lasse, sondern vielmehr eine situations- und problembezogene Korrespondenz darstelle,[19] mag zu einem Teil, wenn man die doch eher bescheidene Anzahl Ungarn betreffende Briefe mit Polen betreffenden Korrespondenz vergleicht,[20] eine richtige Erkenntnis sein, lässt aber verschiedene Aspekte ausser Acht. So ist das Reich der Stephanskrone, das sich seit der Niederlage bei Mohács (1526) und der Einnahme Ofens (1541) in verschiedene, politisch kaum vergleichbare Grössen aufteilte, aufgrund der politisch besonderen Situation nicht mit dem Königtum Polen vergleichbar; auch darum konnte Bullinger nicht in gleicher Weise ein einheitliches kirchenpolitisches Konzept für „Ungarn", d. h. für die „Länder" der Stephanskrone, entwerfen. Weiter ist zu bedenken, dass wir die Kontakte

Weissenburg, siedelte dann aber wegen Ausbruch des Stancarischen Streites nach Kleinpolen über, um im Mai 1563 erneut an den siebenbürgischen Fürstenhof zurückzukehren (vgl. HEIN, Protestanten, 156; CACCAMO, Eretici, 22 f. 26ff).

15 Erste Anzeichen, dass Stancaro zum Antitrinitarismus neigte, wurden 1557 in einem Streitgespräch zwischen Ferenc Dávid und Gáspár Heltai mit Francesco Stancaro offenbar (vgl. FERENC DÁVID, Apologia adversus maledictum et calvmnias Francisci Stancari, [...], Klausenburg 1558); vgl. PATAKI, Orvoslás, 55 f; BUCSAY, Protestantismus I, 132 f; HEIN, Protestanten, 81 f; vgl. unten S. 359 f.

16 Vgl. unten S. 433 ff.

17 Vgl. Heinrich Bullinger an Théodore de Bèze, 12. Juni 1563, in: Bèze, Corr. IV, Nr. 273.

18 Vgl. Seniores Ecclesiarum in superiori parte Ungariae (Gáspár Károlyi, Mihály Hevessi und Gergely Szikszai) an Théodore de Bèze, 1. Mai 1568, in: Bèze, Corr. IX, 235–239 (Annèxe IV b).

19 Vgl. BRYNER, Bullinger, 807; MÜHLING, Kirchenpolitik, 24 f; ZSINDELY, Bullinger (1975), 379.

20 Es sind aus der polnischen Korrespondenz rund 150 Briefe von und an Bullinger, weitere 30 mit der Zürcher Pfarrerschaft in globo und schliesslich noch etwa 100 mit Bullingers Mitarbeitern Johannes Wolf, Konrad Pellikan, Rudolf Gwalther und Josias Simler bekannt (vgl. BÜSSER. Bullinger II, 302). Ein grosser Teil der Korrespondenz wurde bereits vor über 100 Jahren im 3. Ergänzungsband des Archivs für Reformationsgeschichte gedruckt (vgl. WOTSCHKE, Briefwechsel).

zwischen Ungarn und der Schweiz nicht auf Bullingers Korrespondenz reduzieren dürfen, sondern viel umfassender nach den geistigen Kontakten zwischen den beiden Kulturräumen zu fragen haben: Es sind – neben der Untersuchung der ungarländischen Peregrinationsgeschichte und der Wirkungsgeschichte des Schweizer Buches im Stephansreich, welche Bereiche wir in den folgenden beiden Abschnitten behandeln – auch die Genfer Kontakte, besonders von Théodore de Bèze, sowie die Basler Kontakte, besonders von Johann Jakob Grynaeus, zu bedenken. Mit der Unterzeichnung des *Consensus Tigurinus* (1549) vertraten die beiden wichtigsten reformatorischen Zentren der Schweiz, Genf und Zürich, bei all ihrer Unterschiedlichkeit erstmals eine gemeinsame „reformierte Kirchlichkeit" und verfolgten im Rahmen ihrer „kirchenpolitischen Aktionen" auch erstmals eine gemeinsame Strategie; später sollten sich die Basler und die Berner Kirchen gleichfalls dazugesellen.[21] Die sehr zahlreiche Korrespondenz zwischen Gelehrten Genfs und Zürichs, aber auch Basels, belegt einen regelmässigen und inhaltlich klar strukturierten Austausch über die „ungarische Frage".

Dieser Austausch ist direkt und indirekt begründet in Fejérthóys Anfrage vom März 1551 an Bullinger, eine trostreiche Schrift zu verfassen. Nach dieser Anfrage gab Bullinger *erstmals* Informationen aus Ungarn weiter an Calvin. Nach dem Tode Calvins intensivierte sich die Korrespondenz zwischen Zürich und Genf erneut, insbesondere zwischen de Bèze und Bullinger; von 1564 bis 1575 haben sich de Bèze und Bullinger bzw. Josias Simler in rund 45 Briefen mit Ungarn und Siebenbürgen beschäftigt.[22] Dies belegt, dass Bullinger und seine Mitarbeiter, aber auch de Bèze, weit intensivere Kontakte mit ungarischen reformierten Gelehrten pflegten, als uns dies heute aus der noch erhaltenen Korrespondenz bekannt ist.[23] Mit dem Tode Bullingers übernahm zwar Rudolf Gwalther diese ehrenvolle Aufgabe, doch die geistigen Kontakten zwischen Ungarn und der Schweiz brachen während der nächsten Jahre weitestgehend zusammen.[24] Zwischen 1575 und 1579 ist kein einziger Brief zwischen ungarländischen und schweizerischen Gelehrten bekannt, und es fand nur ein bescheidener Austausch von Ungarn betreffenden Fragen zwi-

---

21 Vgl. Busch, Consensus (RBS), 475.

22 Neben Bullinger waren für de Bèze, allerdings in weit geringerem Masse, Krzysztof Trecy und später Jakob Monau wichtige Informanten.

23 Wir haben heute Kenntnis von etwa fünfzig Briefen ungarländischer Gelehrter bis zum Tode Bullingers (vgl. Bernhard, Gwalther, 170; Zsindely, Bullinger [1975], 379); gemäss dem publizierten Briefwechsel von de Bèze umfasst die ungarländische Korrespondenz von de Bèze, die Korrespondenz mit András Dudith nicht mitgerechnet, bis 1575 etwa ein Dutzend Briefe.

24 Vgl. Bernhard, Gwalther, 170 f. Kurz nach dem Tode Bullingers soll Gwalther eine Schrift „De Hungaria Reformata" erhalten haben, wohl als Beilage zu einem Brief (vgl. Zwischenregestenband zur Simler-Sammlung, ZBZ: E 130, 629 (Oktober 1575, Verweis auf 174b.175); leider konnte allerdings das originale Schriftstück weder in S 132–134 (Jahr 1575) noch in den entsprechenden Regesten zur Simler-Sammlung (S 205–266) gefunden werden). Dennoch hatte Gwalther nicht die Möglichkeit und das notwendige Netzwerk, die intensiven Kontakte mit ungarischen Gelehrten weiterzupflegen.

schen Genf und Zürich statt. Erst durch das Wiedererstarken der „Basilea reformata", eingeleitet durch Johann Jakob Grynaeus,[25] wurden die reformierten Kontakte zwischen Ungarn und der Schweiz – vor allem Basel und Genf übernahmen diese Aufgabe – wieder intensiviert und blieben konstant bis zum Beginn des 17. Jahrhunderts.

Man kann abschliessend sagen, dass Bullingers *Libellus epistolaris* eine wesentliche Grundlage für den geistigen Austausch zwischen den beiden Kulturräumen legte. Erst nach 1551 fand eine mehr oder weniger regelmässige Korrespondenz und ein Austausch über die „ungarische" Frage statt. Das ehemalige Reich der Stephanskrone weckte aber nicht nur das kirchenpolitische Interesse der Zürcher und Genfer Theologen, sondern Bullingers *Libellus* begründete auch die zunehmend konsequentere theologische Orientierung des ungarischen Protestantismus an der helvetischen Richtung der Reformation.

b. Türkenfrage

Trotz der Freude „de evangelii successu in Ungaria" berichtete der von Krankheit bereits gezeichnete Joachim Vadian von Gerüchten über einen neuen, grossangelegten Angriff der Türken auf Ungarn für das Frühjahr 1552.[26] Die „türkische Frage" sollte gleichzeitig mit der zunehmenden Ausbreitung des Evangeliums eine brennende Frage bleiben. Die Beunruhigung über einen möglichen erneuten Vorstoss beherrschte auch in den folgenden zwei Jahrzehnten die Korrespondenz und den theologischen Austausch. Der Brief des bereits erwähnten Gál Huszár weist mit den Ausführungen von János Fejérthóy – in seinen Briefen von 1551 und 1555 an Bullinger[27] – grosse Ähnlichkeit auf. Auch Huszár betonte den Fortlauf der Reformation in Ungarn, berichtete aber gleichzeitig von den furchtbaren Verwüstungen der Türken als auch von ihrem Wohlwollen gegenüber der Reformation. Dieses Wohlwollen, das bereits in der von Musculus herausgegebenen Schrift *Vom vffgang deß wort Gottes by den Christen in Ungern* (Bern 1550) angetönt wurde,[28] betonte Huszár gegenüber Bullinger besonders nachdücklich:

---

25 Vgl. Guggisberg, Zusammenhänge, 18 f. 23.

26 Vgl. Joachim Vadian an Heinrich Bullinger, 19. Dezember 1551, in: Vadian BW VI/2, Nr. 1723.

27 „Hinc enim factum est, ut pii sancta doctrina confirmati, quod antea non erat auditum, audiant, non solum in partibus ipsius Hungariae, ditioni nunc Turcarum subjectis, verum etiam in Tracia, adeoque Constantinopoli, Evangelium Christi depredicare, afflictasque Christianorum dispersorum conscientiae consolari." (János Fejérthóy an Heinrich Bullinger, 26. März 1551, in: Bullinger, Confessio [1866], 99); „Hinc ad te in praesentia nihil novarum rerum scribere possum praeter communes miserias et regni huius Ungarici crebras a Turca vastationes. Sic solet pater coelestis populum rebellem et contumacem affligere. Verbum domini sub imperio Turce felucius procedit, quam in his locis, ubi Papa et pontifices regnant." (János Fejérthóy an Heinrich Bullinger, 18. Juli 1555, in: Bullinger, Levelezése, 17).

28 Vgl. oben S. 108 ff.

[...] Nec quisquam ministrorum Ecclesiae diram illorum uspiam persecutionem evitare potest, nisi receptus sit illi sub ditionem turcicam. Turca enim inter eos, quos dominio suo jam subjectos possidet, in tantum favet synceris Evangelii Ministris, tantaque humanitate in eos utitur, (idque fieri divinitus, non est dubium,) ut nullo unquam impedimento eos infestet, nisi sponte viri ecclesiastici illorum aliquem in convivium ad se invitent, aut alia quadam occasione in domos suas recipiant. Imo fit plerumque, ut et ipsi Turcae turmatim coetui ecclesiastico intersint, dum fit concio ad Christianum populum, simulatque tamen sacrosanctum peragi coeperit convivium, discedunt.[29]

Diese Wohlgesinntheit begegnete allerdings den Protestanten nicht durchwegs. Wenn auch die Türken die Protestanten im Vergleich mit der päpstlichen Kirche – wegen der Heiligenanbetung – deutlich bevorzugten, so lehnten die Türken doch die Gottessohnschaft Jesu Christi ab. Dies führte zumindest in Siebenbürgen dazu, dass immer wieder Christen, besonders Antitrinitarier, den islamischen Glauben annahmen, sei dies aufgrund des Drucks von türkischer Seite, oder sei dies aufgrund der Anfeindungen von Vertretern der Trinität.[30] Das Zusammenleben zwischen Türken und Christen war also nicht überall so unproblematisch, wie es Huszár schilderte. Dies erklärt, warum in der Korrespondenz zwischen Blarer, Sulzer Calvin, Bullinger, de Bèze oder auch Melanchthon Einzelheiten in den Kämpfen der königlichen Truppen gegen die osmanische Übermacht rege ausgetauscht wurden. So berichtete Melanchthon an Calvin, dass die Türken in der ungarischen Tiefebene gegen die Ferdinand'schen Truppen gesiegt hätten,[31] machte sich Simon Sulzer, nachdem die Türken Siebenbürgen besetzt haben, ernsthaft Sorgen, dass die Türken auch Österreich und Bayern einnehmen würden,[32] oder fragte sich Bullinger im Jahre 1557, warum, wenn doch „bellum omnes metuant Turcicum", niemand nach einer Verteidigung der Religion Ausschau halte?[33] In seinen Predigten über die Offenbarung des Johannes behandelte er im gleichen Jahr die Frage nach dem Grund der Eroberungen des Balkans und Ungarns durch die Türken.[34]

In der Korrespondenz nach Juli 1566 fand die Belagerung und Einnahme der Festung Szigetvár mehrfach Nachhall. Nachdem die Festung bereits 1556 durch den Pascha Ali erfolglos belagert worden war,[35] versuchte Sultan Syleiman I. im Sommer 1566 erneut mehrere Festungen und Städte (Temeschburg, Tokaj, Szeged, Erlau u.s.w.) einzunehmen, konzentrierte sich aber

29 Gál Huszár an Heinrich Bullinger, 26. Oktober 1557, in: BULLINGER, Confessio (1866), 107.
30 Vgl. János Debreceni Joó an Josias Simler, 30. November 1574, ZBZ: S 132, 9.
31 Vgl. Philipp Melanchthon an Johannes Calvin, 1. Oktober 1552, in: CO XIV, Nr. 1656; Heinrich Bullingers Diarium (Annales vitae) der Jahre 1504–1574, hg. von Emil Egli, Basel 1904, 41.
32 Vgl. Simon Sulzer an Ambrosius Blarer, 18. November 1553, in: Blarer BW III, Nr. 1878.
33 Vgl. Heinrich Bullinger an Johannes Calvin, 9. April 1557, in: CO XVI, Nr. 2615.
34 Vgl. BRYNER, Ausstrahlungen (2004), 181; vgl. unten S. 460 ff.
35 Vgl. Philipp Melanchthon an Christoph Leib, 18. Juni 1556, in: MBW, Nr. 7865; vgl. SAMBUCUS, Obsidio.

letztlich auf Szeged bzw. auf die Einnahme der Festung Szigetvár.[36] In seinem *Diarium* hielt Bullinger daraufhin fest, dass „die Türggen aber furtend nüt deß minder den Krieg, belägertend die starken hüser Ziget und Giula und gwunent s', mit großem schaden der Christen."[37] Bekannt geworden ist ganz besonders der heldenhafte Tod des kroatischen Bans, Miklós Zrínyi, der im Kampf gegen die Türken 1566 sein Leben verloren hatte.[38] In der „jüngsten Zyttung uss Ungarn" wurde über die Einnahme der Festung Bericht erstattet.[39] So meldete Blarer an Gwalther, dass nachdem die Türken „obtinent capta Sigetha et Iula", alle in Furcht seien.[40] Tatsächlich hat der Fall der Festungen Szigetvár und Gyula auch die Ältesten der reformierten Kirche Oberungarns in Angst und Schrecken versetzt, wie sie an Théodore de Bèze berichteten.[41]

Nach der Einnahme von Szigetvár beunruhigten die nicht nachlassenden Nachrichten über verschiedene Feldzüge der Türken die führenden Kirchenvertreter der Schweiz weiter; dennoch trat die Türkengefahr seit Ende der 1560er Jahre in dem geistigen Austausch Ungarn und Siebenbürgen betreffend in den Hintergrund, und in der ungarisch-schweizerischen Korrespondenz wurde sie nur noch gelegentlich thematisiert. Zwar berichtete Bullinger mit Besorgnis über weitere von den Türken besetzte Gebiete,[42] wurde Simler mit Informationen über die verschiedenen von den Türken besetzten Gebiete bedacht,[43] meldete Gwalther von der Belagerung der kaiserlichen Festung Wihitsch (Bihać, BIH) durch ein Heer von 30'000 Türken,[44] informierte Mihály Forgách Johann Jakob Grynaeus, dass Ungarn unter der Türkenherrschaft leide,[45] meldete der Pole Adam Tobolski aus Strassburg an de Bèze, dass die Türken jedes Völkerrecht missachten würden[46] oder mahnte de Bèze, in Vorahnung des „langen Türkenkrieges"[47], letztlich könne man in Anbe-

---

36 Vgl. Heinrich Bullinger an Théodore de Bèze, 28. Juli 1566, in: Bèze, Corr. VII, Nr. 485.

37 Vgl. BULLINGER, Diarium, 86.

38 Vgl. BERNHARD, Magnatenhöfe, 55.

39 Vgl. Die jüngste Zyttung uss Ungarn, s.d. [nach 10. Dezember 1566], StABE: A V 1435 (U.P. 68), Nr. 144.

40 Vgl. Thomas Blarer an Rudolf Gwalther, 8. Januar 1567, in: Blarer BW III Nr. 2672.

41 Vgl. Seniores Ecclesiarum in superiori parte Ungariae (Gáspár Károlyi, Mihály Hevessi und Gergely Szikszai) an Théodore de Bèze, 1. Mai 1568, in: Bèze, Corr. IX, 235–239 (Annèxe IV b).

42 Vgl. Heinrich Bullinger an Théodore de Bèze, 22. Februar 1568, in: Bèze, Corr. IX, Nr. 589; Heinrich Bullinger an Théodore de Bèze, 20. April 1573, in: Bèze, Corr. XIV, Nr. 983.

43 Diese Informationen sind in einem Brief von Mihály Varsányi Gorsa (vgl. Mihály Varsányi Gorsa an János Debreceni Joó, 27. Februar 1575, ZBZ: F 57, 202 f) enthalten, den Varsányi einem Brief an Simler beilegte (vgl. Mihály Varsányi Gorsa an Josias Simler, 3. April 1575 (Ostern), ZBZ: F 60, 74 f).

44 Vgl. Rudolf Gwalther an Théodore de Bèze, 28. Oktober 1576, in: Bèze, Corr. XVII, Nr. 1224. Wihitsch wurde allerdings erst 1592 eingenommen (vgl. Antoine de Lescaille an Théodore de Bèze, 18. August 1592, in: Bèze, Corr. XXXIII, 206 [Annèxe IV]).

45 Vgl. Mihály Forgách an Johann Jakob Grynäus, 31. Dezember 1588, in: GRYNAEUS, Kapcsolatai, 87.

46 Vgl. Adam Tobolski an Théodore de Bèze, 27. April 1590, in: Bèze, Corr. XXXI, Nr. 2101.

47 Vom 15jährigen Krieg (1591–1606) bzw. vom „langen Türkenkrieg" (1593–1606), der zwischen

tracht der Türkengefahr nur bei Gott Hilfe erbitten,[48] aber die Türkenfrage beherrschte die in der Korrespondenz behandelten Themata nicht mehr. Vielmehr war es die Frage nach der Ausbreitung des reformierten Bekenntnisses, verbunden mit der Sorge um die zunehmende Erstarkung des Antitrinitarismus.

c. Ausbreitung des reformierten Bekenntnisses

In seinem Dankesbrief für den zugesandten *Libellus epistolaris* übermittelte János Fejérthóy zum Schluss Grüsse seiner Amtskollegen in Wien, von Mátyás Tolnai, Sebestyén Kerekes, Imre Paludy, János Listi Transilvanus und Felix Stainberger; von diesen „cooperarii" ist nur János Listi weiter bekannt.[49] Listi arbeitete auch in der ungarischen Kanzlei in Wien und heiratete später die Tochter von Miklós Oláh, der mit Erasmus Austausch gepflegt hatte. In Listis Bibliothek finden sich vor allem Werke, die in der Schweiz gedruckt worden sind.[50]

Interessant ist der Hinweis auf János Listi darum, weil er Bullinger grüssen liess, aber dennoch, wohl unter dem Einfluss seines Schwiegervaters, der römischen Kirche treu blieb, ja später gar Bischof von Veszprém (1568) wurde. Offenbar war Bullinger nicht nur bei den reformatorisch gesinnten Kräften in den verschiedenen Gebieten des Stephansreiches bekannt, sondern auch in den ungarischsprachigen Kreisen Wiens. Dies trug wesentlich dazu bei, dass seine wie auch Calvins Schriften[51] in Ungarn immer mehr verbreitet wurden, seit dem Tode Martinuzzis († 1551) immer stärker auch in Siebenbürgen, dem Partium und dem Gebiete Diesseits-des-Königssteigs (Királyhágómellék). Der mächtige Magnat Péter Petrović nämlich, der Nachfolger und Herausforderer Martinuzzis, also auch der neue Vormund von János Zsigmond, begünstigte

---

dem Osmanischen Reich und mehreren europäischen Staaten, insbesondere dem Habsburgerreich, ausgetragen wurde, erhofften sich viele die Vertreibung der Türken aus Teilen des königlichen Ungarn, Transdanubiens, des kroatischen Banats sowie aus der Walachei. Diese Hoffnung erwies sich aber infolge zahlenmässiger Überlegenheit der Türken als Illusion und endete mit dem Frieden von Zsitvatorok (beim Fluss Žitava, SK) am 11. November 1606 (vgl. SCHILLING, Konfessionalisierung, 492 ff; NIEDERKORN, Mächte; MAROSI, Abwehrkampf, 132 f). Mit Beginn des „langen Türkenkrieges" wurde die Türkengefahr in der Korrespondenz von de Bèze wieder regelmässiger thematisiert (vgl. Georg Jenisch an Théodore de Bèze, 24. April 1593, in: Bèze, Corr. XXXIV, Nr. 2267; Théodore de Bèze an Gregor Tribelli, 30. August 1593, in: Bèze, Corr. XXXIV, Nr. 2306; Johann Jakob Grynaeus an Théodore de Bèze, 2. Oktober 1593, in: Bèze, Corr. XXXIV, Nr. 2316; Théodore de Bèze an Constantin Fabricius, 4. März 1594, in: Bèze, Corr. XXXV, Nr. 2337; u.s.w.).

48 Vgl. Théodore de Bèze an Ludwig von Sayn-Wittgenstein, 23. August 1592, in: Bèze, Corr. XXXIII, Nr. 2228.

49 Vgl. János Fejérthóy an Heinrich Bullinger, 10. Oktober 1551, in: BULLINGER, Confessio (1866), 105.

50 Vgl. ZVARA, Könyvei, 47 ff. 57 ff; vgl. oben S. 48. 140, sowie unten S. 329 f.

51 Vgl. Ambrosius Moibanus an Johannes Calvin, 24. März 1552, in: CO XIV, Nr. 1615; vgl. unten S. 327 f et passim.

kultische Veränderungen und unterstützte die Tätigkeit von Márton Kálmáncsehi Sánta, des überzeugten Anhängers der zürcherischen Reformation,[52] in Debrecen nachhaltig; unter dem Einfluss Petrović' und Kálmáncsehis wurde auf einer Synode in Beregszász (Berehove, UA) (1552) die Privatbeichte verboten und die Entfernung der Altäre beschlossen.[53] Gál Huszár konnte gleichfalls festhalten, dass Bullingers und Calvins Schriften in den reformatorischen Kirchen Ungarns Anklang fänden.[54] Anfang der 1560er Jahre war in Ungarn neben den Autoritäten Calvin und Bullinger auch de Bèze bestens bekannt.[55] Die Kenntnis der Schriften Bullingers, Calvins und de Bèze' – auf die Rezeption von Bèze' *Confession de foy chrestienne* (1559) auf der Synode zu Tarcal (1562) sowie von Bullingers *Confessio Helvetica posterior* auf der Synode zu Debrecen (1567) kommen wir später zu sprechen – war wohl der wesentlichste Grund, warum sich seit Mitte der 60er Jahre ungarische Protestanten in grösserer Anzahl brieflich an die Zürcher und Genfer Theologen wandten: Gáspár Károlyi, Mihály Hevessi, Gergely Szikszai, Péter Melius Juhász, Mátyás Thuri, Mihály Varsányi Gorsa, János Debreceni Joó, Lukas Kratzer, Mihály Paksi, Bálint Szikszai, Máté Skaricza, Miklós Thelegdi, János Laskói sowie Balázs Szikszai Fabricius. Die Hauptthematik der Korrespondenz dieser Jahre war die zunehmende Ausbreitung des Antitrinitarismus, welche bereits seit 1562 mit Sorge beobachtet wurde. Nicht nur der Siebenbürger Ferenc Kaprophontes schrieb darüber an Calvin, sondern auch Lukács Szikszói wandte sich nach seinem Zürcher Aufenthalt – er hatte seit 1558 in Wittenberg studiert und kam von dort nach Zürich zu Konrad Gessner und Heinrich Bullinger[56] – mit grosser Sorge an Bullinger, da neben der Türkengefahr „ecclesiae nostrae sunt turbatae propter Stancariana dogmata, [...]", weswegen Szikszói von Bullinger Schriften erbat.[57] Dies mag dazu beigetragen haben, dass die von Simler verfasste Gegenschrift *Responsio ad maledictum Francisci Stancari Mantuani librum adversus Tigurinae ecclesiae ministros de*

---

52 Da bis heute keine Quellen über direkte Kontakte Kálmáncsehis mit Vertretern der Schweizer Reformation gefunden werden konnten, muss die Orientierung Kálmáncsehis an der zürcherischen Reformation vor allem durch die Verbreitung reformatorischer *Helvetica* bedingt gewesen sein; wie Quellen belegen, vertrat er ohne Zweifel bereits zu Beginn der 1550er Jahre in der Abendmahlsfrage einen dezidiert „helvetischen" Standpunkt (vgl. Locher, Reformation, 658; Bucsay, Protestantismus I, 104 f; ders., Lehre, 274–277; Veress, Grundsätze, 37 f; Schullerus, Quellenkunde, 78 ff).

53 Vgl. Bucsay, Abendmahlsbekenntnis, 99; Reinerth, Gründung, 225 f; Bucsay, Lehre, 268 f; vgl. unten S. 414 f.

54 Vgl. Gál Huszár an Heinrich Bullinger, 26. Oktober 1557, in: Bullinger, Confessio (1866), 109.

55 Vgl. Ferenc Kaprophontes an Johannes Calvin, 26. Dezember 1561, in: CO XIX, Nr. 3669; Jan Lusinski (Lusenius) an Johannes Calvin, 14. März 1560, in: CO XVIII, Nr. 3168.

56 Vgl. Bernhard, Gessner, 173.

57 Vgl. Lukács Szikszói an Heinrich Bullinger, 24. August 1562, in: Zsindely, Levelei, 959–963.

trinitate et mediatore [...] Jesu Christi (Zürich 1563) bereits im folgenden Jahr erschien.[58]

Bevor wir uns intensiver dem Reflex auf die Ausbreitung des Antitrinitarismus in der Korrespondenz zwischen ungarischen und schweizerischen Gelehrten widmen, ist es notwendig zu fragen, warum sich diese Ungarn an Zürcher oder Genfer Theologen wandten, zumal eine grössere Anzahl derselben in Wittenberg studiert hatte?[59] Abgesehen davon, dass Melanchthon im Jahre 1560 verstarb, ist feststellbar, dass in der Korrespondenz Melanchthons der Kontakt und der Austausch mit Ungarn seit 1550 in den Hintergrund trat. Wenn auch in Melanchthons Korrespondenz, beispielsweise mit Johannes Crato, mehrfach Informationen über die politische Entwicklung des Stephanreiches bzw. über weitere Kämpfe mit den Türken ausgetauscht wurden,[60] so konzentrierte sich die direkte Korrespondenz auf Deutschstämmige, vor allem aus Oberungarn (Bartfeld, Eperies, Schemnitz, Käsmark [Kežmarok, SK]) und dem siebenbürgischen Sachsenland (Kronstadt, Hermannstadt).[61] Einer der wenigen Ungarn, mit dem Melanchthon auch nach 1550 regelmässig Briefkontakt pflegte, war sein Lieblingsschüler Zsigmond Gyalui Torda, der allerdings zu der Zeit bereits in Eperies ansässig war;[62] von Eperies aus blieb Gyalui einer der wichtigeren Informanten Melanchthons, sei es die politische oder sei es die kirchliche Situation Ungarns betreffend.[63] Daneben gab es natürlich auch ungarische Studenten, die Melanchthon mit Informationen bedachten; so meldete Melanchthon, dass Péter Melius Juhász, von Erdőd kommend, ihn über den jugen Fürsten János Zsigmond informiert habe.[64] Dennoch erstaunt es, wie wenig Melanchthon – im Vergleich mit seinen Ausführungen über die Deutschstämmigen – in seiner Korrespondenz von den vielen in Wittenberg studierenden Ungarn[65] berichtete. Auch sind sehr wenige Briefe von ungarischen Studenten erhalten, mit denen Melanchthon später noch Kontakt gepflegt hätte. Einer davon war der spätere Debreciner

---

58 Vgl. Heinrich Bullinger an Johannes Calvin, 13. März 1563, in: CO XIX, Nr. 3916 (vgl. ZSINDELY, Bullinger (1975), 374).

59 Zum *Coetus ungaricus* in Wittenberg vgl. unten S. 401 ff et passim

60 Vgl. Philipp Melanchthon an Michael Meienburg, 5. Mai 1552, in: MBW, Nr. 6434; Johannes Crato an Philipp Melanchthon, 1. Juni 1553, in: MBW, Nr. 6847; Philipp Melanchthon an Kurfürst August von Sachsen, 24. Oktober 1554, in: MBW, Nr. 7311; Philipp Melanchthon an Herzog Johann Albrecht von Mecklenburg, 22. Januar 1556, in: MBW, Nr. 7697; u.s.w.

61 Es ist vor allem an Leonhard Stöckel (Bartfeld), Michal Radašin (Bartfeld), Matthias Lauterwald (Eperies), Pál Rubigall (Schemnitz), Matthias Hebler (Hermannstadt) oder Valentin Wagner (Kronstadt) zu denken.

62 Wie wir aus anderen Briefen wissen, sind mehrere Briefe auch verloren gegangen (vgl. Philipp Melanchthon an Johannes Crato, 1. September 1552 sowie 24. Februar 1553, in: MBW, Nr. 6545. 6739; u.s.w.).

63 Vgl. Zsigmond Gyalui Torda an Philipp Melanchthon, 5. Mai 1551, in: MBW, Nr. 6078; Zsigmond Gyalui Torda an Philipp Melanchthon, 14. März 1555, in: MBW, Nr. 7435; Zsigmond Gyalui Torda an Philipp Melanchthon, 16. August 1559, in: MBW, Nr. 9033; u.s.w.

64 Philipp Melanchthon an Ulrich Mordeisen, 25. Oktober 1556, in: MBW, Nr. 8002.

65 Vgl. RÉVÉSZ, Tanulók, 222–228; BUCSAY, Abendmahlsbekenntnis, 100.

Pfarrer Péter Melius Juhász,[66] ein anderer der Klausenburger Pfarrer – eigentlich deutschstämmige – Gáspár Heltai, der in den 1540er Jahren in Wittenberg studiert hatte. Letzterer musste sich im November 1559 vor Melanchthon rechtfertigen, weil ihm von Superintendent Matthias Hebler und anderen sächsischen Pfarrern vorgeworfen worden war, dass er abtrünnig geworden sei.[67] Im Hintergrund stehen die 1557 einsetzenden „erbitterten öffentlichen Dispute zwischen Lutheranern und Kalvinern"[68], anders – korrekter (!) – gesprochen, zwischen „Flacianern" und „Philippisten"; eben gerade die Philippsten, d. h. die Anhänger Melanchthons, haben auch zahlreiche Schriften Bullingers, Calvins, Bucers oder Pellikans gelesen und haben damit einen Konflikt „provoziert".[69] Melanchthon hat deswegen für Siebenbürgen ein Gutachten verfasst, in dem er, um der Eintracht zu dienen, betonte, dass zwischen Notwendigem und Unwichtigem (Adiaphora) zu unterscheiden sei.[70] Der Einfluss Melanchthons auf die ungarischen Pfarrer hat aber in dieser Zeit bereits nachgelassen, so dass eine Spaltung nicht mehr zu verhindern war.[71] Eben gerade Heltai, der eigentlich Sachse, in Klausenburg aber

---

66 Melanchthons Brief an Melius Juhász ist nicht mehr erhalten, der (griechische!) Antwortbrief von Melius Juhász hingegen schon (vgl. Péter Melius Juhász an Philipp Melanchthon, 5. März 1557, in: MBW, Nr. 8147).

67 Vgl. Bischof Matthias Hebler und andere Pfarrer der Siebenbürger Sachsen an Melanchthon und andere Theologen in Wittenberg, 6. November 1559, in: MBW, Nr. 9123; Gáspár Heltai an Philipp Melanchthon, 12. November 1559, in: MBW, Nr. 9126 (vgl. Reinerth, Gründung, 261 f); vgl. unten S. 416 ff.

68 Révész, Reformation, 82.

69 Der Philippismus war, wie in den letzten Jahrzehnten bewiesen wurde, in Siebenbürgen wegen der siebenbürgischen Studenten, die in Wittenberg bei Melanchthon studiert hatten, weit verbreitet (vgl. Verók, Lesekultur, XXII).

70 Vgl. Gutachten von Philipp Melanchthon für die Gemeinden in Siebenbürgen, 16. Januar 1558, in: Bod, Historia I, 336 f (= MBW, Nr. 8498).

71 Vgl. unten S. 422 ff. Zudem stand Melanchthon selbst in diesen Jahren wegen seiner Abendmahlslehre in Wittenberg wieder im Kreuzfeuer der Kritik: In einem Gutachten für einen ungarischen Studenten vom Februar 1560 versuchte er erneut seine Abendmahlslehre (Leib und Blut Christi sind im Vollzug des Abendmahles wahrhaftig gegenwärtig, aber keine Konsubstantiation und kein blosses Symbol; Abendmahl ist Zeichen der Gnade, insbesondere Sündenvergebung, Danksagung, Bekenntnis; Abendmahl ist Mitte des öffentlichen Gottesdienstes) zu skizzieren, wobei deutlich wurde, dass er Calvins und Bullingers Abendmahlsverständnis sehr nahe kam (vgl. Gutachten von Philipp Melanchthon für N.N. in Ungarn, 2./3. Februar 1560, in: MBW Nr. 9215 [= CR 9, 1039 f]). Anlass dieses Gutachtens war eine erneute Auseinandersetzung ums Abendmahl, bei der Melanchthon bei den Papisten und strengen Lutheranern (Agricola, Westphal, u.s.w.) vor allem die mangelnde Schriftgemässheit und fehlende Übereinstimmung mit den Kirchenvätern bemängelte; in einem Brief an Georg Cracow in Dresden bot Melanchthon darum erneut seinen Weggang aus Wittenberg an, um weitere Differenzen wegen der Ubiquität zu vermeiden (vgl. Philipp Melanchthon an Georg Cracow, 3. Februar 1560, in: MBW Nr. 9216 [= CR 9, 1036 f]). Dazu kam es aber nicht mehr, weil Melanchthon am 19. April 1560 verstarb. Nebenbemerkung: Fata deutet die Ausführungen Melanchthons im Gutachten (vgl. MBW Nr. 9215) als „eine klare und eindeutig lutherische Abendmahlslehre"; dies ist aber sowohl vom theologischen Inhalt her als auch aufgrund der historischen Situation Melanchthons in Wittenberg abzulehnen (vgl. Fata, Ungarn, 91).

„magyarisiert" worden war, hat auf seiner Druckerei in Klausenburg im selben Jahr, als er sich gegenüber Melanchthon rechtfertigen musste, Bullingers *Libellus epistolaris* gedruckt.

Die in aller gebotenen Kürze dargestellten Ereignisse sollen belegen, dass aus epistolographischer Sicht der direkte Einfluss Melanchthons auf die ungarischsprachigen Kirchen in den 1550er Jahren, obwohl viele ungarische Studenten in Wittenberg studierten, abnahm. Mehrere Gebiete des Reichs der Stephankrone wurden in Melanchthons Briefwechsel – abgesehen von Hinweisen zu Türkenkriegen – kaum bedacht, insbesondere Slawonien, Westungarn, das türkisch besetzte Mittelungarn und das Partium nicht. Gerade über diese Gebiete wurde Bullinger mehrfach in Kenntnis gesetzt: Die Korrespondenz mit Fejérthóy sowie Huszár betraf insbesondere West- und Mittelungarn, diejenige mit Trubar Slawonien; Bullinger wurde zudem, wenn er auch in den 1550er Jahren nicht direkte Kontakte mit Theologen Mittelungarns hatte, mit Informationen über die Zustände in Mittelungarn bedacht.[72]

72 In diesem Zusammenhang ist darauf hinzuweisen, dass Bullinger auch durch Personen in fremden Diensten – beispielsweise im kaiserlichen Dienst zur Abwehr der Türkengefahr – mit Informationen über die politische und die kirchliche Situation in Ungarn bedacht wurde; insbesondere ist dabei an Mitglieder der adligen Familie von Salis aus den Drei Bünden zu denken. So befehligte Anton von Salis († 1558), Hauptmann in kaiserlichen Diensten, seit 1556 Einsätze in den königlichen Freistädten Leutschau und Zeben (vgl. VISCHER, Salis, 340ff). Als er im April 1558 in Leutschau verstarb, zogen seine Brüder Friedrich von Salis (1512–1570), der als Student von Erasmus und Anhänger der Reformation mit Bullinger, Grynaeus und Vergerio in regelmässiger Korrespondenz stand (vgl. WENNEKER, Bullinger, 251ff; VISCHER, Salis, passim; BULLINGER, Korrespondenz III, LXV–LXXII), und Caspar von Salis nach Ungarn, um des Bruders Angelegenheiten in Leutschau zu regeln; in mehreren Briefen dieses Jahres berichtete Friedrich von Salis Bullinger auch über die kirchliche und politische Situation Ungarns (vgl. Friedrich von Salis an Heinrich Bullinger, 13. Juni, 7. und 11. Juli, 3. und 24. August, 8. Oktober 1558, u.s.w., in: BULLINGER, Korrespondenz II, Nr. 94. 100. 104. 111. 122 u.s.w.). Mitte der 1560er Jahre stand Abundius von Salis (1534–1567), Sohn von Herkules von Salis (1503–1578), des Beschützers der reformierten Gemeinde in Chiavenna (vgl. BONORAND, Emigration, 41. 84; BULLINGER, Korrespondenz III, XXXIIf; VON SALIS-SOGLIO, Familie, 46–55), als Oberstleutnant im Dienste des Kavallerieregiments von Graf Borbi, hatte sich aber in Gefechten gegen die Türken eine Wunde zugezogen und verstarb als Folge davon (vgl. VON SALIS-SOGLIO, Familie, 86ff [vgl. StAGR: D VI. So [21/124] II. A.2. Heft III]). Über die Kämpfe dieser Jahre mit den Türken und auch über den Fortgang der Reformation in Ungarn wurden in der Korrespondenz verschiedener Bündner Persönlichkeiten mit Bullinger regelmässig Informationen ausgetauscht (vgl. Hieronymus Zanchi an Heinrich Bullinger, 17. Februar 1567, in: BULLINGER, Korrespondenz III, Nr. 10; Heinrich Bullinger an Tobias Egli, 9. August 1567, in: BULLINGER, Korrespondenz III, Nr. 23; Heinrich Bullinger an Tobias Egli, 19. Dezember 1567, in: BULLINGER, Korrespondenz III, Nr. 59; Tobias Egli an Heinrich Bullinger, 15. März 1568, in: BULLINGER, Korrespondenz III, Nr. 78; u.s.w.). Die Bedeutung von Bullingers Kontakten mit der Familie von Salis, von der mehrere Mitglieder in fremden Diensten standen, für den Informationsfluss betreffend Fortgang des Evangeliums in ganz Europa ist bis heute ein Desiderat der Forschung (vgl. Jan-Andrea Bernhard: Bündner Adlige als Vermittler zwischen Bullinger und Ungarn. Bündner Aristokraten im reformatorischen „Missionsdienst", Referat anlässlich der Jahresversammlung des *Verein und Arbeitsgemeinschaft für freie Theologie Graubünden* in Saas im Prättigau [23. Juni 2005]).

Ein durch Fejérthóy an Bullinger übersandter Brief von Mihály Sztárai, der seit Mitte der 1540er Jahre in der westlichen Hälfte der von den Türken besetzten Gebiete als Reformator wirkte, berichtete über sein erfolgreiches Wirken, ja dass seit 1544 rund 120 Gemeinden im türkisch besetzten Gebiet gegründet worden seien, in denen „Verbum Dei unanimiter annunciatur atque suscipitur [...]"[73] Die Einführung der Reformation förderte Sztárai besonders durch volkstümliche Schuldramen, in denen er die Priester der römischen Kirche aufs heftigste geisselte.[74]

Die Lektüre von Kommentaren Bullingers und Pellikans war ein wesentlicher Grund, warum sich Primož Trubar (1508–1586), der sich seit seiner Flucht aus der Krain (1548) in Oberdeutschland aufhielt, im Jahre 1555 an Bullinger wandte;[75] er hielt dabei fest, dass er aufgrund dieser Kommentare „17. jar nacheinander in Windischland gepredigt, darumb mir der teuffl villmals hafftig zugesetzt und tecglich in gefangnus pringen wöllen."[76] Von Oberdeutschland aus besorgte er schliesslich die erste Übersetzung der neutestamentlichen Schriften ins Windische (Slowenische), weswegen er Bullinger um Unterstützung anfragte.[77] Auch hier ist es bemerkenswert, dass sich Trubar, obwohl er die Kommentare Melanchthons kannte und las, ja sogar Melanchthons *Loci communes* in slowenisch herausgebeben hatte,[78] nicht an Melanchthon, sondern an Bullinger wandte. Er berichtete ihm über die kriegerischen Auseinandersetzungen mit den Türken in Slawonien, über den Fortgang der Reformation daselbst als auch über seine weitere Drucktätigkeit im Dienste der Reformation im „Windischland"; interessant sind zudem Trubars Ausführungen zur Abendmahlsfrage – diese war seit Westphals Schrift *Farrago confusanearum ac inter se dissidentium opinionum ex Sacramentariorum libris congesta* (1552), in der Westphal Calvin vorwarf, dass er sich zu sehr Zwingli genähert hätte, wieder zu einem Konfliktthema gewor-

---

73 Vgl. Mihály Sztárai an Miklós Tukni, 20. Juni 1551, in: ULRICH, Miscellanea II/2, 200 (vgl. BUCSAY, Protestantismus I, 58 f); vgl. oben S. 107 f.

74 Seine ersten Werke erschienen bei Gáspár Heltai (vgl. MIHÁLY SZTÁRAI, Comoedia de matrimonio sacerdotum, Krakau [recte: Klausenburg] 1550; vgl. BORSA, Drucke, Nr. 48) und bei Gál Huszár (vgl. MIHÁLY SZTÁRAI, Az igaz papsagnac tiköre, Magyaróvár 1559; vgl. BUCSAY, Protestantismus I, 59 f).

75 Vgl. SAKRAUSKY, Einflüsse, 177–195.

76 Primož Trubar an Heinrich Bullinger, 13. September 1555, in: TRUBAR, Pisma, Nr. 3 (= TRUBER, Briefe, Nr. 2). Zu Primož Trubar vgl. AHAČIČ, Jeziki; ILIĆ, Truber, 268–277; SARIA, Reformation, 23–49; RUPEL, Truber.

77 Vgl. BRYNER, Motive, 73ff; NAGY, Bedeutung, 85 f; SAKRAUSKY, Strömungen, 142 f; RUPEL, Truber, 100 ff. Vergerio übersandte schliesslich den Druck des slowenischen Matthäusevangeliums (vgl. Ta evangelis svetiga matevsha [...] authore Matthaeo, nunc primum uersum in linguam Schlauicam [...], Tübingen 1555) an Bullinger, welches seltene Werk noch heute in Zürich greifbar ist (Standortsignatur des Werkes in der Zentralbibliothek Zürich: Bibl 252); vgl. LEU, Buchdruck, 30 f.

78 Vgl. Primož Trubar an Heinrich Bullinger, 13. März 1557, in: TRUBAR, Pisma, Nr. 4 (= TRUBER, Briefe, Nr. 3); PHILIPP MELANCHTHON, Tiga Noviga Testamenta ena dolga predhuuor. Vti se ty ner potrebnishi inu pridnishi articuli [...], Tübingen 1557.

den[79] – in den Briefen an Bullinger, da daraus deutlich wird, dass Trubar sich gegenüber ungerechtfertigten Verdächtigungen, „zwinglianische" Irrtümer zu vertreten, zu verteidigen hatte.[80] Der von den „Flacianern" provozierte scheinbare Gegensatz zwischen Melanchthon und den Schweizer Reformatoren konnte Trubar nicht teilen; vielmehr versuchte er zwischen den Ansätzen zu vermitteln und das Verbindende aufzuzeigen.[81]

Die Denunzierungen von Luther und später der „Flacianer", dass die Schweizer Reformatoren „Sakramentarier" seien, hatten schliesslich aber doch zur Folge, dass zahlreiche Vertreter des linken Flügels der Reformation, insbesondere italienische Nonkonformisten, die vor der Inquisition geflohen waren, glaubten, in der Schweiz Exil zu finden. Darunter befanden sich auch Antitrinitarier. Wir denken an italienische Emigranten wie Celio Secondo Curione, Bernardino Ochino, Giovanni Valentino Gentile, Lelio Sozzini oder Matteo Gribaldi; mit letzterem verkehrte auch Biandrata während seines Genfer Aufenthaltes.[82] Doch die Realität in den Schweizer Reformationszentren war anders als ihr Ruf. Seit der Verbrennung des Spaniers Miguel Servet in Genf (1553) hatte die Rhonestadt den Ruf der Toleranz gegenüber reformatorischen Flüchtlingen weitgehend eingebüsst, und Genf galt fortan für religiöse Dissidenten als *terra nongrata*. Gribaldi konnte die Stadt von seiner in der Nähe liegenden Herrschaft Farges her oft nur heimlich besuchen. Und Biandrata musste Genf nach seinen dogmatischen Auseinandersetzungen mit Calvin verlassen.[83] Das gleiche Schicksal ereilte Gentile, der nach Verhören aus Genf fliehen musste, in Bern aber nach einem Prozess enthauptet wurde (†1566).[84] Eine ähnliche Situation treffen wir in Zürich an: Der bekannte Antitrinitarier Lelio Sozzini verkehrte mehrfach in Zürich, ja verbrachte die letzten Jahre seines Lebens (1559–1562) da. Es wäre nun aber verfehlt, daraus zu folgern, dass Zürich ein „Zentrum der Toleranz" gewesen wäre, denn Sozzini, der ein glänzender Exeget war, offenbarte seinen wahren Glauben nur sehr zurückhaltend und lebte weitestgehend nikodemitisch. Jede Störung der bürgerlichen Ordnung hätte nämlich eine Ausweisung, ja gar die Todesstrafe bedeuten können.[85] Ganz anders sah es in Basel aus, wo zahlreiche Nonkonformisten, von Calvin als „Häretiker" bezeichnet, sich kürzer oder länger aufhielten. Sie scharten sich vor allem um Celio Secondo Curione, der seit 1547 Professor der Rhetorik an der Universität war und als Humanist ein undog-

---

79 Vgl. oben S. 179. 206.
80 Es ist dabei vor allem die Korrespondenz der Jahre 1557–1559 zu vergleichen (vgl. SARIA, Reformation, 30 f; RUPEL, Korrespondenci, 149–156).
81 Vgl. KÖPF, Trubar, 112–116.
82 Vgl. HEIN, Protestanten, 148 ff.
83 Vgl. CANTIMORI, Häretiker, 193–215.
84 Vgl. BÜSSER, Bullinger II, 306 f; HEIN, Protestanten, 169 f.
85 Vgl. BERNHARD, Rosius à Porta, 339 f. 342 f; MÜHLING, Sozzini, 162–168; LOCHER, Reformation, 666.

matisches Christentum vertrat.[86] Als Servet in Genf hingerichtet wurde, erscholl gerade aus Basel scharfer und entrüsteter Protest gegen diese Ketzertötung, einerseits von Sebastian Castellio durch die Herausgabe von *De haereticis an sint persequendi* (Magdeburg [=Basel] 1554), andererseits von Curione durch seine Schrift *De amplitudine beati regni Dei* (Poschiavo 1554). Curione musste sich für die Schrift, die dem polnischen König Sigismund gewidmet war, vor dem Basler Rat verantworten, wurde aber weitgehend entlastet. Die Duldung der Calvin-Kritiker wurde nicht nur in Genf, sondern auch in anderen reformierten Zentren übel vermerkt. Die zunehmende Entfremdung der Basler Kirche von derjenigen Zürichs, Genfs und Berns wurde dadurch unterstützt, dass in Basel die Kirche – anders als die universitäre Forschung, wo die „unorthodoxen" Humanisten wirkten – unter Antistes Simon Sulzer immer mehr lutherische Tendenzen annahm.[87] Diese besondere Situation hatte auch kommunikationsgeschichtliche Konsequenzen im Kontakt mit den ungarischen Protestanten.

Am 22. Juni 1567 wandte sich nämlich Fürst János Zsigmond brieflich an Celio Secondo Curione in Basel. In seinem Schreiben setzte der Fürst den Basler Humanisten über folgende Thematik in Kenntnis: „Academiam in hoc Regno nostro instituere velimus, ut solidiora fundamenta literarum studiis jacere possimus." Der Brief wurde Biandrata mitgegeben, der in Basel Ratschläge von Curione einholen und für die zu errichtende Universität Lehrkräfte werben sollte.[88] Der Fürst wandte sich an Curione, weil ihm für die Gründung der Universität der weltoffene Geist Basels vor Augen schwebte, von dem er durch die am Hofe wirkenden Humanisten gehört hatte. Biandrata, spätestens seit 1563 des Fürsten Leibarzt und über bedeutende Kontakte nach Basel verfügend, hatte verschiedene nach Siebenbürgen gelangte Bücher aus Basler Druckereien, darunter auch Werke Castellios, Curiones oder anderer „Nonkonformisten", am Fürstenhofe bekannt gemacht; wohl auch andere Basler Drucke fanden in die fürstliche Bibliothek, die János Zsigmond der in Weissenburg geplanten Schule testamentarisch vermacht hatte, Eingang.[89]

In diesem Zusammenhang ist auf BALÁZS' Bemerkung hinzuweisen, dass bei des Fürsten Absicht zur Gründung einer Universität in Weissenburg von einer konfessionellen Einordnung abgesehen werden solle: Im Juni 1567 haben „[...] die grossen Glaubensdiskussionen noch nicht stattgefunden und

---

86 Vgl. BERNHARD, Humanistenstadt, 300 ff.
87 Vgl. BONORAND, Emigration, 157 f; GUGGISBERG, Zusammenhänge, 11–13. 16; DERS., Stadtstaat, 205. 208 f; CANTIMORI, Häretiker, 85 ff. 174–192.
88 Vgl. János Zsigmond Szapolyai an Celio Secondo Curione, 22. Juni 1567, in: ZSINDELY, Kútfők, 839; vgl. BALÁZS, Einflüsse, 146 f. Fürst János Zsigmond hatte auch andere Gelehrte, wie z. B. Pierre de la Ramée, ans Kollegium in Weissenburg eingeladen (vgl. Jan Łasicki an Théodore de Bèze, 1. April 1570, in: Bèze, Corr. XI, Nr. 758).
89 Die Bibliothek wurde dauernd ergänzt, auch durch vom Fürsten konfiszierte Bibliotheken, wie z. B. mit derjenigen von József Macarius (vgl. BERNHARD, Adlige, 163; BALÁZS, Einflüsse, 146; Adattár 16/3, 173 ff).

[...] weder der Fürst noch der Grossteil des siebenbürgischen Adels [hat sich] dem Antitrinitarismus angeschlossen [...]"[90] Zwar hatte der Fürst eine humanistische Universität nach dem Vorbilde Basels, also keine antitrinitarische Universität im Blick, aber die langfristige Absicht dieser Gründung muss gleichzeitig auch im Bestreben der Förderung, Unterstützung und Festigung des Antitrinitarismus in Siebenbürgen sowie im nahegelegen Partium gesucht werden. Dies soll in aller gebotenen Kürze begründet werden:

Auf dem Landtag zu Thorenburg vom Juni 1564 wurde, weil keine Einigung zwischen „Lutheranern" und „Reformierten" zustandekam, erstmals die Freiheit gewährt, sich an die „Kolosvarensis aut Cibinienis, ecclesiarum religionem et assertionem tenere [...]"[91] Bald darauf wurde der erste reformierte Bischof Ferenc Dávid (Hertel, 1510 – 1579),[92] auf Veranlassen Biandratas hin, Hofprediger des siebenbürgischen Fürsten János Zsigmond und vertrat unter dem Einfluss Biandratas immer radikalere Ansichten.[93] Dennoch zeigte sich Melius Juhász, aus Rücksicht auf das Verdienst von Dávid für die Konsolidierung der reformierten Kirche, kompromissbereit, ja stimmte gar der *Sententia concors* (1566) bei, die Thesen und Antithesen des Streites um die Trinität beinhaltete.[94] Diese Entwicklung war in Kürze auch in der Schweiz bekannt, weil Gáspár Heltai einem Brief an de Bèze einige von Ferenc Dávid verfasste *Propositiones* beilegte; de Bèze hat diese sogleich an Heinrich Bullinger in Zürich und Johannes Haller in Bern weitergesandt.[95] De Bèze war sich bewusst, dass der Tritheismus über sich selbst hinausweise und sich letztlich im Antitrinitarismus auflösen würde.[96] Diese Gefahr erkannte auch Melius Juhász, und er berief auf den 24. Februar 1567 eine Synode nach Debrecen, auf der durch die Annahme von Bullingers *Confessio Helvetica posterior* (1566) die

---

90 BALÁZS, Einflüsse, 147 f.
91 TEUTSCH, Urkundenbuch, 90 (vgl. REINERTH, Gründung, 289; BINDER, Grundlagen, 87).
92 Zu Ferenc Dávid vgl. BALÁZS, Franz Davidis, 55 – 89; DERS., Dávid.
93 Ein eindrückliches Zeugnis, inwiefern Biandrata auf Dávid Einfluss zu nehmen versuchte, ist ein Brief Biandratas an den polnischen Antitrinitarier Grzegorz Pawel Zagrobelny (Gregor Pauli, ~1525 – 1591): „Age ergo diligenter et scripta omnia tua cum aliquot Babelicos mittito et ad d. Franciscum Davidis scribito." (Giorgio Biandrata an Grzegorz Pawel, 30. November 1565, in: WOTSCHKE, Briefwechsel, Nr. 348); vgl. BALÁZS, Dávid, 23 ff; WIEN, Grenzgänger, 123; BUCSAY, Protestantismus I, 134; CACCAMO, Eretici, 23.
94 In der traditionellen unitarischen Kirchengeschichtsschreibung wird mit diesen Ereignissen der Anfang der unitarischen Kirche gesetzt: „Ecce! Nunc incipit oriri instar aurorae in Transylvania religio Unitariorum." (KÉNOSI TŐZSÉR, Historia I, 129).
95 Der Brief von Heltai ist verloren, aber die *Propositiones* – von de Bèze als *Conclusiones* bezeichnet – in Bern dennoch erhalten (vgl. Propositiones de Deo & Trinitate, Francisci Davidis, plebani Claudiopolitani ecclesiarum Hungaricarum et Transylvania episcopi, s.d. [1566], BBB: Cod. 122, 101ʳ–102ᵛ). Wenn auch de Bèze nur schreibt: „[...] blasphemas illius Claudiopolitani conclusiones [...] istic excribendas [...]" (Théodore de Bèze an Johannes Haller, 19. Juni 1566, in: Bèze, Corr. VII, Nr. 477), so ist doch gesichert, dass die *Conclusiones* von Ferenc Dávid stammen, da dies Haller in einem Folgebrief mitgeteilt hat (vgl. Johannes Haller an Heinrich Bullinger, 22. Juni 1566, StAZ: E II 370, 347).
96 Vgl. KATHONA, Deformation, 115 f.

Grenzen zwischen Reformiertentum und Antitrinitarismus klar und abschliessend gezogen wurden.[97]

Ferenc Dávid verfasste daraufhin sein – dem Fürsten gewidmetes[98] – antitrinitarisches Bekenntnis *Rövid magyarazat*, das im Laufe des Jahres 1567 auf der von János Zsigmond seinem Hofprediger zur Verbreitung seiner Thesen zur Verfügung gestellten fürstlichen Druckerei, die der zum Antitrinitarismus übergetretene Buchdruckers Raffael Hoffhalter betrieb, gedruckt wurde. Dávid berief sich in seiner Argumentation auch auf Erasmus, in dessen textkritischer Bibelausgabe ebenfalls kein Hinweis auf die Trinitätslehre zu finden sei.[99] Ein Rückbezug auf Erasmus liegt auch in der weit bekannteren antitrinitarischen Programmschrift *De falsa et vera unius Dei Patris, Filii et Spiritus Sancti cognitione libri duo* (Weissenburg 1568) vor, die mehrheitlich von Ferenc Dávid und Giorgio Biandrata verfasst worden war,[100] und zwar insofern, dass eine Auswahl der *Annotationes* des Erasmus übernommen wurde.[101] Dieses Werk, das das Vorgehen Zwinglis gegen die Täufer, Calvins gegen Servet und der Berner gegen Gentile klar verurteilte,[102] war mit dem Abfassungsdatum vom 7. August 1567 erneut dem Fürsten gewidmet.[103]

Bei diesen Hintergründen davon zu sprechen, dass die grossen Glaubensdiskussionen noch nicht stattgefunden hätten und der Fürst sich noch nicht dem Antitrinitarismus angeschlossen hätte, ist wohl doch ein wenig verwegen. So liess ja im folgenden Jahr der Fürst auf dem Landtag zu Thorenburg (1568) die Freiheit der Evangeliumsverkündigung – worin die Antitrinitarier eingeschlossen waren – ausrufen.[104] Die Ereignisse des Jahres 1567, nämlich Melius

---

97 Vgl. Fata, Ungarn, 106 f; Makkai, Bekenntnisse, 129 f; Reinerth, Gründung, 292 f. Zur Synode von Debrecen (1567) und ihrer Bedeutung für die Rezeption der helvetischen Theologe vgl. unten S. 433 ff.

98 Vgl. Ferenc Dávid, Rövid magyarazat mikeppen az Antichristus az igaz Istenröl valo tudomant meg homalositota [...], Weissenburg 1567, a[v].

99 Vgl. Fata, Ungarn, 107; Borsa, Buchdruckerfamilie, 225 ff; Gyulás, Buchdrucker, 203 f.

100 Vgl. Pirnát, Introduction, LXVIIff.

101 Vgl. Ferenc Dávid et al., De falsa et vera unius Dei Patris, Filii et Spiritus Sancti cognitione libri duo, Weissenburg 1568, Lii[r]–M[v] (vgl. Balázs, Erasmus, 75 ff; Cantimori, Häretiker, 303 ff).

102 Vgl. Dávid, Cognitione, AAii[r].

103 Vgl. Serenissimo ac pietate clarissimo Principi D. D. Ioanni secundo Electo Regi ungariae, Dalmatiae, Croatiae, & c. Ministri Ecclesiarum consentientium gratiam & pacem precantur, in: Dávid, Cognitione, ()iiii[r].

104 „[...] unser Herr, seine Hoheit, [...] bestätigt [...] in dem gegenwärtigen Landtag [...], dass aller Orten die Prediger das Evangelium verkünden, jeder nach seinem Verständniss, und wenn es die Gemeinde annehmen will, gut, wenn aber nicht so soll sie Niemand mit Gewalt zwingen, da ihre Seele sich dabei nicht beruhigt, sondern sie soll solche Prediger halten können, deren Lehre ihr selbst gefällt, darum aber soll Niemand unter den Superintendenten, oder auch Andern die Predigt antasten dürfen; [...] Auch wird Niemandem gestattet, dass er Jemanden mit Gefangenschaft oder Entziehung seiner Stelle bedrohe wegen seiner Lehre, denn der Glaube ist Gottes Geschenk, derselbe entsteht durch das Hören, welches Hören durch Gottes Wort ist." (Art. 14 des Landtages zu Thorenburg, 6. Januar 1568, in: Teutsch, Urkundenbuch, 94 f; vgl. Fata, Ungarn, 107 f; Reinerth, Gründung, 298 f; Binder, Grundlagen, 91).

Juhász' theologische Abgrenzung von dem Fürsten und seinen Beratern sowie Ferenc Dávids Berufung auf Erasmus in den genannten theologischen Schriften, belegen, dass die damalige Entsendung von Biandrata nach Basel zum „Nonkonformisten" Curione das Ziel hatte, den Antitrinitarismus in Siebenbürgen – sei es durch die geplante Gründung einer Universität oder sei es durch die Intensivierung der Kontakte zu den humanistischen Kreisen Basels – zu stärken.

Natürlich konnten die Basler Kontakte des erstarkenden siebenbürgischen Antitrinitarismus den ungarischen Studenten, die auf ihrer Peregrination verschiedene Städte Deutschlands und der Schweiz besuchten, nicht verborgen bleiben. Dies ist der hauptsächlichste Grund, warum sich bis in die 1580er Jahre in Basel nicht nur sehr wenige Ungarn, die sich der Theologie widmeten, aufhielten,[105] sondern auch nur wenige briefliche Kontakte – abgesehen von den allgemein humanistischen – zwischen ungarischen und baslerischen Theologen gepflegt wurden. Gerade in diesen Jahren intensivierte sich die Korrespondenz der Zürcher sowie Genfer Theologen mit ungarischen Studenten und Theologen. Während in Genf bereits Anfang der 1560er Jahre die Ausbreitung des Antitrinitarismus in Ungarn und Siebenbürgen mit Sorgen beobachtet wurde und de Bèze später durch ungarische Studenten – erwähnt seien Bálint Szikszai Hellopaeus und Mátyás Thuri, die seit Oktober 1566 in Genf studiert hatten[106] – über die weitere Entwicklung in Kenntnis gesetzt wurde, wandten sich seit 1568 auch verschiedene Ungarn nach Zürich, wegen des sich ausbreitenden Antitrinitarismus Hilfe und Ratschläge ersuchend. Genannter Mátyás Thuri, der spätere Rektor von Debrecen, der von Genf mit einer Empfehlung von de Bèze nach Zürich gekommen war, schrieb Ende März 1568 einen Doppelbrief an Bullinger und Wolf. Darin berichtete er über die neuesten Missionsversuche der Antitrinitarier:

Transylvaniam citeriorem totam pene ille suo veneno infecit, & quidem ita, ut nunquam putem, (fatendum enim est) ab Arrio, vel ab ullo haereticorum, quos superiora secula viderunt, tot & tantas in Deum & Filium ejus, Dominum nostrum effusas fuisse blasphemias. [...] Ipsa Ungaria hactenus tuta se per fuit ab ista peste. Unus iste Lukas Agriensis[107], collega quondam Francisci illius Davidis, deprehensus est clandestino Marte rem aggredi eandem, & suum virus paulatim ad alios propagare.[108]

---

105 Vgl. unten S. 393 ff.
106 Vgl. HEGYI, Diákok, 80; DE BÈZE, Correspondance VII, 180.
107 Lukács Egri († 1574) studierte seit 1552 in Wittenberg und war ein beliebter Schüler Melanchthons; seit 1559 wandte er sich immer stärker dem Nonkonformismus, schliesslich dem Antitrinitarismus zu, weswegen er auch in Debrecen die Confessio Helvetica posterior nicht unterschrieb (vgl. SZABÓ, Egri, 127 f); vgl. unten S. 425. 440 ff.
108 Mátyás Thuri an Johannes Wolf, 28. März 1568, in: ULRICH, Miscellanea II/2, 211 f; vgl. Mátyás Thuri an Heinrich Bullinger, 28. März 1568, in: ULRICH, Miscellanea II/2, 207 ff (= BULLINGER, Confessio [1866], 113 f).

Dem Brief legte Thuri eine neue, nicht näher bezeichnete Streitschrift der ungarischen Antitrinitarier – eher unwahrscheinlich ist es, dass es sich dabei um die antitrinitarische Erstlingsschrift *De falsa et vera unius Dei Patris, Filii et Spiritus Sancti cognitione libri duo* (1568) handelte, da sich Thuri zur Zeit der Abfassung der Briefe noch in Wittenberg aufhielt – bei und gab seiner Hoffnung Ausdruck, Simlers Werk gegen den Antitrinitarismus möge bald erscheinen.[109] Auch die *Seniores* Oberungarns, Gáspár Károlyi, Mihály Hevessi und Gergely Szikszai fragten de Bèze an, ob nicht die Genfer oder Zürcher eine Schrift schicken könnten, die im Kampf gegen diese Häresie nützlich sei. Interessant ist in diesem Brief vor allem, dass zwar ganz allgemein das Offenbarwerden der Gnade Gottes durch Luther, Melanchthon, Oekolampad, Bucer, Zwingli und Calvin erwähnt, gleichzeitig aber betont wird, dass „[Calvini] scripta enim, si uspiam alibi, in nostro certe regno dicere non possumus quam magni aestimentur, quamque diligenter legantur et relegantur." So hätte man auch Calvins Lehre „de Deo, de Proventia Dei, de Praedestinatione, de libero arbitrio et de Sacramentis, Baptismo et Coena Domini" übernommen. Auch hätte man die *Confession de la foy chrestienne* (1559) von de Bèze – auf den Synoden in Tarcal (1562) und in Gönc (1566) – und gleichfalls „Confessio nominatissimae illius Tigurinae Ecclesiae nuper edita", also die *Confessio Helvetica posterior*, unterschrieben.[110] Die Absicht dieses Briefes ist klar: Die Senioren Oberungarns versuchten gegenüber de Bèze darzulegen, dass ihre Kirche der schweizerischen Reformation besonders verbunden sei und man darum auf Unterstützung in der derzeitigen schwierigen Situation hoffe. Tatsächlich war die Situation im benachbarten Siebenbürgen besonders kritisch. So musste Péter Károlyi, wie Máté Skaricza festhält, bereits im Februar nach dem Landtag zu Thorenburg (1568) mit Lehrern und Schülern wegen der Auseinandersetzungen mit Ferenc Dávid Klausenburg verlassen und nach Grosswardein übersiedeln.[111] Inmitten dieser Auseinandersetzungen wandte sich auch Péter Melius Juhász, Stadtpfarrer von Debrecen, an Bullinger und bat ihn um die Drucklegung seiner drei Schriften, die gegen „340 Serveto-blandraticarum haereseôn [...]" – gemeint war damit *De falsa et vera Dei cognitione [...]* (1568) sowie die *Refutatio scripti Georgii*

---

109 Vgl. ZSINDELY, Bullinger (1975), 376.

110 Vgl. Seniores Ecclesiarum in superiori parte Ungariae (Gáspár Károlyi, Mihály Hevessi und Gergely Szikszai) an Théodore de Bèze, 1. Mai 1568, in: Bèze, Corr. IX, 235–239 (Annèxe IV b). Hier ist die Angabe der Herausgeber der Korrespondenz von Théodore de Bèze zu korrigieren, die schreiben, dass mit den im Brief genannten „duabus vicibus" die beiden Ortschaften Tarcal und Thorenburg, in denen 1562 und 1563 jene Synoden stattfanden, auf denen de Bèze' *Confessio christianae fidei* rezipiert wurde (vgl. RÁCZ, Inspiration: Calvin, 13 f), gemeint wären (vgl. DE BÈZE, Correspondance IX, 238); da im Brief die *Seniores* Oberungarns betonen, dass „nihil dubitave*rimus* duabus vicibus Confessioni illi [...] unanimi consensu suscribere", kann es sich nicht um Thorenburg, das mitten in Siebenbürgen liegt, handeln (vgl. unten S. 423 f).

111 Vgl. SKARICZA, Vita, β4ᵛ (vgl. JUHÁSZ, Glaubensbekenntnis, 101 f; NAGY KÁLOZI, Károlyi, 489 f).

Majoris, in quo Deum trinum [...] (1569) – gerichtet waren.[112] Bullinger berichtete darüber auch an de Bèze, in der Überzeugung, dass Melius Juhász sein Anliegen auch an de Bèze richten würde.[113] Tatsächlich hat auch de Bèze die Schriften von Melius Juhász erhalten. Gegenüber Bullinger beklagte er kurz darauf die schwere Lesbarkeit von Melius Juhász' Schrift, so dass dies wohl kein Drucker übernehmen werde; zudem sei das Thema bei Simler schon erschöpfend behandelt worden.[114] Interessanterweise änderte aber de Bèze – und dies übergeht ZSINDELY[115] – seine Meinung, nachdem er vom Polen Jan Łasicki aus Heidelberg aufgefordert worden war, die antitrinitarische Programmschrift *De falsa et vera Dei cognitione* zwecks Widerlegung – wie es auch Girolamo Zanchi (1516 – 1590) getan habe – zu lesen.[116] Darum beginnt de Bèze, Melius Juhász' Schriften mühsam zu lesen und einzelne Passagen daraus zu korrigieren; von Melius Juhász selbst erbat er die Autorisation, weitere Abschnitte verbessern zu dürfen, bevor Crespin die Schriften in Druck gebe. Auch wäre er froh, wenn Paksi oder Thuri ihm helfen würden, Melius Juhász' „κακογραφίᾳ" zu entziffern.[117] In Ungarn wartete man, wie Krzysztof Trecy (Thretius, † ~1590) an de Bèze meldete, sehnsüchtig auf den Druck der Bücher von Melius Juhász: „Toti Hungariae absque dubio grati et accepti erunt libri Melii, praesertim a te correcti; id ipsum [enim] omnes expetiverunt."[118] Die Bemerkung von Trecy ist insofern bemerkenswert, dass in den ungarischen reformatorischen Kirchen eine Korrektur von Melius Juhász' „anti"-antitrinitarischen Schriften durch de Bèze und der Druck derselben in Genf als besonders gewichtig beurteilt wurde. Melius Juhász selbst hatte ja de Bèze' ersten Brief vom 9. März 1570 als Einleitung zur *Confessio [...] in synodo*

---

112 Vgl. Péter Melius Juhász an Heinrich Bullinger, 27. April 1569, in: BULLINGER, Confessio (1866), 117. Bullinger mag die Schrift von Melius Juhász auch seinen Mitarbeitern am *Carolinum* gezeigt haben; jedenfalls weist Simler in der *Bibliotheca* von Gessner darauf hin, dass Melius Juhász gegen Dávid und Biandrata „ortodoxam & catholicam doctrinam de uno Deo Patre, Filio & Spiritu sancto" verteidigt habe (vgl. SIMLER, Bibliotheca [1574], 542).

113 Vgl. Heinrich Bullinger an Théodore de Bèze, 17. September 1569, in: Bèze, Corr. X, Nr. 703.

114 Vgl. Théodore de Bèze an Heinrich Bullinger, 23. Oktober 1569, in: Bèze, Corr. X, Nr. 716. Auch Froschauer hatte es abgelehnt, die Schriften von Melius Juhász zu drucken, weil er sich mit dem Druck der Kommentare von Gwalther zu Lukas und von Wolf zu Nehemia zu beschäftigen habe (vgl. Heinrich Bullinger an Théodore de Bèze, 14. November 1569, in: Bèze, Corr. X, Nr. 718).

115 Vgl. ZSINDELY, Bullinger (1975), 376 f.

116 Vgl. Jan Łasicki an Théodore de Bèze, 22. September 1569, in: Bèze, Corr. X, Nr. 706.

117 Vgl. Théodore de Bèze an Péter Melius Juhász, 9. März 1570 sowie 18. Juni 1570, in: Bèze, Corr. XI, Nr. 750. 781 (vgl. KATHONA, Méliusz, 179ff).

118 Krzysztof Trecy an Théodore de Bèze, 8. Oktober 1570, in: Bèze, Corr. XI, Nr. 805. Trecy hat wohl gleichfalls in Zürich für einen Druck der Schrift geworben; zumindest hat Trecy alles daran gesetzt, Dudith, der bekanntlich starke Sympathien für den Antitrinitarismus hegte, vom reformierten Bekenntnis zu überzeugen. Er sandte nach Zürich auch die Abschrift eines Briefes von Dudith an Melius Juhász, nachdem Melius Juhász eine seiner gegen den Antitrinitarismus gerichteten Schriften Dudith übersandt hatte (vgl. András Dudith an Péter Melius Juhász, 30. Januar 1571, in: ADE I, Nr. 261; Abschrift von Trecy: ZBZ: F 46, 70 [= S 124, 163]); der Übermittlungsbrief von Trecy ist heute leider verschollen.

Czengerina [...] declarata (Debrecen 1570) abdrucken lassen.[119] Und obwohl Melius Juhász' Schriften letztlich in Genf nicht – der unerwartete Tod des Druckers Crespin verunmöglichte es[120] – gedruckt wurden,[121] widmete Melius Juhász eine seiner schliesslich in Debrecen erschienen, gegen die Antitrinitarier gerichteten Schriften, die *Institutio vera de praecipuis fidei articulis* (Debrecen 1571), mit eigenhändiger Widmung an de Bèze.[122] Melius Juhász, der „Organisator der reformierten Kirche"[123] im Partium, wollte die Kirchen Ungarns gerade in der Auseinandersetzung mit dem erstarkenden Antitrinitarismus stärker an die helvetische Richtung der Reformation binden. So ist es sehr gut verständlich, dass Mihály Paksi Cormaeus, der spätere Rektor von Sárospatak,[124] nach dem Tode von István Szegedi Kis am 2. Mai 1572 und demjenigen von Péter Melius Juhász am 15. Dezember 1572 sich am 5. April 1573 von Heidelberg aus an Théodore de Bèze in Genf, wo er seit Mai 1568 studiert hatte, und an Josias Simler in Zürich, den er aufgrund eines Aufenthaltes im Jahre 1570 kannte und mit dem er bereits in Briefkorrespondenz stand, wandte.[125] Er gab seiner Trauer über der Tod von Szegedi Kis und Melius Juhász Ausdruck und bat um Abfassung von Trauergedichten auf die beiden verdienstvollen Männer:

His igitur, ut piam eorum memoriam celebrem, parentare aliquot Epithaphiis statui, & obsecro, patere abs te hoc officium impetrari, ut aliquot in hanc sententiam Epigrammata, & tuo & Venerandi Domini Bullingeri, ac Clarissimi D. Gualtheri, coeterorumque Fratrum Observandissimorum nomine recipiam. Idem egi apud Reve-

---

119 Vgl. Théodore de Bèze an Péter Melius Juhász, 9. März 1570, in: PÉTER MELIUS JUHÁSZ, Confessio vera ex verbo Dei sumpta et in synodo Czengerina von consensu exhibita et declarata [...], Debrecen 1570, B3ᵛ-B4ʳ (vgl. BARCZA, Confessio Csengerina, 261 f).

120 Vgl. Théodore de Bèze an István Szegedi Kis, 1. Februar 1573, in: Bèze, Corr. XIV, Nr. 970 (= Viro pietate et eruditione praestanti, D. Stephano Szegedino, fratri ac Symmystae observando, Th. Beza. S.P.D., in: ISTVÁN SZEGEDI KIS, Assertio vera de Trinitate contra quorundam deliramenta, Genf 1573, ¶ijʳ–¶iijʳ). Zur Abfassungszeit des Briefes war Szegedi Kis bereits gestorben, was aber de Bèze erst dank eines Briefes von Mihály Paksi Cormaeus erfuhr (vgl. unten S. 365).

121 Im Juni 1571 berichtet de Bèze an Zanchi, dass sich in seinem Besitz immer noch mehrere Schriften von Melius Juhász befinden würden, die wegen der schlechten Schrift schwer zu drucken seien (vgl. Théodore de Bèze an Hieronymus Zanchi, 3. Juni 1571, in: Bèze, Corr. XII, Nr. 842).

122 „Reverendissimo viro do[mi]no Theodoro Bezae Vezelio: Fideli Eccl[es]iae Dei Pastoris Geneuae, in Chr[is]to dilecto fr[atr]i ac praeceptori obseruan[dissimo] Petrus Melius m.p." (Widmung von Péter Melius Juhász an Théodore de Bèze auf dem Titelblatt des Werkes *Institutio vera de praecipuis fidei articulis* [Debrecen 1571]; Standortsignatur in der Bibliotheque du Musée historique de la Réformation, Genf: Qd 18/2); vgl. NAGY, Méliusz, 274 f.

123 NAGY, Quellenforschungen, 205.

124 Vgl. HEGYI, Diákok, 85; ZSINDELY, Bullinger (1967), 81 f.

125 Vgl. Mihály Paksi Cormaeus an Théodore de Bèze, 5. April 1573, in: Bèze, Corr. XIV, Nr. 981; Mihály Paksi Cormaeus an Josias Simler, 5. April 1573, in: ULRICH, Miscellanea II/2, 222–227.

rendum D. Bezam per Henricum Stephanum. Idem hic quoque impetraturum me spero a praecipuis S. Theol. Professoribus.[126]

Die Bitte von Mihály Paksi Cormaeus zeigt, welche geistige Verbundenheit zu Beginn der 1570er Jahre zwischen dem ungarischen und dem schweizerischen Protestantismus bestanden haben muss. Zwar ist es nicht bekannt, ob de Bèze, der ein glänzender Poet war,[127] wie die Zürcher – in Zürich hatte sich Simler an Gwalther gewandt,[128] aber auch andere Zürcher Gelehrte, wie der seit 1566 in Biel wirkende Josua Finsler (1538–1602), mit dem Bullinger in reger Korrespondenz stand,[129] verfassten Trauergedichte[130] – der Bitte nachgekommen ist, aber allein die Tatsache, dass Paksi Cormaeus sich mit seiner Bitte nach Genf und Zürich gewandt hatte, und nicht an die Theologen Wittenbergs oder Heidelbergs, belegt, dass der ungarische Protestantismus sich, auch „dank" der andauernden Auseinandersetzungen mit dem Antitrinitarimus, der schweizerischen Reformation zugehörig fühlte.[131]

Diese Thematik war es auch, die bis zum Tode Bullingers den brieflichen Austausch zwischen Ungarn und der Schweiz beherrschte. Verschiedene ungarische Studenten und Gelehrte wandten sich nach Zürich oder Genf, um über die weitere Entwicklung zu berichten oder um Rat und Beistand zu erhalten.[132] Wir denken dabei vor allem an die Briefe der ungarländischen Studenten Mihály Paksi Cormaeus, Lukas Kratzer, Mihály Varsányi Gorsa oder János Debreceni Joó, sowie an solche von wichtigen Repräsentanten des ungarischen Protestantismus wie dem Sárospataker Lehrer Balázs Szikszai Fa-

---

126 Mihály Paksi Cormaeus an Josias Simler, 5. April 1573, in: ULRICH, Miscellanea II/2, 225.

127 Wir denken an seine *Poemata*, die in zweiter Auflage an András Dudith gewidmet waren (vgl. oben S. 281); vgl. auch ENGAMMARE, Licence, 478–499.

128 Rudolf Gwalther hat daraufhin je ein Gedicht auf den Tod der beiden Ungarn verfasst (vgl. Rudolf Gwalther: „Hungaricum nemo melius quo pavit ovile [...]" [Gedicht auf Péter Melius Juhász], ZBZ: D 152, 115^v; Rudolf Gwalther: „Cum tristem Stephanus mortem Segedinus obiret [...]" [Gedicht auf István Szegedi Kis], ZBZ: D 152, 116^{r-v}; vgl. BERNHARD, Gwalther, 171 ff. 175 ff. 180 f).

129 Allein zwischen 1566 und 1575 sind 43 Briefe erhalten geblieben.

130 Vgl. Josua Finsler: „Vinea Pannonidis nos fatur vulpibus: [...]" [Gedicht auf Péter Melius Juhász], ZBZ: B 47, 135; Josua Finsler: „Virtutis specimen rare, Segedine, dedisti, [...]" [Gedicht auf István Szegedi Kis], ZBZ: B 47, 133 f. Es ist nicht klar, wann Finsler die Gedichte – verfasst zwischen dem 26. und 28. Februar 1574 – nach Zürich gesandt hat; zumindest findet sich in zwei in der betreffenden Zeit an Bullinger gerichteten Briefen kein Hinweis darauf (vgl. Josua Finsler an Heinrich Bullinger, 31. März 1574, StAZ: E II 359, 3106; Josua Finsler an Heinrich Bullinger, 30. Juni 1574, StAZ: E II 375, 895).

131 Auch der Hinschied anderer namhafter Persönlichkeiten wird in der ungarisch-schweizerischen Korrespondenz ausgetauscht: Besonders sind Péter Beregszászi, Jean Crespin, György Czeglédi, Iszák Fegyverneki, Rudolf Hoffhalter „Tigurinus", Matej Kabát (Thoraconymus), Mihály Paksi Cormaeus oder Pietro Perna zu erwähnen.

132 Wie mehrfach dargestellt wurde Bullinger auch durch andere Korrespondenten über den „Gang des Evangeliums" in Ungarn und Siebenbürgen in Kenntnis gesetzt. Ein interessantes Zeugnis des Informationsflusses ist ein Brief von Tobias Egli, der 1570 nachfragte, ob Katharina Göldli, die Schwester seiner Frau Elisaberh, sich noch immer in Debrecen aufhalte (vgl. Tobias Egli an Heinrich Bullinger, 1. Juli 1570, in: BULLINGER, Korrespondenz III, Nr. 208).

bricius oder dem Grosswardeiner Lehrer Péter Károlyi.[133] In der Korrespondenz der ungarländischen Studenten wird mehrfach berichtet, dass durch den Tod des Fürsten János Zsigmond († 1571) der „Siegeszug" des Antitrinitarismus in Siebenbürgen einen herben Rückschlag erlitten habe, da der nachfolgende Fürst István Báthory als strenger Katholik die weitere Ausbreitung des Antitrinitarismus energisch zu verhindern suche.[134] Dennoch hätten Auseinandersetzungen zwischen Dávid und Károlyi weiterbestanden, wie Paksis Übersendung einer lateinischen Übersetzung von Dávids Antwort auf Károlyis Schrift *Brevis, erudita et perspicua explicatio orthodoxae fidei de uno vero Deo Patre [...]* (Wittenberg 1571) an Simler belegt.[135] Noch vor Bullingers Tod meldeten Balázs Szikszai Fabricius und Péter Károlyi, dass der Antitrinitarismus in Ungarn, d.h. vor allem im Partium, nachwievor eine Gefahr darstelle, weswegen gegen die Ausbreitung der Lehre weiter anzukämpfen sei.[136]

Die kirchenpolitische Situation zu Beginn der 1570er Jahren intensivierte die Briefkontakte zwischen Vertretern des ungarischen und des schweizerischen Protestantismus weiter. Dies ist vor allem denjenigen Studenten zu verdanken, die sich aus Heidelberg an Bullinger, Simler, Wolf oder de Bèze wandten. Aus den Briefen von Paksi an Simler ist bekannt, dass Simler auch mit Károlyi, Dudith und Melius Juhász in Korrespondenz stand.[137] Aus den Briefen von Varsányi wissen wir, welches die wichtigsten „reformierten" Theologen Ungarns nach dem Tode von Szegedi Kis und Melius Juhász waren, nämlich Mátyás Thuri, Bálint Szikszai Hellopaeus, Péter Károlyi und Balázs Szikszai Fabricius. Varsányi hat schliesslich auch Kontakte zwischen den ungarischen und den schweizerischen Theologen vermittelt.[138] Und in allen

---

133 Bekanntlich mussten beide im Februar 1568 Klausenburg verlassen (vgl. oben S. 305).

134 Vgl. Lukas Kratzer an Johannes Wolf, 1. November 1571, ZBZ: S 125, 50; Mihály Varsányi Gorsa an Josias Simler, 22. September 1573, ZBZ: F 57, 204 f; Mihály Varsányi Gorsa an Théodore de Bèze, 12. April 1574, in: Bèze, Corr. XV, Nr. 1059; Mihály Varsányi Gorsa an Josias Simler, 15. April 1574, ZBZ: F 60, 83; János Debreceni Joó an Josias Simler, 30. November 1574, ZBZ: S 132, 9; u.s.w. (vgl. KRUPPA, Religionspolitik, 135 ff; FATA, Ungarn, 109 f; HORN, Adel, 169 ff; BALÁZS, Antitrinitarismus, 63 f; DAUGSCH, Toleranz, 49 ff).

135 Es handelt sich um die lateinische Übersetzung von Ferenc Dávids *Az egy Attya Istennec, es az ö aldot szent fianac, az Iesvs Christvsnac istenségeröl igaz vallástettel [...]* (Klausenburg 1571); vgl. Mihály Paksi Cormaeus an Josias Simler, 4. Dezember 1572, in: ULRICH, Miscellanea II/2, 219; Josias Simler an Théodore de Bèze, 2. Juni 1573, in: Bèze, Corr. XIV, Nr. 1000. Zu den Reaktionen auf Károlyis Schrift *Brevis, erudita et perspicua explicatio* vgl. auch FIRPO, Antitrinitari, 47 ff.

136 Vgl. Péter Károlyi an Théodore de Bèze, 11. Februar 1575, in: Bèze, Corr. XVI, Nr. 1120; Balázs Szikszai Fabricius an Josias Simler, 1. März 1575, ZBZ: F 59, 498 f (= S 132, 72 ff) (vgl. ZSINDELY, Kollégium, 127 f).

137 Vgl. Mihály Paksi Cormaeus an Josias Simler, 12. April, 4. November 1572 sowie 5. April 1573, in: ULRICH, Miscellanea II/2, 213–227.

138 Vgl. Mihály Varsányi Gorsa an Josias Simler, 19. Mai 1574, 16. September 1574 sowie 3. April 1575 (Ostern), ZBZ: F 60, 72–75. 84; u.s.w.

Briefen wurden jeweils Grüsse von ungarischen Theologen an Zürcher Theologen ausgerichtet.

Besonders ist in diesem Zusammenhang auf die Bemühungen der Zürcher und Genfer um einzelne protestantische Magnaten in Ungarn hinzuweisen, von denen sie sich erhofften, dass sie die durch den Antitrinitarismus, zunehmend stärker aber auch durch die Gegenreformation bedrohte Reformation zu schützen vermögen. Die Zürcher und Genfer hatten der Versuch der Einflussnahme auf Magnaten bereits in ihren polnischen Beziehungen gepflegt.[139] Varsányi hatte Simler in Zürich über die reichen ungarischen Familien Bocskay, Dobó, Balassi und Thelegdi informiert, die die Ausbreitung der reformatorischen Botschaft durch die Unterstützung von Schulen in Sárospatak, Debrecen oder Grosswardein, aber auch durch Studentenstipendien fördern würden.[140] Die Genfer und Zürcher versuchten fürs erste vor allem auf die Magnaten Thelegdi und Balassi Einfluss zu nehmen, da ihnen aus der Korrespondenz mit ungarischen Studenten bekannt war, dass auf deren Kosten mehrere Ungarn an ausländischen Universitäten ihre Ausbildung geniessen würden.[141] So bat Paksi de Bèze in dem Brief, in dem er auch vom Hinschied von Szegedi Kis und Melius Juhász berichtete, dass er den siebenbürgischen Magnaten Miklós Thelegdi († 1583)[142] brieflich ermuntere, die Reformation weiterhin zu unterstützen.[143] De Bèze widmete sogleich seine *Epistolae theologicae* (Genf 1573) Thelegdi; er forderte dabei Thelegdi auf, im Kampf gegen den Antitrinitarismus nicht nachzulassen[144] und sich durch die gegenreformatorischen Bemühungen des neuen Fürsten nicht beeindrucken zu lassen. Vor allem aber brauche es nach dem Tode Szegedi Kis und Melius Juhász geeignete Nachfolger.[145] Auch Josias Simler wandte sich im Juni 1574 an

---

139 Vgl. BERNHARD, Genfer Buch, 228–235. 246–250; BRYNER, Calvin, 12ff; CAMPI, Beza, 141 f; MÜHLING, Kirchenpolitik, 225–270.

140 Vgl. Mihály Varsányi Gorsa an Josias Simler, 26. September 1574, ZBZ: F 60, 76–79. Tatsächlich haben die Magnaten, entgegen BUCSAYS Ansicht (vgl. BUCSAY, Protestantismus I, 78), für die Ausbreitung der Reformation eine wichtige Stellung eingenommen (vgl. oben S. 116 ff, sowie unten S. 310 ff).

141 Es ist vor allem an folgende Studenten zu denken, die von den Magnaten Thelegdi und Balassi gefördert worden sind: Mihály Paksi Cormaeus, János Laskói, Mihály Varsányi Gorsa und János Debreceni Joó (vgl. ZSINDELY, Bullinger [1967], 81).

142 Genannter Miklós Thelegdi ist nicht zu verwechseln mit dem Fünfkirchener Bischof und späteren Erzbischof von Gran Miklós Thelegdi (1535–1586), der ein strenger Gegner der Reformation war und zu diesem Zwecke in Tyrnau auch eine Buchdruckerei eröffnete (vgl. BREZA, Tlačiarne, 122 f; V. ECSEDY, Könyvnyomtatás, 73ff; NAGY, Családai VI, 142 f).

143 Vgl. Mihály Paksi Cormaeus an Théodore de Bèze, 5. April 1573, in: Bèze, Corr. XIV, Nr. 981. Die Frau von Miklós Thelegdi, Barbara Bánffy von Losoncz, hatte bereits zur Studienzeit von Paksi Cormaeus in Genf Kontakt mit Claudine de Bèze, der Frau von Théodore de Bèze (vgl. Barbara Bánffy an Claudine de Bèze, 11. April 1568, in: Bèze, Corr. IX, 234 f [Annèxe IV]).

144 Mihály Paksi Cormaeus meldete an Simler, dass Thelegdi „Arrianis hactenus fori ac pio animo semper restiterat [...]" (Mihály Paksi Cormaeus an Josias Simler, 5. April 1573, in: ULRICH, Miscellanea II/2, 226).

145 Vgl. Illustri et generoso Baroni, D. Nicolao Thelegdio, Domino mihi plurimum observando,

Miklós Thelegdi, um ihn zu Standhaftigkeit zu mahnen;[146] dem Brief legte er ein von ihm ins Lateinische übersetztes Werk Bullingers über die Christenverfolgungen bei.[147] Schliesslich hielt Péter Károlyi gegenüber de Bèze fest, dass Thelegdi einer der stärksten Förderer des „propagandae gloriae Christi" und ein Liebhaber „erga bonas literas" in der Region sei.[148] Károlyis Lob von Thelegdis Unterstützung ist Zeugnis dafür, dass für die ungarische Reformation auch in der zweiten Hälfte des 16. Jahrhunderts der Zusammenhang von Humanismus und Reformation konsitutiv war.[149]

In seinem ersten Brief, den Varsányi von Heidelberg aus an Simler schrieb, wies er, nach der Mitteilung über die Kenntnis von Simlers „eruditissimo illo De aeterno Dei Filio [...] libro", auch auf die Wohltätigkeit des Herren János Balassi (Joannes Balassa de Gyarmath) hin, der ihm nach seinem dreijährigem Studienaufenthalt in Wittenberg weitere Studien in Heidelberg ermöglicht habe.[150] Varsányi war es schliesslich auch, der Simler ermutigte, die von letzterem geplante Publikation der *Epistolae theologicae* von Vermigli Balassi zu widmen.[151] Die Publikation dieser *Epistolae theologicae* zog sich aber in die Länge,[152] so dass Simler sich entschloss, ein anderes von ihm herausgegebenes Werk Balassi zu widmen, nämlich die *Aethici cosmographia. Antonii Augusti intinerarum provinciarum [...]* (Basel 1575). In seinem Vorwort an „Iannem Balassam [...] Orthodoxae religionis & bonarum artium summum in Hungaria patronum" hielt Simler fest, dass die Familie Balassi „sanguinem suum pro patria & religione" vergossen habe, ja, dass durch sie auch die

---

Theodorus Beza Vezelius Gratiam & pacem [...], in: Théodore de Bèze, Epistolarum Theologicarum [...] liber unus, Genf 1573, ¶ij^r–¶iiij^r (= Théodore de Bèze an Miklós Thelegdi, 15. August 1573, in: Bèze, Corr. XIV, Nr. 1012).

146 Der Brief ist verloren, doch wissen wir von demselben aus Briefen von ungarischen Studenten (z. B. János Laskói, Mihály Varsányi Gorsa, János Debreceni Joó) und aufgrund des Antwortbriefes von Thelegdi (vgl. Miklós Thelegdi an Josias Simler, 1. Oktober 1574, ZBZ: F 57, 184 f).

147 Vgl. Heinrich Bullinger, De persecutionibus ecclesiae christianae liber [...], ex Germanico sermone in Latinum conversus, per Iosiam Simlerum Tigurinum [...], Zürich 1573.

148 Vgl. Péter Károly an Théodore de Bèze, 11. Februar 1575, in: Bèze, Corr. XVI, Nr. 1120.

149 So beschäftigten sich auch führende Reformatoren Ungarns zeitlebens mit humanistischen Fragen. Beispielsweise hat Péter Melius Juhász ein *Herbarium* verfasst, das das erste und einzige in Siebenbürgen im 16. Jahrhundert erschienene Kräuterbuch darstellte und 1578 von der Wittwe von Gáspár Heltai in Klausenburg herausgegeben wurde (vgl. Péter, Fogorvoslás, 31ff; Heltmann, Herbarium, 332ff).

150 Vgl. Mihály Varsányi Gorsa an Josias Simler, 22. September 1573, ZBZ: F 57, 204. Varsányi Gorsa immatrikulierte sich, auf Anraten von Péter Károlyi, am 25. Oktober 1569 in Wittenberg; schliesslich, zusammen mit János Debreceni Joó, immatrikulierte er sich am 15. September 1573 in Heidelberg (vgl. Zsindely, Bullinger [1967], 81).

151 Vgl. Mihály Varsányi Gorsa an Josias Simler, 26. September 1574, ZBZ: F 60, 78; János Debreceni Joó an Josias Simler, 30. November 1574, ZBZ: S 132, 9.

152 Nach Simlers Tod am 2. Juli 1576 übernahm Gwalther diese „dringliche" Aufgabe, doch wurde sie nie beendet (vgl. Strohm, Vermigli, 81 f).

„bonarum literarum studia" gefördert worden seien.[153] Tatsächlich hat die
adlige Familie Balassi, deren Mitglieder bedeutende Stellungen an Königshofe
innehatten, die Ausbreitung des Humanismus und der Reformation nachhaltig gefördert. Nicht umsonst hat Melius Juhász den Druck von drei seiner
kleinen reformatorischen Schriften, gedruckt unter dem Titel *A keresztienec
nyomorusagokban való vigasztalasoknak [...]* (Debrecen 1562), dem Magnaten János Balassi gewidmet.[154] Bekannter ist sein Sohn Bálint Balassi, der
wohl berühmteste Lyriker im Ungarn des 16. Jahrhundert, ehemals Schüler
des Humanisten und Reformators Péter Bornemissza, der kurz vor seinem
Tode am 30. Mai 1594 noch de Bèze' 51. Psalm – dies hat Albert Szenci Molnár
überliefert – aus dem Lateinischen ins Ungarische übersetzte.[155]

Eine weitere Magnatenfamilie, die mit Genf, Zürich und besonders auch
Basel in Kontakt gestanden hat, sind die Grafen Forgách von Gímes, die in
Trentschin (Trenčín, SK) ihren Hauptsitz hatten und zu einem Teil wichtige
Förderer der Reformation waren.[156] Graf Simon Forgách, protestantischer
Offizier, sandte seine Söhne Ferenc und Mihály zu Studien ins Ausland.
Während Ferenc – der spätere Erzbischof von Gran – sich zu Studien in Rom
entschied und zum Katholizismus konvertierte, studierte sein jüngerer Bruder
Mihály in Strassburg und Wittenberg (1587–1589), wo – dank der vorüber-
gehenden Erstarkung des „Philippismus" unter Kurfürst Christian I. von
Sachsen (1586–1591) – der *Coetus ungaricus* seine letzte Blütezeit erlebte.[157]
Von Wittenberg aus wandte er sich an Johann Jakob Grynaeus – Grynaeus war
nach dem Druck der Schriften von István Szegedi Kis innert kurzer Zeit als
Förderer der Ungarn bekannt[158] – in Basel, den er auch besuchen wollte, zumal
die Situation in Wittenberg schwierig sei.[159] Grynaeus wusste bereits über die
Förderung der Studentenperegrination durch die Magnatenfamilie Forgách.
So hatte Demeter Krakkai – er war der Privatlehrer von Mihály Forgách –

153 Josias Simler: Epistola dedicatoria, in: Aethici cosmographia. Antonii Augusti intinerarum
   provinciarum. Ex Bibliotheca P. Pithoei, cum scholiis Iosiae Simleri, Basel 1575, (:)2ʳ–)(7ʳ.
154 Vgl. PÉTER MELIUS JUHÁSZ, A keresztienec nyomorusagokban való vigasztalasoknak [...],
   Debrecen 1562, [aᵛ] (vgl. RMNy 183).
155 Vgl. RÁCZ, Inspiration: Molnár, 255; NAGY, Családai I, 121 f.
156 Zu den verwandtschaftlichen Verhältnissen der Grafen Forgách von Gímes vgl. SZABÓ, Briefe,
   193 ff; DERS., Oberschlesien, 257 ff; NAGY, Családai II, 197–207.
157 Vgl. SZABÓ, Universität, 60; ASCHE, Bildungsbeziehungen, 41. In Wittenberg erschien auch
   Mihály Forgáchs *Oratio de peregrinatione et eius laudibus* (Wittenberg 1587), die seine
   dichterischen Fähigkeiten aufzeigte (vgl. SZABÓ, Briefe, 193 ff).
158 Vgl. unten S. 317 ff.
159 Vgl. Mihály Forgách an Johann Jakob Grynäus, 26. August 1588 sowie 31. Dezember 1588, in:
   GRYNAEUS, Kapcsolatai, 85 ff. Forgách, der später als Poet Ruhm erlangte und mit verschiedenen Gelehrten seiner Zeit (z. B. mit Justus Lipsius) Korrespondenz pflegte, soll in Wittenberg
   auch die Würde des *Rector magnificus (Rector ad honorem)* bekleidet haben (vgl. SZINNYEI,
   Írók III, 637 f; Meyers Konversations-Lexikon, Bd. 6, Leipzig 1888, 432); nach seiner vorübergehenden Rückkehr nach Oberungarn hielt er sich in Begleitung seines Privatlehrers
   Demeter Krakkai für zwei Jahre in Padua auf, wobei er auch Rom und Neapel besuchte (vgl.
   SZABÓ, Briefe, 194 f).

Grynaeus mit Informationen aus Ungarn eingedeckt, die er von seinem Patron, Simon Forgách, dem Vater von Mihály, erhalten habe.[160] Über Simons Bruder, den Hauptgespan Imre Forgách, berichtete Mihály Cibrádi, Student in Wittenberg seit 1586, an Grynaeus, dass „patronus noster et Comes illustris", Imre Forgách, Schriften von Grynaeus begehre.[161] Bereits 1587 hat sich Cibrádi an Rudolf Gwalther, von dessen Ableben er offenbar noch keine Kenntnis hatte, gewandt und auch darauf hingewiesen, dass sein Patron Imre Forgách über das Wohlwollen Gwalthers gegenüber den ungarischen Studenten Kenntnis habe; auch von Gwalther begehrte Cibrádi geeignete Schriften.[162] Schliesslich wandte sich Imre Forgách – er war mit Kata Zrínyi verheiratet – Ende 1591 an Théodore de Bèze, indem er ihm einen seiner Zöglinge, „Hieremias Parlagi Pannonius", empfahl. Forgách wies erneut darauf hin, dass die reformierten Kirchen Ungarns durch die „Papisten" und „Gnesiolutheraner" bedrängt würden und es darum gute Pfarrer brauche.[163] Jeremiáš Parlagi, der seit 1588 in Wittenberg – als slowakischstämmig konnte er nicht Mitglied des *Coetus ungaricus* werden – studierte, hat schliesslich, auch ohne Immatrikulation, in Genf für drei Wochen Kost und Logis erhalten.[164] Von Genf zog er weiter nach Basel zu Johann Jakob Grynaeus und schliesslich nach Heidelberg.[165] Im Wissen Graf Imre Forgáchs Einsatz für die reformierte Kirche wandte sich de Bèze kurz darauf mit der Bitte an ihn, dass er Charles Liffort auf seiner Kollektenreise für die Genfer Kirche unterstützen möge.[166]

Im Jahre 1585 gab Théodore de Bèze eine Abhandlung über die Sakramente heraus, die aus der Feder des ehemaligen Studenten Bálint Szikszai Hellopaeus stammte. Hellopaeus studierte seit Oktober 1566 für sechs Monate in Genf, bevor er wegen der Türkengefahr nach Hause gerufen wurde und in Erlau als Pfarrer diente;[167] nach dem Tode Melius Juhász' wurde er dessen Nachfolger in

---

160 Vgl. Demeter Krakkai an Johann Jakob Grynäus, 20. April 1587, in: GRYNAEUS, Kapcsolatai, 95 ff.

161 Vgl. Mihály Cibrádi an Johann Jakob Grynäus, 23. Februar 1588, in: GRYNAEUS, Kapcsolatai, 60 f. Es ist aus anderen Quellen bekannt, dass Imre Forgách nicht nur Bücher sammelte, sondern auch weiterverschenkte; im Jahre 1587 schenkte Forgách dem jungen György Thurzó des Paolo Giovios *Elogia virorum literis illustrium [...]* (Basel 1577), welches Werk er 1585 von Hugo Blotius, dem Bibliothekar der Wiener Kaiserlichen Hofbibliothek, erworben hatte (vgl. SAKTOROVÁ, Drucke, 253 f; DIES., Bibliothek, 164).

162 Vgl. Mihály Cibrádi an Rudolph Gwalther, 4. April 1587, ZBZ: S 199, 92.

163 Vgl. Imre Forgách an Théodore de Bèze, 14. Dezember 1591, in: Bèze, Corr. XXXII, Nr. 2188. Als im Jahre 1588 von Imre Forgáchs – humanistisch ausgerichteter – Bibliothek erstmals ein Verzeichnis erstellt wurde, waren die einzigen reformatorischen Werke die *Loci communes* sowie die *Declamationes* Melanchthons (vgl. Adattár 13/2, 3–9).

164 Vgl. Protokoll der Compagnie des Pasteurs du Genève, 18. Februar 1592, in: RCP 6, 97; vgl. Imre Forgách an Théodore de Bèze, 14. Dezember 1591, in: Bèze, Corr. XXXIII, Nr. 2188; Théodore de Bèze an Imre Forgách, 20. Mai 1592, in: Bèze, Corr. XXXIII, Nr. 2216.

165 Vgl. GRYNAEUS, Kapcsolatai, 160.

166 Vgl. Théodore de Bèze an Imre Forgách, 20. Mai 1592, in: Bèze, Corr. XXXIII, Nr. 2216.

167 Dass Hellopaeus das von de Bèze ursprünglich für seine Schrift *Valentini Gentilis teterrimi haeretici impietatum [...] brevis explicatio [...]* (Genf 1567) verfasste Vorwort tatsächlich in

Debrecen.[168] Doch trotz seines relativ nur kurzen Aufenthaltes in Genf blieb er de Bèze verbunden. So sandte er während des Jahres 1574 bereits erwähnte Schrift *De Sacramentis in genere [...] tractatio* mit der Bitte um Drucklegung zu.[169] In einem Begleitschreiben, das de Bèze dem Druck von 1585 auch beifügte,[170] hielt Hellopaeus fest, dass er in Wittenberg eine Schrift gegen die Antitrinitarier – die ungarische Burse hatte sich in ihrem Bekenntnis von 1568 klar gegen den Antitrinitarismus gestellt und Melanchthon für sich in Anspruch genommen[171] – drucken lassen wollen habe, diese Edition aber wegen der „funesta celeberrimae illius Academiae perturbatio" bis heute nicht erschienen sei. Hellopaeus sprach mit der *funesta perturbatio* die Verfolgung der Philippisten in Wittenberg an. Im Hintergrund steht die Verschärfung des konfessionellen Klimas in Wittenberg, insbesondere die Auseinandersetzung zwischen den strengen Lutheranern („Gnesio-Lutheraner" bzw „Flacianer") und den „Philippisten", d.h. den Anhängern Melanchthons, die um einen Ausgleich mit Calvin bemüht waren. Kaspar Peucer, der Schwiegersohn Melanchthons, der für Mátyás Thuri und Bálint Szikszai Hellopaeus 1566 ein Empfehlungsschreiben an de Bèze verfasst hatte, wurde eben im Jahre 1574 festgenommen, weil auch er, wie viele Mitglieder des *Coetus ungaricus*, Krytocalvinist sei.[172] In diesem Zusammenhang wandte sich Daniel Toussain aus Heidelberg gleichzeitig an de Bèze und an Bullinger und bat sie, dass „literas quam primum ad Angliae reginam, Scotiae regem, Polonicas et Ungaricas Ecclesias, et ad praecipuos Ecclesiarum doctores detis."[173] Um so erstaunlicher ist es, dass de Bèze es im gleichen Jahre nicht für notwendig hielt,

---

Ungarn und Siebenbürgen verteilte, wie RÁCZ und D'ESZLARY (vgl. D'ESZLARY, Calvin, 94; RÁCZ, Inspiration: Calvin, 15) schreiben, ist aus zwei Gründen zu bezweifeln: Wie Hellopaeus selbst schrieb, weilte er nur „sex mensibus" bei de Bèze in Genf und kann zur Zeit der Abfassung des Vorwortes, sprich am 5. August 1567 (*Nebenbemerkung:* RÁCZ und D'ESZLARY deuten die „Nonis Augusti 1567" fälschlicherweise auf den 9. August 1567), nicht mehr in Genf gewesen sein; weiter werden die Namen der beiden führenden ungarischer Reformatoren, Péter Melius Juhász und István Szegedi Kis, die die Hauptargumentation von RÁCZ und D'ESZLARY – und ihnen folgend von BUCSAY und CSEPREGI – bilden, erst im Nachdruck des Briefes, der neu den Titel „Christianis et orthodoxis omnibus ecclesiis in domino nostro Jesu" trug, in de Bèze' *Epistolae theologicae* (Genf 1573) neben Trecy und anstelle von Łasicki und Sarnicki gesetzt (vgl. BUCSAY, Confessio [1967], 350; DE BÈZE, Correspondance VIII, 246 f. 258); vgl. unten S. 364 ff.

168 Vgl. Bálint Szikszai Hellopaeus: Eximio Iesu Christi servo D. Theodoro Bezae Vezelio [...], salutem in Domino, in: BÁLINT SZIKSZAI HELLOPAEUS, De sacramentis in genere, sive, de tota re sacramentaria, Tractatio, permodestè simul & eruditè scripta [...], Genf 1585, †8^{r–v} (= Bálint Szikszai Hellopaeus an Théodore de Bèze, 1584 [recte: 1574], in: Bèze, Corr. XXV, Nr. 1110bis); vgl. HEGYI, Diákok, 80.

169 Zu Szikszai Hellopaeus' Schrift *De scaramentis in genere* vgl. NAGY, Szikszai, 729 ff.

170 Vgl. Bálint Szikszai Hellopaeus: Eximio Iesu Christi servo D. Theodoro Bezae Vezelio [...], salutem in Domino, in: SZIKSZAI HELLOPAEUS, Tractatio, †5^v–††2^r.

171 Vgl. KOLB, Erbe, 223–239.

172 Vgl. SZABÓ, Universität, 59 f; SZABÓ, Studenten, 157 ff.

173 Daniel Toussain an Théodore de Bèze, 21. November 1574, in: Bèze, Corr. XV, Nr. 1096; vgl. Daniel Toussain an Heinrich Bullinger, 21. November 1574, in: CUNO, Tossanus, 49–52.

Hellopaeus' Abhandlung zu veröffentlichen. Wollte er noch abwarten, bis eine nach dem Konvent in Torgau[174] ins Auge gefasste Synode derjenigen Gebiete, die die *Confessio Helvetica posterior*, mit dem Heidelberger Katechismus übereinstimmend, angenommen hatten, stattgefunden hatte?[175] Klar ist zumindest dies, dass de Bèze die Absicht hatte, sich in seinem geplanten dritten Band der *Quaestiones et responsiones*,[176] in dem er die angesprochenen Fragen behandeln wollte, an sämtliche „reformierten" Kirchen zu wenden, und nicht nur an die ungarischen und siebenbürgischen Kirchen, was mit Hellopaeus' Abhandlung der Fall gewesen wäre. Dieser dritte Band wäre aber, wie de Bèze in seinem eigenen Vorwort, gerichtet an die Diener der Kirchen Oberungarns und Siebenbürgens, festhielt, nie in Druck gekommen, so dass er sich entschieden hätte, Hellopaeus' Werk den *Quaestiones* als dritten Teil beizufügen.[177] De Bèze hoffte, dass die Schrift den ungarischen Pfarrern helfe, „aures ad audiendum, cor ad intelligendum, pedes ad ambulandum in viis Domini" zu benützen.[178]

Die Auseinandersetzung zwischen den „Philippsten" und den „Flacianern" – eigentlich eine Auseinandersetzung um die Lehre der Ubiquität – entfachte natürlich auch einen Konflikt zwischen den der ungarischen Burse zugehörigen Studenten, die sich theologisch vor allem an Melanchthon und der helvetischen Richtung der Reformation orientierten, und der seit den 1570er Jahren zunehmend strengeren lutherischen Universitätsleitung. Zeugnis dafür darf ein Brief von Péter Károlyi aus Grosswardein sein, in dem er de Bèze um Hilfe bei der Neuedition seiner *Brevis, erudita et perspicua explicatio orthodoxae fidei* (Wittenberg 1571) bat, weil es derzeit in Wittenberg wegen der aktuellen Richtungskämpfe nicht möglich sei.[179] Die neue akademische Heimat der ungarischen Peregrinanten sollte die Universität Heidelberg, die erste „reformierte" Hochschule im Heiligen römischen Reich deutscher Nation, gegründet nach 1559 unter Kurfürst Friedrich III., werden. Wohl darum hat der Magnat János Balassi die Peregrination nach Heidelberg besonders ge-

---

174 Die Torgauer Artikel von 1574 wurden von den „Philippisten" nicht unterschrieben, weswegen sie fortan als „Calvinisten" gebrandmarkt wurden (vgl. ANDRESEN, Handbuch II, 133 f.).

175 Vgl. Pastoren von Heidelberg an Théodore de Bèze, 21. November 1574, in: Bèze, Corr. XV, Nr. 1095; Heinrich Bullinger an Théodore de Bèze, s.d. [Februar 1575], in: Bèze, Corr. XVI, Nr. 1118.

176 Vgl. FATIO, Quaestiones, 177 f.

177 Die Druckerlaubnis durch den Rat der Stadt Genf wurde am 17. November 1584 ausgestellt (vgl. Protokoll der Compagnie des Pasteurs du Genève, 17. November 1584, in: RCP 5, 41).

178 Vgl. Théodore de Bèze an die Pfarrer Oberungarns und Siebenbürgens, 1. März 1585, in: Bèze, Corr. XXVI, 267–271 (Annèxe IV) (= Eximiis Christi servis Ecclesiarum orthodoxarum superioris Pannoniae, et Transylvaniae Pastoribus & Doctoribus, fratribus in Domino summè observandi, Theodorus Beza gratiam & pacem à Domino, in: SZIKSZAI HELLOPAEUS, Tractatio, †4ᵛ–†5ʳ).

179 Vgl. Péter Károlyi an Théodore de Bèze, 11. Februar 1575, in: Bèze, Corr. XVI, Nr. 1120.

fördert.[180] Den Schlussstrich unter den „Philippismus" und „Kryptocalvinismus in Wittenberg setzte schliesslich die Aufhebung der ungarischen Burse im Jahre 1592.[181] Diese Auseinandersetzungen schlugen sich auch in der ungarisch-schweizerischen Korrespondenz nieder, ja beherrschten die theologische Korrespondenz seit Mitte der 1580er Jahre. Erste Vorboten dieser Auseinandersetzung finden sich, wie erwähnt, noch vor dem Tode Bullingers und Simlers. Abgesehen von Hellopaeus' Schreiben an de Bèze meldete Varsányi gegenüber Simler, dass in Deutschland der Streit um die Ubiquitätslehre erneut ausgebrochen sei und die Genfer und Zürcher Kirche verleumdet würden. Mit ein Grund, warum Varsányi – er schrieb von Heidelberg aus – die Kontakte zu kirchlichen Vertretern Genfs und Zürichs zu intensivieren begehrte.[182] Doch 1575 starb Bullinger und ein Jahr später auch sein Mitarbeiter Josias Simler, der seit Ende der 60er Jahre die ungarische Korrespondenz im Auftrage Bullingers versehen hatte.[183] Die ungarischen Kontakte mit Zürich und Genf brachen gänzlich zusammen. Offenbar ging man davon aus, dass die Rezeption der *Confessio Helvetica posterior* auf der Synode zu Debrecen (1567) einem Sieg der „Philippisten" über die „Gnesiolutheraner" gleichgekommen sei. Jedenfalls lehnte es Gwalther gegenüber de Bèze im Zusammenhang mit dem Streit mit den „Gnesiolutheranern" ab, ein neues Bekenntnis für die reformierten Kirchen Europas zu verfassen.[184] Erst 1581 wandte sich Tamás Tolnai Fabricius aus Wittenberg an de Bèze, einerseits um Geld der siebenbürgischen Patrone für die Studien von Péter Laskai Csókás zu übersenden, andererseits um de Bèze zu ermahnen, dass er doch endlich Hellopaeus' Schrift *De sacramentis in genere [...] tractatio* drucke; denn darauf warte man mit Ungeduld, um den Gegnern, d.h. den Vertretern der Ubiquität, wahrheitsgetreu antworten zu können.[185] Diese Bemerkung von Fabricius belegt, dass in Ungarn – wir dürfen dabei vor allem an Oberungarn denken, wo

---

180 Vgl. Mihály Varsányi Gorsa an Josias Simler, 22. September 1573, ZBZ: F 57, 204; Mihály Varsányi Gorsa an Josias Simler, 3. April 1575 (Ostern), ZBZ: F 60, 74 f.
181 Vgl. Asche, Bildungsbeziehungen, 41 f; Meusburger, Studenten, 29 ff.
182 Vgl. Mihály Varsányi Gorsa an Josias Simler, 26. September 1574, ZBZ: F 60, 76 f.
183 Vgl. Zsindely, Bullinger (1975), 377 f.
184 Vgl. Rudolf Gwalther an Théodore de Bèze, 5. Juli 1577, in: Bèze, Corr. XVIII, Nr. 1264; Rudolf Gwalther an Théodore de Bèze, 8. Dezember 1579, in: Bèze, Corr. XX, Nr. 1391. Am 27.–28. September 1577 fand schliesslich in Frankfurt eine Versammlung von Vertretern der reformierten Kirchen (England, Polen, Frankreich, Niederlande, Pfalz; Ungarn vertreten durch Johannes Praetorius) statt, an der erneut die Forderung eines gemeinsamen reformierten Bekenntnisses laut wurde (vgl. Protokoll der Compagnie des Pasteurs du Genève, 16. Oktober 1577, in: RCP 4, 99 f). De Bèze war durch seine international weit verzweigte Korrespondenz auch immer mehr der Überzeugung, dass anstelle der *Confessio Helvetica posterior* und der vielen anderen länderbezogenen reformierten Bekenntnisse ein gemeinsames Bekenntnis aller reformierten Kirchen Europas bzw. eine „Harmonia" der bisherigen Bekenntnisse verfasst werden sollte; eine solche *Harmonia* übermachte er 1581 auch an die Zürcher Pfarrer (vgl. Théodore de Bèze im Namen der Genfer Pfarrer an die Zürcher Pfarrer, 24. März 1581, in: RCP 4, 366ff).
185 Vgl. Tamás Tolnai Fabricius an Théodore de Bèze, 3. Mai 1581, in: Bèze, Corr. XXII, Nr. 1477.

Fabricius später auch tätig war[186] – die Diskussionen zwischen den Anhängern der Schweizer Reformation und denjenigen Luthers in vollem Gange waren. Natürlich wurden diese Fragen auch in Wittenberg unter den Studenten der ungarischen Burse thematisiert, weswegen sich Fabricius an de Bèze wandte.

In den 1580er Jahren rückte Basel für den reformierten Protestantismus Europas wieder mehr ins Blickfeld. Dies hat mit dem bereits erwähnten Amtsantritt von Johann Jakob Grynaeus zu tun, vor allem aber mit seiner Unterstützung des Drucks von den theologischen Schriften des wohl grössten reformierten Systematikers Ungarns, István Szegedi Kis (1505 – 1572), dessen Schriften erst posthum erschienen. Als nämlich Máté Skaricza 1570 für Studien nach Basel kam, hatte er auch die Absicht, Szegedi Kis' *Assertio vera de Trinitate* in Basel drucken zu lassen; allerdings zeigten die Basler Buchdrucker in diesen Jahren wenig Interesse für *Theologica* und der damalige Antistes Simon Sulzer verfocht die lutherische Richtung.[187] Szegedi Kis lehnte aber eine Ubiquitätslehre ab, ja er glaubte, dass Calvin als Interpret Luthers „triumphat pro vera participatione corporis & sanguinis Christi per fideles electos."[188] Dies war der Hauptgrund, warum die Schrift schliesslich in Basel nicht erschien, doch aber durch den Einsatz de Bèze' – allerdings erst nach dem unerwarteten Tode Szegedi Kis' – im Jahre 1573 in Genf. Von Basel hatte sich nämlich Skaricza nach Genf gewandt und dort sein Anliegen vorgebracht. Von Genf zog er mit einem Empfehlungsschreiben von de Bèze weiter nach Zürich zu Bullinger und dann wieder nach Basel, wo er den Winter 1570/71 verbrachte.[189]

Als der Sohn, István Szegedi Kis jun., im Februar 1584 für Studien nach Basel kam und auch von seinem Vater berichtete, der einen reichen theologischen Nachlass hinterlassen hatte, war das Interesse für den vielgeprüften ungarischen Theologen ungleich grösser. Das *Speculum Romanorum Pontificium*, dessen Vorwort Szegedi Kis jun. bereits am 2. Mai 1584 beendet hatte, erschien noch im selben Jahr bei Conrad Waldkirch, allerdings ohne Nennung von Druckort und Verlag. Johann Jakob Grynaeus veranstaltete bereits am 4. Juni eine akademische Disputation über das Thema *De agone Christiano*, an der auch Szegedi Kis teilnahm.[190] Grynaeus nahm sich des Jünglings an und widmete sich sogleich der Edition der *Theologiae sincerae Loci communes* (Basel 1585), unter Beifügung von Skariczas *Vita Szegedini*, die gleichfalls als ein glänzender Abriss über die ungarische Reformation bewertet werden

---

186 Zu Fabricius vgl. DE BÈZE, Correspondance XXVII, 105.

187 Vgl. BUCSAY, Speculum, 79 f; DERS., Szegedi Kis, 159 f.

188 SKARICZA, Vita, β5ᵛ.

189 Vgl. ibidem, β5ᵛ; Máté Skaricza an Heinrich Bullinger, 23. Dezember 1570, in: ZSINDELY, Levelei, 966 ff (vgl. ZSINDELY, Bullinger [1975], 377).

190 Beeindruckt von den Disputationsthesen von Szegedi Kis, hat Grynäus dieselben sogleich in Druck gegeben (vgl. ISTVÁN SZEGEDI KIS, De agone christiano theses, a Iohanne Iacobo Grynaeo propositae [...], Basel 1584). *Nebenbemerkung:* Dieser Druck fehlt sowohl in RMK III als auch in VD 16.

kann.[191] Der aus Franken stammende Pfarrer Nikolaus Höniger, seit 1570 beim Verlag Henricpetri als Korrektor, Übersetzer, Herausgeber und Schriftsteller tätig war, gab ein Jahr später eine deutsche Umarbeitung des *Speculum* heraus, den *Spiegel des Weltlichen Römischen Bapsts [...] nach dem lateinischen Speculo Romanorum Pontificium des Hochgelehrten Herrn D. Stephani Szegedini [...] ausgeführt [...]* (Basel 1586).[192]

Nach dieser „theologischen Wende" Basels, in deren Konsequenz auch sonst sehr viele *Theologica* reformierter Ausrichtung erschienen, ist es mehr als verständlich, dass sich mehrere Ungarn nach Basel wandten. Gerade die ungarische Korrespondenz wurde von Grynaeus bewusst gepflegt. Als Dauerthema erweisen sich durch die ganze Korrespondenz die Auseinandersetzungen um die Ausrichtung des ungarischen Protestantismus, d. h. insbesondere die Konflikte innerhalb der Kirchen Oberungarns wegen des latenten Kryptocalvinismus und die Anfeindungen gegenüber Mitgliedern der ungarischen Burse in Wittenberg, die Anhänger Calvins seien. Wenn auch sämtliche Antwortbriefe von Grynaeus verloren sind, so wissen wir aus der Korrespondenz, dass er sich hartnäckig für eine Stärkung des reformierten Protestantismus in Ungarn einsetzte. Dies wird auch durch die immer wieder auftretenden Dankbarkeitsbekundungen ungarischer Korrespondenten belegt.[193] Mehrere Ungarn waren von der Hoffnung getragen, dass Grynaeus ihnen Ratschläge gebe und sie in ihrer Tätigkeit unterstütze. Einer der wichtigeren Korrespondenten war der Sárospataker Rektor Iszák Fegyverneki, dessen *Enchiridion Locorum communium theologicorum, Rerum, Exemplorum, atque Phraseon sacrarum, [...]* (1586) in Basel in mehreren Auflagen erschien.[194] Er berichtete Grynaeus darüber, dass die Kirche „in Ungaria [...] est paccatus et tranquillus, [...]", aber in Oberungarn – er nannte Kaschau,

---

191 Vgl. BUCSAY, Speculum, 74. 80ff; DERS., Szegedi Kis, 162.

192 Vgl. HIERONYMUS, Petri, 1627 f (= Nr. 579); BUCSAY, Speculum, 92 f; DERS., Szegedi Kis, 139 ff. Höniger gab auch andere bereits gedruckte Schriften von ungarländischen Gelehrten heraus. So erschien von Bartholomej Georgijević *Eyn Büchlein von der Pein, Marter, Schmertzen, vnd Tyranney, so die Türcken den Gefangenen Christen, [...]* sowie *Von der Türcken Glauben, Religion, Gottsdienst, Leben, Sitten, Wandel [...]* in Hönigers Druck *Erste Theil der Hoffhaltung des türckhischen Keysers* (vgl. NIKOLAUS HÖNIGER (Hg.), Erste Theil der Hoffhaltung des türckhischen Keysers, vnd othomañischen Reichs beschreibung [...], Basel 1578, A3ʳ-Bʳ. e6ᵛ-k1ᵛ).

193 „Tamen vel virtus tua; me, vel insignis erga omnes bonos, praecipue erga nostram, Hungaram dico, gentem, apud omnes celebrata, humanitas, quae duo in proxima parte amicitiae ponenda esse, censent eruditi; [...]" (Demeter Krakkai an Johann Jakob Grynäus, 1. Juli 1586, in: GRYNAEUS, Kapcsolatai, 92); „Ita Ungaria nostra clarissimam tui nominis dignitatem eruditis tui ingenii laboribus collectam agnoscit, ac Deo clementissimo magnas agit gratias, [...]" (Mihály Cibrádi an Johann Jakob Grynäus, 23. Februar 1588, in: GRYNAEUS, Kapcsolatai, 60); „Deus Optimus Maximus tibi benedicat, tuasque actiones ita gubernet, ut, quod hactenus summa cum laude fecisti, ita etiam deinceps diu Ecclesiae suae et reipublicae literariae adjumento ornamentoque esse possis." (Georg Deidrich an Johann Jakob Grynaeus, 3. April 1588, in: GRYNAEUS, Kapcsolatai, 68); u.s.w.

194 Vgl. oben S. 284 f.

Eperies, Zeben, Leutschau, Bartfeld, also die Gebiete Zips und Sáros – die Ubiquitarier immer noch nicht ruhen würden.[195] In der Widmung des *Enchiridion* an Graf István Báthory (1555–1605), einem leidenschaftlichen Verehrer Calvins,[196] wies Fegyverneki explizit auf einige Vertreter des oberungarischen Reformiertentums – z. B. Ferenc Czeglédi, Mihály Paksi Cormaeus oder Matej Kabát – hin.[197] Fegyverneki informierte Grynaeus aber nicht nur über die kirchlichen und schulischen Umstände in Oberungarn, sondern sandte auch ungarische Studenten nach Basel und empfahl sie an Grynaeus,[198] oder er ermutigte seinen Kollegen, den slowakischstämmigen Matej Kabát (Mátyás Thoraconymus), der nach seiner schulischen Tätigkeit in Käsmark, das er wegen der ständigen Angriffe des lutherischen Predigers verlassen musste, seit 1579 am reformierten Kollegium in Sárospatak als Lehrer, später Rektor wirkte, sich mit Grynaeus in Verbindung zu setzen. Kabát sandte mehrere Schriften „partim contra Iesuitas, partim contra Ubiquitarios", auf dass sie Grynaeus prüfe, verbessere und „emolumentum Ecclesiae publicari, [...]"[199] Kabáts gleichzeitiger Hinweis, dass der Wanderdrucker Rudolf Hoffhalter „Tigurinus" – anders als sein Vater Raphael wechselte er nicht zum antitrinitarischen Bekenntnis, sondern blieb der helvetischen Richtung der Reformation treu[200] – gestorben sei, darf wohl auch als Hinweis verstanden werden, dass es fortan noch schwieriger sein würde, anti-ubiquitarische, d. h. „calvinistische" Schriften in Oberungarn zu drucken.[201] Da die Auseinandersetzungen an der Universität Wittenberg – so berichtete János Csanádi aus

195 Vgl. Izsák Fegyverneki an Johann Jakob Grynaeus, 1. April 1589, in: GRYNAEUS, Kapcsolatai, 80; Izsák Fegyverneki an Johann Jakob Grynaeus, 23. Juni 1587, in: GRYNAEUS, Kapcsolatai, 75.

196 István Báthory, Graf von Sathmar, ist nicht zu verwechseln mit dem Fürsten István Báthory (1533–1586), dem späteren König von Polen; während der katholische Fürst Báthory ein energischer Gegner der Reformation war, sah Graf Báthory Calvin als Erneuerer der Kirche an und machte sich die Verteidigung des Protestantismus zur Lebensaufgabe (vgl. FATA, Einflüsse, 70; NAGY, Quellenforschungen, 196ff).

197 Vgl. Iszák Fegyverneki: Epistola dedicatoria, in: FEGYVERNEKI, Enchiridion (1586), *5ᵛ. Zudem forderte Fegyverneki Grynaeus auf, eine weitere Widmung für den Grafen zu verfassen (vgl. Iszák Fegyverneki an Johann Jakob Grynaeus, 23. Juni 1587, in: GRYNAEUS, Kapcsolatai, 75). Diese wurde in der zweiten Auflage der Widmung Fegyvernekis vorangestellt (vgl. Illustri [...] Stephano de Bathor, Comiti Zathmariensis, [...] S.P.D. Ioh. Iacobus Grynaeus, in: FEGYVERNEKI, Enchiridion (1589), α2ʳ–α4ᵛ).

198 Vgl. Izsák Fegyverneki an Johann Jakob Grynaeus, 23. Juni 1587, in: GRYNAEUS, Kapcsolatai, 74 ff.

199 Matej Kabát an Johann Jakob Grynaeus, 5. April 1586, in: GRYNAEUS, Kapcsolatai, 126 ff. Kabát starb – er war zu dieser Zeit Rektor am Kollegium in Sárospatak – bereits am 22. Juni 1586 an der Pest (vgl. SZABÓ, Briefe, 186ff; ÖTVÖS, Wittenberg, 199ff; GRYNAEUS, Kapcsolatai, 164).

200 Seine Taufpaten waren – er kam 1550 in Zürich zur Welt – Rudolf Gwalther und Margaretha Lavater-Bullinger (vgl. BERNHARD, Magnatenhöfe, 56 f; V. ECSEDY, Könyvnyomtatás, 61 ff; GYULÁS, Buchdrucker, 203 ff).

201 Jedenfalls war es auf der Druckerei des Stöckel-Jüngers David Gutgesell nicht möglich (vgl. V. ECSEDY, Könyvnyomtatás, 55 ff).

Wittenberg über die Verunglimpfungen des Philippisten Johann Major[202] – andauerten, war an den Druck solcher Schriften in Wittenberg auch nicht zu denken. Demeter Krakkai beschrieb auf die Nachfrage von Grynaeus hin die Situation in Wittenberg folgendermassen:

Statum Academiae sicut perscribi jussisti, ita quantum ego scire potui et cognoscere, sategi diligenter praestare. Is igitur sic se habet; studiosi in hac Academia veri, pauci sane, rauci quam plurimi, Professores artium liberalium, philosophiae titulo gaudentes sunt illi quidem boni viri, et plerique omnes nostrates, in negotio coenae sed qui nihil scire et sciri praeter Philippum velint, quo tamen consilio magnus ille vir nunquam sua scripsit, sed ad fontes, hisce rivulis, renovare lectores et discedentes voluit.[203]

Krakkais Ausführungen verdeutlichen, wie instabil die Situation in Wittenberg war und wie schnell die „Gnesio-Lutheraner" wieder die Oberhand gewinnen konnten. Bereits an Neujahr 1589 meldet er an Grynaeus, dass einzelne „Philippisten" Wittenberg verlassen würden, denn von der Reformation Melanchthons seien kaum noch Früchte zu sehen.[204] Auch der Adlige Mihály Forgách berichtete, dass die Situation in Wittenberg schwierig sei und folgerte darum: „Is [i. e. Deus] dirigat viam nostram ad vos."[205] Tatsächlich brach in Deutschland erneut ein Konflikt zwischen „Ubiquitariern" und „Sakramentariern" aus, welcher auch Auswirkungen auf die Kirchen in Siebenbürgen hatte, wie Gallus Rhormann berichtete.[206] Johannes Mallendorf aus Weissenburg, der sich auf seiner Peregrination in Genf und Basel aufgehalten hatte, meldete gar, dass manche Pfarrer in den sogenannten lutherischen Gemeinden Siebenbürgens reformierte Lehre einfliessen lassen möchten, was in der Abendmahlslehre konkrete Fragen zu den Adiaphora aufwerfen würde.[207]

Gleichfalls zeigten diese Diskussionen Auswirkungen in Oberungarn, wie die Auseinandersetzungen um den Humanisten Sebastian Ambrosius Lam (1554–1600) in Käsmark belegen. Lam war Schüler des „Philippisten" Matej Kabát in Käsmark und wurde 1575 von Kabát mit einem Empfehlungs-

---

202 Vgl. János Csanádi an Johann Jakob Grynaeus, 22. März 1587, in: GRYNAEUS, Kapcsolatai, 64 ff.

203 Demeter Krakkai an Johann Jakob Grynaeus, 28. August 1588, in: GRYNAEUS, Kapcsolatai, 98.

204 Vgl. Demeter Krakkai an Johann Jakob Grynaeus, 1. Januar 1589, in: GRYNAEUS, Kapcsolatai, 100 f.

205 Mihály Forgách an Johann Jakob Grynaeus, 31. Dezember 1588, in: GRYNAEUS, Kapcsolatai, 87. Demeter Liszkai hielt demgegenüber fest, dass mehrere ungarische Studenten sich von Wittenberg nach Heidelberg wenden würden (vgl. Demeter Liszkai an Johann Jakob Grynaeus, 31. März 1590, in: GRYNAEUS, Kapcsolatai, 103 f).

206 Vgl. Gallus Rhormann an Johann Jakob Grynaeus, 11. Dezember 1589, in: GRYNAEUS, Kapcsolatai, 113 ff.

207 Vgl. Johannes Mallendorf an Théodore de Bèze, 1. Januar 1593, in: Bèze, Corr. XXXIV, Nr. 2244; vgl. auch: Johannes Mallendorf an Johann Jakob Grynaeus, 1. Januar 1593, in: GRYNAEUS, Kapcsolatai, 107 f. Zur Frage der Adiaphora im siebenbürgischen Protestantismus vgl. SZEGEDI, Adiaphora, 27–34.

schreiben und einem griechisch-lateinischen Abschiedsgedicht nach Wittenberg entlassen.[208] Nach seiner Rückkehr unterrichtete er vorerst wieder in Käsmark, musste später zwar die Schule mehrfach wegen seines „Kryptocalvinismus" verlassen, kehrte aber immer wieder dahin zurück. Als „Kollaborateur von Thoraconymus" gehörte er zu den führenden Persönlichkeiten des kryptocalvinistischen Humanistenkreises in der Zips.[209] So wurde er Zielscheibe der oberungarischen Lutheraner, die ihn in zahlreichen Streitschriften verleumdeten. In Eberau (*ung.* Monyorókerék), auf den Gütern des Grafen György Zrínyi, erschien bei Johannes Manlius beispielsweise der *Sendbrieff Georgii Creutzers ahn [...] der gantzen christlichen Gemein dr Stat keismarckt etc., in welchem [...] geantwort wird auff das offentliche Verleumden Sebastiani Lamen, Pfarherrs daselbst [...]* (Eberau 1587). Georg Creutzer aus Käsmark wollte mit dieser scharfen Streitschrift Ambrosius Lam als „Sakramentarier" überführen.[210] Um diese Angriffe abzuwenden, verfasste Ambrosius Lam nicht nur mehrere Streitschriften, sondern wandte sich auch an Vertreter der schweizerischen Reformation, denen er sich als geistiger „Schüler" Melanchthons besonders verbunden fühlte. In seinem ersten Brief an Grynaeus, gewissermassen ein Vorstellungsbrief, hielt er fest: „Doctrinam orthodoxam in libris Melanthoniis e praescripto verbi divini dexterrime traditam, quam partim a Praeceptoribus, qui me viva voce erudierunt, partim e mutis Magistris didici, [...]" Anschliessend kam er aber sogleich auf die heftigen Auseinandersetzungen mit Gergely Horváth (Stansith Horváth von Gradecz) – er hat 1578–81 in Basel und Genf studiert,[211] sich gemäss seinem *Album amicorum* aber auch in Zürich, Bern und Lausanne aufgehalten[212] – in Käsmark zu sprechen,[213] in deren Folge er seine Schrift *Antithesis Vbiqvitatis, et Orthodoxae Doctrinae de persona Christi* (Zerbst 1591) verfasst hatte. Von derselben wissen wir, dass Ambrosius Lam sie nach der Drucklegung Grynaeus übermachen wollte; obwohl dies nicht gelang, bat er Grynaeus um Gebet und Ratschläge für die schwierige Situation der „Kryptocalvinisten" Oberungarns.[214] Das gleiche tat Ambrosius Lam bei Johann Wilhelm Stucki in

---

208 Vgl. Thoraconymi Mathiae epistolae, OSzK: Oct.lat. 149, 58^{r-v} (vgl. Szabó, Briefe, 189 f).

209 Vgl. Sebők, Humanista, 313–332; Ötvös, Wittenberg, 202; Johann Samuel Klein, Nachrichten von den Lebensumständen und Schriften evangelischer Prediger in allen Gemeinen des Königreichs Ungarn, Leipzig/Ofen 1789, 1–6.

210 Vgl. Bernhard, Magnatenhöfe, 59 f; Sebők, Humanista, 163ff; Ötvös, Wittenberg, 204ff; Hajduk, Škultéty, 80 ff.

211 Vgl. Hegyi, Diákok, 46. 80.

212 Besonders sind die Einträge von Simon Sulzer, Johann Jakob Grynaeus, Rudolf Gwalther, Theodor Zwinger, Lambert Daneau und Abraham Musculus zu erwähnen (vgl. Béla Iványi: A Grádeczi Horváth-Stansics család nagyőri levéltára, MTAL: Ms. 5301/8, VIIIf).

213 Sebastian Ambrosius Lam an Johann Jakob Grynaeus, 1. März 1590, in: Grynaeus, Kapcsolatai, 16.

214 Vgl. Sebastian Ambrosius Lam an Johann Jakob Grynaeus, 10. Juli 1591, in: Grynaeus, Kapcsolatai, 24 f.

Zürich sowie bei Théodore de Bèze in Genf.[215] Des letzteren Antwortbrief ist
erhalten geblieben; darin führte de Bèze detailliert aus, wie Ambrosius Lam
gegenüber seinen Widersachern zu argumentieren habe, und ermutigte ihn,
seine Schriften, insbesondere gewisse Stellen aus seiner *Confession de la foy
chrestienne* (1559) sowie seinen *Tractationes theologicae* (1570; weitere Aufl.),
zu konsultieren.[216] Natürlich ist dahinter die Absicht von de Bèze zu erkennen,
auf den weitherum bekannten Humanisten Ambrosius Lam – Lam stand in
Korrespondenz auch mit vielen anderen europäischen Gelehrten der Zeit, so
mit Hugo Blotius in Wien, Menso Alting in Emden, François du Jon in Heidelberg, Laurentius Scholtz in Breslau oder Martin Bacháček in Prag[217] –
theologisch Einfluss zu nehmen und dadurch den reformierten Protestantismus in der Zips zu stärken. Gerade der Humanist Ambrosius Lam konnte
Garant des Zusammenhangs von Humanismus und Reformation, d.h. der
geistesgeschichtlichen Beziehung zwischen humanistischem Gedankengut
und reformatorischer Erkenntnis sein, wie sie auch von de Bèze festgehalten
wurde.[218] So gratulierte de Bèze in einem späteren Brief Ambrosius Lam zu
seiner Standhaftigkeit und ermunterte ihn erneut, seine *Tractationes theologicae* zu lesen; darin würden sich gute Argumente gegen Brenz und seine
Gesinnungsgenossen finden.[219] Auf diesem Hintergrund ist es nur einleuchtend, dass de Bèze mehrfach von ihm besorgte Kommentare Calvins an Am-

---

215 Während der Brief an de Bèze verloren ist, wartet derjenige an Johann Wilhelm Stucki noch auf
   eine Edition (vgl. Sebastian Ambrosius Lam an Johann Wilhelm Stucki, 25. Juli 1591, ZBZ: S
   148, 32).
216 Vgl. Théodore de Bèze an Sebastian Ambrosius Lam, 23. August 1591, in: Bèze, Corr. XXXII,
   Nr. 2181.
217 Vgl. Sebők, Humanista, 354 ff; Szabó, Briefe, 190 f.
218 Dies zeigt sich insbesondere in de Bèze' Porträtsammlung *Icones, id est Verae Imagines Virorum Doctrina Simul Et Pietate Illustrium* (Genf 1580), in der de Bèze sowohl Reformatoren
   wie auch Wegbereiter der Reformation – unter anderem Reuchlin und Erasmus – aufnimmt; in
   seinen Ausführungen lobte de Bèze Erasmus als Gelehrten, Pädagogen und Kirchenkritiker,
   nicht aber als Theologen (vgl. THÉODORE DE BÈZE, Icones, id est Verae Imagines Virorum
   Doctrina Simul Et Pietate Illustrium [...], Genf 1580, Cii^v–Ciii^r; vgl. MOUT, Humanismus, 33 f).
   – *Nebenbemerkung*: Ein schönes Zeugnis, dass humanistische Drucke in Beziehung zu dem
   reformatorischen Werk de Bèze gesetzt wurden, ist eine Ausgabe des *Dictionarium, quarto et
   postremo ex R. Stephani Latinae linguae Thesauro auctum* (Paris [recte: Genf] 1553–1554) von
   Ambrosius Calepinus, in welche in den 1580er Jahren, wohl von einem oder mehreren reformierten Ungarn Siebenbürgens, zahlreiche Marginalien, d.h. die ungarischen Wortentspre-
   chungen zum „Calepinus" – diese sind teils identisch mit dem ungarischen Stoff des zehn-
   sprachigen „Calepinus" (1585) – eingetragen wurden; in genanntem Exemplar, das heute in der
   Bibliothek der Erzdiözese Veszprém aufbewahrt wird, liegt beim Beginn des Buchstabens M
   ein kleiner Zettel inne, auf dem ein Gedicht von Théodore de Bèze gegen die Katholiken
   („Versiculi Theodori Bezae in pontificios") aufgeschrieben ist: „Flumen apud superos nullum
   est, hic pontibus ergo / Nil opus est, ipso denique Pontifice. / Verum apud infernas cum sint tria
   flumina sedes, / Haec habeant pontes, pontificesque suos." (Standortsignatur des Werkes in
   der Bischöflichen Bibliothek in Veszprém: 38572) (gedruckt in: SZELESTEI NAGY, Adalék,189).
219 Vgl. Théodore de Bèze an Sebastian Ambrosius Lam, 20. Mai 1592, in: Bèze, Corr. XXXIII,
   Nr. 2211.

brosius Lam übersandte. In Calvins *In librum Iobi conciones* (Genf 1593) haben wir gar einen wunderschönen handschriftlichen Dedikationseintrag von Théodore de Bèze: „Eximio Christi servo [...] ac doctrinae Univ. D. Sebastiano Ambrosio Kesmarkien. Ecclesiae pastori Domino et [...] summo observando. Theodorus Beza D.D."[220] Eine andere Schrift, die de Bèze an Ambrosius Lam zusenden liess, war seine Abendmahlsschrift *De controversiis in coena Domini [...] disceptatio* (Genf 1593); in seinem Brief vom 30. August 1593 bat er Ambrosius um eine Rückmeldung zum Inhalt der Schrift.[221] Im gleichen Brief erstattete er auch Bericht über seine Korrespondenz mit dem preussischen Antitrinitarier Erasmus Johannis,[222] der sich derzeit in Klausenburg aufhalte und häretische Lehren verbreite. Um so mehr bedankte sich de Bèze für Ambrosius' Einsatz auch in Siebenbürgen.[223]

Tatsächlich blieb Ambrosius Lam mit de Bèze wie auch mit Stucki bis 1598 in ständiger Korrespondenz, mit Grynaeus gar bis 1600. Natürlich wurden in den Briefen auch andere Themata – wir dürfen an den Austausch von theologischen Schriften, Informationen über Förderer der Reformation, Bitte um finanzielle Unterstützung denken – behandelt, dennoch zieht sich die konfessionelle Frage in der Zips wie ein roter Faden durch, und Lam – mit ihm ein Kreis weiterer Anhänger Melanchthons (Gregor Tribelli, Mátyás Tolnai Fabricius u.s.w.) – ist immer offensichtlicher als „Calvinist" aufgetreten, unterstützt von Graf Sebestyén Tököly († 1607) aus Käsmark.[224] Im Februar 1594 gab er gegenüber Grynaeus und de Bèze der Hoffnung Ausdruck, dass „Deum una nobiscum [...], ut nos tum adversus Turcas, tum contra falsos fratres praesidio suo tuetur."[225] Der Vergleich der Türken mit den Widersachern Lams, d.h. mit den strengen Lutheranern, zeigt etwas von der kirchlichen Stimmung auf, die in diesen Jahren in der Zips herrschte. Auch gegenüber Stucki machte Lam mehrfach den Vergleich mit den Türken: Im August 1596 berichtet er, dass die Türken, mit denen ein Bündnis verschiedener europäischer Staaten – insbesondere das Habsburgerreich mit Ungarn, Siebenbürgen,

---

220 Standortsignatur des Werkes in der Dominikanerbibliothek Kaschau: 826 (vgl. SAKTOROVÁ, Drucke, 256).

221 Auch von anderen Persönlichkeiten erbat de Bèze eine Rückmeldung, so z. B. von Johann Jakob Grynaeus oder Constantin Fabricius (vgl. Bèze, Corr. XXXIV, Nr. 2252. 2255–2259).

222 Vgl. Erasmus Johannis an Théodore de Bèze, 27. Januar 1593, in: Bèze, Corr. XXXIV, Nr. 2247; Théodore de Bèze an Erasmus Johannis, 29. August 1593, in: Bèze, Corr. XXXIV, Nr. 2303. Biographische Angaben zu Erasmus Johannis vgl. DE BÈZE, Correspondance XXXIV, 65.

223 Vgl. Théodore de Bèze an Sebastian Ambrosius Lam, 30. August 1593, in: Bèze, Corr. XXXIV, Nr. 2307; vgl. auch: Théodore de Bèze und Antoine de la Faye an Sebastian Ambrosius Lam, 27. August 1593, in: Bèze, Corr. XXXIV, Nr. 2301.

224 Die adlige Familie Tököly (vgl. GRYNAEUS, Kapcsolatai, 133; NAGY, Családai VII, 284ff) unterstützte die helvetische Richtung in Oberungarn im Allgemeinen und in Käsmark im Besonderen (vgl. Briefwechsel von Sebastian Ambrosius Lam mit Théodore de Bèze und Johann Jakob Grynaeus, 1593–1600, in: Bèze, Corr. XXXIVff; GRYNAEUS, Kapcsolatai, passim).

225 Sebastian Ambrosius Lam an Johann Jakob Grynaeus, 10. Febuar 1594, in: GRYNAEUS, Kapcsolatai, 31; vgl. Sebastian Ambrosius Lam an Théodore de Bèze, 10. Februar 1594, in: Bèze, Corr. XXXV, Nr. 2334.

der Walachei und der Moldau – seit 1593 wieder im Krieg stand,[226] infolge der
Kämpfe Gebietsgewinne in Siebenbürgen und Mittelungarn gemacht hätten,
in Oberungarn aber die Auseinandersetzungen kirchlicher Art seien.[227] Tatsächlich wurden während der 1590er Jahre zahlreiche Streitschriften gedruckt,
die auch immer wieder zur Begutachtung nach Genf oder Basel geschickt
worden sind. So informierte Ambrosius Lam Grynaeus beispielsweise über
eine neue Publikation von Eliás Láni, die gegen Tolnai Fabricius' Schrift
*Modesta et Christina disceptatio de quaestione an imagines in templis Chris-
tianorum [...] tolerandae sint* (Vizsoly 1594) – unter den beiden Parteien
wurde über die Bilderfrage gestritten – gerichtet war.[228] Im übrigen bat nicht
nur Ambrosius Lam mehrfach um Ratschläge, Gebete und Unterstützung,
sondern auch andere oberungarische Vertreter des helvetischen Bekenntnisses. Als Charles Liffort nach seiner Kollektenreise im Sommer 1593 nach Genf
zurückkehrte, nahm er einen Brief von Tamás Tolnai Fabricius mit, in welchem Tolnai über die Situation der reformierten Kirche in Oberungarn und
Siebenbürgen berichtete und mehrere konkrete Fragen an de Bèze richtete.[229]
Im Namen der *Compagnie des Pasteurs* beantwortete de Bèze den Brief ausführlich, versichernd, dass Genf nicht nur für die Reformierten in Oberungarn
und Siebenbürgen beten wolle, sondern auch selbst des Gebetes von Glaubensgeschwistern bedürfe.[230]

Letztlich trugen aber trotz des nachhaltigen Einsatzes vor allem der Genfer
und der Basler Kirche die Vertreter der strengen lutherischen Orthodoxie in
der Zips den Sieg davon. Der streng lutherische Severín Škultéty, der seit 1593
Senior der fünf königlichen Freistädte war, initiierte zur Behandlung der Frage
der „Flacianer und Kryptocalvinisten" mehrere Synoden, bis schliesslich auf
der Synode zu Leutschau (22./23. April 1597) Sebastian Ambrosius Lam und
sein Gesinnungsgenosse Kaspar Pilc[231] als falsche Propheten und offensicht-
liche Calvinisten verurteilt wurden. Als Grundlage der Verurteilung dienten
Luthers *Kleiner Katechismus,* verschiedene Schriften Leonhard Stöckels und
die *Formula concordiae* (1577). Andere „Kryptocalvinisten" wurden zwar
beschuldigt, aber nicht verurteilt. Von diesen blieben einige der Zips treu,
andere verliessen das Gebiet der königlichen Freistädte und fanden im Gebiet
Sáros, manche am reformierten Kollegium in Sárospatak, ein neues Wir-

---

226 Im Jahre 1593 begann der „lange Türkenkrieg" (vgl. oben S. 293 f).
227 Vgl. Sebastian Ambrosius Lam an Johann Wilhelm Stucki, 1. August 1596, ZBZ: S 151, 47.
228 Vgl. Sebastian Ambrosius Lam an Johann Jakob Grynaeus, 31. Juli 1595, in: GRYNAEUS,
     Kapcsolatai, 36
229 Über den Inhalt des Briefes wissen wir nur aus dem Antwortbrief von de Bèze
230 Vgl. Théodore de Bèze namens der *Compagnie des pasteurs* an Tamás Tolnai Fabricius,
     28. August 1593, in: Bèze, Corr. XXXIV, Nr. 2302.
231 Gáspár Pilc trat gleichfalls für die helvetische Richtung in Oberungarn ein, weswegen auch er
     seine Schriften im Ausland drucken lassen musste; Johann Jakob Grynaeus unterstützte in
     Basel den Druck von zwei Schriften von Gáspár Pilc (vgl. GÁSPÁR PILC, Assertio regularum
     [...] coenae dominicae sententiam, Basel 1591; DERS., Brevis ac perspicua responsio ad
     Apologiam M. Wagner, Basel 1591).

kungsfeld.[232] Die *Formula concordiae* wurde damit, wie Rudolf Hospinian festhielt, zu einer „Formula discors".[233] Lam selbst kämpfte bis zu seinem Tode am 24. Oktober 1600 für eine angemessene Beurteilung des „calvinistischen" Bekenntnisses. Während ihm dies in der Zips nicht zuteil wurde, erkannten viele Humanisten und Vertreter des reformierten Europa in ihm eine bedeutende Persönlichkeit. Als nämlich sein gleichnamiger Sohn in Heidelberg studierte und er ein Erinnerungsbuch mit Trauergedichten für seinen Vater herausgeben wollte, entsprachen mehrere bekannte Persönlichkeiten wie Théodore de Bèze, Johann Jakob Grynaeus, Paul Melissus (Schede) oder Nathan Chytraeus, aber auch junge Gelehrte wie Albert Szenci Molnár, Schützling von Lam und Übersetzer reformierter Schriften, seiner Bitte gerne; leider erschien der Band nie im Druck.[234]

Eindrückliches Zeugnis der konfessionellen Auseinandersetzungen in Oberungarn ist die bereits mehrfach erwähnte Kollektenreise von Charles Liffort, Jurist und Mitglied des Grossen Rates von Genf, der nach den Angriffen des Herzogs von Savoyen auf die Stadt Genf Ende Mai 1592 den Auftrag erhielt, in Ostmitteleuropa um Hilfe für die bedrängte Stadt Genf zu bitten.[235] De Bèze verfasste im Auftrag der *Compagnie des Pasteurs de Genève* mehrere Briefe an protestantische Persönlichkeiten, wie beispielsweise Sebastian Ambrosius Lam in Käsmark, Gregor Tribelli in Leutschau, Imre Forgách in Trentschin, János Jancsi (Jantschius) in Zipser Neudorf (Spišská Nová Ves, SK) oder Constantin Fabricius in Nürnberg.[236] Charles Liffort, begleitet von seinem Neffen, hat Genf noch im Mai 1592 verlassen und seine Kollektenreise angetreten. Sie führte über Prag, Breslau, Krakau nach Siebenbürgen, wo er den Winter verbrachte; im März 1593 hielt er sich in Oberungarn auf, um weitere Kollekten zu organisieren.[237] So berichtete János Jancsi im Namen der Kirche von Zipser Neudorf, dass man sich sehr geehrt fühle, von der Genfer Kirche einen Brief erhalten zu haben, obwohl „quorundam theologorum quotidianis conviciis et acerbissimis calumniis [...] gravantur Ecclesiae nostrae, [...]" Dennoch hoffte Jancsi Geld nach Genf schicken zu können,

---

232 Vgl. Hajduk, Škultéty, 84 f.

233 Vgl. Rudolf Hospinian, Historia sacramentaria, Bd. 2: De origine et progressu Controversiae sacramentariae, de coena Domini inter lutheranos et orthodoxos, quos Zwinglianos et Calvinistas vocant, exortae ab anno Christi Salv. 1517 usque ad annum 1602, Zürich 1602, 395 ff.

234 Vgl. Sebastian Ambrosius Lam jun. an Albert Szenci Molnár, 3. März 1603, in: Szenci Molnár, Irományai, 142 f; Kohler, Catalogue, 38; Geistliche Lieder [...] durch Sebastianum Ambrosium weilandt Dienern des göttlichen Worts in der Stadt Keimarck in Zips, s.l. 1630, A4ᵛ–A6ʳ (vgl. Szabó, Briefe, 193). Zu Albert Szenci Molnár vgl. unten S. 501 ff.

235 Zur ganzen Kollektenreise von Charles Liffort vgl. Bucsay, Action, 61–72.

236 Vgl. Protokoll der Compagnie des Pasteurs du Genève, 12. Mai 1592, in: RCP 6, 100; Briefe von Théodore de Bèze an genannte Persönlichkeiten, 20. Mai 1592, in: Bèze, Corr. XXXIII, Nr. 2211–2216.

237 Vgl. Bucsay, Action, 62–71.

auch im Namen von Ambrosius Lam und Gregor Tribelli.[238] Durch die
„quotidianis conviciis et acerbissimis calumniis" waren die protestantischen
Kirchen der Zips durch die Jahre so stark verfeindet, dass das Sammeln einer
Kollekte für das reformierte Genf in den lutherischen Kirchen ein Politikum
war. Mit Bedauern meldete Ambrosius Lam darum, dass er keine Kollekte für
Genf an Liffort übergeben habe können.[239] Hingegen spendeten in den anderen von Liffort bereisten Gebieten nicht nur die Reformierten, sondern auch
Lutheraner, ja sogar Antitrinitarier. Es beteiligten sich lutherische, antitrini-
tarische und reformierte Dekanate Siebenbürgens, reformierte Pfarrer und
Schulmänner aus Debrecen, Sárospatak und Kaschau, reformierte Gemeinden
in Krakau und in Böhmen, oder Lutheraner von Elbling, Danzig und aus
Mähren. Für die Lutheraner Oberungarns kam aber aus besagten Gründen
eine Hilfeleistung für Genf nicht in Frage. Dennoch kamen allein in Ungarn
knapp 8000 Gulden zusammen.[240]Als Charles Liffort am 22. Juli 1593 nach
Genf zurückkehrte, verfassten de Bèze und Antoine de la Faye sogleich einen
Dankesbrief an Sebastian Ambrosius Lam, „vestrae beneficentiae memores
[…] laboreque immenso a te hujus afflictissimae Ecclesiae iuvandae causa
[…]"[241]

d. Ertrag

Wenn wir die ungarisch-schweizerische Korrespondenz der reformierten
Kirche zusammenfassend in aller gebotenen Kürze würdigen wollen, stellen
wir fest, dass der briefliche Austausch vor allem die Ausbreitung des reformierten Bekenntnisses betraf. Die Anfragen ungarischer Peregrinanten,
Theologen und Gelehrter um Ratschläge, Unterstützung oder Gebet führten
nicht nur zu einem intensiveren Kontakt zwischen dem ungarischen und dem
schweizerischen Protestantismus, sondern gaben den führenden Persönlichkeiten der reformierten Kirchen Zürichs, Genfs und Basels auch die Gelegenheit, auf die Entwicklung des ungarischen Protestantismus Einfluss zu
nehmen und die Ausbreitung des reformierten Bekenntnisses zu unterstützen.
Anfragen zum kirchlichen Leben unter der Türkenherrschaft, Hilferufe wegen
der zunehmenden Ausbreitung des Antitrinitarismus oder Gebetsbitten nach
der Verleumdung der Anhänger Melanchthons und Calvins durch die strengen
Lutheraner in Oberungarn riefen bei Bullinger und de Bèze verschiedene
Gutachten, Sendschreiben, Trostbriefe oder Buchdedikationen hervor, was zu
einer weiteren Konsolidierung des reformierten Bekenntnisses im Reich der

---

238 Vgl. János Jancsi im Namen der Kirche von Neudorf an die Compagnie des Pasteurs von Genf,
    13. März 1593, in: RCP 6, 295 ff.
239 Vgl. Sebastian Ambrosius Lam an Théodore de Bèze, 10. Februar 1594, in: Bèze, Corr. XXXV,
    Nr. 2334.
240 Vgl. BUCSAY, Action, 65–71; DERS., Humanismus, 50.
241 Théodore de Bèze und Antoine de la Faye an Sebastian Ambrosius Lam, 27. August 1593, in:
    Bèze, Corr. XXXIV, Nr. 2301.

Stephanskrone führte, ausgenommen in den gemischtsprachlichen Gebieten der Zips, wo das Luthertum langfristig den Sieg davon trug. Die gleichzeitige Verbreitung von reformierten *Helvetica* durch den Buchhandel unterstützte natürlich die dargestellte Entwicklung in jeder Hinsicht.[242] Die Kollektenreise von Charles Liffort ist schliesslich glänzendes Zeugnis, dass die Genfer Kirche und damit der helvetische Protestantismus in Ungarn und Siebenbürgen am Ende des 16. Jahrhunderts grosses Ansehen genoss und sich weitgehend konsolidiert hatte.

2.2 Bedeutung des Schweizer Buches für den reformierten Protestantismus Ungarns

Es wurde bereits verschiedentlich darauf hingewiesen, dass Schriften der schweizerischen Reformatoren in Ostmitteleuropa weiterhum verbreitet waren. Mátyás Orbazius meldete Musculus, dass seine Kommentare unter den ungarischen Studenten in Wittenberg rege gelesen würden,[243] Moibanus berichtete über die Verbreitung der Schriften Calvins in Polen und Ungarn,[244] und Fejérthóy betrachtete es als Verdienst der Schriften Bullingers, dass das ungarische Volk zur „veram Christianae Religionis amussim" zurückgefunden habe.[245] Umgekehrt ist es gerade der bereits bestehenden Verbreitung von Werken der schweizerischen Reformation zuzuschreiben, dass sich mehrere reformatorische Prediger Ungarns nach Genf, Zürich und später auch Basel wandten, auf dass ihnen weitere Schriften zugesandt würden.

Den Einfluss der Schriften Bullingers und Calvins in Ungarn betonend, ersuchte Gál Huszár um eine Beschreibung der zürcherischen Liturgie.[246] Aus aktuellem Anlass wandte sich Lukács Szikszói – aus Wittenberg! – an Bullinger, nämlich mit der eindringlichen Bitte, dass Bullinger Schriften schicke, die die „propositiones Stancarianorum" widerlegen würden.[247] Im Zusammenhang mit der Ausbreitung des Antitrinitarismus hat Ungarn ganz besonderen Wert auf Schriften von Bullinger und de Bèze sowie auf die Her-

---

242 Vgl. unten S. 372 ff.

243 Vgl. Mátyás Orbazius an Wolfgang Musculus, 10. Januar 1551, in: ZSINDELY, Musculus, 997 ff (vgl. BODENMANN, Musculus, 590 f).

244 Vgl. Ambrosius Moibanus an Johannes Calvin, 24. März 1552, in: CO XIV, Nr. 1615.

245 János Fejérthóy an Heinrich Bullinger, 26. März 1551, in: BULLINGER, Confessio (1866), 99.

246 Vgl. Gál Huszár an Heinrich Bullinger, 26. Oktober 1557, in: BULLINGER, Confessio (1866), 109.

247 Vgl. Lukács Szikszói an Heinrich Bullinger, 24. August 1562, in: ZSINDELY, Levelei, 963 ff. Bei den erwähnten „propositiones Stancarianorum" handelt es sich um Stancaros Schrift *De Trinitate et Mediatore Domino nostro Iesu Christo adversus Henr. Bullingerum, Petr. Martyrum, Ioa. Calvinum et reliquos Tigurinae ecclesiae ministros [...]* (Krakau 1562); dieselbe übermachte Bullinger postwendend an Calvin (vgl. Heinrich Bullinger an Johannes Calvin, 7. September 1562, in: CO XIX, Nr. 3848).

ausgabe von Schriften ungarischer Theologen in der Schweiz gelegt.[248] Imre Forgách, der in den 1580er Jahren mehrere Disputationen von Johann Jakob Grynaeus, dessen Name in ganz Ungarn bekannt wäre, gelesen hatte, erbat von Grynaeus durch seinen Zögling Mihály Cibrádi weitere massgebende Schriften.[249] Es liessen sich noch weitere Beispiele anführen, die unzweifelhaft belegen, dass die Schriften der schweizerischen Reformation bei den Ungarn gefragt waren.

Die geharnischten Aktionen der altgläubigen kirchlichen und politischen Würdenträger seit Beginn der 1550er Jahren wegen der zunehmenden Ausbreitung der „Sakramentarier" sind gleichfalls eindrückliches Zeugnis dafür, wie sehr die Schriften schweizerischer Reformatoren unter der Bevölkerung Anklang fanden. Es ist dabei insbesondere an die bekannte Streitschrift des später hohen katholischen Würdenträgers, an Juraj Drašković' *Confutatio eorum quae dicta sunt a Ioanne Caluino sacramentario* (Padua 1551), gerichtet gegen Calvins Abendmahlslehre, wie sie im *Commenarius in priorem Epistulam Pauli ad Corinthios* (Strassburg 1546) formuliert war, zu denken. Diese Schrift – wir haben sie bereits untersucht – war dem Grosswardeiner Bischof Georg Martinuzzi, Vormund des jungen Fürsten János Zsigmond und seit 1551 Erzbischof von Gran, gewidmet, aus dem Grunde, weil die Lehre und Schriften Calvins im Gebiet von Grosswardein sich immer mehr ausbreiten würden.[250] Gerade weil Martinuzzis gegenreformatorische Bemühungen auf dem siebenbürgischen Landtag gescheitert waren,[251] war die Widerlegung der „calvinistischen" Lehre durch Streitschriften besonders gefragt. Schliesslich ist es bezeichnend, dass nach dem Tode Martinuzzis – Ferdinand I. liess ihn ermorden – die Reformation im Gebiet um Grosswardein besonders grosse Fortschritte machte.[252] Wie bereits angesprochen unterstützte der grösste Magnat Ostungarns, Péter Petrović, die Reformation auf seinen Gütern uneingeschränkt, und der neu zum Stadtpfarrer von Debrecen gewählte Márton Kálmáncsehi Sánta, überzeugter Anhänger der zürcherischen Reformation, genoss Petrović' ganze Gunst.[253] Diese Entwicklung wurde allerdings bereits 1553 jählings unterbrochen, da der neue Bischof von Grosswardein, Mátyás

---

248 Vgl. Krzysztof Trecy an Théodore de Bèze, 8. Oktober 1570, in: Bèze, Corr. XI, Nr. 805.

249 Vgl. Mihály Cibrádi an Johann Jakob Grynaeus, 23. Februar 1588, in: Grynaeus, Kapcsolatai, 60 f. Bereits 1587 hat sich Cibrádi im Auftrag Forgáchs mit der Bitte um Schriften an den allerdings schon verstorbenen Rudolf Gwalther gewandt (vgl. Mihály Cibrádi an Rudolph Gwalther, 4. April 1587, ZBZ: S 199, 92).

250 Vgl. oben S. 145 f.

251 Vgl. Révész, Reformation, 77.

252 Wie ein von Bullinger eigenhändig korrigierter Bericht bestätigt (vgl. ZBZ: F 24, 463–470), hatte er von diesen Ereignissen Kenntnis; es ist naheliegend, dass er die Verbreitung reformatorischer Schriften daraufhin weiter intensivierte.

253 Über Kálmáncsehis Tätigkeit berichtete Juraj Drašković besorgniserregend an die Wiener Hofkanzlei (vgl. Juraj Drašković an Wiener Hofkanzlei, 10. Juli 1552, in: Bunyitay, Hitujítás, 398 f).

Zaberdi, ein hervorragender Feldherr, gemeinsam mit den Truppen von Ferdinand I. Oberbefehlshaber Petrović vernichtend geschlagen hatte.[254]

Neben dieser Streitschrift gegen die „sakramentarische" Lehre ist an die ungarischen Reichsgesetze (1548), Gesetzesartikel (1550) sowie an königliche *Propositiones* für die Reichstage von 1554 bis 1557 oder an ein Dekret Maximilians II. vom Januar 1567 zu denken,[255] in welchen der „Sakramentarismus" als gefährliches Ketzertum verurteilt, ja der Protestantismus als eine der Hauptursachen des Untergangs von Ungarn aufgeführt wurde.[256] Es ist vor allem dem Graner Erzbischof Miklós Oláh, dem alten Anhänger Erasmus', gelungen, den Hof geschlossen für die katholische Reform zu gewinnen.[257] Unter Oláh, der seine Investitur 1553 antrat, folgte eine Visitation nach der anderen. Er forderte den König und die Erzbischöfe zur Ausmerzung der „gefährlichen Sekten" auf. In Tyrnau gebe es Lutheraner, Calvinisten und andere Ketzer, die mit Debrecen und Siebenbürgen Handel treiben und ketzerische Bücher verbreiten würden; in Pressburg und im Gebiet um Kaschau solle der Druck und der Handel solcher Bücher, vor allen „calvinistischer" Schriften verhindert werden.[258] Oláh kannte die reformatorischen Schriften, besonders auch diejenigen der Schweizer Reformation, aufgrund seiner langjährigen Korrespondenz mit Erasmus und aufgrund seiner bibliophilen Interessen ausnehmend.[259] Es gelang Oláh gar mit Hilfe von Ferdinand I. die erzbischöfliche Jurisdiktion über die Protestanten auf den Reichtagen gesetzlich zu verankern, indem die protestantischen Geistlichen das Visitationsrecht der katholischen Bischöfe anerkennen mussten.[260] Sein Einsatz gegen die weitere Ausbreitung der Reformation konnte also eine grosse Gefahr für

---

254 Vgl. Bucsay, Abendmahlsbekenntnis, 99 f; Fata, Ungarn, 87 f.

255 Kaiser Maximilian II., der dem Luthertum noch halbwegs wohlgesonnen war, ging sowohl auf höchster Ebene gegen den „Sakramentarismus" vor, als auch erliess er lokal gegen den „Calvinismus" gerichtete Verordnungen: Bereits im Oktober 1567 wandte er sich in einem Dekret gegen die „secta Calviniana sive sacramentaria" in Ödenburg (vgl. Maximilian II. an Stadtrat von Ödenburg, 31. Oktober 1567, in: Payr, Emlékek, 28 f). Als er über das Vordringen des „Calvinismus" in der Region um Schemnitz, ja an verschiedenen Orten in den Bergstädten hörte, erliess er 1576 eine Verordnung, dass die Bürger der Bergstädte die Anhänger des „Calvinismus" und des „Sakramentarismus" aus den Städten verjagen sollen (vgl. Čelko, Schemnitz, 297).

256 Dies wird besonders deutlich im literarischen Kampf des Erzbischofs von Gran, Miklós Thelegdi. Er nutzte in seiner Polemik gegen die Protestanten vor allem die Uneinigkeit der Protestanten aus; so hielt er in seiner „Antwort" an den gemässigten Lutheraner Péter Bornemissza fest, dass der eine Lutheraner, der andere Zwinglianer, der dritte Calvinist, der vierte Majorist, und ein weiterer Anabaptist sei, die protestantische Kirche also „weder ein noch heilig, weder katholisch noch apostolisch" sei, ja letztlich die Reformation für die Missstände des Jahrhunderts verantwortlich sei (vgl. Miklós Thelegdi, Felelete Bornemissza Peternec feitegetés nevü könyvére, Tyrnau 1580; Bucsay, Protestantismus I, 142 f).

257 Vgl. Révész, Reformation, 83. 85.

258 Vgl. Kókay, Geschichte, 50 f; Iványi, Könyvek, 112.

259 Vgl. oben S. 140.

260 Vgl. Brendle, Habsburg, 10 f.

den erstarkenden Protestantismus bedeuten. Dennoch erzielten die gegenreformatorischen Massnahmen von Oláh – Diözesankonzilien, Visitationen, Seminare für Priester u.s.w. – nicht die gewünschten Ergebnisse.[261]

Die Hintergründe dieses „Misserfolges" der katholischen Reform sind vor allem in buchgeschichtlichen Fragen zu suchen. Im vorliegenden Kapitel sollen, um weitere kommunikationsgeschichtliche Erkenntnisse über den geistigen Kontakt zwischen dem schweizerischen und dem ungarischen Protestantismus zu gewinnen, insbesondere solche Fragen untersucht werden, die den Buchhandel, die Buchgeschichte und die Buchverbreitung betreffen.[262]

a. Buchhandel

Im einleitenden Kapitel unserer Arbeit wurde anhand von Fallbeispielen aufgezeigt, dass der Buchhandel, obwohl er noch nicht systematisch organisiert war,[263] im 16. Jahrhundert gut funktionierte. In diesem Abschnitt sollen einige weitere Aspekte aufgezeigt werden, die Einblick in den Buchhandel der zweiten Hälfte des 16. Jahrhunderts geben. In dieser Zeit ist eine markante Zunahme von Druckschriften festzustellen, was zu einer massgeblichen Intensivierung des Buchhandels geführt hat. Dies waren ideale Gegebenheiten für die weitere Ausbreitung des Protestantismus; die brieflichen Bitten um Zusendung von geeigneter Literatur setzten insbesondere einen gut funktionierenden Buchhandel voraus. Im Rahmen der Untersuchung von buchgeschichtlichen Fragen verdient darum das Thema eine gesonderte Beachtung.

Wie aus dem vorangehenden Abschnitten deutlich geworden ist, spielte für die Verbreitung von Büchern in erster Linie natürlich die Korrespondenz eine bedeutende Rolle. Immer wieder wurde einem Brief ein Werk beigelegt, sei es mit einer persönlichen Widmung oder sei es als Beilage, verbunden mit der Bitte, das Werk zu lesen und kritisch zu würdigen. Wie in der ersten Hälfte des 16. Jahrhundert funktionierte diese Form des „Buchhandels" auch in der zweiten Hälfte. So befand sich die von Péter Károlyi 1570 verfasste Schrift *Brevis, erudita et perspicua explicatio orthodoxae fidei de uno vero Deo Patre, Filio et Spiritu sancto* (Wittenberg 1571)[264] gegen die Antitrinitarier, insbesondere „adversus blasphemos G. Blandratae et F. Davidis", bereits im Juni 1571 in den Händen von de Bèze, der gegenüber Zanchi das Buch – in dem sich Károlyi mehrfach auch auf die schweizerischen Reformatoren (Zwingli, Oekolampad, Calvin, Bullinger) berief, und sie unter anderem als „selectissima Dei organa, quibus in patefacienda veritate extremis temporibus usus

---

261 Vgl. Fazekas, Dorfgemeinde, 339 f.
262 Als Einführung vgl. Crăciun, Reform, 8 ff.
263 Vgl. Monok, Buchdruck, 33.
264 Die Schrift war die Widerlegung der antitrinitarischen Programmschrift *De falsa et vera unius Dei Patris, Filii et Spiritus Sancti cognitione libri duo* (Weissenburg 1568) (vgl. Nagy Kálozi, Károlyi, 502 ff; Pirnát, Sommer, 56).

est, [...]"[265] bezeichnete – lobend erwähnte.[266] Die – handschriftlich gewidmete – Schrift mag einem Brief eines ungarischen Studenten in Wittenberg oder in Heidelberg, der aber heute verloren ist, beigelegt gewesen sein.[267] Vielleicht handelte es sich dabei um Mihály Paksi Cormaeus, der sich 1568 in Genf aufgehalten und in den folgenden Jahren (1569–1575) in Heidelberg, Frankfurt a.M., Strassburg, Krakau und Padua studiert hatte.[268] Zumindest war auch Paksi es, der, wie erwähnt, an Simler die von ihm selbst angefertigte lateinische Übersetzung von Ferenc Dávids Streitschrift gegen Péter Károlyi, die *Az egy Attya Istennec, es az ö aldot szent fianac, az Iesvs Christvsnac istenségekröl igaz vallástettel [...]* (Klausenburg 1571),[269] zusandte;[270] Simler sandte diese schliesslich weiter an Théodore de Bèze in Genf.[271] Umgekehrt kam auch die *Brevis [...] explicatio orthodoxae fidei* (1571) von Károlyi in die Hände Simlers, der dieselbe in die im Jahre 1574 neu herausgegebene Ausgabe von Gessners *Bibliotheca universalis* aufgenommen hatte. Darin hält Simler fest, dass Károlyi eine weitere „Confutationem omnium haeresum & errorum quae sparguntur a novis istis Arrianis" verfasst habe, die, wie er hoffe, in Kürze erscheinen werde.[272]

Wie bereits erwähnt, legte Josias Simler einem Schreiben vom Juni 1574 an Miklós Thelegdi ein von ihm ins Lateinische übersetztes Werk Bullingers über die Christenverfolgungen bei.[273] Aus Zürich wissen wir, dass Bullinger seine Bücher öfters nicht aufgrund einer vorhergehenden Anfrage – wie dies der Fall bei János Fejérthóy war – an Gelehrte seiner Zeit verschickte. So sandte er seine Täufergeschichte von 1560 an über 100 Personen, darunter auch Re-

---

265 KÁROLYI, Explicatio, E4^{r-v} (vgl. NAGY, Bedeutung, 95).

266 Vgl. Théodore de Bèze an Hieronymus Zanchi, 3. Juni 1571, in: Bèze, Corr. XII, Nr. 842. Auch Zanchi äusserte sich positiv über Károlyis Schrift (vgl. Hieronymus Zanchi an Théodore de Bèze, 26. Juni 1571, in: Bèze, Corr. XII, Nr. 845).

267 Die Widmung lautet folgendermassen: „Clarissimae Viro D. Theodoro Bezae Geneuam." (Standortsignatur des Werkes in der Stadtbibliothek von Västerås (Schweden): Stiftsbiblioteket Teologi IX Polemik, dogmatik m.m).

268 Vgl. HEGYI, Diákok, 85. Ein anderer Ungar, der an de Bèze das Werk zugesandt haben könnte, wäre Mihály Varsányi Gorsa, der im betreffenden Jahr in Wittenberg studierte und mit de Bèze – sowie Simler – auch in Korrepsondenz stand (vgl. ZSINDELY, Bullinger [1967], 81).

269 Vgl. BORSA, Drucke, Nr. 197. Allerdings ist BORSA, der den ungarischen Text aus RMNy übersetzte, dahingehend zu korrigieren, dass nicht Mátyás Thuri der Übersetzer war, sondern Mihály Paksi Cormaeus, wie Simler im Brief an de Bèze schrieb: „Misit ad me nuper Paxius librum Fr. Davidis e lingua Hungarica in Latinam a se translatum, [...]" (Josias Simler an Théodore de Bèze, 2. Juni 1573, in: Bèze, Corr. XIV, Nr. 1000).

270 Vgl. Mihály Paksi Cormaeus an Josias Simler, 4. Dezember 1572, in: ULRICH, Miscellanea II/2, 217 ff.

271 Vgl. Josias Simler an Théodore de Bèze, 2. Juni 1573, in: Bèze, Corr. XIV, Nr. 1000.

272 Die von Simler erwähnte Schrift erschien allerdings nie in Druck und ist heute verschollen (vgl. SIMLER, Bibliotheca (1574), 555).

273 Vgl. BULLINGER, Persecutionibus. ZSINDELY hat den Briefwechsel Bullingers diesbezüglich ausgewertet und festgestellt, dass mindestens fünfzehn verschiedene Bullingerwerke, manche in zahlreichen Exemplaren, noch zu Bullingers Lebzeiten den Weg nach Ungarn gefunden haben (vgl. ZSINDELY, Bullinger [1975], 381).

genten, Adlige und Professoren aus dem Ausland.[274] Seine Apokalypsepre-
digten, die erstmals 1557 bei Johannes Oporin gedruckt worden sind,[275] hat er
gleichfalls 40 verschiedenen Persönlichkeiten zugedacht.[276] Besonders wertvoll erwies sich die Zusammenarbeit Bullingers mit Froschauer, der seine
Werke insbesondere auf der Frankfurter Buchmesse erfolgreich absetzte.[277]
Froschauer setzte sich auch in seiner privaten Korrespondenz für die Ausbreitung der von ihm gedruckten Werke ein, wie dies in einem Brief des
Ungarn Mihály Károlyi an Rudolf Gwalther angetönt wurde.[278] Zu diesem
Zwecke – für den sogenannten Kleinverkauf – liess er die Bücher meist binden;
der „Geschäftsführer" der Buchbinderei, Michael Schwyzer, war schliesslich
auch für den Versand zuständig.[279]

    Bei anderen Buchdruckern stellen wir gleichfalls fest, dass sie „buch-
händlerische" Funktionen übernahmen: Michael Zimmermann, Wiener
Buchdrucker, geboren in Zürich, pflegte mit einzelnen Magnatenhöfen Kontakt, um seine Werke zu vertreiben. So wandte er sich im Februar 1562 an
Ferenc Nádasdy mit der Anfrage, ob er einige Exemplare von Melanchthons
Grammatik kaufe.[280] Gáspár Heltai, der seine Druckerei um 1550 in Klausenburg eröffnete und neben der Honterus-Druckerei die wichtigste Offizin in
Siebenbürgen war, vetrieb seine eigenen Werke – es waren vorerst solche einer
vermittelnden Richtung, später der antitrinitarischen Richtung der Reformation – auf Jahrmärkten.[281] Weiter wissen wir, dass Johannes Manlius (Hans
Mannel), der 1582 aus Laibach (Ljubljana, SLO) nach Ungarn gezogen war, da
er wegen des Druckes der ganzen Bibel in slowenischer Sprache des Landes
verwiesen worden war, neben seiner Tätigkeit als Wanderdrucker auch als
„Wanderbuchhändler" unterwegs war. Er erschien auf Märkten, suchte andere
Drucker und Verleger auf, mit denen er Tauschgeschäfte tätigen konnte; auch
ist zu vermuten, dass er auf den Buchmessen von Frankfurt oder Leipzig
teilgenommen hat.[282] Zumindest hatte er auch genaue Kenntnis von den
Werken der schweizerischen Reformation. Die auf seiner Offizin gedruckten

---

274 Die von Bullinger eigenhändig aufgesetzte Liste mit den Namen von Personen, denen er ein
     Exemplar seines Täuferbuches zukommen liess (vgl. StAZ: E II 440, 136–139), wurde von Urs
     Leu eingehend untersucht (vgl. Leu, Widmungsexemplare, 119–163).

275 Zu den Hintergründen, warum das Werk nicht bei Froschauer in Zürich erschien: Locher,
     Reformation, 583.

276 Vgl. Liste der gewidmeten „Exempla Apokalypseos", StAZ: E II 346, 342.

277 Vgl. Bächtold, Gnade, 64.

278 Vgl. Mihály Károlyi an Rudolf Gwalther, 23. September 1579, ZBZ: S 137, 222. Mihály Károlyi,
     der 1577 in Wittenberg und 1578 in Tübingen studierte, wandte sich im September 1579 aus
     Frankfurt a.M. nicht nur an Gwalther, sondern auch an Johann Jakob Grynaeus in Basel; dessen
     Schriften und vor allem sein Einsatz für die Ungarn waren Károlyi gleichfalls bekannt (vgl.
     Mihály Károlyi an Johann Jakob Grynaeus, 14. September 1579, in: Grynaeus, Kapscolatai,
     90 f; vgl. Szabó, Erdélyiek, 184; Grynaeus, Kapscolatai, 153 f).

279 Vgl. Staedtke, Froschauer, 26 ff.

280 Vgl. Michael Zimmermann an Ferenc Nádasdy, 16. Februar 1562, in: Payr, Emlékek, 24.

281 Vgl. Rother, Siebenbürgen, 70 ff; Kókay, Geschichte, 59.

282 Vgl. Kókay, Geschichte, 58.

Werke standen vorwiegend im Dienste der lutherischen Reformation, ja waren mehrfach Streitschriften gegen den in West- und Oberungarn immer mehr erstarkenden „Calvinismus".[283] Der „Buchhandel" zwischen den Buchdruckern selbst trug also direkt und indirekt zur Verbreitung von *Helvetica*, d. h. auch von reformatorischen Schriften aus der Schweiz, bei. Manche Buchdrucker, wie Péter Bornemissza, hatten gar jemanden, der für den Vetrieb der Bücher zuständig war. Bornemisszas verantwortliche Person war Pál Máriássy, Obergespan der Zips, der die von Bornemissza gedruckten oder gehandelten Bücher an verschiedene Pfarrer übergab, die dieselben, mit Gewinnanteil, weiterverkauften.[284]

Auch Johannes Oporin in Basel ist selbst darum besorgt gewesen, dass seine Drucke verbreitet werden konnten. So wandte er sich gleich nach dem Druck von Antonio Bonfinis *Rerum Hungaricarum Decades quattor* (Basel 1568) an Johannes Sambucus, den Herausgeber des Werkes, in Wien, um sicherzustellen, dass genug Exemplare des Werkes für den Vertrieb vorhanden seien. Sambucus teilte Oporin schliesslich mit, dass er, falls die Augsburger Buchhändler zuwenig Exemplare erhalten hätten, 100 zu ihm nach Wien schicken solle; er selbst werde für deren Vertrieb sorgen, und zwar zu einem besseren Preis als die Buchhändler.[285] In Wien gab es mehrere Buchhändler, die die auf den Buchmessen erworbenen Bücher nach Ungarn, vorallem in das königliche Gebiet, d. h. West- und Niederungarn, weiterverkauften. Besonders erwähnen möchten wir die beiden Buchhändler Jean Aubry, ein Franzose, und Erhardt Hiller. Von beiden wissen wir, dass sie regelmässig Bücher an den Grafen Boldiszár Batthyány (1537/38 – 1590) in Güssing (*ung.* Németújvár) übersandten. Am 31. Okober 1573 stellte Aubry Rechnung für fünfzehn zugesandte Bücher, darunter auch Bullingers „Von Vervolgung der Kirchen", „Hieronimi Zanchi de Trinitate", „Epistolarum Theologorum Theodori Bezae" oder „Litere de Sr P. Martir";[286] später sandte er dem Magnaten weitere Werke von de Bèze, Grynaeus und Gessner.[287] Aufschlussreich sind auch die Rechnungen von Erhardt Hiller für Graf Batthyány. Auf einer solchen Rechnung finden sich alle Gwalther-Kommentare zu den Evangelien sowie diejenigen zu Jesaja, den Zwölf Propheten, den Briefen an die Römer, die Korinther und die Galater.[288]

---

283 Im Komitat Eisenburg (Vas, HU) druckte Manlius knapp 30 Drucke; es ist beispielsweise an den bereits erwähnten *Sendbrieff Georgii Creutzers ahn [...] der gantzen christlichen Gemein dr Stat keismarckt etc., in welchem [...] geantwort wird auff das offentliche Verleumden Sebastiani Lamen, Pfarherrs daselbst [...]* (Eberau 1587) zu denken, dessen Hintergrund die Auseinandersetzung zwischen Lutheranern und Kryptocalvinisten in der Zips war (vgl. BERNHARD, Magnatenhöfe, 60; HAJDUK, Škultéty, 80 ff).

284 Vgl. KÓKAY, Geschichte, 56 f. 61.

285 Vgl. Johannes Sambucus an Johannes Oporin, 8. Februar 1568, in: SAMBUCUS, Briefe, 85 f. Der Brief von Oporin ist verloren.

286 Vgl. Rechnung von Jean Aubry für Boldiszár Batthyány, 31. Oktober 1573, in: Adattár 11, 415 f.

287 Vgl. Verschiedene Rechnungen von Jean Aubry für Boldiszár Batthyány, 1577–1588, in: Adattár 11, 419–428.

288 Vgl. Rechnung von Erhardt Hiller für Boldiszár Batthyány, s.d. [ca. 1588], in: Adattár 11, 431.

Die Ausführungen belegen, dass infolge der Pflege der Bibliotheken an den Magnatenhöfen – es sei neben den Grafen Batthyány auf die Familien Révay, Nádasdy, Bánffy, Zrínyi, Forgách oder Thurzó verwiesen[289] – der Bedarf an neu gedruckten Werken stetig zunahm. So waren gleichfalls die – sich als „Wanderbuchhändler" betätigenden – Wanderdrucker an den Magnatenhöfen willkommen, ja sie wurden oft, aufgrund des eigenen Bedarfs an Büchern, vor allem reformerischer Schriften, moralisch und finanziell in ihrer Buchdruckertätigkeit unterstützt; an manchen Höfen des königlichen Ungarn wurden darum gar neue Druckereien gegründet.[290] Was dem Buchhandelwesen in Ungarn und Siebenbürgen allerdings noch weit mehr Aufschwung als der Bedarf der Magnaten an Büchern gab, war die Gründung weiterer neuer Bibliotheken, sei es für Schulen oder sei es aus privatem Sammelinteresse. Auf die guten Absatzmöglichkeiten aufmerksam geworden, reisten deutsche Buchhändler bis nach Ungarn, oder Kaufleute, besonders aus Siebenbürgen,[291] nahmen Bücher in ihr Angebot auf. Allein in Siebenbürgen wurden im 16. Jahrhundert rund 38'000 Bücher importiert und auf Jahrmärkten feilgeboten.[292] So konnte der Hermannstädter Gregor Berger Gwalthers *In Euangelium Iesu Christi secundum Lucam Homiliae CCXV* (Zürich 1570) für drei Gulden auf dem Markt erwerben.[293]

Sowohl Buchhändler wie Kaufleute erwarben ihre Bücher einerseits direkt bei den Buchdruckern, andererseits auf den grossen Buchmessen in Frankfurt, Leipzig oder auch Augsburg. Vor allem Franfurt nahm für den Vertrieb des schweizerischen Buches eine besondere Bedeutung ein. So berichtete Miklós Tolnai Katona aus Tübingen, dass er in Frankfurt mehrere Bücher von Grynaeus erwerben habe können, die er nach Hause mitnehmen werde.[294] Andere Studenten wurden später gar Buchhändler, wie beispielsweise Bruno Brewer († 1600) aus Leutschau. Brewer studierte 1578–82 dank eines Stipendiums in Wittenberg, betätigte sich aber bereits zu dieser Zeit als Buchhändler. Aufgrund zahlreicher im Leutschauer Archiv erhaltener Archivalien zu Brewers Tätigkeit[295] wissen wir, dass er zu Buchhandelszwecken auch in Siebenbürgen (Hermannstadt, Klausenburg, Kronstadt), im Partium (Debrecen), in Mähren,

---

289 Vgl. MONOK, Blaues Blut.
290 Es ist beispielsweise an die – teilweise nur vorübergehend in Betrieb gewesenen – Druckereien in Güssing (Batthyány), in Deutsch Schützen bzw. Eberau (Zrínyi), in Unterlimbach (Bánffy), in Warasdin (Erdődy), u.s.w. zu denken (vgl. BERNHARD, Magnatenhöfe, 56–61. 63 f. 67 f; FATA, Einflüsse, 72 f; V. ECSEDY, Druckschriften, 128 f; DIES., Könynyomtatás, passim).
291 In Siebenbürgen brauchte es eine Genehmigung für die Einfuhr von ausländischen Büchern, weswegen die Kaufleute gegenüber den Buchhändlern eine für den Buchhandel weit bedeutendere Rolle spielten (vgl. KÓKAY, Geschichte, 58 f).
292 Vgl. ROTHER, Siebenbürgen, 126 f. 132; KÓKAY, Geschichte, 59 ff.
293 Vgl. TEUTSCH, Geschichte, 29.
294 Vgl. Miklós Tolnai Katona an Johann Jakob Grynaeus, 24. März [1585?], in: GRYNAEUS, Kapcsolatai, 128 f.
295 Vgl. Akten, Abrechnungen, Briefe u.s.w. zu Bruno Brewer, 1572–1599, OAL: Nr. 30, IV 283–310.

Schlesien und in Sachsen unterwegs war.[296] Wie Ilona PAVERCSIK nachweisen konnte, waren im königlichen Ungarn Buchhändler keine Einzelerscheinung;[297] dennoch muss betont werden, dass nach Oberungarn und ins Partium besonders viele Bücher über Krakau gelangten, da die dortigen Buchhändler – es ist an Stephan Dives († 1596), ein Hugenotte, oder an Zachaeusz Kesner († 1602), Krakauer Bürger deutscher Muttersprache, zu denken – auch auf die Messen in Frankfurt gingen; oft dienten die Buchhändler dann auch als Briefüberbringer, wie Sebastian Ambrosius Lam mehrfach meldet.[298] Das gleiche wissen wir von Heinrich Bullinger, der Froschauer jeweils seine Briefe mitgab, wenn er an die Frankfurter Buchmesse ging.[299] Von der Frankfurter Buchmesse kamen viele Drucke Froschauers in den ostmitteleuropäischen Raum, Froschauer hatte gar in Frankfurt bei der Leonhardskirche ein eigenes Bücherdepot, das auch als Verkaufsladen während der Messe zehn Tage lang geöffnet war. Wie wichtig der Absatz in Frankfurt war, belegt allein die Tatsache, dass in der Offizin Froschauer im 16. Jahrhundert rund 800'000 Bücher gedruckt worden sind. In der kleinen Stadt Zürich, mit etwa 6000 Einwohnern,[300] war eine solche Nachfrage mitnichten gegeben; vielmehr gab es eine Nachfrage nach Drucken aus der Offizin Froschauer aus verschiedenen Gebieten Europas, auch Ungarns und Siebenbürgens.[301]

Für den Buchhandel nicht vernachlässigbar sind die Peregrinanten (Studenten, Humanisten, u.s.w.), die von ihren (Studien-)Reisen Bücher nach Hause nahmen, manchmal für den Eigengebrauch, oft aber auch für die weitere Verbreitung. Bekanntes Beispiel ist der polnische Schulmann, Anhänger Bullingers und unentwegte Verteidiger der Trinität, Krzysztof Trecy aus Krakau, der von 1561 bis 1563 in Genf studierte, sich aber auch in Zürich bei Bullinger aufgehalten hatte.[302] Trecy kam 1567 erneut in den oberdeutschen Raum (Nürnberg, Frankfurt, Baden-Baden) und besuchte im Laufe des Jahres 1569 auch Bullinger und Simler in Zürich.[303] Von hier zog er auf direktem Weg nach Grosswardein, wo er im Oktober 1569 an der unter dem

---

296 Vgl. PAVERCSIK, Könyvkereskedelem, 299; DIES., Brewer-nyomda (1980), 355 ff.
297 Vgl. PAVERCSIK, Könyvkereskedelem, 298 ff.
298 Vgl. Sebastian Ambrosius Lam an Johann Jakob Grynaeus, 1. Juni 1592, 10. März 1593 sowie 31. Juli 1595, in: GRYNAEUS, Kapcsolatai, 28 ff. 36.
299 Bullinger berichtete an Tobias Egli, dass er viele Briefe nach Ungarn, Polen, England, den Niederlanden, Hessen, Sachsen etc. geschrieben habe, um sie dem nach Frankfurt verreisenden Froschauer mitzugeben (vgl. Heinrich Bullinger an Tobias Egli, 14. März 1572, in: BULLINGER, Korrespondenz III, Nr. 280).
300 Dazu kamen noch etwa 60'000 Untertanen aus der Landschaft Zürich (vgl. BÜSSER, Bullinger I, 84).
301 Vgl. LEU, Book, 309–315; STAEDTKE, Froschauer, 15 f. 27. 32. Auch die in Böhmen begehrten Werke reformierter Prägung kamen grossmehrheitlich aus Frankfurt (vgl. FEJTOVÁ, Literatur, 149).
302 Vgl. BRYNER, Brief, 64 f.
303 Die Aufenthaltsorte Trecys wissen wir aus dem gut erhaltenen Briefwechsel, der zu einem grossen Teil gedruckt vorliegt (vgl. WOTSCHKE, Briefwechsel; Bèze, Corr.).

Vorsitz des antitrinitarischen Magnaten Gáspár Békés auf Einladung des Fürsten János Zsigmond abgehaltenen Disputation zwischen Vertretern der reformierten (Péter Melius Juhász, Péter Károlyi, Bálint Szikszai Hellopaeus u.s.w.) und der antitrinitarischen Richtung (Ferenc Dávid, Giorgio Biandrata, u.s.w.) teilnahm;[304] zu diesem Zwecke hatte Trecy mehrere Exemplare von Simlers Buch *De aeterno Dei filio, [...] Iesu Christo, et de Spiritu sancto* (Zürich 1568) mitgenommen und an geeignete Persönlichkeiten abgegeben.[305]

Häufiger waren es allerdings Studenten, die geeignete Werke der Reformation oder des Humanismus mit nach Hause nahmen. Vor allem grössere Werke, z. B. Werke der klassischen Antike, kamen auf diesem Wege nach Ungarn und Siebenbürgen. Aus einem Brief von Stephan Xylander („Holzmann", 1572 – 1619), der in Wittenbeg studiert hatte und später Superintendent der Lutheraner in der Zips war, wissen wir, dass der Stadtrat von Leutschau den Umzug seiner Bücher aus Deutschland nach Leutschau bezahlt hatte.[306] Leider sind aber, weil die grössere Zahl der ungarischen Studenten nicht aus adligem Hause war, die späteren Privatbibliotheken derselben nur in seltenen Fällen – meist wurden sie anderen Bibliotheken zugeordnet – erhalten geblieben, so dass es oft schwer festzustellen ist, welche Bücher die Studenten mit nach Hause genommen hatten.[307] Besonders wertvoll ist aus diesem Grunde die *Exlibris*-Forschung, die es ermöglicht, die Wirkungs- und Rezeptionsgeschichte der humanistischen und reformatorischen Literatur in einem umfassenderen Masse zu beurteilen, besonders dann, wenn noch Marginalien vorliegen.[308]

Wohl bereits vor der Gründung der Akademie in Genf (1559) kam Benedek Ilosvai von Wittenberg her[309] nach Genf. Dies ist darum zu vermuten, weil sein Name im *Livre du Recteur de l'Academie de Genève* fehlt, doch aber sein Aufenthalt gesichert ist, und er mehrfach die Predigten Calvins gehört haben soll.[310] Wie lange er in Genf weilte, ist gleichfalls nicht bekannt. Hingegen wissen wir, dass er – entweder in Genf oder doch wohl eher in Basel – die von

---

304 Vgl. Bálint Szikszai Hellopaeus an Théodore de Bèze, s.d. [1574], in: Bèze, Corr. XV, Nr 1110bis (vgl. Nagy Kálozi, Károlyi, 495ff). Der Verlauf der Synode, ergänzt mit zahlreichen theologischen Quellen der verschiedenen Parteien, findet sich bei Debreceni Ember (vgl Debreceni Ember, Historia, 224–262); vgl. unten S. 442 ff.

305 Vgl. Krzysztof Trecy an Heinrich Bullinger sowie an Josias Simler, 21. Januar 1570, in: Wotschke, Briefwechsel, 312–321 (vgl. Nagy, Bedeutung, 95).

306 Vgl. Katona, Stipendiánsok, 219.

307 Dies hält auch Attila Verók fest, der die Wirkung der *Helvetica* bei den Siebenbürger Sachsen untersuchte (vgl. Verók, Buch, 301ff). Dank den in Nachlassinventaren öfters gefundenen Bibliotheksverzeichnissen haben wir immerhin manchmal Kenntnis von Inhalt und Umfang vieler Privatbibliotheken des 16. Jahrhunderts (vgl. unten S. 381 ff).

308 Mit dieser Frage beschäftigte sich das Internationale Kolloquium „Der Weg des Buches. Exlibris und Supralibros als Forschungsdesiderat", das am 28. bis 30. Oktober 2009 in Pressburg (Bratislava) stattfand. Die Tagungsakten werden derzeit für die Publikation vorbereitet.

309 Benedek Ilosvai hat in Wittenberg am 5. Dezember 1557 den Magistertitel erworben (vgl. Szabó, Erdélyiek, 31).

310 Vgl. Hegyi, Diákok, 85; D'Eszlary, Calvin, 88.

Musculus und Camerarius herausgegebene Sammlung zahlreicher *Ecclesiasticae historiae autores* (Basel 1557) erwarb und sich folgendermassen in dem Werk verewigte: „BEN[dictus] ILOS[vai] 1560."[311] Spätestens 1565 wirkte er als Pfarrer in Tállya, später in Vronau an der Töpl (Vranov nad Topľou, SK); zu jener Zeit verehelichte er auch Ferenc Nádasdy mit Erzsebet Báthory.[312] Schliesslich wurde er Hauptpfarrer, später Dekan im siebenbürgischen Weissenburg, wo er auch starb († 1585/86).[313]

Von Mihály Paksi Cormaeus haben wir bereits mehrfach berichtet. Er kam im Mai 1568 von Wittenberg her über Basel nach Genf und blieb bis im September bei de Bèze. Wohl noch vor seiner Abreise aus Wittenberg erwarb er Antonio Bonfinis frisch erschienene *Rerum Ungaricarum Decades quatuor* (Basel 1568),[314] wie sein Possessoreintrag „Michael Paxius Witeberga 1568" im Werk belegt.[315] Nach seinem Aufenthalt in der Schweiz und in den oberdeutschen Städten blieb er mit bedeutenden Schweizer Theologen (de Bèze, Simler) brieflich verbunden. Später wurde er Lektor, schliesslich Rektor am Kollegium in Sárospatak. Er verfolgte die seit dem Rektorat von Balázs Szikszai Fabricius (1566–1576) sich konsolidiert habende helvetische Ausrichtung des Kollegiums[316] konsequent weiter.

Ein anderer Ungar, über dessen Peregrination wir relativ genau in Kenntnis gesetzt sind, ist Péter Laskai Csókás, auch genannt „Petrus Monedulatus Lascovius"[317]. Laskai Csókás studierte 1578 in Wittenberg, kehrte Anfang 1580 nach Hause, wo er Rektor der Partikularschule in Neumarkt a.M. wurde.[318] Doch bereits gegen Ende desselben Jahres verliess er zu Studienzwecken seine Stelle und kam nach Genf, zog weiter nach Frankreich und Italien, ja besuchte 1583 erneut Genf, wo er das Vorwort für sein Werk *Theorematum de puro et expresso Dei verbo [...] traditio* (Genf 1584) verfasst hatte, gewidmet den siebenbürgischen Ratsherren.[319] Hier erwarb er auch ein wohl in Genf selbst

---

311 Mehrere Marginalien belegen, dass Ilosvai sich mit dem Werk auseinandergesetzt hat (Standortsignatur des Werkes in der Teleki-Bibliothek in Neumarkt a. M.: B f-417 coll. I.); die anderen Werke des Kolligates – Pariser Chrysostomus- und Basilius-Ausgaben – haben keinen Possessoreintrag und scheinen nicht von Ilosvai erworben worden zu sein. Das ganze Kolligat gehörte später dem Jesuitenkollegium in Klausenburg, gelangte dann in den Besitz des Kollegiums in Weissenburg und schliesslich kam es ans Kollegium nach Neumarkt a.M.

312 Vgl. BENEDEK ILOSVAI, Epithalamion Coniugii Magnifici Domini Francisci Nadasdi, [...] et Generosae Dominae Helizabeth [...] De Bathor [...], Krakau 1571.

313 Vgl. ZOVÁNYI, Lexikon, 274; NAGY, Diákjai, 386.

314 Sambucus' Vorwort datiert von „in festo Ioann. Baptistae, natalis mei: quo XXXVI. annum aetatis agebam, [...]", d.h. vom 24. Juni 1567 (vgl. Ioannes Sambuci Praefatio, in: ANTONIO BONFINI, Rerum Ungaricarum Decades quatuor, Basel 1568, α4ᵛ).

315 Standortsignatur des Werkes in der Teleki-Bibliothek in Neumarkt a.M.: T f-1040 b.

316 Vgl. ZSINDELY, Kollégium, 127 f.

317 Vgl. BOD, Historia I, 256.

318 Vgl. SZABÓ, Erdélyiek, 226; NAGY, Diákjai, 387.

319 Vgl. Spectabilibus et magnificis Dominis amplissimi Regni Transylvaniae Gubernatoribus / Consiliariis [...] Petrus Mon. Lascovius, in: PÉTER LASKAI CSÓKÁS, Theorematum de puro et expresso Dei verbo [...] traditio, Genf 1584, ¶ijʳ-¶¶iijʳ.

gebundenes Kolligat mit zwei humanistischen Werken, nämlich die *Fragmenta poetarum veterum Latinorum, quorum opera non extan*: [...] (Genf 1564) und die Ποίησις φιλόσοφος *Poesis philosophica* (Genf 1583).[320] Zu Beginn des Jahres 1585 ging Laskai Csókás noch einmal nach Wittenberg, wo er die Schrift *De homine magno illo rerum natura miraculo [...]* (Wittenberg 1585) herausgab; das Vorwort dieser Schrift ist aus peregrinationsgeschichtlicher Sicht von besonderer Bedeutung, da darin erstmals ein Namensregister der ungarischen Studenten in Wittenberg vorliegt.[321] Auch ist anzunehmen, dass er in Wittenberg die Endredaktion von Calepinos *Dictionarium decem linguarum* (Lyon 1585), in welcher Ausgabe erstmals die ungarische und die polnische Sprache aufgenommen wurden, besorgt hat.[322] Natürlich hat Laskai Csókás mehrere Bücher mit nach Hause genommen. Von dieser sind einige erhalten geblieben, darunter auch das bereits erwähnte Kolligat mit Fragmenten und Schriften der griechischen und lateinischen Antike; auf dem Titelblatt der *Fragmenta* trug sich Laskai Csókás als Possessor ein: „P[etrus] M[onedulatus] L[ascovius] 1585"[323]. Sowohl die Redigierung von Calepinos *Dictionarium*, das seit 1590 regelmässig auch in Basel und Genf erschien, als auch das erhaltene *Exlibris* belegen, dass Laskai Csókás, später Pfarrer von Weissenburg, gleichermassen philologische Interessen hatte. Bestätigt wird dies durch sein *Speculum exilii et indigentiae nostrae [...]* (Kronstadt 1581), in welcher Schrift sich Laskai aufgrund seiner Kenntnisse in den Bereichen Linguistik, Philosophie, Dogmatik, Poetik und Gesang, Schul- sowie Kirchengeschichte als Polihistor erwiesen hatte.[324]

In zahlreichen historischen Bibliotheken Ungarns und Siebenbürgens befinden sich viele *Helvetica* aus dem 16. Jahrhundert.[325] Wenn einzelne *Helvetica* oder ganze Bibliotheken später aber anderen Bibliotheken einverleibt wurden, so ist es ohne *Exlibris* oder *Supralibros* nahezu unmöglich, die Wirkungs- und Rezeptionsgeschichte einzelner Schriften nachzuzeichnen. Dies trifft auch für die sehr zahlreichen *Helvetica* vor allem aus der Feder von Heinrich Bullinger, Rudolf Gwalther, Johannes Calvin und Théodore de Bèze zu, die sich in der Gymnasialbibliothek von Odorhellen (Odorheiu Secuiesc, RO), im Batthyaneum in Weissenburg, in den Kollegiumsbibliotheken von

---

320 Standortsignatur des Werkes in der Teleki-Bibliothek in Neumarkt a.M.: B 0-4"14.
321 Vgl. Péter Laskai Csókás, De homine magno illo in rerum natura miraculo [...], Wittenberg 1585, a4ʳ–b3ᵛ (vgl. Szabó, Universität, 62; Balázs, Laskai Csókás, 1015–1022).
322 Die Ergänzung der Calepino-Ausgabe mit dem ungarischen Stoff entstand, unter der Leitung von Péter Laskai Csókás, in Kooperation von mehreren Personen (vgl. Szelestei Nagy, Adalék, 188–207).
323 Vgl. Possessoreintrag auf dem Titelblatt des Werkes *Fragmenta poetarum veterum Latinorum [...]* (Genf 1564).
324 Vgl. H. Hubert, Éneklés, 218–223.
325 Für das Gebiet Oberungarns, des Partium und Siebenbürgens sind bereits mehrere, die *Helvetica* thematisierende Studien erschienen (vgl. Beiträge in: Čičaj, Orbis; Gábarjáni Szabó, Tanulmányok); zu den historischen Buchbeständen im ganzen Stephansreich vgl. unten S. 367 ff.

Sárospatak und Debrecen oder in der Akademischen Bibliothek in Klausenburg befinden. Letztere Bibliothek ist aus den Beständen der ehemaligen reformierten, unitarischen und katholischen Kollegien Klausenburgs zusammengesetzt, die auf das 16. Jahrhundert zurückgehen und deren Bestände 1948 infolge der Enteignung an den Staat übergingen. Darin befinden sich heute besonders viele *Helvetica,* insbesondere von Bullinger und Gwalther. Eines der gefundenen *Exlibris,* das von einem ungarischen Studenten mit nach Hause gebracht wurde, soll hier gleichfalls angeführt werden. Es handelt sich um Bullingers *In Evangelium secundum Matthaeum commentarius* (Zürich 1542), welches Werk zu einem nicht mehr bestimmbaren Zeitpunkt von „Johannes Varadiis Pannonis"[326] erworben wurde. János Váradi stammte aus Grosswardein und trug sich am 21. Februar 1554 in die Wittenberger Matrikel ein.[327] Wo Váradi später wirkte, ist uns leider nicht bekannt. Jedenfalls hat er den Bullingerkommentar nach Hause mitgenommen; später kam das Werk in den Besitz eines weiter nicht bekannten Gábor Lővei, schliesslich wurde es den Beständen des reformierten Kollegiums beigeordnet. Das *Exlibris* von Váradi ist insofern besonders erwähnenswert, weil es erneut belegt, dass Wittenberger Studenten sich mit Schriften der schweizerischen Reformation auseinandersetzten.[328] Weitere Beispiele sollen dies illustrieren: So hat Simeon Massa, der im Oktober 1563 in Kronstadt Rektor wurde, in Wittenberg Calvins *Institutio christianae religionis* (Genf 1561) angeschafft und auf dem Einband das Supralibros „S M 1563" prägen lassen.[329] Oder János Szőlősi hat sich in Wittenberg intensiv mit Calvins *Institutio* (Lausanne 1577) beschäftigt, wie Marginalia belegen.[330] Szőlősi hat das Werk nach Siebenbürgen genommen, wo es heute noch in Sárd (Şard, RO) greifbar ist.[331]

Diese Form des „Buchhandels" war gerade für das Gebiet Siebenbürgens und Diesseits-des-Königssteigs besonders existentiell, da die Gebiete geographisch relativ weit von den „Buchhandelszentren" entfernt lagen. Während in Westungarn die Bücher oft durch Wiener, in Oberungarn und dem Partium durch Krakauer Buchhändler verbreitet wurden, war Siebenbürgen und das Gebiet Diesseits-des-Königssteigs auch auf alternative Buchbeschaffungs-„Methoden" angewiesen. Dass schweizerische Bücher dennoch innert kurzer Zeit in den genannten Gebieten gehandelt und gelesen wurden, belegt am besten die Tatsache, dass *Helvetica* in Siebenbürgen mehrfach als Grundlage

---

326 Standortsignatur des Werkes in der Akademischen Bibliothek in Klausenburg: U 60772.
327 Vgl. Révész, Tanulók, 224.
328 Vgl. unten S. 382 ff. 402 f.
329 Standortsignatur des Werkes in der Akademischen Bibliothek in Klausenburg: C 57791 (freundliche Mitteilung von Dr. cand. Sándor Előd Ősz, Klausenburg); vgl. Szabó, Erdélyiek, 245.
330 „Παντοτε δόξα τῷ Θεῷ. prima lectio huius libri 22 Julij 1579. Witebergae" (Marginala von János Szőlősi in: Johannes Calvin, Institutio christianae religionis, […] & in libros quatuor digesta, […], Lausanne 1577, 380ᵣ).
331 Vgl. Fekete, Kálvin, 61–67.

weiterer Bearbeitungen dienten. So bearbeitete Johannes Sommer, der Klausenburger Lehrer für Griechisch und Latein, die in Basel erschienene Schrift *Stratagematum Satanae libri VIII* (Basel 1565) von Jacobo Aconcio (Acontius), der als Schüler Castellios gilt; Sommer übernahm in seiner Bearbeitung, unter gleichzeitiger Einfügung antitrinitarisch ausgerichterer Überlegungen, auch die von Aconcio geforderte, anstelle des Priestertums tretende *communis prophetia*, was allerdings den um 1570 geplanten Druck verhinderte.[332]

Abschliessend sei auf ein letztes *Exlibris* hingewiesen, das die Bedeutung der *Helvetica* auch im Übergang zum 17. Jahrhundert unterstreichen soll. Ein uns unbekannter „S. N. M." erwarb 1601 das gerade bei Conrad Waldkirch erschienene Werk *Sylloges thesium theologicarum ad methodi leges [...]* (Basel 1600) von dem reformierten Schlesier Amandus Polanus von Polansdorf (1561 – 1610), der seit 1590 in Basel wirkte und dessen Schriften, insbesondere seine *Partitionum Theologicarum, Logica Methodo institutarum Libelli duo*, infolge seiner reichen Korrespondenz in ganz Europa bekannt waren.[333] Unabhängig davon, wer auch immer dieser S. N. M. war, wissen wir, dass er das Werk an „Stephanus K[is] Szegedi", den Sohn des grossen ungarischen Systematikers, weitergegeben hat, der 1584 in Basel studiert und bei Grynaeus disputiert hatte.[334] Leider ist es uns nicht bekannt, wo in Ungarn sich Szegedi Kis jun. zu Beginn des 17. Jahrhunderts aufgehalten hat; soviel ist hingegen gesichert, dass er sich zeitlebens um das Vermächtnis seines Vaters gekümmert hat. Schliesslich kam Polanus' Werk über verschiedene weitere Besitzer in die Bibliothek des reformierten Kollegiums von Neumarkt a.M.[335]

Insgesamt zeigen die exemplarischen Ausführungen zum ungarländischen „Buchhandel" auf, dass das schweizerische Buch auf verschiedenen Wegen und in verschiedener Art und Weise in das Reich der Stephanskrone kam und – was noch im Detail zu untersuchen sein wird – eine Wirkungs- und Rezeptionsgeschichte zeigte.

b. Druck von reformatorischen *Hungarica* auf schweizerischen Offizinen

Aus der ungarischen Buchdruckgeschichte wissen wir, dass von 1480 bis 1800 rund 9000 *Hungarica*[336] auf ausländischen Offizinen erschienen sind.[337] Davon erschienen etwa 250 *Hungarica* in der Schweiz (Basel, Zürich, Genf, Bern,

---

332 Das Manuskript ist noch heute in Klausenburg greifbar (vgl. Borsa, Drucke, 390; Balázs, Einflüsse, 150 f). Weiteres zur Rezeptionsgeschichte von *Helvetica* vgl. unten S. 367 ff. 388 ff.

333 Vgl. Bernhard, Basel, 73 f; Guggisberg, Zusammenhänge, 24 ff; Staehelin, Polanus, 62 f.

334 Vgl. Bucsay, Speculum, 73 f.

335 Standortsignatur des Werkes in der Teleki-Bibliothek in Neumarkt a.M.: B 0-5296 I. coll. 2.

336 In unserem Zusammenhang werden die *Hungarica* „eng" gefasst, d. h. dass diejenigen Werke als *Hungarica* bezeichnet werden, die von einer ungarländischen Person („Pannonius" oder „Transilvanus") bzw. einer Person, die im Reich der Stephanskrone gelebt hat, verfasst worden sind. So wird beispielsweise Konrad Gessners *Mithridates* (vgl. RMNy 128) nicht als *Hunga-*

Schaffhausen, Neuenburg und Lausanne). Während die schweizerischen *Hungarica* in Betrachtung der ganzen Periode bis 1800 einen sehr bescheidenen Umfang einnehmen, ist die Bedeutung der Schweiz für den Druck von *Hungarica* im 16. Jahrhundert ungleich grösser: Von insgesamt etwa 1000 im Ausland gedruckten *Hungarica* erschienen deren 112 (11 %) in der Schweiz, wobei Basel den grössten Teil (89) einnimmt, gefolgt von Zürich (16) und schliesslich Genf (6); in Schaffhausen erschien ein Druck, wobei es sich um einen Druck des Basler Buchdruckers Conrad Waldkirch handelte.[338] Von den 112 Drucken sind deren 36 reformatorische *Hungarica* (32 %);[339] auch bei letzteren machen die Baslerischen Drucke die Mehrheit aus, nämlich 81 %, die Genfer 14 %; Zürich und Schaffhausen sind mit je einem Druck vertreten. Die dargestellten Druckzahlen führen zu mehreren Erkenntnissen: 1. Die Schweizer Offizinen nahmen im Jahrhundert des Humanismus und der Reformation für den ausländischen Druck von *Hungarica* eine – gemessen an der Grösse des Landes – bedeutende Stellung ein. 2. Die Schweizer Offizinen waren für ungarische Autoren besonders dann attraktiv, wenn es um den Druck von humanistischen Schriften ging. 3. Basel nahm in Bezug auf den Druck von *Hungarica* im ganzen Jahrhundert eine deutliche Vorrangstellung ein.

Unsere Erkenntnisse sind grundsätzlich bedingt durch die europäische Stellung von Basel, Zürich und Genf. Basel nahm seit dem Aufenthalt von Erasmus als Universitäts- und Humanistenstadt eine ungleich bedeutendere Stellung ein, gerade auch für ostmitteleuropäische Gelehrte.[340] Genf gewann

---

ricum verstanden, obwohl darin die ungarische Sprache behandelt wird (vgl. GESSNER, Mithridates, 50ʳ–52ʳ; BERNHARD, Gessner, 166ff).

337 Als Arbeitsgrundlage für die Erfassung der *Hungarica* auf ausländischen Offizinen dient der dritte Band der *Régi Magyar Könyvtár* (Budapest 1896) von Károly SZABÓ (RMK III: 1480– 1711) sowie die zwei Ergänzungsbände (Budapest 2005–2007) von Sándor DÖRNYEI und Mária SZÁVULY (RMK III/XVIII.: 1712–1800), welches die Standartwerke für die im Ausland erschienenen, fremdsprachigen Drucke ungarländischer Autoren von 1480 bis 1800 sind; für die ungarischen Drucke ungarländischer Autoren auf ausländischen Offizinen müssen als weitere Hilfsmittel die *Régi Magyarországi Nyomtatványok* (Budapest 1971–2000) sowie die *Hungarica: Ungarn betreffende im Ausland gedruckte Bücher und Flugschriften* (Budapest 2004 [Neuausgabe]) von Sándor APPONYI herangezogen werden. Natürlich sind die angegebenen Zahlen nur etwaige Richtwerte, da immer wieder neue Drucke, insbesondere auch Einblattdrucke, gefunden werden (BERNHARD, Hungarica, 75 ff; HEGYI, Nyomtatványai, 292– 311). Letztere, die Einblattdrucke, werden hier gleichermassen, wie diejenigen *Hungarica*, die in den von Árpád HELLEBRANT besorgten *Pótlások* zu Károly Szabós *Régi Magyar Könyvtár III* (Budapest 1990–92) – beispielsweise János Sylvesters Gedicht „Urbes egregias inter & inclytas […]" in Wolfgang Lazius' *Vienna Austriae [...]* (Basel 1546; RMKP III 5213) – gesammelt sind, nicht mitgezählt.

338 Auch hier gilt, dass die angegebenen Zahlen nicht abschliessend zu verstehen sind.

339 Mit ein bis zwei Ausnahmen (vgl. RYSSEN zů OFEN, Antwurt; evt. DÉVAI BÍRÓ, Disputatio) erschienen alle in der zweiten Hälfte des 16. Jahrhunderts.

340 Basel erlebte bekanntlich in den Jahrzehnten von 1540 bis 1580 erneut eine glanzvolle Zeit des Buchdrucks (vgl. LEU, Book, 299–309; GUGGISBERG, Zusammenhänge, 12–23).

erst mit der Gründung der Akademie (1559) zunehmend an Bedeutung auch für Ostmitteleuropa, und Zürich hatte zwar – wie wir in der Auswertung der Korrespondenz gesehen haben – bis ins ferne Kronstadt den Ruf als Reformatorenstadt, blieb aber für den Buchdruck von reformatorischen *Hungarica* (wie auch für die Studien ungarländischer Peregrinanten)[341] von geringer Bedeutung.

Eine der wichtigeren Fragen ist natürlich die, warum dass überhaupt so viele *Hungarica* auf ausländischen Offizinen gedruckt worden sind. Grundsätzlich lässt sich feststellen, dass mit der Niederlage bei Mohács (1526) auch das ungarische Buchdruckerwesen zusammenbrach. Die Ofener Druckerei Hess musste ihre Tätigkeit einstellen, und in den folgenden Jahren wurden *Hungarica* vor allem auf ausländischen Druckereien, vorerst in Krakau und Wien, gedruckt.[342] Die seit den 1530er Jahren aufgrund der kriegerischen Auseinandersetzungen nur zögerlich gegründeten Druckereien (Hermannstadt [Moler], Sárvár [Nádasdy], Kronstadt [Honterus], Klausenburg [Heltai, Hoffgreff], u.s.w.) standen grösstenteils im Dienste der Reformation, so dass sie sich – was von der Reformation besonders gefördert wurde – vor allem dem Druck von volkssprachlichen Schriften widmeten. Während der Hauptzweck der Druckerei in Sárvár der Druck von Sylvesters ungarischem Neuen Testament (1541) war, sahen diejeinigen in Hermannstadt, Kronstadt oder Klausenburg ihren primären Auftrag darin, Katechismen, Andachtsbücher, Streitschriften und Lehrbücher in Deutsch, Ungarisch oder Rumänisch bzw. Kirchenslawisch zu drucken; freilich sind daneben auch humanistische und reformatorische Schriften in Lateinisch und Griechisch erschienen.[343] Von den insgesamt über 800 *Hungarica*, die im 16. Jahrhundert auf ungarländischen Offizinen gedruckt worden sind, sind deren 500 in ungarischer Sprache erschienen, die restlichen teilen sich in Deutsch, Lateinisch, Rumänisch, Kroatisch, Slowenisch, Slowakisch, Kirchenslawisch und Griechisch auf; im Ausland erschienen in derselben Zeit lediglich 76 Werke in ungarischer Sprache. Von den in ungarischer Sprache erschienenen *Hungarica* entfielen etwa 80–90 % auf Schriften der Reformation.[344]

Für den Druck von *Hungarica* nahmen also die ausländischen Offizinen eine andere Bedeutung als die ungarländischen ein. Die ausländischen Offizinen waren im 16. Jahrhundert insbesondere attraktiv für den Druck von humanistischen wie von reformatorischen Schriften, die nicht in ungarischer

---

341 Zu der Studentenperegrination in genannte Städte vgl. unten S. 394 ff.
342 Vgl. V. Ecsedy, Könyvnyomtatás, 29 ff; vgl. oben S. 157 f et passim.
343 Vgl. V. Ecsedy, Könyvnyomtatás, 37–51; Rother, Siebenbürgen, 26–75; RMNy; RMK I.
344 Vgl. Kókay, Geschichte, 45; Révész. Reformation, 88. Die gegenreformatorischen Drucke, die in der von Miklós Thelegdi im Jahre 1578 gegründeten Offizin in Tyrnau gedruckt wurden, erschienen gleichfalls vor allem in der Volkssprache, also dem Ungarischen (vgl. V. Ecsedy, Könyvnyomtatás, 73 ff). Thelegdi nahm damit die beiden wichtigsten Mittel der Reformation zur Verbreitung ihrer neuen Ideen, nämlich den Buchdruck und die Volkssprache, auch für sich in Anspruch.

Sprache verfasst waren oder gedruckt werden sollten. Diese generelle Erkenntnis trifft auch für die schweizerischen Druckereien zu, auf denen im 16. Jahrhundert kein ungarischsprachiges *Hungaricum* erschien.[345] Wie erwähnt lag der Akzent der in der Schweiz erschienen *Hungarica* im 16. Jahrhundert auf den humanistischen Schriften ($^2/_3$), während die reformatorischen Drucke ($^1/_3$) hinten anstanden. Für unsere Frage nach der Art der Vermittlung des reformierten Bekenntnisses im Reich der Stephanskrone sind nun insbesondere die reformatorischen Drucke von Interesse, wenn auch die humanistischen Drucke nicht ausser Acht gelassen werden sollten.

Während vor 1550 nur zwei oder gar nur ein reformatorisches *Hungaricum* in der Schweiz erschien, sind es zwischen 1550 und 1606 deren 35. Dies zeigt, dass die Schweiz für Vertreter der ungarischen Reformation zwecks des Drucks ihrer Schriften eine bedeutendere Stellung einnahm. Gleichzeitig ist aber diese Bedeutung wieder einzugrenzen, da es sich grossmehrheitlich um Drucke von István Szegedi Kis († 1572) und Iszák Fegyverneki († 1589) handelt, wobei vor allem an Nachdrucke zu denken ist, einerseits an István Szegedi Kis' *Speculum romanarum Pontificium* (Basel 1584) sowie seine *Theologiae sincerae Loci communes de Deo et homine* (Basel 1585), andererseits an Iszák Fegyvernekis *Enchiridion Locorum communium theologicorum, Rerum, Exemplorum, atque Phraseon sacrarum, [...]* (Basel 1586). Nun ist es aber bemerkenswert, dass beide genannten Theologen zu Studienzwecken nie in der Schweiz waren, wenn auch sie direkt oder indirekt mit der Schweiz Kontakt pflegten: Szegedi Kis hatte 1543, Fegyverneki 40 Jahre später zuerst in Wittenberg, dann in Heidelberg, studiert; beide waren Vertreter einer vermittelnden Richtung der Reformation und standen der Theologie eines Théodore de Bèze oder eines Johann Jakob Grynaeus sehr nahe; letztere hatten sich besonders um den Druck der Schriften von Szegedi Kis und Fegyverneki verdient gemacht.[346] Die genannten theologischen Arbeiten waren für den Unterricht und die Ausbildung so gefragt, dass der Basler Buchdrucker Conrad Waldkirch mehrere Neuauflagen, auch noch zu Beginn des 17. Jahrhunderts, besorgen musste.[347] Das *Enchiridion*, unter anderem basierend auf Augustin Marlorats *Propheticae et apostolicae id est, Totius divinae Canonicae*

---

345 Das einzige Werke, in dem ein ungarischer Text gedruckt wurde, ist wie erwähnt Gessners *Mithridates* (Zürich 1555).

346 Vgl BERNHARD, Gwalther, 171ff; DERS., Béza, 303 f; GRYNAEUS, Kapcsolatai, 73 ff. 149ff; ZSINDELY, Kollégium, 128 f; BUCSAY, Speculum, 84.

347 Szegedi Kis' *Speculum* wurde 1586, 1592 und 1602, seine *Theologiae sincerae Loci communes* 1588, 1593, 1595, 1599 und 1608, und Fegyvernekis *Enchiridion* 1589, 1595, 1596, 1598, 1600, 1604, s.d. [1609], 1610 und 1628 nachgedruckt (vgl. RMK III 747. 772. 787. 830. 832. 847. 914. 932. 940a. 998. 1052. 1081. 1082. 1415; RMKP III 5564. 5679). Über die Frage, ob der Druck des *Speculum* von 1592 in Schaffhausen gedruckt wurde, ist sich die Forschung bis heute nicht einig (vgl. BRYNER, Schaffhausen, 483 f). Beim sogenannten „Schaffhauser" Druck des *Speculum* findet sich eine einzigartiger Holzschnitt eines *Arbor haereseon*, der die Wittenberger Geschichtsauffassung präsentiert (vgl. IMRE, Arbor haereseon, 25–83).

Scripturae Thesaurus [...] (Lausanne 1575),[348] das als Grundlagenwerk für biblische Theologie und Archäologie seit der zweiten, von Grynaeus besorgten Auflage 1589 – im Jahre des unerwarteten Todes von Fegyverneki, der Lehrer in Sárospatak gewesen war – zusammen mit den *Partitionum Theologicarum, Logica Methodo institutarum Libelli duo* von Amandus Polanus von Polansdorf erschien und dadurch in ganz Europa bekannt geworden war,[349] wollte Fegyverneki ausdrücklich als Lehrbuch der reformierten Theologie verstanden wissen, weswegen er im Vorwort einerseits auf Zanchi, Simler, de Bèze und Grynaeus, andererseits auf Péter Károlyi und István Szegedi Kis verwies.[350] Gleichzeitig prägten die *Theologiae sincerae loci communes* von Szegedi Kis während Jahrzehnten die Ausbildung von ungarischen Theologen, da das Werk einerseits eine pädagogisch-systematisch Glanzleistung war, andererseits aber eine vermittelnde Ausrichtung hatte.[351] Die Bedeutung dieser beiden Werke für die Formierung und innere Stärkung des reformierten Protestantismus in Ungarn und zum Teil auch in den böhmischen Ländern in der Zeit der katholischen Reform ist kaum zu überschätzen.[352]

Der Druck der Werke von Szegedi Kis und Fegyverneki nahm, prägnant formuliert, eine Schlüsselstellung für die weitere Konsolidierung der ungarisch-schweizerischen Kontakte im Übergang zum 17. Jahrhundert ein. Diesbezüglich sollen einzelne Aspekte genannt werden: Einmal lässt sich feststellen, dass der Druck von *Hungarica* in der Schweiz weniger dem Aufenthalt von ungarländischen Studenten als vielmehr der Förderung und Unterstützung durch führende Vertreter der Kirchen Basels und Genfs zuzuschreiben war. Auch stärkte der Druck der Werke von Szegedi Kis und Fegyverneki die geistige Verbundenheit des reformierten Protestantismus Ungarns und der Schweiz. Schliesslich bewirkte der Druck dieser Werke ein „reformatorisches Zusammenrücken" innerhalb der reformierten Orte der Schweiz; dabei nahm das ehemals fast lutherische Basel dank der Tätigkeit von Johann Jakob Grynaeus eine führende Stellung ein. Diese Aspekte sollen bei der Untersuchung der weiteren *Hungarica* besonders beachtet werden.

Dass ein Druck nicht dem Aufenthalt eines ungarländischen Studenten, sondern der Förderung und Unterstützung durch führende Vertreter der

---

348 Vgl. Izsák L. Fegyverneki: Praefatio ad lectorem, in: Izsák L. Fegyverneki, Enchridii Locorum communium theologicorum, Rerum, Exemplorum, atque Phrasium sacrarum, [...], Basel 1586, *8^v–**2^r.

349 Vgl. Staehelin, Polanus, 62 f.

350 Vgl. Fegyverneki, Enchiridion (1586), **2^r.

351 Dies zeigt sich insbesondere darin, dass Szegedi Kis Extrempositionen wie die Ubiquitätslehre eines Brenz oder die Sakramentslehre des jungen Zwingli ablehnte, also eine „Theologia sincera" vertrat. Dementsprechend orientierte er sich bei der Abfassung seines Werkes theologisch vornehmlich an Bullingers *Sermonum decades*, Musculus' *Loci communes*, Vermiglis *Loci communes* sowie Calvins *Institutio* (vgl. Kathona, Szegedi, 15–106; Bucsay, Speculum, 74 f); vgl. unten S. 356.

352 Vgl. Bucsay, Protestantismus I, 67 ff. 160; Nagy, Bedeutung, 88 ff.

Kirche zuzuschreiben ist, dieses Phänomen begegnet uns bereits beim ersten reformatorischen *Hungaricum*, das nach 1550 erschien. Es handelt sich um die *Annotationes locorum communium doctrinae Christianae Philippi Melanchthonis* von Leonhard Stöckel aus Bartfeld, die dem Basler Druck der *Loci communes* (Basel 1561) Melanchthons beigefügt waren.[353] Stöckel starb wie Melanchthon im Jahre 1560, nur vierzig Tage nach seinem „Lehrer". Während Melanchthon zwischen der lutherischen und helvetischen Richtung der Reformation zeitlebens vermittelnd wirkte, grenzte sich Leonhard Stöckel nicht nur gegen den „linken" Flügel („Anabaptisten", „Sakramentarier", u.s.w.), sondern auch gegen die schweizerische Richtung der Reformation ab und blieb in der Verantwortung gegenüber Luther. Stöckels *Annotationes*, die Melanchthon *Loci* auf der Grundlage der *Confessio Augustana* von 1536 interpretierten, sollten Beleg sein, wie Melanchthon zu lesen sei, d. h. dass seine *Loci communes* von 1559 nicht auf der *Confessio Augustana variata*, sondern *invariata* basieren würden.[354] Dies zu belegen war sehr wohl im Interesse der damaligen Basler Kirche, die unter Antistes Sulzer energisch die lutherische Richtung verfocht. Hatte doch Sulzer der Abendmahlslehre der *Invariata* zugestimmt.[355] In den *Annotationes* finden wir bezeichnenderweise die Formulierung: „Coena Domini est sacramentum, in quo cum pane & vino Christus suum corpus manducandum [...]"[356] Sulzer war schliesslich auch mitverantwortlich, dass in Basel Szegedi Kis' Schrift *Assertio vera de Trinitate* nicht erscheinen sollte. Máté Skaricza wandte sich daraufhin nach Genf zu de Bèze. Dieser bemühte sich daraufhin, auch nach einer Ermunterung von Bullinger,[357] um den Druck der antitrinitarischen Schrift, die allerdings erst nach Szegedi Kis' Tod erschien. Bereits 1576 verliess die Streitschrift die Druckerei in zweiter Auflage.[358]

Interessant ist ganz besonders eine andere Schrift Szegedi Kis', die – ausnahmsweise – in Zürich erschien. Es handelt sich um die wenig bekannte Abendmahlsschrift *Quaestiones de vero sensu verborum Coenae, de usu et abusu eiusdem*, die anhangsweise zu Markus Beumlers Schrift *De duabus gravissimis quaestionibus [...]* (Zürich 1584) erschien. Markus Beumler (Bäumler, 1555–1611), gebürtig aus Volketswil, zog von Tübingen nach Heidelberg, wo er 1584 vor Johann Jakob Grynaeus, der im gleichen Jahr nach

---

353 Vgl. RMKP 5284; VD 16 M 3664.
354 Zur Abgrenzung Stöckels von andern „reformatorischen" Strömungen ist auch sein Vorwort zu vergleichen: „Leonardi Steckelii in Locos communes doctrinae Christianae Praefatio", in: LEONHARD STÖCKEL, Annotationes Locorum communium doctrinae Christianae Philippi Melanchthonis, in: Philipp Melanchthon: Loci communes theologici, summa cura ac diligentia oostremom recogniti et aucti, [...], Basel 1561, a2ᵛ–a4ᵛ (= 4–8).
355 Vgl. GUGGISBERG, Zusammenhänge, 16 f.
356 STÖCKEL, Annotationes, 130.
357 Vgl. Heinrich Bullinger an Théodore de Bèze, 9. Oktober 1570, in: Bèze, Corr. XI, Nr. 806.
358 Vgl. ISTVÁN SZEGEDI KIS, Assertio vera de trinitate. Contra quorundam deliramenta quae ex Serneti aliorumque Phanaticorum hominum opinionibus nunc primum in quibusdam Hungariae partibus exorta ac publicata sunt, Genf 1576.

Heidelberg berufen worden war, seine Thesen zur Abendmahlslehre verteidigte;[359] darin erwies er sich als entschiedener Vertreter der reformierten
Richtung.[360] Grynaeus, der in der Kurpfalz wesentlich dazu beigetragen hatte,
dass das reformierte Bekenntnis sich durchgesetzt hatte, war verantwortlich
dafür, dass Szegedi Kis' Abendmahlsschrift derjenigen Beumlers beigefügt
wurde.[361] Ausser Grynaeus hatte zu dieser Zeit in Basel, Strassburg oder
Heidelberg kaum jemand inhaltliche Kenntnis von den Schriften von Szegedi
Kis – hatte doch István Szegedi Kis jun. den theologischen Nachlass seines
Vaters Grynaeus überlassen; er war es auch, der – vorübergehend von Heidelberg aus – den Druck des Nachlasses von Szegedi Kis betreute.[362] Szegedi
Kis hatte sich gerade in dieser kurzen Schrift – die eben keine systematisch
aufgebaute Schrift im Sinne der *Theologiae sincerae Loci communes* ist – in der
Abendmahlslehre klar zur helvetischen Richtung bekannt. Im „Vorwort", das
etwa in der Mitte der Schrift, im Anschluss an die ersten zehn Kapitel und
einleitend zu den folgenden dreissig *Prophanationes* gedruckt ist,[363] hielt
Szegedi Kis fest, dass die „coena Do[mini] non longè ab Apostolorum aetate
corrupta" sei; dazu zählte er nicht nur die Transsubstantiationslehre, sondern
auch die Konsubstantiationslehre, und schloss mit „Nostra sententia":

Sunt & alij qui confitentur Christum corporaliter in coelis esse ad dextram Patris,
adeoque in uno caeli loco. Propter veri corporis modum & Christum utrum Deum &
hominem: nihilominus ecclesiae suae praesentem esse, pascere, satiare, & vivificare
fideles suos, sacram coenam in terris celebrantes, non praesentia corporali, sed
divina gratia, redemptione efficaci & virtute vivificatrice non secus atque in Baptismi
mysterio fieri credimus. Quanquam enim corpore in coelis maneat, Dominus tamen
purgat, idem ille in ecclesia virtute potenti, eos qui in nomine eius baptizantur.[364]

Schliesslich berief sich Szegedi Kis in der die Schrift abrundenden *Confutatio
omnium institutorum seu additamentorum* neben den Kirchenvätern *einzig*
auf Bullinger sowie Calvin und schloss mit dem *Ritus coenae apud Helvetios,*

---

359 Beumler und Grynaeus pflegten in den folgenden Jahren regelmässig Korrespondenz (vgl.
     Briefwechsel von Johann Jakob Grynaeus, UBB: G II 2).
360 Vgl. H. Meyer, Art. Markus Bäumler, HLS 2, 2003, 109; de Bèze, Correspondance XXVI, 107.
361 Vgl. István Szegedi Kis, Quaestiones de vero sensu verborum Coenae, de usu et abusu
     eiusdem, in: Markus Beumler, De duabus gravissimis quaestionibus: coniunctione videlicet
     Sacamentali, & vera communione corporis sanguinisque Christi, [...], Zürich 1584, Q4ʳ–Aa6ᵛ
     (= 124ʳ–190ᵛ).
362 Leider konnten bislang keine anderen Hinweise – weder in Beumlers Schrift noch in der
     Korrespondenz von Grynaeus – gefunden werden, die weitere Schlüsse zulassen würden.
363 Diese seltsame Anordnung ist vielleicht Zeugnis dafür, dass die Schrift ursprünglich nicht für
     den Druck vorgesehen war; dies wird bestätigt dadurch, dass die Unterabschnitte der ein-
     zelnen Kapitel einmal mit römischen, ein andermal mit arabischen Ziffern gegliedert werden.
364 István Szegedi Kis: Praefatio authoris, in: Szegedi Kis, Quaestiones, V4ᵛ (= 156ᵛ). Natürlich
     wäre es interessant zu wissen, wann Szegedi Kis dieses Vorwort verfasst hat; leider aber endet
     es ohne Datumsangabe mit folgenden Worten: „Tu igitur quicunque haec legis opellam hanc
     nostram aequi bonique consulas ac benè vale." (ibidem, V4ᵛ).

ex Bulling. in 10. *Hebrae.* ab.[365] Es war also nur naheliegend, Szegedi Kis' *Quaestiones* Beumlers Abendmahlsthesen beizuordnen. Zudem legte sich ein Druck in Zürich – bemerkenswerterweise hat Beumler das Vorwort in Basel verfasst – darum nahe, weil bekanntlich unter dem Antistitium von Sulzer der Druck von nichtlutherischen Schriften in Basel soweit wie möglich behindert wurde. Durch die Verbindung dieser beiden Abendmahlsschriften wurde Szegedi Kis defintiv als Vertreter des reformierten Protestantismus beurteilt.

Im gleichen Jahr 1584 erschien von Szegedi Kis in Basel seine polemische Schrift *Speculum romanorum pontificium*, allerdings ohne Nennung von Druckort und Verlag. Wie Bucsay aufgezeigt hat, mögen dabei – auch die späteren Auflagen erschienen ohne Druckort und Verlag – allerdings andere Gründe als das Antistitium des „Lutheraners" Sulzer mitgespielt haben.[366] Die Schrift hatte trotz ihrer Kürze schwer belastendes Material zum römischen Papsttum, so dass die Nennung des Druckortes und Verlages dem Basler Buchgewerbe weiter schaden hätte können, da auf dem *Index auctorum et librorum prohibitorum* auch deren fünfzehn Verleger aus Basel aufgezählt wurden.[367] Bereits im folgenden Jahr gab Grynaeus, allerdings diesmal mit Nennung von Druckort und Verlag, bei Conrad Waldkirch Szegedi Kis' bahnbrechende Dogmatik und Ethik, seine *Theologiae sincerae loci communes* (Basel 1585), eingeleitet durch die von Máté Skaricza verfasste *Vita Szegedini*,[368] heraus.[369] Grynaeus' Einfluss auf die theologische Entwicklung in Basel scheint sich also bereits vor Sulzers Tod am 22. Juni 1585 – Grynaeus lehrte zu dieser Zeit in Heidelberg – immer mehr durchgesetzt zu haben.[370]

Auf Péter Laskai Csókás haben wir bereits verwiesen:[371] Er ist einer der wenigen Ungarn, der in die Schweiz kam, um einerseits zu studieren und andererseits den Druck einer von ihm verfassten Schrift zu besorgen.[372] Laskai war, seit der Veröffentlichung seines *Speculum exilii et indigentiae nostrae [...]* (Kronstadt 1581), einer theologischen Enzyklopädie, nicht nur als guter Philologe bekannt, sondern galt auch als wichtiger Vertreter des reformierten Protestantismus Siebenbürgens.[373] Schliesslich ist Laskais Genfer Druck

---

365 Vgl. Szegedi Kis, Quaestiones, Aa3ʳ–Aa4ʳ. Von der zürcherischen Liturgie hatte Szegedi Kis selbstverständlich Kenntnis, nachdem Ludwig Lavater die liturgischen Bräuche in seinem Buch *De ritibus et institutis ecclesiae Tigurinae opusculum* (Zürich 1559) festgehalten hatte (vgl. unten S. 358 f. 430 f. 462 f.).

366 Vgl. Bucsay, Speculum, 82 ff. 94 ff; ders., Szegedi Kis, 149 ff. 158 ff. 163 f.

367 Vgl. Index auctorum 1559, 34ᵛ–35ʳ (= De Bujanda, Index 1557/1559/1564, 786); vgl. Guggisberg, Stadtstaat, 207.

368 Vgl. Skaricza, Vita, α6ʳ–γʳ.

369 Vgl. oben S. 284. 343 f.

370 Das Vorwort hat Grynaeus am 31. März 1585 abgeschlossen (vgl. Johann Jakob Grynaeus: Praefatio, in: István Szegedi Kis, Theologiae sincerae loci communes De Deo et Homine [...], Basel 1585, α5ᵛ).

371 Vgl. oben S. 337 f.

372 Vgl. auch: de Bèze, Correspondance XXII, 105 f.

373 Vgl. Borsa, Drucke, Nr. 277.

Theorematum de puro et expresso Dei verbo [...] traditio (Genf 1584), gefördert und auch finanziell unterstützt durch Théodore de Bèze, eine Reaktion
auf die von Wolfgang Schreck herausgegebenen *Theses de puro et expresso Dei
verbo* ([Krakau][374] 1581), die am Jesuitenkollegium in Klausenburg disputiert
worden sind,[375] also eine inhaltliche „refutatio" der jesuitischen *Theses*, gewidmet Kristóf Báthory und den siebenbürgischen Ratsherren;[376] als Anhang
fügte Laskai noch sein *Pigmentum originis Sectae Iesuiticae* bei, gewidmet
dem ehemaligen Genfer Studenten und damaligen Weissenburger Pfarrer
Benedek Ilosvai.[377] Natürlich ist zu fragen, warum Laskai seine Widerlegung in
Genf drucken liess, und nicht in Siebenbürgen, oder in Wittenberg, wie seine
andere Schrift *De homine magno illo rerum natura miraculo et partibus eius
essentialibus* (Wittenberg 1585)? Dass Siebenbürgen nicht in Frage kam, mag
damit zu tun gehabt haben, dass die Druckereien Siebenbürgens – in Kronstadt, Hermannstadt und Klausenburg – zu jener Zeit kaum noch im Dienste
der reformierten Kirche standen. Während seit dem Erscheinen von Laskais
Speculum bis 1600 nur noch fünf reformierte Glaubensschriften aus den
Siebenbürger Pressen kamen, erschienen in der gleichen Zeit über 100 Drucke, einerseits Schriften verschiedener kirchlicher Strömungen (Antitrinitarismus, „sächsisches" Luthertum, Katholizismus, Orthodoxie), andererseits
Werke des Humanismus (Grammatiken, Schulbücher, Lehrgedichte, u.s.w.).[378]
In Wittenberg hingegen war der Druck eines theologischen Werkes eines
„Philippisten" wie Laskai Csókás zu Beginn der 1580er Jahre nahezu un-
möglich. War doch der regierende Kurfürst August von Sachsen († 1586) ein

---

374 Der Druck trägt den fingierten Druckort „Claudiopoli" (vgl. Borsa, Drucke, 392 f).
375 Vgl. Barlay, Disputa, 28–40.
376 Vgl. Barlay, Disputa, 37 ff; Balázs, Laskai Csókás, 1014 f. Laskais *Theorematum [...] traditio*
    ist Zeugnis für die heftigen Auseinandersetzungen in Siebenbürgen zwischen Jesuiten und
    Reformierten – bereits unter István Báthory hatten sich die konfessionellen Verhältnisse in
    Siebenbürgen verschoben (vgl. unten S. 365 f. 445 f), unter seinem Nachfolger Kristóf Báthory
    wurde schliesslich die Jesuitenmission eingerichtet (vgl. Daugsch, Toleranz, 52 ff; Kruppa,
    Religionspolitik, 135–151) – und stellt keinen Einzelfall dar. Auch Péter Beregszászi hat sich
    mit Schriften von Wolfgang Schreck auseinandergesetzt, wie aus einem Brief an den Jesuiten
    István Szántó deutlich wird. In genanntem Brief reagierte er auf verschiedene Disputationen
    „de capite Ecclesiae Romanae et de variis rebus ecclesiasticis"; abschliessend hielt er gegenüber
    Szántós Vorwurf, dass bei den Protestanten „successionem esse ruptam e laceratam", weil
    unter den Reformatoren keine Einheit bestehe und die siebenbürgischen Reformierten sich
    weit von Calvin entfernt hätten, fest: „Successio verae doctrinae, quae Dei beneficio ex ipsius
    verbo ad nos usque est ab apostolis propagata, sicut a consensu Lutheri et Calvini non pendet,
    ita eorundem dissensione non evertitur." (Péter Beregszászi an István Szántó, 5. September
    1585, in: Veress, Epistolae Jesuitarum II, 141).
377 Vgl. Péter Laskai Csókás: Pigmentum Originis sectae Iesuiticae, in: Ders., Theorematum De
    pure et expresso Dei verbo, [...], Genf 1584, 395–432. Es scheint, dass Laskai Csókás mit
    Benedek Ilosvai in regem Austausch stand; so wies er im Vorwort seiner Schrift *De homine
    magno illo rerum natura miraculo* (Wittenberg 1585) darauf hin, dass Ilosvai ihm den Wit-
    tenberger Bürgermeister und Buchhändler Samuel Seelfisch sehr empfohlen habe (vgl. Péter
    Laskai Csokás: Epistola dedicatoria, in: Ders., Homine, a2^{r-v}).
378 Vgl. Borsa, Drucke, 289–379.

strenger Lutheraner; als solcher missbilligte er die „kryptocalvinistische" Ausrichtung des *Coetus ungaricus* unmissverständlich. Hingegen gab sein Sohn Christian I. die konfessionelle Orientierung des Vaters auf und leistete den „Kryptocalvinisten" Wittenbergs offene Unterstützung.[379] Das „kryptocalvinistische" Wittenberg darf also seit Mitte der 80er Jahre in Bezug auf die theologische Ausrichtung mit Genf durchaus verglichen werden. So ist es ja geradezu bezeichnend, dass Laskai Csókás nach dem Genfer Druck des *Theorematum* erneut nach Wittenberg zog. Seine dort erschienene Schrift *De homine magno illo rerum natura miraculo et partibus eius essentialibus* (1585), gewidmet dem Wittenberger Bürgermeister und Buchhändler Samuel Seelfisch, die eine umfassende Darstellung des Wesens des Menschen (Körper, Seele), ausgehend von der griechischen Philosophie über das biblische Menschenbild bis hin zu den Vorstellungen der Kirchenväter, aufgebaut nach der erasmischen *Loci*-Methode, ist, enthielt sich allerdings weitgehend konfessionspolitischer Äusserungen. Bereits im kommenden Jahr verfasste Laskai Csókás eine „Ode προτρεπτική" an Graf István Báthory,[380] dem Izsák Fegyverneki sein bereits mehrfach erwähntes *Enchiridion Locorum communium theologicorum, Rerum, Exemplorum* (Basel 1586) gewidmet hatte. Fegyverneki, seit 1581 Student in Wittenberg, hatte sich 1585 Heidelberg zugewandt, wo er Grynaeus kennenlernte, dank dessen Unterstützung er schliesslich auch die Erstausgabe des *Enchiridion* in Basel erscheinen lassen konnte.

Die Ausführungen illustrieren, dass Mitte der 1580er Jahre zwischen Genf, Basel, dem „philippinischen" Wittenberg und Heidelberg ein intensiver Wissens- und Personenaustausch bestanden hat. Báthory konnte eine Peregrination nach Wittenberg sehr wohl unterstützen, weil er davon ausgehen durfte, dass die ungarischen Studenten auch dort die Möglichkeit hatten, Schriften der schweizerischen Reformation zu lesen.[381] Wie die führenden kirchlichen Vertreter Genfs und Basels davon Kenntnis hatten, so waren sie sich aber auch der Labilität dieses Austausches bewusst, da sie sich an die „kryptocalvinistischen" Säuberungen in Wittenberg in den 1570er Jahren erinnerten. Deswegen förderten sie seit Mitte der 80er Jahre den Druck von *Hungarica* – seien deren Verfasser Wittenberger, Heidelberger, Basler oder Genfer Studenten gewesen – nachdrücklich. Solche Überlegungen mögen neben obgenannten Gründen mitgespielt haben, als de Bèze sich entschied Bálint Szikszai Hellopaeus' Schrift *De Sacramentis in genere [...] tractatio* (Genf 1585) doch noch herauszugeben, ergänzt durch sein eigens dafür ab-

---

379 Dies ist dann auch die bereits erwähnte letzte Blütezeit des „Philippinismus" an der Wittenberger Universität (vgl. SZABÓ, Universität, 60; ASCHE, Bildungsbeziehungen, 41; vgl. oben S. 312 f).

380 Vgl. Péter Laskai Csókás: Ode προτρεπτική, in: FEGYVERNEKI, Enchiridion (1586), *6ᵛ–*7ᵛ (vgl. BALÁZS, Laskai Csókás, 1015).

381 Weiteres dazu vgl. unten S. 381 ff. 401 ff et passim.

gefasstes, an die Diener der Kirchen Oberungarns und Siebenbürgens gerichtetes Vorwort.[382]

Wie bereits erwähnt diente Szegedi Kis' *Speculum* dem Basler Korrektor und Herausgeber Nikolaus Höniger als Grundlage für seinen *Spiegel des Weltlichen Römischen Bapsts [...]* (Basel 1586). Höniger berief sich nicht nur im Titel auf Szegedi Kis' *Speculum* als Vorbild, sondern auch in der Widmung in langen lobreichen Ausführungen.[383] Högigers *Spiegel* erschien gleichfalls ohne Druckort, um so mehr, dass die rund 300 Seiten des *Speculum* auf fast 600 Seiten angewachsen waren, viel für den römischen Papst belastendes Material enthaltend.[384]

Neben Szegedi Kis' *Speculum* und seinen *Theologiae sincerae Loci communes* ist insbesondere auf sein biblisch-exegetisches Werk *Tabulae analyticae [...]* (1592) zu verweisen, das Conrad Waldkirch während seines vorübergehenden Schaffhauser Aufenthaltes herausgab. Die *Tabulae analyticae* beinhalten Strukturanalysen, Kommentare und Predigtdispositionen zu den Psalmen, den vier grossen Propheten Jesaja, Daniel, Ezechiel und Jeremia, dann auch des Neuen Testamentes einschliesslich der Johannesoffenbarung. Als Grundlage der *Tabulae* benutzte Szegedi Kis unter anderem Predigten, Homilien und Kommentare Bullingers.[385] Waldkirch betonte im Vorwort, dass Szegedi Kis' Werk sich vor allem durch eine klare und schöne Kürze auszeichne und man das Wichtige sofort auf einen Blick erkennen könne. Letztlich sollte es vor allem der Predigtvorbereitung dienen.[386] Die späteren Nachdrucke in Basel (1598; 1599; 1610) und in England[387] belegen, dass die Nachfrage auch nach diesem Werk Szegedi Kis' nicht unerheblich war, zumal der Druck der *Tabulae*, ein „buchdruckerisches Meisterwerk"[388], aufwendig und teuer gewesen sein muss.

Abgesehen von den Werken Szegedi Kis' und Fegyvernekis ist auf weitere, in Basel erschienene *Hungarica* hinzuweisen. Erneut ist es Grynaeus, der sich darum verdient gemacht hat. Aus Wittenberg sandte Csanádi an Grynaeus die *Apologia pro ecclesiis reformatis* (Grosswardein 1585) von Péter Beregszászi,

---

382 Vgl. Eximiis Christi servis Ecclesiarum orthodoxarum superioris Pannoniae, et Transylvaniae Pastoribus & Doctoribus, fratribus in Domino summè observandi, Theodorus Beza gratiam & pacem à Domino, in: Szikszai Hellopaeus, Tractatio, †2ʳ–†5ʳ; weiteres vgl. oben S. 313 ff.

383 Nikolaus Höniger: Dem edlen, besten, frommen, fürsichtigen und wolweysen Junckherrn Hans Cunradt von Ulm, in: DERS., Spiegel des weltlichen römischen Bapsts: darinn allein der eusserliche Gewalt, Pracht, Hoffart und Stoltz der Römischen Bäpsten , [...]., [Basel] 1586, *ijʳ–**r.

384 Vgl. Hieronymus, Petri, 1627 f (Nr. 579); Bucsay, Speculum, 92 ff; DERS., Szegedi Kis, 139 ff.

385 So fertigte Szegedi Kis beispielsweise aus Bullingers hundert *Conciones* über die Apokalypse 33 Predigtdispositionen an (vgl. Nagy, Bedeutung, 90).

386 Vgl. Conrad Waldkirch: Epistola dedicatoria, in: István Szegedi Kis, Tabulae analyticae quibus exemplar illud sanorum Sermonum de Fide, Charitate et Patientia, [...]., Schaffhausen 1592,):(3ʳ (vgl. Bryner, Schaffhausen, 480 f).

387 Der Druck erschien 1593 auch in London auf der Offizin von Richard Field (vgl. RMK III 834).

388 Bryner, Schaffhausen, 482.

einem ehemaligen Schüler von Péter Károlyi und dessen Nachfolger in Grosswardein, zu: „Mitto Reverendae Dignitati Tuae libellum απολογητικον doctissimi Domini Petri Berexasij, nostrae nationis et Concionatoris, quem ut uultu accipias bello, et ubi per occupationes licuerit perlegas, etiam atque etiam rogo et obsecro."[389] Demeter Krakkai sandte aus Strassburg auf Grynaeus' Wunsch hin Schriften von Matej Kabát (Thoraconymus), Rektor in Sárospatak.[390] Nachdem Kabát im Juni 1586 und Beregszászi im Mai 1587 verstorben waren, hat sich Grynaeus entschlossen, diese und andere theologische Streitschriften von Kabát, Beregszászi sowie anderer (Kaspar Pilc, Wolfgang Schreck, u.s.w.) gesammelt herauszugeben; dieselben widerspiegeln vor allem die theologischen Auseinandersetzungen im Ungarn jener Zeit, einerseits zwischen den „Kryptocalvinisten", d.h. den Reformierten, und den „Ubiquitariern", d.h. den Lutheranern, in Oberungarn, andererseits zwischen den Reformierten und den Jesuiten in Siebenbürgen.[391] Grynaeus, zu diesem Druck durch ungarische Studenten ermutigt, konnte damit die Bedeutung Basels für den Druck von reformierten bzw. „kryptocalvinistischen" *Hungarica* – Kabát wie auch Beregszászi lehnten die lutherische Ubiquitätslehre ab – etablieren und die geistigen Verbindungen zwischen Vertretern eines reformierten bzw. „kryptocalvinistischen" Protestantismus weiter festigen. Daher ist es nicht erstaunlich, dass 1591 – es war das Todesjahr des reformierten Kurfürsten Christian I. von Sachsen, der den „Kryptocalvinismus" in Wittenberg gestützt hatte – gleich fünf *Hungarica* in Basel erschienen. Auch diese Drucke wurden von der Thematik der Konsolidierung des reformierten Bekenntnisses in Auseinandersetzung mit den Lutheranern (Oberungarn) bzw. den Jesuiten (Siebenbürgen) beherscht. Als erstes ist dabei auf einen Druck des Zipser Deutschen Kaspar Pilc zu verweisen, in welchem Pilc gegen das Luthertum in Oberungarn ankämpfte. Pilc trat in den 1580er Jahren als Lehrer am reformierten Kollegium in Sárospatak und später als „calvinistischer" Pfarrer in Marksdorf (Markušovce, SK) immer mehr in Widerspruch

---

389 János Csanádi an Johann Jakob Grynaeus, 2. September 1586, in: GRYNAEUS, Kapcsolatai, 63.

390 Vgl. Demeter Krakkai an Johann Jakob Grynaeus, 11. Februar 1587, in: GRYNAEUS, Kapcsolatai, 93.

391 Der Druck, der den Titel *De controversiis Religionis hoc seculo motis adversaria quaedam scripta* (Basel 1587) trägt, beinhaltet folgende Schriften: PÉTER BEREGSZÁSZI, Apologia pro ecclesiis Reformatis (s.d.); MATEJ KABÁT, Tractatus de Hypostatica unione duarum naturarum in Christo mediatore brevibus quaestionibus comprehensus (1586); KASPAR PILC, Strenae examinatoribus propositionum De Coena Domini (1586); MATEJ KABÁT, Discussio septem paralogismorum pro asserenda orali ipsiusmet nativi corporis & sanguinis Christi perceptione conflictorum (1586); WOLFGANG SCHRECK, Adversus authores Iuliani ut vocant pseudocalendarij Varadini (1585); PÉTER BEREGSZÁSZI, Ventilatio scripti, Claudiopoli in Transilvania editi, quod inscriptum est, Adversus auctores Iuliani, [...] (s.d.); PÉTER BEREGSZÁSZI, Defensio ventilatorum contra calumnias Stephani Aratoris (1585); PÉTER BEREGSZÁSZI, Epistola ad Stehanum Aratorem Iesuitam: Qua futilis ipsius ad quaestionem Petri Berexasij, [...] (1585). Zudem wurden einzelne Gedichte und ein Vorwort von Grynaeus beigefügt (vgl. RMK III 759).

zu den führenden kirchlichen Vertretern der fünf königlichen Freistädte, vor allem zu Martin Wagner und Thomas Fabri aus Bartfeld, Georg Creutzer aus Käsmark oder Severín Škultéty aus Eperies.[392] Pilc' *Assertatio regularum breviter & simpliciter Coenae Dominicae sententiam complectentium* (s.d.), eine Rechtfertigung gegenüber Wagner, ist wohl Ende der 1580er Jahre[393] in Zerbst-Anhalt (oder Bartfeld?), allerdings ohne Nennung des Druckortes, erschienen.[394] Wagner widerlegte die Schrift noch vor seinem Tode († 1590), was Pilc hinwieder zu einer *Brevis et perspicua responsio ad maledicam et futilem Apologiam Martini Wagneri [...]* (1591) veranlasste. In dieser Zeit stand Pilc bereits mit Grynaeus in Basel in Kontakt; wir wissen davon, obwohl sämtliche Briefe verloren sind, da Pilc Grynaeus durch Fegyverneki sowie durch Ambrosius Lam mehrfach grüssen liess.[395] Die Forschung ist sich heute weitestgehend einig, dass die *Brevis et perspicua responsio* von Pilc, der seinerseits in einem besonders freundschaftlichen Verhältnis zu Ambrosius Lam stand, in Basel erschienen ist;[396] hingegen wird heute immer mehr in Zweifel gezogen, ob in Basel auch eine zweite Auflage von Pilc' *Assertio regularum* nachgedruckt worden ist. Aufgrund der noch erhaltenen Exemplare lässt sich dies leider nicht entscheiden.[397]

Ende 1590 kam Gallus Rhormann aus Siebenbürgen nach Basel. Der aus Tekendorf (Teaca, RO) gebürtige Sachse studierte nach seiner ersten schulischen Ausbildung in Bistritz im Jahre 1590 in Strassburg und daraufhin in Basel.[398] Im April 1591 erschien in Basel bei Henricpetri[399] eine *Oratio de constituendo iudice controversiarum Religionis Pontificiae atque reformatae*, die die Ausweisung der Jesuiten aus Siebenbürgen durch den Landtagsbeschluss vom 8. Dezember 1588 beschreibt und von einem „Vngaro veritatis asserendae stvdioso"[400] gehalten worden ist. Jenő Zoványi hat vermutet, dass Rhormann um dieses Drucks willen aus Strassburg nach Basel gekommen sei, wo er mindestens bis Juni 1591 studiert habe.[401] András Szabó hat dies in seiner bedeutenden Studie über Grynaeus in Zweifel gezogen, weil nämlich

---

392 Vgl. Sebők, Humanista, 174 ff; Hajduk, Škultéty, 83 ff; Klein, Nachrichten, 289–295.

393 Aus einem Brief Fegyvernekis an Grynaeus wissen wir, dass Pilc noch im Juni 1587 am Kollegium in Sárospatak tätig war (vgl. Iszák Fegyverneki an Johann Jakob Grynaeus, 23. Juni 1587, in: Grynaeus, Kapcsolatai, 76); auf dem Titelblatt der *Assertio regularum* wird aber Pilc bereits als „pastore Ecclesiae Marciuillanae" bei der Zipser Burg (*ung.* Szepesvár) bezeichnet.

394 Vgl. RMK II 192; RMKP III 7442

395 Vgl. Grynaeus, Kapcsolatai, 18. 20 f. 24. 38. 76.

396 Vgl. Sebők, Humanista, 176.

397 Vgl. RMK III 811; RMMNy App. 47.

398 Vgl. Hegyi, Diákok, 47; Szabó, Erdélyiek, 61; Grynaeus, Kapcsolatai, 160 f.

399 Obwohl im Kolophon nicht festgehalten, wissen wir dies aus einem Brief von János Baranyai Decsi (vgl. János Baranyai Decsi an Johann Jakob Grynaeus, 12. Mai 1591, in: Grynaeus, Kapcsolatai, 55).

400 Oratio de constituendo iudice controversiarum Religionis Pontificiae atque reformatae [...], Basel 1591, A^r.

401 Vgl. Zoványi, Lexikon, 512.

János Baranyai Decsi (1560 – 1601), gebürtig aus Tolnau im türkisch besetzten Mittelungarn, diese Schrift an Grynaeus übersandt habe:

Cumque unusquisque Ungarorum, qui tunc in ea Academia [i. e. Wittenberga] satis frequentes erant, pro sua parte virili gratitudinem suam erga Dei beneficium declarare vellet: alij carminibus, alij alijs modis hunc Iesuitarum ex Transyluania discessum celebrarunt. Inter eos extitit quidam, qui hanc orationem, quam ad Tuam Reverendam Dominationem mitto, in coeto Ungarorum recitavit.[402]

Damit ist gesichert, dass Rhormann – weder hat er in Wittenberg studiert noch konnte er als Sachse dem *Coetus ungaricus* angehört haben – nicht der Verfasser der *Oratio* sein kann. SZABÓS Folgerung daraus, dass Brananyai Décsi, der seit 1587 auch in Wittenberg studiert hatte und 1589/90 nach Strassburg gekommen war, wo er auch mit Rhormann in Kontakt trat, selbst der Verfasser der Schrift sei, ist allerdings sehr hypothetisch.[403] Warum sollte Baranyai Decsi nicht wollen, dass Grynaeus wisse, dass er selbst der Verfasser der *Oratio* sei? Warum sollte Baranyai Decsi über die Religionsverhältnisse in Siebenbürgen eine so ausführliche Rede – 60 Seiten – halten? Vielmehr ist an Demeter Krakkai zu denken, der ebenfalls seit 1587 in Wittenberg studierte. Krakkai stammte aus Siebenbürgen, stand in Kontakt sowohl mit Baranyai Decsi als auch mit Grynaeus, und war Mitglied des *Coetus*.[404] Freilich bleibt die Frage offen, warum die Schrift anonym erschien? Dies kann darin begründet sein, dass nicht Krakkai seine *Oratio* an Grynaeus übersandte, sondern Baranyai Decsi; offenbar hatte Krakkai keine Publikation der *Oratio* ins Auge gefasst. Dass Baranyai Decsi den Verfasser der *Oratio* nicht nannte und auch bei der Publikation der Schrift nicht genannt wurde, ist wohl damit zu erklären, dass Krakkai keine Kenntnis des Drucks hatte – er hielt sich zu jener Zeit in Padua auf – oder aber einen Druck ablehnte, zumal aus Siebenbürgen ausgewiesene Jesuiten nach 1591 bereits wieder ins Land zurückkehrten.[405] Krakkai kehrte im Herbst 1591 nach Siebenbürgen zurück, wurde schliesslich Lehrer am reformierten Kollegium in Sárospatak und 1593 Hauptpfarrer in Weissenburg.

Wenn auch wir keine letzte Gewissheit haben, wer der Verfasser der *Oratio* war, so können wir erneut die Bemühungen von Grynaeus erkennen, Basel immer mehr als Druckort für reformierte *Hungarica* zu etablieren. Schliesslich übermachte ja Baranyai Decsi die *Oratio* am 26. Februar 1591 an Grynaeus und bereits im kommenden April kam sie aus der Druckerei.[406] Im Mai und im Juni erschienen zwei weitere *Hungarica*, nämlich zwei *Disputationes* des bereits erwähnten Gallus Rhormann, die er vor Johann Jakob Grynaeus öffent-

---

402 János Baranyai Decsi an Johann Jakob Grynaeus, 26. Februar 1591, in: GRYNAEUS, Kapcsolatai, 53.
403 Vgl. GRYNAEUS, Kapcsolatai, 140 ff.
404 Vgl. SZABÓ, Erdélyiek, 46 f; GRYNAEUS, Kapcsolatai, 92 – 101. 154 – 157.
405 Zur Ausweisung der Jesuiten und ihrer Rückkehr vgl. DAUGSCH, Toleranz, 55 ff.
406 Vgl. [KRAKKAI?], Oratio, H2ᵛ (= 60).

lich verteidigt hatte. Am 27. Mai 1591 disputierte Rhormann über die *Προ-τέλεια de optima ratione legendi libros novi Testamenti [...]* (Basel 1591),[407] wozu Baranyai Decsi Rhormann gratulierte;[408] am kommenden 17. Juni disputierte er schliesslich über die *Theorema de uno eodemque aeterno Dei Evangelio [...]* (Basel 1591), in denen sich Rhormann als Vertreter der reformierten Richtung erwies.[409] Grynaeus hat für beide Disputationen ein Vorwort verfasst; die *Theorema* widmete er Baron Wilhelm von Winneburg, die *Προτέλεια* dem jungen siebenbürgischen Grafen Ferenc Bánffy. Während der katholische Baron von Winneburg († 1637) – Grynaeus gedachte im Vorwort bedeutender Gelehrter wie Girolamo Zanchi († 1590), Basilius Amerbach († 1591) oder „alios φωστῆρας (interque hos eximium servum suum, D. Theodorum Bezam)"[410] – für die Reformation gewonnen werden sollte, ermutigte er den siebenbürgischen Magnaten Bánffy, der Neffe von Miklós Thelegdi und Barbara Bánffy, ein Wittenberger und Strassburger Studienfreund von János Baranyai Decsi,[411] sich weiterhin für das helvetische Bekenntnis einzusetzen.[412]

Eine interessante, aber schwierig zu beantwortende Frage ist die, warum unter dem Präsidium von Grynaeus auch ein sogenannter Antitrinitarier, nämlich Johannes Hertel, der Sohn von Ferenc Dávid, disputiert hatte, und dessen Disputation noch im gleichen Jahre unter dem Titel *Διδασκαλία de nobili dicto Davidis: Iustus ut palma florebit [...]* (Basel 1587)[413] in der Druckerei Oporin erschien. BALÁZS glaubt, dass die Verbindungen der Antitrinitarier nach Basel – in Basel hatten sich im 16. Jahrhundert bekanntlich

---

407 Dieses *Hungaricum* kennen weder Károly SZABÓ (RMK III) noch Hiador SZTRIPSZKY (RMKP).
408 Vgl. János Baranyai Decsi an Johann Jakob Grynaeus, 28. Juni 1591, in: GRYNAEUS, Kapcsolatai, 56.
409 Dies zeigt sich beispielsweise in seinen Ausführungen zu den Sakramenten: „Certum hoc est, Sacramentum esse visibile Evangelium, quandoquidem obsignant justitiam fidei. Rom.4.11." (GALLUS RHORMANN, Theorema de uno eodemque aeterno Dei Evangelio, propositum à Iohan. Iacobo Gryneo [...], Basel 1591, A3ʳ). Die augustinische Formulierung *sacramentum est visibile verbum* wird von Bullinger wie Calvin inhaltlich übernommen und zur Predigt des Evangeliums in Beziehung gesetzt, festhaltend, dass Gott durch die Sakramente die Verheissungen „obsignat" (BULLINGER, Confessio [2009], 323 [Cap. 19]; vgl. JOHANNES CALVIN, Institutio Christianae Religionis [1559], in: CO II, 951 f [Lib.4, Cap. 14]). Demgegenüber verdammt die *Formula concordiae* (1577) die Lehre, dass Brot und Wein bloss Siegel („signa") seien, durch die wir des Glaubens versichert würden (vgl. Formula concordiae [1577], in: BSLK, 801).
410 Generoso D. Wilhelmo, Baroni Winneburgensi S.D. Iohan. Iacobus Grynaeus, in: RHORMANN, Theorema, A2ᵛ.
411 Vgl. GRYNAEUS, Kapcsolatai, 140 f.
412 Vgl. Illustri Domino Francisco Banfi Losonci, Comiti Debocensi, Baroni ab Hunjad, [...] Iohannes Iacobus Grynaeus, in: GALLUS RHORMANN, Προτέλεια de optima ratione legendi libros novi Testamenti [...], Basel 1591, Aᵛ (nachgedruckt in: JOHANN JAKOB GRYNAEUS (Hg.), Explanatio epistolae primae et secundae Ioannis Apostoli & Evangelistae: unà cum auctario illustrium aliquot Theoremtaum & Problematum Theologicorum, Basel [1591], 391).
413 Die Disputation ist nur noch in einem einzigen Exemplar in Hermannstadt erhalten (vgl. NÄGLER, Biblioteca Brukenthal, Nr. 157).

immer wieder Nonkonformisten, manche auch langfristig, aufgehalten[414] –
Hintergrund gewesen seien, dass Hertel sich in Basel immatrikuliert hätte.
Allerdings hätte er vor Grynaeus seinen antitrinitarischen Glauben wohl kaum
zu erkennen gegeben.[415] Doch die Überlegungungen von BALÁZS sind aus
verschiedenen Gründen kritisch zu beurteilen. Obwohl Hertel Sohn des wohl
bekanntesten Siebenbürger Antitrinitariers war und obwohl er später eine
Laufbahn als Arzt einschlug, darf ernsthaft in Zweifel gezogen werden, ob
Hertel ein „radikaler Antitrinitarier"[416] war. Immerhin wäre es doch erstaunlich, wenn Grynaeus, der von der kirchenpolitischen Situation Siebenbürgens und auch von dem Namen sowie den Schriften Ferenc Dávids sehr
wohl Kenntnis hatte, einen allfälligen Nikodemismus von dessen Sohn nicht
erkannt bzw. erahnt hätte; hat er ihn doch im an Andreas Geuder von He-
roldsburg gewidmeten Vorwort als „multorum heroicorum Iuvenem, qui &
Basileae & Heydelbergae mecum honeste & studiose vixerunt, [...]" bezeichnet,[417] und schliesslich dessen Disputation in den ersten Band der von
ihm herausgegebenen gesammelten Disputationen, den *Theologica Theoremata et problemata de quibus in inclyta Basiliensis Academia [...]* (Basel 1588)
aufgenommen.[418] Auch ist zu bedenken, dass Hertel nach seinem Basler
Aufenthalt in das reformierte Heidelberg zog und dort bis im Frühling 1589
studierte; aus Padua, wo er während der folgenden vier Jahre an der Universität unterrichtete, kam er im Sommer 1590 vorübergehend nach Genf zu
Théodore de Bèze.[419] Hertels Aufenthalte in Basel, Heidelberg und Genf
während seiner Peregrination machen glaubhaft, dass er eher als Anhänger
der helvetischen Richtung der Reformation als als radikaler Antitrinitarier
bezeichnet werden kann; damit trat er in eine gewisse Distanz zu seinem
verstorbenen Vater.[420] Diese Erkenntnis wird aufgrund einer theologischen
Auswertung seiner Disputation Διδασκαλία *de nobili dicto Davidis*, in der
Hertel das „Blühen" der Gläubigen wie der Kirche von der Verbundenheit mit

---

414 Vgl. oben S. 143. 271 ff et passim.
415 Vgl. BALÁZS, Einflüsse, 145.
416 Vgl. ibidem.
417 Nobili iuveni Andreae Geudero [...] s.d. Iohannes Iacobus Grynaeus, in: JOHANNES HERTEL,
     Διδασκαλία de nobili dicto Davidis [...], Basel 1587, A4ʳ.
418 Vgl. JOHANN JAKOB GRYNAEUS, Theologica Theoremata et problemata, de quibus in inclyta
     Basiliensi Academia Συζητήσεις institutae fuerunt [...], Basel 1588, 200–216.
419 Vgl. Sebastian Ambrosius Lam an Johann Jakob Grynaeus, 2. August 1590, in: GRYNAEUS,
     Kapcsolatai, 19 f; SZABÓ, Erdélyiek, 104.
420 Es sind auch andere Fälle bekannt, wo die Kinder die antitrinitarische Orientierung der Eltern
     nicht übernahmen: So lehnte beispielsweise Rudolf Hoffhalter „Tigurinus", der Sohn des
     ursprünglich aus Posen stammenden Raffael Hoffhalter (Skrzetusky), „Hofdrucker" des sie-
     benbürgischen Fürsten János Zsigmond Szapolyai sowie von dessen theolgischem Berater,
     dem ersten antitrinitarischen Bischof Ferenc Dávid, den Antitrinitarismus ab und blieb An-
     hänger der Zürcher Reformation (vgl. BERNHARD, Magnatenhöfe, 56 f; BORSA, Buchdru-
     ckerfamilie, 225–229; GYULÁS, Buchdrucker, 198–208; V. ECSEDY, Könyvnyomtatás, 61–66).

Christus abhängig machte, unterstützt;[421] auf dem Titelblatt wird darum zu Recht Melanchthon zitiert.[422] Später wirkte Hertel als Arzt in Klausenburg.

Unsere Ausführungen haben bestätigt, dass die grosse Mehrheit der Drucke reformatorischer *Hungarica* in der Schweiz nicht an den Aufenthalt ungarischer Studenten, sondern an die geistesgeschichtliche Verbundenheit Ungarns mit der Schweiz gekoppelt war, begründet in den Kontakten ungarländischer Humanisten zu Basel. Darüber hinaus ist es aber geradezu bezeichnend, dass die Schweiz bzw. Basel und Genf als Druckorte für reformatorische *Hungarica* erst eigentlich mit dem Tod der beiden grössten ungarischen Theologen des Reformationszeitalter († 1572), István Szegedi Kis und Péter Melius Juhász, eine nennenswerte Bedeutung einnahmen. Erst durch den Druck der posthum veröffentlichten Schriften Szegedi Kis' – es war einerseits das Verdienst von Máté Skaricza und István Szegedi Kis jun., andererseits von Théodore de Bèze und Johann Jakob Grynaeus – rückten Genf und Basel in den folgenden Jahrzehnten als Druckerstädte für reformatorische Schriften ins Interesse der ungarischen Protestanten. Dies ist der hauptsächlichste Grund dafür, warum – wir haben mehrere Beispiele genannt – ungarische Vertreter der Reformation in Genf wie in Basel um den Druck von Schriften gegen die „Antitrinitarier", „Ubiquitarier" oder „Jesuiten" baten.[423] Natürlich wurden dadurch die – bereits seit Jahrzehnten bestehenden – geistigen und kirchlichen Beziehungen weiter vertieft, ja das Band eines „vermittelnden" Protestantismus zwischen der Schweiz und Ungarn bleibend gestärkt. Bekanntlich hat Szegedi Kis in seinen systematischen Schriften Extrempositionen wie die Ubiquitätslehre eines Brenz oder die Sakramentslehre des jungen Zwingli abgelehnt;[424] damit war der Grund einer „geistig-theologischen Verwandtschaft" nicht nur des grossen ungarischen Systematikers Szegedi Kis, sondern auch anderer ungarischer Reformatoren der zweiten Generation, besonders Vertreter des „Philippismus",[425] zu Théodore de Bèze und Johann Jakob Grynaeus gegeben.

Die führenden Vertreter der reformierten Orte der Schweiz waren sich der Bedeutung der sich dank dem Buchdruck intensivierenden ungarisch-schweizerischen Kontakte durchaus bewusst. So wurde die „ungarische Frage"

---

421 Allerdings ist zu fragen, warum Hertel in seiner 14. These bloss 1. Joh. 5, 4 zitiert und v. 5 weglässt (vgl. HERTEL, Διδασκαλία, B2ᵛ⁻ʳ): Will Hertel eine Aussage, dass Jesus Christus Sohn Gottes sei, vermeiden? Oder genügt der Hinweis auf den Glauben (v. 4), da der aufmerksame Leser sich dessen bewusst ist, dass es um den Glauben daran geht, dass Jesus Christus Gottes Sohn ist? – Aufgrund der Quellenarmut ist kein abschliessendes Urteil möglich.

422 „Subditus esto Deo, mandato munere fungens: Et spera, in dubijs & pete rebus opem." (HERTEL, Διδασκαλία, Aʳ).

423 Vgl. Tamás Tolnai Fabricius an Théodore de Bèze, 3. Mai 1581, in: Bèze, Corr. XXII, Nr. 1477; Matej Kabát an Johann Jakob Grynaeus, 5. April 1586, in: GRYNAEUS, Kapcsolatai, 74ff; György Szepesi an Théodore de Bèze, 4. August 1591, in: GRYNAEUS, Kapcsolatai, 124f; u.s.w.

424 Vgl. BUCSAY, Speculum, 74f; KATHONA, Szegedi, 13ff.

425 So hat Sebastian Ambrosius Lam in seinem ersten Brief an Grynaeus betont, dass er ein Anhänger Melanchthons sei (vgl. Sebastian Ambrosius Lam an Johann Jakob Grynaeus, 1. März 1590, in: GRYNAEUS, Kapcsolatai, 16).

nach dem Tode Bullingers im Briefwechsel zwischen Gwalther, Grynaeus und de Bèze immer wieder behandelt.[426] Insofern haben sich dadurch auch die bereits bestehenden „innerhelvetischen" Kontakte der reformierten Kirche intensiviert. In diesem Zusammenhang ist es natürlich zu prüfen, inwiefern die führenden Vertreter der reformierten Orte der Schweiz auch in der zweiten Hälfte des 16. Jahrhunderts ganz spezifisch – also nicht nur im Sinne eines Wissensaustausches auf epistolographischer Ebene – auf die konfessionelle Entwicklung des Protestantismus in den Gebieten des Reichs der Stephanskrone Einfluss zu nehmen versuchten. Die reformierten Orte der Schweiz sind dabei als eine Einheit zu betrachten, wobei den lokalen besonderen Ausprägungen auch Rechnung getragen werden soll. Nicht nur muss MÜHLINGS Ansicht, dass Bullinger Einfluss in diesen Territorien nicht näher greifbar sei und Spuren kirchenpolitischer Initiativen nicht erkennbar seien, kritisch geprüft werden,[427] sondern auch die gezielte Einflussnahme von Vertretern der reformierten Orte der Schweiz auf Ungarn und Siebenbürgen ist zu untersuchen.

c. Einflussnahme von Vertretern der reformierten Orte auf Ungarn und Siebenbürgen

Wir haben bereits darüber berichtet, dass in der Korrespondenz ungarischer Gelehrter mit Bullinger, Calvin, Simler, de Bèze, Grynaeus und Musculus mehrfach darauf hingewiesen wird, dass zahlreiche Werke von Vertretern der schweizerischen Reformation, sogenannte reformatorische *Helvetica*, in Ungarn und Siebenbürgen weit verbreitet waren.[428] Im Detail wird dies noch im folgenden Abschnitt aufzuzeigen sein. Viele dieser Bücher kamen allerdings durch den allgemeinen Buchhandel nach Ungarn und Siebenbürgen, wurden geeigneten Adressaten zur Lektüre – wie beispielsweise Bullingers *In apocalypsim Iesu Christi* (Basel 1557, ²1559) dem Magnaten Kristóf Batthyány[429] – empfohlen, oder haben die Verfasser auf expliziten Wunsch ungarischer Gelehrter übersandt. Während bei einer solchen Ausbreitung von reformatorischen *Helvetica* lediglich von einer ordentlichen Verbreitung gesprochen werden kann,[430] ist hier nun ganz besonders nach einer gezielten Einflussnahme von Vertretern der schweizerischen Reformation auf Ungarn und Siebenbürgen zu fragen.

---

426 Vor Mitte der 1580er Jahre war es der bescheidene briefliche Austausch zwischen de Bèze und Gwalther, nach 1586 die weit intensivere Korrespondenz von de Bèze mit Grynaeus (vgl. DE BÈZE, Correspondance XVI–XXXIII).

427 Vgl. MÜHLING, Kirchenpolitik, 25.

428 Vgl. oben S. 286 ff. 294 ff et passim.

429 Vgl. Márton Pyschych an Kristóf Batthyány, 7. September 1567, in: IVÁNYI, Könyvkultúra, 393.

430 ZSINDELY spricht diesbezüglich von einem Einfluss „durch das reiche Schrifttum Bullingers […]" (ZSINDELY, Bullinger [1975], 381).

Dabei sind verschiedene Möglichkeiten des Einflusses zu unterscheiden: Einflussnahme durch briefliche Korrespondenz, Widmung von reformatorischen Werken an einen geeigneten Adressaten, sowie Abfassung einer theologischen Schrift aufgrund eines aktuellen Anlasses in Ungarn oder Siebenbürgen.

Wenn auch wir davon ausgehen dürfen, dass viele Briefe der ungarisch-schweizerischen Korrespondenz – uns sind vor allem Briefe von ungarischen Gelehrten an Vertreter Basels, Genfs und Zürichs erhalten geblieben – verloren gegangen sind,[431] so stellen wir doch fest, dass, die ganze zweite Hälfte des 16. Jahrhunderts betrachtend, eine Einflussnahme durch eine direkte Korrespondenz nur punktuell stattgefunden hat. Dennoch haben diejenigen Briefe, in denen Vertreter der schweizerischen Reformation Einfluss zu nehmen versuchten, ein besonderes Gewicht, da sie wirkungsgeschichtlich entscheidende Momente der ungarischen Theologiegeschichte betreffen. Es sind dies die 1550er Jahre, in denen es um die theologische und liturgische Herausbildung der spezifischen Wesensart der ungarischen Reformation ging, die 1560er und die ersten 70er Jahre, in denen es um die Abgrenzung gegenüber dem Antitrinitarismus ging, sowie die 1580er und der Anfang der 90er Jahre, in denen sich zahlreiche Gelehrte, die in Oberungarn das reformierte Bekenntnis vertraten, gegenüber den „Ubiquitariern" zu behaupten hatten.

Als Bullinger von János Fejérthóy im Jahre 1551 die Anfrage um eine „trostreiche" Schrift für die „Ecclesijs in Hungaria earundemque pastoribus et ministris" erhielt, ahnte Bullinger wohl noch nicht, dass er mit dieser Schrift, die sich in Kürze verbreitete, den Grundstein zur künftigen Ausrichtung der grossen Mehrheit der ungarischen Reformation legen würde.[432] Jedenfalls nahm Bullinger die Gelegenheit wahr und legte seine Theologie in einer kurzen, 47 Abschnitte umfassenden „Glaubenslehre" vor – in der traditionellen Anordnung, mit eingestreuten ethischen Ermahnungen und einer schlichten Darlegung der wichtigsten Differenzen zum römischen Glauben. Die Identifikation mit der zürcherischen „Glaubenslehre" muss in den folgenden Jahren – sicher auch aufgrund der Verbreitung von reformatorischen *Helvetica* – zugenommen haben, so dass sich auch die Frage nach der liturgischen Organisation der Zürcher Kirche stellte. So hoffte Gál Huszár unter anderem gegenüber Bullinger, dass die Kenntnis der „ecclesiasticae vestrae functionis ritum, ut sunt cantus, praecationes publicae, Coenae sacrae, baptismi, confirmationis matrimonii atque catechesis formas" den ungarischen reformatorischen Kirchen „unitatem et consensum" gewähren würde.[433] Dies muss der Anlass gewesen sein, dass Bullinger seinen Schwiegersohn Ludwig

---

431 So setzte beispielsweise Tobias Egli voraus, dass Bullinger regelmässigen Briefkontakt mit Siebenbürgen pflege (vgl. Tobias Egli an Heinrich Bullinger, 24. Juli 1570, in: BULLINGER, Korrespondenz III, Nr. 210).

432 Zu den Hintergründen der Abfassung des *Libellus epistolaris* Bullingers vgl. oben S. 92 f. 129. 287 ff, zur konfessionsgeschichtlichen Relevanz desselben vgl. unten S. 418 f. 430 ff.

433 Vgl. Gál Huszár an Heinrich Bullinger, 26. Oktober 1557, in: BULLINGER, Confessio (1866), 109.

Lavater (1527 – 1586) die liturgischen Bräuche Zürichs beschreiben liess. Wenn auch Lavaters Schrift *De ritibus et institutis ecclesiae Tigurinae opusculum* erst Anfang des Jahres 1559 bei Froschauer gedruckt wurde, so ist der Zusammenhang zwischen Anfrage und Druck dennoch offensichtlich; Lavater selbst spricht ja im Vorwort davon, dass er mit Anfragen bestürmt worden sei.[434] So ist davon auszugehen, dass Lavater bzw. Bullinger das *Opusculum* bereits vor dem Druck an Huszár gesandt haben, in der festen Überzeugung, dass die meisten Protestanten in Ungarn sich zur helvetischen Richtung der Reformation bekennen würden.[435] In manchen Gebieten Ungarns war bereits zu Beginn der 1560er Jahre die Zürcher Liturgie bekannt.[436]

Mit der zunehmenden Ausbreitung des Antitrinitarismus versuchten Genf und Zürich, d.h. Calvin, de Bèze, Bullinger und Simler, viel gezielter und energischer auf die Entwicklung des ungarischen Protestantismus Einfluss zu nehmen.[437] Calvin wurde bekanntlich bereits im Jahre 1559 über die „antitrinitarische" Tätigkeit von Biandrata und Stancaro – beide hielten sich in Siebenbürgen, nach dem Tode von Isabella aber in Polen auf – in Kenntnis gesetzt.[438] Die Genfer Pfarrer und Lehrer verfassten zwei ermahnende *Responsia* zu Stancaro „ad fratres Polones", wovon die erste gedruckt wurde;[439] auch sandten sie beide Schriften an die „Tigurinae ecclesiae ministris", woraufhin dieselben die *Epistolae duae ad ecclesias Polonicas [...] de negotio Stancariano* (Zürich 1561) drucken liessen, was in der Folge zu einem theologischem Streitschriftenwechsel zwischen Stancaro und Zürich führte.[440] Aus zürcherischer Sicht war das Ziel dieses Streitschriftenwechsel natürlich, Stancaro von der reformierten Sicht zu überzeugen – es ging vor allem um die Frage, inwiefern Christus „mediator" sei – und damit verbunden ein Durch-

---

434 „Permulti certè pietatis studiosi, de his omnibus saepenumero sciscitati me interpellarunt." (LUDWIG LAVATER, De ritibus et institutis ecclesiae Tigurinae opusculum, Zürich 1559, a2^{r-v}). Es ist also davon auszugehen, dass auch Anfragen anderer Kirchen vorgelegen haben.

435 Vgl. Heinrich Bullinger an Eberhard und Georg von Erbach, 4. November 1559, ZBZ: F 80, 202^r (= ZBZ: S 96, 30 [Abschrift]).

436 Vgl. ZSINDELY, Bullinger (1975), 373; RÉVÉSZ, Egyháztörténet, 225 f; vgl. oben S. 346 f, sowie unten S. 430 f. 462 f.

437 Auch bei der anderen sich ausbreitenden nonkonformistischen Strömung, dem Anabaptismus, ist bekannt, dass Bullinger energisch die Ausbreitung zu verhindern versuchte, indem er sein Werk *Der Widertöufferen Ursprung [...]* (Zürich 1560) an über 100 Persönlichkeiten seiner Zeit persönlich widmete (vgl. LEU, Widmungsexemplare, 119 – 163).

438 Vgl. Piotr Stojeński an Johannes Calvin, 20. August 1559, in: CO XVII, Nr. 3098; vgl. oben S. 288 f.

439 Vgl. Responsum ad fratres Polones, quomodo Christus, sit Mediator, ad refutandum Stancari errorem (1560), in: JOHANNES CALVIN, Dilucida explicatio sanae doctrinae de vera participatione carnis & sanguinis Christi in sacra Coena, [...], Genf 1561, g3^r–h1^v (= CO IX, 337 – 342); Ministrorum ecclesiae Genevensis Responsio nobiles responsio nobiles polonos et Franciscum Stancarum Mantuam de controversia mediatores (1561), in: CO IX, 349 – 358; vgl. BERNHARD, Genfer Buch, 228 ff.

440 Vgl. BÜSSER, Bullinger II, 305 ff; PETER, Bibliotheca Calviniana, 810 f; CALVIN, Opera IX, XXXIII – XXXVI.

bruch des reformierten Bekenntnisses in Polen zu erreichen. Auch Bullingers Brief vom Mai 1563 an Jacob Eraclide „Despotul", seit 1561 Fürst der Moldau, hatte die hauptsächlichste Absicht darin, dass Eraclide, der sich gegen Ende der 1550er Jahre in Wilna (Vilnius, LT) beim Woiwoden von Litauen, Mikołaj Czarny Radziwiłł (Nikolaus Radziwill, genannt der Schwarze, 1515–1565), einem Anhänger der helvetischen Richtung, und in Krakau, wo er mit zahlreichen reformiert wie auch antitrinitarisch gesinnten Adligen Kontakte pflegte, aufgehalten hatte, sich von den polnischen Antitrinitariern, die ihn zu gewinnen suchten, nicht überzeugen lasse und sich der schweizerischen Reformation anschliessen würde.[441] Als Bullinger im April 1565 von Johannes Crato von Krafftheim erfuhr, dass die italienischen Antitrinitarier aus Polen ausgewiesen worden und nach Siebenbürgen ausgewandert seien,[442] und als einige Monate später Trecy meldete, dass die ungarische Kirche unter Biandrata zu leiden hätte,[443] rückte Siebenbürgen auch aus kirchenpolitischen Gründen immer mehr in den Blickwinkel Bullingers und – aufgrund des intensiven Wissensaustausches – auch de Bèze'. So informierte Bullinger nicht nur Johannes Fabricius Montanus in Chur,[444] sondern auch Théodore de Bèze in Genf.[445] Sowohl Bullinger wie de Bèze versuchten systematisch auf die konfessionelle Entwicklung Siebenbürgens – und zunehmend auch des Partium – Einfluss zu nehmen. Neben verschiedenen Briefen ist dabei vor allem an die antitrinitarische Frage betreffende Widmungsvorreden zu denken: Einerseits verfasste de Bèze und seine Mitarbeiter die *Valentini Gentilis teterrimi haeretici impietatum [...] brevis explicatio [...]* (Genf 1567), in deren Vorwort er auf die Geschichte des Antitrinitarismus, auf die zunehmend Besorgnis erregende Ausbreitung desselben und in diesem Zusammenhang explizit auch auf die derzeitige Tätigkeit von Giorgio Biandrata und Ferenc Dávid in Siebenbürgen zu sprechen kam. Dabei sind zwei Aspekte besonders erwähnenswert: Bei der Schilderung der Anfänge der Bekämpfung des Anti-

---

441 Vgl. Heinrich Bullinger an Jacob Eraclide Despotul, 3. Mai 1563, StAZ: E II 367, 225. Die Bemühungen Bullingers waren allerdings erfolglos: Von den im Brief von Bullinger genannten „gewissen Italiener", die die polnische Kirche in Verwirrung bringen würden, waren gerade zwei zu Despotul gereist, nämlich der um Einigung bemühte Francesco Lismanini sowie der überzeugte Antitrinitarier Giorgio Biandrata. Dabei ist davon auszugehen, dass es ihnen gelang, den Fürsten für antitrinitarische Offenheit zu gewinnen, wenn auch der Fürst seine Pläne nicht mehr umsetzen konnte, da er noch im selben Jahr, am 5. November 1563, in Folge eines gegen ihn gerichteten Aufstandes ums Leben kam (vgl. BRYNER, Brief, 63–69; HEIN, Protestanten, 64 f).

442 Der Brief von Johannes Crato an Bullinger ist verschollen, doch wissen wir darüber aus einem Brief Bullingers an Fabricius in Chur (vgl. Heinrich Bullinger an Johannes Fabricius Montanus, 20. April 1565, in: BULLINGER, Korrespondenz II, Nr. 690).

443 Vgl. Krzysztof Trecy an Heinrich Bullinger, 1. August 1565, in: WOTSCHKE, Briefwechsel, Nr. 343 (vgl. Heinrich Bullinger an Johannes Fabricius Montanus, 5. Oktober 1565, in: BULLINGER, Korrespondenz II, Nr. 724).

444 Vgl. Heinrich Bullinger an Johannes Fabricius Montanus, 20. April 1565 sowie 5. Oktober 1565, in: BULLINGER, Korrespondenz II, Nr. 690. 724.

445 Vgl. Heinrich Bullinger an Théodore de Bèze, 25. September 1565, in: Bèze, Corr VI, Nr. 421.

trinitarismus zeichnete de Bèze die Linie von Oekolampad über Melanchthon zu Calvin: Die Blasphemie von Servet ist „et initio a D. Joanne Oecolampadio, et a D. Philippo Melanchthone postea gravissime refutatum, ac novissime tandem a magno illo Joanne Calvino quam potentissime gladio dei verbi prostratum, [...]"[446] Indem de Bèze kein Wort über Luther verlor, wollte er dem Leser unzweifelhaft aufzeigen, dass die „melanchthonische" Richtung der Reformation notwendig zu Calvin führe, die schweizerische Reformation also der verlängerte Arm des „Philippismus" sei, und Melanchthon gleichermassen wie Calvin diese *blasphemia* bekämpft hätten.[447] Der zweite Aspekt ist gleichermassen interessant: Nicht aus dem Titel des Vorwortes, das an den „Christiano et orthodoxo Lectori" – im Nachdruck von 1573 in den *Epistolae theologicae* an die „Christianis et orthodoxis omnibus ecclesiis in domino nostro Jesu"[448] – gerichtet ist, sondern aus dem Lauftext wird erst deutlich, wer der wahre Adressat des Vorwortes ist: „Vos igitur Transsylvanos, fratres compello, vos Domini servos vester σύνδουλος per ejus nomen obtestor, cujus gloriae inservimus, [...]"[449] Faktisch war damit die *Brevis explicatio*, die Valentino Gentiles Lehre widerlegen sollte, explizit auch den Glaubensgeschwistern in Siebenbürgen gewidmet, um sie in ihrer Auseinandersetzung mit dem zunehmend erstarkenden Antitrinitarismus zu ermahnen und zu unterstützen; natürlich wollte de Bèze andere durch den Antitrinitarismus bedrängte Gebiete nicht ausgeschlossen haben, weswegen er das Werk jedem *christiano et orthodoxo Lectori* widmete. Schliesslich ist auch zu bedenken, dass dieses Vorwort die erste schriftliche Äusserung von de Bèze ist, in der er sich explizit an Glaubensgeschwister im Reich der Stephanskrone wandte. Dies unterstreicht weiter, wie bedrängend für de Bèze die Ausbreitung des Antitrinitarismus war, wovon er unter anderem auch dank Krzystof Trecy und dank ungarischer Peregrinanten Kenntnis hatte.[450] Natürlich hatten de Bèze

---

446 Christiano et orthodoxo Lectori, Theodorus Beza gratiam et pacem in Domino nostro Jesu Christo [...], in: Valentini Gentilis teterrimi haeretici impietatum ac triplicis perfidiae et perjurii, brevis explicatio, ex actis publicis Senatus Genevensis optima fide descripta [...], Genf 1567, 14.

447 Es ist bezeichnend, dass Melanchthon in seinem Testament die „Flacianer" gleichermassen wie die Anabaptisten explizit ablehnt: „Confessionem fidei et gratiarum actionem ad deum et dominum nostrum Ihesum Christum scripseram ante his, sed chartae sunt interceptae. Volo tamen confessionem meam esse, Responsiones de Bavaricis articulis contra Pontificios, Anabaptistas, Flacianos et similes." (Testamentum Philippi Melanchthoni, 18. April 1560, in: CR 9, Nr. 6978).

448 THÉODORE DE BÈZE, Epistolarum theologicarum [...] liber unus, Genf 1573, 349 (vgl. oben S. 310 f).

449 Christiano et orthodoxo Lectori, Theodorus Beza [...], in: [DE BÈZE], Explicatio, 18. Explizit fordert de Bèze am Ende des Vorwortes den polnischen König, den siebenbürgischen Fürsten und drei polnische Pfarrer (Krzysztof Trecy, Jan Łasicki, Stanisław Sarnicki) auf, für die Ausbreitung des Wortes Gottes weiterzukämpfen (vgl. ibidem, 23 f).

450 Krzysztof Trecy bat namens der Kirchen Ungarns, dass de Bèze durch „et literis et scriptis" Einfluss zu nehmen versuche (vgl. Krzysztof Trecy an Théodore de Bèze, 12. Juli 1566, in: Bèze,

wie auch Bullinger Kenntnis verschiedener Schriften von Antitrinitariern, so dass ihre den Antitrinitarismus widerlegenden Schriften auch auf Aussagen von deren eigenen Schriften basierten.[451]

Auf die Bitte verschiedener Persönlichkeiten wie Mátyás Thuri oder Krzysztof Trecy, Simlers Schrift gegen den Antitrinitarismus möge bald erscheinen,[452] haben wir bereits hingewiesen. Simlers Werk *De aeterno Dei filio, Domino et servatore nostro Iesu Christo, et de Spiritu sancto* erschien schliesslich Anfang September 1568, wobei Bullinger das Vorwort – gerichtet an die „universos Christi fideles in Polonia, Lithuania et Rußia, in Hungaria quoque & Transylvania, [...]"[453] – Mitte August abgeschlossen hatte. Diese Widmung an die Gläubigen der genannten Länder zeigt auf, wie schnell sich der Antitrinitarismus in diesen Jahren verbreitet hatte. Bullinger bemühte sich im Vorwort zu widerlegen, dass der Ursprung des Antitrinitarismus in Zürich zu suchen sei, obwohl Ochino[454] sich in Zürich aufgehalten habe. Weitschweifig legte er die zürcherische Theologie dar, indem er es nicht unterliess, sich auch klar gegenüber Luther abzugrenzen. In diesem Zusammenhang sprach er den *Consensus Tigurinus* (1549) an und gab seiner Hoffnung Ausdruck, dass Simlers Werk „confessione syncera vos absterreat, in quam per Dei gratiam consenserunt ecclesiae puriores, & quidem plures per Germaniam, omnes per Helvetiam, Galliam, Angliam, Scoticam, Poloniam, Hungariam, & per gentes alias."[455] Die Ausführungen belegen nicht nur den Wunsch Bullingers, dass Simlers Werk einen reichen Nachhall erfahre, sondern auch, dass Bullinger zu dieser Zeit Ungarn dem reformierten Protestantismus zu-

---

Corr. VII, Nr. 482). Zu den Studenten – es handelt sich insbesondere um Bálint Szikszai Hellopaeus und Mátyás Thuri – vgl. oben S. 304 f. 313 ff.

451 Es ist auf diesbezügliche Hinweise in der Korrespondenz Bullingers und de Bèze zu verweisen (vgl. z.B.: Krzysztof Trecy an Théodore de Bèze, 12. Juli 1566, in: Bèze, Corr. VII, Nr. 482; Heinrich Bullinger an Tobias Egli, 22. Oktober 1568, in: BULLINGER, Korrespondenz III, Nr. 124; u.s.w.).

452 Vgl. Mátyás Thuri an Johannes Wolf, 28. März 1568, in: ULRICH, Miscellanea II/2, 211 f; Mátyás Thuri an Heinrich Bullinger, 28. März 1568, in: ULRICH, Miscellanea II/2, 207 ff (= BULLINGER, Confessio [1866], 113 f); Krzysztof Trecy an Heinrich Bullinger, 15. Juli 1568, in: WOTSCHKE, Briefwechsel, 299 f; u.s.w.

453 Heinrychi Bullingeri praefatio, in: SIMLER, Filio, α2ʳ.

454 Bernardino Ochino, der „erste Kanzelredner Italiens" (CAMENISCH, Geschichte, 24), konnte 1542 dank einer Warnung durch seinen Freund Vermigli vor der Inquisition in die Schweiz fliehen. Während seiner Aufenthalte in Genf, Augsburg, London, Chiavenna, Zürich und Basel verkehrte er auch lebhaft mit nichtorthodoxen Humanisten, was sich vor allem in seinen gedruckten Werken niederschlug. Im Jahre 1563 publizierte er sein letztes und wirkmächtigstes Werk, die *Dialogi XXX*, die von Castellio ins Lateinische übersetzt worden sind; im 19. und 20. Dialog griff Ochino auf Texte von Lelio und Fausto Sozzini zurück und machte deutliche Konzessionen an den Antitrinitarismus, im 21. Dialog machte er „unorthodoxe" Ausführungen zur Polygamie, u.s.w. Dies provozierte die Ausweisung des hochbetagten Ochino aus Zürich am 2. Dezember 1563, was de Bèze gegenüber Dudith verteidigte (vgl. Théodore de Bèze an András Dudith, 18. Juni 1570, in: Bèze, Corr. XI, Nr. 780; vgl. BERNHARD, Mähren, 46 ff; EBERLEIN, Geist, 150 f; BERNHARD, Rosius à Porta, 339 f).

455 Heinrychi Bullingeri praefatio, in: SIMLER, Filio, γ7ʳ.

ordnete. Dies zeigt, dass Ungarn und Siebenbürgen keineswegs aus dem kirchenpolitischen Konzept Bullingers ausgeblendet werden dürfen. Gerade die Widmungsvorreden hatte ja Bullinger systematisch als ein Mittel benutzt, die reformierte Position bekannt zu machen bzw. auf die konfessionelle Entwicklung einzelner Länder Einfluss zu nehmen.[456] Dies gilt auch für Ungarn und Siebenbürgen, deren konfessionelle Entwicklung er gemeinsam mit Théodore de Bèze kritisch beobachtete.

Das Werbe- und Kommunikationsmittel der Widmungsvorrede benutzte de Bèze gleichfalls in seiner Ende der 1560er und zu Beginn der 70er Jahre ziemlich intensiven Korrespondenz mit András Dudith. In der Hoffnung, dass Dudith sich für die Ausbreitung des „wahren" Evangeliums einsetzen würde, widmete er ihm – wie bereits erwähnt – die zweite Ausgabe der *Poemata* (Genf 1569).[457] De Bèze wurde aber mit Sorge erfüllt, als er kurz darauf von Trecy hörte, dass András Dudith immer mehr „cum haereticis" Kontakt pflege.[458] Auch die Kunde über die weitere Ausbreitung des Antitrinitarismus nahm nicht ab: Bullinger meldete an Tobias Egli in Chur, dass Johannes Sylvanus, Prediger in Ladenburg (Pfalz), Arianer geworden sei: „[...] accepit libros ex Transsylvania a maledictis illis Italis Blandratae et Alciato etc., a quibus est subversus."[459] Melius Juhász sandte seine gegen den Antitrinitarismus gerichtete Schrift in die Schweiz, damit sie hier gedruckt würde.[460] Dudith sandte an de Bèze die bei Hoffhalter gedruckte antitrinitarische Streitschrift *De regno Christi liber primus. De regno Antichristi liber secundus* (Weissenburg 1569), versehen mit einer handschriftlichen Widmung.[461] Im Jahre 1570 trat auch der Klausenburger Buchdrucker Gáspár Heltai vom reformierten zum antitrinitarischen Bekenntnis über.[462] Dies war für die weitere Ausbreitung des Anti-

---

456 Vgl. BÄCHTOLD, Gnade, 66 f; BÜSSER, Reformation, 178–181 (Verzeichnis der Widmungsvorreden Bullingers).

457 Vgl. Andreae Dudithio [...] nunc verò fido Iesu Christi servo, Th. Beza Vezelius gratiam & pacem à Domino, in: DE BÈZE, Poematum, *iiʳ-**iiᵛ [3–20] (= Bèze, Corr. X, Nr. 673).

458 Vgl. Krzysztof Trecy an Théodore de Bèze, 13. Juni 1570, in: Bèze, Corr. XI, Nr. 779; Krzysztof Trecy an Théodore de Bèze, 10. Mai 1571, in: Bèze, Corr. XII, Nr. 827.

459 Heinrich Bullinger an Tobias Egli, 1. September 1570, in: BULLINGER, Korrespondenz III, Nr. 217.

460 Vgl. oben S. 305 f.

461 Standortsignatur des Werkes in der Stadtbibliothek von Västerås (Schweden): Stiftsbibliothek Teologi XI Homiletik, uppbyggelse m.m.

462 Der Glaubenswechsel Heltais ist besonders eindrücklich festzustellen an einem Druck aus seiner Offizin: Heltai gab 1568 die *Disputatio in causa sacrosanctae et semper benedictae Trinitatis, indictione sereniss. principis [...]* (vgl. RMNy 256), das Protokoll eines Glaubensdisputes, der im März 1568 zwischen Anhängern des reformierten und des antitrinitarischen Bekenntnisses in Weissenburg stattgefunden hatte, in Klausenburg heraus; im Vorwort bekannte sich Heltai zur Lehre Calvins. Im Jahre 1570 gab Heltai das Werk erneut heraus, allerdings mit verändertem Titel (*Disputatio de Deo, per decem die continuos indictione sereniss. principis [...]*), veränderter Widmung und anderem Vorwort (vgl. RMNy 287); im Vorwort widerrief Heltai seine Aussagen zum reformierten Bekenntnis und hielt fest, dass er aufgrund der Erkenntnis der eigenen Irrungen zum antitrinitarischen Bekenntnis übergetre-

trinitarismus von grosser Bedeutung, da fortan zwei Buchdrucker (Hoffhalter, Heltai) im Dienste der antitrinitarischen Kirche standen. Mihály Paksi meldete an Simler, dass wegen des Antitrinitarismus das Verhältnis zwischen den Magnaten und den Fürsten Siebenbürgens gespannt sei,[463] und de Bèze bat er gar, in einem Brief den siebenbürgischen Magnaten Miklós Thelegdi zu ermuntern, die Reformation weiterhin zu fördern.[464] De Bèze hat daraufhin, wie bereits erwähnt, seine *Epistolae theologicae* (Genf 1573) Thelegdi gewidmet, um ihn im Kampf gegen den Antitrinitarismus zu unterstützen.[465] In den *Epistolae* liess de Bèze als erste *Epistola theologica* seinen Brief vom 18. Juni 1570 an Dudith drucken, in dem er seine Ekklesiologie entworfen hatte, betonend dass „inter Zvinglii, Oecolampadii, Calvini, maximorum virorum doctrinam de Sacramentis [...]" Übereinstimmung (*consensus*) bestehe,[466] und dass Nonkonformisten wie Servet, Gentile oder Ochino diese erstarkende Einheit in der Kirche bedrohen würden.[467] Gleichfalls nahm de Bèze in dieser

---

ten sei (vgl. Caspar Heltus ecclesiae Claudiopolitanae minister ac typographus pis ac candidis lectoribus, in: GÁSPÁR HELTAI, Disputatio de Deo, per decem die continuos [...], Klausenburg 1570, ()$^{r-v}$), bekannte sich also zur Lehre Dávids und Biandratas (vgl. SZEGEDI, Reformation, 86 f; BORSA, Drucke, Nr. 174. 191). Auch Lukas Kratzer von Bistritz berichtete aus Heidelberg über Heltai (vgl. Lukas Kratzer an Johannes Wolf, 7. April 1572, ZBZ: S 126, 64.

463   Vgl. Mihály Paksi Cormaeus an Heinrich Bullinger, 10. April 1572, in: ULRICH, Miscellanea II/2, 216.

464   Vgl. Mihály Paksi Cormaeus an Théodore de Bèze, 5. April 1573, in: Bèze, Corr. XIV, Nr. 981.

465   Vgl. oben S. 310 f.

466   Natürlich spielt de Bèze auf den *Consensus Tigurinae* (1549) an (vgl. DE BÈZE, Correspondance XI, 182).

467   Vgl. Théodore de Bèze an András Dudith, 18. Juni 1570, in: DE BÈZE, Epistolarum, 1–23 (= Bèze, Corr. XI, Nr. 780). Der italienische Nonkonformist Mino Celsi, der seit 1572 in Basel bei Perna als Korrektor arbeitete, verfasste als Reaktion darauf seine Schrift gegen die Ketzertötung, in der er jede Art von grausamer Glaubensverfolgung ablehnte. Die Schrift wurde posthum unter dem Titel *In haereticis coercendis quatenus progredi liceat* ([Basel] 1577) herausgegeben [*Nebenbemerkung:* Entgegen anderer Informationen (z. B. VD 16) ist es seit den Studien von BIETENHOLZ und GILLY gesichert, dass die Schrift, zu der Johann Fischart aus Strassburg ein Vorwort verfasst hatte, in Basel bei Perna, wo Celsi arbeitete, erschien]; die Schrift wurde 1584, nun bei Waldkirch (und nicht bei Jobin in Strassburg), dem Nachfolger von Perna, erneut nachgedruckt, wobei im Anhang de Bèze' Brief an Dudith sowie der Antwortbrief Dudiths vom 1. August 1570 beigegeben wurden (vgl. MINO CELSI, De haereticis capitali supplicio non afficiendis. Adjunctae sunt eiusdem argumenti Theodori Bezae et Andreae Duditii epistolae duae contrariae, [Basel] 1584, 231^r–245^v. 246^r–260^r). Während Dudiths Brief an de Bèze in einem kaum bekannten Sonderdruck erneut nachgedruckt wurde (vgl. Epistola Andreae Duditij [...] ad Theodorum Bezam, in qua disputatur, An Ecclesiae nomen soli reformatae conveniat, s.l. 1594), erschien de Bèze' Brief in der ekklesiologischen Abhandlung Johann Rudolf Lavaters (vgl. JOHANN RUDOLF LAVATER, Quaestio ubi vera et catholica Jesu Christi Ecclesia invenienda sit. Abs Andreae Dudithio oratore Caesareo olim Ioanni Wolphio, et Theodoro per epistolam proposita [...], Hanau 1610, 81–110). Mino Celsis Schrift gegen die Ketzertötung erlebte im 18. Jahrhundert während der Aufklärung eine Renaissance, als Johann Georg Schelhorn dieselbe (vgl. JOHANN GEORG SCHELHORN, Dissertatio epistolaris de Mino Celsi Senensi rarissimae disquisitionis, in haereticis coercendis quatenus progredi liceat, [...], Ulm 1748) erneut herausgab (vgl. BERNHARD, Rosius à Porta, 343 ff).

Briefsammlung sein Vorwort zu *Valentini Gentilis teterrimi haeretici impietatum [...] brevis explicatio [...]* (Genf 1567) auf und machte die bemerkenswerte textliche Veränderung, dass er zwei Namen der polnischen Pfarrer durch diejenigen von Péter Melius Juhász und István Szegedi Kis ersetzte.[468] Zudem präzisierte de Bèze den Text an zwei Stellen, indem er explizit auf Ferenc Dávid hinwies.[469] Durch die kleinen textlichen Veränderungen wurde der Brief also noch expliziter an die Gläubigen in Ungarn und Siebenbürgen gerichtet. Dieser gezielte Versuch der Einflussnahme wurde durch den von de Bèze im gleichen Jahr besorgten Druck von Szegedi Kis' *Assertio vera de Trinitate* (Genf 1573) unterstützt, wobei de Bèze im Vorwort auch auf die von Péter Károlyi und Girolamo Zanchi gegen den siebenbürgischen Antitrinitarismus gerichteten exzellenten Schriften Bezug nahm.[470]

Es scheint, dass diese beiden Schriften die letzten direkten Versuche von Vertretern der reformierten Orte der Schweiz waren, in Siebenbürgen die Ausbreitung des Antitrinitarismus zu verhindern. Der Herrschaftsantritt des Katholiken István Báthory, der in verschiedener Weise – beim Vatikan durch Bittschreiben, auf den Landtagen durch Religionsgesetze und beim Jesuitenorden mit seiner Bitte um die Gründung einer Jesuitenmission in Siebenbürgen – die Religionsfreiheit einzuschränken bestrebt war,[471] mag wesentlich dazu beigetragen haben, dass die weitere Ausbreitung der Antitrinitarier in Siebenbürgen entscheidend gebremst wurde. Die Antitrinitarier hatten spätestens seit 1573 dafür zu sorgen, dass sie nicht unter das Verbot religiöser Neuerungen (Innovationsgesetz) fielen; der sich seit 1572 im Siebenbürgen aufhaltende radikale Antitrinitarier Jakob Palaeologus musste in diesem Zusammenhang 1575 das Land wieder verlassen.[472] Die offensive Missionstätigkeit der Antitrinitarier entwickelte sich in diesen Jahren immer mehr zu

---

468 Von den in der ursprünglichen Fassung des Vorwortes angesprochenen drei polnischen Pfarrern Trecy, Łasicki und Sarnicki wird nur Trecy beibehalten: „Te Meli, te Seghedini, te Threci (quos ego in tanto doctorum et piorum numero, ut mihi de nomine notos compello), vos denique reliqui Ecclesiarum pastores et doctores, [...]" (DE Bèze, Epistolarum, 372). Diese Korrektur muss de Bèze noch vor April 1573 angefertigt haben, da er am 5. April von Mihály Paksi Cormaeus über den Tod von Szegedi Kis und Melius Juhász in Kenntnis gesetzt worden ist (vgl. Mihály Paksi Cormaeus an Théodore de Bèze, 5. April 1573, in: Bèze, Corr. XIV, Nr. 981); bei der abschliessenden Redigierung – das Vorwort an Miklós Thelegdi hatte de Bèze am 15. August 1573 verfasst – muss es ihm aber entfallen sein, die Stelle nachzubessern. Das Vorwort zu Szegedi Kis' *Assertio vera de Trinitate contra quorundam deliramenta* (Genf 1573) hatte de Bèze bereits am 1. Februar 1573 verfasst und an Szegedi Kis gerichtet – erneut ein Beleg, dass er noch keine Kenntnis vom Tode Szegedi Kis' hatte (vgl. oben S. 307 f.).
469 Vgl. DE Bèze, Epistolarum, 364. 370.
470 Es handelt sich einerseits um Károlyis *Brevis, erudita et perspicua explicatio orthodoxae fidei [...]* (Wittenberg 1571), andererseits um Zanchis *De tribus Elohim sive de uno vero Deo aeterno, patre, filio et spiritu sancto [...]* (Frankfurt a.M. 1572) (vgl. DE Bèze, Correspondance XIV, 27 f.); vgl. oben S. 282 f. 308 f. 330.
471 Vgl. KRUPPA, Religionspolitik, 135 ff; DAUGSCH, Toleranz, 45 – 53; BINDER, Grundlagen, 148 ff.
472 Vgl. DAUGSCH, Toleranz, 48 f; BINDER, Grundlagen, 145 f. Zu Palaeologus vgl. jüngst ROTHKEGEL, Palaeologus, 91 – 134.

einer defensiven „Besitzstandwahrung". Dies kann vielleicht auch erklären, warum de Bèze den Druck von Szikszais Schrift *De sacramentis in genere [...] tractatio* nicht als dringlich erachtete; in den Briefen an Simler, Gwalther und de Bèze aus den Jahren 1574–1575 ist schliesslich die antitrinitarische Frage nicht mehr beherrschend. Dies gestand indirekt auch Károlyi, obwohl er betonte, dass „[Ecclesias nostras Pannonicas] furiae illae infernales oppugnare non desinunt", ein, indem er Thelegdi als einen der stärksten Förderer des reformierten Bekenntnisses in Siebenbürgen und dem Partium bezeichnete.[473] De Bèze' Bemühung um geistige Einflussnahme war damit erfolgreich gewesen.

Während in den kommenden fünf Jahren keine Korrespondenz zwischen Vertretern des helvetischen und ungarischen Protestantismus erhalten ist,[474] gab es gar während zehn Jahren keine direkten Bemühungen von Vertretern der reformierten Orte, auf die konfessionelle Entwicklung in Ungarn und Siebenbürgen Einfluss zu nehmen. Erst mit de Bèze „verspätetem" Druck von Szikszais *De sacramentis in genere [...] tractatio* (Genf 1585), den de Bèze den „eximiis Christi servis Ecclesiarum Orthodoxarum Superiore Pannoniae, et Transilvaniae Pastoribus et Doctoribus, fratribus in Domino [...]" widmete,[475] wurde die letzte Dekade eröffnet, in der Vertreter Genfs, Basels und Zürichs auf eine weitere Konsolidierung des reformierten Protestantismus in Ungarn und Siebenbürgen Einfluss zu nehmen suchten. Die Widmung de Bèze' ist insofern bemerkenswert, dass damit markiert wird, wo in „Ungarn" vor allem das reformierte Bekenntnis noch gestärkt werden musste, nämlich in Oberungarn und Siebenbürgen. Im Vorwort begründet de Bèze den Druck damit, dass das Werk nützlich sei, um die Wahrheit zu verstehen und es eine gute Grundlage für ein gemässigtes Gespräch mit den „Gnesio-Lutheranern" wie auch den „Fürsten" bilde.[476] Auf die Auseinandersetzungen zwischen „Gnesiolutheranern" und „Calvinisten" in Oberungarn haben wir bereits ausführlich hingewiesen. De Bèze' und Grynaeus' Bemühungen – nachdem Zürich seit dem Tode Bullingers an Bedeutung verloren hatte – trugen in den kommenden Jahren vor allem die Absicht, das reformierte Bekenntnis in Oberungarn zu stärken. Während die Basler Drucke der verschiedenen Werke von Szegedi Kis sowie von Fegyvernekis *Enchiridion* primär für den Unterricht und die Ausbildung der ungarischen Reformierten im In- und Ausland bestimmt waren, trug deren weite Verbreitung aber auch wesentlich zur inneren Stärkung des Reformiertentums in Ungarn und Siebenbürgen bei.[477] Gerade in Oberungarn war dies besonders wichtig, da die Anhänger des re-

---

473 Vgl. Péter Károlyi an Théodore de Bèze, 11. Februar 1575, in: Bèze, Corr. XVI, Nr. 1120.
474 Vgl. oben S. 290 f. 316.
475 Vgl. Eximiis Christi servis Ecclesiarum orthodoxarum superioris Pannoniae, et Transylvaniae Pastoribus & Doctoribus, fratribus in Domino summè observandi, Theodorus Beza gratiam & pacem à Domino, in: SZIKSZAI HELLOPAEUS, Tractatio, †2ʳ.
476 Vgl. ibidem, †3ʳ⁻ᵛ.
477 Vgl. oben S. 343 f.

formierten Bekenntnisses von den „Ubiquitariern" immer wieder bedrängt und bekämpft wurden.[478] Grynaeus wie de Bèze versuchten darum in den folgenden Jahren auf verschiedene Weise, das reformierte Bekenntnis in Ungarn und Siebenbürgen zu stärken. Neben der Widmung von Basler Drucken an „calvinistische" Magnaten – beispielsweise Fegyvernekis *Enchiridion* (Basel 1589) an Graf István Báthory oder Rhormanns *Προτέλεια* (Basel 1591) an Graf Ferenc Bánffy – ist vor allem an die bereits erwähnten brieflichen Bemühungen von Grynaeus und de Bèze zu denken, verschiedene ungarische Persönlichkeiten in ihrer konfessionellen Positionierung zu beeinflussen bzw. zu stärken. Sebastian Ambrosius Lam wurde beispielsweise, um sich gegenüber den „Ubiquitariern" zu behaupten, von de Bèze dazu ermuntert, seine Schriften, insbesondere gewisse Stellen aus der *Confession de la foy chrestienne* (1559) sowie aus den *Tractationes theologicae* (1570; [2]1576; [3]1582), zu konsultieren.[479] Dieser Ermunterung nachzukommen setzte natürlich voraus, dass die genannten Werke in Oberungarn auch greifbar waren.

d. Verbreitung reformatorischer *Helvetica* gegen Ende des 16. Jahrhunderts in den Ländern der Stephanskrone

Die *Seniores* der Kirchen Oberungarns schrieben 1568 an Théodore de Bèze, dass sie sehr dankbar seien für „viris clarsissimis et doctissimis per quos Deus lucem Verbi sui in hoc postremo seculo accendit, et postea illustravit; in quorum numero fuerunt Martinus Lutherus, Philippus Melanthon, Oecolampadius, Bucerus, Zuinglius et magni nominis Calvinus, qui omnes caelesti jam vita fruuntur." Besonders lese man aber die Schriften Calvins und de Bèze, nachdem des letzteren *Confessio Christianae fidei* (1560)[480] und die *Confessio Helvetica Posterior* (1566) Bullingers auf verschiedenen Synoden angenommen worden seien.[481] Auch in anderen Briefen, die weniger offiziellen Charakter hatten, wurde betont, dass Schriften Calvins[482], de Bèze[483], aber auch Bullingers[484], Simlers[485], Musculus'[486] oder Grynaeus'[487] rege gelesen würden.

---

478 Vgl. Izsák Fegyverneki an Johann Jakob Grynaeus, 1. April 1589, in: GRYNAEUS, Kapcsolatai, 80.

479 Vgl. Théodore de Bèze an Sebastian Ambrosius Lam, 23. August 1591, in: Bèze, Corr. XXXII, Nr. 2181.

480 Während die französische „Urfassung" *Confession de la foy chrestienne* (Genf 1559) gewissermassen das letzte Werk von de Bèze' Lausanner Periode ist, stellt die lateinische Übersetzung *Confessio christianae fidei* (Genf 1560) das erste Werk der Genfer Wirksamkeit (1559–1605) dar; beide Werke liess de Bèze in seinen *Tractationes theologicae* erneut abdrucken (vgl. MARUYAMA, Initia, 258).

481 Vgl. Seniores Ecclesiarum in superiori parte Ungariae (Gáspár Károlyi, Mihály Hevessi und Gergely Szikszai) an Théodore de Bèze, 1. Mai 1568, in: Bèze, Corr. IX, 235–239 (Annèxe IV b); vgl. oben S. 305.

482 Vgl. Ferenc Kaprophontes an Johannes Calvin, 26. Dezember 1561, in: CO XIX, Nr. 3669; u.s.w.

Tatsächlich finden sich heute in den Bibliotheken von – um einige zu nennen – Budapest, Neusohl, Kaschau, Debrecen, Sárospatak, Grosswardein, Klausenburg, Neumarkt a.M., Odorhellen, Strassburg a.M. oder Karlsburg zahllose Werke der Schweizer Reformation. Es handelt sich dabei vor allem um solche von Bullinger, Calvin, de Bèze, Gwalther und Musculus. Doch das Vorhandensein der Werke allein sagt noch nichts über die Verbreitung und tatsächliche Benutzung im 16. Jahrhundert aus.[488] So sind in der Teleki-Bibliothek in Neumarkt a.M. besonders viele reformatorische *Helvetica* vorhanden, doch ist ja bestens bekannt, dass die Bibliothek erst im 18. Jahrhundert durch den Grafen Sámuel Teleki gegründet worden ist.[489] Die *Exlibris*-Forschung eröffnet freilich immer wieder interessante Details zum Weg der Bücher. So wissen wir, dass Horaz' *Opera grammaticorum XL [...] commentariis* (Basel 1580) im Jahre 1595 von einem gewissen „E.A.V." erworben wurde.[490] Dieselbe näher nicht identifizierbare Person hat 1592 auch Théodore de Bèze' *Quaestionum et responsium Christianarum libellus* (Genf 1587) gekauft.[491] Dass es sich bei E.A.V. um eine Siebenbürger Persönlichkeit – wahrscheinlich ein Ungar – handelt, liegt darum nahe, weil beide Werke in der ersten Hälfte des 17. Jahrhunderts in Siebenbürgen waren, Horaz' *Opera* in der Bibliothek des Franziskanerkonventes in Mikháza (Călugăreni, RO) und de Bèze' *Libellus* in der Bibliothek des siebenbürgischen Dekans István G. Jenei (1603/04 – 1661). Das Beispiel soll aufzeigen, dass grundlegende Forschungen in den Bibliotheken notwendig sind, um nur annähernd einen Eindruck von der Wirkungsgeschichte des helvetischen Buches zu gewinnen. Nachfolgend sollen historische Bibliotheken bzw. Bibliotheksverzeichnisse der verschiedenen

---

483 Vgl. Barbara Bánffy an Claudine de Bèze, 11. April 1568, in: Bèze, Corr. IX, 234 (Annèxe IV a); u.s.w.
484 Vgl. Mátyás Thuri an Johannes Wolf, 28. März 1568, in: ULRICH, Miscellanea IV/2, 212; u.s.w.
485 Vgl. Mihály Varsányi Gorsa an Josias Simler, 22. September 1573, ZBZ: F 57, 204 f; u.s.w.
486 Vgl. Mátyás Orbazius an Wolfgang Musculus, 10. Januar 1551, in: ZSINDELY, Musculus, 997 ff; u.s.w.
487 Vgl. Miklós Tolnai Katona an Johann Jakob Grynaeus, 24. März [1585?], in: GRYNAEUS, Kapcsolatai, 128 f; u.s.w.
488 Dies ist mit ein Grund, warum im Rahmen dieser Arbeit die Auswertung der noch nicht abgeschlossenen Untersuchung ungarischer, slowakischer und siebenbürgischer Bibliotheken betreff reformatorische *Helvetica* nicht en détail dargestellt werden kann. Was die Werke Bullingers anbelangt, finden sich in der Bibliographie von STAEDTKE wertvolle Hinweise (vgl. STAEDTKE, Bullinger-Bibliographie; TŐKÉS, Wirkung, 306 – 313), was die Werke Calvins anbelangt im Tagungsband *Tanulmányok Kálvinról és magyarországi jelenlétéről* (Debrecen 2011). Im Rahmen der internationalen Tagungen *Orbis Helveticorum* (24.–26. April 2007, auf Schloss Smolenitz [Smolenice, SK]) und *Humanistischer Wissenstransfer zwischen der Schweiz und Ostmitteleuropa* (15.–18. April 2013, in Zürich) wurde der Ertrag der Auswertung der Rara-Bestände zahlreicher Bibliotheken Ostmitteleuropas präsentiert; die Tagungsakten sind gedruckt (vgl. ČIČAJ, Orbis) bzw. in Vorbereitung.
489 Vgl. BERNHARD, Gelehrtenkontakte, 375 ff; LENGYEL, Adalék, 99 ff. Die Bestände der Teleki-Bibliothek aus dem 16. Jahrhundert liegen gedruckt vor in: SPIELMANN, Catalogus I – II.
490 Standortsignatur des Buches in der Teleki-Bibliothek in Neumarkt a.M.: 0397.
491 Standortsignatur des Buches in der Akademischen Bibliothek in Klausenburg: BMV R 334.

Gebiete im Reich der Stephanskrone nach reformatorischen *Helvetica* untersucht werden.

Westungarn und Slawonien[492]

Natürlich ist in diesem Gebiet in erster Linie auf die Magnatenbibliotheken zu verweisen, von denen wir verschiedene Verzeichnisse besitzen. Es ist dabei insbesondere an die reichen Familien Nádasdy, Batthyány und Zrínyi zu denken; ihre Bibliotheken hatten eine besondere Bedeutung für die Buchkultur Westungarns.[493] In der bereits erwähnten Bibliothek von dem Kleinadligen György Perneszith, dem Gutsverwalter von Tamás Nádasdy († 1562), liegen gemäss dem kurz vor seinem Ableben am 9. Mai 1560 erstellten Verzeichnis zahlreiche reformatorische *Helvetica* vor: Neben Zwinglis *Opera* (Zürich 1544/45) ist insbesondere an Bullingers *In Evangelium secundum Matthaeum Commentariorum libri* (Zürich 1542; weitere Aufl.), Musculus' *Commentariorum in Evangelistam Joannem Heptas prima* (Basel 1545) oder Calvins *Institutio Christianae Religionis* zu denken.[494] Während wir keine genaueren Kentnisse über den Inhalt der Bibliothek von Nádasdy haben,[495] zeigt die „Schulbibliothek" von Perneszith, dass reformatorische *Helvetica* für den Unterricht benutzt wurden. Dieselbe Erscheinung begegnet uns auch in Güssing, wo Boldiszár Batthyány (1537/38 – 1590), Bezirksoberhauptmann in Transdanubien, als erster Protestant seiner Familie eine Schule gründete. In diesem Zusammenhang wurde auch eine Bibliothek gegründet, die bald eine der grössten Bibliotheken Ungarns wurde, wenngleich man auf ihren Umfang lediglich nur durch Annahmen schliessen kann. Dank Buchrechnungen und Besitzeinträgen haben wir aber doch Kenntnis von der inhaltlichen Ausrichtung der Bibliothek.[496] Neben zahlreichen geschichtsphilosophischen, historischen und naturwissenschaftlichen Werken finden sich auch Bullingers *In Apocalypsim concionem centum* (Basel 1557) sowie seine *Von der schweren langwirigen veruolgung der [...] Kirchen* (Zürich 1573), Gwalthers Kommentare zu Jesaja, den zwölf Propheten, Johannes, Lukas, Matthäus, Markus, der Apostelgeschichte sowie zu den Paulusbriefen an die Korinther, die Römer

---

492 Die bedeutende Bibliothek von Johannes Sambucus, der sich 1560 als Arzt in Wien niedergelassen hatte, wird hier nicht berücksichtigt, da seine Bibliothek nur sekundäre Relevanz für die Frage nach der Verbreitung von reformatorischen *Helvetica* in den verschiedenen Gebieten Ungarns hat.

493 Vgl. Monok, Magnaten, 181 – 187; ders., Buchkultur, 10 – 19.

494 Weiter ist ein dreibändiges Werk Calvins („libri tres Joan(nis) Caluinj") erwähnt, das wir aber nicht genauer zu bestimmen vermögen (vgl. Kovács, Bornemissza, 83 ff; Zsindely, Wirkung, 105 f; Adattár 13/1, 12 ff).

495 Vgl. Monok, Nádasdy, 74 ff. Interessant ist der Hinweis darauf, dass Tamás Nádasdy am 14. September 1547 eine Anzahl Bücher an Graf Peter Erdődy übermachte (vgl. Regestum inventarii arcis Monyarokerek, 14. September 1547, in: Adattár 11, 38).

496 Vgl. Monok, Batthyány, 91 ff; ders, Magnaten, 185 f; ders., Buchkultur, 14 ff; Koltai, Batthyány, 5 ff. 293 f.

und die Galater, de Bèze' *Confessio christianae fidei* (Genf 156C), seine *Tractationes theologicae* (Genf 1570), sein *Quaestionum et responsium Christianarum libellus* (Genf 1570) sowie sein *Epistolarum theologicarum liber unus* (Genf 1573).[497] Später gelangte die Bibliothek, nach de- Konversion seines Enkels Ádám Batthyány zum Katholizismus, in das örtliche Franziskanerkloster.[498]

Eine weitere Familie, die auf ihren Gütern eine Schule unterhielt und auch eine Bibliothek besass, war die adlige Familie Bánffy in Unterlimbach (Dolnja Lendava, SLO). Leider ist die Bibliothek aber nicht mehr erhalten, so dass nur Vermutungen über deren Inhalt bestehen; immerhin scheint gesichert, dass sie verschiedene Drucke der reformatorischen Prediger am Bánffy-Hofe sowie diejenigen in Unterlimbach von dem reformatorischen Wandedrucker Rudolf Hoffhalter herausgegebenen Werke enthielt.[499] Im Jahre 1574 wurde Rudolf Hoffhalter aufgrund einer Verordnung von Kaiser Maximilian II. aus Unterlimbach ausgewiesen und fand am Hofe von Graf György Zrínyi (1546– 1603), Sohn des kroatischen Bans Miklós Zrínyi († 1566), in Nedelitz (Nedelišće, HR) eine weitere Wirkungsstätte. Da die Familie zum Protestantismus übergetreten war, hatte sie auch ein ausgeprägtes Interesse an reformhumanistischer Literatur.[500] Die Bibliothek von György Zrínyi, die vor allem in Ozaly (Ozalj, HR) aufbewahrt wurde, umfasste etwa 200 Bände. Leider wurde diese immer wieder ergänzte Bibliothek erst von Györgys Enkel Miklós VII. (1620– 1664) inventarisiert, so dass der genaue Bestand der Bibliothek um 1600 nicht mehr festgestellt werden kann.[501] Erstaunlich ist bei diesem Verzeichnis, dass zwar mehrere *Helvetica* aus dem 16. Jahrhundert vorhanden sind,[502] aber reformatorische *Helvetica*, ja theologische Werke überhaupt, gänzlich fehlen.[503] Dies befremdet darum, weil sich auf den Gütern von György Zrínyi mehrere reformatorische Prediger und Buchdrucker aufgehalten hatten. So ist es zu

---

497 Vgl. Adattár 11, 393. 415 f. 420. 428. 430 f.

498 Vgl. Koltai, Batthyány, 297 ff.

499 Vgl. Bernhard, Magnatenhöfe, 63 ff; Monok, Bánffy, 64 ff.

500 Entgegen István Monok ist festzuhalten, dass Teile der Familie Zrínyi zum protestantischen Glauben übergetreten sind (vgl. Bernhard, Magnatenhöfe, 55 ff; Monok, Buchkultur, 16).

501 Vgl. Kosić, Zrínyiana, 18 ff; Monok, Buchkultur, 16 f.

502 Es ist beispielsweise auf Werke wie die von Sigismund Gelenius herausgegebenen *Antiquitatum Iudaicarum libri XX.* (Basel 1548) von Flavius Josephus, Konrad Gessners *Historia animalium* (Zürich 1551), Sebastian Münsters *Cosmographia* (Basel 1559), die mit den Interpretationen von Lorenzo Valla ergänzte Thukydides-Ausgabe (Basel 1564), die *Biblia sacra* (Basel 1573) in der Ausgabe von Sebastian Castellio, oder den Nachdruck von Vergils *Opera* (Zürich 1587), die erstmals von Erasmus herausgegeben worden sind, zu verweisen (vgl. Klaniczay, Bibliotheca Zriniana, Nr. 2. 234. 279. 443. 473. 503).

503 Vgl. die Aufteilung im Verzeichnis: I. Historici antiqui Romani et alii; II. Historici omnis generis; III. Historici Pannoniae et Orientalium; IV: Politici; V. Militares; VI. Geographi et cosmographi; VII. Poetae latini; VIII. Poetae Itali; IX. Scholastici; X. Domesticae, Oeconomicae; XI. Miscellanei.

vermuten, dass die reformatorischen Werke, als die Familie wieder katholisch wurde (1623), aus der Bibliothek ausgeschieden worden sind.[504] Im nördlichen Westungarn finden wir weitere historische Bibliotheken, in denen reformatorische *Helvetica* zum Bestand gehörten. Dazu zählen wir die westlichen Gebiete der heutigen Slowakei um Pressburg, Tyrnau und Neutra (Nitra, SK). Uns sind die Bibliotheksverzeichnisse der Erzbischöfe von Gran, Miklós Oláh sowie Miklós Thelegdi, wie auch des Bischofs von Neutra, Zakariás Mossóczi (Zachariáš Mošóci, 1542–1587), erhalten. Letzterer ist eine eindrückliche Persönlichkeit, die ein reiches humanistisches Beziehungsnetz hatte; zudem nahm er als Gesandter seines Komitates auch an Parlamentssitzungen in Pressburg und Tyrnau teil und hielt sich oft am königlichen Hofe in Wien auf. Von Jugend an hat er seine Bibliothek ausgebaut, worüber handschriftliche Possessoreinträge in mehreren Büchern, die heute noch erhalten sind, zeugen.[505] Zum Zeitpunkt seines Todes umfasste sie über 900 Bände.[506] Darin finden sich neben humanistischen *Helvetica*[507] auch mehrere reformatorische Schriften, nicht nur von Luther, sondern ganz besonders auch von Vertretern einer „vermittelnden" Richtung. Neben zahlreichen Werken Melanchthons liegen unter anderem Pellikans *Psalterium Davidis* (Zürich 1532), Musculus' *Commentarii in Mattheum evangelistam* (Basel 1544) sowie Oekolampads *Commentariorum in Jesaja libri sex* (Basel 1525) vor.[508] Mossóczi hat aber nicht nur reformatorische Schriften gelesen, sondern stand auch in freundschaftlichem Austausch mit Förderern der Reformation wie z. B. Imre Forgách oder Mihály Révay, wie dies Buchwidmungen belegen.[509] Hingegen pflegte Miklós Oláh, wie wir bereits geschildert haben, keinen sehr freundschaftlichen Kontakt mit Vertretern der Reformation, obwohl seine Bibliothek, die vor allem anspruchsvolle Ausgaben der antiken Autoren bzw. Werke von zeitgenössischen Humanisten (Erasmus, Vadian, Cuspinian, u.s.w.) – mehr als die Hälfte (!) der Ausgaben stammte aus Basel – umfasste, auch einige Werke der Reformation, insbesondere zwei Werke Melanchthons und Pellikans *Psalterium Davidis [...] cum scholiis* (Zürich 1532) beinhalte-

---

504 Vgl. BERNHARD, Magnatenhöfe, 61 f; vgl. unten S. 480 f.

505 Vgl. KOMOROVÁ, Knižnica, 7–34.

506 Anfang August, also wenige Tage nach dem Hinscheiden von Mossóczi († 20. Juli 1587), wurde das Verzeichnis der Bibliothek von Zakariás Mossóczi erstellt (vgl. Adattár 11, 451–483); die Bibliothek hat Mossóczi seinem Verwandten, dem gebildeten Juristen Andreas Kečkéš hinterlassen (vgl. Copia testamenti rev.[issimi] quondam Zachariae Mossoczy, episcopi Nitriensis, 7. Juli 1587, in: Adattár 11, 443–446).

507 Es ist beispielsweise auf Erasmus' *Adagiorum Chiliades* (Basel 1541), Gessners *Historia animalium* (Zürich 1558), die *Opera Cirilli* (Basel 1548), Münsters *Cosmographia* (Basel 1550; weitere Aufl.), oder Gessners *Bibliotheca universalis* (Zürich 1545; weitere Aufl.) zu verweisen (vgl. KOMOROVÁ, Knižnica, Nr. 57. 531. 543. 561. 799).

508 Die Bücher sind grossmehrheitlich eingeordnet gewesen unter „Tabula octava sub litera H." (vgl. Adattár 11, 475–478; KOMOROVÁ, Knižnica, Nr. 700. 704. 706).

509 Vgl. KOMOROVÁ, Exlibris, fol. 5.

te.[510] Auch in der Bibliothek von Miklós Thelegdi sind zum Zeitpunkt seines Todes († 1586) mehrere reformatorische Schriften vorhanden, allerdings vor allem von Martin Luther, Philipp Melanchthon, Georg Major oder Johannes Brenz; nur ein nicht näher bezeichnetes Werk von „Beza" weist auf die helvetische Richtung der Reformation hin.[511] Oláh und Thelegdi waren energische Vertreter einer katholischen Reform und haben sich nur rudimentär mit Schriften der Schweizer Reformation – ihre Bibliotheken wurden grossmehrheitlich dem 1561 von Miklós Oláh gegründeten Jesuitenkollegium vermacht[512] – beschäftigt. Die gleiche Erscheinung begegnet uns in verschiedenen Jesuitenkollegien dieses Gebietes, beispielsweise in Turz und Schelle, deren Bibliotheken aus Anlass der Gründung der katholischen Universität in Tyrnau (1635) in der dortigen Bibliothek intergriert wurden.[513] Sämtliche Basler – sie machen einen sehr grossen Teil der *Antiquissima* aus – wie auch die wenigen Genfer und Zürcher Drucke sind humanistische Werke; das einzige Werk eines Zürcher Theologen ist Gwalthers *De syllabarum et carminum ratione libri duo* (Zürich 1549) und war gemäss dem Possessoreintrag um 1590 im Besitz des Jesuitenkollegiums in Turz.[514]

Nieder- und Oberungarn

Ganz anders als im Gebiet um Pressburg, Tyrnau und Neutra sahen die konfessionellen Verhältnisse im Gebiet der niederungarischen Bergstädte (Schemnitz, Neusohl, Kremnitz, u.s.w.) aus. Hier fand die Reformation bereits nach kurzer Zeit starken Widerhall, da infolge der wirtschaftlichen Bedeutung der Städte[515] nicht nur ein Rohstoffaustausch, sondern auch ein Wissensaustausch stattfand.[516] Dies zeigt sich ganz besonders eindrücklich an der bibliophilen Tätigkeit von Johannes Dernschwam in Neusohl, des Bevollmächtigten für die Fuggerminen in Ungarn, dessen Bibliothek nur dank seiner

---

510 Vgl. Szelestei Nagy, Oláh, 51–69; Monok, Buchdruck, 39.
511 Vgl. Adattár 13/1, 36–42.
512 Vgl. Farkas, Urbestand, XXXVIIf. XLVIIf.
513 Vgl. Farkas, Urbestand, XLVIII–LIV.
514 Vgl. KKK III, 27 f. Es ist bekannt, dass Gwalther ein leidenschaftlicher und begabter Poet war und zu Ehren zahlreicher Persönlichkeiten – es ist an die Trauergedichte auf das Hinscheiden von István Szegedi Kis oder Péter Melius Juhász zu denken (vgl. Bernhard, Gwalther, 169–181) – Elegien, Gedichte und poetische Applause verfasste (vgl. Rudolf Gwalther: Lateinische Gedichte, ZBZ: D 152). Gwalthers Handbuch für Stilkunst, seine *De syllabarum et carminum ratione libri duo* (Zürich 1542), erfuhr mehrere Auflagen und war auch in Ostmitteleuropa ziemlich verbreitet; kein geringerer als Péter Károlyi legte seiner *Institutio de syllabarum et carminum ratione […]* (Klausenburg 1567) Gwalthers Grundlagenwerk zugrunde (vgl. Borsa, Drucke, Nr. 156).
515 Zum Hintergrund der wirtschaftlichen Bedeutung der Städte vgl. Štefánik, Anfänge, 295–312.
516 Vgl. Čelko, Schemnitz, 293 ff.

intensiven wirtschaftlichen Kontakte zu dieser namhaften Grösse kommen konnte.[517] In Dernschwams Bibliothek finden sich natürlich zahllose reformatorische *Helvetica*, die hier aber nicht alle erwähnt werden können: Es sei auf Kommentare zu biblischen Schriften wie Pellikans *Commentarii* (Zürich 1532 – 1537), Bullingers *Commentarii* zu den Evangelien und der Apostelgeschichte (Zürich 1540 – 1548) sowie der Apokalypse (Basel 1557), Musculus' *In sacrosanctam Davidis Psalterium commentarij* (Basel 1551) sowie *In Esaiam prophetam Commentarii* (Basel 1557) oder Calvins *In omnes Pauli epistolas [...] commentarii* (Genf 1551) sowie *In Isaiam prophetam Commentarij* (Genf 1551) verwiesen; weiter ist an dogmatische Schriften wie Calvins *Institutio Christianae Religionis* (Genf 1550) oder Bullingers *Sermonum decades quinque* (Zürich 1549/51) sowie an Streitschriften wie Gwalthers *Antichristus* (Zürich 1546) oder Bullinger *Adversus Anabaptistas* (Zürich 1560) zu denken.[518]

Auch in anderen Bibliotheken Neusohls fanden sich um diese Zeit reformatorische *Helvetica*, wenn auch natürlich nicht im gleichen Ausmass, da der Umfang der Dernschwam-Bibliothek einmalig ist. So sind beispielsweise um 1600 – meist neben Werken des Erasmus und solchen von Melanchthon – der *Commentarius in Mattheum* (Basel 1544; weitere Aufl.) von Wolfgang Musculus, die *Homiliae* Rudolf Gwalthers zu den verschiedenen neutestamentlichen Schriften (in fünf Bänden), der *Dialogus quo Patrum sententiam de Coena Domini [...]* (Basel 1590) von Oekolampad, das *Liber Hestherae Homiliis* (Zürich 1585) sowie das *Novum Testamentum [...] Theod. Bezae annotationes* (Genf 1598) in Neusohl vorhanden.[519] Aus dem Komitat Sohl (Zvolen, SK) ist uns aus dem Jahre 1589 auch ein Bücherverzeichnis von Balthasar Alitius erhalten: Neben vielen Werken von Erasmus (Adagia, Colloquia, Paraphrases) und Melanchthons (Ethica, Rhetorica, Dialecta) liegen auch Vermiglis *Loci communes* (Zürich 1580), de Bèze' *Confessio Christianae Fidei* (Genf 1560), Calvins *Opuscula* (Genf 1563) oder Simlers *Scripta veterum latina, de una persona et duabus naturis Domini* (Zürich 1571) vor.[520] Von dem benachbarten Kremnitz ist gleichfalls bekannt, dass Musculus' Evangelienkommentare, Calvins *Von der Papisten Heilgthumb [...] Underricht* (Pforzheim 1558),[521] Gwalthers elegische Dichtung *Argumenta omnium tam Veteris quam Novi Testamenti* (Zürich 1543; weitere Aufl.), oder Zwinglis Pro-

---

517 Vgl. BERLÁSZ, Bibliothek, 299 ff.
518 Vgl. BERLÁSZ, Bibliothek, 113. 119 ff. 130. 162 f. 181. 188.
519 Vgl. Adattár 13/3, 9. 17 – 20.
520 Vgl. Adattár 13/4, 18 – 22.
521 Die erste deutsche Übersetzung erschien in Wittenberg unter dem Titel *Vermanung von der Papisten Heiligthumb* (1557); während diese Ausgabe eine Übersetzung der französischen Ausgabe *Advertissement du profit qui reviendroit à la Chrestienté s'il se faisoit inventaire des reliques* (Genf 1543) ist, basiert die zweite deutsche Übertragung auf der lateinischen Ausgabe *Admonitio de reliquis* (Genf 1548) (vgl. PETER, Bibliotheca Calviniana, Nr. 43/2. 48/4. 57/12. 58/11).

grammschrift *Von götlicher vnd menschlicher grechtigkeit* (Zürich 1523; weitere Aufl.) um 1600 vorhanden waren.[522] Von Schemnitz ist seit Mikuláš ČELKOS Studie über die die Schweiz betreffenden Quellen in Schemnitz bekannt, dass die Kontakte zur Schweiz recht intensiv waren.[523] Es erstaunt daher kaum, dass in verschiedenen Bibliotheken von Schemnitz auch reformatorische *Helvetica* vorhanden waren. Besonders ist dabei an Oekolampads *In prophetam Ezechielem commentarius* (Strassburg 1534), Bullingers *In omnes apostolicas epistolas commentarii* (Zürich 1537; weitere Aufl.), seine *Iustificatio de fide [...] et de vere bonis operibus* (Zürich 1548) sowie seine *Apologetica expositio, qua ostenditur Tigurinae ecclesiae ministros [...]* (Zürich 1556), Vermiglis *Preces sacrae ex Psalmis Davidis desumptae* (Zürich 1564; weitere Aufl.), Calvins *Disputatio de cognitione hominis* (Genf 1552) sowie seine *Opera*, de Bèze' *De coena Domini [...] tractatio* (Genf 1559; weitere Aufl.), seine *Graecae Grammaticae* (Genf 1568), seine *Tractatio de polygamia et divortiis* (Genf 1571; weitere Aufl.) sowie seine *De praedestinatione doctrina* (Genf 1582; weitere Aufl.) zu denken.[524] Der grössere Teil der Bücher stammte aus der Bibliothek von Johannes Haunold († 1595), Schulleiter in Schemnitz, die aus Anlass seines Todes inventarisiert wurde.[525] Dies belegt, dass die reformatorischen *Helvetica* indirekt auch im schulischen Unterricht eine Rolle spielten.

Nördlich der Bergstädte befand sich in Gross-Bitsch (Veľká Bytča, SK) ein Sitz der Grafenfamilie Thurzó. Der spätere Palatin György Thurzó (1567–1616), ein Förderer des Humanismus und Vertreter der Reformation in Niederungarn, hat im Schloss von Gross-Bitsch eine grosse Bibliothek angelegt. Obwohl Thurzó bei der Grundsteinlegung der evangelischen Kirche A.B. in Niederungarn ein wichtige Rolle gespielt hat, beinhaltete seine Bibliothek auch zahlreiche reformatorische *Helvetica*, wie das noch erhaltene Verzeichnis aus dem Jahre 1610 belegt; zudem konnten weitere Bände aus der Bibliothek von Thurzó aufgrund von *Exlibris* und *Supralibros* identifiziert werden.[526] Neben den humanistischen *Helvetica* eines Gessner, den Basler Kirchenväterausgaben sowie zahlreicher Schriften von Erasmus ist vor allem an Vadians *Libri sex de consideratione eucharistiae* (Zürich 1536), an Calvins *Commentarii in Isaiam Prophetam* (Genf 1551; weitere Aufl.), seine *Insitutio Christianae Religionis* (Lausanne 1576) sowie seinen, die wichtigsten reformatorischen Schriften umfassenden, posthum erschienenen Sammelband *Tractatus theologici omnes* (Genf 1576; weitere Aufl.), an Bullingers *Iustificatio de fide [...] et de vere bonis operibus* (Zürich 1548), seine *In acta apostolorum [...]*

522 Vgl. Adattár 13/3, 224. 231 f. 242.
523 Vgl. ČELKO, Schemnitz, 293 ff.
524 Vgl. Adattár 13/1, 47. 49 f. 52. 55; Adattár 13/3, 298. 303. 305. 307. 309. 313.
525 Vgl. Adattár 13/1, 56.
526 Vgl. Index geminus bibliothecae, ab [...] Georgio Thurzo comite supremo ac perpetuo de Arva, regni Hungariae palatino [...], 1610, MOL: E 445, fol. Lat. 921/XVI.a. (Druck: Adattár 11, 505–528); vgl. SAKTOROVÁ, Helvetica, 251 f; DIES., Bibliothek, 161 f).

commentariorum libri VI (Zürich 1533; weitere Aufl.), sein *De origine erroris in negocio eucharistiae* (Zürich 1528; weitere Aufl.), seine *De scripturae sanctae authoritate* (Zürich 1538; weitere Aufl.), an Musculus' *In Esaiam prophetam commentarii* (Basel 1557; weitere Aufl.), seinen *In Evangelistam Matthaeum commentarii* (Basel 1548; weitere Aufl.), seinen *In sacrosanctam Davidis Psalterium commentarij* (Basel 1551; weitere Aufl.) sowie seine *Loci communes* (Basel 1560; weitere Auf.), an de Bèze' *Confessio fidei Christianae* (Genf 1560) sowie seine dreibändige *Tractationum theologicarum, in quibus [...] Christianae religionis dogmata [...] defenduntur* (Genf 1582) oder an Vermiglis posthum erschienene *Loci communes* (Zürich 1587) zu denken.[527] Die Auswertung der Bibliothek belegt, dass Graf Thurzó, ein Förderer der Peregrination nach Wittenberg,[528] der vermittelnden Richtung der Reformation im Sinne Melanchthons, Bullingers und Musculus zugerechnet werden darf. Diese theologische Ausrichtung wird bestätigt, wenn man die allerdings nur wenige *Theologica* umfassenden Bibliotheken von Palatin István Illésházy (1541 – 1609) und Imre Forgách (~1538 – 1599) in Trentschin untersucht.[529]

In Oberungarn, dem heutigen nordöstlichen Teil der Slowakei,[530] bildete Kaschau geistiges Zentrum, wo auch der Sitz der Zipser Kammer war. Über die konfessionspolitisch schwierige Situation in Kaschau, das paritätisch, d. h. sowohl Anhänger eines strengen Luthertums als auch Anhänger der schweizerischen Reformation umfassend, war, wurde bereits berichtet.[531] In Kaschau finden wir um 1600 sowohl in Privatbiblitheken wie auch in der Schulbibliothek sehr zahlreich reformatorische *Helvetica*. Die Studien von Andrej SZEGHY haben offenbart, dass humanistische wie reformatorische *Helvetica* oft bereits wenige Jahre nach dem Druck in Kaschau waren; dabei ist insbesondere eine grössere Anzahl von Werken Calvins, de Bèze' und Gwalthers zu erwähnen.[532] Die *Helvetica* kamen vor allem durch Buchhändler nach Kaschau. So ist bekannt, dass Johann Gallen um 1583, zum Zeitpunkt seines Todes, folgende *Helvetica* im Handel hatte: Zwei Exemplare von Calvins *De vitandis superstitionibus [...] libellus* (Genf 1550)[533], drei Exemplare seiner *Institutio Christianae Religionis*, ein Exemplar seines *In sacrosanctam Davidis Psalterium commentarij* (Basel 1551; weitere Aufl.), ein Exemplar seines *Harmonia ex tribus Evangelistis composita [...]* (Genf 1555), ein Exemplar von Musculus' *In epistolam Apostoli Pauli ad Romanos Commentarii* (Basel 1555.

---

527 Es werden nicht alle reformatorischen *Helvetica* aus der Thurzó-Bibliothek angeführt (vgl. SAKTOROVÁ, Helvetica, 253 ff; Adattár 11, 518 – 529).
528 Vgl. THURZÓ, Dokumentumok.
529 Vgl. Adattár 11, 149 ff; Adattár 13/2, 3 – 8.
530 Die Grenze zwischen Nieder- und Oberungarn verlief von der Westgrenze des Komitates Zips nach Süden.
531 Vgl. FATA, Einflüsse, 84 – 89; BODNÁROVÁ, Reformation, 30 ff.
532 Vgl. SZEGHY, Tlače, 24 – 35. 47 ff. 267 f.
533 Dieses Werk ist darum besonders interessant, weil es auch Beilagen von Melanchthon, Bucer und Vermigli umfasst (vgl. PETER, Bibliotheca Calviniana, 303 ff).

1562), ein Exemplar von Vermiglis *In primum librum Mosis, qui vulgo Genesis dicitur commentarii* (Zürich 1569). 1579), ein Exemplar von Johannes Wolfs *Nehemias, sive in Nehemiae de instaurata hierosolyma librum* (Zürich 1970), ein Exemplar von Bullingers *Iesaias [...] Dei propheta, [...]* (Zürich 1567), ein Exemplar seines *Daniel [...] Dei propheta, [...]* (Zürich 1565. 1576), zwei Exemplare von Ludwig Lavaters *In libros paralipomenon sive Chronicorum [...] Commentarius* (Zürich 1573; weitere Aufl.), ein Exemplar seiner *In librum proverbiorum siue Sententiarum Solomonis* (Zürich 1562; weitere Aufl.) sowie ein Exemplar von Pellikans *In Iob, Psalterium, Proverbia, Ecclesiasten, [...] commentarij* (Zürich 1582), herausgegeben von Ludwig Lavater.[534] Die Tätigkeit Gallens erklärt unter anderem, dass in verschiedenen Privatbibliotheken in Kaschau und der näheren Umgebung reformatorische *Helvetica* vorhanden waren, so beispielsweise in der Bibliothek von István Langh Calvins *Harmonia* sowie Musculus' *In Davidis Psalterium*, oder in der Bibliothek von János Sárközi Tálas Calvins *Harmonia* sowie einer von Gwalthers Kommentaren zu den Evangelien.[535] Die öffentliche Bibliothek in der Kirche St. Elisabeth hatte bereits bei der ersten Inventarisierung aus dem Jahre 1604 einen beträchtlichen Umfang; leider aber wurden nur in sehr seltenen Fällen die Verfasser der genannten Werke festgehalten.[536] Hingegen liegt uns ein recht ausführliches Verzeichnis der „Elisabethen"-Bibliothek sowie der Stadtbibliohek Kaschau aus dem Jahre 1670 vor. Darin sind sehr zahlreich Werke von Calvin, Vermigli, Musculus, Bullinger, de Bèze, Gwalther sowie Polanus vorhanden;[537] leider können sie aber für die Beantwortung der Frage nach den Provenienzverhältnissen in den Bibliotheken um 1600 nicht herangezogen werden.

Aber nicht nur in Kaschau, sondern im ganzen Gebiete Oberungarns sind reformatorische *Helvetica* weitverbreitet. Es ist dabei insbesondere an Bibliotheken in Bartfeld, Leutschau, Eperies und Sárospatak zu denken. In Eperies sind wir in der glücklichen Lage, dass wir seit 1552 über den steten Zuwachs der Stadtbibliothek wissen, da die verschiedenen Inventarien erhalten sind.[538] Im von Stadtpfarrer Korlatin verfassten *Inventarium* von 1575 sind auch Bullingers Kommentare zu den vier Evangelien sowie zur Apostelgeschichte, Musculus' Kommentare zum Psalter sowie zum Johannesevangelium, und Pellikans *Commentaria Bibliorum [...] tomus primus in quo continentur V. Libri Mosis* (Zürich 1532) nachgewiesen; weiter beinhaltete die Bibliothek Bullingers *Adversus omnia catabaptistarum [...] dogmata* (Zürich 1535) sowie Zwinglis *Religionis antiquae et vere christianae potissima capita*

---

534 Vgl. Inventarium Joannis Galeni Bibliopolae, 1583, in: Adattár 13/1, 23. 27 f. 32. 34.
535 Im um 1597 erstellten Inventar wird einzig festgehalten: „Ittem 5-dik könyvet Gualteri Evangelista" (Adattár 13/1, 58); zu István Langhs Bibliothek vgl. Adattár 15, 8.
536 So werden acht verschiedene Psalmenkommentare erwähnt, aber in keinem Fall auf den Namen des Verfassers verwiesen (vgl. Adattár 15, 84–88).
537 Vgl. Adattár 15, 88–113. 115–187.
538 Vgl. IVÁNYI, Irás, 305–312.

(Zürich 1535).[539] Auch im lutherischen Bartfeld mag es in den verschiedenen Bibliotheken mehrere reformatorische *Helvetica* gegeben haben, wie die Studien von Ábel und Žibritová belegen;[540] allerdings sind die diesbezüglichen Erkenntnisse über das tatsächliche Ausmass der *Helvetica*, abgesehen von der *Exlibris*- und *Supralibros*-Forschung, hypothetisch, weil die ersten Bibliotheksverzeichnisse aus den Jahren 1705 und 1725 stammen.[541] Genauer unterrichtet sind wir über die Bibliotheksverhätnisse in der königlichen Freistadt Leutschau. Über die theologischen Neigungen von Georg Molner haben wir bereits berichtet; es sei lediglich auf Bullingers *In Evangelium secundum Matthaeum commentarius* (Zürich 1542), seine *Sermonum Decades quinque* (Zürich 1552) sowie auf Musculus' *Commentarii in Evangelistam Ioannem* (Basel 1548) aus Molners Besitz verwiesen.[542] Da der grösste Teil der ehemaligen Bibliothek von Leutschau heute in Karlsburg im Batthyaneum aufbewahrt wird, ist es, wenn nicht eindeutige Possessoreinträge vorliegen, leider nur noch schwer feststellbar, welche der im Batthyaneum zahlreich vorhandenen reformatorischen *Helvetica*[543] ursprünglich aus Leutschau stammten. Besser sind wir unterrichtet über die Bibliotheksbestände in Sárospatak. Bezeichnend ist es dabei, dass in Privatbibliotheken und in der Kollegiumsbibliothek in gleicher Weise reformatorische *Helvetica* vorhanden sind: In der Bibliothek des Sárospataker Bürgers Ferenc Sulyok († 1580) stammen von zehn Büchern, teils Kolligate, deren sieben Titel aus Schweizer Offizinen, wobei ein Titel Erasmus' *In novum Testamentum annotationes* (Basel 1527; weitere Aufl.) ist; die anderen Titel sind Calvins *In sacrosanctam Davidis Psalterium commentarij*, sein *Commentarii in epistolas canonicas* (Genf 1551. 1552), seine *Harmonia*, und schliesslich zwei verschiedene Ausgaben von de Bèze' *Novum D. Nostri Jesu Christi Testamentum* (Genf 1557; weitere Aufl.).[544] Gleichfalls schaffte Zsigmond Rákóczi (1544–1608), der spätere Fürst von Siebenbürgen, der in Sárospatak am Hofe der Familie Perényi aufwuchs, sowohl in Szerencs wie in Sárospatak Bibliotheken an, in der auch *Helvetica* vorhanden gewesen sein müssen. Dies darf, obwohl uns über die Bibliotheken in Szerencs und Sárospatak nur sporadische Angaben zur Verfügung stehen, aufgrund verschiedener Tatsachen gefolgert werden: Einmal förderte Rákóczi die Peregrination in das reformierte Genf, dann war er

539 Vgl. Iványi, Irás, 310 ff.
540 Vgl. Žibritová, Bücher, 242–249; dies., Ediţii, 31 ff; Ábel, Temploma.
541 Vgl. Žibritová, Bücher, 243 f.
542 Vgl. oben S. 129 f.
543 Auf einem Forschungsaufenthalt im Mai 2004 wurden zwölf *Bullingeriana*, 23 *Calviniana* (davon neun verschiedene Ausgaben der *Institutio Christianae Religionis*) sowie sieben *Gwaltheriana* gefunden; leider ist seit 2008 der Zutritt zum Batthyaneum für nicht-rumänische Staatsbürger nicht mehr möglich, so dass für die spezifische Untersuchung der Possessoreinträge auf die Forschungen von Botond Gudor, Gabriela Žibritová sowie Eva Selecká Mârza verwiesen werden muss.
544 Vgl. Adattár 13/1, 20.

ein aktiver Förderer der Druckerei von Vizsoly, in der 1590 die erste vollständige ungarische reformierte Bibelübersetzung unter der Leitung des Seniors Gáspár Károlyi erschienen war,[545] und schliesslich beinhalten die Bibliotheksverzeichnisse aus dem 17. Jahrhunderts, die auf Veranlassung von
György Rákóczi, des Sohnes von Zsigmond, erstellt worden sind, zahlreiche
Helvetica.[546] Freilich sind in unserem Rahmen nicht alle diese *Helvetica* zu
erwähnen, sondern besonders solche Drucke, die ins 16. Jahrhundert verweisen und wohl bereits von Zsigmond Rákóczi angeschafft worden sind: Es
ist an Biblianders *Machumetis saracenorum principis [...] ipse'que Alcoran*
(Basel 1543), an Zwinglis *Opera* (Zürich 1544/45), an Pellikans *Commentaria
Bibliorum [...]* (Zürich 1532 – 40), an Calvins *Institutio Christianae Religionis*
sowie seine Kommentare *In Isaiam prophetam* (Genf 1551; weitere Aufl.) und
In acta apostolorum (Genf 1552; weitere Aufl.), oder de Bèze' *Novum D. Nostri
Jesu Christi Testamentum* (Genf 1556) zu denken.[547] Natürlich hatte das bereits
in den 1530er Jahren gegründete Kollegium schon vor dem Übergang der
Rákóczi-Bibliothek an das Kollegium eine eigene Bibliothek. Der erste Katalog
wurde am 1. August 1623 angefertigt, allerdings haben wir bereits vor diesem
Datum Angaben über einzelne Bücher, die ans Kollegium gekommen sind: So
hat der Sárospataker Hauptpfarrer Ferenc Czeglédi († 1597), Dekan des Kir-
chenbezirkes Semplin (Zemplín, SK), dem Kollegium zwei Werke von Ludwig
Lavater übermacht, einerseits sein *In librum proverbiorum siue Sententiarum
Salomonis* (Zürich 1572), andererseits sein *In libros paralipomenon sive
Chronicorum [...] Commentarius* (Zürich 1573);[548] gleichfalls wissen wir, dass
István Miskolci Csulyak (1575 – 1645), später auch Dekan des Kirchenbezirkes
Semplin, mehrere seiner Werke dem Kollegium geschenkt hat, beispielsweise
Zwinglis *In plerosque novi testamenti libros* (Zürich 1581) sowie die ersten
beiden Bände von dessen *Opera* (Zürich 1581).[549] Miskolci studierte von 1603
bis 1607 in Heidelberg; daraufhin war er Rektor in Tarcal, Pfarrer in Szerencs,
Miskolc, Olaszliszka u.s.w. Während seiner Peregrination hat er zahlreiche
Bücher erworben, worüber er in seinem Tagebuch berichtete.[550] Seine Bib-
liothek ist insofern interessant, weil sie sehr viele reformatorische *Helvetica*
umfasste. Es finden sich zahlreiche exegetische wie dogmatische Werke von
Zwingli, Calvin, Musculus, Bullinger, Lavater, Vermigli, Simler, Gwalther, de
Bèze oder Polanus, ja auch Schriften von weniger renommierten Theologen

---

545 Vgl. Szabó, Bibliafordító, 115ff; vgl. unten S. 388 ff.
546 Um das Jahr 1660 ist die Rákóczi-Bibliothek ans reformierte Kollegium von Sárospatak
    übergegangen (vgl. Bernhard, Bedeutung, 137; Monok, Vorwort, XXXIff).
547 Vgl. KKK I, 34. 116. 121. 123. 128. 150.
548 Standortsignatur der beiden Werke in der Kollegiumsbibliothek in Sárospatak: B 286 sowie B
    272.a (vgl. Adattár 14, 7).
549 Standortsignatur der beiden Werke in der Kollegiumsbibliothek in Sárospatak: B 30.a sowie B
    500 (vgl. Adattár 14, 9).
550 Vgl. Adattár 13/1, 77; Zoványi, Lexikon, 408.

wie Theodor Zwinger, Lambert Danaeus oder Johannes Wolf.[551] Schliesslich ist auf György Krizbai Farkas hinzuweisen, der 1617 seine Bibliothek testamentarisch dem Kollegium vermachte;[552] ein Teil seiner Bücher kam später nach Neumarkt a.M., doch aufgrund der Possessoreinträge wissen wir, dass dieselben dem reformierten Kollegium in Sárospatak gehörten. Unter seinen Büchern finden sich auch Bullingers *In priorem D. Pauli ad Corinthios epistolam [...] commentarius* (Zürich 1534), Calvins *Commentarii in Isaiam prophetam* (Genf 1559), oder Gwalthers *In D. Pauli Apostoli epistolam ad Romanos homiliae XCVI* (Zürich 1590).[553]

Zum Zeitpunkt der Abfassung des Katalogs der Kollegiumsbibliothek in Sárospatak (1623) sind die *Helvetica* dementsprechend sehr zahlreich vorhanden: Die kritischen Bibelausgaben (Eramus, Münster, Tremelli, de Bèze) und die Kirchenväterausgaben stammen mehrheitlich aus der Schweiz, die exegetischen Werke werden dominiert von Oekolampad, Calvin, Vermigli, Gwalther, Musculus, Lavater, Bullinger, de Bèze und Wolf, bei den dogmatischen Werken liegt hingegen ein breites Spektrum an theologischen Richtungen vor, von Melanchthon über Zanchi, Musculus, de Bèze, Polanus zu Hus; auffällig ist es allerdings, dass im ganzen knapp 320 Bände umfassenden Katalog nur ein „einziges" Werk Luthers („Lutheri opera") aufgeführt ist.[554] An der Grenze zum Partium bestand damit – in Würdigung der buchgeschichtlichen Erkenntnisse – keine konfessionelle Spaltung bzw. kein konfessionelles Nebeneinander, wie es nördlich des Kirchenbezirkes Semplin bestand. Während in Bartfeld um 1600 das lutherische Bekenntnis vorherrschend war, war Kaschau gespalten und bestimmte in Sárospatak das helvetische Bekenntnis das kirchliche und theologische Leben.

Partium und „Diesseits-des-Königssteigs"

Die *Partes regni Hungariae* (Partium) waren im 16. und 17. Jahrhundert an seiner Westgrenze immer wieder der Türkengefahr ausgesetzt. Diese ständige Bedrohung von Westen mag dazu beigetragen haben, dass auf der Synode zu Debrecen (1567) die *Confessio Helvetica Posterior* als verpflichtendes Bekenntnis rezipiert wurde und das Gebiet zu einer Hochburg des reformierten

---

551 Vgl. Adattár 13/1, 61–77.
552 Vgl. Adattár 13/1, 7.
553 Vgl. SPIELMANN, Catalogus I, 132. 141. 320.
554 Vgl. Adattár 14, 13–22. Einzelne Werke aus der Bibliothek des reformierten Kollegiums in Sárospatak kamen im 18. Jahrhundert nach Neumarkt a.M. (über die Gründe vgl. unten S. 574 f. 607 f). Diesbezüglich ist es besonders verdienstvoll, die Possessoreinträge zu untersuchen; dabei zeigt sich, dass es vor allem Basler Drucke und reformatorische *Helvetica*, beispielsweise von Johannes Calvin, Théodore de Bèze oder Heinrich Bullinger, waren, die heute noch in der Teleki-Bibliothek aufbewahrt werden (vgl. SPIELMANN, Catalogus I, 82 ff. 130 ff. 141 ff et passim).

Protestantismus geworden ist. Insbesondere der Debreciner Stadtpfarrer Péter Melius Juhász hat die konfessionelle Entwicklung des Partium mitgeprägt, einerseits in Abgrenzung gegen den sich von Siebenbürgen her ausbreitenden Antitrinitarismus, andererseits in Abgrenzung gegen das im nördlichen Oberungarn, vor allem unter der Zipser Bevölkerung, stark verbreitete Luthertum. Leider besitzen wir aber keine Kenntnis über den Bestand der Bibliothek des reformierten Kollegiums um 1600, da das erste Verzeichnis aus dem Jahre 1706 stammt. Die zeitliche Distanz von 100 Jahren erlaubt es nicht, Aussagen über das Vorhandensein der reformatorischen *Helvetica* im Übergang zum 17. Jahrhundert zu machen.[555] Auch andere Bibliotheksverzeichnisse oder Hinterlassenschaften sind nur sehr spärlich vorhanden und können für unsere Frage kaum herangezogen werden, weil sie gleichfalls späteren Datums sind.[556] Hingegen besitzen wir aufgrund eines Verzeichnisses aus dem Jahre 1632 einige wertvolle Hinweise über reformatorische *Helvetica* in der Bibliothek des Kollegiums Sathmar, das im 16. Jahrhundert gegründet worden ist.[557] Obwohl es sich um die Bibliothek eines reformierten Kollegiums handelt, finden sich auch mehrere dogmatische Werke von dem römischen Kontroverstheologen Robert Bellarmin; die reformatorischen *Helvetica* sind vertreten durch Musculus' *In sacrosanctam Davidis Psalterium commentarij* (Basel 1551; weitere Aufl.), Calvins *Institutio Christianae religionis*, seine *Opuscula* (Genf 1552. 1563) sowie seine von de Bèze herausgegebenen *Epistolae et responsa* (Genf 1575), weiter durch de Bèze' *De controversiis in coena Domini disceptatio* (Genf 1593; weitere Aufl.), seine *De peste quaestiones duae explicatae* (Genf 1579), Vermiglis *Loci communes*, und schliesslich durch Polanus' *Symphonia Catholica seu Consensus Catholicus et orthodoxus Dogmatum* (Basel 1607).

In Grosswardein sind wir in der glücklichen Lage, dass die Altbestände der katholischen Bibliothek des Domkapitels mit sämtlichen Possessoreinträgen publiziert sind; die genannte Bibliothek ist zwar erst im 18. Jahrhundert – war doch das Wardeiner Bistum, das zu einem der reichsten Ungarns zählte, von 1556 bis 1692 faktisch nicht existent[558] – aus Privat- und Konventsbibliotheken

---

555 Dazu bedürfte es einer Untersuchung sämtlicher *Helvetica* aus dem 16. Jahrhundert, die heute in der Grossbibliothek der Theologischen Fakultät Debrecen lagern, aufgrund von Possessoreinträgen. Die von Róbert OLÁH, Debrecen, am internationalen Kongress *Humanistischer Wissenstransfer zwischen der Schweiz und Ostmitteleuropa* im April 2013 in Zürich präsentierten Forschungen leisten einen ersten wichtigen Schritt zur Behebung dieses Forschungsdesiderats (vgl. OLÁH, Kálvin, 116–148).

556 Auch die in Szeged erscheinenden *Buchgeschichtlichen Hefte* (KFT: Könyvtártörténeti Füzetek), die die Fundorte und den Umfang der im Reich der Stephanskrone gefundenen Bücherverzeichnisse aus der Zeit von 1526 bis 1750 erfassen, wurden herangezogen, um allenfalls noch nicht publizierte Bibliotheksverzeichnisse oder Hinterlassenschaften zu finden; doch, was das Partium betrifft, ist der entsprechende Zeitraum darin kaum vertreten.

557 Vgl. Adattár 14, 327.

558 Der Bischofstitel von Grosswardein besass von 1556–1692 rein nominellen Status im Sinne eines „Titularbischofs" (vgl. EMŐDI, Könyvtára, VIIf. XLVIII).

vor allem der Gebiete Diesseits-des-Königssteigs, Partium und Siebenbürgen zusammengetragen worden,[559] doch die Auswertung der Possessoreinträge ermöglicht es uns, genaueres über den Weg der Bücher zu erfahren. Wenn auch sicher mehrere reformatorische Schriften aus ursprünglich protestantischem Besitz stammen dürften, so hat doch die Mehrheit der Werke einen katholischen Possessor aufzuweisen. Es liegt uns damit gewissermassen ein Curiosum darüber vor, welche reformatorischen *Helvetica* von katholischen Gelehrten um 1600 benutzt wurden.[560] Neben sehr zahlreichen *Helvetica*, vor allem aus Basel, ist insbesondere auf Bullingers *In Evangelium secundum Matthaeum commentariorum libri XII* (Zürich 1542) sowie seinen *In omnes Apostolicas epistolas Divi videlicet [...] commentarius* (Zürich 1549), auf Gwalthers *In Prophetas duodecim [...] homiliae* (Zürich 1563) sowie seine *In Isaiam Prophetam homiliae* (Zürich 1583), auf Calvins *Institutio Christianae Religionis* (Strassburg 1543) sowie seine *Opuscula omnia in unum volumen collecta* (Genf 1552) oder auch auf Zanchis *De operibus dei intra spacium sex dierum creatis tres in partes distinctum* (Hanau 1597)[561] zu verweisen.[562] Vor allem exegetische Schriften der Zürcher Reformation schienen bei katholischen Gelehrten im Reich der Stephanskrone Interesse gefunden zu haben.

Siebenbürgen

Der Vielvölkerstaat Siebenbürgen, deren „nationes" auf dem Landtag zu Neumarkt (1571) die Freiheit und Gleichberechtigung der vier gesetzlich anerkannten „Religionen" beschlossen hatten, stellt unter diesen konfessionellen Voraussetzungen natürlich auch in buchgeschichtlichen Fragen einen Sonderfall dar. Um so wertvoller ist es, dass die Quellen zur Frage nach der Verbreitung von reformatorischen *Helvetica* in Siebenbürgen um 1600 reichhaltig sind.

Als György Udvarhelyi zu Beginn des Jahres 1603 verstarb, wurde bald ein Inventar seiner zurückgelassenen Bibliothek erstellt. Darin finden sich Werke Melanchthons und Sturms neben „Egy Calvinus".[563] Dies ist eigentlich nichts aussergewöhnliches, belegt aber doch, dass Melanchthon und Calvin auch um 1600 noch nebeneinander gelesen wurden, ja der „Philippismus" und der „Calvinismus" sich nicht konkurrenzierten. Diese Erscheinung begegnet uns ganz besonders in der Bibliothek des reformierten Kollegiums von Klausen-

---

559 Vgl. Emődi, Vorwort, XXIXff; ders., Könyvtára, XLVIIIff.
560 Es werden nur diejeingen reformatorischen *Helvetica* erwähnt, die einen Possessoreintrag aus dem 16. Jahrhundert oder vom Anfang des 17. Jahrhunderts haben.
561 Zanchis Werke dürfen – wenn auch dies bislang nie thematisiert wurde – sehr wohl als „reformatorische *Helvetica*" bezeichnet werden; war er doch in den 1560er Jahren Pfarrer von Chiavenna und erhielt 1568 einen Ruf nach Heidelberg (vgl. Bonorand, Emigration, 42 ff).
562 Vgl. KKK V, 8 f. 113 f. 245. 252. 396.
563 „Ein Calvinus" (Adattár 16/2, 18).

burg zu Beginn des 17. Jahrhunderts. Abgesehen davon, dass das Kollegium,
Anfang der 40er Jahre des 16. Jahrhunderts als „reformierte" Schule gegründet, seit 1568 vorübergehend in Grosswardein angesiedelt,[564] spätestens aber
Anfang des 17. Jahrhunderts in Klausenburg wieder neu gestiftet,[565] die Bücher der mittelalterlichen Schulen Klausenburgs übernommen hatte, enthielt
die Bibliothek auch viele Werke der Schweizer Reformation, teils aus Schenkungen, teils aus Erbschaften. So kamen beispieslweise die Bücher des Klausenburger Pfarrers Ferenc Csepei Sidó in die Bibliothek des reformierten
Kollegiums; darunter befanden sich auch Gwalthers *Homiliae* zu den Evangelien, zur Apostelgeschichte sowie zu den Paulusbriefen, gedruckt in Zürich
und einige in Heidelberg.[566] Später kamen Werke von Calvin, Vermigli, Pellikan, Melanchthon, de Bèze, Bullinger, Zanchi, Musculus und Simler dazu.
Viele dieser Werke sind bereits im 16. Jahrhundert in Siebenbürgen gewesen,
wie die Possessoreinträge belegen, so beispielsweise Vermiglis *In epistolam S.
Pauli [...] ad Romanos commentarii* (Basel 1570), Pellikans *Commentaria
bibliorum. Tomus primus* (Zürich 1536), de Bèze' *Quaestionum et responsionum [...] libellus* (Genf 1587), zusammengebunden mit Szikszais *De sacramentis* (Genf 1585) und Szegedi Kis' *Assertio vera de trinitate* (Genf 1576),
oder Musculus *Loci communes* (Basel 1573), als Kolligat mit Bullingers
Sermonum decades quinque (Zürich 1568).[567] Letzteres Kolligat gehörte ursprünglich Ambrosius Derecskei, der das Werk 1571 („Ambrosij Derecskei
71") angeschafft hat; im Jahre 1576 immatrikulierte er sich in Wittenberg und
wirkte nach seiner Rückkehr in Grosswardein als Pfarrer.[568] In Grosswardein
muss Derecskei das Buch veräussert haben, denn gemäss Possessoreinträgen
gab es verschiedene Besitzer, bevor es in die Bibliothek des reformierten
Kollegiums kam.[569] Auch mehrere Werke von de Bèze haben ein *Supralibros*
aus dem 16. Jahrhundert, obwohl wir in vielen Fällen aufgrund der Anfangs-
buchstaben nicht mehr wissen können, ob das Werk ursprünglich einem
siebenbürgischen Landsmann gehörte.[570] Dennoch besitzen wir in einigen
Fällen klare Gewissheit, wer der Besitzer des Buches gewesen ist, beispielsweise bei de Bèze' *Epistolarum theologicarum editio tertia* (Hanau 1587),
welche 1598 „M[artinus] C[olmannus] H[eczelensis]" während seiner Studien
in Wittenberg erwarb,[571] bei de Bèze *Confessio Christianae fidei [...]* (Genf
1560), welche Bekenntnisschrift 1563 sich bereits genannter Simon Massa aus
Kronstadt, der 1562 in Wittenberg studiert hat und im Oktober 1563 Rektor in

564 Vgl. oben S. 305.
565 Vgl. Török, Collégium, 12 ff.
566 Vgl. Sipos, Könyvtára, 16 ff.
567 Vgl. Sipos, Könyvtára, 34 f. 60. 70 f.
568 Vgl. Szabó, Erdélyiek, 6 f.
569 Standortsignatur des Werkes in der Akademischen Bibliothek in Klausenburg: R 82592–93.
570 Vgl. Damian, de Bèze, 43–47.
571 Standortsignatur des Werkes in der Akademischen Bibliothek in Klausenburg: C 79531 (vgl.
     Damian, de Bèze, 44; Szabó, Erdélyiek, 163).

seiner Heimatstadt wurde, aneignete,[572] oder bei de Bèze' *Volumen Tracta-*
tionum theologicarum (Genf 1570), dessen Supralibros „TH.SZ. 1578" den
Besitzer wegen des Kürzels „SZ" als Ungar identifizieren lässt.[573] In der heutigen akademischen Bibliothek in Klausenburg, der bei der Konfiszierung
1948 die Bibliotheken aller Kollegien zugeordnet wurden, finden sich weiter
mehrere Werke schweizerischer Reformatoren, insbesondere Bullingers und
Gwalthers, die ehemals der Bibliothek des unitarischen Kollegiums gehörten;
bemerkenswerterweise haben mehrere derselben ungarische Possessoreinträge aus dem 16. Jahrhundert.[574] Auch die Bibliothek des 1579 durch Fürst
István Báthory gegründeten katholischen Kollegiums enthält bereits um 1604
sehr zahlreich *Helvetica*, insbesondere Kirchenväterausgaben, hingegen keine
reformatorischen Werke.[575]

Die Bestände der Teleki-Bibliothek in Neumarkt a.M., die aus dem
16. Jahrhundert stammen, sind mit allen Possessoreinträgen publiziert, so
dass, wenn auch die Bibliothek erst im 18. Jahrhundert entstanden ist, ein
Eindruck gewonnen werden kann, welche reformatorischen *Helvetica* im
Szeklerland bzw. in ganz Siebenbürgen vorhanden waren. Einige derselben
sollen hier genannt werden:[576] Biblianders *Machumetis saracenorum principis*
[...] ipse'que Alcoran (Basel 1550) gehörte dem unitarischen Pfarrer Máté
Toroczkaj, der seit 1579 Pfarrer von Neumarkt a.M., später in Odorhellen,
Thorenburg sowie Klausenburg war;[577] Toroczkai besass auch Calvins *Har-*
monia ex tribus evangelistis composita [...] commentariis (Genf 1560).[578]
Werke von Calvin waren in Siebenbürgen in der zweiten Hälfte des 16. Jahrhunderts ziemlich verbreitet: Bernhard Jacobi aus Birthälm (Biertan, RO) hat
während seiner Wittenberger Studien im Jahre 1565 Calvins *Commentarii in*
Isaiam prophetam (Genf 1559) sowie dessen *Praelectiones in librum [...]*

572 Standortsignatur des Werkes in der Akademischen Bibliothek in Klausenburg: C 57792 (vgl.
     DAMIAN, de Bèze, 43; SZABÓ, Erdélyiek, 245).
573 Standortsignatur des Werkes in der Akademischen Bibliothek in Klausenburg: R 82954 (vgl.
     DAMIAN, de Bèze, 45).
574 Es ist beispielsweise an Bullingers *In omnes apostolicas epistolas [...] commentarii* (Zürich
     1537) zu denken, von dem gleich zwei Exemplare mit Possessoreinträgen aus dem 16. Jahr-
     hundert vorhanden sind (Standortsignaturen der Werke in der Akademischen Bibliothek in
     Klausenburg: U 72977. U 55477).
575 Vgl. JAKÓ, Könyvtár, passim.
576 Die Possessoren sind vor allem aufgrund von Supralibros bekannt; wenn auch meist nur die
     Kürzel und die Jahreszahl verwendet wurden, so können viele Kürzel aufgrund der peregri-
     nationsgeschichtlichen Studien von Miklós SZABÓ und Sándor TONK aufgelöst werden (vgl.
     SZABÓ, Erdélyiek).
577 Standortsignatur des Werkes (Kolligat mit Biblianders *Temporum a condito mundo [...]*
     supputatio [Basel 1558]) in der Teleki-Bibliothek in Neumarkt a.M.: B f-532 (vgl. SPIELMANN,
     Catalogus I, 396 f; SZABÓ, Erdélyiek, 174). Erster Besitzer des Werkes war ein weiter nicht
     bekannter „I.P. 1559".
578 Standortsignatur des Werkes (Kolligat mit Calvins *Commentarii in epistolas canonicas* [Genf
     1554]) in der Teleki-Bibliothek in Neumarkt a.M.: B f-69 (vgl. SPIELMANN, Catalogus, 141 f;
     SZABÓ, Erdélyiek, 174).

Jeremiae (Genf 1563) angeschafft,[579] Johannes Junior von Bistritz schaffte 1577 in Wittenberg Calvins *Epistolarum et Responsorum editio secunda* (Lausanne 1576) an,[580] Tobias Fabricius aus Trappold (Apold, RO) erwarb bereits 1584, also noch vor seinen Studien in Frankfurt a.O., Calvins *In librum Psalmorum [...] commentarius* (Genf 1564),[581] oder György Stephan aus Klausenburg besass in den 1570er Jahren Calvins *Institutio Christianae Religionis* (Genf 1569).[582] Auf weitere reformatorische *Helvetica* ist hinzuweisen: Bullingers *Sermonum Decades quinque* (Zürich 1577) hatte Bálint (Valentinus) Altzner bereits im Jahr des Drucks erworben, in welchem Jahr er auch in Wittenberg studierte, während er später Pfarrer in Langenthal (Valea Lungă, RO) war;[583] Johannes Nukler kaufte de Bèze' *Quaestionum et responsionum [...] libellus* (Genf 1580) im gleichen Jahr, in dem er sich 1585 in Frankfurt a.O. immatrikuliert hatte;[584] Gwalthers *Homiliae* zu den Evangelien Johannes und Markus hat Lucas Wistius aus Reps (Rupea, RO) während seiner Studien in Wittenberg im Jahre 1579 erworben und später als Pfarrer von Schässburg benutzt;[585] abschliessend sei noch auf Pellikans *In quator Evangelia et apostolorum acta [...] commentariis* (Zürich 1537) verwiesen, dessen Supralibros „GE.KAR" wohl mit György (Georgius) Károlyi zu identifizieren ist, der 1583 in Wittenberg studiert hatte.[586]

Bei der Auswertung der Besitzverhältnisse der reformatorischen *Helvetica* in Siebenbürgen fallen vor allem drei Aspekte auf: Erstens haben auffallend viele siebenbürgische Peregrinanten die genannten Werke während ihres Studienaufenthaltes in Wittenberg angeschafft; dies ist ein weiterer wichtiger Beleg dafür, dass Wittenberg in der zweiten Hälfte des 16. Jahrhunderts stark philippistisch ausgerichtet war. Zweitens fällt es auf, welche beherrschende Stellung – wenn auch jede Auswertung, wie sie hier geleistet worden ist, nur beschränkt repräsentativ ist – die Werke von Calvin im Verhältnis zu Werken

---

579 Standortsignatur des Kolligates in der Teleki-Bibliothek in Neumarkt a.M.: B f-70 (vgl. SPIELMANN, Catalogus I, 141. 145; SZABÓ, Erdélyiek, 33).
580 Standortsignatur des Werkes in der Teleki-Bibliothek in Neumarkt a.M.: B o-2140 (vgl. SPIELMANN, Catalogus I, 142; SZABÓ, Erdélyiek, 103).
581 Standortsignatur des Werkes in der Teleki-Bibliothek in Neumarkt a.M.: B o-1721 (vgl. SPIELMANN, Catalogus I, 143; SZABÓ, Erdélyiek, 279).
582 Standortsignatur des Werkes in der Teleki-Bibliothek in Neumarkt a.M.: 0577 (vgl. SPIELMANN, Catalogus I, 144; SZABÓ, Erdélyiek, 68).
583 Standortsignatur des Werkes (Kolligat mit Bullingers *De origine erroribus libri duo* [Zürich 1568]) in der Teleki-Bibliothek in Neumarkt a.M.: B f-187 (vgl. SPIELMANN, Catalogus I, 131. 133; SZABÓ, Erdélyiek, 281).
584 Standortsignatur des Werkes (Kolligat mit de Bèze' *Tractatio de polygamia* [Genf 1573]) in der Teleki-Bibliothek in Neumarkt a.M.: T o-208 b (vgl. SPIELMANN, Catalogus I, 84 f; SZABÓ, Erdélyiek, 103).
585 Standortsignatur des Kolligates in der Teleki-Bibliothek in Neumarkt a.M.: 02294 (vgl. SPIELMANN, Catalogus I, 319 f; SZABÓ, Erdélyiek, 154).
586 Standortsignatur des Werkes in der Teleki-Bibliothek in Neumarkt a.M.: B f-969 (vgl. SPIELMANN, Catalogus II, 46; SZABÓ, Erdélyiek, 69). Erster Besitzer des Werkes war ein weiter nicht bekannter „Ladislaus presbyter 1569".

Bullingers, Gwalthers, de Bèze u.s.w. einnehmen. Und drittens ist es besonders auffallend, dass die reformatorischen *Helvetica* gleichermassen von Sachsen und Ungarn, also konfessionsübergreifend (Lutheraner, Reformierte, Unitarier) benutzt wurden.

Auf den letzten Aspekt haben bereits Gustav GÜNDISCH bei der Auswertung der Bibliothek des sächsischen Superintendenten Matthias Schiffbaumer (1547–1611), und in der Folge im Rahmen der Untersuchung anderer sächsischer Bibliotheken Attila VERÓK hingewiesen.[587] In Schiffbaumers Bibliothek, welche 117 Titel umfasste, weist beinahe die Hälfte aller Bücher einen schweizerischen Druckort auf. Abgesehen von humanistischen Schriften sowie theologischen Schriften Melanchthons ist dabei insbesondere auf exegetische und dogmatische Werke von Bullinger, Calvin, Vermigli, Gwalther, de Bèze, Simler und Lavater zu verweisen. Die meisten Bücher, nämlich deren 49, hat Schiffbaumer in seinem zweiten Studienjahr in Wittenberg angeschafft; im Vordergrund stehen dabei Schriften von Bullinger, Gwalther und Lavater. Auffallend an dieser beeindruckenden Büchersammlung ist, dass nicht weniger als dreizehn Abhandlungen allein der Abendmahlslehre gewidmet waren: Dabei sind es fast ausschliesslich Autoren des reformierten (Bullinger, Calvin, de Bèze, u.s.w.) sowie des ihm nahestehenden Lagers (Aretius, Candidus, Pezel, u.s.w.). Schiffbaumer kann also eindeutig als Philippist, wenn nicht gar als Kryptocalvinist identifiziert werden; er reiht sich damit in den Kreis jener Geistlichen der sächsischen Kirche Siebenbürgens, die bis tief ins 17. Jahrhundert hinein an der vermittelnden melanchthonischen Richtung der Reformation festhalten und auch die Verbindungen zum reformierten Kirchentum nicht aufgeben wollten. Der Geistlichen Anliegen war vor allem die Geltung der *Confessio Augustana variata* als Glaubensbekenntnis in der sächsischen Kirche Siebenbürgens.[588] Demenstprechend begegnet uns das Phänomen, dass reformatorische *Helvetica* sächsische Bibliotheken zierten, an verschiedenen Orten: Im Nachlass von Gregor Breger († 1590) aus Hermannstadt fanden sich neben Melanchthons Römerbriefkommentar und Caspar Crucigers Psalmenkommentar auch Calvins *Opuscula* (Genf 1563) sowie Gwalthers *Homiliae* zu den Evangelien Lukas und Johannes;[589] auf Paulus Andreaes Bücherliste von 1600 ist Musculus' Matthäuskommentar, Calvins *Institutio*, Gwalthers *Homiliae* zu den kleinen Propheten sowie de Bèze *Novum Testamentum* vorhanden;[590] in Bistritz besass Georg Urischer († 1590) zum Zeitpunkt seines Todes mehrere Bibelkommentare von Musculus, de Bèze' *Epistolae theologicae* sowie dessen *Novum Testamentum*, Bullingers *Daniel [...] homilijs* (Zürich 1565) und Calvins *Opuscula*;[591] auch in

---

587 Vgl. VERÓK, Buch, 303 f; DERS., Lesekultur, XXII; DERS., Bücherverzeichnisse, 227 f; GÜNDISCH, Bibliothek, 463–478.
588 Vgl. GÜNDISCH, Bibliothek, 467 ff.
589 Vgl. Adattár 16/4, 158 f.
590 Vgl. Adattár 16/4, 166 f.
591 Vgl. Adattár 16/4, 6 f.

Martinsberg (Şomărtin, RO) oder Schässburg waren in dieser Zeit Bibel-
kommentare von Gwalther oder Musculus vorhanden.[592] Schliesslich hat die
Kronstädter Gymnasialbibliothek nach 1604 verschiedene Werke Calvins und
Biblianders angeschafft.[593]

Auf die am 19. Juli 1563 in Hermannstadt durch den Fürsten konfiszierte
Bibliothek von Jozsef Macarius, die später an den Fürstenhof nach Weissenburg gelangte, haben wir bereits mehrfach verwiesen; von reformatorischen
Helvetica befanden sich darin namentlich Biblianders *Alcoran*, Calvins *Institutio*, Pellikans *Commentarius Bibliae*, Oekolampads *Commentarius in
Danielem*, Gwalthers *Antichristus* sowie Bullingers *Sermonum decades
duae*.[594]

Mittelungarn

Über die tatsächliche Verbreitung von *Helvetica* um 1600 im türkisch besetzten Mittelungarn ist es kaum möglich Aussagen zu machen, obwohl wir
wissen, dass mehrere namhafte ungarische Reformatoren – wir denken an
Mihály Sztárai, István Szegedi Kis oder Péter Melius Juhász – in diesem Gebiet
erfolgreich das Evangelium verkündigt haben.[595] Die heute in der bischöflichen Bibliothek in Stuhlweissenburg (Székesfehérvár, HU) aufbewahrten reformatorischen *Helvetica* sind nur in sehr seltenen Fällen aus dem türkisch
besetzten Teil Ungarns, weil die Bücher – die Bibliothek wurde erst von Bischof János Pauer (1878–1889) gegründet – aus verschiedenen Ordenshäu-
sern ganz Ungarns gesammelt wurden.[596] Gleichzeitig bestätigt aber eine
Sichtung des Bestandes, dass *Helvetica*, insbesondere Basler Drucke, weit
verbreitet waren;[597] zudem umfasst die Bibliothek mehrere reformatorische
Helvetica von Zwingli, Calvin, Bullinger, Gwalther, Vermigli und de Bèze – teils
mit Possessoreinrägen aus dem 16. Jahrhundet.[598]

---

592 Vgl. Adattár 16/4, 700. 854.
593 Vgl. Adattár 16/4, 565 ff.
594 Vgl. Adattár 16/3, 173 ff; vgl. oben S. 141 f.
595 Vgl. Fata, Ungarn, 118 ff; Bucsay, Protestantismus I, 127 ff.
596 So ist zu betonen, dass die Bibliothek auch sehr viele wertvolle alte Drucke beherbergt. Ein
     bemerkenswerter Fund sind die *Centuriae Magdeburgenses* (Basel 1559), die ursprünglich in
     die Bibliothek Heinrich Bullingers gehörten (Standortsignatur des Werkes in der bischöflichen
     Bibliothek von Stuhlweissenburg: Ant. 240); vgl. Bernhard, Weg, fol. 3 f.
597 In der Provenienzfrage stehen die Basler Drucke an zweiter Stelle hinter den Drucken aus
     Venedig.
598 Vgl. Velenczei, Katalógusa.

Zusammenschau

Abschliessend bleibt festzuhalten, dass reformatorische *Helvetica* in ganz Ungarn und Siebenbürgen – abgesehen von unserer Unkenntnis über Mittelungarn – in nennenswertem Umfang verbreitet waren, beginnend mit den frühen Reformatoren wie Zwingli und Oekolampad, und endend mit den letzten Grössen des Reformationszeitalters wie de Bèze, Grynaeus und Polanus. Freilich waren die am meisten vertretenen Autoren Calvin, Bullinger, Musculus, Gwalther, de Bèze und – mit geringerer Bedeutung – Pellikan. Das Interesse ungarischer Gelehrter lag einerseits an dogmatischen, andererseits an exegetischen Werken der schweizerischen Reformation. Besonders stark verbreitet war Calvins *Institutio Christianae religionis*; die *Institutio* übertraf dabei Bullingers *Sermonum Decades,* de Bèze' *Tractationes theologicae* sowie Vermiglis *Loci communes* an Bedeutung.[599] Wie von Bucsay im Jahre 1979 erstmals ausgeführt, bestätigt sich damit, dass Calvins *Institutio* in Ungarn und Siebenbürgen bemerkenswerterweise – obwohl Calvin, soweit bekannt, persönlich nicht auf den Gang der Reformation in Ungarn und Siebenbürgen Einfluss genommen hat[600] – eine bedeutendere Wirkungsgeschichte als Bullingers *Sermonum Decades* hatte.[601] Abgesehen von den dogmatischen Werken ist namentlich auf die Bibelkommentare von Musculus, Gwalther, Bullinger, Pellikan, Calvin, Lavater und Vermigli zu verweisen.[602] Die Evangelienkommentare von Musculus, Gwalther und Bullinger sowie die Jesaiakommentare von Musculus, Calvin, Bullinger und Oekolampad waren wegen der hohen exegetischen Kompetenz besonders beliebt, während die Ausgabe des *Novum Testamentum* von de Bèze sowie die *Harmonia ex tribus Evangelistis composita [...]* von Calvin für die Predigtarbeit rege benutzt wurden. Als Gáspár Károlyi sich entschloss, die ganze Bibel ins Ungarische zu übersetzen, nahmen gerade diese Bibelkommentare eine wichtige Rolle ein.[603]

Insgesamt kann man zudem erkennen, dass in diesen Gebieten, in denen Melanchthons Werke verbreitet waren, d.h. der „Philippismus" Anhänger fand, auch reformatorische *Helvetica* regelmässig gesammelt und gelesen wurden. Daher ist es wenig erstaunlich, dass viele Werke der schweizerischen

---

599   Weiter wäre auf die weniger massgeblichen dogmatischen Werke wie Calvins *Opuscula* oder de Bèze' *Quaestionum et responsium [...] libellus* zu verweisen.

600   Vgl. oben S. 238 f.

601   Vgl. Bucsay, Präsenz, 209 f. Dies wird weiter damit bestätigt, dass Calvins *Institutio* von Albert Szenczi Molnár ins Ungarische übersetzt wurde, hingegen Bullingers *Decades* nie (vgl. unten S. 511 ff).

602   Damit zeigt sich erneut, dass Flugblätter und -schriften weder für die Verbreitung noch die Festigung der Reformation im Reich der Stephanskrone eine Bedeutung einnahmen. Die älteste bekannte Flugschrift erschien erst 1587 bei Manlius in Eberau (vgl. Kókay, Geschichte, 58).

603   Vgl. den folgenden Exkurs.

Reformation durch Studenten aus Wittenberg nach Ungarn und Siebenbürgen kamen. Grossmehrheitlich waren also in Ungarn – abgesehen von manchen Anabaptisten in Oberungarn sowie den Antitrinitariern in Siebenbürgen – in der Theologie vermittelnde Ansichten gefragt.[604]

Exkurs: Die Bedeutung von in der Schweiz gedruckten Bibeln sowie Bibelkommentaren für die Entstehung der Vizsolyer Bibel[605]

Am 1. August 1594 äusserte sich Sebastian Ambrosius Lam in seinem Brief an Johann Wilhelm Stucki in Zürich lobend über die neu erschienene „Bibliorum Germanicorum editionem", die von Heinrich Wolf in Zürich herausgegeben worden sei. Es handelte sich dabei um die biblischen Bücher *Genesis* und *Psalter* (Zürich 1593), die „grundtlich vñ eigentlich verteütscht vñ mit newen Summarien aller Capitlen in denen jhr innhalt vnnd rechter brauch begriffen sampt einer kurtzen außlegung der fürnembsten puncten vnnd besonderer worten vnd arten zereden erkleret [...] durch H. Růdolffen Walther dienern der Kirchen Zürych."[606] Somit war bereits ein Jahr nach dem Druck genannte Zürcher Bibelübersetzung in Oberungarn vorhanden, weswegen auch Ambrosius Lam sich an Stucki wandte. In seinem Brief wies Lam zudem auf die weitherum bekannten Bibelkommentare von Gwalther hin.[607] Lams Brief belegt, dass sowohl die Zürcher Bibeln – bis zum Tode Froschauers († 1585) gingen allein in Zürich 95, manche (wie die lateinische Folio-Ausgabe von 1543) sehr berühmte Bibeln aus der Presse[608] – als auch die Bibelkommentare der Zürcher Theologen in den Ländern der Stephanskrone bekannt waren und geschätzt wurden. Szegedi Kis hat beispielsweise seine Tabelle, in der der Skopus der ganzen Schrift beider Testamente zusammengefasst wird, aufgrund des der lateinischen Zürcher Bibel (1543) vorangehenden *Compendiums* konstruiert;[609] ebenfalls trug er auf sechs Bogenseiten die Summe sämtlicher Bücher der heiligen Schrift nach Bullingers in der Zürcher Bibel abgedruckter

---

604 Vgl. den folgenden Exkurs.
605 Diesem Exkurs liegt das Referat *Zürichi jelentősége a Károli Biblia létrejéttében [Die Bedeutung Zürichs für die Entstehung der Károli-Bibel]*, das ich im Rahmen des Wissenschaftlichen Symposiums „Keresztyén és nemzeti identitásunk" (10.–12. November 2006) in Klausenburg gehalten habe, zugrunde.
606 Vgl. Genesis. Das erste bůch Mosis grundtlich vñ mit newen Summarien aller capitlen [...], Zürich 1593, Aʳ.
607 Vgl. Sebastian Ambrosius Lam an Johann Wilhelm Stucki, 1. August 1594, ZBZ: S 150, 59.
608 Vgl. STAEDTKE, Froschauer, 18 ff.
609 Vgl. SZEGEDI KIS, Loci, 147; Compendium & scopus totius sacrae Scripturae utriusque Testamenti, in: Biblia Sacrosancta Testamenti Veteris et Noui, è sacra Hebraeorum lingua, Graecorumque fontibus, [...], Zürich 1543, γ5ʳ–γ6ʳ. NAGY geht davon aus, dass Szegedi Kis die lateinische Zürcher Bibel von 1550 benutzt hat, welche aber – in diesem Teil – nur ein Nachdruck der Ausgabe von 1543 ist (vgl. NAGY, Bedeutung, 88. 111).

Abhandlung *De omnibus sanctae Scripturae libris* vor.[610] Natürlich ist in diesem Zusammenhang nach der Bedeutung der Bibeln und der Bibelkommentare für die Entstehung der Vizsolyer Bibel zu fragen.

Wie dargestellt war das Programm des Bibellesens eine erasmische Errungenschaft. Dieses „erasmische Vermächtnis" nahm nicht nur in Deutschland und der Schweiz für den Fortlauf der Reformation grosse Bedeutung ein, sondern hatte in ganz Europa, auch in den Ländern der Stephanskrone, eine nachhaltige Wirkung. Bezeichnenderweise haben sich ja die ersten ungarischen Bibelübersetzer – Benedek Komjáti, Gábor Pesti und János Sylvester – nicht als Reformatoren, sondern primär als Humanisten verstanden.[611] Derselbe Grundgedanke, dass jeder die Bibel lesen können müsse, war auch eine der wichtigsten Überzeugungen, als Gáspár Károlyi, zusammen mit anderen reformatorischen Gelehrten, die ganze Bibel – es fehlte, wie Károlyi festhält, noch an einer vollständigen Übersetzung der Bibel – ins Ungarische übersetzte. Im Vorwort der Ausgabe von 1590 schrieb er:

Gott will nicht, dass nur die Pfarrer die Heilige Schrift lesen sollen, und die Gemeinde nur aus ihrem Mund sie hören soll, sondern er will, dass die Bücher des Alten und Neuen Testaments in den Sprachen aller Nationen vorhanden sein sollen, und darin alle lesen sollen, Arme, Reiche, Kleine, Grosse, Männer und Frauen. Weil Gott alle Menschen aller Stände selig machen will.[612]

Gáspár Károlyi (~1530–1591), der 1556 in Wittenberg studiert hatte und anschliessend auf seiner Peregrination auch nach Strassburg, Basel und Genf gekommen war,[613] wirkte seit 1563 als Pfarrer in Gönc, bald aber wurde er Dekan des Kaschauer Kirchenbezirks (Bezirk Abaúj).[614] So ordnete die Göncer Synode unter dem Vorsitz von Károlyi am 23. Januar 1566 an, dass die Pfarrer der oberen Theissgegend die Werke von de Bèze und Calvin kennenlernen sollen.[615] Auch in seinem Brief, den er im Mai 1568 gemeinsam mit seinen Amtskollegen Mihály Hevessi und Gergely Sziksai an de Bèze schrieb, hielt er die Bedeutung der Schriften von de Bèze und Calvin für die ungarische Re-

---

610 Vgl. Szegedi Kis, Loci, 148–153; Heinrich Bullinger, De omnibus sanctae scripturae libris, eorumque praestantia & dignitate, […] expositio, in: Biblia (1543), β^r–γ4^v (erstmals bereits gedruckt in: Biblia Sacra utriusque Testamenti, Zürich 1539, A2^r–B7^v).

611 Vgl. Péter, Bibellesen, 24 ff.

612 „[…] nem czac akaria Isten hogy az Papoc oluassác az szent irást, és az kösseg azoknac sziáiokból hallya, hanem aztis akaria hogy az o és vij Testamentum könyuei minden nemzetségnec nyeluén legyenec, és azokat oluassác hannyác vessec mindenec, szegéniec gazdagoc, kitsinec nagyoc, férfiac és aszszoni állatoc. Mert az Isten egy aránt minden rendbéli embereket akar iduöziteni." (Gáspár Károlyi: Vorwort zur *Szent Biblia* (Vizsoly 1590), in: Monok, Humanistes, 215 [= Czegle, Beszéde, 525]).

613 Vgl. Sándor Béla Nagy: Dokumentumok, TiREK: Kt. 8002, 16.

614 Vgl. Monok, Humanistes, 202; Zoványi, Lexikon, 297; D'Eszlary, Calvin, 87 f; Szabó, Bibliafordító, 68 f; ders., Peregrináció, 327.

615 Vgl. Articuli in synodo Göntziensi definti et approbati, 3. Juni 1566, in: Debreceni Ember, Historia, 133 (= Kiss, Zsinatok, 443); vgl. unten S. 423 ff.

formation fest.[616] Es ist also keineswegs erstaunlich, dass Károlyi sich im
ausführlichen Vorwort zur *Szent Biblia* (Vizsoly 1590) ebenfalls auf von de
Bèze herausgegebene Schriften berief. Das Vorwort liefert damit äusserst
wertvolle Hinweise darüber, wie die Übersetzung in den 1580er Jahren zu-
standegekommen ist. Weil Károlyi nicht nur eine simple Übersetzung der
Vulgata liefern wollte, beschloss er Mitte der 80er Jahre einen Übersetzerkreis
zu sammeln, der die Übersetzung gemeinsam erarbeiten sollte. Als Vorbild
mag Károlyi die Übersetzungsarbeit der Zürcher Bibel gedient haben, wie sie
zu Zeiten Zwinglis in der „Prophezei" – die Hauptaufgabe der Prophezei
bildete die gemeinsame tägliche Übersetzung der biblischen Schriften –
vollzogen wurde[617] und auch später bei der lateinischen Folio-Ausgabe von
1543, die Leo Jud unter Mithilfe von Konrad Pellikan, Rudolf Gwalther und
Theodor Bibliander herausgab, weitergeführt wurde.[618] Károlyi schrieb darüber im Vorwort, dass einige Gelehrte ihm die Zusammenarbeit angeboten
hätten und dass sie während dreier Jahre die Übersetzung „mit Liebe" vollbracht hätten.[619] Leider wissen wir nicht mehr alle Namen, mit denen Károlyi
zusammengearbeitet hat. Sándor Makkai und András Szabó konnten allerdings einige dieser „Gelehrten" ausfindig machen: Mátyás Thuri, Miklós
Károlyi, Ferenc Czeglédi, Mihály Hevessi, Mihály Paksi Cormaeus, János Pelei
und János Czeglédi.[620] Bezeichnenderweise hatte die Mehrzahl dieser Mitarbeiter an der Vizsolyer Bibel Kontakte in die Schweiz: Mátyás Thuri und
Mihály Paksi Cormaeus hatten in den 1560er Jahren Studien bei de Bèze in
Genf absolviert und standen später beide mit demselben sowie mit Zürcher
Theologen in Briefkorrespondenz,[621] Ferenc Czeglédi besass bekanntlich
mehrere exegetische Werke von Zürcher Theologen,[622] und Mihály Hevessi
war Pfarrer von Miskolc und Parteigänger von Károlyi, und als solcher wandte
er sich am 1. Mai 1568 auch an de Bèze.[623] Diese Mitarbeiter standen Károlyi
vor allem bei der Übersetzung des Alten Testaments zur Seite, während

---

616 Vgl. Seniores Ecclesiarum in superiori parte Ungariae (Gáspár Károlyi, Mihály Hevessi und
     Gergely Szikszai) an Théodore de Bèze, 1. Mai 1568, in: Bèze, Corr. IX, 235 – 239 (Annèxe IV b).
617 Aus dieser täglichen Arbeit an der „Prophezei", bestehend seit 1525, entstand zuerst die
     deutsche Übersetzung aller alttestamentlichen Propheten (1529), schliesslich die ganze Bibel,
     bekannt geworden als „Froschauerbibel" (1531) (vgl. Locher, Reformation, 161 ff; Staedtke,
     Froschauer, 18 ff; Büsser, Prophezei).
618 Vgl. Staedtke, Froschauer, 20 ff.
619 „[...] nehány Iámbor tudos atijafiackal, kic nékem az forditasban segitseggel voltac, meg nem
     szüntem addig, mignem véghöz vittem az Biblianac egészlen valo meg forditását, melyben
     munkálodtam közel három eztendeig nagy fáratsággal, testi töredelemmel, de olly buzgóságos
     szeretettel, hogy ez nagy szempillantásig ez nagy munkat el nem vntam, hanem nagy serénséggel
     es szeretettel munkálodtam mignem el végezném azt." (Gáspár Károlyi: Vorwort zur *Szent
     Biblia* (Vizsoly 1590), in: Monok, Humanistes, 223; vgl. Imre, Biblia, 20 f).
620 Vgl. Monok, Humanistes, 207; Imre, Biblia, 20 f; Szabó, Bibliafordító, 102 ff; ders., Károlyi,
     23; ders., Biblia, 523 ff; Czegle, Bibliafordítás, 512 f; Makkai, Biblia, 334.
621 Vgl. oben S. 304. 314 f.
622 Vgl. oben S. 378.
623 Vgl. oben Anm. 616. Zu János Czeglédi und János Pelei vgl. Szabó, Bibliafordító, 107.

Károlyi das Neue Testament, unter Beizug der bereits bestehenden ungarischen Übersetzungen,[624] alleine neu ins Ungarische übertrug. Im Vorwort betonte er bezüglich der alttestamentlichen Übersetzung, dass der ganze Bibeltext Vers für Vers übersetzt worden sei, „wie die Juden es zu tun pflegten."[625] Wir dürfen aber annehmen, dass den Übersetzern bei der Auswahl ihrer Quellen relativ grosse Freiheit gelassen wurde, sofern die Quellen dem Anspruch der theologischen und exegetischen Homogenität entsprachen. Károlyi hielt nämlich fest, dass neben der Vulgata und der Septuaginta die für das Alte Testament massgebenden Ausgaben der Hebraisten François Vatable (~1493–1547), Sebastian Münster (1489–1552), Sante Pagnino (~1470–1541)[626] und Emanuele Tremelli (1510–1580)[627] benutzt worden seien.[628] Aufgrund der Auswertung der im Vorwort benutzten Bibelzitate lässt sich schliesslich erkennen, dass als Hauptquellen vor allem die von Münster herausgegebene, auf Erasmus basierende *Biblia Sacra utriusque Testamenti* (Zürich 1539), zu der Bullinger eine *Expositio* verfasst hatte,[629] sowie die von Vatable herausgegebene *Biblia utriusque Testamenti* (Genf 1557), die gemeinsam von Théodore de Bèze, Sante Pagnino und François Vatable übersetzt und kommentiert wurde, also auch ein Gemeinschaftswerk war, gedient haben.[630]

Neben dem Hinweis auf die benutzten Bibelausgaben ist insbesondere die gleich darauf folgende Bemerkung von Károlyi interessant, dass sie, d. h. die Übersetzer, „daneben auch gelehrten und weisen Kommentaren gefolgt

---

624 Dabei ist besonders auf die Übersetzungen von Pesti, Komjáti, Sylvester, Heltai oder Melius Juhász zu verweisen; zudem hat Károlyi auch weitere handschriftliche Quellen herangezogen (vgl. KOZMA, Biblia, 348 f; SZABÓ, Biblia, 523–527).

625 „[...] mind az egész Bibliát versenként forditottuc, mint az Sidoc szoktac, [...]" (Gáspár Károlyi: Vorwort zur *Szent Biblia* (Vizsoly 1590), in: MONOK, Humanistes, 223).

626 Die von Sante Pagnino herausgegebene *Veteris et Novi Instrumenti nova translatio* (Lyon 1527) wurde von Benito Arias Montano unter dem Titel *Biblia Hebraica, eorundem Latina interpretatio. Accesserunt [...] libri Graeci scripta* (Anvers 1584) neu verarbeitet.

627 Emmanuele Tremelli, ursprünglich ein Jude, der trotz mehrfacher Vermittlung Calvins keine Stelle in Bern, Lausanne oder Genf erhalten konnte, widmete sich seit 1573 seinem bedeutendsten Werk, der lateinischen Übersetzung des Alten Testaments, die schliesslich in Genf unter dem Titel *Testamenti Veteris Biblia Sacra sive Libri canonici [...]* (Genf 1581) erschien. Károlyi hielt im Vorwort fest, dass Tremelli „der Natur nach ein jüdischer Junge war, und erst jetzt die Bibel übersetzt hat, [...]" [„[...] természet szerint való sidó fiu volt, es czac most forditotta meg az Bibliát, [...]"] (Gáspár Károlyi: Vorwort zur *Szent Biblia* (Vizsoly 1590), in: MONOK, Humanistes, 217).

628 Vgl. Gáspár Károlyi: Vorwort zur *Szent Biblia* (Vizsoly 1590), in: MONOK, Humanistes, 217. 224.

629 Vgl. HEINRICH BULLINGER, De omnibus sanctae scripturae libris, eorumque praestantia & dignitate, [...] expositio, in: Biblia (1539), A2ʳ–B7ᵛ. Wie bereits erwähnt, wurde diese *Expositio* später in der ersten lateinischen Zürcher Bibel von 1543 (weitere Aufl.) übernommen (vgl. oben S. 388 f).

630 Vgl. MONOK, Humanistes, 207. 218 et passim; NAGY, Bedeutung, 88. In diesem Zusammenhang ist auf einige von András SZABÓ entdeckte Fragmente der handschriftlichen Druckvorlage der Vizsolyer Bibel zu verweisen (vgl. SZABÓ, Bibliafordító, 132–138).

wären.["631] Leider wird mit keinem Wort erwähnt, welche Kommentare die Übersetzer benutzt haben. Und es wird zudem ohnehin so gewesen sein, dass nicht alle Übersetzer die gleichen Kommentare zur Hand hatten. Die buchgeschichtlichen Untersuchungen geben uns nun aber Auskunft darüber, welche Kommentare für das Alte Testament verbreitet waren. Dabei sind insbesondere die Prophetenkommentare von Oekolampad, Gwalther, Bullinger, Musculus oder Calvin zu erwähnen. Aber auch auf Kommentare zum chronistischen Schriftwerk, zu den Psalmen oder den Geschichtsbüchern ist hinzuweisen. Ein besonders interessanter Fund diesbezüglich ist Peter Martyr Vermiglis Werk *In duos libros Samuelis Prophetae qui vulgo priores Libri Regum [...] Commentarii doctissimi [...]* (Zürich 1564), das gemäss eines Possessoreintrages bereits im Februar 1565 in Tokaj war.["632] Der Samuel-Kommentar Vermiglis ist aber nicht nur ein interessanter Beleg dafür, wie gut der Buchhandel organisiert war und wie schnell die reformatorischen *Helvetica* in Ungarn verbreitet wurden, sondern hat eine besondere Bedeutung, weil sich in beiden Samuel-Büchern ungarische Einträge finden. Es sind Übersetzungen des lateinischen Bibeltextes in der Übertragung von Vermigli. Der Besitzer des Buches übersetzte etwa 540–550 Zeilen ins Ungarische und trug sie an den Rändern und zwischen den Zeilen ein. Diese Marginalien sind allein schon darum von ausserordentlicher Bedeutung, weil uns aus dieser Zeit keine andere handgeschriebene Bibelübersetzung dieses Umfangs bekannt ist.["633] Mihály IMRE hat sich in einer detaillierten Studie eingehend mit diesen Marginalien auseinandergesetzt und – aufgrund von unzähligen, synoptisch dargestellten Textbeispielen – bewiesen, „dass die ungarischen Einträge im Martyr-Band grundsätzlich identisch mit dem Text der Vizsolyer Bibel sind."["634] Damit dürfen wir davon ausgehen, dass der Besitzer dieses Bandes zum Übersetzerkreis um Gáspár Károlyi gehörte. Die exegetisch sehr fundierten Kommentare Vermiglis waren ja auch in den Ländern der Stephanskrone bekannt und wurden von grossen ungarischen Reformatoren wie István Szegedi Kis, Lukács Szikszói, Péter Laskai Csokás oder Péter Melius Juhász hochgeschätzt.["635] Darum waren Vermiglis Kommentare auch geeignet für die Übersetzungsarbeit am Alten Testament, wobei damit nicht ausgesagt ist, dass die Übersetzer nicht auch bereits bestehende ungarische Übersetzungen für ihre Arbeit – im vorliegenden Fall diejenigen von Péter Melius Juhász und Gáspár Heltai – herangezogen haben. Doch bildeten die Kommentare von reformierten Theologen aus Zürich und Genf wegen ihrer hohen wissen-

---

631 „[...] köuettünc [...] ez mellet soc tudos bölts magyarázókat." (Gáspár Károlyi: Vorwort zur *Szent Biblia* (Vizsoly 1590), in: MONOK, Humanistes, 217).
632 Standortsignatur des Werkes in der Grossbibliothek in Debrecen: F 540 (vgl. IMRE, Biblia, 11 f).
633 Vgl. IMRE, Biblia, 15 ff.
634 „[...] hogy a Petrus Martyr kötetben szereplő magyar nyelvű szövegek alapvetően azonosak a Vizsolyi Biblia szövegével." (IMRE, Biblia, 20).
635 Vgl. ibidem, 26 ff.

schaftlichen Qualität eine der wichtigeren Arbeitsgrundlagen für die Übersetzer der Vizsolyer Bibel. Zudem waren sie auch geeignete Grundlage, um, in
gut reformatorischer Tradition, eine kurze Zusammenfassung jedem Kapitel
voranzustellen, wie dies von Károlyi gemacht wurde.[636]

Die knappen Ausführungen belegen damit, dass Bibelkommentare und
Bibelausgaben reformierter Theologen aus der Schweiz grosse Bedeutung für
die Entstehung der Vizsolyer Bibel eingenommen haben und damit auf ihre
Weise einen wichtigen Beitrag zur Konsolidierung der reformierten Theologie
in Ungarn und Siebenbürgen beigetragen haben.[637]

2.3 Die Bedeutung der ungarländischen Peregrination in die Schweiz mit Blick auf die ungarische Hochschul- und Peregrinationsgeschichte

Auf die besondere Hochschulsituation in Ungarn und Siebenbürgen haben wir
an anderer Stelle bereits kurz verwiesen. Erst 1635 wurde in Tyrnau, durch den
Einsatz des Primas der katholischen Kirche, Péter Pázmány, eine Zwei-Fa-
kultäten-Universität für Philosophie und katholische Theologie gegründet, die
den Protestanten allerdings verwehrt blieb.[638] So fand die Ausbildung der
ungarischen, insbesondere der protestantischen Intelligenz auch in der
zweiten Hälfte des 16. Jahrhunderts und zu Beginn des 17. Jahrhundert weiterhin zu einem grossen Teil im Ausland statt. Die *peregrinatio academica*
bildete damit die grundlegende Form der akademischen Bildung.[639] Daneben

---

636 Károlyi schrieb darüber folgendermassen: „Az Caputoknac summát czinaltam szép értelem-
       mel, hogy az mit keres az oluasó, az summat meg tekintuén, hamaráb meg talállya azt." (Gáspár
       Károlyi: Vorwort zur *Szent Biblia* (Vizsoly 1590), in: MONOK, Humanistes, 223; vgl. SZABÓ,
       Biblia, 524).

637 Nicht nur für die ungarische Vizsolyer Bibel hatten Bibelausgaben der Schweiz eine grosse
       Bedeutung, sondern auch für rumänische Übersetzungen der Bibel. Nur am Rande soll hier auf
       das *Noul Testament sau împăcarea, au leagea noao [...] pre limba rumănească, cu îndemnarea
       și porunca, denpreună cu toată cheltuiala, a măriei sale, Georgie Racoți [...]* (Bălgrad [=Alba
       Iulia/Weissenburg] 1648) verwiesen werden, welche Übersetzung auf der Grundlage der la-
       teinischen Bibel von de Bèze, Tremelli und Junius – wahrscheinlich die Genfer Ausgabe von
       1590 oder diejenige aus Amsterdam von 1633 – verfasst wurde (vgl. GHERMAN, Tiparul, 392 –
       403); vgl. unten S. 555.

638 Auch die Versuche der siebenbürgisch-„calvinistischen" Fürsten und der evangelischen Stände
       eine Universität zu gründen, scheiterten: Weder gelang es Fürst Gábor Bethlen 1622 im sie-
       benbürgischen Weissenburg noch den Lutheranern 1667 im ungarischen Eperies das Kolle-
       gium bzw. Lyzeum zu einer Universität auszubauen.

639 Vgl. FATA, Peregrinatio, 4 ff; ASCHE, Bildungsbeziehungen, 45 f.

ist aber die Bedeutung der akademischen Kollegien und Lyzeen nicht zu unterschätzen, die ein beachtliches wissenschaftliches Niveau erreicht haben.[640]

a. Die ungarländische Peregrination in die Schweiz (1550 – 1606)

Die ungarländischen Studenten, die in der Schweiz ihre Studien absolviert haben, wurden erstmals von Ádám HEGYI gesammelt und herausgegeben.[641] Allerdings hat HEGYI, wie in unserer Forschungseinleitung bereits angemerkt, in seiner Studie abgesehen von ungedruckten Matrikeln nur ganz vereinzelt Handschriften (Tagebücher, Korresponenzen, Stammbücher, u.s.w.) herangezogen. Gerade die Auswertung diesbezüglicher Handschriften aus der entsprechenden Zeit offenbart weitere Namen von ungarländischen Studenten, die sich in der Schweiz aufgehalten haben. Während HEGYI von 33 ungarländischen Studenten ausgeht,[642] sprechen wir von 54 Studenten,[643] die aus West-, Nieder-, Oberungarn, dem Partium sowie aus Siebenbürgen nach Basel, Genf oder Zürich gekommen sind. Manche derselben hielten sich nur vorübergehend in der Schweiz auf, andere studierten über längere Zeit.[644] Viele derselben haben an den Hohen Schulen, der Genfer Akademie oder der Basler Universität auf eine förmliche Immatrikulation verzichtet, so dass wir davon ausgehen müssen, dass die Anzahl ungarländischer Studenten noch grösser war.[645] Die Korrespondenz belegt zudem, dass mehrere ungarländische Studenten nach Basel kommen wollten, doch die Umstände dies aus uns unbekannten Gründen nicht zuliessen.[646] Durchschnittlich hielt sich ein ungarländischer Student pro Jahr in Basel, Genf und Zürich auf. Dennoch darf dieser

---

640 Vgl. GYŐRI, Bedeutung, 240 f; ASCHE, Bildungsbeziehungen, 44 ff; BUCSAY, Protestantismus I, 161 ff.

641 Vgl. HEGYI, Diákok.

642 Vgl. ibidem, 46 f. 80. 85 f.

643 Es sind dies neben den von HEGYI genannten: N.N. [„adolescens Hungarus"] (554 in Genf), János Balsaráti Vitus (1556 in Zürich), Gáspár Károlyi (1556 in Genf), György Gönczi Kovács (1557 in Genf), Michael Wirtt (1558 in Basel), Peter Lupinus (1559 in Zürich), Lukács Szikszói (1559/60 in Zürich), Titus Amicinus (1560 in Genf und Zürich), Johannes Sambucus (1560 in Zürich und Basel), Márton Berszeviczi (1564 in Zürich und Genf), N.N. [„Transylvanus ille"] (1568 in Zürich), Jakob Wagner Pannonius (1583 in Basel), Georg Deidrich (1588 in Basel), Mihály Forgách (1589/90 in Basel), Martin Wallendorf (vor 1591 in Zürich), Jeremiáš Parlagi (1591/92 in Basel und Genf), Johannes Mallendorf (1592 in Basel und Genf), Andreas Zampolius (1594/95 in Basel), Imre Újfalvi (1595 in Basel, Zürich, Bern und Genf), György Thuri (1601/02 in Genf) sowie Caspar Cholius (1606/07 in Basel).

644 Dieses Phänomen treffen wir auch bei tatsächlichen Immatrikulationen an: Manchmal haben sich Studenten trotz einer Immatrikulation nur wenige Wochen an der Universität oder Hohen Schule bzw. Akademie aufgehalten.

645 Vgl. dazu auch BALÁZS, Einflüsse, 144.

646 Es ist dabei beispielsweise an János Csanádi (1584 – 88: Wittenberg, dazwischen Heidelberg), oder an János Baranyai Decsi (1587 – 89: Wittenberg; 1590: Strassburg) zu denken (vgl. GRYNAEUS, Kapcsolatai, 51 f. 54 f. 62 ff).

relativ kontinuitäre Aufenthalt ungarländischer Studenten an schweizerischen Universitäten und Akademien[647] nicht darüber hinwegtäuschen, dass es doch eine bescheidene Anzahl von Studenten ist, die hier ihre Studien absolvierten. So studierten in derselben Zeit in Wittenberg rund 1000 ungarländische Protestanten[648], wobei die Reformierten und „Philippisten" nur bis zur Aufhebung des *Coetus ungaricus* (1592) in Wittenberg studieren konnten; dieselben fanden anschliessend eine neue Heimat an der „reformierten" Universität Heidelberg. In Heidelberg finden wir von 1560 bis 1607 immerhin 178 ungarländische Studenten.[649] Demgegenüber fallen die Universität Basel mit 30, die Akademie in Genf mit 23, und die Hohe Schule in Zürich mit 9 ungarländischen Studenten ziemlich ab.[650] Erst mit der Schliessung der Universität Heidelberg (1621) gewannen andere reformierten „Hochschulen" Europas an Bedeutung, insbesondere in der Republik der Vereinigten Niederlande, aber auch in der Schweiz, welche Bildungsstätten im Windschatten des Dreissigjährigen Krieges nahezu unbeeinträchtigt ihren Lehrbetrieb fortführen konnten.[651]

Ein genauerer Blick auf die 54 ungarländischen Studenten in der Schweiz erlaubt dennoch einige grundlegende Erkenntnisse über die Situation des Protestantismus und der Peregrinationswege im Reich der Stephanskrone. Die Hälfte der ungarländischen Studenten widmeten sich in Basel, Genf oder Zürich der Theologie, acht Studenten kamen wegen medizinischer bzw. naturwissenschaftlicher Studien in die Schweiz, vier immatrikulierten sich in Philosophie und drei in Jurisprudenz; von den weiteren Studenten wissen wir nicht, auf welche Studien sie sich konzentrierten. Die Medizin schien also, neben der Theologie, weiterhin eine gewisse Attraktivität zu haben. Dabei ist nicht nur an Basel mit seinen bekannten Medizinprofessoren Zwinger und Stupan, zu denken, sondern auch an Zürich, wo Konrad Gessner wirkte. So konnte in jüngerer Vergangenheit nachgewiesen werden, dass ungarische Studenten nach Zürich kamen, um Gessner kennenzulernen, und die Bekanntschaft mit Bullinger nur von sekundärer Bedeutung war. Es sei beispielsweise auf den Arzt János Balsaráti Vitus (1529–1575) verwiesen, der später als Professor am Kollegium in Sárospatak wirkte:[652] Im Jahre 1550 ging Balsaráti zu Studien ins Ausland, 1554 erwarb er bei Melanchthon den *Magister artium*, hielt sich aber noch bis 1556 in Wittenberg auf, wo er auch das

647 Der Einfachheit halber fassen wir Hohen Schulen und Akademien unter dem Sammelbegriff „Akademien" zusammen.

648 Die ungarländischen Katholiken studierten vor allem an den Universitäten in Wien und Graz (vgl. ASCHE, Bildungsbeziehungen, 47 ff).

649 Vgl. HELTAI, Peregrination (2006), 67 f; ASCHE, Bildungsbeziehungen, 40 ff; SZABÓ, Universität, 58–63; HELTAI, Peregrination (1999), 169 f.

650 Manche der genannten Studenten haben in zwei oder gar drei schweizerischen Städten Studien absolviert.

651 Vgl. unten S. 481 ff.

652 Zum Ganzen vgl. BERNHARD, Gessner, 169 f.

Amt des Senior des ungarischen *Coetus* innehatte. Melanchthon empfahl Balsaráti Vitus, nach Italien weiterzuziehen, um das Arztstudium aufzunehmen; er kam zuerst nach Bologna, später nach Padua, wo er am 6. August 1558 den Doktortitel erwarb.[653] Auf der Durchreise von Wittenberg nach Italien suchte Balsaráti Vitus, zwischen 1556 und 1557, in Zürich Konrad Gessner auf, dessen Name ihm wegen der Gelehrsamkeit schon bekannt war, und bekam Einblick in Werkstatt und Sammlungen des grossen Gelehrten. Balsaráti Vitus' Aufenthalt ist gesichert durch zahlreiche handschriftliche und gedruckte Quellen wie beispielsweise Hinweise Gessners in seinem vierten Band der *Historia animalium* (Zürich 1558),[654] den Eintrag von Balsaráti Vitus ins *Liber amicorum* von Gessner,[655] ausgerichtete Grüsse an Bullinger durch seinen Kollegen, den Sárospataker Rektor, Balázs Szikszai Fabricius,[656] oder die Leichenrede von Szikszai Fabricius auf den Tod von Balsaráti Vitus.[657] Gemäss der Leichenrede begegnete er in Zürich auch Heinrich Bullinger, dessen Sohn er bereits in Wittenberg bei Melanchthon kennengelernt hatte, sowie Peter Martyr Vermigli; an diese Kontakt erinnerte er sich später gerne zurück.[658]

Wenige Jahre später kam bereits erwähnter Tamás Jordán nach Zürich:[659] Jordán stammte aus Klausenburg, weilte aber seit 1555 zum Arztstudium in Wittenberg, ab 1560 in Paris, Montpellier und Venedig.[660] Wahrscheinlich hat Jordán, von Venedig über das Veltlin nach Zürich kommend, Gessner bereits in Graubünden getroffen. Nach seinem Zürcher Aufenthalt ging Jordán, zusammen mit Johannes Bauhin, auch er bedeutender Naturwissenschaftler, weiter nach Basel und erneut nach Italien. Von dort zog er in die Heimat und wurde 1570 *primus medicus* in Brünn.

Balsaráti Vitus wie Jordán illustrieren nicht nur, dass ungarländische Studenten auch aus naturwissenschaftlichen Interessen nach Zürich oder Basel kamen, sondern machen gleichermassen auf ein anderes Phänomen aufmerksam: Die grosse Mehrheit der ungarländischen Studenten – und dies betrifft Studenten der Theologie gleichsam wie Studenten der Medizin – kam von Wittenberg her in die Schweiz oder hat sich früher einmal zu Studien-

---

653 Vgl. Ritoók-Szalay, Melanchthon, 283; Ritoók-Szalay, Balsaráti Vitus (1999), 125–131.
654 Vgl. Gessner, Historia, 528. 1048 (vgl. Ritoók-Szalay, Balsaráti Vitus [1999], 128 f; dies., Balsaráti Vitus [1976], 23 f).
655 „Scilicet ingeniis aliqua est concordia iunctis / et servat studii foedera quisque sui. / Johannes Vitus Balsaratius Vngarus / Patak." (Eintrag von János Balsaráti Vitus ins Stammbuch von Conradi Gesneri, ZBZ: Ms Z VIII 759 (Kopie von: National Library of Medecin, Bethesda/ Maryland, C 32), 27). An dieser Stelle danke ich lic.phil Rainer Henrich herzlich für den wertvollen Hinweis, dass das von Balsaráti Vitus benutzte Zitat von Ovid stammt (vgl. Ovid, Ex Ponto 2, 5, 59).
656 Vgl. Balázs Szikszai Fabricius an Josias Simler, 1. März 1775, ZBZ: F 59, 498 f.
657 Vgl. Balázs Szikszai Fabricius, Oratio funebris. De vita et morte Clarissimi Viri Ioannis Viti Balsaratii, [...]., Wittenberg 1576, D4^{r-v}.
658 Vgl. Ritoók-Szalay, Balsaráti Vitus (1999), 128 f.
659 Zum Ganzen vgl. Bernhard, Gessner, 171 f; vgl. oben S. 278.
660 Vgl. Kemenes, Kolozsvári, 1503–1505; Szabó, Erdélyiek, 174.

zwecken in Wittenberg aufgehalten. Von den bekannten 54 ungarländischen Studenten studierten knapp 30 in Wittenberg, mehrere in Heidelberg und einige wenige in Strassburg; von etwa einem Dutzend liegen uns keine weiteren Angaben über deren andere Studienorte vor. Ein Drittel der Wittenberger Studenten, die später auch noch eine Schweizer Akademie oder die Universität Basel besuchten, war deutscher Muttersprache, der Rest gehörte der ungarischen sowie ein – verschwindend kleiner Teil – der slowakischen Ethnie an. Diese statistischen Ergebnisse belegen erneut, dass die Kontakte zwischen Wittenberg und der Schweiz in der zweiten Hälfte des 16. Jahrhunderts mehr oder weniger intensiv waren. Und dies ist in zweierlei Hinsicht besonders bemerkenswert: Mit dem Tod von Melanchthon brachen die Kontakte zwischen der „philippistischen" und der „helvetischen" Richtung mitnichten ab, sondern gestalteten sich gerade in den Zeitperioden, in denen in Wittenberg der „Calvinismus" erstarken konnte, rege, d. h. vor der Offensive von Kurfürst August von Sachsen im Jahre 1569/70, als er mit Unterstützung der lutherischen Kirche gegen die „Calvinisten" in Wittenberg energisch vorging, sowie in den Jahren nach seinem Tode († 1586) bis zur Aufhebung des ungarischen *Coetus*; in den dazwischen liegenden Jahren kann man schliesslich, wie die Verfolgungen unter Kurfürst August von Sachsen zeigen, mit Recht von „Kryptocalvinismus" sprechen.[661] Über diesen helvetisch-wittenbergischen Kontakt gibt die an früherer Stelle behandelte ungarisch-schweizerische Korrespondenz reiches Zeugnis ab. Wir erinnern uns an die Korrespondenz von Lucas Kratzer aus Bistritz mit den Zürcher Theologen: Kratzer, Sohn eines Pfarrers, studierte seit April 1569 in Wittenberg und zog im April 1570 weiter nach Basel, von wo aus er auch Korrespondenz mit Josias Simler und Johannes Wolf pflegte;[662] diese Korrespondenz hat ihn schliesslich ermutigt, seine Studien im November 1571 in Heidelberg fortzusetzen, bevor er im darauffolgenden Jahre nach Hause kehrte, um als Pfarrer zu dienen, wobei er seit 1581 im Dienste der antitrinitarischen Kirche stand.[663] Wie also Melanchthon zahlreichen Studenten verschiedener Ethnien – es ist unter anderem an das Zeugnis Melanchthons für Michael Wirtt aus Ödenburg (Sopron, HU), der seit November 1558 in Basel studierte, zu denken[664] – den Besuch schweizerischer Akademien empfahl, so taten dies auch die ihm nachfolgenden Lehrer. Nur dies kann erklären, warum „regelmässig" Wittenberger Studenten in die Schweiz kamen. Die Peregrinationswege liefen allerdings auch in die entgegengesetzte Richtung: So ist es bekannt, dass mehrere Studenten der Schweiz die Universität in Wittenberg aufsuchten, da die Universität eben-

661 Vgl. Szabó, Universität, 59 f; Asche, Bildungsbeziehungen, 40 f.
662 Vgl. Briefwechsel von Lukas Kratzer mit Josias Simler und Johannes Wolf, 1570–1571, ZBZ: F 57, 72ff; S 123, 37; S 125, 50; S 126, 65; S 128, 92; S 129, 73.
663 Vgl. Szabó, Erdélyiek, 154.
664 Vgl. Zeugnis für Michael Wirtt aus Sopron, s.d. [Oktober 1558], in: MBW, Nr. 8766.

gerade den Ruf genoss, nicht streng „lutherisch", geschweige denn „flacianisch", zu sein.[665]

Als zweite Erkenntnis kann festgehalten werden, dass nicht nur innerhalb des ungarischen *Coetus* in Wittenberg, d. h. bei ungarischen Studenten, eine Affinität für die helvetische Richtung der Reformation bestand, sondern gleichermassen bei ungarländischen Studenten, die der deutschen oder der slowakischen Ethnie angehörten. Wir haben bereits darüber berichtet, dass Siebenbürger Sachsen sich zum Teil intensiv mit Werken der schweizerischen Reformation auseinandergesetzt haben und dass in Oberungarn wegen der kryptocalvinistischen Tendenzen mehrerer Slowaken und Zipser Sachsen heftige konfessionspolitische Auseinandersetzungen stattgefunden haben. Die Peregrinationswege mehrerer slowakischer und zahlreicher deutscher Studenten aus dem Reich der Stephanskrone bestätigen diese Einsicht erneut. So sind nicht nur ein Drittel der aus Wittenberg in die Schweiz kommenden ungarländischen Studenten der deutschen Ethnie angehörend gewesen, sondern von den 54 ungarländischen Studenten waren deren 23 deutscher und deren 25 ungarischer Muttersprache; dazu kamen sechs Slowaken. Freilich haben sich, wie erwähnt, nicht alle diese Studenten der Theologie gewidmet, aber dennoch kann festgehalten werden, dass Siebenbürger sowie Zipser Sachsen und, in geringerem Masse, Slowaken die theologischen Ausbildungsstätten in Basel, Genf und Zürich gleichermassen wie die Ungarn besucht haben. Um dies zu illustrieren, wollen wir den Weg vier weiterer ungarländischer Theologiestudenten, von den Ungarn György Gönczi Kovács sowie Mátyás Polianyi und den Siebenbürger Sachsen Titus Amicinus und Peter Falkmann nachzeichnen.[666]

György Gönczi Kovács („Fabricius", † 1595), gebürtig aus Gönc, ging 1557 zu Studienzwecken ins Ausland. In den Jahren vor seiner Immatrikulation in Wittenberg – am 2. Januar 1559[667] – besuchte er verschiedene Akademien und Universitäten Europas. In diesen beiden Jahren wird auch ein Besuch bei Calvin in Genf anzusetzen sein, also noch bevor die Akademie gegründet worden ist.[668] Leider sind uns aber keine weiteren Angaben zu seinem Aufenthalt in Genf erhalten. Im Jahre 1565 wurde Gönczi Kovács schliesslich

---

665 Illustrierendes Beispiel ist der Engadiner Johannes von Travers-Ortenstein (1530–1608), der Enkel des Humanisten Johann (Gian) Travers (1483–1563), der mit Bullinger einen intensiven Briefwechsel gepflegt hat und im Jahre 1552 zur Reformation übergetreten war: Auf Anraten seines Grossvaters begann Travers seine Studien im Jahre 1556/57 in Wittenberg bei Melanchthon; später kehrte er über Basel nach Hause zurück, wo er Melanchthons *Liber de anima* (Basel 1560) erwarb, das er intensiv studiert hatte, wie die Marginalien belegen (Standortsignatur des Werkes in der Kantonsbibliothek Graubünden in Chur: Hg 77); vgl. BERNHARD, Cudisch, 78 ff.

666 Bereits an früherer Stelle – im Zusammenhang mit buchgeschichtlichen sowie epistolographischen Fragen – sind die Peregrinationswege zahlreicher ungarländischer Theologiestudenten nachgezeichnet worden (vgl. oben S. 296 ff. 317 ff. 330 ff et passim).

667 Vgl. RÉVÉSZ, Tanulók, 227.

668 Vgl. HÖRCSIK, Kálvin, 21; D'ESZLARY, Calvin, 88; SZABÓ, Peregrináció, 327 f.

Senior des *Coetus ungaricus* in Wittenberg. Nach seiner Rückkehr wirkte er als Pfarrer in Grosswardein, seit 1575 in Debrecen; im Februar 1577 wurde er endlich Bischof des reformierten Kirchendistriktes „Jenseits-der-Theiss".[669] Weniger Informationen über die spätere Tätigkeit haben wir bei Mátyás Polianyi, wohl Polanyi, der sich am 5. Oktober 1578 in Basel an der theologischen Fakultät immarikuliert hat.[670] Er stammte aus Ödenburg[671] und hat vermutlich auch daselbst seine erste schulische Ausbildung genossen. Zwei Jahre später, im August 1580, siedelte Polianyi nach Genf über, wo er die Vorlesungen von Théodore de Bèze hörte.[672] Weiteres über Polianyi ist uns leider nicht bekannt. Hingegen wissen wir einiges über den Sachsen Titus Amicinus († 1566), der sich nach seiner ersten schulischen Ausbildung in Kronstadt am 4. März 1553 in Wittenberg immatrikuliert hatte.[673] Trotz seiner Heimkehr nach 1555 begehrte Amicinus weitere Studien zu absolvieren und verliess Siebenbürgen erneut; so kam er, um die helvetische Richtung besser kennenzulernen, im Juli 1560 nach Zürich.[674] Im Jahre 1561 erneut zuhause in Kronstadt angekommen, musste er die Stadt in Kürze wegen seines „Sakramentarismus" verlassen: Er wirkte fortan in Klausenburg, zusammen mit Gáspár Heltai, der 1559 Bullingers *Libellus epistolaris* (1551) herausgegeben hatte.[675] Obwohl 1565 Balázs Szikszai Fabricius auf die Hochzeit von Amicinus noch einen poetischen Applaus verfasste,[676] hegte er wie Heltai zunehmend Sympathien für den Antitrinitarismus. Abschliessend sei noch auf Peter Falkmann († 1603), gleichfalls aus Kronstadt, verwiesen, der dank eines Empfehlungsschreibens von Gallus Rhormann, ehemals Student in Basel und Rektor in Bistritz, zusammen mit seinem Landsmann Andreas Zampolius im Winter 1594/95 nach Basel zu Grynaeus kam;[677] von hier zog Falkmann weiter nach Heidelberg, während Zampolius sich in Frankfurt a.O. immatrikulierte.[678] Im Sommer 1596 entschied sich Falkmann zu weiteren Studien gleichfalls in Frankfurt a.O., es nicht unterlassend, auf einem Umweg auch die Akademie in Genf zu besuchen. Am 16. August 1596 traf er in Genf ein, und Albert Szenci Molnár –

669 Vgl. ZOVÁNYI, Lexikon, 221.
670 Vgl. HEGYI, Diákok, 47.
671 Vgl. NAGY, Családai V, 395 f.
672 Vgl. HEGYI, Diákok, 80; GAVRUSCA, Kálvin, 277.
673 Vgl. SZABÓ, Erdélyiek, 279.
674 Vgl. Liber amicorum Conradi Gesneri, ZBZ: Ms Z VIII 759 (Kopie von: National Library of Medecin, Bethesda/Maryland, C 32), 92.
675 Vgl. SZEGEDI, Reformation, 83 f; SZABÓ, Erdélyiek, 279.
676 Vgl. BALÁZS SZIKSZAI FABRICIUS, Epithalamium in nuptiale sacrum [...] d. Titi Amicini Coronensis, ministri ecclesiae Claudiopolitanae fidelissimi, et Annae Auere Bistriciensis [...] sponsae ipsius, Klausenburg 1565.
677 Vgl. Gallus Rhormann an Johann Jakob Grynaeus, 4. September 1594, in: GRYNAEUS, Kapcsolatai, 117. Es handelt sich um Andreas Zampolius, und nicht, wie SZABÓ fälschlicherweise schreibt, um Andreas Zampotius (vgl. GRYNAEUS, Kapcsolatai, 161).
678 Vgl. SZABÓ, Erdélyiek, 11. 227.

er hielt sich ebenfalls seit einigen Tagen in Genf auf[679] – machte ihn und einen andern ungarländischen Studenten, Johannes Budacker († 1613) von Bistritz,[680] mit de Bèze bekannt. Über dieses Treffen berichtete Szenci Molnár in seinem Tagebuch folgendermassen:

Incidi ibidem in Petrum Felkmannum Coronensem et Joannem Bestricensem ex Anglica et Gallica peregrinatione eo delapsos, quos recta duxi ad Dominum Bezam, ab eoque meum libellum repetivi: qui nobis bonum vinum propinavit et candidum panem porrexit et multa recensendo magnorum virorum effigies nobis monstravit, inter quas Calvini verissimam imaginem cum ostenderet, lachrymas prorupit in haec verba: ILLE ME PROGENUIT IN CHRISTO etc.[681]

Wie lange sich Falkmann in Genf aufgehalten hat, ist nicht bekannt; spätestens im Laufe des Jahres 1597 studierte er in Frankfurt a.O., bevor er am 18. März 1598 in Heidelberg seine Studien mit einer Disputation über *De Papatu quem evangelicae Ecclesiae aversantur [...]* (Heidelberg 1598) abschloss.

Die knappen Ausführungen zu den Peregrinationswegen der genannten vier ungarländischen Studenten illustrieren weitere grundsätzliche und für unsere Thematik relevante Aspekte: Einmal waren es mitnichten nur Ungarn, sondern auch Deutschsprechende und, in geringerem Masse, Slowaken, die für die Verbreitung und Konsolidierung des helvetischen Bekenntnisses in Ungarn und Siebenbürgen verantwortlich waren. Dies ist darum bemerkenswert, weil bislang über die diesbezügliche Rolle der nicht-ungarischen Völker wenig oder nichts bekannt war. Natürlich ist dies auch eine indirekte Folge der Verbreitung des helvetischen Buches, das sich weder an ethnische noch an konfessionelle Grenzen hielt. Gerade in ethnisch gemischten Gebieten, wie dies in Oberungarn und in Siebenbürgen der Fall war, zeigten Angehörige verschiedener Volksgruppen ein reges Interesse an der helvetischen Richtung der Reformation.[682] In diesem Zusammenhang ist erneut zu betonen, dass in den deutschsprachigen Gebieten Oberungarns und Siebenbürgens der Kryptocalvinismus weit verbreitet war. Was betreffend Oberungarn bereits durch die ungarländische Korrespondenz von Johann Jakob Grynaeus deutlich geworden ist, zeigen betreffend Siebenbürgen die Peregrinationswege von mehreren Siebenbürger Sachsen auf. In Kronstadt, wo der honterische Humanismus im ganzen 16. Jahrhundert die Schul- und Bildungsgeschichte bestimmte, war der Kryptocalvinismus gleichermassen verbreitet wie in Bistritz, wo der Kryptocalvinist Gallus Rhormann[683] Ende des 16. Jahr-

---

679 Vgl. Hegyi, Diákok, 86.

680 Der bei Hegyi nicht weiter bekannte „Besztercei János" ist mit Johannes Budacker (vgl. Szabó, Erdélyiek, 107) zu identifizieren, wie es von Szabó richtig erkannt wurde (vgl. Szenci Molnár, Naplója, 194).

681 Albert Szenci Molnár: ΕΦΗΜΕΡΙΣ, Diarium, vel adversaria mea, 1584–1617, in: Szenci Molnár, Naplója, 60 (vgl. Bernhard, Béza, 305).

682 Zu dieser Erkenntnis vgl. auch jüngst Szabó, Calvinismus, 88 f.

683 Vgl. Grynaeus, Kapcsolatai, 160 f.

hunderts Schulrektor war. Die grosse Mehrheit der ungarländischen Studenten, die sich an einer Schweizer Akademie oder an der Universität Basel aufhielten, kam denn auch aus Oberungarn oder aus Siebenbürgen, das Partium inbegriffen; aus West-, Nieder- und Mittelungarn fanden nur sehr wenige Studenten den Weg in die Schweiz.

Wie ausgeführt spielte Wittenberg eine besondere Rolle auch für die Peregrination in die Schweiz, insbesondere darum, weil die überwältigende Mehrheit ungarländischer Studenten in Wittenberg studiert hat. Freilich hat das Interesse an der helvetischen Richtung der Reformation auch damit zu tun, dass verschiedene Vertreter des ungarländischen Protestantismus die Peregrination in die Schweiz aktiv gefördert haben. So wissen wir, dass Péter Károlyi seine Studenten aus Grosswardein nicht nur nach Wittenberg sandte,[684] sondern auch die Peregrination in die Schweiz empfahl.[685] Gleichfalls ist es bekannt, dass Magnaten wie Miklos Thelegdi, seine Frau Barbara Bánffy oder János Balassi, insbesondere seit den 1570er Jahren, d. h. seit der Offensive der orthodoxen Lutheraner in Wittenberg, die Peregrination mehrerer Ungarn nach Genf unterstützt haben.[686] Doch all dies darf nicht darüber hinwegtäuschen, dass die Anzahl der ungarländischen Studenten in der Schweiz nur 5 % von derjenigen in Wittenberg ausmachte, gleichzeitig aber der reformierte Protestantismus bzw. der Kryptocalvinismus in Oberungarn, dem Partium und Siebenbürgen weit verbreitet war. Mehrfach haben wir auf die Bedeutung des *Coetus ungaricus* hingewiesen. Es ist hier aber nicht der Ort, die Geschichte und die Entwicklung des *Coetus* darzustellen, da dies bereits an anderer Stelle getan worden ist. Vor allem András SZABÓ hat sich intensiv mit dem Aufenthalt ungarischer Studenten in Wittenberg auseinandergesetzt und verschiedene Untersuchungen zur „calvinismusverdächtigen Gesellschaft" erarbeitet.[687] SZABÓ glaubt allerdings, dass „die Theorie vom wittenbergischen Ursprung des ungarischen Calvinismus zwar relevante Fakten nennt, mit einer akzeptablen Erklärung jedoch nicht dienen kann."[688] Unserer Ansicht nach bilden aber gerade diese Fakten, die in der bisherigen Darstellung breit ausgeführt wurden, die nicht nur akzeptable, sondern auch relevante Erklärung, warum der ungarische Protestantismus zum reformierten Bekenntnis tendierte. Es ist zu erinnern an die melanchthonische Haltung in der Abendmahlsfrage – Calvin hat sich bekanntlich auf Melanchthon berufen, und Melanchthon hat Bullingers Lehre gebilligt[689] –, an die in Wittenberg seit den Jahren 1569/70 wegen der reformatorischen Richtungen stattgefundenen

---

684 Vgl. NAGY KÁLOZI, Károlyi, 489.
685 Vgl. Mihály Varsányi Gorsa an Josias Simler, 15. April 1574, ZBZ: F 60, 82 f.
686 Vgl. FATA, Einflüsse, 68 f; HORN, Adel, 165 – 177; vgl. oben S. 310 ff.
687 Vgl. SZABÓ, Calvinismus, 85 ff; DERS., Universität, 55 – 63; DERS., Oberschlesien, 258 f; DERS., Studenten, 154 – 168. Das Standartwerk über den ungarischen *Coetus* ist bis heute SZABÓ, Geschichte.
688 SZABÓ, Calvinsmus, 86.
689 Vgl. oben S. 179 f. 233 f.

„Zusammenstösse" zwischen den strengen Lutheranern und den Kryptocalvinisten – vor allem in Oberungarn führte dies zu den angesprochenen
Auseinandersetzungen[690] –, an den intensiven Wissens- und Personenaustausch zwischen Wittenberg, Genf, Zürich und Basel – so hat bekanntlich
Kaspar Peucer Thuri und Szikszai Hellopaeus an de Bèze empfohlen[691] –, und
an die Tatsache, dass nach der Auflösung des ungarischen *Coetus* im Jahre
1592 die ungarischen Studenten grossmehrheitlich nach Heidelberg in die
reformierte Pfalz zogen.[692] Dies ist der glänzendste Beleg dafür, dass im ungarischen *Coetus* das reformierte Bekenntnis massgebend gewesen ist. Das
Bekenntnis der ungarischen Burse (1568), das als Folge der Synode zu Debrecen (1567), auf der die *Confessio Helvetica posterior* (1566) angenommen
worden ist, entstanden ist und gegen den erstarkenden Antitrinitarismus, der
auch im ungarischen *Coetus* einen Bruch zu verursachen drohte, gerichtet war,
steht zwar in nachweislicher Abhängigkeit von Melanchthons *Loci communes*
(1559); daneben wurde aber beispielweise auch eine Auslegung des *Nicänums*
von Caspar Cruciger, des bekannten Verfechters der *Confessio Augustana
Variata*, benutzt.[693] Es ist nicht erstaunlich, dass die ungarischen Studenten in
Wittenberg keinen trennenden Unterschied zwischen der melanchthonischen
Richtung und dem reformierten Bekenntnis erkannten. Die von Marianne
Rozsondai in Pápa und Budapest gefundenen Wittenberger Einbände mit
Bildnissen von Calvin und de Bèze – es handelt sich um Philipp de Mornays *De
veritate religionis christianae liber* (Leiden 1587) und um Calvins *Institutio
Christianae religionis* (Genf 1585) – belegen weiter unsere bereits gemachte
Erkenntnis, dass die ungarischen Studenten sich in Wittenberg mit Schriften
der schweizerischen Reformation auseinandergesetzt haben.[694] So gehörte
Calvins *Institutio* einem gewissen „D × T × M",[695] was Rozsondai mit „De-
brecceni Tankó Miklós" identifiziert hat; Miklós Tankó, gebürtig aus Debrecen, studierte mehr als zwei Jahre in Wittenberg und kehrte im Herbst 1588
nach Ungarn zurück.[696] Das Werk von Philipp de Mornay, des theologischen

---

690 Vgl. oben S. 320 ff.
691 Vgl. oben S. 314.
692 Vgl. Meusburger, Studenten, 31 f; Heltai, Peregrination (2006), 65 – 80.
693 Vgl. Kolb, Erbe, 232 ff; Csohány, Bekenntnis, 249 ff.
694 Wir haben bereits im vorangehenden Kapitel darauf hingewiesen, dass ungarische Studenten
     in Wittenberg Calvin lasen. So hat der siebenbürgische Ungar Ferenc „Zackmarius", seit 1560
     Student in Wittenberg, gleich mehrere Werke Calvins angeschafft: Bereits 1560 hat er ein
     Kolligat mit Calvins *In primum Mosis librum commentarius* (Genf 1554) und *In Librum
     Psalmorum commentarius* (Genf 1557) gekauft (Standortsignatur des Kolligates in der Aka-
     demischen Bibliothek in Klausenburg: C 53873), im folgenden Jahr schliesslich ein Kolligat mit
     Erasmus' *In Novum Testamentum annotationes* (Basel 1555) und Calvins *Opusculis omnia in
     unum volumen collecta* (Genf 1552) angeschafft (Standortsignatur des Kolligates in der Teleki-
     Bibliothek in Neumarkt a.M.: B f-109); vgl. Szabó, Erdélyiek, 53.
695 Standortsignatur des Werkes in der Bibliothek des transdanubischen Kirchenbezirks der re-
     formierten Kirche in Pápa: K III 457.
696 Vgl. Rozsondai, Platte, 338.

Beraters von Heinrich von Novarra, hat den Eintrag „D.K.T. // 1587",[697] gehörte also „Demetrius Kraccovius Transylvanus", der sich 1587 zusammen mit Mihály Forgách, Zsigmond Máriássi und Zsigmond Pécsi in Wittenberg immatrikuliert hatte. Krakkai, der gleichermassen wie Forgách mit Grynaeus Briefkorrespondenz pflegte, wurde später Professor in Sárospatak, wo er vor allem Theologie und Mathematik lehrte; 1596 bekleidete er gar das Amt des Rektors des Kollegiums in Sárospatak.[698] Die beiden Beispiele illustrieren exemplarisch, warum das Studium ungarischer Studenten in Wittenberg die Konsolidierung des reformierten Bekenntnisses in Oberungarn, dem Partium und Siebenbürgen unterstützen konnte. Bereits bei der ersten Verfolgung der Kryptocalvinisten im Jahre 1574 wurde klar, dass viele ungarische Studenten die reformierte Theologie vertraten und deswegen die Universität verlassen mussten.[699] Dass die ungarischen Studenten die Einbände ihrer „calvinistischen" Werke aber gar mit Bildnissen Calvins und de Bèze' verzieren liessen, belegt, dass die Ungarn in den 1580er Jahren ihre theologische Überzeugung offen demonstrieren wollten. Gerade de Bèze wurde nach dem Tode Melanchthons und Calvins zu einem neuen *Praeceptor* für die ungarischen Studenten in Wittenberg.

Heidelberg nahm für die ungarischen Peregrinanten erstmals seit 1574,[700] insbesondere aber seit 1592 Bedeutung ein. Zu dieser Zeit war Heidelberg wissenschaftlich auf einem hohen Niveau, wohl auch darum, weil die Arbeit der Professoren nicht durch theologische Grabenkämpfe beeinträchtigt wurde. So schrieb der adlige Baron Imre Újfalvi Katona (vor 1570–1616), der zeitweilig Senior des ungarischen *Coetus* in Wittenberg war, in einem Brief an den Heidelberger Professor David Pareus mit Blick auf die wissenschaftliche Leistung der beiden Universitäten, dass er die vier Monate in Heidelberg als wissenschaftlich anregend eingestuft, während der zwei Jahre in Wittenberg aber nichts als Zeit und Geld verschwendet habe.[701] Újfalvi Katona hatte seine erste Schule in Sárospatak besucht und trat später als Hilfslehrer in Debrecen

---

697 Standort des Werkes in der Bibliothek der Ungarischen Akademie der Wissenschaften in Budapest (MTA): 542.609.

698 Vgl. Rozsondai, Platte, 336.

699 Vgl. Szabó, Geschichte, 104 f.

700 Im Jahre 1574 amtete Ulrich Faber, der 1571–1580 in Heidelberg wirkte, als Dekan der Universität (vgl. Drüll, Gelehrtenlexikon I, 147. 590); wie Briefzeugnisse belegen, war er ein besonderer Förderer der Ungarn (vgl. Mihály Varsányi Gorsa an Josias Simler, 15. April 1574 und 19. Mai 1574, ZBZ: F 60, 82–84). Als allerdings 1576 Ludwig VI. Kurfürst der Pfalz wurde, hatte dies auch Konsequenzen in der theologischen Ausrichtung der Universität; zur Durchsetzung der lutherischen Richtung wurde nämlich ein Teil der Professorenschaft ausgewechselt. Dies führte dazu, dass sich trotz Förderung durch Faber zwischen 1578 und 1582 kein einziger Student aus Ungarn und Siebenbürgen in Heidelberg immatrikulierte. Erst ab 1583, also nach Amtsantritt des reformierten Kurfürsten Friedrich IV. stieg die Zahl der Studenten aus dem Stephansreich wieder an (vgl. Meusburger, Studenten, 30 f).

701 Vgl. Imre Újfalvi Katona an David Pareus, s.d. [1609], in: Heltai, Kapcsolatai, 47; vgl. Meusburger, Studenten, 33 f.

in den Schuldienst, bevor er in Frauenbach (Baia Mare, RO) Schulrektor wurde. Am 11. September 1591 immatrikulierte sich Újfalvi in Wittenberg, zog schliesslich aber wegen der theologischen Umwälzungen weiter nach Heidelberg und setzte im Frühjahr und Herbst 1595 seine Peregrination durch die Niederlande nach England fort. Über Frankreich und die Schweiz kehrte er in seine Heimat zurück. Sein *Album amicorum* – als *Album* diente Újfalvi ein mit Zwischenblättern gebundenes Exemplar von Nicolaus Reusners *Icones sive imagines viuae, literis clarorum virorum* (Basel 1589) – ist eine besonders interessante Quelle darüber, mit wem sich Újfalvi auf seiner Peregrination getroffen hat. Wie KESERŰ nachweisen konnte, haben viele, die sich ins *Album* eingetragen haben, als Devise ein Zitat von Melanchthon gewählt, sind also als Anhänger Melanchthons zu bewerten.[702] Nach seiner Rückkehr hatte er über mehrere Jahre das Rektorenamt des reformierten Kollegiums in Debrecen inne, und wurde später Pfarrer und Senior in Grosswardein.[703] Dank seines *Albums* sind wir auch über seinen Aufenthalt in der Schweiz relativ genau in Kenntnis gesetzt. Újfalvi traf sich in Basel mit Johann Jakob Grynaeus, in Genf mit Théodore de Bèze sowie in Zürich mit Markus Beumler und Wolfgang Haller.[704] Gerade die wenig bekannten Theologen Beumler und Haller werfen ein Licht auf Újfalvis theologisches Interesse: Auf Markus Beumler (1555– 1611) haben wir im Zusammenhang mit Szegedi Kis' *Quaestiones* bereits verwiesen. Nach seinen Studien in Heidelberg bei Grynaeus wurde er 1594 Archidiakon am Grossmünster und später Professor an der Hohen Schule; er wurde besonders wegen zahlreicher kontroverstheologischer vor allem gegen die Lutheraner gerichteter Schriften bekannt.[705] Auch Wolfgang Haller (1525– 1601) wirkte als Archidiakon in Zürich am Grossmünster, später an der Hohen Schule.[706] Die Einträge ins *Album* illustrieren aber nicht nur das theologische Interesse Újfalvis, sondern werfen auch ein klärendes Licht auf den ungarischen Protestantismus, seine theologische Ausrichtung und seine internationalen Verbindungen. Der ungarische *Coetus* in Wittenberg hat zu dieser Entwicklung wesentlich beigetragen, trat aber diese Rolle spätestens 1592 an Heidelberg ab. Natürlich wurden in Heidelberg im Unterricht neben Werken von David Pareus oder Philipp Melanchthon auch Schriften von Vertretern der schweizerischen Reformation benutzt, wie beispielsweise Gwalthers *Homiliae*, Vermiglis *Loci communes*, Polanus' *Syntagma theologiae* oder de Bèze' *Novum Testamentum graece et latine*.[707]

Während Genf, aufgrund personengeschichtlicher Hintergründe, intensi-

---

702 Vgl. KESERŰ, Újfalvi, 190 ff; BARCZA, Története, 29 f.

703 Vgl. KESERŰ, Újfalvi, 185 f.

704 Vgl. Album amicorum Emerici Ujfalvi, 1591–1614, OSzK: Oct.Lat. 150, 63. 112. 114. 187.

705 Vgl. H. MEYER, Art. Markus Bäumler, HLS 2, 2003, 109.

706 Vgl. Familienbuch von Wolfgang Haller, 1531–1598, StABE: B III 125a.

707 Vgl. Catalogus librorum Stephani Katona Geleini in academia Heidelbergensi et alibi comparatum, s.d. [1615–1620], in: Adattár 16/3, 3–8.

vere Beziehungen zu Strassburg pflegte,[708] bestanden seit den 1560er Jahren
regelmässige Kontakte Zürichs, insbesondere Bullingers, zur Pfalz und mit
Heidelberg.[709] Zudem hat die Abfassung und die Würdigung des Heidelberger
Katechismus die guten Beziehungen zwischen Zürich und der Pfalz nachhaltig
positiv beeinflusst.[710] Pikanterweise war gerade Melanchthons Gutachten zum
Pfälzischen Abendmahlsstreit (1559), in dem er die Ubiquitätslehre verwarf
und den Vollzug des Abendmahls als eine *consociatio cum corpore Christi*
erklärte, eine wesentliche Voraussetzung für die Abendmahlslehre des Heidelberger Katechismus.[711] So nahmen die Reformierten Heidelbergs gleichermassen wie die Lutheraner Wittenbergs Melanchthons Autorität für sich in
Anspruch. Die geschilderten Fakten, Hintergründe und Zusammenhänge
belegen letztlich aber vor allem, dass die ungarländische Peregrination in die
Schweiz mitnichten in Konkurrenz, sondern in Ergänzung zur ungarländischen Peregrination nach Wittenberg, später nach Heidelberg bestand. Die
konfessionellen Auseinandersetzungen vor allem Oberungarns sind demzufolge nicht ein Reflex einer zunehmenden Peregrination in die Schweiz, sondern die Folge der innerwittenbergischen Grabenkämpfe um die Ausrichtung
der Wittenberger Universität. Freilich führte die zunehmende ungarländische
Peregrination in die Schweiz zu einer weiteren Verhärtung der Fronten.

b. Die Bedeutung der ungarischen Kollegien für die Peregrination

Es ist hier nicht der Ort, die ungarische Hochschulgeschichte nachzuzeichnen.
Doch aber scheint es sinnvoll, einen Blick auf die protestantischen ungarischen Kollegien in der zweiten Hälfte des 16. Jahrhunderts zu werfen, um die
Hintergründe der theologischen Entwicklung des *Coetus ungaricus* in Wittenberg, letztlich aber um die Hintergründe der theologischen Ausrichtung
des ungarischen Protestantismus besser verstehen zu können.

  Humanismus und Reformation trugen auch im Reich der Stephanskrone zu
einer gewaltigen Entwicklung des Bildungswesens bei. Während eines halben
Jahrhunderts entstanden in Ungarn und Siebenbürgen 134 grössere protestantische Schulen. Gleichfalls hatte zu Ende des 16. Jahrhunderts praktisch
jede grössere protestantische Gemeinde eine Volksschule, in der die Kinder in
ihrer Muttersprache unterrichtet wurden. Die wenigen katholischen Schulen
konnten damit nicht Schritt halten.[712] Von diesen protestantischen Schulen
haben sich die sogenannten Kollegien – von den Lutheranern als Lyzeen, von

---

708 Zur belastenden und umstrittenen Freundschaft Bullingers mit dem Strassburger Martin
    Bucer vgl. BÜSSER, Bullinger II, 260–267.
709 Vgl. BÜSSER, Bullinger II, 280–288; MÜHLING, Kirchenpolitik, 96–131.
710 Vgl. NEUSER, Katechismus, 167–173; BÜSSER, Bullinger II, 281 f; WEBER, Einleitung, 5–14.
711 Vgl. BUSCH, Consensus (CStA) 4, 8 f.
712 So kam es oft vor, dass vornehme katholische Familien ihre Kinder in die protestantischen
    Schulen schickten (vgl. RÉVÉSZ, Reformation, 87).

den Katholiken als Akademien bezeichnet – unterschieden, da sie über die humanistische Allgemeinbildung hinausgingen. Entsprechend dem von Erasmus begründeten und von Melanchthon übernommenen humanistischen Bildungsideal – Loci-Methode, Studium der alten Sprachen, Programm des Bibellesens[713] – wurde der Unterricht an den Kollegien auf Latein gehalten und auf der höchsten Stufe auch die theologischen Fächer gelehrt. Diese „Lateinschulen", auch Hohe Schulen genannt,[714] konnten einerseits den Bedarf nach Ausbildung von geschulten und konfessionell gefestigten Fachkräften erfüllen, andererseits ihre Absolventen für ein Studium an einer ausländischen Universität vorbereiten. Solche Hohen Schulen unterhielten die Reformierten seit dem 16. Jahrhundert in Pápa, Sárospatak, Debrecen und Klausenburg bzw. Grosswardein;[715] die Schule von Weissenburg war im 16. Jahrhundert noch weniger bedeutsam.[716] Während zur Gründungszeit der Schulen von Sárospatak, Pápa und Debrecen noch das humanistische Bildungsideal im Vordergrund stand, haben sich die genannten Kollegien in der zweiten Hälfte des 16. Jahrhunderts immer mehr zu *seminaria ecclesiae* entwickelt.[717] Eine grosse Anzahl der Schüler dieser Kollegien konnte in der Folge dank finanzieller Unterstützung adliger Grundherren oder mit einem Empfehlungschreiben des Kollegiums bzw. dessen Rektors das Studium an einer ausländischen Universität oder Akademie fortsetzen.

In diesem Zusammenhang sind insbesondere diejenigen Personen von Interesse, die sowohl in irgendeiner Form in Beziehung zu den reformatorischen Zentren der Schweiz standen als auch für einzelne reformierte Kollegien Ungarns oder Siebenbürgens eine Bedeutung einnahmen. Dabei fällt es auf, dass das Kollegium in Pápa, das, herausgewachsen aus der Stadtschule, die seit Anfang der 1530er Jahre reformhumanistisch ausgerichtet war,[718] 1585 – in

---

713 Vgl. oben S. 150 ff.

714 Im Gegensatz zur Hochschule hatten die Hohen Schulen kein Promotionsrecht; János L. Győris unsaubere Unterscheidung zwischen Hoher Schule und Hochschule führt zu einer gewissen Verwirrung (vgl. Győri, Bedeutung, 240 et passim).

715 Die Lutheraner unterhielten Lyzeen in Pressburg, Ödenburg, Leutschau und Hermannstadt; bedeutende Schulen befanden sich auch in Neusohl, Eperies, Käsmark, Schemnitz und Kronstadt. Die Katholiken (bzw. die Jesuiten) gründeten eine Akademie in Klausenburg, und die Antitrinitarier bzw. Unitarier unterhielten ebenfalls in Klausenburg ihr Kollegium. Zur ganzen Thematik vgl. Győri, Bedeutung, 240 f; Fata, Peregrinatio, 4; Asche, Bildungsbeziehungen, 37 f; Révész, Reformation, 87 f; Bucsay, Protestantismus I, 161 f.

716 Die Hohe Schule von Weissenburg, das spätere Bethlen-Kollegium, wurde wegen des Tatareneinfalls im Jahre 1658 von Fürst Apafi nach Strassburg a.M. verlegt (vg. Bucsay, Protestantismus I, 219).

717 So waren die frühesten „protestantischen" Schulgründungen in Sárospatak und Pápa – beide der „Tradition" nach um 1531 gegründet, wobei sowohl Gründung als auch „protestantische" Ausrichtung der Schulen später anzusetzen sind – nicht eine Folge der Einführung der Reformation, sondern Antrieb der Gründung waren vielmehr reformhumanistische Bemühungen von Humanisten; erst in einem zweiten Schritt entwickelten sie sich zu Ausbildungsstätten für protestantische Pfarrer (vgl. Bernhard, Collèges, 160 – 165).

718 Vgl. Bernhard, Collèges, 161 f.

eben dem Jahre erhielt das Kollegium seine erste Schulordnung, die *Leges illustris scholae Papensis*[719] – zur „Hohen Schule" erhoben worden war, trotz der in den 1560er und 70er Jahren vollzogenen Hinwendung der ganzen Stadt zum helvetischen Bekenntnis[720] in der Folge keine Kontakte zur Schweiz oder zu Vertretern der schweizerischen Reformation aufwies. Auch ist uns vor 1606 kein einziger Ungar bekannt, der nach ersten Studien in Pápa auf seiner Peregrination die Schweiz besucht hätte.[721] Daraus folgt die Erkenntnis, dass die studentischen Kontakte West- und Mittelungarns mit der Schweiz eher bescheiden waren. Ganz anders sieht die Situation an den Kollegien von Sárospatak und Debrecen aus. Das Sárospataker Kollegium – das Kollegium wurde spätestens 1538 gegründet[722] – wurde nicht nur von vielen Studenten Oberungarns besucht, bevor sie an einer ausländischen Universität studierten, sondern war auch Wirkungsort einer ganzen Reihe wichtiger Lehrer, die in mehr oder weniger intensivem Kontakt zu Vetretern der schweizerischen Reformation standen. András Szabó hat nachgewiesen, dass die ersten Rektoren und Lehrer alle direkte oder indirekte Schüler von Melanchthon waren.[723] Szabó hat es aber unterlassen aufzuzeigen, dass von denselben auch nahezu alle in direktem oder indirektem Kontakt mit der Schweiz gestanden sind. Der erste offzielle überlieferte Rektor des Kollegiums war Pál Thuri Farkas († 1574), Schüler von István Szegedi Kis in Mezőtúr, 1555 in Wittenberg immatrikuliert und 1556 Senior des *Coetus*; Thuri hat das Rektorenamt von 1558 bis 1561 innegehabt.[724] Nun ist aber gerade Thuri derjenige, der jenes Epigramm geschrieben hat, welches im *Corpus Reformatorum* vor dem Text von Calvins *Institutio* steht:

Praeter Apostolicas, post Christi tempora chartas
Huic peperere libro saecula nulla parem.

Erstmals ist dieses Epigramm in der Szegedi Kis-Biographie von Máté Skaricza erschienen, wobei Skaricza bereits voraussetzte, dass Thuris Epigramm in Beziehung zur *Institutio* zu setzen sei.[725] Der Hintergrund dieser Berufung

---

719 Vgl. Leges illustris Scholae Papensis (1585), in: Kis, Története, 15–31.
720 Für den „Durchbruch" des helvetischen Bekenntnisses in Pápa waren vor allem die Stadt-
      pfarrer Mihály Sztárai (1568–1578), Gál Huszár (1574–1575) und sein Sohn Dávid Huszár
      (1576–1585), Vertreter einer vermittelnden Richtung im Sinne Melanchthons und Bullingers
      (vgl. oben S. 108 ff), verantwortlich (vgl. Köblös, Országban, 32).
721 Über die Namen der Studenten im 16. Jahrhundert haben wir nur sporadisch Kenntnis (vgl.
      Köblös, Diákjai, 747 f; Thúry, Tanulói, 11 f); hingegen wissen wir, dass mit Beginn des 17.
      Jahrhunderts vor allem die Akademien in Holland gefragt waren (vgl. Bozzay, Kapcsolata, 3–
      28).
722 Vgl. Bernhard, Collèges, 162 ff; Dienes, Reformációja, 57 f; Szabó, Humanizmus, 31 f.
723 Vgl. Szabó, Humanizmus, 37–68.
724 Vgl. Szabó, Humanizmus, 37 f; Zoványi, Lexikon, 636.
725 „Maxime vero quid Institutionum opere unquam nervosius, emunctius, exactiusque, seu
      verba, seu rem consideres, atque ponderes? ut non immerito Paulus noster Thurius dixerit:
      Praeter Apostolicas, post Christi tempora chartas / Huic peperere libro saecula nulla parem."

auf das Epigramm ist die Darstellung Skariczas zum Jahre 1570, in dem sich Szegedi Kis, mit Berufung auf Calvin und de Bèze, noch klarer von Luthers Konsubstantiationslehre abgegrenzt habe. Gerade Thuri hatte in den frühen 1560er Jahren eine heftige Auseinandersetzung mit dem lutherischen Pfarrer von Bartfeld, dem Kroaten Michal Radašin († 1566), der seit 1540 in Bartfeld das religiöse Leben der Gemeinde neu geordnet hatte. Unter Radašins Vorsitz an der Synode zu Eperies wurde den königlichen Gesandten auch die *Confessio Pentapolitana* (1549) überreicht.[726] Radašin schloss sich dem Kampf Stöckels gegen theologische Abweichungen an und führte heftige Debatten mit Francesco Stancaro, Gergely Szegedi und Pál Thuri. Letzterer, seit Mitte der 1560er Jahre im Komitat Bihar als Pfarrer tätig, engagierte sich seinerseits in den grossen Glaubensdebatten zwischen den Reformierten und den Antitrinitariern gegen die „Ketzer", die das Partium erobern wollten.[727] Dies war für den Zürcher Philosophieprofessor Johann Jakob Fries gar Grund genug, ihn in die neue Ausgabe von Gessners *Bibliotheca universalis* (1583) aufzunehmen.[728]

Wenn auch ein Studienaufenthalt Thuris in Genf bei Calvin nicht nachgewiesen werden konnte, so ist, aufgrund oben genannter Hintergründe, eine theologische Orientierung Thuris an der Reformation im Sinne Calvins, Bullingers und de Bèze' auszumachen. Natürlich hatte dies Konsequenzen für den Unterricht am Kollegium in Sárospatak. Dies wäre aber nicht von grösserer Relevanz gewesen, wenn nicht die kommenden Rektoren diese theologische Ausrichtung nachhaltig unterstützt hätten. Es folgten das Rektorat von Balázs Sikszai Fabricius (1562–1576), Mihály Paksi Cormaeus (1577–1578), György Kassai Császár (1578–1583), Matej Kabát (1584–1586), Gáspár Pilc (1586–1587), Izsák Fegyverneki (1588–1589), András Károlyi (1588–1583), Demeter Krakkai (1593–1598) und Imre Újfalvi Katona (1598–1602)[729] – dies sind, mit Ausnahme von Kassai Császár, alles Namen, die uns in der bisherigen Darstellung bereits begegnet sind. Die genannten Rektoren pflegten, obwohl alle in Wittenberg studiert haben und mehrere gar Senior des *Coetus ungaricus* gewesen waren,[730] vor oder während ihrer Amtszeit Kontakte (Korrespondenz, Peregrination) mit Vertretern der schweizerischen Reformation.

(SKARICZA, Vita, β5ᵛ). Skariczas Inbezugsetzung von Thuris Epigramm zur *Institutio* war mit ein Grund, dass Albert Szenczi Molnár dasselbe auch ins Ungarische übersetzte („A szent könyvek után, kiket a nagy apostolok írtak / Ennél jobb könyvet még soha senki nem írt."), und dass einzelne ungarische Buchbesitzer das Epigramm handschriftlich in ihre *Institutio* eintrugen (vgl. Ősz, Kálvin-kötetek, 157 f).

726 Vgl. CSEPREGI, Konfessionsbildung, 258–264; CZENTHE, Reformation, 160; DANIEL, Bartfeld, 45 f.

727 Vgl. BALÁZS, Antitrinitarismus, 61; VERESS, Grundsätze, 33 f.

728 „Paulus Thurius Pannonius in Albana disputatione orthodoxam de Deo doctrinam erudite et fortiter defendit [...]" (JOHANN JAKOB FRIES, Bibliotheca instituta et collecta primum a Conrado Gesnero, Zürich 1583, 660); vgl. SZENCI MOLNÁR, Irományai, 77.

729 Vgl. SZABÓ, Humanizmus, 117; ZSINDELY, Kollégium, 127–130.

730 Mit Ausahme des Slowaken Matej Kabát waren alle Rektoren ehemalige Mitglieder des *Coetus* (vgl. ÖTVÖS, Wittenberg, 199).

Weiter ist auch auf verschiedene Lehrer des Kollegiums und Pfarrer von Sárospatak hinzuweisen, die gleichfalls in Kontakt mit der Schweiz standen: János Balsaráti Vitus, Péter Beregszászi, Ferenc Czeglédi u.s.w. Auf dem Hintergrund dieser Kontakte und Beziehungen erstaunt es mitnichten, dass in der zweiten Hälfte des 16. Jahrhunderts am Kollegium in Sárospatak im Unterricht zunehmend mehr reformatorische *Helvetica* benutzt wurden. Diese Tatsache war auch in der nahegelegenen Zips bekannt, so dass dort ansässige Kryptocalvinisten ans Kollegium in Sárospatak kamen. Hier wurden die Schüler theologisch weiter geprägt.

Eine ähnliche Erscheinung treffen wir in Debrecen an, wenn auch das Kollegium in seiner frühen Phase wohl nicht die gleiche Bedeutung wie dasjenige in Sárospatak einnahm. Seit dem Jahre 1538 wurde zwar in Debrecen an der Stadtschule aufgrund des humanistischen Bildungsprogramms unterrichtet, doch die tatsächlichen Anfänge des in der Forschungsliteratur „calvinistisch" genannten Kollegiums sind sicher später, nach 1551, als Kálmáncsehi in Debrecen seine Tätigkeit begann, anzusetzen[731]. Im Jahre 1567 wurde die erste Schulordnung verfasst und seit 1588 haben sich die Schüler des Kollegiums in die Matrikel eingetragen.[732] Die Aufgabe der Schule war, wie die Synode von Debrecen (1567) festhielt, Pfarrer und kirchliche Lehrer auszubilden. Zu diesem Zwecke sollten die Schüler die Sprachen Latein und Griechisch und, wo es nötig war, auch das Hebräische erlernen. Diese Sprachen würden die Schüler nämlich für das Bibelstudium brauchen.[733] Auch in Debrecen wurde also nach dem humanistischen Bildungskonzept unterrichtet. Die Lehrer des Kollegiums trugen dafür wesentlich Verantwortung. Vor der Debreciner Synode haben wir allerdings nur rudimentäre Angaben über die Lehrpersonen am Kollegium.[734] Seit dem Jahre 1558 wirkte beispielsweise Gergely Szegedi[735] als Lehrer am Kollegium. Szegedi hatte auf Empfehlung Kálmáncsehis 1556 Studien in Wittenberg absolviert;[736] anschliessend wirkte er in Kaschau als Prediger, wo es mit Stöckel zu einer heftigen Auseinandersetzung wegen Szegedis „Sakramentarismus" gekommen war, so dass Szegedi

---

731 Vgl. BARCZA, Története, 10 ff.

732 Vgl. Series Studiosorum (1588–1592), TtREK: R 495 (gedruckt: THURY, Adattár); vgl. ZOVÁNYI, Lexikon, 142.

733 Vgl. BARCZA, Története, 15 f.

734 Vgl. RÁCZ, Deákok, 53.

735 Die Forschung hat seit SCHÉGL erkannt, dass Gergely Szegedi nicht mit dem in Genf bei Calvin durchreisenden Gergely Belényesi identisch sein kann; der Handschriftenvergleich lässt diese These, die von BUCSAY und D'ESZLARY (vgl. D'ESZLARY, Calvin, 87; BUCSAY, Belényesi,108) vertreten wurde, nicht zu (vgl. SCHLÉGL, Beziehungen [1965], 30. 50 f; vgl. ZSINDELY, Levelei, 958; DERS., Bullinger [1967], 68 f; DERS., Belényesi, 113).

736 Szegedi hält dies in einem Brief an den Magnaten Péter Petrović, der in Wittenberg erschienen ist, fest (vgl. GERGELY SZEGEDI, Epistola Ad Illvstrissimvm ac Magnificum Dominum, D. Petrum Petrouuit, Wittenberg 1557); vgl. BARCZA, Története, 13. 38; RÉVÉSZ, Tanulók, 226.

die Stadt verlassen musste.[737] Szegedi wirkte daraufhin in Debrecen als Lehrer am Kollegium; hier schaffte er auch Calvins *Commentarii in Isaiam prophetam* (Genf 1559) an.[738] Natürlich arbeitete er intensiv mit dem Debreciner Pfarrer, Péter Melius Juhász, zusammen und war Mitverfasser der *Confessio Catholica* (Debrecen 1562) die in zwei verschiedenen Ausgaben erschienen war.[739] Beide Bekenntnisse sind auf der Grundlage von Schriften und Bekenntnissen Bullingers, Calvins und de Béze' verfasst worden.[740] Auch der seit 1568 am Kollegium als Lehrer tätige Tamás Félegyházi (~1540–1586) war durch die helvetische Richtung der Reformation stark geprägt. Nach Studien in Debrecen, Krakau, Breslau, Frankfurt a.O. und Wittenberg wirkte er vorübergehend auch noch als Lehrer in Mezőtúr und Klausenburg. Im Jahre 1579 erschien schliesslich seine Dogmatik *A keresztieni igaz hitnek reszeiröl valo tanitas*, die in Debrecen in den folgenden Jahren weitere drei Auflagen (1580; 1583; 1588) erlebte; die theologische Ausrichtung und die Reihenfolge der *Loci* in der Dogmatik – Félegyházi beginnt bezeichnenderweise mit der Schriftlehre[741] – ist eine Konsequenz von Félegyházis Beschäftigung mit Werken der schweizerischen Reformation, insbesondere in Wittenberg, von wo aus er de Bèze' *De Haereticis a civili Magistratu puniendis Libellus* (Genf 1554) an Melius Juhász übersandte.[742] Bemerkenswert ist schliesslich das Vorwort zu der vom Debreciner Lehrer und Bischof György Gönczi Kovács posthum herausgegebenen neuen ungarischen Übersetzung *Vy Testamentoma* (Debrecen 1586) von Tamás Félegyházi, in dem er – nach dem Hinweis auf die reformatorischen Anfänge in Wittenberg im Jahre 1517 – die äusserst „gelehrten Männer" der ungarischen Reformation aufzählt, beginnend mit der Generation um Imre Ozorai, Mátyás Dévai Bíró und András Batizi, gefolgt von Benedek Abádi, István Kopácsi, Gál Huszár, Ferenc Mohi, István Szegedi Kis, Mihály Sztárai, István Eszéki, György Czeglédi, Pál Thuri, Péter Károlyi, Jakab Thuri, Balázs Szikszai Fabricius, Gergely Molnár, Ádám Tordai und Matej Kabát.[743] Auch hier ist es wiederum bemerkenswert, dass die grosse Mehrheit der von Gönczi Kovács als für die ungarische Reformation massgebenden Gelehrten nicht nur in Wittenberg studiert hat, sondern auch direkt

---

737 Vgl. Akten zur Auseinandersetzung um Gergely Szegedi in Kaschau, 1557–1558, AMK: Supplementum H, Nr. 1915 (vgl. BODNAROVÁ, Reformation, 31 f; DANIEL, Bartfeld, 45 f).

738 „G[regorius] Z[egedinus] / 1559" (Standortsignatur des Werkes in der Brukenthal Bibliothek in Hermannstadt: V III 611).

739 Vgl. Confessio catholica de praecipuis fidei articulis exhibita [...] incolis totius vallis Agrinae [...], Debrecen 1562 (RMNy 176); Confessio ecclesiae Debrecinensis de praecipuis articulis [...], Debrecen 1562 (RMNy 177).

740 Vgl. BUCSAY, Confessio (1562), 4 ff; FATA, Einflüsse, 68; SCHLÉGL, Beziehungen (1965), 67 ff; MÜLLER, Bekenntnisschriften, XXXVIff; vgl. unten S. 426 ff.

741 Vgl. NAGY KÁLOZI, Félegyházi, 782.

742 Vgl. RÉVÉSZ, Orthodoxie, 420 f.

743 „[...] tudos embereket" (György Gönczi: Beczvletes es tiszteletes Debreceni tanaczbeli vraimnak es az töb kereztieni giülekezetnek [...], in: Az mi vronk Iesus Christusnac Vy Testamentoma (Debrecen 1586), in: MONOK, Humanistes, 100 ff).

oder indirekt mit Vertretern der schweizerischen Reformation in Kontakt (Peregrination, Korrespondenz) gestanden hat. Die daraufhin folgende Zuordnung von Tamás Félegyházi zu den „Reformatoren" Debrecens – weiter werden Márton Kálmáncsehi Sánta, Gergely Szegedi, Gál Huszár, Péter Melius Juhász und Bálint Szikszai Hellopaeus genannt – macht deutlich, dass auch Félegyházi als ein wichtiger Vertreter des reformierten Debrecen beurteilt wurde. Weitere bekannte, am Kollegium als Lehrer tätige Persönlichkeiten – wir denken an die bereits genannten Mátyás Thuri, der seine Studien in Wittenberg, Genf und Heidelberg absolviert hatte, oder Imre Újfalvi, der eine gewisse Zeit gleichzeitig in Sárospatak wie in Debrecen als Lehrer tätig gewesen ist[744] – unterstützen die Erkenntnis, dass die theologische Ausbildung in Debrecen seit den 1560er Jahren von der helvetischen Richtung bestimmt war. Die klaren Entscheide der Synode von Debrecen (1567) sind wichtiger Ertrag der theologischen Ausrichtung am Kollegium und trugen schliesslich wesentlich dazu bei, dass das Partium sich zur Hochburg des reformierten Protestantismus Ungarns entwickeln konnte.[745] Kein geringerer als der grosse ungarische Theologe Albert Szenci Molnár studierte von 1588–1590 in Debrecen, bevor er nach Wittenberg, und dann – wegen der Auflösung des *Coetus* – im Jahre 1592 nach Heidelberg[746] und später nach Strassburg gezogen war. Seine Peregrination dauerte bis zum Jahre 1624 an, als er schon 50 Jahre alt war. Während seiner Aufenthalte in Nürnberg, Oppenheim, Herborn und Hanau war er besonders um die Übersetzung reformierter Schriften ins Ungarische besorgt, so die Genfer Psalmen (Herborn 1607), den Heidelberger Katechismus (Herborn 1607), eine revidierte Form der *Confessio Helvetica posterior* (Oppenheim 1616), Bullingers *Bättbüchlin* (Heidelberg 1621) sowie Calvins *Institutio christianae religionis* (Hanau 1624).[747]

Zusammenfassend bleibt zu erkennen, dass spätestens seit den 60er Jahren des 16. Jahrhundert, d. h. nach dem Tod Melanchthons, in der theologischen Ausbildung an den Kollegien Sárospatak und Debrecen die helvetische Richtung zunehmend bestimmend war. Von hier aus begannen die Schüler ihre Peregrination und kamen an ausländische Universitäten; der grösste Teil zog nach Wittenberg und wurde Mitglied des ungarischen *Coetus*. Der *Coetus*, der durch die melanchthonische Richtung geprägt war, wurde in diesen Jahren also massgeblich auch durch den geistesgeschichtlichen Hintergrund der ungarischen Peregrinanten beeinflusst. Die theologische Ausrichtung des *Coetus ungaricus* ist damit wesentlich Folge des Unterrichtes an den Kollegien Sárospatak und Debrecen. Diese grundlegende Erkenntnis wird bestätigt bei der Untersuchung der bedeutenderen Schulen in Siebenbürgen, die sich vor

---

744 Vgl. Barcza, Története, 25 ff. 536 ff.
745 Vgl. Győri, Bedeutung, 242 f; vgl. auch: De officiis relationis [...], TiREK: Kt. 403/7, 481 – 483.
746 Besonders interessant sind die diesbezüglichen Einträge ins Tagebuch von Szenci Molnár (vgl. Szenci Molnár, Naplója, 55 f).
747 Vgl. P. Vásárhelyi, Wirkung, 185.

allem seit 1556, als die Besitzungen der alten Kirche säkularisiert und für den Aufbau und den Unterhalt von Schulen bestimmt wurden,[748] konsolidierten. Über deren Schulprogramm und Lehrinhalt haben wir allerdings wenig detaillierte Kenntnis. Die Anfänge des Kollegiums von Klausenburg sind hingegen bereits in den 1540er Jahren zu suchen. Es wurde aufgrund des humanistischen Bildungsprogrammes, wobei auch reformatorische Aspekte einflossen, unterrichtet. In den 50er Jahren wissen wir von der Tätigkeit von Gergely Vizaknai, István Basilius (Balázs), Gergely Molnár und Ferenc Dávid.[749] Gergely Molnár wurde nach seinen Wittenberger Studien (1554–56)[750] Lehrer, später Rektor der Klausenburger Schule. Als solcher hat er „pro recta scholasticae juventutis institutione" beispielsweise die Elementa Grammaticae Latinae (Klausenburg 1556) oder den reformierten Katechismus Catechesis scholae Claudiopolitanae [...] (Klausenburg 1564–65) verfasst.[751] Natürlich nahm Molnár an der wegweisenden Synode von Grosswardein (18. August 1559) teil.[752] An derselben hatte auch Ferenc Dávid, der sich gegen Ende der 1550er Jahre bekanntlich der helvetischen Richtung angeschlossen hatte und 1564 der erste reformierte Bischof wurde, teilgenommmen; Dávid hatte sich aber bereits kurz nach seiner Bischofswahl dem antitrinitarischen Glauben zugewandt und seine pädagogische Tätigkeit am Kollegium abgelegt.[753] Gerade die Lehrer am Klausenburger Kollegium leisteten in den 60er Jahren starken Widerstand gegen die Ausbreitung des Antitrinitarismus. Die bekanntesten Lehrer dieser Zeit waren Balázs Szikszai Fabricius, der später in Sárospatak wirkte, sowie Péter Károlyi, der 1573 Bischof von Debrecen wurde.[754] Beide waren nicht nur ausgewiesene Humanisten,[755] sondern standen auch mit Vertretern der Zürcher und Genfer Kirche in brieflichem Austausch und machten sich für eine weitere Stärkung des helvetischen Bekenntnisses stark. Allerdings mussten sie, wie erwähnt, wegen des Durchbruchs des Antitrinitarismus in Klausenburg im Februar 1568 die Stadt mitsamt den Schülern verlassen und nach Grosswardein übersiedeln.[756]

---

748 Vgl. Révész, Reformation, 77.
749 Vgl. Nagy, Története, 9 f; Török, Collégium, 5–10.
750 Vgl. Révész, Tanulók, 224; József Benkő, Transilvania sive magnus Transilvaniae principatus. Olim Dacia mediterrana [...], Bd. 2, Wien 1778, 347.
751 Weitere Werke Gergely Molnárs sind: Prima doctrinae Christianae rvdimenta pveris scholae Claudiopolitanae in Christiana religione informandis, Klausenburg 1564; Enotematum dialectices libri tres, stvdiosis scholae Claudiopolitanae [...], Klausenburg 1564; u.s.w.
752 Vgl. unten S. 416 f.
753 Vgl. Szegedi, Reformation, 78 f; Wien, Grenzgänger, 123 ff.
754 Vgl. Bucsay, Protestantismus I, 134; Török, Collégium, 11.
755 So gab Balázs Fabricius Szikszai beispielsweise erneut Bonfinis Historia Iaclyti Matthiae Hvnnyadis [...] ex [...] libris decadis primum tertiae [...] (Klausenburg 1565) heraus, oder Péter Károlyi hat für den Unterricht in Klausenburg ein Handbuch für Reimkunst, seine Institutio de syllabarum et carminum ratione [...] (Klausenburg 1567), oder die Elementa Graecae grammatices in breve compendium [...], die allerdings nur in einer posthumen Ausgabe (Klausenburg 1592) erhalten ist (vgl. RMNy 691), verfasst.
756 Vgl. oben S. 305 f.

Die Lateinschule von Grosswardein erhielt in der Folge einen vorbildlichen Ruf. Auch von hier aus hat Károlyi die Schüler nach Wittenberg empfohlen, wohl wissend, welche theologische Ausrichtung im *Coetus ungaricus* dominant war.[757] Das reformierte Kollegium in Klausenburg wurde schliesslich erst zu Beginn des 17. Jahrhunderts neugegründet.[758] Weiter gab es in Neumarkt a.M. und Weissenburg grössere Schulen, an denen einige bereits bekannte Lehrer – in Neumarkt a.M. Péter Laskai Csókás und János Baranyai Decsi, in Weissenburg Benedek Ilosvai, Miklós Debreczeni und Zsigmond Dávid Kassai – wirkten.[759]

Die Bedeutung der ungarischen Kollegien für die Peregrination ungarischer und siebenbürgischer Studenten ist damit einfach zu erkennen: Weil zahlreiche Lehrer der Kollegien in einem direkten oder indirekten Kontakt mit Vertretern der schweizerischen Reformation standen und in ihrem Unterricht – neben humanistischen Grundlagenwerken – auch Lehrbücher der schweizerischen Reformation benutzten, wurden die an den Kollegien ausgebildeten Ungarn zu Vertretern einer vermittelnden Richtung der Reformation und prägten damit auch die theologische Ausrichtung des *Coetus ungaricus* in Wittenberg. Aus diesem Grund war es in diesen Jahren nicht von besonderer Relevanz, ob ungarische Peregrinanten in Wittenberg, Genf oder Zürich studiert hatten. Die Werke Calvins, Bullingers, Vermiglis und de Bèze' konnten auch in Wittenberg gelesen werden.

2.4 Die Rezeption helvetischer Bekenntnis- und Lehrschriften in der ungarischen Konfessionsgeschichte

Als die *Seniores* Oberungarns sich im Mai 1568 an de Bèze wandten, wiesen sie einerseits auf das reformatorische Werk von Luther, Melanchthon, Oekolampad, Bucer, Zwingli und Calvin hin, betrachteten also die Anfänge der Reformation als *eine* grosse Bewegung, betonten aber im folgenden Abschnitt, dass man in Ungarn im Bekenntnis (de Bèze' *Confession*, Bullingers *Confessio Helvetica posterior*) und in der Lehre (Providenz, Prädestination, freier Wille, Sakramente) der schweizerischen Reformation gefolgt sei.[760] Damit wird signalisiert, dass die in der ersten Hälfte des 16. Jahrhunderts noch ausgeprägte Betonung der „reformatorischen Einheit" im Übergang zu den 1560er Jahren endgültig auseinandergebrochen ist. Dabei kann man feststellen, dass offenbar Melanchthon eine solche „einende" Persönlichkeit war, dass die ver-

---

757 Vgl. NAGY KÁLOZI. Károlyi, 489 f.
758 Vgl. TÖRÖK, Collégium, 12 ff.
759 Vgl. NAGY, Története, 10.
760 Vgl. Seniores Ecclesiarum in superiori parte Ungariae (Gáspár Károlyi, Mihály Hevessi und Gergely Sziszkzai) an Théodore de Bèze, 1. Mai 1568, in: Bèze, Corr. IX, 235–239 (Annèxe IV b).

schiedenen reformatorischen Richtungen Ungarns und Siebenbürgens – trotz des Ausgburger Interims – unter Berufung auf Melanchthon bis in die späteren 1550er Jahre hinein noch zusammengehalten werden konnten. Eindeutige Hinweise auf ein Auseinanderbrechen zeigten sich seit dem Jahre 1557, in einem Bekenntnis fassbar allerdings erst im Abendmahlsbekenntnis von Neumarkt a.M. (1559).[761] Innerhalb eines Jahrzehntes nach dem Tode Melanchthons führten die theologischen verschiedenen Akzentuierungen in der „humanistischen evangelischen Reformbewegung in Ungarn"[762] zur Entstehung von drei verschiedenen Religionsgemeinschaften: Lutheraner, Reformierte und Antitrinitarier. Freilich blieben die Aussagen und Werke Melanchthons dabei weiterhin Grundlage theologischer Disputationen und Auseinandersetzungen.[763]

a. Die Bedeutung der reformatorischen *Helvetica* für die ungarische Synodal- und Konfessionsgeschichte

Den einleitenden Ausführungen entsprechend beschäftigen wir uns in diesem Abschnitt primär mit den Jahren 1550 bis 1570 und erst sekundär mit der Folgezeit. Der von uns behandelte geographische Raum betrifft primär vor allem Oberungarn, das Partium und Siebenbürgen. Die westlichen Teile des königlichen Landesteils werden erst sekundär betrachtet, weil das helvetische Bekenntnis hier, obwohl reformatorische *Helvetica* weitverbreitet waren, in der Synodal- und Konfessionsgeschichte geringeren Niederschlag gefunden hat. Dies ist wesentlich eine Konsequenz dessen, dass einerseits die lutherische Konfession in Westungarn stärkeren Rückhalt fand, andererseits die gegenreformatorischen Massnahmen hier früher als in anderen Gebieten des Stephansreiches einsetzten.[764]

Seit Mitte der 1550er Jahren entstanden infolge der zunehmenden Ausbreitung von reformatorischen *Helvetica* in verschiedenen Gebieten des Reiches der Stephanskrone konfessionspolitische Auseinandersetzungen. Die als *Sacramentarii* denunzierten Anhänger der schweizerischen Reformation betonten mit Recht, dass Calvin mit Melanchthon eins gehe, die strengen Lutheraner nahmen andererseits Melanchthon als bedeutendsten Lehrer der Wirkungsstätte Luthers für sich in Anspruch. Diese Auseinandersetzungen waren aber vor allem Konsequenz eines in den vorangehenden Jahren entstandenen Vakuums. Nach dem Tode Martinuzzis (1551), dem Bischof von Grosswardein und Statthalter Siebenbürgens, gewann die helvetische Rich-

---

761 Vgl. unten S. 418 ff.
762 Vgl. DANIEL, Erbe, 260.
763 Dementsprechend wurden Melanchthonwerke auch auf den Druckereien in Bartfeld, Kronstadt, Klausenburg und Debrecen gedruckt (vgl. RMNy 104. 118. 119. 132. 133. 134. 135. 160 A. 190. 291).
764 Vgl. HELTAI, Peregrination (2006), 70 f; KLUETING, Konfessionalisierung, 51 ff.

tung im Partium und in Siebenbürgen noch mehr an Boden. Wie bekannt war Martinuzzis Nachfolger, Statthalter Péter Petrović, ein energischer Förderer der helvetischen Richtung. Auf bereits genannter Synode in Beregszász (1552) konnten die Geistlichen darum massvolle kultische Veränderungen beschliessen. Bereits 1553 musste aber Petrović eine vernichtende Niederlage gegen den neuen Bischof von Grosswardein, Mátyás Zabardi, der seine Truppen mit denen Ferdinands vereint hatte, einstecken. Er wurde über die Theiss zurückgeworfen und Ferdinand nahm die Gebiete ein.[765] Das Gebot der Stunde war es, die „helvetischen" Veränderungen der Lehre und des Kultes nicht mehr weiter zu propagieren, sondern selbst das bereits Geschehene zurückzunehmen. Dennoch hat eine Synode in Ungarisch Altenburg (Óvár, HU) am 13. März 1554 eine vermittelnde Haltung einzunehmen versucht. Auf dieser Synode wurde nicht die *Confessio Augustana Invariata* oder *Variata*, sondern der 1536 zwischen Luther und Bucer vereinbarte Konkordientext, allerdings mit Abänderungen an den Stellen, die sich mit der helvetischen Richtung nicht vereinbaren liessen, angenommen. Dies rief eine solche Reaktion hervor, dass auf der kommenden Synode zu Erdőd (1555), im Jahr des Augsburger Religionsfriedens, die *Confessio Augustana* rezipiert wurde und die Übertreiber verurteilt wurden – damit kam es zu einem offenen Bruch mit der bisherigen synodalen Tradition einer vermittelnden Theologie.[766] Als endlich Petrović 1556 Ferdinand wieder besiegte und der König Siebenbürgen und Ostungarn verlassen musste, versuchte Petrović als erstes die verschiedenen reformatorischen Richtungen zu einen. Zu diesem Zwecke reisten Petrović und Kálmáncsehi erneut nach Klausenburg, um am 25. Juli 1556 mit den dortigen „Calvin-kritischen" Geistlichen Ferenc Dávid und Gáspár Heltai zu debattieren. Kálmáncsehi betonte dabei, dass den Abendmahlselementen durch die Einsetzungsungsworte der Leib Christi real zugeordnet werde und gegenwärtig sei, doch aber anderer Seinsweise als die leiblichen Zeichen sei; daraus folge die *manducatio spiritualis*, d. h. die geistliche Niessung des Leibes Christi im Glauben.[767] Doch die Bemühungen waren umsonst:[768] Im Januar 1557 wurden die *Sacramentarii* auf einer Hermannstädter Synode verurteilt. Auf der nachfolgenden Klausenburger Synode vom 13. Juni 1557 verabschiedeten letztmalig deutsche und ungarische siebenbürgische Theologen einen gemeinsamen *Consensus doctrinae de sacramentis Christi* (Klausenburg 1557) im Sinne Melanchthons, in dem aber trotzdem die *Sacramentarii* ver-

---

765 Vgl. Bucsay, Abendmahlsbekenntnis, 99 f; ders., Protestantismus I, 105; Kiss, Zsinatok, 22 ff.

766 Zu den Synoden von Óvár (1554) und Erdőd (1555) vgl. Bucsay, Protestantismus I, 105 f; ders., Lehre, 269 ff; Papp, Kálmáncsehi, 27 ff; Schullerus, Quellenkunde, 82 f; Kiss, Zsinatok, 31 ff; Bod, Historia I, 327–334 (Text).

767 Vgl. Responsio ministrorum ecclesiae Colossvariensis ad Scripta M. Martini a Chalmanscha in causa Coena Domini edita, in: Papp, Kálmáncsehi, 65 ff; vgl. Bucsay. Lehre, 275 ff.

768 Zur nachfolgenden Darstellung vgl. auch Fekete, Melius.

urteil und die Anhänger Calvins als Ketzer bezeichnet wurden.[769] Als Reaktion darauf nahmen die Geistlichen aus den Bezirken Grosswardein und Tressenburg (Tăşnad, RO) bereits im folgenden September ein Abendmahlsbekenntnis helvetischer Richtung an, dessen Text aber leider nicht erhalten blieb.[770] Erneut versuchten die massgebenden Vertreter beider Richtungen Melanchthon anzurufen, welcher darum ein Gutachten verfasste, mit dem er ein weiteres Mal auf eine Verständigung zwischen den beiden Richtungen hoffte.[771] Anstelle einer Verständigung folgte das auf dem Landtag zu Thorenburg (1558)[772] ausgesprochene Verbot der Lehre Calvins, welches aber wirkungslos blieb; auch die auf der Thorenburger Synode am 1. Mai 1558 gegen die Abendmahlslehre von Márton Kálmámcsehi Sánta gefassten Beschlüsse[773] zeigten keine Wirkung. Der Hintergrund dafür war die zu dieser Zeit bereits weite Verbreitung von reformatorischen *Helvetica* im Allgemeinen, und von Schriften Calvins und Bullingers im Besonderen. Die ganz unerwartete[774] Hinwendung von Ferenc Dávid und Gáspár Heltai zum helvetischen Bekenntnis gab schliesslich der helvetischen Richtung weitere Stosskraft, sich gegenüber der „strengen" lutherischen Richtung zu behaupten. Bereits am 18. August 1559 kam in Grosswardein[775] zwischen den Kreisen um Melius Juhász und Dávid, d. h. zwischen dem Partium und Siebenbürgen, ein

769 Vgl. BORSA, Drucke, Nr. 102; JUHÁSZ, Luther, 331ff; REINERTH, Gründung, 240–248; RÉVÉSZ, Reformation, 82; BUCSAY, Lehre, 273.

770 Vgl. BUCSAY, Abendmahlsbekenntnis, 100; WIEN, Grenzgänger, 119; BUCSAY, Protestantismus I, 107. Es ist hier auf die verschiedentlich zu lesende Bemerkung hinzuweisen, dass im Jahre 1557 oder 1558 auch in Csenger eine Synode stattgefunden hätte, auf der „dann die Trennung vollbracht" wurde (vgl. VERESS, Grundsätze, 40). Der Hintergrund dieses Irrtums ist der, dass die Reformationshistoriker des 18. Jahrhunderts die Synode zu Csenger mangels Kenntnis des vollen Wortlautes der *Confessio Csengerina* (1570) ins Jahr 1557 bzw. 1558 datieren (vgl. DEBRECENI EMBER, Historia, 109 f; BOD, Historia I, 333 f); eine inhaltliche Untersuchung des Textes belegt aber einwandfrei, dass die *Confessio Csengerina* den kirchenpolitischen Hintergrund der Auseinandersetzung mit dem Antitrinitarismus hat (vgl. BARCZA, Confessio Csengerina, 261 f).

771 Vgl. Gutachten von Philipp Melanchthon für die Gemeinden in Siebenbürgen, 16. Januar 1558, in: MBW, Nr. 8498 (vgl. REINERTH, Gründung, 252ff). Gedruckt wurde das Gutachten Melanchthons auch in den *Acta synodi pastorum ecclesiae nationis Hungaricae in Transylvania* (Klausenburg 1558) von Ferenc Dávid.

772 Der Landtag zu Thorenburg fand am 1. April 1558 statt (vgl. TEUTSCH, Urkundenbuch I, 86 f).

773 Vgl. Acta synodi pastorum ecclesiae nationis Hungaricae in Transylvania, Klausenburg 1558.

774 Es ist bis heute nicht abschliessend geklärt, warum und infolge welcher Motive Dávid und Heltai sich der helvetischen Richtung zugewandt haben. Heltai selber war nach der Abfassung des Abendmahlsbekenntnisses von Neumarkt a.M. (vgl. unten S. 418 ff) der Auffassung, dass in Siebenbürgen viele, darunter auch Superintendent Matthias Hebler, Luther missdeuten würden und darum die siebenbürgischen Gemeinden spalten würden (vgl. Gáspár Heltai an Philipp Melanchthon, 12. November 1559, in: MBW, Nr. 9126); letztlich scheint es ein Verdienst der hartnäckigen Bemühungen von Melius Juhász gewesen zu sein, dass Heltai und Dávid sich der helvetischen Richtung angeschlossen haben (vgl. WIEN, Grenzgänger, 120; BUCSAY, Lehre, 274).

775 Gleichentags fand in Mediasch eine Versammlung der wittenbergischen Richtung statt (vgl. REINERTH, Gründung, 258ff).

Konsens zustande,[776] der schliesslich – nach Debattierung der *Propositiones de Coena Domini*[777] – am 1. November 1559 in Form des ungarisch verfassten Abendmahlsbekenntnisses zu Neumarkt a.m. durch „christliche Lehrer aus ganz Ungarn und ganz Siebenbürgen" feierlich bestätigt wurde.[778] Die Namen der führenden Teilnehmer am Gespräch in Grosswardein waren Ferenc Dávid (Pfarrer von Klausenburg), Gáspár Heltai (Senior in Klausenburg), Gergely Molnár (Rektor der Schule zu Klausenburg), György Czeglédi (Pfarrer von Grosswardein), Péter Melius Juhász (Pfarrer von Debrecen) und István Kopácsi (Senior in Sárospatak).[779] Wenn auch erst auf dem Landtag zu Thorenburg (1564) die „Klausenburger Konfession", d.h. die helvetische Richtung, verfassungsmässig anerkannt wurde,[780] so darf die konfessionspolitische Bedeutung des Abendmahlsbekenntnisses von Neumarkt a.m. nicht unterschätzt werden: Einmal ist es Beleg dafür, dass Melanchthons Bemühungen um eine Verständigung und eine Einigung zwischen den beiden Richtungen definitiv gescheitert waren, andererseits war damit die bekenntnisgemässe Grundlage für die weitere Ausbreitung der helvetischen Richtung geschaffen, und drittens ist dieses Bekenntnis die erste bekennnismässige Äusserung in ungarischer Sprache. Das Bekenntnis wurde in Ungarn und Siebenbürgen schnell verbreitet; offenbar wurde in deutschsprechenden Gemeinden Oberungarns oder Siebenbürgens auch eine deutsche Übersetzung des Bekenntnisses begehrt, so dass im Jahre 1563 in Heidelberg eine solche gedruckt wurde.[781] In eben dem Jahre erschien auch der Heidelberger Katechismus, was

---

776 Vgl. Defensio orthodoxae sententiae de coena Domini ministrorum ecclesiae Claudiopolitanae et reliquorum recte docentium in ecclesijs Transyluanicis, Klausenburg 1559.

777 Péter Melius Juhász zitiert in seinem Werk *Refutatio confessionis de coena Domini* (Debrecen 1564) die Schrift „Propositiones de coena Domini disputandae in synodo Vasarhelien[si] Anno D[omini] 1559" (PÉTER MELIUS JUHÁSZ, Refutatio confessionis de coena Domini Matthiae Hebler […], Debrecen 1564, k2ʳ); diese „zu debattierenden Propositionen" bildeten schliesslich die Grundlage für das Abendmahlsbekenntnis von Neumarkt a.M. (vgl. BORSA, Drucke, Nr. 112; SCHLÉGL, Beziehungen (1965), 61).

778 Vgl. Az vrnac vaczoraiarol valo közenséges keresztyéni valls, mellyet a keresztyéni tanitóc mind egész Magyar Országból s mind Erdélböl a vásárhellyi szent sinatba töttéc es kiattác a Christus Iesus szentegyházánac épitéssere, Klausenburg 1559 (RMNy 155).

779 Vgl. BUCSAY, Abendmahlsbekenntnis, 100 f; WIEN, Grenzgänger, 120; DERS., Protestantismus I, 107.

780 „Ad tollendas igitur huiusmodi disputaiones pacificandasque utriusque partis conscientias pro quietate Regnicolarum statutum est, ut a modo in posterum utrique parti liberum sit, sive Kolosvarensis aut Cibinienis, ecclesiarum religionem et assertionem tenere velit." (SZILÁGYI, Országgyűlési emlékek II, 231; TEUTSCH, Urkundenbuch I, 90); vgl. WIEN, Grenzgänger, 120 f; BINDER, Grundlagen, 82–88.

781 Vgl. Beschluss und Form der lehr vom testament und abendmal […], Heidelberg 1563. Die deutsche Übersetzung wurde wohl von Dávid oder Heltai angefertigt, es könnte aber auch jeder in Heidelberg im Jahre 1563 studierende deutschkundige Ungar gewesen sein. Inhaltlich ist der Text treu, formal ist er jedoch frei übersetzt; im Vergleich mit dem ungarischen Original enhält der deutsche Text auch einige kürzere Zusätze, die den Inhalt des Originals weiter erhellen wollen (vgl. BUCSAY, Abendmahlsbekenntnis, 101 f; BORSA, Drucke, Nr. 112).

für die reformierte Kirche Ungarns und Siebenbürgens eine grosse moralische Stütze war.

Es ist hier der Ort, das Abendmahlsbekenntnis von Neumarkt a.M. theologie- und rezeptionsgeschichtlich zu untersuchen. Seit der von Mihály Bucsay und Zoltán Csepregi besorgten kritischen Edition des Abendmahlsbekenntnisses ist der „Heidelberger" Text, ergänzt mit zahlreichen wertvollen Querverweisen, allgemein zugänglich. Dennoch ist es notwendig einige wesentliche Aspekte dieses Bekenntnisses in einen grösseren theologiegeschichtlichen Zusammenhang zu setzen, damit die konfessionsgeschichtliche Bedeutung des Bekenntnisses noch spezifischer erfasst werden kann. Bucsay und Csepregi halten fest, dass die Verfasser des Bekenntnisses „sich – Melanchthon folgend, aber auch Anregungen von Zwingli, Oekolampad, Bucer, Bullinger und Calvin verarbeitend – zu einer organisch-einheitlichen Anschauung durchgerungen"[782] haben. Diese Folgerung ist insofern berechtigt, dass die Verfasser des Bekenntnisses keine Extrempositionen übernahmen, also eine vermittelnde Haltung wie Melanchthon vertraten; gleichzeitig sind aber die Verfasser in ihren theologischen Formulierungen des Bekenntnisses eben gerade nicht Melanchthons Gutachten vom 16. Januar 1558,[783] sondern verschiedenen Schriften und Zeugnissen von Vertretern der Schweizer Reformatoren gefolgt. Dies soll hier anhand einiger grundlegender Aspekte vorgeführt werden.

Eine grundsätzliche Betrachtung des Abendmahlsbekenntnisses offenbart, dass das Bekenntnis nicht die Absicht hatte, alle Bereiche einer reformierten Abendmahlslehre aufzuzeigen, sondern vor allem die Frage der „wahrhaftigen Gegenwart" Christi im Abendmahl thematisieren wollte, natürlich auf dem Hintergrund des Vorwurfes der strengen Lutheraner, die behaupteten, dass die *Sacramentarii* die Gegenwart Christi im Abendmahl leugnen würden. Dementsprechend wurde beispielsweise die Frage des Abendmahles als „widergedaechtnus" oder die Unterscheidung „des zeichens und verzeichneten" nur am Rande bedacht.[784] Die erste wichtige Thematik im Bekenntnis ist die Frage der wahrhaftigen Gemeinschaft mit Leib und Blut Christi, d.h. das Teilhaftigsein an Leib und Blut Christi. Dies geschehe einzig „durch waren glauben", nämlich durch den Glauben an die Verheissung, dass das Blut zur Vergebung der Sünden vergossen worden sei.[785] Die Verknüpfung des Teilhaftigseins an Leib und Blut Christi mit der Frage des wahren Glaubens finden wir gleichfalls im Genfer Katechismus (1542), im Zürcher Bekenntnis (1545),

---

782 Bucsay, Abendmahlsbekenntnis, 101.

783 Vgl. Gutachten von Philipp Melanchthon für die Gemeinden in Siebenbürgen, 16. Januar 1558, in: MBW, Nr. 8498 (= Bod, Historia I, 336 f).

784 Diese Themata werden beispielsweise im Zürcher Bekenntnis von 1545 behandelt (vgl. Zürcher Bekenntnis [1545], RBS 1/2, 456--65).

785 Vgl. Beschluss und Form der lehr vom testament und abendmal […] (1563), in: RBS 2/1, 109 ([1]–[2]).

im *Consensus Tigurinus* (1549) und in Bullingers *Libellus* (1551/59).[786] Folgerichtig wurde im Abendmahlsbekenntnis von Neumarkt festgehalten, dass
das Abendmahl eine Zeichenhandlung für Gottes Wohltat am Kreuz sei: Die
Gläubigen würden im Abendmahl „durch eusserliche unnd sichtliche zeychen
[…] dieser seiner grossen wohltat" erinnert.[787] Calvin hielt bereits 1542 fest,
dass Gott „par signe visible nous represente les choses spirituelles: […]"[788],
und Bullinger betonte im Jahre 1545 gegenüber Luther, dass Gott „sine gro-
esten gůtthaaten, unserer bloedigkeit zů gůt, […] mit etwas zeichen und us-
seren sichtbaren brüchen oder uebung und zügnussen fürtragen laßt, […]"[789]
Weil es sich aber um eine Zeichenhandlung handle, „ist das essen des leibs
unnd das trinken des bluts Christi nichts anderst, als mit hertzlicher zuversicht glauben, daß sein heiliger leib für uns in den todt gegeben unnd sein
heiliges blut für uns ist vergossen worden, aus dem wir nu ewiges leben
haben."[790] Das äussere Essen (*edere*) sei also nichts anderes als ein inneres
Glauben (*credere*). Dieser Zusammenhang ist gerade ein Spezifikum der
zürcherischen Abendmahlslehre und wurde von Zwingli erstmals im November 1524 in einem Brief an Matthäus Alber formuliert.[791] Auch in späteren
Schriften, beispielsweise in der *Fidei ratio* (1530), nahm Zwingli die Formulierung auf,[792] und seine Nachfolger übernahmen sie an verschiedenen Stellen.
Leo Jud in seinen beiden Katechismen,[793] Heinrich Bullinger im Zürcher Bekenntnis (1545)[794] und auch in seiner *Expositio brevis ac dilucida orthodoxae
fidei* (1561), die später, mit einzelnen Korrekturen, als *Confessio Helvetica
posterior* (1566) in die Geschichte eingegangen ist.[795]

Mihály Bucsay weist bereits in seinem bahnbrechenden Werk über den
ungarischen Protestantismus darauf hin, dass das Abendmahlsbekenntnis
von Neumarkt a.M. betone, dass „der Glaube und der Heilige Geist […]
parallel" wirken würden. Der Glaube stelle nur die eine Seite – die menschliche
– des Teilhabens an der Gabe des Abendmahles dar, die göttliche Seite werde

---

786 Vgl. Le catechisme de l'eglise de Genève (1542), in: RBS 1/2, 355 f. [Fragen 340–344]; Zürcher
Bekenntnis (1545), in: RBS 1/2, 462 f ([76]); Consensus Tigurinus (1549), in: RBS 1/2, 484
([10]); BULLINGER, Libellus, 45.
787 Vgl. Beschluss und Form der lehr vom testament und abendmal […] (1563), in: RBS 2/1, 110
([2]).
788 Le catechisme de l'eglise de Genève (1542), in: RBS 1/2, 349 [Frage 310].
789 Zürcher Bekenntnis (1545), in: RBS 1/2, 461 ([74]).
790 Beschluss und Form der lehr vom testament und abendmal […] (1563), in: RBS 2/1, 110 ([2])
791 Vgl. Huldrych Zwingli an Matthäus Alber, 16. November 1524, in: Z III, 335 ff.
792 Vgl. ZWINGLI, Fidei ratio, 812.
793 Vgl. LEO JUD, Catechismus. Christliche und klare vnd einfalte ynleytung in die Willenn vnnd
die Gnad Gottes […] (1534), in: DERS., Katechismen, 231; LEO JUD, Der kürtzer Catechismus.
Eine kurtze Christenliche vnderwysung der jugend […] (1538), in: DERS., Katechismen, 351.
794 Vgl. Zürcher Bekenntnis (1545), in: RBS 1/2, 459 ([72]).
795 Vgl. HEINRICH BULLINGER, Confessio Helvetica posterior (1566), in: RBS 2/2, 330 f. Zur
Entstehungsgeschichte der *Confessio Helvetica posterior* (1566) vgl. CAMPI, Confessio, 243–
248.

aber vom Heiligen Geist bewirkt.[796] Tatsächlich wurde im Bekenntnis neben
den Glauben als Grundbedingung des Teilhabens an der Abendmahlsgabe ein
anderes, nicht minder konstitutives Element des Geschehens, nämlich die
Wirkung des Heiligen Geistes, gestellt. „So ist in dieser gemeynschafft mit
unserm Herrn Jesu Christo Gott der Heilige Geyst, die rör und rinne, durch
welche der Herr Christus uber unnd in uns giesset seine gaben und güter,
[…]"[797] Die Wirkung des Heiligen Geistes wurde besonders von Johannes
Calvin in seiner Abendmahlslehre betont. Im Genfer Katechismus von 1542
hielt er fest, dass die Kraft und Wirksamkeit ganz vom Geiste Gottes ausgehe.[798] Auf das Zusammenwirken des Heiligen Geistes und des Glaubens für die
Wirksamkeit der Sakramente haben sich Bullinger und Calvin im *Consensus
Tigurinus* (1549) schliesslich geeinigt.[799] Dennoch nahm die Wirkung des
Heiligen Geistes später in Bullingers Abendmahlsverständnis, obwohl Bul-
linger in seiner *Expositio brevis ac dilucida orthodoxae fidei* (1561) deutlich
darauf hinwies,[800] keine zentrale Bedeutung ein. Dies lässt folgern, dass die
Verfasser des Abendmahlsbekenntnisses von Neumarkt a.M. bewusst die im
Consensus Tigurinus begründete abendmahlstheologische Einigung zwischen
Calvin und Bullinger weiterführen wollten. So ist es geradezu bezeichnend,
dass Gáspár Heltai in seiner Ausgabe von Bullingers *Libellus epistolaris* (1551)
im Abschnitt über das Abendmahl einen wichtigen Satz druckte, der bei Gál
Huszár fehlte: „[…] nos Spiritu et fide illa [i.e.: sanguinem et corpus] per-
cipimus ad vitam […]"[801] Leider konnte bis heute nicht abschliessend geklärt
werden, warum die beiden Ausgaben des *Libellus* im Abendmahlsabschnitt
nicht den gleichen Text haben. NAGY vermutete mit guten Gründen, dass
Heltais Text der ursprünglichere sei.[802] Das Heltais Text entsprechende
Abendmahlsverständnis liegt sowohl im *Consensus Tigurinus* (1549) vor als
auch hat Bullinger in dem Brief an József Macarius, in dem er seine Abendmahlslehre en détail erklärte, nahezu identisch formuliert.[803]

Über die Gegenwart Christi im Abendmahl hielten die Verfasser des Bekenntnisses schliesslich fest: „Dise gegenwertigkeyt aber verstehe nicht leiblicher weise nach, sondern daß sie geistlich ist und geschicht im glauben. Denn
leiblicher weise nach so sitzet der Herr Christus zur rechten hand seines
himlischen vatters, […]"[804] Während die Betonung der Wirksamkeit des

---

796 Vgl. BUCSAY, Protestantismus I, 107.
797 Beschluss und Form der lehr vom testament und abendmal […] (1563), in: RBS 2/1, 111 ([3]).
798 Vgl. Le catechisme de l'eglise de Genève (1542), in: RBS 1/2, 349 f [Frage 313].
799 Vgl. Consensus Tigurinus (1549), in: RBS 1/2, 485. 487 ([12. 23]).
800 Vgl. BULLINGER, Confessio (2009), 330 f.
801 Vgl. BULLINGER, Libellus, 45.
802 Vgl. NAGY, Sendschreiben, 16.
803 „Panis et vinum […] percipiuntur tamen spiritualiter, mente videlicet, spiritu et fide."
    (Heinrich Bullinger an József Macarius, 4. Dezember 1544, in: ZSINDELY, Pesti Macarius, 951);
    vgl. oben S. 236.
804 Beschluss und Form der lehr vom testament und abendmal […] (1563), in: RBS 2/1, 112 ([5]).

Geistes calvinischen Ursprungs ist, basiert die Überzeugung, dass die Gegenwart Christi beim Abendmahl geistlich zu verstehen sei und im Glauben bestehe, auf dem Fundament zürcherischer Exegese. In der *Fidei ratio* (1530) hielt Zwingli fest, dass es sich im Abendmahl keineswegs um eine leibliche Präsenz handle, sondern um eine geistliche Präsenz von Leib und Blut Christi in der gläubigen Betrachtung.[805] Dieser Grundgedanke wurde in der reformierten Tradition weitestgehend übernommen, wobei insbesondere auf Bullingers Zürcher Bekenntnis (1545), den *Consensus Tigurinus,* die *Decades* (1551) oder die *Expositio brevis ac dilucida orthodoxae fidei* (1561) zu verweisen ist. Grossmehrheitlich beherrschten die klassischen Argumente die theologischen Ausführungen: Die leibliche Himmelfahrt Christi bzw. der Sitz zur Rechten Gottes, der Nachweis der tropischen Redeweise und die Überzeugung, dass das Fleisch zu nichts nütze sei, sondern allein der Geist lebendig mache (Joh 6, 63).[806] Abschliessend wurde im Bekenntnis von Neumarkt a.M. (1559) betont, dass durch den Empfang von Leib und Blut Christi der Glaube in den göttlichen Zusagen gestärkt und gefestigt werde, und dass das Abendmahl auch eine Danksagung für Christi Wohltaten sei.[807]

Die vorgeführten theologischen Akzentsetzungen im Abendmahlsbekenntnis von Neumarkt a.M. belegen einwandfrei, dass die Verfasser des Bekenntnisses in starkem Masse durch Schriften der Schweizerischen Reformation geprägt waren. Wenn auch kaum von einer wörtlichen Übernahme ausgegangen werden darf, so ist doch eine inhaltliche Orientierung, ja Abhängigkeit unübersehbar. Insbesondere aus dem *Consensus Tigurinus* sind die theologischen Leitlinien übernommen, d.h. dass der Konsens zwischen der Genfer Reformation, die ja eigentlich starke oberdeutsche Einflüsse zeigt, und der Zürcher Reformation bei den Ungarn massgebend geworden ist.[808] Und dies gilt nicht nur für Siebenbürgen, sondern auch für das Partium und Teile Oberungarns. So waren ja die führenden Teilnehmer in Neumarkt a.M. „christliche Lehrer aus ganz Ungarn und ganz Siebenbürgen", wie im Titel des Druckes festgehalten wurde. Tatsächlich hat der Wanderdrucker Gál Huszár, der 1558–1559 in Ungarisch Altenburg, 1560 in Kaschau, und schliesslich ab 1561 in Debrecen – aufgrund der guten Kontakte widmete Huszár dem Deb-

---

805 Vgl. ZWINGLI, Fidei ratio, 806 (vgl. Z III, 341; Z V, 587).

806 Vgl. Heinrich Bullinger an József Macarius, 4. Dezember 1544, in: ZSINDELY, Pesti Macarius, 951 f; Zürcher Bekenntnis (1545), in: RBS 1/2, 458 f ([71 f]); Consensus Tigurinus (1549), in: RBS 1/2, 487 f ([22. 25]); BULLINGER, Decades (2008), 1016–1032 (= 367ᵛ–374ʳ); Beschluss und Form der lehr vom testament und abendmal [...] (1563), in: RBS 2/1, 112 f ([5]); BULLINGER, Confessio (2009), 330 ff.

807 Vgl. Beschluss und Form der lehr vom testament und abendmal [...] (1563), in: RBS 2/1, 114 ([7]). Obschon letztere Aspekte in der reformierten Tradition weitverbreitet sind, zeichnen sie sich dennoch nicht als ein reformiertes *Proprium* aus und sind darum hier nicht gesondert zu betrachten. Weitere Aspekte, die eine Beachtung verdienen würden, sind: Unterscheidung spirituelles und sakramentales Essen, das Essen der Ungläubigen zum Gericht, u.s.w.

808 Dies hält bereits SCHLÉGL fest, obwohl er meint, dass die Lehren Calvins kaum bekannt gewesen seien (vgl. SCHLÉGL, Beziehungen [1965], 63).

reciner Pfarrer Péter Melius Juhász sein Gesangbuch *Isteni dicséretek és psalmusok* ([Kaschau] 1560)[809] – wirkte,[810] gleichzeitig wie Heltai Bullingers *Libellus epistolaris* (1551) gedruckt; das Vorwort hat Huszár am 13. November 1559, also kurz nach der Neumarkter Synode, verfasst.[811] Bereits im folgenden Jahr, bald nach dem Tode Melanchthons, erschien auf der Druckerei von Heltai die *Scripta quaedam magni illius Philippi Melanchthonis, [...] quid de sacra Domini Coena senserit: [...]* (Klausenburg 1560–61). Die Vertreter des Abendmahlsverständnisses des Bekenntnisses von Neumarkt a.m. wollten mit diesem Druck gleichfalls belegen, dass sie – nachdem Valentin Wagner 1556 ein Frühwerk Melanchthons, seine *Sententiae veterum aliquot scriptorum de Coena Domini, bona fide recitatae* (Wittenberg 1530), nachgedruckt hatte[812] – die wahren Vertreter des melanchthonischen Abendmahlsverständnisses seien, und dass Bullinger mit Melanchthon in der Abendmahlslehre eins gehe. Der Druck enthält nämlich drei erläuternde Briefe Melanchthons zur protestantischen Abendmahlslehre: Der erste datiert vom 1. November 1559, gerichtet an Kurfürst Friedrich III. von der Pfalz, der zweite datiert vom 21. März 1559, gerichtet an Johannes Crato in Breslau, und der dritte datiert vom 25. März 1544 und ist an Heinrich Bullinger geschrieben.[813] Natürlich ist in diesem Zusammenhang der Brief an Bullinger von besonderem Interesse.[814] In demselben äusserte nämlich Melanchthon seinen Respekt gegenüber Bullingers *In divinum [...] Evangelium secundum Ioannem, commentariorum libri X.* (Zürich 1543), in welchem Kommentar Bullinger an den zentralen johanneischen Stellen auch auf das zürcherische Abendmahlsverständnis zu sprechen kam.[815] In einer anderen Frage wies Melanchthon Bullinger hingegen zurecht, betonte aber abschliessend: „Ideo, quantum possum, astringere nostram coniunctionem, non dissipare velim."[816]

Letztlich wurde in der Auseinandersetzung um die richtige Interpretation von Melanchthons Theologie im Allgemeinen und seiner Abendmahlslehre im

809 Vgl. RMNy 160.
810 Im Jahr 1562/63 folgte Huszár einem Ruf als Prediger nach Komorn (Komárom, HU). Teile von Huszárs Druckerei blieben aber in Debrecen zurück, und mit diesen wurde bald die städtische Druckerei gegründet (vgl. CSOHÁNY, Wirkung, 258; V. ECSEDY, Könyvnyomtatás, 53. 59 f).
811 Vgl. BULLINGER, Institutio, A2ʳ–A3ʳ.
812 Vgl. PHILIPP MELANCHTHON, Sententiae veterum de coena Domini, vt Cyrilli, Chrysostomi, Vulgarij, Hilarij et aliorum, [...], Kronstadt 1556.
813 Im Druck sind die Jahreszahlen falsch angegeben: Melanchthons Brief an den Kurfürsten ist auf den 1. November 1550 datiert, derjenige an Crato auf den 19. März 1560 und derjenigen an Bullinger auf den 25. März 1545 (vgl. HAMMER, Melanchthonforschung, 123 f). Dass die ersten beiden Briefe nach dem Verlauf von etwas mehr als einem Jahr in Klausenburg bekannt waren und gedruckt werden konnten, ist ein weiterer Beleg, wie intensiv der Wissensaustausch im Europa des Reformationszeitalters war.
814 Vgl. Scripta quaedam magni illius Philippi Melanchthonis, [...] quid de sacra Domini Coena senserit: [...], Klausenburg 1560–61, A8ᵛ–[Bᵛ].
815 Vgl. BULLINGER, Ioannem, 85ʳ–86ᵛ.
816 Philipp Melanchthon an Heinrich Bullinger, 25. März 1544, in: MELANCHTHON, Scripta, [Bʳ⁻ᵛ] (= HBBW XIV, Nr. 1881).

Besonderen die Spaltung der protestantischen Kirchen Ungarns und Siebenbürgens besiegelt. Die am 6. Februar 1561 in Mediasch abgehalten Synode der
siebenbürgisch-sächsischen Kirche grenzte sich unmissverständlich von der
Klausenburger Richtung ab und verabschiedete eine *Brevis confessio de sacra
coena Domini*, die Melanchthon streng lutherisch interpretierte. Da der Fürst
daraufhin Gutachten von vier deutschen Akademien einholen liess, wurde der
siebenbürgische Streit auch an die deutschen Akademien getragen und führte
zu den bereits angesprochenen Auseinandersetzungen an der Wittenberger
Universität. Verschiedene dieser Gutachten sowie weitere Schriften und Briefe
zur Thematik wurden dem Druck der *Brevis confessio*, die von Bischof Matthias Hebler herausgegeben wurde, beigegeben.[817] Auf diesen Druck antwor-
tete seitens der Reformierten Péter Melius Juhász mit seiner *Refutatio confessionis de coena Domini Matthiae Hebler, Dionysij Alesij et his coniunc-
toru[m] [...] Huic adiuncta est apologia ecclesiae Debrecinensis [...]* (Debrecen 1564). Der Widerspruch von Melius Juhász war insofern durchaus berechtigt, da mit Heblers Druck Melanchthons Abendmahlslehre tatsächlich
verfremdet worden war.[818]

Die führenden Vertreter der reformierten Kirche besassen in den Jahren
nach dem Abendmahlsbekenntnis von Neumarkt a.M. die Weisheit, sich nicht
auf die Auseinandersetzung um das Erbe Melanchthons zu konzentrieren,
sondern sich einerseits um eine dezentrale Konsolidierung des reformierten
Bekenntnisses zu sorgen, andererseits sich fortan klar und offenkundig zur
schweizerischen Reformation und deren wichtigsten Vertreter zu bekennen.
Zu Beginn der 1560er Jahre lässt sich diese Entwicklung gleichzeitig im süd-
östlichen Oberungarn („Diesseits-der-Theiss")[819], im Partium („Jenseits-der-
Theiss")[820] und in Siebenbürgen feststellen.

Bereits genannte *Seniores* der Kirche von Oberungarn („superiori parte
Ungariae")[821] meldeten im Mai 1568 an Théodore de Bèze, dass „nihil dubi-

---

817 Vgl. Matthias Hebler, Brevis confessio de sacra Coena Domini ecclesiarum saxonicarum &
     coniunctarum in Transylvania: Anno 1561, Kronstadt 1563 (Nachdruck der *Brevis Confessio:
     Confessio Ecclesiarum Saxonicarum in Transylvania, de Coena Domini: Anno 1561* [...],
     Leipzig 1584); vgl. Wien, Formierung, 446; Borsa, Drucke, Nr. 125.

818 In diesem Zusammenhang ist erneut auf Melanchthons Gutachten vom Februar 1560 zu ver-
     weisen, in dem Melanchthon eine vermittelnde Abendmahlslehre im Sinne der *Confessio
     Augustana Variata* vertrat, also auch die Ubiquitätslehre ablehnte (vgl. oben S. 297). Er
     schrieb: „Coena domini est manducatio ipsa, id est sumtio, in qua, expressis verbis Christi,
     exhibentur sumentibus corpus et sanguinis Christi, qui adest rebus visiblius, pani et vino"
     (Gutachten von Philipp Melanchthon für N.N. in Ungarn, 2./3. Februar 1560, in: MBW Nr. 9215
     [= CR 9, 1039 f]), und lehnt sich damit an die Formulierung in der *Variata*: „De Coena Domini
     docent, quod cum pane et vino vere exhibeantur corpus et sanguinis Christi vescentibus in
     Coena Domini." (Confessio Augustana Variata [1540], in: RBS 1/2, 161).

819 Das Kirchendistrikt „Diesseits-der-Theiss" umfasst die obere Theissgegend und wird auch
     cistibiscanisches Kirchendistrikt genannt.

820 Das Kirchendistrikt „Jenseits-der-Theiss" umfasst die untere Theissgegend und wird auch
     transtibiscanisches Kirchendistrikt genannt.

821 Der Kirchendistrikt „Diesseits-der-Theiss" wurde, im Gegensatz zu anderen reformierten

taverimus duabus vicibus Confessioni illi a te breviter conscriptae, et a nobis diligenter lectae, unanimi consensu subscribere, eamque utpote consentientem cum Sacris Literis, approbare."[822] Angesprochen wurden damit die beiden Synoden in Tarcal (1562) und in Gönc (1566), die de Bèze' *Confession de foy chrestienne* (1559) bzw. wohl eher dessen lateinische Übersetzung *Confessio christianae fidei* (1560) angenommen haben. Tarcal befindet sich im alten bis 1910 bestehenden Komitat Semplin und liegt in der Nähe von Sárospatak; hier trafen sich im Laufe des Jahres 1562 unter der Leitung von István Kopácsi wichtige Vertreter (*Seniores*) Oberungarns, darunter auch Pál Thuri Farkas sowie Balázs Szikszai Fabricius, zu einer Synode, auf der, trotz des Widerstandes von Gábor Perényi, einem Anhänger der lutherischen Lehre, de Bèze' *Confessio christianae fidei* in einer leicht modifizierten Form angenommen wurde.[823] Gleichfalls verfügte die Synode, Calvins Katechismus zu gebrauchen.[824] Ob es sich dabei um die lateinische Ausgabe des Genfer Katechismus (1545) oder um die von Melius Juhász angefertigte ungarische Übersetzung des Genfer Katechismus, von der heute nur noch Fragmente erhalten sind,[825] handelte, lässt sich heute allerdings nicht mehr abschliessend entscheiden.[826] Jedenfalls ist es bezeichnend, dass sich auf der Synode in Tarcal die Anhänger der Genfer Reformation durchzusetzen vermochten und damit das reformierte Bekenntnis den „synodalen Sieg" davontrug.[827] Als die *Seniores* des Kirchendistriktes „Diesseits-der-Theiss" sich 1564 noch einmal in Tarcal zu einer Synode trafen, nahm auch Gáspár Károlyi teil, der seit Ende 1563 Pfarrer in Gönc war, und die Annahme von de Bèze' *Confessio Christianae fidei* wurde erneut bestätigt. Da bald darauf der Klausenburger Antitrinitarier Lukács Egri († 1574) – Egri wirkte seit 1558 in Klausenburg, hat daselbst auch bei der ungarischen Übersetzung des Neuen Testamentes (1561) von Heltai mitgewirkt, wandte sich aber spätestens 1565 dem Antitrinitarismus zu[828] – auch in

Distrikten, durch ein Seniorenkollegium geleitet, weil die Bischöfe von Erlau die Wahl eines reformierten Bischofs bis 1731 verhindern konnten (vgl. Fata, Ungarn, 93).

822 Seniores Ecclesiarum in superiori parte Ungariae (Gáspár Károlyi, Mihály Hevessi und Gergely Szikszai) an Théodore de Bèze, 1. Mai 1568, in: Bèze, Corr. IX, 236 (Annèxe IV b).

823 Die leichten Veränderungen zeigten sich beispielsweise darin, dass der Passus über den von Gott gesandten Befreier oder der Passus über den Widerstand gestrichen wurde (vgl. Molnár, Bocskay, 25); vgl. oben S. 305.

824 Vgl. Hörcsik, Kálvin, 31 f; Fata, Ungarn, 93; Borsa, Drucke, Nr. 127; Rácz, Inspiration: Calvin, 13 f; Müller, Bekenntnisschriften, XXXVIIf; Kiss, Zsinatok, 286 ff.

825 Vgl. Péter Melius Juhász, A genevai szent gyülekezetnek catechismusa Calvinus Jánustól, Debrecen s.d. [1562–63] (vgl. RMNy 192 A).

826 Allerdings ist es wohl eher abzulehnen, dass Melius Juhász' selbst angefertigter *Catekismvs. Az egesz keresztieni tvdomannac fondamentoma es sommaia a szent irasbol* […] (Debrecen 1562), der „Caluinus Ianus irassa szerint" [„gemäss den Schriften Johannes Calvins"] verfasst worden sei, gemeint ist, zumal die Synode zu Gönc (1566) unmissverständlich „Confessioni Genevensis Ecclesiae" festhält (vgl. Articuli in synodo Göntziensi definti et approbati, 3. Juni 1566, in: Debreceni Ember, Historia, 133); vgl. unten S. 425.

827 Vgl. Bucsay, Confessio (1562), 1; Rácz, Inspiration: Calvin, 14.

828 Vgl. Szabó, Egri, 127 f.

der oberen Theissgegend zu missionieren begann, wurde erneut eine Synode zusammengerufen, diesmal nach Gönc; unter dem Vorsitz von Gáspár Károlyi musste Egri im Januar 1566 über seine Ansichten Rechenschaft ablegen.[829] Schliesslich ordneten die in Gönc versammelten Geistlichen am 23. Januar 1566, unter Verurteilung der antitrinitarischen Häresien, erneut an:

III. Quia jam in duabus Synodus subscriptum est Confessioni Genevensis Ecclesiae conscriptae diligenter a Theodoro Beza Ministro Ecclesiae illius, illamque Confessionem studeant sibi comparare, eamque legere & discere. Non quia id a Beza dictum sit, sed quia conveniat cum sacris literis. Catechesin quoque Calvini quae in priore Synodo suffragio communi recepta est, faciant sibi familiarem.[830]

Im Jahre 1563 hielten auch die ungarischen „Reformierten" Siebenbürgens in Thorenburg eine Synode ab. Dabei wurde das in Tarcal rezipierte, auf der Grundlage von Théodore de Bèze' *Confessio christianae fidei* verfasste Bekenntnis gleichfalls unterschrieben; einzig Bischof Dionysius Alesius (1525 – 1577), ein Lutheraner, verweigerte seine Unterrschrift. Durch die synodale Annahme brachten die Reformierten Siebenbürgens ihre Einheit mit den Glaubensgenossen ausserhalb Siebenbürgens deutlich zum Ausdruck. Die gleiche Synode verfügte auch den Gebrauch von Melius Juhász' Katechismus, der auf der Grundlage desjenigen von Calvin verfasst war.[831] Unmittelbar nach der Synodalversammlung erschien das Glaubensbekenntnis von Tarcal-Thorenburg bei Heltai als *Compendium doctrinae Christianae, quam omnes pastores et ministrj ecclesiarum Dei in tota Vngaria et Transylvania, [...] docent et profitentur. In publicis synodis Tartzalien. ac Thorden. editum et publicatum* ([Klausenburg] 1563).[832] Dieses *Compendium*, in dem die Prädestinations-, Providenz- und Sakramentslehre die reformierte Haltung besonders ausgeprägt wiedergegeben und auch Anfänge einer „Presbyterialverfassung" zu finden sind,[833] wurde κατ' ἐξοχὴν als ungarisches Bekenntnis benutzt, bis die *Confessio Helvetica posterior* die Alleinherrschaft errang.[834]

Die Spaltung der protestantischen Kirchen Siebenbürgen versuchte Fürst János Zsigmond ein letztes Mal zu überwinden, indem er auf den April 1564 in Strassburg a.M. eine Nationalsynode mit beiden Parteien einberief, um dieselben auf eine Lehre zu verpflichten. Die „Helveter", zu denen sich auch Péter

829 Akten dazu sind erhalten in: DEBRECENI EMBER, Historia, 130 – 146.
830 Articuli in synodo Göntziensi definti et approbati, 3. Juni 1566, in: DEBRECENI EMBER, Historia, 133 (vgl. IMRE, Biblia, 25; FATA, Einflüsse, 68; RÁCZ, Inspiration: Calvin, 14; MÜLLER, Bekenntnisschriften, XXXVIII; KISS, Zsinatok, 443).
831 Vgl. PÉTER MELIUS JUHÁSZ, Catekismvs. Az egesz kresztieni tvdomannac fondamentoma es sommaia a szent irasbol [...] Caluinus Ianus irassa szerint, Debrecen 1562 (vgl. RÁCZ, Inspiration: Calvin, 14).
832 Vgl. BUCSAY, Confessio (1562), 1; FATA, Ungarn, 105; BORSA, Drucke, Nr. 127; KISS, Zsinatok, 286 ff.
833 Nicht-kritische Edition des Textes bei MÜLLER, Bekenntnisschriften, 376 – 449.
834 Vgl. MÜLLER, Bekenntnisschriften, XXXVIII.

Melius Juhász gesellte, vertraten eine dezidiert reformierte – nicht zwinglianische! – Abendmahlslehre und schlugen Calvins *Optima ineundae concordiae ratio* (Genf 1561) als Ausgleichsbasis vor, doch die Lutheraner beharrten
auf drei Grundansichten, die mit der reformierten Haltung unvereinbar
waren, nämlich die Ablehnung der tropischen Redeweise, die *manducatio
oralis* und die Überzeugung, dass Gläubige und Ungläubige den Leib empfangen.[835] So wurde am 9. April 1564 die defintive Spaltung der siebenbürgischen protestantischen Kirchen vollzogen und die Selbständigkeit sowie Unabhängigkeit der siebenbürgisch-reformierten Kirche ausgesprochen.[836] Dies
wurde schliesslich auf dem Landtag zu Thorenburg am 4. Juni 1564 gesetzlich
verankert und die „Klausenburger Kirche" als dritte „rezipierte" Religion im
Fürstentum anerkannt; der Landtag verabschiedete zudem einen Beschluss
über die Lehrfreiheit jeder Stadt, jedes Marktfleckens und jedes Dorfes, was
eine Konfessionalisierung im herkömmlichen Sinne verhinderte.[837]

Als dritte Region ist das Partium zu betrachten, wo sich zu Beginn der
1560er Jahre das reformierte Bekenntnis definitiv durchsetzte. Die Situation
war hier darum besonders schwierig, weil ein „Drei-Fronten-Krieg" herrschte:
Im Westen des Partium die Auseinandsersetzungen mit dem Katholizismus,
im Norden mit dem Luthertum und im Osten mit dem Antitrinitarismus,[838]
teils auch Anabaptismus. Der Debreciner Pfarrer Melius Juhász sah sich
darum genötigt, mit anderen Geistlichen des Partium eine reformierte Be-
kenntnisgrundlage zu schaffen. Gemeinsam mit Gergely Szegedi aus Debrecen
und György Czeglédi aus Grosswardein sowie anderen verfasste er die zwar
unsystematische, aber neben theologischen, dogmatischen und liturgischen
auch sittliche, rechtliche, politische, ja naturwissenschaftliche Fragen umfassende *Confessio Catholica* (Debrecen 1562). Der Hintergrund, dass die
Confessio zuerst als *Confessio Catholica Agrovallensis* gedruckt wurde, ist der,
dass der Bischof von Erlau, Antun Vrančić (Verantius, 1504–1573), sich im
Februar 1560 aufgrund einer besonderen Sorge an Kaiser Ferdinand I. ge-

---

835　Bereits im Abendmahlsbekenntnis von Neumarkt a.M. (1559) wurde wie im *Consensus Tigurinus* (1549) festgehalten, dass die Ungläubigen „den leib Christi nicht empfahen" (Beschluss
und Form der lehr vom testament und abendmal [...] (1563 [= Az urnac vaczoraiarol valo
közenséges keresztyéni vallás (1559)]), in: RBS 2/1, 113 ([6])).

836　Vgl. WIEN, Grenzgänger, 120 f; BÖLCSKEI, Modus concordiae (1564), 23 ff; BINDER, Grundlagen, 82–87; WEISZ, Bekenntnis-Forschung, 134 ff; RÉVÉSZ, Kálvin, 109–123.

837　Vgl. FATA, Ungarn, 105; BINDER, Grundlagen, 87 ff; RÉVÉSZ, Reformation, 77; SZILÁGYI,
Országgyűlési emlékek II, 229 ff.

838　Um das Jahr 1561 wirkte in Debrecen gar der Nonkonformist Tamás Arany, der – gemäss dem
Zeugnis von Melius Juhász – Christi göttliche Natur und seine Gleichheit mit Gott leugnete, die
Unsterblichkeit der auserwählten Seelen und die Sterblichkeit der bösen Seelen verkündete,
und daraus folgerte, dass Christus nicht für alle Menschen den Tod erlitten habe, sondern nur
für die Auserwählten; in einem öffentlichen Gespräch gelang es aber Melius Juhász und den
Debreciner Predigern, Aranys Haltung zu widerlegen, woraufhin er seine Lehren widerrief
(vgl. PÉTER MELIUS JUHÁSZ, Az Aran Tamas hamis es eretnec tevelgesinec es egyeb soc
tuelgéseknec, [...], Debrecen 1562; vgl. FATA. Ungarn, 92; HELTAI, Arany, 35 f).

wandt hatte, dass nämlich die Soldaten der Grenzfestung Erlau einen häretischen Glauben hätten und nicht davon abzubringen seien. Um die Anklage der Häresie zu entkräften, sollten diese einer Kommission ihr eigenes Bekenntnis vorlegen. Daraufhin stellten Melius Juhász, Szegedi und Czeglédi die *Confessio Catholica* zusammen, die den Beweis erbringen sollte, dass ihr Glaube in engster Kontinuität mit der Heiligen Schrift und der altchristlichen Orthodoxie stehe; das Bekenntnis war also eigentlich eine Verteidigungsschrift gegenüber der königlichen Untersuchungskommission, die am 24. Dezember 1561 in Erlau erschien.[839] Man redigierte und druckte in Debrecen aber zwei Ausgaben. Die Auflage für Erlau war eiliger, ihr folgte diejenige für Debrecen, mit einiger Verspätung. Abgesehen vom Titelblatt und von der Widmung – die Ausgabe für Erlau war mit Datum vom 6. Februar 1562 an Kaiser Ferdinand I. und König Maximilian von Böhmen, den späteren Kaiser Maximilian II., diejenige für Debrecen mit Datum vom 27. August 1562 an den Schutzherrn der Reformierten, den Magnaten Ferenc Németi, gerichtet – unterscheiden sich die beiden Ausgaben aber nicht voneinander. Nach der Widmung folgt eine vom 27. Juni 1562 datierte Vorrede von Melius Juhász und Szegedi, darüber hinaus Grussverse vom Debreciner Lehrer István Tihanyi sowie eine weitere Vorrede von György Czeglédi.[840] Die konfessionelle Situation des Partium schlug sich in der *Confessio* insbesondere inhaltlich nieder: Einerseits wurde durch die fast zahllosen biblischen Zitate und Hinweise auf Kirchenväter – namentlich Augustin, Hieronymus, Ambrosius, Chrysostomus, Cyrill, Cyprian oder Lombardus – am Ende jeden Artikels versucht, die eigene Katholizität zu beweisen,[841] andererseits fand durch die Akzentuierung in der Gottes- und Sakramentslehre eine klare, wenn auch unsystematische Abgrenzung gegenüber dem Luthertum und dem Antitrinitarismus statt. Die folgenden Ausführungen sollen dies illustrieren.

Bereits im Hauptartikel über Gott, in dem an zweiter Stelle die *Opera Trinitatis* erklärt werden,[842] an fünfter Stelle aber *De divinitate Filii* referiert

839 Vgl. Bucsay, Confessio (1562), 1 f; Fata, Ungarn, 92 f; Schlégl, Beziehungen (1965), 67 f; Rácz, Inspiration: Calvin, 14; Müller, Bekenntnisschriften, XXXVIf.

840 Vgl. Confessio Catholica de praecipuis fidei exhibita, [...], Debrecen 1562; Confessio ecclesiae Debreciensis de praecipuis articulis [...], Debrecen 1562.

841 Es ist darauf hinzuweisen, dass die Berufungen auf Beschlüsse des Konzils von Trient, die vor allem die Rechtfertigungslehre betreffen, auf Hoffnung hin gemacht worden sind (vgl. Bucsay, Confessio [1562], 4 f).

842 „Alia sunt ad extra seu communia toti Trinitati et tribus personis: ut essentia una, potestas, virtus, voluntas, actio indivisa est Trinitatis [...] Et haec docendi causa duplicia facimus, substantialia et officialia. Substantiale opus ad intra vel proprietas Patris est gignere, Filii gigni, Spiritus Sancti procedere a Patre et Filio. Officialis proprietas, quo ad respectum et relationem attinet: Patris est creare per Filium. Filii autem proprietas officialis est mediatorem, redemptorem esse in forma servi, satisfacere iustitiae Dei per sacrificium corporis sui. Et ut sola Filii persona electa, missa, incarnata est pro nostra salute, [...]" (Confessio Catholica von Eger und Debrecen [1562], in: RBS 2/2, 11 f [Art. 2]).

wird,[843] also der Antitrinitarismus abgelehnt wird, gibt es eindeutige Hinweise auf einen theologischen Einfluss von Schriften schweizerischer Reformatoren. So wird im achten *Locus*, überschrieben mit *De cognitione Dei et hominis*, festgehalten:

Deus dupliciter cognoscitur, in essentia, Trinitate ac voluntate. Cognitio autem Dei fit ex creaturis communiter, sed haec cognitio non salvat. Specialiter et interne ex verbo patefacto, ex sacramentis in Filio Christo per Spiritus Sancti operationem et revelationem in salutem per fidem cognoscitur.[844]

Die Erkenntnislehre, vor allem die Erkenntnis Gottes zum Heil, wie sie von Calvin seit seinen reformatorischen Anfängen – erstmals in der *Institutio* (1536) wie auch in seiner *Instruction* (1537) fassbar – vertreten und bald von Mátyás Dévai Bíró übernommen wurde,[845] war damit auch für die Geistlichen des Partium ein konstitutives Element der reformatorischen Lehre, wenn auch in der *Confessio catholica* frei und selbständig formuliert wurde. Das gleiche gilt von der Prädestinationslehre, wie BUCSAY in einer Studie nachgewiesen hat.[846] Melius Juhász lehrte zwar formal wie Calvin die „doppelte" Prädestination, lehnte aber die äusserste Konsequenz ab, dass nämlich Gott der Urheber des Bösen sei, denn der Mensch habe „post regenerationem per gratiam Dei [...] liberum arbitrium [...]"[847] Dementsprechend zurückhaltend äusserten sich die Verfasser der *Confessio catholica* zur *reprobatio ad interitum aeternum*, indem sie sich in ihrer Argumentation inhaltlich an Eph 1 und 2. Tim 2 orientierten. Dieselbe Zurückhaltung begegnet uns bei Bullinger, sich auf dieselben Bibelstellen berufend, sowohl im *Libellus epistolaris* (1551/1559) als auch in der *Expositio brevis ac dilucida orthodoxae fidei* (1561/1566).[848] Allerdings ist die Bullinger'sche Prädestinationslehre stärker christozentrisch ausgerichtet, während diejenige der *Confessio catholica* einen theozentrischen Akzent hat und, sich auf Ps 85, 11 berufend, den „ewigen Ratschluss" (*praescientia aeterna*) der Erwählung gleichermassen als Akt der Barmherzigkeit wie der Gerechtigkeit Gottes erkennt: „Sic autem Dominus processit in praedestinando, ut satisfieret iustitiae et misericordiae in Deo, iustitiae et misericordiae sese exosculantium fieret temperamentum."[849] Damit ist die *Confessio Catholica* weit entfernt von der „doppelten" Prädestinationslehre, wie Calvin sie seit der *Instruction* (1537) und der zweiten Ausgabe der *Institutio* (1539) entwickelt hat, dass nämlich auf der einen Seite die Verworfenen

---

843 „Filius secundum divinitatem Iehova Dominus et Deus est naturaliter, omnipotens, creator, conservator et resuscitator." (Confessio Catholica von Eger und Debrecen [1562], in: RBS 2/2, 13 [Art. 5]).

844 Confessio Catholica von Eger und Debrecen (1562), in: RBS 2/2, 14 [Art. 8].

845 Vgl. unten S. 195 ff.

846 Vgl. BUCSAY, Leitgedanken, 208 ff.

847 Confessio Catholica von Eger und Debrecen (1562), in: RBS 2/2, 23 f [Art. 30].

848 Vgl. BULLINGER, Confessio (2009), 289 f; DERS., Libellus, 16 f.

849 Confessio Catholica von Eger und Debrecen (1562), in: RBS 2/2, 25 [Art. 34].

unter dem Urteil von Gottes Gerechtigkeit, auf der anderen Seite die Erwählten unter seiner Barmherzigkeit stehen würden.[850] Demgegenüber hat Zwingli betont, dass gerade die Erwählung sowohl Barmherzigkeit wie Gerechtigkeit erkennen lasse.[851] Dieser Gedanke wurde bekanntlich auch von Dévai Bíró in seiner *Disputatio* (1537) übernommen.[852]

Ein Blick auf die Sakramentslehre unterstreicht die bisherigen Erkenntnisse. Einleitend zur Sakramentslehre hielten die Verfasser der *Confessio Catholica* – CSEPREGI vermutet, dass Gergely Szegedi der Verfasser sei[853] – fest, dass es sowohl im Alten wie im Neuen Testament zwei Sakramente gebe: „Sacramenta veteris testamenti fuerunt: circumcisio, [...] vellus [...]"[854] Damit orientierten sich die Verfasser der *Confessio Catholica* an der reformierten Haltung, die seit Zwingli, fortgeführt von Jud, Bullinger und auch Musculus, die neutestamentlichen Sakramente in Beziehung zu denen, die Gott dem Volke Israel gegeben hat, setzte, und damit gleichfalls den *einen* Bund betonte.[855]

In der Abendmahlslehre der *Confessio catholica* wird eingangs betont, dass „coena est sacramentum [...], ad commemorationem passionis et mortis Christi, et ad fidei nostrae confirmationem et [...] communicationem et unionem cum Christo et ecclesia Christi significandam [...]" Demzufolge sei „substantia sacramenti coenae [...] signum [...]"[856] Dennoch seien Brot und Wein nicht nur Zeichen, sondern Leib und Blut Christi – das Bezeichnete (*signata*) – würden im Glauben an die Verheissung empfangen:

[...] ita signata, caro et sanguis Christi, animae nostrae (non corpori) spiritualiter, realiter in promissione per fidem praesentia sunt et exhibentur electis credentibus. [...] Praesens est Christus, caro et sanguis Christi, et fit communicatio corporis realis, praesentialis in coena, sed spiritualiter in promissione, et adsunt animae renatae per fidem, non adsunt propter panem, in pane, sub pane, sed propter pro-

---

850 Vgl. SELDERHUIS, Calvin Handbuch, 311 ff; vgl. oben S. 200 f.

851 „Resipiunt ergo universa opera illius misericordiam et iustitiam. Iure igitur et electio utramque resipit." (ZWINGLI, Fidei ratio, 796; vgl. DERS., Providentia, 151 f).

852 Vgl. oben S. 201 f.

853 Vgl. BUCSAY, Confessio (1562), 3.

854 Confessio Catholica von Eger und Debrecen (1562), in: RBS 2/2, 50 [Art. 74] (*Nebenbemerkung*: Mit dem Begriff „vellus" ist das *Passahlamm* gemeint). In der *Confessio Catholica* wird allerdings bei den alttestamentlichen „Sakramenten" dahingehend differenziert, dass die Beschneidung (*circumcisio*) „sacrificia proprie" sei, hingegen das Passahlamm (und andere Zeichen) „non proprie dicta sacramenta sunt." (ibidem).

855 Vgl. ZWINGLI, Commentarius, 803; JUD, Catechismus, 211 ff; HEINRICH BULLINGER, De testamento seu foedere Dei unico & aeterno [...] brevis expositio, Zürich 1534, 5ʳ ff (deutsche Übersetzung in: BULLINGER, Schriften I, 60 ff); BIFRUN, Fuorma, 240 [24]; MUSCULUS, Loci (1560), 179 ff (vgl. BERNHARD, Katechismus, 68; OPITZ, Bullinger, 318–326; SELDERHUIS, Loci, 319 f; LOCHER, Reformation, 181 f. 222. 262).

856 Confessio Catholica von Eger und Debrecen (1562), in: RBS 2/2, 55 [Art. 84].

missionem et in promissione. Non corporaliter corpori caro Christi comunicatur, sed animae spiritualiter.[857]

Die Verfasser der *Confessio Catholica* nahmen mit diesen Ausführungen ganz klar und dezidiert zum reformierten Bekenntnis Stellung, wie es erstmals im *Consensus Tigurinus* (1549) verbindlich festgehalten worden ist.[858] Leib und Blut Christi sind *in mente fidelium* präsent und werden im Glauben an die Verheissung geistlich empfangen. Damit werden die Gläubigen auf geistliche, und nicht auf körperliche Weise des Leibes Christi teilhaftig. Indem die Verfasser die lutherisch klingende Formel *propter panem, in panem, sub pane* ablehnten, wurde auch die Konsubstantiationslehre entschieden zurückgewiesen. Denn „secundum carnis humanae naturam [...] ascendit in coelum, sedet [...] in dextera Dei"; hingegen sei „natura divinitatis Iesu infinita [...]"[859] Die Konsequenz daraus ist, dass es nur eine *manducatio sacramentalis* und eine *manducatio spiritualis*,[860] nicht aber eine *manducatio oralis* geben kann.[861] Wie bereits im Abendmahlsbekenntnis von Neumarkt a.M. wurde schliesslich auch in der *Confessio Catholica* das Zusammenwirken des Heiligen Geistes und des Glaubens für die Wirksamkeit der Sakramente betont: Das Teilhaftigwerden an Christus geschieht menschlich gesehen im Glauben, von Gott aus wurde es aber vom Heiligen Geist bewirkt.[862] So ist es im *Consensus Tigurinus* (1549) formuliert.[863]

Die Ausführungen belegen, dass es falsch und einseitig wäre, die Herausbildung des reformierten Protestantismus Ungarns und Siebenbürgens hauptsächlich von Calvin[864] oder von Bullinger[865] her zu erklären. Vielmehr waren es Einflüsse von beiden schweizerischen Zentren der Reformation, von

---

857 Confessio Catholica von Eger und Debrecen (1562), in: RBS 2/2, 56 [Art. 84].
858 Vgl. Consensus Tigurinus (1549), in: RBS 1/2, 482–490.
859 Confessio Catholica von Eger und Debrecen (1562), in: RBS 2/2, 58 [Art. 86].
860 Mit *manducatio sacramentalis* wird bezeichnet, dass den Gläubigen der Leib Christi zusammen mit Brot und Wein als ein Mysterium dargeboten wird, mit *manducatio spiritualis* hingegen, dass der Leib Christi im Glauben tatsächlich in Empfang genommen wird. Diese Unterscheidung geht in der ungarischen Theologiegeschichte auf Kálmáncsehi zurück und wurde bereits im Abendmahlsbekenntnis von Neumarkt a.M. verpflichtend formuliert (vgl. Abendmahlsbekenntnis von Neumarkt (1559), in: RBS 2/1, 111 ([4]); vgl. BUCSAY, Lehre, 276ff). Freilich findet sich diese Unterscheidung auch in den Dekaden Bullingers, wenn auch er anders definiert: „Spiritualis modus perficitur fide, qua Christo connexi omnibus eius bonis communicamus. Sacramentalis modus perficitur duntaxat in celebratione coenae dominicae. Piis spiritualis manducatio perpetua est, quia fides eis perpetua est." (BULLINGER, Decades [2008], 1033 [5.9]).
861 Vgl. Confessio catholica von Eger und Debrecen (1562), in: RBS 2/2, 60 [Art. 88].
862 „Spiritus sanctus facit nos Christi membra ut causa formatrix interior. Verbum, sacramenta et fides instrumentaliter efficiunt participationem nostram cum Christo." (Confessio catholica von Eger und Debrecen [1562], in: RBS 2/2, 108 [Art. 150]; vgl. BUCSAY, Lehre, 280).
863 Vgl. Consensus Tigurinus (1549), in: RBS 1/2, 485. 487 ([12. 23]).
864 Dazu tendiert Mihály BUCSAY (vgl. BUCSAY, Präsenz, 209ff; DERS., Leitgedanken, 211 f; u.s.w.).
865 Dazu tendieren Jenő ZOVÁNYI, Imre RÉVÉSZ oder Tamás JUHÁSZ (vgl. JUHÁSZ, Entwicklung, 65ff; RÉVÉSZ, Szempontok, 145–161; ZOVÁNYI, Reformáció 1565-ig, 384–401; u.s.w.).

Genf und Zürich; in der Abendmahlsfrage hatte hingegen vor allem das Einigungsdokument (*Consensus Tigurinus*) eine grössere Bedeutung. Dennoch bleibt festzuhalten, dass die *Confessio Catholica* nicht das Zeugnis eines reformatorischen Eklektizismus ist, sondern das vielleicht umfangreichste und bedeutendste reformierte Bekenntnis der ungarischen Kirche darstellt, gerade auch darum, weil es in vielen Teilen äusserst originell ist und ein vielfältiges seelsorgerisches und volkspädagogisches Bemühen belegt. Wenn auch die *Confessio Catholica* im theologischen Leben der Reformierten in Ungarn kaum eine grössere Rolle eingenommen hat, so hat sie doch auch, neben verschiedenen anderen Lehr- und Bekenntnisschriften wie dem *Libellus epistolaris* (1559), dem *Catekismvs. Az egesz keresztieni tvdomannac fondamentoma es sommaia* (Debrecen 1562) oder dem *Compendium doctrinae christianae* (Klausenburg 1563), die Rezeption der *Confessio Helvetica posterior* (1566) auf der Synode zu Debrecen (1567) massgeblich vorbereitet.[866] Dies wird auch deutlich, wenn die kirchlichen Lebensformen Debrecens, wie sie sich in der *Confessio Catholica* niedergeschlagen haben, betrachtet werden: Wie unten noch zu zeigen sein wird, folgten sie zu einem guten Teil den Bräuchen Zürichs, wie sie Ludwig Lavater in seinem Werk *De ritibus et institutionibus ecclesiae Tigurinae opusculum* (Zürich 1559) beschrieben hatte, und schufen damit die Voraussetzung für die weitgehende Anerkennung auch der liturgischen Gepflogenheiten, wie sie in der *Confessio Helvetica posterior* beschrieben waren. In der Frage des Psalmensingens folgten die reformierten Kirchen des Partium dem Beispiel Genfs; so erschienen in den 1560er Jahren in Debrecen und Umgebung, teils unter Mitwirkung von Melius Juhász, zahlreiche reformierte Gesangbücher.[867]

Als sich nach dem Landtag zu Thorenburg (1564), also nach der verfassungsmässigen Anerkennung der „Klausenburger", d.h. der reformierten Kirche Siebenbürgens, Biandrata mit der übertriebenen Behauptung, dass die Kirchen in Ungarn und Siebenbürgen die Dreieinigkeit als menschliche Erfindung verworfen hätten, an den Polen Jan Mączyńszki wandte,[868] ahnte Melius Juhász noch nicht, dass Ferenc Dávid wie Giorgio Biandrata die reformierte Kirche Siebenbürgens dafür missbrauchen wollten, dem Antitrinitarismus eine legitime Heimat zu verschaffen. Dávid predigte spätestens seit 1565 aufgrund eines extremen an die italienischen Nonkonformisten erinnernden Biblizismus gegen die Trinität und anerkannte allein noch das Apostolikum.[869] In Klausenburg führte dies zu einem Konflikt: Lukács Egri oder Lajos Szegedi folgten Dávid begeistert, Gáspár Heltai, Péter Károlyi oder

---

866 Vgl. BUCSAY, Confessio (1562), 5 f.

867 Vgl. BUCSAY, Leitgedanken, 212 f.

868 Jan Mączyńszki, der Geheimschreiber von Mikołaj Radziwiłł, meldete dies an Stanisław Hozjusz (Hosius), nachdem Biandrata, der im Jahre 1563 seine Stellung am Hofe bei Radziwiłł aufgegeben hatte, Mączyńszki dementsprechend informiert hatte (vgl. Jan Mączyńszki an Stanisław Hozjusz, 8. Dezember 1564, in: WOTSCHKE, Geschichte, 92).

869 Vgl. BALÁZS, Dávid, 24 ff; BUCSAY, Confessio (1567), 348.

Titus Amicinus – letzterer schwank später auch noch um – kritisierten ihn scharf.[870] Hingegen blieb Melius Juhász, aus Rücksicht auf das Verdienst von Dávid auf der Synode von Neumarkt a.M. (1559), wo der richtungsweisende Grundstein für die reformierte Kirche Ungarns und Siebenbürgens gelegt worden war, kompromissbereit, sogar als Dávid auf der Thorenburger Synode vom 15. März 1566 Thesen disputieren liess, die die Präexistenz des Sohnes und die persönliche Gottheit des Heiligen Geistes offen leugneten.[871] Melius Juhász wollte die Einheit der jungen reformierten Kirche in Ungarn und Siebenbürgen keinesfalls gefährden und stimmte einer *Sententia concors* (1566),[872] die die Thesen und Antithesen des Streites um die Trinität beinhaltete, sowie einer in Angriff zu nehmenden Überarbeitung des Heidelberger Katechismus in antitrinitarischem Geist bei.[873] Erst als Dávid, unterstützt von dem zum Antitrinitarismus neigenden Fürsten, am 13. Februar 1567 auf einer weiteren Synode in Thorenburg zusammen mit seinen Gefährten verkündetee, dass sie die in der *Sententia concors* erreichte Einigung sowie den überarbeiteten Heidelberger Katechismus ablehnen würden, und er gleichzeitig antitrinitarische Thesen annehmen liess, sah sich Melius Juhász, als Bischof des Kirchendistriktes „Jenseits-der-Theiss", genötigt, für den 24. bis 26. Februar 1567 zu einer Synode nach Debrecen einzuladen.[874]

Mit aller Entschlossenheit lud er die Senioren und die Pfarrer der zwei Kirchendistrikte „Jenseits-der-Theiss" und „Diesseits-der-Theiss" ein. Melius Juhász' eigenes Distrikt umfasste vierzehn Seniorate, wobei drei südliche Seniorate seit 1556 unter unmittelbarer türkischer Herrschaft waren, fünf nordwestliche Seniorate seit 1561 dem Habsburger-Königreich zugeordnet waren, im östlichen Königreich, d.h. im dem Fürstentum zugeordneten Partium, also nur noch sechs Seniorate (darunter Debrecen) verblieben; dazu kamen die drei Seniorate „Diesseits-der-Theiss", denen im 16. Jahrhundert

---

870　Dieser Konflikt gefährdete auch den Frieden in der Stadt, weswegen der Rat eine Reihe von Beschlüssen zur Zügelung der konfessionellen Polemik erliess; dabei wurden die Prediger verpflichtet, das Bekenntnis des Fürsten anzunehmen (vgl. Szegedi, Reformation, 84 f).

871　In diesem Zusammenhang ist es interessant und lehrreich, die unitarische Sicht der Entwicklung der Disputationen über die Trinitätsfrage aus dem 18. Jahrhundert zu vergleichen (vgl. Kénosi Tőszer, Historia I, 147 ff).

872　Vgl. Sententia concors (Klausenburg 1566), in: Barton, Bekenntnisschriften, 120–124 (vgl. RMNy 215).

873　Dies ist ein eindrückliches Zeugnis dafür, dass der Heidelberger Katechismus in Klausenburg bestens bekannt war (vgl. unten S. 437 f et passim). Um die Mitte des Jahres 1566 erschien schliesslich in Klausenburg eine lateinische, mit bedeutsamen antitrinitarischen Entstellungen versehene Übersetzung des Heidelberger Katechismus, der *Catechismus Ecclesiarum Dei in Natione Hvngarica per Transilvaniam [...]*, gemeinsam als ein Druck mit der *Sententia conors* (Klausenburg 1566) (vgl. Borsa, Drucke, Nr. 140; Jánossy, Sententia concors (1566), 117; Nagy, Geschichte Heidelberger, 36 ff; Kathona, Deformation, 85–90). Über diese Vorgänge wurden de Bèze und Bullinger in Kürze in Kenntnis gesetzt, wie Briefe vom Juni 1566 an und von dem Berner Pfarrer Johannes Haller belegen (vgl. oben S. 302).

874　Vgl. Bucsay, Confessio (1567), 348 ff; Jánossy, Sententia concors (1566), 118 ff; Makkai, Bekenntnisse, 129 f.

bekanntlich kein Bischof zugestanden worden war. Diese – wie bereits die Synode von Neumarkt a.M. (1559) – überregionale Synode erwies sich später sowohl theologisch als auch in Bezug auf die Disziplin und die kirchlichen Bräuche konstituierend für die reformierte Kirche Ungarns. Dies soll hier in aller gebotenen Kürze illustriert werden.

Als Diskussionsgrundlage für die Synode dienten sieben *Propositiones* gegen die antitrinitarische Lehre,[875] die die anwesenden Senioren und Pfarrer eingehend besprachen, mit dem Ertrag, dass die antitrinitarischen Thesen verurteilt wurden. Schliesslich wurde Melius Juhász beauftragt, die Beschlüsse der Synode als ein gemeinsames Bekenntnis zu formulieren, lateinisch für theologisch Gebildete (*Brevis confessio pastorum*) und ungarisch für das breite Publikum (*Igaz szent irás szerint valo vallásoc*).[876] Die beiden Bekenntnisse sind mit einer gleichfalls von Melius Juhász verfassten Kirchenordnung, die auch lehrhaft-polemische theologische Stücke enthält, ergänzt worden.[877] Wenn auch keines der beiden Bekenntnisse eine wörtliche Übersetzung des anderen ist, so sind sie doch inhaltlich weitgehend[878] deckungsgleich und haben beide die gleiche Stossrichtung, nämlich die Abwehr der „Häresie", sind also eine Mischform von Bekenntnis und Streitschrift mit apologetischem Charakter.[879] Nach der Abwehr der Häretiker der alten Kirche und der damaligen römischen Kirche (Kap. 1 – 2) folgt die Widerlegung von Stancaros Lehren, die zwar von den Antitrinitariern nicht angenommen, jedoch mit der Verneinung der Mittlerrolle der Gottheit Christi im Erlösungswerk mittelbar den Weg des Antitrinitarismus vorbereitet haben (Kap. 3 – 4). Daran schliesst sich in den Kapiteln fünf bis siebzehn, d.h. ca. 45 % des Umfangs des Bekenntnisses, die Widerlegung des Antrinitarismus, einsetzend mit der Ablehnung des von einigen italienischen Antitrinitariern in der Prädestinationslehre vertretenen Fatalismus, dass Gott der Urheber der Sünde sei

---

875 Vgl. Debreceni Ember, Historia, 164 – 170.

876 Vgl. Brevis confessio pastorum ad synodum Debricini celebratam 24, 25, et 26, Februarii anno D. 1567 convocatorum, Debrecen 1567 (= RBS 2/2, 358 – 401); A Debreczembe öszve gyült keresztien praedikatoroknac igaz es szent irás szerint valo vallásoc, Debrecen 1567.

877 Vgl. Articuli ex verbo Dei et lege naturae compositi ad conservandam politiam coelestem et iurisdictionem ecclesiasticam in Ungaria natione, Debrecen 1567.

878 Die Frage der Kindertaufe wird nur in der ungarischen Version im letzten Kapitel, nach der Behandlung der Auferstehung der Frauen und der Seele der Frauen, behandelt (vgl. Melius Juhász, Vallásoc, Gij[r]–Hij[v]). Grundsätzlich ist die ungarische Version des Bekenntnisses weniger polemisch und zugleich ausführlicher verfasst.

879 Beiden Texten geht ein Inhaltsverzeichnis vor, mit zwölf Titeln in der lateinischen und mit vierzehn Titeln in der ungarischen Version. Aber weder die Reihenfolge noch die Betitelung der Unterteilungen des Textes entsprechen den Inhaltsverzeichnissen, noch weniger in der lateinischen Version, in der der Text einen ganz anderen Aufbau als die auf der Titelseite aufgeführte Thematik hat. Dennoch werden alle im Inhaltsverzeichnis angegebenen Themata in einer andern Reihenfolge und unter veränderten Titeln behandelt (vgl. Makkai, Bekenntnisse, 130). Die folgend vorgestellte Reihenfolge entspricht derjenigen der lateinischen Version des Bekenntnisses.

(Kap. 5),[880] dann aber sich konzentrierend auf die grundsätzliche Widerlegung des Antitrinitarismus, wie er von Dávid und Biandrata ver.reten wurde (Kap. 6 – 17).[881] Dabei wird sowohl der Tritheismus des Gentile als auch der die Trinität grundsätzlich verneinende Servetismus abgelehnt. Wie sein Lehrer István Szegedi Kis hat auch Melius Juhász die Unterscheidung gemacht, dass im Alten Testament die Einzahl Jahwe den Vater Gott, die Mehrzahl Elohim aber die Trinität bedeute.[882] Es folgt anschliessend die Widerlegung weiterer häretischer Lehren wie Pelagianismus, Psychomacharismus u.s.w. (Kap. 18 – 20), bevor Melius Juhász zum zweiten Schwerpunkt des Bekenntnisses, der Abendmahlsfrage, überleitet. Darin wird eine dezidiert reformierte Haltung im Sinne des *Consensus Tigurinus* (1549), mit einzelnen spezifischen Elementen von Calvins wie auch von Bullingers Auffassung, vertreten, und römische sowie lutherische Anschauungen werden in scharfem, mitunter grobem Ton zurückgewiesen (Kap. 21 – 28). Schliesslich handeln die letzten beiden Kapitel über die Auferstehung und die Seele der Frauen (Kap. 29 – 30).[883]

Ein Blick auf die Abendmahlslehre zeigt, dass Melius Juhász, wie in der *Confessio Catholica* (1562), auch in der *Brevis confessio* (1567) zwischen der allgegenwärtigen Präsenz und Wirksamkeit Christi gemäss seiner göttlichen Natur (*deitatis suae*) und der Präsenz und Wirksamkeit Christi durch den Heiligen Geist im Abendmahl „in promissione per fidem", obwohl Christi „corpus in caelo" ist, unterscheidet.[884] Damit lehnt Melius Juhász die römische Transsubstantiations- wie auch die lutherische Konsubstantiationslehre ab. Die Präsenz von Leib und Blut Christi im Abendmahl ist also nicht in einer Verwandlung von Brot und Wein (*transformatio*) begründet, sondern durch das Zusammenwirken des Heiligen Geistes und des Glaubens, denn „caro non prodest quicquam, Spiritus est vivificans."[885] Die Berufung auf Ioh 6, 63 hat

---

880 Melius Juhász vertritt den Infralapsarismus und tritt damit in eine gewisse Distanz zu de Bèze' supralapsarischen Ansichten (vgl. MAKKAI, Bekenntnisse, 131).

881 Diese Hauptabsicht der *Brevis confessio* führt dazu, dass die Argumentation, anders als in der *Confessio Catholica* (1562), vor allem auf der Grundlage von biblischen Zitaten basiert.

882 Vgl. Brevis confessio pastorum ad synodum Debrecini, in: RBS 2/2, 375 ([9. De usu nominum: essentia, persona, Trinitatis]). István Szegedi Kis, Melius Juhász' Lehrer, wirkte zu dieser Zeit in der unter türkischer Herrschaft stehenden Handelsstadt Ráckeve, die aber auch zum Kirchendistrikt „Jenseits-der-Theiss" gehörte; seine Ausführungen über die Trinität sind erstmals greifbar in seiner von Théodore de Bèze herausgegebenen Schrift *Assertio ae vera Trinitate* (Genf 1573); vgl. SZEGEDI KIS, Szentháromságról, 177 – 186.

883 Vgl. BUCSAY, Confessio (1567), 350 f; MAKKAI, Bekenntnisse, 130 f.

884 Vgl. Brevis confessio pastorum ad synodum Debrecini, in: RBS 2/2, 394 ([22. De praesentia]); MELIUS JUHÁSZ, Vallásoc, Fiijʳ⁻ᵛ. Bereits 1561 hat sich Melius Juhász in seinem Kolosserbriefkommentar (vgl. A Szent Pal apastal levelenec, mellyet a colossabelieknec irt, [...], Debrecen 1561) in diese Richtung geäussert, indem er göttlicher und menschlicher Christus deutlich unterschieden haben wollte (vgl. FATA, Ungarn, 91 f).

885 Brevis confessio pastorum ad synodum Debrecini, in: RBS 2/2, 393 ([2 . Contra artosarcapoeos]).

seit Zwingli[886] die reformierte Abendmahlslehre geprägt und war auch auf der Synode von Debrecen massgebendes Argument. Dementsprechend wird in beiden Bekenntnissen betont, dass das Abendmahl ein Erinnerungsmahl und ein „signum faederis" bzw. „frignec iegye" sei.[887] Die Bezugnahme in der Sakramentslehre auf den Bund Gottes, d.h. auf den Abrahambund, ist erneut ein unzweifelhafter Beleg für der *Brevis confessio* Zugehörigkeit zur helvetischen Richtung der Reformation, für die die Bundestheologie konstitutiv ist.[888] In der ungarischen Version des Bekenntnisses wird dieser Aspekt besonders umfangreich ausgeführt:

Die Beschneidung als Bundeszeichen werde von Paulus bezeichnet als „Zeichen der Rechtfertigung. Auch das Mahl ist Zeichen der Rechtfertigung, unserer Befreiung, denn es wird Bund und neues Testament, neuer Bund genannt [...] Das Sakrament wird Bund, Zeichen zum Gedächtnis genannt [...] Das Verspeisen des Osterlammes sei Gedächtnis und Zeichen euerer Befreiung. Christus verbindet das Verspeisen des Osterlammes mit dem Mahl, denn es war das Zeichen jenes Mahles."[889]

Schliesslich wird die Taufe – dieser *Locus* wird nur in der ungarischen Version des Bekenntnisses ausführlich behandelt – direkt zur alttestamtentlichen Beschneidung in Beziehung gesetzt, die gleichermassen an den Kindern, aber auch an Erwachsenen,[890] vollzogen worden sei. Johannes der Täufer wie auch die Apostel hätten gleichermassen sowohl Kleine als auch Grosse gewaschen, nachdem Christus die Taufe eingesetzt habe.[891]

Während Inhalt und Aufbau der beiden Bekenntnisse nahezu identisch sind, ist die Zielsetzung verschieden. Die lateinische Version wurde Fürst János Zsigmond gewidmet, mit dem ausgesprochenen Anspruch, dass er gegen die Siebenbürger Antitrinitarier vorgehen solle, wie man mit Servet in Genf oder Gentile in Bern vorgegangen sei.[892] Die ungarische Version ist

---

886 Dies hat Zwingli erstmals in den Schlussreden von 1523 ausgeführt (vgl. ZWINGLI, Vßlegen, 141–144).

887 Vgl. Brevis confessio pastorum ad synodum Debrecini, in: RBS 2/2, 394 ([21. Contra artosarcapoeos]); MELIUS JUHÁSZ, Vallásoc, Fij^v.

888 Vgl. oben S. 205.

889 „[...] igazulásnac iegyenec: A vaczorais, à mi igazulasonknac, szabadulasonknac iegye, mert frignec es vy testamentomnac, vy frignec mondatic [...] Sacramentum mondatic frignec, iegzendőnec, az emlekőztetesnet [...] Az husueti Baran étele, legye emlekőzetis es iegye szabadulastoknac: Az Husueti Baran ételęt à vaczoraual őszuè kőti Christus, mert è vaczoranac iegye volt." (MELIUS JUHÁSZ, Vallásoc, Fij^r; vgl. BULLINGER, Confessio [2009], 323 ([XIX. De sacramentis ecclesiae Christi])).

890 Melius Juhász begründete dies damit, dass Abraham als Folge der Bundesschliessung mit Gott (Gen. 17) „Kleine als auch Grosse beschnitten habe" [„míd kiszit s nagyot meg metszet"] (MELIUS JUHÁSZ, Vallásoc, Giiij^v).

891 Vgl. ibidem.

892 Vgl. Serenissimo Principi Domino D. Ioanni Secundo, [...] Petrus Melius, in: Brevis confessio pastorum ad synodum Debrecini (1567), in: RBS 2/2, 358–362. Die Widmung an den Fürsten war allerdings wirkungslos, da Fürst János Zsigmond 1567 in Weissenburg eine Druckerei für die Antitrinitarier einrichten liess, die für Ferenc Dávid und seine Propaganda bereitstand; der

hingegen den Kaufleuten in den vier grössten ungarischen Handelsstädten (Debrecen, Tyrnau, Grosswardein, Kaschau) gewidmet, mit dem Aufruf, als Missionare gegen antitrinitarische Irrlehren zu dienen.[893] Die beiden Widmungen weisen darauf hin, dass die Synode in Debrecen den Anspruch hatte, die reformierten Gläubigen des ganzen dreigeteilten Ungarns in ihrem Kampf gegen den Antitrinitarismus zu unterstützen, einerseits durch die eindringliche Appellation an den Fürsten, da Klausenburg, das „Zentrum" der reformierten Kirche Siebenbürgens, sich seit 1565 immer mehr zu einer Hochburg des Antitrinitarismus entwickelte, andererseits durch den Aufruf an die Kaufleute derjenigen grösseren Städte des Partium, Oberungarns und Niederungarns, in denen die reformierte Kirche eine „gewisse" Bedeutung einnahm. Zudem war die lateinische Version eher für Geistliche und theologisch Gebildete gedacht, während die ungarische Version, verfasst in einer volkstümlichen Sprache, für eine bibelkundige Laienschicht in den Städten und Marktflecken bestimmt war.

In der dritten von Melius Juhász nach der Synode verfassten Schrift, den *Articuli ex verbo Dei et lege naturae compositi [...]* (Debrecen 1567), in denen sich Melius Juhász stets auf die Heilige Schrift als Quelle der von ihm ausgearbeiteten Vorschriften berief, wird schliesslich auch auf den wohl wirkungsgeschichtlich bedeutendsamsten Akt der Debreciner Synode von 1567 hingewiesen:

[...] recipimus et subscripsimus Helveticae confessioni anno D. 1566 editae, cui et ecclesiae Genevensis ministri subscripserunt. Et quicunque confessionem nostram in synodis confirmatam et hanc confessionem Helveticam Tiguri editam aut articulos hos ex verbo Dei temere reiecerit, solverit et contrariam docuerit, iurisdictione ecclesiastica puniendum statuimus.[894]

Die Teilnehmer der Debreciner Synode betonten damit, dass sie sich kraft der beiden eigenen angenommen Bekenntnisse der schweizerischen Reformation theologisch verbunden fühlten und darum auch die *Confessio Helvetica posterior* (Zürich 1566) auf der Synode angenommen hätten. Der Entscheid der Rezeption der *Confessio Helvetica posterior* unterstützte die Autorität der Synode und manifestierte die Zugehörigkeit zu den reformierten Kirchen im Ausland. Bemerkenswerterweise wurde in den *Articuli* nachdrücklich betont, dass dieses Bekenntnis auch die Genfer Kirche unterschrieben hätte. Dies ist nicht nur Zeugnis dafür, dass die Zürcher und Genfer Kirche, d. h. die Zentren der schweizerischen Reformation, in den 1560er Jahren in Ostmitteleuropa grundsätzlich als Einheit verstanden wurden, sondern auch, dass es den

wahrscheinlich erste Druck war Dávids *Refutatio scripti Petri Melii, quo nomine synodi Debrecinae docet Jehoualitatem et trinitatem Deum patriarchis, prophetis et apostolis incognitum* (Weissenburg 1567) (vgl. Borsa, Drucke, Nr. 151).
893 Vgl. Melius Juhász, Vallásoc,)(ijʳ–)(iiijᵛ.
894 Melius Juhász, Articuli, H4ᵛ [Art. 74].

Teilnehmern der Debreciner Synode ein besonders Anliegen war, die verschiedenen reformierten Kirchen im Reich der Stephanskrone zu einen, da sowohl die Synoden des Kirchendistriktes „Diesseits-der-Theiss" als auch diejenigen Siebenbürgens sich auf Genf und de Bèze berufen haben.[895] Bei der Annahme der *Confessio Helvetica posterior* sollte also nicht Heinrich Bullinger, mit dem Vertreter des Partium in intensiverem Kontakt standen, von durchschlagender Bedeutung sein, sondern die Einheit der Genfer und der Zürcher Kirche, die sich eben gerade auch in der *Confessio Helvetica posterior* gezeigt habe.[896]

Heinrich Bullinger hat darüber bald erfahren, wie Barnabás NAGY bereits 1964 nachweisen konnte. Bullinger hat eigenhändig Zitate aus dem Werk *Articuli ex verbo Dei et lege naturae* und aus dem Vorwort der *Brevis confessio* (Debrecen 1567) festgehalten; da aber diese Werke in Zürich nicht erhalten sind und Bullinger weder in der Orthographie noch in den Abkürzungen dem Text des Originals folgte, ist zu vermuten, dass er diese Zitate nach einer Mitteilung aus zweiter Hand aufgezeichnet hat.[897] Gegenüber Théodore de Bèze haben die *Seniores* Oberungarns festgehalten, dass sie die *Confessio Helvetica posterior* unterschrieben hätten, und zwar weil sie „sit omnium purissima, et cum sacris literis Prophetarum et Apostolorum quam maxime consentiens."[898] In der späteren Korrespondenz zwischen Genf und Zürich wurde auch darauf immer wieder hingewiesen.[899]

Die Verantwortung dafür, dass die Lehre rein und katholisch sei sowie mit den Propheten und Aposteln übereinstimme, war eines der wichtigeren Argumente, dass die *Confessio Helvetica posterior* auf der Synode zu Debrecen angenommen wurde. Während die anderen von Melius Juhász verfassten Bekenntnisse ihre Bedeutung je länger je mehr eingebüsst haben und zu historischen Denkmälern wurden, rückte das Zweite Helvetische Bekenntnis, infolge seines ökumenischen Wertes, immer mehr in den Vordergrund.[900] Dazu gesellte sich später auch der Heidelberger Katechismus. Obwohl die erste ungarische, nicht entstellte[901] Übersetzung erst 1577 in Pápa für das Kirchendistrikt Transdanubien („Jenseits-der-Donau"), besorgt von Dávid

---

895 Vgl. oben S. 294 f. 305. 423 f.

896 Vgl. FATA, Ungarn, 93; NAGY, Geschichte Confessio, 113.

897 Vgl. Notizen Bullingers aus Schriften der Synode zu Debrecen (1567), s.d. [1567–1568], StAZ: E II 371 [Korrespondenzen 1550–1572], 1093 (vgl. NAGY, Geschichte Confessio, 113).

898 Vgl. Seniores Ecclesiarum in superiori parte Ungariae (Gáspár Károlyi, Mihály Hevessi und Gergely Szikszai) an Théodore de Bèze, 1. Mai 1568, in: Bèze, Corr. IX, 235–239 (Annèxe IV b).

899 Heinrich Bullinger an Théodore de Bèze, s.d. [Februar 1575], in: Bèze, Corr. XVI, Nr. 1118; Rudolph Gwalther an Théodore de Bèze, 5. Juli 1577, in: Bèze, Corr. XVIII, Nr. 1264; u.s.w.

900 Vgl. NAGY, Geschichte Confessio, 114; DERS., Bedeutung, 102.

901 Es ist die oben erwähnte lateinische, in Klausenburg erschienene Ausgabe *Catechismus Ecclesiarum Dei* (1566) zu nennen, die mit antitrinitarischen Zusätzen versehen war, bzw. in die bezeichnende Teile, wie beispielsweise die allererste Frage und Antwort, die den Grundtenor und die Summe des ganzen Heidelberger Katechismus darstellt, weggelassen wurden (vgl. oben S. 432).

Huszár,[902] dem Sohn von Gál Huszár, des Buchdruckers aus Debrecen, erschien,[903] war der originale Text des Heidelberger Katechismus bereits seit Ende 1564 in den östlichen Teilen des Reiches der Stephanskrone bekannt. Die Heidelberger Professoren hatten sich nämlich, nach einer Bitte der Klausenburger Pfarrer um eine Stellungnahme zur *Brevis confessio* (Kronstadt 1563) von Matthias Hebler, am 1. September 1564 mittels eines offenen Briefes an dieselben sowie an alle Amts- und Glaubensbrüder in Siebenbürgen gewandt, und dabei auch den Heidelberger Katechismus beigelegt.[904] Der Entscheid der Thorenburger Synode vom 15. März 1566, den Heidelberger Katechismus in antitrinitarischem Sinne zu überarbeiten, setzt jedenfalls voraus, dass derselbe bereits regelmässig benutzt wurde.[905] Dies dürfen wir ebenfalls im Partium voraussetzen, wenn er auch nicht, wie MAKKAI ausführt,[906] auf der Synode von Debrecen (1567) angenommen wurde; mit Sicherheit war er aber auch im Partium seit den 70er Jahren in Gebrauch.[907] Offiziell wurde er freilich erst auf der im Juli 1646 gehaltenen Nationalsynode von Sathmar rezipiert.[908]

Die knappen Ausführungen zur Rezeption des Heidelberger Katechismus sind Zeugnis dafür, dass die Annahme der *Confessio Helvetica posterior* wichtige Voraussetzung für die spätere Rezeption des Heidelberger Katechismus war, besonders nachdem die Peregrination der ungarischen Studenten immer häufiger nach Heidelberg führte.[909] Dies zeigt, welche Bedeutung der Entscheid der Synode von Debrecen für die ungarische Konfessionsgeschichte hatte. Dennoch muss darauf hingewiesen werden, dass die

902 Das Erscheinen der ungarischen Übersetzung des Heidelberger Katechismus (vgl. A Kerestyen Hitről Valo Tvdomannac rövid kerdesekben foglaltatott Sommaia, [...], Pápa 1577) ist zugleich ein wichtiges Zeugnis für die katechetische Konsolidierung der reformierten Kirche in Transdanubien (vgl. NAGY, Geschichte Heidelberger, 41 f).

903 In Debrecen erschien der erste Heidelberger Katechismus – in Übersetzung von Ferenc Szárászi – erst im Jahre 1604 (vgl. Catechesis, Az az Kérdésök és Feleletök, Az keresztyeni Tudomannac agairol, [...], Debrecen 1604).

904 Vgl. Epistola professorum theologiae [...] Heydelbergensis ministris ecclesiae Claudiopolitanae [...], Klausenburg 1565 (Neuedition in: BARTHA, Katechismus, 387–391); vgl. BORSA, Drucke, Nr. 137; NAGY, Geschichte Heidelberger, 33 ff; DERS., Quellenforschungen, 195 f.

905 Eine Synode in Neumarkt a.M. vom 19. Mai 1566 hält gleichfalls fest, dass der sich eingebürgerte Heidelberger Katechismus „iuxta Vasarhellyianae synodi consensus normam" umgearbeitet werden solle (vgl. KATHONA, Heidelbergi Káté, 97).

906 Vgl. MAKKAI, Bekenntnisse, 130.

907 Genaueres dazu weiss auch Péter Bod nicht, der einzig berichtet, dass die „Angli, Belgae, Scoti, Saxones, Galli, Itali, Bohemi, Poloni, Graeci, Hebraei, tandem etiam Hungari" den Heidelberger Katechismus angenommen hätten; schliesslich erwähnt er die ungarische Übersetzung von Ferenc Száraszi aus dem Jahre 1604 (vgl. BOD, Historia I, 359).

908 „[...] eadem ubique Catechesis *Hejdelbergensis,* seu, *Palatina,* retineatur, ac doceatur; antiqua tamen etiam illa Hungarica, a p[ia] m[emoriae] *Iohanne Siderio* conscripta, haud quaquam negligenda" (DEBRECENI EMBER, Historia, 408; vgl. NAGY, Geschichte Heidelberger, 40; MURDOCK, Calvinism, 147). Mit dem angesprochenen, von Johannes Siderius verfassten Katechismus ist der *Kisded gyermekeknek való Catechismus, azaz a keresztyéni hitnek fő agazatiról rövid kérdések és feleletek által való tanitás* (Debrecen 1597) gemeint (vgl. RMNy 801).

909 Vgl. MEUSBURGER, Studenten, 30.

Confessio Helvetica posterior vorerst nur in den siebzehn Senioraten der beiden Kirchendistrikte „Diesseits-der-Theiss" und „Jenseits-der-Theiss" angenommen wurde, also nicht mit einem Schlag zum allgemeinen oder gar zum ausschliesslichen Bekenntnis des ganzen reformierten Ungartums geworden wäre. Erst in den folgenden Jahrzehnten hat sich der Siegeszug der *Confessio* auch für die anderen Gebiete Ungarns allmählich herauskristallisiert. So haben die Pfarrer der südlichen Seniorate der Donaugegend, damals türkisch besetzt, in der Synode von Weingärten (Kneževi Vinogradi, HR) bereits im Jahre 1576 festgehalten, dass die *Confessio Helvetica posterior* Anklang finde, ja dass „ita et Tigurinam Ecclesiam facere legimus."[910] An dieser Synode nahmen 40 reformatorische Prediger teil, wovon einer Máté Skaricza, der ehemalige Schüler Szegedi Kis', war; Skaricza war es auch, der die Artikel mit der Absicht eines Druck an Dávid Huszár zugesandt hatte, wie letzterer im Nachwort festhielt.[911] Natürlich trug der Druck zu einer weiteren Konsolidierung des helvetischen Bekenntnisses in Mittelungarn bei.[912] Als die „Gesandten und Pfarrer der ungarischen Gemeinden" schliesslich im Jahre 1606 in einer *Apologia et Protestatio* (Bartfeld 1606) – eine Abwehr gegen die jesuitischen Verleumdungen, dass Fürst István Bocskay ein „Arianer" sei[913] – betonten, dass sie alle in jenem vor 39 Jahren von den ungarischen Kirchen unterschriebenen Bekenntnis, welches aufgrund der heiligen Schrift als wahr und rechtgläubig erkannt worden sei, geboren und erzogen worden seien,[914] war dies also nicht nur eine leere Floskel, sondern ein ernsthaftes Bekenntnis. Im Landtagsbeschluss von Klausenburg vom September 1608 wurde, nachdem seit den 70er Jahren des 16. Jahrhunderts die Kämpfe zwischen den Antitrinitariern und den Jesuiten die klausenburgische Konfessionsgeschichte beherrscht hatten, festgehalten, „dass in Klausenburg wieder die wahre *Orthodoxa Confessio* über die Dreieinigkeit, die *Helvetica Confessio* genannt wird, eingeführt werden soll."[915] Dieser Landtagsbeschluss belegt, dass die *Confessio Helvetica posterior* auch in Siebenbürgen als ein geeignetes Mittel

---

910   39. Artikel der Synode von Weingärten (*ung.* Herczegszöllős) (1576), in: Mokos, Kánonok, 77. Die *Articuli* hat Dávid Huszár im folgenden Jahr – im gleichen Jahr erschien auch die ungarische Übersetzung des Heidelberger Katechismus – in Pápa herausgegeben (vgl. Articuli consensus Christianarum Ecclesiarum, quibus Universitas fratrum subscripsit Herszeg-Szölösini in Boronia anno Domini MDLXXVI die 16. et 17. Augusti, Pápa 1577).

911   Vgl. Doctissimo [...] Matthaeo Scarizaeo Keuino evangelii Jesu Christi praeconi [...] David Huszar Pannonius, pastor ecclesiae Papeus, in: Articuli consensus (1577), C^{r-v}.

912   Natürlich wäre es besonders reizvoll, Predigten der Teilnehmer der Synode zu Weingärten nach deren theologischen Ausrichtung zu untersuchen, um die Verbreitung des helvetischen Bekenntnisses spezifischer erfassen zu können; zumindest von Máté Skaricza sind solche erhalten geblieben (vgl. Máté Skaricza: Predigten, 1588, OSzK: Q.H. 313).

913   Zu den Fragen rund um Bocskay vgl. unten S. 466 ff.

914   Vgl. [Péter Alvinczi et al.] (Hg.), Apologia et Protestatio legatorum et ecclesiarum Hungaricarum [...], Bartfeld 1606, 6 (vgl. Tóth, Hitvallás, 18; Nagy, Geschichte Confessio, 115).

915   „[...] hogy Kolosvárra az szentháromságról való igaz orthodoxa confessio, melyet helvétiai confessiónak hínak, bévetettessék, [...]" (Beschluss des siebenbürgischen Landtags in Klausenburg, 21.–27. September 1608, in: Szilágyi, Országgyűlési emlékek VI, 228).

betrachtet wurde, das „orthodoxe Bekenntnis" gegenüber dem antitrinitarischen sowie gegenüber dem, nach der erneuten Etablierung der kaiserlichen
Macht in Siebenbürgen, katholischen Glauben zu verteidigen. Diese „Unterweisung" genoss auch István Bocskay, der 1605 zum Fürsten Siebenbürgens
gewählt worden war.[916]

Am Ende dieser Entwicklung steht schliesslich die erste, von Péter Szenci
Csene besorgte ungarische Übersetzung der *Confessio Helvetica posterior*, die
im Jahre 1616 zuerst zweisprachig in Debrecen (lateinisch-ungarisch) und
dann einsprachig in Oppenheim erschien. Aus dem Titelblatt beider Ausgaben
hält Szenci Csene fest, dass diese „nach dem Jahre 1567 in Ungarn gutgeheissen, eingeführt und bis auf die heutige Zeit in vielen Kirchen eingehalten
worden sei."[917] Tatsächlich hatten die konfessionspolitischen Entscheide
zwischen 1567 und 1608 weitreichende Bedeutung, da die *Confessio Helvetica
posterior* folgend jahrhundertelang sowohl theologisch als auch politisch-
staatrechtlich Grundlage und Garantie für das Bestehen der reformierten
Kirche Ungarns geblieben ist. Die Gesamtzahl der ungarischen Auflagen,
nämlich deren 24 – davon erschienen sechs Ausgaben zweisprachig (lateinisch-ungarisch) – bis zum 400-Jahr-Jubiläum im Jahre 1966 ist der glänzendste Beleg dafür.[918]

Dieser Siegeszug der *Confessio Helvetica posterior* darf nicht darüber hinwegtäuschen, dass der Synode von Debrecen (1567) vorerst heftige Auseinandersetzungen folgten, wie die Konfessionsgeschichte der folgenden Jahre
belegt. So waren ja die Äusserungen der Debreciner Synode in erster Linie ein
frontaler theologischer Angriff gegen den im westlichen Europa zwar ver-
drängten, im östlichen Europa aber vordringenden Antitrinitarismus und – in
geringerem Masse – gegen das in Oberungarn vorherrschende Luthertum
sowie gegen den von Westungarn her sich ausbreitenden Katholizismus. Die
Hauptgefahr dieser Jahre sollte letztlich aber doch die Ausbreitung des Antitrinitarismus darstellen. Ferenc Dávid selbst veröffentlichte noch im gleichen
Jahr 1567 in Weissenburg drei antitrinitarische Glaubensstreitschriften, die
vor allem als Reaktion auf die Synode in Debrecen zu verstehen sind.[919] Dass
die reformierten Kirchen aber bereit waren, sich diesen Angriffen mit Vehe-

---

916 Vgl. BERNHARD, Funktion, 823 f; JUHÁSZ, Glaubensbekenntnis, 102.

917 „[…] annak utána 1567. esztendöben Magyar orzságban is jovallottanak, be vöttenek,es mind
     ez ideig soc ecclesiakban megh tartottanak." (HEINRICH BULLINGER, Confessio Helvetica, az az
     az keresztyeni igaz hitröl valo vallás-tétel, […], Debrecen 1616, Aʳ); vgl. NAGY, Geschichte
     Confessio, 116 ff.

918 Vgl. TŐKÉS, Wirkung, 304; NAGY, Bedeutung, 106; DERS., Quellenforschungen, 199.

919 In der ersten Streitschrift *Refutatio scripti Petri Melii* (RMNy 231) widerlegte er die Trini-
     tätslehre der Synode von Debrecen, in der zweiten Streitschrift *Rövid magyarazat* (RMNy 232),
     eigentlich ein antitrinitarisches Bekenntnis, bezog er sich in seiner Argumentation auf Eras-
     mus, in dessen textkritischer Bibelausgabe auch kein Hinweis auf die Trinitätslehre zu finden
     sei, und schliesslich stellte Dávid in der dritten Streitschrift *Rövid vtmvtatas* (RMNy 233) die
     zehn hermeneutischen Regeln für die (antitrinitarische!) Bibelauslegung fest (vgl. WIEN,
     Grenzgänger, 124 f; FATA, Ungarn, 107; BORSA, Drucke, Nr. 151–153).

menz entgegenzustellen, wird an den auf den Synoden in Kaschau (1568), Grosswardein (1569) und Csenger (1570) verabschiedeten *Confessiones* deutlich.

Der entschlossene Antitrinitarier Lukács Egri († 1574), ehemals Pfarrer zu Klausenburg, später zu Erlau, wirkte seit 1567 als Senior in Ungwar (Užhorod, UA) und trat besonders energisch auf. Nach der „wirkungslosen" Synode zu Gönc (1566), die Egri verurteilt hatte, versuchte Gáspár Károlyi erneut, diesmal zusammen mit Péter Melius Juhász, durch eine Synode der Tätigkeit von Egri entgegenzutreten. Er und Melius Juhász luden am 15. November 1567 zu einer solchen nach Szikszó ein, die am 6. Januar 1568 hätte stattfinden sollen.[920] Dem Einladungsbrief, in dem betont wurde, dass das Ziel der Synode die Verurteilung des Antitrinitarismus sei, wurden 24 zur Diskussion stehende Thesen beigelegt, die hauptsächlich gegen antitrinitarische Lehren gerichtet waren.[921] Gleichzeitig ersuchten Károlyi und die *Seniores* des Kirchendistriktes „Diesseits-der-Theiss" Lazarus Schwendi (1522–1584), den Oberbefehlshaber der kaierlichen Truppen gegen János Zsigmond, um Erlaubnis zur Abhaltung der Synode in Szikszó, um Entsendung eines Magnaten als Schirmherrn, um Nötigung der antitrinitarischen Pfarrer, darunter Lukács Egri, an der Synode teilzunehmen, sowie um Gewährung des „salvus conductus" für die Pfarrer aus dem transtibiscanischen Gebiet („Jenseits-der-Theiss").[922] Weil aber Schwendi dem Ersuchen nicht entsprach, musste die Synode, an der schliesslich nur einige reformierte Kirchenmänner aus dem Gebiet diesseits und jenseits der Theiss teilnahmen, nach nur einem Beschluss – es war der Beschluss, dass die Hostien durch gesäuertes oder ungesäuertes Brot ersetzt würden[923] – abgebrochen werden.[924] Daraufhin wandte sich Thomas Hilarius Fröhlich († 1580), „philippistischer" Pfarrer in Kaschau, namens der Teilnehmer der Synode von Szikszó erneut mit der Bitte an Schwendi, die unterbrochene Synode fortzusetzen. Schwendi trat auf die Bitte ein und kam den verschiedenen Begehren nach. Egri wurde gefangengenommen, um sich vor der lutherisch-reformierten Synode zu verantworten, die vom 27. Januar bis 3. Februar 1568 in Kaschau stattfand. Nach der Vorstellung der Thesen von Egri[925] und der Widerlegung derselben durch die

---

920 Vgl. Péter Károlyi und Péter Melius Juhász an Geistliche der Kirchendisstrikte diesseits und jenseits der Theiss, 15. November 1567, in: Debreceni Ember, Historia, 171 ff.

921 Inhalt der Thesen: 1–11: Göttlichen Personen der Trinität, ihr Verhältnis zueinander und ihr Wirken; 12: Der Mensch als Ebenbild Gottes; 13: Gott ist nicht Ursache der Sünde; 14–15: Sündenfall des Menschen und seine Folgen; 16: Wiedergeburt; 17–21: Praescientia und Praedestinatio; 22: Kindertaufe; 23: Ablehnung der Vielweiberei und Bestätigung des Eheschwurs; 24: Ablehnung des Hostiengebrauchs (vgl. Debreceni Ember, Historia, 180–187; Barton, Bekenntnisschriften, 240 ff).

922 Vgl. Seniores des Kirchendistriktes „Diesseits-der-Theiss" an Lazarus Schwendi, 17. November 1567, in: Debreceni Ember, Historia, 174 f.

923 Vgl. Bod, Historia I, 346.

924 Vgl. Bucsay, Confessio Cassoviensis, 403 f; Csohány, Bekenntnisse, 239.

925 Vgl. Propositiones Lucae Agrensis, in: Debreceni Ember, Historia, 187–196.

Teilnehmer der Synode[926] wurde Egri als Ketzer verurteilt und eingekerkert.[927] Die auf der theologischen Grundlage der Widerlegung von Egris Thesen beruhende *Confessio Cassoviensis* (1568) befasst sich ausschliesslich mit der Beweisführung der Glaubensartikel über die Trinität.[928] Darum war es auch möglich, dass Geistliche beider Bekenntnisse („Lutheraner" und „Reformierte") die *Confessio Cassoviensis* unterschreiben konnten. Der Bedeutung der Synode von Kaschau lag darin, dass mit deren Entscheiden das Eindringen des Antitrinitarismus in Oberungarn weitestgehend gescheitert war.

Wir erinnern uns daran, dass in Klausenburg, wie auch die Stadtprotokolle belegen, in den Jahren 1565 bis 1568 energische und heftige Auseinandersetzungen zwischen Antitrinitariern und den Anhängern des reformierten Bekenntnisses stattgefunden haben.[929] Während nämlich in Kaschau der Antitrinitarier Egri verurteilt worden ist, mussten die Reformierten bekanntlich im Februar 1568 Klausenburg verlassen und nach Grosswardein, wo György Czeglédi als Stadtpfarrer wirkte, übersiedeln.[930] Natürlich versuchte Ferenc Dávid daraufhin, auch in Grosswardein den antitrinitarischen Einfluss geltend zu machen. Nachdem sich der Fürst zudem auf der Synode in Weissenburg – sie fand vom 8. bis 17. März 1568 statt – offen zum Antitrinitarismus bekannt hatte und der darauffolgende literarische Streit zwischen Melius Juhász und Dávid ergebnislos geblieben war,[931] entschloss sich der Fürst, durch Ferenc Dávid auf den 10. Oktober 1569 nach Grosswardein zu einer Generalsynode einladen zu lassen.[932] Melius Juhász empfand den Eingriff in seine Jurisdiktion als rechtswidrig und protestierte dagegen, dass Dávid die Einladung auch an die Pfarrer des Kirchendistriktes „Jenseits-der-Theiss" verschickt hatte. Grundsätzlich stimmte er aber der Abhaltung einer Generalsynode – er begehrte allerdings einen Aufschub auf den 20. Oktober – bei, obwohl er wie seine Gefährten um die geringen Aussichten einer Einigung wusste, da die Synode, an der auch der Fürst mit seinem Hof erschien, von dem antitrinitarischen Magnaten Gáspár Békés geführt werden sollte. Auf die *Propositiones* Dávids[933] antworteten die auf der Synode erschienenen refor-

926 Vgl. Responsio ad propositiones viginti septem Lucae Agrensis, in: DEBRECENI EMBER, Historia, 196–211.

927 Vgl. BUCSAY, Confessio Cassoviensis, 404 f; CSOHÁNY, Bekenntnisse, 239 f; BOD, Historia I, 346 f.

928 Vgl. Confessio Ecclesiarum Orthodoxarum, superioris Hungariae, in eadem Synodo, Cassoviensis conscripta & publicata, 1568, in: DEBRECENI EMBER, Historia, 211 ff (= RBS 2/2, 407 f; BUCSAY, Bekenntnisschriften, 244 f).

929 Vgl. SZEGEDI, Reformation, 84 ff; FATA, Ungarn, 155; JUHÁSZ, Glaubensbekenntnis, 101 f.

930 Vgl. oben S. 305 f.

931 Zu genannten Auseinandersetzungen vgl. BUCSAY, Confessio Varadina, 409 f.

932 Vgl. Epistola convocatoria Francisci Davidis, s.d. [1569], in: DEBRECENI EMBER, Historia, 224 f.

933 Vgl. Propositiones Francisci Davidi, in: DEBRECENI EMBER, Historia, 226–231 (vgl. RMNy I 286 [ungarisches Original]).

mierten Pfarrer mit einer ausführlichen Widerlegung[934] sowie mit einer *Sentientia catholica*.[935] Natürlich war an eine Einigung, wo doch der Fürst sich mehrfach in die Diskussionen eingab, nicht zu denken. In der *Confessio Varadina* fassten die Reformierten schliesslich ihre entschieden ablehnende Haltung gegenüber der antitrinitarischen Lehre zusammen. Den Umständen entsprechend umfasste die *Confessio* natürlich nur die umstrittenen *Loci*, und nicht die ganze Heilslehre.[936] Mehrere reformierte Pfarrer mögen an der Abfassung derselben mitgewirkt haben; es scheint aber, dass den Verfassern unter anderem der Text der *Confessio Helvetica posterior* als Grundlage diente, da verschiedene Formulierungen nahezu identisch sind.[937] Unter den 60 reformierten Teilnehmern an der Synode nahmen auch zahlreiche prominente Vertreter teil: Neben Péter Melius Juhász und Péter Károlyi ist insbesondere an Bálint Szikszai Hellopaeus, Gáspár Károlyi, Pál Thuri Farkas oder István Szegedi Kis zu denken. Diese Namen sowie die weiteren Unterschriften[938] belegen, dass die Unterstützung für die *Confessio Varadina* über das Gebiet der beiden Kirchendistrikte diesseits und jenseits der Theiss hinaus ging, also die ost-, ober- und mittelungarischen Reformierten einheitlich gegen den Antitrinitarismus aufgetreten sind.[939] Weiter nahm auch ein Vertreter Westungarns, Ádám Szerdahelyi, Pfarrer in Csorna, in der Nähe von Raab (Győr, HU), teil, der die *Confessio Varadina* gleichfalls unterschrieb. Die Synode von Grosswardein war damit, obwohl keine Einigung erzielt werden konnte, mitnichten erfolglos, sondern stärkte den Zusammenhalt der Vertreter der reformierten Kirchen Ungarns und Siebenbürgens nachhaltig. Von besonderer Bedeutung ist es schliesslich, dass der direkt aus Zürich angereiste polnische Reformator Krzysztof Trecy gleichfalls in Grosswardein anwesend war; er war es auch, der mehrere Exemplare von Simlers Schrift *De aeterno Dei filio, [...] Iesu Christo, et de Spiritu sancto* (Zürich 1568) mitgenommen und an führende Persönlichkeiten abgegeben hatte.[940] Die Anwesenheit Trecys ist ein weiterer Beleg dafür, dass sich die reformierten Kirchen Ungarns sowie die Vertreter der durch den Antitrinitarismus stark in Mitleidenschaft gezogenen reformierten Kirche Siebenbürgens der grenzübergreifenden Gemeinschaft der reformierten Kirchen verbunden fühlten. Einerseits stand Trecy sowohl

---

934 Vgl. Argumenta adversus Propositiones Francisci Davidi, in: DEBRECENI EMBER, Historia, 230–246.

935 Vgl. Sententia catholica, in: DEBRECENI EMBER, Historia, 246 f.

936 So fehlt beispielsweise die Sakramentslehre (vgl. Confessio Varadina [1569], in: RBS 2/2, 413 f).

937 Es sind vor allem das dritte („De Deo, Unitate eius, ac Trinitate") und elfte Kapitel („De Iesu Christo vero Deo et Homine, unico mundi Salvatore") der *Confessio Helvetica posterior* zu vergleichen, worin sich manche identische Formulierungen finden.

938 Vgl. Nomina Ministrorum Verbi Dei [...] Confessioni propria manu subscribentium, in: DEBRECENI EMBER, Historia, 248 f.

939 Vgl. BUCSAY, Confessio Varadina, 410 f; CSOHÁNY, Confessio Varadina, 257.

940 Vgl. Krzysztof Trecy an Heinrich Bullinger sowie an Josias Simler, 21. Januar 1570, in: WOTSCHKE, Briefwechsel, Nr. 407a; vgl. oben S. 335.

mit de Bèze wie auch mit Bullinger, Simler und Gwalther in einer regen Korrespondenz, ja als „geachteter" Bullinger-Schüler verehrte er den Zürcher Reformator wie einen Vater.[941] Andererseits haben die polnischen Reformierten unter Trecys Einfluss bereits im Herbst 1566 auf zwei Teilsynoden, im April 1570 aber auf der Generalsynode in Sandomir die *Confessio Helvetica posterior* angenommen.[942]

Da die Antitrinitarier in János Zsigmond einen Gönner hatten, kam es zu weiteren Streitschriftenwechseln zwischen Reformierten und Antitrinitariern. Einen Reflex dieser heftigen Auseinandersetzung bildete die Korrespondenz von Péter Melius Juhász mit de Bèze und Bullinger aus diesen Jahren. In den Kirchendistrikten diesseits und jenseits der Theiss wurden schliesslich in Miskolc und in Csenger Synoden abgehalten. Die für den 16. Juli 1570 nach Csenger einberufene Synode, die auf den Besitzungen der reformierten Magnatenfamilie György Báthory in Ecséd stattfand, hatte die Festigung des Glaubens an die Trinität und das Behandeln weiterer Aspekte aktueller Fragen des Bekenntnisses und der Kirchenordnung zum Ziel; zur Vorbereitung bzw. als Diskussionsgrundlage für die Synode, zu der auch Giorgio Biandrata und Ferenc Dávid eingeladen waren,[943] gab Melius Juhász seine *Propositiones verae et consentientes Scripturis Sacris* (Debrecen 1570) heraus.[944] Schliesslich erschienen die Beschlüsse der Synode zu Csenger noch im gleichen Jahr. Die Edition enthält neben der *Confessio pastorum*, welche den grössten Umfang einnimmt, einleitend einen Angriff gegen die antitrinitarische Lehre, einen Brief von Péter Melius Juhász an János Zsigmond vom 10. August 1570, in dem der Fürst um Annahme des Standpunktes des Melius Juhász bemüht wird, und schliesslich einen Brief von Théodore de Bèze an Melius Juhász vom 9. März 1570. In letzterem Brief versicherte de Bèze, dass er den Druck der von Melius Juhász zuerst an Bullinger, dann an de Bèze zugesandten antitrinitarischen Schriften fördern, ihn also im Kampf gegen den Antitrinitarismus unterstützen wolle; gleichzeitig ermutigte er Melius Juhász, seine Amtsbrüder zu bestärken.[945] Durch die Beigabe dieses anerkennenden Briefes von de Bèze im Druck der Synodalbeschlüsse zu Csenger konnte Melius Juhász – und dies haben wir bereits bei der Untersuchung der ungarisch-schweizerischen Korrespondenz festgestellt – die Kirchen Ungarns noch einmal stärker an die helvetische Richtung der Reformation binden, was besonders in der Aus-

---

941   Besonders eindrücklich ist dies in einem Brief Trecys an Bullinger, in dem er seiner Freude über die Genesung Bullingers von der Pest Ausdruck verlieh, festzustellen (vgl. Krzysztof Trecy an Heinrich Bullinger, 1. August 1565, in: Wotschke, Briefwechsel, Nr. 343).

942   Vgl. Büsser, Bullinger II, 303 f. 308 f; Korolko, Consensus Sandomiriensis, 274 f; Nagy, Geschichte Confessio, 147 ff.

943   Sie sind offenbar am Erscheinen gehindert worden, wie in einer Gegenschrift festgehalten wird (vgl. Barcza, Confessio Csengerina, 261; Borsa, Drucke, Nr. 189; RMNy 285).

944   Vgl. Nagy, Méliusz, 264 ff; RMNy 281.

945   Vgl. Théodore de Bèze an Péter Melius Juhász, 9. März 1570, in: Bèze, Corr. XI, Nr. 750 (= Melius Juhász, Confessio [1570], B3^v–B4^r); vgl. oben S. 306.

einandersetzung mit dem sich immer mehr ausbreitenden und agressiver auftretenden Antitrinitarismus wichtig war. Ein Blick auf die theologische Ausrichtung der *Confessio Csengerina*, in der alle zentralen *Loci* behandelt werden, kann diese Absicht von Melius Juhász nur bestätigen: Abgesehen von der Ablehnung der antitrinitarischen Gottes- und Heilslehre findet sich die Sakramentslehre des *Consensus Tigurinus*, die in den beiden Kirchendistrikten bereits weitverbreitet war und kaum noch zu Diskussionen Anlass gab. Erneut wird festgehalten, dass Christus „in coena [...] adest in sua promissione per verbum et fidem [...]"[946]

Der Synode zu Csenger gelang es, die bereits auf der Synode zu Grosswardein intensiver verbundenen reformierten Kirchen ganz Ungarns weiter zu einen und das verbindende Band unter ihnen zu stärken. Die Bedeutung der *Confessio Csengerina* für die weitere Konsolidierung der reformierten Kirche Ungarns erkannten schliesslich auch die Genfer Theologen der kommenden Generation, so dass die *Confessio Csengerina* bereits 1612 in die Sammlung *Corpus et syntagma confessionis fidei* aufgenommen wurde.[947] Dies ist mit Sicherheit ein posthumes Verdienst von de Bèze, der dank der Korrespondenz mit Melius Juhász um die Bedeutung und Tragweite der Synode von Csenger gewusst hatte.

Von politischer Seite trat im folgenden Jahr eine Wende ein, die von weitreichender Bedeutung für den ungarischen Protestantismus war: An Epiphanias 1571 fasste der siebenbürgische Landtag „über die Verkündigung und das Hören des Wortes Gottes" im ersten Artikel den Beschluss, dass „Gottes Wort überall frei verkündigt, und wegen seines Bekenntnisses niemand gekränkt werden soll, weder Prediger noch Hörer."[948] Da hier ausdrücklich von der Freiheit des Bekenntnisses – im ungarischen Text steht *Confessio* – die Rede ist, wird damit ausgedrückt, dass alle Bekenntnisse (katholisch, lutherisch, reformiert, antitrinitarisch) als gleichwertig anerkannt worden sind.[949] Dieser Sieg der Toleranz auf dem Landtag war allerdings nur von kurzer Dauer, da bereits am 14. März 1571 Fürst János Zsigmond, der grosse Gönner

---

946 Confessio Csengerina, in: BARTON, Bekenntnisschriften, 267 (= NIEMEYER, Collectio confessionum, 545).

947 Vgl. PÉTER MELIUS JUHÁSZ, Confessio vera ex verbo Dei sumpta et in synodo Czengerina von consensu exhibita & declarata (1570), in: Corpus et syntagma confessionum fidei, quae in diversi regnis et nationibus ecclesiarum nomine fuerunt authenticè editae, Bd. 1, Genf 1612, 186–200.

948 „[...], az Isten ügjünek Praedicálássa és halgatassa felől, vegesztettet: [...] hogj az Isten ügje mindenüt szabadon praedicáltassék, az Confessioért senki meg ne bántassék, se Praedicator, se Halgatok; [...]" (Art. 1 des Landtages in Neumarkt a.M., 6. Januar 1571, in: TEUTSCH, Urkundenbuch I, 96; vgl. SZILÁGYI, Országgyűlési emlékek, 374).

949 Vgl. BINDER, Grundlagen, 91 f. In seiner jüngsten Studie weist Ernst Christoph SUTTNER darauf hin, dass die Katholiken zwar formell die gleichen Rechte besassen, ihnen aber nach der Säkularisierung nicht einmal mehr ein Bischof zugestanden wurde, faktisch also benachteiligt waren; dies änderte sich allerdings wieder unter der Regentschaft von Fürst István Báthory seit 1571 (vgl. SUTTNER, Toleranzregeln, 161 ff.).

des Antitrinitarismus, verstarb, und zum neuen Landesherrn der katholische Fürst István Báthory gewählt wurde. Aus Gründen der Staatsraison leistete er zwar einen Eid auf die Wahrung der Freiheit der „rezipierten Religionen", doch es zeigte sich bald, dass seine Religionspolitik ungleich restriktiver war. So wurde Ferenc Dávid vom Fürsten nicht als Superintendent bestätigt. Der katholische Fürst war entschlossen, den Antitrinitarismus durch das Verbot weiterer religiöser Reformen (*Innovationes*) und kraft einer Zensurverordnung, die den Druck und die Verbreitung theologischer Werke ab 1572 zustimmungspflichtig machte, zurückzudrängen. Der Hintergrund dieser Restriktionen war der, dass Báthory von der radikalen Richtung des Antitrinitarismus eine Gefährdung des politischen und konfessionellen Friedens ausgehen sah.[950] Diese politische Entwicklung bedeutete einen grossen Rückschlag für den Siegeszug des Antitrinitarismus, andererseits kam es einem indirekten Sieg der reformierten Richtung gleich, die, wenn auch unter Auflagen, als „rezipierte Religion" vom Fürsten anerkannt wurde. Verschiedene antitrinitarische Pfarrer und Gläubige wandten sich wieder dem reformierten Bekenntnis zu.[951] Dies hatte auch weitreichende Konsequenzen für die reformierte Kirche in den Kirchendistrikten diesseits und jenseits der Theiss. Während die siebenbürgischen Antitrinitarier unerwarteterweise für ihre Existenzberechtigung kämpfen mussten, konnte sich die reformierten Kirche weiter konsolidieren. Als schliesslich am 2. Mai 1572 in Ráckeve István Szegedi Kis und am 15. Dezember 1572 Péter Melius Juhász in Debrecen verstarben, konnten sie eine in sich gestärkte reformierte Kirche hinterlassen, die auf „orthodoxem" Boden gründete und mit den anderen reformierten Kirchen Europas verbunden war. Dies war mit ein Grund, warum sich die Reformierten im ganzen Stephansreich bis Ende des 16. Jahrhunderts der *Confessio Helvetica posterior* angeschlossen haben.

Verbreitung des reformierten Bekennntnisses

Bevor wir die weitere Rezeptionsgeschichte untersuchen, ist es sinnvoll, einen Überblick über die Verbreitung des reformierten Bekenntnisses im letzten Drittel des 16. Jahrhunderts zu liefern. In den westlicheren Teilen Ungarns („Transdanubien") waren zwar, wie die buchgeschichtlichen Untersuchungen gezeigt haben, reformatorische *Helvetica* ziemlich verbreitet, aber in der Synodal- und Konfessionsgeschichte hat sich dies eher marginal niedergeschlagen, so dass nicht von einer breiten Rezeption des helvetischen Bekenntnisses auszugehen ist. Vielmehr sind es einzelne Gemeinden aus dem kroatischen Banat, dem königlichen Westungarn und aus Niederungarn, in

---

950 Báthorys Furcht war tatsächlich nicht unbegründet, wie die antitrinitarische Entwicklung der 1570er Jahre zeigte (vgl. FATA, Ungarn, 109 f; BINDER, Grundlagen, 148 ff).
951 Vgl. HORN, Adel, 171 ff; RÉVÉSZ, Reformation, 79.

denen das reformierte Bekenntnis – allerdings nicht immer ohne Widerspruch[952] – mehrere Anhänger gefunden hatte. Es ist dabei beispielsweise an Schemnitz, Tyrnau, Ungarisch Altenburg, Csorna, Pápa, Rechnitz (ung. *Rohonc*) oder Nedelitz zu denken. Die nichtkatholischen Magnatenfamilien bekannten sich allerdings mehrheitlich zum Luthertum.[953] Eine bemerkenswerte Ausnahme bildeten die protestantischen Gutsherren Török aus Pápa, die sich, unter dem Einfluss mehrerer reformatorischer Prediger wie Mátyás Dévai Bíró, Mihály Sztárai oder Dávid Huszár, dem reformierten Bekenntnis zugewandt hatten,[954] so dass auch die erste ungarische Übersetzung des Heidelberger Katechismus 1577 in Pápa erschien, allerdings ohne Erwähnung, dass es sich bei der Übersetzung um den Heidelberger Katechismus handle. Dies mag damit zu tun gehabt haben, dass die „Sakramentarier" – anders als die Lutheraner – von den Habsburgern nicht geduldet wurden, und darum besondere Vorsicht geboten war.[955] Dennoch erstarkte in den 1580er Jahren in verschiedenen Gebieten Westungarns der Kryptocalvinismus, bis sich gar ehemals namhafte Vertreter der *Formula concordiae* (1577) wie István Beythe (1532 – 1612), lutherischer Superintendent von Ödenburg-Eisenburg, immer mehr der helvetischen Richtung zuwandten.[956] Auf dem Religionsgespräch zu Csepreg, das vom 1./2. Juni 1591 zwischen „Gnesiolutheranern" und „Krytocalvinisten" stattfand und auf dem Beythe die *Formula concordiae* offiziell ablehnte, kam es schliesslich zu heftigen Auseinandersetzungen; im Jahre 1595 trat Beythe vom Superintendentenamt ab, organisatorisch und kirchenrechtlich wurde die Trennung der beiden Kirchen allerdings erst 1611 vollzogen.[957]

Im türkisch besetzten Mittelungarn hatte sich das reformierte Bekenntnis in vielen Gemeinden – die Kirche bildete den Mittelpunkt allen Gemeindelebens – durchgesetzt. Dies ist vor allem ein Verdienst der protestantischen Wanderprediger wie István Szegedi Kis, Mihály Sztárai, Márton Kálmáncsehi oder Pál Thuri, die als Vertreter des Philippismus bzw. der schweizerischen

---

952 So wurde beispielsweise Mihajlo Bučić, der auf der Murinsel (Međimurje, HR) auf den Gütern der Magnatenfamilie Zrínyi wirkte, im Zusammenhang mit dem Druck seiner Schrift *Contra praesentiam corporis et sanguinis Christi in sacramento Eucharistiae* (Nedelitz? [1573/74]) von einer Synode in Agram am 8. März 1574 wegen seiner „calvinistischen Häresie" verurteilt (vgl. unten S. 459 f).

953 Es war das Verdienst mehrerer lutherischer Grundherren – man denke an Ferenc Nádasdy oder Tamás Eszterházy – in Westungarn, dass daselbst zahlreiche lutherische Seniorate ungarischer Sprache entstanden (vgl. ZOVÁNYI, Protestantizmus 1565-től, 246 – 272).

954 Vgl. BERNHARD, Collèges, 162; KÖVY, Egyház, 393 ff. 423.

955 Vgl. NAGY, Geschichte Heidelberger, 41.

956 Bis heute kann auf die Frage, welcher Konfession die protestantischen, insbesondere deutschsprachigen Gemeinden im Westen Ungarns vor dem Religionsgespräch von Csepreg (1591) angehörten, keine abschliessende Antwort gegeben werden.

957 Vgl. HELTAI, Peregrination (2006), 70; FATA, Ungarn, 77ff; HAJDUK, Škultéty, 82 f; VERESS, Grundsätze, 44.

Reformation in Mittelungarn tätig waren.[958] Trotz der schwierigen politischen Umstände haben sich die südlichen Seniorate der Donaugegend („Diesseits-der-Donau") auf der Synode zu Weingärten im Jahre 1576 klar zur helveti-schen Richtung der Reformation bekannt. Natürlich konnte so eine Verbin-dung zum Partium geschaffen werden, da die östlichen Gebiete des türkisch besetzten Mittelteils – es ist beispielsweise an Ráckeve zu denken, wo von 1563 bis 1572 Szegedi Kis gewirkt hatte – zum transtibiscanischen Kirchendistrikt gehörten.

In Oberungarn, das auch zum königlichen Ungarn gehörte, war die Si-tuation bekanntlich uneinheitlich. Grundsätzlich neigte die deutsche sowie teilweise die slowakische Bevölkerung zum Luthertum, die ungarische aber eher zum Reformiertentum. Dennoch gab es in Nordostungarn mehrere meist ethnisch gemischte Gemeinden, in denen es auch slowakische Reformierte gab.[959] Auf die an der ethnischen und konfessionellen Grenze liegende Stadt Kaschau, die ein gutes Beispiel für die Konfessionsgeschichte Oberungarns ist, wurde in diesem Zusammenhang bereits mehrfach hingewiesen.[960] Im Jahre 1549 haben sich die fünf königlichen Freistädte der Zips, d.h. Kaschau, Leutschau, Bartfeld, Eperies und Zeben, die *Confessio Pentapolitana* (1549) gegeben. Im Jahre 1559 kam die *Confessio Heptapolitana*, auch genannt *Confessio Montana* (1559), das Bekenntnis der sieben niederungarischen Bergstädte Kremnitz, Schemnitz, Neusohl, Libethen (Ľubietová, SK), Pukanz (Pukanec, SK), Dilln (Banská Belá, SK) und Königsberg (Nová Baňa, SK) zustande. Schliesslich haben neun Jahre später 24 Städte der Zips die *Confessio Scepusiana* (1568) als ihr Bekenntnis präsentiert. Wie die beiden vorange-henden Bekenntnisse ist auch die *Confessio Scepusiana* in starker Anlehnung an die *Confessio Augustana invariata* (1530) verfasst worden und war ein wichtiges Mittel zur Abwehr der helvetischen Richtung der Reformation in Oberungarn.[961] Dennoch konnte sich der „Kryptocalvinismus", wie das Bei-spiel Sebastian Ambrosius Lam gezeigt hat, bis in die 1590er Jahre ausbreiten; dies hatte wesentlich damit zu tun, dass viele ungarländische Studenten aus Wittenberg mit philippistischem und kryptocalvinistem Gedankengut heimkehrten.[962] Verschiedenene Synoden in Eperies (1593, 1595), Bartfeld (1594), Leutschau (1597) und Zeben (1599) verurteilten unter Senior Severín Škultéty die „Calvinisten", so dass die protestantische Kirche Oberungarns defintiv gespalten war: Die nördliche slowakische und deutsche Bevölkerung schloss sich der lutherischen Kirche an, während die ungarischen Kirchge-

---

958 Vgl. FATA, Ungarn, 120ff; RÉVÉSZ, Reformation, 81; BUCSAY, Protestantismus I, 57 ff. 99 f. Entgegen FATA ist festzuhalten, dass Sztárai keine „Leitfigur der *lutherischen* Reformation" im türkisch besetzten Gebiet war (vgl. oben S. 108 et passim).

959 Vgl. SZABÓ, Calvinismus, 88 f.

960 Vgl. FATA, Einflüsse, 84ff; BODNÁROVÁ, Reformation, 30ff; vgl. oben S. 375 ff et passim.

961 Vgl. CZENTHE, Reformation, 160ff; SUDA, Einfluss, 185–201; FÓNYAD, Confessio Scepusiana, 224 ff.

962 Vgl. ÖTVÖS, Wittenberg, 199–206.

meinden sich mit dem reformierten Kirchenbezirk Borsod vereinigten.[963] Damit wurden diese Gemeinden dem Kirchendistrikt „Diesseits-der-Theiss" zugeschlagen, in dem bereits auf den Synoden in Tarcal (1562, 1564) und Gönc (1566) der Entscheid – nach der Annahme von de Bèze' *Confession de foy chrestienne* (1559) bzw. *Confessio christianae fidei* (1560) – zugunsten der Schweizer Reformation gefallen war, und das reformierte Bekenntnis nach dem Zusammenspannen mit dem Partium sich weiter konsolidiert hatte.

Das wichtigste Zentrum des ungarischen Reformiertentum bildete zweifelsohne das Partium. Das Gebiet um Debrecen entwickelte sich seit den 1550er Jahren, insbesondere aber seit der Tätigkeit von Péter Melius Juhász, des wohl bedeutendsten Schülers von István Szegedi Kis, zum geistigen Zentrum des Partium und des reformierten Ungarn. Hatte doch die Synode zu Debrecen (1567) kraft der Annahme der *Confessio Helvetica posterior* den wohl wegweisendsten kirchenpolitischen Entscheid des 16. Jahrhunderts im Reich der Stephanskrone gefällt.[964] Eine wichtige Voraussetzung dafür war freilich, dass in verschiedenen anderen Städten des Partium, beispielsweise in Grosswardein oder Derecske, seit den 1550er Jahren gleichfalls in vermittelndem Sinne gepredigt wurde und ein gutes Fundament für die Annahme der helvetischen Reformation gelegt worden war. Die breite Abstützung und konsequente Umsetzung der Beschlüsse der Synode von Debrecen unterstützten darüber hinaus die Theologen der beiden Kirchendistrikte diesseits und jenseits der Theiss, sich der antitrinitarischen Expansion aus Siebenbürgen in mehreren Synoden erfolgreich entgegenzusetzen.

In Siebenbürgen präsentiert sich die Situation ungleich komplexer: Die reformatorischen Richtungen begannen sich bereits in der zweiten Hälfte der 1550er Jahre zunehmend zu spalten. In den reformatorischen Kirchen in den sächsischen Gebieten – sie waren noch keineswegs geeint, sondern umfassten katholisierende, lutherische und philippistische Strömungen[965] – hatte sich immer mehr die *Confessio Augustana*, als *Invariata* und *Variata*, profiliert, während sich in Klausenburg, das sich zu einem reformatorischen Zentrum der Ungarn entwickelte, zunehmend mehr Vertreter des „Sakramentarismus" durchsetzten. So übernahm Heltai das Amt eines sächsischen Predigers in Klausenburg, folgte aber gemeinsam mit Dávid der „sakramentarischen", d. h. der helvetischen Richtung.[966] Heltai, der als Sachse fliessend Ungarisch sprach und in seiner Offizin zahlreiche Werke in „helvetischem Geist" gedruckt hatte, unterstützte damit das Magyarentum in Klausenburg. Im Jahre 1570 trat er, unter dem Eindruck der konfessionellen Entwicklung Klausenburgs, schliess-

963 Vgl. Szabó, Calvinismus, 87 f; Hajduk, Škultéty, 83 ff.

964 Vgl. oben S. 432 ff.

965 Zur „Einigung" gezwungen wurden die sächsischen Kirchen nach dem Amtsantritt von Fürst István Báthory, der die Verpflichtung der Sachsen auf die *Confessio Augustana invariata* durchsetzen konnte (vgl. Fata, Ungarn, 109).

966 Vgl. Szegedi, Reformation, 82 f.

lich zum antitrinitarischen Bekenntnis über.[967] Klausenburg war zu dieser Zeit bereits keine rein sächsische Stadt mehr. Wie Kaschau in der Zips, so ist auch Klausenburg beispielhaft für die konfessionelle Entwicklung Siebenbürgens. Dennoch darf die reformierte Kirche Siebenbürgens nicht auf diejenige Klausenburgs reduziert werden. Vielmehr ist nach der Situation der reformierten Kirche in ganz Siebenbürgen zu fragen. István JUHÁSZ hält diesbezüglich fest, dass die „'Herstellung', die innere Stärkung der reformierten Kirche in Siebenbürgen [...] endgültig erst in den ersten zwei Jahrzehnten des 17. Jahrhunderts" erfolgt sei.[968] Wenn auch es Tatsache ist, dass die Zeit zwischen 1570 und 1600 in Siebenbürgen – was die Konsolidierung der reformierte Kirche betrifft – noch wenig erforscht ist,[969] ist es bei weitem nicht den historischen Gegebenheiten entsprechend, dass die „innere Stärkung" der reformierten Kirche Siebenbürgens endgültig erst im 17. Jahrhundert geschehen ist. Die Anfechtungen gingen allerdings keineswegs nur von den Antitrinitariern, sondern gleichermassen von den Jesuiten aus, die sich nach der Machtübernahme von Kristóf Báthory, des Bruders von István, der 1576 König von Polen geworden war, in Siebenbürgen niederlassen und teilweise ungehindert wirken konnten.[970] Gerade in diesen Jahren war die „innere Stärkung" der reformierten Kirche besonders signifikant, und zwar, wie dargelegt, einerseits durch die Studentenperegrination, andererseits durch das Studium der Schriften der schweizerischen Reformation, vor allem von Calvin, de Bèze, Bullinger und Gwalther. Zahlreiche *Exlibris* und *Supralibros*-Einträge aus der zweiten Hälte des 16. Jahrhunderts belegen dies einwandfrei. So lässt sich im Bethlen-Kollegium in Strassburg a.M. eine Ausgabe von Calvins *Institutio Christianae Religionis* (Genf 1561) finden, die auf der Innenseite des Schutzumschlages einen bemerkenswerten *Exlibris*-Eintrag aufweist: Der Ungar Sámuel Farkas hat die *Institutio*, wohl auf seiner Peregrination, am 5. März 1565 erworben; schliesslich soll Farkas im Jahre 1571 zum Pfarrer von Alvinc (Vinţu de Jos, RO) berufen worden sein.[971] Das Beispiel illustriert erneut, dass reformatorische *Helvetica* die Konfessionsgeschichte Siebenbürgens nachhaltig geprägt haben. Ein eindrückliches Zeugnis der „inneren Stärkung" der reformierten Kirche Siebenbürgens ist auch das *Speculum exilii et indigentiae nostrae [...]* (Kronstadt 1581) des Neumarkter Rektors Péter Laskai Csókás, das gewissermassen eine theologische Enzy-

---

967 Vgl. oben S. 363 f.
968 JUHÁSZ, Glaubensbekenntnis, 102.
969 Vgl. NAGY, Bedeutung, 115.
970 Vgl. HORN, Adel, 171 ff; DAUGSCH, Toleranz, 55 ff; VERESS, Grundsätze, 49 ff.
971 Sámuel Farkas hält fest, dass er am 27. März 1571 „ablegatus [...] ad ministerium Alvincij" sei (Standortsignatur des Werkes in der Dokumentationsbibliothek Bethlen Gabor in Strassburg a.M.: 37 Th.). Der Eintrag wurde bereits 1936 von Géza NAGY entdeckt (vgl. NAGY, Kálvin, 305). Kürzlich wurde die Lesart „Alvincij" von Botond GUDOR, Karlsburg, in Zweifel gezogen; ein Bibliotheksbesuch in Strassburg a.M. konnte weder die eine noch die andere Ansicht defintiv ausschliessen.

klopädie der reformierten Lehre enthält, auch in Abgrenzung gegenüber den Antitrinitariern.[972] Dass Laskai Csókás seine „Enzyklopädie" bereits vor seinem Aufenthalt in Genf bei de Bèze verfasste und drucken liess, belegt, dass das reformierte Bekenntnis in dieser Zeit in verschiedenen Gebieten Siebenbürgens verbreitet war. Géza NAGY hat aufgrund von Archivstudien nachgewiesen, dass um 1584 etwa 500 protestantische Pfarrer in Siebenbürgen wirkten, wovon 200 Lutheraner waren, 200 Reformierte und 100 Antitrinitarier.[973] Dies belegt, dass die reformierte Richtung nach dem Herrschaftsantritt der Báthorys, besonders seit Mitte der 1570er Jahre, innerlich und äusserlich erstarkte – nachdem sie die Rückschläge seit Mitte der 60er Jahre verkraftet hatte. Die Reformierten rekrutierten sich in diesen Jahren sowohl aus dem Kreis derjenigen „Evangelischen"[974], die die (unter Báthory stattgefundene) Verpflichtung auf das Augsburgische Bekenntnis innerlich nicht mittragen konnten, also ein radikaleres Reformationsverständnis hatten, als auch aus ehemaligen Antitrinitariern, die der fürstlichen Repression nicht standhalten konnten bzw. wollten. Faktisch bestand aber auch während der Herrschaft der Báthorys in Siebenbürgen weiterhin Glaubensvielfalt. Bei verschiedenen siebenbürgischen Adeligen spielte zudem die Überzeugung in Glaubensfragen eine untergeordnete Rolle, so dass Glaubensansichten aus politischen Gründen auch gewechselt wurden. Dennoch war ein grosser Teil des ungarischen Adels Siebenbürgens antitrinitarisch gesinnt und bildete ständig Opposition zu der Herrschaft der Báthorys. Als 1594 der Machtkampf zwischen Zsigmond Báthory und den zum grösseren Teil antitrinitarischen Oppositionsführern – darunter gehörten auch die Kendy-Brüder und Farkas Kovacsóczy – mit viel Blut entschieden wurde, ging die reformierte Kirche als eigentliche Siegerin hervor. Die nicht gefallenen Adeligen schlossen sich zudem mehrheitlich der reformierten Kirche an. Damit wurde natürlich die Position der reformierten Kirche in Siebenbürgen nachhaltig gestärkt. Die endgültige Stabilisierung fand schliesslich durch den Bocskay-Aufstand und durch die in dem diesen Aufstand abschliessenden Frieden von Wien festgelegte Religionsfreiheit statt.[975]

---

972 Vgl. BORSA, Drucke, Nr. 277.

973 Vgl. NAGY, Kálvin, 205.

974 Mit den „Evangelischen" sind lutherisch gesinnte Protestanten Siebenbürgens gemeint; dazu gehören sowohl Ungarn und Sachsen als auch Rumänen. Gerade letztere – seit 1544 sind in Siebenbürgen verschiedene protestantische Drucke in rumänischer Sprache erschienen (vgl. BORSA, Drucke, 30 ff et passim; vgl. oben S. 156 f) – wandten sich seit 1569 immer mehr dem Reformiertentum zu (vgl. ŐSZ, Auswirkungen, 114 f; ZOVÁNYI, Protestantizmus 1565-től, 322 f; RÉVÉSZ, Reformation, 78). Ein besonders interessanter Druck ist das erste reformierte Gesangbuch in rumänischer Sprache, gedruckt wohl gegen Ende der 1560er Jahre in Klausenburg bei Heltai (vgl. BORSA, Drucke, Nr. 203).

975 Vgl. HORN, Adel, 168 f. 176 f.

b. Niederschlag zentraler Themata reformierter Theologie
in der ungarischen Reformationsliteratur

Die dargestellte Konfessions- und Synodalgeschichte hat die Voraussetzungen geschaffen, dass sich zentrale Themata der „helvetischen Reformationstheologie" in Ungarn und Siebenbürgen in einem breiteren Rahmen in der ungarischen Reformationsliteratur und der kirchlichen Praxis niederschlagen konnten. Wir haben bereits auf verschiedene „Rezeptions"-Beispiele – wir denken an die in der Schweiz gedruckten Werke von István Szegedi Kis oder Izsák Fegyverneki – hingewiesen; dennoch haben wir die tatsächliche Rezeption in ihrer Tiefe anhand von synodalen Beschlüssen und theologischer Literatur noch nicht untersucht. Dies soll hier in einem bescheidenen Rahmen geleistet werden. Es wäre aber vermessen zu behaupten, dass die ganze ungarische Reformationsliteratur – allein in ungarischer Sprache erschienen im ganzen 16. Jahrhundert über 400 Schriften der Reformation[976] – untersucht worden wäre, um den Niederschlag und die Rezeption in umfassender Weise würdigen zu können. Vielmehr sollen exemplarisch einige Aspekte und einige Themata aufgezeigt werden, um zu verdeutlichen, inwiefern Schriften der schweizerischen Reformation zur Konsolidierung der ungarischen reformierten Kirche beigetragen haben.

Über die Bedeutung und Verbreitung mehrerer reformatorischer *Helvetica* im Reich der Stephanskrone haben wir ausführlich berichtet. Dabei ist klar geworden, dass insbesondere auch dogmatische „Standartwerke" wie Calvins *Institutio Christianae Religionis*, Bullingers *Sermonum Decades* oder Vermiglis *Loci communes* weitverbreitet waren und rege benutzt wurden. Das gleiche gilt, wie wir anhand des Exkurses über die Károlyi-Bibel dargelegt haben, von den Zürcher Bibelausgaben und Bibelkommentaren. Schliesslich wurden, wie erwähnt, verschiedene Katechismen, von Luther als „leyen biblia"[977] bezeichnet, verbreitet, darunter auch Calvins Genfer Katechismus, der schliesslich von Melius Juhász ins Ungarische übersetzt worden ist.[978] Natürlich ist in diesem Zusammenhang zu fragen, ob im Reich der Stephanskrone in der zweiten Hälfte des 16. Jahrhunderts die Anordnung der Hauptartikel in den Katechismen ein konstitutives Element bildete. Dieses formale Kriterium kann vielleicht einige Auskunft über die grundsätzliche Rezeption der reformierten Theologie abgeben. Während die Katechismen von Gáspár Heltai vom Beginn der 1550er Jahre[979] – zu dieser Zeit war Heltai Anhänger einer vermittelnden Richtung – in Reihung und Synthetik noch an den Kleinen Kate-

976   Vgl. oben S. 342 f.
977   Vgl. MARTIN LUTHER, Katechismuspredigten. Zweite Predigtreihe (1528), in: WA 30 I, 27.
978   Vgl. ZACH, Rezeption, 160 ff; vgl. oben S. 423 ff.
979   Vgl. RMNy 86. 100. 101.

chismus Luthers erinnern,[980] wollte sich Melius Juhász in seinem *Catekismvs.*
Az egesz keresztieni tvdomannac fondamentoma es sommaia (Debrecen 1562)
„gemäss den Schriften Johannes Calvins" orientiert haben.[981] Sein *Catekismvs*
ist also keine Übersetzung einer Schrift Calvins, sondern beruht auf verschiedenen Schriften von ihm.[982] Dementsprechend setzt der *Catekismvs* mit
der Erkenntnislehre ein,[983] wie dies bereits Dévai Bíró aufgrund der Schriften
Calvins getan hatte.[984] Daraufhin folgt ein Kapitel mit der dogmatischen
Grundlegung des christlichen Glaubens („Über das christliche Fundament"),
d.h. die Darstellung der für die Gläubigen relevanten Glaubenswahrheiten.[985]
Dann folgt die Erwählungslehre, dann „Vom Gesetz", „Vom Evangelium",
„Von Gott", „Vom Glauben", „Von der Hoffnung", „Von den Sakramenten",
„Vom Mahl" und abschliessend die Auslegung der zehn Gebote.[986] Melius
Juhász' *Catekismvs* weist also keine strenge Systematik auf, und in der Anordnung der Hauptartikel ist die reformierte Tradition nicht eindeutig erkennbar. Hingegen ist Melius Juhász' *Catekismvs* die erste theologische Schrift
in Ungarn, die die Gliederung der Gebote nach helvetischem Vorbild einführt,
so dass das Verbot der Bilderverehrung das zweite Gebot bildet.[987] Spätestens
im folgenden Jahr erschien auch Melius Juhász' Übersetzung des Genfer Katechismus,[988] dessen Anordnung der Hauptartikel (Glaube-Gesetz-Gebet-Sa-
kramente)[989] später für viele Katechismen der reformierten Kichen Europas
wegweisend geworden ist. Melius Juhász' Übersetzung und Druck des Genfer
Katechismus – es sind heute nur noch Fragmente erhalten, gefunden von
Tibor SCHULEK in einem Bucheinband in Wolffenbüttel[990] – setzte auch die
ungarische Kirche in die Gemeinschaft mit den reformierten Kirche Europas.
Nachdem Luthers Kleiner Katechismus auf ungarisch – der erste deutsche
Nachdruck ging 1548 aus der Kronstädter Druckerei – erstmals bei Heltai im
Jahre 1550 erschienen war,[991] war Melius Juhász' Übersetzung von Calvins
Genfer Katechismus der zweite für die ungarische Reformation wegweisende
Katechismus eines grossen europäischen Reformators. Nun ist es aber be-

---

980 Vgl. ZACH, Rezeption, 168.
981 „Caluinus Ianus irassa szerint" (vgl. MELIUS JUHÁSZ, Catekismvs, A^r).
982 Vgl. CSOHÁNY, Wirkung, 260ff; BUCSAY, Katekizmusa, 219f; DERS., Theologiája 313. 325f;
NAGY, Méliusz, 210f.
983 Vgl. MELIUS JUHÁSZ, Catekismvs, A4^r–A6^v.
984 Vgl. BUCSAY, Katekizmusa, 223; vgl. oben S. 195ff.
985 „A keresztyéni fundamentumról" (MELIUS JUHÁSZ, Catekismvs, A6^v–B4^v).
986 Vgl. MELIUS JUHÁSZ, Catekismvs, B4^v–K4^r.
987 Vgl. MELIUS JUHÁSZ, Catekismvs, I2^r–v.
988 Vgl. PÉTER MELIUS JUHÁSZ, A genevai szent gyülekezetnek catechismusa Calvinus Jánustól,
Debrecen s.d. [1562–63].
989 Calvin hat diese Anordnung in seiner Strassburger Zeit von Martin Bucer übernommen (vgl.
SAXER, Genfer Katechismus (1542), 281f; vgl. oben S. 196.
990 Vgl. RMNy 192 A; BUCSAY, Präsenz, 209f; SCHULEK, Nyomtatványok, 127ff.
991 Vgl. Catechismus minor, az a keresztenyi tudomanac reuideden valo sumaya [...], Klausenburg 1550 (vgl. ZACH, Vernacular, 54ff; DERS., Rezeption, 169f).

merkenswert, dass – trotz dieser klaren Akzentsetzung zu Beginn der 1560er Jahre im Kirchendistrikt „Jenseits-der-Theiss" – in Klausenburg, was die Anordnung der Hauptartikel anbelangt, eine neue, geradezu „unsystematische" Entwicklung stattfand. Der kleinere, um 1564 oder 1565 in Klausenburg erschienene Schulkatechismus des Klausenburger Lehrers Gergely Molnár definierte die *Capita doctrinae catecheticae* als „De Deo, Lege, Evangelio, Fide, Oratione, Sacramentis [...]"[992]; der grössere, zur gleichen Zeit enstandene Katechismus behandelt hingegen im ersten Artikel den Glauben „De Deo, de Filio, Mediatore, de Spiritu sancto", kommt daraufhin auf „De lege" zu sprechen, woran sich klassische reformatorische Fragen wie „de libero arbitrio, de iustificatione, Evangelio & Fide, de praedestinatione, [...]" schliessen, um mit der Sakramentslehre, dem Artikel über das Gebet und über die Auferstehung zu enden.[993] Mit grosser Wahrscheinlichkeit erschienen Molnárs Katechismen erst nach der Ankunft des Briefes der Heidelberger Professoren vom 1. September 1564, dem auch der Heidelberger Katechismus beigelegt war. Gerade der Heidelberger Katechismus geht von einer ganz anderen (als der traditionellen) Systematik aus: Nach den beiden Eingangsfragen folgen die drei Teile „Von des menschen elend", „Von des Menschen Erlösung" und „Von der danckbarkeit"; im ersten Teil wird der Grund des menschlichen Elendes, nämlich das Nichteinhalten des göttlichen Gesetzes, behandelt, im folgenden Kapitel der Glaube (Gott, Christus, Heiliger Geist, Sakramente) als Weg zur Erlösung, um schliesslich im dritten Teil Dankbarkeit als Einhalten des Gesetzes (Dekalog) und Pflegen des Gebetes zu verstehen.[994] Es ist bekannt, dass die Verfasser des Heidelberger Katechismus verschiedene Quellen benutzten; abgesehen von einzelnen Stellen, die auf Luthers Kleinen Katechismus, auf Melanchthons *Loci communes* und auf Zwingli zurückgehen, hatten der grösste Einfluss auf die Entstehung des Heidelberger Katechismus Calvins Genfer Katechismus, der *Consensus Tigurinus* (1549), de Bèze' in Heidelberg erschienenes *Kurtze Bekanntnuß des Christlichen glaubens* (1562) sowie verschiedene Schriften Bullingers.[995]

Dieser durch namhafte reformierte Theologen respektierte „sonderbare" Aufbau des Heidelberger Katechismus ermutigte offenbar Molnár, in seinen Katechismen auch mit grösserer Freiheit an die Reihenfolge der Haupstücke heranzugehen. Inhaltlich hielt sich aber Molnár sehr wohl an die Lehrmeinungen vor allem der schweizerischen Reformation: So lässt sich im grösseren

---

992 GERGELY MOLNÁR, Prima doctrinae Christianae rvdimenta pveris scholae Claudiopolitane in Christiana religione informandis, [...], Klausenburg s.d. [1564–65], Aᵛ.
993 Vgl. GERGELY MOLNÁR, Catechesis scholae Claudiopolitanae ad pietatis studiosam iuventutem in doctrina Christiana, Klausenburg s.d. [1564–65], Aᵛ.
994 Vgl. Heidelberger Katechismus von 1563, in. RBS 2/2, 175–212.
995 Vgl. NEUSER, Katechismus, 170; BIERMA, Structure, 29–43; HOLLWEG, Konfessionen, 86–123. Erst in jüngster Zeit ist der Heidelberger von Peter OPITZ im Hinblick darauf untersucht worden, inwiefern seine Wurzeln in Schriften von Bullinger liegen (vgl. OPITZ, Katechismus, 63–71).

Katechismus Molnárs in der Prädestinationslehre beispielsweise Zwinglis Einfluss erkennen, in der Abendmahlslehre hingegen denjenigen Calvins bzw. des *Consensus Tigurinus*.[996] Der freie Umgang mit der Anordnung der Hauptartikel und die gleichzeitige inhaltliche Akzentsetzung einer vermittelnden Theologie im Sinne der helvetischen Richtung der Reformation ist ein Typicum für die ungarische Konfessionsgeschichte. Diese war, wie oben breit ausgeführt, massgeblich bestimmt durch die Korrespondenz, die Buchverbreitung und die Peregrination. Die Einflüsse kamen dabei von verschiedenen reformatorischen Zentren wie Wittenberg, Strassburg, Zürich, Genf oder später Heidelberg her. Die Verarbeitung dieser vielen Einflüsse führte zu einer formal scheinbar fehlenden klaren Ausrichtung, ja gar zu „eklektischem" Verhalten.[997] Bei einer genaueren Betrachtung zeigt sich aber, dass, wenn auch formale Kriterien wie die Anordnung der Hauptartikel nicht konsequent durchgeführt, sondern frei gehandhabt wurden, die Lehre sehr wohl innere Konsequenz besass. Die weit verbreiteten Texte und Schriften europäischer Reformatoren wurden, unbeschadet der theologischen Essenz, umgewandelt und abgeändert, um Extrempositionen zu vermeiden und die eigene reformatorische Position zu betonen.[998] Diese aber stand, theologisch betrachtet, in den meisten Fragen sehr nahe der helvetischen Richtung der Reformation. Gerade Melius Juhász' *Catekismus* (1562) ist dafür glänzender Beleg: Inhaltlich teilweise anders als Calvins Schriften aufgebaut, betont Melius Juhász dennoch bereits im Titel, dass der Katechismus gemäss den Schriften Calvins verfasst sei, was sich bei der theologischen Untersuchung des Katechismus auch bestätigt.

Diese Eigenart der Reformation finden wir im ganzen ungarländischen Raum, beispielsweise im südslawischen Gebiet des Reiches der Stephanskrone. Wenn auch hier nicht der Ort ist, slawische Katechismen zu untersuchen, so ist dennoch kurz auf die Eigenart der Katechismen des slowenischen Reformators Primož Trubar hinzuweisen. Vielfalt im Aufbau und scheinbar inhaltlicher „Eklektizismus" kennzeichnen seine überlieferten slowenischen, kroatischen und serbischen Katechismen, die zwischen 1550 und 1575 in Tübingen (bzw. Urach) und Wittenberg gedruckt worden sind. Jeder ist anders aufgebaut und hat zum Teil auch andere Zusätze. Dennoch haben die Katechismen, die dem Vorbild von Brenz folgten, eine theologisch klare Ausrichtung, bei gleichzeitiger Benutzung verschiedener Schriften Luthers,

---

996 Vgl. MOLNÁR, Catechesis, G3ʳ–G6ᵛ. H6ʳ–Iᵛ (vgl. ZOVÁNYI, Reformázció 1565-ig, 429 f). Zudem hat Barnabás NAGY festgestellt, dass ein Teil des Textes Melanchthons *Examen ordinandum* (Wittenberg 1554) entnommen ist (vgl. ZACH, Rezeption, 168 f; BORSA, Drucke, Nr. 130).

997 Vgl. ZACH, Rezeption, 173.

998 Bereits BUCSAY hat, anhand der Abendmahlslehre, auf diese Eigenart der Theologie der ungarischen Reformation hingewiesen (vgl. BUCSAY, Lehre, 281). ZACH bezeichnet diese als „irenische Grundtendenz" (ZACH, Rezeption, 173); persönlich spreche ich lieber von „vermittelnder Position", da es der Irenik in der ungarischen Konfessionsgeschichte oft mangelte.

Melanchthons oder Bullingers.[999] Im Gegensatz zur theologischen Ausrichtung im östlichen Teil Ungarns, lag Trubars Akzent – wie auch in anderen Gebieten des westlichen Ungarns – zwar stärker auf der lutherischen Theologie, er lehnte aber in der Abendmahlslehre die *manducatio oralis* ab.[1000] Neben Trubar liessen sich weitere ostmitteleuropäische Autoren nennen, die in ihren reformatorischen Schriften, insbesondere den Katechismen, eine bestimmte vom Modell abweichende Reihung der fünf Hauptartikel angewandt oder jeweils andere Zusätze in den Katechismen beigefügt haben, dennoch aber inhaltlich einen klaren Akzent zu setzen versuchten.

Ein Blick auf die weitere ungarische Katechismusgeschichte bestätigt unsere Erkenntnis: Im Jahre 1574 erschienen in Debrecen zwei Katechismen vom Debreciner Pfarrer Bálint Szikszai Hellopaeus, der eine war ein *Rövid Catechismus* (Debrecen 1574) für die Kirche in Erlau,[1001] der andere ein *Könveczke* (Debrecen 1574), d. h. ein Büchlein für die Gläubigen Debrecens, behandelnd die drei Artikel „I. Vom wahren Gott. II. Von der Erwählung. III. Und von dem Abendmahl".[1002] Über die Kontakte von Bálint Szikszai Hellopaeus mit der Schweiz haben wir bereits mehrfach berichtet. Eben in dem Jahr, als in Debrecen seine beiden Katechismen erschienen, sandte Hellopaeus seine Schrift *De Sacramentis in genere [...] tractatio* an de Bèze mit der Bitte um Drucklegung zu. De Bèze' Druck der Schrift, wenn auch erst 1585 als dritten Teil der *Quaestiones*, belegt, dass Hellopaeus' Ausführungen zum Abendmahl bei de Bèze alle Achtung genossen haben.[1003] Die Untersuchung des Katechismus für Erlau zeigt sowohl einen interessanten Aufbau als auch eine theologisch klare Orientierung an der helvetischen Richtung der Reformation. Der Katechismus setzt in seinem ersten Teil mit der Erkenntnis Gottes und seines Willens ein;[1004] im zweiten Teil wird dann die Erkennnis seines Willens in zwölf Artikeln ausgeführt: Schöpfung, Providenz, Gesetz, Sünde, Gerechtigkeit, gute Werke, Evangelium, Busse, Gebet, Sakramente (Taufe, Abendmahl), und Auferstehung.[1005] Während die Argumentation in der Erkenntnislehre vor allem auf Calvin basierte, orientierte sich Szikszai Hellopaeus in der Providenzlehre[1006]

---

999 Vgl. ZACH, Rezeption, 166 f. 169 f; vgl. oben S. 299 f.

1000 Wie bereits an anderer Stelle dargestellt, hatte sich Trubar gegenüber den Verdächtigungen, dass er in der Abendmahlslehre „zwinglianische" Irrtümer vertrete, zu verteidigen. Tatsächlich versuchte Trubar – dies wird vor allem in seiner Korrespondenz mit Bullinger (1557 – 1559) deutlich – die scheinbar gegensätzlichen Ansätze zu verbinden und das Verbindende aufzuzeigen. Wenn auch er die *manducatio oralis* ablehnte, betonte er doch, dass Leib und Blut Christi *vere adsint* (vgl. SAKRAUSKY, Einflüsse, 185 – 192).

1001 Vgl. RMNy 346.

1002 „I. Az igaz Istenrül. II. Az valaztasrol. III. Es az Vr vaczoraiarol" (BÁLINT SZIKSZAI HELLOPAEUS, Az my kereztieni hitönknek es vallasonknak [...] könueczke, Debrecen 1574, A^r).

1003 Vgl. oben S. 313 ff. 365 ff.

1004 Vgl. BÁLINT SZIKSZAI HELLOPAEUS, Az egri kereztien ania zent eghaznak [. .] réuid Catechismus, Debrecen 1574, B^r–C3^v (Nachdruck in: BARTHA, Studia et acta III, 737–742).

1005 Vgl. SZIKSZAI HELLOPAEUS, Catechismus, C3^v–M^r (= BARTHA, Studia et acta III, 742–767).

1006 Vgl. SZIKSZAI HELLOPAEUS, Catechismus, D^v–D2^r (= BARTHA, Studia et acta III, 744).

stärker an der zürcherischen Auffassung. Die Abendmahlslehre wiederum basiert unübersehbar auf der im *Consensus Tigurinus* (1549) festgehaltenen Ansicht: Gemäss der Schrift und dem *Credo* sei Christus in den Himmel aufgefahren und damit in den Elementen nicht leiblich präsent; mit dem „leiblichen" Munde werde also Brot gegessen und Wein getrunken, mit dem „geistlichen" Mund hingegen, d. h. im wahren Glauben, werde Fleisch und Blut Christi gegessen und getrunken.[1007]

Nur einige Jahre später erschien in Debrecen von dem dortigen Rektor und Dekan Tamás Félegyházi die Dogmatik *Az kereztieni igaz hitnek reszeirol valo tanitas kerdesekkel es feleletekkel [...]* (Debrecen 1579); da die Nachfrage gross war, wurde diese mehrfach nachgedruckt, im Jahre 1583 auch zusammen mit einem im Titel genannten *Rövid catechismus*. Ein Blick auf denselben zeigt uns eine bei Félegyházi erneut veränderte Anordnung: Gotteserkenntnis, Schrift, Gesetz (mit Auslegung der zehn Gebote), Evangelium, Glaube, Rechtfertigung, Busse, gute Werke, Glaubensbekenntnis (mit Auslegung der drei Artikel), Predigt („heiliges Wort"), Taufe, Abendmahl, Gebet (mit Auslegung der einzelnen Bitten).[1008] Félegyházi hielt sich zwar an den calvinischen Grundsatz, dass aller Katechese die Erkenntnis Gottes und seines Willens vorausgehen müsse, und betonte gemäss der *Confessio Helvetica posterior*, dass die Schrift die Grundlage zu dieser Erkenntnis bilde; am Ende des kurzen Abschnittes über die Schrift fragte er aber: „Welche Teile hat Gottes Wort?", und gab die Antwort: „Zwei, Gesetz und Evangelium."[1009] Dieser Antwort entsprechend sind die nachfolgenden Artikel aufgebaut, und Félegyházi übernahm damit die „lutherische" Anordnung. Trotz dieser Anordnung blieb Félegyházi inhaltlich der reformierten Theologie verpflichtet.[1010] Dies wird bei der Untersuchung von Félegyházis Dogmatik *Az kereztieni igaz hitnek reszeirol valo tanitas* besonders deutlich, da er in derselben an der reformierten Ordnung – Schrift, Glaube, Gesetz, Sakramente[1011] – festhielt. Diese unter-

---

1007 „[...] testi szájunkkal esszük és isszük az kenyeret és az bort, lelki szájunkkal ki az igaz hit, esszük és isszuk az Krisztus testét, vérét." (SZIKSZAI HELLOPAEUS, Catechismus, L3ʳ).

1008 Vgl. TAMÁS FÉLEGYHÁZI, Catechesis, rövid kérdések és feleletek a keresztyéni hitnek ágairól a germekeknek és az együgyűeknek tanításokra (Debrecen 1574), in: BARTHA, Studia et acta III, 810–836.

1009 „Hány része vagyon az Isten igéjének? Kettő, törvény és evangélium." (FÉLEGYHÁZI, Catechesis, 810).

1010 Dies könnten verschiedene dogmatische *Loci* illustrieren. Am geeignetesten bleibt aber die Abendmahlslehre, da sie das Trennende besonders deutlich hervortreten lässt; auch Félegyházi lehnte die leibliche Präsenz Christi im Brot ab, weil er in den Himmel aufgefahren sei (vgl. FÉLEGYHÁZI, Catechesis, 832).

1011 Diese Grundordnung, die in 57 verschiedenen *Loci* besteht, wird von Félegyházi selbst in vier Abschnitte aufgeteilt: a) Gotteserkenntnis und Christologie, b) Erklärung des Unser Vater, c) Zehn Gebote, und d) Fragen, die das Glaubensbekenntnis betreffen. Faktisch wird aber das Unser Vater unter den Glaubensfragen behandelt, und die Fragen, die das Glaubensbekenntnis betreffen, beinhalten vor allem Themata aus dem dritten Artikel des Glaubensbekenntnisses; die Dogmatik als Ganze kann hinwiederum als Auslegung des Glaubensbekenntnisses gedeutet werden (vgl. NAGY KÁLOZI, Félegyházi, 782).

schiedliche Anordnung der Hauptartikel zwischen Dogmatik und Katechismus lässt sich nicht als Konzeptlosigkeit abtun, sondern zeigt auf, dass Félegyházi dem unterschiedlichen Zielpublikum entsprechend auch verschiedene pädagogische Konzepte angewandt hat. Inhaltlich hat er sich hingegen in beiden dogmatischen Schriften als dezidierter Verfechter der reformierten Richtung erklärt. Letztlich zeigt sich an diesem Beispiel, dass die Untersuchung der Anordnung der Hauptartikel in der zweiten Hälfte des 16. Jahrhunderts nicht mehr das geeignete Kriterium ist, um die theologische Ausrichtung einer Schrift zu bestimmen. Grosse Systematiker des 16. Jahrhunderts haben andere aus ihrer Sicht massgebendere Konzepte entworfen: Calvin hat in seiner letzten Fassung der *Institutio* die verschiedenen *Loci* unter den Themata *De cognitione Dei creatoris – De cognitione Dei redemptoris – De modo percipiendae Christi gratiae – De externis mediis ad salutem* behandelt, und Szegedi Kis hat seine Dogmatik *Theologiae sincerae Loci communes* in die drei Abschnitte *De Deo – De Homine – De doctrina papistica* aufgeteilt. Auf diesem Hintergrund ist die „Unbekümmertheit" im Umgang mit der Anordnung der Hauptartikel, die uns in der ungarischen Theologiegeschichte in der zweiten Hälfte des 16. Jahrhunderts begegnet, besser verständlich.

Auf die relativ späte und nur partielle Rezeption der reformierten Theologie im westlichen Ungarn haben wir bereits verwiesen. Eine grössere Bedeutung nahm dabei sicher auch die Hinwendung der westungarischen Stadt Pápa zum helvetischen Bekenntnis ein. So hat sich bereits Anfang der 1580er Jahre der lutherische Pfarrer István Beythe in der Sakramentslehre der helvetischen Richtung zugewandt, obwohl sein bei Johannes Manlius erschienener Katechismus *Köröztyeni tvdomannak reuid summaya az tiz parancholatrol, euangeliomrol, imadsagrol köröztsegröl es vr vachorayarol* (Güssing 1582) in Aufbau (Dekalog, Evangelium, Gebet, Sakramente) und Inhalt – abgesehen von der Abendmahlslehre – eher lutherisch war.[1012] In den in den folgenden Jahren erschienen Postillen-Sammlungen von Beythe[1013] fliessen weitere reformierte Akzente, z. B. in der Prädestinationslehre, ein.[1014] Der Anfang der Hinwendung von Beythe zum helvetischen Bekenntnis ist wohl also in der Abendmahlslehre begründet, bis schliesslich er auf dem Religionsgespräch zu Csepreg (1591), wie erwähnt, die *Formula concordiae* offiziell ablehnte. Als der seit 1585 in Pápa wirkende reformierte Prediger István Pathai, der vorher in Rechnitz auf den Gütern von Boldiszár Batthyány – im benachbarten Güssing wirkte seit 1576 István Beythe am Hofe Batthyánys[1015] – Prediger war, die Abendmahlsschrift *Az sacramentomokrol in genere es kivaldkeppen az Vr vachoraiarol valo köniuecske* (Deutsch Schützen 1592), die

1012 Vgl. Kormos, Reformáció, 725.
1013 Vgl. Az evangeliomok magyarázatii, [...], Németújvár 1584; Eztendö altal valo vasarnapi epistolák, [...], Németújvár 1584; A zentök fö innepiiröl valo evangeliomok, Németújvár 1584; u.s.w.
1014 Vgl. Kovács, Literatur, 18 f; Szabó, Beythe, 651 f.
1015 Vgl. Bernhard, Magnatenhöfe, 60 f.

eine dezidiert reformierte Abendmahlslehre vertrat,[1016] herausgab, verfasste István Beythe zum Erscheinen der Schrift einige Grussverse.[1017]

Tatsächlich scheint es, dass die Abendmahlslehre in verschiedenen Gebieten des Reiches der Stephanskrone ausschlaggebend war, dass das helvetische Bekenntnis gegenüber dem lutherischen obsiegte.[1018] In der Abendmahlslehre, wie sie im *Consensus Tigurinus* formuliert ist, finden sich die entscheidenen Erkennungsmerkmale des reformierten Bekenntnisses. Gegenüber Luther und der römischen Kirche wird die leibliche Präsenz Christi in den Elementen abgelehnt, gegenüber dem linken Flügel der Reformation werden die Sakramente als blosse Zeichenhandlungen abgelehnt – der Mittelweg des *Consensus Tigurinus*, die „vermittelnde Position" ist die, dass die Sakramente nicht blosse Zeichen, sondern tatsächliche Werkzeuge des Geistes seien, allerdings allein durch die mit ihnen verbundene und uns zum Glauben an Christus führende *promissio*; demzufolge würden die Gläubigen im Abendmahl Christus wirklich empfangen. Genau dieses Abendmahlsverständnis des *Consensus Tigurinus*, das von Melanchthon durchwegs gutgeheissen wurde,[1019] fand quer durch die ungarischen reformatorischen Kirchen im Reich der Stephanskrone breite Unterstützung, also sowohl in den östlichen Teilen, wo das reformierte Bekenntnis früh synodal rezipiert wurde, wie auch im türkischen besetzten Mittelteil und in den westlichen Teilen des Reiches. Melius Juhász hielt beispielweise in seiner *Refutatio confessionis de Coena Domini Matthiae Hebler [...]* (Debrecen 1564), in der er sich gegen Heblers Vorwurf wehrte, dass für die Anhänger der helvetischen Richtung Christus im Abendmahl nicht präsent sei und sie damit Melanchthons Abendmahlslehre verfälschen würden, fest:

Corpus autem Domini pro nobis traditum ore fidei spiritualiter anima fidelis et electa in promissione realiter et praesentialiter, aut si mavis, substantialiter, hoc est, non imaginarie, sed realiter et vere sumat.[1020]

Wir erinnern uns auch an Szegedi Kis' Abendmahlsschrift *Quaestiones de vero sensu verborum Coenae, de usu et abusu eiusdem*, die anhangsweise zu Markus Beumlers Schrift *De duabus gravissimis quaestionibus [...]* (Zürich 1584) erschien. Szegedi Kis hat sich darin ausdrücklich auf die Abendmahlslehre Bullingers und Calvins berufen.[1021] Weiter liess im Jahre 1573 oder 1574 Mihajlo Bučić, der bei der adligen Familie Zrínyi auf der Murinsel als Prediger

---

1016 Vgl. Pataky, Pathai, 839–848.
1017 Vgl. István Pathai, Az sacramentomokrol in genere es kivaldkeppen az Vr vachoraiarol valo köniuecske [...], Deutsch Schützen 1592, Aᵛ.
1018 Bereits Bucsay hält fest, dass die Abendmahlslehre im Mittelpunkt des theologischen Interesses der ungarischen Reformation stand (vgl. Bucsay, Lehre, 281).
1019 Vgl. oben S. 250 f.
1020 Melius Juhász, Refutatio, b3ʳ⁻ᵛ; vgl. Melius Juhász, Catekismuz, G1ᵛ–G4ʳ (= Bartha, Studia et acta III, 258 f).
1021 Vgl. oben S. 345 ff.

wirkte, auf der Druckerei des Wanderdruckers Rudolf Hoffhalter „Tigurinus"
seine abendmahlstheologische Abhandlung *Contra praesentiam corporis et
sanguinis Christi in sacramento Eucharistiae* drucken, die im Sinne des helvetischen Bekenntnisses verfasst war. Obwohl kein Exemplar der Schrift mehr
erhalten ist, ist dies aufgrund des Protokolls einer von Bischof György Drašković nach Agram einberufenen Synode vom 8. März 1574 bekannt; darin
wird nämlich festgehalten, dass Bučić „ex Calvinistarum haeresi hausit [...]",
und darum verdammt werde.[1022] Bučić hat sich also für eine Ausbreitung des
helvetischen Bekenntnisses stark gemacht.[1023]

Die Beispiele, die sich erweitern liessen, belegen alle, dass das helvetische
Verständnis der Abendmahlslehre in ganz Ungarn und im nicht-antitrinita-
rischen Siebenbürgen auf ein bedeutendes Interesse gestossen ist. Das Interesse blieb aber nicht auf die Abendmahlslehre beschränkt, sondern zeigte sich
auch in anderen *Loci*. Sicher ist dabei auf die Erkenntnislehre Calvins zu
verweisen, die sich, erstmals in Mátyás Dévai Bírós Katechismus *Tiz parantsolatnac* (1538) vorliegend, im grösseren Teil der ungarischen Schriften der
Reformation durchgesetzt hat, unabhängig davon, welche Anordnung für die
Hauptartikel gewählt worden ist. Weiter ist auf die Prädestinationslehre zu
verweisen, die, wie wir dargelegt haben, starke Einflüsse der helvetischen
Reformation zeigt, wobei die ungarische Reformation – beispielsweise in
Melius' *Catekismvs* (1562) – infralapsarisch akzentuiert und deutliche Einflüsse der Bullinger'schen Lehre zeigt, die den Akzent auf den guten Willen
Gottes setzt, wie dies bereits Dévai Bíró betont hat. In dieser Konsequenz hält
auch die *Confessio Csengerina* (1570) fest: „[...] impossibile est Deum, qui est
Lux, Justitia, Veritas, Sapientia, Bonitas, Vita, causam esse tenebrarum, peccati
et mendacii, ignorantiae, coecitatis, malitiae et mortis: sed horum omnium
causa Satanas et homines sunt",[1024] lehnt also die Ansicht ab, dass Gott Urheber des Bösen und der Sünden sei. Der Hintergrund dieser Haltung mag mit
den persönlichen Erfahrungen namhafter Vertreter der ungarischen Reformation zusammenhangen: Waren doch die wichtigsten Persönlichkeiten, die
der ungarischen reformierten Kirche ihre Gestalt gegeben haben, d. h. Mihály
Sztárai, Márton Kálmáncsehi, István Szegedi Kis, Gergely Szegedi, Pál Thuri
und Péter Melius Juhász, kürzere oder längere Zeit in Gemeinden des türkisch
besetzten Mittelungarn tätig. Die stetige Bedrängung durch die Türken – es
darf nicht vergessen werden, dass von 1540 bis 1571 in Ungarn ununterbro-
chen der Krieg wütete – steigerte das Bedürfnis nach Heilsgewissheit bis hin

---

1022 Vgl. Protokoll der Synode in Agram, 8. März 1574, in: Constitutiones synodales ecclesiae
     Zagrabensis, Zagreb 1805, 302 f; vgl. Nagy, Bedeutung, 92; Badalić, Jugoslavica, Nr. 148.
1023 Vgl. Bernhard, Magnatenhöfe, 56; Nagy, Bedeutung, 92. 112 f; Šafařík, Geschichte, 273 ff.
1024 Confessio Csengerina (1570), in: Niemeyer, Collectio confessionum, 549 (*Nebenbemerkung:*
     Im Nachdruck der *Confessio Csengerina* in der von Barton besorgten Sammlung von ost-
     mitteleuropäischen Bekenntnisschriften fehlt in besagter *Propositio 51* („De causa peccati")
     ein Teil des Textes, weswegen die alte Ausgabe von Niemeyer benutzt werden muss); vgl.
     Csohány, Wirkung, 261 f; Bucsay, Leitgedanken, 208 ff).

zum Prädestinationsglauben.[1025] Gerade Bullingers Schriften waren für die Erfahrungen der Türkenzeit zentral, insbesondere seitdem Bullinger in seinem *Libellus epistolaris* (1551) den ungarischen reformatorischen Kirchen verständnisvolle Ratschläge für das Leben der Gläubigen unter einer nichtchristlichen Herrschaft gegeben hat.[1026] Als Bullinger 1557 in Basel seine 100 Predigten über die Offenbarung des Johannes herausgab, ist das Werk innert Kürze zu einem europäischen Bestseller geworden, sprich zu einem Trostbuch der angefochtenen, bedrängten und verfolgten reformierten Gemeinden und Christen,[1027] auch im Reich der Stephanskrone, da Bullinger darin ebenfalls die theologische Frage behandelte, wie es möglich gewesen sei, dass eine islamische Macht Länder und Völker (Balkan, Ungarn) unterwerfen habe können, die seit Jahrhunderten christlich gewesen wären. In der 41. Predigt, in der die Geschehnisse nach dem 6. Posaunenstoss (Offb 9, 13 – 21) gedeutet wurden, hielt Bullinger fest, dass Gott mit dem Türkenkrieg Zeichen gesetzt habe, den militärischen Erfolg der Osmanen also zugelassen habe, um die Menschen wegen ihrer Sünden zu belehren.[1028]

Der oberungarische Bibelübersetzer Gáspár Károlyi hatte zwar von 1556 an in Wittenberg studiert, war also theologisch in erster Linie von Melanchthon beeinflusst: Wie die oberungarische Konfessionsgeschichte aber zeigt, nahmen seit Anfang der 1560er Jahre Calvin und de Bèze in Károlyis theologischem Denken massgeblich an Bedeutung zu. Dies soll anhand der Frage der Geschichtsauffassung kurz illustriert werden: Als 1561 Calvins *Praelectiones in librum prophetiarum Danielis* erschienen, distanzierte sich Calvin klar von der wittenbergischen Geschichtsauffassung, und damit auch von Melanchthon.[1029] Gleichermassen wie Jean Bodin in seiner Geschichtskonzeption anerkannte Calvin in seinem Danielkommentar nicht, dass das Römische Reich mit dem Deutschen Reich identisch sei, und setzte zu den „vier Weltmonarchien" ein unsichtbares fünftes Reich dazu, das *regnum Christi*, das ewig und unveränderlich sei; die Türken und der Papst seien Feinde des Christentums, nicht aber dämonisierte „Antichristen".[1030] In Anbetracht der wegen der andauernden Türkenkriege schwierigen politischen Situation in Ungarn hat Calvins Geschichtsauffassung diejenige Melanchthons – bekannt und verbreitet war in Ungarn die zweite nach der Einnahme Ofens (1541) angepasste Fassung von Melanchthons *In Danielem prophetam commentarius, in quo seculi nostri status corruptissimus, Turcicae crudelitatis finis [...]* (Basel 1543), in der er mehrmals aktualisierend auf *Pannonia* hinweist[1031] – zunehmend

1025 Vgl. Bucsay, Abendmahlsbekenntnis, 98; ders., Lehre, 268.
1026 Vgl. Bullinger, Libellus, 50 – 52 [296 – 306].
1027 Vgl. Büsser, Predigten, 117 f. 125.
1028 Detailliert ausgeführt bei: Bryner, Ausstrahlungen (2004), 181 f.
1029 Zur wittenbergischen Geschichtsauffassung vgl. Szabó, Türkenfrage, 275ff; Bauer, Melanchthon, 452 f; Hillerdal, Geschichtsauffassung, 28 – 53; Münch, Chronicon, 199 – 283.
1030 Vgl. Szabó, Türkenfrage, 278.
1031 Vgl. Ritook-Szálay, Melanchthon, 279 f.

ersetzt, was sich besonders eindrücklich bei Gáspár Károlyi zeigt. Während Károlyi in seiner Paraphrase über den 79. Psalm – am Ende des ersten Buches der *Keet Könyö minden orzagoknac es kyralioknac* […] (Debrecen 1563) – noch die wittenbergische Geschichtsauffassung vertrat, finden wir in seiner Bibelübersetzung, für die – wie aufgezeigt – mehrere Bibelkommentare reformierter Theologen sowie auch die Bibelübersetzung von Emanuele Tremelli verwendet wurden, Calvins Geschichtskonzeption, wie er sie in seinem Danielkommentar vorgelegt hat.[1032] Die apokalyptischen Ängste, mit denen nicht nur die Kirchen unter türkischer Herrschaft, sondern auch die Kirchen im Partium und in Oberungarn in Anbetracht der nach der Einnahme Ofens weiterhin latenten Türkengefahr – man denke an die kriegerischen Auseinandersetzungen bei Erlau – konfrontiert waren, wirkten sich letztlich auf die Rezeption der calvinischen Geschichtskonzeption positiv aus.

Bereits hingewiesen haben wir auf die Frage der Kultformen in den reformatorischen Kirchen Ungarns. Das Fehlen einer „zentralen obrigkeitlichen Leitung" führte zwar nicht zu Wildwuchs, begünstigte aber doch die Rezeption, Entwicklung und Ausbildung verschiedener kultischer und liturgischer Modelle in den verschiedenen Gebieten des Reiches der Stephanskrone. Dennoch haben sich in den ungarischsprechenden Kirchen der Reformation langfristig mehrheitlich die helvetischen Kultformen durchgesetzt. Bei einer genaueren Untersuchung fällt auf, dass gerade die Abendmahlslehre für die Ausbildung von Form und Liturgie des Gottesdienstes konstitutiv war. Dies zeigt sich besonders eindrücklich in der liturgischen Agenda von István Beythe, die 1582 bei Manlius in Güssing erschien. Dass Beythe, obwohl offiziell noch Lutheraner, zu dieser Zeit bereits die reformierte Abendmahlslehre vertrat,[1033] schlug sich in seiner Agenda insofern nieder, dass sich nicht nur in den Ausführungen zu Form und Liturgie des Abendmahls, sondern in der ganzen Agenda deutliche Hinweise auf Übernahmen aus der helvetischen Richtung finden.[1034] Natürlich ist davon auszugehen, dass auch Lavaters Schrift *De ritibus et institutionibus ecclesiae Tigurinae opusculum* (Zürich 1559), die unter anderem auf Gál Huszárs Bitte hin – Huszár war zu dieser Zeit Prediger in Ungarisch Altenburg – abgefasst worden war,[1035] in den Kirchen West- und Mittelungarns bekannt gemacht worden ist. Zumindest schloss Szegedi Kis in der die *Quaestiones de vero sensu verborum Coenae* abrundenden *Confutatio omnium institutorum* mit dem *Ritus coenae apud Helvetios, ex Bulling. in 10. Hebrae.* ab;[1036] daraus ist zu folgern, dass der „helvetische Abendmahlsritus" in Kirchen Mittelungarns gebräuchlich war. Da viele

---

1032 Vgl. Bene, Historiography, 16 f.

1033 Vgl. oben S. 447. 458 f.

1034 Vgl. István Beythe, Mikeppen az koroztyéni gyeuleközetben az köröztségöt, vr vachorayat, hazasok […], Güssing 1582 (Neudruck: Bartha, Studia et acta III, 662–677); vgl. Pataky, Beythe, 662.

1035 Vgl. oben S. 358 f.

1036 Vgl. Szegedi Kis, Quaestiones, Aa3^r–Aa4^r.

bedeutende ungarische Reformatoren der zweiten Generation bei Szegedi Kis
– wir denken beispielsweise an Péter Melius Juhász oder an Máté Skaricza – die
Ausbildung genossen haben, ist es nur naheliegend, dass sich auch im Partium
und Oberungarn die helvetischen Kultformen, natürlich mit je eigenen lokalen
Prägungen und Akzentuierungen, durchgesetzt haben. In Siebenbürgen
haben wir erneut eine besondere Situation, da zahlreiche Kultformen der
baslerischen Reformation bereits früh in Kronstadt bekannt waren.[1037] Während die Sachsen sich aber langfristig für die lutherischen Kultformen entschieden, haben sich die Ungarn, seien es nun Reformierte oder später Antitrinitarier gewesen, mehrheitlich gegen die „Zeremonien" gestellt und –
gewiss auch unter dem Eindruck der Entwicklung im Partium – den helvetischen Kultformen den Vorrang gegeben.[1038] Die Verbundenheit mit der Genfer
Kirche zeigt sich in Siebenbürgen bis auf den heutigen Tag besonders ausgeprägt, da in jedem Gottesdienst Calvins Sündenbekenntnis, wenn auch in
einer leicht veränderten Form, gemeinsam gesprochen wird.[1039]

c. Ertrag

Es lässt sich feststellen, dass die reformierte Lehre der Reformation in ganz
Ungarn und Siebenbürgen eine bedeutende Rezeption erfahren hat. Vor allem
die Verbreitung von Schriften der helvetischen Richtung der Reformation
führte zu einer spezifischen Kenntnis der reformierten Lehre, obwohl die
Peregrination in die Schweiz als relativ marginal zu beurteilen ist. Diese
weitverbreitete Kenntnis und Rezeption unterstützte die weitere Konsolidierung des reformierten Bekenntnisses, wie zahlreiche synodale Beschlüsse aus
der zweiten Hälfte des 16. Jahrhunderts belegen. Am Ende dieser Entwicklung
stand die abschliessende Herausbildung der verschiedenen Kirchendistrikte
Ungarns und Siebenbürgens. Der grössere Teil der Bevölkerung im Reich der
Stephanskrone, etwa 80–90 %, bekannte sich Ende des 16. Jahrhunderts nicht
mehr zur alten Kirche.[1040]

Eine bislang immer wieder diskutierte und im vorangehenden Kapitel
bereits angesprochene Frage ist die, warum im benachbarten Böhmen seit den
1530er Jahren Schriften der Reformation, insbesondere auch der helvetischen
Richtung, ins Böhmische übersetzt worden sind, hingegen in Ungarn und
Siebenbürgen, abgesehen von einigen wenigen Schriften, erst im 17. Jahrhundert, vor allem durch die Übersetzungarbeit von Albert Szenci Molnár,

---

1037 Vgl. oben S. 164 ff.

1038 Die verschiedenen Kultformen, die auf der Synode zu Mediasch (Mediaş, RO) im Jahre 1572
thematisiert wurden, missfielen dem neuen Fürsten István Báthory ausgesprochen (vgl.
Roth, Reformation II, 113 ff).

1039 Vgl. Johannes Calvin, La forme des chantz et prières ecclésiastique, in: CStA 2, 162 f;
Csiha, Énekeskönyv, 702 f; ders., Rendtartása, 22.

1040 Vgl. oben S. 25.

ungarische Übersetzungen bedeutender Schriften schweizerischer Reformatoren angefertigt worden sind? Ohne darüber abschliessende Erkenntnisse zu liefern, soll hier ein u. E. weiterer wesentlicher Aspekt erwähnt werden, der Hintergründe für diesen Sachverhalt aufzeigen kann.

Die politisch einmalige Situation im Reich der Stephanskrone führte auch zu einer einzigartigen, geradezu unvergleichlichen Konfessionsgeschichte im betreffenden Gebiet.[1041] Die im vorliegenden Kapitel behandelter kommunikationsgeschichtlichen Fragen vermögen Wesen und Eigenart der ungarländischen Konfessionsgeschichte zu einem bedeutenden Teil zu erklären. Ganz anders sind die Verhältnisse aber in Böhmen gewesen: Die in Böhmen im 15. Jahrhundert entstandene Brüderunität (*Unitas fratrum*), eine reformerische religiöse Gemeinschaft, war mit Beginn des Reformationszeitalters von der römischen Kirche bereits gespalten und auch bereits verfolgt; seit dem Auftreten Luthers und Zwinglis, insbesondere seit dem Tode von Lukas von Prag (Lukáš Pražský, † 1528), haben sich die Böhmischen Brüder intensiv mit den Schriften der Reformation auseinandergesetzt und davon zahlreiche Übersetzungen angefertigt,[1042] um *lehrmässig* in eine Beziehung zu den reformatorischen Kirchen treten zu können und damit in Böhmen Anerkennung zu erlangen oder zumindest geduldet zu werden.[1043] Im Reich der Stephanskrone finden wir hingegen verschiedene geistige Bewegungen, die anfänglich Überzeugungen aus unterschiedlichen humanistischen und reformatorischen Modellen und Richtungen übernommen haben, und zwar vorerst ohne an eine Spaltung von der römischen Kirche zu denken und ohne die Absicht, sich lehrmässig an dem einen oder andern Reformator zu orientieren.[1044] Erst die sich abzeichnende Spaltung der Kirche im Stephansreich führte beim Ungartum – aus den vielfältig und facettenreich ausgeführten Gründen – grossmehrheitlich zu einem Sieg des reformierten Bekenntnisses; durch die synodale Rezeption der zentralen reformierten Bekenntnisschriften, sprich der *Confessio Helvetica posterior* und des Heidelberger Katechismus, definierte sich die ungarisch-reformierte Kirche als eine mit den reformierten Kirchen Europas verbundene Kirche. Anders in Böhmen, wo die seit den 1530er Jahren gesuchte Lehreinheit, unter anderem mit der schweizerischen Reformation, nicht zustandekam und darum auch die *Confessio Helvetica posterior* nicht rezipiert wurde; die abschliessende Formulierung der *Confessio Bohemica* im Jahre 1575 ist denn auch der Versuch eines vermit-

---

1041   Dies ist mit ein Grund, warum die Anwendung des unter anderem von Heinz Schilling entworfenen Konzeptes der „Konfessionalisierung" in den Ländern der Stephanskrone problematisch ist (vgl. dazu Bernhard, Mähren, 62 ff).

1042   Vgl. oben S. 243 ff.

1043   Vgl. Říčan, Brüder, 84–189.

1044   In diesem Zusammenhang ist an die Einschätzung der Kronstädter Reformation zu erinnern – „Nicht Personen und Städte, sondern das Evangelium selbst ist Hauptquelle der Reformatio Coronensis" (Juhász, Luther, 314) –, welche u. E. sehr wohl auf die ganze ungarländische Reformationsgeschichte ausgeweitet werden darf.

telnden Bekenntnisses im Sinne eines Vergleiches mit den Lutheranern, Reformierten und Böhmischen Brüdern.[1045]

Schliesslich ist zu betonen, dass es sich in der ungarisch-reformierten Kirche des 16. Jahrhunderts, obwohl die massgebenden reformierten Bekenntnisse rezipiert worden sind, nicht um eine „epigonistische" reformierte Kirche, sondern um eine in vielen Einzelfragen sich von anderen reformierten Kirchen Europas unterscheidende Kirche handelt. Bestes illustrierendes Beispiel ist die Abendmahlslehre der ungarisch-reformierten Kirche, die trotz eindeutiger Orientierung am *Consensus Tigurinus* ihre spezifische Eigenart, wie BUCSAY nachgewiesen hat, bewahrt hat.[1046] Diese trotz der vielfältigen Rezeption bewahrte Eigenart der ungarisch-reformierten Kirche ist ein wesentlicher Grund, warum im 16. Jahrhundert kaum helvetische Schriften der Reformation ins Ungarische übersetzt worden sind. Es war ja mitnichten so, dass es keine reformierten Schriften in ungarischer Sprache gegeben hätte. Von den 500 in ungarischer Sprache auf ungarländischen Offizinen erschienen Drucken entfielen bekanntlich etwa 80 – 90 % auf Schriften der Reformation.[1047] Viele dieser Schriften waren für das einfache Volk bestimmt, waren also Lehrbücher zur pastoralen und schulischen Unterweisung – es ist an Katechismen und Gesangbücher zu denken. Gerade in denselben sind zentrale Themata reformierter Theologie zahlreich zu finden.[1048] Damit wird deutlich, dass Schriften der schweizerischen Reformation sowohl *direkt* als auch *indirekt* zur Konsolidierung der ungarischen reformierten Kirche beigetragen haben.

1045 Dies besagt keineswegs, dass die *Confessio Helvetica posterior* keinen Einfluss auf die Abfassung und Theologie der *Confessio Bohemica* von 1575 gehabt hatte (vgl. ECKERT, Confessio, 311 ff).

1046 Vgl. BUCSAY, Lehre, 281.

1047 Vgl. oben S. 342.

1048 Vgl. ZACH, Rezeption, 171 ff.

3. Ausblick: Fürst István Bocskays Bedeutung für den Übergang in die reformierte Orthodoxie

In diesem Ausblick geht es nicht darum, die politische Entwicklung im Übergang zum 17. Jahrhundert zu würdigen. Vielmehr soll diese Entwicklung auf dem geistesgeschichtlichen Hintergrund kontextualisiert werden, um zu verdeutlichen, welche Bedeutung die Konsolidierung des reformierten Bekenntnisses für den Sieg von István Bocskay hatte.

Die historischen Ereignisse des Bocskay-Aufstandes sind seit langem bekannt und müssen hier nicht ausnehmend diskutiert werden. Im letzten Drittel des 16. Jahrhumderts wurde das Zusammengehen von Hof und hohem katholischem Klerus immer offenkundiger, und kaiserliche Generäle stellten sich in Ober- und Ostungarn, ja sogar in Siebenbürgen in den Dienst der Gegenreformation.[1] Besonders die ungarischen protestantischen Adligen waren durch diese Entwicklung gefordert. Formell war zwar bis zum Ende des 16. Jahrhunderts die ungarische Verfassung und der ungarische Anspruch auf Eigenstaatlichkeit in Wien anerkannt, doch die Könige haben sich um die Meinung der ungarischen Räte oft wenig gekümmert. Als der ungarische König Rudolf I.[2] – er war der Nachfolger des den Protestanten noch eher freundlich gesinnten Maximilian II. († 1576) – im April 1604 auf dem zu Pressburg unter dem Vorsitz von Erzherzog Matthias abgehaltenen Landtag den 21 Gesetzesartikeln einen 22. Artikel, der alle früheren Landesgesetze zum Schutze des römisch-katholischen Glaubens erneuerte, alle Religionsbeschwerden von der Behandlung auf dem Landtage ausschloss und die sofortige exemplarische Bestrafung der Zuwiderhandlungen androhte, eigenmächtig beifügte, war der Konflikt vorprogrammiert, denn die katholische Partei hatte damit den Boden des ungarischen Landesrechts verlassen.[3] Damit ging es nicht mehr – wie bei den meisten konfessionellen Auseinandersetzungen des 16. Jahrhunderts – um den Durchbruch und die Konsolidierung jeweiliger reformatorischer Bekenntnisse, sondern um die Frage der gemäss Landesrecht verankerten Religionsfreiheit und damit um das Überleben des Pro-

---

1 So begannen 1603/04 kaiserliche Truppen die wichtigsten protestantischen Kirchen wegzunehmen. Ein berüchtigter Vorfall war die auf König Rudolfs I. Befehl vom 11. November 1603 verordnete Wegnahme der Kaschauer St. Elisabethen-Kirche mit gleichzeitiger Stadtverweisung der protestantischen Pfarrer (vgl. RÉVÉSZ, Reformation, 92).
2 Rudolf II. von Habsburg (1552–1612) war römisch-deutscher Kaiser 1576–1612, König von Böhmen 1576–1611, und als Rudolf I. König von Ungarn 1576–1608.
3 Vgl. HANÁK, Geschichte Ungarns, 61 f; RÉVÉSZ, Reformation, 91 f; BUCSAY, Protestantismus I, 145; VERESS, Grundsätze, 52 f.

testantismus im Reich der Stephanskrone schlechthin. Die doppelte Front-
stellung, der die Protestanten jetzt ausgesetzt waren – einerseits gegen die
Osmanen im „langen Türkenkrieg" (1593–1606), andererseits gegen Habsburg wegen der gegenreformatorischen Massnahmen –, förderte unter den
protestantischen Städten, den Magnaten und der Landbevölkerung das
„protestantische" Zusammengehörigkeitsgefühl.

Der siebenbürgische Adlige István Bocskay (1556–1606), einer der
reichsten reformierten Grossgrundbesitzer Ostungarns, hatte in den 1590er
Jahren eine energisch habsburgerfreundliche Politik verfolgt und war auch an
der Unterwerfung Siebenbürgens in die Hand Rudolfs beteiligt, unter anderem mit der erklärten Absicht, durch die Vereinigung des Landes unter
Habsburgs Führung die Schlagkraft Ungarns gegen die Türken zu erhöhen.
Infolgedessen wurde Bocskay aus Siebenbürgen vertrieben und seiner dortigen Güter beraubt. Erst seine nachfolgenden Erfahrungen in Prag haben ihm
offenbart, dass das Haus Habsburg im Königreich Ungarn nur seine eigenen
Interessen verfolgte. Als er 1604 seine Güter von den siebenbürgischen
Ständen wieder zurückerhielt, konnte er in seiner Heimat erneut grobe Ver-
letzungen der ungarischen Verfassung und der Religionsfreiheit feststellen.[4]

Nach dem Pressburger Landtag (1604) hielten die protestantischen Adligen
Ungarns und Siebenbürgens im September 1604 in Gálszécs (Sečovce, SK), in
der Nähe von Kaschau, eine Versammlung ab, wo sie beschlossen, Widerstand
zu leisten.[5] Zu dieser Zeit stand Bocskay bereits in Briefkorrespondenz mit
Gábor Bethlen, dem Anführer der siebenbürgischen Emigranten im osmanischen Reich. Der junge Bethlen anerbot Bocskay die Fürstenwürde, doch
Bocskay sträubte sich vorerst dagegen, Verbündeter der Osmanen zu werden.
Nach zahlreichen Korrespondenzen und mehreren Verhandlungen hatte sich
Bocskay dennoch entschlossen, sich an die Spitze des adligen Aufstandes zu
stellen.[6] Seine anfänglich bescheidene militärische Operation vom Oktober
1604 gegen General Giovanni Giacomo Barbiano, Graf von Belgiojoso, führte
schliesslich zu einem grossartigen Siegeszug, in deren Verlauf ihm auch die
Städte Oberungarns die Tore öffneten. Am 12. November 1604 zog Bocskay in
Kaschau ein, von wo aus er seinen ersten Aufruf an die Stände Ungarns richtete
und gleichfalls die Gründe für seinen Aufstand darlegte. Er drückte es so aus:
Er habe „das Schwert ergriffen zur Erhaltung seiner selbst, der ungarischen
Nation und deren Religion, sowie der Freiheit der Heimat, all dies bedenkend,
was ein christlicher Ungar seiner Heimat und Nation schuldig wäre."[7] Damit
war der Kampf Bocskays zum Anliegen einer ganzen Nation geworden.

Die meisten ungarischen Magnaten schlossen sich Bocskay freilich erst

---

4 Vgl. MOLNÁR, Bocskay, 33ff; BUCSAY, Protestantismus I, 146.
5 Vgl. SZABÓ, Inhalt, 319; RÉVÉSZ, Reformation, 92.
6 Vgl. MOLNÁR, Bocskay, 63–81; BUCSAY, Protestantismus I, 147f; VERESS, Grundsätze, 53f.
7 Propositiones Ill. Dom. Dom. Steph. Bocskay [...], November 1604, in: MOLNÁR, Bocskay, 73f
(Übersetzung); vgl. VARGA, Humanism, 306ff.

nach dessen siebenbürgischer Fürstenwahl vom 21. Februar 1605 an. Es ist insbesondere an István Báthory von Ecséd, ein zutiefst gläubiger „Calvinist" und Förderer der Reformation,[8] oder an István Illésházy, auch er ein Förderer der Reformation und des humanistischen Schulwesens,[9] später zum ersten protestantischen Palatin Ungarns gewählt, zu denken; ferner sind Zsigmond Rákóczi, Bálint Hommonai Drugeth, Miklós Dersffy oder Ferenc Mágocsy zu erwähnen.[10] Auf dem von ihm nach Szerencz einberufenen Landtag vom 20. April 1605 wurde er offiziell zum „illustrissimus princeps" Ungarns gewählt; weit massgebender auf diesem Landtag war allerdings der Beschluss der Gleichberechtigung der verschiedenen Bekenntnisse („Religionsfreiheit").[11] Dieser Beschluss erstaunt freilich nicht, wenn wir bedenken, dass um die Jahrhundertwende die grosse Mehrheit der ungarischen Magnaten und Adligen, die im Landtag vertreten waren, dem reformierten Bekenntnis angehörten. Der anschliessende „Aufstand"[12] Bocskays, zu dessen Sieg die „calvinistischen" Haiducken wesentlich beigetragen haben, endete im Wiener Frieden vom 23. Juni 1606, der das legislative Recht des ungarischen Landtages, die Macht der von ihm gewählten Beamten und die Religionsfreiheit für den Adel, die Städte und die Soldaten der Grenzburgen garantierte.[13]

Bis heute ist die Forschung geteilter Meinung, ob Bocskay und seine „Gesinnungsgenossen" durch das in der ungarischen Goldenen Bulle von 1222 verbriefte Widerstandsrecht motiviert waren, oder ob für sie die diesbezüglichen Hinweise in der *Institutio* Calvins und die Lehren von Théodore de Bèze ausschlaggebend gewesen waren.[14] MOLNÁR hält in seiner Schlussbetrachtung fest, dass Bocskays Denkweise sowohl von mittelalterlichen Vorstellungen geprägt gewesen sei als auch vom Calvinismus. „Sehr auffallend ist, dass er in seinen Briefen kein einziges Mal vom calvinistischen Widerstandsrecht oder von Calvin selbst spricht." Dennoch erkennt MOLNÁR am Ende seiner Studie, dass die ihn umgebenden „Calvinisten", insbesondere Péter Alvinczi, zweifelsohne Einfluss auf Bocskay ausgeübt hätten, so dass das Bewusstsein in ihm entstanden sei, „ein von Gott auserwählter Mensch zu sein, dessen Aufgabe es war, seine Nation vor dem Untergang zu retten."[15]

Aus unserer Sicht sollen hier einige weitere Überlegungen angeführt werden, die die angezeigte Tendenz von MOLNÁR unterstreichen möchten. Wenn

---

8 Zur Unterscheidung des Magnaten István Báthory († 1605) von dem siebenbürgischen Fürsten István Báthory († 1586) vgl. oben S. 319 (Anm. 196).
9 Vgl. SAKTOROVÁ, Bibliothek, 166 f.
10 Vgl. MOLNÁR, Bocskay, 95.
11 Vgl. MOLNÁR, Bocskay, 82 f; BUCSAY, Protestantismus I, 148; RÉVÉSZ, Reformation, 92.
12 In der zeitgenössischen Literatur wird Bocskays Aufstand nicht als „Freiheitskampf" bezeichnet (vgl. SZABÓ, Inhalt, 328ff).
13 Vgl. SZABÓ, Inhalt, 321; HANÁK, Geschichte Ungarns, 62; BUCSAY, Protestantismus I, 148; RÉVÉSZ, Reformation, 92; vgl. oben S. 258 f.
14 Vgl. FATA, Einflüsse, 71; MOLNÁR, Bocskay, 20–28; BUCSAY, Präsenz, 212.
15 MOLNÁR, Bocskay, 235 f.

wir die Korrespondenz von Bocskay untersuchen, so fällt es auf, dass er sich in allen Briefen auf die göttliche Hilfe und Unterstützung beruft. Da der Mensch als ein Instrument der göttlichen Gnade verstanden werde, gehöre der Erfolg bei den Kämpfen immer nur Gott, ja sei seiner unendlichen Barmherzigkeit zuzuschreiben.[16] Bocskays Briefe zeugen damit von einer tiefen Frömmigkeit, die allerdings mit einem starken Nationalbewusstsein gekoppelt war. Diese Feststellung belegt, dass der persönliche Glaube für Bocskays Handeln – seinen „Aufstand" – massgebend und richtungsweisend gewesen ist. Dass es sich bei diesem Glauben ganz spezifisch um den reformierten Glauben handelte, zeigt sich daran, dass die lutherischen Städte sich zur Widerstandsfrage kritisch stellten, denn die lutherische Geschichtsauffassung spornte nicht zu einem antiosmanischen Kampfe an.[17] Der Vergleich macht offenkundig, dass der persönliche Glaube eine weit grössere Bedeutung als althergebrachte Rechte einnahm, dass also primär das Bekenntnis wesentliche Voraussetzung für den Entscheid zum aktiven Widerstand bildete, und nicht die Goldene Bulle von 1222. Ansonsten hätten sich ja die lutherisch gesinnten Städte gleichfalls bedenkenlos der gewalttätigen Obrigkeit entgegensetzen können.

Weiter ist zu bedenken, in welchem geistigen Umfeld sich Bocskay befand, insbesondere nachdem sich die adligen Magnaten auf seine Seite geschlagen haben. So las beispielsweise Magnat István Báthory, jahrzehntelang Feldherr in schweren Schlachten gegen die Türken, Werke von Calvin, de Bèze und Zanchi, und entwickelte sich in der Folge zu einem tüchtigen und eifrigen Schriftsteller der reformierten Orthodoxie.[18] Gemäss NAGY ist Báthory der wichtigste Zeuge dafür, dass der Aufstand Bocskays auch durch echt reformierte Freiheitsideen motiviert war.[19] Neben Báthory stammten auch mehrere andere Persönlichkeiten aus einem ähnlichen geistesgeschichtlichen Hintergrund. So scharte Bocskay beispielsweise mehrere Prediger um sich, die mehrheitlich reformiert, wenn nicht gar dezidierte „Calvinisten" waren.[20] Unter ihnen ist auch Péter Alvinczi (1570–1634), der später bedeutendste Gegner von Péter Pázmány, zu erwähnen, der seit 1605 als Hofprediger bei Bocskays auf dessen Burg Kereki, bei Nagykereki, wirkte und zu seinem wichtigsten Vertrauten gehörte; er übte in religiöser und politischer Hinsicht auf Bocskay den wohl grössten Einfluss aus.[21] Diese nur angedeuteten personen- und geistesgeschichtlichen Hinweise machen offenkundig, inwiefern

---

16 Vgl. István Bocskay an die oberungarischen Komitate, 1. Dezember 1604, in: MOLNÁR, Bocskay, 76 f; István Bocskay an István Báthory von Ecséd, 20. März 1605, in: MOLNÁR, Bocskay, 97 f; u.s.w.

17 Vgl. FATA, Einflüsse, 69 ff; MOLNÁR, Bocskay, 82.

18 Leider sind zahlreiche Schriften von Báthory dem Freiheitskampf von 1848/49 zum Opfer gefallen; trotzdem konnten, neben seinem Testament und der Korrespondenz, einige Fragmente und Dokumente erhalten werden (vgl. NAGY, Quellenforschungen, 197 f).

19 Vgl. ibidem, 198.

20 Vgl. SZABÓ, Inhalt, 331.

21 Vgl. MOLNÁR, Bocskay, 235 f. 263.

das reformierte Bekenntnis bzw. die calvinische Widerstandslehre Bocskays „Aufstand" mitbeeinflusst haben. Ein diesbezüglich besonders interessanter Hinweis ist ein Zeugnis des ungarischen Humanisten Johannes Filiczki aus der Zips, der später Professor am Kollegium in Sárospatak geworden ist. In einem Brief vom 25. April 1605 beurteilte Filiczki den Aufstand als einen „religionis bellum", als einen Kampf um die protestantische Religionsfreiheit.[22] Es ist zwar abzulehnen, dass Bocskay den Aufstand als einen religiös motivierten Krieg (*religionis bellum*) verstanden hat, dennoch scheint es unumstritten, dass er und sein Kreis den Aufstand auch auf dem Hintergrund ihres reformierten Bekenntnisses begriffen haben. Keineswegs führte aber Bocskay infolge seines Bekenntnisses einen Konfessionskrieg, denn das Gut der *Religionsfreiheit* – bezeugt im Landtag zu Szerencs (1605) und im Wiener Frieden (1606) – stand für ihn an zentraler Stelle. Er erkämpfte die Religionsfreiheit auch für die Nicht-Ungarn und für die Nicht-Reformierten im Reich der Stephanskrone.

Es steht ausser Zweifel, dass Bocskay, sei es nun dank seines persönlichen Umfeldes oder sei es infolge seiner bekenntnismässigen Bildung, die calvinische Widerstandslehre gekannt haben musste; dass er oder seine Gesinnungsgenossen aber, wie dies Kálmán BENDA nachzuweisen versucht,[23] von derselben direkt Gebrauch gemacht haben, um den Aufstand zu legitimieren, ist vielleicht doch kritisch zu hinterfragen.[24] Dennoch bleibt es eine Tatsache, dass seit dem siegreichen „Aufstand" Bocskays die Treue für den reformierten Glauben und die Treue zu der Freiheit und der Verfassung des Landes für die Reformierten Ungarns eine untrennbare Einheit bildeten. In Siebenbürgen ist daraus gar das sogenannt „calvinistische" Fürstentum entstanden.

Bemerkenswerterweise haben die in aller gebotenen Kürze geschilderten Ereignisse mehrheitlich während des „langen Türkenkrieges" stattgefunden. Die Türkengefahr war damit ein weiteres Mal „Ermöglichungsgrund", dass das reformierte Bekenntnis weitere, insbesondere auch politische Legitimation in ganz Ungarn erlangen konnte. Das Religionsgesetz von 1608 bildete insofern den – vorübergehenden! – Abschluss der konfessionellen Auseinandersetzungen im Reich der Stephanskrone und ermöglichte damit auch den Eintritt der reformierten Kirche in das Zeitalter der reformierten Orthodoxie.

---

22 Vgl. Johannes Filiczki an N.N. [Studienfreund], 20. April 1605, in: BENDA, Filiczki, 85–88.
23 Vgl. BENDA, Impact, 31–38.
24 Insofern stimme ich András Péter SZABÓs vorsichtiger Haltung durchaus zu (vgl. SZABÓ, Inhalt, 338 f).

4. Zusammenfassung

Die ungarisch-schweizerischen Kontakte äusserten sich in der zweiten Hälfte des 16. Jahrhunderts in vielfältiger Weise. Einerseits waren es humanistische, andererseits theologische Kontakte. Die humanistischen Kontakte konzentrierten sich in ihrer grossen Mehrheit auf Basel, das bis zum Tode der grossen Buchdrucker Oporin und Perna ein europäischen Zentrum der Buchdruckerkunst war, die theologischen bis in die 1580er Jahre auf die Reformationsstädte Genf und Zürich, im Übergang zum 17. Jahrhundert auf alle reformierten Orte der Schweiz.

Im Bereich „Humanismus" erwiesen sich die ungarisch-schweizerischen Kontakte insofern als vielfältig, weil bedeutende ungarländische Humanisten wie Johannes Sambucus, András Dudith, Georg Henisch, Tamás Jordán oder Christoph Preyss in den Bereichen Historiographie, Altertumswissenschaft und Naturwissenschaft verschiedene Schriften – die unabhängig ihres Inhaltes als *Hungarica* bezeichnet werden – drucken liessen oder zur Herausgabe derselben wichtige Beiträge bzw. Handschriften beisteuerten. Wichtige Schweizer Gelehrte, die mit ungarländischen Humanisten Kontakt gepflegt haben, waren neben den bekannten Basler Buchdruckern unter anderem der Zürcher Universalgelehrte Konrad Gessner, der Basler Hebraist und Kosmograph Sebastian Münster sowie die Basler Ärzte Theodor Zwinger und Johann Nikolaus Stupan. Wegen des „toleranten" Rufes der Universität kamen auch verschiedene italienische Nonkonformisten nach Basel, öfters Ärzte, von denen mehrere nach Mähren, Polen und Siebenbürgen weiterzogen. Gerade unter den Ärzten fanden sich immer wieder Gelehrte, die ein undogmatisches Christentum vertraten, oft allerdings nikodemitisch lebten. Nicht so die bekannten Ärzte Francesco Stancaro und Giorgio Biandrata, die in Kleinpolen und Siebenbürgen zur Gründung „unorthodoxer" Kirchen beitrugen.

Mit Blick auf die theologischen Kontakte ist grundsätzlich festzuhalten, dass diese keineswegs von den humanistischen Kontakten getrennt werden können. Mehrere ungarische Humanisten – wir denken beispielsweise an András Dudith – pflegten mit Vertretern der schweizerischen Reformation auch theologische Kontakte. Weiter ist festzuhalten, dass die theologischen Kontakte sich keineswegs auf die Person Heinrich Bullingers bzw. auf seine Korrespondenz reduzieren lassen. Vielmehr betrafen dieselben den ganzen schweizerischen Kulturraum, und manifestierten sich vor allem in der Briefkorrespondenz, dem Buchdruck und der Studentenperegrination.

Die Auswertung der Handschriften, vor allem Briefe und theologische Entwürfe, hat offenbart, dass das Interesse der reformatorischen Kirchen Ungarns und Siebenbürgens an der schweizerischen Reformation sich durch das Bekanntwerden des *Consensus Tigurinus* (1549) sowie durch die Verbreitung von

Bullingers *Libellus* (1551), gerichtet an die ungarischen Kirchen und Pastoren, deutlich intensiviert hat. Der Buchtransfer von reformatorischen *Helvetica* – es ist dabei sowohl an Lehrschriften wie Calvins *Institutio* oder Bullingers *Decades*, an katechetische Schiften oder Bekenntnisse, wie auch an Bibelkommentare aus der Feder von Calvin, Musculus, Gwalther oder Bullinger zu denken – war weiter dafür verantwortlich, dass im Laufe der 1550er Jahre die „reformatorische Einheit" in dem Sinne auseinanderbrach, dass sich die lutherische Richtung – vor allem in den deutschsprachigen Gebieten in der Zips und Siebenbürgens bevorzugt – von der „vermittelnden" Richtung der ungarländischen Reformation, wie sie sich seit den 1530er Jahren im Gespräch mit dem Humanismus entwickelt hate, abspaltete. Hingegen nahmen die ungarischen Reformatoren den „vermittelnden" Melanchthon für sich in Anspruch und identifizierten den „Philippismus" mit der helvetischen Richtung der Reformation.

In der Auseinandersetzung mit der Ausbreitung des Antitrinitarismus in Siebenbürgen wurde die reformierte Kirche des Partium, Siebenbürgens und in Teilen Oberungarns entscheidend geprägt. Auf verschiedenen Synoden zwischen 1562 (Tarcal) und 1570 (Csenger) wurde nicht nur unmissverständlich die Zugehörigkeit zur schweizerischen Reformation – kraft der Rezeption des Genfer Katechismus (1542/45), von de Bèze' *Confession de foy* (1559) und Bullingers *Confessio Helvetica posterior* (1566) – formuliert, sondern auch der Zusammenhalt der reformierten Kirchen im ganzen Reich der Stephanskrone gestärkt. Es ist das grosse Verdienst von Péter Melius Juhász, dass er der ungarischen Kirche diese Identität gab und die Kontakte zur helvetischen Richtung der Reformation festigte. Die Unterstützung der ungarischen reformierten Kirche durch Schriften und Briefe von Vertretern der schweizerischen Reformation, insbesondere Bullingers und de Bèze', und die spezifische Einflussnahme derselben auf wichtige ungarische Magnaten befähigte zudem die reformierten Kirchen weiter, sich gegenüber dem Antitrinitarismus Siebenbürgens, dem Luthertum Oberungarns, den Türken Mittelungarns und dem Katholizismus Westungarns zu behaupten.

Eine zentrale Rolle für diese Entwicklung spielte auch die Peregrination ungarischer Studenten nach Wittenberg. An der Universität Wittenberg herrschte über Jahrzehnte der „Philippismus" vor, vor allem aber vertrat der *Coetus ungaricus* gemäss seinem Bekenntnis eine „kryptocalvinistische", vermittelnde Haltung. So erstaunt es nicht, dass in Wittenberg regelmässig Werke von Calvin und de Bèze gelesen worden sind. Dies führte letztlich dazu, dass zwischen Wittenberg, Genf und Basel, teilweise auch Zürich, ein intensiver Wissens- und Personenaustausch stattgefunden hatte. Mehrere ungarische Studenten suchten von Wittenberg aus Genf, Basel oder Zürich auf und vertieften die ungarisch-schweizerischen Kontakte in vielfältiger Weise. Dazu gehörten auch immer wieder Kontaktvermittlungen. So wandte sich beispielsweise der ehemalige Wittenberger Student und Humanist Sebastian Ambrosius Lam, der in Oberungarn wegen seines „Kryptocalvinismus" heftigen Anfeindungen ausgesetzt war, seit den 1580er Jahren an de Bèze in Genf, Grynaeus in Basel sowie Stucki in Zürich und erbat von den „helvetischen" Glaubensgeschwistern Unterstützung, Ratschlag sowie Gebet.

Die Bedeutung der ungarisch-schweizerischen Kontakte zeigt sich besonders eindrücklich im Niederschlag zentraler Themata reformierter Theologie in der ungarischen Reformationsliteratur. Dabei lässt sich feststellen, dass in ungarischen Katechismen formale Kriterien wie die „reformierte" Anordnung der Hauptartikel nicht konsequent angewandt wurden, die Lehre selbst aber sehr wohl innere Konsequenz hatte und eine klare Ausrichtung, und zwar in einem vermittelnden Sinne entsprechend der helvetischen Richtung der Reformation, besass. Wichtige theologische *Loci* reformierter Theologie in der ungarischen Reformationsliteratur sind – und dies ist gegenüber der bisherigen Ansicht in der Forschungsliteratur ein deutlicher Erkenntniszuwachs – die Erkenntnislehre, die Praedestinationslehre in zürcherischem Sinne, die Bundeslehre sowie die Sakramentslehre. Am eklatantesten zeigt sich aber der Einfluss der schweizerischen Reformation in der Abendmahlslehre, die in den verschiedensten Bekenntnissen Ungarns und Siebenbürgens in bemerkenswerter Übereinstimmung mit dem helvetischen Bekenntnis formuliert ist. Konstitutives Element ist dabei insbesondere das Zusammenwirken des Heiligen Geistes und des Glaubens für die Wirksamkeit der Sakramente, wie Bullinger und Calvin es im *Consensus Tigurinus* festgehalten haben. Die Vertreter der ungarischen Reformation erkannten damit, wie bereits a Lasco, Bucer, Melanchthon, Farel oder Vermigli, im *Consensus Tigurinus* ein einendes, „vermittelndes" Dokument, das ihrer eigenen Ablehnung von Extrempositionen – wir denken beispielsweise an die Schriften von István Szegedi Kis – durchwegs entsprach. Gleichzeitig ist es zu betonen, dass die ungarisch-reformierte Kirche in ihrem theologischen Denken sich in vielen Fragen eigenständig und unabhängig, gerade auch gegenüber der theologischen Vätern wie Bullinger, Calvin und de Bèze, entwicklet hatte.

Seit dem Amtsantritt von Johann Jakob Grynaeus übernahm die Buchdruckerstadt Basel, die unter dem Antistitium von Simon Sulzer lutheranisierende Tendenzen angenommen hatte, erneut eine zentrale Funktion für die ungarisch-schweizerischen Kontakte im Bereich „Theologie", d. h. für die weitere Konsolidierung des helvetischen Bekenntnisses in Ungarn. Grynaeus war besonders darum bemüht, Schriften zweier bedeutender ungarischer Reformatoren herauszugeben, einerseits von dem grossen Systematiker István Szegedi Kis († 1572), andererseits von dem Sárospataker Lehrer Iszák Fegyverneki († 1589). Szegedi Kis' *Theologiae sincerae Loci communes* sowie Fegyvernekis *Enchiridion locorvm commvnium theologicorvm* prägten während Jahrzehnten die Ausbildung von reformierten Theologen Ungarns und Siebenbürgens, und die Bedeutung dieser beiden Werke für die Formierung und innere Stärkung des ungarischen Reformiertentums in der Zeit der katholischen Restauration ist kaum zu überschätzen. Gleichzeitig nahm der Druck dieser Werke im Übergang zum 17. Jahrhundert eine Schlüsselstellung für die weitere Konsolidierung der ungarisch-schweizerischen Kontakte ein.

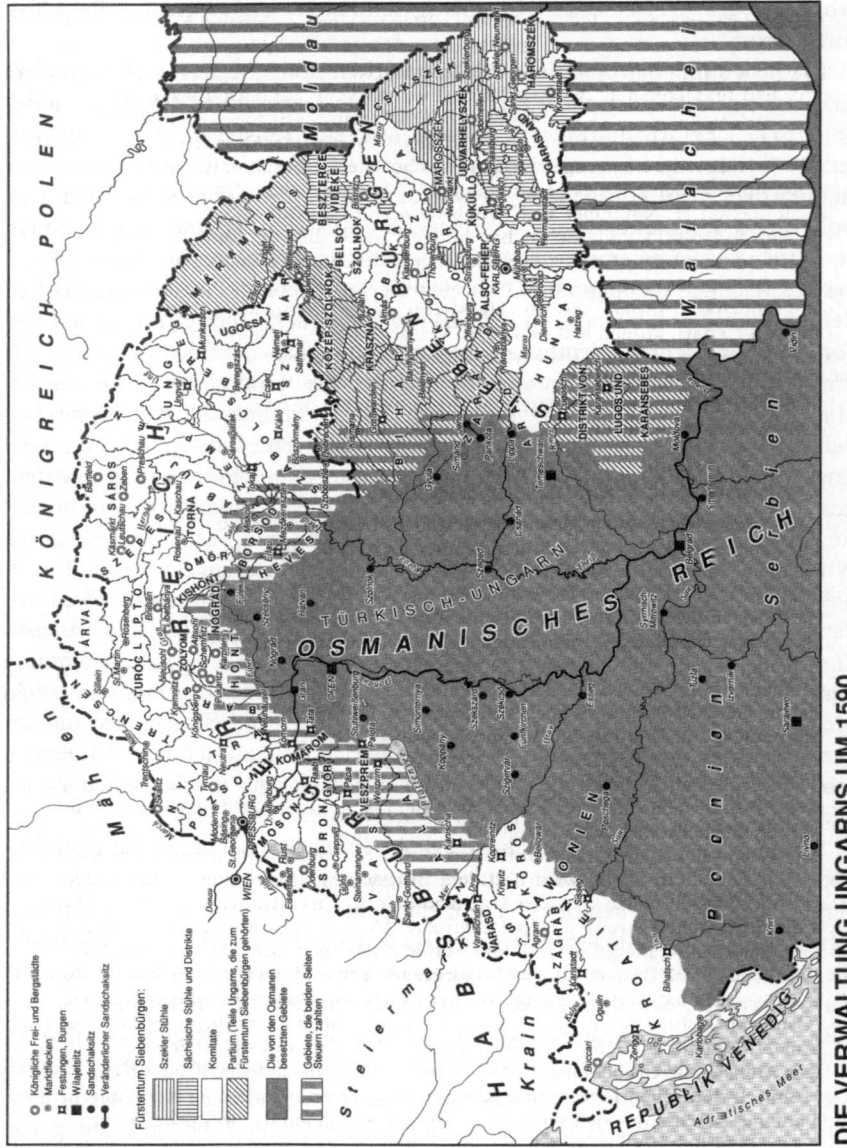

Abb. 3: Die Verwaltung Ungarns um 1590.
(aus: ISTVÁN GYÖRGY TÓTH (Hg.), Geschichte Ungarns, Budapest 2005, 230).

Die Bedeutung der ungarisch-schweizerischen
Kontakte im Jahrhundert
der reformierten Orthodoxie

Am 23. Januar 1606, also noch vor dem Wiener Friedensvertrag, wendet sich Péter Pázmány (1570–1637) an István Beythe, reformierter Pfarrer in Güssing, um sich gegenüber Beythe zu rechtfertigen:

Miratus sum, et vix etiamnum in animum induxi meum, te ea aetate, eo rerum usu, in eo haesisse. Principio enim, si singula caute dispicias, videbis, me nihil ea de re affirmasse. Docui evidenter, plerosque veterum ac recentiorum haeresiarcharum, daemonis commercio infames fuisse. Docui ex ipsis Lutheri et Zwinglii scriptis, primum lutheranismi ac sacramentarii dogmatis magistrum daemonem fuisse. Docui, tota vita, in morte, post obitum, vel Luthero, vel ejus cadaveri, familiariter adhaesisse malos genios [...][1]

Beythes Vorwurf, dessen Brief aber nicht mehr erhalten ist, muss der gewesen sein, dass Pázmány als ursprünglicher Anhänger der Reformation nun gegen die Protestanten vorgehe. Tatsächlich war Pázmány, geboren in Grosswardein, Sohn reformierter Eltern. Unter dem Einfluss seiner katholischen Stiefmutter und des Jesuiten István Szántó nahm er aber im Jahre 1583 den katholischen Glauben an und trat in das Jesuitenkollegium in Klausenburg ein. Nach Studien in Krakau, Wien und Rom wirkte er seit 1597 in Graz als Professor für Philosophie, seit 1603 für Theologie. Gleichzeitig war er Missionsprediger in seiner Heimat, später in Kaschau. Seit 1616 war er Erzbischof von Gran, mit Sitz in Tyrnau. Er war der bedeutendste Vertreter der katholischen Restauration im königlichen Ungarn.[2]

Pázmány versuchte in seinem Brief Beythe davon zu überzeugen, dass Luther, und auch Zwingli und Calvin, den Kirchenvätern, allen voran Augustin, widersprechen würden. Gerade die Reformatoren haben sich ja wieder und wieder auf die Kirchenväter berufen. Und auch Péter Melius Juhász hat in seiner *Confessio Catholica* (Debrecen 1562) durch die fast zahllosen biblischen Zitate und Hinweise auf Kirchenväter – namentlich Augustin, Hieronymus, Ambrosius, Chrysostomus, Cyrill, Cyprian oder Lombardus – die Katholizität

---

1 Péter Pázmány an István Beythe, 23. Januar 1606, in: PÁZMÁNY, Levelezése, 8.
2 Im Jahre 1619 gründete Pázmány in Tyrnau eine Erziehungsanstalt für Katholiken, 1623 in Wien das Pazmaneum (1761 nach Tyrnau verlegt) und in Tyrnau das Adalbertinum als Priesterseminar. In Pressburg gründete er für die Jesuiten eine theologische Schule mit Studentenheim und in Neuhäusl (Nové Zámky, SK) und Kremnitz Klöster für die Franziskaner. 1635 gründete er in Tyrnau die erste (katholische!) Universität im Reich der Stephanskrone, die 1777 nach Budapest verlegt wurde (vgl. oben S. 56 [Anm. 5]). Zu Pázmány vgl. TRENCSÉNYI, Patriotism, 521–525; HARGITTAY, Pázmány, 1–436; BITSKEY, Pázmány; BUCSAY, Protestantismus I, 164ff; FRANKL, Pázmány.

des reformierten Glaubens zu beweisen versucht.[3] Pázmánys Ausführungen trafen also das eigene Verständnis der reformierten Kirche empfindlich. Auch in seiner Streitschrift *Az nagi Calvinus Ianosnac hiszec egy Istene* (Tyrnau 1609) zeigt Pázmány anhand der Analyse des apostolischen Glaubensbekenntnisses auf, dass Calvins Texte den grundlegenden Dogmen der Christen und der Kirchenväter widersprechen würden.[4]

Der Brief und die spätere Tätigkeit von Péter Pázmány belegen, dass trotz der im Wiener Frieden (1606)[5] verfassungsmässig festgeschriebenen Religionsfreiheit die konfessionellen Auseinandersetzungen nicht beendet waren, sondern vielmehr auf ein neues Fundament gestellt wurden. Dadurch dass die verschiedenen *Confessiones* im Übergang zum 17. Jahrhundert in den betreffenden Gebieten sich bekenntnismässig, liturgisch und kirchenrechtlich definitiv konsolidiert hatten, waren im Reich der Stephanskrone (kroatisches Banat, königliches Ungarn, türkisch besetztes Mittelungarn, Fürstentum Siebenbürgen mit dem Partium) erstmals die konfessionellen Gegebenheiten offensichtlich. Dies war aber gleichzeitig, da die Verhältnisse geklärt waren, die beste Voraussetzung, dass die katholische Restauration sich formieren konnte. Bereits dem Landtag vom September 1608 legte Pázmány ein *Memorandum* vor, in dem er in 21 Punkten die Religionsfreiheit begründete, in elf Punkten aber die Gegenargumente lieferte. Der Debreciner Historiker István BITSKEY hat dargelegt, dass Pázmány mit diesem Vorgehen darum bemüht war, einerseits die ungarische Verfassung zu respektieren, also die „Glaubensfreiheit" des mehrheitlich reformierten ungarischen Adelsstandes zu anerkennen, andererseits aber die Macht des katholischen Habsburgerkönigs langfristig zu sichern. Mitnichten habe Pázmány damit die Religionsfreiheit verteidigt, sondern sei darum bemüht gewesen, „mit Wort und Feder, mit standhafter Missionarstätigkeit, mit der Ausbildung der Priester, mit der Gründung von Schulen, mit der Unterstützung verschiedener Druckereien und Bibliotheken und mit der Verbreitung der Bildung danach zu streben, den Adel Ungarns für den Katholizismus wiederzugewinnen."[6]

Diese Hintergründe lassen erahnen, in welcher Lage der Protestantismus im königlichen Ungarn seit dem Wiener Frieden war. Trotz „Legitimierung" musste er sich gegenüber den Angriffen einer katholischen Restauration verteidigen, d.h. dass auch die reformierte Kirche zur Rechtfertigung ihres verfassungsgemässen Glaubens gedrängt worden ist. Die Ereignisse des 17. Jahrhunderts geben ein reiches Zeugnis darüber ab, dass Vertreter der „reformierten Orthodoxie" sich dieser Herausforderung zu stellen hatten. Dabei

---

3 Vgl. oben S. 425 ff.

4 Pázmány baute seinen Text aus willkürlich aus dem Zusammenhang gerissenen Zitaten aus den Schriften des Genfer Reformators auf und zog daraus teils absurde Schlussfolgerungen (vgl. BITSKEY, Jesuit, 463 f).

5 Vgl. oben S. 258 f.

6 BITSKEY, Jesuit, 463.

stellt sich die Frage, inwiefern die ungarisch-schweizerischen Kontakte für die Bewältigung dieser Herausforderung eine Relevanz hatten.

Bei der Untersuchung dieser Frage muss aber gleichzeitig bedacht werden, dass die antiprotestantische Politk der Habsburger direkt nur das königliche Ungarn betraf. Daher muss das „calvinistische" Fürstentum Siebenbürgen gesondert betrachtet werden, stellt also im Blick auf die ungarisch-schweizerischen Kontakte eine alternative Sicht dar. Solange Siebenbürgen türkisches Protektorat war, besass das Fürstentum weitgehende Autonomie, obwohl das Haus Österreich seit 1526 die Rückeroberung desselben konsequent verfolgt hatte. Das Fürstentum blieb vorerst auch von den energischen Rekatholisierungsbestrebungen des absolutistischen Kaisers Leopold I. – er war verantwortlich für die Pressburger Blutgerichte – verschont. Erst mit dem Tod von Fürst Mihály I. Apafi (1621–1690) gelang es dem Hause Habsburg, nachdem sowohl die Türken wie auch Habsburg sich des Fürstentums zu bemächtigen versucht hatten, das Fürstentum einzunehmen. Wenn auch das auf dem Landtag in Fogarasch (1691) vorgelegte und auf dem Landtag in Hermannstadt (1692) angenommene *Diploma Leopoldinum* weiterhin die Beibehaltung des gesamten Besitzstandes der Stände und der Kirchen, der siebenbürgischen Landesgesetze sowie die Rechte der vier anerkannten „Religionen" gewährleisten sollte, wurde Siebenbürgen mit dem *Diploma Leopoldinum* faktisch zur habsburgischen Provinz, da der Kaiser das eroberte Gebiet *de jure belli* in Besitz genommen hatte und es als sein persönliches Eigentum betrachtete.[7]

Im Zeitalter der Orthodoxie, sprich im 17. Jahrhundert nach dem Wiener Frieden (1606), haben wir es also mit zwei klar unterscheidbaren Grössen zu tun: Einerseits mit dem königlichen Ungarn inklusive kroatisches Banat, andererseits mit dem Fürstentum Siebenbürgen inklusive Partium.[8] Das Grenzgebiet zwischen dem Partium und der Zips gehörte dem königlichen Ungarn an, war aber nach dem Frieden von Nikolsburg (Mikulov, CZ) vom 31. Dezember 1621 zeitweise in siebenbürgischem Besitz,[9] insbesondere auch während der Herrschaft der Fürsten Rákóczi,[10] die seit dem 17. Jahrhundert in Sárospatak ihren Familiensitz hatten.[11] Während im königlichen Ungarn die reformierte Kirche sich innerlich und äusserlich gegen die ständigen Übergriffe Habsburgs zu verteidigen hatte, wurden im Fürstentum das reformierte Bekenntnis und die Kontakte zu anderen reformierten Gebieten Europas

---

7 Vgl. Bernhard, Funktion, 824 f; Roth, Diploma, 5–10.
8 Das nach dem Vertrag von Speyer (1570) dem Fürstentum Siebenbürgen zugefallene Partium besass weitgehende Autonomie; freilich war dies für die weitere Konsolidierung der Reformation im ganzen Partium eine günstige Voraussetzung (vgl. oben S. 94 [Anm. 13]).
9 Vgl. Fata, Ungarn, 190 f; Bucsay, Protestantismus I, 170 ff. Dementsprechend wird dieses Grenzgebiet, je nach Sachverhalt, im Rahmen der Darstellung über das königliche Ungarn bzw. über Siebenbürgen behandelt.
10 Zur Fürstenfamilie Rákóczi vgl. Monok, Könyvtárai, XXXIff. 277 ff.
11 Der türkisch besetzte Mittelteil wird in diesem Kapitel nur ganz am Rande betrachtet; dazu bedürfte es noch weiterer grundlegender Studien (vgl. Fata, Ungarn, 255–259).

systematisch unterstützt. Trotz dieser kirchenpolitisch sehr verschiedenartigen Situation der reformierten Kirchen „Ungarns" und „Siebenbürgens" wurden die Gebiete darin geeint, dass die Beziehungen derselben zu den reformierten Kirchen der Schweiz im Hinblick auf die abschliessende Formulierung der reformierten Orthodoxie in der *Formula Consensus Helvetica* (1675)[12] basierten, sich also inhaltlich definierten. Die Auflösung der reformierten Orthodoxie, eingeleitet durch die frühaufklärerischen Einflüsse, bildet denn auch die obere Zeitgrenze dieses letzten Kapitels. Es liegt in der Natur der Sache, dass ein genauer Zeitpunkt dieser oberen Zeitgrenze nicht genannt werden kann. Ein massgebender Aspekt scheint aber immerhin der Moment zu sein, wo die Auseinandersetzung mit der *Confessio Helvetica posterior* eine apologetische Funktion zur kirchlichen Abwehr des Eindringens von aufklärerischen Ansichten der Theologie übernahm.[13]

Das vorliegende Kapitel umfasst also das 17. Jahrhundert, wobei die obere Zeitgrenze im Umkreis der „Trauerdekade" (1671 – 1681)[14] anzusetzen ist. Die Fragestellung bleibt die gleiche wie in den vorangehenden Kapiteln: Welche Bedeutung nahmen die ungarisch-schweizerischen Kontakte in dieser Zeit für die weitere Konsolidierung und Entwicklung der reformierten Kirche Ungarns und Siebenbürgens ein?

Gleichzeitig ist festzuhalten, dass im 17. Jahrhundert, im Vergleich mit dem 16. Jahrhundert, eine grosse Quellenarmut vorliegt, teilweise durch den Verlust von Quellen zur Zeit des 30jährigen Krieges und des anschliessenden Absolutismus bedingt. Daraus ergibt sich notwendigerweise, dass die Betrachtungsmethode im vorliegenden Kapitel um einiges weniger komplex ist. Die geistesgeschichtlich relevanten Kontakte des reformierten Protestantismus der Schweiz mit Ungarn und Siebenbürgen können aufgrund der Quellenarmut oft nicht in gleicher Tiefe zusammen mit denjenigen anderer reformierter Gebiete Europas betrachtet werden.[15] Zudem ist zu betonen, dass sich der Wissensaustausch aufgrund der politischen Umstände des 17. Jahrhunderts um ein vieles schwieriger als im vorangehenden Jahrhundert gestaltete.

---

12 Zur Entstehung, Theologie und Geltung der *Formula consensus* (1675) vgl. KOCH, Zeitalter, 124 – 127; PFISTER, Kirchengeschichte II, 486 – 498; GEIGER, Kirche, 99 – 139.

13 Vgl. BERNHARD, Funktion, 827 ff; JUHÁSZ, Glaubensbekenntnis, 104 ff; NAGY, Geschichte Confessio, 128 f.

14 Pál Okolicsányi bezeichnete die Jahre 1671 – 1681 erstmals als „persecutio decennalis" (PÁL OKOLICSÁNYI, Historia Diplomatica de statu religionis evangelicae in Hungaria. In tres periodes distincta [...], [Frankfurt a.M.] 1710, 51).

15 So wird z. B. die Bedeutung Schlesiens für die weitere Konsolidierung der reformierten Kirche in den Ländern der Stephanskrone nicht grundsätzlich untersucht, sondern nur dann, wenn es sich aus dem direkten Zusammenhang der ungarisch-schweizerischen Kontakte ergibt.

1. Die reformierte Orthodoxie zur Zeit der katholischen Restauration (1600 – 1650)

1.1 Das reformierte Bekenntnis im königlichen Ungarn

Der längerfristige Erfolg des Jesuiten Péter Pázmány am Vorabend des Dreissigjährigen Krieges ist nur in einem grösseren europäischen Kontext verständlich. Zwar hatte der Augsburger Religionsfrieden (1555) seit mehr als 60 Jahren den Ausbruch eines grösseren europäischen Religionskrieges erfolgreich verhindert, aber das konfessionelle Klima hatte sich seit dem Amtsantritt von Kaiser Rudolf II., der bis 1608 als Rudolf I. König von Ungarn war und den Protestanten deutlich weniger freundlich als Maximilian II. († 1576) gesinnt war, erheblich verschlechtert. Schliesslich hinderte Rudolfs Nachfolger, König Matthias II. (1608 – 1619), die Jesuiten nicht, die im Religionsgesetz des Jahres 1608 verbrieften Rechte der Protestanten systematisch zu schmälern, und der im Wiener Frieden festgehaltene konfessionelle Frieden war zunehmend gefährdet.[1] Unterstützt wurde Matthias in seiner Haltung vom benachbarten Sigismund III. Wasa, König von Polen und Grossfürst von Litauen (1587–1632), der die Ausbreitung des Protestantismus systematisch zu verhindern suchte. In den ersten Jahren nach dem Wiener Frieden leisteten die protestantischen Stände des königlichen Ungarn, mit Unterstützung des siebenbürgischen Fürsten Gábor Bethlen, der das ungarische Königreich wiederherstellen wollte, allerdings erfolgreich Widerstand. Als aber diese „Interessensgemeinschaft" zwischen den siebenbürgischen Fürsten und den ungarischen Ständen nach dem Frieden von Nikolsburg (1621), in dem es Bethlen erneut gelang, die Vereinbarungen des Wiener Friedens von 1606 und die Gesetze des Pressburger Reichstages von 1608, so auch die Religionsgesetze, durch Ferdinand II. (1619 – 1637) bestätigen zu lassen, an Bedeutung einbüsste, war der Moment gekommen, wo Péter Pázmány, unterdessen Erzbischof von Gran, in enger Zusammenarbeit und mit voller Unterstützung des Wiener Hofes die katholische Restauration erfolgreich umsetzte.[2] Er wandte dabei dieselben Methoden (Schulen, Druckereien, Katechese, Streitschriften, u.s.w.) an, die die reformatorischen Bewegungen zum Erfolg geführt hatten. In dieser Tätigkeit gelang es ihm, die wichtigsten hochadligen Familien Westungarns zu rekatholisieren; nacheinander konvertierten die Familien Bánffy (1612), Zrínyi (1623), Batthyány (1629) und Nádasdy (1643), die im

---

1 Vgl. BUCSAY, Protestantismus I, 164 ff.
2 Vgl. FATA, Ungarn, 189 ff.

16. Jahrhundert wichtige Stützen der Reformation gewesen waren. Da sie auf ihren Gütern das bisher fremde Prinzip des *cuius regio, ejus religio* umsetzen wollten, wurden die protestantischen Prediger von ihren Gütern vertrieben oder zum Nikodemismus gezwungen.

Für den Protestantismus im königlichen Ungarn bedeutete dies eine besonders schwierige Situation. Um so existentieller waren in dieser Zeit die Kontakte mit anderen protestantischen Gebieten Europas. Seit der bahnbrechenden Studie von Grame MURDOCK sind wir über diese Kontakte – sie betrafen gemäss Murdock vor allem Deutschland, die Niederlande und England – relativ genau unterrichtet.[3] Da aber Murdocks Studie die ungarisch-schweizerischen Kontakte aufgrund von Quellenarmut weitgehend ausblendet und buchgeschichtliche Fragen nur am Rande behandelt, ist es um so wichtiger, dass wir uns der Thematik eingehend widmen.

a. Die Peregrination an Akademien[4] und Universitäten der Schweiz

Die massgebende Universität für reformierte Ungarn war seit 1592 die Universität Heidelberg, und zwar bis zu dem Zeitpunkt, als infolge der spanischen Eroberung die Universität dem dreissigjährigen Krieg im Jahre 1621 zum Opfer fiel.[5] In der genannten Zeit wirkte der Schlesier David Pareus als Professor für Altes und Neues Testament an der Universität; die Studenten aus Ungarn und Siebenbürgen besuchten regelmässig seine theologischen Kurse. Pareus hatte auf diese Weise massgeblichen Einfluss auf ihre theologische Ausbildung, auf die Entwicklung der reformierten Kirche sowie auf das Geistesleben Ungarns und Siebenbürgens.[6] Von 1600 bis 1621 studierten gut 140 reformierte Studenten aus dem königlichen Ungarn, dem Partium und Siebenbürgen in Heidelberg.[7] Interessant ist nun die Feststellung, dass nach

---

3 Vgl. MURDOCK, Calvinism, 46–76.

4 Der Einfachheit halber fassen wir auch im vorliegenden Kapitel Hohe Schulen und Akademien unter dem Sammelbegriff „Akademien" zusammen.

5 Für das reformierte Europa war die „Aufhebung" der Universität Heidelberg ein schwerer Schlag. David Pareus und Heinrich Alting berichteten seit dem Frühjahr 1621 ausführlich über die Ereignisse, unter anderem an Georg Remus zu Altdorf bei Nürnberg; bald wurden davon Kopien angefertigt, welche an andere Universitäten geschickt wurden, so auch nach Basel (vgl. Verschiedene Briefe an Georg Remus, übermacht an die Universität Basel, UBB: G I 19, 86ff). Rückblickend berichtete auch der Groninger Professor Matthias Pasor an Johann Heinrich Hottinger in Zürich über die tragischen Vorgänge (vgl. Matthias Pasor an Johann Heinrich Hottinger, 22. Januar 1656, ZBZ: F 66, 491).

6 Vgl. HELTAI, Peregrination (2006), 65–80; FATA, Ungarn, 206 f; HELTAI, Peregrination (1999), 169–179; DERS., Kapcsolatai, 15–32; DERS., Adattár, 243–347.

7 Vgl. MURDOCK, Calvinism, 50. Die lutherischen Studenten aus dem ganzen Reich der Stephanskrone besuchten weiterhin vor allem Wittenberg. Massgeblich erfuhren die Lutheraner des königlichen Ungarn Förderung durch den reichsten Grossgrundbesitzer der heutigen Nordwestslowakei, durch Palatin György Thurzó. Als Patron der sich organisierenden lutherischen

1621 die reformierten Studenten nicht an Schweizer Akademien und Universitäten zogen, gewissermassen zum Ursprung des reformierten Bekenntnisses zurückkehrten, sondern vor allem nach Holland. Nach 1621 stieg die Zahl reformierter Studenten aus Ungarn und Siebenbürgen in Leiden und Franeker sprunghaft an: Im ersten Jahrzehnt waren 52 Ungarn in Leiden und 66 in Franeker, in den kommenden zwanzig Jahren 190 in Leiden und 200 in Franeker; dazu kamen seit 1640 weitere 140 Studenten in Utrecht, Groningen, Deventer und Harderwijk.[8] Demgegenüber finden wir in Basel gerade einmal neun Studenten bis 1621, weitere zehn bis 1630 und zwei bis 1650;[9] aus Genf ist im entsprechenden Zeitraum nur der Namen eines ungarischen Studenten bekannt,[10] aus Zürich hingegen zwei, die aber beide auch in Basel studiert haben.[11] Dass diese 22 ungarländischen (!) Studenten tatsächlich auf die geistesgeschichtliche Entwicklung Ungarns und Siebenbürgens einen nennenswerten Einfluss ausgeübt hätten, davon ist nicht notwendig auszugehen. Zu unbedeutend sind die Zahlen im Vergleich mit denjenigen, die in Heidelberg, später in Holland studiert hatten,[12] zu unbedeutend auch im Vergleich mit dem gesamten Umfang der ungarländischen Peregrination.[13] Dennoch zeigt die genauere Betrachtung der ungarländischen Studenten in Basel von

---

Kirche unterstützte er sorgsam die Auslandstudien der in seiner Umgebung heranwachsenden, begabten Jugendlichen (vgl. THURZÓ, Dokumentumok).

8 Vgl. ASCHE, Bildungsbeziehungen, 42 f; MURDOCK, Calvinism, 50. Zur ungarländischen Peregrination in die Niederlande vgl. BOZZAY, Diákok.

9 Vgl. HEGYI, Diákok, 47 f. Ergänzend zu Hegyi sind zu erwähnen: Caspar Cholius (Lám), der ursprünglich zwar aus Böhmen (Joachimsthal) stammte, aber als er in Leutschau wirkte, dank eines Stipendiums von György Thurzó 1607/08 unter anderem in Basel studieren konnte, bevor er wieder in Leutschau als Lehrer tätig war (vgl. Caspar Cholius an Georg Thurzó, 19. August 1607, in: THURZÓ, Dokumentumok, 12 f; vgl. oben S. 275 f); weiter ist auf „Fr[anciscus] Bornemiza de Colosvar Transylvanus Ungarus" zu verweisen, der nach 1629 in Basel studiert hat (vgl. Album amicorum von Hieronymus Zenoin, HMB: 1876–62[II], 96; vgl. SZABÓ, Erdélyiek, 56).

10 Es handelt sich um György Thuri (~1572–1612), Sohn von Pál Thuri und Neffe von Mátyás Thuri, die beide wichtige Vertreter des reformierten Protestantismus Ungarns waren; György Thuri hatte seit 1597 in Wittenberg studiert, sich am 29. Juli 1600 in Heidelberg immatrikuliert – hier war er als „Poeta laureatus" auch Mitglied des Heidelberger Dichterkreises – und vor seiner Heimkehr im Frühling 1601 gemäss dem *Livre du recteur* noch Théodore de Bèze in Genf besucht (vgl. SEIDEL, Späthumanismus, 229 f. 233 f. 237 f; SZABÓ, Thúri, 180–189; HELTAI, Adattár, 336; NAGY, Diákjai, 388).

11 Es handelt sich einerseits um László Mezó Szanthai, der sich auf seiner Heimkehr in Zürich aufhielt (vgl. László Mezó Szanthai an Hermann Finsterling, 28. Juli 1634, UBB: G I 5, 21), und andererseits um Michael Ausser, der sich nach Studien in Tübingen im Jahre 1642 in Zürich aufhielt und finanzielle Unterstützung erhielt (vgl. Ungarn: Allgemeine Beziehungen 1477–1728, StAZ: A 185 (1), 13); im April 1644 immatrikulierte er sich an der Universität Basel (vgl. HEGYI, Diákok, 48).

12 Weitere, eher unbedeutende Studienorte wären beispielsweise Marburg, Bremen oder Herborn (vgl. MURDOCK, Calvinism, 50).

13 Die Studien von SZÖGI weisen nach, dass zwischen 1601 und 1650 rund 2600 ungarländische Protestanten an ausländischen Akademien und Universitäten studiert haben (vgl. SZÖGI, Peregrináció-kutatás, 150 f).

1600 bis 1650 mehrere Aspekte auf, die für die Frage nach der Bedeutung der ungarisch-schweizerischen Kontakte von besonderer Relevanz sind.

Ein Blick auf die ungarländischen Studenten zeigt, dass – die Studien von György Thúri in Genf bei Théodore de Bèze sind in diesem Zusammenhang vernachlässigbar – von den 21 Peregrinanten aus dem Reich der Stephanskrone fünf an der medizinischen, fünf an der theologischen, drei an der juristischen und drei an der philosophischen Fakultät in Basel studiert haben; von weiteren fünf besitzen wir leider keine genaueren Angaben.[14] Basel wurde also nicht primär wegen theologischer Studien aufgesucht, sondern aus „humanistischen" Interessen. Weiter ist feststellbar, dass mit Sicherheit mehr als die Hälfte der Studenten aus dem heutigen Gebiet der Slowakei stammte; diese waren mehrheitlich nicht der ungarischen, sondern der deutschen und slowakischen, ja böhmischen Ethnie angehörend.[15] Über die konfessionspolitische Situation in Nieder- und Oberungarn haben wir bereits im vorangehenden Kapitel berichtet.[16] Die Nicht-Magyaren, seien es Deutsche oder Slowaken[17], waren mehrheitlich lutherisch gesinnt und besuchten, abgesehen von Ausnahmen, die Basler Universität nicht aus theologischen Interessen. So berichtete Cholius an Thurzó gar, dass er den Gottesdienst nicht „apud Calvinianos, sed Colmariae apud Lutheranos" besuchen würde.[18]

Zu Beginn des 17. Jahrhunderts nahm für oberungarische Gelehrte die Universität Basel als Studienort für nichttheologische Disziplinen also nachwievor eine gewisse Bedeutung ein. Natürlich sind in diesem Zusammenhang verschiedene Lehrer zu nennen. Das internationale Ansehen hatte die Universität zu dieser Zeit vor allem der medizinischen Fakultät zu verdanken.[19] Letztere blieb, auch nachdem 1611 in Strassburg, später in Altdorf, Kassel, Duisburg und Kiel Universitäten errichtet worden sind, ein Anziehungspunkt für ausländische Studenten. Zwischen 1600 und 1625 fanden in Basel immerhin 400 medizinische Promotionen statt.[20] So erstaunt es nicht, dass sich

---

14 Die bei einigen Peregrinanten fehlenden Angaben zu ihrer Studienrichtung (vgl. Hegyi, Diákok, 47 f) können teils durch ihre Publikationen bzw. durch ihre spätere Tätigkeit rückgefolgert werden, so z.B. bei Andreas Ziegler (med.) oder László Mezó Szanthai (theol.).

15 Es sind dies insbesondere Matheus Schwartz aus Kaschau (1601), Paul Heldt aus Leutschau (1605/06), Caspar Cholius aus Leutschau (1607/08), Benjamin Tamoriscus aus Altdorf (Spišská Stará Ves, SK) (1610/11), Johannes Filiczki aus Farksdorf (Vlková, SK) (1612/13), Paul Cramer aus Leutschau (1614), Jakob Szeleczky aus Pressburg (1615), Benedikt Zalnpaum aus Theben (Devín, SK) (1617 und 1626), Máté Csanaki aus Tyrnau (1626), Benedek Bakai aus Kaschau (1627), Ferdinand Heindel aus Pressburg (1627) sowie Michael Ascanius aus Sillein (Žilina, SK) (1636/37).

16 Vgl. oben S. 320 ff. 372 ff. 448 f.

17 So hat Thurzó insbesondere die Peregrination von slowakischen Jünglingen an lutherische Universitäten gefördert (vgl. Thurzó, Dokumentumok, 463. 467).

18 Vgl. Caspar Cholius an György Thurzó, 19. August 1607, in: Thurzó, Dokumentumok, 12 f.

19 Vgl. Bonjour, Universität, 168–187.

20 Vgl. ibidem, 243.

auch medizinische Drucke unter den Basler *Hungarica* dieser Zeit finden.[21] Prägende Gestalt dieser Jahre war der bereits erwähnte aus dem Engadin stammende bekannte Medizinprofessor und spätere Rektor Johann Nikolaus Stupan.[22] Stupan zog Studenten aus ganz Europa an. Neben Paul Cramer (1614) oder Caspar Cholius (1607/08), beide aus Leutschau, ist auch an andere Peregrinanten aus dem ostmitteleuropäischen Raum, wie z. B. an den Arzt Matthias Borbonius von Borbenheim[23] oder den Pflanzensammler Joachim Burser aus Görlitz,[24] zu denken. Insgesamt sind über 220 Disputationen bzw. Dissertationen von Studenten bekannt, die unter dem Präsidium von Stupan stattfanden.[25] Dies ist nur ein Beleg, der sich durch Beispiele aus der Jurisprudenz erweitern liesse,[26] ein Beleg dafür, dass zumindest im ersten Viertel des 17. Jahrhunderts Basel noch als späthumanistisches Kulturzentrum wahrgenommen wurde; auch die Jurisprudenz war in Basel auf einem hohen wissenschaftlichen Niveau. Die Auswertung der in Basler Offizinen erschienen Drucke dieser Zeit unterstützt die Einsicht: Zwischen 1600 und 1625 machte die Produktion von theologischer Literatur ein Viertel aus, während drei Viertel Editionen antiker Werke, medizinisch-naturwissenschaftlicher Bücher sowie politischer Literatur waren. Hingegen veränderte sich die Gewichtung in den folgenden Jahren erheblich: Bei einem gleichzeitigen Rückgang der Buchproduktion in Basel nahmen nach 1626 die theologische Literatur sowie Bibelausgaben die Hälfte der Gesamtproduktion ein.[27]

Die knappen Ausführungen zur Basler Buch- und Universitätsgeschichte, auf die wir später erneut zu sprechen kommen, belegen, dass die Theologie zu Beginn des 17. Jahrhunderts in Basel kaum eine Bedeutung einnahm. Zusammen mit dem Schlesier Amandus Polanus von Polansdorf († 1610), der

---

21 Vgl. CASPAR CHOLIUS, Disputatio Medica De Morbo Ungarico: Quam Coelesti Clementia Iuvante Sub Praesidentia Excellentissimi Viri Iohan. Nicolai Stupani […], Basel 1607; DERS., Προλεγόμενα medica De medicinae Praestantia, Certitudine, Medicorum Sectis, […] A Ioan. Nicol. Stupano ex diexodica enarratione libris de Sectis ad Tyrones summatim excerpta […], Basel 1608; PAUL CRAMER, Dissertatio inauguralis medica De colico dolore & illius symtomate paresi […], Basel 1614.

22 Zu Johann Nikolaus Stupan vgl. KOELBING, Stupanus, 628–646; JOHANN WOLLEB, Christliche Leichpredigt […] bey der Bestattung des […] Herren Joh. Nicolai Stupani, Basel 1621, 18–20. Zu weiteren Mitgliedern der Basler Ärztefamilie Stupan vgl. oben S. 273 f.

23 Vgl. MATTHIAS BORBONIUS VON BORBENHEIM, De medicorum, ut vocant, opprobrio Podagra Theses […], Basel 1597.

24 Vgl. JOACHIM BURSER, Σημειότικες particularis cap. II. De cognoscendis affectibus partium capitis extra calvariam consistentibus […] A Joan. Nicolao Stupano […] disputationibus […] dicatum […], Basel 1611.

25 Stupan gab 1614 eine über 800 Seiten umfassende Sammlung von Disputationen, die bei ihm stattgefunden haben, bei Johann Schröter heraus; darin finden sich, abgesehen von derjenigen von Cholius, sehr viele Disputationen von Studenten aus Böhmen, Mähren und Schlesien (vgl. JOHANNES NICOLAUS STUPAN, Medicina Theorica: […] summatim pro Disputationibus ordinarijs in Theses contracta […], Basel 1614).

26 Vgl. BONJOUR, Universität, 243.

27 Vgl. GUGGISBERG, Zusammenhänge, 20 ff.

seit 1596 in Basel als Professor wirkte, hatte Johann Jakob Grynaeus ja die Basler Theologie in das reformierte Lager zurückgeführt.[28] Während Polanus – er war in jungen Jahren als Erzieher im Dienst der mährischen Adelsfamilie Žierotin gestanden – vorwiegend mit Studenten aus Böhmen und Mähren korrespondiert hatte und infolgedessen die Zahl der mährischen und böhmischen Studenten, vornehmlich Angehörige der Brüder-Unität, kontinuierlich zunahm,[29] pflegte Grynaeus seit den 1580er Jahren mit mehreren ungarländischen Gelehrten und Studenten, insbesondere aus Oberungarn, Briefkontakt, um sie an die Basler Universität einzuladen.[30] Allerdings waren Grynaeus' Bemühungen weniger Erfolg als denjenigen von Polanus beschieden, und die ungarländischen Studenten suchten Basel nicht um der theologischen Studien willen auf.[31] Der erste ungarländische Peregrinant, der sich seit dem Jahre 1596 – damals hielt sich Albert Szenci Molnár vorübergehend in Basel auf[32] – zu theologischen Studien in Basel aufgehalten hat, war der Ungar Benedek Bakai aus Kaschau, der seine ersten Studien in Leiden und Oxford absolviert hatte und im Jahre 1627, also bereits eine Dekade nach Grynaeus' Tod, nach Basel kam.[33] In den nächsten Jahren folgten einige weitere reformierte Ungarn, die sich der Theologie widmeten: Ferenc Szigheti Bene (1628/1633), Péter Maksai (1628), László Mezó Szanthai (1628/1633) und Mihály Fabri Dobraviczai (1629/1633).[34] Daraufhin ist bis 1654 kein ungarländischer Peregrinant mehr bekannt, der sich in Basel (oder Genf und Zürich) theologischen Studien gewidmet hätte.[35]

Die Ausführungen illustrieren die markante Bedeutungslosigkeit Basels – sowie auch Genfs und Zürichs – für die Studien reformierter Theologiestudenten aus dem königlichen Ungarn sowie aus dem Fürstentum Siebenbürgen. Dies erstaunt, wenn wir uns an die doch recht intensiven und bedeutenden Kontakte zwischen den reformierten Kirchen Ungarns und der

---

28 Vgl. BURNETT, Reformation, 134–139. 273–278; GUGGISBERG, Zusammenhänge, 16ff; BONJOUR, Universität, 212 ff.

29 Vgl. FEJTOVÁ, Literatur, 151; GUGGISBERG, Zusammenhänge, 24ff; HRUBÝ, Etudiants, 10ff; STAEHELIN, Polanus, 43. 48. 51. 53 et passim.

30 Vgl. GRYNAEUS, Kapcsolatai.

31 Vgl. BERNHARD, Hungarica, 84 ff.

32 Es ist bekannt, dass Albert Szenci Molnár sich vom 25. bis 30. Juli 1596 und erneut am 15. November desselben Jahres in Basel aufgehalten und sich auch mit Grynaeus und Polanus getroffen hatte (vgl. SZENCI MOLNÁR, Naplója, 58. 63 f. 207. 229). Szenci Molnár pflegte später Briefkontakt mit Amandus Polanus (vgl. Amandus Polanus von Polansdorf an Albert Szenci Molnár, 28. November 1609, in: SZENCI MOLNÁR, Irományai, 328 f).

33 Vgl. HEGYI, Diákok, 48.

34 In meiner Studie über die *Basler Hungarica in der ersten Hälfte des 17. Jahrhunderts* habe ich die Viten dieser ungarischen Studenten aufgearbeitet; dennoch konnte nicht abschliessend geklärt werden, ob dieselben während all der Jahre 1628–1633 in Basel studiert haben, oder ob sie sich, wofür auch einige Quellen sprechen, ein zweites Mal immatrikuliert haben (vgl. BERNHARD, Hungarica, 95–105); vgl. unten S. 514 f.

35 Im Jahre 1654 immatrikulierte sich Augustin Mitis aus Schächtitz (Čachtice, SK) an der Theologischen Fakultät in Basel (vgl. HEGYI, Diákok, 48).

Schweiz im 16. Jahrhundert erinnern. Freilich ist zu bedenken, dass die Auswertung der Peregrinationsgeschichte nur eine partielle Sicht der ungarisch-schweizerischen Kontakte ermöglicht. Dennoch ist zu fragen, warum Basel diesbezüglich in diese – den ungarisch-reformierten Protestantismus betreffende – Bedeutungslosigkeit „abgestiegen" ist?

Basel galt bis ins 17. Jahrhundert hinein als humanistisches Kulturzentrum, das dessentwegen viele Gelehrte verschiedenster theologischer Couleurs aufgesucht hatten; während des ganzen konfessionellen Zeitalters herrschte hier gewissermassen eine humanistische Kontinuität, deren Ende allerdings mit dem Tod der Basler Buchdrucker Froben, Oporin und Perna, die nicht nur Geschäftsleute, sondern auch grosse Gelehrte waren,[36] langsam einsetzte. Seit den 1580er und 90er Jahren haben zudem die genannten Theologen Grynaeus und Polanus sich bemüht, die Stadt und auch die Lehre an der Universität konsequent der reformierten Orthodoxie zuzuführen. Auch der etwas jüngere Ludwig Lutz (1577 – 1642), der von Polanus und Grynaeus in öffentlichen Disputationen oft als Opponent beigezogen worden ist, war der reformierten Orthodoxie zugetan. Unter den Nachfolgern Sebastian Beck (1583 – 1654), Johannes Wolleb (1586 – 1629) und Theodor Zwinger (1597 – 1654) hatte die reformierte Orthodoxie schliesslich ihre volle und uneingeschränkte Dominanz in Basel erreicht. Beck nahm, zusammen mit Ludwig Lutz, an der Synode zu Dordrecht (1618/19) teil und war, gemeinsam mit Lutz und später auch mit Zwinger, wesentlich darum bemüht, der Basler Kirche mehr und mehr den Charakter einer „ecclesia dordracena" zu geben.[37] Es scheint aber, dass mit dieser Entwicklung auch die selbständige humanistische Richtung an der Universität langsam erstarb,[38] obwohl die genannten Theologen den Späthumanismus immer wieder in ihren Dienst genommen hatten. Gerade weil die Basler Kirche sich zunehmend zu einer „ecclesia dordracena" entwickelt hatte, ist tatsächlich zu fragen, warum nicht Basel, mit deren Universität ungarische Humanisten und Theologen immerhin seit 100 Jahren geistig und persönlich verbunden waren, nach 1622 an die Stelle von Heidelberg trat, sondern die Universitäten Franeker und Leiden bevorzugte Studienorte für reformierte ungarische Theologiestudenten wurden?

Natürlich gibt es verschiedene Gründe für diese Entwicklung. Einige wesentliche Aspekte sollen hier erwähnt werden. Eine interessante Feststellung ist es, dass nach 1622 die Korrepondenz von Basler Gelehrten mit ungarischen Studenten mehr als nur bescheiden war. Von letzteren sind es durchwegs

---

36 Vgl. RESKE, Buchdrucker, 70 ff. 78 f.

37 Vgl. PFISTER, Bekenntnis, 62 f; GEIGER, Kirche, 49 f. 362.

38 Dies mag mit ein Grund gewesen sein, warum nach 1619 – es ist der Nachdruck von Sambucus' *Luciani Samosatensis Opera* – während über 35 Jahren kein einziger „humanistischer", d. h. nicht theologische Fragen betreffender Druck mehr aus einer Basler Offizin kam. Erst 1655 erschien der nächste nicht-theologische Druck eines ungarländischen Studenten, die *Theses inaugurales* (Basel 1655) des Medizinstudenten Johann Christoph Knogler (vgl. BERNHARD, Hungarica, 93 ff; BERNHARD, Gelehrtenkontakte, 362 f; HEGYI, Nyomtatványai, 294. 304 ff).

Namen von solchen, die auch in Basel studiert haben. Soweit die Korrespondenz erhalten geblieben ist, hat sich kein ungarischer Student aus eigenem Antrieb brieflich an Basler Gelehrte gewandt.[39] Tatsächlich waren die Professoren Beck, Wolleb und Zwinger – im Gegensatz zu ihren Vorgängern wie Grynaeus und Polanus – weder charismatische Persönlichkeiten noch waren sie um europaweite Personenkontakte bemüht.[40] In die Geschichte der Universität sind sie jedenfalls, abgesehen davon, dass sie zur Festigung der reformierten Orthodoxie in Basel wesentlich beigetragen haben, nicht in besonderer Weise eingegangen.[41] Dieser „Niedergang" in die „europäische Bedeutungslosigkeit" war mit ein Grund, warum Basel – von Genf und Zürich gar nicht zu reden – spätestens seit Beginn des dreissigjährigen Krieges kein interessanter Studienort für ungarländische Studenten mehr war. Darüber hinaus sind zwei weitere Aspekte zu bedenken: Der Ruf der Basler Universität als humanistische, für verschiedenes Gedankengut offene Universität hatte ein Jahrhundert lang die europäischen Peregrinationsbewegungen beeinflusst. Der Übertritt der Basler Universität in die reformierte Ortodoxie wirkte für ungarische Studenten aber offenbar irritierend, und die Konsolidierung der Orthodoxie konnte die Marginalisierung der humanistischen Ausrichtung nicht wettmachen, so dass nach 1620 ungarische Studenten um (spät-)humanistischer Studien willen nicht mehr nach Basel kamen und um der Theologie willen *noch nicht* nach Basel kamen. Demgegenüber gewannen die holländischen Universitäten besonders an Bedeutung. Seit der Synode von Dordrecht (1618/19)[42] hatten diese den Ruf, orthodoxe Ausbildungsstätten der Theologie zu sein. Gerade dies war bei den Reformierten des königlichen Ungarns in der ersten Hälfte des 17. Jahrhunderts besonders gefragt, da die innere Entwicklung des reformierten Protestantismus Ungarns eine signifikante Stärkung der orthodoxen Ausrichtung zeigte.[43] Als schliesslich nach Aufhebung der Universität Heidelberg eine beträchtliche Anzahl der Heidelberger Professoren ihre Tätigkeit in Franeker fortsetzte, war es für die reformierten Studenten aus Ungarn – und aus Siebenbürgen – selbstverständlich, künftig ihre Studien in Holland zu absolvieren.[44] MURDOCK schreibt mit Recht: „A small number of Hungarian Reformed student ministres also travelled to study in France, Switzerland, and Italy during the early seventeenth century, [...]"[45] Und von diesen wenigen Studenten hat die Mehrheit Basel nur

---

39 Zwischen 1620 und 1650 sind Briefe von Péter Maksai, László Mezó Szanthai und Mihály Fabri Dobraviczai bekannt (vgl. UBB: G I 5, 14–22; G I 62, 279).

40 Wolleb war allerdings wegen seines *Christianae theologiae compendium* (Basel 1626; wietere Aufl.), das verschiedenenorts nachgedruckt wurde, in ganz Europa bekannt (vgl. unten S. 553).

41 Vgl. BERNHARD, Hungarica, 93 f. 108 f.

42 Vgl. GOUDRIAAN, Dordt.

43 Vgl. unten S. 504 ff.

44 Vgl. MEUSBURGER, Studenten, 38 f; MONOK, Lesestoffe, 43 f.

45 MURDOCK, Calvinism, 49.

im Rahmen der Peregrination aufgesucht, d. h. dass die meisten Studenten
nach dem Besuch anderer Universitäten und Akademien auch noch Basel
aufsuchten. Die ungarischen Studenten kamen vor allem von Frankfurt a.O.,
Heidelberg, Tübingen, Franeker oder Leiden.[46] Dies ist glänzender Beleg dafür,
dass Basel spätestens mit Beginn des dreissigjährigen Krieges seine ausserordentliche Stellung als europäisches Druck- und Universitätszentrum und
damit auch als Studienort für ungarische Studenten definitiv eingebüsst hatte.

b. Im Spannungsfeld von Späthumanismus und reformierter Orthodoxie

Während Basel als Humanistenstadt marginalisiert worden ist, behielt die
humanistische Geisteshaltung für die Reformierten im königlichen Ungarn
weiterhin seine Bedeutung. In Oberungarn konnte sich auch im Übergang
zum 17. Jahrhundert, d. h. im Späthumanismus, die humanistische Methode
im Dienste des Protestantismus weiter konsolidieren, wie András SZABÓ
aufgrund der Auswertung verschiedener Briefkorrespondenzen erkannte.[47]
Vertreter der reformierten Kirche haben die humanistische Methode, insbesondere die philologische Tätigkeit, die Technik der historischen Forschung,
die Kenntnis des antiken Schrifttums und die Beherrschung der alten Sprachen, gezielt zu ihrem eigenen Nutzen verwendet. Auch in Heidelberg war die
reformierte Orthodoxie mit dem Humanismus eng verbunden, wie beispielsweise der Heidelberger Dichterkreis belegt, dem keine geringeren als
Albert Szenci Molnár oder György Thuri angehörten. Für beide Theologen
war ein über die Gelehrtenpoesie hinausweisendes Vorbild Paul Melissus
(Schede, 1539 – 1602), die überragende Figur des Kreises, der sich in seiner
Dichtertätigkeit an dem Hugenottenpsalter von Marot und de Bèze orientiert
hatte.[48] Die nachfolgende genauere Betrachtung einiger Aspekte diesbezüglich, inwiefern die humanistische Tätigkeit im Dienste der weiteren Konsolidierung der reformierten Orthodoxie stand, illustriert vor allem, dass die
Verbundenheit mit Persönlichkeiten der reformierten Orte der Schweiz und
mit ihren Schriften trotz dürftiger Studenten- und Briefkontakte sich weiterhin identitätsstiftend für die Entwicklung des Reformiertentums im königlichen Ungarn auswirkte.

Albert Szenci Molnár aus Wartberg (Senec, SK), von dem wir bereits an
anderer Stelle berichtet haben,[49] war nicht nur Übersetzer und Herausgeber
mehrerer reformierter Schriften ins Ungarische, sondern seine Publikationen
belegen, dass er auch ein grosser Humanist war. In denselben Jahren, in denen

46 Vgl. HEGYI, Diákok, 47 f; HELTAI, Peregrination (1999), 170.
47 Vgl. SZABÓ, Briefe, 183 – 197.
48 Vgl. WOLGAST, Profil, 14 ff; SEIDEL, Späthumanismus, 240.
49 Es ist in unserer Arbeit nicht der Ort, auf das Leben von Szenci Molnár en détail einzugehen; es
    sei aber auf die bereits mehrfach beigezogene Literatur verwiesen, insbesondere auf die Studien
    von Dr. Judit P. VÁSÁRHELYI, Budapest.

er die ungarische Ausgabe des Genfer Psalters (Herborn 1607), des Heidelberger Katechismus (Herborn 1607) oder die Neuausgabe der Vizsolyer Bibel (Hanau 1608) besorgte, befasste er sich auch mit sprachwissenschaftlichen Fragen und gab das *Dictionarium Latinoungaricum* (Nürnberg 1604), die *Novae Grammaticae Ungaricae* (Hanau 1610) sowie das *Lexicon latino-Graeco-Hungaricum* (Hanau 1611) heraus. Gerade für die Übersetzungsarbeit waren sprachwissenschaftliche Handbücher von grundlegender Bedeutung, weswegen er gleich mehrere solche herausgab. In seiner Sprachlehre lehnte sich Szenci Molnár grundsätzlich an die *Grammatica Latina* von Petrus Ramus (Pierre de la Ramée, 1515 – 1572) an, der sich 1568 bis 1570 in Basel und Heidelberg aufgehalten hatte.[50] Szenci Molnár selbst war der ramistischen Methode erstmals wohl an den Schulen in Raab und Debrecen begegnet; gerade in Mitteleuropa wurde die ramistische Methode an zahlreichen protestantischen Schulen und Universitäten angwandt.[51] Intensiv setzte sich Szenci Molnár wohl aber insbesondere während seiner Studien in Herborn (1600 – 1601) mit Ramus und seiner Methode auseinander.[52] Im Vorwort der *Novae Grammaticae Ungaricae* (1610) definierte Szenci Molnár den mehrfach benutzten Begriff *Methodus* genauer, indem er festhielt, dass es sich bei der von ihm angewandten Methode um die „Methodus Ramea" handeln würde.[53] Im Unterschied zu Aristoteles hat Ramus eine praktische, empirische Gelehrsamkeit befürwortet; gemäss seiner Methode soll das erfasste Material auf diese Weise strukturiert werden, dass man vom Allgemeinen in Richtung des Besonderen fortschreitet. Diese Überzeugung hatte auch Szenci Molnár und dementsprechend hielt er sich in den Definitionen und der Terminologie in der *Novae Grammaticae Ungaricae* weitestgehend an Ramus.[54] Für dieses Werk hatte bezeichnenderweise der Zürcher Johann Rudolph Lavater, der damals Rektor der Lateinschule in Hanau war, einen poetischen Applaus verfasst.[55] Lavater, den Szenci Molnár seit seiner Durchreise durch Zürich gekannt, mit dem er in Heidelberg seit 1598 gemeinsam studiert[56] und später in Hanau in intensivem Kontakt gestanden hatte, orientierte sich in seinen

---

50 Vgl. ROTHER, Ramus, 9 ff.

51 Vgl. FREEDMAN, Ramus, 93 – 110; MÉSZÁROS, Filozófia, 41 f. Ramus' *Grammatica latina* erschien 1622 auch in Leutschau (vgl. RMNy 1276. 1277).

52 Vgl. P. VÁSÁRHELYI, Vizsolyi Biblia, 12 f.

53 Vgl. ALBERT SZENCI MOLNÁR, Novae Grammaticae Ungaricae Succincta Methodo comprehensae [...], Hanau 1610, B3ᵛ.

54 Vgl. VLADÁR, Szenci Molnár, 208 ff. 226 f. 232. Später sollte der Ramismus in Ungarn und Siebenbürgen weiter an Bedeutung gewinnen (vgl. unten S. 536 f).

55 Vgl. Johann Rudolf Lavater: In Novum Grammaticam Hungaricam Cl.V. Alberti Molnari Epigramma, in: ALBERT SZENCZI MOLNÁR, Novae Grammaticae Ungaricae Succincta methodo comprehensae [...] Libri duo, Hanau 1610, B5ʳ⁻ᵛ (= 25 f); vgl. P. VÁSÁRHELYI, Vizsolyi Biblia, 41. 84; vgl. oben S. 260 f.

56 Vgl. TOEPKE, Matrikel II, 187. 192. Szenci Molnár studierte bis 1599, Lavater bis 1600 in Heidelberg (vgl. P. VÁSÁRHELYI, Wirkung, 186).

exegetischen Ausführungen an der humanistischen Methode von Erasmus und Valla.[57]

Dies erklärt nicht nur die Bedeutung von Szenci Molnár für die ungarische Sprache und Literatur,[58] sondern macht gleichfalls darauf aufmerksam, dass zu Beginn des 17. Jahrhunderts der reformierte Protestantismus mit den im Humanismus begründeten Methoden eng verbunden blieb. Dies war mit ein Grund, warum trotz der damaligen bescheidenen ungarisch-schweizerischen Kontakte immer wieder Spuren in die reformierten Zentren der Schweiz führen.

Gerade Szenci Molnár war sich seit seiner *Peregrinatio helvetica* aus dem Jahre 1596 dieser intensiven geistigen Verbundenheit sehr wohl bewusst. Es ist davon auszugehen, dass er auf seiner Peregrination auch verschiedene *Helvetica* erwerben konnte, obgleich VÁSÁRHELYI mangels Hinweisen in seinem Tagebuch dies offen lassen möchte.[59] Zumindest setzt die Besorgung des Drucks der bereits erwähnten reformatorischen *Helvetica* einen späteren Besitz derselben voraus. So erstaunt es kaum, dass Lukács Szíjgyártó aus Nagymegyer (Veľký Meder, SK) von seinem Verwandten Albert Szenci Molnár unter anderem Rudolph Gwalthers *In Isaiam prophetam homiliæ CCCXXVIII* (Zürich 1583; weitere Aufl.) erbat.[60] In späteren Jahren erwarb Szenci Molnár regelmässig reformatorische *Helvetica*, wie beispielsweise Musculus' *In Davidis Psalterium sacrosanctum commentarij* (Basel 1599) im Jahre 1613 auf der Durchreise in Marburg, bevor er nach Hause kehrte.[61] Die Beispiele liessen sich erweitern.

Natürlich ist Albert Szenci Molnár als prägende Gestalt des ungarisch-reformierten Protestantismus, als „Kumulationspunkt" des ungarischen Wissens- und Personenaustausches – ein Blick in sein Tagebuch der Jahre 1613 – 1615, als Szenci Molnár „rastlos" durch Ungarn und Siebenbürgen reiste, genügt, um zu erkennen, welche vielfältigen Kontakte er unterhielt[62] – besonders geeignet, um den engen Zusammenhang zwischen späthumanistischer Gelehrsamkeit und reformierter Denkungsart aufzuzeigen. Durch seine Edition der ungarischen Bibel, seine Psalmenübersetzung, sein ungarisch-lateinisches Wörterbuch und seine Grammatik des Ungarischen ist er in das Gedächtnis der Nachwelt als Pionier der ungarischen Literatursprache, natürlich unter dem Vorzeichen seines reformierten Bekenntnisses, einge-gangen. Gerade mit Blick auf die sprachwissenschaftliche Bedeutung hat Szenci Molnár der Nachwelt ein grosses Erbe hinterlassen, so dass man ihn

---

57 Vgl. oben S. 260 f.
58 Vgl. SEIDEL, Späthumanismus, 248 f.
59 Vgl. P. VÁSÁRHELYI, Wirkung, 186.
60 Vgl. Lukács Szíjgyártó an Albert Szenci Molnár, 28. Mai 1611, in: SZENCI MOLNÁR, Irományai, 369 f.
61 Standortsignatur des Werkes in der Esterházy-Bibliothek in Eisenstadt: No. Inv. 15, 843 N/2 (vgl. HEGYI, Olvasókönyv, 12).
62 Vgl. SZENCI MOLNÁR, Naplója, 163 – 178.

vielleicht als „ungarischen Gessner" bezeichnen könnte. Jedenfalls ist es bezeichnend, dass der Zürcher Theologe und Orientalist Caspar Waser († 1625),
als er im Jahre 1610 Konrad Gessners *Mithridates* (Zürich 1555) neu herausgab, Gessners Urteil über die ungarische Sprache, dass sie „fere inutiliter, quod
hactenus in scribendi usu non fuerit hic sermo, [...]"[63], revidierte und festhielt: „ Imo et vetus et novum Testamentum hac lingua elegantibus typis
descripta extant Herbornae, anno M.DC.VII. interprete pio et erudito viro,
Alberto Molnar. Id vero non inutiliter: sed excellenti bono orthodoxarum
ecclesiarum in regno Hungariae [...]"[64] Auch andere Zeitgenossen wie der
schlesische Dichter Martin Opitz,[65] der Sárospataker Pfarrer Mihály Orvos
Suri,[66] der Zürcher Theologe Johann Kaspar Lavater[67] oder der oberungarische
Humanist Johannes Filiczki lobten Szenci Molnárs Gelehrsamkeit und betonten seine Bedeutung für die ungarische Wissenschaft. Letzterer schrieb in
einem seiner Briefe an ihn: „Vale longum publico Hungariae, quam telam
feliciter orsus es, bono. Hoc opus hicque labor popularibus omnibus esto!"[68]
Mit *hoc opus hicque labor* sprach Filiczki nicht nur die Tätigkeit von Szenci
Molnár im Allgemeinen an, sondern auch die in Kürze erscheinende Neuausgabe der *Szent Biblia* (Hanau 1608) im Speziellen.[69]

Mit Johannes Filiczki (ca.1580–1622), gebürtig aus Filsdorf (Filice, SK),
geboren aber in Farksdorf (Vlková, SK), haben wir uns bereits kurz beschäftigt. Einerseits machte er sich als Dichter, als *poeta laureatus* einen
Namen, andererseits war er seit 1617 am Kollegium in Sárospatak als Lehrer
tätig, ja bekleidete seit Ende 1621 das Amt des Rektors am Kollegium. Seine
ausgedehnte Peregrination, gefördert von verschiedenen adligen Grundherren wie beispielsweise von István Thököly in Käsmark oder von den böhmischen Baronen Hodějovský von Hodějov, an den Universitäten Prag, Herborn,
Marburg, Heidelberg, Basel und Altdorf belegen,[70] dass auch Filiczki ein typischer Vertreter des reformierten Teils des königlichen Ungarn ist, der in
seiner Tätigkeit späthumanistische Gelehrsamkeit und reformierte Denkungsart verband.[71] Dies zeigt sich besonders eindrücklich in seinem Gedichtband *Carminum Liber primus – Liber secundus* (Basel 1614),[72] mit dem er

---

63 Gessner, Mithridates, 51ᵛ.
64 Caspar Waser, Mithridates Gesneri, experimens differentis linguarum, tum veterum, tum quae
    hodie, per totum terrarum orbem, in usus sunt. Editio altera, Zürich 1610, 116ʳ.
65 Vgl. Martin Opitz, Die Klage-Lieder Jeremia, Görlitz 1626, A4ᵛ.
66 Vgl. Mihály Orvos Suri an Albert Szenci Molnár, 8. Mai 1609, in: Szenci Molnár, Irományai,
    314.
67 Vgl. Johann Kaspar Lavater an Albert Szenci Molnár, 19. Mai 1608, in: Szenci Molnár, Iro-
    mányai, 269 f.
68 Johannes Filiczki an Albert Szenci Molnár, 31. Juli 1608, in: Szenci Molnár, Irományai, 280.
69 Tatsächlich beendete Szenci Molnár das Vorwort am 1. September 1608, woraufhin die *Szent
    Biblia* noch im Jahre 1608 in Hanau gedruckt werden konnte (vgl. Monok, Humanistes, 256ff).
70 Vgl. Heltai, Adattár, 278 f.
71 Vgl. Seidel, Späthumanismus, 234 f.
72 Das Werk fehlt in VD 17 und ist bei Károly Szabó (RMK III 1130) nicht sauber erfasst: Es

in die ungarische Literaturgeschichte eingegangen ist.[73] Während ein Teil der Gedichte – die Gedichte sind mehrheitlich an Mäzene, Gelehrte und Freunde gerichtet – eine Reaktion auf die politisch schwierigen Verhältnisse im Königreich Ungarn, insbesondere wegen der ständigen osmanischen Bedrohung während des „langen Türkenkrieges" (1593–1606),[74] darstellt, finden sich in anderen Gedichten – beispielsweise in den *Genethliaca*, *Epithalamica* und *Funebria* – Zeugnisse einer tiefen Frömmigkeit von Filiczki. Auch seine beiden persönlichen *Symbola* belegen dies:

> Tu mea es, o JESU, Fiducia Firma Salutis:
> Sive hac luce fruar: sive recondar humi.
> Aliter:
> Me premet Aeoliis quoties sors cœca procellis:
> Astripotens semper spes mea Christus erit.[75]

Schliesslich liess Filiczki seinen Gedichtband mit zwei *Praecationes studiis praemittendae* enden, die erste an den *Creatorem* gerichtet, die zweite an den *Filium Dei*. Filiczki bat in diesen *Praecationes* um den Beistand Gottes für die „wissenschaftliche" Arbeit: „Da intellegendi acumen, judicandi certitudinem, loquendi promtitudinem, interpretandi perspicuitatem, docendi dexteritatem, [...]"[76] Weiter: „Illumina caligantes oculos nostros: & cæcitatem mentis nostrae dißipa: ut veritatem tuam cùm in S. Scripturâ, tum paßim in Philosophorũ scriptis sparsam, clarissimè videamus ac probè intelligamus [...]"[77] Gerade die Formulierung *cum in S. Scriptura, tum passim in Philosophorum scriptis* ist ein Hinweis auf die im reformierten Protestantismus bestehende humanistische Überzeugung, dass neben der Schrift auch bei den Philosophen der vorchristlichen Zeit Spuren der Wahrheit zu erkennen seien. So ist es eben gerade ein Kennzeichen reformierter Kirchlichkeit, dass sie sich auch mit der vorchristlichen Philosophie auseinandergesetzt hat. Diesbezüglich ist nicht nur an die humanistischen Ausgaben antiker Philosophen zu denken, die auf Basler Offizinen während des 16. Jahrhunderts erschienen, sondern auch an die Auseinandersetzung reformierter Theologen mit einzelnen Werken antiker Philosophen. Es sei beispielsweise an Petrus Martyr Vermigli erinnert, der sich intensivst mit den Schriften des Aristoteles auseinandergesetzt hatte.[78]

Die typischen Merkmale des oberungarischen Reformiertentums erscheinen in einer ausgeprägten Form erstmals bei dem bereits im letzten Kapitel

---

umfasst zwei Gedichtbände, nämlich *Carminum Liber primus* (S. 1–83) und *Carminum Liber secundus sive Miscella epigrammata* (S. 84–142), und ist bei Johannes Schröter gedruckt (vgl. ŽIBRITOVÁ, Bücher, 245).

73 Vgl. MINÁRIK, Literatúry, 131 ff; TARNAI, Lyrik, 236 ff.
74 Vgl. oben S. 293 f.
75 JOHANNES FILICZKI, Carminum Liber primus – Liber secundus, Basel 1614, 43.
76 Johannes Filiczki: Praecatio studiis praemittenda, in: FILICZKI, Carminum, 140 f.
77 Johannes Filiczki: Alia ad Filium Dei, in: FILICZKI, Carminum, 141.
78 Vgl. BASCHERA, Tugend; DERS., Philosophie, 85–97.

vorgestellten Sebastian Ambrosius Lam: Einerseits hatte Ambrosius Lam ein auffallendes Interesse an humanistischen Fragen, andererseits zeichnete ihn ein dezidierter Einsatz für die weitere Konsolidierung des reformierten Bekenntnisses in Oberungarn aus. Nicht umsonst liess Filiczki in seiner Schrift *Xenia natalitia* (Prag 1604), eine Sammlung von Gedichten, am Ende auch ein Gedicht des Kryptocalvinisten Sebastian Ambrosius Lam, nämlich das Lied *De navicula Christi*, drucken.[79] Und als der mährische Kirchenlieddichter Martin Polycarpus aus Ungarisch Hradisch (Uherské Hradiště, CZ) im Jahre 1607 unerwartet verstarb, verfasste auch Filiczki ein Trauergedicht für den aus Anlass seines Todes in Basel herausgegebenen Erinnerungsband.[80] Seine späteren Studien in Basel beim Ramisten Ludwig Lutz, der als Professor für Logik auch ein ausgezeichneter Philologe war, vertieften allerdings nicht nur seine humanistische Ausbildung,[81] sondern führten ihn auch stärker in den „Hafen" der reformierten Orthodoxie – so bekämpfte doch Lutz den Antitrinitarismus, der sich auch bei manchen Humanisten zeigte, und nahm bekanntlich an der Synode von Dordrecht teil.[82]

Auch andere Sárospataker Lehrer standen in diesem Spannungsfeld von Späthumanismus und reformierter Orthodoxie. Die Kontakte derselben mit Basel waren aber eher selten und kaum richtungsweisend. Allerdings finden wir die Verbindung von späthumanistischer und reformierter Denkungsart auch in Heidelberg, wo viele Sárospataker Lehrer studiert haben. Die Kontakte zwischen dem oberungarischen Späthumanismus und der „calvinistischen" Pfalz waren zu Beginn des 17. Jahrhunderts besonders intensiv, gefördert auch durch die hochadlige Familie Rákóczi, die nach 1630 die Geschicke des Fürstentum Siebenbürgen bestimmte. Obwohl György I. Rákóczi (1593–1648) am 1. Dezember 1630 auf dem Schässburger Landtag zum siebenbürgischen Fürsten gewählt worden war, hielt sich Rákóczi weiterhin oft und gerne auf seinem Familienschlosse in Sárospatak auf, welches Gebiet nach dem Frieden von Nikolsburg (1621) dem Fürstentum unterstand. Gleichermassen förderte die Familie Rákóczi vor und nach dem Antritt György Rákóczis als Fürst die Peregrination ungarischer Studenten nach Heidelberg und später nach Holland; viele der Heidelberger Studenten – man denke an

---

79 Vgl. Sebastian Ambrosius Lam: „De Navicula Christi: Ach lieber Herre Jesus Christi [...]", in: Johannes Filiczki, Xenia Natalitia [...] Dnis. Mecaenatibus, ac Patronis suis, omnibus Christianae pietatis officijs colendis, [...], Prag 1604, B8ʳ; vgl. Sebők, Humanista, 282; Johann Samuel Klein, Nachrichten von den Lebensumständen und Schriften evangelischer Prediger in allen Gemeinen des Königreichs Ungarn, Leipzig/Ofen 1789, 90.

80 Vgl. Johannes Filiczki: „Astripotens aliquam quum tollere suscipit urbem [...]", in: Epicedia in praematurum obitum D.M. Martini Polycarpi Regino-Hradecemsis Bohemi [...], Basel 1607, A3ʳ⁻ᵛ.

81 Dass Johannes Filiczki bei Ludwig Lutz studiert hat, ist auch daraus ersichtlich, dass Lutz – als einziger Basler Professor – zum Erscheinen des Bandes *Carminum Liber Primus – Liber secundus* (Basel 1614) auch ein Grussgedicht verfasst hat (vgl. Ludwig Lutz: „Carmina num reprobem, [...]," in: Filiczki, Carminum,):(6ᵛ).

82 Vgl. K. Marti-Weissenbach, Art. Ludwig Lutz, HLS 8, 2009, 125 f; Rother, Ramus, 25 ff.

János Tolnai Dali, der seit 1639 mit Unterbrüchen in Sárospatak wirkte – nahmen später eine bedeutende Stellung am Kollegium ein.[83] Da sich Rákóczi nachhaltig für eine reformierte Bildung einsetzte, erweiterte er auch die von seinem Vater bereits begründete Bibliothek, die schliesslich während der Regierungszeit von Fürst György II. Rákóczi (1621–1660) als Ganze an das Kollegium überging.[84] Darin finden sich rund 70 *Helvetica* aus Basel.[85] Dies belegt, dass die Familie Rákóczi seit der Jahrhundertwende direkt und indirekt auch mit Basel in einem „Austausch" gestanden haben muss,[86] was dadurch bestärkt wird, dass mehrere Ungarn, die in Basel studiert haben, dank Stipendien von György Rákóczi nach Basel gekommen waren.[87] Es ist dabei beispielsweise an Máté Csanaki, Ferenc Szigheti Bene oder Michael Ascanius zu denken. Letzterer wirkte später als Arzt am Hofe Rákóczis, Csanaki vorerst als Arzt in Klausenburg, dann daselbst als Lehrer, und schliesslich Szigheti als Lehrer an der Akademie in Weissenburg.[88] Gemeinsam mit Szigheti studierte auch Mihály Fabri Dobraviczai (aus Niederungarn?) in Basel, der, nachdem er in Basel mit verschiedenen Gelehrten Kontakt gepflegt hatte, nach seiner Heimkehr im Sommer 1634 in Sárospatak Lehrer am Kollegium wurde.[89] Natürlich hat er sich als Lehrer – in Basel disputierte er mit seiner Arbeit Ἀντιθέσεων *concilio Tridentino oppositarum [...]* (Basel 1632) bei Theodor Zwinger, dem bekannten Verfechter der „ecclesia dordracena"[90] – vor allem für die Stärkung der reformierten Orthodoxie eingesetzt.[91]

Im nördlichen Kaschau, wo seit dem 16. Jahrhundert die Machtverhältnisse zwischen Lutheranern und Reformierten mehrfach gewechselt hatten, stieg in der ersten Hälfte des 17. Jahrhundert die ungarische Bevölkerung wieder

---

83 Vgl. Murdock, Calvinism, 96 ff; Heltai, Peregrination (2006), 71 f; Fata, Ungarn, 206 ff. 235 f. 238 f; Heltai, Adattár, 315 f et passim.

84 Vgl. Fata, Ungarn, 235; Monok, Könyvtárai, XXXIIff.

85 Vgl. KKK 1, passim.

86 Vgl. Bernhard, Bedeutung, 137 f.

87 Zu der Unterstützung von ungarländischen Studenten durch die Familie Rákóczi vgl. unten S. 529 ff.

88 Vgl. Bernhard, Hungarica, 102 ff.

89 Dank einer freundlichen Mitteilung von lic.phil. Márk Szentimre, Archivar am Kollegium in Sárospatak, ist damit gesichert, wo Fabri Dobraviczai von 1634 bis 1636 tätig war; weiteres ist aber nachwievor nicht bekannt (vgl. Bernhard, Hungarica, 98 ff).

90 Es darf nicht vergessen werden, dass Zwinger durchsetzte, dass Basel 1644 das zweite Helvetische Bekenntnis als Glaubensgrundlage anerkannte; gleichzeitig gab er zusammen mit seinen Kollegen Sebastian Beck und Johann Buxtorf eine neue Ausgabe des Basler Bekenntnisses heraus, in deren Anmerkungen die dordracenische Theologie nachdrücklich betont wird (vgl. Articuli confessionis Basileenis, de quorum ὀρθοδοξίᾳ & veritate S.S. Scripturae consentanea, [...] Basel 1647).

91 Es scheint, dass Fabri Dobraviczai sich vor allem mit Calvin auseinandergesetzt hat: So beruft er sich im Vorwort seiner Disputation Ἀντιθέσεων *concilio Tridentino oppositarum [...]* (Basel 1632) explizit auf Johannes Calvin (A2ʳ); auch ist bekannt, dass er im Jahre 1625 Calvins *In librum Psalmorum [...] commentarius* (Genf 1564) erwarb (Standortsignatur in der Teleki-Bibliothek in Neumarkt a.M.: Bo-1721).

kontinuierlich an, so dass diese um 1650 rund 80 % ausmachte. In Kaschau wirkte seit 1606 während einer Dekade Péter Alvinczi, der Hofprediger von István Bocskay, der es sich zur Aufgabe gemacht hat, zwischen den „Calvinisten"[92] und den Lutheranern mit Hilfe einer irenischen Theologie, die weitestgehend auf David Pareus beruhte, zu vermitteln. Doch seine Bemühungen um ein Einvernehmen mit den Lutheranern waren erfolglos.[93] Er betonte in seiner Tätigkeit – er wirkte, nachdem er bereits 1601 Rektor am Kollegium in Debrecen gewesen war, zeitweise auch an der Schule von Kaschau – gleichfalls, dass eine gute humanistische Ausbildung Voraussetzung für die biblischen Studien sei; aus diesem Grunde gab er Gergely Molnárs *Elementa Grammaticae latinae, pro recta institutione scholasticae* (Debrecen 1602) in einer neuen Bearbeitung heraus.[94] Obwohl Alvinczi mit Sicherheit mehrere Schriften der schweizerischen Reformation gekannt hat, scheint er keine direkten Kontakte zur Schweiz und zu den damaligen Vertretern der reformierten Kirche der Schweiz gepflegt zu haben. Das gleiche trifft für das Kollegium in Pápa zu: Die erste gelehrte Persönlichkeit, von der wir Kenntnis haben, dass sie im 17. Jahrhundert direkt mit der Schweiz in Kontakt getreten ist, war István Séllyei (1627 – 1692), der nach seiner Befreiung von der Galeere in Neapel Ende Mai 1676 nach Zürich kam; Séllyei hat im Jahre 1650 in Sárospatak studiert, später in Utrecht, Groningen und Franeker, bevor er Rektor des Kollegiums von Pápa, später Bischof von Transdanubien („Jenseits-der-Donau") wurde.[95]

Während die direkten Kontakte zur Schweiz im königlichen Ungarn eher sporadisch bestanden haben und von einzelnen Persönlichkeiten abhingen, können wir gleichzeitig feststellen, dass *Helvetica* im königlichen Ungarn recht verbreitet waren. Auf einige Aspekte dieses Einflusses soll hier hingewiesen werden, allerdings ohne den Anspruch zu erheben, einen umfassenden Einblick in die Bibliotheksgeschichte des betreffenden Gebietes zu gewähren.[96] Diejenigen Bibliotheken, die bereits im 16. Jahrhundert entstanden sind und auch *Helvetica* beinhalteten, wurden natürlich auch im 17. Jahrhundert weiterhin verwendet und mehrfach vermehrt, sollen hier aber nicht noch einmal betrachtet werden.

---

92 Obwohl überzeugter „Calvinist" (vgl. oben S. 469 f) protestierte Alvinczi in Kaschau dagegen, als „Calvinist" bezeichnet zu werden, weil beide reformatorischen Richtungen, die Lutheraner und die Reformierten, an die *religio biblica* glauben würden (vgl. FATA, Einflüsse, 89; DIES., Ungarn, 209).

93 Vgl. MURDOCK, Calvinism, 82 f. 127 ff; HELTAI, Peregrinatio (2006), 76 f; FATA, Ungarn, 208 ff.

94 Vgl. HELTAI, Adattár, 256 f.

95 Vgl. KÖBLÖS, Országban, 41. Weiteres zu István Séllyei, zur Befreiung der ungarischen Galeerensträfline und zu den daraus resultierenden ungarischen Kontakten mit den reformierten Kirchen der Schweiz vgl. unten S. 559 ff.

96 Da mit dem beginnenden 17. Jahrhundert die Kenntnisse über Bibliotheken im königlichen Ungarn weit reichhaltiger sind (vgl. Adattár 13/1 – 13/5. 15. 17/1 – 17/2. 18/1 – 18/2. 19/1 – 19/2), müsste das Vorhandensein von *Helvetica* im betreffenden Gebiet in einer separaten Studie unterucht werden. Hier sollen einzig einige Aspekt aufgezeigt werden.

Als für das Gebiet des königlichen Ungarn exemplarisch kann die Bibliothek von Palatin György Thurzó (1567–1616) bezeichnet werden.[97] Obwohl Thurzó Förderer der lutherischen Reformation und damit auch der ungarländischen Peregrination nach Wittenberg war,[98] umfasste seine Bibliothek um 1611 – sie hatte einen Bestand von etwa 450 Titeln – auch sehr zahlreich Werke von Vertretern einerseits des Humanismus, andererseits der schweizerischen Reformation: Kommentare zu biblischen Büchern liegen sowohl in den *Paraphrases* und *Annotationes* des Erasmus wie auch in exegetischen Schriften von Bullinger, Calvin oder Musculus vor, theologische Werke von Origenes, Tertullian oder Augustin einerseits und Erasmus andererseits stehen neben solchen von de Bèze, Simler, Musculus oder Bullinger.[99] Thurzós Bibliothek umfasste damit einen grossen Teil der massgebenden Literatur des ausgehenden Reformationszeitalters, unabhängig davon, welcher geistesgeschichtlichen Richtung die Literatur angehörte. Dazu gesellten sich wichtige humanistische Ausgaben von Aristoteles, Cicero, Ptolemaeus oder Seneca; natürlich fehlten Sprachlehrbücher auch nicht.[100] Wenn man die Druckorte der verschiedenen Werke mit Possessoreinträgen untersucht, so tritt erneut Basel gegenüber anderen Städten deutlich hervor.[101] In Basel erschien auch eines der wichtigsten hebräischen Sprachlehrbücher des damaligen Europa, das in ganz Ostmitteleuropa bekannt war. Es handelt sich um Johannes Buxtorfs *Lexicon hebraicum et chaldaicum* (Basel 1607; weitere Aufl.),[102] das von seinem gleichnamigen Sohn mehrfach ergänzt, überarbeitet und erweitert worden ist.[103] So ist bekannt, dass fast jeder Geistliche von Schlesien mit diesen Werken gearbeitet hat. Georg Launer aus Schlesien, der später in Wolfs (Balf, HU) lutherischer Pfarrer war, besass gleich zwei hebräische Lehrbücher von

---

97 Vgl. SAKTOROVÁ, Bibliothek, 161 ff.

98 Diesem Umstand ist es auch zu verdanken, dass Imre Thurzó (1598–1621) schon in frühen Jahren Rektor der Universität Wittenberg wurde (vgl. THURZÓ, Dokumentumok).

99 Vgl. Adattár 11, 505–535. Thurzó liess mehrere dieser *Helvetica* kunstvoll einbinden und mit seinem Supralibros versehen: So ist Bullingers *In omnes apostolicas epistolas commentarii* (Zürich 1544) in einem Renaissanceeinband gebunden und das helle Leder mit ornamentalem und Linienblinddruck geschmückt (Standortsignatur in der Wissenschaftlichen Staatsbibliothek Kaschau: B 2°137 priv.1. PA; vgl. SZEGHY, Helvetica, 290); Gessners *De raris et admirandis herbis* (Zürich 1555) hat auf dem Renaissanceeinband das Supralibros „CGT RHP" (i. e.: Comes Georgius Turzo Regni Hungariae Palatinus), hat Thurzó also erst nach 1606 angeschafft (Standortsignatur in der Slowakischen Nationalbibliothek: IC 74336; vgl. SAKTOROVÁ, Bibliothek, 173).

100 Vgl. Adattár 11, 506. 509 ff. 515. 517. 527 u.s.w.

101 Vgl. SAKTOROVÁ, Bibliothek, 164 ff. 172 ff.

102 Vgl. GUGGISBERG, Zusammenhänge, 21. Hinzuweisen ist auch auf ein Referat von Prof. Dr. Krzysztof Migoń (Breslau), der an der Konferenz in Smolenitz vom April 2007 über die *Schweizer Bücher in den schlesischen Bibliotheken des 16. bis zum 18. Jahrhundert* sprach; leider gelang es uns nicht, den Text des Referates für den Tagungsband *Orbis Helveticorum. Das Schweizer Buch und seine mitteleuropäische Welt* (Bratislava 2011) zu erhalten.

103 Seit 1639 wurde es unter dem Titel *Lexicon chaldaicum, talmudicum et rabbinicum* (Basel 1639) herausgegeben (vgl. VD17 12:128989 V).

Buxtorf, die er 1650 der Stadt Ödenburg vermachte.[104] Die Buxtorf'schen Lehrbücher finden sich aber auch in den anderen Teilen des königlichen Ungarn, sei es in Privatbibliotheken oder Institutsbibliotheken, so unter anderem in Güns, Pressburg, Tyrnau, Neusohl, Kaschau, Bartfeld oder Semplin.[105]

Obwohl also Basel in der ersten Hälfte des 17. Jahrhunderts seine Stellung als Humanistenstadt weitestgehend eingebüsst hatte, konnten verschiedene Basler Schul- und Lehrbücher, insbesondere sprachwissenschaftliche Drucke, im königlichen Ungarn eine breitere Rezeption erlangen.[106] Die beiden Buxtorf waren freilich nicht nur die wohl berühmtesten und gelehrtesten Hebraisten im Europa des beginnenden 17. Jahrhunderts, sondern auch klare Vertreter der reformierten Orthodoxie. So hat Johannes Buxtorf d.J. das *Lexicon chaldaicum et syriacum* (Basel 1622) Sebastian Beck und Johannes Wolleb, den energischen Basler Vertretern der reformierten Orthodoxie, gewidmet.[107] Dieses Beispiel illustriert, dass „humanistische" Basler Drucke indirekt auch zu Trägern der Verbreitung der reformierten Orthodoxie werden konnten; es ist daher nicht erstaunlich, dass sich in mehreren Bibliotheken des königlichen Ungarn, vor allem Oberungarns, neben Werken von Calvin, Gwalther, Bullinger oder de Bèze auch solche von Grynaeus und Polanus von Polansdorf finden lassen. Bezeichnendes Beispiel ist István Csulyak (1575–1646) aus Miskolc, der in seiner Bibliothek, neben zahlreichen Werken von Gwalther, Bullinger, Lavater, Musculus, Calvin oder de Bèze auch Polanus' *Syntagma* (Basel 1605), sein *Commentarii in Prophetiam Danielis* (Basel 1606), seine *Syllogae thesium theologicarum pars prima et secunda* (Basel 1600–01) oder Fegyvernekis *Enchiridii locorum communium theologiciorum, [...] cum partitionibus Theologiae Polani* (Basel 1596) besass.[108] In der Bibliothek des Pfarrkreises Tarcal waren um 1623 neben mehreren Werken von Cicero, Ovid, Horaz auch Erasmus' *Adagia*, Calvins *Institutio* sowie Polanus' *Syntagma* vorhanden.[109] Schliesslich finden sich in der Stadtbibliothek von Kaschau gemäss dem Verzeichnis von 1670 nicht nur Werke wichtiger Vertreter des Humanismus sowie der schweizerischen Reformation (Gwalther, Calvin, Vermigli, Bullinger, Musculus, Zanchi, u.s.w.), sondern auch mehrere Werke von Polanus und Grynaeus, zo z.B. Polanus' *Syntagma*,

---

104 Vgl. Adattár 18/1, 163. 165.
105 Vgl. Adattár 13/1, 145. 181; 13/3, 74; 15, 45. 163; 17/1, 12. 147; 17/2, 55; 18/1, 163. 165; 18/2, 66; 19/1, 317; u.s.w.
106 Es ist bekannt, dass die Drucker Basels auch noch zu Zeiten Zwingers darum bemüht waren, ihre Lehrbücher, auch Sprachlehrbücher, im Ausland, insbesondere an ausländischen Universitäten und Akademien, zu verbreiten (vgl. HIERONYMUS, Geist, Xf).
107 Vgl. JOHANNES BUXTORF D.J., Lexicon chaldaicum et syriacum quo voces omnes tam primitivae [...], Basel 1622, *r-**4r.
108 Vgl. Adattár 13/1, 66 f. 69. 73 u.s.w.
109 Genauere Angaben – beispielsweise Angaben über den Druckort der einzelnen Werke – werden im Katalog nicht festgehalten (vgl. Adattár 11, 188 f; MURDOCK, Calvinism, 55).

seine *Partitionum Theologicarum Libri duo*, sein *Commentarii in Ezechielem*, oder Grynaeus' *Disputationes Theologicae*, sein *Commentarium in Haggaeum*, u.s.w.[110]

Die verschiedenen dargestellten Aspekte betreffend Zusammenhang zwischen Späthumanismus und reformierter Orthodoxie illustrieren, dass die humanistische Geisteshaltung im königlichen Ungarn auch zu Beginn des 17. Jahrhundert sehr verbreitet war. Dies war, obwohl – vor allem in West- und Niederungarn – das lutherische Bekenntnis sich gegenüber dem reformierten Bekenntnis nachhaltiger konsolidieren konnte, für die gleichzeitige Ausbreitung verschiedener *Helvetica* des Reformationszeitalters und der reformierten Orthodoxie nur förderlich. Gerade weil sich die oberungarischen Reformierten bzw. Kryptocalvinisten als Vertreter eines reformierten Späthumanismus verstanden, haben sie nicht nur weiterhin die Verbreitung und Rezeption von Werken der schweizerischen Reformation, sondern indirekt auch von Basler Vertretern der reformierten Orthodoxie gefördert. Insofern ist es das Verdienst oberungarischer Späthumanisten wie Sebastian Ambrosius Lam, György Thuri oder Szenci Molnár, dass neben dem Wissenstransfer durch das gedruckte *Helveticum*, obwohl die Kontakte in die Pfalz und später in die Niederlande weit bedeutender waren, erstmals auch „helvetische *Hungarica*" landesweit zu einer einzigartigen Bedeutung und Wirkung gelangten.

c. Wirkung und Bedeutung der helvetischen *Hungarica*

Wenn wir im folgenden Abschnitt von helvetischen *Hungarica* sprechen, dann ist es notwendig zu erläutern, was hier unter den helvetischen *Hungarica* verstanden wird. *Hungarica* bedeutet, dass die Werke von einem ungarischen Verfasser oder Herausgeber stammen; helvetisch wird dahingehend eingegrenzt, dass die angesprochenen *Hungarica* in der Schweiz[111] gedruckt wurden oder *Helvetica* sind, die von einem ungarischen Gelehrten übersetzt – dies trifft insbesondere für Albert Szenci Molnár zu – bzw. herausgegeben wurden. Was die zeitliche Eingrenzung betrifft, handelt es sich um Werke, die zwischen 1600 und 1650 erschienen sind.

Über das Grundlagenwerk für biblische Theologie und Archäologie, das *Enchiridion Locorum communium theologicorum, Rerum, Exemplorum, atque Phraseon sacrarum, [...]* (Basel 1586) des Sárospataker Rektors Izsák Fegyverneki († 1589), haben wir bereits im letzten Kapitel mehrfach berichtet. Dieses Werk war bekanntlich keine vollkommene Neuschöpfung von Fegyverneki, sondern – dies wurde bereits auf dem Titelblatt und dann vor allem

---

110 Vgl. Adattár 15, 118. 126. 133. 153. 158 u.s.w.

111 Mit dem Ausdruck der Schweiz ist hier nicht an das politische Gebilde des 16. Jahrhunderts, sondern – im Verständnis Bullingers – an die „geistige Grösse Helvetia" im Sinne der *Confessio Helvetica posterior* zu denken (vgl. oben S. 27).

im Vorwort festgehalten – auf der Grundlage des *Propheticae et apostolicae id est, Totius divinae Canonicae Scripturae Thesaurus [...]* (Lausanne 1575) des französischen Protestanten Augustin Marlorat (1506–1562)[112] verfasst, welche Schrift Guillaume de Feugueray posthum herausgegeben hatte.[113] Fegyverneki wollte sein *Enchiridion* als Lehrbuch der reformierten Theologie verstanden wissen, weswegen er im Vorwort neben Marlorat explizit auf mehrere Persönlichkeiten des reformierten Europa verwies.[114] Wie bereits erwähnt, erschien das Werk seit der zweiten Auflage 1589, besorgt von Johann Jakob Grynaeus, zusammen mit den *Partitionum Theologicarum, Logica Methodo institutarum Libelli duo* des Schlesiers Amandus Polanus von Polansdorf; wegen der regen Benützung des Werks in Unterricht und Ausbildung war die Nachfrage – nicht nur in Basel, sondern auch in Ostmitteleuropa[115] – so gross, dass der Basler Buchdrucker Conrad Waldkirch mehrere Neuauflagen, nämlich 1595, 1596, 1598, 1600, 1604, 1609, 1610 und 1628 besorgen musste.[116] Aber nicht nur in Basel, sondern auch in Genf wurde Fegyvernekis *Enchiridon*, wenn auch unter anderem Titel, nachgedruckt, nämlich als *Thesaurus S. Scripturae propheticae et apostolicae, nominum, verborum, rerum, [...] Summam complectens & breviter indicans [...]*, im Jahre 1608 auf der Druckerei von Stehan Gamonet, im Jahre 1613 auf derjenigen von Peter und Jakob Chouët. Dass die Genfer Buchdrucker den Titel änderten bzw. an Marlorat anglichen, hat damit zu tun, dass sie den „Genfer Ursprung" von Fegyvernekis *Enchridion* nachdrücklich betonen wollten.[117]

Dank der bedeutenden Kontakte von Grynaeus († 1617) mit Oberungarn – sein Briefwechsel belegt dies in eindrücklicher Weise[118] – war Fegyvernekis Werk gerade im königlichen Ungarn weit verbreitet, zusammen mit Polanus' *Partitionum theologicarum*. Dies führte dazu, dass neben dem „Fegyverneki-Polanus" auch Polanus' weiteres theologisches Werk immer mehr bekannt und verbreitet wurde.[119] Er erstaunt daher nicht, dass beispielsweise Lukács Szíjgyártó neben Gwalthers Jesajakommentar von Szenci Molnár auch Polanus' *Syntagma* sowie dessen *Symphonia* erbat.[120] Szenci Molnár war zu dieser

---

112 Augustin Marlorat, der mit Viret und de Bèze zusammengearbeitet hatte, kam 1535 nach Genf und blieb bis 1559 in der „französischen" Schweiz (vgl. S. SIEBERT, Art. Augustin Marlorat, BBKL V, 1993, 855 f).

113 Vgl. Izsák L. Fegyverneki: Praefatio ad lectorem, in: FEGYVERNEKI, Enchiridion (1586), ★8ᵛ–★★2ʳ.

114 Vgl. ibidem, ★★2ʳ.

115 Vgl. STAEHELIN, Polanus, 62 f.

116 Vgl. RMK III 787. 847. 914. 940a. 1081. 1415; RMKP III 5564. 5679; BERNHARD, Hungarica, 87 ff; vgl oben S. 284 f.

117 Vgl. RMK III 1056; RMKP III 5905.

118 Vgl. GRYNAEUS, Kapcsolatai.

119 Vgl. Adattár 11, 188. 231; 13/1, 66 f. 69. 71. 73; 13/3, 74; 15, 18, 93. 103. 107. 110. 148; 18/1, 22. 163. 208; u.s.w. (vgl. BUCSAY, Speculum, 97).

120 Vgl. Lukács Szíjgyártó an Albert Szenci Molnár, 28. August 1611, in: SZENCI MOLNÁR, Iro- mányai, 370.

Zeit in Marburg, deren Universität im Jahre 1605 zum reformierten Protestantismus übergetreten war. Zwischen den reformierten Gebieten bestand also einerseits ein Wissensaustausch, andererseits aber eine intensivere Verbundenheit, und zwar insofern, dass man die reformierten Väter als gemeinsames Erbe betrachtete. Darum auch berief sich Fegyverneki, wie erwähnt auf mehrere Persönlichkeiten des reformierten Europa, so z. B. auf Théodore de Bèze, Girolamo Zanchi, Josias Simler, István Szegedi Kis oder Péter Károlyi. Diese geistige innere Verbundenheit des reformierten Protestantismus Europas wird gleichfalls deutlich, als in Genf die Sammlung *Corpus et syntagma confessionum fidei, quae in diversi regnis et nationibus ecclesiarum nomine fuerunt authenticè editae [...]* (Genf 1612), gedruckt bei Peter und Jakob Chouët, erschien, in die auch die von Péter Melius verfasste *Confessio Csengerina* (1570) aufgenommen wurde.[121]

Während in den ersten drei Jahrzehnten des 17. Jahrhunderts keine theologischen Drucke von ungarischen Peregrinanten, die in dieser Zeit an Schweizer Hohen Schulen oder Universitäten studiert haben, aus Schweizer Pressen gingen, konzentrierte sich die theologische Buchproduktion helvetischer *Hungarica* auf den Nachdruck von systematischen und dogmatischen Werken grosser ungarischer reformierter Theologen. Neben Fegyverneki ist dabei vor allem auch an István Szegedi Kis und Péter Melius Juhász zu denken. Wir haben über die intensive Produktion von systematischen Schriften von István Szegedi Kis bereits berichtet. Auch sie war zu einem grossen Teil dem Engagement und den Bemühungen von Johann Jakob Grynaeus zu verdanken. Im Jahre 1602 erschien noch einmal Szegedi Kis' *Speculum Romanorum Pontificium*, das Werk, das Szegedi zwar zuletzt verfasst hatte, aber als erstes Werk von ihm (1584) in Basel gedruckt worden war. Das Büchlein in Taschenformat, das eine an Schärfe nichts zu wünschen übrig lassende theologische und historische Polemik gegen die römische Kirche (Papsttum, Lehre, Hierarchie, Zeremonien) war, wurde schnell verbreitet und machte den Namen des Verfassers schnell in verschiedenen Gebieten des protestantischen Europa bekannt. Die verschiedenen Auflagen des *Speculum* wurden immer wieder erweitert und aktualisiert, so auch die vierte Auflage von 1602. Bis auf Seite 309 folgte sie buchstabengetreu der dritten Ausgabe von 1592, dann folgen zwei neue Prosastücke. Auf Seite 310 bis 328 finden wir die mit polemischen Kommentaren abgedruckten Eidesformeln der päpstlichen Doktoren, Notare und Bischöfe. Auf den nächsten Seiten folgt etwas für den damaligen Zeitpunkt Sensationelles: der durch die päpstliche Zensur verbotene Teil der *Historia* des Florentiners Patriziers Francesco Guiccardini. Auf die neuen Stücke wurde auf dem Titelblatt besonders hingewiesen, allerdings ohne den Redaktor zu nennen.[122] Das *Speculum* fand in ganz Europa günstige

---

121 Vgl. MELIUS JUHÁSZ, Confessio Czengerina (1612), 186–200.
122 Vgl. ISTVÁN SZEGEDI KIS, Speculum pontificium romanorum [...] et Duo Loci è Fr. Guicciardini historia ab Expurgatoribus dolo malo substracti, [Basel] 1602,):(ʳ. 329.

Aufnahme, so dass es den Weg für den Druck und die Verbreitung der grösseren Werke Szegedis vorbereitete.[123] Die *Theologiae sincerae Loci communes* erschienen 1608 in der fünften Auflage, und die *Tabulae analyticae* 1610 ebenfalls in der fünften Ausgabe. Wegen des pädagogischen Nutzens und der Ablehnung aller übertriebenen Ansichten waren Szegedis theologische Werke in Ostmitteleuropa äusserst beliebt. Die vermittelnde Richtung, die in seinen Werken, wenn auch in diesen aus pädagogischen Gründen ein starker Pluralismus – Szegedi wandte zudem die *Loci*-Methode an – vorliegt, damit die Schüler selbst zu einer Entscheidung gelangen würden, immer wieder durchschimmert, führte dazu, dass nicht nur die Gebiete, wo Szegedi Kis tätig war, dem reformierten Protestantismus zugeführt werden konnten, sondern auch seine Werke die Konsolidierung des reformierten Bekenntnisses im königlichen Ungarn und im türkisch besetzten Mittelteil weiter vorantrieben. Die Verbreitung seines Werkes in den Bibliotheken des königlichen Ungarns belegt dies ohne Zweifel.

Damit nahmen die noch im 17. Jahrhundert besorgten Nachdrucke der Werke von Szegedi Kis und Fegyverneki, prägnant formuliert, eine Schlüsselstellung für den Übergang aus dem Zeitalter der Reformation ins Zeitalter der reformierten Orthodoxie ein. Dank der Bemühungen von Grynaeus, Polanus und auch Waldkirch – die Druckerei Waldkirch in Basel hat diesbezüglich ein besonderes Verdienst geleistet – erlangten diese Werke, die die Ausbildung von Generationen von ungarischen reformierten Geistlichen prägten, eine gesonderte Bedeutung für die innere Stärkung und geistliche Einigung des reformierten Protestantismus in Ungarn und zum Teil auch in den böhmischen Ländern im Zeitalter des Späthumanismus. Sie prägten das theologische Denken und das kirchliche Leben in der Zeit von den Freiheitskämpfen bis zu den Verfolgungen im Absolutismus nachhaltig, unterstützt durch die dank der Übersetzungstätigkeit von Albert Szenci Molnár in Ungarisch erschienenen Standartwerke des reformierten Protestantismus, namentlich der Genfer Psalter (Herborn 1607), der Heidelberger Katechismus (Herborn 1607), eine revidierte Form der *Confessio Helvetica posterior* (Oppenheim 1616), Bullingers *Bättbüchlin* (Heidelberg 1621) sowie Calvins *Institutio christianae religionis* (Hanau 1624).[124]

Das Leben von Albert Szenci Molnár (1574–1634), der an der Wende vom 16. zum 17. Jahrhundert lebte, fällt in die Zeit des Späthumanismus. Seine Bedeutung für den ungarischen reformierten Protestantismus sowie auch für die ungarische Literatursprache wurde bereits mehrfach erwähnt. Hier sollen seine verschiedenen Übersetzungen von reformatorischen *Helvetica* in aller gebotenen Kürze erwähnt und geistesgeschichtlich kontextualisiert werden. Obwohl all diese Werke in deutschen Städten (Nürnberg, Herborn, Hanau,

---

123 Vgl. BUCSAY, Speculum, 76 ff. 95 ff.
124 Vgl. BUCSAY, Protestantismus I, 67–69. 160; BUCSAY, Speculum, 97; NAGY, Bedeutung, 88. 90 et passim.

Oppenheim, Heidelberg) erschienen, dürfen sie zu den helvetischen *Hungarica* gezählt werden, da sie inhaltlich der schweizerischen Reformation zuzuordnen sind. Molnárs Übersetzungsarbeit ist allerdings nicht losgelöst von seiner Arbeit an der Neuausgabe der Vizsolyer Bibel (1590) zu verstehen. In Herborn hatte er die Lutherbibel von 1595, herausgegeben von Christoph Corvin (Rabe), kennengelernt, die nach dem Vorbild der Genfer Octavo-Bibel (8°) von 1588 gestaltet war; beigefügt waren derselben auch König Davids 150 Psalmen mit Melodien, Gebete, Agenda, ein Katechismus und am Ende ein Bekenntnis.[125] Vor Molnárs Augen schwebte als Vorbild Apparat und Struktur der deutschen Herborner Bibel sowie der französischen Genfer Bibel. Aus einem Brief von György Thuri wird deutlich, dass Thuri und Szenci Molnár um die Jahrhundertwende offen über eine Neuausgabe der Vizsolyer Bibel nachgedacht haben.[126] Auch andere ungarische Studenten brachten diesen Wunsch gegenüber Szenci Molnár zum Ausdruck. Péter Taksonyi schrieb: „Psalterium melodiis Gallicis vel Lobwasserianis ut a te habeamus publici iuris aliquando factum exoro et similiter indecem praefixum libris bibliorum Germanicis."[127] Um dies zu verwirklichen, übersetzte Szenci Molnár zuerst Lobwassers *Psalterium* – Ambrosius Lobwasser fertigte die Psalmenübersetzung nicht aufgrund des hebräischen Textes oder desjenigen Luthers an, sondern aufgrund des französischen *Psautier de Genève* von Clément Marot und Théodore de Bèze[128] – ins Ungarische und veröffentlichte das Werk, mit einigen Gebeten ergänzt, im Jahre 1607 in Herborn. Der Druck erschien in einer Auflage von 1100 Exemplaren. Seither wurden an den reformierten Kollegien Ungarns die Psalmenmelodien nach der originalen Melodieform des 1607 erschienenen *Psalterium Ungaricum* gesungen, und im Laufe der Zeit fand derselbe in allen ungarisch-reformierten Kirchen Eingang.[129] Der Kleine Katechismus, eine Zusammenfassung des Heidelberger Katechismus in 66

125 Vgl. La bible, qui est toute la saincte escriture du Vieil et du Nouueau Testament [...], Genf 1588 (vgl. P. VÁSÁRHELYI, Wirkung, 186 f).

126 Vgl. György Thuri an Albert Szenci Molnár, 24. März 1601, in: SZENCI MOLNÁR, Irományai, 119 (vgl. P. VÁSÁRHELYI, Vizsolyi Biblia, 10. 220).

127 Péter Taksonyi an Albert Szenci Molnár, 17. November 1602, in: SZENCI MOLNÁR, Irományai, 141 (vgl. P. VÁSÁRHELYI, Wirkung, 189).

128 Dies hielt auch Johannes Filiczki in seinem Widmungsgedicht fest: „Oetvenit Clemens Maroth forditotta, es az többit az Theodórus Béza." [Fünfzig [Psalmen] hat Clément Marot übersetzt, und die anderen Théodore de Bèze] (János Filiczki: Paraphrasis Ungarica et accomodatio ad Dn. Albertum Molnar [...], in: ALBERT SZENCI MOLNÁR, Psalterium Ungaricum. Szent David kiralynac es prophetanac szasz ötven SOLTARI az FRANCIAI notáknac és verseknec módgyokra most úyonnan Magyar versekre forditattac es rendeltettec, Herborn 1607,):(8ᵛ; vgl. RMNy 962); vgl. FEKETE, Zsoltárok, 193ff; MONOK, Humanistes, 250; KESSNER, Lobwasser, 219 ff.

129 Vgl. MONOK, Humanistes, 245 f; BOHREN, Psalter, 98; RÁCZ, Inspiration: Molnár, 256 ff. So konnte der Psalter ein bindendes Glied zwischen den Kirchen Europas werden, wie bereits Filiczki im Widmungsgedicht zu Molnárs Psalmenausgabe festhält; er erwähnt die Psalmenübersetzung in Deutsch, Italienisch, Spanisch, Holländisch, Polnisch und Tschechisch (vgl. János Filiczki: Paraphrasis Ungarica et accomodatio ad Dn. Albertum Molnar [...], in: SZENCI MOLNÁR, Psalterium,):(8ᵛ).

Fragen für die Kinderlehre in ungarischer Sprache, wurde dem *Psalterium Ungaricum* beigeheftet.[130] Beide Werke fügte Szenci Molnár schliesslich seiner Bibelausgabe bei, die 1608 in Hanau erschien.[131]

Die Budapester Forscherin Judit P. VÁSÁRHELYI hat in ihren Studien nachgewiesen, dass verschiedene Genfer Bibeln bedeutenden Einfluss auf den Aufbau, die Gestaltung und das Format der Neubearbeitung der Vizsolyer Bibel durch Albert Szenci Molnár hatten. Wenn auch Szenci Molnár mit dem Text der Vizsolyer Bibel wie mit einem heiligen Text umging, sind seine Veränderungen insbesondere auf Calvins französischprachige Bibel (1546; weitere Aufl.) und auf die von Théodore de Bèze besorgte Genfer Bibel in 8° zurückzuführen. Allerdings erschien erst die 1612 erschienene Oppenheimer Bibel, die *Szent Biblia, […] magyar nyelvre forditatott Caroli Gaspar által. Ez kisded forman valo kinyomtatasnac az franciai notákra rendelt Soltar könyvel eggyütt […] és az palatinatusi catechismussal* (Oppenheim 1612), in 8°, die Genfer und Herborner Editionen imitierend; beigebunden war auch das *Psalterium ungaricum* sowie die vollständige Übersetzung des Heidelberger Katechismus, welcher eine Revision der Debreciner Ausgabe durch Szenci Molnár war. Die Oppenheimer Bibel ist ähnlich wie ihre deutsche und französische Vorlage eine religiöse Enzyklopädie, die sowohl als Handbuch für den kirchlichen Gebrauch (Liturgie, Predigt, Katechese) als auch als Lehrbuch und zur Lektüre für den persönlichen Gebrauch diente. „Sie trug wesentlich dazu bei, dass sich die Gewohnheit des gemeinsamen und persönlichen Bibellesens in Ungarn und Siebenbürgen bald verbreitete."[132]

Welche Bedeutung die Hanauer und vor allem die Oppenheimer Bibel einnahm, wird insbesondere daran deutlich, dass Péter Pázmány, das katholische Kirchenoberhaupt Ungarns, in seinem Hauptwerk, der *Isteni igazságra vezérlő* (Kalauz 1623), die protestantische Bibelübersetzung scharf kritisierte. Die neuen Übersetzungen dienten seiner Meinung nach zur Festigung des neuen Irrglaubens. Ohne Grund hätten die Protestanten einige Bücher als Apokryphen bezeichnet. Falsch sei auch, „ex ecclesiae primitivae testimonio" auszugehen; stattdessen sei der zeitgenössische römisch-katholische Standpunkt massgeblich. Natürlich hält er auch die bereits von Károlyi kritisierte *Vulgata* für weit glaubwürdiger als den hebräischen und griechischen Text, da die *Vulgata* schon seit 1000 Jahren von der Kirche verwendet werde und allen Zeitläufen standgehalten habe.[133] Obwohl Pázmány die ungarischsprachige

---

130 Vgl. Kis Catechismus, avagy az keresztyén hütnec részeiröl rövid kérdesekben es feleletekben foglaltatot tudomány, […] Az Haidelbergai öreg Catechismusbol, Herborn 1607, A^r–C11^v (= als Anhang gedruckt zu: SZENCI MOLNÁR, Psalterium, 433ff).

131 Vgl. Szent Biblia, […] magyar nyelvre forditatott […] Caroli Caspar elöljarobeszédével. Ez masodic kinyomtatast igazgatta, néhol megis jobitotta Szenci Molnar Albert, Hanau 1608 (vgl. P. VÁSÁRHELYI, Wirkung, 189; NAGY, Geschichte Heidelberger, 46 f).

132 P. VÁSÁRHELYI, Wirkung, 190; vgl. MONOK, Humanistes, 239 f. 245 f. 256 f; P. VÁSÁRHELYI, Vizsolyi Biblia, 219–227; NAGY, Geschichte Heidelberger, 46 f.

133 Vgl. BITSKEY, Jesuit, 466 f; P. VÁSÁRHELYI, Vizsolyi Biblia, 140 ff.

protestantische Bibelübersetzung immer neu kritisiert hatte, erkannte er doch auch ihren wirklichen Wert. Insbesondere die Konkordanzen, ja das umfangreiche Verweissystem der Bibelausgabe von Szenci Molnár würdigte er; lobend erwähnte er zudem, dass die Namen Christi und der Apostel in der ungarischen Bibel nicht wie in der Übersetzung von Emanuele Tremelli umgeschrieben würden.[134]

Ein weiteres massgebendes Werk, auf dessen Verbreitung Szenci Molnár ein besonderes Augenmerk gerichtet hatte, war die *Confessio Helvetica posterior*. Er erachtete es als eine der dringendsten Aufgaben, das Bekenntnis in ungarischer Sprache herauszugeben. Wie in der *Apologia et Protestatio* (Bartfeld 1606)[135] oder im Klausenburger Landtagsbeschluss vom September 1608[136] festgehalten, war die Anerkennung der *Confessio Helvetica posterior* zu Beginn des 17. Jahrhunderts nicht mehr umstritten. Auch in den westlichen Teilen des königlichen Ungarn war dieselbe, wie zwei Synoden von Köveskút von 1612 und 1616 belegen, anerkannt; in der zweiten Synode von 1616 wurde schliesslich eine zweisprachige Übersetzung der *Confessio* verlangt.[137] Der erste Übersetzer war Péter Szenci Csene (1575–1622), der seit 1615 als Superintendent in Transdanubien wirkte. Szenci Csene – er stammte aus demselben Dorf wie Albert Szenci Molnár – hat mit seiner Übersetzung eine bahnbrechende Arbeit geleistet. Wenn am Text auch immer wieder Korrekturen durchgeführt worden sind, so beruhen doch alle nachfolgenden Ausgaben auf Szenci Csenes Übersetzung. Allerdings hat bereits Szenci Molnár, der die erste ungarische Ausgabe in Oppenheim herausgab, in dem von Szenci Csene erhaltenen Text gewisse Veränderungen in der Phonetik, den biblischen Zitaten und auch im inhaltlichen Bereich durchgeführt. Massgebender als diese kleinen Veränderungen ist aber vielmehr, dass Szenci Molnár als Herausgeber auf dem Titelblatt festhielt, dass das Bekenntnis bereits 1567 in Ungarn eingeführt worden sei und bis auf die heutige Zeit Geltung habe.[138]

---

134 Vgl. BITSKEY, Jesuit, 465; P. VÁSÁRHELYI, Vizsolyi Biblia, 224 f.

135 Vgl. [PÉTER ALVINCZI et al.] (Hg.), Apologia et Protestatio legatorum et ecclesiarum Hungaricarum [...], Bartfeld 1606, 6.

136 Vgl. Beschluss des siebenbürgischen Landtags in Klausenburg, 21.–27. September 1608, in: SZILÁGYI, Országgyűlési emlékek VI, 228.

137 Vgl. NAGY, Geschichte Confessio, 115 f. Damit im Zusammenhang mag auch stehen, dass in Güssing „zur Erbauung der einfältigen Gläubgen" 1619 die alte Übersetzung des Heidelberger Katechismus in einer neuen zweisprachigen (lateinisch-ungarischen) Ausgabe erschien (vgl. NAGY, Geschichte Heidelberger, 49; RMNy 1194. 1195).

138 „[...] annak utánna 1567. esztendöben Magyar országban is jovallottanac, bevöttenec és mond ez ideig soc ecclesiákban megtartottanac." ([HEINRICH BULLINGER], Confessio Helvetica: az az az kereztyeni igaz hitröl valo vallás-tétel, mellyet elsöben Helvéciában irtanac és bévettenec, [...] Magyarul fordittatot az együgyüveknec épületekre és javokra Szenci Csene Peter által, Oppenheim 1616, Aʳ; vgl. NAGY, Geschichte Confessio, 116 f). In diesem Zusammenhang ist auch darauf hinzuweisen, dass sich die reformierte Kirche im königlichen Ungarn liturgisch nachwievor an der Zürcher Liturgie orientierte: Imre Gál (1596–1655), später Bischof des Kirchendistriktes Transdanubien, fertigte bereits zu Beginn seiner Amtszeit in Veszprém in seinem *Kánonoskönyv* eine Abschrift von Ludwig Lavaters *Opusculum de ritibus*

Durch den erstmaligen Druck der ungarischen Übersetzung der *Confessio Helvetica posterior* gelang es Szenci Molnár, einerseits verschiedene „reformatorische" Kirchen Ungarns auf ein Bekenntnis zu einen, andererseits in den sichern Hafen der reformierten Orthodoxie zu führen. In der Oppenheimer Ausgabe folgen nämlich nach dem Vorwort vier Abschnitte aus dem Augsburgischen, Sächsischen und Vierstädtischen Bekenntnis, in denen der wahrhaftige Empfang von Christi Leib und Blut im Abendmahl betont wird. Daran schliesst sich der Druck von Théodore de Bèze' *Epigramma in Cyclopicam Ubiquitariorum insolentiam*, übersetzt in ungarische Distichen, in denen dezidiert festgehalten wird, dass Christi Leib nicht mündlich, sondern durch den Glauben auf geheimnisvolle Weise empfangen werde.[139] Während also Szenci Molnár einerseits durch den Druck der Abendmahlsabschnitte aus anderen Bekenntnissen gewinnend – es ist dabei vor allem an die ungarischen Kirchen zu denken, die Melanchthons Erbe getreu weiter tragen wollten – wirken wollte, grenzte er sich andererseits ganz klar gegen die lutherische Abendmahlslehre ab, bewegte sich also auf dem Boden der reformierten Orthodoxie.[140] Gleichzeitig führte Szenci Molnár die bereits im 16. Jahrhundert angelegte „unionistische", „vermittelnde" Ausrichtung der ungarischen protestantischen Kirche weiter, indem er Extrempositionen wie die Ubiquitätslehre oder – hier allerdings nicht explizit erwähnt – die Sakramentslehre des linken Flügels der Reformation ablehnte.[141]

NAGY hat zudem eine interessante perspektivische Verschiebung bei Szenci Molnár gegenüber Théodore de Bèze festgestellt. Szenci Molnár rechnete in der ungarischen Übersetzung des Epigramms neben den von de Bèze aufgezählten Engländern, Belgiern (d.h. Holländern), Schotten, Deutschen, Schweizern und Franzosen die Böhmen, die Ungarn und die Polen, ja sogar einen beträchtlichen Teil der Dänen und Schweden zu den Reformierten.[142]

---

institutis ecclesiae Tigurinae (1559) an, welche Liturgie in den Kirchen Veszpréms gebraucht werde (vgl. Gál Imre kánonoskönyve (1624), DREL: 1/b, 239 ff).

139 Theodori Bezae Epigramma in Cyclopicam Ubiquitariorum insolentiam:
    „Anglusok és Belgák, és Francia, Scotia népe,
      S-az Renus mellett minden igaz Nemetec.
    Czeh, Mág'ar, és Leng'él, soc Dánus, Svecica nemzet,
      Ezek után az erős híres Helveciusoc.
    Mind eretnec népec. Mert azt itélte magában
      Öt vag' hat ostoba rab, Mysniabéli bitang.
    Mond megis ennec okát: Szájockal rágni tagadg'ác
      Christus testét, mert tiszta hitöckel eszic.
    Ó, szent tévölgés! Azmellyel hogyha kivétend,
      Öllyé bár azt ember, de Istene véle vag'on." (BULLINGER, Confessio (Oppenheim 1616), B^r).

140 Dies zeigt sich auch im kurzen Abschnitt über die Entwicklung der *Confessio Helvetica prior* zur *Confessio Helvetica posterior* (vgl. Albert Szenci Molnár: Alkolmatossaga ez Confessionac, in: BULLINGER, Confessio (Oppenheim 1616), A4^r–A5^r).

141 Dies tat bereits Szegedi Kis (vgl. BUCSAY, Speculum, 74 f); vgl. oben S. 344. 356.

142 Vgl. NAGY, Geschichte Confessio, 117.

Mit dieser kleinen Ergänzung im Epigramm von Théodore de Bèze hielt Szenci Molnár einerseits die Zugehörigkeit der reformierten Kirchen Ungarns zu denen ganz Europas fest, andererseits betonte er explizit, dass die ungarische reformierte Kirche mit de Bèze – gleichermassen wie mit Bullinger, dem Verfasser der *Confessio* – verbunden bleibe.

Allerdings ist die *Confessio Helvetica posterior* weniger durch die Oppenheimer Ausgabe, als vielmehr durch die im gleichen Jahr erschienene Debreciner Ausgabe zum Gemeingut des reformierten Ungartums geworden. In der Debreciner Ausgabe, die keineswegs nur für das Partium, sondern auch für Siebenbürgen und das königliche Ungarn bestimmt war, hielt der Debreciner Buchdrucker Pál Lipsiai Rheda fest, dass die ungarische Ausgabe in einem fernen fremden Land erschienen sei, so dass man davon nur einen sehr geringen Nutzen haben könne.[143] Da die Debreciner Ausgabe parallel den lateinischen und den ungarischen Text publizierte, hat sie nicht nur den einfachen Gläubigen, sondern auch den höheren schulischen und wissenschaftlichen Zwecken einen wichtigen Dienst geleistet. Weitere fünf zweisprachige Ausgaben, gedruckt in Sárospatak, Debrecen und Klausenburg, sind uns bekannt.[144]

Tatsache ist, dass, obwohl Péter Szenci Csene die erste, grundlegend bleibende Übersetzung geliefert hat, Albert Szenci Molnár den entscheidenden Anstoss gegeben hat, die *Confessio Helvetica posterior* zum Gemeingut des reformierten Ungarntum werden zu lassen. Erst mit diesem Druck wurde eine breite und profunde Wirkung des wohl geistesgeschichtlich bedeutendsten reformatorischen *Helveticums* bis in die entferntesten Gebiete des königlichen Ungarn – wie auch des Partium und Siebenbürgens – ermöglicht. Dies zeigt sich insbesondere an verschiedenen *Canones* und Synodalbeschlüssen, die die *Confessio Helvetica posterior* explizit als das in der reformierten Kirche Ungarns gültige Bekenntnis bezeichneten. Im Jahre 1623 wurde in den *Canones* von Komját (Komjatice, SK) die reformierte Kirche des königlichen Ungarn – erwähnt werden die Komitate von Pressburg, Komorn, Neutra, Hont, Barsch (Tekov, SK), Wieselburg (Moson, HU) und Neuburg (Novohrad, SK) – erstmals als „Ecclesia orthodoxa Helveticam confessionem amplectens" genannt.[145] In der Eidesformel mussten die Pfarramtskandidaten sich auf die

---

143 „[...] ez iras ki-is nyomtattatot, de igen meszsze, mely mia az haszonra kepest igen szűkön kaphattyuk." (Lipsiai Pál az nemzetes es nagysagos Urnak, Redei Ferencznek, [...], Bethlen Gabornak, Erdely orszaghnak Fejedelmenek [...], in: [HEINRICH BULLINGER], Confessio et expositio fidei Christianae, az az az keresztyeni igaz hitröl valo vallas-tetel, [...], Debrecen 1616, A4ʳ); vgl. NAGY, Geschichte Confessio, 117; TÓTH, Hitvallás, 20 f.

144 Ungarische Ausgaben erschienen bis 1965 insgesamt deren 24 (vgl. TŐKÉS, Wirkung, 303 f).

145 Vgl. Canones Ecclesiastici in quinque classes distributi, quibus ecclesiae Helveticam Confessionem amplexae in comitatibus Mosonien., Posonien., Comaromien., Nitrien., Barsien., Honten. et Neogradien. et finitimis praesidiis a superioribus reguntur ..., Pápa 1625, Aʳ et passim (Nachdruck: Grosswardein 1642 [RMNy 1975]); vgl. TÓTH, Hitvallás, 22.

Auslegung gemäss der *Confessio Helvetica posterior* verpflichten.[146] Auch im Komitat Semplin nahm das Seniorat auf der Synode am 5. Juni 1630 neben dem Heidelberger Katechismus gleichfalls die *Confessio Helvetica posterior* in die Eidesformel auf, erneut bestätigt auf der Synode von Bodrogkeresztúr (1636).[147] Schliesslich haben die beiden Kirchendistrikte „Diesseits-der-Theiss" und „Jenseits-der-Theiss" Anfang des Jahres 1646 in Tokaj gemeinsam eine Synode abgehalten und festgelegt, dass die Kandidaten der Theologie nach ihren ausländischen Studien die Verpflichtung unterschreiben müssen, dass sie die prophetische und apostolische Lehre, wie sie im helvetischen Bekenntnis und im Heidelberger Katechismus enthalten ist, lernen und lehren werden. Genau diese Forderung wurde von der im Juni 1646 in Sathmar gehaltenen Nationalsynode (Generalsynode), an der teilweise auch die von den Türken besetzten Gebiete vertreten waren, in der zweiten *Conclusio* festgelegt:

Ut autem eo arctiore inter se vinculo connecti possent, aequissimum Sanctae Synodo visum est, ut publica aliqua Confessio, Apostolicae, ac Helveticae correspondens, communi nomine, Latine ac Hungarice, breviter concipiatur, cui publice approbatae ab omnibus concorditer subscribatur; ac praeterea, eadem ubique Catechesis *Heidelbergensis*, seu *Palatina*, retineatur ac doceatur, [...][148]

Die Bedeutung, die den dreissig *Conclusiones* der Nationalsynode beizumessen ist, zeigt allein die Tatsache, dass dieselben mehrfach nachgedruckt wurden: 1698 und 1735 in Klausenburg, gleichfalls als Anhang zu Geleij Katonas Ausgabe der *Canones ecclesiastici*, schliesslich 1728 in Utrecht in Debreceni Embers *Historia ecclesiae reformatae in Hungaria et Transilvania*. Debreceni Ember benutzte für seine Edition allerdings nicht die Ausgabe von 1649 oder von 1698, sondern, wie es sich für einen guten Historiographen gehört, die originalen Synodalprotokolle, die er „Ex Historica Actorum Synodalium Stephani Benjamin Szilagyi Descriptione M-S. Ex Archivio item Vener. Superint. Cis-Tibisc."[149] übernommen habe. Neben dem Druck der *Conclusiones* der Nationalsynode wurden dieselben also auch in Abschriften ver-

---

146 Vgl. Canones Ecclesiastici (1625), F3ᵛ. Die Angaben von Juhász und Nagy (vgl. Juhász, Glaubensbekenntnis, 102 f; Nagy, Geschichte Confessio, 118) sind dahingehend zu korrigieren, dass es sich nicht um *Canon 19*, sondern um *Canon 8* der *Tertia Classis* „De presbyteris communiter sic dictis, seu Pastoribus Ecclesiarum" handelt.

147 Vgl. Nagy, Geschichte Confessio, 121.

148 Vgl. István Geleji Katona (Hg.), Canones ecclesiastici, ex veteribus qua Hungariensibus, qua Transilvaniensibus, in unum collecti, plerisque tamen aliis etiam, pro temporis ratione, aucti, ac in paulo meliorem ordinem redacti [...] Accedunt acta et conclusiones synodi nationalis, [...] ab Illustrissimo, Celcissimoque Transsylvaniae Principe, ag magnarum Hungariae Patrium Domino, Dn. Georgio Rákóczi, Szathmár-Németinum An. M.DC.XL VI. ad 10. Junij convocatae, [...], Weissenburg 1649, a3ʳ (Nachdruck: Klausenburg 1698, Hʳ; Klausenburg 1735, Hʳ); vgl. Murdock, Calvinism, 175 f; Juhász, Glaubensbekenntnis, 102 f.

149 Debreceni Ember, Historia, 424. Die *Acta Synodi* zur Nationalsynode sind bis heute in der wissenschaftlichen Sammlung in Sárospatak greifbar (vgl. István Szilágyi Benjámin: Acta Synodi Nationalis Hungaricae [...] 1646, TiREK: Vol. 21, 154–160).

breitet, was zu einer weiteren Konsolidierung der *Confessio Helvetica posterior* in ganz Ungarn führen musste. So wird 1677 im Kirchenbuch der reformierten Gemeinde von Tyrnau festgehalten, dass bei den Versammlungen an jedem Tag ein halbes Kapitel aus der *Confessio* vorgelesen werde.[150]

Die Bedeutung der *Confessio Helvetica posterior* im Allgemeinen bedenkend hielt darum Péter Bod in seiner *Historia Hungarorum Ecclesiastica* mit Recht fest, dass „[...] Celebris haec confessio semper apud Hungaros fuit, ita ut de ea Reformati nominarentur *Helveticae Confessionis* in articulis Diaetalibus.“[151] Die *Confessio* war also nicht nur Glaubensbekenntnis der reformierten Kirche Ungarns, sondern auch eine feste Rechtsgrundlage, die sogar die Könige von Habsburg anerkennen mussten, wie dies eine Reihe von Friedensverträgen und verfassungsrechtlichen Statuten in der ersten Hälfte des 17. Jahrhunderts belegt.[152] Besonders ist dabei auf den Friedensvertrag von Linz (1645) hinzuweisen, der erneut die freie und öffentliche Ausübung der Religion für die Bekenntnisse A.B. und H.B. garantierte, und zwar für die privilegierten Klassen der ständischen Gesellschaft gleichermassen wie für die Leibeigenen. Die Folge dieses Friedensvertrages war bekanntlich die Nationalsynode von Sathmar (1646).[153]

In dieselbe Richtung, nämlich die Stärkung des reformierten Glaubens im königlichen Ungarn, zielt ein weiteres helvetisches *Hungaricum*, das Albert Szenci Molnár herausgegeben hatte. Es handelt sich um das *Christliche Bättbüchlin: [...] Meistentheils von M. Heinrich Bullinger* (Zürich 1623).[154] Allerdings hat Szenci Molnár eine Ausgabe aus dem Jahre 1600 vorgelegen, von der heute kein Exemplar mehr erhalten ist. Dass das *Bättbüchlin* sich zu jener Zeit einer grossen Nachfrage erfreute, bezeugte Johann Rudolf Wolf,[155] der Drucker der Ausgabe von 1623, indem er im Vorwort festhielt, dass das Büchlein bereits ausverkauft und es darum aufs Neue „nachzůtrucken“ sei.[156] Möglicherweise erschien das Gebetsbuch, so VÁSÁRHELYI, erstmals bereits 1584 in Zürch,[157] doch Szenci Molnár benutzte die Ausgabe von 1600. Dies ist darum gesichert, weil Szenci Molnár nicht nur das *Bättbüchlin* übersetzte,

150 Vgl. Sitzungen vom 10. März sowie 17. April 1677, TtREK: R 476/b, 23. 25.

151 BOD, Historia I, 355

152 Vgl. NAGY, Quellenforschungen, 200; vgl. oben S. 476 ff.

153 Die Linzer Verhandlungen markierten den Höhepunkt des Kampfes der Protestanten um ihre Rechte. Als aber am 11. Oktober 1548 Fürst György Rákóczi, der *Defensor* der protestantischen Sache verstarb, setzten die Verfolgungen der Protestanten erneut ein und der Linzer Friedensvertrag sowie das ihn ratifizierende Gesetz von 1647 blieben Makulatur (vgl. FATA, Ungarn, 193 f; BUCSAY, Protestantismus I, 173 ff; NAGY, Bedeutung, 105).

154 In der Forschung befasste sich bislang einzig Markus JENNY mit dem *Bättbüchlin* (vgl. JENNY, Bullinger, 225–229).

155 Vgl. RESKE, Buchdrucker, 1046.

156 Vgl. Johann Rudolf Wolff: Vorred, in: [HEINRICH BULLINGER], Christliches Bättbüchlin. Darinnen begriffen Vil andächtige außerlesne schöne Gebätt für allerley anligen der Menschen [...], Zürich 1623, (?)iiij^v–(?)v^r.

157 Vgl. P. VÁSÁRHELYI, Vizsolyi Biblia, 120; DIES., Könyvecske, 8 f.

sondern auch das Vorwort von Johann Jakob Fries zur Ausgabe von 1600. Johann Jakob Fries (1546–1611), seit 1573 Professor am Zürcher Carolinum, hatte sich vor allem infolge der Herausgabe von Konrad Gessners *Bibliotheca instituta et collecta* (Zürich 1583) einen Namen gemacht; zudem hatte er ein chronologisches Philosophenlexikon verfasst.[158] Dass er auch den Druck von Bullingers *Bättbüchlin* (Zürich 1600) besorgt hat, ist der deutschen Forschungsliteratur aber bis heute unbekannt;[159] glücklicherweise wissen wir dank der bahnbrechenden ungarischen Studien von Judit P. VÁSÁRHELYI zu Szenci Molnár davon.

Dieses *Bättbüchlin* ist faktisch eine unmittelbare Fortsetzung der Bibelausgaben und der Übersetzungen von Psalmen, des Katechismus und der Kirchenordnung von Albert Szenci Molnár. Das *Imádságos könyvecske* (Heidelberg 1621) war vor allem für die Gläubigen im Allgemeinen und für die frommen Frauen der Tyrnauer Kirche im Besonderen – wie er im Vorwort zu Beginn festhielt[160] – bestimmt. Szenci Molnár erklärte im Vorwort die Bedeutung des Gebetes und begründete gleichfalls, warum er das Büchlein den Frauen widme, weil nämlich sie für die Weitergabe des Glaubens eine besondere Stellung einnehmen würden. Er wies explizit darauf hin, dass Johann Rudolf Lavater ihn auch über Bullingers Beziehungen zur englischen Königin Elisabeth in Kenntnis gesetzt habe, ja die Königin ihm gar ein selbst gesticktes Taschentuch aus Dankbarkeit übermacht habe.[161]

Im Anschluss an Fries' Vorwort folgt eine exegetische Einleitung von Szenci Molnár darüber, was das Neue Testament über das Gebet sage, d. h. zu wem zu beten sei, was zu beten sei, um was zu bitten sei, welche Worte zu gebrauchen seien, u.s.w.[162] Daran schliesst sich eine kurze dogmatische Darlegung über das Beten, die inhaltlich in Teilen, wie Szenci Molnár selbst betonte, aus Johannes Calvins *Meditationes* stammte.[163] Es handelt sich dabei, wie

---

158 Vgl. JOHANN JAKOB FRIES, Bibliotheca philosophorum classicorum authorum chronologica. In qua veterum philosophorum Origo, successio, Aetas […] proponitur, Zürich 1592.

159 In der Bibliographie von Heinrich Bullinger ist einzig das *Bättbüchlin* von 1623 aufgeführt (vgl. HBBibl I, Nr. 72), doch aufgrund des erhaltenen Vorwortes von Johann Jakob Fries ist der Druck einer Ausgabe um 1600 ohne Zweifel ausreichend belegt.

160 Vgl. Albert Szenci Molnár: Az nemes, tiszteletes es Istenfelő Echi Orsic Aszszonnac, Mezö Szegedi Gaspar Vram Kedves Házai társánac […], in: ALBERT SZENCI MOLNÁR, Imadságos könyvecske, mellyben szép Háláadésoc és áhitatos Könyörgélec vadnac: […], Heidelberg 1621,)(2ʳ.

161 „[Erzsébet] Bullinger Henric Predikatort sajatkezevel varrott készkenőnek küldésével megtisztelte […]" (Albert Szenci Molnár: Az nemes, tiszteletes es Istenfelő Echi Orsic Aszszonnac, Mezö Szegedi Gaspar Vram Kedves Házai társánac […], in: SZENCI MOLNÁR, Könyvecske,)(4ᵛ–)(5ʳ). Zu den Beziehungen der englischen Königin Elisabeth zu Bullinger vgl. BÜSSER, Wurzeln, 182–188.

162 Vgl. Az Vy Testamentumbéli sz. Irásnac helyei és bizonsági az Könyörgésröl, in: SZENCI MOLNÁR, Könyvecske, A4ᵛ–B5ʳ (vgl. P. VÁSÁRHELYI, Vizsolyi Biblia, 120).

163 „[…] Calvinus Ianosnac Deákul írt Meditatioiból." (SZENCI MOLNÁR, Könyvecske, Aᵛ); vgl. Hogy a mi kivántasséc az Könyörgéshöz, arrol valo szép vigáságos észükséges tanuság, in: SZENCI MOLNÁR, Könyvecske, B5ʳ–C3ᵛ.

VÁSÁRHELYI nachweisen konnte, insbesondere um Abschnitte aus Calvins Überlegungen zum Gebet, wie er sie in der *Institutio Christianae Religionis* festgehalten hatte (III. 20).[164] Tatsächlich war zu dieser Zeit Szenci Molnár bereits damit beschäftigt, Calvins *Institutio* ins Ungarische zu übersetzen, worauf er in seinem Vorwort explizit hinwies.[165] Schliesslich folgt das eigentliche *Bättbüchlin*, wie es Szenci Molnár in Fries' Ausgabe von 1600 vorgefunden hatte: Nach dem Glaubensbekenntnis, den Zehn Geboten, dem Herrengebet und Calvins Sündenbekenntnis[166] wurden verschiedenste Gebete abgedruckt, die bei zahlreichen Gelegenheiten – sie sind thematisch geordnet – zu sprechen seien. Dabei finden sich hauptsächlich Gebete von Heinrich Bullinger, aber auch von Aurelius Augustinus, Johannes Calvin, Pierre Viret, Augustin Marlorat, Rudolph Gwalther, Otto Werdmüller, Thomas Cramer, Georg Spalatin, Johannes Avenarius, Zacharias Ursinus u. a., schliesslich auch mehrere Psalmgebete;[167] am Schluss folgt eine Auslegung des Herrengebetes.[168] Ergänzend fügte Albert Szenci Molnár einige Stücke bei, die er aus verschiedenen, auch ungarischen Quellen schöpfte.[169] Letztlich ist aber die wichtigste Quelle der Gebete die Bibel, und innerhalb derselben das Buch der Psalmen; verschiedene Gebete stammten auch aus reformatorischen Katechismen und Agenden.[170]

Mit der Übersetzung des *Bättbüchlins*, ergänzt mit weiteren Psalmen, Gebeten und exegetischen bzw. dogmatischen Texten schuf Szenci Molnár nicht nur für die reformierten Protestanten des königlichen Ungarn ein wertvolles, das Glaubensleben beeinflussendes und prägendes Andachts- und Gebetsbuch, sondern zeigte gleichfalls die Verbundenheit mit dem reformierten Protestantismus Europas im Allgemeinen und der Schweiz im Besonderen auf. Tatsächlich ist es ja auffallend, dass Szenci Molnár im Vorwort sich einzig auf Schweizer Reformatoren berief, nämlich zweimal auf Calvin und einmal auf Bullinger.[171] Auch damit hat Szenci Molnár die Verbindungen zwischen dem schweizerischen und dem ungarischen Protestantismus verstärkt und letztlich

---

164 Vgl. P. VÁSÁRHELYI, Vizsolyi Biblia, 120 f.
165 Vgl. Albert Szenci Molnár: Az nemes, tiszteletes es Istenfelö Echi Orsic Aszszonnac, Mezö Szegedi Gaspar Vram Kedves Házai társánac […], in: SZENCI MOLNÁR, Könyvecske,)(3ᵛ.)(6ʳ.
166 Vgl. ibidem, C6ʳ-Dᵛ. *Nebenbemerkung:* Wie bereits im vorangehenden Kapitel erwähnt wird Calvins Sündenbekenntnis noch heute in der reformierten Kirche Siebenbürgens jeden Sonntag im Gottesdienst gesprochen. In Szenci Molnárs *Imádságos Könyvecske* (Heidelberg 1621) liegt hingegen die fast wörtliche Übersetzung von Calvins *Confession* aus der Genfer Gottesdienstordnung von 1542 vor (vgl. CALVIN, Forme, 162; SZENCI MOLNÁR, Könyvecske, Dʳ⁻ᵛ).
167 Vgl. SZENCI MOLNÁR, Könyvecske, Dᵛ-Z3ʳ.
168 Vgl. ibidem, Z3ʳ-Bbᵛ.
169 Vgl. ibidem, Bb2ʳ-Bb8ʳ.
170 Für weitere, vor allem sprachwissenschaftliche und rezeptionsgeschichtliche Fragen betreffende Erläuterungen vgl. P. VÁSÁRHELYI, Vizsolyi Biblia, 122–133; DIES., Könyvecske, 12–37.
171 Vgl. Albert Szenci Molnár: Az nemes, tiszteletes es Istenfelö Echi Orsic Aszszonnac, Mezö Szegedi Gaspar Vram Kedves Házai társánac […], in: SZENCI MOLNÁR, Könyvecske,)(3ᵛ.)(4ᵛ.)(6ʳ.

die Verbreitung der ungarischen Übersetzung der *Institutio* Calvins vorbereitet.

Albert Szenci Molnár hatte beim Druck der ungarischen Übersetzung der *Institutio Christianae Religionis* gleichfalls ganz Ungarn und Siebenbürgen im Blick.[172] Das Titelblatt wurde mit dem Wappen des ungarischen Königreichs geschmückt, und Szenci Molnár hielt fest, dass die *Institutio* nun „zur Erbauung des ungarischen Volkes in Gottes Wahrheit auch in ungarischer Sprache" vorliege, nachdem das Werk bereits in die französische, englische, holländische, italienische, deutsche, tschechische und noch andere Sprachen übersetzt worden sei.[173] Diese eindrückliche Aufzählung sollte allerdings nicht nur die geistige Verbundenheit des reformierten Protestantismus Ungarns mit den anderen reformierten Kirchen Europas aufzeigen, sondern hatte auch die kirchenpolitischen Absicht, in Anbetracht der gegenreformatorischen Massnahmen von König Ferdinand II. die „Schlagkraft" des reformierten Protestantismus aufzuzeigen. Die Widmung an Fürst Gábor Bethlen (1580–1629) unterstrich ebenfalls diese Absicht, da Bethlen, der 1619 einen Feldzug gegen die Habsburger gestartet hatte, in dessen Folge er vorübergehend ganz Ober- und Niederungarn einschliesslich der ungarischen Hauptstadt Pressburg erobern konnte,[174] als bekennender reformierter Fürst nicht nur ein eifriger Bibelleser und Beter war, sondern auch die Akademie in Weissenburg zu einer Hochschule von europäischem Niveau ausbauen wollte, indem er ausgezeichnete Gelehrte (Martin Opitz, Johann Heinrich Alstedt, Johann Heinrich Bisterfeld) berief, eine reiche Bibliothek schuf und grosse Stiftungen machte.[175] In diesen Bemühungen wurde Gábor Bethlen von David Pareus tatkräftig unterstützt, wie der lesenswerte Briefwechsel zwischen dem Theologieprofessor und dem Fürsten belegt. Pareus hielt fest, dass die Klugheit frommer Fürsten im Reich als auch in Ungarn dazu beitrage, „sinceram fidei doctrinam adversus Antichristianorum superstitiones et violentas molitiones fortiter" zu verteidigen.[176]

Im Vorwort begründet Szenci Molnár den Druck der *Institutio*: Der Ursprung der Evangeliumsverkündigung sei einerseits in der Schweiz durch Huldrych Zwingli, andererseits in Deutschland durch Martin Luther begründet worden, doch bald auch, in der Nachfolge Zwinglis, durch Márton Kálmáncsehi in Ungarn, und schliesslich in Frankreich durch Johannes Cal-

---

172 Dazu ist in diesem Zusammenhang auch das türkisch besetzte Mittelungarn zu zählen (vgl. MURDOCK, Calvinism, 54).

173 „[…], es osztan Franciai, Angliai, Belgiai, Olasz, Német, Czeh és egyéb nyelvekre forditottanac: Mostan pedig az magyar nemzetnek Isteni Igassagban való épületire magyar nyelvre forditott […]" (JOHANNES CALVIN, A Keresztyeni Religiora es igaz hitre valo tanitas […], Hanau 1624, a^r).

174 Nach dem Frieden von Nikolsburg (1621) verzichtete Bethlen auf den Königstitel, erhielt aber im Gegenzug die Herzogtümer Oppeln und Ratibor (vgl. BUCSAY, Protestantismus I, 168ff).

175 Vgl. BUCSAY, Protestantismus I, 170ff; vgl. unten S. 525 ff.

176 Vgl. David Pareus an Gábor Bethlen, 14. Juni 1617, in: HELTAI, Kapcsolatai, 58.

vin. Damit signalisiert Szenci Molnár, dass er den Ursprung ces Protestantismus Ungarns in der reformierten und nicht in der lutherischen Tradition erkannte.[177] Calvins Hauptwerk, die *Institutio Religionis Christianae*, sei erstmals in Basel 1536 erschienen, später aber erweitert worden.

In diesem Buch erklärt er [i. e. Calvin] gemäss der ihm von Gott verliehenen Gnade klar und verständlich alle Bereiche des christlichen Glaubens, widerlegt alle diesbezüglichen alten und neuen Fehler und Häresien wirkkräftig, und deckt sie aufgrund der heiligen Schrift, und aufgrund des reinen Zeugnisses der frühen Kirchenväter auf; so dass die, die seine Lehre angreifen, nicht mit Calvin, sondern mit der heiligen Schrift und mit den alten Vätern kämpfen müssen.[178]

Die Ausführungen Szenci Molnárs belegen in eindrücklicher Weise, dass er die Übersetzung von Calvins *Institutio* als geeignetes Mittel gegen die gegenreformatorischen Tätigkeiten während des dreissigjährigen Krieges betrachtete. Gerade der Graner Erzbischof Péter Pázmány berufe sich immer wieder auf die *Institutio* Calvins, doch sei der Text Calvins oft verfälscht, weswegen eine textgetreue Übersetzung der gesamten *Institutio* besonders wichtig sei. Als Übersetzungsgrundlage diente Szenci Molnár die Heidelberger Ausgabe *Institutio Christianae religionis, das ist Underweisung Christlicher Religion in vier Bücher verfasst aus Lateinischer und Frantzözischer Sprach trewlich verteutscht* (Heidelberg 1572); dies heisst aber keineswegs, dass Szenci Molnár nicht auch andere Ausgaben, insbesondere die lateinische Edition von 1559 herangezogen hat.[179] Der siebenbürgische Fürst Gábor Bethlen – Szenci Molnár hielt sich im Februar 1615 an seinem Hofe auf und der Fürst hat ihm einen Platz an der Akademie in Weissenburg angeboten[180] – und sein Nachfolger György Rákóczi (1593–1648) haben Szenci Molnárs Übersetzung der *Institutio* unterstützt und gefördert.[181] Bethlen war es schliesslich auch, der

---

177 Vgl. Albert Szenci Molnár: Dedicalo level, in: CALVIN, Religiora, a2ᵛ–a3ʳ. Es ist nicht nur bezeichnend, dass Albert Szenci Molnár Zwingli Luther vorordnete, sondern auch Calvin der zwinglianischen Tradition zuordnete. Während die Vorordnung Zwinglis vor Luther dadurch bedingt sein mag, dass er die „reformatorische Wende" Zwinglis, basierend auf alter Tradition. bereits 1516 ansetzte, entspricht es mitnichten den historischen Gegebenheiten, dass Calvin in der Tradition der Zürcher Reformation gestanden hat; vielmehr waren in den reformatorischen Anfängen Calvins Einflüsse Luthers, Bucers und Melanchthons zentral (vgl. OPITZ, Leben, 67 f; SELDERHUIS, Calvin Handbuch, 57 ff; VAN'T SPIJKER, Calvin, J200 ff; u.s.w.).

178 „Ez könyvben ő az Istentől néki engedett kegyelem szerint, az Keresztyeni Hitnek minden ágazatit olly nyilván és értelmessen megmagyarázza, és minden azockal ellenkező ô és uy tévelgéseket, éretneksegeket, olly hatalmassan megtzáfol és meghamissit az szét Irásnac erős fundamentomival, és az tisztáb időkbéli Paterec bizonyitásival; hogy az kic ez 3 Tanitása ellen támadnac, nem Calvinussal, hanem az szent Irassal és az régi Patereckel kellyen czatáznioc." (Albert Szenci Molnár: Dedicalo level, in: CALVIN, Religiora, a3ʳ).

179 Vgl. P. VÁSÁRHELYI, Institutio, 188–204; DIES., Fordítása, 10 ff. 15 ff.

180 Vgl. SZENCI MOLNÁR, Naplója, 95 (vgl. RÁCZ, Inspiration: Molnár, 259).

181 Vgl. Albert Szenci Molnár: Dedicalo level, in: CALVIN, Religiora, a3ᵛ–a4ʳ; vgl. SZABÓ, Religióra, 245 f.

Szenci Molnár 1624 nach Siebenbürgen rief, wo er seine letzten Lebensjahre verbrachte.[182]

Die Verbreitung der *Institutio* im königlichen Ungarn war, wie erwähnt, bereits durch das *Imádságos Könyvecske* (Heidelberg 1621) vorbereitet. In Siebenbürgen, im Partium sowie im Kirchendistrikt „Diesseits-der-Theiss" unterstützte neben Gábor Bethlen und György Rákóczi insbesondere der siebenbürgische Hofprediger István Geleji Katona (1589–1649), der seit 1615 dank der Unterstützung Bethlens in Heidelberg studiert hatte, energischer Vertreter des ungarischen Reformiertentums war und später siebenbürgischer Superintendent (1633–1649) wurde, den Druck und die Verbreitung von Szenci Molnárs Übersetzung der *Institutio*,[183] so dass Calvins Hauptwerk auch in Siebenbürgen und dem östlichen Teil Ungarns breiteren Schichten des ungarischen Reformiertentums zugänglich gemacht werden konnte. Die weite Verbreitung von Calvins *Institutio* in der ersten Hälfte des 17. Jahrhunderts in ganz Ungarn und Siebenbürgen gibt darüber ein eindrückliches Zeugnis ab.

Das Verdienst von Albert Szenci Molnár für den Durchbruch und die Konsolidierung der reformierten Orthodoxie im königlichen Ungarn, aber auch in Siebenbürgen, ist kaum zu überschätzen. Trotz der abnehmenden politischen Unterstützung durch die west- und niederungarischen Magnaten und trotz der gegenreformatorischen Anfeindungen durch den Wiener Hof und das Graner Erzbistum gelang es ihm, die Identifikation der ungarischen Protestanten mit dem reformierten Bekenntnis weiter zu fördern und zu festigen. Dies ist nicht nur seinen vielfältigen Kontakten, die er von Deutschland aus mit Gelehrten ganz Ungarns und Siebenbürgens unterhielt, zuzuschreiben,[184] sondern insbesondere seiner unermüdlichen Tätigkeit für die Übersetzung und den Druck massgebender helvetischer *Hungarica*. Mit dem Druck und der Verbreitung der von ihm herausgegebenen Schriften hat er schliesslich alle Bereiche des ungarisch-reformierten Lebens und Glaubens umfassend angesprochen: Für die kirchliche Unterweisung der Kinder hat er den Heidelberger Katechismus übersetzt, für die Erbauung und Glaubensstärkung in der Familie das *Bättbüchlin*, für den kirchlichen Gesang den Psalter, für Predigt und Lektüre die *Vizsolyi*-Bibel neu ediert, für die Vorbereitung junger Männer auf das Theologiestudium hat er die *Novae Grammaticae Ungaricae* geschaffen und Péter Szenci Csenes ungarische Übersetzung der *Confessio Helvetica posterior* herausgegeben, und schliesslich hat er für Geistliche und interessierte Laien die Übersetzung der *Institutio Christianae Religionis* von Johannes Calvin besorgt, deren Verdienst neben dem konfessionspolitischen auch – wie bereits erwähnt – im sprachwissenschaflichen

---

182 Vgl. Dézsi, Szenci Molnár, 213 ff; vgl. unten S. 348 f.

183 Vgl. Albert Szenci Molnár: Dedicalo level, in: Calvin, Religiora, a4ʳ (vgl. Murdock, Calvinism, 55; Dézsi, Szenci Molnár, 213).

184 Szenci Molnárs Tagebuch, sein *Naplója*, gibt diesbezüglich einen vielfältigen Einblick (vgl. Szenci Molnár, Naplója).

Bereich liegt. Die ungarische Sprache in ihrer – nicht nur theologischen – Ausdrucksweise ist bis heute wesentlich durch Szenci Molnárs sprachschöpferische Tätigkeit in verschiedenen seiner Werke, nicht zuletzt in seiner *A Keresztyeni Religiora es igaz hitre valo tanitas* (Hanau 1624), geprägt.[185] Die Wirkung und Bedeutung der von Szenci Molnár besorgten helvetischen *Hungarica* geht damit über die ungarisch-reformierte Kirche hinaus und lässt einen indirekten Einfluss der reformierten bzw. „calvinistischen"[186] Denkungsart auf die ganze ungarische Kultur erkennen.[187]

Es wurde bereits darauf hingewiesen, dass, abgesehen von den Nachdrucken der Werke von Szegedi Kis und Fegyverneki, erst wieder in den 1630er Jahren theologische *Hungarica* aus Basler Pressen kamen. Ebengerade im Jahre der letzten Neuauflage von Fegyvernekis *Enchiridion* (Basel 1628)[188] immatrikulierten sich bereits erwähnte ungarländische Studenten an der theologischen Fakultät Basel: Péter Maksai Őse, Ferenc Szigheti Bene, László Mezó Szanthai und János Budaeus; im folgenden Jahr gesellte sich Mihály Fabri Dobraviczai dazu.[189] Über die Basler Studien von Péter Maksai Őse und János Budaeus – beide stammten aus dem östlichen Landesteil – sind unsere Kenntnisse bescheiden,[190] hingegen wissen wir einiges über Szanthai, Szigheti und Fabri Dobraviczai.[191] Während letztere beiden bei Theodor Zwinger disputierten,[192] absolvierte Szanthai seine Studien vor allem bei Sebastian Beck.[193] Auf diesem Hintergrund – Beck und Zwinger waren bekanntlich en-

---

185   Vgl. SEIDEL, Späthumanismus, 248 f; NAGY, Geschichte Confessio, 116; RÁCZ, Inspiration: Molnár, 259 f.

186   „Calvinistisch" wird hier darum explizit benutzt, weil Szenci Molnárs Übersetzung der *Institutio* Calvins die ungarische Sprache massgebend geprägt hat.

187   Es ist auch darum wenig erstaunlich, dass die ungarischen Reformierten bis heute als „Calvinisten" bezeichnet werden.

188   Vgl. RMK III 1415.

189   Vgl. BERNHARD, Hungarica, 89 f. 103; DERS., Basel, 74 f.; HEGYI, Diákok, 48.

190   Vgl. BERNHARD, Hungarica, 103; weiteres, vor allem zu Maksai Őse, vgl. unten S. 531 f. 552 f.

191   Ferenc Szigheti Bene stammte aus Siebenbürgen, László Mezó Szanthai aus Oberungarn (Kirchendistrikt „Diesseits-der-Theiss") und Mihály Fabri Dobraviczai vermutlich aus Niederungarn. Zu fragen bleibt, ob die Vorfahren von Mihály Fabri Dobraviczai ursprünglich aus Böhmen – Dobrawitz (Dobrovice, CZ) liegt in Mittelböhmen – stammten; Fabri Dobraviczai selbst bezeichnet sich aber durchwegs als „Ungarus" (vgl. BERNHARD, Hungarica, 98 f; WACKERNAGEL, Matrikel III, 318).

192   Vgl. MIHÁLY FABRI DOBRAVICZAI, Ἀντιθέσεων concilio Tridentino oppositarum pars I. [...] praeside Theodoro Zvingero, [...], Basel 1632; FERENC SZIGHETI BENE, Status et Quaestiones Theologicae, Controversae Catholicos inter et papistas, De Sacramentis: Ex Danielis Chamieri Panstratiae Catholicae Tom. IV. paucioribus Contractae, Tabulisque continuis Delineatae: Quas, Deo Trinuno adjuvante, praeside [...] Theodoro Zuingero, [...], Basel 1633. Betreff dieser in Basel erschienenen Disputationen (vgl. unten S. 515 f) ist festzuhalten, dass nur deren eine der *Régi Magyar Könyvtár*, nämlich Ferenc Szigheti Benes *Status et Quaestiones Theologicae [...]* (Basel 1633), bekannt ist (vgl. RMK III 1491).

193   Vgl. LÁSZLÓ MEZÓ SZANTHAI, Themata theologica de fine passionis et mortis Dominicae. Quarum veritatem, [...] praeside Sebastiam Beckio, [...] defensurus est [...], Basel 1633; DERS., Disputatio I. De patefactione Dei naturali, in: Sebastian Beck (Hg.), Disputationum

ergische Vertreter einer *ecclesia dordracena*[194] – erstaunt es kaum, dass die Disputationen dieser ungarischen Peregrinanten eine theologische Orientierung an der reformierten Orthodoxie illustrieren.

Im Zeitalter der katholischen Reform schulte Theodor Zwinger seine Studenten insbesondere auch im Hinblick darauf, dass sie sich mit der katholischen Theologie – dies trifft während des dreissigjährigen Krieges für Siebenbürgen weit weniger als für das restliche Europa zu – auseinanderzusetzen haben würden. Gerade im königlichen Ungarn konnten diese Auseinandersetzungen, wie wir bereits aufgezeigt haben, sehr heftig sein. Um die katholischen Argumente gegen die reformierte Abendmahlslehre zu entkräften, sprach beispielsweise Szigheti in seiner Disputation *Status et Quaestiones Theologicae, Controversae Catholicos inter et papistas, De Sacramentis: [...]* (Basel 1633) über die innerkatholischen Kontroversen und Widersprüche in der Sakramentslehre.[195] Auch die Disputation Ἀντιθέσεων *concilio Tridentino oppositarum pars I [...]* (Basel 1632) von Mihály Fabri Dobraviczai, über die er am 29. November 1632 bei Theodor Zwinger respondierte, war durch diesen „apologetischen" Charakter geprägt. Seine Antithesen zum tridentinischen Konzil, in denen er nicht nur die Legitimität des Konzils anzweifelte, sondern auch einzelne Konzilsbeschlüsse – er berief sich dabei sowohl auf Johannes Calvin als auch auf Martin Chemnitz, die sich beide kritisch zu den tridentinischen Konzilsbeschlüssen gestellt haben[196] – widerlegte, zeigen eindrücklich, wie Zwinger die Studenten auf eine seelsorgerliche Tätigkeit in einem katholisch dominierten Lande vorbereitete.[197] Eine theologische Untersuchung der Disputation zeigt zudem, dass Fabri Dobraviczai zur Widerlegung der Konzilsbeschlüsse sich vor allem der reformierten Orthodoxie bediente. In der dritten Antithese verneinte er infolge fehlender Schriftgemässheit die römischen Riten wie beispielsweise die Messe, die Ohrenbeichte oder das Fasten; entgegen der lutherischen Kirche – in der die Ohrenbeichte ein Sakrament ist – betonte Fabri Dobraviczai, dass „confessionem auricularem, quae nullum habet Scripturae mandatum, [...]" abzulehnen sei. Bei der Ablehnung des Fastens berief er sich gar direkt auf Calvin.[198] In der vierten Antithese, in der die tridentinische Pervertierung des *Nicänums* untersucht wird, hielt Fabri Dobraviczai fest, dass Christus in den Himmel aufgefahren sei, von wo her „venturus sit ad judicium. Pontificii descensum Christi quotidianum, & praesentiam in hostiam corporalem credunt."[199] Die Ablehnung der

theolog. Praecipuè ex instit. I. Calvini brevissimè excerptarum Octo Priores [...], Basel 1635, A2ᵛ.

194 Vgl. oben S. 486.

195 Im Zusammenhang mit der Behandlung des reformierten Bekenntnisses in Siebenbürgen werden wir auf Szigheti ausführlicher zu sprechen kommen (vgl. unten S. 531).

196 Vgl. FABRI DOBRAVICZAI, Ἀντιθέσεων, A2ʳ.

197 Vgl. BERNHARD, Hungarica, 98 ff.

198 Vgl. FABRI DOBRAVICZAI, Ἀντιθέσεων, B4ʳ.

199 Ibidem, Cʳ.

körperlichen Präsenz Christi in der Hostie schliesst natürlich auch die Ablehnung der lutherischen Ubiquitätslehre mit ein, zumal die leibliche Himmelfahrt Christi eines der Hauptargumente reformierte Theologie gegen die
Kon- und Transsubstantiationslehre war.[200] Fabri Dobraviczais Studienkollege
László Mezó Szanthai – Fabri Dobraviczai und Szanthai, sowie wohl auch
Szigheti,[201] verliessen Anfang des Jahres 1634 Basel und zogen gemeinsam
über Zürich und St. Gallen[202] nach Innsbruck[203] und weiter nach Ungarn[204] –
disputierte gleich zweimal bei Sebastian Beck. In seiner ersten Disputation am
17. April 1633 sprach Szanthai über *Themata theologica*, die das Ende des
Leidens Christi und dessen Bedeutung für die Gläubigen betraf.[205] In seiner
zweiten Disputation, deren Zeitpunkt sich nicht mehr genau eruieren lässt,[206]
wohl aber in die zweite Hälfte des Jahres 1633 zu setzen ist, sprach er in vier
Thesen über *De patefactione Dei naturali* auf der Grundlage der *Institutio
christianae religionis* von Johannes Calvin. Später, im Jahre 1635, hat Beck
diese Thesen zusammen mit anderen, unter seinem Vorsitz gehaltenen *Disputationes*, die auf Calvins *Institutio* gründeten, in einem Sammelband herausgegeben. Im Gruss an den Leser hielt Beck fest: „DISPUTATIONES istae,
secundùm ordinem Locorum Theologicorum, qui in Instit. JOHANNES CAL-
VINI servatur, scriptae & ex illis maximam partem paucissimis excerptae sunt,
ut Juniores ad diligentem Libri illius Lectionem fructuosam, his exercitiis
invitentur."[207]

In Betreff der zuletzt erwähnten helvetischen *Hungarica* ist allerdings
festzuhalten, dass ihre Bedeutung weniger darin liegt, dass sie eine besondere

---

200 Vgl. BULLINGER, Confessio (2009), 332.
201 Zahlreiche Quellen wie Gratulationsgedichte, Stammbucheinträge oder Korrespondenzen
   belegen, dass Fabri Dobraviczai, Szanthai und Szigheti in Basel nicht nur unter sich, sondern
   auch mit mehreren anderen Studenten einen persönlichen Kontakt gepflegt haben. Besonders
   bemerkenswert sind die Gratulationsgedichte, die die genannten drei Ungarn aus Anlass der
   Magisterpromotion von Jakob Mayer, der vor seinem Basler Studienabschluss in Cambridge
   Theologie studiert hatte, verfasst haben (vgl. Ferenc Bene Szigheti: „Tantum perge, volas quam
   bene Italibus [...]", in: GERMAN OBERMEIER (Hg.), Carmina gratulatoria in honorem [...] D.
   Jacobi Mayeri, [...] Basel 1633, A2ʳ; Mihály Fabri Dobraviczai: „Expectatus adest dies, [...]",
   in: ibidem, A2ᵛ–A3ʳ; László Mezó Szanthai: „Salve, salve ait, o mea virtus, [...]", in: ibidem,
   A3ʳ).
202 „Sancto Gall." (László Mezó Szanthai an Hermann Finsterling, 28. Juli 1634, UBB: G I 5, 21).
203 „Oeniponti" (Michael Fabri Dobraviczai an Hermann Finsterling, 12. August 1634, UBB: G I 5,
   22).
204 Während wir wissen, dass Fabri Dobraviczai später in Sárospatak als Lehrer am Kollegium
   wirkte (vgl. oben S. 494 [Anm. 89]), verlieren sich die Spuren von Szanthai. Es ist aber zu
   vermuten, dass Szanthai gleichfalls in Sárospatak tätig war, da Szanthai und Fabri Dobraviczai
   am 1. September 1636 gemeinsam ein Buch an die Stadtbibliothek Zürich übermachten (vgl.
   Donationenbuch der Stadtbibliothek Zürich, ZBZ: Arch St 22, 52).
205 Vgl. SZANTHAI, Themata.
206 Der Druck nennt zwar das Jahr 1635, doch zu dieser Zeit hielt sich Szanthai bereits wieder in
   Ungarn auf.
207 Sebastian Beck: Lectori s., in: DERS. (Hg.), Disputationum theolog. ex Instit. I. Calvini [...],
   Basel 1635, Aᵛ.

Wirkungsgeschichte im königlichen Ungarn gehabt hätten, als vielmehr darin, dass sie Zeugnis dessen sind, inwiefern ungarische Peregrinanten auf ihrer Studienreise durch die reformierte Orthodoxie geprägt worden sind. Obwohl Basel in diesen Jahren kein bevorzugter Studienort für ungarische Peregrinanten war, so ist die theologische Ausrichtung der dortigen Universitätsprofessoren doch von entscheidender Relevanz. Es erstaunt daher kaum, dass seit Mitte der 1620er Jahre, bei einem gleichzeitigen Rückgang der Buchproduktion, die theologische Literatur rund die Hälfte der Gesamtproduktion der Basler Druckereien einnehmen konnte.[208] Theologische *Hungarica* (*Disputationes*) gingen in den 1630er Jahren schliesslich als einzige *Hungarica* aus Basler Pressen. Massgebend und richtungsweisend für Wirkung und Bedeutung helvetischer *Hungarica* war demzufolge nicht der Druck einzelner in Basel oder auch in Genf gedruckter *Disputationes*, sondern die breite Rezeption einerseits lateinischer, in Basel gedruckter *Hungarica* wie die systematischen Werke von Fegyverneki und Szegedi Kis, andererseits verschiedener von Szenci Molnár besorgter ungarischer Übersetzungen reformatorischer *Helvetica*, die das schulische, kirchliche und akademische Leben des ungarischen Reformiertentums entscheidend geprägt haben. Die Bedeutung dieser helvetischen *Hungarica* für die innere Stärkung und weitere Konsolidierung der reformierten Orthodoxie im königlichen Ungarn in der Zeit der katholischen Restauration kann daher nicht genug betont werden. Viele reformierte Gemeinden mussten sich gerade in diesen Jahren ohne einflussreiche Verteidiger (Patrone) organisieren, da die Mehrheit der Magnaten und Adeligen des königlichen Ungarn wieder zum Katholizismus konvertiert hatte. Um so wichtiger waren in dieser Situation die helvetischen *Hungarica* in ihrer Funktion als geistige „Verteidigung".

Abschliessend soll noch auf ein wenig bekanntes *Helveticum* hingewiesen werden, das mehrere *Disputationes* von ungarischen Peregrinanten enthält. Es handelt sich um die zweiteilige Sammlung der *Disputationum theologicarum Miscellanearum* (Genf 1652) von Friedrich Spanheim d.Ä. (1600–1649), Professor in Genf und ab 1642 in Leiden. Die Sammlung enthält *Disputationes*, die Studenten unter dem Präsidium von Spanheim in Leiden gehalten haben; sie wurden von Spanheims gleichnamigem Sohn Friedrich Spanheim d.J. (1632–1701) posthum in Genf herausgegeben.[209] Bekanntlich absolvierten zahlreiche ungarische Studenten reformierten Bekenntnisses in Holland ihre Studien; neben Franeker war für dieselben insbesondere Leiden ein attraktiver Studienort.[210] Friedrich Spanheim, der ein Verfechter der *ecclesia dordracena* und strenger Kontroversist gegen jede Art von Häresie war,[211] prägte

---

208 Vgl. GUGGISBERG, Zusammenhänge, 20–23.
209 Vgl. FRIEDRICH SPANHEIM, Disputationum Theologicarum Miscellanearum Pars Prima [...] Nunc primum collecta, Genf 1652; FRIEDRICH SPANHEIM, Disputationum Theologicarum Pars Secunda, qua celebres aliquot Anti-Anabaptisticas controversias complectitur, Genf 1652.
210 Vgl. BOZZAY, Diákok, 19. 213 ff; MURDOCK, Calvinism, 50. 58 ff.
211 Es ist bekannt, dass Friedrich Spanheim d.Ä. energisch für die Erhaltung des reformatorischen

während knapp eines Jahrzehntes die theologische Ausbildung vieler ungarischer Studenten. Unter den neunzig *Disputationes*, die in genanntem Sammelband herausgegeben wurden, befinden sich auch zwölf Disputationen von ungarischen Studenten,[212] von denen die meisten bereits in Leiden gedruckt worden sind;[213] einzig drei *Disputationes*, alle von Sámuel Herczeg stammend, wurden erstmals im posthum herausgegebenen Sammelband gedruckt.[214] Bereits ein knapper Blick auf die von den Studenten behandelten dogmatischen *Loci* offenbart, welche *Loci* bei Spanheim ausführlich diskutiert worden sind: Prädestinationslehre, Trinitätslehre, Ekklesiologie, Schriftlehre u.s.w., also vor allem zentrale Themata der reformierten Orthodoxie. Für unseren Zusammenhang ist dieses „Hungaricum" vor allem darum interessant, weil es die Einheit des reformierten Protestantismus in Europa aufzeigt: Mehrere in Leiden unter dem Präsidium des Pfälzers Friedrich Spanheim gehaltene *Disputationes* von ungarischen Studenten wurden in der Rhonestadt Genf, dem Ursprung des „Calvinismus", gedruckt. Wenn auch die Mehrheit der ungarischen Studenten in der ersten Hälfte des 17. Jahrhunderts in den Niederlanden studierte, so blieb die Rhonestadt im Denken des ungarischen Refor-

Vermächtnisses eintrat – er gab beispielsweise zum 100. Jahrestag der Reformation in Genf die Rede *Geneva restituta* (1635) heraus – und alle Versuche, die „orthodoxe" Lehre aufzuweichen, wie z.B. die universalistische Gnadenlehre, die von Moyse Amyraut vertreten wurde, entschieden ablehnte; in seiner dreibändigen Schrift *Dubia evangelica* (Genf 1631 – 1639) lieferte er eine gelungene Zusammenfassung der reformierten Orthodoxie in Auseinandersetzung mit allen gegensätzlichen theologischen Strömungen (vgl. I. BACKUS, Art. Friedrich Spanheim, HLS 11, 2012, 672 f; IM HOF, Studenten, 41 ff).

212 Die Mehrheit dieser Studenten stammte aus Oberungarn, weswegen der Druck in vorliegenden Abschnitt behandelt wird (vgl. BOZZAY, Diákok, 233 ff).

213 Vgl. ISTVÁN T. PÉRI, Disputatio antisociniana miscella, exhibens epitomen Theologiae Socinianae [...], Leiden 1647 (= SPANHEIM, Disputationum I, 66 – 72); ISTVÁN S. MÁNYOKI, Disputatio theologica De Praedestinatione [...], Leiden 1648 (= SPANHEIM, Disputationum I, 195 – 207); DERS., Disputatio theologica secunda De Nominibus Schismaticis impositis Ecclesiis Christianis [...], Leiden 1648 (= SPANHEIM, Disputationum I, 309 – 315); FERENC K. FOGARASI, Disputatio theologica De Praedestinatione, cum annexis ei capitis. De Amplitudine, et Efficacia mortis Christi [...], Leiden 1648 (= SPANHEIM, Disputationum I, 208 – 217); ISTVÁN A. SZOKOLYAI, Disputatio theologica De Perseverantia sanctorum [...], Leiden 1648 (= SPANHEIM, Disputationum I, 253 – 258); DERS., Disputatio theologica De Nominibus Schismaticis impositis Ecclesiis Christianis [...], Leiden 1547 (= SPANHEIM, Disputationum I, 303 – 308); JÁNOS H. BELÉNYESI, Disputatio theologica De statu examinationis Christi [...], Leiden 1647 (= SPANHEIM, Disputationum I, 272 – 276); SÁNDOR HUSZTI, Disputatio VII. De auctoritate librorum Apochryphorum in condendis articulis [...], Leiden 1652 (= SPANHEIM, Disputationum II, 243 – 257); TAMÁS S. TOLNAI, Disputationum Anti-Anabaptisticarum Vigesima-Quarta κατασκολαστιὴ De consequentis, quam Favente Deo Opt. Max. [...], Leiden 1652 (= SPANHEIM, Disputationum II, 340 – 350).

214 Vgl. SÁMUEL HERCZEG, Disputatio de quaestionibus quibusdam miscellis. Super nominibus schismaticis, impositis ecclesiis Christianis, in: Spanheim, Disputationum I, 316 – 324; DERS., Disputatio de falsa ecclesia, in: Spanheim, Disputationum I, 325 – 329; DERS., Disputatio XXXI. κατασκολαστικὴ De consequentiis, in: Spanheim, Disputationum II, 389 – 393. Über Herczegs Studien in Holland haben wir keine Kenntnis, da weder eine Immatrikulation noch andere archivalische Belege aus der Zeit seiner Peregrination bekannt sind.

miertentums weiterhin präsent, ja die Verbundenheit mit der reformierten Schweiz (Basel, Zürich, Genf, Bern, Lausanne) wurde insbesondere durch die verschiedenen helvetischen *Hungarica* und deren Verbreitung nachhaltig und langfristig gestärkt.

d. Von der geistigen Verbundenheit zum diakonischen Engagement

Die Konversion mehrerer Adliger und Magnaten im königlichen Ungarn und die damit verbundene ausbleibende finanzielle Unterstützung verschiedener reformierter Gemeinden, vor allem in Niederungarn, dem Gebiet der heutigen Slowakei, hatte auch grosse Konsequenzen für das Leben der reformierten Kirche in genanntem Gebiet. Dazu kamen die schwierigen Verhältnisse im Nachklang des 30jährigen Krieges, die für manche Gemeinden eine weitere Bedrängnis darstellten. Dies führte dazu, dass die Vorsteherschaft einzelner Kirchen sich ernsthaft Sorgen um die Zukunft der reformierten Gemeinden machen mussten.[215] Im Jahre 1647 wandten sich darum die Ältesten und Pfarrer von Skalitz (Skalica, SK), das ganz im Westen der heutigen Slowakei liegt, in einem Schreiben an die reformierten Kirchen und deren Pfarrer in der Schweiz und baten um Unterstützung für den Bau der Kirche, der Schule und des Pfarrhauses.[216] Die reformierte Gemeinde in Skalitz war unter anderem darum so gewachsen, weil infolge der gegenreformatorischen Massnahmen Friedrichs II. nach dem Frieden von Nikolsburg (1621) viele böhmische Brüder zur Emgration gezwungen waren und deshalb ins nahegelegene Niederungarn übersiedelten, in der Hoffnung, dass infolge der Religionsgesetze von 1606 bzw. 1608 die rechtliche Lage für die Protestanten in Ungarn besser sei. Skalitz war neben Lednitz (Lednica, SK) und Puchau (Púchov, SK) eine jener der böhmischen Grenze nahegelegener Gemeinden, in die viele böhmische Brüder emigriert waren.[217]

Die verschiedenen reformierten Orte der Eidgenossenschaft sowie deren zugewandte Orte sind auf das Gesuch eingetreten und haben für die reformierte Gemeinde Skalitz insgesamt 1350 Gulden gesammelt.[218] In dem aus-

---

215 In diesem Zusammenhang ist es bemerkenswert, dass während des 30jährigen Kriges einzelne reformierte Prediger sich dem lutherischen Bekenntnis bzw. der *Formula Concordiae* (1577) angeschlossen hatten (vgl. Huic Orthodoxae Doctrinae, quam complectitur Liber iste, qui est Formula Concordiae subscripserunt Pastores Ecclesiae Comitatum Sopronipiesis Castri-Ferrei et Szaladiesis […], 1596–1673, in: PAYR, Emlékek, 48. 60 f. 72); tatsächlich hatte die lutherische Kirche in Westungarn unter den gegenreformatorischen Massnahmen weniger zu leiden.

216 Vgl. Vorsteherschaft der Kirche von Skalitz an Zürcher Kirche, s.d. [Juni 1647], StAZ: A 185 (1), Nr. 15; Vorsteherschaft der Kirche von Skalitz an reformierte Kirchen der Schweiz, 10. Oktober 1647, StAZ: A 185 (1), Nr. 21.

217 Vgl. unten S. 545 f.

218 Geld beigetragen haben: Zürich, Bern, Glarus, Basel, Schaffhausen, St. Gallen, Mülhausen, Biel und Genf (vgl. Gesammeltes Geld in der Eidgenossenschaft für reformierte Gemeinde Skalitz,

führlichen Dankesschreiben hielten die Presbyter und Pfarrer der Kirche Skalitz die Verbundenheit mit den „Reformatae Helvetiae Ecclesias" fest.[219] Interessant ist nun weiter eine Beilage zu dem Dankesschreiben, auf der die Namen der reformierten Pfarrer aufgeführt sind, die „in lingua Bohemica profitentium."[220] Neben Skalitz werden Puchau, Lednitz, die Zips, u.s.w. genannt. Bei den angesprochenen Gemeinden handelte es sich also um reformierte Kirchen nicht nur ungarischer, sondern auch „böhmischer" – darin ist das Slowakische eingeschlossen – Sprache im Gebiet des königlichen Ungarn. Das Beispiel von Skalitz illustriert zweierlei: Obwohl die direkten Kontakte zwischen slowakischstämmigen reformierten Kirchen und den reformierten Orten der Eidgenossenschaft bescheiden waren und – wie oben dargestellt – slowakische Studenten aus Oberungarn die Universität Basel nicht vornehmlich aus theologischen Gründen aufgesucht hatten,[221] ist es bemerkenswert, dass die Studien der Slowaken im reformierten Basel in der Heimat nicht ohne Wirkung geblieben sind.[222] Weiter ist die Skalitzer Angelegenheit auch insofern signifikativ, weil sie belegt, dass zwischen den verschiedenen Ethnien im Reich der Stephanskrone, insbesondere in den betreffenden Grenzregionen, ein reger Wissensaustausch stattgefunden haben muss. Die helvetischen *Hungarica*, sofern sie nicht nur in Ungarisch verfasst waren, fanden auch bei ungarländischen Volksgruppen ihre Leser; eines der sicher massgeblichen Werke, das in Oberungarn weit verbreitet war, ist der „Fegyverneki-Polanus", der gewissermassen symbolhaft die verschiedenen reformierten Gebiete und Ethnien Ostmitteleuropas unter sich einte.

Die geistige Verbundenheit, die – trotz der, was die Peregrination betrifft, weit intensiveren Kontakte in die Pfalz, später in die Niederlande – die reformierten Kirchen des königlichen Ungarns mit den reformierten Orten der Schweiz auszeichnete, bildete die Voraussetzung dafür, dass nach dem 30jährigen Krieg verschiedene reformierte Kirchen und Pfarrer im königlichen Ungarn Unterstützung von den schweizerischen Glaubensgeschwistern erbaten. Der Höhepunkt dieses „diakonischen Engagements" bildete schliesslich der Einsatz der reformierten Orte für die Befreiung der ungarischen Pfarrer von der Galeere während der „Trauerdekade" (1671 – 1681).[223] Im Gebiet des königlichen Ungarn war die Situation der reformierten Kirchen im Zeitalter

---

[1647 – 48], StAZ: A 185 (1), Nr. 27; Schreiben der Glarner an die Zürcher Kirche, 22. März 1648, StAZ: E II 278, 98).

219 Vgl. Presbyter und Pfarrer von Skalitz an die Zürcher Kirche, 17. August 1748, StAZ: E II 278, 100. Es ist bemerkenswert, dass auch „Augustinus Mitis V.D. et Sacramentorum apud Szakolczenses eccl. St. Minister", der in den Jahren 1654 – 56 in Basel weitere theologisches Studien betrieb (vgl. HEGYI, Diákok, 48), unterschrieben hat.

220 Vgl. Nominae Ministrorum Certae. Superioris Hungariae […], s.d. [1648], StAZ E II 278, 101.

221 Vgl. oben S. 483 ff.

222 Welche Wirkung en détail diese hatten, kann im Rahmen dieser Arbeit, die sich vor allem mit der ungarischen Ethnie befasst, nicht untersucht werden.

223 Vgl. unten S. 559 ff.

der katholischen Restauration und des beginnenden Absolutismus besonders schwierig.[224] So wandten sich am 27. Februar 1651 die Vorsteher und Pfarrer von Tyrnau an die „Fratres" in Zürich mit der Bitte um Unterstützung bei der Renovation der Kirche von Tyrnau.[225] Gerade die reformierte Kirche in Tyrnau war in einer besonders diffizilen Situation: Da die Stadt seit 1541 Sitz des Erzbistums Gran war, entwickelte sie sich seit dem ausgehenden 16. Jahrhundert zum Zentrum der katholischen Restauration im königlichen Ungarn. Péter Pázmány, seit 1616 Erzbischof von Gran, gründete hier 1619 nicht nur das Albertinum, sondern im Jahre 1635 enstand in Tyrnau auch die erste ungarische Universität, an der die Protestanten allerdings nicht studieren durften.[226] Auch nach dem Tode Pázmánys († 1637) blieb Tyrnau – neben Pressburg – bedeutendes Zentrum des ungarischen Katholizismus.[227] Auf diesem Hintergrund ist es mehr als nur verständlich, dass die reformierte Gemeinde von Tyrnau auf fremde finanzielle Hilfe angewiesen war, wenn sie ihre Gebäulichkeiten renovieren wollte. Am 1. August 1551 wandten sich die reformierten Geistlichen von Tyrnau an alle reformierten Orte der Schweiz, an Zürich, Bern, Basel, Schaffhausen und Genf, um dem Schreiben vom Februar Nachdruck zu verleihen. Sie betonten dabei, wie schwierig die Situation in Tyrnau sei, und wie sehr sie auf Hilfe angewiesen seien, um die eingefallenen Gemäuer der Kirche wieder aufzubauen.[228] Die einzelnen Kirchen der Schweiz haben dem Begehren bereits im folgenden Jahr entsprochen und für die Renovation der reformierten Kirche in Tyrnau Kollekten aufgenommen und übersandt.[229] Infolge der finanziellen Unterstützung wandte sich im Frühling 1653 der Pfarrer von Tyrnau, István V. Szilágyi, namens der reformierten Gemeinde von Tyrnau mit einem Dankesschreiben an die Vorsteher, Lehrer und Pfarrer in Zürich, Bern, Basel, Schaffhausen und St. Gallen. In diesem Schreiben dankte er für die „Wohltaten" (*beneficentia, beneficium*) durch die „Dominis et fratribus in Christo nobis" und wies erneut darauf hin, dass wenige „promotores ac defensores [...] nostrae confessionis [...], praesertim in inferiori nostra Hungaria" seien; anders sehe dies in Oberungarn und Siebenbürgen aus, wo neben „principem Transylvaniae, assertorem veritatis Evangelicae acerrimum" noch viele Beschützer und Verteidiger des helvetischen Bekenntnisses genannt werden könnten.[230] Tatsächlich hatte sich die

224 Vgl. Bucsay, Protestantismus I, 174 ff.

225 Vgl. Vorsteherschaft der reformierten Kirche Tyrnau an die Pfarrer und Räte Zürichs, 27. Februar 1651, StAZ: E II 278, 158.

226 Vgl. oben S. 56 [Anm. 5]. Zur Gründung weiterer kirchlicher Gymnasien und Schulen, vor allem durch die Jesuiten, vgl. Fata, Ungarn, 219 ff.

227 Vgl. Bucsay, Protestantismus I, 175 ff.

228 Vgl. Sendschreiben der reformierten Geistlichen von Tyrnau an die reformierten Kirchen der Schweiz, 1. August 1651, ZBZ: A 64 (18), 179 f.

229 Vgl. Exzerpt aus dem Abschied, 13. März 1652, StAZ: E II 278, 181.

230 Vgl. István V. Szilágyi namens der reformierten Kirche von Tyrnau an die Kirchen in Zürich, Bern, Basel, Schaffhausen und St. Gallen, 24. April 1653, StABE: B III 35, 664; vgl. auch:

religiöse Situation in Oberungarn (*Superiorem Ungariam*), d. h. in den sieben ostungarischen Komitaten Sathmar, Szabolcs, Bereg, Ugocsa, Ung, Semplin und Abaúj inklusive der königliche Freistadt Kaschau, die nach dem Frieden von Nikolsburg (1621) dem siebenbürgischen Fürsten Gábor Bethlen zugeschlagen wurde, deutlich verbessert, und die reformierte Kirche war in diesen Komitaten zur Zeit der siebenbürgischen Herrschaft kaum Anfeindungen ausgesetzt.[231] Anders sah die Situation, wie die Beispiele illustrieren, in Niederungarn und den anderen Gebieten des königlichen Ungarn aus. Davon hatten die reformierten Kirchen der Schweiz freilich nicht nur infolge der Bittschreiben von bedrängten reformierten Gemeinden Kenntnis, sondern auch durch die Studenten, die aus diesem Gebiet stammten und an schweizerischen Akademien studierten oder durch die Schweiz reisten. Mag die Zahl der immatrikulierten Ungarn auch noch so bescheiden sein,[232] so darf dies nicht darüber hinwegtäuschen, dass der Wissensaustausch innerhalb der reformierten Kirchen Europas nachwievor sehr gut funktionierte. So wird in oben genanntem Schreiben aus Tyrnau am Rande von unbekannter Hand – gewissermassen als Marginalie – festgehalten, dass ein gewisser János István (Johannes Stephan) Tolnai Dali von Basel her nach Zürich gekommen, und von hier weiter nach Rom gereist sei, derselbe jetzt aber in Würzburg weile.[233] Natürlich berichteten die Peregrinanten von den Verhältnissen in ihrem Heimatland, so dass die Empfänger von Bittschreiben oft bereits Kenntnis von den Umständen der betreffenden Gebiete hatten. Die geistige Verbundenheit aufgrund des reformierten Bekenntnisses führte so nicht selten zu einem diakonischen Engagement. Ein gutes Beispiel dafür ist auch das diakonische Engagement für die Gemeinde in Komorn: Pfarrer und Vorsteherschaft der reformierten Gemeinde Komorn wandten sich nämlich am 10. Oktober 1651 an die reformierten Kirchen der Pfalz, Hessens und „Helvetiae" zwecks Un-

---

Namens der ganzen reformierten Gemeinde von Tyrnau an Berner Kirche, 12. Mai 1653, StABE: B III 35, 665 ff.

231 Darum auch konnte die theologische Ausbildung am Kollegium in Sárospatak nahezu ungehindert fortgeführt wurden, zumal das Kollegium seit 1630 unter dem persönlichen Schutz der Fürsten Rákóczi stand (vgl. unten S. 542 ff).

232 Eher selten ist es auch vorgekommen, dass Schweizer nach Ungarn oder nach Siebenbürgen zogen; abgesehen von den verschiedenen Schweizer Ärzten, die am siebenbürgischen Fürstenhofe oder am ungarischen Königshofe wirkten, ist insbesondere auf Johannes Schwarzenbach aus Zürich, der ab 1623 in Weissenburg lehrte, oder auf Johann Jakob Redinger, ebenfalls aus Zürich, der 1664 auf seiner Ungarnreise in türkische Gefangenschaft geriet, zu verweisen (vgl. unten S. 562). Einzigartiges Wissen über das Ungarland vermittelte auch Johann Jakob Ammann (1586–1658), Thalwiler Wunderazt und Theosoph, nach seiner Reise ins gelobte Land; er liess seinen Reisebericht, in dem er über Komorn, Gran, Ofen, Pest und Fünfkirchen berichtete, nach seiner Rückkehr in Zürich drucken (vgl. Hans Jakob Ammann, Reiß in das Gelobte Land: Von Wien auß Oesterreich ducrh Ungariam, Serrviam, Bulgariam und Thraciam auff Constantinopel [...], Zürich 1618, 3 ff (weitere Aufl.: ²1630; ³1678); vgl. Leu, Disputanden, 111 f; Waldburger, Ammann, 3–17).

233 Vgl. Marginalie, in: István V. Szilágyi namens der Kirche von Tyrnau an die Kirchen in Zürich, Bern, Basel, Schaffhausen und St. Gallen, 24. April 1653, StABE: B 35, 664.

terstützung für den Bau einer Kirche, die den Ansprüchen für die Gottes-
dienste in Komorn zu genügen vermöge.[234] In besagter Angelegenheit wandte
sich wenig später Mülhausen an Zürich, nachdrücklich betonend, wie wichtig
dass Zusammenstehen der reformierten Kirchen in schweren Zeiten sei.[235]
Daraufhin haben die reformierten Orte der Schweiz eine Kollekte für Komorn
erhoben.[236] Im Dankesschreiben aus Komorn wurde die geistige Verbundenheit durch das reformierte Bekenntnis mehrfach betont; die Verfasser hielten
fest, dass man auch in Oberungarn Unterstützung erfahren habe, vor allem
aber „Deus, pro sua clementia, per miserum plebeculum Ecclesiam suam
sustentat, tuetur ac defendit, spemque non alium in posterum de ea habituri,
quam Navicula in mediis fluctibus maris, Nauclero Christo, agitata." Schliesslich halte sich jetzt gerade Zsófia Báthory von Somlyó, die Frau des siebenbürgischen Fürsten György II. Rákóczi (1621–1660), der aus dem fernen
Siebenbürgen die Kirchen im königlichen Ungarn unterstützt habe, in Niederungarn auf.[237] Pfarrer und Vorsteher der Kirche in Komorn konnten zu
dieser Zeit natürlich noch nicht wissen, dass die ursprünglich katholische, auf
Wunsch von György II. Rákóczi zum reformierten Glauben konvertierte
Zsófia Báthory nach dem Tode ihres Gatten wieder in den Schoss der katholischen Kirche zurückkehren würde.

Die dargestellten Vorgänge illustrieren, dass in der Zeit der katholischen
Restauration die Verbundenheit unter den Reformierten Europas mehrfach zu
einem diakonischen Engagement geführt hat. Die reformierten Orte der
Schweiz haben sich in diesem Rahmen auch für die bedrängten Glaubensgeschwister im königlichen Ungarn eingesetzt, sehr wohl wissend um die historischen Beziehungen im humanistischen und religiösen Bereich. Allerdings
– und dies soll hier abschliessend festgehalten werden – haben die reformierten Orte nicht nur Glaubensgeschwister in Ungarn finanziell unterstützt,
sondern auch für dieselben in Deutschland, Böhmen, Frankreich, Piemont,
u.s.w. Kollekten gesammelt.[238] Damit wurde freilich nicht nur das Band unter

---

234 Vgl. Jakob Magiari und Laurentius Susi an Vorsteher und Geistliche der Kirchen der Pfalz,
    Hessens und der Schweiz, 10. Oktober 1651, StAZ: E II 278, 169; Laurentius Susi an den
    Kurfürsten Karl I. Ludwig von der Pfalz, 10. Oktober 1651, StAZ: E II 278, 168.
235 Vgl. Ratsherren von Mülhausen an Ratsherren von Zürich, 9. November 1651, StAZ: E II 278,
    177.
236 Vgl. Notizen des Stadtschreibers von Zürich, s.d. [1652], StAZ: E II 278, 181. Die reformierten
    Orte der Schweiz haben am 9. Mai schliesslich die Kollekte erhoben und am 1. Juni die re-
    formierte Gemeinde in Komorn darüber in Kenntnis gesetzt; den Brief haben letztere aus
    unerklärlichen Gründen allerdings erst am 25. Januar 1653 erhalten (vgl. Laurentius Susi und
    Stephan Nógrádi namens der reformierten Kirche von Tyrnau an die Kirchen in Zürich, Bern,
    Basel, Schaffhausen und St. Gallen, 12. März 1653, StABE: B III 35, 663).
237 Vgl. Laurentius Susi und Stephan Nogradi namens der reformierten Kirche von Tyrnau an die
    Kirchen in Zürich, Bern, Basel, Schaffhausen und St. Gallen, 12. März 1653, StABE: B III 35,
    663.
238 Vgl. Kollekten für Deutschland, Böhmen, Ungarn, Frankreich, Piemont, die Nikodemiten von
    Arth, Brandbeschädigte des In- und Auslandes u.s.w., 1612–1674, StAZ: E II 278; Kollekten für

den reformierten Kirchen Europas verstärkt, sondern die geistige Verbundenheit mit dem Ursprung des Reformiertentums – und dies gilt insbesondere für Ungarn – wurde durch das diakonische Engagement vertieft. Die eher bescheidenen direkten Beziehungen zwischen dem königlichen Ungarn und der Schweiz während der ersten Hälfte des 17. Jahrhundert hatten damit eine neue Bestimmung gefunden.

1.2 Das reformierte Bekenntnis in Siebenbürgen

In der Zeit von 1605 bis 1690 war der Thron Siebenbürgens ohne Unterbrechung mit reformierten Fürsten besetzt.[239] Das Land war innenpolitisch völlig selbständig: Vom ungarischen Königtum war es praktisch unabhängig und der Hohen Pforte hatte es eine beinahe nur symbolische Steuer zu leisten. Aufgrund der geographischen Lage des Landes bedeutete auch der 30jährige Krieg für Siebenbürgen keine direkte Gefahr,[240] weswegen es den Fürsten im 17. Jahrhundert gelang, dem Land nicht nur politische Stabilität, sondern auch eine kulturelle Blütezeit zu bescheren.[241] In der Religionspolitik beharrten die Fürsten auf dem seit dem Landtag von Neumarkt a.M. (1571) festgeschriebenen *status quo* der vier sogenannten rezipierten „Religionen" (Katholiken, Lutheraner, Reformierte und Unitarier).[242] Gábor Bethlen (1613 – 1629) wie György I. Rákóczi (1630 – 1648) kämpften zudem nicht nur energisch, sondern letztlich auch erfolgreich für die weitere Einhaltung des ersten Gesetzesartikels im Wiener Vertrag von 1608, in dem die „Religionsfreiheit" festgeschrieben war. Eine erzwungene Rekatholisierung der Bauern durch die Grundherren wurde im Linzer Frieden von 1645 erneut ausdrücklich verboten. Damit wurde die Religion von der damals praktisch unbeschränkten *dominica potestas* ausgeklammert und das grundherrliche *jus patronatus* erfuhr eine beträchtliche Einschränkung. Der Grundsatz *cuius regio eius religio* – in Siebenbürgen hatte dieser nicht wirklich Geltung – wurde damit auf

Veltliner und Bündner Flüchtlinge, für die Glaubensgenossen in der Pfalz, in Frankreich, Böhmen, Ungarn, Piemont etc., sowie für Brandbeschädigte des In- und Auslandes, mit Berichten von Antistes Breitinger über die Not der Flüchtlinge und die Hilfeleistung, 1620 – 1687, StAZ: E II 279.

239 Es waren dies: István Bocskay (1605 – 1606), Gábor Báthory (1607 – 1613), Gábor Bethlen (1613 – 1629), György I. Rákóczi (1630 – 1648), György II. Rákóczi (1648 – 1659) und Mihály I. Apafi (1661 – 1690).

240 Dennoch haben die Fürsten Gábor Bethlen und György I. Rákóczi mehrfach in den 30jährigen Krieg eingegriffen (vgl. CSOHÁNY, Beziehungen, 265ff; BUCSAY, Protestantismus I, 173).

241 Vgl. CSOHÁNY, Beziehungen, 265.

242 Nach 1600 waren rund 90 % der Angehörigen der Stände und der übrigen ethnisch nichtrumänischen Bewohner Siebenbürgens protestantisch, d.h. reformiert, lutherisch oder unitarisch.

höchster Ebene gesetzeskräftig abgelehnt.[243] Eine eindrückliche Illustration dessen ist, dass die mährischen Hutterer, als sie nach der Schlacht am Weissen Berg (Bílá hora, CZ) (1620) das Land verlassen mussten, nicht nur in Oberungarn, wo bereits seit längerem Bruderhöfe bestanden, sondern auch in Siebenbürgen eine neue Heimat gefunden haben. Bereits im Mai 1622 bestätigte der siebenbürgische Landtag und noch einmal im Juli ein fürstlicher Freibrief all jene Zusagen, die die Hutterer für ihr Lebensmodell und die Ausübung ihres Glaubens benötigten.[244]

In der Praxis ist aber auch festzustellen, dass die beiden genannten Fürsten in Siebenbürgen vor allem die Tätigkeit der reformierten Kirche förderten,[245] ja sogar die Mission unter den Rumänen unterstützten, irrsinnigerweise sich auf das *jus patronatus* berufend. Infolgedessen nahm die reformierte Kirche faktisch den Status einer Staatsreligion ein, wenn auch offiziell dies nicht ausgesprochen wurde.[246] Schliesslich waren die Fürsten Bethlen und Rákóczi, die als die grössten Gestalten des „calvinistischen" Fürstentums galten, tiefgläubige Menschen, die die Bibel nicht nur mehrfach durchgelesen, sondern sie sogar auf die Feldzüge mitgenommen haben.[247] Bis heute wird, vor allem von Vertretern der reformierten Kirche Rumäniens, die Zeit der beiden Fürsten Bethlen und Rákóczi als „goldene Zeit Siebenbürgens" bewertet.[248] Nagy spricht sogar davon, dass das reformierte Bekenntnis in dieser Zeit zum „Banner der Freiheit" geworden sei.[249] Tatsächlich konnte sich Siebenbürgen, dessen Selbstbewusstsein wesentlich durch die mit fürstlicher Unterstützung geförderte „Calvinisierung" gestärkt wurde, durch den Eintritt in den 30jährigen Krieg an der Seite des protestantischen Bündnisses aus der politischen und militärischen Falle zwischen dem habsburgischen und osmanischen Reich erfolgreich befreien.

Es wurde bereits mehrfach erwähnt, welche grossen Verdienste Fürst Gábor Bethlen infolge seines Einsatzes für die reformierte Kirche und für deren kirchliches und wissenschaftliches Leben zukamen.[250] Er trieb insbesondere

---

243 Vgl. Révész, Reformation, 93; Bucsay, Protestantismus I, 173 f.

244 Vgl. Bernhard, Mähren, 66; Winkelbauer, Vertreibung, 216 ff; Roth, Hutterer, 336 f.

245 Ein Beispiel dieser Förderung manifestierte sich in der vom 13. Juli 1629 datierten Verordnung, kraft welcher Fürst Bethlen den reformierten Pfarrern und ihren Nachkommen das Adelsprädikat verlieh (vgl. Bod, Historia II, 240 ff. [Text]; Heltai, Peregrination [2006], 73; Veress, Einfluss, 61).

246 Vgl. Bucsay, Protestantismus I, 167 ff.

247 Vgl. Ősz, Auswirkungen, 115 f; Suttner, Quellen, 125 ff; Ferencz, Einfluss, 44 ff; Murdock, Calvinism, 32 ff; Fata, Ungarn, 233 ff; Evans, Calvinism, 181 ff; Zsindely, Calvinismus, 346; Veress, Grundsätze, 58 ff. 65 f.

248 Ferencz, Einfluss, 43. 47; Bucsay, Protestantismus I, 172. Mein lieber Freund, Pfr. Géza Sógor, hat, als ich ihn das erste Mal im Juli 1999 auf einer internationalen Konferenz über Péter Bod (1712–1769) traf, mit eben den Worten über die Herrschaftszeit von Bethlen und Rákóczi gesprochen.

249 Vgl. Nagy, Quellenforschungen, 200.

250 Seit 1615 hatte Gábor Bethlen als politischen und kirchlichen Berater bereits genannten Péter

auch die Übersetzung der *Institutio* Calvins voran, weswegen Szenci Molnár ihm dieselbe widmete.[251] Unter seinem Einfluss gewann das reformierte Bekenntnis, wie es in der *Confessio Helvetica posterior* formuliert war, immer mehr – vor allem gegenüber den rekatholisirenden Tendenzen des Wiener Hofes – den Charakter eines „Freiheitsbriefes". Es erstaunt daher wenig, dass Vertreter des reformierten Zürich besonderes Interesse an der Tätigkeit Bethlens bekundeten. In der Korrespondenz von Zürcher Staatsmännern, Politikern und Geistlichen finden sich zahlreiche Nachrichten über seine Tätigkeit, besonders im Zusammenhang mit dem 30jährigen Krieg. Oft wurden der Korrespondenz auch „Nüwe Zyttungen" beigeordnet. Insbesondere im handschriftlichen Nachlass von Caspar Waser (1565–1625), Professor der Theologie am Carolinum, und von seinem Sohn Johann Heinrich Waser (1600–1669), Stadtschreiber in Zürich, finden sich mehrere Angaben über Gábor Bethlen und seine Tätigkeit.[252] Da seine Wahl zum siebenbürgischen Fürsten (1613) eine klare Entscheidung Siebenbürgens, sich auf die Seite des Protestantismus zu stellen, bedeutete, sind in den angelegten Sammlungen (Abschriften, Briefe, Zyttungen) der genannten Persönlichkeiten eben gerade die Jahre nach dem Ausbruch des 30jährigen Krieges und Bethlens Feldzug gegen die Habsburger besonders stark vertreten. Über die Eroberung Pressburgs durch Bethlens Truppen am 14. Oktober 1619 wird aus einer uns unbekannten Quelle festgehalten: „Den 7. Octobris hat Bethlehem Gabor durch eine ansehnliche Person mich mündlich berichten lassen, wie daß Ihm Gott wider die Feind Sieg und Überwindung gegeben [...]"[253] Die anschliessende Königswahl (8. Januar 1620) sowie die Verzögerung seiner Krönung wird in derselben Handschrift gleichermassen mehrfach behandelt wie die Wahl Friedrichs von der Pfalz (1596–1632) zum böhmischen König (1619–1620, „Winterkönig") und die „Confoederationspunkten zwischen den Königreichen Ungarn, Böhmen und insinuierten Ländern", d. h. die geplante Vereinbarung genannter protestantischer Länder.[254] In einer anderen Handschrift wird aus einem Brief zitiert, der dem neugewählten König Gábor Bethlen Standhaftigkeit wünschte: „Wir wünschen auch in diesem ganzen Werk, das

---

Alvinczi am Hofe, der später auch Flugblätter, die den Krieg des Fürsten gegen die Habsburger (1619/20) vor der europäischen Öffentlichkeit rechtfertigen sollten, verfasste. Diese Flugblätter trugen in hohem Masse dazu bei, dass die protestantischen Stände in kirchenpolitischen Fragen auf dem ungarischen Landtag einheitlich als Vertreter des Ungarntums bzw. der ungarischen Nation auftraten (vgl. HELTAI, Peregrination, 77); vgl. TRENCSÉNYI, Patriotism, 515 ff.

251 Vgl. oben S. 511.
252 Vgl. STEINMANN, Spuren, 200 f. Die folgenden Ausführungen basieren zu einem guten Teil auf den wertvollen Exzerpten von Judith STEINMANN aus Handschriften, die Gábor Bethlen betreffen.
253 Extract eines anderen Schreibens d. 8/18 Octobris, ZBZ: F 172, 278^r.
254 Vgl. ZBZ: F 172, 3^r–4^r. 10^r. 11^r. 15^r–16^v. 22^r–23^v. 24^{r-v}. 38^r–39^v. 113^r–114^v u.s.w.

Gabor standhaft und aufrecht bleibe, und wie er wohl angefangen, also weiter continuiere: darzu ime Gott sein Gnad und Stärcke verleihen wölle, Amen."[255]

Das besondere Interesse Johann Heinrich Wasers an Bethlen hatte auch persönliche Gründe, da er als 18-jähriger Antistes Johann Jakob Breitinger nach Dordrecht begleitet, wo er auch ein Protokoll schrieb, und dort den aus Schlesien stammenden Theologen Abraham Schulthess (1566–1624) kennengelernt hatte, der als Hofprediger dem pfälzischen Kurfürsten, ab 1619 am böhmischen Königshof, diente, und Waser 1620 nach Prag einlud. Wasers Briefe aus Prag an seinen Vater, seinen Bruder Josias und an Johann Jakob Lavater sind eindrückliche Augenzeugenberichte zu den Ereignissen unmittelbar vor der Schlacht am Weissen Berg vom 8. November 1620.[256] Über Bethlen berichtete er am 24. August 1620: „Et m'a esté dit que Bethlen avoit escrit à Sa Majesté ici, qu'il esperoit de faire cest' année, avec l'ayde de Dieu, la paix avec l'espée. Je viens semblablement d'entendre tout presentement qu'iceluy Bethlen avoit esté declaré et proclamé Roy d'Ongarie [...]"[257] Es ist bekannt, dass diese Hoffnungen sich nicht erfüllten und Bethlen auf dem Frieden zu Nikolsburg (1621) unter der Zusage, dass die rechtliche Lage der ungarischen Protestanten weiter gesichert würde,[258] gar auf den ungarischen Königstitel verzichtete. Gerade dadurch hatte sich Bethlen den Ruf erworben, der protestantischen Sache konsequent und uneigennützig zu dienen. Er erwarb sich im ganzen reformierten Europa Hochachtung, zumal seine politischen und diplomatischen Erfolge beispiellos waren. Es ist daher nur verständlich, wenn Johann Philipp Pareus (1576–1648), Sohn von David Pareus, dem geachteten Förderer der reformierten Peregrinanten aus Ungarn und Siebenbürgen,[259] am 20. Juni 1624 an Johann Jakob Lavater schrieb: „Mandaverat quidem Parens ὁ μακαριστός ut commentarium in Matthaeum proprie inscriberem Serenissimo Principi Gabrieli Bethlen."[260]

Von einer persönlichen Auseinandersetzung mit reformierten Schriften zeugt auch das Leben von Bethlens Nachfolger auf dem siebenbürgischen Thron, von György I. Rákóczi. Von ihm ist gleichermassen bekannt, dass er seine Bibel, die heute noch erhalten ist, immer bei sich trug;[261] in dieser stösst man immer wieder auf Rákóczis erwählten Bibelspruch: „Non est currentis neque volentis, sed miserentis Dei."[262] Auch in andern Büchern seiner

---

255 N.N. an N.N., 9. Januar 1620, ZBZ: S 198, 507^{v}.
256 Vgl. STEINMANN, Spuren, 201 f.
257 Johann Heinrich Waser an Caspar Waser, 24. August 1620, ZBZ: B 42, 132^{v}.
258 Die mühsam erkämpften Rechte wurden allerdings schon bald nicht mehr beachtet und aus diesem Grunde mussten sie im zweiten Wiener Frieden (1624) und im Pressburger Frieden (1626) nochmals bestätigt werden (vgl. FERENCZ, Einfluss, 44; BUCSAY, Protestantismus I, 170).
259 Vgl. unten S. 529 ff.
260 Johann Philipp Pareus an Johann Jakob Lavater, 20. Juni 1624, ZBZ: S 170, Nr. 77.
261 Standortsignatur des Werkes in der Ráday-Bibliothek in Budapest: RMK 3–4 (vgl. HEGYI, Olvasókönyv, 11 par; ZSINDELY, Calvinismus, 346; KKK I, 175ff).
262 Röm 9, 16.

Bibliothek, die auf dem Familiensitz in Sárospatak aufbewahrt wurde, findet sich dieser Leitvers, z. B. in Johannes Wolffs *Lectionum memorabilium et reconditarium centenarii XVI* (Lauingen 1608).[263] Am bemerkenswertesten ist aber doch Rákóczis persönliches Exemplar von Molnárs Übersetzung der *Institutio* Calvins, in welches Rákóczi schrieb: „Anno 1624 die 2 novembris hat mein Herr Albert Molnár hier in Sárospatak mir dieses Werk gegeben, welches ich [...] zu lesen begonnen habe, [und] welches der Herrgott mir erlauben möge zur Ehre seines grossen Namens und für die Erbauung meiner Seele freudvoll zu beenden Amen Amen Amen. [...] Non est currentis neque volentis sed miserentis Dei."[264] Rákóczi wollte also die ganze *Institutio* „mit Freuden" lesen, und diese Lektüre als „zur Ehre des grossen Namens Gottes" verstanden wissen. Tatsächlich kam man sagen, dass der „Calvinismus" von keinem siebenbürgischen Fürsten so stark verkörpert wurde wie von György I. Rákóczi. Er wollte seinen Hof, seine Regierung und das ganze Fürstentum – inklusive des Partium und derjenigen oberungarischen Komitate, die während seiner Regierungszeit dem Fürstentum zugeschlagen waren – unter die von Calvin geforderte moralische Zucht und Gottesfurcht stellen. Rákóczi nahm mit seiner Frau Zsuzsanna Lórántffy regelmässig am Gottesdienst teil, singend und betend die Genfer Psalmen. Rákóczi war es schliesslich ja auch, der eine Nationalsynode nach Sathmar einberufen hatte, auf der die *Confessio Helvetica posterior* als offizielles Glaubensbekenntnis der reformierten Kirche Ungarns rezipiert wurde.[265] Zudem schien er zu Gelehrten, die in Basel ihre Studien absolviert hatten, ein besonderes Vertrauen gehabt zu haben; auch sein Hofarzt Michael Ascanius (Michal Haško), gebürtig aus Sillein, hatte nach Studien in Jena und Tübingen in Basel seine abschliessende Ausbildung genossen.[266] Weiter fand er sich mit seiner Frau bei vielen Religionsgesprächen ein, wozu er reformierte Prediger und Jesuiten eingeladen hatte.[267] Dies illustriert, dass Rákóczi zwar dezidiert für das reformierte Bekenntnis eintrat, gleichzeitig aber immer auch für die siebenbürgische Religionsfreiheit kämpfte. In seinen Verhandlungen mit der Casa d'Austria war er vor allem von der Sorge um die Unabhängigkeit und die Religionsfreiheit Siebenbürgens, d. h. um das politische und konfessionelle Gleichgewicht Siebenbürgens, be-

---

263 Standortsignatur des Werkes in der Grossbibliothek in Sárospatak: ZZ 840.

264 „ Anno 1624 die 2 novembris atta ez koniuet it Sarospatakon Molnar Albert uram, melliet [...] kezdettem olvasni, meiet az ur isten engedgien az oe niag neuenek diciretire lelkem epuletiuel uigan es oeruendetesen el vegeznem Amen Amen Amen. [...] Non est currentis neque volentis sed miserentis dei." (Standortsignatur des Werkes in der Ráday-Bibliothek: RMK 2, 25 – 5; ein weiteres – heute leider verlorenes – Exemplar der ungarischen *Institutio* Calvins war im Besitze Rákóczis [freundliche Mitteilung von lic.phil. Márk Benjámin Szentimrei, Sárospatak]); vgl. KKK I, 147.

265 Vgl. oben S. 506 ff.

266 Vgl. BERNHARD, Hungarica, 104 f; WACKERNAGEL, Matrikel III, 377; DEZSÉNYI, Magyarország, 64.

267 Vgl. FATA, Ungarn, 135 f; RÉVÉSZ, Reformation, 93; VERESS, Einfluss, 66.

sorgt. Damit hat er sich tatsächlich als eine Art „Vollstrecker von Bocskays Testament"[268] erwiesen.

Die knappen Ausführungen zum persönlichen „Bekenntnis" der beiden Fürsten Bethlen und Rákóczi sollen erklären, warum deren Regierungszeit für unsere Fragestellungen von besonderem Interesse sind. Im Unterschied zu der Darstellung der Situation im königlichen Ungarn gestalteten sich die Kontakte in Siebenbürgen weniger von unten her, sondern sind stark von der Religionspolitik der Fürsten abhängig, sind also eher von oben her bestimmt. Für unseren Zusammenhang ist es darum besonders interessant zu untersuchen, welche Bedeutung die direkten und indirekten Kontakte mit der Schweiz in der Religionspolitik der Fürsten einnahmen, in derjenigen Religionspolitik also, die letztlich die Entwicklung der reformierten Kirche Siebenbürgens und des Partium, d.h. die Ausbildung der reformierten Orthodoxie in Siebenbürgen prägend mitbestimmte. Zwei Bereiche sind für unsere Fragestellungen von besonderer Relevanz: Die Förderung der Studentenperegrination durch die Fürsten, und der grundsätzliche Einsatz der Fürsten für die reformierte Bildung.

a. Die Förderung der Studentenperegrination durch die Fürsten

Mehrfach wurde bereits erwähnt, dass die siebenbürgischen Fürsten, insbesondere nach 1606, die Studentenperegrination an ausländische Universitäten und Hohe Schulen förderten und dazu Stipendien sprachen. Es ist bekannt, dass zwischen 1600 und 1650 rund 800 siebenbürgische Studenten an ausländischen höheren Schulen studierten; natürlich umfasst dies ungarische, sächsische und auch einige wenige rumänische Studenten.[269] Die ungarischen Studenten bevorzugten dabei insbesondere die Universitäten in Heidelberg (bis 1621), Leiden (ab 1620), Franeker (ab 1620), Königsberg (Kaliningrad, RUS), Groningen (ab 1630) und Utrecht (ab 1640).[270] Die Beziehungen der siebenbürgischen Fürsten- und Adelsfamilien schienen insbesondere zu Heidelberg intensiv gewesen zu sein, wie János HELTAI nachgewiesen hat.[271] Die Familie Rákóczi förderte die Heidelberger Studien von mindestens acht Ungarn,[272] andere Adlige wie Sebestyén Thököly, Ferenc Dobó, Miklós Bocskay oder Ferenc Mágocsy unterstützten weitere neun Ungarn,[273] und die

---

268 FATA, Ungarn, 236.
269 Vgl. SZABÓ, Erdélyiek, 351–353.
270 Die Sachsen studierten bekanntlich vor allem in Wittenberg (vgl. ibidem, 372 f).
271 Zusammenfassend vgl. auch MEUSBURGER, Studenten, 32–38.
272 Es sind dies: György Thuri, Márton Muraközi Dús, Tamás Lévai Suba, Máté Csanaki, Mihály Aszalos, Mihály Orvos Suri, Máté Szepsi Laczkó, András Prágai (vgl. HELTAI, Peregrination (2006), 70; DERS., Adattár, 315 f).
273 Sebestyén Thököly förderte seinen Sohn Miklós Thököly, dessen Begleiter István Miskolci Csulyak sowie Mihály Orvos Súri; Ferenc Dobó förderte Péter Békési; Miklós Bocskay un-

Fürstenfamilie Bethlen finanzierte Kost und Logis von rund zwanzig Ungarn in Heidelberg.[274] In Heidelberg wirkte bis zu seinem Tode († 1622) David Pareus, von dessen persönlichen Kontakten zu den Ungarn wir bereits berichtet haben. Spätestens im Laufe des Jahres 1616 begann auch ein reger Briefwechsel zwischen Gábor Bethlen und David Pareus.[275] In diesem Zusammenhang erstaunt es nicht, dass das Rektorenamt an den reformierten Kollegien von Sárospatak und Debrecen oft von ehemaligen Heidelberger Studenten bekleidet wurde; weiter wurden vornehmlich ehemalige Heidelberger Studenten zu Leitern der Seniorate und Superintendenturen gewählt.[276] Hingegen unterrichteten in Weissenburg, wo der Sitz des Fürstenhofes war, ehemalige fürstliche Alumnen nicht nur aus Heidelberg, sondern öfters auch aus Basel; allerdings wirkten als Hofprediger im Bischofsamt ausschliesslich „Heidelberger".[277]

Mit Blick auf die Weissenburger Akademie muss hier explizit betont werden, dass die Adligen und Fürsten Siebenbürgens nicht nur die Peregrination nach Heidelberg, sondern auch an andere Universitäten und Akademien förderten. Dies trifft auch für die Schweiz, wenn auch nicht in gleichem Ausmasse, zu. Wir denken dabei an György Thuri, dessen Vater Pál Thúri im türkisch besetzten Teil des Partium tätig gewesen ist, und der von Zsigmond Rákóczi unterstützt worden ist, so dass er auch die Akademie in Genf aufsuchen konnte.[278] Oder an Máté Csanaki aus Tyrnau, der 1626 nach Studien in Pressburg, Sárospatak, Bremen, Heidelberg und Leiden in Basel Medizin studierte und später Hofarzt von György Rákóczi, dann Stadtarzt in Klausenburg und schliesslich Rektor der Schule wurde.[279] Csanaki konnte sich dank der Unterstützung des Fürsten bereits während seiner Studienzeit eine stattliche Bibliothek anschaffen, in der sich auch viele Basler Drucke, insbesondere Ausgaben der klassischen Antike und der Kirchenväter, finden.[280]

terstützte István Szikszai D. und Mihály S. Újhelyi; Ferenc Mágocsy förderte György Szepsi Korocs, István Szepsi und vielleicht Péter Somosújfalvi Érsek (vgl. HELTAI, Peregrination (2006), 70 f; DERS., Adattár, 261. 303 f. 319 f. 328–330. 336. 340).

274 Es sind dies: István Bethlen d.J., Zsigmond Barcsay, Mihály Kornis, István Kovacsóczy, András Gyönyösi Kiséri, Péter Váci Sutoris, István Geleji Katona, János Albensis Nagy, Gáspár Bojti Veres, Márton Szilvási K., György Károlyi Ketü, Mihály Balai B., Ferenc Petri Zobas, János Sonkádi, Mátyás Jászberényi, Balázs Borzási B., Mátyás Szikszai Major, Ferenc Csepei Sidó, György Csulai, Benedek Szentkirályi, Péter Marai (Maksai), Gergely Bakai Jacobides (vgl. HELTAI, Peregrination (2006), 70 f; DERS., Adattár, 261 f).

275 Vgl. HELTAI, Kapcsolatai, 56–64.

276 Vgl. HELTAI, Peregrination (2006), 71 f.

277 Vgl. ibidem, 72 f.

278 Vgl. SEIDEL, Späthumanismus, 233 f.

279 Vgl. BERNHARD, Hungarica, 104 f; HEGYI, Diákok, 48; SZABÓ, Erdélyiek, 175; MONOK, Csanaki, 256 f; RMNy 1586.

280 Vgl. Catalogus librorum Reverendi ac Clarissimi Domini piae memoriae Matthaei Csanaki, 1638, in: KKK I, 7–29. Nach dem Tode Csanakis († 1636) erwarb Fürst Rákóczi die Bibliothek und liess sie – aus Danzig – nach Sárospatak überführen (vgl. MONOK, Könyvtárai, XXXIV. 28 f; MONOK, Csanaki, 257ff).

Weiter ist auf bereits mehrfach erwähnten Ferenc Szigheti Bene hinzuweisen, der seine *gemina Disputatio*, die er im Oktober und November 1633 bei Theodor Zwinger in Basel hielt und in der er über die innerkatholischen Kontroversen in der Sakramentslehre sprach,[281] seinem Patron, dem Fürsten György I. Rákóczi, widmete. Szigheti Bene brachte im Vorwort nicht nur seinen Dank gegenüber dem Fürsten – „mihi nec Tua benignitas dubium facit" – zum Ausdruck, sondern hielt auch eine förmliche Lobrede auf die Verdienste des Fürsten um den Bestand der reformierten Kirche und stellte ihn in eine Reihe mit István Bocskay und Gábor Bethlen.[282] Nach seinen Studien in Basel kehrte Szigheti 1634 nach Siebenbürgen zurück, wo er Rektor der Akademie in Weissenburg (1634–1637) wurde;[283] daraufhin wirkte er als Pfarrer, später als Dekan in Dés (Dej, RO).[284] Weiter ist zu denken an Ferenc Tharazkóz Thesaurarius, der seine ersten Studien in Debrecen absolvierte (1620) und seit 1626 in Basel studiert hat. Auch er kam dank der Unterstützung von Fürst György I. Rákóczi im Jahre 1634, wohl gemeinsam mit Szigheti Bene, nach Weissenburg, wo er seine Tätigkeit als Professor für Poetik aufnahm.[285] Eine weitere Persönlichkeit, die in den 1630er Jahren in Weissenburg am Bethlen-Kollegium gewirkt hat, ist Péter Maksai (Marai) Őse aus Maksa (Moacşa, RO). Nach seinen ersten Studien in Frankfurt a. O., Franeker und Leiden wurde Maksai von Gábor Bethlen, nachdem er bereits seit 1627 an der Akademie in Weissenburg unterrichtet hatte,[286] erneut ins Ausland geschickt wurde, um in

281 Vgl. SZIGHETI BENE, Status.
282 Vgl. Ferenc Bene Szigheti: Serenissimo Principi ac Domino Dn. Georgio Rakoci, Principi Transylvaniae, Partium Regni Hungariae [...], in: SZIGHETI BENE, Status, *1ʳ–*4ᵛ.
283 In einem Trauergedicht, das Szigheti zum Tod des Langrafen Moritz von Hessen verfasste, bezeichnet er sich als „regens Coll. Albani" (Ferenc Szigheti: „Rhythmi Hungarici. Bolgog, kinek addëg niùlt napiai hoszsza [...]", in: Epicedia Transilvanorum [...] supremo hoc honore afficit [...] schola Bethleno-Rakocziana, quae est Alba Juliae Transilvanorum [...], in: Monumentum sepulcrale ad [...] principis ac domini [...] Mauritii Hassiae Landgravij, [...], Kassel 1638, 248 [nachgedruckt in: STOLL, Rákóczi, 169]); vgl. RMNy 1676 (*Nebenbemerkung:* Der Druck ist nicht, wie in RMNy festgehalten, 1637 in Kaschau erschienen, sondern 1638 in Kassel); VARGA, Verseket, 191 f.
284 Vgl. SZABÓ, Edélyiek, 56.
285 Von ihm sind einige wenige Gedichte erhalten geblieben (vgl. Franciscus Thesaurarius: „Heu quam procaci volvitur impetu [...]", in: Acclamationes votivae [...] dn. Petro Lehnio [...] à Emmanuele Stupano [...], Basel [1626],)(ᵛ–)(3ʳ; Franciscus Thesaurarius: „Aliud. Quanquam propinquo Dacia funere Pullata, [...]", in: Epicedia Transilvanorum [...] supremo hoc honore afficit [...] schola Bethleno-Rakocziana, quae est Alba Juliae Transilvanorum [...], in: VON HESSEN, Monumentum, 248–250; Franciscus Thesaurarius: „Ad Tyrones Eloquentiae Studiosos Collegii Albani [...]", in: PHILIPP LUDWIG PISCATOR, Rudimenta oratoriae in usum illustris scholae Albensis [...], Weissenburg 1639, A3ᵛ).
286 Es wird davon ausgegangen, dass es sich bei dem im Jahre 1627 in Weissenburg erwähnten „secundarius rector" (Petrus Maray) um Péter Maksai Őse handelt, da in eben dem Jahr *De justificatione hominis peccatoris, coram Deo* (Weissenburg 1627 [1628?]) erschien, Maksai sich also nicht mehr in Holland aufgehalten haben kann (vgl. SZABÓ, Erdélyiek, 229).

Basel und England[287] seine Studien zu vervollkommnen. In Basel hat sich Maksai unter anderem hebräischen Studien bei Johannes Buxtorf d.J. gewidmet.[288] Nach seiner Rückkehr 1633 wirkte er vorerst als Lehrer, später als Rektor an der Akademie in Weissenburg. Weiter ist auf bereits erwähnten Mihály Ascanius, der später am Hofe Rákóczis als Arzt wirkte, zu verweisen.

Neben den hier genannten Ungarn haben einige weitere Studenten aus Siebenbürgen und dem Partium in Basel ihre Studien absolviert.[289] Aufs Ganze betrachtet, und dies muss betont werden, ist die Anzahl derjenigen klein, ja – im Vergleich mit der Gesamtzahl der siebenbürgischen Studenten, die im Ausland ihre Studien absolviert haben – geradezu unbedeutend. Wie wir bereits bei der Darstellung über die Peregrination aus dem königlichen Ungarn festgestellt haben, kann auch hier nicht davon ausgegangen werden, dass – das ganze Gebiet Siebenbürgens und des Partium betrachtend – diese bescheidene Anzahl von ungarischen Peregrinanten, die sich in der Schweiz der reformierten Theologie gewidmet haben, einen nennenswerten Einfluss auf die geistesgeschichtliche Entwicklung Siebenbürgens ausgeübt haben. Dennoch lassen sich verschiedene Bereiche erkennen, in denen die Beziehungen dieser Jahre zwischen Siebenbürgen und der Schweiz in der reformierten Kirche Siebenbürgens und des Partium Einfluss und Wirkung zeigten. Ganz besonders ist dabei an den Einsatz der Fürsten für das reformierte Bildungswesen zu denken, einerseits durch die Unterstützung der reformierten Kollegien, andererseits durch die Förderung des Drucks und der Verbreitung reformierter Literatur in Siebenbürgen und im Partium.

b. Die „fürstliche" Unterstützung der reformierten Kollegien mit besonderem Blick auf die Bedeutung schweizerisch-siebenbürgischer Kontakte

Das wohl wichtigste Ereignis der Herrschaft Bethlens für die reformierte Kirche Siebenbürgens war die Gründung der Akademie in Weissenburg im Jahre 1622, die eine Antwort sowohl auf die Schliessung der Universität Heidelberg (1621) als auch auf die Rekatholisierungsbemühungen Pázmánys und seiner Gefolgsleute war. Dieses *Academicum collegium* nahm in den kommenden Jahren aber nicht nur für die reformierte Kirche Siebenbürgens eine wichtige Rolle ein, sondern spielte auch im Leben der ganzen siebenbürgischen Gesellschaft eine bedeutende Rolle. Die Akademie sollte von Anfang an eine kritische Funktion in der Kirche ausüben, weswegen Fürst Bethlen

---

287 Maksai verfasste nach dem Tode Gábor Bethlens († 1629) einen englischen Lebenslauf über den Fürsten (vgl. GÁL, Maksai, 223–237).

288 Vgl. Péter Maksai Ôse an Johannes Buxtorf d.J., 20. Juni 1630, UBB: G I 62, 279.

289 Es ist insbesondere noch auf den Sachsen Andreas Ziegler aus Kronstadt (1605/06) sowie auf János Budaeus, wohl aus Debrecen (1628), zu verweisen (vgl. HEGYI, Diákok, 47 f). Über die genaueren Verwandtschaftsverhältnisse des letzteren zu János Budaeus d.Ä., Pfarrer in Debrecen in den Jahren 1613–1616, konnte bislang nichts ausfindig gemacht werden.

Wissenschaftler aus ganz Europa nach Siebenbürgen einlud, welche als Lehrer an der Akademie wirken sollten. Natürlich war damit auch die Hoffnung verbunden, dass Studenten aus anderen europäischen Ländern nach Weissenburg kämen. So leisteten der Schlesier Martin Opitz (1622), der Zürcher Johannes Schwarzenbach (1623), der Ungar Gáspár Bojthi Veres (1628), der Herborner Johann Heinrich Alsted (1629) oder der Herborner Johann Heinrich Bisterfeld (1629) der Einladung nach Siebenbürgen Folge.[290] Obwohl die genannten Lehrer unterschiedlich lang in Weissenburg unterrichteten, blieben einige der Akademie während Jahren treu und haben durch ihre wissenschaftliche Tätigkeit den Ruf der Akademie nicht nur begründet, sondern auch nachhaltig geprägt.[291]

Nach dem Modell der protestantischen Hochschulen stiftete Gábor Bethlen der Akademie auch eine Druckerei. Er liess die im Feldzug gegen die Habsburger von seinen Truppen erbeutete katholische Druckerei von Tyrnau nach Siebenbürgen überführen und ergänzte deren Ausstattung. Weiter diente dem Unterricht seine seit 1610 gesammelte fürstliche Bibliothek, die ab 1622 für die Studenten der Akademie geöffnet und von Bethlen ständig mit neuen und wertvollen Büchern sowie bibliophilen Ausgaben erweitert wurde.[292]

Die Akademie entwickelte sich, obwohl beispielsweise Martin Opitz (1597 – 1639), der – er war der wohl bedeutendste deutsche Dichter des Barock – Philosophie und „schöne Wissenschaften" unterrichtete, bereits nach einem Jahr Weissenburg wieder verliess, innert weniger Jahre zu einem kulturellen und schulischen Zentrum Siebenbürgens, so dass die Akademie um 1628 bereits 80 Studierende auswies. Wie wir erwähnt haben, bekleideten mehrere ehemalige „Basler" Studenten nach ihrer Heimkehr an der Akademie einen Lehrstuhl oder gar das Rektorenamt, so z. B. Ferenc Szigheti Bene, Ferenc Tharazkóz Thesaurarius oder Péter Maksai Őse. Weitere Aspekte aus den fürstlichen Bemühungen um Aufbau und Konsolidierung der Akademie in Weissenburg, die auf direkte bzw. indirekte Kontakte mit der Schweiz hinweisen, sollen hier explizit behandelt werden. Schliesslich sollen aber auch die Kollegien von Debrecen und – vor allem unter Rákóczis Herrschaft – von Sárospatak wie auch weitere reformierte Schulen Siebenbürgens bereffend Verbindungen zur Schweiz untersucht werden.

Eine wenig bekannte Persönlichkeit ist der Gräzist Johannes Schwarzenbach, einem alten Zürcher Geschlecht entstammend, Bürger von Ludretikon,

---

290 Weiter wären Friedrich Pauli (1622), Jakob Kornisch (1622) oder Philipp Ludwig Piscator (1629) zu erwähnen; letzterer kam gemeinsam mit Alsted und Bisterfeld – alle hatten sie an der Hohen Schule von Herborn gelehrt – nach Weissenburg (vgl. MURDOCK, Calvinism, 79 f). Zu den Bemühungen von Bethlen, der 1628 zwei Abgesandte nach Deutschland schickte, um geeignete Professoren für die Akademie anzuwerben vgl. AURNHAMMER, Tristia, 254–258; MENK, Restitutionsedikt, 29–63, bes. 52 ff.

291 Vgl. FERENCZ, Einfluss, 46; EVANS, Calvinism, 183 f; BUCSAY, Protestantismus I, 171 f; VERESS, Einfluss, 61 f.

292 Vgl. SIPOS, Bedeutung, 261 f; FATA, Ungarn, 234; JAKÓ, Kollégium, 199–209.

dem ältesten Dorfteil Thalwils, der seine ersten Schulen in Zürich absolviert hatte.[293] Im November 1598 immatrikulierte sich Schwarzenbach an der Theologischen Fakultät der Universität Basel; daran schlossen sich Studien in Herborn.[294] Um das Jahr 1607/08 hielt sich Schwarzenbach wieder in seiner Heimat auf und studierte unter anderem bei Caspar Waser.[295] Über seine Tätigkeit bis 1610, als er Pfarrer in Eschweiler bei Jülich wurde, haben wir keine Kenntnis.[296] Im Jahre 1613 wurde er Pfarrer in Altenhasslau (Grafschaft Hanau),[297] wo er auch Georg Rudolf Herzog von Liegnitz (1595–1653) aus Schlesien, der von Juli 1613 bis November 1614 auf einer Bildungsreise in Deutschland, Frankreich, Italien und den Niederlanden weilte, kennengelernt haben muss.[298] Zumindest ist Schwarzenbach seit Ende 1614 in Liegnitz (Legnica, PL) am Hofe von Georg Rudolf als Hofprediger tätig. Dies belegt, dass Georg Rudolf spätestens seit November 1614 – im selben Monat hat er sich mit der reformierten Prinzessin Sophie-Elisabeth von Anhalt Dessau vermählt – mit dem reformierten Bekenntnis in Kontakt gekommen ist. Am Hofe in Liegnitz wirkten später auch andere reformierte Theologen. Schwarzenbach gab gegenüber Waser der Sorge Ausdruck, dass sich die „Ubiquitarier", d. h. die Lutheraner, in Schlesien wie in Ostböhmen (Jägerndorf [Krnov, CZ], Troppau [Opava, CZ]) immer mehr ausbreiten würden.[299] Bis Ende 1617 weilte Schwarzenbach in Liegnitz, kehrte dann aber in seine Heimat zurück und wurde 1618 Pfarrer in Kyburg; seit 1621 wirkte er in Altstetten, damals ein Vorort von Zürich. Schliesslich ist aber im Geschlechterbuch der Stadt Zürich zu lesen: „Hans Schwartzenbach ward Pfarrer, gen Altstetten, bis 1623. Da lüft er hinweg, mit Hinterlassung seynes Weybs."[300] Scheinbar hat sich Schwarzenbach mit der Gemeinde nicht vertragen; ein weiterer Vorwurf ist zudem, dass er des Ehebruchs überführt worden sei. Gesichert wissen wir aber nur, dass er nach ersten Unruhestörungen „fuerat excussus, [...]"[301] Was auch immer vorgefallen sein mag: Schwarzenbach wurde eben gerade in dieser Zeit an die Akademie in Weissenburg berufen.

293 Gemäss dem Matrikelverzeichnis an der *Schola Tigurina* (vgl. Album in Tigurina schola studentium (1559–1832), StAZ: E II 479) hat Schwarzenbach nicht in Zürich studiert. Möglicherweise hat er die Deutsche Schule in Zürich besucht, gleichzeitig aber auch Vorlesungen am Carolinum gehört; dies ist daraus zu folgern, dass Schwarzenbach gar von Liegnitz aus in Briefkontakt mit Caspar Waser gestanden hat (vgl. unten Anm. 295).

294 Vgl. WACKERNAGEL, Matrikel II, 462.

295 Vgl. Johannes Schwarzenbach an Caspar Waser, 6. März 1616, ZBZ: F 170, 11 f.

296 Vgl. DEJUNG, Pfarrerbuch, 520.

297 Vgl. JOHANNES SCHWARZENBACH, Eine Christliche Lehr- und Trostpredigt wider die Plagen, so über die Welt kommen sollen [...], Hanau 1613, aiij[r].

298 Herzog Georg Rudolf von Liegnitz' Frau, Sophie-Elisabeth von Anhalt Dessau (1589–1622), war familiär auch mit den Grafen der Grafschaft Hanau verbunden (vgl. L. PETRY, Art. Georg Rudolf, Herzog von Liegnitz, NDB 6, 1964, 218 f).

299 Vgl. Johannes Schwarzenbach an Caspar Waser, 6. März 1616, ZBZ: F 170, 111 f.

300 Geschlechterbuch der Stadt Zürich, Bd. 2, StAZ: X 121, 1356.

301 Akten des Professorenkollegiums, 12. Juli 1625, TtREK: R 1111 (Urkundensammlung von József Lugossy), Nr. 68.

Wer hatte ihn vermittelt? Bis heute haben wir darüber keine Quellen gefunden, doch scheint es, dass Fürst Gábor Bethlen durch Martin Opitz über Johannes Schwarzenbach in Kenntnis gesetzt worden ist. Opitz' Cousin Caspar Kirchner war nämlich seit 1622 Bibliothekar am Hofe in Liegnitz,[302] wo auch Schwarzenbach gewirkt hatte. Als Opitz nach seiner Weissenburger Zeit (1622 – 23) nach Schlesien zurückkehrte, wirkte er gleichfalls bei Georg Rudolf von Liegnitz als Hofrat.[303] Es darf nicht vergessen werden, dass Gábor Bethlen nach dem Frieden von Nikolsburg (1621) auch die Herzogtümer Oppeln und Ratibor in Schlesien erhalten hat. Bethlen stand damit in direktem Kontakt mit dem Herzogtum Liegnitz in Schlesien. Darum auch hat Herzog Johann Christian, der Bruder von Georg Rudolf, Fürst Bethlen unter anderem den gelehrten Martin Opitz als Lehrer der Akademie empfohlen.[304] Diese Kontakte müssen der Hintergrund gewesen sein, dass auch Schwarzenbach 1623 als Griechischlehrer nach Weissenburg berufen worden ist. Zur Tätigkeit in Weissenburg haben wir keine Kenntnis, ausser, dass er dort als „Professor Graecae linguae" gewirkt hatte; wegen „industriam suam in informanda juventute testatam ac probatam" sei er aber nach Zürich zurückgerufen worden und Schwarzenbach habe sich entschieden „ad suos remeare […]"[305] Leider verlieren sich dann die weiteren Spuren von Schwarzenbach; zumindest ist er gemäss der noch vorhandenen Quellen in Zürich nie angekommen. Er ist wohl auf der Rückreise gestorben.

Schwarzenbach war einer der zahlreichen Gelehrten, die auf die Einladung Bethlens hin nach Weissenburg gekommen sind. Die Kontakte Bethlens zur Schweiz gingen also mitnichten über diejenigen mit anderen reformierten Gebieten Europas – wie die Pfalz, die Niederlande oder Schlesien – hinaus. Bethlen wollte zwecks des Aufbaus der Akademie lediglich qualifizierte Lehrer aus Europa nach Weissenburg – später tat Rákóczi das gleiche für Sárospatak[306] – einladen, um den Einfluss und den Ruf der Akademie zu konsolidieren.[307] Bezeichnend ist es aber, dass aufgrund der Anwesenheit von Schwar-

---

302 Caspar Kirchner und Georg Rudolf von Liegnitz studierten zur gleichen Zeit in Frankfurt a.O. (vgl. OPITZ, Briefwechsel, 234 ff; L. PETRY, Art. Georg Rudolf, Herzog von Liegnitz, NDB 6, 1964, 218 f).

303 Opitz hoffte während längerer Zeit, in ein Amt an den Hof in Liegnitz berufen zu werden, weswegen er seit 1622 verschiedene Gedichte, später Schriften an Herzog Georg Rudolf gewidmet hatte (vgl. VD 17).

304 Herzog Johann Christian rühmte in seinem Schreiben nicht nur die „eruditio ac docendi dexteritas, sed pietas quoque, religio orthodoxa ad normam confessionis Helveticae" von Martin Opitz (Johann Christian von Liegnitz an Gábor Bethlen, 4. Juli 1622, in: GRAGGER, Opitz, 319 f; vgl. OPITZ, Briefwechsel, 236; SEIDEL, Späthumanismus, 236 [weitere Literaturhinweise]; AURNHAMMER; Tristia, 257 [weitere Literaturhinweise]).

305 Akten des Professorenkollegiums, 12. Juli 1625, TtREK: R 1111 (Urkundensammlung von József Lugossy), Nr. 68.

306 Vgl. unten S. 542 ff.

307 Gábor Bethlen hat darum Martin Opitz ein zweites Mal nach Weissenburg eingeladen (vgl. OPITZ, Briefwechsel, 469).

zenbach auch direkte Kontakte zwischen der Akademie und Zürich bestanden haben müssen. Dies wird dadurch vorausgesetzt, dass die Professoren festhalten, dass Schwarzenbach „revocatus" sei.

Die Akademie in Weissenburg wurde in den 1630er Jahren, natürlich auch durch die Lehrtätigkeit von Alsted, Bisterfeld und Piscator, zu einem Zentrum des Ramismus.[308] Sie waren Vertreter eines enzyklopädischen Denkens, welches sich gegen die scholastische Tradition wandte. Bisterfeld, der bis 1655 am Kollegium wirkte, verfasste Lehrbücher, in denen er die Lehren von Johann Heinrich Alsted, Francis Bacon und Petrus Ramus in populärer Diktion darbot. Seine *Elementa logica* (Weissenburg 1635) erschienen in zahlreichen Auflagen und wurden im 17. Jahrhundert zu einem der meistbenutzten Lehrbücher in Siebenbürgen und im königlichen Ungarn.[309] Gleichzeitig bildete der Ramismus guten Boden für das Aufkommen puritanischer Ideen, die von Alsted, Piscator und Bisterfeld, wenn auch nicht öffentlich, begrüsst wurden. Allerdings musste dies – der Puritanismus hatte seinen Ursprung im Kampf gegen die episkopale anglikanische Staatskirche[310] – langfristig zu Auseinandersetzungen zwischen Vertretern einer bischöflichen Kirche, d.h. einer zentralistischen „calvinistischen" Kirche und Vertretern des „Puritanismus", d.h. einer Kirche, in der die Gemeindeglieder sich am Leben der Kirche beteiligten, führen. Der nach 1638[311] einsetzende Streitschriftenwechsel zwischen István Geleji Katona, dem orthodoxen reformierten Bischof und Berater des Fürsten, und Pál Medgyesi, Hofprediger und Lektor an der Akademie, gibt darüber einen aufschlussreichen Einblick. Geleji Katona sah die wichtigste Aufgabe der Kirche in der klaren Positionierung und Verteidigung der Glaubenswahrheiten, Medgyesi betonte gegenüber dieser rationalen Haltung die Bedeutung des persönlichen Glaubenslebens.[312] Die auf den 10. Juni 1646 nach Sathmar einberufene Nationalsynode sollte dieser Auseinandersetzung – neben der Proklamation der Kirchenunion der drei reformierten Superintendenzen in Siebenbürgen, dem Partium und in den Komitaten[313] – ein Ende setzen, indem der Fürst die Verpflichtung auf die *Confessio Helvetica posterior* gesetzlich rezipierte und die an der Synode gefassten Beschlüsse, die Geleji nachträglich ausformulierte, Rákóczis Vorstel-

---

308 Vgl. ASCHE, Bildungsbeziehungen, 45; MURDOCK, Calvinism, 86 ff.

309 Vgl. MURDOCK, Calvinism, 95.

310 Zu den Anfängen und zur Ausbildung des Puristanismus vgl. SPURR, Puritanism.

311 Am 9. Februar 1638 verbündeten sich einige in London studierende ungarische Theologiestudenten, die sich gegenseitig versprachen, in ihrer Heimat das kirchliche Leben in einem puritanischen Sinne zu erneuern (vgl. BUCSAY, Protestantismus I, 204).

312 Vgl. FATA, Ungarn, 237 f; EVANS, Calvinism, 184 f.

313 Freilich brachte die Nationalsynode, wenn auch die verschiedenen Teilkirchen die Unionsbeschlüsse unterstützt haben, keine tatsächliche Union, im Sinne einer Landeskirche, hervor. Diejenigen an der Synode gefassten Beschlüsse, die auch in die Praxis umgesetzt worden sind, sind praktisch alle nur in Siebenbürgen gültig gewesen; es ist dabei insbesondere an die, von Bischof Geleji Katona erstellte Gottesdienstordnung und Gesetzessammlung zu denken (vgl. FERENCZ, Einfluss, 49 f).

lungen einer zentralistischen „calvinistischen" Kirche in Siebenbürgen entsprachen.[314] Die disputatorische Bedeutung dieser Beschlüsse zeigte sich allerdings erst in der zweiten Hälfte des 17. Jahrhunderts.[315]

Johann Heinrich Bisterfeld (1605–1655), der in Basel, Genf, Oxford und Leiden studiert hatte, pflegte vielfältige Kontakte mit Gelehrten ganz Europas und wurde damit zu einem wichtigen Vermittler zwischen „West und Ost".[316] Uns interessiert in diesem Zusammenhang vor allem, ob bzw. welche Bedeutung die schweizerischen Kontakte in Bisterfelds Tätigkeit einnahmen. Diese Frage ist darum von besonderer Relevanz, weil Bisterfeld immerhin 25 Jahre seines Lebens, d. h. seines theologischen und diplomatischen Wirkens, in Weissenburg verbracht und im wissenschaftlichen Leben des Fürstentums tiefe Spuren hinterlassen hat.[317] Nach seinen ersten Studien in Herborn, gemeinsam mit Altsted, und seiner Teilnahme an der Synode in Dordrecht, immatrikulierte sich Bisterfeld im Oktober 1623 in Basel, wo er bei Johannes Buxtorf d.Ä. hebräische Studien betrieb.[318] Im April 1624 zog er weiter nach Genf, wo er sich vor allem bei Jean Diodati der Theologie widmete.[319] Bei Diodati hat Bisterfeld schliesslich am 7. Mai 1625 mit einer Arbeit über *De Deo* disputiert;[320] schliesslich siedelte er nach Oxford über. Er widmete die Arbeit seinem Freund und späteren Schwiegervater[321] Johann Heinrich Alsted, mit dem er von Genf aus in Briefkontakt geblieben ist.[322] Bisterfelds Studien in Basel und Genf haben das Fundament seiner theologischen Ausbildung gelegt, obwohl dies in der sogenannten „Bisterfeld-Bibliothek" kaum einen Niederschlag gefunden hat. So findet sich darin lediglich Friedrich Spanheims d.Ä. *Dubiorum Evangelicorum pars [...] In qua [...] Dubia, partim exegetica, partim elenctica* (Genf 1639), welches Werk ihm sein

---

314 Vgl. István Geleji Katona, Acta et conclusiones synodi nationalis [...] an. MDCXLVI ad 10 Junij convocatae, [...], in: Geleji Katona, Canones, a[r]-[c[r]] (vgl. RMNy 2260). Nach der „Niederzwingung" in Siebenbürgen hatte der Puritanismus vor allem in Debrecen eine bedeutende Wirkungsgeschichte, insbesondere dank dem grossen puritanischen Theologen György Martonfalvi Tóth (vgl. Baráth, Martonfalvi); die Stadt war von der Mitte des 17. Jahrhunderts an fast ein Jahrhundert unter Einfluss des Puritanismus, der das geistige Leben bis in den Alltag bestimmte (vgl. Bucsay, Protestantismus I, 203 ff. 209 f. 213 f et passim).

315 Vgl. unten S. 599 ff.

316 Vgl. Viskolcz, Bisterfeld, 201–214.

317 Dieser Aspekt wurde in Viskolcz' verdienstvollen Studien bislang nur am Rande berücksichtigt.

318 Vgl. Wackernagel, Matrikel III, 263.

319 Vgl. Stelling-Michaud, Livre I, 167; ders., Livre II, 217.

320 Vgl. Johann Heinrich Bisterfeld, Disputatio theologica de Deo, quam ipso adiuvante, praeside [...] Johanne Deodato, Genf 1625.

321 Bisterfeld war in erster Ehe mit Susanne Alsted, Tochter von Johann Heinrich Alsted, verheiratet (vgl. Viskolcz, Bibliográfia, 23).

322 Vgl. Johann Heinrich Bisterfeld an Johann Heinrich Alsted, 11. Oktober1624, HStAW: Abt. 95., 320. II. 168.

Freund Johannes Rulitius 1647 übermacht hat.[323] In diesem Zusammenhang ist aber zu betonen, dass die sogenannte „Bisterfeld-Bibliothek", wie Noémi VISKOLCZ nachweisen konnte, als Ganze gar nicht Bisterfeld gehörte.[324] Seine eigene Bibliothek ging nämlich, gemäss Testament Bisterfelds, grossmehrheitlich ans Kollegium in Weissenburg über.[325] Und es scheint, dass die Bibliothek auch nicht ausserordentlich gross gewesen ist; gerade während des 30jährigen Krieges war es nicht immer einfach, in Siebenbürgen Bücher zu erwerben. Insgesamt lässt sich aufgrund der theologischen Literatur doch aber erkennen, dass Bisterfeld theologisch einen gewissermassen offenen Geist besass.[326] Dies belegt insbesondere seine lebenslange Freundschaft mit John Dury (Duraeus, 1596–1680), der sich seit 1630 für eine Vereinigung der protestantischen Kirchen Europas einsetzte. Dury hielt sich dessentwegen mehrfach in der Schweiz auf und korrespondierte mit Jean Diodati und Théodore Tronchin in Genf sowie mit Johann Jakob Breitinger und Johann Jakob Ulrich in Zürich.[327] Bisterfeld unterstützte, belegt im Antwortbrief von Geleji Katona, Alsted, Piscator und Bisterfeld namens der reformierten Kirchen Siebenbürgens, Durys Unionsbemühungen gleichfalls.[328] Auf seiner Reise durch Europa (1638–39) traf er sich erneut mit Dury,[329] und schliesslich meldete 1654 Dury aus Basel an Bisterfeld, dass die reformierten Stände Sympathie für seine Unionsprogramm bekunden würden.[330]

---

323 Vgl. Notiz von Johann Friedrich Bisterfeld, 19. Februar 1647, AStS: 32; VISKOLCZ, Bibliográfia, 88 f. 133.

324 Vgl. VISKOLCZ, Bibliográfia, 98. 186.

325 Vgl. Testament von Johann Heinrich Bisterfeld, 6. Januar 1655, in: BOD, Historia II, 445 (vgl. Adattár 11, 299).

326 Keineswegs aber ging er mit dem zu seiner Zeit aufkommenden Cartesianismus eins. Obwohl er bereits 1638 Decartes' *Discours de la Méthode* (Leiden 1637) gelesen hatte, sparte er betreffend Decartes' Methode nicht mit Kritik (vgl. VISKOLCZ, Bibliográfia, 88 ff. 182 f). Dies ist mit ein Grund, warum die sogenannte „Bisterfeld-Bibliothek" nicht von Bisterfeld sein kann, da der Sammler der Bibliothek sich eben gerade zahlreiche cartesianische Werke angeschafft hatte. Lange nach dem Tode Bisterfelds wurde auch Johann Heinrich Schweizers *Compendium Physicae Aristotelico-cartesianae* (Basel 1685) dieser Bibliothek einverleibt (vgl. VISKOLCZ, Bibliográfia, 104 ff. 159. 193 f).

327 Vgl. O. FATIO, Art. John Durie, HLS 4, 2005, 30; PFISTER, Kirchengeschichte II, 423 ff.

328 Vgl. István Geleji Katona, Johann Heinrich Alsted, Philipp Ludwig Piscator, Johann Heinrich Bisterfeld an John Dury, 7. Februar 1634, in: DEBRECENI EMBER, Historia, 379–382. Vom Brief zu unterscheiden ist die thematisch bezogene Antwort derselben (und weiterer Dekane und Pfarrer) auf John Durys *Quaestiones Parascevasticas De unione Evangelicorum* (vgl. Johann Heinrich Alsted et al.: Responsio ad Quaestiones Parascevasticas De unione Evangelicorum [...], 7. Februar 1635, in: JOHN DURY (Hg.), Concordiae inter Evangelicos quaerendae Consilia, quae ab Ecclesiae in Transylvania Evangelicae Pastoribus & Scholae Alba Juliacensis Professoribus in Synodo congregatis approbata fuerunt An. MDCXXXIV [...], s.l. 1654, B4ʳ–F2ᵛ); die Angaben von VISKOLCZ sind also dahingehend zu korrigieren (vgl. VISKOLCZ, Bibliográfia, 47; RMK III 1924).

329 Vgl. VISKOLCZ, Bibliográfia, 24.

330 Vgl. John Dury an Johann Heinrich Bisterfeld, 2. August 1654, UBB: Ms. Ki. Ar. 22e, 173. Dury

Ein weiterer Aspekt der Wirkung von Bisterfelds Studien in der Schweiz, insbesondere in Basel, ist seine Beschäftigung mit den alten Sprachen, vor allem mit dem Hebräischen. Bisterfeld hat sich erstmals in Basel bei Johannes Buxtorf, dem Begründer der hebräischen und aramäischen Sprachwissenschaft, hebräischen Studien gewidmet. Später, aus Oxford, berichtete er an Alsted, dass er sich noch intensiver mit den alten Sprachen beschäftige.[331] Tatsächlich glaubte er, mit Hilfe des Hebräischen die gemeinsame Sprache der Menschen, gewissermassen die „Ursprache", rekonstruieren zu können. Auch noch während seiner Lehrtätigkeit in Weissenburg beschäftigte er sich mit diesem Projekt, so dass er auf seiner Europareise Ende der 1630er Jahre – der Hebraist Buxtorf († 1629) war unterdessen gestorben – erneut führende Hebraisten wie z. B. Johann Stephan Rittangel in Amsterdam traf. Johann Moriaen (1591 – 1668), mit dem sich Bisterfeld in Amsterdam traf, berichtet darüber:

Er verspricht nicht allein die Hebräische Sprache von allen Antiquitatibus vnd synonimijs zue befreyen sondern auch seinen methodum zue zeigen dardurch wir selber ihme wo ers lassen möchte nachfolgen vnd darzue kommen können. Er sagt das Er auff seiner Reiß hieher die radices Hebraicas zue dem ende vberloffen vnd biß auff vngefehr 20 vocabula damit zu rechten kommen seye welche Er aber beneficio Concordantiarum [...] woll maint gleich den anderen auszuefinden [...][332]

Bislang konnte nicht nachgewiesen werden, dass sich Bisterfeld auf seiner Europareise erneut in der Schweiz aufgehalten hat. Dennoch wissen wir, dass er den Kontakt mit der Schweiz weiterhin aufrechterhalten hat. Wenn auch davon auszugehen ist, dass mehrere Briefe, die er mit Gelehrten aus Basel unterhalten hat, verloren gegangen sind, wissen wir einiges von der Korrespondenz Bisterfeld mit Schweizer Gelehrten.[333] Am 18. August 1644 schrieb er an Johann Jakob Ulrich in Zürich und berichtete über die Sorgen in Siebenbürgen wegen des „Socinianismus",[334] womit der siebenbürgische Unitarismus gemeint war.[335] In diesem Zusammenhang kam Bisterfeld auch auf eine

<hr/>

weist im Brief nicht darauf hin, dass Basel gegenüber seinem Unionsprogramm zurückhaltend blieb (vgl. PFISTER, Kirchengeschichte II, 425; GEIGER, Kirche, 78 – 99).

331 Vgl. Johann Heinrich Bisterfeld an Johann Heinrich Alsted, 15. Dezember 1525, HStAW: Abt. 95., 320. II. 173 (vgl. VISKOLCZ, Bisterfeld, 209).

332 Johann Moriaen an Samuel Hartlib, 17. Januar 1639, in: COLLINSON, Hartlib, 37 /3^{r-v} (vgl. VISKOLCZ, Bisterfeld, 209 f).

333 Die bislang bekannten Briefe – deren 121 an der Zahl – sind aufgelistet in: VISKOLCZ, Bibliográfia, 46 – 60.

334 Bereits in den 1630er Jahren hat Bisterfeld infolge dieser Auseinandersetzungen sein Werk *De uno Deo, Patre, Filio, ac spiritu sancto, Mysterium pietatis, contra Joannis Crellii [...]* (Leiden 1639) verfasst, womit – das Thema ist die Trinitätslehre – Bisterfeld Johann Crells Schrift *De uno Deo* (Raków 1631), in der die bis dahin beste, beinahe unwiderlegbare Synthese des antitrinitarischen Glaubens formuliert war, zu widerlegen versuchte (vgl. VISKOLCZ, Bisterfeld, 211 ff; SZENTPÉTERI, Hitvita, 93 – 102).

335 Im 17. Jahrhundert spricht man nicht mehr von Antitrinitarismus, sondern von Unitarismus,

sogenannte *Disputatio de nominibus Dei* von Johannes Buxtorf zu sprechen, in der die Frage der Trinität aufgrund sprachlicher Analysen behandelt werde.[336] Ulrich meldete Bisterfelds Schreiben sofort nach Basel, und der Schwiegersohn von Johannes Buxtorf, Samuel Grynaeus, Pfarrer an St. Leonhard,[337] schrieb im November an Bisterfeld, betonend, dass man sich in Freundschaft verbunden fühle.[338] Aus Zürich antworteten Johann Jakob Ulrich und Johann Jakob Breitinger gemeinsam und hielten fest, dass die reformierten Orte der Schweiz sich für die weitere Stärkung des „orthodoxen" Glaubens, d. h. des helvetischen Bekenntnisses, in Siebenbürgen einsetzen wollen.[339]

Die Angelegenheit illustriert, dass Bisterfeld, obwohl seine Kontakte mit den Niederlanden intensiver – immerhin erschien der grössere Teil seiner ausländischen Publikationen in Leiden[340] – waren, mit der Schweiz, insbesondere mit Basel, geistig verbunden geblieben ist. Dies kann auch erklären, warum Johannes Mellet aus Oron-la-ville,[341] der gleichermassen Unionsbemühungen wie John Dury hegte,[342] Bisterfelds Schrift *Isagoge Encyclopaedica, seu de primis Encyclopediae Principiis Tractatus verè aureus* (1661) posthum in Basel, und nicht in Frankfurt a.M. oder Hanau, wo Mellets eigene Werke üblicherweise erschienen sind, herausgegeben hat. Johannes Mellet hatte nämlich am 20. September und 11. Oktober 1656 bei Lukas Gernler (1625– 1675) über *De proprietatibus Dei* disputiert, und zwar basierten seine Thesen, wie er eingangs offenkundig betonte, auf der sechsten *Disputatio Theologica De Divina Scripturae Sacrae eminentia* von Bisterfeld, die über *essentia & personis divinis* handeln würde:

da die Antitrinitarier im Übergang zum 17. Jahrhundert immer mehr die Selbstbezeichnung „Unitarier" bevorzugten.

336 Vgl. Johann Heinrich Bisterfeld an Johann Jakob Ulrich, 18. August 1644, UBB: A 2 I 17, 2, 160. Dieser Brief ist auch aus einem anderen Grund besonders wertvoll: Bisterfeld hielt nämlich eingangs fest, dass „Her. Piscator [...] im Decemb. gestorben" ist. Bislang war das Todesjahr Philipp Ludwig Piscators nicht bekannt, nun wissen wir, dass Piscator im Dezember 1643 in Weissenburg verstorben ist.

337 Samuel Grynaeus (1595–1658), Urenkel von Simon Grynaeus († 1541), hat sich 1619 mit Maria Buxtorf (1594–1666), Tochter von Johannes Buxtorf († 1629) vermählt; sie hatten gemeinsam acht Kinder. Über die familiären Verbindungen der Familie Grynaeus zur Familie Buxtorf vgl. SMEND, Epitaphe, 3 ff.

338 Vgl. Samuel Grynaeus an Johann Heinrich Bisterfeld, 20. November 1644, UBB: A 2 I 17, 1, 161.

339 Vgl. Johann Jakob Ulrich und Johann Jakob Breitinger an Johann Heinrich Bisterfeld, 30. November 1644, UBB: A 2 I 17, 2, 170.

340 Vgl. VISKOLCZ, Bibliográfia, 30–41.

341 Johannes Mellet († 1665) aus Oron-la-ville (bei Bern) hat 1653 in Lausanne seine Studien begonnen, studierte seit 1655 in Basel und wurde später Hofprediger der Prinzessin Anna von Coligny, der Gemahlin des Grafen Georg von Württemberg (vgl. WACKERNAGEL, Matrikel III, 505).

342 Vgl. JOHANNES MELLET, Concordiae inter Evangelicos curandae ac procurandae medium novum, Frankfurt a.M. 1661; JOHN DURY und JOHANNES MELLET, In concordia ecclesiastica inter protestantes Ecclesias (vulgò Reformatas & Lutheranas διακριτικῶς dictas) sollicitanda [...], Frankfurt a.M. 1662.

Optime dixit MAGNUS ille Mysterii pietatis[343] defensor Joh. Henr. Bisterfeldius, in Disp. de Divin. Script. Sacr. emin. num. 6 quod doctrina de essentia & personis divinis sit fons & basis, earumque attributa sint normae & columae Theologiae universae. Idcircò ego Vestigiis illius insistens, primâ hâcce columnâ, quae Dei proprietatibus consistit, Studia mea Theologica firmata volui.[344]

Unter dem Vorsitz Bisterfelds sind in Weissenburg verschiedene *Disputationes* über die göttliche Stellung der heiligen Schrift gehalten worden;[345] die von Mellet erwähnte sechste *Disputatio* ist gemäss derzeitigem Wissensstand allerdings nicht einmal gedruckt worden. Um so mehr belegt dies, dass Bisterfelds gedruckte und ungedruckte Schriften an der Theologischen Fakultät in Basel bekannt waren, aktiv gelesen wurden und öffentlich darüber disputiert wurde.[346] Die der *Disputatio* beigefügten *Carmina Votiva* – von dem Samedaner Otto Maletta, dem späteren Basler Arzt Balthasar Kisselbach und seinen ehemaligen Lausanner Mitstudenten Sebastian Wilyam von Rives-sur-Fures (F) und Claude Joran von Chenaux (CH)[347] – unterstreichen diese Erkenntnis weiter.

In Basel hat Mellet auch den ungarischen Studenten Augustin Mitis aus Schächtitz[348] kennengelernt, der ihm – wie Mellet im Vorwort zu Bisterfelds *Isagoge Encyclopaedica* berichtet – „von neuem" (*denuò*) mehrere theologische und philosophische Werk Bisterfelds zu besorgen versprochen habe.[349] Auf diese Weise muss auch eine Abschrift von Bisterfelds *Isagoge Encyclopaedica* in Mellets Hände gekommen sein, die er, bereits als Hofprediger in Württemberg wirkend, in Basel, dem Studienort Bisterfelds, schliesslich erstmals drucken liess. Basel als Druckort schien Mellet auch darum geeignet, weil die Stadt die geistige Verbindung von „Universalismus" – wir denken dabei an den humanistischen Wissenstransfer im 16. Jahrhundert – und

---

343 Gemeint ist Bisterfelds Schrift *De uno Deo, Patre, Filio, ac spiritu sancto, Mysterium pietatis* (Leiden 1639).

344 JOHANNES MELLET, Disputatio theologica de proprietatibus Dei [...], Basel 1656, A2ʳ.

345 Vgl. JOHANN HEINRICH BISTERFELD, Disputatio theologica de divina Scripturae Sacrae eminentia, quam Spiritu Sancto duce [...], Weissenburg 1641; DERS., Scripturae Sacrae divina eminentia et efficientia, publicae non credentium et credentium disquisitioni Spiritu Sancto duce, denuo in duabus disputationibus [...], Leiden 1654.

346 Dasselbe berichtete Adrian Heerebord, Professor in Leiden, in seinem Vorwort zu Bisterfelds *Scripturae Sacrae divina eminentia et efficientia* (Leiden 1654).

347 Vgl. MELLET, Disputatio, B3ᵛ–B4ᵛ (vgl. JUNOD, Album, 45). An dieser Stelle danke ich Herrn Dr.habil. Reinhard Bodenmann, der mir geholfen hat, die Herkunftsorte von Claude Joran „Chenauxiacensis" sowie von Sebastian Wilyam „Ripensis" zu orten.

348 Wir haben bereits früher auf Augustin Mitis verwiesen, der seit 1648 Pfarrer in Skalitz – unterbrochen durch seine Basler Studien (1654–56) – war (vgl. oben S. 485 [Anm. 35]. 520 [Anm. 219]).

349 „Multa quin etiam opera tum Theologica tum Philosophica ex haeredibus Bisterfeldianis mihi curare, non ita pridem, denuò pollicitus est Reverendus ac Clarissimus Dominus Augustinus Mitis, Ecclesiae Reformatae Szakolzensis in Hungaria, pastor vigilantissimus, amicus et frater etiam mihi longè charissimus & suavissimus, à quo praefata κειμήλια jam communicata habui." (Johannes Mellet: Dedicatio, in: JOHANN HEINRICH BISTERFELD, Isagoge Encyclopaedica, seu de primis Encyclopediae Principiis Tractatus verè aureus [...], Basel 1661, A3ᵛ).

„Orthodoxie" verkörperte und darum für den Druck der Enzyklopädie eines reformierten Theologen prädestiniert war. Bisterfeld gehörte – wie bereits Johann Heinrich Alsted[350] – zu jenen reformierten Theologen, die sich auch enzyklopädisch beschäftigten; spätestens seit 1638 hat er an einer Universalenzyklopädie gearbeitet, mit deren Hilfe die Welt in ihrer Komplexität besser erklärt werden sollte.[351] Dank dem Basler Druck von Mellet konnten einige seiner enzyklopädischen Studien erhalten werden.

Die Ausführungen zu den direkten und indirekten Kontakten Bisterfelds mit der Schweiz sollen keinesfalls belegen, dass der Einfluss schweizerischer Gelehrter auf Bisterfeld bedeutender als derjenige holländischer oder englischer war; vielmehr geht es darum aufzuzeigen, dass Bisterfeld mit Gelehrten ganz Europas, auch der Schweiz, vielfältge Kontakte gepflegt und ein gegenseitiger Wissensaustausch stattgefunden hat.[352] Die schweizerischen Einflüsse nahmen aber insofern eine besondere Stellung ein, weil in der Schweiz das Fundament für Bisterfelds geistig-theologische Entwicklung gelegt worden war und Bisterfeld dessentwegen zeitlebens eine geistige Verbundenheit mit der Schweiz empfunden hat.

Der Ermöglichungsgrund dieses intensiven geistigen Wissensaustausches sind freilich die Fürsten von Siebenbürgen gewesen. Bisterfeld wollte mehrmals in seine Heimat zurückkehren, doch die fürstliche Familie, insbesondere Fürst György I. Rákóczi, konnte ihn immer wieder überzeugen, weiterhin an der Akademie zu unterrichten und in Siebenbürgen zu bleiben.[353] Der Fürst war es schliesslich auch, der Bisterfelds Europareise (1638–39) ermöglichte.

Gleichzeitig hat Fürst Rákóczi, wie wir bereits bei der Darstellung über das königliche Ungarn ausgeführt haben, seit seinem Regierungsantritt insbesondere das reformierte Kollegium in Sárospatak gefördert. Dies führte allerdings dazu, dass der weitere durch Bethlen begonnene institutionelle Ausbau der Akademie in Weissenburg verlangsamt wurde und das ältere reformierte Kollegium in Sárospatak gegenüber Weissenburg an Bedeutung

---

350 Für Alsted' *Encyclopaedia septem tomis distincta* (Herborn 1630), die erst nach Übersiedlung Alsteds nach Weissenburg erschien, verfasste Bisterfeld ein Grussgedicht (vgl. Johann Heinrich Bisterfeld: „Quisquis inexhaustos cupit explorare sophorum […]", in: JOHANN HEINRICH ALSTED, Encyclopaedia septem tomis distincta, Herborn 1630,):(iiiiij^r); das Werk war noch an Fürst Gábor Bethlen gewidmet, der am 15. November 1629 verstarb. Alsteds ganzheitlicher Ansatz prägte den mährischen Pädagogen Jan Amos Comenius wie auch den siebenbürgischen Enzyklopädisten János Apáczai Csere (vgl. MURDOCK, Calvinism, 87 ff. 95 ff. 104 ff; TÓTH, Hatása, 85 ff).

351 Vgl. VISKOLCZ, Bisterfeld, 208; COLLINSON, Hartlib, 27 /7 /1^r.

352 Ein interessantes Illustrationsbeispiel des Wissenstransfers ist die von Johannes Bauhin und Johann Heinrich Cherler herausgegebene *Historia plantarum universalis, nova et absolutissima […]* (Yverdon 1650), in der auch die ungarischen Namen der Pflanzen genannt werden, also bekannt gewesen sein müssen (vgl. RMNy 2358).

353 Zudem war er durch seine zweite Frau, Anna Stenczel, die aus einer reichen siebenbürgisch-sächsischen Handelsfamilie aus Klausenburg stammte, zu beachtlichem Vermögen und Gütern gekommen, was ihn zum Bleiben veranlasste. In Hermannstadt besass er in den 1640er Jahren ein grosses Anwesen mit Haus, Garten und Meierhof (vgl. VISKOLCZ, Bisterfeld, 202).

zunahm.[354] Rákóczis Beweggrund, sich für „sein" Kollegium, unweit des Familiensitzes der Rákóczi gelegen, wie auch für die Studentenperegrination – wir haben bereits darauf verwiesen – einzusetzen, war sein ernsthaftes Anliegen, für das reformierte Bekenntnis im Sinne einer „calvinistischen" Orthodoxie prägend einzutreten. Dramatische Illustration dessen ist, dass János Tolnai Dali, der von Rákóczi selbst zum Rektor des Sárospataker Kollegiums ernannt worden ist, auf der Synode in Tokaj vom 14. Januar 1646, also kurz vor der Nationalsynode, wegen seiner scheinbaren „heterodoxiae", sprich wegen seiner puritanischen Ideen,[355] des Amtes als Dekan enthoben worden ist.[356]

Ein genauerer Blick auf die Rákóczi-Bibliothek, die vor allem von György I. und seinem jüngeren Sohn Zsigmond angeschafft wurde, bestätigt diese Erkenntnis: Schriften von János Tolnai Dali fehlen in der Bibliothek gänzlich, von Pál Medgyesi ist nur *Sz. Atyak öröme, az az: Az Messias Jesus Christusnak Maria elöt személy szerént létének* (Weissenburg 1640) vorhanden,[357] hingegen liegen deren vier theologische Schriften von István Geleji Katona vor, ergänzt durch seine *Magyar Grammatikatska* (Weissenburg 1645), die dem Fürsten gewidmet war.[358] Eine Untersuchung der Druckorte zeigt, dass in Basel, Frankfurt a.M. und Köln gedruckte Bücher in der Rákóczi-Bibliothek am stärksten vertreten sind; allein aus Basel liegen rund 70 *Helvetica* – ein guter Teil davon sind Drucke des Humanismus – vor. Die anderen Schweizer

---

354 Auch gegenüber dem Kollegium in Debrecen (vgl. unten S. 547) hat das Kollegium in Sárospatak während der Regierunsgzeit von György I. Rákóczi deutlich an Bedeutung zugenommen: Während 1620–29 noch mehr Studenten das Kollegium in Debrecen besuchten (Debrecen: 325; Sárospatak: 270 [Zahlen gerundet!]), haben 1630–1659 die Studentenzahlen in Sárospatak konstant zugenommen (1630–39: 395, 1640–49: 460, 1650–59: 520), hingegen in Debrecen bis 1649 abgenommen und sind erst mit dem Regierungsantritt von György II. Rákóczi wieder sprunghaft angestiegen (1630–39: 270, 1640–49: 270, 1650–59: 550) (vgl. Hörcsik, Kollégium, 44; Rácz, Deákok, 23 f).

355 Keineswegs vertrat Tolnai Dali „heterodoxe" Ansichten; hat er sich doch intensiv mit für die Reformation massgebenden *Helvetica* auseinandergesetzt, die teilweise noch heute in der Grossbibliothek in Sárospatak erhalten sind, z.B. Pellikans *Commentaria Bibliorum* (Zürich 1539–1540; Standortsignatur in der Grossbibliothek Sárospatak: B 510–511) oder Augustins *Epitome omnium operum* (Genf 1555; Standortsignatur in der Grossbibliothek Sárospatak: A 659).

356 Vgl. Debreceni Ember, Historia, 397 ff. Dank Zsuszanna Lorántffy, der Gattin von Rákóczi, kehrte er allerdings 1649, also nach des Fürsten Tode, wieder an die Spitze des Kollegiums von Sárospatak zurück; dies belegt auch, dass die Fürstengattin, anders als der Fürst, die puritanische Bewegung unterstützt hatte (vgl. Ferencz, Einfluss, 49; Fata, Ungarn, 240; Bucsay, Protestantismus I, 204).

357 Andere Schriften von Medgyesi weisen ein Druckjahr erst nach Rákóczis Tode auf.

358 Die theologischen Werke sind folgende: Az Keresztenyi üdvözitö hitnek egy nyomban jaro igazsagahoz intezteett ekes rhythmusu hymnusokkal, [...], Weissenburg 1636; Praeconium evangelicum In quo Evangelia omnia anniversaria vulgo Dominicalis vocitata, Weissenburg 1638; Valtsag titka, az az: Az örök igenek, a megvalto Messiás Christus Jesusnak [...] megtestesülése, Grosswardein 1645; Titkok titka, az az: Az öröktöl fogva valo, és megoszladozhatatlan egységü Jehovai természetben lévö [...] személyeknek, [...], Weissenburg 1645 (vgl. KKK I, 32. 52. 129. 150. 189. 195).

Druckorte sind vertreten mit Genf (25), Zürich (12) und Lausanne (2). Ein bedeutender Teil der 748 Titel umfassenden Rákóczi-Bibliothek[359] sind Schriften des Humanismus (Erasmus, Valla, u.s.w.) und der klassischen Antike (Livius, Cicero, u.s.w.); dazu kommen polemische Schriften katholischer Theologen (Pázmány, Drechsel [Drexelius], u.s.w.). Einen deutlich grösseren Anteil stellen die reformatorischen und orthodox-reformierten Schriften. So finden sich beispielsweise mehr Werke von Calvin, de Bèze und Viret[360] als von Alsted († 1638) und Bisterfeld,[361] obwohl von denselben während ihrer Lehrtätigkeit in Siebenbürgen zahlreiche Publikationen, mehrfach auf der fürstlichen Druckerei in Weissenburg, gedruckt worden sind, manche dem Fürsten selbst gewidmet.[362] Rákóczis Interesse galt allerdings nicht allein den Genfer Theologen der Reformationszeit,[363] sondern dem reformierten Bekenntnis im Sinne einer „calvinistischen" Orthodoxie schlechthin. Deswegen

359 Der Katalog, der vor 1660 verfasst wurde, umfasst nur 663 Titel (vgl. Catalogus librorum Illustrissimi Sigismundi Rakoczi inventarium, TiREK: Kt. 1113/1 [mit den editorisch-bibliographischen Angaben ergänzt gedruckt in: KKK I, 30 – 168]); dazu kommen aber noch 32 Titel, die einen Possessoreintrag Rákóczis haben, sowie 53 Titel, die Angehörigen der Familie Rákóczi gewidmet worden sind (vgl. KKK I, 169 – 201).

360 Vgl. JOHANNES CALVIN, Christianae religionis institutio, totam fere pietatis summam, [...], Basel 1536; DERS., Commentarii in Iesaiam prophetam [...], Genf 1551; DERS., Commentarii in Acta Apostolorum [...], Genf 1552; DERS., Mosis libri V. cum [...] commentariis [...], Genf 1554; DERS., Harmonia ex tribus evangelistis composita, Mattheo, Marco et Luca [...], Genf 1555; DERS., Tractatus theologici omnes, in unum volumen certis classibus congesti, [...] ed. Theodorus Beza, 1597; DERS., Az keresztyeni Religiora es igaz hitre valo tanitas [...] magyar nyelvre forditott Molnar Albert, Hanau 1624; THÉODORE DE BÈZE, Novum Domini Nostri Jesu Christi Testamentum Latine iam olim veteri interprete, [...], Genf 1556; DERS., Volumen tractationem theologicarum, in quibus pleraque christianae religionis dogmata [...], Genf 1573; Testamenti Veteris Biblia sacra, sive libri canonici [...] facit ab Immanuele Tremellio et Francisco Junio [...] Quibus etiam adjunximus Novi Testamenti libros [...] ex Graeco a Theodoro Beza in Latonum versos [...], Frankfurt a.M. 1590; PIERRE VIRET, De verbo Dei, sacramentum et ecclesia ministerio, Libri II., Lausanne 1553; DERS., De origine continuatio usu autoritate atque praesentia ministerii verbi Dei et sacramentorum [...], Lausanne 1554.

361 Vgl. JOHANN HEINRICH ALSTED, Rhetorica, quator libris proponens universum ornate dicendi modum [...], Herborn 1616; DERS., Encyclopaedia philosophiae septem tomis distincta, Herborn 1630; DERS., Rudimenta linguae Latinae [...], Weissenburg 1634; DERS., Grammatica Latina in usum scholae Albensis hoc modo elaborata [...], Weissenburg 1635; DERS., Prodromus religionis triumphantis [...], Weissenburg 1635; DERS., Catechismus religionis christianae. Compendiose propositus et sacrarum litterarum testimoniis confirmatus [...], Weissenburg 1636; JOHANN HEINRICH BISTERFELD, De uno Deo, Patre, Filio, ac spiritu sancto, Mysterium pietatis, contra Joannis Crellii [...], Leiden 1639.

362 Es ist an Bisterfelds *De uno Deo Patre, Filio, ac Spiritu sancto, Mysterium pietatis* (Leiden 1639) oder an Alsteds *Prodromus religionis triumphantis* (Weissenburg 1641) zu denken.

363 Drucke von Vertretern der Zürcher Reformation sind in deutlich geringerer Anzahl vorhanden: Im Verzeichnis werden Biblianders *Machumetis [...] Alcoran* (Basel 1543), Bullingers *De origine erroris libri duo* (Zürich 1568), Gwalthers *In Evangelium Jesu Christi secundum Lucam Homiliae CCXV* (Zürich 1570), Pellikans *Commentaria Bibliorum in Iesaiam, Ieremiam [...]* (Zürich 1533), Zwinglis *Opera* (Zürich 1544 – 45), seine *Complanationis Jeremiae prophetae foetura prima* (Zürich 1531) sowie seine *Farrago annotationum in Genesin* (Zürich 1527) aufgeführt.

sind „orthodoxe" reformierte Theologen des späten 16. sowie des 17. Jahrhunderts besonders stark vertreten. Es ist an Bartholomaeus Keckermann, Pál Keresztúri, Gaspard Laurent, David Pareus, Albert Szenci Molnár oder Theodor Zwinger zu denken.[364]

Wenn auch Rákóczi ein eifriger Leser theologischer Bücher war,[365] so hat er doch viele Bücher nicht nur zum eigenen Gebrauch angeschafft, sondern immer auch im Hinblick auf einen Gebrauch durch die Studenten des Kollegiums von Sárospatak. Dies war mit ein Grund, warum er bestrebt war, Bibliotheken und Verlassenschaften von Wissenschaftlern, Pfarrern oder Studenten – wir haben bereits auf die Bibliothek Csanaki verwiesen – anzukaufen. Besonders aufschlussreich ist ein Eintrag, der sich in mehreren Büchern der Rákóczi-Bibliothek befindet und belegt, dass Rákóczi 1629 in Lednitz von einem gewissen mährischen Prediger Samuel Rochotius Bücher erworben hat.[366] Rochotius war Pfarrer im mährischen Prusinowitz (Prusinovice, CZ) und musste wegen der gegenreformatorischen Massnahmen Friedrichs II. Böhmen verlassen. Einer der Zufluchtsorte der böhmischen Brüder war, wie bereits erwähnt, auch das der böhmischen Grenze nahegelegene Lednitz, welches seit der Heirat von György Rákóczi mit Zsuzsanna Lorántffy zu seinem Besitze gehörte.[367] Unter den von Rákóczi in Lednitz erworbenen Büchern von Rochotius befanden sich mehrheitlich Werke von Vertretern des reformierten Protestantismus wie z. B. von Johannes Oekolampad, Pierre Viret, Simon Schard, Christoph Hardesheim oder auch Philipp

---

364 Vgl. BARTHOLOMAEUS KECKERMANN, Rhetoricae Ecclesiasticae, sive artis formandi et habitandi conciones sacras […], Hanau 1606; DERS., Systema S. Sanctae theologiae tribus libris adornatum […], Hanau 1615; PÁL KERESZTÚRI, Fel-sördült keresztyen, ki tsetsemö korátul fogván az Isten beszédénec ama tiszta tején […], Grosswardein 1641; DERS., Lelki legelltetes, az az a David kiraly XXIII. soltaranak rövid magyarázattya […], Grosswardein 1645; GASPARD LAURENT, Corpus et syntagma confessionum fidei quae in diversis regnis et nationibus, […], Genf 1612; DAVID PAREUS, In Genesin Mosis commentarius […], Frankfurt a.M. 1609; DERS., In divinam ad Galatos S. Pauli Apostoli epistolam commentarius […], Genf 1614; DERS., Irenicum, sive de unione et synodo evangelicorum concilianda liber votivus […], Heidelberg 1615; ALBERT SZENCI MOLNÁR, Psalterium Ungaricum, Szent David Kiralynak es Prophetanac Szaz ötven Soltari […], Herborn 1607; DERS., Imadsagos Könyvecske […], Heidelberg 1621; THEODOR ZWINGER, Theatrum humanae vitae, novem voluminibus locupletatum […], Basel 1604; u.s.w.

365 Vgl. oben S. 525 ff.

366 Handschriftlicher Eintrag Rákóczis in mehreren erworbenen Büchern, die einem „Samuelj Rochocio de Rochorenberg Pastori Ecclesiae Prusenowico" gehörten: „Anno 1629 vetettem Lednicen egi segem segen morvabol ki usettetet predikatortol R. G." (gedruckt in: KKK I, Nr. 306. 426. 665. 670. 671. 674. 676. 677); vgl. MONOK, Könyvtárai, XVIf. XXXIV.

367 Auch Jan Amos Comenius (1592–1670) musste nach 1628 Mähren verlassen und zog nach Lednitz, wo seit einigen Jahren sein Freund Mikuláš Drabík wirkte; seine weiteren Exilsjahre führten ihn nach Polen, England, Schweden, Ungarn und in die Niederlande, bis er 1650 von György II. Rákóczi nach Sárospatak berufen wurde, um das Schulwesen zu reformieren (vgl. KNOZ, Emigration, 252 ff; MURDOCK, Calvinism, 99 ff; FATA, Ungarn, 240 ff); vgl. unten S. 570 f.

Melanchthon.[368] Bemerkenswert ist insbesondere Hardesheims abendmahls-theologische Schrift *Consensus orthodoxus sacrae scripturae et veteris eccle-siae, de sententia verborum coena Domini [...]* (Zürich 1578), in der die lutherische Abendmahlslehre entschieden abgelehnt wird.[369] Die Schrift er-innert nicht nur an den *Consensus Tigurinus* (1549), sondern übernimmt streckenweise dessen Text fast wörtlich; so erstaunt es nicht, dass sie, nach der ersten Auflage in Heidelberg (1574), gleich zweimal in Zürich bei Froschauer nachgedruckt wurde.

Abschliessend soll auch noch ein Blick auf die *Catalogi Librorum in bibliotheca Scholae Saaros Patachiensis existentium* aus den Jahren 1623 und 1635 geworfen werden. Der *Catalogus* von 1623 ist aufgebaut in *Theologici Libri, Patres, Historici in Folio, Historici in 8. majori, Grammatici, Interpraetes theologici, Auctores Locorum Communium, Philosophici Libri* und *Medici*.[370] Besonders bemerkenswert ist die Abteilung der *Interpraetes theologici*, in der sich vor allem Werke von de Bèze, Bucer, Bullinger, Calvin, Daneau, Gwalther, Lavater, Musculus, Oekolampad, Vermigli sowie Wolf finden.[371] Natürlich fehlen in der Bibliothek bekannte dogmatisch-systematische Werke von de Bèze, Calvin, Grynaeus, Keckermann, Melanchthon, Musculus, Szegedi Kis oder Zanchi nicht. Weiter sind mehrere Werke von Buxtorf, Calepino, Eras-mus, Gessner sowie Münster zu erwähnen, ergänzt durch zahlreiche Ausgaben der klassischen Antike und der Kirchenväter, deren Druckorte im *Catalogus* allerdings nicht angegeben sind. Der Blick auf die ganze Bibliothek belegt, dass bereits im Jahre 1623 sowohl humanistische und reformatorische *Hel-vetica* als auch Werke der reformierten Orthodoxie in sehr grosser Anzahl vorhanden waren. Im *Catalogus* von 1635 wird diese Ausrichtung der „re-formierten Orthodoxie" noch verstärkt, indem sich weitere Werke von Pareus, Keckermann, Polanus, Alsted u.s.w. dazugesellen; bemerkenswerterweise findet sich hingegen kein einziges Werk von Bisterfeld.[372] Ein Vergleich der Bibliothek des Kollegiums mit derjenigen der Familie Rákóczi offenbart, dass viele Titel identisch sind. Dies besagt freilich nicht, dass die beiden Biblio-theken identisch waren, sondern belegt vielmehr, dass die Familie Rákóczi im Rahmen ihres Einsatzes für das reformierte Kollegium in Sárospatak auch auf die Anschaffungspolitik der Bibliothek, wo immer es möglich war, Einfluss zu nehmen versuchte.

---

368 Natürlich ist Melanchthon – hier handelt es sich um Melanchthons *Omnium operum [...]* (Wittenberg 1562–64) – nicht als Vertreter des reformierten Protestantismus zu betrachten; aber die reformierten Ungarn nahmen, wie wir dargestellt haben, seit Mitte des 16. Jahrhun-derts Melanchthon für sich in Anspruch.

369 Standortsignatur des Werkes in der Grossbibliothek in Sárospatak: C 552.

370 Vgl. Catalogum Librorum in bibliotheca Scholae Saaros Patachiensis existentium, 1. August 1623, in: Adattár 14, 13–54 (= TiREK: Kt. 27, 491–559).

371 Vgl. Adattár 14, 17 f et passim.

372 Vgl. Catalogus librorum in bibliotheca scholae illustris Saarospatachiensis existentium, 1635, in: Adattár 14, 56–75 (=TiREK: Kt. 27, 561–573).

Kaum Kenntnis haben wir von Kontakten bzw. einem Wissensaustausch des Kollegiums von Debrecen mit der Schweiz. Obwohl die Fürsten – Gábor Bethlen hat das Kollegium durch reiche Spenden auf einen höheren Stand gebracht und György I. Rákóczi 1636 den zweiten Lehrstuhl gegründet[373] – das Kollegium unterstützt hatten, war der Einsatz aber nicht demjenigen vergleichbar, den Fürst Bethlen in Weissenburg und Fürst Rákóczi in Sárospatak innehatten. Direkte oder indirekte schweizerische Kontakte liessen sich bislang keine erkennen: Weder ist es bekannt, dass im 17. Jahrhundert ehemalige Debreciner Schüler in der Schweiz studierten,[374] noch standen die Professoren bis Mitte des Jahrhunderts in irgendeiner uns bekannten direkten Verbindung zur Schweiz.[375] Es ist allerdings bekannt, dass gerade in Debrecen der Puritanismus, eingeleitet durch Imre Szilvásújfalvi Anderkó, der nach seinen Studien in Deutschland, Holland und England 1596–99 Rektor des Kollegiums war, relativ früh Fuss fassen konnte. Er kritisierte in Debrecen das autokratische Régime von Bischof Lukács Hodászi und forderte die Abschaffung des Bischofsamtes, was ihm und seinen Mitsteitern auf der am 7. November 1611 in Grosswardein abgehaltenen Synode zum Verhängnis wurde: Er wurde seiner Ämter enthoben, später eingekerkert und schliesslich ins Exil geschickt.[376] Dennoch hat sich das Kollegium, weil es insbesondere seit den 1620er Jahren nicht mehr unter direktem Einfluss der Fürsten stand, freier entwickelt als diejenigen in Weissenburg und Sárospatak. Die Kollegiumsgeschichte Debrecens belegt damit indirekt, welche Tragweite die „fürstliche" Unterstützung der Kollegien in Weissenburg und Sárospatak für deren Entwicklung tatsächlich hatte und welche Bedeutung die schweizerischen Kontakte in Bezug auf diese Entwicklung einnahmen.

Keineswegs eine vergleichbare Bedeutung für das Bildungswesen Siebenbürgens und des Partium nahmen die reformierten Schulen in Klausenburg, Sathmar oder Neumarkt a.M. ein, die teilweise auch durch die Fürsten unterstützt wurden.[377] Ihre Bibliotheken wurden vor allem durch Schenkungen ehemaliger Studenten geäuffnet. Auch darin finden sich, soweit wir Kenntnis des Bibliotheksbestandes vor der Mitte des 17. Jahrhunderts haben, Werke von de Bèze, Calvin, Gwalther, Keckermann, Melanchthon, Musculus, Pellikan, Polanus oder Vermigli.[378] Die Werke des Exegeten Rudolf Gwalther – na-

---

373 Vgl. GYŐRI, Bedeutung, 243; RÁCZ, Deákok, 70; BARCZA, Története, 20 f. 32; BUCSAY, Protestantismus I, 172.
374 Vgl. BARCZA, Története, 34 f.
375 Vgl. RÁCZ, Deákok, 54 f.
376 Vgl. LUKÁCS HODÁSZI, Assertiones orthodoxae e potestate ecclesiastica, de quibus responsuri sunt ordinandi Varadini in synodo generali anno 1610. die septimo Novembris [...], Debrecen 1611 (vgl. FERENCZ, Einfluss, 49; MURDOCK, Calvinism, 84; FATA, Ungarn, 236 f; BUCSAY, Protestantismus I, 203 f).
377 Vgl. BUCSAY, Protestantismus I, 172; Adattár 14, 327 f.
378 Vgl. Adattár 14, 328 ff (Sathmar); SIPOS, Könyvtára, 16–28 (Klausenburg); SPIELMANN, Catalogus, passim (Neumarkt a.M.).

mentlich seine *Homiliae* – und des Systematikers Bartholomaeus Keckermann – namentlich seine *Systemae* – scheinen dabei besonders beliebt gewesen zu sein. Diese Schulen sollten also die Jünglinge bereits auf die späteren Studien an den reformierten Kollegien sowie ausländischen Universitäten vorbereiten.

Abschliessend kann die Frage nach der fürstlichen Unterstützung der reformierten Kollegien, mit besonderem Blick auf die Bedeutung schweizerisch-siebenbürgischer Kontakte, dahingehend beantwortet werden, dass die beiden Fürsten Gábor Bethlen und György I. Rákóczi das ganze Schulwesen in Siebenbürgen und im Partium unterstützten, vor allem aber auf die Akademie in Weissenburg und das Kollegium in Sárospatak dezidiert und nachhaltig Einfluss zu nehmen versuchten. Geleitet waren dabei die Fürsten von einer tiefen persönlichen Frömmigkeit, die sich insbesondere im Bestreben manifestierte, das reformierte Bekenntnis im Sinne einer „calvinistischen" Orthodoxie in Siebenbürgen und im Partium zu stärken. Dabei konzentrierten sich die geistigen Kontakte mitnichten allein auf die Schweiz, sondern auf verschiedene reformierte Regionen Europas wie die Pfalz, Schlesien, die Niederlande oder die Schweiz. Die Bedeutung Genfs insbesondere für die Pfalz und die Niederlande führten aber dazu, dass Genf und die „calvinistische" Orthodoxie für die siebenbügischen Fürsten eine gesonderte Stellung einnahm. Darum haben sie sich auch als „calvinistische" Fürsten verstanden.

c. Druck und Verbreitung reformierter Literatur in Siebenbürgen und im Partium

Nach über 30 Jahren im Ausland, besonders in Deutschland, beendete Albert Szenci Molnár seine „Peregrination", verliess Hanau und kehrte 1624 – in dem Jahr, als in Hanau seine ungarische Übersetzung von Calvins *Institutio christinae religionis* erschien – in seine ungarische Heimat zurück. Da die politischen und kirchlichen Verhältnisse im königlichen Ungarn nach der Schlacht am Weissen Berg aus seiner Sicht für wissenschaftliche Arbeit nicht förderlich waren, nahm er die Einladung von Fürst Gábor Bethlen, nach Siebenbürgen zu kommen, gerne an. Vorerst liess sich Szenci Molnár allerdings in Kaschau – die königliche Freistadt Kaschau gehörte seit 1621 dem Fürsten von Siebenbürgen – nieder,[379] bevor er 1629 nach Klausenburg übersiedelte. Natürlich war auch Szenci Molnár eine derjenigen Persönlichkeiten, die den Fürsten bei der Berufung von geeigneten Lehrern für die Akademie in Weis-

---

379 Vgl. Gábor Bethlen an die Bürger von Kaschau, 5. Juli 1626, in: SZENCI MOLNÁR, Irományai, 393 f. Es erschienen während dieser Zeit auch zwei weitere Übersetzungen Szenci Molnárs in Kaschau: Hivseges es idvösseges tanacz adás, Az olly Házasságról, melly két ellenkezö Religion való Személyek kôzôtt leszen [...], nemetböl magyarra forditott Molnar Albert, in: Consecratio Templi Novi, Az az, Az Uyonnan felepittetett Bekeczi Templumnac [...], Kaschau 1625; Catechismus Philips von Marnix nyomán, [...] magyarra forditott Molnar Albert, Kaschau s.d. [1625].

senburg beriet, war er doch mit den Hanauer und Herborner Lehrern bestens bekannt. Zudem wirkte er, unter dem Rektorat von Máté Csanaki, bis zu seinem Ableben am 17. Januar 1634 als Lehrer am reformierten Kollegium in Klausenburg.[380] Heimat wurde ihm allerdings auch Klausenburg nicht, und Johann Heinrich Bisterfeld hielt in den auf Szenci Molnárs Tod verfassten Trauerversen mit Recht fest: „Teutonia auxilium, sed patria exilium."[381]

Dieser kurze Blick auf den letzten Lebensabschnitt von Szenci Molnár soll illustrieren, inwiefern die Fürsten durch die Unterstützung von reformierten Gelehrten indirekt auch Druck und Verbreitung reformierter Literatur gefördert haben. Szenci Molnár als weitherum anerkannte reformierte Autorität nahm nämlich nach seiner Übersiedlung nach Siebenbürgen eine wichtige moralische Funktion für den Druck reformierter Schriften ein. Und seine Förderung durch die Fürsten stärkte schliesslich auch das Bewusstsein der reformierten Identität in Siebenbürgen und im Partium.

Seit dem Wiener Frieden (1606) bis 1650 sind im Gebiet Siebenbürgens und des Partium – ohne Gebetsbücher, Gesangbücher, Liturgien, Kirchenordnungen u.s.w. mitzurechnen – rund 130 Drucke, die der reformierten Theologie zugeordnet werden können, erschienen.[382] Die von den Reformierten bevorzugten Druckereien standen in Debrecen, Weissenburg (seit 1623), Grosswardein (seit 1640), teilweise auch in Kaschau und Klausenburg. Sehr viele dieser Drucke waren den Fürsten Gábor Bethlen oder György I. Rákóczi, teilweise auch Rákóczis Frau, Zsuzsanna Lorántffy, gewidmet. Dabei ist es interessant festzustellen, dass nach dem Frieden von Nikolsburg (1621) in Debrecen immer mehr Schriften mit puritanischen Einflüssen, in Weissenburg hingegen Schriften im „fürstlichen" Sinne einer „calvinistischen" Orthodoxie gedruckt wurden. Besonders auffällig ist dies unter Fürst György I. Rákóczi: Die von Rákóczi besonders geförderten Theologen wie Alsted, Bisterfeld,[383] Keresztúri oder Geleji Katona publizierten fast ausnahmslos auf der

380 Vgl. Monoe, Csanaki, 257.
381 Das ganze Trauergedicht lautet: „Szentz me progenuit; Musarum semina prima / Cassovia insevit, tum Debrecina Schola. / Nutrix prima fuit sed Vittemberga; Secunda / Argentina, a qua laurea nexa mihi est. / Gallia, quam colui, fida ac Helvetia: tandem / Roma meis studiis praebuit hospitium. / Hinc reducem blande me Norica terra recepit, / Hejdelberga diu mater et alma fuit. / Juvit et Herbornae pia Musa, sed inclyta prorsus / Mauritii Herois cura favorque cluit. / Istis subsidiis Patriae servire paratus, / Lexicon instructum, Grammaticamque dedi. / Hungarice per me loqueris Calvine: secundo / Sancta labore meo Biblia tersa nitent. / Pignora certa dedi, poterit queis addere prelum / Ingenui studii posthuma plura mei. / Musa mihi favit, sed non Fortuna; fuitque / Teutonia auxilium; sed Patria exilium. / Quam precor, ut nostrae soboli det tanta laborum / Praemia, certo ex his commoda quanta capit." (Johann Heinrich Bisterfeld: Trauergedicht auf den Tod von Albert Szenci Molnár, in: Ferenc Pápai Páriz, Dictionarium latino-hungaricum et hungarico-latino-germanicum [...], hg. von Péter Bod, Hermannstadt 1767, (*) 7r–v).
382 Vgl. RMNy II (1601–1635); RMNy III (1636–1655).
383 Alsted und Bisterfeld haben den Fürsten dazu bewegt, dass er 1636 hebräische, griechische und lateinische Schrifttypen besorgen liess, um damit die fürstliche Druckerei zur Herstellung wissenschaftlicher Arbeiten zu befähigen (vgl. V. Ecsedy, Könyvnyomtatás, 125 f); ihre in

fürstlichen Druckerei in Weissenburg,[384] demgegenüber erschien die grosse Anzahl der Schriften von „Puritanern" wie János Tolnai Dali, Miklós Szoboszlai oder Pál Medgyesi auf der städtischen Druckerei in Debrecen. Medgyesi, der dank der Unterstützung von Baron Zsigmond Lónyai in Rotterdam, Leiden, Franeker und Cambridge studieren konnte, übersetzte das Grundlagenwerk des englischen Puritanismus, die *Practice of piety* (London 1611) von Lewis Bayly ins Ungarische. Ein erster Teil erschien als Anhang zu *Szent Agoston vallasa [...]* (Debrecen 1632),[385] das ganze Werk schliesslich vier Jahre später unter dem Titel *Praxis pietatis, az az: kegyesseg-gyakorlas [...]* (Debrecen 1636; weitere Aufl.). Trotz mangelnder fürstlicher Unterstützung konnte sich das Werk in Siebenbürgen und im Partium sehr stark verbreiten, wohl auch darum, weil Medgyesi auf die Unterstützung der Fürstengattin Zsuzsanna Lorántffy zählen durfte.[386] Zsuzsanna Lorántffy war es nämlich auch, die dem aus Weissenburg vom Fürstenhof vertriebenen Pál Medgyesi in Sárospatak Asyl anerbot, und sie unterstützte den Druck des *Lelki A-Be-Ce* (Weissenburg 1645; weitere Aufl.), den Druck von Medgyesis ungarischer Übersetzung eines englischen Katechismus sowie den Druck der Propagandaschrift *Dialogus politico-ecclesiasticus. Az az két keresztyén embereknek eggymással-való beszélgetések [...]* (Bartfeld 1650), in der Medgyesi, sich auf Schriften der Reformation stützend, die Notwendigkeit einer demokratischen Kirchenverfassung ausführte.[387]

Uns interessiert aber in diesem Rahmen vor allem die fürstliche Unterstützung des Druckes von reformierten Schriften. Dabei fällt nämlich auf, dass insbesondere Schriften der schweizerischen Reformation bzw. solcher Autoren, die in einer Beziehung zur schweizerischen Reformation gestanden sind, die fürstliche Unterstützung genossen haben. Natürlich ist es im Rahmen dieses Unterkapitels nicht möglich, alle diese Schriften darzustellen und auszuwerten. Doch sollen einige wesentliche Aspekte aufgezeigt werden, um die Bedeutung der ungarisch-schweizerischen Kontakte zu illustrieren.

Albert Szenci Molnár liess die Mehrheit seiner bekannten Werke in Deutschland drucken, doch die in Ungarn bzw. in Siebenbürgen erschienen Schriften sind von nicht geringerer Bedeutung. Nachdem Albert Szenci Molnár 1607 in Herborn sein *Psalterium Ungaricum* drucken liess, erschienen in Debrecen[388] auf der Druckerei von Pál Lipsiai Rheda seine *Paraphrasis psalmorum Davidis selectiorum metro-rhytmica* (Debrecen 1608) für den

---

diesen Jahren sich verstärkende puritanische Haltung haben sie allerdings am Fürstenhof nur mit grosser Zurückhaltung kundgetan (vgl. Fata, Ungarn, 237 f).

384 Demgegenüber hat Péter Alvinczi, der Hofprediger István Bocskays und Gábor Bethlens, bis an sein Lebensende († 1634) vor allem in Kaschau seine Schriften publiziert.

385 Vgl. RMNy 1525.

386 Vgl. Pesti, Erbauungsliteratur, 8 f; Petrőczi, Lorántffy, 115–129.

387 Vgl. Fata, Ungarn, 240; RMNy 2104. 2309.

388 In den ersten beiden Jahrzehnten des 17. Jahrhunderts sind in Debrecen kaum schon Einflüsse des Puritanismus feststellbar (vgl. oben S. 547, sowie unten S. 553).

Gebrauch in der Schule. Besorgt worden ist dieser ergänzende, für den schulischen Gebrauch bestimmte Druck vor allem von Imre Újfalvi, dem damaligen Rektor des Kollegiums in Debrecen, der bereits 1602 in Debrecen ein Gesangbuch herausgegeben hatte.[389] Szenci Molnárs *Paraphrasis* erschien noch einmal im Jahre 1632, gleichfalls in Debrecen.[390] Während der Druck der *Paraphrasis* die Absicht einer praktischen Aneignung der reformierten Lehre hatte, sollten die nach der Synode von Grosswardein (1610) vom Debreciner Bischof Lukács Hodászi herausgegebenen *Assertiones orthodoxae e potestate ecclesiastica [...]* (Debrecen 1611) – enthaltend sechzehn Lehrsätze, die sich auf die Bibel, die Kirche und auf Johannes Calvin berufen – vor allem die „orthodoxe" Lehre der Pfarramtskandidaten prüfen.[391]

Besonders bemerkenswert sind die Debreciner Drucke aus dem Jahre 1616: Sie führen erneut vor Augen, inwiefern Späthumanismus und reformierte Lehrinhalte in Ungarn und Siebenbürgen zum Beginn des 17. Jahrhunderts eng verknüpft waren, ja in die reformierte Orthodoxie mündeten. Pál Rheda druckte unter anderem die reformierte Streitschrift *Itinerarium catholicum* von Péter Alvinczi, des Hofpredigers von Gábor Bethlen, die sich der Frage stellte, ob die römische, „calvinistische" oder die lutherische Kirche die wahre Kirche sei, das reformierte Perikopenbuch *Evangelia et epistolae, quae annuatim in ecclesia leguntur. Omnia ex translatione Erasmi Rotherodami* sowie Péter Szenci Csenes erste ungarische Übersetzung der *Confessio Helvetica posterior*.[392] Der Druck eines reformierten Perikopenbuches aufgrund des lateinischen Textes von Erasmus' Ausgabe des Neuen Testamentes belegt, welche Bedeutung Erasmus, und damit die humanistische Geisteshaltung, noch im 17. Jahrhundert in Ungarn bzw. im Partium eingenommen hat. Die reformierte Ordnung („Perikopenordnung")[393] war also sowohl dem Humanismus als auch der reformatorischen Lehre, wie sie von Heinrich Bullinger abschliessend formuliert worden war, verpflichtet. Rheda druckte ja die Oppenheimer Ausgabe darum – allerdings zweisprachig – nach, weil der Druck in einem fernen Lande für die hiesigen Gläubigen geringen Nutzen habe.[394]

Nicht nur die *Confessio Helvetica posterior* wurde in Debrecen gedruckt, sondern auch der Heidelberger Katechismus. Bereits 1604 gab Pál Rheda die vom Debreciner Pfarrer Ferenc Szárászi verfasste Übersetzung *Catechesis, azaz kerdesök es feleletök az keresztyeni tudomannak agairol [...]* heraus, die

389 Vgl. RMNy 386. 970. Zu Újfalvis Aufenthalt in der Schweiz vgl. oben S. 403 f.
390 Vgl. RMNy 1527.
391 Vgl. RMNy 1009.
392 Vgl. RMNy 1104–1109.
393 Grundsätzlich lehnten Zwingli wie Calvin die Perikopenordnung ab, weil es eine Verkürzung der Schrift sei. Dennoch ist z.B. in Zürich, entgegen der gängigen Meinung, die Perikopenordnung nicht völlig aufgegeben worden; so hat sich Bullinger in seiner Sammlung von 24 Festtagspredigten an die traditionelle Perikopenordnung der Feiertage gehalten (vgl. BÜSSER, Festtagspredigten, 175 ff).
394 Vgl. oben S. 505 f.

zum grösseren Teil auf dem Text der Pápaer Ausgabe von 1577 basierte, aber doch mancherorts eine bessere Übersetzung lieferte. Bemerkenswert ist, dass Szárászi in der „Haustafel" die auf die Pflichten der Fürsten und Richter hinweisenden Bibelstellen (Ps 2, 10 f; Jes 1, 16 f; Exod 18, 21 f; 2. Chron 19, 6 f) fortliess und nur die Pflichten der Untertanen den Fürsten wie auch den kirchlichen Amtsträgern gegenüber unterstrich.[395]

Das grösste Verdienst für die Konsolidierung des Heidelberger Katechismus kam aber doch Albert Szenci Molnár zu. Auf seine Zusammenfassung des Heidelberger Katechismus in 66 Fragen, die dem *Psalterium Ungaricum* beigeheftet war, sowie auf seine Oppenheimer Ausgabe von 1612 haben wir bereist verwiesen. Als Szenci Molnár endgültig nach Hause kehrte, entschloss er sich, die Oppenheimer Ausgabe erneut drucken zu lassen. Sie erschien als Anhang zum *Psalterium Ungaricum* (Leutschau 1627) und existiert heute nur noch in einem Exemplar.[396] Da Szenci Molnár dank seiner „fautores" – es ist neben Landgraf Moritz von Hessen vor allem an Fürst Gábor Bethlen sowie die Magnaten István Báthori von Ecséd, Zsigmond Rákóczi, Stanislav Thurzó oder Sebestyén Thököly zu denken – grosse Auflagen drucken lassen konnte, verdrängte der Heidelberger Katechismus nicht nur immer mehr des Johannes Siderius' *Catechismus* (Debrecen 1597; weitere Aufl.), der sowohl von Lutheranern als auch von Reformierten benutzt worden ist,[397] sondern trug auch wesentlich zur weiteren Konsolidierung der reformierten Orthodoxie bei. Unterstützt wurde diese Entwicklung durch die von Johann Heinrich Alsted für die Kollegien besorgte lateinische gekürzte Ausgabe des Heidelberger Katechismus, den *Catechismus religionis Christianae compendiose propositus, [...]* (Weissenburg 1634; weitere Aufl.).[398]

Obwohl die *Confessio Helvetica posterior* und der Heidelberger Katechismus den wohl bedeutendsten Einfluss auf die siebenbürgische Theologiegeschichte, d.h. auf die Konsolidierung der reformierten Orthodoxie hatten, wäre es verfehlt, den Blick nur auf Druck und Verbreitung dieser Bekenntnisschriften zu richten. Einige andere Schriften, die Zeugnis der Rezeption reformierter Theologie in Siebenbürgen und dem Partium sind, sollen hier gleichfalls vorgestellt werden. So erschien von Peter Maksai Őse, der nach seiner ersten Peregrination in Weissenburg die Theologie gelehrt hatte, eine *Disputatio de iustificatione hominis peccatoris coram Deo* (Weissenburg 1628),[399] bevor er erneut ins Ausland zog und weitere Studien in Basel bei den Vertretern der *ecclesia dodracena* betrieb. Wie sehr die reformierte Ortho-

---

395 Vgl. NAGY, Geschichte Heidelberger, 45; RMNy 909.

396 Vgl. ALBERT SZENCI MOLNÁR, Catechismus, Azaz: Az kedesztyeni hitre valo rövid tanitás, in: ders., Psalterium Ungaricum, Leutschau 1627, 500–583 (vgl. NAGY, Geschichte Heidelberger, 47. 339; RMNy App. 130).

397 Vgl. MURDOCK, Catechizing, 87 ff; BUCSAY, Protestantismus I, 160.

398 Vgl. NAGY, Geschichte Heidelberger, 71 f; DERS., Quellenforschungen, 196; RMNy 1578. 1640. 1764, u.s.w.

399 Vgl. RMNy 1408.

doxie bis Anfang der 1630er Jahre aber auch die theologische Ausrichtung in Debrecen bestimmte, wird dadurch belegt, dass das *Az my kereztieni hitönknek es vallasonknak harom fü articvlvssarol [...] könueczke* (Debrecen 1574) von Bálint Szikszai Hellopaeus, der in Genf studiert und dessen *De Sacramentis in genere [...] tractatio* (Genf 1585) de Bèze posthum herausgegeben hatte, in Weissenburg auf der fürstlichen Druckerei erneut nachgedruckt wurde. Die drei darin abgehandelten Artikel handeln, wie bereits ausgeführt, „I. Vom wahren Gott. II. Von der Erwählung. III. Und vom Herrenmahl"[400] – es werden also *Loci* behandelt, die für die Unterscheidung der reformierten von der lutherischen Lehre im 16. Jahrhundert signifikativ waren. Natürlich hatte der Druck der Schrift im 17. Jahrhundert eine andere Absicht, nämlich die weitere Konsolidierung der wahren reformierten Lehre. Gleichfalls in Debrecen erschien das in ganz Europa bekannte, aber noch der scholastischen Tradition verpflichtete *Christianae theologiae compendium* (Debrecen 1634) von Johannes Wolleb († 1629) aus Basel.[401] Natürlich war Wollebs *Compendium* auch in Siebenbürgen und im Partium bekannt, einerseits durch ehemalige Basler Studenten, andererseits durch den Buchhandel.[402] Der Debreciner Druck – mehrere Debreciner Persönlichkeiten verfassten dazu Grussgedichte – ist insofern von besonderer Bedeutung, weil er belegt, dass die Stadt um 1634 offenbar noch nicht völlig unter dem Einfluss des Puritanismus gestanden hat. Es scheint aber, dass dieser Druck in Debrecen der letzte von einem Vertreter der *ecclesia dodracena* war – im folgenden Jahr erschien bereits die *Praxis pietatis* von Pál Medgyesi. Folgerichtig erschien die zweite siebenbürgische Ausgabe von Wollebs *Compendium* nicht mehr in Debrecen, sondern auf der fürstlichen Druckerei in Weissenburg.[403]

Der Rektor der Schule in Grosswardein, István Técsi Joó (1619–1654), gab eine *Clavis evangelica, sive disputatio Biblica [...]* (Grosswardein 1647) heraus, die die Konsolidierung der strengen „calvinistischen" Linie nach der Nationalsynode (1646) weiter unterstützte. Técsi Joó, in Sathmar geboren, besuchte 1638 das Kollegium in Sárospatak. Dank der Unterstützung des Fürsten[404] konnte er 1644 in Franeker und später Leiden studieren.[405] In Leiden besuchte er unter anderem Vorlesungen bei dem Genfer Friedrich Spanheim d.Ä., dem Verfechter der *ecclesia dordracena* und strengem Kontroversist

---

400 „I. Az igaz Istenröl. II. Az válaztásrol. III. Es az Vrvacsorájárol való könyvecske." (BÁLINT SZIKSZAI HELLOPAEUS, Az mi keresztyeni hitünknek harom fü articulussárol [...], Weissenburg 1632, Aʳ).

401 Vgl. RMNy 1577; vgl. FEKETE, Kálvin, 77 ff.

402 Das Werk erschien mehrfach in Basel, aber auch in Amsterdam, Cambridge und London.

403 Vgl. JOHANNES WOLLEB, Compendium Theologiae Christianae [...], Weissenburg 1656 (RMK II 852).

404 Técsi Joós Leidener Schrift *Virga Mosis qua θεοῦ διδόντος errores Paganorum [...]* (Leiden 1646) war dem Gesandten des Fürsten an der Hohen Pforte, Péter Kassai Váradi, gewidmet.

405 Vgl. BOZZAY, Diákok, 56. 235; SZABÓ, Edélyiek, 262.

gegen jede Art von Häresie.[406] Es erstaunt daher nicht, dass Técsi Joó in der in Leiden erschienenen Schrift *Virga Mosis* (Leiden 1646) die „errores Paganorum, Turcarum, Judaeorum, Socinianorum, Arminianorum, Pelagianorum, Anabaptistorum, Pontificiorum, Lutheranorum, & aliorum Sectariorum" aufzeigen wollte.[407] Seine in Grosswardein erschienene Schrift *Clavis evangelica, sive disputatio Biblica*, gewidmet György II. Rákóczi, sollte die „orthodoxe" Lehre der reformierten Kirche – Bischof Mihály Diószegi Vég spricht im Vorwort davon, dass „nihil contrarii Orthodoxae Religioni in hocce opusculo inveni"[408] – aufzeigen. Tatsächlich fügt Técsi Joó bereits vor den eigentlichen *Clavis Evangelicae Theses* eine *Ordo distinctionum* ein, in der er in 60 Artikeln „ad Respondentem facta" die Lehre der reformierten Orthodoxie zusammenfasste.[409]

Natürlich ist in Siebenbürgen auch die Frage nach Druck und Verbreitung reformierter Literatur in rumänischer Sprache zu stellen. Rumänische reformierte Literatur war vor allem in Gebieten wie z. B. im Komitat Hunyad, wo Rumänen und Ungarn zusammenlebten, gefragt. Die Synode der siebenbürgisch-reformierten Kirche ordnete beispielsweise 1639 die Gründung einer Schule in Hatzeg (Haṭeg, RO) an.[410] Weil die ungarische Bevölkerung in diesem Marktflecken nur einen geringen Anteil ausmachte, war die Schule wohl rumänischsprachig. Gerade in Hatzeg wurde von einem gewissen Gergely Agyagfalvi Sándor ein Gesangbuch ins Rumänische übersetzt und vervielfältigt. Ein solches Manuskript ist mit dem 1639 erschienen, zweisprachigen lateinisch-ungarischen *Catechismus religionis Christianae [...]* (Weissenburg 1639) von Johann Heinrich Alsted zusammengebunden erhalten geblieben und beinhaltet 66 rumänische Kirchenlieder, die mit zwei Ausnahmen alle aus dem Ungarischen übersetzt worden sind. Im Manuskript finden sich zudem auch das Apostolische Glaubensbekenntnis, die Zehn Gebote, das Vaterunser und drei Gebete.[411] Im Jahre 1642 soll in Preszáka (Prisaca, RO) ein reformierter Katechismus gedruckt worden sein, und es soll sich dabei um Alsteds gekürzte, mehrfach[412] gedruckte Form des Heidelberger Katechismus (*Catechismus*) gehandelt haben, der von Gheorghe din Sin ins Rumänische übersetzt worden war. Ein solcher wird nämlich um 1645 in der Schrift *Cartea carea sã cheamã rãspunsul împotriva catihismului Calvinesc* (Suceava 1645)

---

406 Vgl. oben S. 517 f.
407 Istуán Técsi Joó, Virga Mosis qua θεοῦ διδόντος errores Paganorum [...] , Leiden 1646, 1.
408 Mihály Diószegi Vég: Praefatio, in: Técsi Joó, Virga, 2.
409 Vgl. Técsi Joó, Virga, 6–9.
410 Vgl. Synodalprotokoll vom 5. Juli 1639, in: Bod, Zsinatok, 47.
411 Standortsignarur des Werkes in der Kollegiumsbibliothek in Debrecen: RMK 556 (vgl. Ősz, Auswirkungen, 124).
412 Bekannt sind sieben zweisprachige (lateinisch-ungarisch) und drei rumänische Ausgaben; damit hat Alsteds „Heidelberger" eine weit grössere Wirkungsgeschichte als gemeinhin angenommen wurde.

des Moldauer Metropoliten Varlaam vorausgesetzt.[413] Auf der fürstlichen Druckerei in Weissenburg erschien schliesslich im Jahre 1648 eine rumänische Übersetzung von Alsteds *Catechismus*, besorgt von István Fogarasi aus Lugosch (Lugoj, RO).[414] Im selben Jahr ist auch die vom Metropoliten Simion Ştefan angefertigte rumänische Übersetzung des Neuen Testamentes in kyrillischer Schrift, *Noul Testament sau împăcarea au leagea noao [...]* (Weissenburg 1648), erschienen, dessen Herausgabe insbesondere der reformierte Bischof István Geleji Katona „auf Befehl von György [I.] Rákóczi" initiiert hatte.[415] Neuere Untersuchungen zeigen, dass der rumänischen Übersetzung der Text der lateinischen Ausgabe des Neuen Testamentes von Théodore de Bèze, Emanuele Tremelli und Francesco Junius zugrundelag, wahrscheinlich in der Genfer Edition von 1590.[416] Diese befand sich ja auch in der Rákóczi-Bibliothek. Aber nicht nur die Genfer Bibel spielte eine Bedeutung für Druck und Verbreitung des rumänischen Neuen Testaments, sondern auch der Genfer Psalter, dessen rumänische Übersetzung im Jahre 1651 gleichfalls in Weissenburg erschien.[417] Im Hintergrund dieser rumänischen Übersetzungen stand, neben der fürstlichen Unterstützung, vor allem Bischof István Geleji Katona, der den Rumänen die zum Kennenlernen der „Wahrheit" wichtigsten Schriften in ihrer Muttersprache in die Hand geben wollte, nämlich den Heidelberger Katechismus, die Bibel und den Psalter. Der Einfluss der reformatorischen Theologie auf die rumänische Bevölkerung schien ihm damit sichergestellt zu sein.[418]

Tatsächlich ist es bemerkenswert, dass in der ersten Hälfte des 17. Jahrhunderts in Siebenbürgen und im Partium Werke der reformierten Orthodoxie, insbesondere auch *Helvetica*, verschiedenenorts verbreitet waren, und dies nicht nur bei reformierten oder unitarischen, sondern auch bei katholischen Geistlichen, ja in traditionel orthodoxen Gebieten. Ein genauerer Blick offenbart allerdings erneut, dass die *Helvetica* nicht nur Werke der Reformation sind, sondern oft auch des Späthumanismus, mehrfach von reformierten Gelehrten besorgt. Neben den „Klassikern" von Calvin, Gwalther, de Bèze, Bullinger, Musculus oder Melanchthon[419] ist insbesondere an Gessner,

---

413 Vgl. RMNy 1958. Eine rumänische Übersetzung von Calvins Katechismus ist nicht bekannt, so dass es sich um Alsteds bzw. um den Heidelberger Katechismus handeln muss.

414 Vgl. RMNy 2212; Ősz, Auswirkungen, 118. 134.

415 „[...] cu îndemnarea şi porunca [...] Georgie Racoţi, [...]" (Noul Testament sau împăcarea au leagea noao [...], Bălgrad [= Weissenburg] 1648); vgl. RMNy 2210.

416 Vgl. Gherman, Tiparul, 392–403.

417 Vgl. Biblia. Vechiul Testament. Psaltirae [...], Bălgrad [= Weissenburg] 1651 (vgl. RMNy 2365).

418 Vgl. Heltai, Peregrination (2006), 78 f; Pavel, Carte, 43–66; V. Ecsedy, Könyvnyomtatás, 140 ff; Fata, Ungarn, 252 f. Im Gebiet Hunyad hat das reformierte Bekenntnis bzw. der „Calvinismus" unter der rumänischen Bevölkerung bis ins 18. Jahrhundert Rückhalt gefunden (vgl. Ősz, Kálvinizmus, 265–290).

419 Zur theologischen „Inanspruchnahme" Melanchthons durch das ungarische Reformiertentum vgl. oben S. 405. 414 f. 422 et passim.

Grynaeus, Polanus, Zwinger, Buxtorf, Wolleb, Laurent oder Mornay zu denken.[420]

1.3 Ertrag

Ausgehend von der Erkenntnis von Grame MURDOCK, dass die geistigen Kontakte der reformierten Kirche Ungarns und Siebenbürgens in der ersten Hälfte des 17. Jahrhunderts sich vor allem auf Deutschland, die Niederlande und England konzentrierten,[421] haben wir die ungarisch-schweizerischen Kontakte genauer untersucht und vor allem nach der Bedeutung derselben für die Entwicklung der reformierten Kirche in Ungarn und Siebenbürgen gefragt.

MURDOCKS Darstellung ist insofern zu revidieren, dass die ungarisch-schweizerischen Kontakte und deren Bedeutung keineswegs vernachlässigbar sind. Dies trifft sowohl für das königliche Ungarn als auch für Siebenbürgen mit dem Partium zu. Obwohl die direkten Kontakte in dieser Periode, d. h. nach dem Tod des letzten grossen Reformators Théodore de Bèze, bescheiden und vordergründig nicht wegweisend waren, so sind die indirekten Kontakte – durch Druck von reformierten Schriften, durch Verbreitung von *Helvetica*, durch Studien in der „calvinistischen" Pfalz, u.s.w. – für die theologiegeschichtliche Entwicklung in Ungarn und Siebenbürgen sehr bedeutsam gewesen.

Die in Bezug auf die Religionsgesetzte („Gleichberechtigung der Religionen") fortdauernden Vertragsverletzungen im königlichen Ungarn riefen eine Konzentrierung auf massgebliche Schriften der Reformation hervor. Diese hatten allerdings nicht nur eine apologetische Funktion, sondern stärkten auch das reformierte Bewusstsein und führten in den Hafen der reformierten Orthodoxie. Während im königlichen Ungarn das reformierte Bekenntnis sich in Auseinandersetzung mit den gegenreformatorischen Bemühungen von Kaiser und Erzbischof konsolidiert hatte, betrieb der Fürst in Siebenbürgen und dem Partium diesbezüglich aktiv Kirchenpoltik. Bekanntlich waren die Kontakte der siebenbürgisch-reformierten Kirche – vor allem durch die Peregrination bedingt – mit den Niederlanden und auch England sehr dominant. Diese Kontakte provozierten einem Machtkampf innerhalb der reformierten Kirche über die Frage, ob der „Puritanismus" für die reformierte Kirche konstitutiv sei, oder ob sie sich „bischöflich-fürstlich" organisieren müsse. Die Fürsten und führenden Vertreter der Kirche beobachteten die

---

420 Vgl. Adattár 13/4, 46 ff; Adattár 15, 14 ff; Adattár 16/2, 17 ff. 91 ff; Adattár 16/3, 3 ff. 9 ff; KKrK II, 209. 249. 379 et passim; u.s.w. Besonders interessant ist eine Handschrift im Archiv des unitarischen Kollegiums in Klausenburg, welche Exzerpte aus Moses Maimonides' *Liber* נבוכים מורה *Doctor perplexorum: [...]* (Basel 1629), herausgegeben von Johannes Buxtorf d.J., enthält (vgl. Exzerpte aus Moses Maimonides, s.d., UKLvt: 141/B).

421 So auch in seinen *Conclusions* festgehalten (vgl. MURDOCK, Calvinism, 291 f).

„puritanischen" Bewegungen mit Argwohn und liessen darum die reformierten Bekenntnisschriften gesetzlich rezipieren, um der reformierten Orthodoxie zum Durchbruch zu verhelfen. In dieser Frage waren die direkten und indirekten schweizerischen Kontakte für die Fürsten von besonderer Bedeutung.

Bezeichnend ist es weiter, dass der Zusammenhang von Humanismus und reformiertem Bekenntnis auch im 17. Jahrhundert für die reformierten Gelehrten Ungarns und Siebenbürgens konstitutiv war. Alle grossen reformierten ungarischen Gelehrten, allen voran Albert Szenci Molnár, betrieben gleichzeitig zu ihrem Einsatz für die Konsolidierung des reformierten Bekenntnisses humanistische Studien. Daher erstaunt es nicht, dass Basel und seine Gelehrten, trotz einer faktischen Marginalisierung auf dem Parkett der europäischen Hochschulgeschichte, für Ungarn und Siebenbürgen eine grosse Bedeutung behielten, gleichzeitig aber auch die Bedeutung Genfs als „Ursprung des Calvinismus" zunahm. Indirekt haben nicht nur Calvins Vermächtnis, sondern auch andere in Genf gedruckte Schriften einen massgeblichen Einfluss auf die Entwicklung der reformierten Kirche Ungarns und Siebenbürgens, vor allem zur Festigung der reformierten Orthodoxie beigetragen; Zürich hatte zu dieser Zeit für Ungarn und Siebenbürgen eine nahezu vernachlässigbare Bedeutung. Zusammenfassend kann man sagen, dass die reformierte Orthodoxie im zweiten Drittel des 17. Jahrhundert sich in Ungarn und Siebenbürgen endgültig konsolidiert hatte.

Abschliessend muss festgehalten werden, dass die Kontakte und der geistige Wissensaustausch sich zu Beginn des 17. Jahrhunderts nicht mehr nur länderbezogen definiert werden kann. Albert Szenci Molnár ist dafür das beste Zeugnis: Hielt er sich doch während eines grossen Teiles seines Lebens in Deutschland auf, und doch gilt es sein Verdienst vor allem im Blick auf seinen Einsatz für Druck und Verbreitung reformierter Literatur, sprich: reformatorischer *Helvetica*, in Ungarn und Siebenbürgen zu würdigen. Wie auch die Epistolographie belegt, fand zwischen den einzelnen reformierten Gebieten Europas ein intensiver Wissenstransfer statt. In diesen Wissenstransfer war die Schweiz, die Stadt Genf auch mitbedacht, eingebunden und konnte dadurch massgeblich auf die theologiegeschichtliche Entwicklung in Ungarn und Siebenbürgen Einfluss nehmen. Dieser geistigen Verbundenheit sind sich die führenden Vertreter der reformierten Kirche Ungarns und Siebenbürgens stets bewusst gewesen. Und diese geistige Verbundenheit erlaubte es auch, die reformierten Kirchen der Schweiz im aufkommenden Absolutismus um diakonische Unterstützung zu bitten.

2. Die reformierte Orthodoxie zur Zeit des fürstlichen Absolutismus

2.1 Die politische und kirchliche Situation in Ungarn und Siebenbürgen

Mit Ausnahme Englands, Hollands, der Schweiz und Polens waren seit Ende des 30jährigen Krieges in ganz Europa Könige und Fürsten vom Bestreben geleitet, ihre Macht nach innen zu erweitern, die Mitwirkung der Landstände bei der Gesetzgebung auszuschalten und die gesamte Staatsgewalt in einer Hand zu vereinen. Der Monarch erliess die Gesetze, erhob Steuern, entschied über Krieg und Frieden, war oberster Richter und Feldherr. Es war der Beginn des Absolutismus. Im Gleichschritt damit begann in vielen von einem katholischen Monarch regierten Staaten erneut ein Feldzug gegen die Protestanten. Während Ferdinand III. († 1657) immer wieder versprochen hatte, die den Protestanten zugesprochenen Rechte, wenn sie gebrochen worden waren, wieder gutzumachen, galt Leopold I. (1640–1705), seit 1658 römisch-deutscher Kaiser, als energischer Vertreter des fürstlichen Absolutismus und der katholischen Kirche. Die Protestanten im königlichen Ungarn hatten bereits 1622 auf dem Landtag zu Pressburg Rechtsverletzungen zu beklagen. Verschiedene Magnaten – darunter Nádasdy, Erdődy oder Eszterházy – hatten protestantische Geistliche von ihren Gütern vertrieben.[1] Andere *Comites* und *Barones* unterstützen die Protestanten, darunter auch Imre Thököly (1657–1705).[2] Als Folge dieser Auseinandersetzungen löste Leopold I. 1673 die ungarische Verfassung auf, und die Verfolgung der Protestanten im königlichen Ungarn konnte fortan systematisch durchgeführt werden.

In Siebenbürgen hatte der junge Fürst György II. Rákóczi, seit 1648 auf dem Thron, weder die Vorsicht noch die Geschicklichkeit seines Vaters geerbt. Nach ersten diplomatischen Erfolgen hatte er im Bündnis mit Schweden einen Angriff auf Polen vorbereitet, um mit Schweden eine internationale Koalition gegen die Habsburger gründen zu können. Doch am 20. Juni 1657 wurde der Fürst durch die polnische Armee in der Schlacht bei Czarny Ostrów in Podolien geschlagen, und er musste einen demütigenden Frieden mit der polnischen Militärführung akzeptieren. Da dieser Feldzug ohne Zustimmung der Hohen Pforte stattgefunden hatte und Rákóczi uneinsichtig blieb, plün-

---

1 Vgl. Bucsay, Protestantismus I, 174 ff.
2 Vgl. Delineatio brevis comitum et Baronum Reformatae addictorum verorum Hungaria natorum, s.d. [Juli 1666], ZBZ: B 9, Nr. 36.

derten die Truppen des Grosswesirs in der Folge das Land („Tatarensturm"), und es kam zum Bürgerkrieg.[3] Nicht nur der königliche Hof in Weissenburg wurde vernichtet, sondern auch das Kollegium, die Bibliothek und die Druckerei fielen den Plünderern zum Opfer. Professoren und Studierende flohen nach Klausenburg, ein Teil der Bibliothek und Teile der Druckerei konnten später nach Hermannstadt gerettet werden. Schliesslich siedelte Fürst Mihály Apafi, der 1661 mit Beistand der Türken zum Nachfolger György II. Rákóczi – Rákóczi verstarb an Verletzungen, die er sich in der Schlacht von Gelau am 22. Mai 1660 zugezogen hatte[4] – bestimmt worden war, im Jahre 1662 das Kollegium nach Strassburg a.m. über. Strassburg und das reformierte Kollegium wurden fortan zum Wahrzeichen siebenbürgischer Bildung.[5]

Obwohl Fürst Apafi ein wichtiger Förderer der reformierten Gemeinden und Schulen war, reichte seine Macht nicht aus, den verfolgten Protestanten im königlichen Ungarn bewaffnete Hilfe zu leisten. Zu sehr war das Land geschwächt, und der Fürst musste bei der zunehmend erstarkenden Macht Habsburgs und den Ansprüchen der Hohen Pforte gar um die Unabhängigkeit Siebenbürgens fürchten.[6] Dessen war sich Leopold I. sehr wohl bewusst, so dass ihm „freie Hand" gegeben war. Nach kleineren Vorspielen in Pressburg,[7] Tyrnau, Kirchdrauf (Spišske Podhradie, SK) und Komorn[8] wurden schliesslich im Frühjahr 1674 über 700 Anzuklagende, also fast alle protestantischen Geistlichen und Schulmänner des Königreiches, einige sogar aus den von den Türken besetzten Gebieten Mittelungarns, nach Pressburg geladen, wo ein Sondergericht („Blutgericht") abgehalten wurde. Zwischen dem 5. März und 5. April 1674 wurden 336 protestantische Geistliche und Schulmänner Un-

3 Vgl. FERENCZ, Einfluss, 52 f; TÓTH, Geschichte, 271 ff; VERESS, Einfluss, 66 f.
4 Vgl. TÓTH, Geschichte, 273.
5 Vgl. SIPOS, Bedeutung, 263; FERENCZ, Einfluss, 54 f.
6 Fürst Apafi wurde in dieser schwierigen politischen Lage ganz besonders von Baron Dénes Bánffy (1630–1674), Gouverneur von Klausenburg und fürstliches Ratsmitglied, beraten; Bánffy unterstützte den Fürsten in seiner Politik des Ausgleichs zwischen der kaiserlichen und der türkischen Herrschaft (vgl. JUHÁSZ, Gegenreformation, 92).
7 Es sei z. B. darauf verwiesen, dass im Jahre 1672 der evangelischen (lutherischen) Gemeinde von Pressburg die Kirchen und das Gymnasium gewaltsam weggenommen worden sind, wie der damalige Subrektor des Gymnasiums in Pressburg, Daniel Wilhelm Moller, in seiner, pseudonym herausgegebenen *Preßburger Kirchen- und Schul-Verlust: Das ist, Wahrheits-Gegründete Anzeig, Wie, Und auf Was Weise, zu Preßburg, In der Neiderungrischen Haupt-Stadt, einer daselbst sich befindenden Unkatholischen Gemeinde, anfangs Kirchen- und Schul-posseß disputirlich gemacht, und endlich, nach mehr als halbjähriger Action, mit gewehrter Hand ab- und eingenommen worden* (s.l. 1673; s.l. ²1678) berichtete. Der Druck der zweiten Auflage ist auch in Zürich bei den Akten zur Verfolgung der Ungarn greifbar (vgl. Raimundus Raimandus: Preßburger Kirchen- und Schul-Verlust […] (1678), ZBZ: F 199, 382–395 [495]).
8 Auch die Reformierten („Eidgenössische Confession") in Komorn wurden verfolgt, weswegen sie in einem Schreiben vom 15. März 1672 Stadt und Rat von Zürich um Hilfe und Unterstützung baten. Zürich wandte sich dessentwegen bereits am 23. März an die Stadt Basel, beigelegt „Copijs" des Schreibens aus Komorn (vgl. Verfolgung der Reformierten zu Ungarn in specie zu Gomorrha, StABA: Kirchenakten A 10 (1646–1715), 42–48).

garns verurteilt und mussten ihre Gemeinden verlassen. Knapp 240 Verurteilte wanderten aus, 46 lutherische und 47 reformierte Geistliche blieben trotz
Folter standhaft und widerriefen ihren Glauben nicht und wurden „aus
Gnade" als Galeerensklaven verkauft. Auf dem Weg nach Neapel starben viele,
einigen gelang die Flucht. Zwanzig davon wurden in Triest und später in Port
Buccari (Bakar) bei Fiume gefangen gehalten, so dass schliesslich nur noch
dreissig für je 50 Dukaten auf die Galeere kamen.[9] Gleichzeitig mit der Verfolgung der Prediger und der Lehrer erfolgte ein Vernichtungsfeldzug gegen
die protestantischen Schulen und Gemeinden.[10] Mönche und Weltpriester des
In- und Auslandes sollten in den protestantischen Gemeinden ihre missionarische Tätigkeit aufnehmen. Dennoch waren die gegenreformatorischen
Massnahmen nicht in allen Gemeinden erfolgreich, so dass, wie aus amtlichen
Berichten hervorgeht, bereits 1676 einzelne vertriebene protestantische Prediger in die östlichen Komitate wieder zurückkehrten.[11] Zudem stellte sich an
die Spitze der Gegner Habsburgs der protestantische Graf Imre Thököly aus
Käsmark, der im Jahre 1678 einen Aufstand gegen Österreich initiierte.
Thököly war in der Führung des Krieges solcher Erfolg beschieden, dass er
binnen kurzer Zeit ganz Oberungarn einschliesslich der Bergbaustädte eingenommen hatte.[12]

Unter dem militärischen und politischen Druck war Leopold I. auf dem
Landtag zu Ödenburg vom 20. April 1681 zu Konzessionen gezwungen. Mit
der Absicht zur Entschärfung der konfessionellen Lage wurden neue Beschlüsse über die Gültigkeit nicht nur der hergebrachten konstitutionellen
Rechte Ungarns, sondern auch über die Religionsfreiheit der Protestanten
gefasst, allerdings mit der Klausel „salvo tamen jure dominorum terrestri-
um."[13] Doch die konfessionelle Vielfalt war, anders als in Siebenbürgen, im
königlichen Ungarn weiterhin nur in Gesetzen festgehalten und wurde in der
Praxis weder umgesetzt noch gewährt. Vielmehr war der Landtag zu Ödenburg lediglich die Wende zur „milden Welle der Rekatholisierung". Im Jahre

---

9 Vgl. MAKKAI, Gedenken, 17 ff; BARTON, Rebellion, passim.
10 Die Verfolgungen riefen Reaktionen im ganzen protestantischen Europa hervor, und führten
  wesentlich zur Ausbildung der protestantischen Märtyrertheologie (vgl. IMRE, Consolatio, 161 –
  188; TÓTH, Martyrology, 550 – 561).
11 Vgl. CSEPREGI, Ungarn, 299 ff (weitere Literatur); BUCSAY, Drama, 47 – 59; DERS., Protestantismus I, 178 – 189. Auch István Harsányi Móricz, der zusammen mit Bischof István Séllyei bis
  1677 in Zürich weilte, berichtete darüber an Heidegger (vgl. István Harsányi Móricz an Johann
  Heinrich Heidegger, 3. Mai 1678, ZBZ: B 9, 107).
12 Vgl. VERESS, Einfluss, 68 f. Zu Graf Imre Thökölys Bedeutung im Kampf gegen Leopold I., den
  Verfolger der Protestanten vgl. TÓTH, Martyrology, 547 ff.
13 Art. 25 des Landtages zu Ödenburg, 20. April 1681, in: ZSILINSZKY, Országgyűlések III, 442 f
  (vgl. FATA, Ungarn, 274 ff). In Zürich wurde man kurz darauf über die Entscheide des Landtages
  in Kenntnis gesetzt: In einer Handschrift, die De libero Religionis Exercitio in Ungarn seit dem
  Wiener Frieden von 1606 bis zum Tode von György I. Rákóczi (1648) darstellt, wird nach 1681
  von anderer Hand der Inhalt von Art. 25 und 26 des Ödenburger Landtages nachgetragen (vgl.
  De libero Religionis Exercitio, ZBZ: F 199, 538 – 541).

1691 erschien schliesslich die *Explanatio Leopoldina*, die endlich offen aussprach, inwiefern Wien gewillt war, die Existenz der ungarischen Protestanten noch zu dulden. In dieser kaiserlichen Gesetzeserläuterung wurde erstmals die bislang unbekannte Unterscheidung zwischen öffentlicher und privater Religionsausübung eingeführt, wobei die ersterwähnte nur in den sog. „artikularen Orten" (je zwei pro Komitat) erlaubt wurde. Für die Protestanten hiess dies faktisch ein Verbot der öffentlichen Religionsausübung.[14] Um so mehr erstaunt es, dass der Erzbischof von Gran, György VIII. Széchényi (1598–1695), bereits im folgenden Jahr dem König meldete, dass die „Sekte der Calvinisten" sich in Komorn immer mehr verbreite und man etwas dagegen tun müsse.[15]

Am 12. September 1683 erlitt das osmanische Heer bei Wien eine Niederlage, die das ganze Schicksal Mittel-Ost-Europas beeinflusste. Die osmanischen Truppen wurden aus weiten Teilen des Stephansreiches vertrieben, und somit war der Weg zur Entstehung der Heiligen Liga gegen das Osmanische Reich frei. Die Niederlage des Osmanischen Reiches war eingeläutet und Habsburg stieg zur Grossmacht auf.[16] Dies hatte auch weitreichende Konsequenzen für Siebenbürgen, das als türkisches Protektorat weitgehende Autonomie besessen hatte. Seit 1526 verfolgte ja das Haus Österreich die Zurückeroberung Siebenbürgens. Als Fürst Apafi am 15. April 1690 verstarb, versuchten sowohl Türken als auch Österreich sich des Fürstentums zu bemächtigen, was mit einem Sieg das Hauses Habsburg endete. Auf dem Landtag in Fogarasch 1691 wurde das erste *Diploma Leopoldinum* vorgelegt, das schliesslich, nach zähen Verhandlungen, am 15. März 1692 vom Landtag in Hermannstadt angenommen wurde. Im *Diploma Leopoldinum* gewährleistete Leopold I. zwar weiterhin die Rechte der vier anerkannten Religionen, die Beibehaltung des gesamten Besitzstandes der Stände und der Kirchen sowie die siebenbürgischen Landesgesetze. Faktisch aber machte das *Diploma Leopoldinum* das selbständige Fürstentum zur habsburgischen Provinz, da der Kaiser das eroberte Gebiet „de jure belli" in Besitz genommen hatte und es als sein persönliches Eigentum betrachtete. Der Kaiser hatte trotz des *Diploma Leopoldinum* das Recht, sollten in Religionsfragen zwischen den Ständen unüberbrückbare Differenzen auftauchen, nach Gutdünken einzugreifen. Faktisch hiess dies, dass das Vordringen des Katholizismus in Siebenbürgen durch den Kaiser aktiv begünstigt wurde.[17] Damit hatte Siebenbürgen seine führende Rolle im dreigeteilten Stephansreich defintiv eingebüsst. Der politische und geistige Schwerpunkt Ungarns verlagerte sich wieder auf das königliche Ungarn.

---

14 Vgl. CSEPREGI, Ungarn, 305 f; BÉRENGER, Contre-réforme, 1–32; BUCSAY, Protestantismus I, 190 ff; Révész, Reformation, 96.

15 Vgl. György VII. Széchényi an Leopold I., 14. Februar 1692, ZBZ: Autographensammlung Ott.

16 Vgl. FERENCZ, Einfluss, 57; FATA, Ungarn, 278 ff.

17 Vgl. BERNHARD, Funktion, 824 f; FERENCZ, Einfluss, 59 ff; ROTH, Diploma, 5–10; FATA, Ungarn, 281.

a. Der diakonische Einsatz der Schweiz und Bündens
für die Galeerensträflinge

Es ist nicht in Zweifel zu ziehen, dass in der Schweiz die politische und kirchliche Entwicklung in Ungarn und Siebenbürgen bekannt war. Der Wissensaustausch war durch die verschiedenen Kommunikationsmittel gewährleistet. Es ist dabei an Zeitungen, an diplomatische Kontakte,[18] an Korrespondenz oder auch an Meldungen von Studenten oder Söldnern zu denken. Besonders interessant sind diesbezüglich die Berichte von Johann Jakob Redinger, des ehemaligen Pfarrers von Urdorf, der im Jahre 1664 eine Reise nach Mittelungarn ins türkische Heerlager antrat, um den Türken den unfruchtbaren Rat zu geben, sich zum Christentum zu bekehren. Wie er in seinem Reisebericht festhielt, hatte er auf der Reise dorthin mehrere Pfarrer kennengelernt, die ihn grosszügig unterstützt hatten.[19] Auf seiner Reise hat er sich auch Kenntnisse in der ungarischen und türkischen Sprache angeeignet, wie aus einem erhaltenen Vocabularium hervorgeht.[20] Dabei bediente er sich, zur Erklärung sprachlicher Zusammenhänge, auch des *Vestibulum hungarico-latinum* sowie des *Lexicon Januale* von Jan Amos Comenius, der 1650 – 1654 Lehrer am Kollegium in Sárospatak gewesen war.[21] Natürlich hat er in seinen Schreiben den Rat der Stadt Zürich auch mit verschiedenen politischen und kirchlichen Informationen bedacht.[22]

Über die Situation der reformierten Kirche im königlichen Ungarn und in Siebenbürgen wurde der Zürcher Theologe Johann Heinrich Heidegger (1633 – 1698), der nach Professuren in Heidelberg und Steinfurt seit 1665 in Zürich am Carolinum wirkte, von einem gewissen György Szilágyi in Kenntnis gesetzt. Szilágyi ordnete dabei seine Angaben, indem er Listen zu den reformierten Grafen und Adligen, zu den Bischöfen, Predigern und Professoren erstellte, und schliesslich auf einer anderen Liste festhielt, in welcher Ortschaft

---

18 So hielt sich beispielweise am 1. Juni 1652 Graf Warski, ausserordentlicher Gesandter von Fürst György II. Rákóczi, in Genf auf, um über die Umstände in Siebenbürgen zu berichten (vgl. Notizen zu Siebenbürgen, StAZ: A 185 (1), 47).

19 Vgl. Jakob Redingers reise in das Türkische Heerläger, wie es ihm dort, und in der rukreise ergangen, 1664, StAZ: A 24 (1) (gedruckt in: ZTB 1896, 215–250); vgl. HÄNE, Befreiung, 173 f.

20 So erstellte er eine ungarisch-türkisch-lateinische Synopse einiger Wörter:

    „Isten   Allah   Deus
    Uilag   dunia   mundus
    Ember   adam   homo
    Fő   basch   caput […]"
    (vgl. Consilium de Lingua Turcica facile docenda, et discenda, 13. November 1664 [Schässburg],
    StAZ: A 24 (1), 2).

21 Redinger war auch sonst ein eifriger Förderer und Propagandeur der Schriften von Comenius (vgl. ZOLLINGER, Comenius, 94–118).

22 Vgl. Akten 1664 und Akten 1665, StAZ: A 24 (1).

wie viele Reformierte lebten.[23] Schliesslich haben seit Anfang der 1670er Jahre verschiedene ungarische Gelehrte in Briefen über die Verfolgungen der Protestanten unter Leopold I. berichtet: János Horváti Békés berichtete über das Blugericht in Pressburg,[24] Ferenc Pápai Páriz meldete von Verfolgungen der Reformierten in Westungarn (z. B. Tyrnau),[25] oder Bálint Kocsi Csergő wusste von Auseinandersetzungen mit den „Papisten" in Pápa.[26]

Trotz dieser Informationen über die politischen und kirchlichen Zustände in Ungarn und in Siebenbürgen darf nicht davon ausgegangen werden, dass allen reformierten Orten der Schweiz die unter Leopold I. einsetzenden Verfolgungen en détail bekannt waren. Seit Bekanntwerden von Leopolds unbarmherzigem Vorgehen gegen die Protestanten rückten allerdings die reformierten Glaubensgeschwister in Ungarn stärker ins Blickfeld der reformierten Orte. Die Konsequenz daraus war der beeindruckende Einsatz derselben für die Befreiung der ungarischen Galeerensträflinge im Jahre 1675/76, der hinlänglich bekannt ist und über dessen Bedeutung und Tragweite mehrere Studien existieren.[27] Da es sich diesbezüglich nicht primär um theologische, sondern um diakonische Kontakte handelt, soll hier keine umfassende Darstellung geleistet werden, sondern anhand zweier besonderer Aspekte ein Einblick in diese Kontakte gewährt werden: Einerseits soll der Einsatz des Bündner Arztes und Pfarrers Nicolaus Zaff für die Befreiung der ungarischen Galeerensträflinge in aller gebotenen Kürze gewürdigt werden, andererseits ein Überblick über den Reichtum an handschriftlichen Quellen zur Thematik in den Schweizer Archiven gegeben werden.[28]

Des Bündner Arztes Nicolaus Zaffs Einsatz für die Galeerensträflinge

Nicolaus Zaff (~1620 bis ~1677), aus Sils im Engadin, hatte nach Studien in Zürich und Genf seit 1649 das Pfarramt in Sils inne, bevor er 1651/52 Pfarrer der geheimen reformierten Gemeinde in Venedig wurde. Im Jahre 1654 begann er das Medizinstudium in Padua, woraufhin er sich seit 1658 in Venedig als Arzt beschäftigte und nebenbei erneut die reformierte Gemeinde betreute. Bis 1672 hat er sich in Venedig aufgehalten, 1672–1674 war er Pfarrer in Castasegna, kehrte dann aber wieder nach Venedig zurück.[29] Bereits 1668 hatte sich Zaff in Briefen mit Johann Heinrich Heidegger, der später die füh-

---

23 Verzeichnisse zu den reformierten Grafen, Bischöfen, Predigern u.s.w., 1666, ZBZ: B 9, Nr. 36. 37.

24 Vgl. János Horváti Békés an Johann Jakob Hottinger, 8. April 1674, ZBZ: H 358, 47.

25 Vgl. Ferenc Pápai Páriz an Johann Heinrich Heidegger, 10. Juni 1675, ZBZ: D 181, 148.

26 Vgl. Bálint Kocsi Csergő an Johann Heinrich Heidegger, 2. April 1678, ZBZ: D 181, 239; vgl. unten S. 588 ff.

27 Vgl. ZSINDELY, Befreiung, 119–131; SCHAFFERT, Heidegger; HÄNE, Befreiung, 121–180.

28 Vgl. ZSINDELY, Dokumente, 111–120; CZEGLÉDY, Helyzete, 110 f; SZÉL, Adatok, 922–929.

29 Vgl. WENNEKER, Zaff, 30–37; TRUOG, Zaff, 159 ff.

rende Gestalt der Hilfsaktion in Zürich war, für das Schicksal des ungarischen Protestantismus interessiert.[30] Schliesslich unternahm Zaff in Venedig sein Möglichstes, um den Glaubensgenossen zu helfen. Es gelang ihm, Briefe von den ungarischen Gefangenen in Triest und auch von den Galeerensklaven in Neapel zu erhalten, die er einem Schreiben an Heidegger beilegte, in dem er ausführlich über die Lage der Ungarn berichtete.[31] Zaff wusste sehr wohl, dass Heidegger seit Jahren in vielfacher Verbindung zu ungarischen Peregrinanten und Exulanten stand. Zaff wurde aber nicht nur zum Vertrauens- und Mittelsmann der Gefangenen und der Zürcher Behörden, sondern gar zu einem der „aktivsten Helfer"[32]: Er wandte sich auch an die Bündner Pfarrer und Adligen, an die Genfer Kirche[33] und gleichfalls an belgische Verbündete,[34] um Geld für den Loskauf zu sammeln. Johann Heinrich Heidegger sowie Antistes Kaspar Waser setzten sich daraufhin sofort dafür ein, dass in allen protestantischen Orten der Schweiz sowie im ganzen protestantischen Europa für die ungarischen Prediger und ihre Freilassung Geld gesammelt wurde. Bald trafen die Hilfsgüter aus den reformierten Orten, aus Holland und aus den Drei Bünden in Zürich ein. Der Kirchenhistoriker Rosius à Porta schrieb in seiner *Historia Reformationis Ecclesiarum Raeticarum* darüber: „RAETIA sola, licet Alpestris, Ipsius sunt verba in quadam ad Hungaros Epistola, ultra mille florenos in vestram redemtionem contulit."[35] Insgesamt waren schliesslich über 16'000 Gulden zusammengekommen.[36] Als es im Februar 1676 gelang, ein kaiserliches Dekret zur Befreiung der auf der Galeere gefangenen Prediger zu erwirken, konnte der holländische Admiral Michael De Ruyter noch 26 Prediger befreien.[37] Nach ihrer Erholung von den Strapazen kamen sie Ende April nach Venedig, wo sie von Zaff medizinisch und seelsorgerlich betreut

---

30 Vgl. Briefkorrespondenz von Nicolaus Zaff mit Johann Heinrich Heidegger, 1668–1677, StAZ: E II 456. 456a; ZBZ: B 9, 48. 68. 70. 75. 76; B 304, 92; F 199, 283 ff. 467 ff.; u.s.w. (vgl. WENNEKER, Zaff, 26 ff). Ein Teil der Korrespondenz von Nicolaus Zaff ist gedruckt in: BOD, Historia III, 91– 99.

31 Vgl. Bittschrift der Ungarn sowie Schreiben von Nicolaus Zaff an Johann Heinrich Heidegger, Aug./Sept. 1675, ZBZ: B 304, Nr. 92.

32 BUCSAY, Drama, 59.

33 Aufschlussreich sind diesbezüglich die Protokollbücher der *Vénérable compagnie des Pasteurs* aus Genf, insbesondere aus den Jahren 1675 und 1676. So wid am 21. Januar 1676 festgehalten, dass Zaff sich erstmals an François Turrettini gewandt habe; weitere Briefe sollten folgen (vgl. SZÉL, Adatok, 923 f).

34 Meist legte Zaff ein Schreiben der gefangenen Ungarn (oder eines gefangenen Ungarn) bei; so gelangte ein Bittschreiben von Ferenc Otrokocsi Fóris auch an seinen ehemaligen Lehrer Frans Burman (vgl. unten S. 577), verfasst am 6. Juni 1675, nach Utrecht, wurde von dort in Abschriften weiterverbreitet und kam schliesslich im November nach Genf (vgl. SZÉL, Adatok, 923).

35 Petrus Dominicus Rosius à Porta: Historia Reformationis Ecslesiarum Raeticarum, Bd. 3, StAGR: A Sp III/11a, VI B 9, 28 (vgl. BERNHARD, Studienjahre, 69 f).

36 Vgl. SCHAFFERT, Theologe, 147 ff; TRUOG, Zaff, 161.

37 Zur Bedeutung von Admiral Michael De Ruyter vgl. BITSKEY, De Ruyter.

wurden. So trug sich Zaff am 26. April ins *Album amicorum* von Boldiszár Nikléczi ein.[38]

Zaff hatte für die noch überlebenden Prediger unter der kundigen Führung eines anderen Bündners die Reise über Padua, Brescia, Chiavenna *per Raetiam* ins Engadin über den Albula nach Filisur und weiter nach Chur organisiert.[39] Dazu gehörte natürlich auch, dass die ungarischen Flüchtlinge auf der Durchreise bei Bündner Pfarrern und Gelehrten schlafen konnten. Erfreulicherweise sind einzelne Einträge von Ungarn bzw. von den Gastgebern in verschiedenen *Alba amicorum* erhalten geblieben. Im *Album amicorum* von Boldiszár Nikléczi haben sich in Castasegna Saturnin Zaff (Pfarrer in Soglio) und Daniel Paravicini (Pfarrer in Castasegna),[40] in Sils i.E. der dortige Pfarrer Johannes Zaff[41] oder in Filisur die beiden Pfarrer Johann Ludwig Molitor sowie Johannes Leonhard eingetragen.[42] Des letzteren *Album* – Johannes Leonhard hat sich später durch zahlreiche politische und aufklärerische Schriften hervorgetan[43] – wähnt der Kirchenhistoriker Rosius à Porta noch eingesehen zu haben, wobei er darin die Namen verschiedener ungarischer Prediger entdeckt habe:[44] Am 6. Mai 1676 den Eintrag von Ferenc Otrokocsi Fóris, István Séllyei, György K. Alistály, János Uyvári, János Jablonczai sowie Miklós Leporinus, am 25. Juni den Eintrag von István Beregszászi[45] und am 27. Juni denjenigen von János Rima Szombati.[46] Über den Aufenthalt in Chur schrieb

38 Vgl. Eintrag von Nicolaus Zaff ins Stammbuch von Boldiszár Nikléczi, 26. April [6. Mai] 1676, OSzK: Duod. Lat. 81, 103ʳ.

39 Zum ganzen folgenden Abschnitt vgl. BERNHARD, Gelehrtenkontakte, 367 ff.

40 Vgl. Eintrag von Saturnin Zaff ins Stammbuch von Boldiszár Nikléczi, 4. Mai 1676, OSzK: Duod. Lat. 81, 103ᵛ; Eintrag von Daniel Paravicini ins Stammbuch von Boldiszár Nikléczi, 4. Mai 1676, OSzK: Duod. Lat. 81, 176ʳ.

41 Vgl. Eintrag von Johannes Zaff ins Stammbuch von Boldiszár Nikléczi, 5. Mai 1676, OSzK: Duod. Lat. 81, 104ʳ.

42 Vgl. Eintrag von Johann Ludwig Molitor ins Stammbuch von Boldiszár Nikléczi, 8. Mai 1676, OSzK: Duod. Lat. 81, 152ʳ; Eintrag von Johannes Leonhard ins Stammbuch von Boldiszár Nikléczi, 9. Mai 1676, OSzK: Duod. Lat. 81, 82ᵛ.

43 Zu Johannes Leonhard vgl. TRUOG, Pfarrer, 77; VON SPRECHER, Kulturgeschichte, 452. 457 f. Während à Porta zahlreiche Schriften von Johannes Leonhard gesammelt hat (vgl. Miszellen, StAGR: A Sp III/11a, VI.B.4), ist er wohl auch auf das Stammbuch von Leonhard gestossen.

44 Vgl. Petrus Dominicus Rosius à Porta: Historia Reformationis Ecslesiarum Raeticarum, Bd. 3, StAGR: A Sp III/11a, VI B 9, 30. Leider ist das Stammbuch heute nicht mehr auffindbar.

45 Der befreite Galeerensträfling Beregszászi blieb vorübergehend in Venedig bei Zaff zurück, bis auch die Gefangenen aus Port Buccari befreit worden waren.

46 János Rima Szombati kam später zu Zaff, weil er nicht von der Galeere, sondern aus dem Gefängnis von Port Buccari befreit worden war. Rosius à Porta schrieb über ihn: „[...] vivus martyr J.C. unus liberatorum faucibus leonum a Bucariensium manibus." (Dominicus Rosius à Porta: Historia Reformationis Ecslesiarum Raeticarum, Bd. 3, StAGR: A Sp III/11a, VI B 9, 30). Rima Szombati gehörte zu den wenigen, die in die Heimat zurückkehrten (vgl. ZSINDELY, Dokumente, 117); nachdem er Zürich im Oktober 1677 – am 2. Oktober hielt er sich noch in Zürich auf, wie die guten Wünsche von István Gyöngyösi für die bevorstehende Reise von János Rima Szombati („Jo utat kivanok [...]": István Gyöngyösi an János Rima Szombati, 2. Oktober 1677, ZBZ: F 199, 529) – verlassen hatte, blieb er vorerst mit seinem Gastgeber, Johann Heinrich

Otrokocsi Fóris schliesslich in seinen Memoiren *Furor Bestiae contra testes Jesu Christi in Hungaria* (1676):[47]

Curiam Rhaetiae metropolim, die 20. Maii pervenimus. Reliqui, qui nondum pervenerant, proximis tandem diebus novem ibidem assecuti sunt. Excepti illic sumus a Reverendis Fratribus, ac Amplissimo istius loci Magistratu, cum ingenti applausu et gaudio inenarrabili. Nec piae matronae defuerunt, qui sese laudibus Tabithae dignas effecerint.[48]

In Chur genossen die Ungarn vor allem die Gastfreundschaft von Stadtpfarrer Johann Jakob Vedrosi († 1706),[49] wobei sich auch andere Churer Persönlichkeiten wie beispielsweise Peter Schucan, Leiter der Stadtschule, gegenüber den Ungarn erkenntlich zeigten.[50] Zudem mussten fünf Prediger vorübergehend wegen Erschöpfung in Chur zurückbleiben; einer derselben erlag schliesslich den Strapazen der Reise.[51] In Zürich kamen die befreiten Prediger am 29. Mai 1676 an und wurden im Gasthaus „Zum Hecht" empfangen. Unter ihnen befanden sind auch die beiden führenden Persönlichkeiten der ungarischen Prediger, István Séllyei, Bischof von Transdanubien, und István Harsányi Móricz (1629–?), Pfarrer in Rimaszombath.[52]

Gerade einmal fünf von zwanzig Predigern – darunter der bereits erwähnte János Rima Szombati sowie István Ladmóczi – haben die Qualen im Gefängnis von Port Buccari überlebt. Sie erlangten erst Anfang Mai ihre Freiheit und kamen darum später zu Zaff nach Venedig, wo sie sich gleichfalls von der körperlichen Erschöpfung erholen konnten. Schliesslich reisten sie zusammen mit ihrem früheren Mitgefangenen István Beregszászi über die Bündner Pässe nach Zürich. Das *Album amicorum* eines Gefangenen aus Port Buccari, dasjenige von István Ládmóczi, ist uns glücklicherweise erhalten geblieben. So

---

Ott, noch in Briefkontakt (vgl. János Rima Szombati an Johann Heinrich Ott, s.d. [Oktober 1677] sowie 28. November 1677, ZBZ: F 199, 530–533).

47 Otrokocsi Fóris' Memoiren erschienen bereits 1684 in Amsterdam in einer holländischen Übersetzung. Obwohl das lateinische Original sowie eine ungarische Übersetzung erst im 20. Jahrhundert gedruckt werden konnten, wurden die Memoiren in ungezählten Abschriften verbreitet, so dass heute dieselben in vielen Archiven Ungarns und Siebenbürgens, aber auch der Schweiz, greifbar sind (vgl. ZSINDELY, Dokumente, 113ff).

48 FERENC OTROKOCSI FÓRIS, Furor bestiae contra testes Jesu Christi in Hungaria. Editio Latino-Hungarica, übers. und hg. von Gabriel Herpay, Budapest 1933, 64.

49 Vgl. TRUOG, Pfarrer, 125.

50 Vgl. Eintrag von Johann Jakob Vedrosi ins Stammbuch von Boldiszár Nikléczi, 12. Mai 1676, OSzK: Duod. Lat. 81, 211^r; Eintrag von Peter Schucan ins Stammbuch von Boldiszár Nikléczi, 13. Mai 1676, OSzK: Duod. Lat. 81, 212^r; Eintrag von Johannes Willi ins Stammbuch von Boldiszár Nikléczi, 16. Mai 1676, OSzK: Duod. Lat. 81, 219^v; u.s.w.

51 Es handelte sich um András Turoczi (vgl. Nomina Reverendorum ac Venerabilium Dominorum Ecclesiarum Hungaricarum Pastorum tam Reformatorum quam Lutheranorum [...], ZBZ: F 199, 561; SCHAFFERT, Zaffius, 148; TRUOG, Zaff, 161 f).

52 Vgl. ZSINDELY, Befreiung, 122.

wissen wir, dass die zweite Gruppe am 23. Juni Venedig verliess,[53] am 26. Juni in Samedan bei Friedrich von Salis weilte,[54] dann nach Filisur weiterzog und Anfang Juli in Chur ankam, wo auch sie im Hause von Stadtpfarrer Johann Jakob Vedrosi logierten.[55] Am 16. Juli erreichte die Gruppe schliesslich Zürich.[56]

In Zürich durften die befreiten Galeerensträflinge bei verschiedenen Persönlichkeiten auf herzliche Gastfreundschaft zählen.[57] Einige der Ungarn zogen bereits nach einem Monat weiter, andere blieben bis im Herbst in Zürich. Manche zogen weiter nach Genf,[58] andere nach Basel[59] und wieder andere reisten über Schaffhausen[60] nach Deutschland, Holland oder England. Schliesslich sind einige später wieder nach Zürich zurückgekehrt,[61] und hielten sich daselbst, zusammen mit den beiden führenden Persönlichkeiten der ungarischen Galeerensträflinge, István Séllyei und István Harsányi Móricz, bis im Herbst 1677 auf.[62] Einzelne, wie beispielsweise Ferenc Otrokocsi

53 Vgl. Eintrag von Nicolaus Zaff ins Stammbuch von István Ladmóczi, 23. Juni 1676, OSzK: Duod.Lat. 90, 5.

54 Vgl. Eintrag von Friedrich von Salis ins Stammbuch von István Ladmóczi, 26. Juni 1676, OSzK: Duod.Lat. 90, 34.

55 Vgl. Eintrag von Johann Jakob Vedrosi ins Stammbuch von István Ladmóczi, 3. Juli 1676, OSzK: Duod.Lat. 90, 11; Eintrag von Stephan Meydt ins Stammbuch von István Ladmóczi, 4. Juli 1676, OSzK: Duod.Lat. 90, 46; u.s.w.

56 Vgl. Eintrag von Miklós Leporinus ins Stammbuch von István Ladmóczi, 16. Juli 1676, OSzK: Duod.Lat. 90, 28; vgl. ZSINDELY, Befreiung, 122 f.

57 Vgl. Verzeichnis der Gastgeber, ZBZ: F 199, 567 (gedruckt: BERNHARD, Wirkung, 69 f).

58 Balázs Köpeczi, János Szomodi, István Bátorkeszi und Nicolaus Leporinus zogen bereits im Juni weiter nach Genf, und Vincenzo Minutoli, Professor für Griechisch und Geschichte an der Akademie von Genf, verewigte deren Ankunft in einem glänzenden in Distichen verfassten Gedicht (vgl. Vincentio Minutoli: Ad strenuos Christi confessores viginti sex pastores Hungaricos e triremibus Neapolitanis [...], 20. Juni 1676, ZBZ: F 199, 305).

59 So wissen wir aus einem Stammbucheintrag von Ferenc Otrokocsi Fóris, dass er sich am 30. Juni in Basel bei Vincenzo Paravicini aufgehalten hat (vgl. Eintrag von Ferenc Otrokocsi Fóris ins Stammbuch von Vincenzo Paravicini, 30. Juni 1676, UBB: AN VI 26b, 116^{v}); vgl. BERNHARD, Gelehrtenkontakte, 268 f.

60 Von Boldiszár Nikléczi ist bekannt, dass er sich am 19./20. Juli in Schaffhausen aufgehalten hat (vgl. verschiedene Einträge ins Stammbuch von Boldiszár Nikléczi, 19./20. Juli 1676, OSzk: Duod. Lat. 81, 191^{r}. 192^{r}. 216^{r}); später zog er weiter nach Holland, wo er sich in Utrecht mit Johannes Leusden (vgl. Eintrag von Johannes Leusden in das Stammbuch von Boldiszár Nikléczi, 28. August 1676, OSzk: Duod. Lat. 81, 99^{r}) oder in Leiden mit Friedrich Spanheim d.J. (vgl. Eintrag von Friedrich Spanheim in das Stammbuch von Boldiszár Nikléczi, 26. September 1676, OSzk: Duod. Lat. 81, 101^{r}) traf; vgl. auch EREDICS, Nikléczi Boldiszár, 143–155.

61 Es handelt sich unter anderem um György Körmendy und István Szentpéteri Mangó (vgl. THURY, Története, 153).

62 Auch Séllyei verliess vorübergehend Zürich: Bereits im Juni hielt er sich in Basel (vgl. Eintrag von István Séllyei in das Stammbuch von Vicenzo Paravicini, 30. Juni 1676, UBB: AN VI 21b, 116), und im Herbst 1676 in Glarus auf (vgl. Einträge Abraham Dinner und Abraham Wild in das Stammbuch von István Séllyei, 20./21. September 1676, ZBZ: D 201, 154. 155). Wohl wegen des über einjährigen Aufenthaltes von Séllyei und Harsányi Móricz liessen die Zürcher Gastgeber im Jahre 1678 von Séllyei und Harsányi Móricz Porträts anfertigen (vgl. Brustbild von István

Fóris, absolvierten, nachdem sie Zürich verlassen hatten, noch weitere Studien.

Die Zürcher liessen Nicolaus Zaff auf Anregung der Ungarn, die Zaffs Uneigennützigkeit und Einsatz mehrfach betont hatten, eine Gratifikation von 100 Dukaten zukommen, die er am 21. November 1676 in einem langen Schreiben verdankte.[63] Die Dankbarkeit gegenüber Zaff zeigt sich auch in einem Schreiben von István Beregszászi, der aus London seinen Landsmann János Rima Szombati in Zürich aufforderte, sich an Zaff in Venedig zu wenden, um ihm noch einmal seine Dankbarkeit zu versichern, weswegen er ihm aus Amsterdam ein *Novum Testamentum* zugesandt habe.[64]

Handschriften zur Befreiung der Galeerensträflinge in den Schweizer Archiven

Endre ZSINDELY hielt 1976 in seinem Vortrag zum Gedenken an die Befreiung der Galeerensträflinge fest, dass das allein in den Zürcher Sammlungen aufbewahrte Material rund 350–400 Stück umfasse. Dieses harre aber „noch der Veröffentlichung", obwohl das Material es verdiente, „dass wir uns ernsthaft mit ihrer Bearbeitung und Herausgabe befassten."[65] Bis heute ist dies nicht geschehen und kann auch im Rahmen dieser Arbeit nicht geleistet werden. Hier soll es einzig darum gehen, einen Überblick über die vorhandenen Quellen zu geben und damit zur Aufarbeitung und Herausgabe des Materials anzuregen.

Den Anfang der Quellen bildet das Schreiben der Gefangenen an Nicolaus Zaff sowie wenig später dasselbe an die Zürcher Kirche.[66] Diese Schreiben wurden weitergegeben, und es entwickelte sich ein umfangreicher Briefwechsel zwischen Zaff, den reformierten Orten und andern reformierten Gebieten Europas,[67] um das notwendige Geld für die Befreiung zu sammeln.[68] Verschiedene Ratsprotokolle, Botschaften und Aktenstücke geben ein reiches Zeugnis über den nachhaltigen Einsatz der reformierten Orte ab.[69] Nach der

---

Séllyei, ZBZ: Inv.-Nr. 26; Doppelbildnis von István Séllyei und István Harsányi Móricz, ZBZ: Inv.-Nr. 26b); vgl. unten S. 587.

63 Vgl. WENNEKER, Zaff, 42.

64 Vgl. István Beregszászi an János Rima Szombati, 28. Januar 1677, ZBZ: F 199, 521 f.

65 ZSINDELY, Dokumente, 119 f.

66 Vgl. ZBZ: B 304, Nr. 92; D 182, Nr. 3; F 199, 467 ff.; J 72, 240ᵛ–243ᵛ; BPU: Arch. Tronchin Vol. 10, 40; u.s.w.

67 Vgl. ZBZ: B 9; B 251, Nr. 7–13; D 181; F 199, 283–299. 467 ff; Car I 232; StAZ: A 185 (1), 57 ff et passim; E II 412, 255; E II 413, 4. 95; E II 456; StABA: Kirchenakten A 10, 42 ff; BPU: Archiv Tronchin Vol. 46, 226–229; Archiv Tronchin Vol. 57, 43; Archiv de la Compagnie des Pasteurs (vgl. SZÉL, Adatok, 922–928); u.s.w.

68 Vgl. ZBZ: J 72, 248; StAZ: E II 279; A 185 (1), 57 ff et passim.

69 Vgl. ZBZ: B 198, 273–280. 292–295; B 307 (Schluss); D 234, Nr. 2; F 150; G 461 (1680–90); H 11; J 72; L 424, Nr. 21; STAZ: E II 456. 456a; StABA: Kirchenakten A 10, 42 ff; SZÉL, Adatok, 922 ff (Vénérable compagnie des Pasteurs, Genf); u.s.w.

gelungenen Befreiung drückten mehrere Galeerensträflinge, aber auch aus Port Buccari Befreite, in zahlreichen Briefen ihre Dankbarkeit gegenüber ihren Wohltätern aus.[70] Der Freude über diese Befreiung gaben aber auch verschiedene Schweizer Persönlichkeiten in Form von Gedichten und Gratulationen Ausdruck.[71] Als die Galeerensträflinge Ende Mai in Zürich im Gasthaus „Zum Hecht" empfangen wurden, haben Johann Heinrich Heidegger und Heinrich Escher Willkommensreden gehalten, die bis heute erhalten sind.[72] Während ihres Aufenthaltes in Bünden und der Schweiz haben sich viele befreite Ungarn in Stammbücher gelehrter Persönlichkeiten eingetragen,[73] ja István Séllyei, der Bischofs von Transdanubien, hat sein Stammbuch gar der damaligen Stadtbibliothek von Zürich geschenkt.[74] Zwei der ehemaligen Galeerensträflinge, Ferenc Otrokocsi Fóris und Bálint Kocsi Csergő, haben während ihres Aufenthaltes in Zürich Berichte über die Verfolgung der ungarischen Prediger und Lehrer verfasst, die später teilweise gedruckt wurden.[75] Weiter sind mehrere Exemplare einer *Historischen Erzellung der Verfolgung, welche sidt dem 5.ten Mertzen 1674 über die Evangelischen Kirchen- und Schuldiener zu Ungarn ergangen [...]* erhalten, deren Autor aber nicht bekannt ist,[76] sowie weitere kürzere Darstellungen der Verfolgungen der ungarischen Prediger.[77] Manche der befreiten Galeerensträflinge bzw. derjenigen Ungarn, die aus Port Buccari befreit worden waren, blieben auch noch nach Wegzug aus Zürich mit Gelehrten Zürichs, Basels und auch Genfs, vor allem aber mit Heidegger und Hottinger, in Briefkontakt.[78]

---

70 Vgl. oben Anm. 67.
71 Vgl. ZBZ: B 251, Nr. 7 – 13; F 199, 467 ff.
72 Vgl. ZBZ: B 286, Nr. 118 (= L 406, Nr. 21; L 492, Nr. 46); F 199, 301 – 303; BBB: Ms. h.h. VIII. 51, Nr. 33.
73 Vgl. ZBZ: D 207c; D 207 s; H 272; Autographensammlung Ott (Stammbuch Johann Baptist Ott); UBB: AN VI 26b; AN VI 26w; u.s.w.
74 Vgl. Stammbuch von István Séllyei, ZBZ: D 201.
75 Vgl. Ferenc Otrokocsi Fóris: Furor bestiae contra testes Jesu Christi in Hungaria, 1676, ZBZ: D 182, Nr. 4; Bálint Kocsi Csergő: Narratio brevis de oppressa libertate Hungaricarum ecclesiarum, 1674 – 1676, ZBZ: D 182, Nr. 2 (= ZBZ: F 199, 76 – 239; gedruckt in: LAMPE, Historia, 746 – 919); Bálint Kocsi Csergő: Brevis delinatio ecclesiarum reformatarum in Hungaria, 1677, ZBZ: D 182, Nr. 6 (= ZBZ: F 199, 343 – 371). Kocsi Csergős *Narratio brevis* wurde 1738 von Péter Bod am Kollegium in Strassburg a.M. ins Ungarische übersetzt; Bod, damals Lehrer am Kollegium, wollte mit der Übersetzung die reformierte Kirche Siebenbürgens im Jahre der Verhaftung der Hauptkuratoren und leitenden Geistlichen gegen eine neue Welle der Katholisierung bestärken. Tatsächlich war die Schrift bis ins 19. Jahrhundert eine wichtige Quelle des konfessionellen Widerstandes gegen die Katholisierungsversuche der Habsburger in Siebenbürgen (vgl. JUHÁSZ, Gegenreformation, 90).
76 Vgl. ZBZ: D 234, Nr. 1; F 199, 243 – 246; H 265, Nr. 2; J 189, Nr. 14; BBB: Ms. h.h. VI. 54. 33, 597 – 670; Ms. h.h. VII. 9. (8), 411 – 604.
77 Vgl. ZBZ: F 199, 327 – 333; J 72, 235 – 239; S 364, Nr. 43; ZBZ: Car III 207; u.s.w.
78 Es ist dabei insbesondere an Ferenc Otrokocsi Fóris, István Harsányi Móricz, Basilius Köpeczi, István Beregszázi und Jakab Csúzi Cseh sowie Bálint Kócsi Csergő zu denken (vgl. Angaben in Anm. 67).

b. Theologische Entwicklung in den reformierten Kirchen Ungarns
und Siebenbürgens

Über die puritanischen Tendenzen in der reformierten Kirche Ungarns und
Siebenbürgens haben wir bereits berichtet. Diese sind zwar einerseits auf der
Nationalsynode von Sathmar (1646) unterdrückt worden, andererseits wurden sie von der Fürtengattin Zsuzsanna Lórántffy, insbesondere nach dem Tod
des Fürsten (1648), unterstützt. Sie hatte auch dafür gesorgt, dass ihr Sohn
György II. Rákóczi den weitherum bekannten Jan Amos Comenius (1592 –
1670)[79] nach Sárospatak eingeladen hatte, wo er mit der Reformierung des
Kollegiums beauftragt wurde. Comenius vertrat in der angesprochenen Frage
einen Mittelweg: Einerseits stand er in persönlichem Kontakt und theologischer Nähe zu den „Herbornern" Alsted und Bisterfeld.[80] So basierte Comenius' enzyklopädistische Tätigkeit vor allem auf Johann Heinrich Alsted, der
in seiner *Encyclopaedia Cursus Philosophici* (Herborn 1630) die Ansicht vertrat, dass mit geeigneter Didaktik und Methodik des Lehrens und Lernens alles
Wissen jedem Menschen beizubringen sei. Bisterfeld führte mit Comenius
regelmässig Korrespondenz und war mitverantwortlich dafür, dass in Weissenburg Comenius' *Janua linguarum bilinguis Latina et Hungarica* (1635)
gedruckt wurde.[81] Es folgten Drucke der *Janua linguarum* in Kronstadt (1638)
und Leutschau (1641). Schliesslich liess er selbst auf der fürstlichen Druckerei
die *Eruditionis Scholasticae Pars II. Janua, Rerum et Linguarum Structuram
externam exhibens, in usum Scholae Patakinae* (Sárospatak 1652) drucken.
Andererseits gehörte Comenius wesenhaft zur reformierten Orthodoxie und
zeichnet sich durch ein orthodoxes Verständnis des Evangeliums aus, was sich
gleichfalls in seiner Hochachtung vor den grossen Lehrern der reformierten
Orthodoxie (Zanchi, Keckermann, Polanus, Turrettini u.s.w.) zeigte. Dass
Comenius – wie auch die anderen am Kollegium in Sárospatak wirkenden
Lehrer wie János Tolnai Dali oder Pál Medgyesi – auf dem Boden der Orthodoxie stand, belegt zudem die Sárospataker Ausgabe der *Confessio Helvetica
posterior* (1654), die „aufgrund einer Verfügung der hochgeborenen älteren
Fürstin"[82], d.h. Zsuzsanna Lórántffy, noch während der Wirksamkeit von
Comenius am Kollegium erschien. Im Namen der Orthodoxie setzte er sich
gegen die Sozinianer und Cartesianer ein, erkannte aber gleichzeitig, getreu
seiner Herkunft aus der böhmischen Brüdergemeinde, die Grenzen einer

---

79 Massgebende Studie zu Jan Amos Comenius ist die Dissertation meines leider bereits ver-
     storbenen ehemaligen Mitstudenten und Mitdoktoranden Daniel A. Neval (vgl. Neval, Macht).
80 Vgl. Campi, Comenius, 69. 72 ff. 77.
81 Bisterfeld hat sich auch dafür eingesetzt, dass die *Janua linguarum* ins Hebräische übersetzt
     würde (vgl. Viskolcz, Bisterfeld, 210).
82 „Az Meltosagos öregbik Fejedelem Aszszony parantsolattyaból [...]" ([Heinrich Bullinger],
     Confessio et expositio Fidei Christianae. Az az az kereszteyni Igaz Hitről valo Vallas-tétel [...],
     Sárospatak 1654, A^r); vgl. Nagy, Geschichte Confessio, 122.

verknöcherten Orthodoxie und trat darum für eine Erneuerung und Reform der Lehre ein.[83] Besonders lag ihm dabei die Reformierung des Schulwesens am Herzen, da – so in *Gentis felicitas* (1654) ausgeführt – gute Schulen, gute Bücher, gute Einrichtungen und Methoden dem Glück des Volkes dienlich seien, also ein notwendiger Zusammenhang zwischen der Bildung der Menschen und dem Allgemeinwohl bestehen würde.[84] Obwohl Comenius viel zur Reformierung des Kollegiums beigetragen hatte,[85] konnten seine Reformbemühungen nicht abgeschlossen werden, bevor er das Fürstentum wieder verliess.

Die knappen Ausführungen zu Comenius geben nicht nur einen Einblick in die theologische Entwicklung am Kollegium in Sárospatak zu Beginn der 1650er Jahre, sondern offenbaren auch die Probleme, mit denen die reformierte Kirche Siebenbürgens in diesen Jahren konfrontiert war. Der „calvinistische" Fürst György II. Rákóczi, der in diesen Jahren in verschiedene kriegerische Auseinandersetzungen verwickelt war, hatte wenig Einfluss auf theologische Entwicklungen in der reformierten Kirche, und „Strömungen" wie der Puritanismus sowie auch der Presbyterianismus erstarkten erneut, natürlich gefördert von der Fürstenmutter und dem jüngeren Bruder, Prinz Zsigmond Rákóczi (1622 – 1652).[86] So erschienen im Jahre 1656 in Sárospatak und in Weissenburg gleichzeitig zwei Schriften, die in der Frage der Kirchenorganisation zwei ganz gegensätzliche Standpunkte vertraten: Während der französische Theologe Isaac Basire (1607 – 1676) aus Rouen (F), der 1653 einem Ruf des Fürsten gefolgt war und am Kollegium in Weissenburg lehrte, sich in seiner Schrift *Triumviratus Sive, Calvinus, Beza & Zanchius Pro Episcopatu* [...] (Weissenberg 1656) für das bischöfliche System stark machte,[87] vertrat Pál Medgyesi, Hofprediger von Zsuzsanna Lórántffy, in seiner pseudonym herausgegebenen Schrift *Trecentum-Viratus, & Ultra, Sive Calvinus, Beza, Zanchius, Daneus, Szegedinus, Junius & plerique omnes [...]* (Sárospatak 1656) die Ansicht, dass das „Regimen Ecclesiarum Reformatarum

83 Vgl. CAMPI, Comenius, 79 f. 82 f.
84 Vgl. JAN AMOS COMENIUS, Gentis felicitas speculo exhibita iis, qui num felices sint et quomodo fieri possint, cognoscere velint, Amsterdam 1659, 12 f. In dieser Schrift, die er noch während seiner Sárospataker Zeit verfasst hatte und an Fürst György II. Rákóczi gewidmet war, um auf dessen Politik Einfluss nehmen zu können, betonte er auch nachdrücklich die Notwendigkeit politischer Reformen, wenn die ungarische Nation als erwähltes Volk gemäss dem idealtypischen Beispiel Israels es zu Ruhm und Wohlstand bringen wolle. Seine politischen Erwartungen hatten sich aber nur zum Teil erfüllt, weil es dem „erwählten" Fürsten Siebenbürgens György II. Rákóczi nicht gelang, Comenius' Forderungen umzusetzen (vgl. TRENCSÉNYI, Patriotism, 525 – 530; NEVAL, Macht, 424 f; HAUFF, Gedanken, 31 – 40). Zu Comenius als „Politiker" vgl. DIETERICH, Comenius, 123 – 150.
85 Vgl. MURDOCK, Calvinism, 99 ff. Zu Comenius als „Pädagoge" vgl. DIETERICH, Comenius, 71 – 122.
86 Vgl. TÓTH, Hitvallás, 25.
87 Vgl. ZOVÁNYI, Lexikon, 55; VERESS, Einfluss, 65 f; P. SZATHMÁRY, Története, 68.

esse debere non Episcopale, sed Presbyteriale, [...]"[88] Nach dem Tode des Fürsten bekräftigte im Jahre 1661 die siebenbürgische Synode, unter Einfluss des neu gewählten Fürsten Mihály Apafi, in der reformierten Kirche Sieben-bürgens erneut das bischöfliche System und verbot presbyterianische Ten-denzen.[89] Als Gegner der „Neuerungen" scharte der Fürst „orthodoxe" Theologen wie beispielsweise den Sárospataker Lehrer János Pósaházi, oder Mihály Tofeus, der spätere Bischof Siebenbürgens (1679–1684), um sich und versuchte weiterhin auf die Entscheide der Synoden Einfluss zu nehmen. So wurden 1673 auf der Synode in Radnuten (Iernut, RO) gleichzeitig Márton Dézsi, Pál Hunyadi, István Pataki und Pál Csernátoni[90] – sie wirkten an den Kollegien in Klausenburg und Strassburg a.M. – wegen ihrer Lehren verurteilt. Die drei ersteren wurden des Coccejanismus beschuldigt, Csernátoni des Cartesianismus. Sie benutzten alle die cartesianische Methode und vertraten eine Föderaltheologie im Sinne von Johannes Coccejus (1603–1669).[91] Diese Einflüsse waren unter anderem durch die rege, von mehreren adligen sie-benbürgischen Grafen und Baronen unterstützte Peregrination nach Holland begründet.[92] Auch die vier auf der Synode zu Radnuten verurteilten Ungarn haben in Holland (Leiden, Groningen) studiert.[93] Coccejus' Lehren und De-scartes' Philosophie wurden somit in Siebenbürgen heftig diskutiert, und dies nicht nur innerhalb der Kirchenmauern, sondern auch in den Kollegien in Strassburg a.M., Klausenburg und Debrecen.[94] Aufsehen erregte wegen seiner cartesianischen Lehre beispielsweise Márton Szilágyi Tönkő (1642–1700), der

---

88 DEBRECENI EMBER, Historia, 573. Medgyesi gab seine Streitschrift unter dem Pseudonym „Philaletes" heraus, doch Gisbert Voetius hielt im vierten Band seiner *Politica ecclesiastica* (Dordrecht 1676) fest, dass Pál Medgyesi der Verfasser der Schrift gewesen sei (vgl. MIKLÓS, Trecemviratus, 256 ff).

89 Vgl. FERENCZ, Einfluss, 53 f. Nach dem Tod von Bischof Gáspár Veresmarti († 1668), eines starken Vertreters der bischöflichen Macht, kam Péter Kováznai, der presbyterianische Ten-denzen unterstützte, auf den Bischofssitz. Der Fürst beobachtete diese Entwicklung mit Sorge, weswegen er sich entschloss die reformierten Barone, Magistraten, Schulmeister sowie Pro-fessoren am 3. Oktober 1671 zu einer Versammlung einzuladen, deren Forderungen der Synode zugestellt wurden, um „die Einheit der Kirche nicht zu gefährden." Später wurde aus der von Fürst Apafi einberufenen Versammlung das Hauptkonsistorium der Kirche (vgl. FERENCZ, Einfluss, 56; SIPOS, Kirchenleitung, 119 ff; DERS., Főkonzisztórium, 15 f).

90 Es ist nicht ohne Bedeutung, dass Pál Csernátoni (1633?–1676) nach Studienaufenthalten in Heidelberg, Leiden, London und Oxford seine Ausbildung im Oktober 1665 in Basel abschloss (vgl. unten S. 584); dies erklärt jedenfalls, dass Fürst Apafi im September 1674, also nach der Verurteilung Csernátonis, nicht der Universitätsbibliothek Basel, sondern der Stadtbibliothek in Zürich, das den Ruf der „strengen Orthodoxie" (vgl. unten S. 614 ff) genoss, eine finanzielle Unterstützung zukommen liess (vgl. Donationenbuch der Stadtbibliothek Zürich, 16. Septem-ber 1674, ZB: Arch St 22, 101).

91 Vgl. BOZZAY, Einfluss, 224 f; BERNHARD, Gelehrtenkontakte, 363; BUCSAY, Protestantismus I, 214; KÖPECZI, Politique, 13 f. Zur Verbindung des Coccejanismus mit dem Cartesianismus vgl. ANDRESEN, Handbuch III, 93 ff; ROHLS, Theologie I, 107 f.

92 Vgl. BOZZAY, Hintergrund, 24 ff.

93 Vgl. BOZZAY, Diákok, 190. 245. 247. 249; SZABÓ, Erdélyiek, 169. 219 f. 267.

94 Vgl. BOZZAY, Einfluss, 224 f.

nach Studien in Utrecht, Franeker, Groningen und Leiden seit 1669 am Kollegium in Debrecen als Professor der Philosophie wirkte.[95] Sein ehemaliger Lehrer György Martonfalvi Tóth (1635–1681), seit 1660 – nach der Eroberung der Türken von Grosswardein musste er mit den Schülern nach Debrecen übersiedeln[96] – am Kollegium in Debrecen tätig, trat, obwohl Ramist und Puritaner, entschieden gegen seinen Schüler Szilágyi Tönkő auf und veröffentlichte die *Orthodoxa Diatribe. De Hodierna famosa peccatorum Paresi et aphesi [...]* (Debrecen 1673), in welcher die coccejanischen Ideen verurteilt wurden.[97] Auf diesem Hintergrund ist es verständlich, dass Márton Szilágyi Tönkő sich in seinem für den Philosophieunterricht in Debrecen verfassten Werk *Philosophia* (Heidelberg 1678) über Descartes ausschwieg und sich auf Aristoteles berief – inhaltlich wandte er jedoch die cartesianische Methode an.[98] Um dieser Methode willen hat sein Lehrbuch auch in Zürich zu Diskussionen zwischen Johann Heinrich Heidegger und Johannes Müller (1629–1684) geführt.[99]

Wie die Vertreter der strengen reformierten Orthodoxie der Niederlande und der Schweiz die Föderaltheologie des Coccejus abgelehnt und die cartesianische Philosophie bekämpft haben, so haben auch massgebende Repräsentanten der reformierten Kirche Siebenbürgens diese theologische Entwicklung mit Sorge beobachtet. Einer der bedeutendsten Vertreter der strengen Orthodoxie war János Pósaházi (1628–1686), der nach seinen Studien in Utrecht und Oxford seit 1657 als Lehrer in Sárospatak wirkte. Zwar wurde auch er in seinem theologischen Denken von Ideen des Puritanismus wie des Coccejanismus beeinflusst und hat verschiedene Elemente der cartesianischen Philosophie übernommen, doch er lehnte es ab, dass diese Strömungen das theologische Denken beherrschen dürften, getreu dem thomistischen Grundsatz: „Philosophia est ancilla theologiae, sed non theologia philosophiae."[100] Wenn Pósaházi im Rahmen seiner Lehrtätigkeit eine *Philosophia naturalis, sive introductio in theatrum naturae* (Sárospatak 1667), die in der Physik eine grosse Anzahl von Ideen der französischen Philosophie übernahm, veröffentlichte, so war für ihn gleichzeitig klar, dass die Philosophie nur Dienerin der Theologie und darum essentiell nicht massgebend war. In

---

95 Vgl. BOZZAY, Diákok, 74; BARÁTH, Adattár, 63 f.
96 Das Partium, d. h. das Grenzgebiet zwischen Siebenbürgen, dem türkisch besetzten Mittelteil und dem nordöstlichen Teil des königlichen Ungarn, war während dieser Jahre infolge territorialer Ansprüche sowohl Habsburgs als auch der Türken Territorium mehrerer kriegerischer Auseinandersetzungen: Um 1660 nahmen die Türken die wichtige Festung Grosswardein ein, später wurden Teile der Umgebung von Sathmar und Szabolcs von den habsburgischen Truppen in Besitz genommen (vgl. JUHÁSZ, Gegenreformation, 91 f).
97 Vgl. BOZZAY, Einfluss, 226; BARÁTH, Martonfalvi, 21–28; BARCZA, Története, 547; EVANS, Calvinism, 187 ff; TÓTH, Hatása, 90 ff; BUCSAY, Protestantismus I, 218; RÉVÉSZ, Orthodoxie, 426.
98 Vgl. MÉSZÁROS, Filozófia, 47; HANAK, Geschichte, 32; BUCSAY, Präsenz, 214.
99 Vgl. LEU, Häresie, 131 ff; TÓTH, Philosophiá, 313–324; vgl. unten S. 614 f.
100 Vgl. BERKES, Relations, 71 f; MÉSZÁROS, Filozófia, 45 f; KÖPECZI, Politike, 12 f.

theologischen Fragen vertrat er zeitlebens eine harte und kompromisslose Haltung.[101]

Im Oktober 1671 mussten die Professoren und die Studenten Sárospatak unerwartet verlassen, weil die Wittwe von György II. Rákóczi, Zsófia Báthory von Somlyó, die nach dem Tode des Fürsten wieder katholisch wurde, das Vermögen des Kollegiums für sich beanspruchte und auf allen ihren ausgedehnten Gütern Ostungarns zu harten Massnahmen gegen die Protestanten griff.[102] Die „Vertriebenen", unter denen sich auch Pósaházi befand, siedelten zuerst nach Debrecen, dann nach Weissenburg über,[103] wo Fürst Apafi für angemessene Lebensbedingungen sorgte. Das kaiserliche Vorgehen gegen die Protestanten im königlichen Ungarn während des Trauerjahrzehntes hatte also auch für die reformierten Kirchen und Schulen in Oberungarn, im Partium und in Siebenbürgen Konsequenzen. Die Ungarn in Siebenbürgen identifizierten sich gerade im Trauerjahrzehnt besonders stark mit ihren verfolgten Glaubensgeschwistern. Dies hat sich vor allem in der im Jahre 1668 gegründeten reformierten Stadtdruckerei von Klausenburg reichhaltig niedergeschlagen. In dieser erschienen im Trauerjahrzent zwischen 1671 und 1681 etwa fünfzig religiöse Werke; nach 1673 steht auf den Titelblättern nach dem Namen des Verfassers mehrfach der mementoartige Zusatz „Gefährte der Verfolgung Jesu Christi"[104], „einer der Gefährten des jetzigen Leidens der Heiligen"[105], u.s.w., oder der Klausenburger Drucker Mihály Veresegyházi fügt bei: „Gedruckt 1673 [...] im Jahre der Verfolgung von Gottes Anhänger."[106] Wenn schon Fürst Apafi nicht in der Lage war, den verfolgten Glaubensgeschwistern im königlichen Ungarn bewaffnete Hilfe zu leisten, so unterstützte er – und auch andere siebenbürgische Hochadlige – doch den Druck reformierter theologischer Literatur als Zeichen der Solidarität mit der leidenden Kirche im königlichen Ungarn. Insbesondere die siebenbürgische Predigtliteratur, gedruckt vor allem in Klausenburg, blühte in diesen Jahren besonders auf. Mihály Szathmárnémeti, der 1673 aus Gönc nach Klausenburg geflüchtet

---

101 Vgl. unten S. 575 ff.
102 Vgl. FERENCZ, Einfluss, 55; FATA, Ungarn, 271; HÖRCSIK, Kollégium, 3.
103 Später zogen sie nach Neumarkt a.M., bevor sie 1682 wieder nach Sárospatak zurückkehrten, allerdings nur vorübergehend, weil das Kollegium bald wieder in die Hände der Jesuiten geriet; schliesslich wurden die Studenten in Gönc, ab 1695 in Kaschau unterrichtet. Obwohl das Kollegium in Sárospatak erst 1704 wieder defintiv in Betrieb genommen wurde, haben sich die Studenten durch all die Jahre als „Pataker Studenten" verstanden und auch als solche die Matrikel unterschrieben (vgl. HÖRCSIK, Kollégium, 3; BUCSAY, Protestantismus I, 217).
104 „[...] a' Jésus Christus üldőztetésének Társa" (MIHÁLY SZATHMÁRNÉMETI, Az őrőkke valo Egy Isteni állatban lévő Három személyeknek Mutato Tűköre [...], Klausenburg 1673, Aʳ).
105 „A' Szentek mostani szenvedésének edgyik társa" (JÁNOS PÓSAHÁZI, Sibelius Gasparnak Szent Irásbol szedegetett, kűlőmb kűlőmb-féle alkalmatosságokra rendeltetett kőnyőrgő és hálá-adó Imadsagi: [...], Klausenburg 1673, Aʳ).
106 „Nyomtatta [...] a' Szentek üldőztetésének Anno M DC LXXIII" (MIHÁLY TOLNAI, A Sűrűkereszt-viselések habjai kőzt csűggedező leleknek lelki batoritása [...], Klausenburg 1673, Aʳ).

war und bis 1689 in Klausenburg als Prediger wirkte, veröffentlichte 1675 den Predigtband *A Négy Evangelisták szerint valo Dominica*, in dem er die Berufung der verfolgten Gemeinde seiner Zeit und die Treue der unter den Verfolgungen standhaltenden Christen mit der biblischen Heilsgeschichte, beginnend mit Adam und endend mit der Verfolgung der christlichen Gemeinde, verknüpfte. Ein weiterer profilierter „Prediger des Konfessionalismus" war Mihály Tofeus, der „orthodoxe" Hofprediger von Fürst Apafi, der zur weiteren Stärkung des „wahren" reformierten Bekenntnisses in Siebenbürgen mit Antritt seines Bischofamtes – in Siebenbürgen erstmals! – die *Confessio Helvetica posterior* (Klausenburg 1679) herausgab.[107]

Auch Pósaházi, der nach seiner Emigration aus Sárospatak fortan im Dienste des Fürsten stand, hatte in diesen Jahren gegen die Anfeindungen der katholischen Kirche anzukämpfen. So hatte György Bársony, Titularbischof von Grosswardein,[108] in seiner Schrift *Veritas toti mundo declarata* (Kaschau 1671) zu beweisen versucht, dass der König nicht verpflichtet sei, die Protestanten in seinem Herrschaftsgebiet zu tolerieren.[109] Unter anderem behauptete Bársony, unter Verdrehung des Textes der *Confessio Helvetica posterior*, dass die Reformierten in Ungarn gar keine Anhänger dieser Konfession mehr seien. Gegen solche Verleumdungen verwahrten sich verschiedene Gelehrte am Hofe des Fürsten sowie an den Kollegien, darunter auch János Pósaházi, und verfassten verschiedene apologetische Schriften.[110] Pósaházi wies in einer seiner Schrift Punkt für Punkt nach, dass die Reformierten in Ungarn „esse veros et genuinos asseclas Helveticae Confessionis."[111]

Was wahre Anhänger des helvetischen Bekenntnisses seien, betonte Pósaházi gleichermassen gegenüber den Anhängern des Coccejanismus. Als Márton Dézsi 1671 nach Strassburg a.M. als Lehrer berufen wurde und daselbst aufgrund der *Summa doctrina de foedere et testamento Dei* (Leiden 1648) von Coccejus unterrichtete, forderten die streng orthodox eingestellten Lehrer seine Entlassung. Mit der Absicht, Coccejaner und Cartesianer zu verurteilen, wurde 1673 schliesslich die bereits erwähnte Generalsynode in

---

107 Vgl. V. Ecsedy, Könyvnyomtatás, 111 f; Juhász, Gegenreformation, 93 ff. 102 f. 105 ff et passim.

108 Seit 1556 residierte kein katholischer Bischof mehr in Grosswardein, bzw. besass der Bischofstitel von Grosswardein rein nominellen Status (vgl. Emődi, Könyvtára, VIIf).

109 Diese Schrift läutete übrigens die „Trauerdekade" auf literarischer Ebene ein (vgl. Nagy, Geschichte Confessio, 123 ff; Tóth, Hitvallás, 26).

110 Vgl. [György Komáromi Csipkés], Molimen Sisyphium, Hoc est frustraneitas conatus [...] Reformatos in Ungaria non esse Confessionis helveticae, probare [...], Theopoli Hypozygiodae [= Klausenburg] 1672; [János Pósaházi], Falsitas Toti Mundo detecta. Seu: Refutatio Trium illorum Argumentorum, (unà cum eorundem Complemento) quibus Georgius Barsony, Episcopus Titularis Váradiensis, ostendere conatur, [...], Antwerpen [= Klausenburg] 1672; [Mihály Szathmárnémeti], Falsitas veritatis toti mundo declaratae. In negotio tolerantiae exercitii publici Religionis Protestantium in Ungaria, s.d.et s.l. (gedruckt in: Okolicsányi, Historia, Appendix, 146–152); vgl. Nagy, Geschichte Confessio, 125 f.

111 Pósaházi, Falsitas, B7ʳ.

Radnuten abgehalten, zu der Fürst Apafi auf Druck der Lehrer in Weissenburg eingeladen hatte.[112] Doch der Beschluss der Synode konnte den Streit um den Coccejanismus in Siebenbürgen und im Partium noch lange nicht beenden. Dézsi lehrte auch nach der Verurteilung weiterhin in coccejanischem Sinne. Bezeichnendes Exempel ist die theologische Disputation von István Enyedi über das 8. Kapitel der *Confessio Helvetica posterior*, die Enyedi 1681 bei Márton Dézsi am Kollegium in Strassburg a.m. hielt, und in der er wie Coccejus den infralapsarischen Standpunkt vertrat.[113] Nicht erstaunlich, dass er seine Disputation – sie besteht aus zwei Teilen – unter anderem auch dem seit Winter 1675/76 in Strassburg a.m. als Arzt und Lehrer wirkenden „Cartesianer" Ferenc Pápai Páriz, ehemals Schüler von Pál Csernátoni,[114] und dem 1673 gleichfalls verurteilten „Coccejaner" Pál Hunyadi, Pfarrer in Salzburg (Ocna Sibiului, RO), widmete.[115] Schliesslich verfasste János Pósaházi im Jahre 1684 seinen *Syllabus Assercionum, Thesium et hypothesium illarum (è multis) quibus Neoterici quidam Theologi & Philosophi hoc tempore in Belgio, Hungaria & Transylvania, scholas & Ecclesias turbant [...]* (Klausenburg 1685), um dem Cartesianismus und Coccejanimus den entscheidenden Schlag zu versetzen, indem er zahlreiche coccejanische und cartesianische Thesen untersuchte und widerlegte; unter den coccejanischen Thesen befanden sich auch deren fünf, die von Márton Dézsi stammten. Doch noch vor der Veröffentlichung kam das Werk in die Hände von Márton Dézsi und István Pataki, und es gelang den beiden eine (allerdings nie veröffentlichte!) *Replica ad Syllabum Cl. Johannis Pósaházi* zu verfassen.[116]

Die knappen Ausführungen sollen illustrieren, wie sehr sich in diesen Jahren die Verfolgung der Protestanten im königlichen Ungarn im theologischen Denken Siebenbürgens und des Partium niedergeschlagen hat, gleichzeitig aber die Auseinandersetzung mit dem Coccejanismus, der mit der cartesianischen Methode verbunden war, für die dortige Theologiegeschichte weit prägender und nachhaltiger war. Während die reformierte Kirche Siebenbürgens in der Verteidigung und „im Kampf" gegen die Verfolgungen Leopolds I. während des Trauerjahrzehntes in hohem Masse geeint war, spaltete sie sich in eben so hohem Masse während der ganzen zweiten Hälfte

112 Vgl. Bozzay, Einfluss, 224 f; Hanak, Geschichte, 34.
113 Vgl. István Enyedi, Disputatio theologica. De Lapsu, Peccato & Causa Peccati. Ex Capite VIII. Confessionis Helveticae [...] sub Praesidio Martini Desi [...], 2 Tle., Klausenburg 1681.
114 Vgl. Sipos, Bedeutung, 267 f; Mészáros, Filozófia, 49; Bucsay, Protestantismus I, 219; Zsindely, Pariz Pápai, 32. 36 f.
115 Vgl. Enyedi, Disputatio, A^v. B3^v.
116 Vgl. Replica ad Syllabum Cl. J. Johannis Pósaházi [...] Exhibita ad mandatum Celsissimi Principis et Sanctionis Consilii suae Celsitudinis per M D E P et S P C R C P, s.d. [1685], MTAL: Egyh. és Bölcs. 8-r. 16. Die Kürzel hat Béla Köpeczi gedeutet als „Martinus Dési Enyediensis Professor et Stephanus Pataki Collegii Reformatorum Claudiopolitani Professor" (Köpeczi, Politique, 15); die Ansicht von Zoványi und Bozzay, dass allein Márton Dézsi der Verfasser der *Replica* gewesen sei (vgl. Bozzay, Einfluss, 225 f; Zoványi, Coccejanismus, 138. 150), ist also abzulehnen (vgl. Mészáros, Filozófia, 46 f).

des 17. Jahrhaunderts an der Frage des Coccejanismus und der Anwendung der cartesianischen Methode. Dies traf aber nicht nur für das Fürstentum zu, sondern auch für die reformierte Kirche im königlichen Ungarn. Freilich konnten diese theologischen Auseinandersetzungen nicht mit gleicher Heftigkeit ausgetragen werden, da ja während des Trauerjahrzehntes die reformierte „Intelligenz" (Geistliche und Lehrer) fast vollständig ausgetilgt bzw. deportiert worden war. Bezeichnendes Beispiel ist der bereits erwähnte „Galeerensträfling" Ferenc Otrokocsi Fóris, der 1671 in Utrecht, unter anderem bei Frans Burman, studiert hatte;[117] in Utrecht hatte bereits der siebenbürgische Enzyklopädist János Apáczai Csere (1625–1659), Puritaner und Anhänger von Descartes, seine Studien absolviert.[118] Otrokocsi Fóris, der aus Oberungarn stammte, hatte nach seiner Befreiung von der Galeere in Zürich weitere Studien in Deutschland, England und Holland absolviert, bevor er in die Heimat kehrte und als Pfarrer in Rimaszécs (Rimavská Seč, SK), Gyöngyös und Kaschau wirkte.[119] Seine Schriften belegen einwandfrei, dass er durch coccejanisches und cartesianisches Gedankengut beeinflusst war. In einer Schrift, die Otrokocsi Fóris im Hinblick auf eine Synode in Kaschau (1689), die weitere strittige Fragen bezüglich der Thematik klären hätte sollen, verfasst hatte, zeigte er zudem die Ursachen – Unbesonnenheit, Selbstüberschätzung, Mangel an Lernfähigkeit – dieser theologischen Auseinandersetzungen auf und mahnte zu „pacem et concordiam".[120] Schliesslich trug der Coccejanismus nicht nur in Holland, sondern auch in Siebenbürgen und Ungarn den Sieg davon.[121] Die grosse Anzahl ungarischer Studenten in Holland trug natürlich das ihre dazu bei.[122]

---

117 Vgl. BOZZAY, Diákok, 136.

118 Vgl. FATA, Ungarn, 242 ff; MURDOCK, Calvinism, 104 ff; BUCSAY, Protestantismus I, 214; KÖPECZI, Politique, 11 f.

119 Vgl. ZOVÁNYI, Lexikon, 446.

120 Vgl. FERENC OTROKOCSI FÓRIS, Sententia media ac pacificatoria, De Remissione peccatorum Veteris & Novi Testamenti fidelium [...], Amsterdam 1690, Aʳ. Otrokocsi Fóris ging in seinen „Friedensbemühungen" noch weiter und kämpfte – wie einst John Dury (Duraeus) – für eine Union der Kirchen, war aber darin erfolglos. Ob in diesen Zusammenhang auch Otrokocsi Fóris' Konversion zu stellen ist, konnte bislang in der Forschung nicht beantwortet werden; jedenfalls trat er nach seiner „zweiten" Peregrination (1690–1693) – er studierte unter anderem in Franeker, wo auch seine sprachwissenschaftliche Studie *Origines Hungaricae* (Franeker 1693) erschien – zum Katholizismus über und wurde Professor für Recht an der Tyrnauer katholischen Universität (vgl. TRENCSÉNYI, Patriotism, 532 ff; MÉSZÁROS, Filozófia, 44; KÖPECZI, Politique, 15; ZOVÁNYI, Lexikon, 446 f).

121 Vgl. BOZZAY, Einfluss, 226 f; NAGY, Története, 77 ff.

122 Besonderen Einfluss auf die ungarischen Studenten hatte unter anderem der Franeker Lehrer Herman Alexander Röell (1653–1718), ein überzeugter Cartesianer, bei dem sich auch coccejanisches Gedankengut findet; von insgesamt 54 verteidigten Disputationen unter Röell sind deren 21 von ungarischen und siebenbürgischen Studenten (vgl. VAN SLUIS, Röell, 10 ff).

2.2 Kommunikationsgeschichte
der ungarisch-schweizerischen Kontakte

Natürlich definierten sich die ungarisch-schweizerischen Kontakte in der zweiten Hälfte des 17. Jahrhunderts auf verschiedene und vielfältige Weise. Dies ist verständlich, wenn wir bedenken, dass allein die Korrespondenz zwischen ungarischen und schweizerischen Gelehrten in den Jahren 1650 bis 1700 über 160 Briefe umfasste. Auf den bekannten diakonischen Aspekt der Kontakte – die Befreiung der ungarischen Prediger und Lehrer betreffend – haben wir bereits verwiesen.[1] Aber bereits vor der „Trauerdekade", nämlich im Jahre 1667, haben die Zürcher – in Fortsetzung der Unterstützung reformierter Gemeinden des königlichen Ungarn (z. B. Tyrnau, Komorn oder Skalitz) um 1650[2] – für die Errichtung des Gymnasiums in Eperies eine Steuer errichtet.[3] Auch haben wir über Johann Jakob Redinger, des ehemaligen Pfarrers von Urdorf, der im Jahre 1664 eine Reise nach Mittelungarn ins türkische Heerlager antrat, berichtet. Diese und andere Themenbereiche sind zwar oft nur fragmentarisch aufgearbeitet, sind aber für unsere theologiegeschichtlichen Fragestellungen nicht in jedem Fall von Relevanz, weswegen sie, nur wenn sie mit unserer Thematik direkt oder indirekt in einem Zusammenhang stehen, thematisiert werden.

Für die Theologiegeschichte von besonderer Relevanz ist die Kommunikationsgeschichte in diesen Bereichen, wo sich eine geistig-theologische Beziehung zwischen den beiden Gebieten offenbart. Dies kann beispielsweise die Rezeption theologischen Gedankengutes, die Verteidigung einer theologischen Richtung oder auch nur eine geistig-theologische Verbundenheit betreffen. Diesbezüglich massgebend bleiben die bereits hinlänglich bekannten Bereiche Peregrination, Korrespondenz und Buchgeschichte.

---

1 In diesem Zusammenhang ist auch auf eine juristische Angelegenheit zu verweisen, die sich in Zürich infolge der Beherbergung der ungarischen Galeerensträflinge zugetragen hat: Péter Czeglédi, ehemals Pfarrer in Lewenz (Levice, SK), genoss in Zürich die Gastfreundschaft von Hans Konrad Burkhard (1613–1681), Pfarrer an der Predigerkirche (vgl. Verzeichnis der Gastgeber, ZBZ: F 199, 567; zu Hans Konrad Burkhard vgl. Dejung, Pfarrerbuch, 233). Dessen Tochter Elisabeth gebar 1677 ein uneheliches Knäblein, und es bestand der Verdacht, dass Czeglédi der Vater des Kindes sei. Obwohl Czeglédi selbst dies energisch bestritten hat, enstand in der Folge ein Schriftenwechsel mit kirchlichen und richterlichen Vertretern des ungarischen Bezirkes, in dem Czeglédi gedient hatte. Die Zürcher mussten dennoch feststellen: „Ob er aber schuldig oder nicht, thun wir Gott befehlen." (Bestätigung von Rudolph Hospinian und Johann Heinrich Heidegger, 19. Oktober 1677, ZBZ: B 304, 279); vgl. Akte zu Péter Czeglédi, ZBZ: B 304, Nr. 100; Häne, Befreiung, 173).
2 Vgl. oben S. 519 ff.
3 Vgl. Steuer an die Aufrichtung d. Academij zu Eperies in Ungarn (1667), StAZ: A 185 (1), 52–54.

a. Die ungarländische Peregrination in der zweiten Hälfte des 17. Jahrhunderts

In der ersten Hälfte des 17. Jahrhunderts haben wir eine quantitativ sehr unbedeutende Stellung der ungarländischen Peregrination in die Schweiz festgestellt. Dies trifft auch für die zweite Hälfte des 17. Jahrhunderts zu. Wir kennen die Namen von etwa 30 ungarländischen Protestanten, die an Schweizer Akademien und Universitäten studiert haben.[4] Zudem wissen wir, dass, abgesehen von der Unterstützung der befreiten Galeerensträflinge sowie der Befreiten aus Port Buccari, weitere achtzehn ungarländische Studenten in Basel oder Zürich eine finanzielle Unterstützung erhielten. Dabei handelt es sich einerseits um Ungarn aus Siebenbürgen, dem königlichen Ungarn sowie dem partiell noch bis in die 1690er Jahre türkisch besetzten Mittelungarn,[5] andererseits aber auch um Slowaken und Deutsche aus dem königlichen Ungarn.[6] Dieselben kamen nur um einer Unterstützung willen nach Zürich sowie, in geringerem Masse, nach Basel, und zogen weiter, ohne dass sie – soweit bekannt – Studien absolviert hätten. Der Hintergrund der Unterstützungsgesuche liegt darin, dass die Schweizer Hilfsaktion andere ungarländische Peregrinanten ermutigt hatte, in Zürich oder Basel um eine Unterstützung anzufragen.[7] Die Unterstützungsgesuche stammten nämlich, mit Ausnahme von zwei Fällen,[8] alle aus den Jahren 1678 bis 1700.[9] Allerdings gründeten die genannten Unterstützungsgesuche noch nicht auf den institutionalisierten Stipendien, die in Basel, Bern, Genf und Zürich in den ersten Dekaden des 18. Jahrhunderts für ungarische Theologiestudenten eingerichtet

---

4 Szögi und Hegyi nennen 33 Ungarn, doch in ihren Studien werden jeweils die Immatrikulationen gezählt, so dass manche Namen doppelt vorkommen (vgl. Szögi, Peregrináció-kutatás, 150 f; Hegyi, Diákok, 48 ff. 80. 86. 90. 92).

5 Folgende Ungarn haben Unterstützung erhalten oder haben sich vorübergehend in der Schweiz aufgehalten: Ferenc Szigeti (1680), David Tibius (1685), György Károly Lovensky (1687), György Károly Remeceb (1689), Sámuel Bándi (1692) sowie Pál Teleki (1698) (vgl. StAZ: E II 493, 8ᵛ. 13ᵛ. 15ᵛ. 18ʳ; UBB: AN II 30, 23ʳ; OSzK: Duod. Lat. 168, 107. 112. 119 et passim; vgl. Hegyi, Hungarica-Eintragungen, 204ff; DERS., Szokásai, 388; Font, Teleki, 331 f).

6 Folgende Slowaken und Deutsche haben Unterstützung erhalten: Adam Zernick (1678), Andreas Zernick (1678), Andreas Blasius (1678), Christian Langsfeld (1678), Peter Sextius (1678), Johannes Sextius (1678), Andreas Zarkolitzky (1678), Rudolf Sobert, Baron von Zangued (1683), Heinrich Stroband (169[0]) sowie Johannes Mikulitz (1699) (vgl. StAZ: A 185 (1), 123–147).

7 Dass Ungarn, Slowaken und Deutsche in den Genuss der Unterstützungsgelder kamen, hat wohl damit zu tun, dass die Befreiungsaktion gleichermassen Ungarn („Reformierte") und Deutsche („Lutheraner") betroffen hatte.

8 Es handelt sich um Samuel Samaraeus (Hungarus), Medizinstudent, der sich am 30. April 1663 ins Fremdenbuch der Universität Basel eintrug und Unterstütung erhielt, sowie Jakob Erhard Preining (Hungarus); letzterer trug sich am 21. September 1666 ins Fremdenbuch ein (vgl. Fremdenbuch der Universität Basel, 1664–1822, UBB: AN II 30, 110ʳ. 129ʳ; vgl. Hegyi, Szokásai, 388).

9 Auch nach 1700 erhielten einige wenige ungarländische Studenten in Zürich und Basel auf ihrer Durchreise finanzielle Unterstützung (vgl. StAZ: A 185 (1), 148–150).

worden waren.[10] Die Einrichtung von Freiplätzen war ein wesentlicher Grund dafür, dass ab dem Jahre 1710 die Immatrikulationen ungarischer Studenten in Basel und Zürich unerwartet anstiegen.[11]

Doch kehren wir zurück zu den ungarländischen Peregrinanten, die in der zweiten Hälfte des 17. Jahrhunderts in Zürich, Basel, Genf und Lausanne studiert haben.[12] Von den 30 Studenten stammten deren siebzehn aus dem königlichen Ungarn und Mittelungarn, wobei sechs aus dem Gebiet der heutigen Slowakei kamen; die Herkunft der anderen Studenten war Siebenbürgen und das Partium.[13] Bemerkenswert ist insbesondere, dass vor Beginn der „Trauerdekade" (1671) sich lediglich zwölf Ungarn in Basel, Zürich, Genf oder Lausanne immatrikuliert haben, während der „Trauerdekade" aber fünfzehn Ungarn in Zürich, Basel und Genf studierten; von 1680 bis 1693, als der Galeerensträflingssohn Pál Séllyei sich in Zürich immatrikulierte,[14] ist hingegen kein Ungar bekannt, der in der Schweiz seine Studien absolviert hätte. Bis 1710 studieren wieder sporadisch einzelne Ungarn in Zürich, Basel, Genf und Zürich. Was mögen die Hintergründe für diese seltsame Inkontinuität sein?[15]

Die Tatsache ausbleibender ungarischer Studenten kann nicht nur damit erklärt werden, dass das Schweizer Hochschulwesen für ausländische Studenten nicht mehr genug Anziehungskraft gehabt hätte. Wenn auch die Bedeutung der Basler Universität in der betreffenden Zeit deutlich abnahm, gab es doch andere ausländische Studenten an den schweizerischen Akademien und Universitäten.[16] Und die Studentenperegrination aus dem Karpatenbecken an andere Universitäten und Akademien Europas ist zwar abnehmend,

---

10 Wir wissen, dass von der Sammelaktion zur Befreiung der Galeerensträflinge und Gefangenen in Port Buccari im November 1677 noch deren 7166 Gulden übriggeblieben waren. Mit diesem Geld wurden besagte Stipendien eingerichtet, um den reformierten Ungarn in Basel, Zürich, Bern und Genf Freiplätze zu schaffen, wobei Bern für vier, Zürich für drei, Genf und Basel je für zwei Ungarn aufkam (vgl. BERNHARD, Zürich, 211 f; ZSINDELYI, Befreiung, 128 f; PFISTER, Kirchengeschichte II, 508; TÖRÖK, Collégium, 291 f; MÖRIKOFER, Geschichte, 167).

11 Vgl. HEGYI, Hungarica-Eintragungen, 198 ff; DERS., Diákok, 15 ff (vgl. Ungarn: Allgemeine Beziehungen 1477 – 1728, StAZ: A 185 (1), 152 ff).

12 Von Bern besitzen wir keine Angaben, wenn auch wir wissen, dass einzelne Ungarn sich in Bern aufgehalten haben.

13 Ein Student war ein Siebenbürger Rumäne, nämlich Mihai Halici aus Karansebesch (Caransebeş, RO), der 1674 in Basel studiert hat. Allerdings fehlt eine Immatrikulation, doch sein Studienaufenthalt ist wegen eines poetischen, in altrumänischer Sprache verfassten Applauses zur Doktorpromotion von Ferenc Pápai Páriz gesichert (vgl. Mihai Halici: „Kent ßenerate, ßeründ la voj, Rumanus Apollo, […]", in: Vota solennia Quae Nobilissimi & Clarissimi Viri D. Francisci Pariz de Pápa Transylvano-Ungari […] D. Joh. Henrico Glasero […] designato […] Gratulabundi addiderunt Praeceptores, Fautores, […], Basel 1674, B3ᵛ); vgl. SZABÓ, Erdélyiek, 198.

14 Vgl. HEGYI, Diákok, 50.

15 Dazu ist auch zu vgl. HEGYI, Hungarica-Eintragungen, 198 ff.

16 Vgl. GAGLIARDI, Universität, 49; BONJOUR, Universität, 242 ff; STAEHELIN, Geschichte, 87.

aber doch gleichwohl anhaltend.[17] Vielmehr ist – wie in der ersten Hälfte des 17. Jahrhunderts – die Schweiz kein bevorzugtes Studienland für die Ungarn. Eine nennenswerte Ausnahme bildete dabei, wenn auch in bescheidenem Masse, die Zeit der „Trauerdekade". Dies wird uns vor allem im folgenden Kapitel intensiver beschäftigen.

Die ungarländischen Studenten – mit wenigen Ausnahmen gehörten sie der ungarischen Ethnie an – widmeten sich vor allem der Theologie; zwei studierten Medizin und weitere zwei Philosophie.[18] Von einigen Ungarn sind einzig der Name, die Herkunft und frühere Studienorte bekannt, von anderen haben wir detailliertere Kenntnisse. Grundsätzlich lässt sich aber erkennen, dass die Mehrheit derjenigen Ungarn, also rund zwanzig an der Zahl, die in Basel studiert haben, vorangehend an einer holländischen, z. T. auch an einer deutschen oder englischen Universität studiert hat. Basel stand damit für die Ungarn nicht an erster Stelle, und die Universität hatte seine Anziehungskraft weitestgehend eingebüsst. Damit wird keineswegs besagt, dass das wissenschaftliche Niveau in Basel nicht gut gewesen wäre. Es darf daran erinnert werden, dass bei den meisten Ungarn, die in Basel studiert haben, die Basler Universität den Abschluss ihrer Peregrination bildete, drei haben ihre Studien gar mit dem Doktorat gekrönt.[19] Umgekehrt kamen die Ungarn meist direkt aus der Heimat bzw. aus den Kollegien in Debrecen, Pápa und Enyed an die Hohe Schule in Zürich.[20] Zürich besass, zumindest vorübergehend im Trauerjahrzehnt, unter den ungarischen reformierten Kollegien einen hervorragenden Ruf. Aus einem Brief von István Komáromi, Pfarrer in Ács neben Komorn, wissen wir, dass István Mocsai und Mihály Rimaszombati, die beide Alumnen des Kollegiums in Debrecen gewesen waren,[21] von den Debreciner Professoren fürs Studium in Zürich empfohlen worden sind.[22] In den kommenden Jahren wurde Zürich von den Ungarn „regelmässig" aufgesucht. Äusserst marginal

---

17 Allein in den Niederlanden haben zwischen 1650 und 1700 über 850 Ungarn studiert (vgl. Bozzay, Diákok, passim). Über die rege Studentenperegrination in die Niederlande berichtete auch Ferenc Pápai Páriz an Johann Heinrich Heidegger (vgl. Ferenc Pápai Páriz an Johann Heinrich Heidegger, 18. Dezember 1689, ZBZ: D 181, 306; Ferenc Pápai Páriz an Johann Heinrich Heidegger, 17. April 1680, ZBZ: B 9, 137).

18 Medizin studierten Johann Christoph Knogler (1655/56) sowie Ferenc Pápai Páriz (1673/74), Philosophie studierten Pál Csernátoni (1665) und Johannes Bornagius (1677) (vgl. Hegyi, Diákok, 48 ff.).

19 Johann Christoph Knogler hat im Februar 1656 in Medizin, Tamás Veresegyházi im Mai 1674 in Theologie, und Ferenc Pápai Páriz im Oktober 1674 gleichfalls in Medizin promoviert (vgl. Hegyi, Nyomtatványai, 294 ff; Hegyi, Diákok, 48 ff; MUB III, 510; MUB IV, 73. 84).

20 Vgl. Hegyi, Diákok, 92.

21 Vgl. Thury, Adattár, 143.

22 Vgl. István Komaromi an Johann Heinrich Heidegger, 25. März 1670, ZBZ: B 9, 114. Die beiden Ungarn zogen nach dem Besuch des Kollegiums in Debrecen allerdings nicht nach Zürich, sondern blieben in der Heimat. Rimaszombati – sein Vater hatte bereits in Basel studiert – wurde Rektor der Schule in Tokaj (vgl. Thury, Adattár, 143). Unklar ist, ob es sich bei dem 1679 in Zürich immatrikulierten Mihály Rimaszombati um den von Komaromi im Jahre 1670 erwähnten oder um einen anderen gleichnamigen Studenten handelt (vgl. Hegyi, Diákok, 92).

war allerdings die Bedeutung der Genfer Akademie für die Ungarn. Gerade einmal von vier Ungarn haben wir gesicherte Informationen, dass sie in der zweiten Häfte des 17. Jahrhunderts in Genf studiert haben: Der Siebenbürger Péter Szathmári Bacca besuchte nach seinen Studien in Groningen, Franeker, Harderwijk und Leiden im Jahre 1651 auch noch die Akademie in Genf, vier Jahre später studierte Tamás Tiszabécsi, nach Studien in Leiden, Frankfurt a.O., Franeker, Utrecht und Heidelberg, gleichfalls in Genf, und schliesslich zog István Gyöngyösi nach seinen Studien in Zürich im Sommer 1676 über Basel[23] weiter nach Genf.[24] Zusätzlich besuchte der ehemalige Galeerensträfling Bálint Kocsi Csergő (1647–1698) nach seinen Studien in Basel 1678 auch noch die Akademie in Genf.[25]

In diesem Zusammenhang ist es wichtig darauf hinzuweisen, dass die befreiten ungarischen Galeerensträflinge sich zwar längere Zeit in der Schweiz aufgehalten haben, nicht aber der Peregrinationsgeschichte zugerechnet werden dürfen. Die Mehrheit derselben hatte ihre Studien seit langem absolviert und, bevor die befreiten Ungarn in die Schweiz kamen, bereits mehrere Jahre geistliche und schulische Aufgaben innegehabt. Auch Bálint Kocsi Csergő hatte seit 1671 als Rektor des Kollegiums in Pápa gewirkt. Weil er aber keine ausländischen Universitäten besucht hatte, holte er dies im Anschluss an die Befreiung von der Galeere nach und liess sich am 24. Oktober 1677 in Basel einschreiben. Nach seiner Heimkehr wurde er in Pápa erneut Rektor des Kollegiums.[26]

Folgend soll ein Blick auf die Studien derjenigen Ungarn geworfen werden, die zwar in der Schweiz studiert, sich aber nicht vornehmlich der Theologie gewidmet haben. Sie geben einen exemplarischen Einblick in die Studentenwege der ungarischen Studenten und illustrieren den Wissensaustausch zwischen ungarischen und schweizerischen Gelehrten. Aus Pressburg stammte Johann Christoph Knogler (1630–1698), der seine ersten medizinischen Studien in Strassburg absolviert und mit den beiden Disputationen *Problemata Physica Miscellanea* (Strassburg 1653) und *Theoremata Anatomica Miscellanea* (Strassburg 1653) abgeschlossen hatte. Im Sommer 1655 zog Knogler nach Süden und immatrikulierte sich im September in Basel, wo er bei Emmanuel Stupan (1587–1664), dem Sohn des bekannten Basler Professors Johann Nikolaus Stupan, mit seiner Arbeit *Theses Inaugurales Mis-*

---

23 Am 27. September 1676 trug sich Gyöngyösi ins Gästebuch der Universität Basel ein (vgl. Fremden-Buch 1664–1822, UBB: AN II 30, 175ᵛ).

24 Vgl. Hegyi, Diákok, 80. Unklar ist es, ob ein weiter nicht bekannter Ungar mit Namen „Kapeissi" (= Kapossi?) gemeinsam mit Gyöngyösi nach Genf gekommen ist; die Angaben aus dem Protokoll der *Vénérable compagnie des Pasteurs* vom 9. Februar 1677 sind diesbezüglich kaum weiterführend. Philipp Mestrezat hält einzig fest, dass er darum gebeten worden sei, diesem Ungar Werke von Viret u. a. zu senden (vgl. Szél, Adatok, 924).

25 Vgl. Hegyi, Diákok, 50. 86; Szél, Adatok, 924 f. Im Mai 1682 hielt sich vorübergehend zudem ein weiterer Ungar in Genf auf, um die Buchdruckerkunst zu erlernen (vgl. Szél, Adatok, 925).

26 Vgl. Köntös, Kollégium, 44; Köblös, Országban, 43 f.

cellanea quas Coelesti Archiatro Duce Iussu [...] (Basel 1655) zum Doktor der Medizin promovierte.[27] Aus Anlass dieser Promotion verfassten verschiedene Freunde von Knogler poetische Applause, darunter auch Johannes Tonjola (1634–1700), „ex Valle Tellina, Rhaetus"[28], seit 1649 als Hörer an der Universität Basel immatrikuliert, seit 1652/53 Student der Theologischen Fakultät und nach 1656 Pfarrer der italienischsprachigen reformierten Gemeinde in Basel.[29] Tonjola wünscht Knogler in seinem Gratulationsgedicht viel Erfolg für die Zukunft:

Und euch Herr Knogler auch/dañ jhr der Arzten Cron/
Durch eure wissenschaft heut billich trägt davon/
    Bekränzt und Lobes voll.
    Wolan braucht eure Kunst
Zu truzz dem kalten Tod/und zieht nach Hause hin/
Die Freunde werden euch mit freud' entgegen ziehn/
    Und weisen ihre Gunst.
    Lebt wol in stäter ruh
Herr Doctor Knogler jhr/grünt wie der Palme pflegt/
Tragt bald den Myrtenstrauch wie jhr den Lorbeer trägt
    Viel tausend mal glükk zu.[30]

Derselbe Tonjola, der Knogler zur Promotion gratuliert hat, wurde nach weiteren Studien am 11. Oktober 1665 unter dem Vorsitz von Christoph Faesch (1611–1683), Professor für Logik und Geschichte, mit einer Disputation über das Thema *De laudibus urbis Basilea*[31] zum *Magister artium*

27 Vgl. Afflante itaque divinae benignitas aurà: Inclyti senatus apollinei rauracum ex voluntate & Edicto Emmanuel Stupanus [...] Non minus propria, quam avita Virtute [...] Dn. Joh. Christophoro Knogler, Poson. Hungar. [...] ad diem 14. Febr. Mens. [...], Basel 1656 (vgl. UBB: Ki.Ar. G I 7, Bd. IV, Nr. 243).

28 So die Selbstbezeichnung von Tonjola in seiner Promotionsurkunde (vgl. Benedictum sit nomen domini in aeternum [...] Non abs re igitur Magnificus Ordo Philosophorum Basiliensium... Dn. Johanni Toniolae a' Mossinis ... Dn. Paulo Tsernatoni Transylvano... postquam insignem in omni eruditionis genere,... decrevit. Id authoritate principali, more rituq. majorum collaturus Christophorus Feschius ... in D. XI. KL. Octobr... rogat, invitat, vocat [...], Basel 1665).

29 Vgl. HEGYI, Diákok, 48; MUB III, 460. Neben seiner Tätigkeit als Pfarrer der italienischsprachigen reformierten Gemeinde gab er verschiedene theologische und philosophische Schriften – es sind z. B. seine deutsche Übersetzung von Joseph Halls *Quo vadis? A just censure of Travel* (London 1617; Basel 1665) oder sein Werk *Die Kenn-Zeichen der Tugenden und Laster* (Basel 1668) zu erwähnen – heraus (vgl. BERNHARD, Gelehrtenkontakte, 262 f; HEGYI, Nyomtatványai, 294 f. 304 f).

30 Vgl. Prosperis successibus gloriae literariae honoribus doctoralibus... Joh. Christophori Knogleri Pannonii ... a' promotore... Emmanuele Stupano... congratulantur applaudunt amici, Basel s.d. [1656], A4ʳ. Überhaupt scheint Tonjola poetisch begabt gewesen zu sein: Er verfasste z. B. auf den Rektoratsantritt von Johann Friedrich Burckhardt ein Gratulationsgedicht (1665) oder auf den Tod von Oberst Herkules von Salis-Marschlins ein Trauergedicht (1687).

31 Tonjola hat bereits 1661 Johannes Gross' *Urbis Basiliensis epitaphia et inscriptiones* (1622; weitere Aufl.), dessen Inschriftenverzeichnis er bis 1660 fortgeführt hat, neu herausgegeben

promoviert. Bemerkenswert ist es nun, dass auf der Promotionsurkunde neben Tonjola der Name eines weiteren Studenten genannt ist, der bei Faesch disputiert hatte.[32] Es handelt sich um den Siebenbürger Pál Csernátoni (1633?–1676), der nach Aufenthalten in Heidelberg, Leiden, London und Oxford in Basel seine Studien am 21. September 1665 mit elf *Theses philosophicae* abgeschlossen hatte.[33] Schliesslich verfasste Sebastian Faesch, der Sohn von Christoph Faesch, auf die Magisterpromotion von Csernátoni und Tonjola – die beiden müssen also gut befreundet gewesen sein – einige griechische Gratulationsverse.[34] Nach seiner Heimkehr wirkte Csernátoni am Kollegium in Strassburg a.M.; er gehörte zu jenen Lehrern, die 1673 auf der Synode zu Radnuten wegen ihrer coccejanischen bzw. cartesianischen Lehre verurteilt worden waren.[35]

Schliesslich ist der siebenbürgische Arzt Ferenc Pápai Páriz zu erwähnen, der seine ersten Studien unter anderem[36] in Strassburg a.M. bei dem soeben erwähnten Pál Csernátoni absolviert hat, dann aber im Frühling 1672 das Kollegium verliess und seine Peregrination antrat, die ihn über Breslau nach Leipzig führte.[37] Am 18. August 1672 erwähnt Pápai Páriz in seinem Tagebuch, dass der Theologiestudent Tamás Veresegyházi mit anderen ungarischen Studenten in Leipzig angekommen sei. Die beiden Ungarn zogen noch im gleichen Jahr gemeinsam nach Marburg. Hier trafen sie am 11. November ein und begegneten weiteren Ungarn, namentlich János Horváti Békés (~1648–1674), der seit Juli 1672 in Marburg studiert hatte.[38] Am 8. Februar 1673 verliessen Veresegyházi, Pápai Páriz und Horváti Békés gemeinsam die Stadt

---

(vgl. JOHANNES TONJOLA, Basilea sepulta retecta continuata. Hoc est: Tam urbis quam agri basilensis monumenta sepulchralia, templorum omnium, curiae, academiae, aliarumque aedium publicarum latinae et germanicae inscriptiones [...], Basel 1661).

32 Vgl. FAESCH, Benedictum sit nomen.

33 Vgl. PÁL CSERNÁTONI, Theses philosophicae quas, occasione laureae magisterialis capessandae [...], Basel 1665 (vgl. HEGYI, Diákok, 49). Zwischenzeitlich hat sich Pál Csernátoni auch noch in Bern aufgehalten, wie ein Stammbucheintrag belegt (vgl. Eintrag von Professor Johann Rudolph Hübner († 1692) ins Stammbuch von Pál Csernátoni, 6. August [1665], TiREK: Kt. 403/8, 672 [Abschrift von István Kocsi Csergő]).

34 Vgl. SEBASTIAN FAESCH, Τοις κατ αξαν λαβουσι τας προς την φιλοσοφιαν μεγιστας τιμας... Κω. Ιωαννη τω Τονιωλα, Ραιτω, και... Κω. Παυλω τω Τσερνατωνι Παιοδακω... συγχαιρει Σεβαστιανος ο Φεσχιος..., s.l. [Basel] 1665 (vgl. BERNHARD, Gelehrtenkontakte, 263 f; HEGYI, Nyomtatványai, 306 ff).

35 Vgl. oben S. 572 f.

36 Wegen der dauernden Einbrüche der Tartaren musste Pápai Páriz mehrfach den Schulort wechseln. So ist bekannt, dass er Schulen in Dés, Weissenburg, Bistritz, Neumarkt a.M., Strassburg a.M. und Klausenburg besucht hat (vgl. HEGYI, Diákok, 49; ZSINDELY, Pariz Pápai, 32). ZSINDELY informiert falsch, wenn er festhält, dass Pápai Páriz in Strassburg bei János Apáczai Csere studiert habe, denn Apáczai Csere verstarb im Jahre 1659, Pápai Páriz studierte aber erst seit 1665 in Strassburg (vgl. Nomina studiosorum, qui illustre hoc Collegium nostrum Enyedense Reformatum, [...], in: JAKÓ, Diákok, 97; PÁPAI PÁRIZ, Naplója, 382).

37 Vgl. SIPOS, Bedeutung, 267; MÉSZÁROS, Filozófia, 49; ZSINDELY, Pariz Pápai, 32 f.

38 Vgl. PÁPAI PÁRIZ, Naplója, 397 f; HORVÁTI BÉKÉS, Diáknaplója, 58; SZALAY, Hungaricák, 379 f.

und zogen über Giessen, Frankfurt a.M., Darmstadt, Heidelberg und Strassburg nach Basel, wo sie am 24. Februar eintrafen.[39] In Basel studierte Ferenc Pápai Páriz Medizin, insbesondere bei Johann Heinrich Glaser (1629 – 1675), der eine rege öffentliche Sektions- und Obduktionstätigkeit betrieb; daneben absolvierte er auch Studien bei Johann Caspar Bauhin, Nicolaus Passavant, Johann Jakob Hofmann, Johann Jakob Buxtorf u.s.w.[40] Im Oktober 1674 schloss Pápai Páriz seine Studien unter dem Vorsitz von Glaser mit einer Dissertation *De tribus consiliis medicis* (Basel 1674) ab.[41] Da sich Johann Heinrich Glaser ganz besonders um den begabten siebenbürgischen Studenten gekümmert hatte, hielt Pápai Páriz, als sein Lehrer im folgenden Februar unerwartet verstarb, am 15. März 1675 an der Festsitzung der Universität im Auftrag der Fakultät gar die Gedenkrede auf Glaser.[42] Mitte April zog Pápai Páriz weiter nach Zürich, wo er sich unter anderem mit Johann Heinrich Heidegger, Johannes Lavater, Johannes von Muralt sowie Johann Caspar Schweizer austauschte.[43] Gemeinsam mit dem bereits in Zürich weilenden János Kállai Kopis (~1645 – 1681) machte er sich nach Schaffhausen auf.[44] Die beiden Ungarn logierten vorübergehend im Hause von Hans Conrad Peyer, des Vaters des „Candidatus" Johann Conrad Peyer (1653 – 1712),[45] bevor sie auf verschiedenen Wegen und zu verschiedenen Zeiten in ihre Heimat zurückkehrten.[46] Pápai Páriz suchte auf seiner Heimkehr auch Márton Szilágyi Tönkő in Debrecen auf, wurde aber bald darauf von der Landesfürstin damit

39 Vgl. PÁPAI PÁRIZ, Naplója, 499; HORVÁTI BÉKÉS, Diáknaplója, 59 f.

40 Vgl. Brevis Descriptio Vitae Excellentissimi Viri, D. Francisci Pariz Papai Transylvani, Med. D. & in Illustri Colleg, Enyediensi P.P., in: ULRICH, Miscellanea II/2, 187 f.

41 Vgl. Scilicet Sapientia [...] Quando igitur viri praestantissimi [...] D. Melchior Süssebach / Lesna-Polonus, D. Franciscus Pariz de Papa, Transylv. Ungarus, [...] Decreto et jussu ejusdem, divino adspirante numine, autoritate principali, Joanne Henrice Glasero, [...], Basel 1675. Aus Anlass seiner Promotion erschien eine Sammlung von poetischen Applausen, wozu sowohl Basler Gelehrte als auch Mitstudenten aus der Schweiz, Ungarn und Siebenbürgen Gedichte beigesteuert hatten (vgl. PÁPAI PÁRIZ, Vota solennia).

42 Vgl. FERENC PÁPAI PÁRIZ, Sancta merx Viri [...] D. Joh. Heinrici Glaseri [...] Oratione panegyrica [...], Basel 1675 (vgl. HEGYI, Nyomtatványai, 299ff).

43 Vgl. PÁPAI PÁRIZ, Naplója, 506 f; PÁPAI PÁRIZ, Descriptio Vitae, 188.

44 In Schaffhausen („Scafusii in aedibus Peieranis [...]") verfasste Ferenc Pápai Páriz am 4. Mai 1675 auch seinen poetischen Applaus für den Druck der *Dissertatio textualis De peccato in spiritum sanctum* (Zürich 1675) von János Kállai Kopis (vgl. Ferenc Pápai Páriz: „Τίς πέλει ΙΗΤΡΟ Ϲ; ταχέως [...]", in: JÁNOS KÁLLAI KOPIS, Dissertatio textualis De peccato in spiritum s [anctum]. Ex Matth. Cap. XII. v. 22 – 32 [...] praeside Viro Desideriorum Dn. Joh. Henr. Heideggero, [...], Zürich 1675, Cᵛ).

45 Johann Conrad Peyer, der 1673 bis 1675 in Basel Medizin studiert, sich also gleichzeitig wie Pápai Páriz in Basel aufgehalten hatte, pflegte zu Pápai Páriz ein freundschaftliches Verhältnis. Nach einem vorübergehenden Aufenhalt in seiner Heimatstadt Schaffhausen schlossen sich von 1677 bis 1680 weitere medizinische Studien in Genf, Paris, Montpellier u.s.w. an, bevor Peyer 1681 in Basel promovierte und schliesslich Stadtarzt von Schaffhausen wurde (vgl. PEYER, Bildnis; SCHMID, Peyer, 244 – 250).

46 Vgl. PÁPAI PÁRIZ, Naplója, 506 f; ZSINDELY, Kútfők, 843 f; Briefe von Ferenc Pápai Páriz aus Schaffhausen, Juni 1675, ZBZ: D 181, 146 – 150. 159 f; UBB: G 2 I 7, 120 f.

beauftragt, für das Kollegium in Strassburg a.M. eine Apotheke einzurichten. Schliesslich wurde dem Cartesianer Pápai Páriz 1680 am Kollegium ein Lehrstuhl angeboten, vorerst für Griechisch, Ethik und Philosophie, später auch für Physik und Theologie.[47]

Die Studienwege von Knogler, Csernátoni und Pápai Páriz illustrieren, inwiefern die Schweiz auch in der zweiten Hälfte des 17. Jahrhunderts für die ungarischen Reformierten kein bevorzugtes Peregrinationsland war. Die Untersuchung der Personenkontakte, des Wissensaustausches und der späteren Tätigkeit der Peregrinanten geben aber deutliche Hinweise darauf, dass dieselben durch die hiesigen Studien an der Universität in Basel oder an der Hohen Schule in Zürich wesentlich mitgeprägt waren. Darüber sollen insbesondere die folgenden Abschnitte vielfältig Zeugnis abgeben.

b. Die ungarisch-schweizerische Korrespondenz in der zweiten Hälfte des 17. Jahrhunderts

Die Korrespondenz zwischen ungarischen und schweizerischen Gelehrten umfasste in den Jahren 1650 bis 1700 über 160 Briefe, verfasst von 28 ungarischen Studenten und Pfarrern. In diesem Zusammenhang ist schon die Äusserung gefallen, dass diese reiche Korrespondenz durch den Einsatz Zürichs und der anderen reformierten Orte der Schweiz begründet worden sei.[48] Die Untersuchung der Korrespondenz offenbart uns aber ein in zweierlei Hinsicht anderes Bild. Erstens ist festzustellen, dass die Korrespondenz zwischen 1650 und 1700 eine erstaunliche Kontinuität aufweist. Bis zum Juni 1676, also vor der Ankunft der befreiten Ungarn, umfasst die Korrespondenz nämlich rund 60 Briefe, verfasst vor allem von Studenten aus Ungarn und Siebenbürgen. Zweitens macht auch nach 1676 die Korrespondenz der ungarischen Studenten einen grossen Teil aus. Die Mehrheit der Korrespondenten sind also nicht die befreiten ungarischen Prediger und Lehrer aus dem königlichen Ungarn, sondern ungarische Peregrinanten, die ihre Studien in Zürich und/oder Basel absolviert haben. Dazu gesellten sich noch einige reformierte Persönlichkeiten Ungarns bzw. Siebenbürgens wie Márton Szilágyi Tönkő oder Márton Dézsi. Von den befreiten Ungarn haben nur deren vier, nachdem sie Zürich verlassen hatten, mit Heidegger regelmässig Korrespon-

---

47 Vgl. Sɪᴘᴏꜱ, Bedeutung, 267; Mᴇ́ꜱᴢ́ᴀʀᴏꜱ, Filozófia, 49; Zꜱɪɴᴅᴇʟʏ, Pariz Pápai, 36 . Der Medizin blieb aber Pápai Páriz zeitlebens treu. Bekannt geworden ist er vor allem dank seines Werkes *Pax corporis* (Klausenburg 1690), mit dem er das damalige medizinische Wissen im Sinne einer „Hausmedizin" dem Volk zur Verfügung stellen wollte. Das Werk war so beliebt, dass es zu Lebzeiten von Pápai Páriz deren vier, nach seinem Tode weitere drei Auflagen erlebte (vgl. Zꜱɪɴᴅᴇʟʏ, Pariz Pápai, 37; RMK I 1387. 1432. 1474. 1636; u.s.w.).

48 Vgl. Zꜱɪɴᴅᴇʟʏ, Dokumente, 114–120; vgl. Korrespondenz zur Befreiung der Galeerensträflinge, ZBZ: B 9. D 181.

denz gepflegt.[49] Dabei handelt es sich um István Harsányi Móricz, Ferenc Otrokocsi Fóris, Jakab Csúzi Cseh sowie Bálint Kócsi Csergő. Dass István Harsányi Móricz, Pfarrer in Rimaszombath, zusammen mit István Séllyei, Bischof von Transdanubien, bis im Herbst 1677 in Zürich weilte, haben wir bereits berichtet. Das Oelbild von Conrad Meyer, Kupferstecher und Maler aus Zürich, auf dem Séllyei und Harsányi Móricz abgebildet,[50] aber auch alle Namen der Galeerensträflinge, die nach Zürich kamen, aufgeführt sind und im Hintergrund eine Galeere gemalt ist, gibt darüber ein eindrückliches Zeugnis ab. Harsányi Móricz blieb mit Heidegger bis 1688, als er schon lange wieder in Rimaszombath als Pfarrer wirkte, in Briefkontakt und informierte ihn ausführlich und regelmässig über die politische und kirchliche Situation in Ungarn.[51] Ferenc Otrokocsi Fóris' Aufenthalt in der Schweiz, seine Memoiren *Furor bestiae contra testes Jesu Christi in Hungaria*, seine Studien in Deutschland, England und Holland sowie seine spätere Tätigkeit in Ungarn wurden bereits verschiedentlich thematisiert; auch er pflegte mit Heidegger bis 1682 Korrespondenz und berichtete über seine weiteren Studien gleichermassen wie über den Stand der Kirche in Ungarn und Siebenbürgen. Aus seinem letzten Brief, von Gyöngyös aus geschrieben, wird klar, dass er wohl nicht nur mit Heidegger, sondern auch mit anderen Gelehrten der Schweiz und Bündens in Briefkontakt gestanden ist. So lässt er die „Referndos Dnos & fratres Basilenses" sowie „Referendum Dnm Vedrosium [...] Ecclesiae Curiensis Pastorem" grüssen; Johann Jakob Vedrosi habe ihm versprochen, dass er „Novum Testamentum in Rheticam linguam translatum mihi aliquando mitteret," denn er sammle alle verschiedenen Bibeln Europas.[52] Schliesslich ist noch auf Jakab Csúzi Cseh zu verweisen, der nicht von der Galeere, sondern aus dem Gefängnis Port Buccari befreit worden ist. Csúzi Cseh befand sich bereits im Oktober 1676 wieder im königlichen Ungarn, in Vác, und wandte sich von dort an die reformierten Orte der Schweiz. Abgesehen von dem Dank für deren Einsatz für die ungarischen „Märtyrer" berichtete er über die Situation in Ungarn.[53] Auch später noch blieb er mit Heidegger in Kontakt, ja

---

49 In diesem Zusammenhang ist ebenfalls auf János Rima Szombati – er verliess Zürich erst im Herbst 1677 (vgl. oben S. 565 ff) – hinzuweisen, dessen Briefe in Zürich erhalten geblieben sind. Er erhielt mehrere Briefe von den befreiten ungarischen Predigern und Lehrern aus Deutschland, England u.s.w., so z.B. von István Ladmóczi, István Beregszászi, Bálint Kocsi Csergő oder Márton Szentpéteri (vgl. Korrespondenz von János Rima Szombati, ZBZ: F 199, 517–529).

50 Pfarrer Johannes Ulrich verfasste dazu drei vierzeilige Distichen in lateinischer Sprache, eines auf Séllyei, eines auf Séllyei und Harsányi Móricz und ein letztes nur auf Harsányi Móricz (vgl. Doppelbildnis von István Séllyei und István Harsányi Móricz, ZBZ: Inv.-Nr. 26b). Der Text und das Bildnis sind erstmals abgedruckt worden in: Fata, Calvin, 152 f.

51 Vgl. Korrespondenz von István Harsányi Móricz mit Johann Heinrich Heidegger, 1677–1688, ZBZ: B9. D 181. G 461.

52 Vgl. Ferenc Otrokocsi Fóris an Johann Heinrich Heidegger, 30. April 1682, ZBZ: D 181, 291^{r-v}.

53 Vgl. Jakab Csúzi Cseh an reformierte Orte der Schweiz, 17. Oktober 1676, ZBZ: F 172a, 412 f (= StABE: B III 36, 1088 ff).

erhielt in den Jahren 1681 und 1685 gar in Ungarn finanzielle Unterstützung von Zürich.[54] Dem entsprechend drücken seine Briefe eine grosse Dankbarkeit gegenüber der Schweiz aus.[55]

Einen besonderen Fall unter den ungarischen Galeerensträflingen stellt Bálint Kócsi Csergő dar, da er als einziger nach der Befreiung in der Schweiz weitere Studien absolviert hat. Seit Oktober 1677 studierte er in Basel, seit Juni 1678 schliesslich in Genf. In dem Dutzend Briefe von Bálint Kócsi Csergő, verfasst zwischen 1677 und 1692, berichtete er bei weitem nicht nur über die Verfolgungen in Ungarn durch die „Papisten", sondern gab auch Auskunft darüber ab, einerseits bei wem er in Debrecen studiert, andererseits mit wem er in der Schweiz Kontakt gepflegt habe. Namen wie Balthasar Kisselbach, Arzt in Basel, oder Peter Werenfels, Professor in Basel, kommen dabei gleichermassen wie Márton Szilágyi Tönkő oder György Komáromi Csipkés, beide Lehrer in Debrecen, vor.[56]

Von den über dreissig berfreiten ungarländischen Predigern und Lehrern haben also nur deren vier nach dem Aufenthalt in der Schweiz mit Gelehrten der Schweiz eine regelmässige Korrespondenz gepflegt. Eine ähnliche, wenn auch differenziertere Erkenntnis gewinnen wir bei einer Untersuchung der Ungarn, die ihre Studien in der Schweiz absolviert haben. Von den rund 30 Studenten haben, abgesehen von Bálint Kócsi Csergő, lediglich deren sechs nach ihren Studien regelmässig Korrespondenz mit Schweizer Gelehrten gepflegt. Allerdings war deren Korrespondenz weit intensiver als diejenige der befreiten Ungarn und thematisch ist diese in verschiedener Hinsicht aufschlussreicher. Wie ein roter Faden wird die Korrespondenz vor allem von drei Themata beherrscht: Verfolgung der reformierten Kirche im königlichen Ungarn, Unterstützung der Studien ungarischer Peregrinanten sowie Austausch über theologische Entwicklungen.

Die Verfolgungen im königlichen Ungarn

Wie bereits geschildert hat sich unter der Herrschaft von Leopold I. die Situation der protestantischen Kirchen im königlichen Ungarn massiv verschlechtert. Im selben Jahr, in dem er die ungarische Verfassung aufgelöst hat und die Verfolgung der Protestanten im königlichen Ungarn systematisch einsetzte, kam der Ungar Tamás Veresegyházi (1643–1716) zu Studienzwecken nach Zürich. Tamás Veresegyházi stammte aus Debrecen und hatte daselbst am Kollegium auch seine ersten Studien bei György Martonfalvi Tóth

---

54 Vgl. Korrespondenz von Jakab Csúzi Cseh mit Johann Heinrich Heidegger, StAZ: A 185 (1), 136. 139–141.

55 Vgl. Korrespondenz von Jakab Csúzi Cseh, 1676–1681, ZBZ: B 9. D 181. G 461.

56 Vgl. Korrespondenz von Bálint Kócsi Csergő, 1677–1692, ZBZ: D 181; UBB: Ki.Ar. Ms. 134b, Nr. 106.

absolviert. 1672 zog er ins Ausland und immatrikulierte sich im Juni in Frankfurt a.O., zog dann aber weiter nach Leipzig und Marburg, bevor er Anfang März 1673 nach Zürich kam.[57] Bereits kurz nach seiner Ankunft in Zürich berichtete Veresegyházi in einem Brief an Heidegger, in dem er um Aufnahme am Carolinum bat, von den in Ungarn stattfindenden Anfechtungen und Verfolgungen der reformierten Kirche.[58] Als Veresegyházi später in Basel – er ist Ende Januar 1674 nach Basel gekommen[59] – studierte, bat er Heidegger um Unterstützung auch für andere ungarische Studenten, z. B. für den Preschauer Studenten István Dobozy, und zwar mit der Begründung, dass in Ungarn weitere Verfolgungen stattfinden würden.[60] Zu diesem Zeitpunkt fand gerade das zweite Pressburger „Blutgericht" statt, auf dem knapp 100 Geistliche und Schulmänner zu Zwangsarbeit auf der Galeere in Neapel verurteilt worden waren.[61] Die Verfolgung der Reformierten in Ungarn wurde von Veresegyházi also auch als Berechtigungsgrund einer Unterstützung der ungarischen Glaubensgeschwister verstanden. Schliesslich berichtete János Horváti Békés, Student in Basel seit Ende Februar 1673,[62] an den aus Zürich stammenden Johann Jakob Hottinger gleichfalls über die schrecklichen Vorgänge in Pressburg.[63] In anderen Briefen wird mehrfach auf die schwierige Situation der Reformierten in Eperies, Tyrnau oder Miskolc hingewiesen.[64] So meldete Kállai Kopis kurz vor seiner Weiterreise aus Schaffhausen, dass er vor dem Wiener Zoll Angst habe, und er darum über Nürnberg und Schlesien nach Ungarn zu reisen gedenke.[65] Tatsächlich berichtete Ferenc Pápai Páriz wenig später aus Raab, dass Studenten aus Debrecen auf der Rückkehr aus Marburg ergriffen und verhaftet worden seien. Im unteren Teil Ungarns sei aber alles noch viel schlimmer.[66]

Ein diesbezüglich besonders interessantes Dokument ist ein weitgehend in Vergessenheit geratener Bericht über die Situation der reformierten Kirche in Ungarn und Siebenbürgen, den János Kállai Kopis – Kállai Kopis absolvierte,

---

57 Obwohl in Zürich keine Immatrikulation von Veresegyházi vorliegt, haben wir aus den Tagebüchern von Ferenc Pápai Páriz und János Horváti Békés (vgl. PÁPAI PÁRIZ, Naplója, 499; HORVÁTI BÉKÉS, Diáknaplója, 60) sowie aufgrund erhaltener Briefe relativ genaue Kenntnis über den Zeitpunkt seiner Ankunft (vgl. BERNHARD, Studenten, 519ff; HEGYI, Diákok, 50).
58 Vgl. Tamás Veresegyházi an Johann Heinrich Heidegger, 7. März 1673 (25. Februar 1673), ZBZ: B 9, 63.
59 Vgl. HORVÁTI BÉKÉS, Diáknaplója, 66; MUB IV, 84.
60 Vgl. Tamás Veresegyházi an Johann Heinrich Heidegger, 17. März 1674, ZBZ: B 9, 83.
61 Vgl. oben S. 559 f.
62 János Horváti Békés kam aus Marburg bekanntlich gemeinsam mit Ferenc Pápai Páriz und Tamás Veresegyházi nach Basel (vgl. PÁPAI PÁRIZ, Naplója, 499; HORVÁTI BÉKÉS, Diáknaplója, 59 f); vgl. BERNHARD, Studenten, 523ff; HEGYI, Diákok, 49.
63 Vgl. János Horváti Békés an Johann Jakob Hottinger, 8. April 1674, ZBZ: H 358, 47.
64 Vgl. Tamás Veresegyházi an Johann Heinrich Heidegger, 3. Mai 1674, ZBZ: B 9, 87; Ferenc Pápai Páriz an Johann Heinrich Heidegger, 10. Juni 1675, ZBZ: D 181, 148^r; Ferenc Pápai Páriz an Johann Caspar Bauhin, 25. Juni 1675, UBB: G 2 I 7, 120 f.
65 Vgl. János Kállai Kopis an Johann Heinrich Hottinger, 12. Mai 1675, ZBZ: D 181, 135 f.
66 Vgl. Ferenc Pápai Páriz an Johann Caspar Schweizer, 6. August 1675, ZBZ: B 9, 88.

nach Universitätsbesuchen in Frankfurt a.O., Marburg und Heidelberg, seit Dezember 1673 in Basel und seit Dezember 1674 in Zürich weitere Studien[67] – spätestens zu Beginn des Jahres 1674 an den Rat von Zürich geschrieben hat.[68] Der umfassende Bericht, der auch in anderer Hinsicht – wir werden noch darauf zu sprechen kommen – bemerkenswert ist, und die verschiedenen Briefe der Ungarn haben insbesondere die Zürcher Kirche über die reale Situation im königlichen Ungarn in Kenntnis gesetzt und damit indirekt dafür sensibilisiert, dass die Reformierten daselbst des Gebetes und der Hilfe bedürfen. Im Juni 1675 berichtete Ferenc Pápai Páriz von weiteren Verfolgungen der Reformierten in Westungarn (z. B. Tyrnau).[69] Als schliesslich im September 1675 in Zürich ein Hilferuf von Nicolaus Zaff eintraf,[70] hatten also der Zürcher Rat und die Professorenschaft bereits Kenntnis von der tatsächlichen Bedrängnis der Reformierten im königlichen Ungarn, und die Bereitschaft zur Hilfe war sofort gegeben. Auch nach der Befreiung der ungarischen Prediger sind in Zürich immer wieder Meldungen über die Verfolgungen eingegangen. Es ist dabei insbesondere an die Briefe des ehemaligen Galeerensträflings und „Studenten" Bálint Kocsi Csergő zu denken, der von Auseinandersetzungen mit den „Papisten" in Pápa berichtete.[71] Oder István Harsányi Móricz infor-

---

67 Vgl. BERNHARD, Studenten, 526ff; HEGYI, Diákok, 49; CZEGLÉDY, Helyzete, 110. Betreffend der Peregrination von János Kállai Kopis ist der Eintrag ins *Album Amicorum* von Vincenzo Paravicini besonders interessant: Darin hält er fest, wo er sich auf seiner Peregrination überall aufgehalten habe (vgl. Eintrag von János Kállai Kopis ins Stammbuch von Vincenzo Paravicini, UBB: AN VI 21 b, 114ᵛ–115ʳ).

68 Vgl. János Kállai Kopis an den Rat von Zürich, s.d. [1673/1674], ZBZ: D 182, 476ʳ–479ʳ. Erstmals hat Sándor CZEGLÉDY über diese Handschrift, die leider undatiert ist, in einem kurzen Überblick berichtet (vgl. CZEGLÉDY, Helyzete, 110 f). Auf einem Forschungsaufenthalt in Debrecen bin ich auf eine textlich identische Handschrift gestossen, die allerdings nicht von Kállai Kopis geschrieben wurde, sondern eine Abschrift von István Kocsi Csergő, dem Sohn des Galeerensträflings Bálint Kocsi Csergő, ist, der sie im Mai 1721 in Zürich vom Original abgeschrieben hat (vgl. János Kállai Kopis an den Rat von Zürich, s.d. [1673/1674], TtREL: I. 24. b. 3k, 149–159 [Nr. 2]). Der Bericht muss noch vor dem zweiten Pressburger „Blutgericht" verfasst worden sein, denn Kállai Kopis wies mit keinem Wort darauf hin, obwohl er ausführlich über die schwierige Situation der Reformierten unter der absolutistischen Herrschaft von Leopold I. im königlichen Ungarn berichtete. Es muss davon ausgegangen werden, dass Kállai Kopis in Basel sehr wohl Kenntnis von den Vorgängen in Pressburg hatte, da János Horváti Békés, mit dem Kállai Kopis in Basel nicht nur gemeinsam bei Lukas Gernler studierte, sondern auch einen freundschaftlichen Austausch pflegte (vgl. János Horváti Békés: „Quicquid habet mundus fucus est [...]", in: JÁNOS KÁLLAI KOPIS, חלקי אלוהים לעולם. Apodixes X. orthodoxae. De haereditate ecclesiae [...] sub Praesidio [...] Viri Dn. Lucae Gernleri, [...], Basel 1674, A6ᵛ; János Kállai Kopis: „Lacrymae Fratris, Amici, Popularis peregrini [...]", in: Justa piis manibus Clarissimi ac Eruditi Viri D. Johannis Bekes Horvati Ungari [...] Anno Æræ Christianae cIɔ Iɔc LXXIV. XII. Calendas Sextileis. Soluta a praeceptoribus, fautoribus et amicis [...], Basel [1674], Cʳ–C2ʳ), im April an Hottinger über die Vorgänge Bericht erstattet hatte (vgl. János Horváti Békés an Johann Jakob Hottinger, 8. April 1674, ZBZ: H 358, 47).

69 Vgl. Ferenc Pápai Páriz an Johann Heinrich Heidegger, 10. Juni 1675, ZBZ: D 18., 148.

70 Vgl. oben S. 563 ff.

71 Vgl. Bálint Kocsi Csergő an Johann Heinrich Heidegger, 2. April 1678, ZBZ: D 181, 239; Bálint

mierte, zurückgekehrt nach Rimaszombath, über die schwierige Situation der reformierten Gemeinden in Ungarn und Siebenbürgen.[72] Nach dem Ende der „Trauerdekade" meldeten die heimgekehrten Peregrinanten gleichfalls verschiedentlich über Entwicklung und Stand der Kirche in Ungarn. Schliesslich hat Kocsi Csergő aus Stuhlweissenburg in einem langen Brief an Johann Heinrich Heidegger über die einzelnen Gebiete und deren Prediger im königlichen Ungarn berichtet.[73]

Bitten um und Dank für Unterstützung von ungarischen Studenten

In zahlreichen Briefen wurden Heidegger und Hottinger, aber auch andere Gelehrte Zürichs und Basels, um finanzielle Unterstützung der Studien, um einen Studienplatz oder um Unterkunft angefragt. Mihály Rimaszombati, der nach Studien in Heidelberg seit Mai 1659 in Basel studiert hatte,[74] wandte sich mit der Bitte an Johann Heinrich Hottinger und an den Zürcher Rat, um noch einige Monate in Zürich studieren zu können.[75] Auch Veresegyházi bat, als er von Marburg über Basel nach Zürich gekommen war, um gnädige Aufnahme am Carolinum.[76] Er war es auch, der über die schwierige Situation in Eperies berichtete und um Aufnahme bzw. Unterstützung ungarischer Studenten aus dem königlichen Ungarn bat.[77] Seinen Landsleuten gegenüber lobte er die Förderung und Unterstützung, die er durch Heidegger in Zürich erfahren hatte.[78] Diese Dankbarkeit drückte er auch in persönlichen Briefen an Heidegger aus.[79] Gleichfalls brachte Kállai Kopis seine Dankbarkeit für die fi-

Kocsi Csergő an Peter Werenfels, 12. November 1678, UBB: Ki.Ar. Ms. 134b, Nr. 106; Bálint Kocsi Csergő an Balthasar Kisselbach, 26. Mai 1679, ZBZ: D 181, 248 f.

72 Vgl. István Harsányi Móricz an Johann Heinrich Heidegger, 20. Februar 1678, ZBZ: F 199, 534; István Harsányi Móricz an Johann Heinrich Heidegger, 3. Mai 1678, ZBZ: B 9, 107.

73 Vgl. Bálint Kocsi Csergő an Johann Heinrich Heidegger, 13. November 1692, ZBZ: D 181, 311–314.

74 Vgl. HEGYI, Diákok, 48; TOEPKE, Matrikel II, 331.

75 Vgl. Mihály Rimaszombati an Johann Heinrich Heidegger, 19. Oktober 1659, ZBZ: F 73, 306; Mihály Rimaszombati an den Zürcher Rat, zw. 9. und 20. November 1659, ZBZ: F 73, 307. Dass Rimaszombati auch noch in Zürich zu studieren begehrte, könnte den Grund darin haben, dass er in Heidelberg den Zürcher Johann Heinrich Fries (1639–1718) kennengelernt, und sich in der Folge in dessen Stammbuch eingetragen hatte (vgl. Eintrag von Mihály Rimaszombati in das Stammbuch von Johann Heinrich Fries, 1. Mai 1659, SNB: Ms. St. 1.6, 161ʳ); vgl. HEGYI, Hungarica-Eintragungen, 193 f.

76 Vgl. oben S. 589.

77 Vgl. Tamás Veresegyházi an Johann Heinrich Heidegger, 22. September 1673, ZBZ: B 9, 64; Tamás Veresegyházi an Johann Heinrich Heidegger, 17. März 1674, ZBZ: B 9, 83.

78 Vgl. Tamás Veresegyházi an István Dobozy, 8. Oktober 1673, ZBZ: D 181, 117; Tamás Veresegyházi an György Martonfalvi Tóth, 8. Oktober 1673, ZBZ: D 181, 118.

79 Vgl. Tamás Veresegyházi an Johann Heinrich Heidegger, 29. Januar 1674, ZBZ: D 181, 121; Tamás Veresegyházi an Johann Heinrich Heidegger, 9. April 1674, ZBZ: B 9, 85; Tamás Veresegyházi an Johann Heinrich Heidegger, 11. November 1675, ZBZ: D 181, 167; u.s.w.

nanzielle Hilfe zum Ausdruck,[80] und Horváti Békés, der wegen einer Krankheit in der Schamgegend – Pápai Páriz bezeichnete es als „intestinalis Βουβωνοκηλης", d. h. ein Leistenbruch[81] – am 21. Juli 1674 in Bern verstarb, lobte die *humanitas* Heideggers und wandte sich noch kurz vor seinem Tode an die Basler Professorenschaft mit einem Wort des Dankes.[82] Auch Pápai Páriz, der sich in der Schweiz den medizinischen Studien gewidmet hat, erlebte in Basel, Zürich und Schaffhausen grosse Gastfreundschaft, derer er in mehreren Briefen gedachte.[83] Aus Genf bedankte sich István Gyöngyösi bei den Zürcher Lehrern wegen „favoris erga me vestri testimonium", überzeugt davon, dass die derzeitigen Anfechtungen in Ungarn zur „reineren" Kirche hinführen würden.[84] Schliesslich drückte der Debreciner Professor Márton Szilágyi Tönkő für die grosse Unterstützung und das Wohlwollen Heideggers gegenüber den ungarischen Studenten seine tiefe Dankbarkeit und Verbundenheit aus.[85] Gerade Szilágyi Tönkő hatte in den 1670er Jahren Studienaufenthalte in der Schweiz, inbesondere in Zürich unterstützt, weswegen einige Ungarn bei Heidegger disputierten.[86] Darunter befand sich auch János Kocsi Csergő,[87] der, als er im Herbst 1676 bereits in Heidelberg studierte, in mehreren Briefen an Heidegger seine Dankbarkeit und Verbundenheit ausdrückte.[88] Tatsächlich spricht aus vielen Briefen der ungarischen Studenten, die in Basel und Zürich studiert und Gastfreundschaft genossen haben, eine grosse, auch emotionale Verbundenheit. Zeugnis dessen ist beispielsweise die immer wieder vorkommende Aufforderung, dass der Adressat anderen gelehrten Persönlichkeiten in Zürich und Basel, beispielsweise Lavater, Schweizer,[89] Buxtorf oder Gernler, Grüsse ausrichten solle.

---

80 Vgl. János Kállai Kopis an Peter Simler, 5. Juni 1675, ZBZ: D 181, 138.

81 Vgl. Pápai Páriz, Naplója, 502.

82 Vgl. János Horváti Békés an Johann Jakob Hottinger, 23. Dezember 1673, ZBZ: H 358, 43; János Horváti Békés an Basler Professorenschaft, s.d. [Juli 1674], UBB: Fr.-Gr. Ms. II 5a, Nr. 52.

83 Vgl. Ferenc Pápai Páriz an Johann Heinrich Heidegger, 10. April 1675, ZBZ: D 181, 144; Ferenc Pápai Páriz an Johann Conrad Peyer, s.d. [Juni 1675], in: Zsindely, Kútfők, 843 f; Ferenc Pápai Páriz an Johann Heinrich Heidegger, 1. Februar 1676, ZBZ: B 9, 92; Ferenc Pápai Páriz an Johann Jakob Hofmann, 1. Mai 1684, in: Zsindely, Kútfők, 844 f; u.s.w.

84 Vgl. István Gyöngyösi an Professoren am Carolinum in Zürich, 19. Oktober 1677, ZBZ: B 9, 97.

85 Vgl. Márton Szilágyi Tönkő an Johann Heinrich Heidegger, 20. November 1674, ZBZ: ZBZ: B 9, 69; Márton Szilágyi Tönkő an Johann Heinrich Heidegger, Februar (?) 1676, ZBZ: B 9, 90; Márton Szilágyi Tönkő an Johann Heinrich Heidegger, 30. Juli 1677, ZBZ: B 9, 101; u.s.w.

86 Bereits György Martonfalvi Tóth hatte Studien in der Schweiz, insbesondere in Zürich, gefördert. So ist es augenfällig, wie viele Studenten, die im Jahre 1665 in Debrecen am Kollegium waren, in den kommenden Jahren auf der Peregrination auch eine Schweizer Akademie besuchten (vgl. Hegyi, Diákok, 49 f. 80. 86. 92).

87 Vgl. Tamás Veresegyházi an Johann Heinrich Heidegger, 11. November 1675, ZBZ: D 181, 167.

88 Vgl. János Kocsi Csergő an Johann Heinrich Heidegger, 24. August 1676, ZBZ: D 181, 185; János Kocsi Csergő an Johann Heinrich Heidegger, 22. September 1676, ZBZ: D 181, 179; u.s.w.

89 Bei Grüssen an „Dn. Suicerum" ist es oft nicht klar, ob es sich um den Vater Johann Caspar Schweizer (1619–1688) oder den Sohn Johann Heinrich Schweizer (1646–1705) handelt; es scheint aber, dass die Grüsse mehrheitlich an Johann Caspar Schweizer, der auch mit Ferenc Pápai Páriz in Korrespondenz stand, auszurichten waren.

Informationen betreffend exegetische und theologische Themata

In der Korrespondenz einiger Ungarn ist es augenfällig, welche Bedeutung die hebräischen Studien bei denselben eingenommen haben. János Horváti Békés berichtete mehrfach über seine hebräischen Studien bei Johann Jakob Buxtorf (1645–1704);[90] andere Ungarn haben ihre Disputationen Buxtorf gewidmet, indem sie betonten, in welcher Freundschaft sie zu Buxtorf stehen würden.[91] Die Familie Buxtorf brachte seit dem 16. Jahrhundert mehrere bedeutende Hebraisten hervor, die nicht nur die Hebräischprofessur an der Universität Basel bekleidet hatten, sondern auch zu den gelehrtesten Orientalisten in ganz Europa gezählt wurden.[92] Ein kurzer inhaltlicher Blick in die Disputationen ungarischer Studenten bestätigt, dass dieselben dank der Studien bei Buxtorf des Hebräischen wie auch, besonders Veresegyházi, des Arabischen und Syrischen überdurchschnittlich kundig waren. Exegetische Studien, insbesondere in der Beschäftigung mit dem Alten Testament, waren gerade für die Föderaltheologie bezeichnend. Unter anderem darum wurde Coccejus, der auch mit Johannes Buxtorf d.J., dem Vater von Johann Jakob Buxtorf, Briefkorrespondenz gepflegt hatte,[93] des öftern „Biblizismus" vorgeworfen.[94] Umgekehrt äusserte der „Orientalist" Horváti Békés im Zusammenhang mit seinen Basler Studien seine Hochachtung vor Johannes Coccejus.[95]

Die Auseinandersetzung mit dem Coccejanismus, in Verbindung mit der cartesianischen Methode, wird in der Korrespondenz der Ungarn direkt und indirekt mehrfach thematisiert. An den Kollegien in Debrecen und Strassburg a.M. wurde, wie wir bereits erwähnt haben, heftig um die theologische Richtung gerungen. Pápai Páriz meldete, als er bereits in Strassburg weilte, an Heidegger, dass in Siebenbürgen der Coccejanismus weitverbreitet sei, weswegen der Fürst sich einzumischen versuche.[96] Veresegyházi berichtete, als er nach seiner Peregrination wieder nach Debrecen zurückkehrte,[97] sogleich

---

90 Vgl. János Horváti Békés an Johann Jakob Hottinger, 23. Dezember 1673, ZBZ: H 358, 43; János Horváti Békés an Johann Jakob Hottinger, 7. Januar 1674, ZBZ: H 358, 44; János Horváti Békés an Johann Jakob Hottinger, 17. Februar 1674, ZBZ: H 358, 46; u.s.w.

91 Vgl. Tamás Veresegyházi, Defensio inauguralis thesium theologicarum De Providentia Dei [...], Basel 1674, A^v; János Kállai Kopis, Disputationum exegeticarum in Confessionem Heleveticam undecima De Judice Controversiarum Ad Cap. II. § V.VI [...], Basel 1674, A^v.

92 Vgl. Bonjour, Universität, 245. 256. 293; Staehelin, Geschichte, 204. 227 f.

93 Vgl. Staehelin, Briefwechsel, 378–391.

94 Vgl. Schubert, Ende, 129.

95 Vgl. János Horváti Békés an Johann Jakob Hottinger, 8. April 1674, ZBZ: H 358, 47.

96 Vgl. Ferenc Pápai Páriz an Johann Heinrich Heidegger, 9. November 1675, ZBZ: D 181, 159 f.

97 Veresegyházi muss spätestens im Juni (bereits im Mai?) Basel verlassen haben, da sich aus den Tagebüchern von Horváti Békés und Pápai Páriz nach Mitte Mai keine Hinweise mehr auf eine Anwesenheit Veresegyházis in Basel finden lassen; seine Briefe vom Juli 1674 an Heidegger sowie an Gernler, Zwinger und Wettstein kamen bereits aus Ungarn (vgl. Tamás Veresegyházi an Johann Heinrich Heidegger, 21. Juli 1674, ZBZ: D 181, 128; Tamás Veresegyházi an Lukas

über die Umstände am Kollegium, über ein neues Buch des „Cartesianers" Márton Szilágyi Tönkő und fragte Heidegger, wo es wohl am besten drucken zu lassen sei, in Zürich, Basel, Genf oder Heidelberg.[98] In Kenntnis der wohlwollenden Förderung der ungarischen Studenten und in Dankbarkeit der Hohen Schule gegenüber wandte sich darum nach Jahresverlauf auch Szilágyi Tönkő selbst an Heidegger und berichtete über die Ausbildung am Kollegium in Debrecen, insbesondere über die Beschäftigung mit der Philosophie. Gleichzeitig wollte er nicht daran zweifeln, dass sich auch die schweizerischen Akademien „luminibus" auszeichnen würden.[99] Natürlich war sein Hauptanliegen der Druck seiner *Philosophia*. Tatsächlich liessen es nicht nur die politischen Unruhen in Debrecen,[100] sondern auch die damaligen theologischen Auseinandersetzungen am Kollegium kaum zu, dass eine „cartesianische" Philosophie, „ad usum Scholarum praesertim Debrecinae applicata", gedruckt wurde.[101]

Als János Kocsi Csergő Ende 1675, gemeinsam mit István Gyöngyösi, aus Debrecen nach Zürich kam, hatte er unter anderem auch den Auftrag, sich um die Drucklegung der Schrift von Szilágyi zu kümmern. Offenbar konnte David Gessner für den Druck gewonnen werden.[102] In der Folge sind aber dessentwegen in Zürich erneut heftige Auseinandersetzungen entstanden.[103] Aus Heidelberg wandte sich Kocsi Csergő in der betreffenden Angelegenheit abermals an Heidegger.[104] Schliesslich schickte Szilágyi Tönkő seine *Philoso-*

Gernler, Johannes Zwinger und Johann Rudolph Wettstein, 21. Juli 1674, UBB: Fr.-Gr. Ms. II 20, Nr. 206). Zudem hat er auch kein Trauergedicht auf den Tod von Horváti Békés – derselbe hat Veresegyházis Promotion einen poetischen Applaus gar in Hebräisch beigegeben (vgl. János Horváti Békés: „שמחה מלבב" in: Plausus votivus in Alma Universitate Basiliensi [...] Dn. Johannes Zvingervs [...] ritè dictus: Viro [...] D. Thomae Veres-Egyhazi Debrecinensi Hungaro Coronam in SS. Theologia Doctoralem Actu Ritubusque solemnibus imponebat A' Fautoribus atque Amicis editus, Basel 1674, A4ʳ) – verfasst, was seine bereits erfolgte Abreise auch erklären kann. Veresegyházi wirkte anschliessend in verschiedenen Gemeinden des Partium und Siebenbürgens, bis er schliesslich im Juni 1686 als Stadtpfarrer von Debrecen berufen worden ist; von 1711 bis zu seinem Tode war er Bischof des Kirchendistriktes „Jenseits-der-Theiss" (vgl. BARÁTH, Adattár, 76 f; ZOVÁNYI, Lexikon, 684 f).

98 Vgl. Tamás Veresegyházi an Johann Heinrich Heidegger, 25. November 1674, ZBZ: D 181, 129ʳ.
99 Vgl. Márton Szilágyi Tönkő an Johann Heinrich Heidegger, 20. November 1675, ZBZ: B 9, 69.
100 Szilágyi Tönkő berichtete darüber, dass auch in Debrecen kaiserliche Soldaten Leute in die Verbannung geführt, ausgeraubt und die Prediger bedroht hätten; er selbst sei durch militärische Gewalt seiner öffentlichen Ämter enthoben worden (vgl. SCHAFFERT, Heidegger, 11; Tamás Veresegyházi an Johann Heinrich Heidegger, 20. August 1674, ZBZ: B 9, 86).
101 Bei den Debreciner Drucken jener Jahre handelte es sich vor allem um Schriften von Szilágyi Tönkős Kontrahenten György Martonfalvi Tóth sowie ihm theologisch nahestehender Gelehrter. Besonders hinzuweisen ist dabei auf die bereits erwähnte Schrift *Orthodoxa diatribe* (Debrecen 1673) von Martonfalvi Tóth, in der er die coccejanischen Ideen aufs schärfste verurteilte und vom ungarischen Peregrinanten das Versprechen abverlangte, sich von den Neuerungen fernzuhalten (vgl. BOZZAY, Einfluss, 226).
102 Vgl. Márton Szilágyi Tönkő an Johann Heinrich Heidegger, 23. Juni 1676, ZBZ: B 9, 94.
103 Vgl. unten S. 615 f.
104 Vgl. János Kocsi Csergő an Johann Heinrich Heidegger, 22. September 1676, ZBZ: D 181, 179;

phia an Heidegger und bat denselben noch einmal um Rat für die Drucklegung der Schrift.[105] Im kommenden Jahr wurde die *Philosophia ad usum scholarum praesertim Debrecinae applicata* bei Samuel Ammon in Heidelberg endlich herausgegeben.[106]

In Freude darüber drückte er seinen Dank an Heidegger aus, „ob merita certè perenni [...] condigna hac in re erga scholas Hungaricas maxime nostram Debrecinam praestita [...]"[107] Die beiden Gelehrten blieben miteinander weiterhin in Kontakt. Obwohl die Briefe von Heidegger an Szilágyi Tönkő verloren gegangen sind, wissen wir, dass sie sich gegenseitig regelmässig über die Entwicklung an den Kollegien in Kenntnis gesetzt haben. Szilágyi Tönkő informierte Heidegger auch über den Tod von György Martonfalvi Tóth am 23. April 1681.[108]

Es wären noch andere theologische Themata zu erwähnen, die in der Korrespondenz angesprochen wurden. Mit Blick auf die gesamte Korrespondenz nahmen sie aber kaum eine vorrangige Bedeutung ein. Manche Fragen werden allerdings im kommenden, die Theologiegeschichte betreffenden Abschnitt noch thematisiert.

Zusammenschau

Aufs Ganze gesehen nahmen in der ungarisch-schweizerischen Korrespondenz vor allem zwei gelehrte Persönlichkeiten eine vorrangige Bedeutung ein, nämlich Johann Heinrich Heidegger aus Zürich und Márton Szilágyi Tönkő aus Debrecen. Letzerer taucht in den Briefen der ungarischen Studenten regelmässig auf, und es finden sich immer wieder Hinweise, dass er als Theologe und als Lehrer besonders geschätzt wurde.[109] Er war es auch, der, verstärkt während der „Trauerdekade", ungarische Studenten zum Besuch schweizerischer Akademien ermutigt hat.[110] Umgekehrt war aus schweizerischer Sicht Johann Heinrich Heidegger die „Schaltstelle" des Wissensaustausches derer Nachrichten, die Ungarn und Siebenbürgen betrafen. So hat Heidegger zwi-

János Kocsi Csergő an Johann Heinrich Heidegger, 10. Oktober 1676, ZBZ: D 181, 177 f; János Kocsi Csergő an Johann Heinrich Heidegger, 22. Dezember 1676, ZBZ: D 181, 187.

105 Vgl. Márton Szilágyi Tönkő an Johann Heinrich Heidegger, 10. Juni 1677, ZBZ: B 9, 102.

106 Vgl. Márton Szilágyi Tönkő („Sylvanus"), Philosophia ad usum scholarum praesertim Debrecinae applicata [...], Heidelberg 1678.

107 Márton Szilágyi Tönkő an Johann Heinrich Heidegger, 9. Mai 1679, ZBZ: D 181, 253ʳ.

108 Vgl. Márton Szilágyi Tönkő an Johann Heinrich Heidegger, 24. Mai 1681, ZBZ: B 9, 119. Auch andere „heimgekehrte" Ungarn – seien dies ehemalige Studenten oder ehemalige Galeerensträflinge – berichteten in den 1680er Jahren regelmässig über den Hinschied gelehrter Persönlichkeiten sowie auch einzelner von der Galeere befreiter Prediger.

109 Vgl. Bálint Kocsi Csergő an Johann Heinrich Heidegger, 5. August 1678, ZBZ: D 181, 227; Bálint Kocsi Csergő an Johann Heinrich Heidegger, s.d. [1678/79], ZBZ: D 181, 264; János Kállai Kopis an Johann Heinrich Heidegger, 3. Mai (?) 1679, ZBZ: D 181, 259; u.s.w.

110 Vgl. dazu auch: Imre, Consolatio, 170 ff.

schen 1673 und 1682 über dreissig Briefe mit Ungarn ausgetauscht. Von diesen Korrespondenten waren nur einige ehemalige Galeerensträflinge, der weit grössere Teil hat sich von verschiedenen Universitäten der Schweiz, Deutschlands und Hollands sowie aus Ungarn und Siebenbürgen aus freien Stücken an Heidegger gewandt.[111] Heidegger war also nicht nur Anlaufstelle bei materieller Bedrängnis, sondern auch Vermittlungsstelle für Stipendien und Empfehlungsschreiben – vor allem aber galt er bis nach Ungarn und Siebenbürgen als theologische Autorität.[112]

c. Kommunikationsgeschichtliche Aspekte aus der ungarischen Buch- und Bibliotheksgeschichte

Bereits mehrere *Hungarica*, die in der zweiten Hälfte des 17. Jahrhunderts auf Schweizer Druckereien erschienen, wurden im Rahmen der bisherigen Darstellung erwähnt und kontextualisiert. Der vorliegende Abschnitt widmet sich vor allem zwei Aspekten, nämlich den theologischen *Hungarica*, die in der betreffenden Zeit in der Schweiz erschienen sind, und der Bedeutung von *Helvetica* an den Kollegien in Sárospatak, Debrecen, Strassburg a.M. und Klausenburg.[113]

In der Schweiz gedruckte theologische Hungarica

In der zweiten Hälfte des 17. Jahrhunderts sind die *Hungarica*, die in der Schweiz erschienen, beherrscht von theologischen Drucken. Die wenigen nicht-theologischen Drucke – beispielsweise die medizinischen Schriften von Johann Christoph Knogler oder Ferenc Pápai Páriz – offenbaren dasselbe Bild wie die theologischen Drucke: Alle Drucke sind an einen Studienaufenthalt der ungarischen Peregrinanten an einer Schweizer Hohen Schule oder Universität gebunden.[114] Es sind dies sechzehn Disputationen bzw. Dissertatio-

---

111 Vgl. Korrespondenz von Johann Heinrich Heidegger, 1673–1682, ZBZ: B 9. D 181.

112 Vgl. SCHAFFERT, Heidegger, 10 f. Obwohl Turrettini im Zusammenhang mit der Befreiung der ungarischen Prediger und Lehrer in Genf eine führende Stellung einnahm (vgl. SZÉL, Adatok, 922 ff), ist seine Bedeutung für die Ungarn im Allgemeinen doch eher marginal, zumal Genf in diesen Jahren für die Ungarn mitnichten ein attraktiver Studienort war (**vide supra [S. 377 ff.]**).

113 Da das Quellenmaterial zu den historischen Bibliotheken im Karpatenraum nach 1650 sehr reichhaltig – mehrheitlich greifbar in der Reihe *Adattár XVI–XVIII. századi szellemi mozgalmaink történetéhez* – ist, würde es den Rahmen dieses Abschnittes sprengen, die Verbreitung der *Helvetica* in den verschiedenen Gebieten des Reiches der Stephanskrone im Generellen darzustellen.

114 Dazu kommt noch der von Márton Karczagujszállási erstellte *Index rerum in librum primum Praxeos medicae*, der Franciscus Le Boe Sylvius' *Opera medica* (Genf 1680; weitere Aufl.; vgl. RMKP 6781. 6796. 7010. 7063) beigefügt war. Es handelt sich bei dem genannten Werk allerdings um einen Nachdruck der *Opera medica*, die erstmals 1671 in Leiden erschienen. Márton

nen, fünf Promotionsurkunden, vier Sammlungen poetischer Applause und eine Leichenrede sowie eine gedruckte Sammlung von *Epicedia*.[115] Bezeichnend ist nun dies, dass nach dem Druck des zweiten Teiles („pars posterior") von István Gyöngyösis *Disputatio theologica [...] De clavibus regni Dei* (Genf 1677) kein einziges *Hungaricum* mehr auf einer Druckerei in Zürich, Basel oder Genf erschien. Mit dem erneuten, durch das Ende der „Trauerdekade" eingeleiteten Zurückgang der Studienaufenthalte ungarischer Peregrinanten in Basel, Zürich oder Genf büssten auch die schweizerischen Offizinen ihre Bedeutung für den Druck von *Hungarica* vollkommen ein. Die nächsten *Hungarica* erschienen erst 1710 bei David Gessner in Zürich. Es handelt sich dabei um die Disputationen der beiden Ungarn István Harsányi Móricz und Mihály Nádudvari,[116] die beide 1709 zu Studienzwecken nach Zürich kamen;[117] im April 1710 zogen sie weiter nach Basel.[118]

Es ist notwendig, dass die in der Schweiz, zwischen 1660 und 1677 erschienen theologischen *Hungarica*[119] kurz vorgestellt werden, um die anschliessenden theologiegeschichtlichen Ausführungen besser verstehen zu können. Auf Mihály Rimaszombati, der nach ersten Studien in Heidelberg sich im Mai 1659 in Basel immatrikuliert hat, haben wir bereits verwiesen.[120] Dank Unterstützung konnte er seine Studien in Zürich mit einer *Disputatio de evangelica Magorum historia [...]* (Zürich 1660) bei Johannes Müller, damals Professor für Kirchengeschichte und Theologie, abschliessen. In seiner *Disputatio*, die er Senat und Rat der Stadt Zürich, den „Confessionis Helveticae Patronis religiosissimis" widmete, zeigte er, unter Beiziehung zahlreicher hebräischer, arabischer und syrischer Quellen, die religions- und traditionsgeschichtlichen Hintergründe kenntnisreich auf; im zweiten Teil der *Disputatio* stellte er unter anderem verschiedene Deutungen des „Magier"-Textes

---

Karczagujszállási hatte 1669–1671 bei Le Boe Sylvius, einem der führenden Mediziner Hollands, studiert, verstarb aber kurz nach seiner Promotion (vgl. Bozzay, Einfluss, 228; Baráth, Adattár, 36 f).

115 Vgl. RMK III 1925. 2134. 2637. 2642. 2643. 2644. 2645. 2646. 2647. 2648. 2649. 2683. 2727. 2797. 2884; RMKP 6707. 6708. 6709. Zahlreiche Drucke, vor allem Einblattdrucke (z. B. Promotionsurkunden), sind in RMK III sowie RMKP nicht erfasst (vgl. Bernhard, Gelehrtenkontakte, 362 ff; Hegyi, Nyomtatványai, 292–311).

116 Vgl. P. Mihály Nádudvari, Christianorum Palaestrae-Spiritualis Panoplia quae, proposita est, [...], Zürich 1710; István Harsányi Móricz, Exercitatio Christiana De augusto & sacrosancto Nomine Christianorum occasione Loci, [...], Zürich 1710.

117 Vgl Ungarn: Allgemeine Beziehungen 1477–1728, StAZ: A 185 (1), 152–154.

118 Vgl. Hegyi, Diákok, 50.

119 Nach der in Genf 1652 erschienenen Sammlung von Disputationen, die bei Friedrich Spanheim d. Ä., seit 1642 Professor in Leiden, gehalten worden sind und unter denen sich bekanntermassen mehrere Disputationen von ungarischen Studenten befinden (vgl. oben S. 517 f), erschien erst 1660 das nächste theologische *Hungaricum*.

120 Vgl. Hegyi, Diákok, 48.

(Matth 2) von namhaften Gelehrten (Théodore de Bèze, Samuel des Marets, Johann Jakob Ulrich, u.s.w.) vor.[121]

Die nächsten theologischen *Hungarica* erschienen zur Zeit der „Trauerdekade".[122] Es handelt sich unter anderem um Disputationen zur *Confessio Helevtica posterior*. In diesem Zusammenhang ist in der Forschung mehrfach die Äusserung gefallen, dass die Beschäftigung mit dem Helvetischen Bekenntnis gerade im Zeitalter des leopoldinischen Absolutismus in der reformierten Kirche Ungarns identitätsstiftend gewirkt habe und die ungarischen Studenten darum gehäuft über das Bekenntnis disputiert hätten.[123] Natürlich muss diese Einschätzung hinterfragt werden.

Bereits mehrfach sind wir Tamás Veresegyházi aus Debrecen begegnet, der anfang März 1673 in Zürich angekommen war. Er hat seine Studien vor allem bei Heidegger absolviert und diese im Oktober 1673 mit zwei Disputationen über das 10. Kapitel „De Praedestinatione Dei et electione sanctorum" der *Confessio Helvetica posterior* abgeschlossen.[124] Darin hatte sich Veresegyházi auf bedeutende gemässigte Theologen wie William Ames, den Lehrer von János Apáczai Csere sowie Johannes Coccejus, Johannes Crocius oder Frans Burman berufen.[125] Letzterer hatte die föderaltheologische Interpretation der Schrift mit den Grundlagen der cartesianischen Philosophie zu verbinden gelehrt.[126] Wie Burman lässt auch Veresegyházi die *praedestinatio aeterna* durch den *foedus operum (naturae)*, d. h. den Bund vor dem Sündenfall, und den *foedus gratiae*, d. h. den Bund nach dem Sündenfall, geschichtlich realisiert sein. Veresegyházi favorisierte den Infralapsarismus mit der Begründung, dass derselbe der Schrift entsprechender sei, weil nämlich Gott bei seiner Erwählung nicht den Menschen schlechthin, sondern den Sünder in Gnaden angenommen habe.[127]

---

121 Vgl. Mihály Rimaszombati, Disputatio de evangelica Magorum historia [...] praeside Johanne Müllero [...], Zürich 1660, C4ʳ–D4ᵛ.

122 Pál Csernátonis *Theses Philosophicae* (Basel 1665), auf die wir im Abschnitt über die Peregrinationswege bereits zu sprechen kamen, werden nicht zu den theologischen *Hungarica* gerechnet, obwohl Csernátoni später am Kollegium in Strassburg a.M. unterrichtet hatte (vgl. oben S. 584).

123 Vgl. Bernhard, Basel, 79; Juhász, Glaubensbekenntnis, 103; Nagy, Geschichte Confessio, 127. Die Inbezugsetzung erwähnter Disputationen zur „Trauerdekade" wurde vom Verfasser erstmals en détail untersucht; dabei musste diese Einschätzung relativiert werden (vgl. Bernhard, Studenten, 537ff); vgl. unten S. 611 ff.

124 Vgl. Tamás Veresegyházi, Disputationis Theologicae in Caput X. Confessionis Helveticae: [...] De praedestinatione Dei, et electione Sanctorum [...], 2 Tle., Zürich 1673 (vgl. Tamás Veresegyházi: Disputatio de Praedestinatione [...], ZBZ: D 234, 219ʳ–225ʳ); vgl. Zoványi, Coccejanismus, 136 f.

125 Vgl. Veresegyházi, De Praedestinatione I, Cʳ. C3ʳ. C4ʳ.

126 Auf sein Hauptwerk *Synopsis theologiae et speciatim foederum Dei* (Utrecht 1671), das zu den wichtigeren Leistungen der cartesianischen Schule im Coccejanismus (vgl. Rohls, Theologie, 108 f) gehörte, beruft sich Veresegyházi explizit (vgl. Veresegyházi, De Praedestinatione I, D4ʳ).

127 Vgl. Veresegyházi, De Praedestinatione I, C2ʳ⁻ᵛ. Dʳ⁻ᵛ; ders., De Praedestinatione II, A3ʳ⁻ᵛ.

Im Anschluss an den Druck der *Disputatio* ist in Zürich ein Streit über die theologische Richtung von Veresegyházi ausgebrochen,[128] in deren Folge Veresegyházi Zürich verliess[129] und wieder nach Basel zurückkehrte, wo er am 26. Januar 1674 ankam.[130] Hier schloss er, nachdem er von den „Proceres Illustres Helvetiae Reformatae" für seine Studien 100 Taler erhalten hatte,[131] am 1. Mai seine Studien mit der Doktorarbeit *De providentia Dei* (Basel 1674) bei Johannes Zwinger ab.[132] Die Providenzlehre hatte gerade in der reformierten Theologie seit Zwinglis *Sermonis De providentia Dei Anamnema* (Zürich 1530), in der Gottes Herrschaft, Verwaltung und Erhaltung der Welt und der (erwählten) Geschöpfe dargestellt wird, einen gesonderten Status. So stellte Bullinger in der *Confessio Helvetica posterior* im sechsten Kapitel die Providenzlehre gar der Schöpfungslehre voran. Damit stand die Providenzlehre gewissermassen programmatisch für die *creatio, conservatio, gubernatio*, die Bullinger in den folgenden Kapiteln des Bekenntnisses ausführlich darlegte.[133] Veresegyházi hat nun in seiner Schrift die Lehre der Providenz auf der Grundlage der Bibel sowie massgebender reformatorischer Zeugnisse erklärt. Letztlich ging es ihm darum nachzuweisen, dass Gott nicht der Urheber der Sünde, also kein Demagoge sei.[134] Veresegyházi widmete seine Arbeit den Basler Professoren Lukas Gernler, Johann Rudolph Wettstein und Johannes Zwinger, insbesondere aber dem Hebraisten Johann Jakob Buxtorf, den er als „amico singulari candori observandissimo" bezeichnete.[135] Kurz darauf erschien der *Plausus votivus* (Basel 1674), eine Sammlung von poetischen Applausen, die Lehrer, Studenten und Landsleute aus Anlass der Promotion von Veresegyházi verfasst hatten. Die Namen von Johann Rudolph Wettstein, Johann Caspar Schweizer, Johann Heinrich Heidegger oder Johann Jakob Buxtorf finden sich darin gleichermassen wie diejenigen der Ungarn János Horváti Békés, Ferenc Páriz Pápai, János Kállai Kopis[136] oder des Polen Melchior Süssebach.

---

128 Vgl. Leu, Häresie, 131 f; Hutter, Gottesbund, 47 f; vgl. unten S. 613 ff.

129 Heidegger konnte dennoch durchsetzen, dass Veresegyházi für seine Weiterreise eine Unterstützung erhielt (vgl. Rechnung betreffend des Fiscum Scholasticum (1673–1742), 1. Februar 1674, StAZ: E II 493, 1ᵛ).

130 Vgl. Horváti Békés, Diáknaplója, 66; MUB IV, 84.

131 Vgl. Horváti Békés, Diáknaplója, 67.

132 Vgl. Johannes Zvingervs […] Non abs re Zach. 1, 8. Ecclesiae Dei comparatur myrto, […] Quorum numero jure optimo annumerandus venit Vir Praestantissimus, D. Thomas Veres-Egyhazi, Debrecinensis-Ungarus, […] Basel [1674] (vgl. Horváti Békés, Diáknaplója, 70 f; Pápai Páriz, Naplója, 501; Hegyi, Nyomtatványai, 298 f; MUB IV, 84).

133 Vgl. Bullinger, Confessio (2009), 282 ff. Ich stelle mich damit kritisch zu der Bemerkung von Dowey und Campi, dass Bullinger die Vorsehungslehre ohne ersichtlichen Grund vor der Schöpfungslehre behandle (vgl. Campi, Confessio, 249; Dowey, Aufbau, 216 f); vielmehr hat Bullingers Entscheid für die ganze *Confessio* eine wegweisende Bedeutung. Die Untersuchung dieser Bedeutung en détail ist noch ein Desiderat der Forschung.

134 Vgl. Veresegyházi, De Providentia, A5ᵛ–A6ᵛ.

135 Vgl. Veresegyházi, De Providentia, Aᵛ.

136 János Kállai Kopis hatte bereits dem Druck der Dissertation von Veresegyházi einen poetischen

Wie bekannt kamen Veresegyházi, Pápai Páriz und Horváti Békés gemeinsam von Marburg im Februar 1673 nach Basel.[137] Horváti Békés, gebürtig aus Erdőhorváti, hatte seit Januar 1666 das Kollegium in Sárospatak besucht,[138] später seine Studien in Klausenburg fortgesetzt, und schliesslich am 10. März 1671 Siebenbürgen verlassen, um an den Universitäten Utrecht und Marburg zu studieren.[139] In Basel absolvierte Horváti Békés seine Studien vor allem bei Lukas Gernler, Professor für Kontroverstheologie, später für Altes Testament; daneben besuchte er auch Vorlesungen bei Johann Jakob Buxtorf, Professor für orientalische Sprachen, und bei Johann Rudolph Wettstein (1614–1684), Professor für Neues Testament.[140] Schliesslich disputierte er am 11. Juni 1674 bei Lukas Gernler über das zweite Kapitel der *Confessio Helvetica posterior*, und zwar zum Thema „De usu sanctorum patrum & Conciliorum Theologiae".[141] Seine Disputation fand im Rahmen der „ordentlichen" Disputationen über die *Confessio Helvetica posterior* statt. Es ist bekannt, dass Gernler als streitbarer Vertreter der reformierten Orthodoxie vor allem um die Abwehr der Lehren aus der Schule von Saumur bemüht war. Um die Studenten in ihrem „orthodoxen" Denken zu festigen, liess er dieselben seit 1661 über einzelne Abschnitte der *Confessio Helvetica posterior* disputieren. So erschienen zwischen 1661 und 1675 elf *Disputationes*; allerdings ist davon auszugehen, dass dieselben keineswegs alle bei Gernler abgehaltene Disputationen über die *Confessio* gewesen sein dürften. Horváti Békés' Disputation war eine sogenannte Fortsetzung derjenigen des Zürchers Johann Jakob Hottinger (Cap. II, § 1), Sohn von Johann Heinrich Hottinger, sowie derjenigen des Schaffhausers Conrad Ziegler (Cap. II, § 2). Bis 1674 kam also Gernler nicht über die Auslegung der ersten beiden Kapitel der *Confessio* hinaus, was belegt, mit welcher Gründlichkeit Gernler seine Studenten unterrichtet hatte.[142] Zudem scheint es, dass er im Vorfeld der *Formula consensus* (1675) in gehäuftem Masse über die *Confessio* disputieren liess, zumindest erschienen von den elf gedruckten Disputationen deren fünf zwischen 1672 und 1674.[143]

Applaus beigegeben (vgl. János Kállai Kopis: „Consecrata feris sumus hostia maxima cultris [...]", in: VERESEGYHÁZI, De Providentia, A6ᵛ; János Kállai Kopis: „שיר ירידת", in: VERESEGYHÁZI, Plausus votivus, Bᵛ).

137 Vgl. oben S. 584 f.

138 Vgl. HÖRCSIK, Kollégium, 105.

139 In Utrecht immatrikulierte er sich am 14. Juni 1671, in Marburg am 3. Juli 1672 (vgl. HEGYI, Diákok, 49; HORVÁTI BÉKÉS, Diáknaplója, 24).

140 Vgl. PINTÉR, Bevezetés, 14; HORVÁTI BÉKÉS, Diáknaplója, 60–71.

141 Vgl. HORVÁTI BÉKÉS, Diáknaplója, 71; JÁNOS HORVÁTI BÉKÉS, Disputationum exegeticarum in Confessionem Helveticam decima Ad Cap. II. § 2.3.4. De usu sanctorum patrum & Conciliorum in Theologia [...], Basel 1674.

142 Vgl. GEIGER, Kirche, 76 f. Natürlich ist davon auszugehen, dass Gernler an eine Fortführung der Disputationen über die *Confessio* gedacht hat, aber der unerwartete Tod am 9. Februar 1675 verunmöglichte es ihm.

143 Es handelt sich neben derjenigen von Horváti Békés um folgende *Disputationes*: DANIEL WEGELIN, De canonis integritate [...], Basel 1672; JOHANN JAKOB HOTTINGER, De vera et

Argumentativ brachte Horváti Békés in seiner *Disputatio* – er widmete sie dem siebenbürgischen Baron und Berater des Fürsten, Dénes Bánffy, der die Peregrination von Horváti Békés finanziell unterstützt hatte[144] – nichts neues: Er widerlegte die „päpstliche" Ansicht, dass Kirchenväter und Konzilien der Schrift gleichzusetzen seien; vielmehr würden sie nur gelten, wenn sie mit der Schrift übereinstimmen würden. Auch lehnte er die Ansicht des jesuitischen Theologen Jacob Masen („Ioannes Semanus", 1606–1681) ab, dass die Väter und Konzilien die verdorbenen Stellen der Bibel erklären könnten – er berief sich dabei unter anderem auch auf Calvin.[145]

Ende Juni verliess Horváti Békés Basel „Bernam versus ut ibi a morbo meo quem in inguene gero curarer."[146] Der unerwartete Tod von Horváti Békés in Bern am 21. Juli 1674 hat die damalige Gelehrtenwelt Basels und Berns so tief berührt, dass noch im gleichen Jahr eine Sammlung von Trauergedichten, die *Justa piis manibus Clarissimi ac Eruditi Viri D. Johannis Bekes Horvati Ungari* [...] (Basel [1674]), verfasst „a praeceptoribus, fautoribus et amicis", erschien. Es scheint, dass Johann Rudolph Wettstein der geistige Vater dieses Drucks gewesen ist; neben ihm haben weitere Persönlichkeiten wie der Utrechter Hebraist Johannes Leusden, ehemaliger Lehrer von Horváti Békés, die Basler Bibelexegeten Johann Jakob Buxtorf und Johann Jakob Hofmann oder auch der Basler Arzt Balthasar Kisselbach Trauergedichte beigesteuert,[147] gefolgt von mehreren *Epicedia* von Landsleuten[148] und Mitstudenten.[149]

János Kállai Kopis, der aus Nagykálló im Partium stammte und 1665 in der oberen Klasse am Kollegium in Debrecen war,[150] hatte in Basel seine Studien vor allem bei Lukas Gernler, aber auch bei Johann Jakob Buxtorf und Johann Jakob Hofmann absolviert. Am 16. Mai 1674 hielt er eine theologische Disputation *De haereditate ecclesiae*, wobei er seine zehn Thesen, aufgeteilt in fünfzehn Paragraphen, als „Apodixes orthodoxae" bezeichnete. Dies ist ein deutlicher Hinweis darauf, dass Kállai Kopis die „rechte Lehre" am Herzen lag. Tatsächlich verteidigte er in der Disputation die „rechte Lehre" im Verständnis

---

legitima ratione [...], Basel 1673; CONRAD ZIEGLER, De sanctorum patrum usu [...], Basel 1674; JÁNOS KÁLLAI KOPIS, De judice controversiarum [...], Basel 1674.

144 Vgl. PINTÉR, Bevezetés, 5. 14; HORVÁTI BÉKÉS, Diáknaplója, 67.

145 Vgl. HORVÁTI BÉKÉS, De usu sanctorum, B2ᵛ.

146 HORVÁTI BÉKÉS, Diáknaplója, 71.

147 Seltsamerweise hat Lukas Gernler, bei dem Horváti Békés disputiert hat, keine Trauerverse auf den Tod seines ehemaligen Schülers verfasst. Ob dies damit zusammenhängt, dass Wettstein, ein energischer Gegner der Gernler'schen „Hochorthodoxie" und der *Formula consensus* (vgl. GEIGER, Kirche, 219–350), der Initiator war, muss hier offen bleiben.

148 Es sind beispielsweise Ferenc Pápai Páriz, Pál K. Lisznyai, István K. Kolozsvári, János Kállai Kopis, József Nagyari, János Fülkei oder János de Rácz Beszermenyi – die genannten Ungarn studierten an den Universitäten Franeker, Leiden, Basel, Groningen u.s.w. – zu erwähnen (vgl. HORVÁTI BÉKÉS, Justa piis manibus, A3ᵛ–A4ᵛ. B4ᵛ–C4ʳ).

149 Es ist auf Vincenzo Paravicini, Johann Jakob Hottinger, Johannes Niklaus oder Bonfatius Burckhard zu verweisen (vgl. HORVÁTI BÉKÉS, Justa piis manibus, A4ᵛ–B4ʳ).

150 Vgl. BERNHARD, Studenten, 526; HEGYI, Diákok, 49.

der reformierten Orthodoxie, so in der zweiten These die Trinitätslehre[151] oder in der fünften These die Bundeslehre.[152] Die Widmung der *Disputatio* an Politiker (Konsule, Gesandte an der Hohen Pforte, Stadträte von Debrecen, u.s.w.) lässt vermuten, dass Kállai Kopis – es ist die Zeit nach dem Pressburger „Blutgericht" – um den weiteren Bestand der reformierten Kirche Sieben-bürgens und des Partium fürchtete.[153]

Im Herbst 1674 hat Kállai Kopis bei Lukas Gernler erneut disputiert. Seine zweite Disputation sollte die Fortsetzung derjenigen von Horváti Békés sein, fand also im Rahmen der „ordentlichen" Disputationen über die *Confessio Helvetica posterior* statt. Kállai Kopis sprach am 12. November über *De Judice controversiarum* aus dem zweiten Kapitel der *Confessio* (§ 5. 6). Inhaltlich war Kállai Kopis' Disputation vor allem gegen die römische Auffassung der Not-wendigkeit eines „irdischen" Richters, also gegen die Notwendigkeit des Papstes gerichtet, und er betonte darum mit Nachdruck, „Scripturam Judicem esse in causa fidei."[154] Auch brauche es keinen, der die Auslegung der Schrift „in rebus salutis" kontrolliere, weil dies Christus den „pastores aut Doctores" gebe.[155] Kállai Kopis widmete seine *Disputatio* an erster Stelle dem Bischof des Kirchendistriktes „Jenseits-der-Theiss", Mátyás Nógrádi (1611 – 1681),[156] und seinem Lehrer Lukas Gernler, dann weiteren ungarischen Gelehrten, unter anderem auch den beiden Debreciner Lehrern und Kontrahenten György Martonfalvi Tóth und Márton Szilágyi Tönkő. Schliesslich fügt er bei, dass er seine Arbeit „non minori cum candore" Johann Jakob Buxtorf und Johann Jakob Hofmann widme.[157]

Nachdem Gernler für Kállai Kopis ein Abgangszeugnis und Empfeh-lungsschreiben, in dem er festhielt, dass niemand zweifle, „Eum [...] evasu-rum utilissimum aedificandae Ecclesiae & promovendae gloria Dei organum [...]"[158], ausgestellt hatte, zog er nach Zürich, um weitere Studien bei Johann Heinrich Heidegger zu absolvieren. Heidegger pflegte mit Kállai Kopis einen so väterlichen Austausch, dass letzterer sich mehrfach im Hause Heideggers aufgehalten hat.[159] Schliesslich schloss Kállai Kopis im April 1675 seine Stu-dien mit einer *Dissertatio textualis De peccato in spiritum s[anctum] [...]* (Zürich 1675), einer exegetischen Arbeit über Matth 12, 22 – 32, ab. Als die

---

151 Vgl. KÁLLAI KOPIS, De haereditate, A2ᵛ–A3ʳ.
152 Vgl. ibidem, A4ᵛ–A5ᵛ.
153 Vgl. ibidem, Aᵛ.
154 Vgl. KÁLLAI KOPIS, De Judice, Bᵛ.
155 Vgl. ibidem, B4ᵛ–Cʳ.
156 Entgegen ZÓVÁNYI (vgl. ZÓVÁNYI, Lexikon, 438) ist Nógrádi, der in Holland und England studiert hat, nicht erst 1617 geboren.
157 KÁLLAI KOPIS, De judice, Aᵛ.
158 Lukas Gernler: Dekanatszeugnis für János Kállai Kopis, 15. Dezember 1674, UBB: Fr.-Gr. Ms. I 16, 210.
159 Pápai Páriz schrieb in sein Tagebuch, als er Mitte April in Zürich angkommen war: „[...] apud Heideggerum hospitantem Cl. D. Joh. Copis Callai salvum reperi." (vgl. PÁPAI PÁRIZ, Naplója, 506).

Dissertatio erschien, hielt sich Kállai Kopis, gemeinsam mit Pápai Páriz, bereits in Schaffhausen bei Peyer auf.[160]

Der Vollständigkeit halber sei hier noch einmal auf die Gedenkrede *Sancta merx* verwiesen, die Pápai Páriz, nachdem der Basler Anatom und Chirurg Johann Heinrich Glaser, der Lehrer von Pápai Páriz, am 5. Februar unerwartet verstorben war, am 15. März 1675 im Auftrag der Fakultät an der Festsitzung der Universität gehalten hatte und noch im gleichen Jahr in Basel bei Hans Jakob Bertsche gedruckt wurde.[161]

Am 18. Februar 1676 immatrikulierte sich István Gyöngyösi in Zürich, nachdem er seit 1672 Studien in Frankfurt a.O. und in England absolviert, sich also zur Zeit der „Trauerdekade" mehrheitlich an ausländischen Universitäten aufgehalten hatte.[162] Es scheint allerdings, dass Gyöngyösi im Sommer oder Herbst 1675 nach Debrecen zurückgekehrt ist und, nachdem er am 20. November 1675 in Debrecen 30 Taler für seine Peregrination erhalten hatte,[163] gemeinsam mit János Kocsi Csergő nach Zürich zog, wo die beiden noch vor Ablauf des Jahres eingetroffen sein müssen.[164] Gyöngyösi und Kocsi Csergő erlebten den grossen Moment, als Ende Mai ihre Landsmänner, die befreiten Galeerensträflinge, in Zürich ankamen. Es erstaunt daher nicht, dass Gyöngyösi seine *Disputationis theologicae, Pars prior, De clavibus Regni Dei, apostolis traditis* (Zürich 1676) unter anderem den beiden führenden Persönlichkeiten der ungarischen Prediger, István Séllyei, Bischof von Transdanubien, und István Harsányi Móricz, Pfarrer von Rimaszombath, widmete,[165] und gleich sieben ungarische Prediger einen poetischen Applaus, ein „τεκμή-ριον grati animi" für die *Disputatio* verfassten.[166] Einleitend hielt Gyöngyösi betreff die befreiten Ungarn fest:

---

160 Dies folgt daraus, dass Pápai Páriz am 4. Mai 1675 „Scafusii in aedibus Peieranis […]" seinen poetischen Applaus für die *Dissertatio* von Kállai Kopis verfasste (vgl. Ferenc Pápai Páriz: „Τίς πέλει ΙΗΤΡΟ C; ταχέως […]", in: KÁLLAI KOPIS, De peccato, Cᵛ).

161 Vgl. PÁPAI PÁRIZ, Naplója, 505 f.

162 Vgl. BOZZAY, Diákok, 136; HEGYI, Diákok, 92.

163 Vgl. BARÁTH, Adattár, 28 f. Entgegen BARÁTH ist, wie die Studien von BOZZAY und LADÁNYI belegen, festzuhalten, dass Gyöngyösi bereits 1672 seine Peregrination angetreten hat, wenn auch er zwischenzeitlich nach Debrecen zurückgekehrt ist.

164 Vgl. Tamás Veresegyházi an Johann Heinrich Heidegger, 11. November 1675, ZBZ: D 181, 167; Johann Heinrich Heidegger: Grundtliche und wahrhaffte Histori Etlicher unglükseliger Streitigkeiten und Zweyspaltungen, so zwüschen Einichen Kirchen- und Schuldieneren der Stadt Zürich nun etliche Jahr hero mit nammen von Anno 1673 bis Anno 1680 geschwäbt, ZBZ: G 327, 83ᵛ–84ʳ.

165 Vgl. ISTVÁN GYÖNGYÖSI, Disputationis theologicae, Pars prior, De clavibus Regni Dei, apostolis traditis […] sub praesidio […] Joh. Henr. Heideggeri, […], Zürich 1676, Aᵛ. Weiter widmete Gyöngyösi die *Disputatio* einer Reihe von Persönlichkeiten aus dem öffentlichen Leben Debrecens sowie – Gyöngyösi hatte nach 1665 das Kollegium in Debrecen besucht – den beiden Debreciner Professoren György Martonfalvi Tóth und Márton Szilágyi Tönkő.

166 Es sind dies György Körmendi, István Komáromi, János Szomodi, István Bátorkeszi, Nicolaus Leporinus, Péter Czeglédi und Mihály Karasznai (vgl. GYÖNGYÖSI, De clavibus I, Dʳ⁻ᵛ). Auch nach dem Weiterzug Gyöngyösis im Frühling 1677 nach Genf blieb er mit einigen befreiten

Nuper admirabili Dei providentiâ, & Principum Christianorum sympathetico auxilio, è jugo Triremium Hispanico-Neapolitanarum liberati, nunc autem Tiguri Helvetiorum, in molesto alioquin exilio, respirationem nacti, Ministri Ecclesiarum Hungaricarum infrà scribendi, 1676. Die 16.V. 26. N.S. Junii.[167]

In der *Disputatio* widerlegte Gyöngyösi unter Benutzung der biblischen, in syrischer, arabischer, hebräischer und griechischer Sprache gehaltenen Quellen sowie zahlreicher Kirchenväter die (römische!) Ansicht, dass allein Petrus die *potestas clavium* habe; vielmehr „toti Apostolorum collegio facta [...]"[168] Im zweiten Teil der *Disputatio*, die er im folgenden Jahr in Genf unter dem Vorsitz von François Turettini hielt, führte er weitere wesentliche, die Thematik betreffende Argumente an.[169]

Gleichfalls in Zürich erschien eine andere Schrift von Gyöngyösi, seine פירוש *sive Exegesis Quinquaginta Psalmorum Davidis regis et prophetae [...]* (Zürich 1677), am 12. Februar 1677 den Stadträten von Debrecen, dem Bischof des Kirchendistriktes „Jenseits-der-Theiss" Mátyás Nógrádi sowie den Geistlichen von Debrecen gewidmet.[170] In der Schrift analysierte und erklärte Gyöngyösi, unter Beizug verschiedener biblischer und ausserbiblischer Quellen, die ersten fünfzig Psalmen Davids nach Aufbau und Inhalt, „& ad Usus dextrè applicantur."[171] Beigefügt war ein *Fasciculus piarum precum*, die er in England gesammelt hatte und nun in Lateinisch herausgab.[172] Nicht nur der Stadtbibliothek Zürich schenkte er ein Exemplar des Druckes[173] und erhielt dafür eine Honoration,[174] sondern auch der Universität Basel vermachte er am 6. März 1677 handschriftlich ein Exemplar seiner *Exegesis Quinquaginta Psalmorum*.[175] Offenbar pflegte Gyöngyösi auch mit Gelehrten der Universität Basel Kontakt.

Im August 1677 disputierte Gyöngyösi in Genf je einmal bei Louis Tronchin, Philipp Mestrezat und François Turrettini. Während Turrettini, bei dem Gyöngyösi am 13. August über *De clavibus regni Dei* („pars posterior") disputiert hatte, Vertreter einer streng „orthodoxen", d.h. antisaumurischen Theologie war, waren Tronchin und Mestrezat saumurische Theologen. Bei Mestrezat

---

Ungarn in brieflichem Kontakt, wie die erhaltene Korrespondenz belegt (vgl. Briefe von István Gyöngyösi an János Rima Szombati, ZBZ: F 199, 527–529).
167 GYÖNGYÖSI, De clavibus I, D^r.
168 Vgl. GYÖNGYÖSI, De clavibus I, A2^v–A3^r.
169 Vgl. ISTVÁN GYÖNGYÖSI, Disputationis theologicae, Pars posterior, De clavibus Regni Dei, apostolis traditis [...] sub clypeo [...] D. Francisci Turettini, [...], Genf 1677.
170 Vgl. István Gyöngyösi: Dedicatio, in: ISTVÁN GYÖNGYÖSI, פירוש sive Exegesis Quinquaginta Psalmorum Davidis regis et prophetae [...], Zürich 1677,):(^v–):(11^r.
171 Ibidem,):(^r.
172 Vgl. ISTVÁN GYÖNGYÖSI (Hg.), Fasciculus piarum precum. In surrectione tua dicito, in: ders., Exegesis, X8^r–Y12^v.
173 Vgl. Donationenbuch der Stadtbibliothek Zürich, ZBZ: Arch St 22, 101.
174 Vgl. Rechnung betreffend des Fiscum Scholasticum (1673–1742), StAZ: E II 493, 3^v.
175 Standortsignatur des Werkes in der Universitätsbibliothek Basel: Aleph E VIII 42.

disputierte Gyöngyösi am 11. August über *De perfectione Scripturae sacrae,* bei Tronchin am 14. August über *De authoritate Scripturae Sacrae.* Gyöngyösi argumentierte in seinen Disputationen ganz besonders gegen die römische Überzeugung, dass die Schrift nicht alles enthalte, was zum Heil notwendig sei, und sie nur unter Zuhilfenahme der Tradition richtig verstanden werden könne. Bereits die „patres" würden die „Scripturae perfectionem" nämlich bezeugen, wobei Gyöngyösi sich unter anderem auf Irenäus, Athanasius, Augustinus sowie Chrysostomus berief.[176] Bewusst nahm er auch Stellung zu dogmengeschichtlich schwierigen Fragen wie dem *filioque.*[177] In beiden *Disputationes* lehnte Gyöngyösi die Bedeutung des römischen Lehramtes ab, weil die Schrift sich selbst durch „perfectio" und „authoritas" auszeichne. Die Studien von Gyöngyösi bei den saumurischen Theologen Mestrezat und Tronchin können erklären, warum er 1678 an die Akademie in Saumur weiterzog.[178]

Die beiden Genfer Drucke von Gyöngyösi sind die letzten *Hungarica,* die im 17. Jahrhundert aus Schweizer Offizinen hervorgingen. Der geplante Druck von Márton Szilágyi Tönkös *Philosophia* konnte wegen der bereits erwähnten theologischen Auseinandersetzungen zwischen Müller und Heidegger nicht erscheinen, obwohl diesbezüglich ein reger Briefwechsel stattgefunden hatte.[179] Auch von den weiteren ungarischen Studenten, die in den kommenden Jahren in Basel oder Zürich studierten, erschienen keine Disputationen im Druck.

Dennoch darf auf einen bislang in diesem Kontext nur entlegen erwähnten Druck hingewiesen werden. Der Aufenthalt der ungarischen Prediger seit Ende Mai 1676 und ihre Schilderungen über die Gefangenschaft und darüber, wie viele ungarische Prediger und Lehrer den Strapazen erlegen seien,[180] hat in Zürich eine intensivere Auseinandersetzung mit der sogenannten Märtyrertheologie provoziert. Die ungarischen Prediger und Lehrer wurden als Märtyrer – Jakab Csúzi Cseh hat ja bereits in einem Brief vom Oktober 1676 den reformierten Orten für die Unterstützung der Märtyrer gedankt[181] – ver-

176 Vgl. Istv ÁN Gyöngyösi, Disputatio theologica De perfectione scripturae sacrae, quam Divina adspirante & juvante Triade sub tutela Viri [...] D. Philippi Mestrezatii, [...], Genf 1677, a3ᵛ–a4ᵛ.

177 Vgl. Gyöngyösi, De perfectione, b2ᵛ–b3ʳ.

178 Von Saumur aus wandte sich Gyöngyösi mit einem Dankesschreiben nochmals an Louis Tronchin (vgl. István Gyöngyösi an Louis Tronchin, 16. August 1678, BPU: Archive Tronchin, vol. 46, 244). Gyöngyösi hielt sich sicher bis 1679 in Saumur auf (vgl. Eintrag von István Gyöngyösi in das Stammbuch von Felix Brunner, 24. März 1679, ZBZ: D 207a, 195ᵛ), bevor er nach Paris weiterzog, wo sein Aufenthalt im Jahre 1681 belegt ist (vgl. Baráth, Adattár, 28).

179 Vgl. Márton Szilágyi Tönkő an Johann Heinrich Heidegger, 23. Juni 1676, ZBZ: B 9, 94; Tóth, Philosophiá, 316; Schweizer, Consensus-Formel, 137; vgl. unten S. 615 ff.

180 Vgl. Nomina Reverendorum ac Venerabilium Dominorum Ecclesiarum Hungaricarum Pastorum tam Reformatorum quam Lutheranorum [...], ZBZ: F 199, 560 f.

181 Vgl. Jakab Csúzi Cseh an reformierte Orte der Schweiz, 17. Oktober 1676, ZBZ: F 172a, 412 f. Bereits 1675 erschien in Klausenburg die *Martyrok Coronaja* von István Szőnyi Nagy, der in

standen, und mehrere Studenten, die mit den befreiten Ungarn, oder auch mit anderen Ungarn, in Kontakt gekommen waren, disputierten bei Heidegger „de Martyrio" von Christen, vor allem in der alten Kirche. Im Mai 1678 waren dies unter anderem Johann Jakob Hottinger, Johann Ulrich Esslinger, Johann Heinrich Ziegler sowie Felix Brunner. Die Disputation der letzteren beiden bei Heidegger erschien unter dem Titel *Consolatio christiana S. Martyrum, Omniumque Persecutiones sustinentium [...]* (Zürich 1678); dazu hat Johann Heinrich Heidegger ein Vorwort verfasst, das den „Viris plurimum Reverendis, Clarissimis, Ecclesiarum quondam & Scholarum Hungaricarum Evangelicarum Pastoribus & Rectoribus [...] ex Triremibus Neapolitanis & Carcere Buccarino, potenti Dei brachio liberatis" gewidmet war, wobei er alle Namen der befreiten Ungarn, die sich in Zürich aufgehalten haben, aufzählte, beigefügt die Ortschaft, wo sie vor dem Pressburger „Blutgericht" als Prediger oder Lehrer gewirkt haben.[182] Mit diesem letzten *„Hungaricum"* verliert die Schweiz vorübergehend seine Bedeutung als Druckort für *Hungarica*.

Bedeutung von Helvetica an den reformierten Kollegien des Partium und Siebenbürgens

Wer heute die Bibliotheken der reformierten Kollegien in Debrecen, Sárospatak, Strassburg a.M. und Klausenburg besucht, dem fällt nach kurzer Zeit auf, dass dieselben nicht nur einen reichen Bestand an Werken der Reformation, d. h. Werke von den grossen Reformatoren Calvin, de Bèze, Bullinger, Gwalther, Melanchthon, Musculus u.s.w. aufweisen, sondern sich auch eine stattliche Anzahl von Werken nahmhafter Vertreter der reformierten Orthodoxie, wie z. B. von Johann Heinrich Heidegger, Johann Heinrich Hottinger, François Turrettini oder von Angehörigen der Familie Buxtorf, finden lassen. Allerdings muss jeweils untersucht werden, wann ein Buch im Einzelfall in die betreffende Bibliothek gekommen ist. Natürlich ist diesbezüglich die Exlibris- und Supralibros-Forschung von besonderer Relevanz. Verschiedene Werke mögen durch Studenten in die jeweiligen Bibliotheken gekommen sein. So wissen wir beispielsweise, dass Johann Heinrich Heidegger seinen ungarischen Studenten auch Werke geschenkt hat.[183] Leider wird aber die Prove-

---

Anbetracht der Erfahrungen der „Trauerdekade" erstmals ein martyrologisches Konzept für Ungarn, unter Beizug von John Foxe' *Rerum in Ecclesia gestarum [...] ac Sanctorum Dei Martyrum &c. Commentarij* (Basel 1559), entworfen hatte (vgl. TóTH, Martyrology, 552 ff).

182 Vgl. Johann Heinrich Heidegger: Candide militum Christi cohorti, [...], in: JOHANN HEINRICH ZIEGLER und FELIX BRUNNER, Consolatio christiana S. Matyrum, Omniumque Persecutiones sustinentium. [...] Quam spiritu s. paracleto duce et auspice, placido eruditorum examini subjicit Joh. Heinricus Heideggerus, [...], Zürich 1678, [α]^v-[α]2^v; vgl. IMRE, Consolatio, 161 ff.

183 In einem älteren Register der Bücher des ehemaligen reformierten Kollegiums von Klausenburg, zusammengestellt von Zsigmond Pál JAKÓ († 2008), wird erwähnt, dass Heidegger János

nienzforschung nicht in allen Bibliotheken systematisch betrieben, so dass, allein aufgrund der Auswertung der Zettelkataloge, Aussagen über das Vorhandensein bestimmter Bücher in einer betreffenden Zeit sehr schwierig sind. Um so wertvoller sind darum die erhaltenen Verzeichnisse der historischen Buchbestände, ergänzt durch weitere buchgeschichtliche Forschungen.

Aus den Kollegien in Debrecen und Sárospatak[184] sind mehrere Bibliotheksverzeichnisse aus dem ersten Viertel des 18. Jahrhunderts erhalten.[185] Eine Durchsicht[186] zeigt, dass primär sehr viele exegetische und systematische Werke der Reformation, insbesondere von Calvin, de Bèze, Daneau, Musculus, Gwalther, Bullinger, Vermigli, Zanchi und Melanchthon, vorhanden sind. Daneben präsentieren die Kollegiumsbibliotheken eine grosse Breite an theologischer Literatur aus dem 17. Jahrhundert („reformierte Orthdoxie"), darunter viele Werke der Föderaltheologie (Coccejus, Burman, Vitringa u.s.w.) sowie auch des Cartesianismus (Descartes, Clauberg u.s.w.). Dazu gesellen sich, allerdings in weit geringerem Umfange, Werke von Schweizer Gelehrten wie Johannes Buxtorf, François Turrettini, oder Johann Heinrich Heidegger. Es scheint also, dass tatsächlich bereits in der zweiten Hälfte des 17. Jahrhunderts manche *Helvetica* den Weg in die Kollegiumsbibliotheken gefunden haben; gleichzeitig lässt sich aber feststellen, dass die *Helvetica* aus der zweiten Hälfte des 17. Jahrhunderts in den Kollegiumsbibliotheken einen eher kleinen Teil der Bibliotheken ausmachten. Natürlich waren es vor allem Studenten, die von ihrer Peregrination *Helvetica* mit nach Hause nahmen. Die Buchverzeichnisse von Tamás Veresegyházi oder Pál Teleki, die sich beide längere Zeit in Holland und der Schweiz aufgehalten haben, belegen dies einwandfrei. Auch bei ihnen finden sich zahlreiche Bücher von „Neuerern" wie Burman, Coccejus, Le Clerc, Descartes oder Clauberg; dazu gesellen sich,

---

Kállai Kopis ein Werk geschenkt habe („Joh. Kopis Kállai ex donatione Cl. Joh. Henr. Hejdegeri Theologi Tigurini" [A Kolosvári nemes Reformatum Collegium Bibliothecajának possessorai, EREL: Sammlung Zsigmond Jakó (ohne Signatur), 3. Heft, 37]); leider ist aber heute das Werk mit dem Exlibris-Eintrag in der akademischen Bibliothek in Klausenburg nicht mehr auffindbar, was natürlich verschiedene Gründe haben kann (Konfiskation u.s.w.).

184 Wie bereits erwähnt, mussten im Jahre 1671 Professoren und Studenten Sárospatak verlassen (vgl. oben S. 574). Nach der Emigration der Professoren- und Studentenschaft (1671) blieb ein Teil der Bibliothek in Sárospatak zurück, einen anderer Teil aber nahmen János Pósaházi und Mihály Buzinkai mit nach Debrecen. Schliesslich, als die beiden Gelehrten an den Hof von Fürst Apafi berufen worden war, nahmen sie einen weiteren Teil der restlichen Bibliothek mit nach Weissenburg. Als 1682 vorübergehend der Lehrbetrieb in Sárospatak wieder aufgenommen wurde, haben die Studenten den einen Teil der Bücher aus Weissenburg zurückgebracht, der andere Teil aber blieb weiterhin in Weissenburg, bevor er 1718 der Schule in Neumarkt a.M. übergeben worden waren (vgl. Adattár 14, 84). Der älteste, aus dem Jahre 1707 stammende Bibliothekskatalog der Schule in Neumarkt belegt mehrere Basler Druckwerke, vor allem aus dem 16. Jahrhundert (vgl. Adattár 16/2, 99–113).

185 Vgl. Adattár 14, 89–137. 147–283.

186 Die *Hungarica* werden, da es hier um eine kommunikationsgeschichtliche Fragestellung geht, nicht berücksichtigt.

allerdings in geringerer Anzahl, Werke von Heidegger, Turettini oder Buxtorf.[187]

In Siebenbürgen sind vor allem die Kollegien in Strassburg a.M. und Klausenburg von Interesse, nicht nur da dieselben es zu einem ansehnlichen wissenschaftlichen Niveau gebracht haben, sondern auch darum, weil sie des öftern Ausgangspunkt der Peregrination siebenbürgischer Studenten gebildet haben. Von Strassburg besitzen wir drei Kataloge aus den Jahren 1679, 1685 und 1688.[188] Was die Buchbestände anbelangt, präsentiert sich uns ein ähnliches, wenn auch bescheideneres Bild als in Debrecen und Sárospatak. Dominant sind die Werke der ersten und zweiten Generation des Reformationszeitalters, gefolgt von zahlreichen Werken der reformierten Orthodoxie. Auch Föderaltheologen und Cartesianer sind vertreten; die Werke von Schweizer Gelehrten aus der zweiten Hälfte 17. Jahrhunderts nehmen hingegen eine bescheidene Rolle ein. Besonders ist auf Werke der verschiedenen Buxtorf zu verweisen, deren Schriften im Unterricht offenbar rege benutzt wurden.[189] Johann Heinrich Hottinger ist mit zwei Werken vertreten,[190] Heidegger und Turettini fehlen gänzlich. Eine noch unbedeutendere Stellung der *Helvetica* begegnet uns in den erhaltenen Verzeichnissen der Bibliothek des reformierten Kollegiums in Klausenburg.[191] Der Klausenburger Historiker Gábor Sipos hat zudem die Bücher des ehemaligen reformierten Kollegiums, die heute in der Akademischen Bibliothek von Klausenburg aufbewahrt werden, nach Provenienzen untersucht und ausgewertet. Dabei hat sich gezeigt, dass besonders *Helvetica* aus dem 16. Jahrhundert, und dies reichhaltig, mit einem zeitgenössischen Possessoreintrag versehen waren; vergeblich sucht man nach Werken wichtiger Schweizer Theologen aus der zweiten Hälfte des 17. Jahrhunderts, die sich durch einen zeitgenössischen Possessoreintrag auszeichnen.[192]

Zusammenfassend ist festzuhalten, dass in den Kollegiumsbibliotheken in Debrecen, Sárospatak, Strassburg a.M. und Klausenburg *Helvetica* des früheren und späteren Refomationszeitalters sowie – den ersten Teil unseres Kapitels bedenkend – der beginnenden reformierten Orthodoxie in grösserer Anzahl vorhanden waren, hingegen *Helvetica* aus der zweiten Hälfte des 17. Jahrhunderts ein bescheidenes Ausmass und demzufolge für die Ausbildung auch eine untergeordnete Bedeutung einnahmen. Dabei fällt es auf, dass – unter anderem wohl darum, weil im Partium die Kontakte zur Schweiz intensiver als in Siebenbürgen waren – die Bibliotheken in Debrecen und

---

187 Vgl. Adattár 14, 283–289; Adattár 16/3, 142–147; FONT, Teleki, 291–315; BERNHARD, Studenten, 534 f.
188 Vgl. Adattár 16/2, 133–170. 171–176. 177–190.
189 Es sind vor allem hebräische Grammatiken, Lexika und Konkordanzen zu erwähnen (vgl. Adattár 16/2, 142 f. 155. 158. 163. 167. 169. 178. 181 f).
190 Es sind dies die *Archaiología* sowie der *Cursus theologicus* (vgl. Adattár 16/2, 162).
191 Vgl. Adattár 16/2, 49–69.
192 Vgl. SIPOS, Könyvtára, 40–80.

Sárospatak weit mehr *Helvetica*, insbesondere von Vertretern aus dem Umfeld der *Formula consensus* (1675) ausweisen. In Klausenburg und Strassburg a.M. hingegen scheinen solche *Helvetica* nahezu bedeutungslos gewesen zu sein. Eine Ausnahme bilden dabei die Werke der verschiedenen Hebraisten Buxtorf, die in beiden Kollegiumsbibliotheken, in Strassburg in grösserer Anzahl, vorhanden waren. Auch in anderen Schulbibliotheken Siebenbürgens und des Partium, diversen Adelsbibliotheken sowie Gelehrtenbibliotheken nehmen verschiedene Werke der einzelnen Buxtorf eine gesonderte Stellung ein.[193]

Der Blick auf spätere Bibliotheksverzeichnisse belegt allerdings, dass zahlreiche Werke von Heidegger, Turettini, Tronchin, Hottinger u.s.w. im ersten Drittel des 18. Jahrhunderts gehäuft nach Siebenbürgen und ins Partium gekommen sind.[194]

d. Kommunikationsgeschichtliche Erkenntnisse

Wir haben verschiedene Aspekte der ungarisch-schweizerischen Kontakte dargestellt, insbesondere die Peregrination ungarischer Studenten in die Schweiz untersucht, die ungarisch-schweizerische Korrespondenz beleuchtet sowie buch- und bibliotheksgeschichtliche Fragen erläutert. Dabei ist aufgefallen, dass trotz einer deutlichen Intensivierung der ungarisch-schweizerischen Kontakte während der „Trauerdekade" diese Kontakte nach 1681 förmlich „zusammenbrachen". Zwar haben Jakab Csúzi Cseh, Ferenc Pápai Páriz, István Harsányi Móricz sowie Bálint Kocsi Csergő auch nach 1681 mit Schweizer Gelehrten Korrespondenz gepflegt, zwar sind einzelne ungarische Studenten nach Zürich gekommen, um Unterstützung für ihre Peregrination zu erhalten, doch aufs Ganze betrachtet sind die Kontakte nach 1681 sehr bescheiden. So ist es bislang nicht bekannt, dass von 1692 bis 1698 sowie von 1701 bis 1714 zwischen ungarischen und schweizerischen Gelehrten Briefe gewechselt worden sind. Zudem haben nach 1680 nur noch fünf Studenten in Basel, Zürich oder Genf studiert,[195] bevor im Jahre 1710 die ungarische Stu-

---

193 Vgl. Adattár 14–16.

194 Exemplarisch soll hingewiesen werden auf den *Catalogus Bibliothecae Theologicae* des Kollegiums in Klausenburg (vgl. Catalogus Bibliothecae Theologicae, [1775], KPtIK: Ms. 30) sowie auf den Katalog der *Biblioheca universalis librorum Theologicorum [...]* des Kollegiums in Debrecen (vgl. Biblioheca universalis librorum Theologicorum, Philosophicorum, Philologicorum, Historicorum [...], [1778], DREK: O. 594): In beiden Katalogen finden sich mehrere wichtige Schriften von obgenannten Vertretern der *Formula consensus*. Bemerkenswert ist auch eine Handschrift des Sárospataker Lehrers János Szombathi (1749–1823), in der er eine Einführung in die Schriften der wichtigsten theologischen Autoren – dazu werden insbesondere auch Heidegger, Hottinger, Turettini, Tronchin u.s.w. gerechnet – macht (vgl. János Szombathi: Introductio brevis in Notitiam librorum et auctorum melioris notae [...] usibus Juventutis scholasticae accomodata, [1783], DREK: O. 617).

195 Es sind dies: Pál Séllyei (1693–95), János Ujvari (1694), Tamás Kriszbai (1698/99), L. Mihály Kecskemethi (1703/04), Frigyes Dobronczky (1707) (vgl. HEGYI, Diákok, 50. 80. 92).

dentenzahl unerwartet stark anstieg. Besonders auffallend ist es auch – dabei ist zu bedenken, dass, ausser in den 40er Jahren des 17. Jahrhunderts, seit 1518 in jedem Jahrzehnt mehrere *Hungarica* in der Schweiz erschienen sind –, dass zwischen 1677 und 1710 kein einziges *Hungaricum* aus Schweizer Pressen ging, obschon die Druckvoraussetzungen in Ungarn und Siebenbürgen, gelinde gesagt, in diesen Jahren nicht besonders günstig waren.[196] Die leopoldinische „Kontrolle des Buchhandels"[197] verhinderte auch gezielt eine Verbreitung von reformierten Schriften. Besonders auffallend ist es aber, dass gerade die Verbreitung der reformierten *Helvetica*, im Vergleich mit den vorangehenden Jahrzehnten und im Vergleich mit Drucken aus anderen reformierten Regionen Europas, unverhältnismässig zurückging und im letzten Drittel des 17. Jahrhunderts eine systematische Benutzung zeitgenössischer *Helvetica* an den Kollegien kaum noch feststellbar ist.

Trotz des einzigartigen „diakonischen" Einsatzes der reformierten Orte während der „Trauerdekade" gelang es nach 1681 weder der alten Buchdruckerstadt Basel mit seiner ehemals europaweit berühmten Universität noch dem um die „Orthodoxie" besonders engagierten Zürich mit seinem geschichtsträchtigen Carolinum, die seit über 150 Jahren bestehenden ungarisch-schweizerischen Kontakte systematisch weiterzupflegen. Insofern stellt sich die Frage, ob nach 1681 noch von einem erkennbaren Einfluss der schweizerischen Universitäten und Hohen Schulen auf die theologische Entwicklung Ungarns und Siebenbürgens gesprochen werden kann?

Bereits wurde darauf hingewiesen, dass spätestens seit 1670 Johann Heinrich Heidegger die „Schaltstelle" des Wissensaustausches der Ungarn und Siebenbürgen betreffenden Nachrichten gewesen ist. Seit 1670 hat er rund achtzig Briefe mit verschiedenen Ungarn ausgetauscht. Nur etwa ein Drittel der Korrespondenten waren ehemals befreite Ungarn, die andern zwei Drittel haben sich von verschiedenen Universitäten und Akademien selbständig an Heidegger gewandt.[198] Die theologischen Kontakte überwiegten also die diakonischen Kontakte. Dies ist auch bei der inhaltlichen Auswertung der Korrespondenz deutlich geworden. Natürlich hat Heidegger in der Schweiz gedruckte theologische *Hungarica* gesammelt, von denen später ein Teil in die Bibliothek von Johann Caspar Hagenbuch kam. Darunter finden sich beispielsweise Horváti Békés' und Veresegyházis Disputationen über die *Confessio Helvetica posterior*, des letzteren Dissertation *De providentia Dei* oder István Gyöngyösis פירוש *sive Exegesis quinquaginta Psalmorum Davidis* (Zürich 1677).[199] Wie bereits erwähnt, war Heidegger für die Ungarn theolo-

---

196 So wurde im Herbst 1671, auf Druck der Fürstenwittwe Zsófia Báthori, auch die fürstliche Druckerei in Sárospatak nach Debrecen, später nach Klausenburg versetzt, wo sie von Mihály Veresegyházi betrieben wurde, seit 1680 aber an Bedeutung eingebüsst hatte (vgl. V. Ecsedy, Könyvnyomtatás, 130; Kókay, Geschichte, 66 f).

197 Vgl. Monok, Contrôle, 108 f; Pavercsik, Könyvkereskedelem, 305 f.

198 Vgl. Korrespondenz von Johann Heinrich Heidegger, ZBZ: B 9. D 181. F 199.

199 Vgl. Bibliotheca Hagenbuchii, ZBZ: C 361, 43ʳ. 45ᵛ. 95ʳ. 121ᵛ.

gische Autorität, Vermittlungsstelle für Stipendien und Empfehlungsschreiben sowie Anlaufstelle bei materieller Bedrängnis.[200] Dies kann erklären, warum die von der Galeere oder aus dem Gefängnis befreiten Ungarn sich durch Zaffs Vermittlung vornehmlich an Heidegger gewandt haben. Aber auch nach der „Trauerdekade" behielt Heidegger diese zentrale Bedeutung für die weiteren ungarisch-schweizerischen Kontakte inne. Dies muss, in Anbetracht des „Zusammenbrechens" der ungarisch-schweizerischen Kontakte, um so gebührender erwähnt werden.

Aus ungarischer Sicht nahm neben Márton Szilágyi Tönkő auch der Arzt und Theologe Ferenc Pápai Páriz aus Siebenbürgen eine zentrale Funktion ein. Seit er die Schweiz – seine ersten Briefe an Heidegger stammten aus Schaffhausen – verlassen hatte, informierte er Schweizer Gelehrte wie Heidegger, Hofmann, Schweizer, Bauhin, Zwinger u.s.w. regelmässig über Stand und Entwicklung der ungarischen und siebenbürgischen Kirche. In seinen Briefen spiegelt sich oft seine Besorgnis wieder, dass jetzt zwar die Türken vertrieben worden seien, das Fürstentum Siebenbürgen aber immer mehr in den Machtbereich der Habsburger geraten würde. Fürst Mihály Apafi fördere zwar die reformierten Schulen und Germeinden, sei aber nicht stark genug, so dass die Ungarn ein schweres Schicksal zu tragen hätten.[201] Der Tod Apafis († 1690), den Pápai Páriz an Heidegger meldete,[202] hatte schliesslich grosse Konsequenzen für das Fürstentum. Durch das *Diploma Leopoldinum* wurde Siebenbürgen faktisch zur habsburgischen Provinz.[203] In weiser Vorahnung dieser Entwicklung arbeitete Pápai Páriz bereits 1675 daran, die Geschichte der Ungarn sowie der reformierten Kirche aufzuarbeiten.[204] So erschien der erste Abriss einer Geschichte des ungarischen Protestantismus 1684 unter dem Titel *Rudus Redivivum* in Hermannstadt bei Stephan Jüngling. Als 1719 – 1722 Imre Pápai Páriz (1693 – 1730), der Sohn von Ferenc Pápai Páriz und seit 1724 Lehrer am Kollegium in Strassburg a. M., in Basel und Zürich studierte, übergab er diese Schrift an Johann Jakob Ulrich, der darum besorgt war, dass sie 1723 in den *Miscellanea Tigurina* neu herausgegeben wurde.[205]

Die Auswertung der in der Schweiz gedruckten *Hungarica* aus der zweiten Hälfte des 17. Jahrhunderts relativiert, ja korrigiert die in der Forschung unter anderem vertretene Ansicht, dass zwischen dem Disputieren über die *Confessio Helvetica posterior* und dem leopoldinischen Absolutismus ein direkter oder indirekter Zusammenhang bestanden habe, die ungarischen Studenten sich während der „Trauerdekade" also vertiefter mit der *Confessio* beschäftigt hätten. Erstens waren die Disputationen über die *Confessio* nur drei an der

---

200 Vgl. SCHAFFERT, Heidegger, 10 ff.

201 Vgl. Ferenc Pápai Páriz an Johann Heinrich Heidegger, 20. März 1684, ZBZ: ZBZ: B 9, 125; Ferenc Pápai Páriz an Johann Heinrich Heidegger, 18. Dezember 1689, ZBZ: D 181, 306.

202 Vgl. Ferenc Pápai Páriz an Johann Heinrich Heidegger, 17. April 1690, ZBZ: B 9, 137.

203 Vgl. oben S. 561 f.

204 Vgl. Ferenc Pápai Páriz an Johann Heinrich Heidegger, 15. Juni 1675, ZBZ: D 181, 150

205 Vgl. Johann Jakob Ulrich: Lectori S.D. Editor, zu: PÁPAI PÁRIZ, Rudus Redivivum, 113.

Zahl, insgesamt erschienen aber in der Schweiz, abgesehen von den Promotionsurkunden, Leichenreden u.s.w., von 1671 bis 1681 elf theologische *Hungarica*. Und andere gedruckte, die *Confessio* behandelnde Disputationen, ausser denjenigen von István Enyedi in Klausenburg (1681), sind nicht bekannt. Die Beschäftigung mit der *Confessio* beherrschte also während dieser Jahre mitnichten den Druck theologischer *Hungarica*. So ist es ja bemerkenswert, dass nach 1672 – das Druckjahr von György Komáromi Csipkés' *Molimen Sisyphium* (Theopoli Hypozygiodae [= Klausenburg] 1672) sowie János Pósaházis *Falsitas toti mundo detecta* (Antwerpen [= Klausenburg] 1672)[206] – keine die *Confessio* gegenüber Habsburg und der römischen Kirche verteidigenden Schriften mehr erschienen. Weitere Schriften über die *Confessio* wären, wenn ein direkter Zusammenhang zwischen der Beschäftigung mit der *Confessio* und der „Trauerdekade" bestanden hätte, doch wohl zu erwarten gewesen.[207] Zweitens ist festzuhalten, dass Horváti Békés und Kállai Kopis ihre Disputationen bei Gernler im Rahmen der „ordentlichen", im Jahre 1661 angefangenen Disputationsreihe über die *Confessio* hielten, also kein ausserordentlicher Anlass zugrundelag. Zudem lassen sich in ihren Disputationen keine Hinweise auf die „Trauerdekade" finden; dies trifft auch für diejenige von Veresegyházi zu. Eine intensivere Beschäftigung mit der *Confessio* infolge der „Trauerdekade" lässt sich auch in den Argumentationen der *Disputationes* nicht erkennen.[208] Was sich den Disputationen allerdings nicht absprechen lässt, ist ihr partiell feststellbarer apologetischer Charakter, die *Confessio Helvetica posterior* gegenüber den Verleumdungen im leopoldinischen Absolutismus zu verteidigen. So hielt ja auch György Komáromi Csipkés in seiner anonym erschienen Verteidigung der *Confessio*, dem *Molimen Sisyphium* (1672), den höheren Lehrbetrieb betreffend fest, dass „in disputationibus academicis, Confessionem Helveticam defendam suscipimus."[209] Insofern war die Situation in Basel und in Debrecen vergleichbar, nämlich, dass beiderorts regelmässig über die *Confessio* disputiert wurde, mit der Absicht, die „Orthodoxie" und „Schriftgemässheit" des reformierten Be-

---

206 Beide Schriften erschienen, infolge der leopoldinischen Zensur, nicht unter dem Namen der Verfasser – Komáromi Csipkés druckte seine Schrift unter dem Anagramm „Georgius Nicolai Thysanodem", Pósaházi liess die seine anonym erscheinen – und waren auch mit fingiertem Druckort versehen (vgl. V. Ecsedy, Druckschriften, 131 f. 137).

207 Auch wäre es erstaunlich, wenn zu den bei Gernler zwischen 1661 und 1674 neun, nicht von Ungarn abgehaltenen Disputationen über die *Confessio*, ausser János Horváti Békés (vgl. János Horváti Békés: „Cum genus humanum mortis proprosa fatigat [...]", in: Johann Jakob Hottinger, Disputationum exegeticarum in confessionem Helveticam octava: In qua Ad Cap. II. § I. De vera et legitima ratione interpretandae Scripturae Sacrae [...], Basel 1674, C4ᵛ) kein anderer ungarischer Student, obwohl deren zwölf Ungarn in der besagten Zeit – gerade auch in den Jahren, in denen Studenten bei Gernler über die *Confessio* disputierten – in Basel studiert haben (vgl. Hegyi, Diákok, 49 f), einen poetischen Applaus beigesteuert hätte.

208 Vgl. Bernhard, Studenten, 537 ff..

209 Vgl. [György Komáromi Csipkés], Molimen sisyphium. Hoc est frustraneitas comatûs istius, [...], Klausenburg 1672, A4ᵛ.

kenntnisses zu belegen. In der Schweiz wollte man sich damit gegen eine Rezeption frühaufklärerischer Gedanken innerhalb der reformierten Kirche verteidigen, in Ungarn und Siebenbürgen gegen das dominante Gebahren der katholischen Kirche. In jedem Fall hatte die *Confessio* eine apologetische Funktion. Allerdings beschränkte sich diese Funktion nicht auf die Disputationen über die *Confessio*, sondern ist generell bei den Disputationen feststellbar. Auch Gyöngyösi hat in seinen Disputationen die Schrift gegenüber der „päpstlichen" Kirche verteidigt, weil sie alles enthalte, was zum Heil notwendig sei. Letztlich sollten die *Disputationes* vor allem belegen, dass die reformierte Kirche auf der Schrift und auf einem „orthodoxen" Bekenntnis gründen würde. Natürlich ist in diesem Zusammenhang zu fragen, was die Disputanden unter „Orthodoxie" verstanden haben.

2.3 Theologiegeschichte der ungarisch-schweizerischen Kontakte

Bereits mehrfach haben wir auf die theologiegeschichtliche Situation im Partium und in Siebenbürgen, insbesondere über die Verurteilung „coccejanischer" Theologen wie Márton Dézsi und Pál Csernátoni auf der Synode zu Radnuten (1673), die Auseinandersetzungen zwischen Márton Szilágyi Tönkő und György Martonfalvi Tóth, die Umstände des Drucks von Szilágyi Tönkős Lehrbuch *Philosophia* (Heidelberg 1678) u.s.w. verwiesen. Szilágyi Tönkő berichtete öfters über seinen Unterricht am Kollegium in Debrecen, und Ferenc Pápai Páriz konstatierte, dass der Coccejanismus in Siebenbürgen weitverbreitet sei.[1]

Die theologiegeschichtliche Untersuchung der ungarisch-schweizerischen Kontakte offenbart, dass diese theologischen Fragen auch die erwähnten Kontakte geprägt bzw. beeinflusst haben. Ein diesbezüglich interessantes Dokument ist die nach 1680 verfasste *Grundtliche und wahrhaffte Histori Etlicher unglükseliger Streitigkeiten und Zweyspaltungen, so zwüschen Einichen Kirchen- und Schuldieneren der Stadt Zürich [...]*, in der Johann Heinrich Heidegger auf zwei bemerkenswerte Auseinandersetzungen wegen ungarischer Gelehrter zu sprechen kam.

An den Anfang der „Zweyspaltung" stellt Heidegger die beiden Disputationen *De Praedestinatione Dei, et Electione Sanctorum [...]* (Zürich 1673) von Tamás Veresegyházi.[2] Wie bereits erwähnt, haben sie vor allem den Wider-

---

1 Vgl. oben S. 593 f.

2 Der Historiker Johannes Leu (1714–1782) hat von Heideggers *Grundtliche und wahrhaffte Histori Etlicher unglükseliger Streitigkeiten und Zweyspaltungen* eine wörtliche Abschrift angefertigt (vgl. ZBZ: L 408, 3–423). Vorangehend hielt Leu unter *Pro Memoria* eigens fest, dass „in Zürich [...] war keine Liebe affection, bruderliche Einigkeit und Freundschaft [...] Der Anlass war Hrn. Verezegyhazy von Debrecin aus Hungaren 2 Disputationen über das X. Cap. Confess. Helvet. desgleichen Hr. Pfarrer [Johann Heinrich] Schweitzers Erklärung der VII. Siglen zur

spruch von Johannes Müller erregt, der sich, seit 1672 am Carolinum als Theologieprofessor wirkend, bereits kurz nach seinem Amtsantritt als energischer Gegner von Heidegger entpuppt hatte.[3] Veresegyházi, der beide Disputationen zum 10. Kapitel der *Confessio Helvetica posterior* bei Heidegger – obwohl letzterer ihm empfohlen hatte, eine bei Müller zu halten[4] – hielt, vertrat darin den seiner Meinung nach der Schrift entsprechender seienden Infralapsarismus und berief sich unter anderem auf Theologen wie William Ames, Johannes Crocius oder Frans Burman.[5] Heidegger persönlich vertrat dieselbe Ansicht, wie er in seiner *Grundtlichen und wahrhafften Histori* nachdrücklich betonte.[6] In der Folge hat Müller einen Konflikt provoziert,[7] unter anderem festhaltend, dass Veresegyházi Samuel des Marets (Maresius), den Lehrer von Müller und energischen Bekämpfer des Coccejanismus, kaum erwähnt habe.[8] In einer ausführlichen Widerlegung, gerichtet an den Säckelmeister Zürichs, greift Müller indirekt auch Heidegger, Johannes Lavater und Johann Heinrich Schweizer an, sich berufend auf Theologen wie Bullinger, Gwalther, Alting, des Marets sowie andere.[9]

Veresegyházis *Disputationes* bildeten also gewissermassen den Auftakt zu den theologischen Auseinandersetzungen der kommenden Jahre, insbesondere im Vorfeld der Abfassung der *Formula consensus* (1675), die in Zürich und den anderen reformierten Orten der Schweiz stattgefunden hatten. Es ist bekannt, dass – und dies ist das Verdienst vor allem von Lukas Gernler und Johann Heinrich Heidegger – in die *Formula consensus* keine anticoccejani-

---

Offenbahrung Johannis [...]" (Johannes Leu: Zweyspalten, Uneinigkeit und Streitigkeiten in der Lehr zwischent den Kirchen- und Schuldieneren in Zürich, von Anno 1673 bis ad An: 1679, ZBZ: L 408, 1). Leu erachtete also die Auseinandersetzung wegen Schweizer gleichfalls als mitverantwortlich für den Ausbruch der *Zweyspalten, Uneinigkeit und Streitigkeiten* in Zürich.

3 Vgl. Johann Heinrich Heidegger: Grundtliche und wahrhaffte Histori Etlicher unglükseliger Streitigkeiten [...], ZBZ: G 327, 5^r-13^r (vgl. BERNHARD, Studenten, 519ff; LEU, Häresie, 131 f; SCHWEIZER, Entstehung, 125 f).

4 Vgl. Johann Heinrich Heidegger: Grundtliche und wahrhaffte Histori Etlicher unglükseliger Streitigkeiten [...], ZBZ: G 327, 7^r.

5 Vgl. oben S. 598 f.

6 Vgl. Johann Heinrich Heidegger: Grundtliche und wahrhaffte Histori Etlicher unglükseliger Streitigkeiten [...], ZBZ: G 327, 8^{r-v}. Auch zahlreiche andere Studenten Heideggers waren Coccejaner bzw. Cartesianer, wie z. B. der bereits erwähnte, später berühmte Herman Alexander Röell, der gemeinsam mit Veresegyházi in Zürich studiert hatte (vgl. Tamás Veresegyházi an Johann Heinrich Heidegger, 7. März 1673 (25. Februar 1673), ZBZ: B 9, 6; vgl. VAN SLUIS, Röell, 9).

7 Und dies, obwohl Veresegyházi beide Teile seiner *Disputatio* sowohl Gegnern als auch Anhängern des Föderalismus gewidmet hat, sprich einerseits an György Martonfalvi Tóth, andererseits an Márton Szilágyi Tönkő, einerseits an Johannes Müller oder Johann Ulrich Bülod, andererseits an Johann Heinrich Heidegger oder Johannes Lavater (vgl. VERESEGYHÁZI, De Praedestinatione I, A^v; DERS., De Praedestinatione II, A^r).

8 Vgl. Johann Heinrich Heidegger: Grundtliche und wahrhaffte Histori Etlicher unglükseliger Streitigkeiten und Zweyspaltungen [...], ZBZ: G 327, 9^{r-v}.

9 Vgl. Johannes Müller an den Säckelmeister Zürichs, 18. Dezember 1673, ZBZ: D 234, 229–262.

schen und anticartesianischen Formulierungen eingeflossen waren.[10] Dass aber gerade die Disputationen eines Ungarn den Auftakt der Auseinandersetzungen um die richtig verstandene „Orthodoxie" einläuteten, ist doch bemerkenswert und belegt, dass diese Frage in den verschiedenen reformierten Kirchen Europas brennend war. Noch interessanter ist aber die Erkenntnis, dass die Ungarn – seien es Peregrinanten oder Korrespondenten – nicht mit Müller und seinen Anhängern (z. B. Johann Ulrich Bülod, Hans Jakob Gessner, Peter Füssli, u.s.w.) in Kontakt standen, sondern mit Heidegger und seinen Gesinnungsgenossen (z. B. Johann Caspar Schweizer, Johannes Lavater, Johann Jakob Hottinger u.s.w.), also eine „föderaltheologische" Orthodoxie bevorzugten. Natürlich kann nicht verschwiegen werden, dass der Kreis um Heidegger den Anhängern Müllers wissenschaftlich weit überlegen war.[11]

Die theologische Ausrichtung ungarischer Studenten und Gelehrter wird auch bei der zweiten von Heidegger geschilderten Ungarn betreffenden „Zweyspaltung" bestätigt: Die fünfte Auseinandersetzung zwischen Müller und Heidegger ist diejenige wegen des Drucks der *Philosophia* von Márton Szilágyi Tönkő.[12] Es ist bekannt und bereits erwähnt worden, dass János Kocsi Csergő, als er gegen Ende 1675 nach Zürich kam, unter anderem auch die Möglichkeiten des Drucks dieses Lehrbuches prüfen sollte.[13] Weil Kocsi Csergő aber bereits im Sommer 1676 nach Heidelberg weitergezogen war, wurde vorerst ein Druck in Heidelberg, vorgesehen bei Johann Ludwig Fabritius, einem guten Freund Heideggers, ins Auge gefasst;[14] als es aber in Heidelberg an Geld fehlte, wurde der Druck aufgegeben.[15] Deswegen begann David Gessner in Zürich mit dem Druck, wobei er bis Ende 1676 bereits sieben Bogen gedruckt hatte. Schliesslich ist im kommenden Jahr dessentwegen besagter Konflikt entstanden. Müller hatte nämlich im Nachklang der *Formula consensus* sogar ein Verbot von Coccejus und Descartes verlangt, womit er aber beim Zürcher Rat nicht durchkam.[16] Als er Szilágyis Traktat zu Gesicht bekam, wehrte er sich gemeinsam mit Johann Ulrich Bülod, Hans Jakob Gessner und Peter Füssli energisch gegen den Druck dieser Schrift. Füssli hielt dabei fest, dass sie „wider unsere Confession" sei.[17] Müller verfasste sogenannte *Errores observati in Phil. Szilvasum* – damit war Márton Szilágyi

---

10 Vgl. GEIGER, Kirche, 126 ff. 320 ff; HUTTER, Gottesbund, 49 ff.
11 Vgl. HUTTER, Gottesbund, 47.
12 Vgl. Johann Heinrich Heidegger: Grundtliche und wahrhaffte Histori Etlicher unglükseliger Streitigkeiten und Zweyspaltungen [...], ZBZ: G 327, 81^r–91^v.
13 Vgl. oben S. 594 f.
14 Vgl. HUTTER, Gottesbund, 23.
15 Vgl. SCHWEIZER, Consensus-Formel, 137.
16 Vgl. LEU, Häresie, 133.
17 Vgl. Johann Heinrich Heidegger: Grundtliche und wahrhaffte Histori Etlicher unglükseliger Streitigkeiten und Zweyspaltungen [...], ZBZ: G 327, 89^r. TÓTH benutzt in seiner Studie über Szilágyis *Philosophia* nicht Heideggers Darstellung, sondern die Abschrift von Leu (vgl. TÓTH, Philosophiá, 317–321).

Tönkő gemeint –, in denen er verschiedenen „cartesianischen" Aussagen aus Szilágyi Tönkős Traktat, natürlich aufgrund seiner Sicht der „Orthodoxie", widersprach.[18] Müller drang also nachwievor auf Verurteilung der cartesianischen Philosophie. Der Druck wurde darum sistiert und das Buch erschien schliesslich doch in Heidelberg.[19]

Die entscheidende Frage im Zusammenhang dieser Auseinandersetzung war erneut jene, was nun orthodox sei. Während Müller, Füssli und andere der Ansicht waren, dass Szilágyis *Philosophia* dem helvetischen Bekenntnis widerspreche, fanden Heidegger und Ludwig Fabritius in dem Traktat nichts, was „zu cartesianisch oder zu aristotelisch" gewesen wäre.[20] Die ungarischen Studenten standen dabei eindeutig in Nachfolge einerseits Szilágyis, andererseits Heideggers, vertraten also eine „Orthodoxie" in föderaltheologischem Sinne. Dies kann auch bei einer Untersuchung anderer in der Schweiz gedruckter *Hungarica* festgestellt werden. Im Anhang zu Horváti Békés' Disputation *De usu sanctorum patrum & Conciliorum Theologiae* finden sich einige *Corollaria*, die einen kurzen Einblick in Horváti Békés' theologisches Denken geben. Horváti Békés widerlegte in sechs Paragraphen die Lehre der „Sociniani dum unitarios se vocari volunt".[21] Er hielt unter anderem fest, dass diese „propter ejus [i. e. Adami] peccatum in nos mortem & c. dominari negant."[22] Diese Aussage setzt implizit den infralapsarischen Standpunkt voraus, wie ihn Horváti Békés in Utrecht bei Johannes Leusden und Frans Burman gehört hatte.[23] Auch würden die „Sociniani" den Vätern des Alten Testamentes – diese hatten ja gerade in der Föderaltheologie eine ausserordentliche Stellung inne – keine Bedeutung zumessen und somit den Bund mit Gott indirekt brechen.[24] Horváti Békés gab sich damit als „Coccejaner" zu erkennen. Bekanntlich hat Horváti Békés in Briefen gleichfalls seine Hochachtung vor

---

18 Vgl. Errores observati in Phil. Szilvasium, s.d. [1677/78], ZBZ: L 408, 551–553; vgl. Tóth, Philosophiá, 321 ff.

19 Johann Heinrich Heidegger: Grundtliche und wahrhaffte Histori Etlicher unglükseliger Streitigkeiten und Zweyspaltungen […], ZBZ: G 327, 87ʳ–90ᵛ.

20 Vgl. Schweizer, Consensus-Formel, 137.

21 Vgl. Horváti Békés, De usu sanctorum patrum, C4ᵛ. Warum Horváti Békés diese *Corollaria* seiner Disputation beigefügt hat, lässt sich nur mutmassen. Wahrscheinlich stehen dahinter reale Auseinandersetzungen, die er mit Unitariern gehabt hat, so z.B. in Marburg, wo am 24. August 1672 „tres Sociniani, Bölöni, Dalnoki, Benkö" angekommen seien (vgl. Horváti Békés, Diáknaplója, 58; vgl. Pintér, Bevezetés, 19).

22 Horváti Békés, De usu sanctorum patrum, C4ᵛ.

23 Vgl. Horváti Békés, Diáknaplója, 41 ff. Die föderaltheologische Haltung wird auch in einigen Predigten von Horváti Békés, die er in Klausenburg noch vor seinen Auslandstudien in den Jahren 1669/70 gehalten hat, bestätigt (vgl. János Horváti Békés: Predigten, 1669/70, UBB: A IX 45).

24 „[…] ejus [i. e. Dei] foedera contendunt; […]" (Horváti Békés, De usu sanctorum patrum, C4ᵛ). Die Föderaltheologie versteht den *foedus gratiae* als eine Abfolge von verschiedenen, einander sich ablösenden Bundesschlüssen (vgl. Schubert, Ende, 128), weswegen Horváti Békés, wenn er über die Väter des Alten Testamentes sprach, auch den Plural („foedera") gebrauchen musste.

Coccejus bezeugt.[25] Ein Blick in ein Verzeichnis von Büchern, das er zwischen dem 20. und 24. Juni 1671 verfasst hat, bestätigt diese theologische Akzentuierung: Neben mehreren Werken der Hebraistik (Buxtorf, Leusden, Alting) finden sich vor allem Werke der Föderaltheologie wie beispielsweise Coccejus' *Summa doctrinae de foedere et testamento Dei* (1648; weitere Aufl.) oder Burmans *Synopsis Theologiae et speciatim foederum Dei* (1671).[26] In den *Corollaria* hat Horváti Békés schliesslich abschliessend seine theologischen Überzeugungen festgehalten. Natürlich ist es erwähnenswert, dass die Disputation bei Gernler gehalten wurde, was weiter belegt, dass auch der „hochorthodoxe" antisaumurische Gernler gegenüber dem Coccejanismus offen war – pflegte Gernler mit Coccejus doch einen freundschaftlichen Briefwechsel.[27]

János Kállai Kopis disputierte bei Gernler bekanntlich zweimal. In seiner theologischen Disputation *De haereditate ecclesiae*, in der er die „rechte Lehre" im Verständnis der reformierten Orthodoxie verteidigte, kam er auch auf die Bundeslehre zu sprechen. Er sprach dabei von dem „Pactum illud aeternum, Testamentum aeternum", der noch auf die Zeit im Paradies zurückgehe. Anschliessend zählte Kállai Kopis die verschiedenen sich einander ablösenden Bundesschlüsse auf.[28] Weit aussagekräftiger ist hingegen der *Appendix Defendentis* von Kállai Kopis' Disputation *De Judice controversiarum*, in dem er in elf Artikeln einige Ausführungen zur Bedeutung der Bekenntnisse, der Philosophie und der Theologie machte. Im sechsten Artikel hielt Kállai Kopis fest: „Duo sunt Foedera: unum *operum*, cum Adamo integro pactum; alterum *Gratiae*, aut reconciliationis, cum eodem lapso initum." Folgend führte Kállai Kopis aus, dass der Bund der Gnade alle Menschen betreffe, da durch den Samen Abrahams allen – „omnes gentes, sive omnes familiae terrae" – der Segen und das Erbe zugesprochen werde. Schliesslich hielt er fest, dass das Fundament des Gnadenbundes Christus Jesus sei, wenn auch der „modus applicationis Christi" in der Zeit, bevor Christus dargeboten worden sei, noch verschieden gewesen sei („variavit").[29] Diese Artikel belegen unzweifelhaft, dass Kállai Kopis sich als Föderaltheologen verstanden hat. Kállai Kopis' weitere Studien in Zürich bei Heidegger waren nur folgerichtig.

---

25 Vgl. János Horváti Békés an Johann Jakob Hottinger, 8. April 1674, ZBZ: H 358, 47.

26 Es ist aber darauf hinzuweisen, dass Horváti Békés auch zwei Werke von Andreas Essenius, dem Gegner von Coccejus und Burman, nämlich seine *Systema Theologicae Dogmaticae* sowie sein *Compendium Theologiae dogmaticae*, anschaffte, sich offenbar also am Anfang seiner Studien noch mit den verschiedenen „Richtungen" befassen wollte (vgl. János Horváti Békés: „Emi istis diebus libros", s.d. [20.–24. Juni 1671], UBB: H V 74, 14[r–v] [gedruckt in: Horváti Békés, Diáknaplója, 36 f]).

27 Vgl. Briefwechsel zwischen Johannes Coccejus und Lukas Gernler, UBB: Ki. Ar. 24a, 116–121. Gernler erregte damit den Widerspruch einiger „Extremorthodoxer" wie des Berners Johannes Niklaus oder des Zürcher Johannes Müller, die eine *Formula anticoccejana* und *anticartesiana* schaffen wollten (vgl. Leu, Häresie, 132 f; Geiger, Kirche, 127).

28 Vgl. Kállai Kopis, De haereditate, A4[v]–A5[v].

29 Vgl. ibidem, C2[v].

Der anticoccejanische Müller war für die ungarischen „Föderaltheologen" ohne jegliche Relevanz.

János Pósaházi hielt gegen Ende seiner apologetischen Schrift *Falsitas toti mundo detecta* (Klausenburg 1672) gegenüber den Angriffen von Bársony fest, dass die „Calvinistas in Hungaria [...] esse veros et genuinos asseclas Helvetiae Confessionis [...]"[30] Gleichzeitig war Pósaházi derjenige, der das Vordringen des Coccejanismus mit allen Mitteln zu verhindern versuchte.[31] Der Streit, um den es ging, war also die Frage, was die rechte Lehre, d.h. die „orthodoxe" Interpretation der *Confessio Helvetica posterior* sei. In diesem Zusammenhang ist auf den bereits erwähnten Bericht über die Situation der reformierten Kirche in Ungarn und Siebenbürgen, den János Kállai Kopis spätestens zu Beginn des Jahres 1674 an den Rat von Zürich geschrieben hat, zu verweisen. Dieser endet mit einer interessanten Formulierung: Kállai Kopis gab seiner Hoffnung Ausdruck, „ut Vobis clavum Florentiss[ae] hujusce Reip. felicissime tenentibus, simplex & orthodoxa veritas in sua patria Tiguro invicta perennet, [...]"[32] Es ist nicht von der Hand zu weisen, dass Kállai Kopis mit der „einfachen und orthodoxen Wahrheit" die *Confessio Helvetica posterior*, die auf der Synode zu Debrecen (1567) offizielles Bekenntnis der Reformierten Ungarns geworden ist, gemeint hat. So hielt ja auch Tamás Veresegyházi auf der Kehrseite des Titelblattes seiner Disputation *De praedestinatione Dei, et electione sanctorum* explizit fest:

In Mscriptis HENRICI BULLINGERI, Summi Theologi, Antistitis Ecclesiae Tigurinae, ZUINGLII, Primi Reformatoris, Successioris, in Praefatione *Confessionis Helveticae* haec leguntur: *Omnes Ecclesia Ministri* (sunt verba Synodi Generalis, Ministrorum Ecclesiarum Hungariae) *qui in conventu Sancto ad 24. Febr. Anno Domini 1567. Debrecinum convocato, cis & ultra Tibiscum, inter reliquas Confessiones recepimus, & subscripsimus Helveticae Confessioni, Anno 1566, edita, cui & Ecclesia Genevensis Ministri subscripserunt, [...]*[33]

Abgesehen davon, dass die Ausführungen Veresegyházis sowie Kállai Kopis' die geistige Verbundenheit zwischen den reformierten Kirchen Ungarns und Siebenbürgens illustrieren, geht es bei der Berufung auf die „einfache und orthodoxe Wahrheit" bzw. auf die *Confessio Helvetica posterior* primär darum, dass sich die Ungarn in allen ausser- und innerkirchlichen Auseinandersetzungen grundsätzlich auf das „orthodoxe" Bekenntnis konzentrierten und damit zur weiteren Konsolidierung, ja auch Einigung der reformierten Kirchen beitragen konnten. So wird im Jahre 1677 im Kirchenbuch der reformierten Gemeinde von Tyrnau festgehalten, dass bei den Versammlungen an

---

30 Pósaházi, Falsitas, B7[r].
31 Vgl. oben S. 575 f.
32 Vgl. János Kállai Kopis an den Rat von Zürich, s.d. [1673/1674], ZBZ: D 182, 479[r].
33 Veresegyházi, De praedestinatione I, A[v]. Der Text ist korrekt zitiert aus dem 74. Artikel der von Péter Melius Juhász im Anschluss an die Synode von Debrecen verfassten *Articuli ex verbo Dei* (vgl. Melius Juhász, Articuli, H4[v]).

jedem Tag ein halbes Kapitel aus der *Confessio* vorgelesen werde.[34] Und im Jahre 1679, d.h. im Antrittsjahr von Bischof Mihály Tofeus, ist die erste siebenbürgische Ausgabe der *Confessio* in Klausenburg erschienen, gedruckt nach dem Muster der Sárospataker Ausgabe von 1654. Auf dem Titelblatt wurde festgehalten, dass das Bekenntnis „jetzt neu für die siebenbürgischen orthodoxen Kirchen" herausgegeben worden sei.[35] Fürst Apafi hielt in seinem persönlichen Exemplar am 26. Juni 1679 fest: „Dominus providebit".[36] Durch die Treue zur *Confessio Helvetica posterior* sollte der „Herr" die reformierte Kirche Siebenbürgens – und Ungarns – bewahren.

Das Jahr 1681 bedeutete eine gewisse Beruhigung für die reformierte Kirche Ungarns und Siebenbürgens. Wurde doch Leopold I. am 20. April 1681 auf dem Landtag zu Ödenburg unter militärischem und politischem Druck zu Konzessionen gegenüber den protestantischen Kirchen gezwungen. Und drei Tage später verstarb György Martonfalvi Tóth, der energische Kontrahent von Márton Szilágyi Tönkő. In den folgenden Jahren setzte sich das föderaltheologische Verständnis der reformierten Orthodoxie in Ungarn und Siebenbürgen flächendeckend durch. Mit gutem Recht, hatte doch Coccejus in seiner Hauptschrift *Summa doctrina de foedere et testamento Dei* (Leiden 1648) den gleichen neuplatonisch-augustinischen Ansatz wie die zwinglische Theologie, und bekannte er doch, von Bullingers Schrift *De testamento seu foedere Dei unico et aeterno* (Zürich 1534) beeinflusst zu sein.[37] Die föderaltheologisch verstandene *Confessio* übernahm in der ungarisch-reformierten Kirche die Funktion, die in der Schweiz nach 1675 die *Formula consensus* übernommen hatte. Die Auseinandersetzungen im Vorfeld ihrer Abfassung führten zwar zu einem Sieg der antisaumurischen Theologen, nicht aber zu einem Sieg der anticoccejanischen und anticartesianischen Vertreter wie Johannes Müller oder Johannes Niklaus.

Beide Bekenntnisse, d.h. die *Formula consensus* in der Schweiz und die *Confessio Helvetica posterior* in Ungarn und Siebenbürgen, sollten schliesslich im aufkommenden Zeitalter der Aufklärung ein wirksames Mittel gegen die theologischen „Neuerungen" sein. Eindrückliches Zeugnis dessen ist die Tatsache, dass der im Jahre 1742 in Klausenburg erschienen ungarischen Ausgabe der *Confessio* der lateinische Text der *Formula consensus* beigefügt worden war.[38] Nur drei Jahre später wird in der *Dissertatio historico-eccle-*

---

34   Vgl. Kirchenbuch der reformierten Gemeinde in Tyrnau (Sitzungen vom 10. März sowie 17. April 1677), TtREK: R 476/b, 23. 25.

35   „Most újjobban az Erdély Orthodoxa Ecclésiáknak [...] ki-botsáttatott." ([Heinrich Bullinger], Confessio et Expositio Fidei Christianae, Az az: Az Keresztyeni Igaz Hitről való Vallástétel [...], Klausenburg 1679, Aʳ).

36   Standortkatalog des Werkes in der Universitätsbibliothek Klausenburg: BMV 7014 (*Nebenbemerkung*: Der Possessoreintrag von Fürst Apafi steht auf dem Vorsatzblatt vor dem Titelblatt).

37   Vgl. Andresen, Handbuch II, 344 f.

38   Vgl. Formula Consensus Ecclesiarum Helveticarum Reformatarum. Circa doctrinam de gratia universali & connexa, aliaque nonnulla capita, zu: [Heinrich Bullinger], Confessio et ex-

siastica de libris reformatae Ecclesiae symbolicis (Klausenburg 1745), die József Sebes Zilahi und Márton B. Onadi am 13. September 1745 am Kollegium von Strassburg a.M. unter dem Vorsitz des Enyeder Professor Zsigmond Borosnyai Nagy hielten, im 18. Abschnitt darauf hingewiesen, dass der siebenbürgische Bischof József Deáki Filep (1681–1748) in der Klausenburger Ausgabe von 1742 mit Recht auch die *Formula consensus* (1675) beigefügt habe, da die älteren Bekenntnisse „inlustrari ac augeri possunt [...]"[39] Obwohl die *Formula consensus* nur in der Schweiz Geltung hatte und in Ungarn bzw. Siebenbürgen nie amtlich rezipiert wurde, wird abschliessend in der zehnten These der *Theses defendentium* festgehalten:

Libros Ecclesiae Refor. Symbolicos, v.l. Augustanam variatam, Helveticam, Confessiones, Catechismum Palatinum, Judicium Synodi Dordracensis, atque Formulam Consensus Eccl. Ref. Helveticarum recipimus, retinemus et defendimus; Scientes nihil in iis contineri, quod non sit conforme Verbo DEI.[40]

Damit wird belegt, dass am Kollegium in Strassburg a.M. auch noch Mitte des 18. Jahrhunderts die *Formula consensus* – obwohl theologische Differenzen zwischen den beiden Dokumenten bestehen – als die autorisierte Interpretation der *Confessio Helvetica posterior* verstanden wurde.[41]

Es wurde bereits dargelegt, dass sich eine intensivere Beschäftigung mit der *Confessio* wegen der „Trauerdekade" nur sehr bedingt feststellen lässt. Vielmehr hat die Beschäftigung Akzentverschiebungen erfahren. Während im aufkommenden Absolutismus und zu Beginn der „Trauerdekade" das Bekenntnis zur *Confessio* gegenüber den Angriffen der römischen Kirche verteidigt werden musste, ging es seit Mitte der 1670er Jahre stärker um die Frage, wie die *Confessio* zu verstehen bzw. zu interpretieren sei, nämlich coccejanisch oder anticoccejanisch. Aus diesen Gründen hatte im letzten Viertel des 17. Jahrhundert, insbesondere nach 1681, die *Confessio* kaum noch eine apologetische Funktion inne. Erst mit dem Eintritt ins 18. Jahrhundert übernahm die *Confessio* erneut apologetische Funktionen, allerdings nicht mehr gegenüber der katholischen Kirche, sondern gegenüber den verschiedenen Strömungen der Aufklärung. Sie sollte die orthodoxe Lehre der refor-

---

positio fidei christinanae, az az Az Keresztyény Igaz Hitről való Vallás-Tétel [...] Klausenburg 1742. In der Klausenburger Ausgabe der *Confessio* aus dem Jahre 1755 erschien die *Formula consensus* im Anhang gar als zweisprachiger Druck (vgl. BERNHARD, Funktion, 828 f). Auch in Zürich wurde die *Formula consensus* dem Druck von mindestens drei Ausgaben der *Confessio Helvetica posterior* (1714, 1718, 1722) beigegeben (vgl. BERNHARD, Zürich, 216 ff; PFISTER, Kirchengeschichte II, 494).

39 Vgl. JOSEPHUS S. ZILAHI/MARTINUS B. ONADI, Dissertatio historico-ecclesiastica de libris reformatae Ecclesiae symbolicis [...] praeside Sigismundo N. Borosnyai [...], Klausenburg 1745, E2ᵛ.

40 Ibidem, E4ᵛ.

41 In der anonym erschienen *Verthädigete Formula Consensus [...]* (1723) hatte auch Johann Jakob Hottinger betont, dass die *Formula consensus* nichts anderes lehre als die *Confessio Helvetica posterior*, ja ihre sachgerechte Auslegung sei (vgl. BERNHARD, Zürich, 215).

mierten Kirche verteidigen.[42] Im 18. Jahrhundert erschienen denn auch fünf ungarische Ausgaben der *Confessio*, zwei in Debrecen (1713, 1791), zwei in Klausenburg (1742, 1755) und eine in Raab (1743).[43]

Abschliessend kann festgehalten werden, dass sich die reformierte Orthodoxie in Siebenbürgen, und – nach Ende der „Trauerdekade" – auch im königlichen Ungarn,[44] aufgrund der seit dem 16. Jahrhundert bestehenden theologischen und geistigen Verbundenheit mit der reformierten Schweiz sowie aufgrund des ausgedehnten Wissensaustausches einiger ungarischer und schweizerischer Gelehrter in der zweiten Hälfte des 17. Jahrhunderts, weiter konsolidieren und festigen konnte. Dass schliesslich unter dem Titel *A' Genevai Szent Gyülekezetnek Catechismussa* (Klausenburg 1695) eine neue ungarische Übersetzung von Calvins Katechismus erschien,[45] ist eine logische Konsequenz dieser weiteren Konsolidierung der reformierten Orthodoxie in der reformierten Kirche Siebenbürgens.

2.4 Ertrag, Folgerungen und Ausblick

Im „Jahrhundert der reformierten Orthodoxie" hat sich dieselbe auch in Ungarn und Siebenbürgen defintiv konsolidiert, in Rezeption des reformatorischen Erbes, in Verteidigung gegenüber der römischen Kirche, im Sich-Konzentrieren auf das eigene Bekenntnis, schliesslich in Abgrenzung gegenüber aufkommender frühaufklärerischer Gedanken. Die *Confessio Helvetica posterior* nahm insbesondere in der zweiten Hälfte des 17. Jahrhunderts eine zentrale Stellung bei den Auseinandersetzungen um die Frage ein, was unter dem „rechten und orthodoxen Glauben" zu verstehen sei, z. B. inwiefern der Presbyterianismus der reformierten Identität enspreche, oder inwiefern die *Confessio Helvetica posterior* föderaltheologisch zu interpretieren sei. Die

---

42 Vgl. BERNHARD, Funktion, 827 ff.

43 Vgl. TŐKÉS, Wirkung, 304; MÓDIS, Kiadásai, 93 ff.

44 Ein diesbezüglich interessanter Beleg, inwiefern Schriften Bullingers im königlichen Ungarn auch in der zweiten Hälfte des 17. Jahrhunderts „verbreitet" wurden, sind je eine in diesen Jahren angefertigte Abschrift von Bullingers *Tigurinerchronik* und *Reformationsgeschichte*, die dann im 18. Jahrhundert der Kollegiumsbibliothek in Tyrnau übergeben worden sind (vgl. Heinrich Bullinger: Von den Tigurnern vnd der Statt Zürich sachen VIII. Bücher [...] (1573), ELTE: G 1; Heinrich Bullinger: Historia oder Geschichten, so sich verlouffen in der Eydgnoschaft, insbesonders zu Zürch [...] (s.d.[1567]), ELTE: G 2). Während Bullingers *Reformationsgeschichte* erstmals 1840 erschien, fehlt eine Edition der *Tigurinerchronik* bis heute. Dieser Missstand wird nun endgültig mit der von Dr. Hansueli Bächtold bearbeiteten historisch-kritischen Edition, die demnächst erscheinen wird, behoben.

45 Die erste Übersetzung von Teilen aus Calvins Katechismus wurde von Péter Melius Juhász herausgegeben (vgl. MELIUS JUHÁSZ, Catekismvs; vgl. oben S. 425 f). Dieser Katechismus war aber im 17. Jahrhundert im Partium und in Siebenbürgen nicht mehr verbreitet (freundliche Mitteilung von Dr. Sándor Előd Ősz, Klausenburg).

synodalen, disputatorischen und apologetischen Auseinandersetzungen belegen zumindest dies, dass der Coccejanismus, in Verbindung mit der cartesianischen Methode, langfristig den Sieg davon getragen hat und die *Confessio* im Übergang zum 18. Jahrhundert föderaltheologisch verstanden wurde. Diese Entwicklung wurde nicht unwesentlich durch die verschiedenen Kontakte Heideggers mit Ungarn beeinflusst. War doch Heidegger einer der führenden schweizerischen Vertreter einer föderaltheologischen reformierten Orthodoxie,[1] was sich besonders deutlich in der *Formula consensus* (1675) zeigte. Gerade dieses Bekenntnis wurde zu einem wesentlichen Massstab, was das rechte Verständnis und die orthodoxe Interpretation der *Confessio Helvetica posterior* sein sollte. Die „schweizerische Bekenntnistradition" bildete also, obwohl die direkten Kontakte nach Holland und nach Deutschland unvergleichlich bedeutender waren, bei der abschliessenden Ausbildung der refomierten Orthodoxie in Ungarn und Siebenbürgen die wichtigste Grundlage der Orientierung und Identifikation. Dies war von fundamentaler Bedeutung für die Entwicklung der reformierten Kirchen Ungarns und Siebenbürgens im 18. Jahrhundert.[2]

In diesem Zusammenhang ist eine Frage besonders brisant: Wieso brechen die Kontakte nach 1681, also nach dem „Ende" der Trauerdekade, dennoch zusammen? Auch Heidegger, der nahezu als einziger in den letzten beiden Jahrzehnten des 17. Jahrhunderts mit ungarischen Studenten, Lehrern und Predigern regelmässig Kontakt gepflegt hatte, gelang es nicht, die infolge der Trauerdekade sich vorübergehend um ein vieles intensiver gestalteten Kontakte in einem vordergründig erkennbaren Rahmen weiterzuführen. Dies ist um so erstaunlicher, da gerade Zürich, das am längsten an der Verpflichtung auf die *Formula consensus* festhielt, bis ins 18. Jahrhundert hinein den Ruf einer Stätte der Orthodoxie hatte.[3]

Bemerkenswert ist dies unter anderem auch darum, weil wir wissen, dass nach 1681, neben der sehr geringen Anzahl ungarischer Studenten, weitere

---

1 Immerhin hat er einen Ruf als Nachfolger von Coccejus nach Leiden erhalten, den er aber ausschlug, um seiner Heimat treu zu bleiben (vgl. PFISTER, Kirchengeschichte II, 491).

2 Dies zeigt sich auch darin, dass in den 60er Jahren des 18. Jahrhundert sowohl im Hauptkonsistorium als auch der Generalsynode Siebenbürgens die Predigt über die *Confessio Helvetica posterior* institutionalisiert wurde (vgl. BERNHARD, Funktion, 830–836; JUHÁSZ, Hitvallás, 96ff; DERS., Glaubensbekenntnis, 106ff).

3 Vgl. BERNHARD, Zürich, 216. Der Korrektheit halber muss allerdings erwähnt werden, dass der Widerstand gegen die *Formula consensus* auch in Zürich latent vorhanden war: So standen beispielsweise Johann Caspar Schweizer und sein Sohn Johann Heinrich Schweizer auch nach der Verpflichtung auf die *Formula consensus* einer Einheitsformel klar ablehnend gegenüber, obwohl sie es deswegen nicht zu einem Bruch mit Heidegger kommen liessen (vgl. LEU, Häresie, 132ff; PFISTER, Kirchengeschichte II, 495; GEIGER, Kirche, 129. 240ff). Die Haltung der beiden Schweizer illustriert, dass die *Formula consensus* in jener Zeit tatsächlich einen vernünftigen Mittelweg darstellte, wenn sie die saumurische Theologie einerseits verurteilte, anticoccejanische Formulierungen andererseits aber unterblieben.

sechs oder sieben Ungarn[4] in Zürich und z. T. auch Basel, um finanzielle Unterstützung nachgesucht, bei dieser Gelegenheit aber, soweit bekannt, weder Studien am Carolinum in Zürich noch an der Universität in Basel absolviert haben. Wie wir geschildert haben, gründeten diese Unterstützungsgesuche allerdings noch nicht auf den institutionalisierten Stipendien, die in den ersten Dekaden des 18. Jahrhunderts in Basel, Bern, Genf und Zürich für ungarische Theologiestudenten eingerichtet worden waren. Die meisten Ungarn, die in den beiden letzten Jahrzehnten vor 1700 in die Schweiz kamen, hatten wohl Kenntnis von der geistigen Verbundenheit der reformierten Kirchen der Schweiz und Ungarns, von dem unermüdlichen Einsatz der reformierten Orte der Schweiz zur Befreiung der ungarischen Prediger und Lehrer, sowie von den vielfältigen Beziehungen Heideggers zu Ungarn, beurteilten aber die Hohen Schule von Zürich und die Universität Basel, geschweige denn die Akademien von Bern und Genf, nicht als so ausserordentlich gelehrte theologische Bildungsstätten, dass sie in der Schweiz notwendig theologische Studien absolvieren hätten müssen.

Bei diesem Sachverhalt kann mitnichten, wie dies HEGYI tut, von einer „kontinuierlichen Beziehung" der Zürcher Hohen Schule und Kirche mit Ungarn gesprochen werden.[5] Vielmehr muss, wenn auch Heidegger alles daran gesetzt hat, dass die Beziehungen nicht abgebrochen sind, von einer erstaunlichen Inkontinuität der Beziehungen, zumindest von 1681 bis 1710, gesprochen werden. Es ist hier nicht der Ort, diese Inkontinuität en détail zu untersuchen. Dennoch sollen im Rahmen des Ertrages einige Hintergründe und Zusammenhänge aufgezeigt werden.

Grundsätzlich muss erwähnt werden, dass die ungarischen Studentenzahlen infolge des Absolutismus massiv zurückgegangen waren. Allein in Holland halbierte sich die Zahl ungarischer Studenten: Zwischen 1623 und 1671 studierten nämlich 1139 Ungarn an holländischen Universitäten, zwischen 1672 und 1711 hingegen nur deren 509.[6] Tatsächlich waren während des Absolutismus die Möglichkeiten ausländischer Studien erheblich geschmälert. Wir erinnern uns an die Befürchtungen von János Kállai Kopis, über Wien nach Hause zu kehren, oder an die Schilderungen von Ferenc Pápai Páriz, dass Studenten aus Debrecen auf der Rückkehr aus Marburg in Wien ergriffen und verhaftet worden seien.[7] Es ist also festzustellen, dass zur Regierungszeit von Leopold I. die protestantischen Kirchen des königlichen Ungarn auf verschiedene Art und Weise „ausbluteten", und dies auch noch nach 1681 – dieses Jahr kann ja mitnichten als ein definitives „Ende" der Verfolgung der Protestanten bezeichnet werden.[8] In Siebenbürgen hingegen war die politische Si-

---

4 Gemeint sind hier Magyaren, nicht Slowaken oder Deutsche.

5 Vgl. HEGYI, Hungarica-Eintragungen, 199 f.

6 Vgl. BOZZAY, Diákok, 17 ff.

7 Vgl. oben S. 589.

8 Ein kleines Beispiel soll dies illustrieren: So lebten laut den Angaben am Ödenburger Landtag (1681) in Oberwart (ung. *Felsőőr*) 1013 Reformierte und 126 Katholiken. Doch die Kirche, die

tuation verschieden und die Umstände sind mit dem königlichen Ungarn nicht vergleichbar, da das Fürstentum erst mit dem *Diploma Leopoldinum* (1691) in den defintiven Einflussbereich von Leopold I. gelangte. Dementsprechend zeichnet sich die siebenbürgische Peregrination in den betreffenden Jahren durch eine erstaunliche Kontinuität und Konstanz aus.[9] Gleichzeitig ist aber auch bekannt, dass die Wege der siebenbürgischen reformierten Studenten zu einem grossen Teil nach Holland führten und diese Studenten sich an Schweizer Hohen Schulen und Universitäten meist nur, wenn überhaupt, zwecks weiterführender bzw. abschliessender Studien aufgehalten haben. Gerade in Basel war ja die Anzahl oberungarischer Studenten weit bedeutender als diejenige siebenbürgischer Studenten.

Weiter ist festzuhalten, dass die ungarisch-schweizerischen Kontakte zwar beinahe im ganzen 17. Jahrhundert konstant und kontinuierlich, aber mitnichten ausserordentlich intensiv gewesen sind. Dies besagt allerdings keineswegs, dass die ungarisch-schweizerischen Kontakte keine nennenswerte Bedeutung für die reformierte Kirche in Ungarn und Siebenbürgen eingenommen hätten.[10] Wirkungsgeschichtlich am bedeutsamsten war, unterstützt durch die ungarische Peregrination und ungarisch-schweizerische Korrespondenz, sicherlich die Rezeption reformatorischer und reformierter *Helvetica* in ganz Ungarn und Siebenbürgen, welche sich bis ins 18. Jahrhundert in vielfältiger Weise gezeigt hat. Aufs ganze Jahrhundert betrachtet muss also die auffallende Intensivierung der Kontakte während der „Trauerdekade" als ein gewissermassen ausserordentliches Phänomen erkannt werden, d. h. dass nach 1681 ein wesentlicher Grund, die Schweiz aufzusuchen, wieder „weggefallen" war. Das Erstaunliche daran ist, dass in den kommenden drei Jahrzehnten die Kontakte nicht in dem Rahmen weitergeführt worden sind, wie dies in den Jahren vor der „Trauerdekade" war. Mit gutem Grund darf hier noch einmal betont werden, dass ohne den unermüdlichen Einsatz von Johann Heinrich Heidegger sowie, in weit bescheidenerem Masse, Johann Jakob Hottinger, die direkten ungarisch-schweizerischen Beziehungen wahrscheinlich im 18. Jahrhundert keine Renaissance erlebt hätten. Heidegger war der Lehrer und Patron, den die ungarischen Studenten als empatische und väterliche Persönlichkeit erlebt haben. Es ist bezeichnend, dass mehrere Studenten, die nach 1681 in der Schweiz studiert haben, indirekt in Beziehung zu Heidegger zu setzen sind. So studierten Pál Séllyei, Sohn von Bischof István

---

1673 vom Eisenburger Probst Péter Tormássi mit 500 berittenen deutschen Soldaten beschlagnehmt worden war, erhielten die Reformierten nicht zurück, weil diese inzwischen katholisch geweiht worden war und damit von der Rückgabe ausgenommen war. Die Reformierten nutzten nun eine gemietete Scheune als Kirche, bis zu Beginn des 18. Jahrhunderts ein neuer Kirchenbau aus Spenden finanziert werden konnte (vgl. FATA, Ungarn, 277).

9 Vgl. SZABÓ, Erdélyiek, 351 ff.

10 Dies wurde insbesondere auch im ersten Teil des vorliegenden Kapitels dargestellt.

Séllyei, 1693 in Zürich,[11] István Harsányi Móricz, der Sohn des gleichnamigen Galeerensträflings, 1709/10 in Zürich und Basel,[12] Márton Simon, Sohn des Galeerensträflings Péter Simon, 1716/17 in Zürich,[13] Imre Pápai Páriz, Sohn des Enyeder Arztes und Lehrers Ferenc Pápai Páriz, 1719–22 in Zürich und Basel,[14] István Kocsi Csergő, Sohn von Bálint Kocsi Csergő, 1721 in Zürich und Bern,[15] u.s.w. Von István Kocsi Csergő sind zahlreiche Handschriften aus seiner Studienzeit erhalten, darunter auch ein Manuscript, in dem viele Materialien zu den ungarisch-schweizerischen Kontakten vorhanden sind, so z. B. über die Annahme der *Confessio Helvetica posterior* auf der Synode zu Debrecen (1567), Abschriften von Briefen von ungarischen Galeerensträflingen aus dem Heideggerarchiv, Exzerpte einzelner Stammbucheinträge oder Notizen aus Schriften verschiedener Theologen.[16] Erwähnenswert ist, dass unter anderem auch Heideggers *Positiones XX ex Universa Theologia* (Zürich 1691) in Abschrift vorliegt.[17] Dies illustriert, welche Bedeutung Heidegger auch nach dessen Tod († 1698) bei den ungarischen Studenten und Gelehrten eingenommen hat. Seine theologische Fachkompetenz, seine ausgedehnte Korrespondenz, aber auch seine Gastfreundschaft und seine „tolerante Gesinnung"[18] blieben bei den Ungarn, die sich während der „Trauerdekade" in

11 Vgl. Hegyi, Diákok, 92; Ungarn: Allgemeine Beziehungen 1477–1728, StAZ: A 185 (1), 145; Rechnung betreffend des Fiscum Scholasticum (1673–1742), StAZ: E II 493, 18ᵛ.
12 Vgl. Hegyi, Diákok, 50; István Harsányi Móricz, Exercitatio Christiana De Augusto & Sacrosancto Nomine Christianorum Occasione Loci, Actor. Cap. XI. vers. 26. Quam […] sub Praesidio […] Joh. Baptistae Ottii […] publicae disquisitioni subjicit […], Zürich 1710. Weitere Quellen, in denen der Studienaufenthalt in Zürich belegt ist: Ungarn: Allgemeine Beziehungen 1477–1728, StAZ: A 185 (1), 152 f; Rechnung betreffend des Fiscum Scholasticum (1673–1742), StAZ: E II 493, 30ʳ.
13 Vgl. Zimmermann, Stammbuch, 57 f; Márton Simon, Succincta loci 2. Tim. III. v. 16.17 analysis quasdam S. Scripturae proprietates quam […] praeside […] Joh. Jacobo Hottingero […] publico examini subijeciet […], Zürich 1717. Weitere Quellen, in denen der Studienaufenthalt in Zürich belegt ist: Ungarn: Allgemeine Beziehungen 1477–1728, StAZ: A 185 (1), 160 ff. 167 ff; Korrespondenz mit Johann Jakob Scheuchzer, ZBZ: H 358, 68 f.
14 Vgl. Hegyi, Diákok, 51; Pápai Páriz, Békességet, 793. Weitere Quellen, in denen der Studienaufenthalt in Zürich belegt ist: Korrespondenz mit Johann Jakob Scheuchzer, Johann Jakob Hottinger, Johann Ludwig Nüscheler, ZBZ: H 304, 53–61; 358, 49–51; StAZ: E II 433, 166 ff; vgl. oben S. 611.
15 Vgl. Hegyi, Diákok, 66; István Kocsi Csergő, János T. Szikszai und János Kovács, Positiones theologicae, quas […] praeside Johannes Jacobo Lavatero […] defendendas suscipiunt […], Zürich 1721. Weitere Quellen, in denen der Studienaufenthalt in Zürich belegt ist: Eintrag von István Kocsi Csergő ins Stammbuch von Samuel Hirzel, ZBZ: FA Hirzel 219 ma, 132ʳ; Excerptae Tigurinae Stephani Csergő Kocsi, 1720–21, TtREK: R 290; Idea sermonis […], pro consequenda legitima ad sacrum Ministerium ordinatione […], 14. Februar 1721, TtREL: I.24.b.3k, 509–527; Korrespondenz mit Johann Jakob Scheuchzer, Johann Jakob Hottinger, Johann Ludwig Nüscheler, ZBZ: H 304, 41. 43; 358, 55–58; StAZ: E II 433, 119–122; u.s.w.
16 Vgl. Extractus Epistolarum Hungararum ex Archivis DD. Magni Heideggeri […], TiREK: Kt. 403/6; De officiis Relationis […], TiREK: Kt. 403/7; u.s.w.
17 Vgl. Positiones XX. Ex Universa θeologia Praes. Joh. Heinr. Heideg., TiREK: Kt. 403/7, 548–552.
18 Vgl. Pfister, Kirchengeschichte II, 495. Natürlich ist Toleranz hier in dem Sinne zu verstehen,

Zürich aufgehalten haben, in so lebhafter Erinnerung, dass sie ihre Nachkommen zu Studien in der Schweiz ermutigt haben.

Infolge der politischen Umstände waren in den Jahren nach 1681 bzw. 1691
die reformierten Kirchen Ungarns und Siebenbürgens notwendig sehr stark
auf sich selber, d. h. auf die Bewahrung und Sicherung ihrer Bedürfnisse und
Rechte, konzentriert. Dass sich in diesem Zusammenhang die Konzentration
auf die rechte Lehre, d. h. die reformierte Orthodoxie, verstanden in einem
föderaltheologischen Sinne, gleichfalls verstärkte, ist mehr als verständlich. Es
war, insbesondere an den Kollegien, die Meinung vorherrschend, dass die
reformierte Lehre ihre abschliessende Formulierung gefunden habe. Diese
Haltung hat sich bis weit ins 18. Jahrhundert gehalten, wie wir am Beispiel von
Zsigmond Borosnyai Nagy aufgezeigt haben. Die Generalsynode Siebenbürgens lehnte beispielsweise die arminianische Interpretation der *Confessio
Helvetica posterior* konsequent ab und verurteilte 1742 den Klausenburger
Lehrer András Huszti (1700–1755), der seit seinen Studien in Holland ar-
minianisches Gedankengut vertrat. Gegenüber Huszti argumentierten die
Generalsynode und die Mitglieder des Hauptkonsistoriums Siebenbürgens
mit der *Apologia* von Antistes Johann Jakob Breitinger d. Ä., die er aus Anlass
der Synode von Dordrecht gegen die Bullingerinterpretation der Remon-
stranten verfasst hatte.[19] Das Beispiel illustriert, dass die historische, theologische und geistige Verbundenheit mit der Schweiz auch in Zeiten des Mangels
an direkten ungarisch-schweizerischen Kontakten im Denken, Handeln und
Lehren der reformierten Kirche Siebenbürgens stets präsent geblieben ist.
Insofern darf die vorübergehende Inkontinuität der ungarisch-schweizerischen Kontakte nicht überinterpretiert werden.

Abschliessend bleibt festzuhalten, dass die „Trauerdekade" fürs erste zwar
zu keiner Intensivierung der ungarisch-schweizerischen Kontakte geführt hat
Die sogenannte Inkontinuität der ungarisch-schweizerischen Kontakte darf
aber, was die dargestellte Wirkungsgeschichte in vielfältiger Weise belegt,
mitnichten als eine Marginalisierung der Beziehungen bezeichnet werden. Die
Beziehungen und die Verbundenheit mit der reformierten Tradition der
Schweiz blieb nämlich durch all die Jahre ein massgebendes und konstitutives
Moment in der Identität der reformierten Kirche Ungarns wie Siebenbürgens.
Dieser Beziehungen und dieser Verbundenheit waren sich auch die führenden
Vertreter der reformierten Kirchen der Schweiz sehr wohl bewusst. Glänzendes Zeugnis dieses Bewusstseins sind die – eigentlich durch den Einsatz
von Zaff und Heidegger überhaupt erst ermöglichten – eingerichteten Stipendien für ungarische Theologistudenten. Dadurch haben die 1676 befreiten
ungarischen Prediger und Lehrer ungewollt einen wichtigen Beitrag zu den

---

dass Heidegger keine Extrempositionen vertrat, sondern einen verantwortbaren Mittelweg –
dies zeigt sich gerade in der *Formula consensus* – zu gehen versuchte.

19 Vgl. BERNHARD, Funktion, 827 f; JUHÁSZ, Glaubensbekenntnis, 104 f; TÖRÖK, Collegium II, 30–
45.

Studien ungarischer Studenten nachfolgender Generationen in der Schweiz geleistet. Mit Blick auf das 18. Jahrhundert hatte die „Trauerdekade" schliesslich doch zu einer Intensivierung der ungarisch-schweizerischen Kontakte geführt.

3. Zusammenfassung

Die verheissungsvollen Beschlüsse des Wiener Friedens (1606) führten nicht zu der erhofften Beruhigung in den konfessionellen Auseinandersetzungen, die seit dem 16. Jahrhundert die politische und kirchliche Geschichte Ungarns und Siebenbürgens geprägt haben. Die Erstarkung der katholischen Kirche zu Beginn des 17. Jahrhunderts war vor allem im unermüdlichen, auch missionarischen Einsatz von Erzbischof Péter Pázmány, im Zusammenspannen des Wiener Hofes mit dem Erzbistum Gran sowie in der Rückkehr mehrerer ungarischer Magnatenfamilien in den Schoss der katholischen Kirche begründet.

Die reformierten Kirchen des königlichen Ungarn mussten während des ganzen 17. Jahrhunderts immer aufs neue für die gesetzlich festgeschriebenen Rechte („Religionsfreiheit") kämpfen. Das Pressburger „Blutgericht" (1674), auf dem 284 lutherische und 52 reformierte Geistliche und Schulmänner angeklagt worden sind, ist trauriges Zeugnis dieser „absolutistischen" Missachtung der verbrieften Rechte der Protestanten. Hingegen konnte sich Siebenbürgen in derselben Zeit als „calvinistisches" Fürstentum profilieren, das erst mit dem Siege Habsburgs über die Türken und nach dem Tode von Fürst Mihály I. Apafi († 1690) in den Einflussbereich Wiens geriet. Da Siebenbürgen von Kaiser Leopold I. *de jure belli* in Besitz genommen worden ist, wurde mit dem Übergang zum 18. Jahrhundert die Religionsfreiheit in Siebenbürgen gleichfalls systematisch eingeschränkt.

Diese politischen Voraussetzungen stellten neue Herausforderungen an die reformierten Kirchen Ungarns und Siebenbürgens. Gleichfalls hatte dies grundlegende Konsequenzen für die ungarisch-schweizerischen Kontakte. Grundsätzlich lässt sich feststellen, dass die direkten Kontakte (Peregrination, Korrespondenz) zwischen Ungarn bzw. Siebenbürgen und den reformierten Orten der Schweiz in der ersten Hälfte des 17. Jahrhunderts, also während des 30jährigen Krieges, im Vergleich mit andern reformierten Orten Europas, insbesondere im Vergleich mit der Pfalz und den Niederlanden, bescheiden waren. Dies will aber mitnichten besagen, dass keine Kontakte bestanden haben bzw. der reformierte Protestantimus der Schweiz keinen Einfluss auf die Entwicklung des ungarischen Reformiertentums gehabt hätte. Dabei lassen sich einzelne Aspekte erkennen, die in der ersten Hälfte des 17. Jahrhunderts für die definitive Konsolidierung der reformierten Orthodoxie in Ungarn und Siebenbürgen massgebend gewesen sind.

Die Humanistenstadt Basel hatte mit dem Tode bedeutender Buchdrucker (Johannes Oporin, Pietro Perna) im Übergang zum 17. Jahrhundert wesentlich an europäischer Bedeutung eingebüsst. Für Ungarn und Siebenbürgen behielt aber Basel weiterhin eine zentrale Stellung. Der Druck mehrerer wichtiger reformierter Schriften ungarischer Reformatoren und Lehrer in zahlreichen Auflagen – wir denken dabei insbesondere an Izsák Fegyvernekis *Enchiridion*, an István Szegedi Kis' *Theologiae sincerae Loci communes* sowie an dessen *Speculum Romanorum Pontificium* – und die Bemühungen der Basler Professoren Amandus Polanus von Polansdorf und Johann Jakob Grynaeus, beides Vertreter einer *ecclesia dordracena*, um ostmitteleuropäische Kontakte (Böhmen, Oberungarn) führten dazu, dass Basel und die reformierte Schweiz auch im 17. Jahrhundert im Denken der ungarisch-reformierten Gelehrten eine Konstante bildete, und Basel von ostmitteleuropäischen Gelehrten regelmässig aufgesucht wurde. Nicht ohne Bedeutung war dabei sicher die – wenn auch verblassende – Aura Basels als Humanistenstadt. Nachwievor verstanden sich nämlich zu Beginn des 17. Jahrhunderts wichtige Vertreter der reformierten Intelligenz Ungarns und Siebenbürgens als Humanisten, die sich für das ungarische Bildungswesen einzusetzen gewillt waren. Kein geringerer als Albert Szenci Molnár ging als Humanist, als Pionier der ungarischen Literatursprache in die Geschichte ein. Durch seine Übersetzungen bzw. Herausgabe massgebender Schriften der helvetischen Richtung der Reformation – die *Confessio Helvetica posterior*, der Heidelberger Katechismus, der Genfer Psalter, das *Bättbüchlin*, oder die *Institutio Christianae Religionis* – hat er schliesslich, obwohl er viele Jahre in der Pfalz „im Exil" lebte, einen kaum zu überschätzenden Beitrag zur Konsolidierung des reformierten Bekenntnisses bzw. zur Ausbildung der reformierten Orthodoxie in Ungarn und Siebenbürgen geleistet.

Dass Albert Szenci Molnár im Jahre 1624 der Einladung von Fürst Gábor Bethlen, nach Siebenbürgen zu kommen, Folge leistete, illustriert weiter, dass die siebenbürgischen Fürsten als bekennende „Calvinisten" die Verbreitung und Konsolidierung des reformierten Bekenntnisses in ganz Siebenbürgen und dem Partium aktiv unterstützten. Zu diesem Zwecke hat Fürst György I. Rákóczi verschiedene Persönlichkeiten der europäischen reformierten Intelligenz an die neugegründete Akademie in Weissenburg eingeladen, fürstliche Stipendien für reformierte Studenten Siebenbürgens eingerichtet, Druckereien gegründet und die Kollegiumsbibliotheken erweitert. Eine umfassende Untersuchung der Bereiche, in denen das Fürstenhaus auf die Entwicklung der reformierten Kirche in Siebenbürgen Einfluss zu nehmen versuchte, zeigt nicht nur eine eindrückliche Präsenz des Fürsten in allen Bereichen des Lebens der reformierten Kirche Siebenbürgens, sondern auch, dass – trotz einer intensiven Peregrination siebenbürgischer Studenten nach Holland – die direkten und indirekten siebenbürgisch-schweizerischen, vor allem aber siebenbürgisch-baslerischen Kontakte geistesgeschichtlich massgebend und richtungsweisend gewesen sind. Die starke Präsenz des helvetischen Buches, vor allem der reformatorischen *Helvetica*, führte zu einer breiten Rezeption reformierter Theologie und schliesslich zur abschliessenden Ausformulierung der reformierten Orthodoxie im Sinne der *Formula consensus*, d. h. im Sinne eines zwar antisaumurischen, nicht aber anticoccejanischen Verständnisses der *Confessio Helvetica posterior.* Die Auseindersetzungen seit den 70er Jahren des 17. Jahrhunderts um das rechte Verständnis der *Confessio* belegen dies unzweideutig.

Die Bedeutung der ungarisch-schweizerischen Kontakte im 17. Jahrhundert liegt somit vor allem im Einfluss, den die „helvetischen *Hungarica*" und die „reformatorischen *Helvetica*" im ganzen Reich der Stephanskrone – im königlichen Ungarn, im türkisch besetzten Mittelteil, im Partium und in Siebenbürgen – eingenommen hatten. Dies war der wesentlichste Grund, warum die ungarischen Reformierten sich der historischen, theologischen und geistigen Verbundenheit mit der reformierten Schweiz auch im 17. Jahrhundert stets bewusst waren, obwohl – und dies ist um so bemerkenswerter – die direkten Kontakte sich als bescheiden erwiesen haben. Glänzender Beweis dieser Verbundenheit ist nicht nur die Bereitschaft der reformierten Orte der Schweiz, sich in vielfältiger Weise für reformierte Gemeinden des königlichen Ungarn sowie für die Befreiung der ungarischen Prediger und Lehrer in Neapel bzw. Port Buccari einzusetzen, sondern auch der geistig-theologische, sich vor allem in der Korrespondenz zeigende Austausch zwischen führenden reformierten Persönlichkeiten der Schweiz und Ungarns bzw. Siebenbürgens in der zweiten Hälfte des 17. Jahrhunderts.

Letzlich ist es insbesondere das Verdienst von Johann Heinrich Heidegger, der seit 1670 „Schaltstelle" des Wissensaustausches der Ungarn und Siebenbürgen betreffenden Nachrichten gewesen ist, dass Zürich in den Jahren während und nach der „Trauerdekade" immer mehr den Ruf einer Stadt, in der das reformatorische Erbe und die reformierte „Orthodoxia" gelehrt würde, erwarb und damit gegenüber dem zunehmend „marginalisierten" Basel eine nennenswerte Bedeutung erlangen konnte. Es ist daher nur verständlich, dass nach der Einrichtung von Freiplätzen ab dem Jahre 1710 in Zürich die Zahl ungarischer Studenten, die ihre Ausbildung an einer orthodoxen Ausbildfungsstätte absolvieren wollten, überdurchschnittlich anstieg.[1]

---

1 Vgl. BERNHARD, Zürich, 210–220; DERS., Funktion, 836 f; HEGYI, Diákok, 92 ff; vgl. Ungarn: Allgemeine Beziehungen 1477–1728, StAZ: A 185 (1), 152 ff.

Schlussbemerkungen

Humanistica et reformatorica

Ausgangspunkt unserer Untersuchung war die in der Forschung bis heute nicht befriedigend beantwortete Frage danach, warum die Kirchen im Reich der Stephanskrone sich in ihrer Mehrheit dem helvetischen Bekenntnis angeschlossen haben, obwohl sich die reformatorischen Kontakte nach Deutschland weit intensiver gestaltet haben. In der vorliegenden Arbeit wurde darum insbesondere nach der Bedeutung der ungarisch-schweizerischen Kontakte für den Durchbruch des helvetischen Bekenntnisses sowie für die Konsolidierung der reformierten Orthodoxie gefragt. Dabei war vor allem die kummunikationsgeschichtliche Fragestellung, wie sich der Wissenstransfer zwischen der Schweiz und Ungarn gestaltet hat, massgebend.

Es ist in der Forschung seit langem bekannt, dass die Peregrination für die geistesgeschichtliche Entwicklung Ungarns und Siebenbürgens eine grosse Bedeutung eingenommen hat. Diese Erkenntnis führte aber gleichzeitig zu einer oft recht einseitigen Bewertung dieses Einflusses, was die Hinwendung Ungarns und Siebenbürgens zur Reformation betrifft. Der Wissenstransfer, die Vermittlung humanistischen und reformatorischen „Wissens" fand in mindestens gleichem Ausmass auch durch die Gelehrtenkorrespondenz und die Verbreitung des gedruckten Buches statt. Gerade die Verbreitung und Rezeption reformatorischer bzw. reformierter *Helvetica* hatte einen entscheidenden Einfluss auf die ungarisch-schweizerischen Kontakte, in deren Folge verschiedene, durch das Schweizer Buch vermittelte *Loci* reformierter Theologie die bekenntnismässige Herausbildung der ungarisch-reformierten Kirche im 16. und 17. Jahrhundert richtungsweisend beeinflusst haben. Die in den 30er Jahren des 16. Jahrhunderts systematisch einsetzenden Bemühungen des Wiener Hofes und des Erzbistums Gran, den sich immer mehr ausbreitenden „Sakramentarismus" zu bekämpfen, sowie der stete Versuch im 17. Jahrhundert, die gesetzliche Anerkennung der „helvetischen Konfession" aufzuweichen, belegen auf eindrückliche Weise die Wirkung und Bedeutung der Verbreitung von *Helvetica* im ganzen Reich der Stephanskrone.

Massgebend für die Verbreitung von *Helvetica* im ostmitteleuropäischen Raum war die Buchdruckerstadt Basel, eine wichtige Drehscheibe des humanistischen Wissenstransfers in der frühen Neuzeit. Seit dem Aufenthalt von Erasmus von Rotterdam hatte sich Basel als humanistisches Kulturzentrum Europas etabliert, und die Basler humanistischen Drucke waren wegen ihrer hohen editorischen und wissenschaftlichen Qualität im ganzen ostmitteleuropäischen Raum weit verbreitet. Da im Reich der Stephanskrone Humanismus und Reformation sich erst im Laufe der 30er bzw. 40er Jahren zu trennen begannen, gleichzeitig aber die humanistische bzw. die erasmische Methode

für das ungarische Reformiertentum bis ins 17. Jahrhundert hinein signifikativ blieb, *studia humanitatis* und *reformatio* also nicht konsequent voneinander zu trennen waren, hat gerade Basel für den Anfang, die Entwicklung
und die Herausbildung des ungarischen Reformiertentums eine entscheidende Rolle gespielt. Insofern beherrschten die ungarisch-baslerischen Kontakte die ungarisch-schweizerischen Kontakte bis weit ins 17. Jahrhundert
hinein. Dennoch wäre es verfehlt, den Blick allein auf die Buchdruckerstadt
Basel zu konzentrieren. Vielmehr ist die reformierte Schweiz, mit den zuge-
wandten Orten, spätestens seit den 40er Jahren des 16. Jahrhunderts als ein
mehr oder weniger theologisch zusammengehöriges Gebiet wahrgenommen
worden, unterstützt durch die Abfassung des *Consensus Tigurinus* (1549) und
die „schweizerische" Rezeption der *Confessio Helvetica posterior* (1566). Die
in der Forschung immer wieder auftretende Tendenz, je nach Standpunkt den
Einfluss Zürichs, den Einfluss Genfs oder den Einfluss Basels für die Herausbildung der reformatorischen Kirche Ungarns besonders zu betonen, kann
bei einer Auswertung der sehr reichhaltigen Quellen nicht bestätigt werden.
Vielmehr fand über die ungarische Frage unter verschiedenen wichtigen
Vertretern der schweizerischen Reformation ein reger Austausch statt und der
Versuch, auf die Entwicklung der ungarischen Reformation Einfluss zu nehmen, war zwischen den reformierten Orten weitgehend abgesprochen. Dieser
Wissenstransfer wurde insbesondere über Basel, das als „freie Reichsstadt"
mit zahlreichen Städten des Reiches in regem Wissens- und Personenaus-
tausch stand, „kanalisiert".

In diesem Zusammenhang ist besonders auch auf den Wissensaustausch
mit dem Wittenberger Reformator Philipp Melanchthon hinzuweisen. Abgesehen davon, dass Melanchthon neben Basel auch mit Zürich und Genf in
Korrespondenz stand, zeitlebens ein überzeugter Humanist war und in
Streitfragen der reformatorischen Theologie – insbesondere in der Abendmahlslehre – einen vermittelnden Standpunkt eingenommen hatte, waren
viele ungarischen Reformatoren von einer Einheit der „vermittelnden Richtung" bei Melanchthon, Calvin und Bullinger überzeugt.[1] Dass in Wittenberg
bei Melanchthon, besonders auch im *Coetus ungaricus*, Schriften Calvins, de
Bèze', aber auch Bullingers regelmässig gelesen wurden, hat die ungarischen
Studenten natürlich darin bestärkt, dass Melanchthon mit der schweizerischen Reformation in zentralen Fragen eins gehe. Als die ungarländische
Reformation mit dem Tode Melanchthons definitiv – Anzeichen dafür gab es
bereits seit den 50er Jahren – auseinanderbrach, gelang es den helvetisch
gesinnten Reformatoren Ungarns und Siebenbürgens, Melanchthon bleibend
für sich in Anspruch zu nehmen. Melanchthon wurde an den reformierten
Kollegien bis ins 17. Jahrhundert unterschiedslos neben Bullinger, Calvin, de
Bèze, Gwalther, Vermigli oder Musculus gelesen.

---

1 Vgl. Scripta quaedam magni illius Philippi Melanthonis, [...] quibus manifestissime declaravit,
   quid de sacra Domini Coena senserit: [...], Klausenburg [1560–61].

Obwohl die ungarisch-schweizerischen Kontakte sich nicht auf Städte oder Personen reduzieren lassen, ist auf zwei Persönlichkeiten der Schweiz, die bezüglich der ungarisch-schweizerischen Kontakte sowie bezüglich der Herausbildung der Wesensart der reformierten Theologie in Ungarn und Siebenbürgen von prägender Bedeutung waren, besonders hinzuweisen. Es sind dies im 16. Jahrhundert Heinrich Bullinger und im 17. Jahrhundert Johann Heinrich Heidegger. Ihre Bedeutung für die ungarisch-reformierte Kirche ist darum unvergleichlich, weil Bullinger und Heidegger auf vielfältige Art und Weise mit ungarischen Gelehrten Kontakt gepflegt haben und auch auf deren Entwicklung systematisch Einfluss zu nehmen versuchten. Bullinger tat dies, unterstützt von Josias Simler und Johannes Wolf, durch seine Korrespondenz, durch die von Froschauer organisierte Verbreitung seiner Schriften sowie durch Buchdedikationen. Letzlich trug Bullinger wesentlich dazu bei, dass die *Confessio Helvetica posterior* sich als das massgebende Bekenntnis – insbesondere anstelle Théodore de Bèze' *Confession de foy* – in der ungarisch-reformierten Kirche etabliert und konsolidiert hatte, ja im 17. Jahrhundert gar einen „Rechtsstatus" erhielt. Johann Heinrich Heidegger hatte sich schliesslich vor allem mit dem „richtigen" Verständnis der *Confessio* zu befassen. Seit den 60er Jahren des 17. Jahrhunderts bis zu einem Tode pflegte Heidegger regelmässig mit ungarischen Studenten und Gelehrten, die an verschiedenen Universitäten und Akademien Europas studierten, Briefkontakt, und mehrere ungarische Studenten hatten bei ihm, unter anderem auch über die *Confessio Helvetica posterior*, disputiert. Obwohl vor allem sein diakonischer Einsatz für die Befreiung der ungarischen Prediger, die in Neapel auf der Galeere sowie in Port Buccari im Gefängnis waren, in die Geschichte eingegangen ist, überwogen seine theologischen Kontakte die diakonischen Kontakte. Sein Einsatz für den Druck des Philosophielehrbuches des ungarischen Theologen Márton Szilágyi Tönkő illustriert schliesslich, dass dank Heideggers Einsatz und Einflussnahme die föderaltheologische Interpretation der *Confessio Helvetica posterior* sich auch im reformierten Protestantismus Ungarns und Siebenbürgens durchgesetzt hat. In der „simplex & orthodoxa veritas" fühlte sich die ungarisch-reformierte Kirchen gerade den reformierten Kirchen der Schweiz geistig und bekenntnismässig verbunden, obwohl die *Formula consensus* (1675) in Ungarn und Siebenbürgen offiziell nie rezipiert worden ist, und obwohl die durch die Peregrination begründeten Kontakte nach Deutschland und in die Niederlande über Jahrzehnte intensiver waren.

Abschliessend bleibt festzuhalten, dass die in der Forschungseinleitung angesprochene „induktive Methode", d. h. das systematische Quellenstudium, die bisherige Sicht betreffend die ungarische Reformations- und Konfessionsgeschichte in mehreren Bereichen in Frage stellen lässt. So kann unter anderem der „Mythos" in der Kirchengeschichtsschreibung, dass die ungarische Reformation in ihren Anfängen eine lutherische gewesen sei und erst in den 50er Jahren ein Vordringen des helvetischen Bekenntnisses feststellbar sei,[2] durch die Quellen nicht bestätigt werden. Vielmehr ist die ungarländische Reformation dem erasmischen Reformhumanismus entsprungen und seit ihren reformatorischen Anfängen stark von einer *via media* geprägt, in der Extrempositionen bis in die 60er Jahre des 16. Jahrhunderts eine Randerscheinung waren. Im Rahmen dieser *via media* finden sich Einflüsse Melanchthons gleichermassen wie Calvins und Bullingers. Die synodale Orientierung an der *Confessio Augustana Variata* illustriert dies in eindrücklicher Weise. Der Einfluss der schweizerischen Reformation bzw. des helvetischen Bekenntnisses auf die ungarische Reformation ist also nicht eine sekundäre Erscheinung. Vielmehr kann man pointiert sagen, dass, von einem theologiegeschichtlichen Standpunkt aus betrachtet, bei der Spaltung zwischen „Lutheranern" und „Reformierten" eigentlich die lutherische Richtung sich von der vermittelnden Richtung abgespalten hat. Natürlich ist dies in der Synodalgeschichte terminologisch nicht fassbar, aber die umfassende Auswertung der für die ungarische Reformationgeschichte massgebenden gedruckten und handschriftlichen Quellen belegt dies ohne Zweifel. Insofern leistet die vorliegende Untersuchung einen Beitrag zur Entmythologisierung der ungarischen Konfessionsgeschichte.

---

2 Basierend auf den Ausführungen der ersten ungarischen und siebenbürgischer Kirchenhistoriker (vgl. PÁPAI PÁRIZ, Rudus Redivivum, 122 f. 143; HANER, Historia, 148 f. 193 f. 222 ff; DEBRECENI EMBER, Historia, 65. 72. 101).

Verzeichnisse

1. Abkürzungsverzeichnis

1.1 Archivalische und bibliothekarische Abkürzungen

AMB	Archív Mesta Bardejov [Archiv der Stadt Bartfeld], Bartfeld/Bardejov (heute: Filiale des Staatsarchives in Eperies [Štátny archív v Prešove])
AMK	Archív Mesta Košice [Archiv der Stadt Kaschau], Kaschau/Košice
AStS	Filiala Archivelor Statului Sibiu [Stadtarchiv Hermannstadt], Hermannstadt/Sibiu
ATK Strassburg	Archiv des St. Thomas-Kapitels, Strassburg
BBB	Burgerbibliothek, Bern
BNP	Bibliothèque Nationale, Paris
BPU	Bibliothèque publique et universitaire, Genf
DREK	Dunántuli református Egyházkerület Könyvtára [Bibliothek des reformierten Kirchendistriktes Transdanubien („Jenseits-der-Donau")], Pápa
DREL	Dunántuli református Egyházkerület Levéltára [Archiv des reformierten Kirchendistriktes Transdanubien („Jenseits-der-Donau")], Pápa
ELTE	Eötvös Loránd Tudományegyetem: Egyetemi Könyvtár [Wissenschaftsuniversität Eötvös Loránd: Universitätsbibliothek], Budapest
EREL	Erdélyi Református Egyházkerület Levéltára [Archiv des reformierten Kirchendistriktes Siebenbürgen], Klausenburg/Cluj
HHStW	Haus-, Hof- und Staatsarchiv, Wien
HMB	Historisches Museum Basel, Basel
HStAW	Hessisches Hauptstaatsarchiv, Wiesbaden
KPtIK	Kolozsvári Protestáns-teológiai Intézet Könyvtára [Bibliothek des Protestantisch-theologischen Institutes in Klausenburg], Klausenburg/Cluj
LobBib	Lobkowicz-Bibliothek, Prag
MTAL	Magyar Tudományos Akadémia Levéltára [Handschriftenabteilung der Ungarischen Akademie der Wissenschaften], Budapest
MOL	Magyar Országos Levéltár [Ungarisches Staatsarchiv], Budapest
OAL	Oblastný archív v Levoci [Landesarchiv Leutschau], Leutschau/Levoča
OSzK	Országos Széchényi Könyvtár [Landesbibliothek Széchényi], Budapest

SNA	Slovenský Národný Archív [Slowakisches Nationalarchiv], Bratislava
SNB	Schweizerische Nationalbibliothek, Bern
StABA	Staatsarchiv des Kantons Basel Stadt, Basel
StABE	Staatsarchiv des Kantons Bern, Bern
StAGR	Staatsarchiv des Kantons Graubünden, Chur
StAZ	Staatsarchiv des Kantons Zürich, Zürich
TelBolK	Teleki-Bolyai-Könyvtár [Teleki-Bolyai-Bibliothek], Neumarkt a.M./Târgu Mureş
TiREK	Tiszáninneni Református Egyházkerület Tudományos Gyűjteméyei Nagykönyvtára [Wissenschaftliche Sammlung der Grossbibliothek des des Kirchendistriktes Diesseits-der-Theiss], Sárospatak
TtREK	Tiszántúli Református Egyházkerület Nagykönyvtára [Grossbibliothek des reformierten Kirchendistriktes Jenseits-der-Theiss], Debrecen
TtREL	Tiszántúli Református Egyházkerület Levéltára [Archiv des reformierten Kirchendistriktes Jenseits-der-Theiss], Debrecen
UKLvt	Unitárius Kollégium Levéltára [Handschriftenabteilung des Unitarischen Kollegiums], Klausenburg/Cluj
UBB	Universitätsbibliothek Basel, Basel
ZBZ	Zentralbibliothek Zürich, Zürich

1.2 Abkürzungen von Zeitschriften, Reihen, Lexika und gedruckten Quellen

Adattár	Adattár XVI.–XVIII. századi szellemi mozgalmaink történetéhez, hg. von Bálint Keserű et al., Szeged 1965–2012
ActP	Acta Papensia. A Pápai Református Gyűjtemények közleményei, Pápa
ACUD	Acta Classica Universitatis Scientiarum Debreceniensis, Debrecen
ADE	Andreas Dudithius Epistulae, hg. von Lecho Szczucki und Tiburtio Szepessy, 6 Bde., Budapest 1992–2002
AGB	Archiv für Geschichte des Deutschen Buchhandels, Leipzig
AK	Die Amerbachkorrespondenz, hg. von Alfred Hartmann und Beat Rudolf Jenny, 11 Bde., Basel 1942–2010
ALitt	Acta Litteraria Academiae Scientiarum Hungaricae, Budapest
Allen	Opus epistolarum Desiderii Erasmi Roterodami, hg. von Percy S. Allen 12 Bde., Oxford 1906–1958
ARG	Archiv für Reformationsgeschichte, Gütersloh
ASD	Opera omnia Desiderii Erasmi Roterodami, recognita et adnotatione critica instructa notisque illustrata, 9 Abtlg., Amsterdam 1969–2010

AUASH	Annales Universitatis Apulensis: Series Historica, Karlsburg/Alba Iulia
AVSL	Archiv des Vereins für Siebenbürgische Landeskunde, Hermannstadt/Sibiu
Az út	Az út. Teológiai tudomány, egyházi szolgálat, Klausenburg/Cluj
BBKL	Biographisch-Bibliographisches Kirchenlexikon, Nordhausen
Bèze, Corr.	Correspondance de Théodore de Bèze, hg. von Hippolyt Aubert et al., 38 Bde., Genf 1960 – 2014
Blarer BW	Briefwechsel der Gebrüder Ambrosius und Thomas Blaurer, hg. von der Badischen historischen Kommission und dem Zwingli-Verein, 3 Bde., Freiburg i.Br. 1908 – 1912
BM	Bündner Monatsblatt. Zeitschrift für Bündner Geschichte, Landeskunde und Baukultur, Chur
BrAOek	Briefe und Akten zum Leben von Oekolampad, hg. von Ernst Staehelin, 2 Bde., Leipzig 1927 – 1934
BSHPF	Bulletin de la Société de l'Histoire du Protestantisme Français, Genf
BSLK	Die Bekenntnisschriften der evangelisch-lutherischen Kirche, Göttingen [11]1992
BucerDS	Martin Bucers Deutsche Schriften, im Auftrag der Heidelberger Akademie der Wissenbschaften hg. von Robert Stupperich et al., 17 Bde., Gütersloh 1960 – 2013
BZGA	Basler Zeitschrift für Geschichte und Altertumskunde, Basel
ChH	Church History. Studies in Christianity and Culture, Chicago
CJCEH	Colloquia. Journal of Central European History, Klausenburg
CO	Ioannis Calvini Opera quae supersunt omnia, hg. von Wilhelm Baum et al., 59 Bde., Braunschweig 1863 – 1900 (= CR 29 – 87)
COJ	Comenius-Jahrbuch, St. Augustin
COR	Ioannis Calvini opera omnia denuo recognita et adnotatione critica instructa notisque illustrata, hg. von Brian Gery Armstrong et al., 17 Bde., Genf 1994 – 2013
CR	Corpus Reformatorum, hg. von Karl Gottlieb Brettschneider et al., 108 Bde., Braunschweig et al. 1834 – 2013
CStA	Calvin-Studienausgabe, hg. von Eberhard Busch et al., 8 Bde., Neukirchen-Vluyn 1994 – 2011
Diakónia	Diakónia. Evangélikus Szemle, Budapest
DSz	Debreceni Szemle (Tudományos Folyóirat), Debrecen
DTh	Deutsche Theologie, Stuttgart
Egyht	Egyháztörténet, Budapest
EMM	Evangelisches Missionsmagazin, Basel
EPhK	Egyetemes Philologiai Közlöny, Budapest
ETE	Egyháztörténeti emlékek a Magyarországi hitujitás korából, hg. von Vincze Bunyitay et al., 5 Bde., Budapest 1902 – 1912
EtSz	Egyháztörténeti Szemle, Miskolc/Pápa
FőÉrt	Főiskolai Értesítő, Pápa

FVLk	Forschungen zur Volks- und Landeskunde, Hermannstadt/Sibiu
G2W	G2W. Ökumenisches Forum für Glauben, Religion und Gesellschaft in Ost und West, Zürich
Gesnerus	Gesnerus. Schweizerische Zeitschrift für Geschichte der Medizin und der Naturwissenschaften, Basel
GutJb	Gutenberg-Jahrbuch, Mainz
HBBibl	Heinrich Bullinger. Bibliographie, hg. von Joachim Staedtke, 2 Bde., Zürich 1972–1977
HBBW	Heinrich Bullinger. Briefwechsel, hg. von Ulrich Gäbler et al., 15 Bde., Zürich 1973–2013
HISz	Helikon. Irodalomtudományi Szemle, Budapest
HL	Humanistica Lovaniensia. Journal of neo-latin studies, Löwen
HLS	Historisches Lexikon der Schweiz, Basel
ItDolg	Irodalomtörténeti Dolgozatok, Szeged
ItK	Irodalomtörténeti Közlemények, Budapest
JHGG	Jahrbuch der Historischen (-antiquarischen) Gesellschaft von Graubünden, Chur
JHKGV	Jahrbuch der Hessischen Kirchengeschichtlichen Vereinigung, Darmstadt
JHKSA	Jahrbuch der historischen Kommission für die Provinz Sachsen und für Anhalt, Magdeburg
JSKG	Jahrbuch für Schlesische Kirchengeschichte, Düsseldorf bzw. Stuttgart
KHNT	Kwartalnik Historii Nauki i Techniki, Warschau
KiO	Kirche im Osten. Studien zur osteuropäischen Kirchengeschichte und Kirchenkunde, Göttingen
KKK	A kárpát-medence kora újkori könyvtárai, hg. von István Monok, Budapest/Szeged 1996–2004
KKrK	A kárpát-medence magyar könyvtárainak régi könyvei, hg. István Monok, Budapest/Nagyvárad 2005–2009
Klió	Klió. Történelmi szemléző folyóirat, Debrecen
KvKt	Könyv és könyvtár, Debrecen
KVSL	Korrespondenzblatt des Vereins für siebenbürgische Landeskunde, Hermannstadt/Sibiu
LThK	Lexikon für Theologie und Kirche, Freiburg i.Br.
Luther	Luther. Zeitschrift der Luther-Gesellschaft, Göttingen
LuthQ	Lutheran Quarterly, Milwaukee
MBW	Melanchthons Briefwechsel. Kritische und kommentierte Gesamtausgabe, hg. von Heinz Scheible et al., 27 Bde., Stuttgart/Bad Cannstatt 1977–2013
MKSz	Magyar Könyvszemle, Budapest
MSA	Melanchthons Werke in Auswahl, hg. von Robert Stupperich, 7 Bde., Gütersloh 1951–1975 (^{2}1978–1983)
MTT	Magyar történelmi Tár, Pest/Budapest (seit 1885: Történelmi Tár)

MUB	Die Matrikel der Universität Basel, hg. von Hans-Georg Wackernagel et al., 5 Bde., Basel 1951–1980
NDB	Neue Deutsche Biographie, Berlin
NEH	Nouvelles Etudes Historiques, Budapest
NRH	La Nouvelle Revue de Hongrie, Budapest
NZSTh	Neue Zeitschrift für Systematische Theologie und Religionsphilosophie, Berlin
NZZ	Neue Zürcher Zeitung, Zürich
OrvHetilap	Orvosi Hetilap, Budapest
OSzK ÉvK	Az Országos Széchényi Könyvtár Évkönyve, Budapest
OtK	Orvostörténeti Közlemények, Budapest
PirJb	Pirckheimer Jahrbuch für Renaissance- und Humanismusforschung, Wiesbaden
ProtSz	Protestáns Szemle, Budapest
RBS	Reformierte Bekenntnisschriften, hg. von Heiner Faulenbach et al., 6 Bde, Neukirchen-Vluyn 2002–2012
RCP	Registres de la Compagnie des Pasteurs du Genève, hg. von Olivier Fatio et al., 13 Bde., Genf 1962–2001
RefEgy	Református Egyház, Budapest
Reformatio	Reformatio. Zeitschrift für Kultur, Politik, Religion, Zürich
RefSz	Református Szemle, Klausenburg/Cluj
RÉH	Revue des Études hongroises et finno-ougriennes, Paris
RÉSEE	Revue des Études Sud-Est Européennes, Bukarest
RH	Revue historique, Paris
RHC	Revue d'histoire comparée. Études hongroises, Budapest
RMK	Régi Magyar Könyvtár, hg. von Károly Szabó et al., 6 Bde., Budapest 1879–2007
RMKP	Pótlások és igazítások [Ergänzungen zu RMK I–II], hg. von Hiador Sztripszky, Budapest 1912 Pótlások, kiegészítések, javítások [Ergänzungen zu RMK III], hg. von Gedeon Borsa et al., Budapest 1990–1996
RMNy	Régi magyarországi nyomtatványok, hg. von Gedeon Borsa et al., 3 Bde., Budapest 1971–2000
SArHe	Schweizer Archiv für Heraldik. Jahrbuch, Neuenburg/Lausanne
SBG	Schaffhauser Beiträge zur (vaterländischen) Geschichte, Schaffhausen
SbV	Siebenbürgische Vierteljahresschrift, Hermannstadt/Sibiu
SCJ	Sixteenth Century Journal, Kirksville
SIO	Stati Inu Obstati. Revija za vprašanja protestantizma, Ljubljana
SODA	Südostdeutsches Archiv, München
SODSB	Südostdeutsche Semesterblätter, München
SODVB	Südostdeutsche Vierteljahresblätter, München
SpF	Sárospataki Füzetek, Sárospatak

StC	Studia Caroliensia. A Károli Gáspár Református Egyetem Folyóirata, Budapest
StT	Studi di teologia. Rivista teologica semestrale, Padua
StTh	Studia Theologica. Nordic Journal of Theology, Lund
Századok	Századok. A magyar történelmi társúlat közlönye, Budapest
SZG	Schweizerische Zeitschrift für Geschichte, Basel
ThSz	Theológiai Szemle, Budapest
ThZ	Theologische Zeitschrift, Basel
TRE	Theologische Realenzyklopädie, 36 Bde., Berlin 1976–2007
TT	Történelmi Tár, Budapest
UjB	Ungarnjahrbuch (ehemals: Ungarische Jahrbücher), München
UMK	Ungarn: Monatsschrift für deutsch-ungarischen Kulturaustausch der Ungarisch-Deutschen Gesellschaft in Budapest, Budapest
UMM	Új magyar Muzeum, Pest
Vadian BW	Vadianische Briefsammlung, hg. von Emil Arbenz et al., 7 Bde., St. Gallen 1890–1913
VD 16	Verzeichnis der im deutschen Sprachbereich erschienen Drucke des XVI. Jahrhunderts, 25 Bde., Stuttgart 1983–2000
VD 17	Verzeichnis der im deutschen Sprachraum erschienenen Drucke des 17. Jahrhunderts
WA	D. Martin Luthers Werke. Kritische Gesamtausgabe [Weimarer Ausgabe], hg. von Rudolf Hermann et al., 120 Bde., Weimar 1883–2009
WA Br	D. Martin Luthers Werke. Kritische Gesamtausgabe [Weimarer Ausgabe]. Briefwechsel, hg. von Rudolf Hermann et al., 18 Bde., Weimar 1930–1985
WEBFU	Wiener elektronische Beiträge des Instituts für Finno-Ugristik, Wien
Z	Huldrych Zwinglis sämtliche Werke, hg. von Emil Egli et al., 14 Bde., Berlin 1905–Zürich 1969 (= CR 88–101)
ZFFUK GLO	Zborník Filozofickej Fakulty University Komenského. Graecolatina et Orientalia, Bratislava
ZfO	Zeitschrift für Ostforschung, Mahrburg/Lahn
ZHTh	Zeitschrift für die historische Theologie, Leipzig
ZTb	Zürcher Taschenbuch, Zürich
ZThG	Zeitschrift für Theologie und Gemeinde, Hamburg
ZThK	Zeitschrift für Theologie und Kirche, Tübingen
Zwa	Zwingliana. Mitteilungen zur Geschichte Zwinglis und der Reformation, Zürich

2. Quellen- und Literaturverzeichnis[1]

2.1 Quellenverzeichnis[2]

ALBERTUS MAGNUS, Isagoge
Alberti Magni Philosophie Naturalis Isagoge; sive introductiones: emendate nuper et impresse summa diligentia [...], hg. von Laurenz Armbruster, Wien 1514.

ALBERTUS MAGNUS, De natura
Alberti Magni Germani principis philosophi. De natura locorum [...], hg. von Georg Collimitius, Wien 1514.

ALVINCZI, Apologia
[PÉTER ALVINCZI et al.] (Hg.), Apologia et Protestatio legatorum et ecclesiarum Hungaricarum, adversus iniquissimas monacho-Iesuitarum criminationes, [...], Bartfeld 1606.

ALSTED, Encyclopaedia
JOHANN HEINRICH ALSTED, Encyclopaedia septem tomis distincta, Herborn 1630.

AMBROSIUS LAM, Lieder
Geistliche Lieder [...] durch Sebastianum Ambrosium weilandt Dienern des göttlichen Worts in der Stadt Keimarck in Zips, s.l. 1630.

AMERBACH, Korrespondenz
Die Amerbachkorrespondenz, hg. von Alfred Hartmann und Beat Rudolf Jenny, 11 Bde., Basel 1942–2010.

AMMANN, Reiß
HANS JAKOB AMMANN, Reiß in das Gelobte Land: Von Wien auß Oesterreich durch Ungariam, Serrviam, Bulgariam und Thraciam auff Constantinopel [...], Zürich 1618.

ARDÜSER, Beschreibung
JOHANNES ARDÜSER, Wahrhaffte und kurzvergriffne beschreibung etlicher herrlicher und hochvernampter Personen in alter freyer Rhetia Ober Teutscher Landen [...], Lindau 1598.

Articuli consensus (1577)
Articuli consensus Christianarum Ecclesiarum, quibus Universitas fratrum

---

1 In die Verzeichnisse aufgenommen werden nur tatsächlich benutzte Quellen und Literatur; diejenigen Quellen bzw. Literatur, auf die in den Anmerkungen lediglich weiterführend hingewiesen wird, werden nicht berücksichtigt.

2 Das Quellenverzeichnis umfasst sämtliche Drucke, die vor 1800 erschienen sind, sowie – vor und nach 1800 – in Druck erschienene Quellen (Briefe u.s.w.) des entsprechenden Zeitraumes.

subscripsit Herszeg-Szölösini in Boronia anno Domini MDLXXVI die 16. et
17. Augusti, Pápa 1577.

AUGUSTINUS, Enchiridion

AURELIUS AUGUSTINUS, Enchiridion ad Laurentium Sive De fide, spe et caritate,
in: Augustins Enchiridion, hg. von Otto Scheel, Tübingen [2]1930 (Sammlung
ausgewählter kirchen- und dogmengeschichtlicher Quellenschriften, Bd. II/4).

BARTHA, Studia et acta

TIBOR BARTHA (Hg.), Studia et acta ecclesiastica editio ecclesiae reformatae ad
anniversarium quadringentesimum reformationis confessioni Helveticae in
Hungaria addictae, 5 [4] Bde., Budapest 1965–1983.

BARTON, Bekenntnisschriften

PETER F. BARTON/LÁSZLÓ MAKKAI (Hg.), Ostmitteleuropas Bekenntnisschriften
der evangelischen Kirchen A. und H.B. des Reformationszeitalters, Bd. III/1:
1564–1576, Budapest 1987.

BAUCH, Adalékok

GUSZTÁV BAUCH, Adalékok a reformatio és a tudományok történetéhez Magyarországon a XVI. században, TT 1885, 335–355.

BECK, Disputationum

SEBASTIAN BECK, Disputationum theolog. Praecipuè ex instit. I. Calvini brevissimè excerptarum Octo Priores: […], Basel 1635.

Bekenntnisschriften

Die Bekenntnisschriften der evangelisch-lutherischen Kirche, Göttingen [11]1992.

DU BELLAY, Correspondance

Correspondance du cardinal Jean Du Bellay, hg. von Rémy Scheurer et al., Bd. 3:
1537–1547, Paris 2008.

BENKŐ, Transilvania

JÓZSEF BENKŐ, Transilvania sive magnus Transilvaniae principatus. Olim Dacia
meditarrana […], 2 Bde., Wien 1778.

DE BÈZE, Correspondance

Correspondance de Théodore de Bèze, hg. von Hippolyt Aubert et al., 36 Bde.,
Genf 1960–2012.

DE BÈZE, Epistolarum

THÉODORE DE BÈZE, Epistolarum theologicarum […] liber unus, Genf 1573.

[DE BÈZE], Explicatio

Valentini Gentilis teterrimi haeretici impietatum ac triplicis perfidiae et perjurii,
brevis explicatio, ex actis publicis Senatus Genevensis optima fide descripta […],
Genf 1567.

DE BÈZE, Icones

THÉODORE DE BÈZE, Icones, id est Verae Imagines Virorum Doctrina Simul Et
Pietate Illustrium […], Genf 1580.

DE BÈZE, Poematum

THÉODORE DE BÈZE, Poematum editio secunda, Genf 1569.

Biblia (1539)

Biblia Sacra utriusque Testamenti, Zürich 1539.

Biblia (1543)
Biblia Sacrosancta Testamenti Veteris et Noui, è sacra Hebraeorum lingua, Graecorumque fontibus, [...], Zürich 1543.

BIBLIANDER, Alcoran (1550)
THEODOR BIBLIANDER (Hg.), Machumetis Saracenorum principis eiusque successorum vitae, doctrina ac ipse Alcoran. Quo uelut authenico legum diuinarum codice Agareni & Turcae, alij[que] CHRISTO aduersantes populi reguntur, [...], Basel 1550.

BIBLIANDER, Supputatio
THEODOR BIBLIANDER, Temporum a condito mundo usque ad ultimam ipsius aetatem supputatio [...], Basel 1558.

BIFRUN, Fuorma
IACHIAM TÜTSCHETT BIFRUN, „Vna cuorta et christiauna fuorma da intraguider la giuuentüna" (1552), in: Bernhard, Fuorma, 218–247.

BINDER, Honterus (1996)
LUDWIG BINDER, Johannes Honterus. Schriften, Briefe, Zeugnisse, durchgesehen und ergänzt von Gernot Nussbächer, Bukarest 1996.

BISTERFELD, Isagoge
JOHANN HEINRICH BISTERFELD, Isagoge Encyclopaedica, seu de primis Encyclopediae Principiis Tractatus verè aureus [...], Basel 1661.

BLARER, Briefwechsel
Briefwechsel der Gebrüder Ambrosius und Thomas Blaurer, hg. von der Badischen historischen Kommission und dem Zwingli-Verein, 3 Bde., Freiburg i.Br. 1908–1912.

BOD, Athenas
PÉTER BOD, Magyar Athenas (1766), Budapest 1982, 237–457.

BOD, Historia
PÉTER BOD, Historia Hungarorum Ecclesiastica. Inde ab exordio Novi Testamenti ad nostra usque tempora ex monumentis partim editis, partim ineditis, fide dignis, collecta studio et labore, [...], hg. von Lodewijk Willem Ernst Rauwenhoff, 3 Bde., Leiden 1888–1890.

BOD, Zsinatok
PÉTER BOD, Erdélyi református zsinatok végzései 1606–1762, hg. von Desző Buzogány, Klausenburg 1999.

BONFINI, Chronik
ANTONIO BONFINI, Des Aller Mechtigsten Künigreichs inn Ungern, warhafftige Chronik und anzeigung, [...] Basel 1545.

BONFINI, Decades (1543)
Antonii Bonfinii Rerum Ungaricarum Decades tres, hg. von Martin Brenner, Basel 1543.

BONFINI, Decades (1568)
ANTONIO BONFINI, Rerum Ungaricarum Decades quatuor, hg. von Johannes Sambucus, Basel 1568.

BONFINI, Decades (1936–1976)
ANTONIO BONFINI, Rerum Ungaricarum Decades, hg. von József Fógel et al., 4
Bde., Leipzig 1936–1976.

BRENZ, Epistola (1526)
JOHANNES BRENZ, Epistola [...] de verbis Domini Hoc est Corpu₃ meum, opinionem quorundam de Eucharistia refellens, s.l. [Schwäbisch Hal] s.d. [1526].

BRENZ, Epistola (1550)
JOHANNES BRENZ, Epistola [...] De verbis Domini Hoc est corpu₃ meum, opinionem hostium Sacramenti Coenę refellens, in: Bucer, Confessio, 34ʳ–C4ʳ.

BRODARIČ, Levelezése
Brodarics István levelezése. 1508–1538, hg. von Gábor Kujáni, TT 9 (1908), 258–
293. 321–346.

BUCER, Confessio
Confessio Martini Bvceri De Coena Domini recens scripta. Item Epistola Ioan.
Brentii De verbis Domini, Hoc est corpvs meum, [...], Klausenburg 1550.

BUGENHAGEN, Briefwechsel
Dr. Johannes Bugenhagens Briefwechsel, hg. von Otto Vogt, Bd. 1, Stettin 1888.

BULLINGER, Bättbüchlin
[HEINRICH BULLINGER], Christliches Bättbüchlin. Darinnen begriffen Vil andächtige außerlesne schöne Gebätt für allerley anligen der Menschen [...], Zürich
1623.

BULLINGER, Bekanntnuß
HEINRICH BULLINGER, Wahrhafften Bekanntnuß der dieneren de kilchen zů
Zürych (1545), in: RBS 1/2, 456–465.

BULLINGER, Briefwechsel
HEINRICH BULLINGER, Briefwechsel, hg. von Ulrich Gäbler et al., 15 Bde., Zürich
1973–2013.

BULLINGER, Confessio (Debrecen 1616)
[HEINRICH BULLINGER], Confessio et expositio fidei Christianae, az az az keresztyeni igaz hitröl valo vallas-tetel, mellyet elsöben Helvetiaban irtanac és be
vettenek, annak utanna 1567. esztendöben Magyar országban is javallottanak, be
vöttenek és mind ez ideig sok ecclesiakban megh tartottanak. Deakbol magyarra
forditatot Szenci Csene Peter által, mostan pedig uyonnan nagyob haszonert
deakul es magyarul együve foglaltatot, Debrecen 1616.

BULLINGER, Confessio (Oppenheim 1616)
[HEINRICH BULLINGER], Confessio Helvetica: az az az keresztyeni igez hitröl valo
vallás-tétel, mellyet elsöben Helvéciában irtanac és bévettenec, arnak utánna
1567. esztendöben Magyar országbann is jovallottanac, bevöttenec és mind ez
ideig soc ecclesiákban megtartottanac. Magyarul fordittatot az együgyüveknec
épületekre és javokra Szenci Csene Peter által, Oppenheim 1616.

BULLINGER, Confessio (1654)
[HEINRICH BULLINGER], Confessio et expositio Fidei Christianae. Az az az keresztyeni Igaz Hitről valo Vallas-tétel, mellyet elsőben Helvetiában irtanac és be

vettenek: annak-utánna 1567. Esztendőben Magyar országban is javallottanak, be-vőttene, és mind ez ideig sok Ecclesiákban megh tartottanak, Sárospatak 1654.

BULLINGER, Confessio (1679)

[HEINRICH BULLINGER], Confessio et Expositio Fidei Christianae, Az az: Az Keresztyeni Igaz Hitről való Vallás-tétel. Mellyet elsöben Helvetiában irtanak és bé-vöttenek: [...], Klausenburg 1679.

BULLINGER, Confessio (1742)

[HEINRICH BULLINGER], Confessio et expositio fidei christinanae, az az Az Keresztyény Igaz Hitről való Vallás-tétel. Mellyet elsöben Helvetiában irtanak és bé-vöttenek: [...], Klausenburg 1742.

BULLINGER, Confessio (1866)

Confessio Helvetica Posterior olim ab Henrico Bullingero [...] ad fidem editionis principis, hg. von Eduard Böhl, Wien 1866.

BULLINGER, Confessio (2009)

HEINRICH BULLINGER, Confessio Helvetica posterior 1566, in: RBS 2/2, 268–345.

BULLINGER, Decades (1552)

HEINRICH BULLINGER, Sermonum decades quinque, Zürich 1552.

BULLINGER, Decades (2008)

HEINRICH BULLINGER, Sermonum Decades quinque (1552), hg. von Peter Opitz, 2 Bde., Zürich 2008 (Heinrich Bullingers Werke. Dritte Abteilung: Theologische Schriften, Bd. 3).

BULLINGER, Diarium

Heinrich Bullingers Diarium (Annales vitae) der Jahre 1504–1574. Zum 400. Geburtstag Bullingers am 18. Juli 1904, hg. von Emil Egli, Basel 1904 (Quellen zur Schweizerischen Reformationsgeschichte, Bd. 2).

BULLINGER, Expositio

HEINRICH BULLINGER, De omnibus sanctae scripturae libris, eorumque praestantia & dignitate, [...] expositio, in: Biblia (1543), β^r–$\gamma 4^v$.

BULLINGER, Institutio

HEINRICH BULLINGER, Brevis ac pia Institutio Christianae Religionis ad dispersos in Hungaria Ecclesiarum Christi Ministros [...], Ungarisch-Altenburg 1559.

BULLINGER, Ioannem

HEINRICH BULLINGER, In divinum [...] Evangelium secundum Ioannem Commentariorum libri X., Zürich 1543.

BULLINGER, Korrespondenz

Bullingers Korrespondenz mit den Graubündnern, hg. von Traugott Schiess, 3 Bde., Basel 1904–1906 (Quellen zur Schweizer Geschichte, Bd. 23–25).

BULLINGER, Levelezése

Bullinger Henrik és Fejérthóy János levelezése, hg. von Károly Erdős, Debrecen 1913.

BULLINGER, Libellus

HEINRICH BULLINGER, Libellus epistolaris, [...] pressis & afflictiss. Ecclesijs in Hungaria, earundem Pastoribus & Ministris transmissus (1551), hg. von Barnabás Nagy, Budapest 1968.

BULLINGER, Oratio
HEINRICH BULLINGER, Oratio de moderatione in negotio providentiae, praede-
stinationis, gratiae et liberi arbitrii (1636), in: Johann Heinrich Hottinger, Historia
Ecclesiastica Novi Testamenti, Bd. 8 (Teil 6), Zürich 1667, 763–827.

BULLINGER, Persecutionibus
HEINRICH BULLINGER, De persecutionibus ecclesiae christianae liber [...], ex
Germanico sermone in Latinum conversus, per Iosiam Simlerum Tigurinum [...],
Zürich 1573.

BULLINGER, Schriften
HEINRICH BULLINGER, Schriften, hg. von Emidio Campi et al., 7 Bde., Zürich
2004–2007.

BULLINGER, Schriften zum Tage
HEINRICH BULLINGER, Schriften zum Tage, hg. von Hans Ulrich Bächtold et al.,
Zug 2006 (Studien und Texte zur Bullingerzeit, Bd. 3).

BULLINGER, Testamento
HEINRICH BULLINGER, De testamento seu foedere Dei unico & aeterno [...] brevis
expositio, Zürich 1534.

BULLINGER, Vervolgung
HEINRICH BULLINGER, Von der schweren, langwirigen vervolgung der Heiligen
Christlichen Kirchen [...], Zürich 1573.

BUNYITAY, Emlékek
VINCZE BUNYITAY et al. (Hg.), Egyháztörténeti emlékek a Magyarországi hitujitás
korából, 5 Bde., Budapest 1902–1912.

BUXTORF D.J., Lexicon
JOHANNES BUXTORF D.J., Lexicon chaldaicum et syriacum quo voces omnes tam
primitivae [...], Basel 1622.

CALEPINO, Dictionarium
AMBROGIO CALEPINO, Dictionarium undecim linguarum [...] respondent autem
Latinis vocabulis Hebraica, Graeca, Gallica, Italica, Germanica, Belgica, Hispa-
nica, Polonica, Vngarica, Anglica. Onomasticon vero: [...], Basel 1590.

CALVIN, Advertissement
JOHANNES CALVIN, Advertissement contre l'astrologie qu'on appelle judicaire
[...] (1549), in: CO VII, 509–542.

CALVIN, Catéchisme (1542)
JOHANNES CALVIN, Le Catéchisme de l'église de Genève, in: RBS 1/2, 289–362.

CALVIN, Commentarii ad Corinthios
JOHANNES CALVIN, Commentarii in priorem epistolam Pauli ad Corinthios [...],
Strassburg 1546.

CALVIN, Commentarii ad Hebraeos
JOHANNES CALVIN, Comentarii in epistolam ad Hebraeos, Genf 1549.

CALVIN, Commentaria ad Romanos
JOHANNES CALVIN, In Epistolam Pavli ad Romanos [...] Commentaria (1540), in:
CStA 5, 16–769.

CALVIN, Confessio
JOHANNES CALVIN, Confessio fidei de Eucharistia (1537), in: CO IX, 711 f.

CALVIN, Defensio (1543)
JOHANNES CALVIN, Defensio sanae et orthodoxae doctrinae de servitute et liberatione humani arbitrii adversus Alberti Pighii Campensis (1543), in: COR IV/3, 67–329.

CALVIN, Defensio (1555)
JOHANNES CALVIN, Defensio sanae & orthodoxae doctrinae de Sacramentis eorumque natura … (1555), in: CO IX, 1–38.

CALVIN, Explicatio
JOHANNES CALVIN, Dilucida explicatio sanae doctrinae de vera participatione carnis & sanguinis Christi in sacra Coena, […], Genf 1561.

CALVIN, Forme
JOHANNES CALVIN, La forme des chantz et prières ecclésiastique, in: CStA 2, 148–225.

CALVIN, Institutio (1536)
JOHANNES CALVIN, Christianae religionis institutio totam fere pietatis summam (1536), in: CO I, 1–252.

CALVIN, Institutio (1539)
JOHANNES CALVIN, Christianae religionis institutio (1539), in: CO I, 281–1152.

CALVIN, Institutio (1559)
JOHANNES CALVIN, Institutio Christianae Religionis (1559), in: CO II, 1–1118.

CALVIN, Instruction
JOHANNES CALVIN, Instruction et confession de foy, dont on use en l'Eglise de Genève (1537), in: RBS 1/2, 104–136.

CALVIN, Învăţătura
JOHANNES CALVIN, Învăţătura Religiei Creştine = Institutio christianae religionis, übers. von Elena Jori und Daniel Tomuleţ, hg. von Sofia Gheorghe, 2 Bde., Grosswardein (Oradea) 2003.

CALVIN, Opera
Ioannis Calvini Opera quae supersunt omnia, hg. von Wilhelm Baum et al., 59 Bde., Braunschweig 1863–1900 (Corpus Reformatorum, Bd. 29–87).

CALVIN, Opera omnia
Ioannis Calvini opera omnia denuo recognita et adnotatione critica instructa notisque illustrata, hg. von Brian Gery Armstrong et al., 16 Bde., Genf 1994–2011.

CALVIN, Religiora
JOHANNES CALVIN, A Keresztyeni Religiora es igaz hitre valo tanitas, es osztan Franciai, Angliai, Belgiai, Olasz, Német, Czeh és egyéb nyelvekre forditottanac: Mostan pedig az magyar nemzetnek Isteni Igassagban való épületire magyar nyelvre forditott Molnar Albert […], Hanau 1624.

CALVIN, Sermon (1555/56)
JOHANNES CALVIN, Le premier sermon sur [Deut.] le chap. XXII, 1–4 (1555/56), in: CO XXVIII, 5–17.

CALVIN, Studienausgabe
Calvin-Studienausgabe, hg. von Eberhard Busch et al., 8 Bde., Neukirchen-Vluyn 1994–2011.

CAMERARIUS, Libellus
JOACHIM CAMERARIUS (Hg.), Libellus scolasticus utilis, et valde bonus: quo continentur Theognidis praecepta. Pythagorae versus aurei […], Basel 1551.

CAMERS, Commentaria
JOHANNES CAMERS, Commentaria in Cl. Iulii Solini polyhistora et Lucii Flori de Romanorum rebus gestis libros ac Tabulam Cebetis […] Item alia ex Ioachimi Vadiana lucubrationes […], 2 Bde., Basel 1557.

CAMPI, Consensus
EMIDIO CAMPI/RUEDI REICH (Hg.), Consensus Tigurinus. Heinrich Bullinger und Johannes Calvin über das Abendmahl. Werden – Wertung – Bedeutung, Zürich 2009.

CAMPI, Protestantesimo
EMIDIO CAMPI (Hg.), Protestantesimo nei secoli. Fonti e documenti, Bd. 1: Cinquecento e seicento, Torino 1991.

Canones Ecclesiastici (1625)
Canones Ecclesiastici in quinque classes distributi, quibus ecclesiae Helveticam Confessionem amplexae in comitatibus Mosonien., Posonien., Comaromien., Nitrien., Barsien., Honten. et Neogradien. et finitimis praesidiis a superioribus reguntur. Editi communi suffragio ministrorum Dei in synodo Comiathina congregatorum anno 1623. die 13 septembris, Pápa 1625.

CELSI, Haereticis
MINO CELSI, De haereticis capitali supplicio non afficiendis. Adjunctae sunt eiusdem argumenti Theodori Bezae et Andrae Duditii epistolae duae contrariae, [Basel] 1584.

CHLADENIUS, Geschichtswissenschaft
JOHANN MARTIN CHLADENIUS, Allgemeine Geschichtswissenschaft, worinnen der Grund zu einer neuen Einsicht in allen Arten der Gelahrtheit gelegt wird, Leipzig 1752.

CHOLIUS, Προλεγόμενα
CASPAR CHOLIUS, Προλεγόμενα medica De medicinae Praestantia, Certitudine, Medicorum Sectis, […], Basel 1608.

COLLINSON, Hartlib
PATRICK COLLINSON et al. (Hg.), The Hartlib Papers. A Complete Text and Image Database of the Papers of Samuel Hartlib (c. 1600–1662), [2 CD-ROM], Sheffield ²2002.

COMENIUS, Felicitas
JAN AMOS COMENIUS, Gentis felicitas speculo exhibita iis, qui num felices sint et quomodo fieri possint, cognoscere velint, [Amsterdam] 1659.

CRUSIUS, Libri
MARTIN CRUSIUS, Germano-Graeciae libri sex: in quorum priores tribus, Orationes, in reliquis Carmina, Graeca & Latina continentur, Basel 1585.

CSERNÁTONI, Theses

PÁL CSERNÁTONI, Theses philosophicae quas occasione laureae magisterialis capessandae [...], Basel 1665.

CUNO, Tossanus

FRIEDRICH WILHELM CUNO, Daniel Tossanus der Aeltere, Bd. 2, Amsterdam 1898.

CURIONE, Spierae

CELIO SECONDO CURIONE (Hg.), Francisci Spierae, quiquod susceptam semel Evangelicae veritatis professionem abnegasset, damnassetque in horrendam incidit desperationem, Historia, a quator summis viris, summa fide conscripta, [...], Basel 1550.

CUSPINIAN, Oratio

JOHANNES CUSPINIAN, Oratio protreptica [...] ad sacri Ro. Imp. Principes et proceres, ut bellum suscipiant contra Turcum cum descriptione conflictus, nuper in Hungaria facti, quo perijt Rex Hungariae Ludovicus [...], [Wien] 1526.

CZEGLE, Beszéde

IMRE CZEGLE (Hg.), A vizsolyi Biblia elöljáró beszéde, in: Bartha, Studia et acta III, 519–536.

CZVITTINGER, Specimen

DÁVID CZVITTINGER, Specimen Hungariae Literatae virorum eruditorum clarorum natione Hungarorum Dalmatarum, Croatarum, Slavorum, atque Transylvanorum, Frankfurt/Leipzig 1711.

DÁVID, Cognitione

FERENC DÁVID et al., De falsa et vera unius Dei Patris, Filii et Spiritus Sancti cognitione libri duo, Weissenburg 1568 (Nachdruck in: ROBERT DÁN [Hg.], De falsa et vera unius Dei Patris, Filii et Spiritus Sancti cognitione libri duo [Alba Iuliae] 1568, Utrecht 1988 [Biblioteca Unitariorum, Bd. 2], 1–387).

DÁVID, Magyarazat

FERENC DÁVID, Rövid magyarazat mikeppen az Antichristus az igaz Istenröl valo tudomant meg homalositota [...], Weissenburg 1567.

DEBRECENI EMBER, Historia

[PÁL DEBRECENI EMBER], Historia ecclesiae reformatae in Hungaria et Transilvania [...], hg. von Friedrich Adolf Lampe, Utrecht 1728.

DÉVAI BÍRÓ, Disputatio

MÁTYÁS DÉVAI BÍRÓ, Disputatio de statu in quo sint beatorum animae post hanc vitam ... item de praecipuis articulis christianae doctrinae, s.l. [Basel?] 1537.

DÉVAI BÍRÓ, Orthografia

MÁTYÁS DÉVAI BÍRÓ, Orthografia Vngarica, azaz, Igaz iras Modiarol valo tudomań Mag'ar n'eluenn irattatott, s.l. [Krakau] ²1549.

DÉVAI BÍRÓ, Parantsolatnac

MÁTYÁS DÉVAI BÍRÓ, At Tiz parantsolatnac, ah hit agazatinac, am mi at'a'ncnac, aes ah hit petsætinec röviden valo mag'ara'zatt'a (Krakau 1549), hg. von Áron Szilády, Budapest 1897.

Dezső, Corpus
  Márkus Dezső et al. (Hg.), Corpus Juris Hungarici. Magyar törvenytár 1000 –
  1895, Bd. 1: 1000 – 1526, Budapest 1899.
Dietrich, Agend Büchlein
  Veit Dietrich, Agend Büchlein für die Pfarrherrn auff dem Land, Nürnberg
  1545.
Drašković, Confutatio
  Juraj Drašković, Confutatio eorum quae docta sunt a Ioanne Ca uino sarcra-
  mentario, super verbis Domini Hoc est corpus meum [...], Padua 1551.
Dubravius, Historia
  Io. Dubravii Olomvzensis Episcopi Historia Boiemica, hg. von Tamás ̄ordán, Basel
  1575.
Dück, Briefe
  Joseph Dück (Hg.), Briefe aus der Reformationszeit, 2. Anhang in: ders., Ge-
  schichte, 23 – 50.
Dudith, Epistulae
  Andreas Dudithius Epistulae, hg. von Lecho Szczucki und Tiburtic Szepessy, 6
  Bde., Budapest 1992 – 2002 (Bibliotheca scriptorum medii recentisq ie aevorum.
  Series nova, Bd. 13/1 – 6).
Dudith, Thucydidis
  András Dudith (Hg.), Dionysii Halicarmassei de Thucydidis Historia iudicium,
  in: Jean Bodin, Methodus historica duodecim euzsdem argumenti [...], Basel
  1576, 908 – 942.
Dury, Consilia
  John Dury (Hg.), Concordiae inter Evangelicos quaerendae Consilia, quae ab Ecc-
  lesiae in Transylvania Evangelicae Pastoribus & Scholae Alba Juliacensis Frofessoribus
  in Synodo congregatis approbata fuerunt An. MDCXXXIV [...], s.l. 1654.
Enyedi, Disputatio
  István Enyedi, Disputatio theologica. De Lapsu, Peccato & Causa Peccati. Ex
  Capite VIII. Confessionis Helveticae [...] sub Praesidio Martini Desi [...], 2 Teile,
  Klausenburg 1681.
Erasmus, Consultatio
  Desiderius Erasmus von Rotterdam, Utilissima consultatio de ̄ello Turcis
  inferendo, et obiter enarratus psalmus XXVIII (Basel 1530), in: ASD, Ed. V–3, 31 –
  82.
Erasmus, Copia
  Desiderius Erasmus von Rotterdam, De duplici copia verborum ac rerum,
  Paris 1512.
Erasmus, Correspondence
  The correspondence of Erasmus, hg. von Roger A.B. Mynors et al., Bd. 9, Toronto
  1989.
Erasmus, Epitaphia
  Erasmi Roterodami epitaphia, per Clarissimos aliquot viros conscripta, Löwen
  1537.

ERASMUS, Instrumentum
Novum Instrumentum omne, diligenter ab Erasmo Roterodamo recognitum & emendatum [...], Basel 1516.

ERASMUS, Lingua
Lingua per Des. Erasmum Roterodamum, Opus novum, & hisce temporibus aptissimum, Krakau 1526.

ERASMUS, Opera omnia (1703)
DESIDERIUS ERASMUS VON ROTTERDAM, Opera omnia emendatiora et auctiora [...] doctorumque virorum notis illustrata, 10 Bde., Leiden 1703–1706.

ERASMUS, Opera omnia (1969)
Opera omnia Desiderii Erasmi Roterodami, recognita et adnotatione critica instructa notisque illustrata, hg. von Union académique internationale et al., 9 Abtlg., Amsterdam et al. 1969–2010.

ERASMUS, Opus epistolarum
Opus epistolarum Desiderii Erasmi Roterodami, hg. von Percy S. Allen, 12 Bde., Oxford 1906–1958.

ERASMUS, Ratione
DESIDERIUS ERASMUS VON ROTTERDAM, De ratione studii ac legendi interpretandique autores libellus aureus, Strassburg 1519.

ERASTUS, De cometis
THOMAS ERASTUS, De cometis Dissertationes novae [...], Basel 1580.

Étudiants
Les Étudiants Hongrois du Livre du Recteur. Souvenir du Jubilé de 1909, hg. von der Académie de Genève, Genf 1909.

EUKLID, Geometricis
EUKLID, Sex libri priores de Geometricis principijs, Graeci & Latini, unà cum demonstrationibus propositionum [...], Basel 1550.

EURIPIDES, Orestes
EURIPIDES, Orestes. Tragoedia cum primis elegans, Latino carmine longè doctiss. expressa, [...], übers. und hg. von Zsigmond Gyalui Torda, Basel 1551.

EURIPIDES, Tragoediae
EURIPIDES, Tragicorum vero [...] omnium principis, [...] Tragoediae XVIII. singulari nunc primum diligentia ac fide [...], Basel 1541.

FABRI, Sermones
JOHANNES FABRI, Sermones aliquot, Wien 1528.

FABRI DOBRAVICZAI, Ἀντιθέσεων
MIHÁLY FABRI DOBRAVICZAI, Ἀντιθέσεων, concilio Tridentino oppositarum Pars I. [...] praeside Theodoro Zvingero, [...] , Basel 1632.

FAESCH, Benedictum sit nomen
Benedictum sit nomen domini in aeternum [...] Non abs re igitur Magnificus Ordo Philosophorum Basiliensium [...] Dn. Johanni Toniolae a' Mossinis [...] DN. Paulo Tsernatoni Transylvano [...] postquam insignem in omni eruditionis genere, [...] decrevit. Id authoritate principali, more rituq. majorum collaturus

Christophorvs Feschivs, [...] in D. XI. KL. Octobr [...] rogat, invitat, vocat [...], Basel 1665.

FAESCH, Φιλοσοφιαν

SEBASTIAN FAESCH, Τοις κατ αξαν λαβουσι τας προς την φιλοσοφιαν μεγιστας τιμας [...] Κω. Ιωαννη τω Τονιωλα, Ραιτω, και [...] Κω. Παυλω τω Τσερνατωνι Παιοδακω [...] συγχαιρει Σεβαστιανος ο Φεσχιος [...], s.l. [Basel] 1665.

FATIO, Registres

OLIVIER FATIO et al. (Hg.), Registres de la Compagnie des Pasteurs du Genève, 13 Bde., Genève 1962–2001.

FAULENBACH, Bekenntnisschriften

HEINER FAULENBACH et al. (Hg.), Reformierte Bekenntnisschriften, 5 Bde, Neu-kirchen-Vluyn 2002–2010.

FEGYVERNEKI, Enchiridion (1586)

IZSÁK L. FEGYVERNEKI, Enchiridion Locorum communium theologicorum, Rerum, Exemplorum, atque Phraseon sacrarum, [...], Basel 1586.

FEGYVERNEKI, Enchridion (1589)

IZSÁK L. FEGYVERNEKI, Enchridii Locorum communium theologicorum, Rerum, Exemplorum, atque Phrasium sacrarum [...], Basel 1589.

FÉLEGYHÁZI, Catechesis

TAMÁS FÉLEGYHÁZI, Catechesis, rövid kérdések és feleletek a keresztyéni hitnek ágairól a germekeknek és az együgyűeknek tanításokra (Debrecen 1574), in: Bartha, Studia et acta III, 808–836.

FÉLEGYHÁZI, Tanitas

TAMÁS FÉLEGYHÁZI, Az keresztieni igaz hitnek reszeiről való tanitas, Debrecen 1579.

FILICZKI, Carminum

JOHANNES FILICZKI, Carminum Liber primus – Liber secundus, Basel 1614.

FILICZKI, Xenia

JOHANNES FILICZKI, Xenia Natalitia & c. Margnificis [...] Viris, [...] Dnis. Me-caenatibus, ac Patronis suis, omnibus Christianae pietatis officijs colendis, [...], Prag 1604.

FREYTAG, Epistolae selectae

THEODOR FRIEDRICH FREYTAG (Hg.), Virorum doctorum epistolae selectae ad Billibald. Pirchheymerum, Joach. Camerarium [...], Leipzig 1831.

FONT, Teleki

ZSUZSA FONT (Hg.), Teleki Pál külföldi tanulmányútja. Levelek, számadások, iratok 1695–1700, Szeged 1989 (Fontes rerum scholasticarum, Bd. 3).

GAST, Tagebuch

Das Tagebuch des Johannes Gast. Ein Beitrag zur schweizerischen Reformati-onsgeschichte, hg. von Paul Burckhardt, Basel 1945 (Basler Chroniken, Bd. 8).

GELEIJ KATONA, Canones

ISTVÁN GELEIJ KATONA (Hg.), Canones ecclesiastici, ex veteribus qua Hungari-ensibus, qua Transilvaniensibus, inunum collecti, plerisque tamen aliis etiam, pro temporis ratione, aucti, ac in paulo meliorem ordinem redacti [...] Accedunt acta et conclusiones synodi nationalis [...] ab [...] Georgio Rakoci Szathmár-Németinum an. MDCXLVI ad 10 Junij convocatae, in certas conclusiones redactae [...], Weissenburg 1649.

Genesis (1593)

Genesis. Das erste bůch Mosis „grundtlich vñ eigentlich verteütscht vñ mit newen Summarien aller Capitlen in denen jhr innhalt vnnd rechter brauch begriffen sampt einer kurtzen außlegung der fürnembsten puncten vnnd besonderer worten vnd arten zereden erkleret [...] durch H. Růdolffen Walther dienern der Kirchen Züzych [...], Zürich 1593.

Georgijević, Afflictione

Bartholomej Georgijević Hungarus, De afflictione tam captivorum quam etiam sub Turcae tributo viventium Christianorum, in: Bibliander, Alcoran (1550), Teil 3, 174–180.

Georgijević, Ritu (1544)

Bartholomej Georgijević Hungarus, De Turcarum ritu et Caeremoniis, Basel 1544.

Georgijević, Ritu (1550)

Bartholomej Georgijević Hungarus, De Turcarum ritu et Caeremoniis, in: Bibliander, Alcoran (1550), Teil 3, 181–191.

Gessner, Balneis

Konrad Gessner, De balneis omnia quae extant apud Graecos, Latinos et Arabos, Venedig 1553.

Gessner, Bibliotheca (1545)

Konrad Gessner, Bibliotheca universalis, sive, Catalogus omnium scriptorum locupletissimis in tribus linguis Latina, Graeca & Hebraica, Zürich 1545.

Gessner, Epistolarum

Epistolarum medicinalium Conradi Gesneri [...] libri tres, hg. von Caspar Wolf, Zürich 1577.

Gessner, Historia

Konrad Gessner, Historia animalium, Bd. 4: De piscium aquatilitum natura, Zürich 1558.

Gessner, Horti Germaniae

Konrad Gessner, Horti Germaniae [...] liber nunc primum editus [...], in: Valerii Cordi Simesusii Annotationes in Pedacii Dioscoridis [...] Item Conradi Gesneri de hortis Germaniae liber recens [...], Strassburg 1561.

Gessner, Mithridates

Konrad Gessner, Mithridates. De differentis linguarum [...] observationes, Zürich 1555.

Giovio, Commentarius

Paolo Giovio, Turcicarum rerum commentarius, Wittenberg 1537.

Glaser, Sapientia

Scilicet Sapientia [...] Quando igitur viri praestantissimi [...] D. Melchior Süssebach / Lesna-Polonus, D. Franciscus Pariz de Papa, Transylv. Ungarus, [...]

Decreto et jussu ejusdem, divino adspirante numine, autoritate principali, Joanne Henrice Glasero, [...], Basel 1675.

GOLDAST, Epistolae

Virorum Cll. et doctorum ad Melchiorem Goldastum [...] Epistolae, Frankfurt 1688.

GRIBALDI, Epistola

MATTEO GRIBALDI, Epistola [...] de tremendo divini iudicij exemplo super eum, qui hominum metu pulsus, Christum & cognitam veritatem abnegat, Basel 1549 (= Epistola clarissimi Doctoris Matthaei Gribaldi, in Gymnasio Patavino, Legum professoris, de tremendo divini iudicij exemplo super eum [...], in: Curione, Spierae, c1ʳ– d4ᵛ).

GRYNAEUS, Explanatio

JOHANN JAKOB GRYNAEUS (Hg.), Explanatio epistolae primae et secundae Ioannis Apostoli & Evangelistae: unà cum auctario illustrium aliquot Theorematum & Problematum Theologicorum, Basel [1591].

GRYNAEUS, Kapcsolatai

Johann Jacob Grynaeus magyar kapcsolatai, hg. von András Szabó, Szeged 1989 (Adattár XVI.–XVIII. századi szellemi mozgalmaink történetéhez, Bd. 22).

GRYNAEUS, Monumenta

JOHANN JAKOB GRYNAEUS (Hg.), Monumenta S. Patrum Orthodoxagrapha, hoc est theologiae sacrosanctae ac syncerioris fidei doctores, [...] authores partim graeci, partim Latini [...], Basel 1569.

GRYNAEUS, Theoremata

JOHANN JAKOB GRYNAEUS, Theologica Theoremata et problemata, de quibus in Inclyta Basiliensi Academia Συζητήσεις institutae fuerunt [...], Basel 1588.

GYALUI TORDA, Genethliacon

ZSIGMOND GYALUI TORDA, Genethliacon in diem natalem Christi. Eiusdem Hymnus de angelis, s.l. [Venedig] 1548.

GYALUI TORDA, Historia

Sigismundi Geloi Transylvani Historia de Francisco Spiera, in: Curione, Spierae, f8ᵛ–h6ᵛ.

GYALUI TORDA, Oratio

ZSIGMOND GYALUI TORDA, Oratio de beatitudine. Eiusdem quaestio, an honesta natura sint, an vero opinione, Padua 1549.

GYÖNGYÖSI, De clavibus I

ISTVÁN GYÖNGYÖSI, Disputationis theologicae, Pars prior, De clavibus Regni Dei, apostolis traditis [...] sub praesidio [...] Joh. Henr. Heideggeri, [...], Zürich 1676.

GYÖNGYÖSI, De clavibus II

ISTVÁN GYÖNGYÖSI, Disputationis theologicae, Pars posterior, De clavibus Regni Dei, apostolis traditis [...] sub clypeo [...] D. Francisci Turettini, [...], Genf 1677.

GYÖNGYÖSI, De perfectione

ISTVÁN GYÖNGYÖSI, Disputatio theologica De perfectione scripturae sacrae, quam Divina adspirante & juvante Triade sub tutela Viri [...] D. Philippi Mestrezatii, [...], Genf 1677.

GYÖNGYÖSI, Exegesis

ISTVÁN GYÖNGYÖSI, פירוש sive Exegesis Quinquaginta Psalmorum Davidis regis et prophetae [...] Accedit Fasciculus piarum precum ex Anglico, Latino Idiomate donatus [...], Zürich 1677.

HANER, Historia

GEORG HANER, Historia ecclesiarum transylvanicarum, inde a primis populorum originibus ad haec usque tempora, Frankfurt/Leipzig 1694.

HARTMANN, Amerbachkorrespondenz

ALFRED HARTMANN/BEAT RUDOLF JENNY (Hg.), Die Amerbachkorrespondenz, 11 Bde., Basel 1942–2010.

HELTAI, Disputatio

GÁSPÁR HELTAI, Disputatio de Deo, per decem die continuos indictione sereniss. princeps etc. [...], Klausenburg 1570.

HENISCH, Hesiodus

GEORG HENISCH, Hesiodus Graeco-Latinus cum schematismis, artificium inventionis, dispositionis & elocutionis continentibus [...], Basel 1580.

HERMELINK, Matrikeln I

HEINRICH HERMELINK (Hg.), Die Matrikeln der Universität Tübingen, Bd. I: 1477–1600, Stuttgart 1906.

HERTEL, Διδασκαλία

JOHANNES HERTEL, Διδασκαλία de nobili dicto Davidis [...], Basel 1587.

HESIOD, Opera

HESIOD, Opera quae quidem extant, omnia Graece, cum interpretione Latina eregione [...] Accessit nunc demum Herculis Scutum [...] a Ioanne Ramo conversum, Basel s.d. [1550].

HESIOD, Poemata

Poemata Hesiodi Ascraei quae extant, omnia. Graece cum varia interpretatione Latina. Una cum doctissimis Ioannis Tzetzis Grammatici in omnia Poemata eiusdem Scholijs, [...], Basel 1574.

VON HESSEN, Monumentum

Monumentum sepulcrale ad Illustrissimi Celsissimique Principis ac Domini, Domini Mauritii Hassiae Landgravij, [...], Kassel 1638.

VON HESSEN, Briefwechsel

Briefwechsel Landgraf Philipps' des Grossmüthigen von Hessen mit Bucer, hg. von Max Lenz, Bd.2, Leipzig 1887.

HEYDEN, Paedonomia

SEBALD HEYDEN, Paedonomia scholastica, Nürnberg 1552.

HOMER, Batrachomyomachia

Homeri Batrachomyomachia hoc est bellum Ranarum & Murum Ioanne Capnione Phorcensi metaphraste, Wien 1516.

HÖNIGER, Beschreibung

NIKOLAUS HÖNIGER (Hg.), Ersts Theil des Hoffhaltung des türckischen Keysers, vnd othomanische Reichs beschreibung [...], Basel 1588.

HÖNIGER, Spiegel
NIKOLAUS HÖNIGER, Spiegel des weltlichen römischen Bapsts: darinn allein der eusserliche Gewalt, Pracht, Hoffart und Stoltz der Römischen Bäpsten , [...], s.l. [Basel] 1586.

HONTERUS, Apologia
JOHANNES HONTERUS, Apologia Reformationis [...] Anno MDXLIII conscripta, in: Binder, Honterus (1996), 187–203 (deutsche Übersetzung).

HONTERUS, Constitutio
JOHANNES HONTERUS, Constitutio Scholae Coronensis Anno MDXLIII, in: Binder, Honterus (1996), 161–169 (deutsche Übersetzung).

HONTERUS, Epitome
Epitome adagiorum Graecorum & Latinorum. Ex Chiliadibus Eras. Roderodami, Kronstadt 1541.

HONTERUS, Haereseon Catalogus
JOHANNES HONTERUS (Hg.), Divi Augustini Hipponensis Episcopi Haereseon Catalogus, Kronstadt 1539.

HONTERUS, Kirchenordnung
JOHANNES HONTERUS, Kirchenordnung aller Deutschen in Sybembürgen, s.l. [Kronstadt] 1547.

HONTERUS, Reformatio
[JOHANNES HONTERUS], Reformatio ecclesiae Coronensis ac totius Barcensis provinciae. Cum praefatione Philippi Melanchthon[is], Wittenberg 1543.

HONTERUS, Reformatio (1543)
JOHANNES HONTERUS, Reformatio Ecclesiae Coronensis ac totius Barcensis provinciae (Kronstadt 1543), 1. Anhang in: Dück, Geschichte, 3–22.

HONTERUS, Reformatio (1547)
JOHANNES HONTERUS, Reformatio ecclesiarum saxonicarum in Transylvania, Kronstadt 1547.

HONTERUS, Schriften
Johannes Honterus' ausgewählte Schriften, hg. von Oskar Netoliczka, Wien/Hermannstadt 1898.

HONTERUS, Sententiae
JOHANNES HONTERUS (Hg.), Sententiae ex omnibus operibus Divi Augustini decerptae, Kronstadt 1539.

HÖRCSIK, Kollégium
RICHÁRD HÖRCSIK (Hg.), A Sárospataki Református Kollégium diákjai 1617–1777, Sárospatak 1998.

HORVÁTI BÉKÉS, Diáknaplója
Horváti Békés János diáknaplója, mit einer einleitenden Studie von Gábor Pintér, hg. von Hedvig Gácsi, Szeged 1990 (Peregrinatio Hungarorum, Bd. 6).

HORVÁTI BÉKÉS, De usu sanctorum
JÁNOS HORVÁTI BÉKÉS, Disputationum exegeticarum in Confessionem Helveticam decima Ad Cap. II. § 2.3.4. De usu sanctorum patrum & Conciliorum in Theologia [...], Basel 1674.

HORVÁTI BÉKÉS, Justa piis manibus
Justa piis manibus Clarissimi ac Eruditi Viri D. Johannis Bekes Horvati Ungari
[…] Anno Æræ Christianae cIɔ Iɔc LXXIV. XII. Calendas Sextileis. Soluta a prae-
ceptoribus, fautoribus et amicis […], Basel [1674].

HOSPINIAN, Historia sacramentaria
RUDOLF HOSPINIAN, Historia sacramentaria, Bd. 2: De origine et progressu
Controversiae sacramentariae, de coena Domini inter lutheranos et orthodoxos,
quos Zwinglianos et Calvinistas vocant, exortae ab anno Christi Salv. 1517 usque
ad annum 1602, Zürich 1602.

Index auctorum 1559
Index auctorum et librorum, qui ab Officio Sanctae Rom. et Vniversalis Inquisi-
tionis caveri ab omnibus et singulis in universa Christiana republica mandatur
[…], Rom 1559.

ISOKRATES, De regno gubernando
Isocratis De regno gubernando ad Nicoclem liber, a Martino Philetico interprete
Divo Friderico III. Dicatus […], hg. von Jakob Spiegel, Wien 1514.

JOCISCUS, Oratio
ANDREAS JOCISCUS, Oratio de ortu, vita et obitu Johanns Oporini, Strassburg
1569.

JUD, Catechismus
LEO JUD, Catechismus. Christliche und klare vnd einfalte ynleytung in den Willenn vnnd die Gnad Gottes […] (1534), in: ders., Katechismen, 27–239.

JUD, Kürtzer Catechismus
LEO JUD, Der kürtzer Catechismus. Eine kurtze Christenliche vnderwysung der
jugend […] (1538), in: ders., Katechismen, 245–376.

JUD, Katechismen
LEO JUD, Katechismen, hg. von Oskar Farner, Zürich 1955 (Veröffentlichungen der
Rosa Ritter-Zweifel-Stiftung, Religiöse Reihe).

JUNIUS, Emblemata
HADRIAN JUNIUS, Medici emblemata, Antwerpen 1565.

JUNOD, Album
LOUIS JUNOD (Hg.), Album studiosorum Academiae Lausannensis 1537–1837,
Lausanne 1937.

KÁLLAI KOPIS, De haereditate
JÁNOS KÁLLAI KOPIS, חלקי אלוהים לעולם, Apodixes X. orthodoxae. De haereditate
ecclesiae […] sub Praesidio […] Viri Dn. Lucae Gernleri, […], Basel 1674.

KÁLLAI KOPIS, De Judice
JÁNOS KÁLLAI KOPIS, Disputationum exegeticarum in Confessionem Heleveticam
undecima De Judice Controversiarum Ad Cap. II. § V.VI […], Basel 1674.

KÁLLAI KOPIS, De peccato
JÁNOS KÁLLAI KOPIS, Dissertatio textualis De peccato in spiritum s[anctum]. Ex
Matth. Cap. XII. v. 22–32 […] praeside Viro Desideriorum Dn. Joh. Henr. Hei-
deggero, […], Zürich 1675.

KÁROLYI, Explicatio

PÉTER KÁROLYI, Brevis, erudita ac perspicua explicatio orthodoxae fidei [...] adversus blasphemos Georgij Blandratae, & Francisci Dauidis errcres [...], Wittenberg 1571.

KÉNOSI TŐSZER, Historia

JÁNOS KÉNOSI TŐSZER/ISTVÁN UZONI FOSZTÓ, Unitario-ecclesiastica Historia Transylvanica, 2 Bde., Budapest 2002 (Bibliotheca unitariorum, Bc. 4/1 – 2).

KLEIN, Nachrichten

JOHANN SAMUEL KLEIN, Nachrichten von den Lebensumständen und Schriften evangelischer Prediger in allen Gemeinen des Königreichs Ungarn, Leipzig/Ofen 1789.

KOMÁROMI CSIPKÉS, Molimen

[GYÖRGY KOMÁROMI CSIPKÉS], Molimen Sisyphium. Hoc est frustraneitas conatûs istius, [...], Reformatos in Ungaria non esse Confessionis helveticae, probare [...], Theopoli Hypozygiodae [= Klausenburg] 1672.

KOMJÁTHI, Epistolae

BENEDEK KOMJÁTHI (Hg.), Epistolae Pavli lingva Hvngarica donatae. Az zenth Paal leueley magyar nyeluen, Krakau 1533.

KNOGLER, Successibus

Prosperis successibus gloriae literariae honoribus doctoralibus... Joh. Christophori Knogleri Pannonii ... a' promotore... Emmanuele Stupano... congratulantur applaudunt amici, Basel s.d. [1656].

[KRAKKAI?], Oratio

[DEMETER KRAKKAI?], Oratio de constituendo iudice controvers arum Religionis Pontificiae atque reformatae [...], Basel 1591.

LAERTIOS, De vitis

DIOGENES LAERTIOS, De vitis, dogmatis & apophtegmatis clarorum philosophorum libri X, Genf 1595.

LASKAI CSÓKÁS, Homine

PÉTER LASKAI CSÓKÁS, De homine magno illo in rerum natura miraculo et partibus eius essentialibus, Wittenberg 1585.

LASKAI CSÓKÁS, Theorematum

PÉTER LASKAI CSÓKÁS, Theorematum De pure et expresso Dei verbo, [...] traditio, Genf 1584.

LAVATER, Κατάβασις

JOHANN RUDOLF LAVATER, Κατάβασις εἰς Ἄδου, hoc est De descensu Jesv Christi ad inferos, tractatus theologicus et scholasticus, Hanau 1610.

LAVATER, Quaestio

JOHANN RUDOLF LAVATER, Quaestio ubi vera et catholica Jesu Christi Ecclesia invenienda sit. Abs Andreae Dudithio oratore Caesareo olim Ioarni Wolphio, et Theodoro per epistolam proposita [...], Hanau 1610.

LAVATER, Gschicht

LUDWIG LAVATER, Historia / Oder Gschicht / Von dem ursprung und fürgang der grossen zwyspaltung / so sich zwüschend D. Martin Luthern an eim / und Huldrychen Zwinglio am anderen teil / [...] / Von wägen deß Herren Nachtmahls gehalten hat / [...], Zürich 1564.

LAVATER, Historia
LUDWIG LAVATER, Historia de Origine et Progressu Controversiae Sacramentariae de Coena Domini, [...], Zürich 1563.

LAVATER, Ritibus
LUDWIG LAVATER, De ritibus et institutis ecclesiae Tigurinae opusculum, Zürich 1559.

LÖWENKLAU, Annales
JOANNES LÖWENKLAU (LEUVENCLAVIUS), Annales Constantini Manassis, Basel 1573.

LÖWENKLAU, Legatio
JOHANNES LÖWENKLAU (Hg.), Legatio Imp. Caesaris Manuelis Comneni Aug. ad Armenios, sive Theoriani cum Catholico disputatio, [...] Omnia nunc primum depromta ex Io. Sambuci V.C. bibliotheca, Basel 1578.

LUTHER, Katechismuspredigten
MARTIN LUTHER, Katechismuspredigten. Zweite Predigtreihe (1528), in: WA 30 I, 27–57.

LUTHER, Kleiner Katechismus (1529)
MARTIN LUTHER, Der Kleine Katechismus, in: BSLK, 501–527.

LUTHER, Kriege
MARTIN LUTHER, Vom Kriege widder die Türcken (1528/29), in: WA 30 II, 81–148.

LUTHER, Vermanunge
MARTIN LUTHER, Vermanunge zum Gebet wider den Türcken (1541), in: WA 51, 577–625,

LUTHER, Werke
D. Martin Luthers Werke. Kritische Gesamtausgabe, hg. von Rudolf Hermann et al., Weimar 1883–2009.

MATTHIOLUS, Commentarii
Petri Andreae Matthioli [...] Commentarii secundo aucti, in libros sex Pedacii Dioscoridis Anazarbei de medica materia [...], Venedig 1558.

MECENSEFFY, Quellen
GRETE MECENSEFFY (Hg.), Quellen zur Geschichte der Täufer, Bd. 11: Österreich, 1. Teil, Gütersloh 1964.

MELANCHTHON, Apologia confessionis (1530)
PHILIPP MELANCHTHON, Apologia confessionis augustanae, in: BSLK, 141–404.

MELANCHTHON, Briefwechsel
Melanchthons Briefwechsel. Kritische und kommentierte Gesamtausgabe, hg. von Heinz Scheible et al., 27 Bde., Stuttgart/Bad Cannstatt 1977–2013

MELANCHTHON, Colossenses
PHILIPP MELANCHTHON, Scholia in Epistolam Pauli ad Colossenses (1527), in: MSA 4, 209–303.

MELANCHTHON, Confessio Augustana (1530)
PHILIPP MELANCHTHON, Confessio Augustana, in: BSLK 44 – 137.

MELANCHTHON, Danielem
PHILIPP MELANCHTHON, In Danielem prophetam commentarius (1543), in: CR XIII, 823 – 980.

MELANCHTHON, Loci communes (1521)
PHILIPP MELANCHTHON, Loci communes 1521 (Lateinisch–Deutsch), hg. und übers. von Horst Georg Pöhlmann, Gütersloh 1993.

MELANCHTHON, Loci communes (1535)
PHILIPP MELANCHTHON, Loci communes theologici recens collecti & recogniti, Wittenberg 1535.

MELANCHTHON, Loci communes (1543)
PHILIPP MELANCHTHON, Loci communes rerum theologicarum seu hypotyposes theologicae (1543), in: CR XXI, 601 – 1050.

MELANCHTHON, Origine
PHILIPP MELANCHTHON (Hg.), De origine Imperii Turcorum eorumque administratione et disciplina brevia capita notationis loco collecta. Cui libellus de Turcorum moribus collectus a Bartholomaeo Georgieviz adiectus est [...], Wittenberg 1560.

MELANCHTHON, Scripta
Scripta quaedam magni illius Philippi Melanthonis, [...] quibus manifestissime declaravit, quid de sacra Domini Coena senserit: [...], Klausenburg 1560 – 61.

MELANCHTHON, Werke
Melanchthons Werke in Auswahl, hg. von Robert Stupperich, 7 Bde., Gütersloh 1951 – 1975 (^{2}1978 – 1983).

MELIUS JUHÁSZ, Articuli
[PÉTER MELIUS JUHÁSZ], Articuli ex verbo Dei et lege naturae compositi ad conservandam politiam coelestem et iurisdictionem ecclesiasticam in Ungaria natione [...], Debrecen 1567.

MELIUS JUHÁSZ, Catechismusa
PÉTER MELIUS JUHÁSZ, A genevai szent gyülekezetnek catechismusa Calvinus Jánustól, Debrecen s.d. [1562 – 63].

MELIUS JUHÁSZ, Catekismvs
PÉTER MELIUS JUHÁSZ, Catekismvs. Az egesz keresztieni tvdomannac fondamentoma es sommaia a szent irasbol [...] Caluinus Ianus irassa szerint, Debrecen 1562.

MELIUS JUHÁSZ, Confessio (1570)
PÉTER MELIUS JUHÁSZ, Confessio vera ex verbo Dei sumpta et in synodo Czengeriana vno consensu exhibita et declarata [...], Debrecen 1570.

MELIUS JUHÁSZ, Confessio Czengerina (1612)
PÉTER MELIUS JUHÁSZ, Confessio vera ex verbo Dei sumpta et in synodo Czengerina vno consensu exhibita & declarata (1570), in: Corpus et syntagma confessionum fidei, quae in diversi regnis et nationibus ecclesiarum nomine fuerunt authenticè editae, Bd. 1, Genf 1612, 186 – 200.

MELIUS JUHÁSZ, Keresztienec
PÉTER MELIUS JUHÁSZ, A keresztienec nyomorusagokban való vigasztalasoknak [...], Debrecen 1562.

MELIUS JUHÁSZ, Refutatio
PÉTER MELIUS JUHÁSZ, Refutatio confessionis de coena Domini Matthiae Hebler [...], Debrecen 1564.

MELIUS JUHÁSZ, Vallásoc
[PÉTER MELIUS JUHÁSZ], A Debreczembe öszve gyült keresztien praedikatoroknac igaz es szent irás szerint valo vallásoc, Debrecen 1567.

MELLET, Disputatio
JOHANNES MELLET, Disputatio theologica de proprietatibus Dei [...] sub praesidio Plurimum Reverendi Viri, Dn. Lucae Gernleri, Basel 1656.

MERCURIALE, De morbis puerorum
GIROLAMO MERCURIALE, De morbis puerorum. Item de Venenis et morbis venenosis [...], Basel 1584

MERCURIALE, De puerorum morbis
GIROLAMO MERCURIALE, De puerorum morbis tractatus [...], Frankfurt 1584.

MERCURIALE, De venenis
GIROLAMO MERCURIALE, De venenis, et morbis venenosis tractatus [...], Frankfurt 1584.

MOLNÁR, Catechesis
GERGELY MOLNÁR, Catechesis scholae Claudiopolitanae ad pietatis studiosam iuventutem in doctrina Christiana, Klausenburg s.d. [1564 – 65].

MOLNÁR, Rvdimenta
GERGELY MOLNÁR, Prima doctrinae Christianae rvdimenta pveris scholae Claudiopolitane in Christiana religione informandis, [...], Klausenburg s.d. [1564 – 65].

MOSHEIM, Versuch
JOHANN LORENZ VON MOSHEIM, Versuch einer unpartheiischen und gründlichen Ketzergeschichte, Helmstädt 1746.

MÜLLER, Bekenntnisschriften
ERNST FRIEDRICH KARL MÜLLER (Hg.), Die Bekenntnisschriften der reformierten Kirchen. In authentischen Texten mit geschichtlicher Einleitung und Register, Leipzig 1903 (Nachdruck: Zürich 1987).

MÜNSTER, Cosmographiae
SEBASTIAN MÜNSTER, Cosmographiae universalis lib. VI. in quibus iuxta certioris fidei scriptorum traditionem describuntur [...], Basel 1550.

MÜNSTER, Cosmographey
SEBASTIAN MÜNSTER, Cosmographey. Oder beschreibung Aller Länder [...], Basel 1579.

MURALT, Apologia
JOHANNES MURALT, Apologia [...] contra Simonem Simonium Lucensem, Klausenburg 1589.

Musculus, Loci (1560)
Wolfgang Musculus, Loci communes in usus sacrae Theologiae candidatorum parati, Basel 1560.

Musculus, Vffgang
Wolfgang Musculus (Hg.), Vom vffgang deß wort Gottes by den Christen in Ungarn, so den Türcken underworffen sindt, nüwe zyttungen, [Bern] 1550.

Nádasdy, Levelezése
Nádasdy Tamás nádor családi levelezése, hg. von Árpád Károly und József Szalay, Budapest 1882.

Neander, Nili
Michael Neander, Nili episcopi et martyris capita, seu praeceptiones de Vita piè, Christianè ac honestè exigenda, Graecolatinè, Basel 1559.

Neander, Opus
Michael Neander (Hg.), Opus aureum et scholasticum in quo continentur [...], 2. Teil, Leipzig 1577.

Nember, Memorie
Giuseppe Nember, Memorie spettanti alla vita di Giov. Plenario, in: Memorie anedote critiche spettanti alla vita, ed agli scritti di Giov. Francesco Quinzano Stoa e di Giov. Planerio raccolte, Brescia 1777.

Niemeyer, Collectio confessionum
Hermann Agathon Niemeyer (Hg.), Collectio confessionum in ecclesiis reformatis publicatarum, Leipzig 1840.

Obermeier, Carmina
German Obermeier (Hg.), Carmina gratulatoria in honorem ornatissimi & elegantissimi Iuvenis, vestigia Avita labore improbo prementis D. Jacobi Mayeri, [...] Basel 1633.

Oekolampad, Antwurt
Johannes Oekolampad, Christliche und ernstlich antwurt der Prediger des Evangelij zu Basel, s.l. [Zürich] 1527.

Oekolampad, Briefe und Akten
Briefe und Akten zum Leben von Oekolampad, hg. von Ernst Staehelin, 2 Bde., Leipzig 1927–1934.

Okolicsányi, Historia
Pál Okolicsányi, Historia diplomatica seu de statu religionis evangelicae in Hungaria. In tres periodes distincta [...], s.l. [Frankfurt a. M.] 1710.

Oláh, Carmina
Nicolaus Olahus, Carmina, hg. von József Fógel und László Juhász, Leipzig 1934.

Oláh, Levelezése
Oláh Miklós levelezése, hg. von Arnold Ipolyi, Budapest 1875 (Monumenta Hungariae Historica. 1. Reihe, Bd. 25).

Opitz, Briefwechsel
Martin Opitz, Briefwechsel und Lebenszeugnisse. Kritische Edition mit Übersetzung, hg. von Klaus Conermann und Harald Bolluck, Berlin 2009.

OTROKOCSI FÓRIS, Furor

FERENC OTROKÓCSI FORIS, Furor bestiae contra testes Jesu Christi in Hungaria. Editio Latino-Hungarica, übers. und hg. von Gabriel Herpay, Budapest 1933 (Editio fraternitatis pastorum helveticae confessioni addictorum in Hungaria. Series 3: Antiqua bibliotheca ecclesiae reformatae hungarica, Bd. 1).

OTROKOCSI FÓRIS, Sententia

FERENC OTROKOCSI FÓRIS, Sententia media ac pacificatoria, De Remissione peccatorum Veteris & Novi Testamenti fidelium [...], Amsterdam 1690.

PANNONIUS, Sylva

JANUS PANNONIUS, Sylva Panegyrica ad Guarinum Veronensem, praeceptorem suum. Et eiusdem Epigrammata nunquam Antehac typis excusa, Basel 1518.

PANTALEON, Prosographia

HEINRICH PANTALEON, Prosographia heroum atque illustrium virorum totius Germaniae, Bd. 3, Basel 1565.

PÁPAI PÁRIZ, Békességet

FERENC PÁPAI PÁRIZ, Békességet magamnak, másoknak, mit einer einleitenden Studie von Géza Nagy, Bukarest 1977.

PÁPAI PÁRIZ, Descriptio Vitae

Brevis Descriptio Vitae Excellentissimi Viri, D. Francisci Pariz Papai Transylvani, Med. D. & in Illustri Colleg, Enyediensi P.P., in: Ulrich, Miscellanea II/2, 186–191.

PÁPAI PÁRIZ, Dictionarium

FERENC PÁPAI PÁRIZ, Dictionarium latino-hungaricum et hungarico-latino-germanicum [...], hg. von Péter Bod, Hermannstadt 1767.

PÁPAI PÁRIZ, Naplója

Pápai Páriz Ferencz naplója 1649–1691, hg. von József Koncz, ItK 2 (1892), 388–398. 499–515.

PÁPAI PÁRIZ, Rudus Redivivum

FERENC PÁPAI PÁRIZ, Rudus Redivivum, seu Breves rerum ecclesiasticarum Hungaricarum juxta et Transylvanicarum inde a prima reformatione Commentarii [...] (1684), in: Ulrich, Miscellanea II/2, 114–185.

PÁPAI PÁRIZ, Sancta merx

FERENC PÁPAI PÁRIZ, Sancta merx Viri [...] D. Joh. Henrici Glaseri [...] Oratione panegyrica [...], Basel 1675.

PÁPAI PÁRIZ, Vota solennia

Vota solennia quae Nobilissimi & Clarissimi Viri D. Francisci Pariz de Pápa Transylvano-Ungari [...] D. Joh. Henrico Glasero [...] designato [...] Gratulabundi addiderunt Praeceptores, Fautores, Amici, Basel 1674.

PATHAI, Köniuecske

ISTVÁN PATHAI, Az sacramentomokrol in genere es kivaldkeppen az Vr vachoraiarol valo köniuecske [...], Deutsch Schützen 1592.

PAUSANIAS, Graecia

PAUSANIAS, De tota Graecia libri decem, quibus non solum urbium situs [...], sed Regum est familias, bellorum causas, eventus, sacrorum ritus, [...], Basel 1550.

Payr, Emlékek
Sándor Payr, Egyháztörténeti emlékek. Forrásgyűjtemény a Dunántúli ág. hitv. evang. egyházkerület történetéhez, Bd. 1, Sopron 1910.

Pázmány, Levelezése
Pázmány Péter levelezése, Bd. 1: 1605–1625, hg. von Vilmos Frankl, Budapest 1873 (Monumenta Hungariae Historica. Reihe 1, Bd. 19).

Pellikan, Chronikon
Das Chronikon des Konrad Pellikan. Zur vierten Saekularfeier der Universität Tübingen, hg. von Bernhard Riggenbach, Basel 1877.

Pesti, Testamentum
Nouum Testamentum seu quattuor euangelioru(m) volumina lingua Hungarica donata. Gabriele Pannonino Pesthino interprete, [Wien] 1536.

Piscator, Rudimenta
Philipp Ludwig Piscator, Rudimenta oratoriae in usum illustris scholae Albensis. Praefixae sunt tabulae methodum hujus libelli indicantes, Weissenburg 1639.

Pitati, Explicatio
Pietro Pitati, Verae solaris atque lunaris [...] explicatio, Basel 1568.

Plutarch, Libellus
Plutarchi Chaeronei Libellus perquam elegans. De non irascendo, [...], Basel 1525.

Polycarpus, Epicedia
Epicedia in praematurum obitum D.M. Martini Polycarpi Regino-Hradecemsis Bohemi [...], Basel 1607.

de Porta, Historia
Petrus Dominicus Rosius de Porta, Historia Reformationis Ecclesiarum Raeticarum ex genuinis fontibus et adhuc maximam partem numquam impressis sine partium studio deducta, 2 Bde., Chur/Lindau 1771–1777.

Pósaházi, Falsitas
[János Pósaházi], Falsitas Toti Mundo detecta. Seu: Refutatio Trium illorum Argumentorum, (unà cum eorundem Complemento) quibus Georgius Barsony, Episcopus Titularis Váradiensis, ostendere conatur, [...], Antwerpen [= Klausenburg] 1672.

Pósaházi, Sibelius
János Pósaházi, Sibelius Gasparnak Szent Irásbol szedegetett, kűlőmb kűlőmbféle alkalmatosságokra rendeltetett kőnyőrgő és hálá-adó Imadsagi: [...], Klausenburg 1673.

Prodromus, Epigrammata
Cyrus Theodorus Prodromus, Epigrammata ut vetustissima, ita pijssima, [...], Basel 1536.

Ptolemaeus, Omnia opera
Claudii Ptolemaei Pelusiensis Alexandrini Omnia, quae exstant, opera, Geographia excepta [...], Basel 1551.

RÁCZ, Deákok
István Rácz, Debreceni Deákok. Forrásgyűtemény, Debrecen 1997 (Editiones Archivi Districtus Reformatorum Transtibiscani, Bd. VI).

RABUS, Historien
Ludovicus Rabus, Historien der Martyrer. Ander Theil. Darinn das Dritte, Vierdte und Fünffte Bůch von den Heyligen Ausserwehlten Gottes Zeügen, Bekennern und Martyrern [...], Strassburg ²1572.

REDINGER, Reise
Jakob Redingers reise in das Türkische Heerläger, wie es ihm dort, und in der rukreise ergangen, hg. von Friedrich Zollinger, ZTb 19 (1896), 215–250.

REUSNER, Hodoeporicon
Nicolaus Reusner, Hodoeporicon, sive itinerum tosius ferè orbis lib. VII, Basel 1580.

REUSNER, Itinerarium
Nicolaus Reusner, Itinerarium totius orbis, sive opus peregrinationum viriarum [...] secunda editio, Basel 1591.

RHENANUS, Briefwechsel
Briefwechsel des Beatus Rhenanus, gesammelt und hg. von Adalbert Horawitz und Karl Hartfelder, Leipzig 1886.

RHORMANN, Προτέλεια
Gallus Rhormann, Προτέλεια de optima ratione legendi libros novi Testamenti, conscripta à Ioan. Iacob. Grynaeo [...], Basel 1591.

RHORMANN, Theorema
Gallus Rhormann, Theorema de uno eodemque aeterno Dei Evangelio, propositum à Iohan. Iacobo Grynęo [...], Basel 1591.

RICCI, Regibus
Michaelis Ritii Neapolitani De regibus Francorum lib. III. De regibus Hispaniae lib. III. De regibus Hierosolymorum lib. I. De regibus Neapolis et Siciliae lib. III. De regibus Ungariae lib. II, Basel s.d. [1517].

RIMASZOMBATI, Disputatio
Mihály Rimaszombati, Disputatio de evangelica Magorum historia [...] praeside Johanne Müllero [...], Zürich 1660.

ROTH, Aktensammlung
Paul Roth (Hg.), Aktensammlung zur Geschichte der Basler Reformation in den Jahren 1519 bis Anfang 1534, Bd. 3: 1528 bis Juni 1529, Basel 1937.

RUBIGALL, Epistola
Pál Rubigall, Epistola Pannoniae ad Germaniam recens scripta, Wittenberg 1545.

RUBIGALL, Hodoeporicon
Pál Rubigall, Hodoeporicon itineris Constantinopolitani, Wittenberg 1544.

RUPEL, Korrespondenci
Mirko Rupel, H Korrespondenci Trubar – Bullinger, Slavističria Revija III (1950), 149–156.

RYSSEN ZŮ OFEN, Antwurt

CUNRAD RYSSEN ZŮ OFEN, Antwurt dem Hochgelerten Doctor Joan. Pugenhag uss Pomern [...] das Sacrament betreffende, Zürich 1525.

SALVIANUS, Iudicio

MASSILIUS SALVIANUS, De vero iudicio et providentia Dei libri VIII, cura Jo. Alex. Brassicani editi [...], Basel 1530.

SAMBUCUS, Briefe

Die Briefe des Johannes Sambucus (Zsámboky) 1554–1584, hg. von Hans Gerstinger, Wien 1968 (Österreichische Akademie der Wissenschaften. Philosophisch-historische Klasse. Sitzungsberichte, Bd. 255).

SAMBUCUS, Historia

JOHANNES SAMBUCUS, De Historia in praefatione ad Bonfini Historiam Ungariae, in: Christoph Mylaeus, De scribenda universitatis rerum historia libri quinque, Basel 1551, 644–650.

SAMBUCUS, Obsidio

Obsidio Zigethiensis An: M.D. LVI. descripta per Ioan. Sambucum Tirnauien. Pannonium, Wien 1558.

SCHARDIUS, Historicum

SIMON SCHARDIUS, Historicum opus, 4 Bde., Basel 1574.

SCHESAEUS, Ruinae

CHRISTIAN SCHESAEUS, Ruinae Pannonicae libri quattuor, Wittenberg 1571.

SCULTETUS, Hypomnema

SEVERIN SCULTETUS, Hypomnema sive Admonitio brevis [...], Bartfeld 1599.

SEMLER, Versuche

JOHANN SALOMO SEMLER, Neue Versuche die Kirchenhistorie der ersten Jahrhunderte mehr aufzuklären, Leipzig 1788.

SENECA, Opera

LUCIUS ANNAEUS SENECA, Opera, hg. von Erasmus von Rotterdam, Basel 1529.

SERENUS, De re medica

Quinti Sereni Sammonici poetae et medici veteris, De re medica, sive morborum curatione liber: Cum Gabrielis Humelbergij commentarijs. Emendationes novae ex vetere manuscripto codice collectis [...], Zürich 1581.

SIMLER, Bibliotheca (1574)

Bibliotheca instituta et collecta primum a Conrado Gesnero, [...] post priores editiones aucta per Josiam Simlerum, Zürich 1574.

SIMLER, Conscripta

JOSIAS SIMLER, Vita clarissimi philosophi et medici excellentissimi Conradi Gesneri Tigurini conscripta a I. S. Tigurino. Item epistola Gesneri de libris à se editis et carmina complura in obitum eius conscripta. [...], Zürich ²1566.

SIMLER, Cosmographia

Aethici cosmographia. Antonii Augusti intinerarum provinciarum. Ex Bibliotheca P. Pithoei, cum scholiis Iosiae Simleri, Basel 1575.

SIMLER, Epitome (1555)

JOSIAS SIMLER, Epitome bibliothecae Conradi Gesneri, conscripta primum à Conrado Lycosthene Rubeaquensi [...], Zürich 1555.

SIMLER, Filio

JOSIAS SIMLER, De aeterno Dei filio, Domino et servatore nostro Iesu Christo, et de Spiritu sancto [...], Zürich 1568.

SKARICZA, Vita

MÁTÉ SKARICZA, Stephani Szegedini vita, in: István Szegedi Kis, Theologiae sincerae loci communes De Deo et Homine [...], Basel 1585, α6^r–γ3^v.

SPANHEIM, Disputationum

FRIEDRICH SPANHEIM, Disputationum Theologicarum Miscellanearum [...] Nunc primum collecta, 2 Bde., Genf 1652.

SPIERA, Historia

Historia di M. Francesco Spiera [...], in: Daniele Walker (Hg.), Pier Paolo Vergerio (1498–1565) e il „Caso Spiera" (1548), StT 19 (1998/1), 57–83.

STELLING-MICHAUD, Livre

SVEN STELLING-MICHAUD, Le livre du recteur de l'académie de Genève (1559–1878), 6 Bde., Genf 1959–1980.

STÖCKEL, Annotationes

LEONHARD STÖCKEL, Annotationes locorum communium doctrinae christianae Philippi Melanchthonis, in: Philipp Melanchthon, Loci communes theologici, summa cura ac diligentia postremum recogniti et aucti, [...], Basel 1561.

STUPAN, Benignitas

Afflante itaque divinae benignitas aurà: Inclyti senatus apollinei rauracum ex voluntate & Edicto Emmanuel Stupanus [...] Non minus propria, quam avita Virtute [...] Dn. Joh. Christophoro Knogler, Poson. Hungar. [...] ad diem 14. Febr. Mens. [...], Basel 1656.

STUPAN, Medicina

JOHANNES NIKOLAUS STUPAN, Medicina Theorica: [...] summatim pro Disputationibus ordinarijs in Theses contracta [...], Basel 1614.

SUTTNER, Quellen

ERNST CHRISTOPH SUTTNER, Quellen zur Geschichte der Kirchenunionen des 16. bis 18. Jahrhunderts, hg. von Barbara Hallensleben und Nikolaus Wyrwoll, Freiburg i.Ü. 2010 (Studia Oecumenica Friburgensia, Bd. 54).

SYLVESTER, Bello Turcis

JÁNOS SYLVESTER, De bello Turcis inferendo elegia nunc primum et nata et aedita, Wien 1544.

SYLVESTER, Grammatica

JOHANNES SYLVESTER, Grammatica Hungarolatina in usum puerorum recens scripta [...] (1539), hg. von István Bartók, Budapest 2006 (Bibliotheca scriptorum medii recentisque aevorum. Series nova, Bd. 15).

SYLVESTER, Testamentum (1541)

JÁNOS SYLVESTER (Hg.), Vy Testamentum mag'ar n'elvenn, mell'et az Görög, ês

Diak nelwböl vyonnan fordy'tank, az Mag'ar nipnek Kereszt'eñ hütben valo ip-
pülisire, Sárvár 1541.

SZANTHAI, Themata
LÁSZLÓ MEZÓ SZANTHAI, Themata theologica de fine passionis et mortis Domi-
nicae. Quarum veritatem, [...] praeside Sebastiam Beckio, [...] defensurus est
[...], Basel 1633.

SZATHMÁRNÉMETI, Tűköre
MIHÁLY SZATHMÁRNÉMETI, Az őrőkke valo Egy Isteni állatban lévő Három
személyeknek Mutato Tűköre [...], Klausenburg 1673.

SZEGEDI, Epistola
GERGELY SZEGEDI, Epistola Ad Illvstrissimvm ac Magnificum Dominum, D. Petrum Petrouuit, Wittenberg 1557.

SZEGEDI KIS, Assertio
ISTVÁN SZEGEDI KIS, Assertio vera de trinitate. Contra quorundam deliramenta
quae ex Serneti aliorumque Phanaticorum hominum opinionibus nunc primum
in quibusdam Hungariae partibus exorta ac publicata sunt, Genf 1576.

SZEGEDI KIS, Loci
ISTVÁN SZEGEDI KIS, Theologiae sincerae loci communes De Deo et Homine [...],
Basel 1585.

SZEGEDI KIS, Quaestiones
ISTVÁN SZEGEDI KIS, Quaestiones de vero sensu verborum Coenae, de usu et
abusu eiusdem, in: Markus Beumler, De duabus gravissimis quaestionibus:
coniunctione videlicet Sacamentali, & vera communione corporis sanguinisque
Christi, [...], Zürich 1584.

SZEGEDI KIS, Szentháromságról
Szemelvények Szegedi Kis Istvánnak a „Szentháromságról szóló igaz tanítása"-
ból, hg. von Lajos Róka, in: Bartha, Studia et acta III, 177 – 186.

SZEGEDI KIS, Tabulae
ISTVÁN SZEGEDI KIS, Tabulae analyticae quibus exemplar illud sanorum
Sermonum de Fide, Charitate et Patientia, [...], Schaffhausen 1592.

SZENCI MOLNÁR, Catechismus
ALBERT SZENCI MOLNÁR, Catechismus, Azaz: Az kedesztyeni hitre valo rövid
tanitás, in: ders., Psalterium Ungaricum, Leutschau 1627, 500 – 583.

SZENCI MOLNÁR, Irományai
Szenci Molnár Albert naplója, levelezése és irományai, hg. von Lajos Dézsi, Budapest 1898.

SZENCI MOLNÁR, Könyvecske
ALBERT SZENCI MOLNÁR, Imadságos könyvecske, mellyben szép Hálaadésoc és
áhitatos Könyörgélec vadnac: [...], Heidelberg 1621.

SZENCZI MOLNÁR, Lexicon
ALBERT SZENCZI MOLNÁR, Lexicon Latino-Graeco-Hungaricum, Hanau 1611.

SZENCI MOLNÁR, Naplója
Szenci Molnár Albert naplója, hg. von András Szabó, Budapest 2003 (Historia
Litteraria, Bd. 13).

SZENCI MOLNÁR, Psalterium

ALBERT SZENCI MOLNÁR, Psalterium Ungaricum. Szent David kiralynac es prophetanac szasz ôtven SOLTARI az FRANCIAI notáknac és verselnec módgyokra most úyonnan Magyar versekre forditattac es rendeltettec, Herborn 1607.

SZENCZI MOLNÁR, Succincta

ALBERT SZENCZI MOLNÁR, Novae Grammaticae Ungaricae Succincta methodo comprehensae [...] Libri duo, Hanau 1610.

SZIGHETI BENE, Status

FERENC SZIGHETI BENE, Status et Quaestiones Theologicae, Controversae Catholicos inter et papistas, De Sacramentis: Ex Danielis Chamieri Panstratiae Catholicae Tom. IV. paucioribus Contractae, Tabulisque continuis Delineatae: Quas, Deo Trinuno adjuvante, praeside [...] Theodoro Zuingero [...], Basel 1633.

SZIKSZAI FABRICIUS, Epithalamium

BALÁZS SZIKSZAI FABRICIUS, Epithalamium in nuptiale sacrum [...] d. Titi Amicini Coronensis, ministri ecclesiae Claudiopolitanae fidelissimi, et Annae Auere Bistriciensis [...] sponsae ipsius, Klausenburg 1565.

SZIKSZAI FABRICIUS, Oratio

BALÁZS SZIKSZAI FABRICIUS, Oratio funebris. De vita et morte Clarissimi Viri Ioannis Viti Balsaratii, [...], Wittenberg 1576.

SZIKSZAI HELLOPAEUS, Catechismus

BÁLINT SZIKSZAI HELLOPAEUS, Az egri kereztien ania zent eghaznak [...] réuid Catechismus, Debrecen 1574.

SZIKSZAI HELLOPAEUS, Könueczke

BÁLINT SZIKSZAI HELLOPAEUS, Az my kereztieni hitönknek es vallasonknak [...] könueczke, Debrecen 1574.

SZIKSZAI HELLOPAEUS, Tractatio

BÁLINT SZIKSZAI HELLOPAEUS, De sacramentis in genere, sive, de tota re sacramentaria, Tractatio, permodestè simul & eruditè scripta [...], Genf 1585.

SZILÁGYI, Országgyűlési emlékek

SÁNDOR SZILÁGYI (Hg.), Erdélyi országgyűlési emlékek, 11 Bde., Budapest 1875 – 1898 (Monumenta Hungariae Historica).

SZTÁRAI, Historia (1543)

MIHÁLY SZTÁRAI, Historia eliberationis Domini Francisci Perennij, Filij magnifici Domini Petri Perennij [...] (Padua 1543), ItK 88 (1984), 463 – 470.

SZTÁRAI, História (1985)

MIHÁLY SZTÁRAI, História Perényi Ferenc kiszabadulásáról. Perényi Péter élete és halála, hg. von Imre Téglásy et al., Budapest 1985 (Testes Veritatis).

TÉCSI JOÓ, Virga

ISTVÁN TÉCSI JOÓ, Virga Mosis qua θεοῦ διδόντος errores Paganorum, Turcarum, Judaeorum, Socinianorum, Arminianorum, [...] , Leiden 1646.

TERTULLIANUS, Opera

Opera Q. Septimii [...] Tertulliani [...], Basel 1521.

Teutsch, Urkundenbuch
Georg Daniel Teutsch, Urkundenbuch der Evangelischen Landeskirche A.B. in Siebenbürgen, 2 Bde., Hermannstadt 1862–1883.

Thury, Adattár
Etele Thury (Hg.), Iskolatörténeti adattár. Az országos református tanáregyesület megbizásából, 2 Bde., Pápa 1908.

Thury, Főiskola
Etele Thury, A pápai református főiskola rektorai és felsőbb tanulói 1752-ig, FőÉrt 1903/04, 3–33.

Thurzó, Briefwechsel
Der lateinische Briefwechsel des Olmützer Bischofs Stanislaus Thurzó. Eine ostmitteleuropäische Humanistenkorrespondenz der ersten Hälfte des 16. Jahrhunderts, hg. von Martin Rothkegel, Hamburg 2007 (Hamburger Beiträge zur Neulateinischen Philologie, Bd. 5).

Thurzó, Dokumentumok
A Thurzó család és a wittenbergi egyetem. Dokumentumok és a rektor Thurzó Imre írásai 1602–1624, hg. von Edit Dományhazi et al., Szeged 1989 (Fontes Rerum Schlasticarum, Bd. 1).

Toepke, Matrikel II
Gustav Toepke (Hg.), Die Matrikel der Universität Heidelberg (2. Teil): Von 1554 bis 1662, Heidelberg 1886.

Tolnai, Sűrűkereszt-viselések
Mihály Tolnai, A Sűrűkereszt-viselések habjai kőzt csűggedező leleknek lelki batoritása […], Klausenburg 1673.

Tonjola, Basilea
Johannes Tonjola, Basilea sepulta retecta continuata. Hoc est: Tam urbis quam agri basilensis monumenta sepulchralia, templorum omnium, curiae, academiae, aliarumque aedium publicarum latinae et germanicae inscriptiones […], Basel 1661.

Trausch, Aktenstücke
Joseph Trausch, Aktenstücke zur Reformationsgeschichte von Kronstadt, Kronstadt 1865.

Trubar, Pisma
Pisma Primoža Trubarja, hg. von Jože Rajhman, Ljubljana 1986 (Epistulae Slovenorum illustrium, Bd. 7).

Truber, Briefe
Primus Trubers Briefe. Mit den dazu gehörigen Schriftstücken gesammelt und erläutert von Theodor Elze, Tübingen 1897 (Bibliothek des litterarischen Vereins in Stuttgart, Bd. 215).

Ulrich, Miscellanea
[Johann Jakob Ulrich (Hg.)], Miscellanea Tigurina, edita, inedita, vetera, nova, theologica, historica, etc. etc.: omnia partim rariora, partim lectu ad profectum in eruditione et pietate utilia, 3 Teile, Zürich 1722–1723.

VADIAN, Briefsammlung
Vadianische Briefsammlung, hg. von Emil Arbenz et al., 7 Bde., St. Gallen 1890 – 1913.

VADIAN, Epitome
JOACHIM VADIAN, Epitome trium terrae partium, Asiae, Africae, et Europae compendiariam locorum descriptionem continens, Zürich 1534.

VELIUS, Poematum
CASPAR URSINUS VELIUS, Poematum libri quinque, Basel 1522.

VERESEGYHÁZI, De praedestinatione
TAMÁS VERESEGYHÁZI, Disputationis Theologicae in Caput X. Confessionis Helveticae: [...] De praedestinatione Dei, et electione Sanctorum [...], 2 Tle., Zürich 1673.

VERESEGYHÁZI, De Providentia
TAMÁS VERESEGYHÁZI, Defensio inauguralis thesium theologicarum De Providentia Dei [...], Basel 1674.

VERESEGYHÁZI, Plausus votivus
Plausus votivus in Alma Universitate Basiliensi [...] Dn. Johannes Zvingervs [...] ritè dictus: Viro [...] D. Thomae Veres-Egyhazi Debrecinensi Hungaro Coronam in SS. Theologia Doctoralem Actu Ritubusque solemnibus imponebat A' Fautoribus atque Amicis editus, Basel 1674.

VERESS, Epistolae Jesuitarum
ENDRE VERESS (Hg.), Epistolae et acta Jesuitarum Transylvaniae temporibus principum Báthory (1571 – 1613), 2 Bde., Wien/Leipzig 1911 – 1913 (Fontes rerum Transylvanicarum, Bd. 1 – 2).

WACKERNAGEL, Matrikel
HANS GEORG WACKERNAGEL et al. (Hg.), Die Matrikel der Universität Basel, 5 Bde., Basel 1951 – 1980.

WAGNER, Κατήχησις
VALENTIN WAGNER, Κατήχησις (Kronstadt 1550), in: Müller, Reformation, 2 – 375.

WASER, Mithridates Gesneri
CASPAR WASER, Mithridates Gesneri, experimens differentis linguarum, tum veterum, tum quae hodie, per totum terrarum orbem, in usus sunt. Editio altera, Zürich 1610.

WERNHER, Hypomnemation
GEORG WERNHER, De admirandis Hungariae aquis hypomnemation [...], Wien 1551.

WERNHER, Pannoniae luctus
GEORG WERNHER, Pannoniae luctus: quo principium aliquot, et insignium virorum mortes, aliique funesti casus deploratur, Krakau 1544.

WESZPRÉMI, Succincta
ISTVÁN WESZPRÉMI, Succincta medicorum Hungariae et Transilvaniae biographia, 4 Bde., Leipzig/Wien 1774 – 1787.

WOLLEB, Leichpredigt
JOHANN WOLLEB, Christliche Leichpredigt [...] bey der Bestattung des [...] Herren Joh. Nicolai Stupani, Basel 1621.

WOTSCHKE, Briefwechsel
THEODOR WOTSCHKE, Der Briefwechsel der Schweizer mit den Polen, Leipzig 1908 (Archiv für Reformationsgeschichte. Texte und Untersuchungen, Erg.bd. 3).

ZIEGLER, Consolatio
JOHANN HEINRICH ZIEGLER/FELIX BRUNNER, Consolatio christiana S. Matyrum, Omniumque Persecutiones sustinentium. [...] Quam spiritu s. paracleto duce et auspice, placido eruditorum examini subjicit Joh. Heinricus Heideggerus, [...], Zürich 1678.

ZILAHI, Dissertatio
JOSEPHUS S. ZILAHI/MARTINUS B. ONADI, Dissertatio historico-ecclesiastica de libris reformatae Ecclesiae symbolicis [...] praeside Sigismundo N. Borosnyai [...], Klausenburg 1745.

ZOSIMUS, Historiae
Zosimi comitis et exadvocati fisci, Historiae novae Libri IV [...], hg. von Johannes Löwenklau, Basel 1576.

ZSILINSZKY, Országgyűlések
MIHÁLY ZSILINSZKY (Hg.), A magyar országgyűlések vallásügyi tárgyalásai a reformációtól kezdve, 4 Bde., Budapest 1880–1897.

ZSINDELY, Levelei
ENDRE ZSINDELY, Magyarok levelei a zürichi egyházhoz, in: Bartha, Studia et acta III, 955–968.

ZSINDELY, Musculus
ENDRE ZSINDELY, Wolfgang Musculus magyar kapcsolatainak dokumentumai, in: Bartha, Studia et acta III, 969–1001.

ZSINDELY, Pesti Macarius
ENDRE ZSINDELY, Pesti Macarius József levelezése Bullinger Henrikkel, in: Bartha, Studia et acta III, 933–953.

ZSINDELY, Kútfők
ISTVÁN ZSINDELY, Magyar protestáns egyháztörténeti kútfők a bázeli egyetemi könyvtárból, SpF 5 (1861), 838–849.

ZWINGER, Non abs re
Johannes Zvingervs [...] Non abs re Zach. 1, 8. Ecclesiae Dei comparatur myrto, [...] Quorum numero jure optimo annumerandus venit Vir Praestantissimus, D. Thomas Veres-Egyhazi, Debrecinensis-Ungarus, [...], Basel s.d. [1674].

ZWINGER, Theatrum
THEODOR ZWINGER, Theatrum humanae vitae [...] novem voluminibus locuplatum, interpolatum, renovatum, Bd. 5, Basel 1586.

ZWINGLI, Artickel
HULDRYCH ZWINGLI, Artickel [...] uff Dornstag vor Lyechtmeß Anno 1523. offentlich dispütiert [...], in: RBS 1/1, 86–95.

ZWINGLI, Bugenhagii responsio
HULDRYCH ZWINGLI, Ad Joannis Bugenhagii Pomerani epistolam responsio (1525), in: Z IV, 546–576.

ZWINGLI, Clarheit
HULDRYCH ZWINGLI, Von Clarheit vnnd gewüsse oder vnbetrogliche des worts gottes (1522), in: Z I, 328–384.

ZWINGLI, Commentarius
HULDRYCH ZWINGLI, De vera et falsa religione commentarius (1525), in: Z III, 590–912.

ZWINGLI, Fidei ratio
HULDRYCH ZWINGLI, Fidei ratio (1530), in: Z VI, 753–817.

ZWINGLI, Inleitung
HULDRYCH ZWINGLI, Ein kurtze und Christenliche inleitung (1523), in: RBS 1/1, 108–151.

ZWINGLI, Providentia
HULDRYCH ZWINGLI, Sermonis De prouidentia Dei Anamnema (1530), in: Z VI/3, 1–230.

ZWINGLI, Vßlegen
HULDRYCH ZWINGLI, Vßlegen vnd gründ der schlußreden oder Articklen (1523), in: Z II, 1–457.

ZWINGLI, Werke
Huldrych Zwinglis sämtliche Werke, hg. von Emil Egli et al., 14 Bde., Berlin 1905–Zürich 1969 (Corpus Reformatorum, Bd. 88–101).

2.2 Literaturverzeichnis

ABEL, Stoizismus
GÜNTER ABEL, Stoizismus und frühe Neuzeit, Berlin 1978.

ÁBEL, Temploma
JENŐ ÁBEL, A bártfai Szent Egyed temploma könyvtárának története, Budapest 1885.

ÁCS, Reception
PÁL ÁCS, The reception of Erasmianism in Hungary and the contexts of the Erasmian program: The „cultural patriotism" of Benedek Komjáti, in: Trencsényi, Love, 75–90.

AHAČIČ, Jeziki
KOZMA AHAČIČ/PETRA TESTEN (Hg.), Jeziki, identitete, pripadnosti med središči in obrobji: v počastitev 500. obletnice rojstva Primoža Trubarja, Ljubljana 2011.

AHAČIČ, Musculus
KOZMA AHAČIČ, Musculus, Gwalther, Luther, Erasmus. Primus Truber as the first Slovenian Translator of Scriptural Texts, Zwa XXVI (2009), 115–135.

AHAČIČ, Zgodovina
KOZMA AHAČIČ, Zgodovina misli o jeziku in književnosti na slovensken: Protestantizem, Ljubljana 2007 (Linguistica et philologica, Bd. 18).

ALMÁSI, Humanisten
GÁBOR ALMÁSI, Humanisten bei Hof. Öffentliche Selbstdarstellung und Karrieremuster, in: Maissen, Funktionen, 155–165.

ANDRESEN, Handbuch
CARL ANDRESEN/ADOLF MARTIN RITTER (Hg.), Handbuch der Dogmen- und Theologiegeschichte, 3 Bde., Göttingen ²1998–1999.

ANKWICZ-KLEEHOFEN, Cuspinian
HANS ANKWICZ-KLEEHOFEN, Der Wiener Humanist Johannes Cuspinian, Köln/Graz 1959.

APPONYI, Hungarica
SÁNDOR APPONYI, Hungarica: Ungarn betreffende im Ausland gedruckte Bücher und Flugschriften, 4 Bde., München 1903–1927 (Neuausgabe (mit 5., ungedrucktem Band): Budapest 2004).

ASCHE, Bildungsbeziehungen
MATTHIAS ASCHE, Bildungsbeziehungen zwischen Ungarn, Siebenbürgen und den deutschen Universitäten im 16. und frühen 17. Jahrhundert, in: Kühlmann, Deutschland, 27–52.

AUGUSTIJN, Calvin
CORNELIS AUGUSTIJN, Calvin und der Humanismus, in: Wilhelm H. Neuser (Hg.), Calvinus Servus Christi, Budapest 1988, 127–142.

AUGUSTIJN, Erasmus (1986)
CORNELIS AUGUSTIJN, Erasmus von Rotterdam. Leben, Werk, Wirkung, München 1986.

AUGUSTIJN, Erasmus (1996)
CORNELIS AUGUSTIJN, Erasmus. Der Humanist als Theologe und Kirchenreformer, Leiden 1996 (Studies in Medieval and Reformation Thought, Bd. LIX).

AUGUSTIJN, Humanismus
CORNELIS AUGUSTIJN, Humanismus, Göttingen 2003 (Die Kirche in ihrer Geschichte. Ein Handbuch, Bd. 2).

AURNHAMMER, Tristia
ACHIM AURNHAMMER, Tristia ex Transilvania. Martin Opitz' Ovid-Imitatio und poetische Selbstfindung in Siebenbürgen (1622/23), in: Kühlmann, Deutschland, 254–272.

BACH, Melanchthon
AUGUST BACH (Hg.), Philipp Melanchthon. Humanist, Reformator, Praeceptor Germaniae, Berlin 1963.

BÄCHTOLD, Gnade
HANS ULRICH BÄCHTOLD, Eine herrliche Gnade und Gabe Gottes – Heinrich Bullinger als Publizist, in: Čičaj, Orbis, 63–67.

BÄCHTOLD, Schola Tigurina
HANS ULRICH BÄCHTOLD et al. (Hg.), Schola Tigurina. Die Zürcher Hohe Schule

und ihre Gelehrten um 1550. Katalog zur Ausstellung vom 25. Mai bis 10. Juli 1999 in der Zentralbibliothek Zürich, Zürich/Freiburg i.Br. ²2000.

BACKUS, Théodore de Bèze

IRENA BACKUS et al. (Hg.), Théodore de Bèze (1519–1605). Actes du Colloque de Genève (septembre 2005), Genf 2007 (Travaux d'Humanisme et Renaissance, Bd. 424).

BACZKOWSKI, Humanismus

KRYSZTOF BACZKOWSKI, Humanismus in Krakau und Wien um die Wende vom 15. zum 16, Jahrhundert, in: Andreas Langer und Georg Michels (Hg.), Metropolen und Kulturtransfer im 15./16. Jahrhundert. Prag – Krakau – Danzig – Wien, Stuttgart 2001 (Forschungen zur Geschichte und Kultur des östlichen Mitteleuropa, Bd. 12), 53–64.

BADALIĆ, Jugoslavica

JOSIP BADALIĆ, Jugoslavica usque ad annum MDC. Bibliographie der südslavischen Frühdrucke, Baden-Baden ²1966 (Bibliotheca bibliographica Aureliana, Bd. 2).

BAHLCKE, Glaubensflüchtlinge

JOACHIM BAHLCKE (Hg.), Glaubensflüchtlinge. Ursachen, Formen und Auswirkungen frühneuzeitlicher Konfessionsmigration in Europa, Berlin 2008 (Religions- und Kulturgeschichte in Ostmittel- und Südosteuropa, Bd. 4).

BAHLCKE, Konfessionalisierung

JOACHIM BAHLCKE/ARNO STROHMEYER (Hg.), Konfessionalisierung in Ostmitteleuropa. Wirkungen des religiösen Wandels im 16. und 17. Jahrhundert in Staat, Gesellschaft und Kultur, Stuttgart 1999 (Forschungen zur Geschichte und Kultur des östlichen Mitteleuropa, Bd. 7).

BALÁZS, Sylvester (1958)

JÁNOS BALÁZS, Sylvester János és kora, Budapest 1958.

BALÁZS, Sylvester (1962)

JÁNOS BALÁZS, Johannes Sylvester und der Humanismus in Mittel- und Osteuropa, in: Irmscher, Renaissance, 19–37.

BALÁZS, Laskai Csókás

LÁSZLÓ BALÁZS, Laskai Csókás Péter „De homine" című művének előszavából, in: Bartha, Studia et acta III, 1007–1022

BALÁZS, Antitrinitarismus

MIHÁLY BALÁZS, Antitrinitarismus und die Zensur in Siebenbürgen in den 1570er Jahren, in: Jankovics, Freiheitsstufen, 49–66.

BALÁZS, Dávid

MIHÁLY BALÁZS, Ferenc Dávid, in: Séguenny, Bibliotheca, Bd. XXVI: Ungarländische Antitrinitarier IV, Baden-Baden 2008.

BALÁZS, Einflüsse

MIHÁLY BALÁZS, Einflüsse des Baseler Humanismus auf den Siebenbürger Antitrinitarismus, in: Leppin, Konfessionsbildung, 143–152.

BALÁZS, Einleitung
MIHÁLY BALÁZS, Einleitung, in: Séguenny, Bibliotheca, Bd. XII: Ungarländische Antitrinitarier, Baden-Baden 1990, 7 – 16.

BALÁZS, Erasmus
MIHÁLY BALÁZS, Erasmus und die siebenbürgischen Antitrinitarier, in: Sebők, Republic, 75 – 91.

BALÁZS, Franz Davidis
MIHÁLY BALÁZS, Franz Davidis. Ein biographischer Abriss, in: Wien, Unitarier, 55 – 89.

BALÁZS, Fiktion
MIHÁLY BALÁZS, Fiktion und radikale Dogmenkritik. Neue Aspekte zu den Beziehungen zwischen den Basler Humanisten und den Siebenbürger Antitrinitarier im 16. Jahrhundert, in: Wien, Humanismus, 191 – 203.

BALOGH, Querverbindungen
ANDRÁS F. BALOGH, Literarische Querverbindungen zwischen Deutschland und Ungarn in der ersten Hälfte des 16. Jahrhunderts, in: Kühlmann, Deutschland, 117 – 133.

BARÁTH, Adattár
BÉLA LEVENTE BARÁTH, Adattár Martonfalvi György peregrinus diákjairól, Debrecen 2001 (A D. Dr. Harsányi András alapítvány kiadványai, Bd. 3).

BARÁTH, Martonfalvi
BÉLA LEVENTE BARÁTH, Martonfalvi György (1635 – 1681) munkásságának jelentősége a Debreceni Református Kollégium és a magyar peregrináció történetében, Debrecen 2000 (A D. Dr. Harsányi András alapítvány kiadványai, Bd. 2).

DE BARBIERI, Orbis
LAURA DE BARBIERI, Der Orbis Helveticorum des Matthias Borbonius von Borbenheim (1560 – 1629), in: Čičaj, Orbis, 167 – 173.

BARCZA, Confessio Csengerina
JÓZSEF BARCZA, Confessio Csengerina 1570, in: Barton, Bekenntnisschrifen, 261 f.

BARCZA, Története
JÓZSEF BARCZA (Hg.), A Debreceni Református Kollégium története, Budapest 1988.

BARLAY, Disputa
Ö. SZABOLCS BARLAY, A Kolozsvári Disputa 31 tézise, MKSz 110 (1994), 28 – 40.

BARTHA, Katechismus
TIBOR BARTHA et al. (Hg.), Der Heidelberger Katechismus in Ungarn, Budapest 1967.

BARTHA, Studia et acta
TIBOR BARTHA et al. (Hg.), Studia et acta ecclesiastica editio ecclesiae reformatae ad anniversarium quadringentesimum reformationis confessioni Helveticae in Hungaria addictae, 5 [4] Bde., Budapest 1965 – 1983.

BARTON, Luther
PETER FRIEDRICH BARTON, Martin Luther und der Südosten, in: Weber, Luther, 3 – 35.

BARTON, Rebellion

PETER F. BARTON/LÁSZLÓ MAKKAI (Hg.), Rebellion oder Religion? Die Vorträge des Internationalen kirchengeschichtlichen Kolloquiums Debrecen, 12.2.1976, Budapest 1977 (Studien und Texte zur Kirchengeschichte und Geschichte. Reihe 2, Bd. 3).

BASCHERA, Philosophie

LUCA BASCHERA, Zwischen Philosophie und Theologie: Aspekte der Aristoteles-Auslegung Peter Martyr Vermiglis, in: Herman J. Selderhuis und Markus Wriedt (Hg.), Konfession, Migration und Elitenbildung. Studien zur Theologenausbildung des 16. Jahrhunderts, Leiden/Boston 2007 (Brill's Series in Church History, Bd. 31), 85–97.

BASCHERA, Tugend

LUCA BASCHERA, Tugend und Rechtfertigung. Peter Martyr Vermiglis Kommentar zur Nikomachischen Ethik im Spannungsfeld von Philosophie und Theologie, Zürich 2008 (Zürcher Beiträge zur Refornationsgeschichte, Bd. 26).

BATTAFARANO, Kaiserreich

ITALO MICHELE BATTAFARANO, Zwischen dem Kaiserreich und der Osmanischen Pforte: Ungarn als Zufluchtsort von Wiedertäufern und Andersdenkenden in der frühen Neuzeit, in: Franz Fuchs (Hg.), Osmanische Expansion und europäischer Humanismus. Akten des interdisziplinären Symposions vom 29. und 30. Mai 2003 im Stadtmuseum der Wiener Neustadt, Wiesbaden 2005 (Pirckheimer Jahrbuch für Renaissance- und Humanismusforschung, Bd. 20), 145–161.

BAUER, Melanchthon

BARBARA BAUER, Philipp Melanchthon, in: Stephan Füssel (Hg.), Deutsche Dichter der frühen Neuzeit (1450–1600): ihr Leben und Werk, Berlin 1993, 428–463.

BENDA, Filiczki

KÁLMÁN BENDA, Filiczki János levele 1605-ből, ItDolg 99 (1973), 83–90.

BENDA, Impact

KÁLMÁN BENDA, L'impact du calvinisme sur le droit de résistance en Hongrie, in: Le rayonnement de Calvin en Hongrie du XVIe siècle à nos jours. A l'occasion du 450e anniversaire de la Réformation à Genève (1536–1986), hg. von L.A. de Vermès, Genève 1986, 31–38.

BENDA, Története

KÁLMÁN BENDA, A magyar nemzeti hivatástudat története a XV.–XVII. században, Budapest 1937.

BENE, Historiography

SÁNDOR BENE, Latin Historiography in Hungary. Writing and Rewriting Myths of Origins, in: István Monok (Hg.), Myth and Reality. Latin Historiography in Hungary 15th–18th Centuries, Budapest 2006, 3–29.

BERČIČ, Abhandlungen

BRANKO BERČIČ (Hg.), Abhandlungen über die slowenische Reformation. Literatur – Geschichte – Sprache – Stilart – Musik – Leksikographie – Theologie –

Bibliographie, München 1968 (Geschichte, Kultur und Geisteswelt der Slowenen, Bd. 1).

BÉRENGER, Contre-réforme
JEAN BÉRENGER, La contre-réforme en Hongrie au XVIIe siècle, BSHPF 120 (1974), 1–32.

BERGJAN, Beschäftigung
SILKE-PETRA BERGJAN, Die Beschäftigung mit der Alten Kirche an deutschen Universitäten in den Umbrüchen der Aufklärung, in: Christoph Markschies und Johannes van Oort (Hg.), Zwischen Altertumswissenschaft und Theologie. Zur Relevanz der Patristik in Geschichte und Gegenwart, Leuwen 2002, 31–61

BERKES, Relations
KATALIN BERKES et al. (Hg.), Cultural relations between Holland and Hungary in the 17th and 18th century. Texts of the exhibition, in: den Hollander, Peregrinatio, 55–73

BERLÁSZ, Bibliothek
JENŐ BERLÁSZ (Hg.), Die Bibliothek Dernschwam. Bücherinventar eines Humanisten in Ungarn, Szeged 1984 (Adattár XVI.–XVIII. századi szellemi mozgalmaink történetéhez, Bd. 12[/1]).

BERNATH, Lexikon
MATHIAS BERNATH/FELIX VON SCHROEDER (Hg.), Biographisches Lexikon zur Geschichte Südosteuropas, 4 Bde., München 1974–1981.

BERNHARD, Adlige
JAN-ANDREA BERNHARD, Von Adligen, Studenten und Buchdruckern in Ungarn. Ein Beitrag zur „Wende" vom lutherischen zum reformierten Bekenntnis im protestantischen Ungarn des 16. Jahrhunderts, Zwa XXXIII (2006), 155–168.

BERNHARD, Ausgabe
JAN-ANDREA BERNHARD, Die Basler Ausgabe der Károli-Bibel von 1751. Anlass für eine zweitweilige Verstimmung zwischen Debrecen und Basel, UJb 29 (2008), 85–98.

BERNHARD, Basel
JAN-ANDREA BERNHARD, Basel als Druckzentrum für Hungarica im Späthumanismus und der Aufklärung. Gründe und Folgen des Drucks von theologischen Hungarica im 17. und 18. Jahrhundert, in: Radimská, Jazyk, 67–85.

BERNHARD, Bedeutung
JAN-ANDREA BERNHARD, Die Bedeutung des Basler Humanismus für Ungarn. Warum ungarische Adelshöfe zu Förderern der Reformation helvetischer Richtung wurden, in: Čičaj, Orbis, 113–142.

BERNHARD, Béza
JAN-ANDREA BERNHARD, Béza Tódor magyar kapcsolatai és hatása, RefSz 99 (2006), 299–306.

BERNHARD, Collèges
JAN-ANDREA BERNHARD, Les collèges „protestantes" de Sárospatak et Pápa en Hongrie. Avec quelques remarques sur la comparaison avec les académie de Zurich et de Lausanne, in: Ruxandra Vulcan (Hg.), La naissance des académies

protestantes (Lausanne, 1537, Strasbourg, 1538, et Genéve, 1559) et la diffusion du modèle, Genf 2014, 159–166.

BERNHARD, Cudisch

JAN-ANDREA BERNHARD, Il cudisch el Grischun. Derivonza, diever, funcziun, rimnada ed effects da cudischs, collecziuns da cudischs e da bibliotecas ellas Treis Ligias (1500–1800), Annalas 126 (2013), 57–81.

BERNHARD, Debrecen

JAN-ANDREA BERNHARD, Debrecen als protestantisches Zentrum Oberungarns im 18. Jahrhundert: Die Bedeutung der Peregrination für das Bildungsniveau der intellektuellen Elite, in: Olga Fejtová et al. (Hg.), Město a intelektuálové od středověku do roku 1848, Prag 2008 (Documenta Pragensia, Bd. 27), 781–800.

BERNHARD, Funktion

JAN-ANDREA BERNHARD, Die apologetische Funktion des Zweiten Helvetischen Bekenntnisses im Siebenbürgen des 18. Jahrhunderts, in: Campi, Bullinger, 821–837.

BERNHARD, Fuorma

JAN-ANDREA BERNHARD, „Vna cuorta et christiauna fuorma da intraguider la giuuentüna". Iachiam Tütschett Bifruns Katechismus von 1552 in der Ausgabe von 1571, Annalas 121 (2008), 187–247.

BERNHARD, Gelehrtenkontakte

JAN-ANDREA BERNHARD, „Ich bin nur einmal Freund... Deß will ich stets verbleiben." Gelehrtenkontakte zwischen Ungarn und den Drei Bünden (1650–1800), BM 2009, 361–390.

BERNHARD, Genfer Buch

JAN-ANDREA BERNHARD, Der Weg des Genfer Buches nach Ostmitteleuropa. Buchdedikationen und Übersetzungen des Genfer Buches im 16. und beginnenden 17. Jahrhunderts, in: Klára Komorová (Hg.), Európske cesty románskych knih v 16.–18. storoči, Martin 2012 (Opera romanica, Bd. 13), 227–264.

BERNHARD, Gessner

JAN-ANDREA BERNHARD, Gessner und Ungarn. Kommunikations- und bibliotheksgeschichtliche Bemerkungen, in: Moser, Bewegung, 159–180.

BERNHARD, Gwalther

JAN-ANDREA BERNHARD, Gwalther Rudolf gyászversei Szegedi Kis István és Méliusz Juhász Péter halálára, Az út 30 (2004), 169–181.

BERNHARD, Hatása

JAN-ANDREA BERNHARD, Kálvin hatása Magyaroszágon és Erdélyben 1551 előtt, RefSz 102 (2009), 723–746.

BERNHARD, Humanistenstadt

JAN-ANDREA BERNHARD, Die Humanistenstadt Basel als Transferzentrum für italienische Nonkonformisten, in: Christine Christ-von Wedel et al. (Hg.), Basel als Zentrum des geistigen Austausches in der frühen Reformation, Tübingen 2014 (Spätmittelalter, Humanismus, Reformation, Bd. 74), 299–326.

BERNHARD, Hungarica

JAN-ANDREA BERNHARD, Basler Hungarica in der ersten Hälfte des 17. Jahrhunderts. Kirchen- und kommunikationsgeschichtliche Erkenntnisse und Folgerungen, in: Tünde Katona/Detlef Haberland (Hg.), Der Karpatenraum zwischen Humanismus und Moderne: Humanismus – Religion – Bildung – Buchdruck – Kunst, Szeged 2014 (Acta Germanica, Bd. 13), 71–111.

BERNHARD, Katechismus

JAN-ANDREA BERNHARD, „Vna cuorta et christiauna fuorma da intraguider la giuuentüna". Der erste Katechismus Bündens als Zeugnis der Ausstrahlungen der Zürcher Reformation, Zwa 25 (2008), 45–72.

BERNHARD, Kontakte

JAN-ANDREA BERNHARD, Geistige und literarische Kontakte zwischen Krakau und Basel in der ersten Hälfte des 16. Jahrhunderts, in: Noga, Elita, 303–332.

BERNHARD, Magnatenhöfe

JAN-ANDREA BERNHARD, Die Bedeutung der Magnatenhöfe für die Reformation in Slowenien und Kroatien, in: Ahačič, Jeziki, 53–71.

BERNHARD, Mähren

JAN-ANDREA BERNHARD, Mähren und der Nonkonformismus. Die Toleranzfrage – eine religiöse, politische oder wirtschaftliche Frage?, in: Dumitran, Geneza, 43–67.

BERNHARD, Negri

JAN-ANDREA BERNHARD, Francesco Negri zwischen konfessionellen und geographischen Grenzen, Zwa 27 (2010), 81–115.

BERNHARD, Orbis

JAN-ANDREA BERNHARD et al., Tagung „Orbis Helveticorum". Frühneuzeitliche Schweizer Drucke in ostmitteleuropäischen Bibliotheken, Zwa XXXIV (2007), 143–148.

BERNHARD, Ostervald

JAN-ANDREA BERNHARD, L'influence de Jean-Frédéric Ostervald en Hongrie et en Transylvanie, BSHPF 152 (2006), 611–623.

BERNHARD, Rosius à Porta

JAN-ANDREA BERNHARD, Rosius à Porta (1734–1806). Ein Leben im Spannungsfeld von Orthodoxie, Aufklärung und Pietismus, Zürich 2005 (Zürcher Beiträge zur Reformationsgeschichte, Bd. 22).

BERNHARD, Studenten

JAN-ANDREA BERNHARD, Ungarische Studenten disputieren über die *Confessio Helevtica posterior* (1566) im Vorfeld der *Formula consensus* (1675). Ein theologie- und kommunikationsgeschichtlicher Beitrag, in: Reimund B. Sdzuj et al. (Hg.), Dichtung – Gelehrsamkeit – Disputationskultur. Festschrift für Hanspeter Marti zum 65. Geburtstag, Wien/Köln/Weimar 2012, 511–539.

BERNHARD, Studienjahre

JAN-ANDREA BERNHARD, Petrus Domenicus Rosius à Porta und seine Studienjahre in Debrecen und Nagy-Enyed, in: Rudolf Gebhard et al. (Hg.), Misericordias Domini. Freundesgabe zum 70. Geburtstag von Prof. Dr. Hans-Dietrich Altendorf, Zürich 2000, 66–94.

BERNHARD, Üzenet

JAN-ANDREA BERNHARD, Reformátori üzenet és ökumenikus szellem. Bullingernek a magyar egyházakhoz küldött *Libellus epistolaris* (1551) című irata, in: Geréb, Emlékkönyv, 467–476.

BERNHARD, Verhältnis

JAN-ANDREA BERNHARD, Das Verhältnis des Bündner Kirchenhistorikers Petrus D. Rosius à Porta (1734–1806) zu den „reformatorischen Vätern", im Speziellen zur Theologie Johannes Calvins, in: Peter Opitz (Hg.), Calvin im Kontext der Schweizer Reformation. Historische und theologische Beiträge zur Calvinforschung, Zürich 2003, 271–301.

BERNHARD, Wirkung

JAN-ANDREA BERNHARD, Calvins Wirkung und Einfluss in Ungarn und Siebenbürgen vor 1551, in: Fata, Calvin, 25–56.

BERNHARD, Zürich

JAN-ANDREA BERNHARD, Das Zürich Breitingers, Hagenbuchs und Zimmermanns als Anziehungspunkt für ungarische Studenten, in: Marti, Orthodoxie, 209–261.

BIERMA, Structure

LYLE D. BIERMA, The Structure of the Heidelberg Catechism: Melanchthonian or Calvinist?, in: Frank, Melanchthon (2005), 29–43

BIETENHOLZ, Buchdruck

PETER G. BIETENHOLZ, Der Basler Buchdruck und die Reformation, Szeged 1998 (Lectura. Gastvorträge im Arbeitskreis für Lesekulturgeschichte (Szeged), Bd. 3).

BIETENHOLZ, Humanismus

PETER BIETENHOLZ, Der italienische Humanismus und die Blütezeit des Buchdrucks in Basel. Die Basler Drucke italienischer Autoren von 1530 bis zum Ende des 16. Jahrhunderts, Basel/Stuttgart 1959.

BINDER, Forschungsergebnisse

LUDWIG BINDER, Neuere Forschungsergebnisse zur Reformation in der siebenbürgisch-sächsischen Kirche – Darstellung und Kritik, in: Weber, Luther, 95–113.

BINDER, Grundlagen

LUDWIG BINDER, Grundlagen und Formen der Toleranz in Siebenbürgen bis zur Mitte des 17. Jahrhunderts, Wien 1976 (Siebenbürgisches Archiv, Bd. 11).

BINDER, Honterus (1973)

LUDWIG BINDER, Johannes Honterus und die Reformation im Süden Siebenbürgens mit besonderer Berücksichtigung der Schweizer und der Wittenberger Einflüsse, Zwa XIII (1973), 645–687.

BINDER, Honterus (1996)

LUDWIG BINDER, Johannes Honterus. Schriften, Briefe, Zeugnisse, durchgesehen und ergänzt von Gernot Nussbächer, Bukarest 1996.

BITSKEY, De Ruyter

ISTVÁN BITSKEY, Michiel De Ruyter és Magyarország, Debrecen 2008.

BITSKEY, Jesuit

ISTVÁN BITSKEY, Der ungarische Jesuit Péter Pázmány über die Religionsfreiheit der Calvinisten und Lutheraner, in: Fata, Calvin, 453–468.

BITSKEY, Pázmány
ISTVÁN BITSKEY, Pázmány Péter, Budapest 1986 (Magyar historia élekrajzok).

BLÁZY, Griner
ÁRPÁD BLÁZY, Simon Griner (Grynaeus) és Buda (1521–1523) – adalékok a magyarországi reformáció kezdeteihez, StC 11 (2010), 3–269.

BOBZIN, Beitrag
HARTMUT BOBZIN, Martin Luthers Beitrag zur Kenntnis und Kritik des Islam, NZSTh 27 (1985), 262–289.

BODENMANN, Bucer
REINHARD BODENMANN, Martin Bucer 1491 à 1991. Plaidoyer pour une nouvelle Bibliographie, in: Christian Krieger und Marc Lienhard (Hg.), Martin Bucer and Sixteenth Century Europe. Actes du colloque de Strasbourg, 28–31 août 1991, Bd. 2, Leiden 1993, 733–752.

BODENMANN, Macarius
REINHARD BODENMANN, Martin Bucer und der adelige Ungar Joseph Macarius, in: Ulrich Gäbler et al. (Hg.), Schweizer Kirchengeschichte – neu reflektiert. Festschrift für Rudolf Dellsperger zum 65. Geburtstages, Bern/Berlin/Brüssel/Frankfurt a.M./New York/Oxford/Wien 2011 (Basler und Berner Studien zur historischen und systematischen Theologie, Bd. 73), 147–191.

BODENMANN, Musculus
REINHARD BODENMANN, Wolfgang Musculus (1497–1563). Destin d'un autodidacte lorrain au siècle des Réformes, Genf 2000 (Travaux d'Humanisme et Renaissance, Bd. 343).

BODNÁROVÁ, Reformation
MILOSLAVA BODNÁROVÁ, Die Reformation in den ostslowakischen königlichen Städten in der ersten Hälfte des 16. Jahrhunderts, in: Schwarz, Reformation, 22–35.

BOHATCOVÁ, Drucke
MIRJAM BOHATCOVÁ, Die tschechischen Drucke des Nürnberger Druckers Christoph Gutknecht, GutJb 66 (1991), 249–261.

BOHREN, Psalter
RUDOLF BOHREN, Der Genfer Psalter in Ostmitteleuropa, in: Peter Ernst Bernoulli und Frieder Furler (Hg.), Der Genfer Psalter. Eine Entdeckungsreise, Zürich 2001, 97–105.

BÖLCSKEI, Modus concordiae (1564)
GUSZTÁV BÖLCSKEI, Modus concordiae (Enyed 1564), in: Barton, Bekenntnisschriften, 23–25.

BONJOUR, Universität
EDGAR BONJOUR, Die Universität Basel von den Anfängen bis zur Gegenwart 1460–1960, Basel 1960.

BONORAND, Beziehungen
CONRADIN BONORAND, Joachim Vadians Beziehungen zu Ungarn, Zwa XIII (1969), 97–131.

BONORAND, Dedikationsepisteln
CONRADIN BONORAND/HEINZ HAFFTER, Die Dedikationsepisteln von und an

Vadian. Personenkommentar II zum Vadianischen Briefwerk, St. Gallen 1983 (Vadian-Studien. Untersuchungen und Texte, Bd. 11).

BONORAND, Emigration

CONRADIN BONORAND, Reformatorische Emigration aus Italien in die Drei Bünde. Ihre Auswirkungen auf die kirchlichen Verhältnisse – ein Literaturbericht, Chur 2000 (Beiheft zum Bündner Monatsblatt, Bd. 9).

BONORAND, Freundeskreis

CONRADIN BONORAND, Aus Vadians Freundes- und Schülerkreis in Wien, St. Gallen 1965 (Vadian-Studien. Untersuchungen und Texte, Bd. 8).

BONORAND, Humanistenkorrespondenz

CONRADIN BONORAND, Vadians Humanistenkorrespondenz mit Schülern und Freunden aus seiner Wiener Zeit. Personenkommentar IV zum Vadianischen Briefwerk, St. Gallen 1988 (Vadian-Studien. Untersuchungen und Texte, Bd. 15).

BONORAND, Reformatoren

CONRADIN BONORAND, Die Engadiner Reformatoren Philipp Gallicius, Jachiam Tütschett Bifrun, Durich Chiampell. Voraussetzungen und Möglichkeiten ihres Wirkens aus der Perspektive der Reformation im allgemeinen, Chur 1987.

BONORAND, Studierende

CONRADIN BONORAND, Bündner Studierende an höheren Schulen der Schweiz und des Auslands im Zeitalter der Reformation und Gegenreformation, JHGG 79 (1949), 89–174.

BONORAND, Vadian

CONRADIN BONORAND, Vadian und Graubünden. Aspekte der Personen- und Kommunikationsgeschichte im Zeitalter des Humanismus und der Reformation, Chur 1991 (Quellen und Forschungen zur Bündner Geschichte, Bd. 3).

BORSA, Buchdruckerfamilie

GEDEON BORSA, Die Buchdruckerfamilie Hoffhalter, GutJb 45 (1970), 225–229.

BORSA, Drucke

GEDEON BORSA (Hg.), Alte siebenbürgische Drucke, Köln 1996 (Schriften zur Landeskunde Siebenbürgens, Bd. 21).

BORSA, Hoffhalter

GEDEON BORSA, Die Buchdruckerfamilie Hoffhalter, GutJb 45 (1970), 225–229.

BORSA, Honterus

GEDEON BORSA, Johannes Honterus als Buchillustrator, GutJb 61 (1986), 35–56.

BOTTA, Dévai

ISTVÁN BOTTA, Dévai Mátyás, a magyar Luther. Dévai helvét irányba hajlásának problémája, Budapest 1990 (A „Keresztyén igazság". Neue Reihe, Bd. 1).

BOTTA, Luther

ISTVÁN BOTTA, „A magyar Luther". Új szempontok a Dévai-kutatáshoz, Diákonia 1 (1979), 45–51.

BOTTA, Reformáció

ISTVÁN BOTTA, A reformáció és a nyomdászat Magyarországon, MKSz 89 (1973), 270–285.

Bozzay, Diákok
Réka Bozzay/Sándor Ladányi, Magyarországi diákok Holland egyetemeken 1595–1918, Budapest 2007 (Magyarországi diákok egyetemjárása az újkorban, Bd. 15).

Bozzay, Einfluss
Réka Bozzay, Der Einfluss ehemaliger Studenten der Leidener Universität im 17. und 18. Jahrhundert auf Kultur und Bildung in Ungarn und Siebenbürgen, in: Fata, Calvin, 215–238.

Bozzay, Hintergrund
Réka Bozzay, Der finanzielle Hintergrund der „peregrinatio academica" der ungarländischen Studenten an den niederländischen Universitäten, in: den Hollander, Peregrinatio, 23–30.

Bozzay, Kapcsolata
Réka Bozzay, Dunántuli és Pápa kapcsolata a németalföldi akadémiákkal a XVII.–XVIII. században, ActP VII (2007), 3–28.

Brecht, Luther
Martin Brecht, Martin Luther, Bd. 3: Die Erhaltung der Kirche 1532–1546, Stuttgart 1987.

Brecht, Türken
Martin Brecht, Luther und die Türken, in: Guthmüller, Europa, 9–27.

Brendle, Habsburg
Franz Brendle, Habsburg, Ungarn und das Reich im 16. Jahrhundert, in: Kühlmann, Deutschland, 1–25.

Breza, Tlačiarne
Vojtech Breza, Tlačiarne na slovensku 1477–1996, Bratislava 1997.

Bryner, Anliegen
Erich Bryner, „Den rechten Glauben bewahren". Bullingers Anliegen in seinen Briefen an polnische Theologen 1556–1561, in: Alfred Schindler und Hans Stickelberger (Hg.), Die Zürcher Reformation: Ausstrahlungen und Rückwirkungen. Wissenschaftliche Tagung zum hundertjährigen Bestehen des Zwinglivereins (29. Oktober bis 2. November 1997 in Zürich), Bern 2001 (Zürcher Beiträge zur Reformationsgeschichte, Bd. 18), 415–424.

Bryner, Ausstrahlungen (1997)
Erich Bryner, „Aufgebaut auf Christus, dem festen Felsen". Die Ausstrahlungen der Zürcher Reformation nach Osteuropa, G2W 25 (7/8, 1997), 35–39.

Bryner, Ausstrahlungen (2004)
Erich Bryner, Die Ausstrahlungen Bullingers auf die Reformation in Ungarn und Polen, Zwa XXXI (2004), 179–197.

Bryner, Brief
Erich Bryner, Ein Brief Heinrich Bullingers an den Fürsten der Moldau aus dem Jahre 1563, in: Heiko A. Oberman et al. (Hg.), Reformiertes Erbe. Festschrift für Gottfried W. Locher zu seinem 80. Geburtstag, Bd. 1, Zürich 1992 (= Zwa 19 [1991/1992]), 63–69.

BRYNER, Bullinger

ERICH BRYNER, Bullinger und Ostmitteleuropa. Bullingers Einfluss auf die Reformation in Ungarn und Polen. Ein Vergleich, in: Campi, Bullinger, 799–820.

BRYNER, Calvin

ERICH BRYNER, Calvin und seine Ausstrahlung nach Polen, G2W 37 (9, 2009), 12–15.

BRYNER, Motive

ERICH BRYNER, Theologische Motive für die Übersetzungsarbeit von Primus Truber, in: Ahačič, Jeziki, 73–81.

BRYNER, Schaffhausen

ERICH BRYNER, „Gedruckt zu Schaffhausen durch Conrad Waldkirch 1592". Die ältesten kirchlichen Beziehungen zwischen Schaffhausen und Ungarn, in: Geréb, Emlékkönyv, 477–485.

BUCK, Erasmus

AUGUST BUCK (Hg.), Erasmus und Europa, Wiesbaden 1988 (Wolfenbütteler Abhandlungen zur Renaissanceforschung, Bd. 7).

BUCK, Humanismus

AUGUST BUCK, Der italienische Humanismus, in: Christa Berg et al. (Hg.), Handbuch der deutschen Bildungsgeschichte, Bd. I: Von der Renaissance und der Reformation bis zum Ende der Glaubenskämpfe (15. bis 17. Jahrhundert), München 1996, 1–56.

BUCK, Renaissance

AUGUST BUCK (Hg.), Renaissance – Reformation. Gegensätze und Gemeinsamkeiten, Wiesbaden 1984 (Wolfenbütteler Abhandlungen zur Renaissanceforschung, Bd. 5).

BUCSAY, Abendmahlsbekenntnis

MIHÁLY BUCSAY/ZOLTÁN CSEPREGI, Das Abendmahlsbekenntnis zu Marosvásárhely (Neumarkt) 1559, in: RBS 2/1, 97–115.

BUCSAY, Action

MIHÁLY BUCSAY, Un action en faveur de Genève entreprise par Liffort en Europe orientale et du Sud-Est au XVIe siècle. Le voyage de Charles Liffort en 1592–1593, in: Le rayonnement de Calvin en Hongrie du XVIe siècle à nos jours. A l'occasion du 450e anniversaire de la Réformation à Genève (1536–1986), hg. von L.A. de Vermès, Genève 1986, 61–72.

BUCSAY, Bekenntnis

MIHÁLY BUCSAY/ZOLTÁN CSEPREGI, Das Bekenntnis der Synode zu Erdőd von 1545, in: RBS 1/2, 439–442.

BUCSAY, Belényesi

MIHÁLY BUCSAY, Belényesi Gergely. Kalvin magyar tanítványa, Budapest 1944.

BUCSAY, Confessio (1562)

MIHÁLY BUCSAY/ZOLTÁN CSEPREGI, Confessio catholica von Eger und Debrecen 1562, in: RBS 2/2, 1–10.

Bucsay, Confessio (1567)
Mihály Bucsay/Zoltán Csepregi, Confessio brevis der Synode zu Debrecen 1567, in: RBS 2/2, 347–357.

Bucsay, Confessio Cassoviensis
Mihály Bucsay/Zoltán Csepregi, Confessio Cassoviensis (1568), in: RBS 2/2, 403–406.

Bucsay, Confessio Varadina
Mihály Bucsay/Zoltán Csepregi, Confessio Varadina (1569), in: RBS 2/2, 409–412.

Bucsay, Drama
Mihály Bucsay, Das Drama der Trauerdekade und die Auslandbeziehungen der Antagonisten, in: Barton, Rebellion, 47–59.

Bucsay, Humanismus
Mihály Bucsay, Humanismus und Reformation in Ost- und Südosteuropa, in: ders. und Peter F. Barton (Hg.), Brücke zwischen Kirchen und Kulturen, Wien/Köln/Graz 1976 (Studien und Texte zur Kirchengeschichte und Geschichte. Reihe 2, Bd. 1), 42–51.

Bucsay, Katekizmusa
Mihály Bucsay, Méliusz Katekizmusa, in: Bartha, Studia et acta III, 219–277.

Bucsay, Lehre
Mihály Bucsay, Die Lehre vom heiligen Abendmahl in der ungarischen Reformation helvetischer Richtung, DTh 6 (1939), 261–281.

Bucsay, Leitgedanken
Mihály Bucsay, Leitgedanken der Theologie Heinrich Bullingers bei Petrus Melius. Ein Beitrag zur Ausstrahlung des Zürcher Reformators nach Ungarn, in: Gäbler, Bullinger II, 197–214.

Bucsay, Präsenz
Mihály Bucsay, Calvins Präsenz in Ungarn, in: Wilhelm Heinrich Neuser (Hg.), Calvinus Ecclesiae Doctor. Referate des Internationalen Kongresses für Calvinforschung, vom 25. bis 28. September 1978 in Amsterdam, Kampen 1978, 209–228.

Bucsay, Protestantismus
Mihály Bucsay, Der Protestantismus in Ungarn 1521–1978. Ungarns Reformationskirchen in Geschichte und Gegenwart, 2 Bde., Wien/Köln/Graz 1977–1979 (Studien und Texte zur Kirchengeschichte und Geschichte. Reihe 1, Bd. 3).

Bucsay, Speculum
Mihály Bucsay, Das Speculum des István Szegedi und die Helfer seiner Ausgaben in Basel, BZGA 73 (1973), 71–97.

Bucsay, Szegedi Kis
Mihály Bucsay, Szegedi Kis István speculuma. Az egyháztörténeti anyag felhasználása a reformátori polémiában, in: Bartha, Studia et acta III, 107–174.

Bucsay, Theologiája
Mihály Bucsay, Méliusz Theologiája kátéja tükrében, in: Barha, Studia et acta II, 305–351.

Bucsay, Thesen

Mihály Bucsay/Zoltán Csepregi, Thesen des Pfarrkonventes in Nagyvárad (Grosswardein) 1544, in: RBS 1/2, 429 – 434.

Bugyi, Paracelsus

Blasius Bugyi, Paracelsus und Ungarn, in: Sepp Domandl (Hg.), Gestalten und Ideen und Paracelsus. Aus der Arbeit der internationalen Paracelsusgesellschaft anlässlich ihres zwanzigjährigen Bestehens, Wien 1972 (Salzburger Beiträge zur Paracelsusforschung, Bd. 11), 57 – 64.

De Bujanda, Index 1549/1554

Jesús Martínez De Bujanda (Hg.), Index de Venise 1549 – Venise et Milan 1554, Genf 1987 (Index des livres interdits, Bd. 3).

De Bujanda, Index 1557/1559/1564

Jesús Martinez De Bujanda (Hg.), Index des livres interdits, Bd. 8: Index de Rome 1557, 1559, 1564: les premiers index romains et l'index du Concile de Trente, Genf 1990 (Index des livres interdits, Bd. 8).

Bundi, Squarcialupi

Martin Bundi, Marcello Squarcialupi – Flüchtling und Kosmopolit des 16. Jahrhunderts, SZG 56 (2006), 435 – 445.

Bunyitay, Hitujítás

Vincze Bunyitay, A hitujítás történetéből, Századok 21 (1887), 389 – 399.

Burnett, Reformation

Amy Nelson Burnett, Teaching the Reformation. Ministers and Their Message in Basel 1529 – 1629, Oxford 2006 (Oxford Studies in Historical Theology).

Busch, Consensus (CStA)

Eberhard Busch, Der Consensus Tigurinus (1549), in: CStA 4, 1 – 27.

Busch, Consensus (RBS)

Eberhard Busch, Consensus Tigurinus 1549, in: RBS 1/2, 467 – 490.

Busch, Tragweite

Eberhard Busch, Die Tragweite von Artikel 7 im Consensus Tigurinus, in: Campi, Consensus, 284 – 295.

Büsser, Bullinger

Fritz Büsser, Heinrich Bullinger. Leben, Werk und Wirkung, 2 Bde., Zürich 2004 – 2005.

Büsser, Festtagspredigten

Fritz Büsser, Bullingers Festtagspredigten (1558). Die Zürcher Reformation zwischen Tradition und Erneuerung, in: Emidio Campi, Leif Grane und Adolf Martin Ritter (Hg.), Oratio. Das Gebet in patristischer und reformatorischer Sicht, Göttingen 1999 (Forschungen zur Kirchen- und Dogmengeschichte, Bd. 76), 175 – 183.

Büsser, Predigten

Fritz Büsser, H. Bullingers 100 Predigten über die Apokalypse, Zwa XXVI (2000), 117 – 131.

BÜSSER, Prophezei
FRITZ BÜSSER, Die Prophezei. Humanismus und Reformation in Zürich, Bern 1994 (Zürcher Beiträge zur Reformationsgeschichte, Bd. 17).
BÜSSER, Reformation
FRITZ BÜSSER, Heinrich Bullinger und die Zürcher Reformation, in: ders., Wurzeln, 170–181.
BÜSSER, Wurzeln
FRITZ BÜSSER, Wurzeln der Reformation in Zürich, Leiden 1985.
CACCAMO, Eretici
DOMENICO CACCAMO, Eretici italiani in Moravia, Polonia, Transilvania (1558–1611), Florenz 1970 (Storiografia e storia, Bd. 2).
CAMENISCH, Geschichte
EMIL CAMENISCH, Geschichte der Reformation und Gegenreformation in den italienischen Südtälern Graubündens, Chur 1950.
CAMPI, Beza
EMIDIO CAMPI, Beza und Bullinger im Lichte ihrer Korrespondenz, in: Backus, Théodore de Bèze, 131–144.
CAMPI, Bullinger
EMIDIO CAMPI/PETER OPITZ (Hg.), Heinrich Bullinger: Life – Thought – Influence. Zurich, Aug. 25–29, 2004. International Congress Heinrich Bullinger (1504–1575), 2 Bde., Zürich 2007 (Zürcher Beiträge zur Reformationsgeschichte, Bd. 24).
CAMPI, Comenius
EMIDIO CAMPI, Johann Amos Comenius (1592–1670) und die protestantische Theologie seiner Zeit, Zwa XXII (1995), 67–83.
CAMPI, Confessio
EMIDIO CAMPI, Confessio Helvetica posterior 1566, in: RBS 2/2, 243–267.
CAMPI, Consensus
EMIDIO CAMPI/RUEDI REICH (Hg.), Consensus Tigurinus. Heinrich Bullinger und Johannes Calvin über das Abendmahl. Werden – Wertung – Bedeutung, Zürich 2009.
CAMPI, Protestantesimo
EMIDIO CAMPI/GIUSEPPE LA TORRE (Hg.), Il protestantesimo di lingua italiana nella Svizzera. Figure e movimenti tra cinquecento e ottocento, Torino 2000.
CAMPI, Reformation
EMIDIO CAMPI, The reformation in Croatia and Slovenia and the „Beneficium Christi", in: Ahačič, Jeziki, 39–51.
CAMPI, Werden
EMIDIO CAMPI, Consensus Tigurinus. Werden, Wertung und Wirkung, in: Campi, Consensus, 9–41.
CANTIMORI, Häretiker
DELIO CANTIMORI, Italienische Häretiker der Spätrenaissance, Basel 1949.
CAPONETTO, Riforma
SALVATORE CAPONETTO, La riforma protestante nell'Italia del cinquecento, Torino ²1997.

CAPROȘ, Studenten

IULIA CAPROȘ, Kaschauer Studenten an deutschen Universitäten vom Anfang des 16. Jahrhunderts bis zur Gründung der Jesuitenakademie zu Kaschau im Jahr 1657, in: Fata, Peregrinatio, 81–94.

ČELKO, Schemnitz

MIKULÁŠ ČELKO, Schemnitz und die Schweizer Regionen in historischen Quellen aus dem 15.–18. Jahrhundert, in: Čičaj, Orbis, 293–298.

CHOISY, Relations

JACQUES-EUGÉNE CHOISY, Les relations spirituelles entre Genève et la Hongrie protestante, NRH 63 (1940), 94–98.

CHRIST-VON WEDEL, Christologie

CHRISTINE CHRIST-VON WEDEL, Zur Christologie des Erasmus von Rotterdam und Huldrych Zwingli, in: Harm Klueting und Jan Rohls (Hg.), Reformierte Retrospektiven. Voträge der zweiten Emder Tagung zur Geschichte des reformierten Protestantismus, Wuppertal 2001 (Emder Beiträge zum reformierten Protestantismus, Bd. 4), 1–23.

CHRIST-VON WEDEL, Erasmianer

CHRISTINE CHRIST-VON WEDEL, Haben die ungarischen Erasmianer auf Erasmus einen Einfluss ausgeübt. Zur Frauen- und Friedensfrage im Werk des Humanisten, in: Wien, Humanismus, 135–154.

CHRIST-VON WEDEL, Erasmus (2003)

CHRISTINE CHRIST-VON WEDEL, Erasmus von Rotterdam. Anwalt eines neuzeitlichen Christentums, Münster 2003 (Historia profana et ecclesiastica. Geschichte und Kirchengeschichte zwischen Mittelalter und Moderne, Bd. 5).

CHRIST-VON WEDEL, Erasmus (2007)

CHRISTINE CHRIST-VON WEDEL/URS B. LEU (Hg.), Erasmus in Zürich. Eine verschwiegene Autorität, Zürich 2007.

CHRIST-VON WEDEL, Erasmus (2010)

CHRISTINE CHRIST-VON WEDEL, Erasmus von Rotterdam zwischen den Glaubensparteien, Zwa 37 (2010), 21–39.

CHRIST-VON WEDEL, Reformatoren

CHRISTINE CHRIST-VON WEDEL, Erasmus und die Zürcher Reformatoren. Huldrich Zwingli, Leo Jud, Konrad Pellikan, Heinrich Bullinger und Theodor Bibliander, in: Christ-von Wedel, Erasmus (2007), 77–165.

CHRIST, Fremde

GEORG CHRIST, Das Fremde verstehen. Biblianders Apologie zur Koranausgabe im Spiegel des Basler Koranstreites von 1542, in: Christine Christ-von Wedel (Hg.), Theodor Bibliander 1505–1564. Ein Thurgauer im gelehrten Zürich der Reformationszeit, Zürich 2005, 107–124.

CHRIST, Türkenschrift

GEORG CHRIST, Theodor Biblianders Türkenschrift. Ein Reformator und Humanist über Religion, Moral und kriegerischen Erfolg, in: Christ-von Wedel, Erasmus (2007), 309–326.

Čičaj, Buch
VILIAM ČIČAJ, Das Schweizer Buch und die Privatbiblioheken der Stadtbürger in der Frühen Neuzeit, in: ders., Orbis, 161–165.

Čičaj, Orbis
VILIAM ČIČAJ/JAN-ANDREA BERNHARD (Hg.), Orbis Helveticorum. Das Schweizer Buch und seine mitteleuropäische Welt, Bratislava 2011.

CLEMEN, Briefe
OTTO CLEMEN, Briefe aus Basel an Melanchthon, BZGA 43 (1944), 17–33.

COSTIL, Dudith
PIERRE COSTIL, André Dudith, humaniste hongrois, 1533–1589: sa vie, son oeuvre et ses manuscrits grecs, Paris 1935 (Collection d'études anciennes).

CRĂCIUN, Identity
MARIA CRĂCIUN et al. (Hg.), Confessional Identity in East-Central Europa, Surrey 2002 (St. Andrews Studies in Reformation History).

CRĂCIUN, Reform
MARIA CRĂCIUN et al., Religious reform, printed books and confessional identity, in: Crăciun, Identity, 1–30.

CSEPREGI, Auffassung
ZOLTÁN CSEPREGI, Die Auffassung der Reformation bei Honterus und seinen Zeitgenossen, in: Wien, Humanismus, 1–17.

CSEPREGI, Kálvin
ZOLTÁN CSEPREGI, Kálvin hatása Magyarországon és Erdélyben 1551 előtt?, EtSz 12 (2011), 154–169.

CSEPREGI, Konfessionsbildung
ZOLTÁN CSEPREGI, Konfessionsbildung und Einheitsbestrebungen im Königreich Ungarn zur Regierungszeit Ferdinands I., ARG 94 (2003), 244–275.

CSEPREGI, Ungarn
ZOLTÁN CSEPREGI, Das königliche Ungarn im Jahrhundert vor der Toleranz (1681–1781), in: Rudolf Leeb et al. (Hg.), Geheimprotestantismus und evangelische Kirchen in der Habsburgermonarchie und im Erzstift Salzburg (17./ 18. Jahrhundert), Wien/München 2009 (Veröffentlichungen des Institutes für Österreichische Geschichtsforschung, Bd. 51), 299–330.

CSEPREGI, Vita
ZOLTÁN CSEPREGI, A váradi vita 1544-ben, in: Beatrix Romhányi und Gábor Kendeffy (Hg.), Szentírás, hagyomány, reformáció. Teológia- és egyháztörténeti tanulmányok, Budapest 2009, 167–189.

CSIHA, Énekeskönyv
KÁLMÁN CSIHA (Hg.), Magyar református énekeskönyv, Klausenburg-Kolozsvár 1999.

CSIHA, Rendtartása
KÁLMÁN CSIHA (Hg.), A magyar református egyház Istentiszteleti rendtartása, s.l. [Klausenburg-Kolozsvár] 1998.

Csohány, Bekenntnis
János Csohány, Bekenntnis der ungarischen Bursa in Wittenberg 1568, in: Barton, Bekenntnisschriften, 249.

Csohány, Bekenntnisse
János Csohány, Die Bekenntnisse der Synoden in Szikszó und in Kassa 1568, in: Barton, Bekenntnisschriften, 239 f.

Csohány, Beziehungen
János Csohány, Die politischen Beziehungen von Gábor Bethlen zum reformierten Europa, in: ders., Tanulmányok, 264–275.

Csohány, Confessio Varadina
János Csohány, Confessio Varadina 1569, in: Barton, Bekenntnisschriften, 257.

Csohány, Tanulmányok
János Csohány, Tanulmányok Debrecen és a reformátusság múltjáról, Debrecen 2004 (Magyar Református Egyháztörténeti Dolgozatok, Bd. 11).

Csohány, Wirkung
János Csohány, Calvins Wirkung auf den Katechismus von Petrus Melius (Debrecen 1562), in: ders., Tanulmányok, 253–263.

Czegle, Bibliafordítás
Imre Czegle, A magyar bibliafordítás útja Károlyi Gáspárig, in: Bartha, Studia et acta III, 501–515.

Czeglédy, Magyarország
Sándor Czeglédy, A XVII. századi Magyarország helyzete egy zürichi kéziratban, RefEgy 18 (1966), 110 f.

Czenthe, Reformation
Miklós Czenthe, Die Reformation in Oberungarn bei den Zipser Sachsen, in: Leppin, Konfessionsbildung, 153–163.

Dalbert, Reformation
Peter Dalbert, Die Reformation in den italienischen Talschaften Graubündens nach dem Briefwechsel Bullingers. Ein Beitrag zur Geschichte der Reformation in den Schweiz, Zürich 1948.

Damian, de Bèze
Elena Damian, Théodore de Bèze în colecțiile Bibliotecii academice Clujene (Ediții din secolul al XVI-lea), AUASH 12/II (2008), 38–47.

Daniel, Bartfeld
David P. Daniel, Bartfeld/Bardejov zur Zeit der Reformation, in: Schwarz, Reformation, 37–49.

Daniel, Erbe
David P. Daniel, Das umstrittene Erbe Melanchthons in Südosteuropa, in: Frank, Melanchthon (2001), 259–272.

Daugsch, Toleranz
Walter Daugsch, Toleranz im Fürstentum Siebenbürgen. Politische und gesellschaftliche Voraussetzungen der Religionsgesetzgebung im 16. und 17. Jahrhundert, KiO 26 (1983), 35–72.

DEJUNG, Pfarrerbuch
EMANUEL DEJUNG/WILLY WUHRMANN (Hg.), Zürcher Pfarrerbuch 1519–1952, Zürich 1953.

DELLSPERGER, Musculus (1988)
RUDOLF DELLSPERGER, Wolfgang Musculus (1497–1563), in: ders. und Reinhard Schwarz (Hg.), Die Augsburger Kirchenordnung von 1537 und ihr Umfeld. Wissenschaftliches Kolloquium, Gütersloh 1988 (Schriften des Vereins für Reformationsgeschichte, Bd. 196), 91–110.

DELLSPERGER, Musculus (1997)
RUDOLF DELLSPERGER et al. (Hg.), Wolfgang Musculus (1497–1563) und die oberdeutsche Reformation, Berlin 1997 (Colloquia Augustana, Bd. 6).

DEUSCHLE, Calvin
MATTHIAS A. DEUSCHLE, Calvin und die Confessio Augustana. Ein Nachtrag zum Calvin-Jahr, ZThK 108 (2011), 138–164.

DEZSÉNYI, Magyarország
BÉLA DEZSÉNYI, Magyarország és Svájc, Budapest 1946 (Hazánk és a nagyvilág, Bd. 6).

DEZSÉNYI, Ungarn
BÉLA DEZSÉNYI, Ungarn und die Schweiz im Siegel geistiger Begegnungen, UMK 3 (1942), 161–169.

DÉZSI, Szenci Molnár
LAJOS DÉZSI, Szenci Molnár Albert 1574–1633, Budapest 1897.

DIENES, Reformációja
DÉNES DIENES, Sárospatak reformációja, EtSz 9 (2008), 48–60.

DIETERICH, Comenius
VEIT-JAKOBUS DIETERICH, Johann Amos Comenius – Ein Mann der Sehnsucht 1592–1670. Theologische, pädagogische und politische Aspekte seines Lebens und Werkes, Stuttgart 2003.

DOWEY, Aufbau
EDWARD A. DOWEY, Der theologische Aufbau des zweiten helvetischen Bekenntnisses, in: Staedtke, Glauben, 206–234.

DRÜLL, Gelehrtenlexikon
DAGMAR DRÜLL, Heidelberger Gelehrtenlexikon, Bd. 1: 1386–1651, Berlin 1986 (^{2}2002).

DÜCK, Geschichte
JOSEPH DÜCK, Geschichte des Kronstädter Gymnasiums. Eine Festgabe zur dritten Säcularfeier desselben, Kronstadt 1845.

DUMITRAN, Relaţii
ANA DUMITRAN et al. (Hg.), Relaţii interconfesionale româno-maghiare în Transilvania (mijlocul secolului XVI – primele decenii ale secolului XVIII), Alba Iulia 2000 (Bibliotheca Musei Apulensis, Bd. 13).

DUMITRAN, Geneza
DANIEL DUMITRAN/BOTOND GUDOR (Hg.), Geneza şi semnificaţiile ideii de toleranţă religioasă în Proncipatul Transilvaniei (secolele XVI–XVIII). Lucrările

Conferinţei ştiinţifice internaţionale organizate la Alba Iulia, 8 – 9 iulie 2010, Alba Iulia 2010 (Annales Universitatis Apulensis. Series Historica, Sondernummer).

DUMITRU, Contribuţii
SILVIA DUMITRU, Contribuţii la cunoaşterea legtăturilor culturale dintre Transilvania şi Basel, ediţii ieşite din oficinele din Basel în secolul YVI existente în Cluj-Napoca, Biblioteca si invataminul 6 (1982), 191 – 197.

DURLING, Liber amicorum
RICHARD J. DURLING, Conrad Gesner's Liber amicorum 1555 – 1565, Gesnerus 22 (1965), 134 – 159.

EBERLEIN, Geist
HERMANN-PETER EBERLEIN, Der Freie Geist im Exil. Ketzerverfolgung am Beispiel von Celio Secondo Curione, Bernardino Ochino und Etienne Dolet, in: Patrick Mähling (Hg.), Orientierung für das Leben. Kirchliche Bildung und Politik in Spätmittelalter, Reformation und Neuzeit, Berlin 2010 (Arbeiten zur Historischen und Systematischen Theologie, Bd. 13), 140 – 158.

ECKERT, Confessio
ALFRED ECKERT/PÁL. I. FÓNYAD, Confessio Bohemica 1575, in: Barton, Bekenntnisschriften, 311–314.

V. ECSEDY, Druckschriften
JUDIT V. ECSEDY, Frühe ungarische Druckschriften mit falschem und fingiertem Druckort, in: Jankovics, Freiheitsstufen, 125 – 146.

V. ECSEDY, Kísérlet
JUDIT V. ECSEDY, Kísérlet a Honterus-nyomda refonstrukciójára, in: Salgó, Honterus-Festschrift, 119 – 149.

V. ECSEDY, Könyvnyomtatás
JUDIT V. ECSEDY, A könyvnyomtatás Magyarországon a kézisajtó korában 1473 – 1800, Budapest 1999.

V. ECSEDY, Nyomdák
JUDIT V. ECSEDY, A régi magyarországi nyomdák betűi és díszei 1473 – 1600, Budapest 2004 (Hungaria Typographica, Bd. 1).

EKLER, Henisch
PÉTER EKLER, Georg Henisch, antik szerzők tudós fordítója és közreadója, in: Ágnes Stemler und Bernadett Varga (Hg.), „mint az gyümölczös és termett szölöveszszöc…". Tanulmányok P. Vásárhelyi Judit tiszteletére, Budapest 2010, 345 – 351.

EMŐDI, Könyvtára
ANDRÁS EMŐDI, A nagyváradi székeskáptalan könyvtára a XVIII. században, in: ders. (Hg.), A nagyváradi székeskáptalan könyvtára a XVIII. században, Budapest/Szeged 2002 (A kárpát-medence kora újkori könyvtárai, Bd. 5), VII – XXXV.

EMŐDI, Vorwort
ANDRÁS EMŐDI, Vorwort, in: ders. (Hg.), A nagyváradi római katolikus egyházmegyei könyvtár régi állománya, Budapest/Nagyvárad 2005 (A kárpát-medence magyar könyvtárainak régi könyvei, Bd. 1), XXVI – XXXV.

ENGAMMARE, Licence
MAX ENGAMMARE, Licence poétique *versus* métrique sacrée. La po émique entre
Bèze et Génébrard au sujet des Psaumes et du Cantique des cantiques, in: Backus,
Théodore de Bèze, 478–499.

EREDICS, Nikléczi
PÉTER EREDICS, Nikléczi Boldiszár dániai útja és kapcsolata a koppenhágai német
St. Petri gyülekezettel (1677), in: Bitskey, De Ruyter, 143–155.

D'ESZLARY, Calvin
CHARLES D'ESZLARY, Jean Calvin, Théodore de Bèze et leurs amis hongrois,
BSHPF 110 (1964), 74–99.

EVANS, Calvinism
ROBERT JOHN WESTON EVANS, Calvinism in East Central Europe: Hungary and
Her Neighbours, in: Menna Prestwich (Hg.), International Calvinism 1541–1715,
Oxford 1985, 167–196.

FABIAN, Bibliotheca
CLAUDIA FABIAN/EDINA ZSUPÁN (Hg.), Ex Bibliotheca Corviniana. Die acht
Münchener Handschriften aus dem Besitz von König Matthias Corvinus, Buda-
pest 2008 (Bavarica et Hungarica, Bd. 1).

FABRITIUS, Religionsgespräch
KARL FABRITIUS, Das Religionsgespräch zu Schässburg im Jahre 1538 und des
Weissenburger Probstes, nachherigen Graner Erzbischofs Anton Verantius Briefe
an Siebenbürger Sachsen, AVSL 10 (1872), 233–263.

FARKAS, Urbestand
GÁBOR FARKAS, Der Urbestand der Universitätsbibliothek, in: ders., A Nagys-
zombati egyetemi Könyvtár az alapításkor, Budapest/Szeged 2001 (A kárpát-
medence kora újkori könyvtárai, Bd. 3), XXXV–LVII.

FATA, Calvin
MÁRTA FATA/ANTON SCHINDLING (Hg.), Calvin und Reformiertentum in Ungarn
und Siebenbürgen. Helvetisches Bekenntnis, Ethnie und Politik vom 16. Jahrhundert bis 1918, Münster 2010 (Reformationsgeschichtliche Studien und Texte,
Bd. 155).

FATA, Bartfeld
MÁRTA FATA, Humanistische Einflüsse oberdeutscher und melanchthonischer
Provenienz im ungarischen Bartfeld, in: Wien, Humanismus, 155–172.

FATA, Einflüsse
MÁRTA FATA, Deutsche und schweizerische Einflüsse auf die Reformation in
Ungarn im 16. Jahrhundert. Aspekte der frühneuzeitlich-vormodernen Identität
zwischen Ethnie und Konfession, in: Kühlmann, Deutschland, 53–91.

FATA, Peregrinatio
MÁRTA FATA/ANTON SCHINDLING (Hg.), Peregrinatio Hungarica. Studenten aus
Ungarn an deutschen und österreichischen Hochschulen vom 16. bis zum
20. Jahrhundert, Stuttgart 2006 (Contubernium. Tübinger Beiträge zu Universi-
täts- und Wissenschaftsgeschichte, Bd. 64).

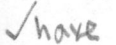

FATA, Ungarn

MÁRTA FATA, Ungarn, das Reich der Stephanskrone, im Zeitalter der Reformation und Konfessionalisierung. Multiethnizität, Land und Konfession 1500 bis 1700, hg. von Franz Brendle und Anton Schindling, Münster 2000 (Katholisches Leben und Kirchenreform im Zeitalter der Glaubensspaltung, Bd. 60).

FATIO, Quaestiones

OLIVIER FATIO, Note sur les *Quaestiones et Responsiones* de Bèze, in: Backus, Théodore de Bèze, 177 – 183.

FAZAKAS, Kálvin

SÁNDOR FAZAKAS (Hg.), Kálvin időszerűsége. Tanulmányok Kálvin János teológiájának maradandó értékéről és magyarországi hatásáról, Budapest 2009.

FAZEKAS, Dorfgemeinde

ISTVÁN FAZEKAS, Dorfgemeinde und Glaubenswechsel in Ungarn im späten 16. und 17. Jahrhundert, in: Bahlcke, Konfessionalisierung, 339 – 350.

FEHLE, Brenz

ISABELLA FEHLE (Hg.), Johannes Brenz 1499 – 1570. Prediger – Reformator – Politiker, Schwäbisch Hall 1999.

FEJTOVÁ, Erasmus

OLGA FEJTOVÁ, Erasmus, Luther und Melanchthon in den bürgerlichen Privatbibliotheken in Prag um 1600, CJCEH 5 – 7 (1998 – 2000), 66 – 93.

FEJTOVÁ, Literatur

OLGA FEJTOVÁ/JIŘÍ PEŠEK, Reformierte Literatur in frühneuzeitlichen Bürgerbibliotheken der böhmischen Städte, in: Čičaj, Orbis, 143 – 159.

FEKETE, Kálvin

CSABA FEKETE, Kálvin Sárdon és Radnóton, in: Gáborjáni Szabó, Tanulmányok, 60 – 115.

FEKETE, Melius

CSABA FEKETE, Melius Juhász Péter és társai református úrvacsorai tanítása 1559, Budapest 2005.

FEKETE, Zsoltárok

CSABA FEKETE, A genfi zsoltárok elterjedése hazánkban, in: Fazakas, Kálvin, 185 – 242.

FELLAY, Erasmus

JEAN-BLAISE FELLAY, Erasmus und der Basler Humanistenkreis, in: Lukas Vischer et al. (Hg.), Ökumenische Kirchengeschichte der Schweiz, Freiburg i.Ü./Basel 1994, 104 – 108.

FERENCZ, Einfluss

ÁRPÁD FERENCZ, Der Einfluss der Theologie Karl Barths auf die Reformierte Kirche Rumäniens. Unter Berücksichtigung der Impulse für eine osteuropäische Theologie der Befreiung, Zürich 2005.

FIRPO, Antitrinitari

MASSIMO FIRPO, Antitrinitari nell'Europa orientale del '500. Nuovi testi di Szymon Budny, Niccolò Paruta e Iacopo Paleologo, Florenz 1977 (Publicazioni del

„Centro di studi del pensiero filosofico del cinquecento e del seicento in relazione ai problemi della scienza" del Consiglio nazionale delle ricerche. Serie I, Bd. 8).

FIRPO, Sacco
MASSIMO FIRPO, Dal sacco di Roma all'inquisizione. Studi su Juan de Valdés e la Riforma italiana, Torino 1998 (Forme e precorsi della storia, Bd. 3).

FÓNYAD, Confessio Scepusiana
PÁL I. FÓNYAD/REMI KICK, Confessio Scepusiana 1568, in: Barton, Bekenntnisschriften, 225–228.

FRANK, Melanchthon (2001)
GÜNTER FRANK/MARTIN TREU (Hg.), Melanchthon und Europa, 1. Teilband: Skandinavien und Mittelosteuropa, Stuttgart 2001 (Melanchthon-Schriften der Stadt Bretten, Bd. 6/1).

FRANK, Melanchthon (2002)
GÜNTER FRANK/KEES MEERHOFF (Hg.), Melanchthon und Europa, 2. Teilband: Westeuropa, Stuttgart 2002 (Melanchthon-Schriften der Stadt Bretten, Bd. 6/2).

FRANK, Melanchthon (2005)
GÜNTER FRANK/HERMAN J. SELDERHUIS, Melanchthon und der Calvinismus, Stuttgart/Bad Canstatt 2005 (Melanchthon-Schriften der Stadt Bretten, Bd. 9).

FRANKL, Pázmány
VILMOS FRANKL, Pázmány Péter és kora, 3 Bde., Pest 1868–1872.

FREEDMAN, Ramus
JOSEPH S. FREEDMAN, Ramus and the Use of Ramus at Heidelberg within the Context of Schools and Universities in Central Europe, in: Strohm, Späthumanismus, 93–126.

FRETZ, Gessner
DIETHELM FRETZ, Konrad Gessner als Gärtner, Zürich 1948.

FRIMMOVÁ, Erasmus
EVA FRIMMOVÁ, Erasmus von Rotterdam und die Slowakei, in: Čičaj, Orbis, 83–95.

FÜSSEL, Humanismus
STEPHAN FÜSSEL/JAN PIROŻYŃSKI (Hg.), Der polnische Humanismus und die europäischen Sodalitäten. Akten des polnisch-deutschen Symposions vom 15.–19. Mai 1996 im Collegium Maius der Universität Krakau, Wiesbaden 1997 (Pirckheimer Jahrbuch für Renaissance- und Humanismusforschung, Bd. 12).

GÄBLER, Bullinger
ULRICH GÄBLER/ERLAND HERKENRATH (Hg.), Heinrich Bullinger 1504–1575. Gesammelte Aufsätze zum 400. Todestag, 2 Bde., Zürich 1975 (Zürcher Beiträge zur Reformationsgeschichte, Bd. 7 und 8).

GÁBORJÁNI SZABÓ, Tanulmányok
BOTOND GÁBORJÁNI SZABÓ (Hg.), Tanulmányok Kálvinról és magyarországi jelenlétéről, Debrecen 2011.

GAGLIARDI, Universität
ERNST GAGLIARDI et al. (Hg.), Die Universität Zürich 1833–1933 und ihre Vorläufer, Zürich 1938.

GÁL, Maksai
ISTVÁN GÁL, Maksai Péter angol nyelvű Bethlen Gábor-életrajza 1629-ből, ItK 80 (1976), 223–237.

GAUDENZ, Familienärzte
MEN GAUDENZ, Haus- und Familienärzte im Engadin, in: Äskulap in Graubünden. Beiträge der Medizin und des Ärztestandes, hg. von Bündnerischen Ärzteverein zum Anlass seines 150jährigen Bestehens, Chur 1970, 48–78.

GÄUMANN, Reich Christi
ANDREAS GÄUMANN, Reich Christi und Obrigkeit. Eine Studie zum reformatorischen Denken und Handeln Martin Bucers, Bern 2001 (Zürcher Beiträge zur Reformationsgeschichte, Bd. 20).

GAVRUSCA, Kálvin
EMESE GAVRUSCA, Kálvin, Genf és a genfi Akadémia, RefSz 94 (2001), 312–315. 370–377, sowie RefSz 95 (2002), 271–277. 407–412.

GEIGER, Kirche
MAX GEIGER, Die Basler Kirche und Theologie im Zeitalter der Hochorthodoxie, Zollikon/Zürich 1952.

GERÉB, Emlékkönyv
ZSOLT GERÉB/ZOLTÁN ADORJÁNI (Hg.), Emlékkönyv Tőkés István kilencvenedik születésnapjára, Klausenburg-Kolozsvár 2006.

GERÉZDI, Érasme
RABÁN GERÉZDI, Érasme et la Hongrie, in: István Sötér et Ottó Süpek (Hg.), Littérature hongroise, littérature européenne. Études de littérature, Budapest 1964, 129–154.

GERŐ, Aspects
ANDRÁS GERŐ, Some Aspects of Hungarian National Identity, in: Ahačič, Jeziki, 167–178.

GHERMAN, Tiparul
ALIN-MIHAI GHERMAN, Tiparul bălgradean între tradiţie şi modernitate, in: Iacob Mârza und Ana Dumitran (Hg.), Spiritualitate transilvană şi istorie europeană, Alba Iulia 1999 (Muzeul Naţional al unirii, Bd. 10), 392–403.

GILLY, Manuskripte
CARLOS GILLY, Die Manuskripte in der Bibliothek des Johannes Oporinus. Verzeichnis der Manuskripte und Druckvorlagen aus dem Nachlass Oporins anhand des von Theodor Zwinger und Basilius Amerbach erstellten Inventariums, Basel 2001 (Schriften der Universitätsbibliothek Basel, Bd. 3).

GILLY, Spanien
CARLOS GILLY, Spanien und der Basler Buchdruck bis 1600. Ein Querschnitt durch die spanische Geitesgeschichte aus der Sicht einer europäischen Buchdruckerstadt. Basel/Frankfurt a.M. 1985 (Basler Beiträge zur Geschichtswissenschaft, Bd. 151).

GILLY, Zensur
CARLOS GILLY, Die Zensur von Castellios *Dialogi quator* durch die Basler Theologen (1578), in: Jankovics, Freiheitsstufen, 147–176.

GINZBURG, Nicodemismo
CARLO GINZBURG, Il nicodemismo. Simulazione e dissimulazione religiosa nell'
Europa del '500, Torino 1970.

GLASSL, Reich
HORST GLASSL, Das Heilige Römische Reich und die Osmanen im Zeitalter der
Reformation, in: Peter Bartl und Horst Glassl (Hg.), Südosteuropa unter dem
Halbmond. Untersuchungen über Geschichte und Kultur der südosteuropäischen
Völker während der Türkenzeit, Festschrift für Georg Stadtmüller zum 65. Ge-
burtstag, München 1975 (Beiträge zur Kenntnis Südosteuropas und des Nahen
Orients, Bd. 16), 61–72.

GLETTLER, Probleme
MONIKA GLETTLER, Probleme und Aspekte der Reformation in Ungarn, Ujb 10
(1979), 225–239.

GOERTZ, Geschichte
HANS-JÜRGEN GOERTZ, Unsichere Geschichte, Stuttgart 2001.

GOERTZ, Umgang
HANS-JÜRGEN GOERTZ, Umgang mit Geschichte. Eine Einführung in die Geschichtstheorie, Reinbek bei Hamburg 1995.

GÖLLNER, Turcica
CARL GÖLLNER, Turcica. Die europäischen Türkendrucke des 16. Jahrhunderts, 3
Bde., Bukarest/Baden-Baden 1961–1978 (Bibliotheca Bibliographica Aureliana,
Bd. XIX, XXIII und LXX).

GÖMÖRI, Szenci Molnár
GYÖRGY GÖMÖRI, Szenci Molnár Albert album- és könyvbejegyzései külföldi
gyűjteményékben, MKSz 95 (1979), 372–378.

GORDON, Melanchthon
BRUCE GORDON, Wary Allies: Melanchthon and the Swiss Reformers, in: Karin
Maag (Hg.), Melanchthon in Europe: His Work and Influence beyond Wittenberg,
Grand Rapids 1999 (Texts and studies in Reformation and post-Reformation
though), 45–67.

GOUDRIAAN, Dordt
AZA GOUDRIAAN/FRED VAN LIEBURG (Hg.), Revisiting the Synod of Dordt (1618–
1619), Leiden/Boston 2011 (Brill's series in church history, Bd. 49).

GRAGGER, Opitz
ROBERT GRAGGER, Martin Opitz und Siebenbürgen, Ujb 6 (1927), 313–320.

GUGGISBERG, Stadtstaat
HANS R. GUGGISBERG, Reformierter Stadtstaat und Zentrum der Spärenaissance:
Basel in der zweiten Hälfte des 16. Jahrhunderts, in: Buck, Renaissance, 197–216.

GUGGISBERG, Zusammenhänge
HANS R. GUGGISBERG, Zusammenhänge in historischer Vielfalt: Humanismus,
Spanien, Nordamerika, Basel/Frankfurt a.M. 1994 (Basler Beiträge zur Ge-
schichtswissenschaft, Bd. 164).

GUITMANN, Bártfai reformáció

BARNABÁS GUITMANN, A bártfai reformáció első évtizedei és kapcsolatrendszere, Pilicsaba 2009.

GÜNDISCH, Bibliothek

GUSTAV GÜNDISCH, Die Bibliothek des Superintendenten der evangelischen Kirche Siebenbürgens Matthias Schiffbaumer (1547–1611), RÉSEE 15 (1977), 463–478.

GUTHMÜLLER, Europa

BODO GUTHMÜLLER/WILHELM KÜHLMANN (Hg.), Europa und die Türken in der Renaissance, Tübingen 2000 (Frühe Neuzeit, Bd. 54).

GYŐRI, Bedeutung

JÁNOS L. GYŐRI, Zur Bedeutung des Reformierten Kollegiums Debrecens für Kultur und Politik Ungarns vom 16. bis zum 19. Jahrhundert, in: Fata, Calvin, 239–259.

GYULÁS, Buchdrucker

PAUL GYULÁS, Der Wiener Buchdrucker Rafael Hoffhalter und sein Sohn in Ungarn, GutJb 5 (1930), 198–208.

HABERLAND, Druckort

DETLEF HABERLAND, Der Druckort Basel und Ostmitteleuropa – Spuren geistiger Verbindungen, in: Čičaj, Orbis, 11–21.

HABERLAND, Wissenstransfer

DETLEF HABERLAND (Hg.), Buch- und Wissenstransfer in Ostmittel- und Südosteuropa in der Frühen Neuzeit. Beiträge der Tagung an der Universität Szeged vom 25.-28. April 2006, München 2007 (Schriften des Bundesinstituts für Kultur und Geschichte der Deutschen im östlichen Europa, Bd. 34).

HÄGGLUND, Erasmus

BENGT HÄGGLUND, Erasmus und die Reformation, in: Buck, Erasmus, 139–147.

HÄGGLUND, Willensfreiheit

BENGT HÄGGLUND, Die Frage der Willensfreiheit in der Auseinandersetzung zwischen Erasmus und Luther, in: Buck, Renaissance, 181–195.

HAJDUK, Škultéty

ANDREJ HAJDUK, Severín Škultéty, in: Schwarz, Reformation, 80–89.

HAJDUKIEWICZ, Bücherkreis

LESZEK HAJDUKIEWICZ, Im Bücherkreis des Erasmus von Rotterdam. Aus der Geschichte der bibliophilen Beziehungen zwischen Polen und Basel im 16. Jahrhundert, KHNT V (1960), Sonderheft 2, 49–102.

HAMMANN, Francfordius

GUSTAV HAMMANN, Bartholomeus Francfordius Pannonius – Simon Grynäus in Ungarn. Ein Beitrag über den Humanismus und die Anfänge der Reformation in Ungarn, ZfO 14 (1965), 228–242.

HAMMANN, KRESLING

GUSTAV HAMMANN, Johannes Kresling, JSKG 44 (1965), 7–12.

HAMMER, Melanchthonforschung

WILHELM HAMMER, Die Melanchthonforschung im Wandel der Jahrhunderte. Ein beschreibendes Verzeichnis, Bd. III: Nachträge und Berichtigungen 1519 – 1970, Heidelberg 1981.

HANÁK, Geschichte Ungarns
PÉTER HANÁK (Hg.), Die Geschichte Ungarns. Von den Anfangen bis zur Gegenwart, Budapest 1991.

HANAK, Geschichte
TIBOR HANAK, Geschichte der Philospphie in Ungarn. Ein Grundriss, München 1990 (Studia Hungarica, Bd. 36).

HÄNE, Befreiung
JOHANNES HÄNE, Die Befreiung ungarischer Prädikanten von den Galeeren zu Neapel und ihr Aufenthalt in Zürich (1675 – 1677), ZTb 27 (1904), 121 – 180.

HARMS, Wickiana I
WOLFGANG HARMS/MICHAEL SCHILLING (Hg.), Wickiana I (1560 – 1569), Tübingen 2005 (Die Sammlung der Zentralbibliothek Zürich, Tl. 1; Deutsche illustrierte Flugblätter des 16. und 17. Jahrhunderts, Bd. 6).

HARGITTAY, Pázmány
EMIL HARGITTAY (Hg.), Pázmány Péter és kora, Piliscsaba 2001.

HARRAUER, Drucke
CHRISTINE HARRAUER, Die zeitgenössischen lateinischen Drucke der *Moscovia* Herbersteins und ihre Entstehungsgeschichte (Ein Beitrag zur Editionstechnik im 16. Jh.), HL XXXI (1982), 141 – 163.

HAUFF, Gedanken
SIGURD HAUFF, Gedanken über „Das Glück des Volkes" von J.A. Comenius, COJ 5 (1997), 31 – 40.

HAVAS, Geschichtskonzeption
LÁSZLÓ HAVAS/SEBESTYÉN KISS, Die Geschichtskonzeption Antonio Bonfinis, in: Johannes Helmrath et al. (Hg.), Diffusion des Humanismus. Studien zur nationalen Geschichtsschreibung europäischer Humanisten, Göttingen 2002, 281 – 307.

HEGYI, Buchausleihe
ÁDÁM HEGYI, Buchausleihe oder Buchdiebstahl? Ungarländische Studenten als Büchersammler und Bibliotheksbenutzer in Basel und Bern im 18. Jahrhundert, in: Radimská, Jazyk, 293 – 308

 → HEGYI, Diákok
ÁDÁM HEGYI, Magyarországi diákok svájci egyetemeken és akadémiákon 1526 – 1788 (1798), Budapest 2003 (Magyarországi diákok egyetemjárása az újkorban, Bd. 6).

HEGYI, Hungarica-Eintragungen
ÁDÁM HEGYI, Hungarica-Eintragungen im Stammbuch von Johann Heinrich Fries (1639 – 1718): Die ersten ungarländischen Studenten in Zürich 1677 – 1720, in: Marti, Orthodoxie, 189 – 207.

HEGYI, Könyvjegyzékei
ÁDÁM HEGYI, Bázeli diákok könyvjegyzékei 1665 – 1774 között, in: Géza Orlovszky (Hg.), „Hatvanodik". Horvath Ivani hatvanadik születésnapját köszöntik munkatársai, Budapest 2008 (http://syrena.elte.hu/hatvanodik/bazel_hegyi.htm).

HEGYI, Nyomtatványai
ÁDÁM HEGYI, A bázeli egyetem ismeretlen magyar vonatkozású egyleveles nyomtatványai, MKSz 124 (2008), 292–311.

HEGYI, Olvasókönyv
ÁDÁM HEGYI et al. (Hg.), Paleográfiai olvasókönyv könyvtár szakos hallgatóknak, Szeged 2007 (Habent sua fata libelli, Bd. 3).

HEGYI, Szokásai
ÁDÁM HEGYI, Magyarországi diákok könyvgyűjtési és könyvtárhasználati szokásai Bázelben és Bernben a 18. században, MKSz 124 (2008), 377–389.

HEGYI, Wirkung
ÁDÁM HEGYI, Die Wirkung der Universität Basel auf die ungarländische Kulturgeschichte im 18. Jahrhundert. Forschungsbericht, in: Daniel Dumitran und Botond Gudor (Hg.), Schimberea de paradigmă din istoria ecleziastică și cea laică în Transilvania secolului al XVIII-lea. Lucrările Conferinței științifice organizate la Alba Iulia, in 15–16 octombrie 2009, Alba Iulia 2009 (Annales Universitatis Apulensis. Series Historica, Sondernummer), 79–100.

HEIN, Protestanten
LORENZ HEIN, Italienische Protestanten und ihr Einfluss auf die Reformation in Polen während der beiden Jahrzehnte vor dem Sandomirer Konsens (1570), Leiden 1974.

HELTAI, Adattár
JÁNOS HELTAI, Adattár a heidelbergi egyetemen 1595–1621 között tanult magyarországi diákokról és pártfogóikról, OSzK ÉvK 1980, 243–347.

HELTAI, Arany
JÁNOS HELTAI, Tamás Arany, in: Séguenny, Bibliotheca, Bd. XII: Ungarländische Antitrinitarier, Baden-Baden 1990, 35–50.

HELTAI, Kapcsolatai
JÁNOS HELTAI, David Pareus magyar kapcsolatai, in: János Herner (Hg.), Tudóslevelek művelődésünk külföldi kapcsolataihoz 1577–1797, Szeged 1989 (Adattár XVI.–XVIII. századi szellemi mozgalmaink történetéhez, Bd. 23), 13–76.

HELTAI, Peregrination (1999)
JÁNOS HELTAI, Die Heidelberger Peregrination 1595–1621, in: Szabó, Iter, 169–179.

HELTAI, Peregrination (2006)
JÁNOS HELTAI, Die Heidelberger Peregrination calvinistischer Studenten aus Ungarn und Siebenbürgen 1597–1621. Ihr Verlauf im Spiegel der Zahlen und ihre Auswirkung, in: Fata, Peregrinatio, 65–80.

HELTMANN, Herbarium
HEINZ HELTMANN, Das Klausenburger Herbarium des Peter Melius, in: Weber, Luther, 327–344.

HERON, Luther
ALASDAIR HERON, „Wenn Luther uns mit unserem Bekenntnis annehmen will". Luther und die Abendmahlsfrage in den Briefen Calvins bis 1546, in: Gdrun Litz et al. (Hg.), Frömmigkeit – Theologie – Frömmigkeitstheologie. Contributions to

European Church History, Festschrift für Bernd Hamm zum 60. Geburtstag, Leiden 2005 (Studies in the History of Christian Traditions, Bd. 124), 395–409.

HIERONYMUS, Geist

FRANK HIERONYMUS, Ἐν βασιλείᾳ πόλει τῆς Γερμανίας. Griechischer Geist aus Basler Pressen, Basel 1992 (Publikationen der Universitätsbibliothek Basel, Bd. 15).

HIERONYMUS, Petri

FRANK HIERONYMUS, 1488 Petri – Schwabe 1988. Eine traditionsreiche Basler Offizin im Spiegel ihrer frühen Drucke, 2 Bde., Basel 1997.

HIERONYMUS, Theophrast

FRANK HIERONYMUS, Theophrast und Galen – Celsus und Paracelsus. Medizin, Naturphilosopgie und Kirchenreform im Basler Buchdruck bis zum Dreissigjährigen Krieg, Basel 2005 (Publikationen der Universitätsbibliothek, Bd. 36).

HILLERDAL, Geschichtsauffassung

GUNNAR HILLERDAL, Luthers Geschichtsauffassung, StTh 7 (1953), 28–53.

HINZ, Handlist

JAMES A. HINZ, A Handlist of the Printed Books in the SIMMLERSCHE SAMMLUNG (Complete Imprintes from Volumes 1–155), 2 Bde., Saint Louis, Mo. 1976 (Sixteenth-century bibliography, Bd. 6 und 7).

HÖHLE, Universität

MICHAEL HÖHLE, Universität und Reformation. Die Universität Frankfurt (Oder) von 1506 bis 1550, Köln 2002 (Bonner Beiträge zur Kirchengeschichte, Bd. 25).

HOLL, Melanchthon-Druck

BÉLA HOLL, Ein unbekannter Klausenburger Melanchthon-Druck aus dem XVI. Jahrhundert, MKSz 82 (1966), 376–385.

DEN HOLLANDER, Peregrinatio

AUGUST DEN HOLLANDER et al.(Hg.), Studiosorum et librorum peregrinatio. Hungarian-Dutch cultural relations in the 17th and 18th century, Amsterdam/Budapest 2006.

HOLLWEG, Konfessionen

WALTER HOLLWEG, Die beiden Konfessionen Theodor von Bezas: Zwei bisher unbeachtete Quellen zum Heidelberger Katechismus, in: ders., Neue Untersuchungen zur Geschichte und Lehre des Heidelberger Katechismus, Neukirchen 1961 (Beiträge zur Geschichte und Lehre der Reformierten Kirche, Bd. 13), 86–123.

HÖRCSIK, Kálvin

RICHÁRD HÖRCSIK, Kálvin hatása a XVI. századi magyarországi reformációra, in: Fazakas, Kálvin, 13–37.

HORN, Adel

ILDIKÓ HORN, Der ungarische Adel als Träger der Reformation in Siebenbürgen, in: Leppin, Konfessionsbildung, 165–177.

HORVÁTHI, Reformáció

JÁNOS HORVÁTHI, A reformáció jegyében. A Mohács utáni félszázad magyar irodalomtörténete, Budapest 1953.

HRUBÝ, Etudiants

FRANTIŠEK HRUBÝ, Etudiants tchèques aux écoles protestantes de l'Europe occidentale à la fin du 16e et au début du 17e siècle. Documents, Brünn-Brnö 1970.

H. HUBERT, Éneklés

GABRIELLA H. HUBERT, Az éneklés Laskai Csókás Péter teológiai rendszerében, ItK 94 (1990), 218–223.

HUTTER, Gottesbund

KARL HUTTER, Der Gottesbund in der Heilslehre des Zürcher Theologen Johann Heinrich Heidegger (1633–1698), Gossau 1955.

HUTTMANN, Medizin

ARNOLD HUTTMANN, Medizin im alten Siebenbürgen. Beiträge zur Geschichte der Medizin in Siebenbürgen, hg. von Robert Offner et al., Hermannstadt 2000.

ILIĆ, Truber

LUKA ILIĆ, Primus Truber (1508–1586), the Slovenian Luther, LuthQ XXII (2008), 268–277.

IM HOF, Studenten

ULRICH IM HOF, Deutsche Studenten und Dozenten an den Hohen Schulen der reformierten Schweiz, in: ders. und Suzanne Stehelin (Hg.), Das Reich und die Eidgenossenschaft 1580–1650: Kulturelle Wechselwirkung im konfessionellen Zeitalter. 7. Kolloquium der Schweiz. Geisteswissenschaftlichen Gesellschaft, Sigriswil, 1982, Freiburg 1986, 33–54.

IMRE, Arbor Haereseon

MIHÁLY IMRE, Arbor Haereseon. A wittenbergi történelemszemlétet ikonográfiai ábrázolása Szegedi Kis István Speculum pontificium Romanorum című művének 1592-es kiadásában, in: Botond Gáborjáni Szabó et al. (Hg.), Egyház és művelődés. Fejezetek a reformátusság és a művelődés XVI–XIX. századi történetéből, Debrecen 2000, 53–83.

IMRE, Biblia

MIHÁLY IMRE, A vizsolyi Biblia egyik forrása. Petrus Martyr, Debrecen 2006.

IMRE, Consolatio

MIHÁLY IMRE, Consolatio és reprezentáció – mártírok vigasztalása Zürichben, StLit 51 (2012/3–4), 161–188.

IMRE, Topos

MIHÁLY IMRE, Der Topos „Querela Hungariae" in der Literatur des 16. Jahrhunderts. Paulus Rubigallus – Ursinus Velius, in: Szabó, Iter, 39–117.

IMRE, Türkenkrieg

MIHÁLY IMRE, Der ungarische Türkenkrieg als rhetorisches Thema in der frühen Neuzeit, in: Kühlmann, Deutschland, 93–107.

IRMSCHER, Renaissance

JOHANNES IRMSCHER (Hg.), Renaissance und Humanismus in Mittel- und Osteuropa. Eine Sammlung von Materialien, Bd. 2, Berlin 1962 (Deutsche Akademie der Wissenschaften zu Berlin. Schriften der Sektion für Altertumswissenschaft, Bd. 32).

ISERLOH, Gnade
ERWIN ISERLOH, Gnade und Eucharistie in der philosophischen Tradition des Wilhelm von Ockham. Ihre Bedeutung für die Ursachen der Reformation, Wiesbaden 1956 (Veröffentlichungen des Instituts für Europäische Geschichte, Bd. 8).

ISING, Grammatik
ERIKA ISING, Die lateinische Grammatik des Johannes Honterus, FVLk 11 (1968), 41–54.

IVÁNYI, Irás
BÉLA IVÁNYI, Az irás és könyvek Eperjesen a XV.–XVI. században, MKSz 19 (1911), 301–318.

IVÁNYI, Könyvek
BÉLA IVÁNYI, Könyvek, könyvtárak, könyvnyomdák Magyarországon 1331–1600, Budapest 1937 (Országos Széchényi Könyvtár kiadványa, Bd. 4).

IVÁNYI, Könyvkultúra
A magyar könyvkultúra múltjából. Iványi Béla cikkei és anyaggyűjtése, hg. von János Herner und István Monok, Szeged 1983 (Adattár XVI.–XVIII. századi szellemi mozgalmaink történetéhez, Bd. 11).

JAKÓ, Könyvtár
KLÁRA JAKÓ, Az első kolozsvári egyetemi könyvtár története és állományának rekonstrukciójá 1579–1604, Szeged 1991 (Adattár XVI.–XVIII. századi szellemi mozgalmaink történetéhez, Bd. 16/1).

JAKÓ, Diákok
ZSIGMOND JAKÓ/ISTVÁN JUHÁSZ, Nagyenyedi Diákok 1662–1848, Bukarest 1979.

JAKÓ, Kollégium
ZSIGMOND JAKÓ, A nagyenyedi Bethlen Kollégium könyvtárának kezdetei és első korszaka (1622–1658), in: ders. (Hg.), Írás, könyv, értelmiség, Bukarest 1976, 199–209.

JANKOVICS, Freiheitsstufen
JÓZSEF JANKOVICS/S. KATALIN NÉMETH (Hg.), Freiheitsstufen der Literaturverbreitung. Zensurfragen, verbotene und verfolgte Bücher, Wiesbaden 1998 (Wolfenbütteler Abhandlungen zur Renaissanceforschung, Bd. 18).

JANKOVICS, Könyvtára
JÓZSEF JANKOVICS/ISTVÁN MONOK, Dudith András könyvtára, MKSz 110 (1994), 16–27.

JÁNOSSY, Sententia concors (1566)
IMRE JÁNOSSY, Sententia concors, Kolozsvár 1566, in: Barton, Bekenntnisschriften, 117–120.

JENNY, Humanismus
BEAT R. JENNY, Humanismus und städtische Eliten in Basel im 16. Jahrhundert unter besonderer Berücksichtigung der Basler Lateinschulen von 1529–1589, in: Werner Meyer und Kaspar von Greyerz (Hg.), Platteriana. Beiträge zum 500. Geburtstag des Thomas Platter (1499?–1582), Basel 2002 (Basler Beiträge zur Geschichtswissenschaft, Bd. 175), 77–121.

JENNY, Bullinger

MARKUS JENNY, Bullinger als Liturg, in: Gäbler, Bullinger I, 209 – 230.

JUHÁSZ, Gegenreformation

ISTVÁN JUHÁSZ, Die Gegenreformation und die siebenbürgischen Prediger im Jahrzehnt zwischen 1671 – 1681, in: Barton, Rebellion, 89 – 110.

JUHÁSZ, Glaubensbekenntnis

ISTVÁN JUHÁSZ, Glaubensbekenntnis und Kirchengeschichte. Die „Confessio Helvetica Posterior" in der Geschichte der siebenbürgisch-reformierten Kirche, in: Ulrich Gäbler und Endre Zsindely (Hg.), Bullinger-Tagung 1975. Vorträge, gehalten aus Anlass von Heinrich Bullingers 400. Todestag, Zürich 1977, 99 – 112.

JUHÁSZ, Hitvallás

ISTVÁN JUHÁSZ, Hitvallás és Türelem. Tanulmányok az erdélyi református ehyház és teológia 1542 – 1792 közötti történetéből, Klausenburg-Kolozsvár 1996 (Dolgozatok a református teológiai tudomány köréből, Bd. 2).

JUHÁSZ, Luther

ISTVÁN JUHÁSZ, Von Luther zu Bullinger. Der theologische Weg der Reformation in den protestantischen Kirchen in Rumänien, ZKG 81 (1970), 308 – 333.

JUHÁSZ, Carminibus

LÁSZLÓ JUHÁSZ, De carminibus Nicolai Olahi in mortem Erasmi scriptis, in: Gedenkschrift zum 400. Todestage des Erasmus von Rotterdam, hg. von der Historischen und Antiquarischen Gesellschaft Basel, Basel 1936, 316 – 325.

JUHÁSZ, Entwicklung

TAMÁS JUHÁSZ, Mirabilis est cursus verbi Dei! Die Entwicklung des Helvetischen Bekenntnisses in Ungarn und Siebenbürgen, in: Fata, Calvin, 63 – 78.

KAISER, Stupan

DOLF KAISER, Das Geschlecht Stupan, BM 1963, 1 – 13.

KÄMPER, Henisch

HEIDRUN KÄMPER, Einführung und Bibliographie zu Georg Henisch, Teütsche Sprach und Weißheit. Thesaurus linguae et sapientiae Germanicae (1616), in: Helmut Henne (Hg.), Deutsche Wörterbücher des 17. und 18. Jahrhunderts. Einführung und Bibliographie, Hildesheim/Zürich/New York ²2001, 39 – 73.

KARDOS, Entwicklungsgang

TIBOR KARDOS, Entwicklungsgang und osteuropäische Merkmale des ungarischen Humanismus, in: Irmscher, Renaissance, 3 – 8.

KARDOS, Humanizmus

TIBOR KARDOS, A Magyarországi humanizmus kora, Budapest 1955.

KATHONA, Deformation

GÉZA KATHONA, Die Deformation des Heidelberger Katechismus in den Kämpfen gegen den Antitrinitarismus, in: Bartha, Katechismus, 83 – 121.

KATHONA, Fejezetek

GÉZA KATHONA, Fejezetek a török hódoltsági reformáció történetéből, Budapest 1974 (Humanizmus és reformáció, Bd. 4).

KATHONA, Heidelbergi Káté
GÉZA KATHONA, A Heidelbergi Káté deformálódása az antitrinitárismussal vított harcokban, in: Bartha, Studia et acta I, 93–129.

KATHONA, Méliusz
GÉZA KATHONA, Méliusz Péter és életműve, in: Bartha, Studia et acta II, 105–192.

KATHONA, Szegedi
GÉZA KATHONA, Svájci theologiai elemek Szegedi Kis István hittani nézeteiben, in: Bartha, Studia et acta III, 13–106.

KATONA, Caritas
TÜNDE KATONA, Caritas und Memoria. Eine Leutschauer Stiftung im Dienste der Bildungsförderung in der Zips des 16. Jahrhunderts, Oldenburg 2011 (Buchreihe der Kommission für Geschichte und Kultur der Deutschen in Südeuropa, Bd. 41).

KATONA, Stiftung
TÜNDE KATONA, Eine humanistisch-reformatorisch geprägte Stiftung in der Zips, in: Wien, Humanismus, 173–189.

KATONA, Stipendiánsok
TÜNDE KATONA/MIKLÓS LATZKOVITS, Lőcsei stipendiánsok és literátusok. Külföldi tanulmányutak dokumentumai 1550–1699, Szeged 1990 (Fontes Rerum Scholasticarum, Bd. II/1).

KATONA, Wernher
TÜNDE KATONA, Georg Wernher – ein oberschlesicher Humanist. Sein Schaffen für Ungarns Kultur und Literatur, in: Kosellek, Dichter, 267–279.

KATONA, Zips
TÜNDE KATONA, Die Zips als Umschlagplatz europäischen Gedankengutes in der frühen Neuzeit, in: Imre Szigeti (Hg.), Junge Germanisten aus Ungarn stellen sich vor, Frankfurt a.M./Berlin/Bern 2005, 57–66.

KAUFMANN, Ende
THOMAS KAUFMANN, Das Ende der Reformation. Magdeburgs „Herrgotts Kanzlei" (1548–1551/2), Tübingen 2003 (Beiträge zur historischen Theologie, Bd. 123).

KELLER-ESCHER, Einbürgerung
CARL KELLER-ESCHER, Die Einbürgerung der Familie von Muralt in Zürich und die Frage ihrer Regimentsfähigkeit, SArHe 25 (1911), 9–14.

KEMENES, Kolozsvári
PÁL KEMENES, Kolozsvári Jordán Tamás (1539–1585), a balneológus, OrvHetilap 133 (1992), 1503–1505.

KESERŰ, Újfalvi
BÁLINT KESERŰ, Der Fall Imre Újfalvi. Die reformierte Opposition in Ostungarn und die Melanchthon-Anhänger in Sachsen, in: Kühlmann, Deutschland, 185–197.

KESSNER, Lobwasser
LARS KESSNER, Ambrosius Lobwasser. Humanist, Dichter, Lutheraner, in: Eckhard Grundewald et al. (Hg.), Der Genfer Psalter und seine Rezeption in Deutschland, der Schweiz und den Niederlanden, Tübingen 2004 (Frühe Neuzeit.

Studien und Dokumente zur deutschen Literatur und Kultur im europäischen Kontext, Bd. 97), 218–228.

KEVEHÁZI, Melanchthon-Autographen

KATALIN KEVEHÁZI, Melanchthon-Autographen im historischen Ungarn, MKSz 117 (2001), 153–165.

KEVEHÁZI, Sztárai

LÁSZLÓ KEVEHÁZI, „A kereszt igéjét hirdetni kezdtem". Sztárai Mihály élete és szolgálata, Budapest 2005 (Testes Veritatis).

KIPF, Melanchthon

JOHANNES KLAUS KIPF, Der junge Melanchthon und die Wittenberger Humanisten, in: Franz Fuchs (Hg.), Der frühe Melanchthon und der Humanismus. Akten des gemeinsam mit dem Melanchthonhaus Bretten am 6./7. November 2009 veranstalteten Symposiums in Bretten, Wiesbaden 2011 (Pirckheimer Jahrbuch für Renaissance- und Humanismusforschung, Bd. 25), 95–117.

KIRCHNER, Reformationsgeschichte

HUBERT KIRCHNER, Reformationsgeschichte von 1532–1555/1566. Festigung der Reformation – Calvin – Katholische Reform und Konzil von Trient, Berlin 1987 (Kirchengeschichte in Einzeldarstellungen, Bd. 2/6).

KIS, Története

ERNŐ KIS, A Dunántuli ev.ref. egyházkerülete pápai főiskolájának története. 1531–1895, Pápa 1896.

KISS, Zsinatok

ÁRON KISS, A XVI. században tartott magyar református zsinatok végzései, Budapest 1882.

KISS, Patriotism

FARKAS GÁBOR KISS, Humanist ethics and urban patriotism in Upper Hungary at the turn of the turn of fifteenth-sixtheenth centuries (Valentine Eck's *De reipublicae administratione*), in: Trencsényi, Love, 131–148.

KLANICZAY, Bibliotheca Zriniana

TIBOR KLANICZAY (Hg.), A Bibliotheca Zriniana története és állománya, Budapest 1991 (Zrínyi-Könyvtár, Bd. 4).

KLAUS, Dietrich

BERNHARD KLAUS, Veit Deitrich. Leben und Werk, Nürnberg 1958 (Einzelarbeiten aus der Kirchengeschichte Bayerns, Bd. 32).

KLEIN, Honterus

KARL KURT KLEIN, Honterus-Forschungen, SbV 54 (1931), 107–127.

KLEIN, Humanist

KARL KURT KLEIN, Der Humanist und Reformator Johannes Honter. Untersuchungen zur siebenbürgischen Geistes- und Reformationsgeschichte, München/ Hermannstadt 1935.

KLEIN, Münster

KARL KURT KLEIN, Münster – Honter – Reicherstorffer. Humanistenfreundschaften zwischen Basel, Krakau, Wien und Kronstadt – ein Beitrag zur Honterusforschung, SODSB 15 (1965), 25–42.

KLUETING, Konfessionalisierung
HARM KLUETING, Reformierte Konfessionalisierung in West- und Ostmitteleuropa, in: Leppin, Konfessionsbildung, 25–55.

KLUETING, Retrospektiven
HARM KLUETING/JAN ROHLS (Hg.), Reformierte Retrospektiven. Vorträge der zweiten Emder Tagung zur Geschichte des reformierten Protestantismus, Wuppertal 2001 (Emder Beiträge zum reformierten Protestantismus, Bd. 4).

KNOZ, Emigration
TOMÁŠ KNOZ, Die mährische Emigration nach 1620, in: Rudolf Leeb et al. (Hg.), Staatsmacht und Seelenheil. Gegenreformation und Geheimprotestantismus in der Habsburgermonarchie, Wien/Oldenburg 2007 (Veröffentlichungen des Instituts für Österreichische Geschichtsforschung, Bd. 47), 247–262.

KÖBLÖS, Diákjai
JÓZSEF KÖBLÖS (Hg.), A pápai református kollégium diákjai 1585–1861, Pápa 2006 (A Pápai református gyűjtemnények kiadványai, Bd. 9).

KÖBLÖS, Országban
JÓZSEF KÖBLÖS/ZSOLT KRÁNITZ, „Mindenkor az országban harmadiknak tartatott…"? A pápai református kollégium tagolódása a XVIII. század közepéig, ActP 5 (2005), 1–204.

KOCH, Zeitalter
ERNST KOCH, Das Konfessionelle Zeitalter – Katholizismus, Luthertum, Calvinismus (1563–1675), Leipzig 2000 (Kirchengeschichte in Einzeldarstellungen, Bd. II/8).

KOCKA, Angemessenheitskriterien
JÜRGEN KOCKA, Angemessenheitskriterien historischer Argumente, in: Reinhart Koselleck et al. (Hg.), Objektivität und Parteilichkeit in der Geschichtswissenschaft, München 1977 (Beiträge zur Historik, Bd. 1), 469–473.

KOEGLER, Tätigkeit
HANS KOEGLER, Über Joh. Honters Tätigkeit in Basel, KVSL 34 (1911), 93–96.

KOELBING, Stupanus,
HULDRYCH M. KOELBING, Johannes Nicolaus Stupanus, Rhaetus (1542–1621), in: Äskulap in Graubünden. Beiträge der Medizin und des Ärztestandes, hg. von Bündnerischen Ärzteverein zum Anlass seines 150jährigen Bestehens, Chur 1970, 628–646.

KOHL, Theologie
ERNST WILHELM KOHL, Die Theologie des Erasmus, 2 Bde., Basel 1966 (Theologische Zeitschrift, Sonderband 1/1–2).

KOHLER, Catalogue
CHARLES ALFRED KOHLER, Catalogue des manuscrits de la Bibliothèque Sainte-Geneviève, Bd. 2, Paris 1896.

KÖHLER, Melanchthon
MANFRED KÖHLER, Melanchthon und der Islam. Ein Beitrag zur Klärung des Verhältnisses zwischen Christentum und Fremdreligionen in der Reformationszeit, Leipzig 1938.

Köhler, Zwingli und Luther
Walter Köhler, Zwingli und Luther. Ihr Streit über das Abendmahl nach seinen politischen und religiösen Beziehungen, Bd. 1: Die religiöse und politische Entwicklung bis zum Marburger Religionsgespräch 1529, Leipzig 1924.

Köhn, Entwurf
Mechthild Köhn, Martin Bucers Entwurf einer Reformation des Erzstiftes Köln. Untersuchungen der Entstehungsgeschichte und der Theologie des „Einfaltigen Bedenckens" von 1543, Bielefeld 1966 (Untersuchungen zur Kirchengeschichte, Bd. 2).

Kókay, Geschichte
György Kókay, Geschichte des Buchhandels in Ungarn, Wiesbaden 1990 (Geschichte des Buchhandels, Bd. 3).

Kolb, Erbe
Robert Kolb, Das Erbe Melanchthons im Bekenntnis der ungarischen Burse an der Universität Wittenberg (1568), in: Frank, Melanchthon (2001), 223–239.

Koltai, Batthyány
András Koltai, Batthyány Ádám és könyvtára, Budapest/Szeged 2002 (A kárpátmedence kora újkori könyvtárai, Bd. 4).

Komorová, Familienbibliothek
Klára Komorová, Die Familienbibliothek der Révay in Szklabinya, in: Monok, Blut, 176–185.

Komorová, Knižnica
Klára Komorová, Knižnica Zachariáša Mošovského, Martin 2009.

Köntös, Kollégium
László Köntös (Hg.), A Pápai református Kollégium diákjai 1585–1861, Pápa 2006.

Kónya, Konfesionalizácia
Peter Kónya, Lutherská Konfesionalizácia, in: ders. (Hg.), Konfesionalizácia na Slovensku v 16.–18. storočí, Eperies 2010, 17–77.

Köpeczi, Geschichte
Béla Köpeczi (Hg.), Kurze Geschichte Siebenbürgens, Budapest 1990.

Köpeczi, Politique
Béla Köpeczi, La politique des cartésiens en Hongrie et en Transylvanie au XVIIe siècle et au debut du XVIIIe siècle, Budapest 1975 (Studia Historica Academiae Scientiarum Hungaricae, Bd. 103).

Köpf, Trubar
Ulrich Köpf, Primož Trubar kot teolog, SIO 9–10 (2009), 108–124.

Koppány, Zeitungswesen
Endre Koppány, Das erste Jahrhundert des ungarischen Zeitungswesens 1705–1805 mit einem Ueberblick über die Geschichte Ungarns und über die Beziehungen zwischen Ungarn und der Schweiz, [Zürich] 1954.

Körtner, Einführung
Ulrich H.J. Körtner, Zur Einführung. Offene Fragen einer Geschichtstheorie in

Theologie und Geschichtswissenschaft, in: ders. (Hg.), Geschichte und Vergangenheit. Rekonstruktion – Deutung – Fiktion, Neukirchen-Vluyn 2007, 1 – 21.

KORMOS, Reformáció
LÁSZLÓ KORMOS, A magyarországi reformáció XVI. századi tanfejlődésének problémái és református kátéirodalom, in: Bartha, Studia et acta III, 711 – 725.

KOROLKO, Consensus Sandomiriensis
MIROSŁAW KOROLKO, Consensus Sandomiriensis 1570, in: Barton, Bekenntnisschriften, 273 – 276.

KOSELLEK, Dichter
GERHARD KOSELLEK (Hg.), Oberschlesische Dichter und Gelehrte vom Humanismus bis zum Barock, Bielefeld 2000 (Tagungsreihe der Stiftung Haus Oberschlesien, Bd. 8).

KOSIĆ, Die Bibliotehca Zrínyiana
IVAN KOSIĆ, Die Bibliotehca Zrínyiana und die Bücher der Familie Frangepán, in: Monok, Blut, 16 – 42.

DE KOULIFAY, Influence
EMERICH DE KOULIFAY, L'influence du Calvinisme sur la réforme hongroise, BSHPF 84 (1935), 91 – 103.

KOVÁCS, Egyetem
ENDRE KOVÁCS, A krakkói egyetem és a magyar művelődés. Adalékok a magyar-lengyel kapcsolatok XV.–XVI. századi történetéhez, Budapest 1964.

KOVÁCS, Melanchthon
ENDRE KOVÁCS, Melanchthon und Ungarn, in: Bach, Melanchthon, 261 – 269.

KOVÁCS, Literatur
JÓZSEF LÁSZLÓ KOVÁCS, Zweisprachige Literatur in der Stadt Ödenburg/Siebenhundert Jahre Literatur in Sopron, StC 2004/1, 17 – 26.

KOVÁCS, Bornemissza
SÁNDOR IVÁN KOVÁCS, Bornemissza Péter mecénásának könyvtárjegyzéke, ItK 66 (1962), 83 – 89.

KOVÁCS, Kálvin
TEOFIL KOVÁCS, Kálvin és a magyar és az erdélyi reformátusság, Klió 19 (2010/3), 22 – 25.

KÖVY, Egyház
ZSOLT KÖVY, A református egyház szerepe Pápa város életében (1520-től napjainkig), in: András Kubinyi (Hg.), Tanulmányok Pápa város történetéből. A kezdetektől 1970-ig, Pápa 1994, 393 – 424.

KOZMA, Biblia
ZSOLT KOZMA, A vizsolyi Biblia könyvészete, ThSz 33 (1990), 348 – 352.

KRUPPA, Religionspolitik
TAMÁS KRUPPA, Die Religionspolitik der Báthorys in den 1580er Jahren. Ein Versuch zur Verhinderung der protestantischen Religionspraxis (1579 – 1581), in: Wien, Unitarier, 135 – 151.

KÜHLMANN, Deutschland
WILHELM KÜHLMANN/ANTON SCHINDLING (Hg.), Deutschland und Ungarn in

ihren Bildungs- und Wissenschaftsbeziehungen während der Renaissance, Stuttgart 2004 (Contubernium. Tübinger Beiträge zu Universitäts- und Wissenschaftsgeschichte, Bd. 62).

KULCSÁR, Inventarium

PÉTER KULCSÁR, Inventarium de operibus litterariis ad res hungaricis pertinentiis ab initiis usque ad annum 1700, Budapest 2003.

LEHMANN, Sichardus

PAUL LEHMANN, Johannes Sichardus und die von ihm benutzten Bibliotheken und Handschriften, München 1912 (Quellen und Untersuchungen zur lateinischen Philologie des Mittelalters, Bd. 4).

LENGYEL, Adalék

IMRE LENGYEL, Adalék a Teleki-Téka keletkezéséhez Teleki Sámuel J. Chr. Beckhez írt leveleiből, KvKt XI (1977), 95 – 118.

LENGYEL, Siebenbürgen

ZSOLT K. LENGYEL/ULRICH A. WIEN (Hg.), Siebenbürgen in der Habsburgermonarchie. Vom Leopoldinum bis zum Ausgleich (1690 – 1867), Köln/Weimar/Wien 1999 (Siebenbürgisches Archiv, Bd. 34).

LEPPIN, Konfessionsbildung

VOLKER LEPPIN/ULRICH A. WIEN (Hg.), Konfessionsbildung und Konfessionskultur in Siebenbürgen in der frühen Neuzeit, Stuttgart 2005 (Quellen und Studien zur Geschichte des östlichen Europa, Bd. 66).

LEU, Aneignung

URS B. LEU, Aneignung und Speicherung enzyklopädischen Wissens. Die Loci-Methode von Erasmus, in: Christ-von Wedel, Erasmus (2007), 327 – 342.

LEU, Book

URS B. LEU, The Book and Reading Culture in Basel and Zurich during the Sixteenth Century, in: Malcolm Walsby und Graeme Kemp (Hg.), The Book Triumphant. Print in Transition in the Sixteenth and Seventeenth Centuries, Leiden/Boston 2011, 295 – 319.

LEU, Buchdruck

URS B. LEU, Der Zürcher Buchdruck des 16. Jahrhunderts im europäischen Kontext unter besonderer Berücksichtigung Ostmitteleuropas, in: Čičaj, Orbis, 23 – 32.

LEU, Disputanden

URS B. LEU, Disputanden und Dissidenten: Zur Gelehrten Auseinandersetzung mit dem Täufertum in Zürich im 17. Jahrhundert, in: Moser, Bewegung, 91 – 115.

LEU, Erasmus

URS B. LEU, Erasmus in der Zürcher Buch- und Lesekultur, in: Christ-von Wedel, Erasmus (2007), 274 – 308.

LEU, Gesner

URS B. LEU, Conrad Gesner als Theologe. Ein Beitrag zur Zürcher Geistesgeschichte des 16. Jahrhunderts, Bern/Frankfurt a.M./New York/Paris 1990 (Zürcher Beiträge zur Reformationsgeschichte, Bd. 14).

Leu, Häresie

Urs B. Leu, Häresie und Staatsgewalt. Die theologischen Zürcher Dissertationen des 17. Jahrhunderts zwischen Orthodoxie und Frühaufklärung, in: Marti, Orthodoxie, 105–145.

Leu, Loci-Methode

Urs B. Leu, Die Loci-Methode als enzyklopädisches Ordnungssystem, in: Paul Michel et al. (Hg.), Allgemeinwissen und Gesellschaft, Aachen 2007 (Berichte aus der Geschichtswissenschaft), 337–358.

Leu, Privatibliothek

Urs B. Leu/Sandra Weidmann (Hg.), Heinrich Bullingers Privatbibliothek, Zürich 2004 (Heinrich Bullinger Werke. 1. Abteilung: Bibliographie, Bd. 3).

Leu, Widmungsexemplare

Urs B. Leu, Heinrich Bullingers Widmungsexemplare seiner Schrift „Der Widertöufferen Ursprung …" von 1560. Ein Beitrag zur europäischen Wirkungsgeschichte des Zürcher Antistes, Zwa 28 (2001), 119–163.

Leu, Zwingli

Urs B. Leu, Zwingli liest Erasmus, in: Christ-von Wedel, Erasmus (2007), 167–176.

Lichnerová, Ost-West-Beziehungen

Lucia Lichnerová, Ost-West-Beziehungen in der Buchkultur des 16. und 17. Jahrhunderts in der heutigen Slowakei, in: Frédéric Barbier (Hg.), Est-Ouest: Transferts et réceptions dans le monde du livre en Europe (XVIIᵉ–XXᵉ siècles), Leipzig 2005 (L'Europe en réseaux, Bd. 2), 39–50.

Locher, Grundzüge

Gottfried W. Locher, Grundzüge der Theologie Huldrych Zwinglis im Vergleich mit derjenigen Martin Luthers und Johannes Calvins, in: ders., Huldrych Zwingli in neuer Sicht. Zehn Beiträge zur Theologie der Zürcher Reformation, Zürich 1969, 173–274.

Locher, Perseverantia

Gottfried W. Locher, „Perseverantia in viis Domini." Bullingers Sendschreiben an die Glaubensbrüder unter habsburgischer und türkischer Herrschaft, Zwa XVIII (1989), 62–68.

Locher, Reformation

Gottfried W. Locher, Die zwinglische Reformation im Rahmen der europäischen Kirchengeschichte, Göttingen/Zürich 1979.

Loesche, Kálvin

Georg Loesche, Kálvin hatása és a Kálvinizmus Európa keleti országaiban, Debrecen 1912.

Lorenz, Konstruktion

Chris Lorenz, Konstruktion der Vergangenheit. Eine Einführung in die Geschichtstheorie, Köln 1997 (Beiträge zur Geschichtskultur, Bd. 13).

Luchsinger, Buchdruck

Friedrich Luchsinger, Der Basler Buchdruck als Vermittler italienischen

Geistes 1470 – 1529, Basel 1953 (Basler Beiträge zur Geschichtswissenschaft, Bd. 45).

LUHMANN, Gesellschaft

NIKLAS LUHMANN, Die Gesellschaft der Gesellschaft, Bd. 1, Frankfurt a.M. 1998.

MACHILEK, Humanistenkreis

FRANZ MACHILEK, Der Olmützer Humanistenkreis, in: Stephan Füssel und Jan Pirożyński (Hg.), Der polnische Humanismus und die europäischen Sodalitäten. Akten des polnisch-deutschen Symposions vom 15.–19. Mai 1996 im Collegium Maius der Universität Krakau, Wiesbaden 1997 (Pirckheimer Jahrbuch für Renaissance- und Humanismusforschung, Bd. 12), 111 – 135.

MADONIA, Squarcialupi

CLAUDIO MADONIA, Marcello Squarcialupi, in: Séguenny, Bibliotheca, Bd. XVI: Alumbrados of the Kingdom of Toledo, Jacobus Acontius, Marcello Squarcialupi, Baden-Baden 1994, 119 – 170.

MAHLMANN, Melanchthon

THEODOR MAHLMANN, Melanchthon als Vorläufer des Wittenberger Kryptocalvinismus, in: Frank, Melanchthon (2005), 173 – 230.

MAILLARD, Bibliotheca

JEAN-FRANÇOIS MAILLARD et al. (Hg.), De Bibliotheca Corviniana. Matthias Corvin, les bibliothèques princières et la genèse de l'état moderne, Budapest 2009 (Supplementum Corvinianum, Bd. 2).

MAISSEN, Funktionen

THOMAS MAISSEN/GERRIT WALTHER (Hg.), Funktionen des Humanismus. Studien zum Nutzen des Neuen in der humanistischen Kultur, Göttingen 2006.

MAISSEN, Interim

THOMAS MAISSEN, Die Eidgenossen und das Augsburger Interim. Zu einem unbekannten Gutachten Heinrich Bullingers, in: Luise Schorn-Schütte (Hg.), Das Interim 1548/50. Herrschaftskrise und Glaubenskonflikt, Gütersloh 2005 (Schriften des Vereins für Reformationsgeschichte, Bd. 203), 76 – 104.

MAISSEN, Überlegungen

THOMAS MAISSEN, Schlusswort. Überlegungen zu Funktionen und Inhalt des Humanismus, in: ders., Funktionen, 396 – 402.

MAKKAI, Bekenntnisse

LÁSZLÓ MAKKAI, Zwei Bekenntnisse der Synode in Debrecen 1567, in: Barton, Bekenntnisschriften, 127 – 132.

MAKKAI, Gedenken

LÁSZLÓ MAKKAI, Zum Gedenken an die „Trauerdekade" des ungarischen Protestantismus, in: Barton, Rebellion, 15 – 22.

MAKKAI, Reformation

LÁSZLÓ MAKKAI, Reformation und Sozialrevolution im historischen Ungarn, in: Peter F. Barton (Hg.), Sozialrevolution und Reformation. Aufsätze zur Vorreformation, Reformation und zu den „Bauernkriegen" in Südmitteleuropa, Wien/Köln/Graz 1975 (Studien und Texte zur Kirchengeschichte und Geschichte. Reihe 2, Bd. 2), 15 – 32.

MAKKAI, Biblia

SÁNDOR MAKKAI, A vizsolyi Biblia a magyar művelődésben, ProtSz 49 (1940), 334–339.

MAROSI, Abwehrkampf

ENDRE MAROSI, Der ungarische Abwehrkampf gegen die Türken 1352–1718. Ein historischer Überblick, in: Zygmunt Abrahamowicz et al. (Hg.), Die Türkenkriege in der historischen Forschung, Wien 1983 (Forschungen und Beiträge zur Wiener Stadtgeschichte, Bd. 13), 119–142.

MARTI, Konfessionalität

HANSPETER MARTI, Konfessionalität und Toleranz. Zur historiographischen Topik in der Frühneuzeitforschung, in: Herbert Jaumann (Hg.), Diskurse der Gelehrtenkultur in der frühen Neuzeit. Ein Handbuch, Berlin/New York 2010, 409–440.

MARTI, Orthodoxie

HANSPETER MARTI/KARIN MARTI-WEISSENBACH (Hg.), Reformierte Orthodoxie und Aufklärung. Die Zürcher Hohe Schule im 17. und 18. Jahrhundert, Wien/Köln/Weimar 2012.

DE MARTINI, Università

MIRELLA DE MARTINI, Le Università: centre propulsori della cultura, che presentano tratti comuni nell' Europa dei secoli XI–XVI, in: Antonio Papisca (Hg.), Progetto pilota europeo di educazione alla cittadinanza europea, Padua 2003–2004 (www.centrodirittiumani.unipd.it/scuola0304/pilota/_ppe_vi/STORIA/PPE%20STORIA/DE%20MARTINI_UNIVERSITA'.doc).

MARUYAMA, Initia

TADATAKA MARUYAMA, Initia Bezae and Ecclesiology, in: Backus, Théodore de Bèze, 257–277.

MAURER, Confessio

WILHELM MAURER, Confessio Augustana Variata, ARG 53 (1962), 97–151.

MAZAL, Textausgaben

OTTO MAZAL, Die Textausgaben der Briefsammlung des Aristainetos, GutJb 43 (1968), 206–212.

MENK, Restitutionsedikt

GERHARD MENK, Das Restitutionsedikt und die klavinistische Wissenschaft. Die Berufungen Johann Heinrich Alsteds, Philipp Ludwig Piscators und Johann Heinrich Bisterfelds nach Siebenbürgen, JHKGV 31 (1980), 29–63.

MERTENS, Preis

DIETER MERTENS, Der Preis der Patronage. Humanismus und Höfe, in: Maissen, Funktionen, 124–154.

MÉSZÁROS, Filozófia

ANDRÁS MÉSZÁROS, A filozófia Magyarországon. A kezetektől a 19. század végéig, Bratislava 2000.

MÉSZÁROS, Iskoláink

MÉSZÁROS, ISTVÁN, XVI. századi városi iskoláink és a „studia humanitatis", Budapest 1981 (Humanizmus és reformáció, Bd. 11).

MEUSBURGER, Studenten
PETER MEUSBURGER, Ungarische Studenten an der Universität Heidelberg. Einflussfaktoren und Wechselwirkungen der Bildungswanderung im Laufe der Jahrhunderte, Budapest 2010.

MEYRAT, Unterstützung
WALTER MEYRAT, Die Unterstützung der Glaubensgenossen im Ausland durch die reformierten Orte im 17. und 18. Jahrhundert, Bern 1941.

MIKLÓS, Trecemviratus
ÖDÖN MIKLÓS, Ki a „Trecemviratus" szerzője?, MKSz 24 (1916), 256–258.

MILLET, Loci communes
OLIVIER MILLET, Les „Loci communes" de 1535 et l'„Institution de la Religion chrétienne" de 1539–41 ou Calvin en dialogue avec Melanchthon, in: Frank, Melanchthon (2002), 85–96.

MINÁRIK, Litaratúry
JOZEF MINÁRIK, Dejiny slovenskej Litaratúry, Bd. 1: Staršia slovenská literatúra (800–1780), Bratislava 1985.

MÓDIS, Kiadásai
LÁSZLÓ MÓDIS, A második Helvét Hitvallás magyar és magyarországi kiadásai, in: Bartha, Studia et acta II, 89–99.

MOELLER, Deutschland
BERND MOELLER, Deutschland im Zeitalter der Reformation, Göttingen [4]1999 (Deutsche Geschichte, Bd. 4).

MOKOS, Kánonok
GYULA MOKOS, A herczegszöllősi kánonok. Más egyházi kánonokkal egybeveté, Budapest 1901.

MOLNÁR, Bocskay
ANDREA MOLNÁR, Fürst Stefan Bocskay als Staatsmann und Persönlichkeit im Spiegel seiner Briefe (1598–1606), München 1983 (Studia Hungarica, Bd. 23).

MONDRAIN, Transfer
BRIGITTE MONDRAIN, Der Transfer griechischer Handschriften nach der Eroberung Konstantinopels, in: Franz Fuchs (Hg.), Osmanische Expansion und europäischer Humanismus. Akten des interdisziplinären Symposiums vom 29. und 30. Mai 2003 im Stadtmuseum Wiener Neustadt, Wiesbaden 2005 (Pirckheimer Jahrbuch für Renaissance- und Humanismusforschung, Bd. 20), 109–122.

MONOK, Bánffy
ISTVÁN MONOK, Hof und Buchkultur der Familie Bánffy in Unterlimbach, in: ders., Blut, 62–71.

MONOK, Batthyány
ISTVÁN MONOK, Hof und Buchkultur der Familie Batthyány in Güssing, in: ders., Blut, 90–109.

MONOK, Blut
ISTVÁN MONOK et al. (Hg.), Blaues Blut & Druckerschwärze. Aristokratische Büchersammlungen 1500 bis 1700, s.l. [Eisenstadt] s.d. [2005].

Monok, Buchdruck
István Monok, Der Basler Buchdruck und die Gelehrtenbibliotheken in Ungarn im 16. Jahrhundert, in: Čičaj, Orbis, 33 – 39.

Monok, Buchkultur
István Monok, Über die Buchkultur Westungarns (Vorwort), in: Adattár 18/2, 7 – 25.

Monok, Contrôle
István Monok, Le contrôle et la circulation des livres protestant en Hongrie après l'expulsion des Turcs, in: Marie-Elizabeth Ducreux und Martin Svatoš (Hg.), Libri prohibiti. La censure dans l'espace habsbourgeois 1650 – 1850, Leipzig 2005 (L'Europe en réseaux. Contributions à l'histoire de la culture écrite 1650 – 1918, Bd. 1), 105 – 115.

Monok, Csanaki
István Monok, Csanaki Máté könyvjegyzéke, MKSz 99 (1983), 256 – 262.

Monok, Drucker
István Monok, Drucker in Siebenbürgen im 16. Jahrhundert als Textvermittler, in: Wien, Humanismus, 205 – 217.

Monok, Humanistes
István Monok et al. (Hg.), Humanistes du bassin des Carpates. I. Traducteurs et éditeurs de la Bible, Turnhout 2007 (Europa Humanistica).

Monok, Könyvtárai
István Monok, A Rákóczi-család könyvtárai 1588 – 1660, Szeged 1996 (A kárpát-medence kora újkori könyvtárai, Bd. 1).

Monok, Lesestoffe
István Monok, Lesestoffe ungarischer Studierender während ihrer Studienjahre in den Niederlanden an der Wende des 17. und 18. Jahrhunderts, in: den Hollander, Peregrinatio, 43 – 54.

Monok, Magnaten
István Monok, Lesende Magnaten und Bürger im Westungarn des 16. und 17. Jahrhunderts, in: Bibliothekar und Forscher. Beiträge zur Landeskunde des burgenländisch-westungarischen Raumes, Festschrift für Norbert Frank zum 60. Geburtstag, Eisenstadt 2003 (Burgenländische Forschungen, Sonderbd. 25), 179 – 190.

Monok, Nádasdy
István Monok, Hof und Buchkultur der Familie Nádasdy in Sárvár und Pottendorf, in: ders., Blut, 71 – 90.

Monok, Vorwort
István Monok, Vorwort, in: ders., Könyvtárai, XXXI – XLV.

Mörikofer, Geschichte
Johann Caspar Mörikofer, Geschichte der evangelischen Flüchtlinge in der Schweiz, Leipzig 1876.

Moser, Bewegung
Christian Moser/Peter Opitz (Hg.), Bewegung und Beharrung: Aspekte des

reformierten Protestantismus 1520–1650. Festschrift für Emidio Campi, Amsterdam 2009 (Studies in the History of Christian Traditions, Bd. 144).

MOUT, Humanism
NICOLETTE MOUT, Erasmian Humanism and Protestantism During the First Half of the Sixteenth Century, in: Sebők, Republic, 5–22.

MOUT, Humanismus
NICOLETTE MOUT, Erasmischer Humanismus und reformierter Protestantismus zur Zeit a Lascos, in: Strohm, A Lasco, 21–34.

MUCKENHAUPT, Bucheinbände
ERZSÉBET MUCKENHAUPT/MARIANNE ROZSONDAI, Historische Bucheinbände aus dem Besitz Johannes Henkels, GutJb 64 (1989), 192–224.

MUHLACK, Geschichtswissenschaft
ULRICH MUHLACK, Geschichtswissenschaft im Humanismus und in der Aufklärung. Die Vorgeschichte des Historismus, München 1991.

MÜHLING, Bekenntnis
ANDREAS MÜHLING, Zürcher Bekenntnis von 1545, in: RBS 1/2, 449–455.

MÜHLING, Kirchenpolitik
ANDREAS MÜHLING, Heinrich Bullingers europäische Kirchenpolitik, Bern 2001 (Zürcher Beiträge zur Reformationsgeschichte, Bd. 19).

MÜHLING, Sozzini
ANDREAS MÜHLING, Lelio Sozzini. Bemerkungen zum Umgang Heinrich Bullingers mit „Häretikern", in: Athina Lexutt und Vicco von Bülow (Hg.), Kaum zu glauben. Von der Häresie und dem Umgang mit ihr, Winrich 1998 (Arbeiten zur Theologiegeschiche, Bd. 5), 162–170

MÜLLER, Reformation
ANDREAS MÜLLER (Hg.), Reformation zwischen Ost und West. Valentin Wagners griechischer Katechismus (Kronstadt 1550), Köln/Weimar/Wien 2000 (Schriften zur Landeskunde Siebenbürgens, Bd. 23).

MÜLLER, Brüderunität
JOSEPH T. MÜLLER, Die Böhmische Brüderunität und Zwingli, Zwa III (1920), 514–524.

MÜNCH, Chronicon
GOTTHARD MÜNCH, Das Chronicon Carionis Philippicum. Ein Beitrag zur Würdigung Melanchthons als Historiker, JHKSA 1 (1925), 199–283.

MURDOCK, Calvinism
GRAEME MURDOCK, Calvinism on the Frontier 1600–1660. International Calvinism and the Reformed Church in Hungary and Transylvania, Oxford 2000 (Oxford historical monographs).

MURDOCK, Catechizing
GRAEME MURDOCK, Calvinist catechizing and Hungarian Reformed identity, in: Crăciun, Identity, 81–98.

NÄF, Analekten
WERNER NÄF, Vadianische Analekten, St. Gallen 1945 (Vadian-Studien. Untersuchungen und Texte, Bd. 1).

NÄF, Vadian
WERNER NÄF, Vadian und seine Stadt St. Gallen, Bd.1: Humanist in Wien (bis 1518), St. Gallen 1944.

NÄGLER, Biblioteca Brukenthal
DOINA NÄGLER, Biblioteca Museului Brukenthal Sibiu Catalogul Transilvanicelor, Bd. 1 (16.–17. Jh.), Hermannstadt 1974.

NÄGLER, Rumänen
THOMAS NÄGLER, Die Rumänen und die Siebenbürger Sachsen vom 12. Jahrhundert bis 1848, Hermannstadt 1999.

NAGY, Bedeutung
BARNABÁS NAGY, Bullingers Bedeutung für das östliche Europa. Ein Forschungsbericht, in: Ernst Kähler (Hg.), Reformation 1517–1967. Wittenberger Vorträge, Berlin 1968, 84–119.

NAGY, Geschichte Confessio
BARNABÁS NAGY, Geschichte und Bedeutung des zweiten helvetischen Bekenntnisses in den osteuropäischen Ländern, in: Staedtke, Glauben, 109–202.

NAGY, Geschichte Heidelberger
BARNABÁS NAGY, Geschichte und Ausgaben des Heidelberger Katechismus in Ungarn im 16. und 17. Jahrhundert, in: Bartha, Katechismus, 29–82.

NAGY, Méliusz
BARNABÁS NAGY, Méliusz Péter művei. Könyvészeti és tartalmi áttekintés, különös figyelemmel most felfedezett műveire s a forráskutatási feladatokra, in: Bartha, Studia et acta II, 195–301.

NAGY, Quellenforschungen
BARNABÁS NAGY, Quellenforschungen zur ungarischen Reformationsliteratur, unter besonderer Berücksichtigung der Beziehungen zu Bullinger, Zwa XII (1965), 191–206.

NAGY, Sendschreiben
BARNABÁS NAGY (Hg.), Einleitung, zu: Heinrich Bullingers Sendschreiben an die ungarischen Kirchen und Pastoren (1551), Budapest 1968, 9–28.

NAGY, Kálvin
GÉZA NAGY, Kálvin hatása Erdélyre (XVI és XVII. század), ThSz 12 (1936), 301–311.

NAGY, Története
GÉZA NAGY, A református egyház története 1608–1715, 2 Bde., Máriabesnyő/Gödöllő 2008 (Historia Incognita. 1. Reihe, Bd. 22).

NAGY, Családai
IVÁN NAGY, Magyarország családai czímerekkel és nemzékrendi táblákkal, 8 Bde., Pest 1857–1868.

NAGY, Diákjai
SÁNDOR BÉLA NAGY, A genfi akadémia magyar diákjai (1566–1772), ItK 87 (1983), 384–398.

NAGY, Relations
SÁNDOR BÉLA NAGY, Les relations intellectuelles entre Genève et la Hongrie. Les

étudiants hongrois à Genève depuis la Réforme jusqu'à la fin du XVIIIme siècle, in: La „Hungaria" de Genève 1907–1914, 1925–1930, Genf 1930, 16–20.

NAGY, Szikszai

SÁNDOR BÉLA NAGY/MIHÁLY SZENTIMRE, Szikszai Hellopaeus Bálint kátéja, in: Bartha, Studia et acta III, 727–769.

NAGY KÁLOZI, Félegyházi

BALÁZS NAGY KÁLOZI, Félegyházi Tamás dogmatikája, in: Bartha, Studia et acta III, 771–803.

NAGY KÁLOZI, Károlyi

BALÁZS NAGY KÁLOZI, Károlyi Péter, in: Bartha, Studia et acta II, 473–515.

NEMETH, Martinuzzi

GIZELLA NEMETH/ADRIANO PAPO, György Martinuzzi Utyeszenics e la riforma luterana in Transilvania e nelle parti d'Ungheria, Crisia 40 (2010), 181–191.

NETOLICZKA, Beiträge

OSKAR NETOLICZKA, Beiträge zur Geschichte des Johannes Honterus und seiner Schriften, Kronstadt 1930.

NETOLICZKA, Bullingerbrief

OSKAR NETOLICZKA, Der Bullingerbrief an Honterus und Martin Hentius Transylvanus, Hermannstadt 1931.

NETOLICZKA, Honterus (1934)

OSKAR NETOLICZKA, Honterus und Zürich, Zwa VI (1934), 85–98.

NETOLICZKA, Sachse

OSKAR NETOLICZKA, Ein Siebenbürger Sachse als Parteigänger der Schweizer Reformatoren, ARG 34 (1937), 268–271.

NEUSER, Confessio

WILHELM H. NEUSER, Confessio Augustana von 1540/1542, in: RBS 1/2, 137–152.

NEUSER, Katechismus

WILHELM H. NEUSER, Heidelberger Katechismus von 1563, in: RBS 2/2, 167–173.

NEUSER, Versuche

WILHELM NEUSER, Die Versuche Bullingers, Calvins und der Strassburger, Melanchthon zum Fortgang von Wittenberg zu bewegen, in: Gäbler, Bullinger II, 35–55.

NEVAL, Macht

DANIEL A. NEVAL, Die Macht Gottes zum Heil. Das Bibelverständnis von Johann Amos Comenius in einer Zeit der Krise und des Umbruchs, Zürich 2006 (Zürcher Beiträge zur Reformationsgeschichte, Bd. 23).

NIEDERKORN, Mächte

JAN PAUL NIEDERKOM, Die europäischen Mächte und der „lange Türkenkrieg" Kaiser Rudolfs II. (1593–1606), Wien 1993 (Archiv für Österreichische Geschichte, Bd. 135).

NOGA, Geografia

ZDSISŁAW NOGA, Geografia imigracji do krakowskiej elity władzy w średniowieczu i epoce nowożytnej (do połowy XVII w.), in: ders., Elita, 23–32.

NOGA, Elita
ZDSISŁAW NOGA (Hg.), Elita władzy miasta Krakowa i jej związki z miastami Europy w średniowieczu i epoce nowożytnej (do połowy XVII wieku), Krakau 2011.

NUSSBÄCHER, Beiträge
GERNOT NUSSBÄCHER, Beiträge zur Honterus-Forschung 1966–1989, Kronstadt 2003.

NUSSBÄCHER, Versuch
GERNOT NUSSBÄCHER, Versuch einer Bibliographie der ausländischen Ausgaben des Kronstädter Humanisten Johannes Honterus (Stand 25. April 2000), in: Salgó, Honterus-Festschrift, 150–190.

NYIKOS, Erasmus
LAJOS NYIKOS, Erasmus und der böhmisch-ungarische Königshof, Zwa VI (1937), 346–374.

OLÁH, Kálvin
RÓBERT OLÁH, Kálvin művei a kora újkori magyarországi könyvtárakban, in: Gáborjáni Szabó, Tanulmányok, 116–148.

OPITZ, Bullinger
PETER OPITZ, Heinrich Bullinger als Theologe. Eine Studie zu den „Dekaden", Zürich 2004.

OPITZ, Katechismus
PETER OPITZ, Der Heidelberger Katechismus, Schweizer Wurzeln, Schweizer Verbreitung, in: Karla Apperloo-Beorsma und Herman J. Selderhuis (Hg.), Macht des Glaubens – 450 Jahre Heidelberger Katechismus, Gütersloh 2013, 63–71.

OPITZ, Leben
PETER OPITZ, Leben und Werk Johannes Calvins, Göttingen 2009.

ODLOŽILIK, Widerhall
OTOKAR ODLOŽILIK, Der Widerhall der Lehre Zwinglis in Mähren, Zwa IV (1925), 257–276.

ŐSZ, Auswirkungen
SÁNDOR ELŐD ŐSZ, Auswirkungen des Helvetischen Bekenntnisses auf die Rumänen im siebenbürgischen Komitat Hunyad-Zaránd in der Frühen Neuzeit, in: Fata, Calvin, 111–132.

ŐSZ, Kálvin-kötetek
SÁNDOR ELŐD ŐSZ, Kálvin-kötetek a régi erdélyi könyvtárakban, in: Gáborjáni Szabó, Tanulmányok, 149–187.

ŐSZ, Kálvinizmus
SÁNDOR ELŐD ŐSZ, Kálvinizmus a periférián, in: Fazakas, Kálvin, 265–290.

ÖTVÖS, Wittenberg
PÉTER ÖTVÖS, Aus Wittenberg heimgekehrt. Möglichkeiten und Grenzen der Aktivität in der Heimat, in: Kühlmann, Deutschland, 199–206.

OVERELL, Exploitation
M. ANNE OVERELL, The Exploitation of Francesco Spiera, SCJ XXVI/3 (1995), 619–637.

PACZOLAY, Baranyai
GYULA PACZOLAY, János Baranyai Decsi and his Adagia, in: Gábor Barna et al. (Hg.), „Igniculi sapientiae". János-Baranyai-Decsi-Festschrift, Symposium und Ausstellung zum 400. Jahrestag des Erscheinenes der Adagia von János Baranyai Decsi in der Széchényi Nationalbibliothek, 1998, Budapest 2004 (Libri de libris), 39–48.

PANNIER, Calvin
JAQUES PANNIER, Calvin et les Turques, RH 180 (1937), 268–286.

PAPO, Umanisti
ADRIANO PAPO, Umanisti e storiografi italiani alle corti d'Ungheria e di Transilvania, in: Adriano Papo und Gizella Nemeth (Hg.), „Hungarica varietas". Mediatori culturali tra Italia e Ungheria, Mariano 2003, 93–102.

PAPP, Kálmáncsehi
GUSZTÁV PAPP, Kálmáncsehi Sánta Márton, Budapest 1935.

PATAKI, Orvoslás
JENŐ PATAKI, Az erdélyi orvoslás kultúrtörténetéből, Pilicsaba 2004 (Magyar tudománytörténeti szemle könyvtára, Bd. 37).

PATAKY, Beythe
LÁSZLÓ PATAKY, Beythe István ágendája, in: Bartha, Studia et acta III, 661–677.

PATAKY, Pathai
LÁSZLÓ PATAKY, Pathai István kátéja, in: Bartha, Studia et acta III, 839–848.

PAVEL, Carte
EUGEN PAVEL, Carte şi tipar la Bălgrad (1567–1702), Klausenburg-Cluj 2001.

PAVERCSIK, Brewer-nyomda
ILONA PAVERCSIK, A lőcsei Brewer-nyomda a XVII.–XVIII. században, OSzK ÉvK 1979, 353–408, sowie OSzK ÉvK 1980, 349–473.

PAVERCSIK, Könyvkereskedelem
ILONA PAVERCSIK, A magyar könyvkereskedelem történetének vázlata 1800-ig, in: V. Ecsedy, Könyvnyomtatás, 295–340.

PAVERCSIK, Todesfälle
ILONA PAVERCSIK, Geheimnisvolle und unheimliche Todesfälle im ungarischen Buchgewerbe, in: Jitka Radimská (Hg.), „Vita morsque et librorum historia", Budweis 2006 (Opera romanica, Bd. 9), 417–432.

PESTI, Erbauungsliteratur
BRIGITTA PESTI, Erbauungsliteratur und weibliches Lesepublikum. Lesegwohnheiten von Frauen des 17. Jahrhunderts in Ungarn, WEBFU 2009, 1–10.

PÉTER, Bibellesen
KATALIN PÉTER, Bibellesen ein Programm für jedermann im Ungarn des 16. Jahrhunderts, in: Szabó, Iter, 7–38.

PÉTER, Idea
KATALIN PÉTER, The Idea of the Community of Intellectuals in the Mind of a Renaissance Maecenas: Tamás Nádasdy 1498–1562, in: Sebők, Republic, 141–167.

PÉTER, Fogorvoslás
MIHÁLY PÉTER, Az erdélyi fogorvoslás történetéből, Târgu Mureş 2006.

PETER, Bibliotheca Calviniana
RODOLPHE PETER/JEAN-FRANÇOIS GILMONT, Bibliotheca Calviniana. Les œuvres de Jean Calvin publiées au XVIᵉ siècle, I. Écrits théologiques, littératures ez juridiques 1532 – 1554, Genf 1991 (Travaux d'Humanisme et Renaissance, Bd. 255).

PETRITSCH, Reich
ERNST D. PETRITSCH, Das osmanische Reich und Siebenbürgen im Reformationszeitalter, in: Leppin, Konfessionsbildung, 15 – 23.

PETRŐCZI, Lorántffy
ÉVA PETRŐCZI, Lorántffy Zsuzsanna és Medgyesi Pál, in: Edit Tamás (Hg.), Erdély és Patak fejedelemasszonya Lorántffy Zsuzsanna I., Sárospatak 2000, 115 – 129.

PEYER, Bildnis
BERNHARD PEYER/HEINRICH PEYER, Bildnis und Siegel des Arztes Johann Conrad Peyer (1653 – 1712), Schaffhausen 1943.

PFISTER, Bekenntnis
RUDOLF PFISTER, Das Zweite Helvetische Bekenntnis in der Schweiz, in: Staedtke, Glauben, 54 – 80.

PFISTER, Kirchengeschichte
RUDOLF PFISTER, Kirchengeschichte der Schweiz, 3 Bde., Zürich 1964 – 1984.

PFISTER, Reformation
RUDOLF PFISTER, Reformation, Türken und Islam, Zwa X (1956), 345 – 375.

PFISTER, Türgg
RUDOLF PFISTER, Antistes Heinrich Bullinger über den „Türgg", EMM 98 (1954), 69 – 78.

PFISTER, Türkenbüchlein
RUDOLF PFISTER, Das Türkenbüchlein Biblianders, ThZ 9 (1953), 438 – 454.

PHILIPPI, Schlacht
MAJA PHILIPPI, Von der Schlacht bei Mohács bis zum grossen Brand (1526 – 1689), in: Harald Roth (Hg.), Kronstadt. Eine siebenbürgische Stadtgeschichte, München 1999, 42 – 58.

PIERCE, Vergerio
ROBERT A. PIERCE, Pier Paolo Vergerio the propagandist, Rom 2003 (Uomini e dottrine, Bd. 40).

PINTÉR, Bevezetés
GÁBOR PINTÉR, Bevezetés, in: Horváti Békés, Diáknaplója, 5 – 21.

PIRNÁT, Introduction
ANTAL PIRNÁT, Introduction, in: Robert Dán (Hg.), De falsa et vera unius Dei Patris, Filii et Spiritus Sancti cognitione libri duo (Alba Iuliae) 1568, Utrecht 1588 (Biblioteca Unitariorum, Bd. 2), IX – LXXV.

PIRNÁT, Sommer
ANTAL PIRNÁT, Der antitrinitarische Humanist Johannes Sommer und seine Tätigkeit in Klausenburg, in: Irmscher, Renaissance, 49 – 60.

POPA GORJANU, Olahus
CORNELIA POPA GORJANU, Despre motivația scrisului istoric la Nicolaus Olahus,

in: Ana Maria Roman-Negoi (Hg.), Reconstituiri istorice idei, cuvinte, reprezentări. Omagiu profesorului Iacob Mârza, Karlsburg-Alba Iulia 2006, 80–91.

PREISENDANZ, Ausgabe

KARL PREISENDANZ, Zur ältesten Ausgabe des Dionysios von Halikarnass, GutJb 3 (1928), 110–114.

PREMUDA, Medizinstudenten

LORIS PREMUDA, Schweizer Medizinstudenten und Ärzte im Gebiet zwischen Padua und Triest, Gesnerus 41 (1984), 299–321.

PROSPERI, Eresia

ADRIANO PROSPERI, L'eresia del Libro Grande. Storia di Giorgio Siculo e della sua setta, Milano 2000 (Campi dei sapere).

RABE, Reichsbund

HORST RABE, Reichsbund und Interim. Die Verfassungs- und Religionspolitik Karls V. und der Reichtag von Augsburg 1547/48, Köln/Wien 1971.

RÁCZ, Inspiration: Calvin

LAJOS RÁCZ, L'inspiration française dans le protestantisme hongrois. I: Calvin et Théodore de Bèze en Hongrie, RÉH 3 (1925), 11–20.

RÁCZ, Inspiration: Molnár

LAJOS RÁCZ, L'inspiration française dans le protestantisme hongrois. II: Albert Szenci Molnár, RÉH 3(1925), 255–268.

RADIMSKÁ, Jazyk

JITKA RADIMSKÁ (Hg.), Jazyk a řeč knihy, Prag 2009 (Opera Romanica, Bd. 11).

RAEDER, Verhältnis

SIEGFRIED RAEDER, Luthers Verhältnis zum Islam. Zeitbedingtes und Bedenkenswertes, Luther 76 (2005), 11–27.

REILL, Geschichtswissenschaft

PETER HANNS REILL, Die Geschichtswissenschaft um die Mitte des 18. Jahrhunderts, in: Rudolf Vierhaus (Hg.), Wissenschaften im Zeitalter der Aufklärung, Göttingen 1985, 163–193.

REINERTH, Bullinger-Brief

KARL REINERTH, Zum Bullinger-Brief an Johannes Honterus, Zwa XIII (1965), 287–292.

REINERTH, Ephorinus

KARL REINERTH, Anselmus Ephorinus. Zur Frage der humanistisch-reformatorischen Bestrebungen zwischen Krakau – Nürnberg – Basel – Wittenberg und Kronstadt, SODA VII (1964–65), 184–193.

REINERTH, Gründung

KARL REINERTH, Die Gründung der evangelischen Kirche in Siebenbürgen, Köln/Wien 1979 (Studia Transilvanica, Bd. 5).

REINERTH, Hentius

KARL REINERTH, Martinus Hentius aus Kronstadt über den Lehrunterschied zwischen Wittenberg und der Schweiz in der Abendmahlsfrage im Jahre 1543, ARG 54 (1963), 181–198.

REINERTH, Honterusprobleme
KARL REINERTH, Honterusprobleme, SODA XI (1968), 170–180.

REINERTH, Spuren
KARL REINERTH, Auf Johannes Honters Spuren in Basel, SODSB 17/18 (1966/67), 41–54.

RENSING, Wernher
ELFRIEDE RENSING, Georg Wernher (1490?–1556), Präsident der Zipser Kammer, in: Jahrbuch des Graf Klebelsberg Kuno Instituts der ungarischen Geschichtsforschung in Wien, hg. von Dávid Angyal, Budapest 1933, 31–58.

RESKE, Buchdrucker
CHRISTOPH RESKE, Die Buchdrucker des 16. und 17. Jahrhunderts im deutschen Sprachgebiet. Auf der Grundlage des gleichnamigen Werkes von Josef Benzing, Wiesbaden 2007 (Beiträge zum Buch- und Bibliothekswesen, Bd. 51).

RÉVÉSZ, Bucer
IMRE RÉVÉSZ, Bucer Márton és a magyar reformáció, ThSz 9 (1933), 18–29.

RÉVÉSZ, Draskovich
IMRE RÉVÉSZ, Kálvin legelső magyar támadója Draskovich György és Confutatioja, ThSz 9 (1933) 3–18.

RÉVÉSZ, Egyháztörténet
IMRE RÉVÉSZ, Magyar református egyháztörténet, 1. Bd.: 1520–1608, Debrecen 1938 (Református egyházi könyvtár, Bd. 20).

RÉVÉSZ, Kálvin
IMRE RÉVÉSZ, Kálvin az 1564-i nagyenyedi zsinaton, in: László Ravasz et al. (Hg.), Theologiai Tanulmányok. Emlékkönyv dr. Kecskeméthy István [...] életének 70., [...], Klausenburg-Kolozsvár 1934, 109–123.

RÉVÉSZ, Orthodoxie
IMRE RÉVÉSZ, Entre l'orthodoxie et les lumières. Tolérance et intolérance dans le protestantisme calviniste. Des XVIe–XVIIIe siècles en Hongrie, NEH 1 (1965), 415–436.

RÉVÉSZ, Szempontok
IMRE RÉVÉSZ, Szempontok a magyar „kálvinizmus" eredetének vizsgálatához, in: „Tegnap és ma és örökké." Révész Imre összegyűjtött tanulmányai az egyház múltjából és jelenéből, Debrecen 1944, 145–161.

RÉVÉSZ, Tanulók
IMRE RÉVÉSZ, Magyar tanulók Wittenbergben Melanchthon haláláig, MTT 6 (1859), 205–230.

RÉVÉSZ, Tételek
IMRE RÉVÉSZ, Dévay Mátyástól erednek-é az 1544-i tételek, in: Szentpéteri Kun Béla Emlékkönyv, Debrecen 1946, 437–452.

RÉVÉSZ, Reformation
LÁSZLÓ RÉVÉSZ, Die helvetische Reformation in Ungarn, UJb 4 (1972), 72–100.

ŘÍČAN, Brüder
RUDOLF ŘÍČAN, Die Böhmischen Brüder. Ihr Ursprung und ihre Geschichte. Mit einem Kapitel über die Theologie der Brüder von Amadeo Molnár, Berlin 1961.

Řičan, Melanchthon
RUDOLF ŘIČAN, Melanchthon und die böhmischen Länder, in: Bach, Melanchthon, 237 – 260.

Řičan, Reich
RUDOLF ŘIČAN, Das Reich Gottes in den Böhmischen Ländern. Geschichte des tschechischen Protestantismus, Stuttgart 1957.

Rich, Anfänge
ARTHUR RICH, Die Anfänge der Theologie Huldrych Zwinglis, Zürich 1949.

Ritoókné Szalay, Albani Csirke
ÁGNES RITOÓKNÉ SZALAY, Albani Csirke György, Melanchthon magyar tanítvanya, Diakónia 1980/2, 15 – 23.

Ritoók-Szalay, Balsaráti Vitus (1976)
ÁGNES RITOÓK-SZALAY, Balsaráti Vitus János magyar orvosdoktor a 16. században, OtK 78 – 79 (1976), 13 – 42.

Ritoók-Szalay, Balsaráti Vitus (1999)
ÁGNES RITOÓK-SZALAY, János Balsaráti Vitus, ein ungarischer Doktor der Medizin im 16. Jahrhundert, in: Szabó, Iter, 118 – 153.

Ritoók-Szalay, Erasmus
ÁGNES RITOÓK-SZALAY, Erasmus und die ungarischen Intellektuellen des 16. Jahrhunderts, in: Buck, Erasmus, 111 – 128.

Ritoók, Macarius
AGNES RITOÓK, Ein ungarischer Schüler Melanchthons: Josephus Macarius, ACUD IV (1968), 107 – 117.

Ritoók-Szalay, Melanchthon
ÁGNES RITOÓK-SZALAY, Warum Melanchthon? Über der Wirkung Melanchthons im ehemaligen Ungarn, in: Frank, Melanchthon (2001), 273 – 284.

Rohls, Philosophie
JAN ROHLS, Philosophie und Theologie in Geschichte und Gegenwart, Tübingen 2002.

Rohls, Theologie
JAN ROHLS, Die protestantische Theologie der Neuzeit, Bd. I: Die Voraussetzungen und das 19. Jahrhundert, Tübingen 1997.

Rohmer, Buchdruck
ERNST ROHMER, Buchdruck für Ostmittel-, Ost- und Südosteuropa in den Zentren der Gelehrsamkeit nördlich der Alpen, in: Haberland, Wissenstransfer, 135 – 154.

Roling, Glaube
BERND ROLING, Glaube, Imagination und leibliche Auferstehung: Pietro Pomponazzi zwischen Avicenna, Averroes und jüdischem Averroismus, in: Andreas Speer und Lydia Wegener (Hg.), Wissen über Grenzen. Arabisches Wissen und lateinisches Mittelalter, Berlin 2006 (Miscellanea mediaevalia, Bd. 33), 677 – 699.

Roth, Reformation
ERICH ROTH, Die Reformation in Siebenbürgen. In Verhältnis zu Wittenberg und der Schweiz, 2 Bde., Köln/Graz 1962 – 1964 (Siebenbürgisches Archiv, Bd. 2 und 4).

ROTH, Hutterer
HARALD ROTH, Von den Hutterern zu den Landerern in Siebenbürgen, in: Bahlcke, Glaubensflüchtlinge, 335–343.

ROTH, Diploma
PAUL W. ROTH, Das Diploma Leopoldinum. Vorgeschichte, Bestimmungen, in: Lengyel, Siebenbürgen, 1–11.

ROTHER, Siebenbürgen
CHRISTIAN ROTHER, Siebenbürgen und der Buchdruck im 16. Jahrhundert. Mit einer Bibliographie „Siebenbürgen und der Buchdruck", Wiesbaden 2002 (Buchwissenschaftliche Beiträge aus dem deutschen Bucharchiv München, Bd. 71).

ROTHER, Ramus
WOLFGANG ROTHER, Ramus and Ramism in Switzerland, in: Mordechai Feingold et al. (Hg.), The influence of Petrus Ramus. Studies in sixteenth and seventeenth century philosophy and sciences, Basel 2001 (Schwabe Philosophica, Bd. 1), 9–37.

ROTHKEGEL, Glaube
MARTIN ROTHKEGEL, Glaube als Geschenk – Ein frühneuzeitliches Argument für Religionsfreiheit, ZThG 15 (2010), 290–312.

ROTHKEGEL, Palaeologus
MARTIN ROTHKEGEL, Iacobus Palaeologus und die Reformation. Antireformatorische Polemik in der verlorenen Schrift *Pro Serveto contra Calvinum*, in: Wien, Unitarier, 91–134.

ROZSONDAI, Koberger
MARIANNE ROZSONDAI, Anton Koberger működése és a Koberger-kötések problémája, Budapest 1978.

ROZSONDAI, Platte
MARIANNE ROZSONDAI, Eine Platte mit dem Bildnis von Calvin und Beza auf Wittenberger Einbänden ungarischer Studenten, GutJb 68 (1993), 324–342.

ROZZO, Vergerio
UGO ROZZO (Hg.), Pier Paolo Vergerio il Giovane, un polemista attraverso l'Europa del Cinquecento. Convegno internazionale di studi Cividale del Friuli, 15–16 ottobre 1998, Udine 2003 („Libri e Biblioteche", Bd. 8).

RUDERSDORF, Fürstenhof
MANFRED RUDERSDORF/THOMAS TÖPFER, Fürstenhof, Universität und Territorialstaat. Der Wittenberger Humanismus, seine Wirkungsräume und Funktionsfelder im Zeichen der Reformation, in: Maissen, Funktionen, 214–261.

RÜETSCHI, Bibliander
KURT-JAKOB RÜETSCHI, Theodor Bibliander. Exeget und Sprachgelehrter, in: Bächtold, Schola Tigurina, 30 f.

RUMMEL, Erasmus
ERIKA RUMMEL, Erasmus, London/New York 2004 (Outstandig Christian thinkers).

RUPEL, Truber
MIRKO RUPEL, Primus Truber. Leben und Werk des slowenischen Reformators,

Deutsche Übersetzung und Bearbeitung von Balduin Saria, München 1965 (Südosteuropa-Schriften, Bd. 5).

ŠAFAŘÍK, Geschichte
PAUL JOSEF ŠAFAŘÍK, Geschichte der südslawischen Literatur, Teil 2: Geschichte der illyrischen und kroatischen Literatur, hg. von Josef Jireček, Prag 1865.

SAKRAUSKY, Einflüsse
OSKAR SAKRAUSKY, Theologische Einflüsse Bullingers bei Primus Truber, in: Gäbler, Bullinger II, 177–195.

SAKRAUSKY, Strömungen
OSKAR SAKRAUSKY, Theologische Strömungen in der reformatorischen Literatur der Slowenen und Kroaten, in: Berčič, Abhandlungen, 135–151.

SAKRAUSKY, Truber
OSKAR SAKRAUSKY, Primus Truber. Der Reformator einer veregessenen Kirche in Krain, Kärnten 1986.

SAKTOROVÁ, Bibliothek
HELENA SAKTOROVÁ, Die Bibliothek des Palatins Georg Graf Thurzó und die Familienbibliothek des Illésházy, in: Monok, Blut, 160–175.

SAKTOROVÁ, Drucke
HELENA SAKTOROVÁ, Schweizerische Drucke in der Bibliothek von Palatinus Georgius Thurzó, in: Čičaj, Orbis, 251–256.

SALGÓ, Honterus-Festschrift
ÁGNES W. SALGÓ/ÁGNES STEMLER (Hg.), Honterus-Festschrift. Wissenschaftliche Tagung und Ausstellung zum 450-jährigen Todestage von Johannes Honterus in der Ungarischen Széchényi Nationalbibliothek, 1999, Budapest 2001 (Libri de libris).

VON SALIS-SOGLIO, Familie
NICOLAUS VON SALIS-SOGLIO, Die Familie von Salis. Gedenkblätter aus der Geschichte des ehemaligen Freistaates der drei Bünde in Hohenrhätien, Lindau i.B. 1891.

SANTARELLI, Corrispondenza
DANIELE SANTARELLI (Hg.), La corrispondenza di Bernardo Navagero, ambasciatore veneziano a Roma (1555–1558). Dispacci al Senato, 8 novembre 1557–19 marzo 1558; Dispacci ai Capi dei Dieci, 4 ottobre 1555–13 marzo 1558, Rom 2011 (Il „cannocchiale" dello storico, Bd. 11).

SARIA, Reformation
BALDUIN SARIA, Die slowenische Reformation und ihre Bedeutung für die kulturelle Entwicklung der Slowenen, in: Berčič, Abhandlungen, 23–49.

SAXER, Confessio
ERNST SAXER, Confessio Helvetica Prior von 1536, in: RBS 1/2, 33–43.

SAXER, Genfer Katechismus (1537)
ERNST SAXER, Genfer Katechismus und Glaubensbekenntnis (1537), in: CStA 1.1, 131–137.

SAXER, Genfer Katechismus (1542)
ERNST SAXER, Genfer Katechismus von 1542, in: RBS 1/2, 279–288.

SCHAFFERT, Heidegger
  HANS SCHAFFERT, Johann Heinrich Heidegger 1633–1698. Professor der Theo-
  logie. Protektor der ungarischen Prädikanten, Zürich 1975.
SCHAFFERT, Theologe
  HANS SCHAFFERT, Der Theologe und Arzt Nikolaus Zaffius. Kontaktperson in
  Neapel 1675 und 1676, in: Barton, Rebellion, 146–150.
SCHEIBLE, Beziehungen
  HEINZ SCHEIBLE, Melanchthons Beziehungen zum Donau-Karpaten-Raum bis
  1546, in: Weber, Luther, 36–67.
SCHEIBLE, Melanchthon (1984)
  HEINZ SCHEIBLE, Melanchthon zwischen Luther und Erasmus, in: Buck, Re-
  naissance, 155–180.
SCHEIBLE, Melanchthon (1997)
  HEINZ SCHEIBLE, Melanchthon. Eine Biographie, München 1997.
SCHILLING, Europa
  HEINZ SCHILLING, Das konfessionelle Europa. Die Konfessionalisierung der eu-
  ropäischen Länder seit Mitte des 16. Jahrhunderts und ihre Folgen für Kirche,
  Staat, Gesellschaft und Kultur, in: Bahlcke, Konfessionalisierung, 13–62.
SCHILLING, Konfessionalisierung
  HEINZ SCHILLING, Konfessionalisierung und Staatsinteressen. Internationale
  Beziehungen 1559–1660, Paderborn/München/Wien/Zürich 2007 (Handbuch der
  Geschichte der Internationalen Beziehungen, Bd. 2).
SCHINDLING, Humanismus
  ANTON SCHINDLING, Humanismus und Legitimation von Krieg und Frieden, in:
  Maissen, Funktionen, 343–361.
SCHIRRMACHER, Glaubenslehre
  THOMAS SCHIRRMACHER, Johannes Calvin: Christliche Glaubenslehre. Erstaus-
  gabe der „Institutio" von 1536, Hamburg 2008 (Reformierte Klassiker biblischer
  Lehre, Bd. 3), VII–LVI.
SCHLÉGL, Beziehungen (1966)
  ISTVÁN SCHLÉGL, Die Beziehungen Heinrich Bullingers zu Ungarn, Zwa 12 (1966),
  330–370.
SCHMID, Peyer
  HANS SCHMID, Johann Conrad Peyer, SBG 46 (1969), 244–250.
SCHORN-SCHÜTTE, Interim
  LUISE SCHORN-SCHÜTTE, Das Interim 1548/50. Herrschaftskrise und Glaubens-
  konflikt, Gütersloh 2005.
SCHOTTENLOHER, Flugblatt
  KARL SCHOTTENLOHER, Flugblatt und Zeitung. Ein Wegweiser durch das ge-
  druckte Tagesschrifttum, Bd. 1: Von den Anfängen bis 1848, neu hrsg., eingeleitet
  und ergänzt von Johannes Binkowski, München 1985 (Bibliothek für Kunst- und
  Antiquitätenfreunde, Bd. 21).

SCHOTTENLOHER, Handschriftenforschung
KARL SCHOTTENLOHER, Handschriftenforschung und Buchdruck im XV. und XVI. Jahrhundert, GutJb 6 (1931), 73–106.

SCHRAUF, Anyakönyve
KÁROLY SCHRAUF (Hg.), A bécsi egyetem magyar nemzetének anyakönyve (1453-tól 1630-ig), Budapest 1902 (= KARL SCHRAUF [Hg.], Die Matrikel der ungarischen Nation an der Wiener Universität [1453–1630], Wien 1902).

SCHRAUF, Matrikel
KARL SCHRAUF (Hg.), Die Matrikel der ungarischen Nation an der Wiener Universität (1453–1630), Wien 1902 (Magyarországi tanulók külföldön, Bd. 4).

SCHRAUF, Regestrum
KARL SCHRAUF (Hg.), Regestrum Bursae Hungarorum Cracoviensis. Das Inwohner-Verzeichnis der Ungarischen Studentenburse zu Krakau (1493–1558), Wien 1893.

SCHUBERT, Ende
ANSELM SCHUBERT, Das Ende der Sünde. Anthropologie und Erbsünde zwischen Reformation und Aufklärung, Göttingen 2002 (Forschungen zur Kirchen- und Dogmengeschichte, Bd. 84).

SCHULEK, Nyomtatványok
TIBOR SCHULEK, XVI. századi magyar nyomtatványok töredékei a wolfenbütteli könyvtárban, MKSz 86 (1970), 119–129.

SCHULLERUS, Quellenkunde
ADOLF SCHULLERUS, Zur Quellenkunde der siebenbürgischen Reformationsgeschichte, in: Beiträge zur Geschichte der ev. Kirche A.B. in Siebenbürgen, Festschrift Friedrich Teutsch, Hermannstadt 1922, 73–84.

SCHULTHEISS, Antoninus
EMIL SCHULTHEISS, Joannes Antoninus Cassoviensis. Humanist und Arzt des Erasmus, Gesnerus 17 (1960), 117–122.

SCHWARZ, Lumen
KARL W. SCHWARZ, „Lumen et Reformator Ecclesiae Superioris Hungariae". Der Melanchthonschüler Leonhard Stöckel (1510–1560) – ein Schul- und Kirchenreformer im Karpatenraum, in: Peter Bubmann und Hans-Jürgen Luibl (Hg.), Philipp Melanchthon – Praeceptor Europae, Erlangen 2010, 52–69.

SCHWARZ, Reformation
KARL SCHWARZ/PETER ŠVORC (Hg.), Die Reformation und ihre Wirkungsgeschichte in der Slowakei. Kirchen- und konfessionsgeschichtliche Beiträge, Wien 1996 (Studien und Texte zur Kirchengeschichte und Geschichte. Reihe 2, Bd. 14).

SCHWEIZER, Centraldogmen
ALEXANDER SCHWEIZER, Die protestantischen Centraldogmen in ihrer Entwicklung innerhalb der reformierten Kirche, Bd. 1, Zürich 1854.

SCHWEIZER, Die Entstehung
ALEXANDER SCHWEIZER, Die Entstehung der helvetischen Consensus-Formel, aus Zürichs Specialgeschichte näher beleuchtet, ZHTh 30 (1860), 122–148.

SCHWOB, Beziehungen
UTE M. SCHWOB, Kulturelle Beziehungen zwischen Nürnberg und den Deutschen im Südosten im 14. bis 16. Jahrhundert, München 1969 (Buchreihe der Südostdeutschen Historischen Kommission, Bd. 22).

SCHWOB, Humanistenkreis
UTE MONIKA SCHWOB, Der Ofener Humanistenkreis der Königin Maria von Ungarn, SODA 18 (1975), 50–73.

SCHWOB, Türcken
UTE MONIKA SCHWOB, „Vom kriege widder die Türcken". Martin Luthers verhängnisvolle Ratschläge „mit welcherley gewissen und weise der krieg widder den Türcken solt für zu nehmen sein", SODVB 23 (1974), 240–244.

SEBŐK, Humanista
MARCELL SEBŐK, Humanista a határon. A késmarki Sebastian Ambrosius története (1554–1600), Budapest 2007 (Mikrotörténelem, Bd. 1).

SEBŐK, Republic
MARCELL SEBŐK (Hg.), Republic of Letters, Humanism, Humanities. Selected papers of the workshop held at the Collegium Budapest in cooperation with NIAS between November 25 an 28, 1999, Budapest 2005 (Collegium Budapest Workshop Series, Bd. 15).

SÉGUENNY, Bibliotheca
ANDRÉ SÉGUENNY (Hg.), Bibliotheca Dissidentium. Répertoire des non-conformistes religieux des seizième et dix-septième siècles, 26 Bde., Baden-Baden 1980–2008 (Bibliotheca bibliographica Aureliana).

SEIDEL, Späthumanismus
ROBERT SEIDEL, Der ungarische Späthumanismus und die calvinistische Pfalz, in: Kühlmann, Deutschland, 227–251.

SEIDEL MENCHI, Erasmus
SILVANA SEIDEL MENCHI, Erasmus als Ketzer. Reformation und Inquisition im Italien des 16. Jahrhunderts, Leiden 1993 (Studies in Medieval and Reformation Thought, Bd. XLIX).

SEIDEL MENCHI, Humanismus
SILVANA SEIDEL MENCHI, Humanismus und Reformation im Spiegel der italienischen Inquisitionsprozessakten, in: Buck, Renaissance, 47–64.

SEIDEL MENCHI, Theorie
SILVANA SEIDEL MENCHI, Theorie und Wirklichkeit der Verfolgung in norditalienischen evangelischen Kreisen, in: dies. et al. (Hg.), Ketzerverfolgung im 16. und frühen 17. Jahrhundert, Wiesbaden 1992 (Wolfenbütteler Forschungen, Bd. 51), 193–212.

SELDERHUIS, Calvin Handbuch
HERMAN J. SELDERHUIS (Hg.), Calvin Handbuch, Tübingen 2008.

SELDERHUIS, Loci
HERMAN J. SELDERHUIS, Die Loci Communes des Wolfgang Musculus: Reformierte Dogmatik anno 1560, in: Dellsperger, Musculus (1997), 311–330.

SELECKÁ MÂRZA, Könyvtár
EVA SELECKÁ MÂRZA, A középkori Lőcsei könyvtár, Szeged 1997.

SIENERTH, Leseangebot
STEFAN SIENERTH, Leseangebot und Buchzirkulation in Siebenbürgen zwischen Humanismus und Aufklärung, in: Haberland, Wissenstransfer, 281 – 309.

SIPOS, Bedeutung
GÁBOR SIPOS, Zur Bedeutung des Reformierten Kollegiums Nagyenyed für die siebenbürgische Kultur vom 17. bis zum 19. Jahrhundert, in: Fata, Calvin, 261 – 274.

SIPOS, Főkonzisztórium
GÁBOR SIPOS, Az Erdélyi Református Főkonzisztórium kialakulása 1668 – 1713-(1736), Klausenburg-Kolozsvár 2000 (Erdélyi tudományos füzetek, Bd. 230).

SIPOS, Kirchenleitung
GÁBOR SIPOS, Die oberste Kirchenleitung der reformierten Kirche in Siebenbürgen (1690 – 1713), in: Lengyel, Siebenbürgen, 119 – 133.

SIPOS, Könyvtára
GÁBOR SIPOS, A Kolozsvári Református Kollégium Könyvtára a XVII. században, Szeged 1991 (Olvasmánytörténeti dolgozatok, Bd. 1).

ŠKOVIERA, Antoninus
DANIEL ŠKOVIERA, Johannes Antoninus Cassoviensis und Erasmus von Rotterdam, in: Čičaj, Orbis, 75 – 82.

ŠKOVIERA, Stöckel
DANIEL ŠKOVIERA, Leonhard Stöckel und die Antike – die klassische Bildung eines Schulhumanisten, ZFFUK GLO XI/XII (1979/80), 41 – 58.

VAN SLUIS, Röell
JACOB VAN SLUIS/FERENC POSTMA, Herman Alexander Röell und seine ungarischen Studenten, Szeged 1990 (Peregrinatio Hungarorum, Bd. 5).

SMEND, Epitaphe
RUDOLF SMEND, Vier Epitaphe – die Basler Hebraistenfamilie Buxtorf, Berlin 2010.

SOLTÉSZ, Einbände
ELISABETH SOLTÉSZ, Die Einbände eines Buches des Graner Erzbischofs Miklós Oláh und eines slawischen Druckes des Primus Truber, GutJb 70 (1995), 240 – 246.

SÓLYOM, Dévai
JENŐ SÓLYOM, Dévai Biró Mátyás tiszántúli működése. Forráskritikai tanulmány, Egyht 2/5 (1959), 193 – 217.

SPIELMANN, Catalogus
MIHÁLY SPIELMANN-SEBESTYÉN et al. (Hg.), Catalogus Librorum sedecimo saeculo impressorum Bibliothecae Teleki-Bolyai. Novum Forum Sicolorum, 2 Bde., Neumarkt a.M.-Târgu Mureş 2001.

VAN T'SPIJKER, Bullinger
WILLEM VAN T'SPIJKER, Bullinger als Bundestheologe, in: Campi, Bullinger, 573 – 592.

VAN'T SPIJKER, Calvin
WILLEM VAN'T SPIJKER, Calvin, Göttingen 2001 (Die Kirche in ihrer Geschichte. Ein Handbuch, Bd. 3).

VON SPRECHER, Kulturgeschichte
JOHANN ANDREAS VON SPRECHER, Kulturgeschichte der Drei Bünde, neu herausgegeben und bearbeitet von Rudolf Jenny, Chur 1976.

SPURR, Puritanism
JOHN SPURR, English Puritanism 1603 – 1689, Basingstoke/New York 1998.

STAEDTKE, Bullinger-Bibliographie
JOACHIM STAEDTKE, Heinrich Bullinger. Bibliographie, Bd. 1: Beschreibendes Verzeichnis der gedruckten Werke von Heinrich Bullinger, Zürich 1972 (Heinrich Bullinger Werke. Erste Abteilung: Bibliographie, Bd. 1).

STAEDTKE, Froschauer
JOACHIM STAEDTKE, Christoph Froschauer, der Begründer des Zürcher Buchwesens. Zum Gedenken seines 400. Todestages, Zürich 1964.

STAEDTKE, Glauben
JOACHIM STAEDTKE (Hg.), Glauben und Bekennen. Vierhundert Jahre Confessio Helvetica Posterior. Beiträge zu ihrer Geschichte und Theologie, Zürich 1966.

STAEHELIN, Geschichte
ANDREAS STAEHELIN, Geschichte der Universität Basel 1632 – 1818, Basel 1957 (Studien zur Geschichte der Wissenschaften in Basel, Bd. IV/V).

STAEHELIN, Bâle
ERNST STAEHELIN, Bâle et la Hongrie à travers de l'Hongrie, RHC 6 (1947), 226 – 242.

STAEHELIN, Briefwechsel
ERNST STAEHELIN, Der Briefwechsel zwischen Johann Buxtorf II. und Johannes Coccejus, ThZ 4 (1948), 378 – 391.

STAEHELIN, Lebenswerk
ERNST STAEHELIN, Das theologische Lebenswerk Johannes Oekolampads, Leipzig 1939 (Quellen und Forschungen zur Reformationsgeschichte, Bd. 21).

STAEHELIN, Polanus
ERNST STAEHELIN, Amandus Polanus von Polansdorf, Basel 1955 (Studien zur Geschichte der Wissenschaften in Basel, Bd. 1).

ŠTEFÁNIK, Anfänge
MARTIN ŠTEFÁNIK, Die Anfänge der slowakischen Bergstädte. Das Beispiel Neusohl, in: Karl Heinrich Kaufhold (Hg.), Stadt und Bergbau, Köln 2004 (Städteforschung. Reihe A: Darstellungen, Bd. 64), 295 – 312.

STEIGER, Itinerar
RUDOLF STEIGER, Conrad Gesners Itinerar seiner Bündner Reise von 1561, Gesnerus 35 (1978), 214 – 223.

STEINMANN, Spuren
JUDITH STEINMANN, „Got erlab Behem". Auf den Spuren Gábor Bethlens in einer Schweizer Handschriftensammlung, UjB 19 (1991), 199 – 223.

STEINMANN, Handschriften

MARTIN STEINMANN (Hg.), Die Handschriften der Universitätsbibliothek Basel. Register zu den Abteilungen A I bis A XI und O, Basel 1982 (Publikationen der Universitätsbibliothek Basel, Bd. 4).

STEPHENS, Zwingli

PETER STEPHENS, Zwingli. Einführung in sein Denken, Zürich 1997.

STOLL, Rákóczi

BÉLA STOLL/IMRE VARGA (Hg.), A két Rákóczi György korának költészete (1630 – 1660), Budapest 1977.

STROHM, A Lasco

CHRISTOPH STROHM (Hg.), Johannes a Lasco (1499–1560): Polnischer Baron, Humanist und europäischer Reformator. Beiträge zum internationalen Symposium vom 14.–17. Oktober 1999 in der Johannes a Lasco Bibliothek Emden, Tübingen 2000 (Spätmittelalter und Reformation. Neue Reihe, Bd. 14).

STROHM, Calvinismus

CHRISTOPH STROHM, Calvinismus und Recht. Weltanschaulich-konfessionelle Aspekte im Werk reformierter Juristen in der frühen Neuzeit, Tübingen 2008 (Spätmittelalter, Humanismus, Reformation. Studies in the Late Middle Ages, Humanism and the Reformation, Bd. 42).

STROHM, Späthumanismus

CHRISTOPH STROHM et al. (Hg.), Späthumanismus und reformierte Konfession. Theologie, Jurisprudenz und Philosophie in Heidelberg an der Wende zum 17. Jahrhundert, Tübingen 2006 (Spätmittelalter und Reformation. Neue Reihe, Bd. 31).

STROHM, Vermigli

CHRISTOPH STROHM, Petrus Vermiglis Loci Communes und Calvins Institutio Christianae Religionis, in: Emidio Campi (Hg.), Peter Martyr Vermigli, Humanism, Republicanism, Reformation, Genf 2002 (Travaux d'Humanisme et Renaissance, Bd. 365), 77–104.

SUDA, Einfluss

MAX JOSEF SUDA, Der Einfluss Philipp Melanchthons auf die Bekenntnisbildung in Oberungarn (Confessio Pentapolitana, Confessio Heptapolitana, Confessio Scepusiana), in: Frank, Melanchthon (2001), 185–201.

SUTTNER, Toleranzregeln

ERNST CHRISTOPH SUTTNER, Toleranzregeln zum Schutz bestimmter Glaubensgemeinschaften, doch nur beschränkte Religionsfreiheit im frühneuzeitlichen Siebenbürgen, in: Dumitran, Geneza, 155–169.

SZABÓ, Biblia

ANDRÁS SZABÓ, A vizsolyi Biblia nyomdai kéziratának töredéke, ItK 87 (1983), 523–526.

SZABÓ, Bibliafordító

ANDRÁS SZABÓ, A rejtőzködő bibliafordító Károlyi Gáspár, Budapest 2012.

SZABÓ, Briefe

ANDRÁS SZABÓ, Briefe und Korrespondenz im Späthumanismus. Drei Beispiele aus Ungarn: Matthias Thoraconymus, Sebastian Ambrosius Laɔm und Mihály Forgách, in: Sebők, Republic, 183–197.

Szabó, Calvinismus
András Szabó, Calvinismus und Ethnie im Reich der Stephanskrone im 16. Jahrhundert, in: Fata, Calvin, 81–89.

Szabó, Dictionarium
András Szabó (Hg.), Dictionarium 1604 Szenci Molnár Albert Szótára. Az Országos Széchényi Könyvtár és a Károli Gáspár Református Egyetem tudományos ülésszaka, 2004. október 29, Budapest 2007 (Libri de Libris).

Szabó, Egri
András Szabó, Lukács Egri, in: Séguenny, Bibliotheca, Bd. XII: Ungarländische Antitrinitarier, Baden-Baden 1990, 127–150.

Szabó, György Thúri
András Szabó, György Thúri, der gekrönte Dichter, in: ders., Iter, 180–189.

Szabó, Humanizmus
András Szabó, A késő humanizmus irodalma Sárospatakon (1558–1598), Debrecen 2004 (Nemzet, egyház, művelődés, Bd. 1).

Szabó, Iter
András Szabó (Hg.), Iter Germanicum. Deutschland und die Reformierte Kirche in Ungarn im 16.–17. Jahrhundert, Budapest 1999.

Szabó, Károlyi
András Szabó, Károlyi Gáspár életútja a Vizsolyi Bibliáig, in: József Barcza (Hg.), Emlékkönyv a Vizsolyi Biblia megjelenésenek 400. évfordulójára, Budapest 1990, 18–31.

Szabó, Oberschlesien
András Szabó, Oberschlesien und Ungarn. Humanistische Beziehungen um 1600, in: Kosellek, Dichter, 255–265.

Szabó, Religióra
András Szabó, Szenci Molnár Albert Kálvin-fordítása. Az keresztyéni religióra és igaz hitre való tanítás (Hanau 1624), in: Fazakas, Kálvin, 243–264.

Szabó, Studenten
András Szabó, Ungarische Studenten in Wittenberg 1555–1592, in: ders., Iter, 154–168.

Szabó, Szenci Molnár
András Szabó, Szenci Molnár Albert Kálvin fordítása. Egy különleges címlap, in: Vásárhelyi, Szenci Molnár, 31–50

Szabó, Türkenfrage
András Szabó, Die Türkenfrage in der Geschichtsauffassung der ungarischen Reformation, in: Guthmüller, Europa, 275–281.

Szabó, Universität
András Szabó, Die Universität Wittenberg als zentraler Studienort im 16. Jahrhundert, in: Fata, Peregrinatio, 55–63.

Szabó, Inhalt
András Péter Szabó, Inhalt und Bedeutung der Widerstandslehre im Bocskai-Aufstand, in: Fata, Calvin, 317–340.

Szabó, Beythe
Géza Szabó, Beythe István Postilláiból, in: Bartha, Studia et acta III, 637–657.

Szabó, Geschichte
Géza Szabó, Geschichte des ungarischen Coetus an der Universität Wittenberg 1555–1613, Halle/Saale 1941.

Szabó, Kálvin
József S. Szabó, Kálvin és a magyar reformátorok, ProtSz 21 (1909), 157–167.

Szabó, Peregrináció
József S. Szabó, Tudományos peregrináció a reformáció korában, ProtSz 47 (1938), 322–329.

Szabó, Reformáció
József S. Szabó, A Helvét irányú reformáció elterjedése Magyarországon és Erdélyben, in: Loesche, Kálvin, 113–195.

Szabó, Zwingli (1931)
József S. Szabó, Zwingli hatása Magyarországon, ProtSz 40 (1931), 689–694.

Szabó, Zwingli (1932)
József S. Szabó, Zwingli és a magyar reformáció, ThSz 8 (1932), 291–299.

Szabó, Erdélyiek
Miklós Szabó/Sándor Tonk, Erdélyiek egyetemjárása a korai újkorban 1521–1700, Szeged 1992 (Fontes rerum scholasticarum, Bd. 4).

Szabó, Peregrinusok
Miklós Szabó/László Szögi, Erdélyi peregrinusok, Neumarkt a.M.-Târgu Mureş 1998.

Szalay, Hungaricák
László Szalay, Hungaricák a' Lausanni cantoni könyvtárban, UMM 5 (1855), 379 f.

P. Szathmáry, Története
Károly P. Szathmáry, A gyulafehérvár-nagyenyedi Bethlen-főtanoda története, Nagyenyed 1868.

Szegedi, Adiaphora
Edit Szegedi, Adiaphora und innerkonfessionelle Toleranz. Die Kryptocalvinisten, AUASH 15/II (2011), 27–34.

Szegedi, Reformation
Edit Szegedi, Die Reformation in Klausenburg, in: Leppin, Konfessionsbildung, 77–88.

Szeghy, Helvetica
Andrej Szeghy, Helvetica des 16. Jahrhunderts in den Beständen der Wissenschaftlichen Staatsbibliothek in Kaschau-Koşice, in: Čičaj, Orbis, 285–292.

Szeghy, Tlače
Andrej Szeghy, Tlače 16. storočia v Štátnej vedeckej knižnici v Košiciach, Kaschau-Košice 2010.

SZÉL, Adatok

KÁLMÁN SZÉL, A magyarhoni h.hv. egyházra vonatkozó egyes történeti adatok a genfi h.hv. papi testület (vénérable compagnie des Pasteurs) jegyzőkönyvéből, SpF 6 (1862), 922–929.

SZELESTEI NAGY, Adalék

LÁSZLÓ SZELESTEI NAGY, Adalék a magyar nyelv Calepinus szotárába kerüléséről, in: Szabó, Dictionarium, 188–207.

SZELESTEI NAGY, Oláh

LÁSZLÓ SZELESTEI NAGY, Oláh Miklós könyvtáráról, in: Miklós Mózes Huba (Hg.), Program és mítosz között. 500 éve született Oláh, Budapest 1994, 51–69.

SZENTPÉTERI, Hitvita

MÁRTON SZENTPÉTERI/NOÉMI VISKOLCZ, Egy református-unitárius hitvita Erdélyben 1641-ben, in: János Heltai und Réka Tasi (Hg.), „Tenger az igaz hitrül való egyenetlenségek vitatásának eláradott özöne". Tanulmányok XVI.–XIX. századi hitvitáinkról, Miskolc 2005, 93–102.

SZINNYEI, Írók

JÓZSEF SZINNYEI, Magyar írók élete és munkái, 14 Bde., Budapest 1891–1914.

SZLAVIKOVSZKY, Diákok

BEÁTA SZLAVIKOVSZKY, Magyarországi diákok itáliai egyetemeken. 1. rész 1526–1918, Budapest 2007 (Magyarországi diákok egyetemjárása az újkorban, Bd. 16).

SZÖGI, Diákok

LÁSZLÓ SZÖGI, Magyarországi diákok lengyelországi és baltikumi egyetemeken és akadémiákon 1526–1788, Budapest 2003 (Magyarországi diákok egyetemjárása az újkorban, Bd. 9).

SZÖGI, Peregrináció-kutatás

LÁSZLÓ SZÖGI, A peregrináció-kutatás eredményei a magyarországi történetírásban, ActP 7 (2007), 143–154.

SZÜCS, Strömung

JENŐ SZÜCS, Die oppositionelle Strömung der Franziskaner im Hintergrund des Bauernkrieges und der Reformation in Ungarn, in: Domokos Kosáry (Hg.), Études historiques hongroises 1985. Publiées à l'occasion du XVIe Congrès International des Sciences Historiques, Bd. 2, Budapest 1985, 483–514.

TARNAI, Lyrik

ANDOR TARNAI, Lateinische Lyrik in Ungarn im 16.–17. Jahrhundert, ALitt 26 (1984), 233–244.

TÉGLÁSY, Gesner

IMRE TÉGLÁSY, Conrad Gesner és magyar barátai, OtK 31 (1985), 195–210.

TEMESI, Humanisme

ALFRED TEMESI, Humanisme franco-hongrois, EPhK 62 (1938), 305–320.

TEMPFLI, Melanchthon

EMMERICH TEMPFLI, Melanchthon und die Synode von Erdőd (20. September 1545), in: Frank, Melanchthon (2001), 203–221.

TEODOR, Beziehungen
POMPILIU TEODOR, Beziehungen zwischen Reformation und Rumänen im Spiegel vornehmlich rumänischer Geschichtsschreibung, in: Wagner, Luther, 78 – 96.

TEUTSCH, Geschichte
FRIEDRICH TEUTSCH, Zur Geschichte des deutschen Buchhandels in Siebenbürgen: die Zeit von 1500 – 1700, AGB 6 (1881), 7 – 71.

THIENEMANN, Érasme
TIVADAR THIENEMANN, Érasme en Hongrie, RÉH 5 (1927), 83 – 114.

THURY, Története
ETELE THURY, A Dunántúli Református Egyházkerület története, Bd 2, Bratislava 1998.

TIRABOSCHI, Storia
GIROLAMO TIRABOSCHI, Storia della letteratura italiana, 9 Bde., Florenz 1809 – 1812.

TODT, Turn
SABINE TODT, Linguistic turn, in: Hans-Jürgen Goertz (Hg.), Geschichte. Ein Grundkurs, Reinbek bei Hamburg ³1998, 178 – 198.

TŐKÉS, Wirkung
ISTVÁN TŐKÉS, Wirkung Bullingers in der ungarisch-reformierten Kirche, RefSz 97 (2004), 289 – 314.

TONK, Studenten
SÁNDOR TONK, Siebenbürgische Studenten an den ausländischen Universitäten, in: Walter König (Hg.), Beiträge zur Siebenbürgischen Schulgeschichte, Köln/ Weimar/Wien 1996 (Siebenbürgisches Archiv, Bd. 32), 113 – 125.

TÖRÖK, Collégium
ISTVÁN TÖRÖK, A kolozsvári evangelikus református collégium története, Bd. 1, Klausenburg-Kolozsvár 1905.

TÓTH, Hatása
BÉLA TÓTH, Ramus hatása Debrecenben, KvKt XII (1979), 85 – 107.

TÓTH, Philosophiá
BÉLA TÓTH, Szilágyi Tönkő Márton „Philosophiá"-ja megjelenésének körülményei, MKSz 93 (1977), 313 – 324.

TÓTH, Hitvallás
ENDRE TÓTH, A második helvét hitvallás története Magyarországon, in: Bartha, Studia et acta II, 13 – 53.

TÓTH, Geschichte
ISTVÁN GYÖRGY TÓTH (Hg.), Geschichte Ungarns, Budapest 2005.

TOTH, Highlights
WILLIAM TOTH, Highlights of the Hungarian Reformation, ChH 9 (1940), 141 – 156.

TÓTH, Martyrology
ZSOMBOR TÓTH, The homiletics of political discourse: Martyrology as a (re) invented tradition in the paradigm of early modern Hungarian patriotism, in: Trencsényi, Love, 545 – 568.

TRENCSÉNYI, Love

BALÁZS TRENCSÉNYI/MÁRTON ZÁSZKALICZKY (Hg.), Whose Love of Which Country? Composite States, National Histories and Patriotic Discourses in Early Modern East Central Europe, Leiden 2010 (Studies in the History of Political Thought, Bd. 3).

TRENCSÉNYI, Patriotism

BALÁZS TRENCSÉNYI, Patriotism and elect nationhood in early modern Hungarian political discourse, in: ders., Love, 499–544.

TRENCSÉNYI-WALDAPFEL, Érasme

IMRE TRENCSÉNYI-WALDAPFEL, Érasme en Hongrie, NRH 11 (1942), 148–158.

TRUOG, Zaff

GAUDENZ TRUOG, Zaff. Ein ausgestorbenes Geschlecht aus dem Engadin und einige Nachrichten über Namensträger und Nachkommen, BM 1979, 157–175.

TRUOG, Pfarrer

JAKOB RUDOLF TRUOG, Die Pfarrer der evangelischen Gemeinden in Graubünden und seinen ehemaligen Untertanenlanden, Chur 1934 (Sonderdruck aus den Jahresberichten 1934/35 der historisch-antiquarischen Gesellschaft von Graubünden).

ULEWICZ, Kreise

TADEUSZ ULEWICZ, Literarische Kreise und „Gesellschaften" in Krakau und Kleinpolen im Zeitalter der Renaissance, in: Füssel, Humanismus, 39–72.

URBAN, Antitrinitarismus

WACŁAV URBAN, Der Antitrinitarismus in den Böhmischen Ländern und in der Slowakei im 16. und 17. Jahrhundert, Baden-Baden 1986 (Bibliotheca Dissidentium. Scripta et studia, Bd. 2).

VARGA, Humanism

BENEDEK VARGA, Political humanism and the corporate theory of state: Nation, patria and virtue in Hungarian political thought of the sixteenth century, in: Trencsényi, Love, 285–313.

VARGA, Verseket

IMRE VARGA, Egy magyar verseket tartalmazó casseli nyomtatvány 1638-ból, MKSz 93 (1977), 191–193.

VARGA, Vormauer

J. JÁNOS VARGA, Europa und die „Vormauer des Christentums". Die Entwicklungsgeschichte eines geflügelten Wortes, in: Guthmüller, Europa, 55–63.

P. VÁSÁRHELYI, Fordítása

JUDIT P. VÁSÁRHELYI, Szenci Molnár Albert Institutio-fordítása, in: P. Vásárhelyi, Szenci Molnár, 5–27.

P. VÁSÁRHELYI, Institutio

JUDIT P. VÁSÁRHELYI, Szenci Molnár Albert Institutio fordításának forrásáról, in: Gáborjáni Szabó, Tanulmányok, 188–204.

P. VÁSÁRHELYI, Könyvecske

JUDIT P. VÁSÁRHELYI, Szenci Molnár Albert Imádságos Könyvecske (Heidelberg 1621), Budapest 2002 (Bibliotheca Hungarica Antiquam, Bd. XXXV).

P. Vásárhelyi, Szenci Molnár

Judit P. Vásárhelyi/András Szabó (Hg.), Szenci Molnár Albert: Az keresztyéni Religióra és igaz hitre való tanitás (Hanau 1624), Budapest 2009 (Bibliotheca Hungarica Antiqua, Bd. XLIII).

P. Vásárhelyi, Vizsolyi Biblia

Judit P. Vásárhelyi, Szenci Molnár Albert és a *Vizsolyi Biblia* új kiadásai, Budapest 2006 (Historia Litteraria, Bd. 21).

P. Vásárhelyi, Wirkung

Judit P. Vásárhelyi, Die Wirkung der Schweizer Bibel im Lebenswerk von Albert Szenci Molnár, in: Čičaj, Orbis, 185–191.

Velenczei, Katalógusa

Katalin Velenczei (Hg.), A székesfehérvári püspöki könyvtár 1601 előtti nyomtatatványainak katalógusa, Budapest 2008.

Veress, Grundsätze

Stefan Veress, Einfuss der calvinischen Grundsätze auf das Kirchen- und Staatswesen in Ungarn, Tübingen 1910.

Verók, Buch

Attila Verók, Das schweizerische Buch bei den Siebenbürger Sachsen vom 16. bis 18. Jahrhundert, in: Čičaj, Orbis, 299–305.

Verók, Bücherverzeichnisse

Attila Verók, Über die Bücherverzeichnisse der Siebenbürger Sachsen im 16. Jahrhundert, in: Wien, Humanismus, 219–232.

Verók, Lesekultur

Attila Verók, Zur Lesekultur der Siebenbürger Sachsen im 16.–18. Jahrhundert anhand der Bücherverzeichnisse, in: Adattár 16/4.1, VII–XXIII.

Verzár, Vonatkozások

Frigyes Verzár, Régi magyar vonatkozások Baselben, DSz 5 (1931), 310–323.

Veselý, Leudischer

Daniel Veselý, Georg Leudischer – ein lutherischer Prediger in der Zips, in: Schwarz, Reformation, 67–79.

Vial, Calvin

Marc Vial, Jean Calvin. Introduction à sa pensée théologique, Genève 2008.

Vinzent, Ursprung

Markus Vinzent, Der Ursprung des Apostolikums im Urteil der kritischen Forschung, Göttingen 2006 (Forschungen zur Kirchen- und Dogmengeschichte, Bd. 89).

Vischer, Salis

Lukas Vischer, Friedrich von Salis (1512–1570), BM 1952, 329–357.

Viskolcz, Bisterfeld

Noémi Viskolcz, Johann Heinrich Bisterfeld. Ein Professor als Vermittler zwischen Ost und West an der siebenbürgischen Akademie in Weissenburg, 1630–1655, in: Fata, Calvin, 201–214.

Visser, Sambucus

Arnoud S.Q. Visser, Joannes Sambucus and the Learned Image. The Use of the

Emblem in Late-Renaissance Humanism, Leiden 2005 (Brill's studies in intellectual history, Bd. 128).

VLADÁR, Szenci Molnár
ZSUZSA VLADÁR, Szenci Molnár Albert grammatikájának lehetséges forrásai, in: Szabó, Dictionarium, 208–233.

WACKERNAGEL, Geschichte
RUDOLF WACKERNAGEL, Geschichte der Stadt Basel, 3 Bde., Basel 1907–1954.

WALDBURGER, Ammann
AUGUST WALDBURGER, Hans Jakob Ammann, genannt der Thalwyler Schärer, in: August F. Ammann (Hg.), Hans Jakob Ammann genannt der Thalwyler Schärer und seine Reise ins Gelobte Land, Zürich 1919, 3–17.

WALKER, Vergerio
DANIELE WALKER, Pier Paolo Vergerio (1498–1565) e il „Caso Spiera" (1548), StT 19 (1998/1), 7–56.

WALSER, Prädestination
PETER WALSER, Die Prädestination bei Heinrich Bullinger im Zusammenhange mit der Gotteslehre, Zürich 1957.

WEBER, Luther
GEORG WEBER/RENATE WEBER (Hg.), Luther und Siebenbürgen. Ausstrahlungen von Reformation und Humanismus nach Südosteuropa, Köln/Wien 1985 (Siebenbürgisches Archiv, Bd. 19).

WEBER, Einleitung
OTTO WEBER, Einleitung, in: Der Heidelberger Katechismus, hg. von Otto Weber, Gütersloh [4]1990, 5–14.

WEISZ, Bekenntnis-Forschung
LEO WEISZ, Ausländische Bekenntnis-Forschung, Zwa VII (1939), 134–136.

WEISZ, Muralt
LEO WEISZ, Johann von Muralt, der siebenbürgische Hofarzt, NZZ (14.–16. August 1929), Nr. 1560. 1567. 1576.

WELLER, Druckorte
EMIL WELLER, Die falschen und fingierten Druckorte. Repetitorium der seit Erfindung der Buchdruckerkunst unter falscher Firma erschienenen deutschen, lateinischen und französischen Schriften, 2 Bde., Leipzig 1858–1864 (Nachdruck: Hildesheim 1960).

WELTI, Geschichte
MANFRED WELTI, Kleine Geschichte der italienischen Reformation, Gütersloh 1985 (Schriften des Vereins für Reformationsgeschichte, Bd. 193).

WENNEKER, Bullinger
ERICH WENNEKER, Heinrich Bullinger und die Reformation im Engadin: Dargestellt unter besonderer Berücksichtigung des Bullinger-Briefwechsels, BM 2004, 246–262.

WENNEKER, Zaff
ERICH WENNEKER, Nicolaus Zaff – ein Bündner Arzt und Theologe in Venedig, BM 1995, 30–45.

WESTERMANN, Zentralität
ANGELIKA WESTERMANN, Zentralität und Funktionalität. Überlegungen zur Bedeutung der Bergbauorte in der Vorderösterreichischen Montanregion der Frühen Neuzeit, in: Karl Heinrich Kaufhold et al. (Hg.), Stadt und Bergbau, Köln 2004 (Städteforschung. Reihe A: Darstellungen, Bd. 64), 73–91.

WICZIÁN, Beiträge
DESZŐ WICZIÁN, Beiträge zu Leben und Tätigkeit des Conrad Cordatus, ARG 55 (1964), 219–222.

WIDMER, Bullinger
PAUL WIDMER, Bullinger und die Türken. Zeugnis des geistigen Widerstandes gegen eine Renaissance der Kreuzzüge, in: Campi, Bullinger, 593–624.

WIEN, Formierung
ULRICH A. WIEN, Die Formierung des konfessionellen Raumes in Siebenbürgen. Zur Wahrnehmung der Reformierten durch die siebenbürgisch-sächsischen Evangelischen im 16. und 17. Jahrhundert, in: Fata, Calvin, 441–452.

WIEN, Grenzgänger
ULRICH ANDREAS WIEN, Grenzgänger: Kaspar Helth und Franz David unterwegs von Luther zu Calvin und Sozzini, in: Klueting, Retrospektiven, 115–127.

WIEN, Humanismus
ULRICH A. WIEN/KRISTA ZACH (Hg.), Humanismus in Ungarn und Siebenbürgen. Politik, Religion und Kunst im 16. Jahrhundert, Köln 2004 (Siebenbürgisches Archiv, Bd. 37).

WIEN, Humanisten
ULRICH A. WIEN, Die Humanisten Johannes Honterus und Valentin Wagner als Vertreter einer konservativen Stadtreformation in Kronstadt, in: Leppin, Konfessionsbildung, 89–104.

WIEN, Reformation
ULRICH ANDREAS WIEN, „Sic bonus atque humilis, sic te virtusque Deusque tollet in excelsum, constituetque locum." Die humanistische Reformation im siebenbürgischen Kronstadt: Johannes Honterus und Valentin Wagner, in: Kühlmann, Deutschland, 135–150.

WIEN, Unitarier
ULRICH A. WIEN et al. (Hg.), Radikale Reformation. Die Unitarier in Siebenbürgen, Köln/Weimar/Wien 2013 (Studia Transilvanica, Bd. 44).

van WIJNKOOP LÜTHI, Musculus
MARC VAN WIJNKOOP LÜTHI, Wolfgang Musculus in Bern (1549–1563), in: Dellsperger, Musculus (1997), 281–298.

WINKELBAUER, Vertreibung
THOMAS WINKELBAUER, Die Vertreibung der Hutterer aus Mähren 1622: Massenexodus oder Abzug der letzten Standhaften?, in: Bahlcke, Glaubensflüchtlinge, 207–233.

WŁODARSKI, Polen
MACIEJ WŁODARSKI, Polen und Basel – kulturelle und literarische Verbindungen im 16. Jahrhundert, in: Füssel, Humanismus, 91–100.

WOLGAST, Profil
EIKE WOLGAST, Geistiges Profil und politische Ziele des Heidelberger Späthumanismus, in: Strohm, Späthumanismus, 1–25.

WOTSCHKE, Geschichte
THEODOR WOTSCHKE, Zur Geschichte des Antitrinitarismus, ARG 23 (1926) 82–100.

ZACH, Catechisms
KRISTA ZACH, Protestant vernacular catechisms and religious reform in sixteenth-century east-central Europe, in: Crăciun, Identity, 49–63.

ZACH, Rezeption
KRISTA ZACH, „... Eine kleine Biblia ...“ Rezeption und Resonanz des reformationszeitlichen Katechismus im historischen Ungarn (1530–1640), in: Kühlmann, Deutschland, 151–183.

ZACH, Stände
KRISTA ZACH, Stände, Grundherrschaft und Konfessionalisierung in Siebenbürgen. Überlegungen zur Sozialdisziplinierung, in: dies., Konfessionelle Pluralität, Stände und Nation. Ausgewählte Abhandlungen zur südosteuropäischen Religions- und Gesellschaftsgeschichte, hg. von Joachim Bahlcke und Konrad Gündisch, Münster 2004 (Religions- und Kulturgeschichte in Ostmittel- und Südosteuropa, Bd. 6), 83–102.

ZAMBELLI, Aristotelismo
PAOLA ZAMBELLI, „Aristotelismo eclettico“ o polemiche clandestine? Immortalità dell'anima e vicissitudini della storia universale in Pomponazzi, Nifo e Tiberio Russiliano, in: Olaf Pluta (Hg.), Die Philosophie im 14. und 15. Jahrhundert. In memoriam Konstanty Michalski (1879–1947), Amsterdam 1988 (Bochumer Studien zur Philosophie, Bd. 10), 535–572.

ŽIBRITOVÁ, Bücher
GABRIELA ŽIBRITOVÁ, Schweizerische Bücher in den ältesten Bibliotheken von Leutschau und Bartfeld, in: Čičaj, Orbis, 237–249.

ŽIBRITOVÁ, Ediţii
GABRIELA ŽIBRITOVÁ, Ediţii de cărţi elveţiene în cele mai vechi biblioteci de pe teritoriul Slovaciei (Levoca, Bardejov), AUASH 12/II (2008), 26–37.

ZILLE, Eretici
ESTHER ZILLE, Gli eretici a Cittadella nel Cinquecento, Cittadella 1971.

ZIMMERMANN, Stammbuch
HANS GEORG ZIMMERMANN, Das Stammbuch von Johann Jakob Lavater, ZTb 94 (1974), 41–60.

ZINSLI, Botschaft
PAUL ZINSLI, Düstere Botschaft aus Ungarn vor 400 Jahren, Reformatio 5 (1956), 642–649.

ZOLLINGER, Comenius
FRIEDRICH ZOLLINGER, Des Johann Amos Comenius „Üblicher Vernunfftschluss, oder, Schlussrede der gantzen Welt“. Nach Akten des zürcherischen Staatsarchives, ZTb 19 (1896), 94–118.

ZOVÁNYI, Coccejanismus
JENŐ ZOVÁNYI, A coccejanismus története. Tanulmánya a protestáns theologia multjából, Budapest 1890.

ZOVÁNYI, Lexikon
JENŐ ZOVÁNYI, Magyarországi protestáns egyháztörténeti Lexikon, Budapest ³1977.

ZOVÁNYI, Protestantizmus
JENŐ ZOVÁNYI, A magyarországi protestantizmus története 1895-ig, 2 Bde., Máriabesnyő/Gödöllő 2004 (Historia Incognita. 1. Reihe, Bd. 9).

ZOVÁNYI, Protestantizmus 1565-től,
JENŐ ZOVÁNYI, A magyarországi protestantizmus 1565-től 1600-ig, Budapest 1977 (Humanizmus és reformáció, Bd. 6).

ZOVÁNYI, Reformáció 1565-ig
JENŐ ZOVÁNYI, A reformáció Magyarországon 1565-ig, Budapest [1921].

ZSINDELY, Pariz Pápai
ALEXANDER ZSINDELY, Medicinae Doctor Franz Pariz Pápai, Gesnerus 30 (1973), 32–38.

ZSINDELY, Befreiung
ENDRE ZSINDELY, Die Befreiung ungarisch-protestantischer Prediger von den Galeeren und ihre Aufnahme in Zürich vor 300 Jahren, ZTb 98 (1978), 119–131.

ZSINDELY, Belényesi
ENDRE ZSINDELY, Belényesi Gergely ismeretlen levele Bullingerhez, RefEgy 18 (1966), 112 f.

ZSINDELY, Bullinger (1967)
ENDRE ZSINDELY, Bullinger Henrik magyar kapcsolatai, in: Bartha, Studia et acta II, 55–86.

ZSINDELY, Bullinger (1975)
ENDRE ZSINDELY, Bullinger und Ungarn, in: Gäbler, Bullinger II, 361–382.

ZSINDELY, Calvinismus
ANDREAS ZSINDELY, Der Calvinismus in Ungarn, Reformatio 1959, 342–349.

ZSINDELY, Dokumente
ENDRE ZSINDELY, Die Zürcher Dokumente zur Geschichte der Galeeren-Prediger, in: Barton, Rebellion, 111–120.

ZSINDELY, Kapcsolatok
ENDRE ZSINDELY, Svájci-magyar protestáns kulturális kapcsolatok a történelem folyamán, HISz 1984, 245–251.

ZSINDELY, Kollégium
ENDRE ZSINDELY, A sárospataki kollégium első svájci kapcsolatai, RefEgy 20 (1968), 127–130.

ZSINDELY, Wirkung
ENDRE ZSINDELY, Zwinglis Wirkung von Schottland bis Ungarn im Jahrhundert der Reformation, in: Die Botschaft Zwinglis gestern und heute. Internationales Symposium in Debrecen an der Jahrestagung des Doktorenkollegiums der re-

formierten Kirche in Ungarn, 21. August 1984, Budapest 1985 (Editiones Collegii Doctorum Theologiae Ecclesiae Reformatae Hungaricae), 92–109.

ZVARA, Könyvei

EDINA ZVARA, A Listi-család tagjainak könyvei, in: Ádám Hegyi und Melinda Simon (Hg.), „Apró cseppekből lesz a zápor". Bakonyi Géza emlékkönyv, Szeged 2008, 45–70.

ZVARA, Bibliotheken

EDINA ZVARA, Bibliotheken der katholischen Kirche in Ungarn 1526–1726, in: dies. (Hg.), Katolikus intézményi könyvtárak Magyarországon 1526–1726: Jegyzékszerű források, Szeged 2001 (Adattár XVI.–XVIII. századi szellemi mozgalmaink történetéhez, Bd. 19/1), 445–451.

ZWIERLEIN, A Lasco

CORNEL A. ZWIERLEIN, Der reformierte Erasmianer a Lasco und die Herausbildung seiner Abendmahlslehre 1544–1552, in: Strohm, A Lasco, 35–99.

2.3 In Druck stehende Literatur bzw. unveröffentlichte Literatur

BERNHARD, Gewissensfreiheit

JAN-ANDREA BERNHARD, Zwischen Gewissensfreiheit und Inquisition. Der Beitrag italienischer Nonkonformisten zur Konfessionsbildung in den Drei Bünden (Graubünden mit Untertanenlanden), in: Herman J. Selderhuis (Hg.), Reformed Majorities and Minorities in Early Modern Europa, Göttingen 2015.

BERNHARD, Weg

JAN-ANDREA BERNHARD, Der Weg von drei *Ex libris Bullingeri* nach Ungarn und Siebenbürgen, erscheint in: ders. et al. (Hg.), Humanistischer Wissenstransfer zwischen der Schweiz und Ostmitteleuropa, Zürich 2015.

GUDOR KUND, Exlibris-Einträge

BOTOND GUDOR KUND, Die Exlibris-Einträge in der Weissenburger Batthyány Bibliothek aus dem 16. bis 17. Jahrhundert, erscheint in: Jan-Andrea Bernhard et al. (Hg.), Humanistischer Wissenstransfer zwischen der Schweiz und Ostmitteleuropa, Zürich 2015.

HELBLING, Fabri

LEO HELBLING, Dr. Johann Fabri und die schweizerische Reformation, [ungedruckte Dissertation], Freiburg i.Ü. s.d. [1933]

KOMOROVÁ, Exlibris

KLÁRA KOMOROVÁ, Exlibris und Supralibros in der persönlichen Bibliothek von Melchior Krupek und Zacharias Mossovius, erscheint in: Jan-Andrea Bernhard et al. (Hg.), Humanistischer Wissenstransfer zwischen der Schweiz und Ostmitteleuropa, Zürich 2015.

LÁNYI, Musculus

GÁBOR LÁNYI, Wolfgang Musculus Dusanus élete és munkássága, [unveröffentlichte Lizentiatsarbeit], Budapest 2006.

SCHLÉGL, Beziehungen (1965)

ISTVÁN SCHLÉGL, Die Beziehungen Heinrich Bullingers zu Ungarn. Abhandlung zur Erlangung der Doktorwürde der Philosophischen Fakultät I der Universität Zürich, [unveröffentlichte Dissertation], [Zürich] 1965.

STEINBOCK, Werk

FRIEDRICH STEINBOCK, Das lyrische Werk des Joachim von Watt, [unveröffentlichte Dissertation], Wien 1950.

Register

Historisches Orts- und Personenregister

[Schenbel's] 1550 Euclid esⁿ with Sambucus's Vose : 137
[9 also p. 655 ≅ bibl.]   and 270!

Crusius & Hungarians ...   269

Xylander   267, 271

Sambucus — see index
... "1560 in Zürich und Basel"   p. 394 n 643
..."first stay in Basel"   262
... . & Basel scholars/printers 263

Fugger — see index

N Durling on Gesner's Liber amicorum : 697
   G. Farkas art : 698